《中国人民政治协商会议年鉴（2015）》

中国人民政治协商会议

年　鉴

2015

中国文史出版社

中國人民政治協商會議會徽

EMBLEM OF THE CHINESE PEOPLE'S POLITICAL CONSULTATIVE CONFERENCE

2015年12月31日，全国政协在北京举行新年茶话会。中共中央总书记、国家主席、中央军委主席习近平在茶话会上发表重要讲话。

2015年12月31日，全国政协在北京举行新年茶话会。中共中央政治局常委、全国政协主席俞正声主持茶话会。

2015年12月31日，全国政协在北京举行新年茶话会。党和国家领导人习近平、李克强、张德江、俞正声、刘云山、王岐山、张高丽出席茶话会并观看演出。

2015年12月31日，全国政协在北京举行新年茶话会。全国政协委员合唱《我们走在大路上》。

中国人民政治协商会议第十二届全国委员会第三次会议会场

2015年3月3日下午，全国政协十二届三次会议在北京人民大会堂举行开幕会。中共中央政治局常委、全国政协主席俞正声代表政协第十二届全国委员会常务委员会向大会作工作报告。

2015年3月3日下午，全国政协十二届三次会议在北京人民大会堂开幕。全国政协副主席齐续春代表政协第十二届全国委员会常务委员会向大会报告十二届二次会议以来提案工作情况。

2015年3月4日，中共中央总书记、国家主席、中央军委主席习近平看望出席全国政协十二届三次会议的民革、台盟、台联界委员，并参加联组讨论。中共中央政治局常委、全国政协主席俞正声参加看望和讨论。

2015年3月4日，中共中央政治局常委、国务院总理李克强看望出席全国政协十二届三次会议的经济、农业界委员并参加联组讨论。

2015年3月4日，中共中央政治局常委、全国人大常委会委员长张德江看望出席全国政协十二届三次会议的港澳地区委员并参加讨论。

2015年3月4日，中共中央政治局常委、全国政协主席俞正声看望出席全国政协十二届三次会议的宗教界委员并参加讨论。

2015年3月4日，中共中央政治局常委、中央书记处书记刘云山看望出席全国政协十二届三次会议的民盟、农工界委员并参加联组讨论。

2015年3月4日，中共中央政治局常委、中央纪委书记王岐山看望民建、无党派界委员并参加联组讨论。

2015年3月4日，中共中央政治局常委、国务院副总理张高丽看望科协、科技界委员并参加联组讨论。

2015年6月15日，政协十二届全国委员会常务委员会第十一次会议在北京开幕。中共中央政治局常委、全国政协主席俞正声主持开幕会。中共中央政治局常委、国务院副总理张高丽应邀出席会议并作报告。

2015年8月26日，政协十二届全国委员会常务委员会第十二次会议在北京开幕。中共中央政治局常委、全国政协主席俞正声主持开幕会。中共中央政治局常委、中央书记处书记刘云山出席会议并作报告。

2015年11月6日，政协十二届全国委员会常务委员会第十三次会议在北京开幕。中共中央政治局常委、国务院总理李克强出席会议并作报告。中共中央政治局常委、全国政协主席俞正声主持开幕会。

2015年5月12日，全国政协在京召开“推进人民法院司法体制改革”专题协商会。中共中央政治局常委、全国政协主席俞正声主持会议并讲话。

2015年7月10日，全国政协在京召开“深化行政审批制度改革”专题协商会。中共中央政治局常委、全国政协主席俞正声主持会议并讲话。

2015年12月3日，全国政协在京召开第43次双周协商座谈会，围绕“仿制药的质量问题与对策”建言献策。中共中央政治局常委、全国政协主席俞正声主持会议并讲话。

2015年3月18日，纪念赛福鼎·艾则孜同志诞辰100周年座谈会在北京举行。中共中央政治局常委、全国政协主席俞正声出席座谈会。

2015年12月9日，中共全国政协党组召开“三严三实”专题民主生活会。中共中央政治局常委，全国政协主席、党组书记俞正声主持会议并讲话。

2015年7月23日，正在泰国进行正式友好访问的中共中央政治局常委、全国政协主席俞正声在曼谷会见泰国国王普密蓬御代表诗琳通公主。

2015年7月21日，正在泰国进行正式友好访问的中共中央政治局常委、全国政协主席俞正声在曼谷会见泰国总理巴育。

2015年7月24日，正在泰国进行正式友好访问的中共中央政治局常委、全国政协主席俞正声在曼谷考察泰国国王山地开发计划农海发展中心。

2015年7月27日，正在印度尼西亚进行正式友好访问的中共中央政治局常委、全国政协主席俞正声会见印尼总统佐科。

2015年7月27日，正在印度尼西亚进行正式友好访问的中共中央政治局常委、全国政协主席俞正声会见印尼人协主席祖尔基弗利。

2015年7月27日，正在印度尼西亚进行正式友好访问的中共中央政治局常委、全国政协主席俞正声参观印尼伊斯蒂赫拉尔清真寺时按照当地宗教习俗击鼓。

2015年11月10日，中共中央书记处书记、全国政协副主席杜青林在捷克出席“2015中国投资论坛”并讲话。

2015年11月12日，克罗地亚总统基塔罗维奇会见中共中央书记处书记、全国政协副主席杜青林。

2015年5月15日，中共中央书记处书记、全国政协副主席杜青林率领全国政协特邀常委视察团到湖南，就深化投资审批制度改革情况进行调研。视察团走访了省、市、县政府部门，产业园区，政务服务中心和企业。

2015年1月8日，全国政协副主席陈晓光率全国政协社法委“促进《科技成果转化法》修订”调研组，到中科院微电子所调研。

2015年4月16日，全国政协副主席王家瑞出席国际形势分析会并讲话。

2015年4月22日，全国政协副主席刘晓峰率全国政协文史和学习委员会专题调研组，就“抗战遗址保护和利用情况”在山西省进行专题调研时听取情况介绍。

全国委员会篇

领导人讲话、报告和文章

2015年5月21日，全国政协副主席万钢率全国政协科教文卫体委员会“创新人才培养模式改革”专题调研组在重庆大学考察。

2015年5月29日至6月3日，全国政协副主席兼秘书长张庆黎率全国政协委员视察团，围绕“小型农田水利建设情况”在吉林省和陕西省开展监督性视察。图为6月2日，张庆黎副主席兼秘书长率团视察陕西省咸阳市泾阳县王桥镇北峪万亩葡萄基地。

2015年6月10日，全国政协副主席何厚铧率澳门地区全国政协委员就如何促进苏澳合作赴江苏调研。图为10日视察常州天宁禅寺。

2015年7月2日至5日，全国政协副主席王正伟带领国家民委调研组，在甘南藏族自治州调研中央民族工作会议精神贯彻落实情况和自治州全面建成小康社会情况，深入学校、园区、社区、寺庙考察，并看望慰问少数民族群众。

2015年10月27日，全国政协副主席韩启德率全国政协教科文卫体委员会“推进安宁疗护发展”专题调研组在沪调研。

2015年11月9日，全国政协副主席齐续春率全国政协委员视察团，赴重庆对“特殊教育发展和管理”工作情况开展为期五天的视察。图为11月10日，视察重庆市特殊教育中心。

目 录

重要文献

决议、决定、公告、通知

制度建设

重要会议、活动

经常性工作

【专门委员会】

【委员视察、考察、调研】

【反映社情民意】

机关建设

报刊社论

2015 年大事记

地方委员会篇

重　要　文　献

中共中央关于加强社会主义协商民主建设的意见

（2015年2月9日）

社会主义协商民主是中国社会主义民主政治的特有形式和独特优势，是党的群众路线在政治领域的重要体现，是深化政治体制改革的重要内容。为深入贯彻落实党的十八大和十八届三中、四中全会精神，推进协商民主广泛多层制度化发展，建设社会主义政治文明，推进国家治理体系和治理能力现代化，现就加强社会主义协商民主建设提出如下意见。

一、加强协商民主建设的重要意义

协商民主是在中国共产党领导下，人民内部各方面围绕改革发展稳定重大问题和涉及群众切身利益的实际问题，在决策之前和决策实施之中开展广泛协商，努力形成共识的重要民主形式。

（1）发展历程。社会主义协商民主是中国共产党和中国人民的伟大创造，源自中国共产党领导人民进行革命、建设、改革的长期实践。党的十八大和十八届三中全会深刻总结我国社会主义民主政治建设的经验和规律，作出健全社会主义协商民主制度、推进协商民主广泛多层制度化发展的重大战略部署。协商民主在我国具有深厚的文化基础、理论基础、实践基础、制度基础，为发展中国社会主义民主政治丰富了形式，拓展了渠道，增加了内涵。

（2）重要意义。当前，我国正处在全面建成小康社会的决定性阶段。面对改革开放进程中利益格局深刻调整的新形势，面对社会新旧矛盾相互交织的新变化，面对市场经济条件下思想观念多元多样的新情况，面对世界范围内不同政治发展道路竞争博弈的新挑战，加强协商民主建设，有利于扩大公民有序政治参与、更好实现人民当家作主的权利，有利于促进科学民主决策、推进国家治理体系和治理能力现代化，有利于化解矛盾冲突、促进社会和谐稳定，有利于保持党同人民群众的血肉联系、巩固和扩大党的执政基础，有利于发挥我国政治制度优越性，增强中国特色社会主义道路自信、理论自信、制度自信。

二、加强协商民主建设的指导思想、基本原则和渠道程序

（3）指导思想。加强协商民主建设，必须贯彻落实党的十八大和十八届三中、四中全会精神，高举中国特色社会主义伟大旗帜，以马克思列宁主义、毛泽东思想、邓小平理论、“三个代表”重要思想、科学发展观为指导，深入贯彻落实习近平总书记系列重要讲话精神，坚持和完善我国根本政治制度和基本政治制度，以保证人民当家作主为根本，构建程序合理、环节完整的协商民主体系，推进协商民主广泛多层制度化发展，为发展中国社会主义民主政治注入新的活力，为实现“两个一百年”奋斗目标、实现中华

民族伟大复兴的“中国梦”凝聚智慧和力量。

(4) 基本原则。加强协商民主建设，必须坚持党的领导、人民当家作主、依法治国有机统一，贯彻民主集中制，坚定不移走中国特色社会主义政治发展道路。坚持围绕中心、服务大局，促进经济持续健康发展，维护社会和谐稳定。坚持依法有序、积极稳妥，确保协商民主有制可依、有规可守、有章可循、有序可遵。坚持协商于决策之前和决策实施之中，增强决策的科学性和实效性。坚持广泛参与、多元多层，更好保障人民群众的知情权、参与权、表达权、监督权。坚持求同存异、理性包容，切实提高协商质量和效率。

(5) 协商渠道。继续重点加强政党协商、政府协商、政协协商，积极开展人大协商、人民团体协商、基层协商，逐步探索社会组织协商。发挥各协商渠道自身优势，做好衔接配合，不断健全和完善社会主义协商民主制度。各类协商要根据自身特点和实际需要，合理确定协商内容和方式。

(6) 协商程序。从实际出发，按照科学合理、规范有序、简便易行、民主集中的要求，制定协商计划、明确协商议题和内容、确定协商人员、开展协商活动、注重协商成果运用反馈，确保协商活动有序务实高效。

三、继续加强政党协商

发挥中国特色社会主义政党制度优势，坚持长期共存、互相监督、肝胆相照、荣辱与共，加强中国共产党同民主党派的政治协商，搞好合作共事，巩固和发展和谐政党关系。

(7) 继续探索规范政党协商形式。完善协商的会议形式，就党和国家重要方针政策、重大问题召开专题协商座谈会，由中共中央主要负责同志主持；就重要人事安排在酝酿阶段召开人事协商座谈会，由中共中央负责同志主持；就民主党派的重要调研课题召开调研协商座谈会，由中共中央负责同志主持，邀请相关部门参加；根据工作需要，召开协商座谈会，沟通思想、交换意见、通报重要情况，由中共中央负责同志或委托有关部门主持。完善中共中央负责同志与民主党派中央负责同志约谈形式。完善中共中央与民主党派中央书面沟通协商形式。

(8) 完善民主党派中央直接向中共中央提出建议制度。民主党派中央每年以调研报告、建议等形式直接向中共中央提出意见和建议。民主党派中央负责同志可以个人名义向中共中央和国务院直接反映情况、提出建议。中共中央政治局常委、委员开展的国内考察调研以及重要外事活动，可根据需要、经统一安排邀请民主党派中央负责同志参加。

(9) 加强政党协商保障机制建设。健全知情明政机制，有关部门定期提供相关材料，组织专题报告会，协助民主党派优化考察调研选题。加强政府有关部门、司法机关与民主党派的联系，视情邀请民主党派列席有关会议、参加专项调研和检查督导工作。完善协商反馈机制，中共中央将协商意见交付有关部门办理，有关部门及时反馈落实情况。支持民主党派加强协商能力建设。

无党派人士是政治协商的重要组成部分，工商联是具有统战性的人民团体和民间商会，有关部门要为无党派人士和工商联参加协商做好联络服务。

各省（自治区、直辖市）、市（地、州、盟）党委要结合实际，对开展政党协商作出具体安排。

四、积极开展人大协商

人民代表大会制度是保证人民当家作主的根本政治制度。各级人大要依法行使职权，同时在重大决策之前根据需要进行充分协商，更好汇聚民智、听取民意，支持和保证人民通过人民代表大会行使国家权力。

（10）深入开展立法工作中的协商。制定立法规划、立法工作计划，要广泛听取各方面的意见和建议。健全法律法规起草协调机制，加强人大专门委员会、工作委员会与相关方面的沟通协商。健全立法论证、听证、评估机制，探索建立有关国家机关、社会团体、专家学者等对立法中涉及的重大利益调整论证咨询机制。拓宽公民有序参与立法途径，健全法律法规草案公开征求意见和公众意见采纳情况反馈机制。对于法律关系复杂、意见分歧较大的法律法规草案，要进行广泛深入的调研、论证、协商，在各方面基本取得共识基础上再依法提请表决。

（11）发挥好人大代表在协商民主中的作用。健全法律法规规章起草征求人大代表意见制度，增加人大代表列席人大常委会会议人数，更好发挥人大代表在立法协商中的作用。提高代表议案建议质量，有关方面要加强与代表的沟通协商，增强议案建议办理实效。建立健全代表联络机构、网络平台等形式，密切代表同人民群众联系。

鼓励基层人大在履职过程中依法开展协商，探索协商形式，丰富协商内容。

五、扎实推进政府协商

围绕有效推进科学民主依法决策加强政府协商，增强决策透明度和公众参与度，解决好人民最关心最直接最现实的利益问题，推进政府职能转变，提高政府治理能力和水平。

（12）探索制定并公布协商事项目录。政府根据法律法规规定和工作实际，探索制定并公布协商事项目录。列入目录的事项，要进行沟通协商。未列入目录的事项，根据实际需要进行沟通协商。

（13）增强协商的广泛性针对性。坚持社会公众广泛参与，加强与人大代表、政协委员以及民主党派、无党派人士、工商联等的沟通协商。专业事项坚持专家咨询论证。涉及经济社会发展重大问题、重大公共利益或重大民生的，重视听取社会各方面的意见和建议，吸纳社会公众特别是利益相关方参与协商。涉及特定群体利益的，加强与相关人民团体、社会组织以及群众代表的沟通协商。

（14）完善政府协商机制。做好政府信息公开工作，为各方面参与政府协商创造条件。完善意见征集和反馈机制，在立法、设定决策议题、进行决策时广泛听取意见，及时反馈意见采纳情况。规范听证机制，听证会依法公开举行，及时公开相关信息。建立健全决策咨询机制，完善咨询程序，提高咨询质量和公信力。完善人大代表议案建议和政协提案办理联系机制，建立和完善台账制度，将建议和提案办理纳入政府年度督查工作计划，办理结果逐步向社会公开。

六、进一步完善政协协商

充分发挥人民政协作为协商民主重要渠道和专门协商机构的作用，坚持团结和民主两大主题，推进政治协商、民主监督、参政议政制度建设，不断提高人民政协协商民主制度化、规范化、程序化水平。

（15）明确政协协商的主要内容。主要包括国家和地方的大政方针以及政治、经济、文化和社会生活中的重要问题，各党派参加人民政协工作的共同性事务，政协内部的重要事务，以及有关爱国统一战线的其他重要问题等。

（16）完善政协会议及其他协商形式。改进政协通过会议进行协商的形式，适当增加专题议政性常委会议和专题协商会次数，完善协商座谈会制度。更加灵活、更为经常地开展专题协商、对口协商、界别协商、提案办理协商，探索网络议政、远程协商等新形式。增加集体提案比重，提高提案质量，建立交办、办理、督办提案协商机制。通过协商会议、建议案、视察、提案、反映社情民意信息等形式提出意见和建议，积极履行民主监督职能。

（17）加强政协协商与党委和政府工作的有效衔接。规范协商议题提出机制，认真落实由党委、人大、政府、民主党派、人民团体等提出议题的规定，探索由界别和委员联名提出议题。规范年度协商计划的制定，由党委常委会会议专题讨论并列入党委年度工作要点。健全知情明政制度，相关部门定期通报有关情况，为政协委员履职提供便利、创造条件。规范党委和政府领导及部门负责人参加政协协商活动。完善协商成果采纳、落实和反馈机制。

（18）加强人民政协制度建设。政协全国委员会研究制定规范政治协商、民主监督、参政议政的具体意见。深入开展调查研究，在条件成熟时对政协界别适当进行调整。完善委员推荐提名工作机制，优化委员构成。研究制定政协委员管理的指导性意见。在政协建立健全委员联络机构，完善委员联络制度。

七、认真做好人民团体协商

围绕做好新形势下党的群众工作开展协商，更好组织和代表所联系群众参与公共事务，有效反映群众意愿和利益诉求，发挥人民团体作为党和政府联系人民群众的桥梁和纽带作用。

（19）建立完善人民团体参与各渠道协商的工作机制。对涉及群众切身利益的实际问题，特别是事关特定群体权益保障的，有关部门要加强与相关人民团体协商。政协要充分发挥人民团体及其界别委员的作用，积极组织人民团体参与协商、视察、调研等活动，密切各专门委员会和人民团体的联系。

（20）组织引导群众开展协商。人民团体要健全直接联系群众工作机制，及时围绕涉及所联系群众切身利益的问题开展协商。拓展联系渠道和工作领域，把联系服务新兴社会群体纳入工作范围，增强协商的广泛性和代表性。积极发挥对相关领域社会组织的联系服务引领作用，搭建相关社会组织与党委和政府沟通交流的平台。

八、稳步推进基层协商

涉及人民群众利益的大量决策和工作，主要发生在基层。要按照协商于民、协商为民的要求，建立健全基层协商民主建设协调联动机制，稳步开展基层协商，更好解决人民群众的实际困难和问题，及时化解矛盾纠纷，促进社会和谐稳定。

（21）推进乡镇、街道的协商。围绕本地城乡规划、工程项目、征地拆迁以及群众反映强烈的民生问题等，组织有关方面开展协商。加强乡镇、街道对行政村、社区协商活动的指导。跨行政村或跨社区的重要决策事项，根据需要由乡镇、街道乃至县（市、区、旗）组织开展协商。

（22）推进行政村、社区的协商。坚持村（居）民会议、村（居）民代表会议制度，规范议事规程。积极探索村（居）民议事会、村（居）民理事会、恳谈会等协商形式。重视吸纳利益相关方、社会组织、外来务工人员、驻村（社区）单位参加协商。通过协商无法解决或存在较大争议的问题或事项，应提交村（居）民会议或村（居）民代表会议决定。

（23）推进企事业单位的协商。健全以职工代表大会为基本形式的企事业单位民主管理制度。畅通职工表达合理诉求渠道，健全各层级职工沟通协商机制。积极推动由工会代表职工与企业就调整和规范劳动关系等重要决策事项进行集体协商。逐步完善以劳动行政部门、工会组织、企业组织为代表的劳动关系三方协商机制。

探索开展社会组织协商。坚持党的领导和政府依法管理，健全与相关社会组织联系的工作机制和沟通渠道，引导社会组织有序开展协商，更好为社会服务。

九、加强和完善党对协商民主建设的领导

党的领导是中国特色社会主义最本质的特征。加强协商民主建设，必须坚持党的领导，充分发挥党总揽全局、协调各方的领导核心作用，把握正确方向，形成强大合力，确保有序高效开展。

（24）高度重视协商民主建设。各级党委要充分认识加强协商民主建设的重大意义，把协商民主建设纳入总体工作部署和重要议事日程，对职责范围内各类协商民主活动进行统一领导、统一规划、统一部署。要做到协商于决策之前和决策实施之中，根据各方面的意见和建议来决定和调整决策和工作，从制度上保障协商成果落地，使决策和工作更好顺乎民意、合乎实际。党委领导同志要以身作则，带头学习掌握协商民主理论，熟悉协商民主工作方法，把握协商民主工作规律，努力成为加强协商民主建设的积极组织者、有力促进者、自觉实践者，通过推进协商民主改善党的领导、加强党的领导、巩固党的执政地位。

（25）建立健全党领导协商民主建设的工作制度。建立党委统一领导、各方分工负责、公众积极参与的领导体制和工作机制。各级党委要按照民主集中制原则，坚持民主基础上的集中和集中指导下的民主相统一，确保协商依法开展、有序进行，防止议而不决、决而不行。加强统筹协调，认真研究制定协商计划，解决协商民主建设的重大问题，支持人大、政府、政协、党派团体、基层组织和社会组织依照法律法规和各自章程开展协商，有计划有步骤地推进协商活动。加强对协商民主建设落实情况的监督检查。

(26) 支持鼓励协商民主建设探索创新。协商民主建设是一个不断发展的过程。各级党委要加强领导和组织协调，鼓励探索创新，通过各种途径、各种渠道、各种方式进行广泛协商，建立健全提案、会议、座谈、论证、听证、公示、评估、咨询、网络、民意调查等多种协商方式。尊重群众首创精神，注重实践经验提炼总结，并适时上升为制度规范。加强中国特色新型智库建设，建立健全决策咨询制度。加强协商民主理论研究，不断丰富和发展社会主义协商民主理论体系。研究制定协商民主建设党内法规。

(27) 营造协商民主建设良好氛围。各级党委要自觉把协商民主建设贯穿于各领域，坚持有事多协商，遇事多协商，做事多协商。健全党内民主制度，以党内民主带动和促进协商民主发展。党委宣传部门和主要新闻媒体，要加强正确舆论引导，普及协商民主知识，宣传协商民主理论和实践，树立协商民主建设先进典型，发挥好示范引领作用。

各地区各相关部门要根据本意见，结合实际，制定具体实施办法。

中共中央办公厅印发《关于加强人民政协协商民主建设的实施意见》

（2015年6月25日）

人民政协是社会主义协商民主的重要渠道和专门协商机构，是国家治理体系的重要组成部分。为深入贯彻落实党的十八大和十八届三中、四中全会精神，按照《中共中央关于加强社会主义协商民主建设的意见》，现就进一步加强人民政协协商民主建设提出如下实施意见。

一、加强人民政协协商民主建设的重要意义、指导思想和重要原则

1. 重要意义。人民政协协商民主是在中国共产党领导下，参加人民政协的各党派团体、各族各界人士履行政治协商、民主监督、参政议政职能，围绕改革发展稳定重大问题和涉及群众切身利益的实际问题，在决策之前和决策实施之中广泛协商、凝聚共识的重要民主形式。

社会主义协商民主是中国共产党和中国人民的伟大创造。人民政协协商民主是社会主义协商民主的重要组成部分。1949年中国人民政治协商会议第一届全体会议的召开，标志着中国共产党领导的多党合作和政治协商制度正式确立。1954年第一届全国人民代表大会召开后，人民政协作为中国共产党领导的多党合作和政治协商机构、作为统一战线组织继续发挥重要作用。改革开放以来，人民政协的性质、作用被庄严载入宪法，党中央对加强人民政协工作作出一系列重要部署。党的十八大和十八届三中、四中全会强调，健全社会主义协商民主制度，推进协商民主广泛多层制度化发展，为人民政协事业发展指明了方向。

人民政协以宪法、政协章程和相关政策为依据，以中国共产党领导的多党合作和政治协商制度为保障，集协商、监督、参与、合作于一体，是各党派团体和各族各界人士发扬民主、参与国是、团结合作的重要平台，是适合中国国情、具有鲜明中国特色的制度安排。充分发挥人民政协作为协商民主重要渠道和专门协商机构的作用，有利于广纳群言、广谋良策、广聚共识，有利于促进党和政府决策科学化、民主化，有利于更好实现人民当家作主，有利于化解矛盾、促进社会和谐稳定，有利于推进国家治理体系和治理能力现代化。

2. 指导思想。加强人民政协协商民主建设，必须贯彻落实党的十八大和十八届三中、四中全会精神，高举中国特色社会主义伟大旗帜，以马克思列宁主义、毛泽东思想、邓小平理论、“三个代表”重要思想、科学发展观为指导，深入贯彻落实习近平总书记系列重要讲话精神，坚持围绕协调推进“四个全面”战略布局，坚持和完善中国共产党领导的多党合作和政治协商制度，坚持团结和民主两大主题，把协商民主贯穿履行职能全过程，重点推进政治协商、民主监督、参政议政制度化、规范化、程序化，拓展

协商内容、丰富协商形式、规范协商程序、增加协商密度、提高协商成效，广泛凝聚各党派团体、各族各界人士的智慧和力量，为实现“两个一百年”奋斗目标、实现中华民族伟大复兴的中国梦作出更大贡献。

3. 重要原则。加强人民政协协商民主建设，必须坚持党的领导，坚定不移走中国特色社会主义政治发展道路；坚持宪法和政协章程确定的人民政协性质定位，始终围绕中心、服务大局；坚持协商于决策之前和决策实施之中，切实提高协商实效；坚持民主协商、平等议事、求同存异、体谅包容，努力营造良好协商氛围。

二、明确政协协商的内容

4. 政协协商的主要内容。国家大政方针和地方的重要举措以及政治、经济、文化和社会生活中的重要问题，各党派参加人民政协工作的共同性事务，政协内部的重要事务，以及有关爱国统一战线的其他重要问题等。

5. 制定政协年度协商计划。党委会同政府、政协制定年度协商计划，对明确规定需要协商的事项必须经协商后提交决策实施。政协专题议政性常务委员会会议议题、专题协商会议题及其他协商形式的重要议题，应列入年度协商计划，做到协商议题和协商形式相匹配。

建立健全制定年度协商计划的工作机制。政协办公厅（室）在广泛征求政协参加单位、政协委员和有关部门意见的基础上，形成年度协商计划草案。党委办公厅（室）会同政府办公厅（室）、政协办公厅（室）修改完善年度协商计划草案。经政协主席会议审议后，报党委常委会会议确定。

6. 在实践中丰富协商内容。鼓励各级政协根据形势发展，围绕党和国家中心工作，结合实际丰富协商内容，拓宽协商范围。政府起草一些重要法律法规的过程中，视情可在政协听取意见。充分发挥政协委员、民主党派、工商联、无党派人士、人民团体等在立法协商中的作用。

三、规范政协协商的形式

7. 完善政协全体会议协商制度。政协全体会议期间，党委、人大常委会、政府和人民法院、人民检察院领导同志出席开幕会、闭幕会，参加界别联组和委员小组讨论；党委和政府有关领导同志听取大会发言；有关部门负责同志参加界别联组和委员小组讨论、听取意见。可安排跨界别联组讨论；界别联组和小组会议应安排时间讨论界别提案、推荐界别大会发言。规范会议活动程序和机制。完善大会发言遴选机制，提高发言质量。改进会议成果报送工作，如实反映委员意见建议。

8. 健全专题议政性常务委员会会议制度。全国政协一般每年召开 2 次专题议政性常务委员会会议，地方政协可视情安排。会议按专题分组讨论，进行大会发言。根据议题需要，政协邀请党政有关领导同志出席会议通报情况，听取意见，并可与委员互动交流；邀请有关部门负责同志到会听取意见，参加讨论。会议成果以政协党组报告、大会发言专报、政协信息等多种形式报送党委和政府及有关部门。

9. 规范专题协商会。全国政协一般每年召开 2 次专题协商会，地方政协可视情安排。根据议题需要，政协邀请党政分管相关工作的领导同志及有关部门负责同志，出席会议，听取意见，与委员互动交流。组织相关委员和专家学者参加。会议发言应充分反映政协专门委员会专题调研、委员视察、界别调研和民主党派调研等成果。会后，相关意见建议以政协党组报告、政协信息等形式报送党委和政府及有关部门。

10. 完善双周协商座谈会制度。全国政协应选择内容具体、针对性强的问题作为双周协商座谈会的议题，部分重要议题列入政协年度协商计划。视情每年召开若干次双周协商座谈会。根据议题需要，政协邀请有关部门负责同志参加并介绍情况。优化参会人员结构，以委员中的民主党派成员和无党派人士为主，视情邀请有关专家学者参加。会前，全国政协相关专门委员会和有关方面应深入开展调研。会后，及时将会议主要内容、形成的共识和重要意见建议，以信息专报等形式报送党委和政府及有关部门参阅。推动协商过程和协商成果公开，增加影响力和共识度。地方政协可结合实际，对协商座谈会等活动作出安排。

11. 开展对口协商和界别协商。政协各专门委员会与对口联系的有关部门以议题为纽带建立健全对口联系工作机制，开展对口协商。加强走访交流，建立信息共享机制，确定对口协商议题。对口部门根据情况邀请政协相关专门委员会参加重要工作会议或重要活动，政协组织的视察和调研活动可邀请对口部门参加。

充分发挥界别在视察、调研、提案、大会发言、反映社情民意信息等工作中的作用。完善政协领导同志和专门委员会联系界别的制度。专门委员会根据工作整体部署组织界别委员开展专题调研，举行界别协商会、座谈会等活动。政协主席会议成员根据工作需要参加界别协商活动。健全政协办公厅（室）和专门委员会服务界别协商的工作机制和保障机制。

12. 健全提案办理协商制度。修订提案审查工作细则，严格立案标准，提高提案质量。加大专门委员会和界别提交提案力度，增加集体提案比重。建立交办、办理、督办提案协商机制。在提案交办环节，建立共同交办机制，召开提案交办会，做好落实责任的协商。在提案办理环节，建立健全联系沟通、办理询问、研讨交流机制，把沟通协商作为提案办理的必经环节。在提案督办环节，建立健全跟踪督查和成果反馈机制，做好成果转化的协商。建立和完善台账制度，把提案办理纳入政府年度督查计划。完善提案办理考核评价机制，逐步将提案办理工作纳入绩效考核体系。落实提案及办理结果公开的有关规定。制定政协提案办理协商办法。落实政协办公厅（室）和专门委员会参与重点提案遴选与督办的工作制度。全国政协完善主席办公会议协商督办重点提案的做法。

13. 拓展协商形式。政协在党委和政府重大决策形成过程中及时召开专题座谈会，有关方面负责同志到会听取意见建议。在视察、考察、专题调研等活动中开展协商。通过视察报告、调研报告、提案、建议案等形式开展协商。整合现有网络资源，探索网络议政、远程协商等新形式。

四、加强政协协商与党委和政府工作的有效衔接

14. 规范协商议题提出机制。认真落实由党委、人大、政府、民主党派、人民团体等提出议题的规定。建立党委同政府、政协重点协商议题会商机制，议题可由党委和政府交办，可由党委召开的秘书长联席会议研究提出，可由政协与党委和政府及有关部门沟通协商提出。建立政协内部选题机制，通过常务委员会会议、专门委员会会议以及座

谈会、发函等形式征集议题，积极探索由界别、委员联名、委员小组提出议题。

15. 健全知情明政制度。党委召开的有关重要工作会议可安排政协领导同志参加。国务院或地方政府召开全体会议和有关会议，可视情邀请政协有关领导同志列席。有关部门召开的重要会议可视情邀请政协有关方面负责同志参加。建立相关部门定期通报情况制度，为政协委员履行职责提供便利、创造条件。政协全体会议召开前，根据需要可组织情况通报会，请有关部门通报年度工作情况。协商活动举办前，有关部门应提供需要协商的相关材料。组织委员视察调研，可邀请有关部门同志介绍情况、交换意见。

16. 完善协商成果采纳、落实和反馈机制。党委会同政府、政协制定协商成果采纳、落实和反馈办法。协商后形成的视察报告、调研报告、政协信息、大会发言专报、重要提案摘报等成果，党政领导同志作出批示的，应及时告知政协办公厅（室）；对领导同志要求有关部门落实的，应将落实情况抄送政协办公厅（室）。

五、加强人民政协制度建设

17. 政协全国委员会研究制定规范政治协商、民主监督、参政议政的具体意见。认真贯彻《中共中央关于加强人民政协工作的意见》对政治协商、民主监督、参政议政的规定。加强政治协商的制度建设，把政治协商作为重要环节纳入决策程序，明确党委、政府和政协在协商活动中的职责。

适时制定民主监督的专项规定，完善民主监督的组织领导、权益保障、知情反馈、沟通协调机制。重视发挥协商会议、视察、提案、建议案、专题调研、大会发言、反映社情民意信息、委员举报等在民主监督中的作用。政协各种协商活动特别是专题议政性常务委员会会议、专题协商会、协商座谈会等，增加民主监督内容，加大民主监督力度。政协办公厅（室）和专门委员会应开展监督性的视察和专题调研。参加有关部门组织的调查和检查活动。政协可应有关行政执法部门邀请推荐特约监督员。密切与党委和政府监督机构以及新闻媒体的联系，加强工作协调和配合。总结推广专题民主监督、民主评议的做法。

建立健全参政议政的各项工作制度，加强和改进经常性工作。修订专门委员会通则，发挥专门委员会在政协工作中的基础作用。修订视察工作条例。做好党委和政府委托政协开展的重大课题调研和邀请委员参与的重大项目研究论证，集中优势资源，发挥委员主体作用，形成整体合力，提出高质量的意见建议。

18. 研究制定规范委员履职工作的指导性意见。进一步明确委员的权利和义务，规范委员履职服务管理，建立委员履职档案，实行委员履职情况统计，将委员履职情况作为换届时继续提名的重要参考；严格会议请假制度，委员出席会议和参加活动的情况书面通知本人并在一定范围通报；探索建立委员每届任期内就履职情况向本级政协报告的制度。强化廉洁自律，逐步建立委员履职的利益冲突回避机制，制定委员违反政协章程的处理办法。

19. 在政协建立健全委员联络机构，完善委员联络制度。建立覆盖全体委员的联系网络，充分发挥政协参加单位、专门委员会、界别、机关、所在地全国政协委员活动召集人等联络服务委员的作用。完善发挥全国政协委员作用的意见。各级政协领导考察调研，可视情与当地同级政协委员座谈。政协的视察考察和专题调研活动可安排当地相关同级政协委员参加。全国政协定期向京外委员和港澳地区委员通报工作情况。建立健全与委员联络的具体机构，明确职责，做好委员日常联络工作，为委员履行职责提供服务管理，依法维护委员依照政协章程履行职责的权利；配合专门委员会，联系政协参加单位和界别召集人，及时通报政协会议精神和工作情况；做好接待委员信访的工作。

六、提高政协协商能力

20. 提高政治把握能力。完善政协常务委员会会议和主席会议学习制度，组织委员专题学习研讨。加强委员对党的路线方针政策和宪法法律的学习，在履行职责的实践中，提高运用科学理论分析判断形势，运用法治思维和法治方式研究解决问题的能力和水平，坚定理想信念，增进政治认同。

21. 提高调查研究能力。坚持问题导向，重视调查研究，制定加强和改进调研工作实施办法。视察和专题调研课题应与政协年度协商计划和政协重点工作相衔接，由主席会议或主席办公会议统筹审定。优化调研队伍构成，采取集中调研、分散调研、蹲点调研等形式摸清真实情况。加强对调研成果的研究论证。加强人民政协智库建设，整合各级政协组织、政协委员等各方面智力资源，发挥中国经济社会理事会、中国宗教界和平委员会、中国人民政协理论研究会作用。

22. 提高联系群众能力。坚持党的群众路线，建立健全社情民意表达和汇集分析机制，畅通和拓宽各界群众的利益诉求表达渠道，积极反映社情民意。修订政协反映社情民意信息工作条例。密切政协各专门委员会与人民团体等界别的联系，积极组织委员参与协商、视察、调研等活动，及时向有关部门反映其提供的相关信息和意见建议。有条件的地方可推广委员联系点、委员网上信箱等联系群众的新形式。委员应主动向群众宣传党的路线方针政策，解疑释惑，引导群众理性有序合法表达诉求。

23. 提高合作共事能力。完善工作机制，搭建更多平台，加强政协组织与党委统战部门的沟通协调，为民主党派委员和无党派人士委员在政协履行职能、协商议政、发挥作用创造条件。建立政协主席、副主席联系各界别委员制度。强化政协开展统战工作的职责要求。政协委员中的共产党员和政协机关中的共产党员应广交、深交党外朋友。在工作中既增进对党的路线方针政策的共识，又包容不同意见的存在和表达，提高合作共事的质量和水平。

七、加强和完善党对人民政协协商民主建设的领导

24. 高度重视人民政协协商民主建设。中国共产党的领导是人民政协事业发展进步的根本保证。人民政协事业要沿着正确方向发展，就必须毫不动摇坚持中国共产党的领导。按照党总揽全局、协调各方的原则，支持人民政协依照宪法法律和政协章程独立负责、协调一致地开展工作。各级党委要充分认识加强人民政协协商民主建设的重大意义，认真贯彻落实《中共中央关于加强社会主义协商民主建设的意见》，善于运用人民政协这一政治组织和民主形式为实现党的总任务、总目标服务。

25. 建立健全党领导人民政协协商民主建设的工作制度。各级党委应把人民政协协商民主建设纳入总体工作部署和重要议事日程，及时研究并统筹解决工作中的重大问题。按照党委统一领导、各方分工负责的原则，统筹制定加强党委和政府工作与政协协

商有效衔接的相关制度。支持政协制定并实施政治协商、民主监督、参政议政的专项制度。建立健全党委常委会会议听取政协党组工作汇报，讨论政协常务委员会工作报告和年度协商计划等的制度。深入研究发挥政协界别作用的思路和办法，拓展有序政治参与空间。深入开展调查研究，在条件成熟时对政协界别适当进行调整。完善委员推荐提名工作机制，优化委员构成。改进委员产生机制，严把委员素质关，真正把代表性强、议政水平高、群众认可、德才兼备的优秀人士吸收到委员队伍中来。加强政协机关领导班子和干部队伍建设，加强干部选拔、交流和任用，加大干部培训学习、挂职锻炼的力度。加强对人民政协协商民主建设落实情况的监督检查。

26. 发挥政协党组领导核心作用。政协党组肩负着实现党对人民政协领导的重大政治责任，要发挥领导核心作用，坚定不移贯彻执行党关于人民政协的方针政策，把党的有关重大决策和工作部署贯彻到政协全部工作中去。按照民主集中制原则，确保协商依法开展、有序进行。健全政协重大工作向党委报告制度。认真落实党风廉政建设主体责任，抓好委员队伍建设和政协机关干部队伍建设，强化正风肃纪、反腐倡廉。

27. 营造全党全社会重视和支持人民政协协商民主建设的良好氛围。坚持“不打棍子、不扣帽子、不抓辫子”的方针，营造畅所欲言、各抒己见、理性有度、合法依章的良好协商氛围。大力推动关于人民政协协商民主的理论研究，将其列入各级党校、行政学院、干部学院、社会主义学院的教学计划。把对人民政协协商民主的宣传列入各级党委宣传部门的工作计划，积极宣传各级政协和政协委员履职的生动实践，形成有利于推进人民政协协商民主建设的良好环境。

中国共产党统一战线工作条例（试行）

（2015 年 9 月 23 日）

第一章　总　则

第一条　为加强和规范统一战线工作，巩固和发展爱国统一战线，根据《中国共产党章程》，制定本条例。

第二条　本条例所称统一战线，是指中国共产党领导的、以工农联盟为基础的，包括全体社会主义劳动者、社会主义事业建设者、拥护社会主义爱国者、拥护祖国统一和致力于中华民族伟大复兴爱国者的联盟。

统一战线是中国共产党凝聚人心、汇聚力量的政治优势和战略方针，是夺取革命、建设、改革事业胜利的重要法宝，是增强党的阶级基础、扩大党的群众基础、巩固党的执政地位的重要法宝，是全面建成小康社会、加快推进社会主义现代化、实现中华民族伟大复兴中国梦的重要法宝。

第三条　统一战线工作的指导思想和主要任务是：在中国共产党领导下，以马克思列宁主义、毛泽东思想、邓小平理论、“三个代表”重要思想、科学发展观为指导，深入学习贯彻习近平总书记系列重要讲话精神，坚定不移走中国特色社会主义道路，紧紧围绕全面建成小康社会、全面深化改革、全面依法治国、全面从严治党的战略布局，高举爱国主义、社会主义旗帜，坚持大团结大联合的主题，坚持正确处理一致性和多样性关系的方针，积极促进政党关系、民族关系、宗教关系、阶层关系、海内外同胞关系和谐，巩固和发展最广泛的爱国统一战线，为实现“两个一百年”奋斗目标、实现中华民族伟大复兴的中国梦服务，为维护社会和谐稳定、维护国家主权安全发展利益服务，为保持香港澳门长期繁荣稳定、实现祖国完全统一服务。

第四条　统一战线工作范围和对象是：

（一）民主党派成员；

（二）无党派人士；

（三）党外知识分子；

（四）少数民族人士；

（五）宗教界人士；

（六）非公有制经济人士；

（七）新的社会阶层人士；

（八）出国和归国留学人员；

（九）香港同胞、澳门同胞；

（十）台湾同胞及其在大陆的亲属；

（十一）华侨、归侨及侨眷；

（十二）其他需要联系和团结的人员。

统一战线工作对象为党外人士，重点是其中的代表人士。

第二章　组织领导与职责

第五条　中央和县级以上地方党委设置统战部。统一战线工作任务重的乡（镇、街道）党组织应当明确专人负责统一战线工作。

统一战线工作任务重的中央和省市两级党委派出机构，统一战线工作任务重的高等学校、科研院所党委，应当设置统一战线工作机构；统一战线工作任务重的大型国有企业党委应当明确机构和人员负责统一战线工作。

有关人民团体应当明确相关机构负责统一战线工作。

第六条　中央和地方各级党委开展统一战线工作的主要职责包括：

（一）将统一战线工作纳入重要议事日程，定期专题研究重大问题；

（二）制定和贯彻统一战线方针政策，推动与统一战线相关的法律法规的制定，督促检查统一战线方针政策和相关法律法规的落实情况，把统一战线工作作为对党委领导班子和领导干部考核的内容；

（三）组织开展统一战线理论、政策的研究、宣传和教育，把统一战线工作纳入宣传工作计划，把统一战线理论、政策纳入各级党校、行政学院、干部学院、社会主义学院教学内容，把统一战线知识纳入国民教育内容；

（四）加强对人大、政府、政协、司法机关、有关人民团体中统一战线工作的领导；

（五）发现、培养、使用、管理党外代表人士，尊重、维护和照顾同盟者利益；

（六）落实中央关于统一战线工作部门和统战干部队伍建设的要求；

（七）向上级党委报告统一战线工作。

其他部门、单位的党委（党组）参照上述规定履行相应统一战线工作职责。

各地区各部门各单位党委（党组）主要负责人为统一战线工作第一责任人。党委（党组）领导班子成员应当带头学习宣传和贯彻落实党的统一战线理论、方针、政策和法律法规，带头参加统一战线重要活动，带头广交深交党外朋友。

第七条　统战部是党委主管统一战线工作的职能部门，承担了解情况、掌握政策、协调关系、安排人事、增进共识、加强团结等职责，主要是：

（一）调查研究统一战线的理论、政策和法律法规，向党委全面反映统一战线情况，提出开展统一战线工作的意见和建议，组织协调统一战线政策和法律法规的贯彻落实，检查执行情况，协调统一战线各方面关系。

（二）负责联系民主党派，牵头协调无党派人士工作，研究贯彻做好民主党派和无党派人士工作的方针政策，支持民主党派和无党派人士履行职责、发挥作用，支持、帮助民主党派和无党派人士加强自身建设。

（三）调查研究党外知识分子的情况，反映意见，协调关系，提出政策建议，联系党外知识分子代表人士。

（四）调查研究民族、宗教工作的理论、方针、政策和法律法规，牵头协调检查落实情况，做好重要工作和重大问题的处理，协调开展马克思主义民族观、宗教观和相关理论、政策的宣传教育，联系少数民族和宗教界的代表人士，会同有关部门做好少数民族干部培养和举荐工作。

（五）调查研究非公有制经济人士的情况，协调关系，提出政策建议，团结、服务、引导、教育非公有制经济人士，开展思想政治工作。

（六）开展港澳台海外统一战线工作，联系香港、澳门、台湾和海外有关党派、团体及代表人士，会同有关部门对香港、澳门地区统一战线工作方针政策和法律法规进行调查研究，做好台胞、台属有关工作。

（七）负责党外代表人士在人大、政协安排的有关工作，会同有关部门做好安排党外代表人士担任政府和司法机关等领导职务的工作，做好党外代表人士和后备干部队伍建设工作，协助民主党派做好干部管理工作，反映和解决党外代表人士工作生活中的实际困难。

（八）指导下级党委统一战线工作，协助管理下级党委统战部部长，负责下级统战部负责人培训工作；协调政府有关部门统一战线工作，协助做好民族、宗教等工作部门领导班子成员推荐工作；领导工商联党组，指导工商联工作；做好有关统战团体管理工作。

中央统战部领导中央社会主义学院党组，指导中央社会主义学院工作。

（九）负责开展统一战线宣传工作。

第八条 统战部牵头协调和监督检查统一战线工作。统战部应当加强同政协组织的沟通协调配合，加强对民族、宗教工作部门和参事室、文史研究馆的工作指导，支持配合外事、对台、侨务、港澳等工作部门做好相关工作。

第九条 省级党委统战部部长一般由同级党委常委担任，市、县两级党委统战部部长由同级党委常委担任或者兼任。民族、宗教工作部门主要负责人具备条件的，可以担任同级党委统战部副部长。

第十条 中央成立统一战线工作领导小组，办公室设在中央统战部，对统一战线贯彻落实中央重大方针、政策、法律法规情况进行研究、协调指导和督促检查。

第三章 民主党派和无党派人士工作

第十一条 中国共产党领导的多党合作和政治协商制度是我国的一项基本政治制度。中国共产党同各民主党派实行长期共存、互相监督、肝胆相照、荣辱与共的基本方针。

民主党派是接受中国共产党领导、同中国共产党通力合作的亲密友党，是中国特色社会主义参政党。

无党派人士是指没有参加任何政党、有参政议政愿望和能力、对社会有积极贡献和一定影响的人士，其主体是知识分子。

民主党派的基本职能是参政议政、民主监督，参加中国共产党领导的政治协商。无党派人士可以参照民主党派履行职能。

第十二条 政党协商是中国共产党同民主党派的政治协商。政党协商主要包括下列内容：中国共产党全国和地方各级代表大会、中央和地方各级党委的有关重要文件；宪法的修改建议，有关重要法律的制定、修改建议，有关重要地方性法规的制定、修改建议；人大常委会、政府、政协领导班子成员和人民法院院长、人民检察院检察长建议人选；关系统一战线和多党合作的重大问题。

政党协商主要采取会议协商、约谈协商、书面协商等形式。

中央和地方各级党委应当按照规定程序开展政党协商。

支持民主党派和无党派人士参与人大协商、政府协商、政协协商及其他方面的协商。

第十三条 支持民主党派和无党派人士参政的主要内容是：参加国家政权，参与重要方针政策、重要领导人选的协商，参与国家事务的管理，参与国家方针政策、法律法规的制定和执行。

支持民主党派和无党派人士就经济社会发展重大问题进行考察调研，发挥其在反映社情民意、协调社会关系、维护社会稳定、开展对外交往方面的积极作用。支持民主党派和无党派人士开展社会服务活动。

支持民主党派和无党派人士就各级政府拟提交人民代表大会审议的政府工作报告、有关重大政策措施和重大建设项目提出意见和建议；支持民主党派负责人、无党派人士参加重要会议，参与有关政策、规划的制定和检查工作。

中共中央领导同志的国内考察调研以及重要外事活动，根据统一安排和工作需要，可以邀请民主党派中央负责人、无党派代表人士参加。地方党委可以结合实际作出具体安排。

第十四条 中国共产党和各民主党派实行互相监督。中国共产党处于领导和执政地位，更需要自觉接受民主党派的监督。民主党派和无党派人士的民主监督是指在坚持四项基本原则的基础上，通过提出意见、批评、建议的方式对中国共产党进行的政治监督。主要有下列形式：

（一）在政治协商中提出意见和建议；

（二）在党委主要负责人召开的专门会议上对党委领导班子及其成员提出意见和建议；

（三）对党委党风廉政建设和反腐败工作提出意见和建议；

（四）向党委及其职能部门提出书面意见和建议；

（五）参加党委有关方针政策、重大决策部署执行和实施情况的检查，参加廉政建设情况检查、其他专项检查和执法监督工作；

（六）受党委委托就有关重大问题进行专项监督；

（七）民主党派成员、无党派人士中的人大代表在人大会议中提出意见和建议，参加人大及其常委会和各专门委员会组织的有关调查研究；

（八）在政协召开的各种会议、组织的视察调研中提出意见，或者以提案等形式提出批评和建议；

（九）对人民法院、人民检察院工作提出意见和建议；

（十）担任司法机关和政府部门的特约人员参加相关监督检查工作。

第十五条 各级党委应当支持民主党派和无党派人士加强自身建设。

（一）支持民主党派加强思想建设，巩固共同思想政治基础；

（二）支持民主党派加强组织建设，做好组织发展和成员教育管理工作；

（三）支持民主党派加强制度建设，完善内部管理和监督制度，健全各项工作机制；

（四）支持民主党派加强机关建设，提升干部队伍素质，协调解决机构、编制、经费、办公场所、干部交流和挂职锻炼等方面的问题；

（五）完善联系无党派人士的机制，为无党派人士履行职责提供必要保障；

（六）支持社会主义学院发挥民主党派和无党派人士联合党校的作用。

第四章 党外知识分子工作

第十六条 国家机关和国有企事业单位党外知识分子工作的重点对象是：具有高级职称的党外知识分子，学科带头人或者重要业务骨干中的党外知识分子，担任中层以上领导职务的党外知识分子，其他有成就、有影响的党外知识分子。

国家机关和国有企事业单位党组（党委）负责本领域、本单位党外知识分子工作，组织党外知识分子参加统一战线工作和活动。

第十七条 在党委统一领导下，坚持充分尊重、广泛联系、加强团结、热情帮助、积极引导的方针，建立由统战部牵头、党政有关部门参加、社会有关团体参与的联席会议制度，做好新的社会阶层中的党外知识分子工作。

第十八条 坚持广泛团结、热情服务、积极引导、发挥作用的方针，做好出国和归国留学人员统一战线工作。

欧美同学会（中国留学人员联谊会）是党联系留学人员的桥梁纽带、做好留学人员工作的助手、留学人员之家。各省（自治区、直辖市）、副省级城市和省会城市应当建立留学人员组织。留学人员比较集中的其他城市和高等学校、科研院所等单位，可以成立留学人员组织。

各省（自治区、直辖市）可以成立党外知识分子联谊会。

第五章 民族工作

第十九条 民族工作的根本要求是：坚定不移走中国特色解决民族问题的正确道路，坚持中国共产党的领导，坚持中国特色社会主义道路，坚持维护祖国统一，坚持各民族一律平等，坚持和完善民族区域自治制度，坚持各民族共同团结奋斗、共同繁荣发展，坚持打牢中华民族共同体的思想基础，坚持依法治国，加强各民族交往交流交融，促进各民族和睦相处、和衷共济、和谐发展，巩固和发展平等团结互助和谐的社会主义民族关系，依靠各民族共同力量实现中华民族伟大复兴。

第二十条 围绕促进民族团结、改善民生，推动民族地区经济社会发展，提高民族地区就业水平和基本公共服务水平。发展少数民族教育文化事业，全面推广国家通用语言文字，尊重、支持各少数民族语言文字的学习和使用。

全面深入持久开展民族团结进步创建活动，积极培育中华民族共同体意识，增进各族群众对伟大祖国、中华民族、中华文化、中国共产党、中国特色社会主义的认同。

反对大民族主义主要是大汉族主义，反对狭隘民族主义。尊重少数民族风俗习惯，反对一切形式的民族歧视。依法处理涉及民族因素的矛盾和纠纷，同一切分裂祖国的行为作坚决斗争，维护国家统一、民族团结和社会稳定。

第二十一条 大力培养民族地区各族干部，大力选拔使用少数民族干部。密切联系少数民族代表人士，重视培养民族地区知识分子特别是少数民族党外知识分子骨干，积极培养少数民族专业人才。

第六章　宗教工作

第二十二条　党的宗教工作基本方针是：全面贯彻党的宗教信仰自由政策，依法管理宗教事务，坚持独立自主自办原则，积极引导宗教与社会主义社会相适应。

尊重和保护公民信仰宗教和不信仰宗教的权利。坚持政教分离，禁止以行政力量消灭或者发展宗教，禁止利用恐吓、欺骗等手段传播宗教，禁止利用宗教进行破坏社会秩序、损害公民身体健康、妨碍国家教育制度、制造民族矛盾、破坏祖国统一的活动。

坚持保护合法、制止非法、遏制极端、抵御渗透、打击犯罪。健全宗教事务管理法规和制度，依法处置涉及宗教因素的矛盾和问题。

防范外国势力干预和支配我国宗教团体和宗教事务。支持宗教界在独立自主、平等友好、互相尊重的基础上开展对外交往。防范和抵御境外势力利用宗教进行渗透。

支持和引导宗教界人士对宗教教义作出适应时代进步要求的阐释。发挥宗教界人士和信教群众在促进经济社会发展中的积极作用。

第二十三条　坚持政治上团结合作、信仰上互相尊重，加强爱国宗教界代表人士队伍建设，支持宗教团体加强自身建设，巩固和发展党同宗教界的爱国统一战线。

共产党员应当团结信教群众，但不得信仰宗教。

第二十四条　加强基层宗教工作。建立健全县（市、区、旗）、乡（镇、街道）、村（社区）三级宗教工作网络和乡（镇、街道）、村（社区）两级责任制。宗教工作任务重的乡（镇、街道），党委和政府应当有领导干部分管宗教工作，并明确专人负责。

第七章　非公有制经济领域统一战线工作

第二十五条　坚持和完善我国基本经济制度，制定、宣传、贯彻党关于发展非公有制经济的方针政策，推动形成有利于非公有制经济发展的政策环境、法治环境、市场环境、社会环境。引导非公有制企业建立现代企业制度，加强自主创新。

第二十六条　引导非公有制经济人士爱国、敬业、创新、守法、诚信、贡献，做合格的中国特色社会主义事业建设者。

（一）开展理想信念教育，引导非公有制经济人士增强对中国特色社会主义的信念、对党和政府的信任、对企业发展的信心、对社会的信誉。

（二）引导非公有制经济人士依法诚信经营，了解反映非公有制经济人士诉求，帮助其依照法定程序维护合法权益。

（三）畅通非公有制经济人士有序政治参与渠道，帮助提高议政建言水平。

（四）引导非公有制经济人士投身光彩事业和公益慈善事业，积极履行社会责任。

第二十七条　统战部、工商联按照同级党委安排，参与非公有制企业党建工作。工商联党组应当支持和配合做好所属会员企业、各类商会党组织组建工作，推动成立行业性或者区域性党组织。

第二十八条　工商联是党领导的以非公有制企业和非公有制经济人士为主体的，具有统战性、经济性、民间性有机统一基本特征的人民团体和商会组织。

（一）工商联应当围绕促进非公有制经济健康发展和非公有制经济人士健康成长的主题，履行职责、发挥作用。

工商联参加政治协商、参政议政、民主监督的具体内容和形式参照本条例第三章有关规定执行。

（二）中央和地方各级党委应当加强对工商联工作的领导。工商联党组书记由统战部副部长担任。

（三）工商联党组发挥领导核心作用，保证党的方针政策和党委决策部署的贯彻落实；加强对工商联代表大会、执委会、常委会工作的指导；支持工商联主席工作，发挥党外干部作用；按照干部管理权限，管理工商联机关干部。

工商联所属商会是工商联的基层组织和工作依托。工商联对所属商会进行指导、引导和服务，对所属商会会员开展思想政治工作、教育培训，对主要负责人进行考核。

第八章 港澳台海外统一战线工作

第二十九条 港澳统一战线工作的主要任务是：全面准确贯彻“一国两制”、“港人治港”、“澳人治澳”、高度自治的方针，严格依照宪法和基本法办事，支持特别行政区行政长官和政府依法施政，发展壮大爱国爱港、爱国爱澳力量，增强香港同胞、澳门同胞的国家观念和中华民族意识，保持香港、澳门长期繁荣稳定。

第三十条 对台统一战线工作的主要任务是：贯彻执行中央对台工作大政方针，坚持一个中国原则，反对“台独”分裂活动，广泛团结台湾同胞，巩固深化两岸关系和平发展的政治、经济、文化、社会基础，在实现中华民族伟大复兴进程中完成祖国统一大业。

第三十一条 海外统一战线工作的主要任务是：凝聚侨心、汇集侨智、发挥侨力、维护侨益，引导华侨、归侨和侨眷致力于祖国现代化建设及和平统一大业，推进全球反“独”促统活动，传承和弘扬中华优秀文化，增进中国人民与世界各国人民的友谊。

第三十二条 支持民主党派和无党派人士，指导相关人民团体以及中国和平统一促进会、海外联谊会等统一战线团体，在港澳台海外统一战线工作中发挥作用。

第九章 党外代表人士队伍建设

第三十三条 党外代表人士是指与中国共产党团结合作、作出较大贡献、有一定社会影响的人士，其标准是政治坚定、业绩突出、群众认同。

第三十四条 加强党外代表人士的发现储备。

发挥高等学校、科研院所培养和选拔党外代表人士的重要基地作用，注意从国家机关、国有企事业单位以及新的社会阶层人士、出国和归国留学人员等领域发现党外代表人士。

第三十五条 坚持政治培训为主，开展对党外代表人士的理论培训。发挥社会主义学院作为统一战线人才教育培养主阵地作用，重视发挥党校、行政学院、干部学院的作用，合理利用高等学校等培训资源及境外培训资源。

加强党外代表人士的实践锻炼，将党外干部纳入党政领导干部交流总体安排。

第三十六条 党外代表人士在各级人大代表、人大常委会委员和人大专门委员会主任委员、副主任委员及委员中应当占有适当比例。全国人大常委会副委员长、县级以上地方各级人大常委会副主任中应当有适当数量的党外代表人士。

全国和省级人大常委会中应当有民主党派成员或者无党派人士担任专职副秘书长。

统战部门会商有关部门，负责党外人大代表、党外人大常委会组成人员候选人的推荐提名工作。

第三十七条 省、市两级地方政府领导班子应当配备党外干部。县级从实际出发，做好政府领导班子配备党外干部工作。

各级政府部门除有特殊要求外，均可以积极配备党外干部担任领导职务，重点在行政执法监督、与群众利益密切相关、紧密联系知识分子和专业技术性强的部门配备。

符合条件的党外干部可以担任政府部门（单位）行政正职。各省（自治区、直辖市）在政府组成部门中应当配备2名左右党外正职。

第三十八条 党外代表人士在各级政协中应当占有较大比例，在换届时委员不少于60%，常委不少于65%；在各级政协领导班子中副主席不少于50%（不包括民族自治地方）。

全国政协和省级政协应当有民主党派成员或者无党派人士担任专职副秘书长。

政协各专门委员会主任、副主任及委员中的党外代表人士应当占有适当比例。

各级政协委员人选推荐工作应当坚持广泛协商，党内的由组织部门提名，党外的由统战部门提名，其中的民主党派成员、非公有制经济人士应当在提名前与民主党派、工商联协商，继续提名的各界别政协委员应当听取政协党组意见。建议名单由统战部门汇总并征求有关方面意见后，由组织部门报同级党委审定，然后按《中国人民政治协商会议章程》规定的程序办理。

第三十九条 各级人民法院、人民检察院领导班子应当配备党外干部。

高等学校领导班子中一般应当配备党外干部，符合条件的党外干部可以担任行政正职。加大在人民团体、科研院所、国有企业领导班子中选配党外干部的力度。

坚持参事室统战性、咨询性和文史研究馆统战性、荣誉性的性质，文史研究馆馆员应当以党外代表人士为主体，参事室中共党员参事不超过30%。参事室、文史研究馆领导班子中应当配备党外代表人士。

聘请党外代表人士担任司法机关和政府部门特约人员。举荐党外代表人士在有关社会团体任职。

第四十条 符合条件的省级民主党派主委、工商联主席、无党派代表人士一般应当进入同级人大常委会、政府、政协领导班子。

除特殊情况外，人大常委会、政协领导班子中的党外代表人士应当与担任同级职务的党内干部享受同等待遇。

第四十一条 各级人大代表候选人和各级政协委员中应当有适当数量的非公有制经济人士。

非公有制企业主要出资人并以经营管理为主要职业的，在推荐安排中应当界定为非公有制经济人士。

推荐为人大代表候选人、政协委员以及在工商联等人民团体、社会组织中任职的非公有制经济人士，应当经综合评价，并征求企业党组织、非公有制企业党建工作机构和地方工会组织的意见。

第四十二条 加强对党外代表人士的管理，重点了解掌握其政治表现、思想状况、履行职责、廉洁自律情况，特别是在重大原则问题上的政治立场和态度。

统战部门负责牵头协调党外代表人士管理工作。党委有关部门、人大和政协党组、党外代表人士所在单位党组织，应当各负其责，加强日常管理考核。发挥党外代表人士所在党派和团体自我管理、自我教育、自我监督的作用。

第四十三条 搞好党同党外代表人士的合作共事。坚持集体领导和个人分工负责相结合，保证党外干部对分管工作享有行政管理的指挥权、处理问题的决定权、人事任免的建议权。

第四十四条 各级党委应当把党外代表人士队伍建设纳入干部和人才队伍建设总体规划。按照多于可配备职数的要求，建立统一的党外后备干部名单。

组织部门、统战部门应当建立健全协作配合机制。在动议和讨论决定党外干部的任免、调动、交流前，应当征求统战部门的意见。

第十章 附 则

第四十五条 本条例由中央统战部负责解释。

第四十六条 本条例自 2015 年 5 月 18 日起施行。

中国共产党第十八届中央委员会第五次全体会议公报

（2015年10月29日中国共产党第十八届中央委员会第五次全体会议通过）

中国共产党第十八届中央委员会第五次全体会议，于2015年10月26日至29日在北京举行。

出席这次全会的有，中央委员199人，候补中央委员156人。中央纪律检查委员会常务委员会委员和有关方面负责同志列席了会议。党的十八大代表中部分基层同志和专家学者也列席了会议。

全会由中央政治局主持。中央委员会总书记习近平作了重要讲话。

全会听取和讨论了习近平受中央政治局委托作的工作报告，审议通过了《中共中央关于制定国民经济和社会发展第十三个五年规划的建议》。习近平就《建议（讨论稿）》向全会作了说明。

全会充分肯定党的十八届四中全会以来中央政治局的工作。一致认为，面对国内外形势的深刻复杂变化特别是经济下行压力加大的挑战，中央政治局高举中国特色社会主义伟大旗帜，全面贯彻党的十八大和十八届三中、四中全会精神，以马克思列宁主义、毛泽东思想、邓小平理论、“三个代表”重要思想、科学发展观为指导，深入贯彻习近平总书记系列重要讲话精神，团结带领全党全军全国各族人民，坚持“四个全面”战略布局，坚持统筹国内国际两个大局，坚持稳中求进工作总基调，积极引领经济发展新常态，着力推进改革开放，加强和创新宏观调控，有效化解各种风险和挑战，保持经济平稳较快发展和社会和谐稳定，开展“三严三实”专题教育，隆重纪念中国人民抗日战争暨世界反法西斯战争胜利70周年，党和国家各项事业取得了新的重大成就。

全会认为，到2020年全面建成小康社会，是我们党确定的“两个一百年”奋斗目标的第一个百年奋斗目标。“十三五”时期是全面建成小康社会决胜阶段，“十三五”规划必须紧紧围绕实现这个奋斗目标来制定。

全会高度评价“十二五”时期我国发展取得的重大成就，认为面对错综复杂的国际环境和艰巨繁重的国内改革发展稳定任务，我们党团结带领全国各族人民顽强拼搏、开拓创新，奋力开创了党和国家事业发展新局面，我国经济实力、科技实力、国防实力、国际影响力又上了一个大台阶。尤为重要的是，党的十八大以来，以习近平同志为总书记的党中央毫不动摇坚持和发展中国特色社会主义，勇于实践、善于创新，深化对共产党执政规律、社会主义建设规律、人类社会发展规律的认识，形成一系列治国理政新理念、新思想、新战略，为在新的历史条件下深化改革开放、加快推进社会主义现代化提供了科学理论指导和行动指南。

全会深入分析了“十三五”时期我国发展环境的基本特征，认为我国发展仍处于可以大有作为的重要战略机遇期，也面临诸多矛盾叠加、风险隐患增多的严峻挑战。我们要准确把握战略机遇期内涵的深刻变化，更加有效地应对各种风险和挑战，继续集中力量把自己的事情办好，不断开拓发展新境界。

全会提出了“十三五”时期我国发展的指导思想：高举中国特色社会主义伟大旗帜，全面贯彻党的十八大和十八届三中、四中全会精神，以马克思列宁主义、毛泽东思想、邓小平理论、“三个代表”重要思想、科学发展观为指导，深入贯彻习近平总书记系列重要讲话精神，坚持全面建成小康社会、全面深化改革、全面依法治国、全面从严治党的战略布局，坚持发展是第一要务，以提高发展质量和效益为中心，加快形成引领经济发展新常态的体制机制和发展方式，保持战略定力，坚持稳中求进，统筹推进经济建设、政治建设、文化建设、社会建设、生态文明建设和党的建设，确保如期全面建成小康社会，为实现第二个百年奋斗目标、实现中华民族伟大复兴的中国梦奠定更加坚实的基础。

全会强调，如期实现全面建成小康社会奋斗目标，推动经济社会持续健康发展，必须遵循以下原则：坚持人民主体地位，坚持科学发展，坚持深化改革，坚持依法治国，坚持统筹国内国际两个大局，坚持党的领导。

全会提出了全面建成小康社会新的目标要求：经济保持中高速增长，在提高发展平衡性、包容性、可持续性的基础上，到 2020 年国内生产总值和城乡居民人均收入比 2010 年翻一番，产业迈向中高端水平，消费对经济增长贡献明显加大，户籍人口城镇化率加快提高。农业现代化取得明显进展，人民生活水平和质量普遍提高，我国现行标准下农村贫困人口实现脱贫，贫困县全部摘帽，解决区域性整体贫困。国民素质和社会文明程度显著提高。生态环境质量总体改善。各方面制度更加成熟更加定型，国家治理体系和治理能力现代化取得重大进展。

全会强调，实现“十三五”时期发展目标，破解发展难题，厚植发展优势，必须牢固树立并切实贯彻创新、协调、绿色、开放、共享的发展理念。这是关系我国发展全局的一场深刻变革。全党同志要充分认识这场变革的重大现实意义和深远历史意义。

全会提出，坚持创新发展，必须把创新摆在国家发展全局的核心位置，不断推进理论创新、制度创新、科技创新、文化创新等各方面创新，让创新贯穿党和国家一切工作，让创新在全社会蔚然成风。必须把发展基点放在创新上，形成促进创新的体制架构，塑造更多依靠创新驱动、更多发挥先发优势的引领型发展。培育发展新动力，优化劳动力、资本、土地、技术、管理等要素配置，激发创新创业活力，推动大众创业、万众创新，释放新需求，创造新供给，推动新技术、新产业、新业态蓬勃发展。拓展发展新空间，形成以沿海沿江沿线经济带为主的纵向横向经济轴带，培育壮大若干重点经济区，实施网络强国战略，实施“互联网＋”行动计划，发展分享经济，实施国家大数据战略。深入实施创新驱动发展战略，发挥科技创新在全面创新中的引领作用，实施一批国家重大科技项目，在重大创新领域组建一批国家实验室，积极提出并牵头组织国际大科学计划和大科学工程。大力推进农业现代化，加快转变农业发展方式，走产出高效、产品安全、资源节约、环境友好的农业现代化道路。构建产业新体系，加快建设制造强国，实施《中国制造二〇二五》，实施工业强基工程，培育一批战略性产业，开展加快发展现代服务业行动。构建发展新体制，加快形成有利于创新发展的市场环境、产权制度、投融资体制、分配制度、人才培养引进使用机制，深化行政管理体制改革，进一步转变政府职能，持续推进简政放权、放管结合、优化服务，提高政府效能，激发市场活力和社会创造力，完善各类国有资产管理体制，建立健全现代财政制度、税收制度，改革并完善适应现代金融市场发展的金融监管框架。创新和完善宏观调控方式，在区间调控基础上加大定向调控力度，减少政府对价格形成的干预，全面放开竞争性领域商品和服务价格。

全会提出，坚持协调发展，必须牢牢把握中国特色社会主义事业总体布局，正确处理发展中的重大关系，重点促进城乡区域协调发展，促进经济社会协调发展，促进新型工业化、信息化、城镇化、农业现代化同步发展，在增强国家硬实力的同时注重提升国家软实力，不断增强发展整体性。增强发展协调性，必须在协调发展中拓宽发展空间，在加强薄弱领域中增强发展后劲。推动区域协调发展，塑造要素有序自由流动、主体功能约束有效、基本公共服务均等、资源环境可承载的区域协调发展新格局。推动城乡协调发展，健全城乡发展一体化体制机制，健全农村基础设施投入长效机制，推动城镇公共服务向农村延伸，提高社会主义新农村建设水平。推动物质文明和精神文明协调发展，加快文化改革发展，加强社会主义精神文明建设，建设社会主义文化强国，加强思想道德建设和社会诚信建设，增强国家意识、法治意识、社会责任意识，倡导科学精神，弘扬中华传统美德。推动经济建设和国防建设融合发展，坚持发展和安全兼顾、富国和强军统一，实施军民融合发展战略，形成全要素、多领域、高效益的军民深度融合发展格局。

全会提出，坚持绿色发展，必须坚持节约资源和保护环境的基本国策，坚持可持续发展，坚定走生产发展、生活富裕、生态良好的文明发展道路，加快建设资源节约型、环境友好型社会，形成人与自然和谐发展现代化建设新格局，推进美丽中国建设，为全球生态安全作出新贡献。促进人与自然和谐共生，构建科学合理的城市化格局、农业发展格局、生态安全格局、自然岸线格局，推动建立绿色低碳循环发展产业体系。加快建设主体功能区，发挥主体功能区作为国土空间开发保护基础制度的作用。推动低碳循环发展，建设清洁低碳、安全高效的现代能源体系，实施近零碳排放区示范工程。全面节约和高效利用资源，树立节约集约循环利用的资源观，建立健全用能权、用水权、排污权、碳排放权初始分配制度，推动形成勤俭节约的社会风尚。加大环境治理力度，以提高环境质量为核心，实行最严格的环境保护制度，深入实施大气、水、土壤污染防治行动计划，实行省以下环保机构监测监察执法垂直管理制度。筑牢生态安全屏障，坚持保护优先、自然恢复为主，实施山水林田湖生态保护和修复工程，开展大规模国土绿化行动，完善天然林保护制度，开展蓝色海湾整治行动。

全会提出，坚持开放发展，必须顺应我国经济深度融入世界经济的趋势，奉行互利共赢的开放战略，发展更高层次的开放型经济，积极参与全球经济治理和公共产品供给，提高我国在全球经济治理中的制度性话语权，构建广泛的利益共同体。开创对外开放新局面，必须丰富对外开放内涵，提高对外开放水平，协同推进战略互信、经贸合作、人文交流，努力形成深度融合的互利合作格局。完善对外开放战略布局，推进双向开放，支持沿海地区全面参与全球经济合作和竞争，培育有全球影响力的先进制造基地和经济区，提高边境经济合作区、跨境经济合作区发展水平。形成对外开放新体制，完善法治化、国际化、便利化的营商环境，健全服务贸易促进体系，全面实行准入前国民待遇加负面清单管理制度，有序扩大服务业对外开放。推进“一带一路”建设，推进同有关国家和地区多领域互利共赢的务实合作，推进国际产能和装备制造合作，打造陆海内外联动、东西双向开放的全面开放新格局。深化内地和港澳、大陆和台湾地区合作发展，提升港澳在国家经济发展和对外开放中的地位和功能，支持港澳发展经济、改善民生、推进民主、促进和谐，以互利共赢方式深化两岸经济合作，让更多台湾普通民众、青少年和中小企业受益。积极参与全球经济治理，促进国际经济秩序朝着平等公正、合作共赢的方向发展，加快实施自由贸易区战略。积极承担国际责任和义务，积极参与应对全球气候变化谈判，主动参与2030年可持续发展议程。

全会提出，坚持共享发展，必须坚持发展为了人民、发展依靠人民、发展成果由人民共享，作出更有效的制度安排，使全体人民在共建共享发展中有更多获得感，增强发展动力，增进人民团结，朝着共同富裕方向稳步前进。按照人人参与、人人尽力、人人享有的要求，坚守底线、突出重点、完善制度、引导预期，注重机会公平，保障基本民生，实现全体人民共同迈入全面小康社会。增加公共服务供给，从解决人民最关心、最直接、最现实的利益问题入手，提高公共服务共建能力和共享水平，加大对革命老区、民族地区、边疆地区、贫困地区的转移支付。实施脱贫攻坚工程，实施精准扶贫、精准脱贫，分类扶持贫困家庭，探索对贫困人口实行资产收益扶持制度，建立健全农村留守儿童和妇女、老人关爱服务体系。提高教育质量，推动义务教育均衡发展，普及高中阶段教育，逐步分类推进中等职业教育免除学杂费，率先从建档立卡的家庭经济困难学生实施普通高中免除学杂费，实现家庭经济困难学生资助全覆盖。促进就业创业，坚持就业优先战略，实施更加积极的就业政策，完善创业扶持政策，加强对灵活就业、新就业形态的支持，提高技术工人待遇。缩小收入差距，坚持居民收入增长和经济增长同步、劳动报酬提高和劳动生产率提高同步，健全科学的工资水平决定机制、正常增长机制、支付保障机制，完善最低工资增长机制，完善市场评价要素贡献并按贡献分配的机制。建立更加公平更可持续的社会保障制度，实施全民参保计划，实现职工基础养老金全国统筹，划转部分国有资本充实社保基金，全面实施城乡居民大病保险制度。推进健康中国建设，深化医药卫生体制改革，理顺药品价格，实行医疗、医保、医药联动，建立覆盖城乡的基本医疗卫生制度和现代医院管理制度，实施食品安全战略。促进人口均衡发展，坚持计划生育的基本国策，完善人口发展战略，全面实施一对夫妇可生育两个孩子政策，积极开展应对人口老龄化行动。

全会强调，发展是党执政兴国的第一要务，各级党委必须深化对发展规律的认识，完善党领导经济社会发展工作体制机制，加强党的各级组织建设，强化基层党组织整体功能。动员人民群众团结奋斗，贯彻党的群众路线，提高宣传和组织群众能力，加强经济社会发展重大问题和涉及群众切身利益问题的协商，依法保障人民各项权益，激发各族人民建设祖国的主人翁意识。加强思想政治工作，创新群众工作体制机制和方式方法，最大限度凝聚全社会推进改革发展、维护社会和谐稳定的共识和力量。加快建设人才强国，深入实施人才优先发展战略，推进人才发展体制改革和政策创新，形成具有国际竞争力的人才制度优势。运用法治思维和法治方式推动发展，全面提高党依据宪法法律治国理政、依据党内法规管党治党的能力和水平。加强和创新社会治理，推进社会治理精细化，构建全民共建共享的社会治理格局。牢固树立安全发展观念，坚持人民利益至上，健全公共安全体系，完善和落实安全生产责任和管理制度，切实维护人民生命财产安全。实施国家安全战略，坚决维护国家政治、经济、文化、社会、信息、国防等安全。

全会分析了当前形势和任务，强调当前和今后一个时期，全党全国的一项重要政治任务，就是深入贯彻落实全会精神，把《建议》确定的各项决策部署和工作要求落到实处。全党要把思想统一到全会精神上来，认清形势，坚定信心，继续顽强奋斗，团结带领全国各族人民协调推进“四个全面”战略布局，如期完成全面建成小康社会的战略任务。要坚持全面从严治党、依规治党，深入推进党风廉政建设和反腐败斗争，巩固反腐败斗争成果，健全改进作风长效机制，着力构建不敢腐、不能腐、不想腐的体制机制，着力解决一些干部不作为、乱作为等问题，积极营造风清气正的政治生态，形成敢于担当、奋发有为的精神状态，努力实现干部清正、政府清廉、政治清明，为经济社会发展提供坚强政治保证。

全会按照党章规定，决定递补中央委员会候补委员刘晓凯、陈志荣、金振吉为中央委员会委员。

全会审议并通过了中共中央纪律检查委员会关于令计划、周本顺、杨栋梁、朱明国、王敏、陈川平、仇和、杨卫泽、潘逸阳、余远辉严重违纪问题的审查报告，确认中央政治局之前作出的给予令计划、周本顺、杨栋梁、朱明国、王敏、陈川平、仇和、杨卫泽、潘逸阳、余远辉开除党籍的处分。

全会号召，全党全国各族人民要更加紧密地团结在以习近平同志为总书记的党中央周围，万众一心，艰苦奋斗，共同夺取全面建成小康社会决胜阶段的伟大胜利！

中共中央关于制定国民经济和社会发展第十三个五年规划的建议

（2015 年 10 月 29 日中国共产党第十八届中央委员会第五次全体会议通过）

到 2020 年全面建成小康社会，是我们党确定的“两个一百年”奋斗目标的第一个百年奋斗目标。“十三五”时期是全面建成小康社会决胜阶段，“十三五”规划必须紧紧围绕实现这个奋斗目标来制定。

中国共产党第十八届中央委员会第五次全体会议全面分析国际国内形势，认为如期全面建成小康社会既具有充分条件也面临艰巨任务，必须在新中国成立特别是改革开放以来打下的坚实基础上坚定信心、锐意进取、奋发有为。全会研究了“十三五”时期我国发展的一系列重大问题，就制定“十三五”规划提出以下建议。

一、全面建成小康社会决胜阶段的形势和指导思想

（一）“十二五”时期我国发展取得重大成就。“十二五”时期是我国发展很不平凡的五年。面对错综复杂的国际环境和艰巨繁重的国内改革发展稳定任务，我们党团结带领全国各族人民顽强拼搏、开拓创新，奋力开创了党和国家事业发展新局面。

我们妥善应对国际金融危机持续影响等一系列重大风险挑战，适应经济发展新常态，不断创新宏观调控方式，推动形成经济结构优化、发展动力转换、发展方式转变加快的良好态势。我国经济总量稳居世界第二位，13 亿多人口的人均国内生产总值增至 7800 美元左右。第三产业增加值占国内生产总值比重超过第二产业，基础设施水平全面跃升，农业连续增产，常住人口城镇化率达到 55%，一批重大科技成果达到世界先进水平。公共服务体系基本建立、覆盖面持续扩大，新增就业持续增加，贫困人口大幅减少，生态文明建设取得新进展，人民生活水平和质量加快提高。全面深化改革有力推进，人民民主不断扩大，依法治国开启新征程。全方位外交取得重大进展，对外开放不断深入，我国成为全球第一货物贸易大国和主要对外投资大国。中华民族伟大复兴的“中国梦”和社会主义核心价值观深入人心，国家文化软实力不断增强。中国特色军事变革成就显著，强军兴军迈出新步伐。全面从严治党开创新局面，党的群众路线教育实践活动成果丰硕，党风廉政建设成效显著，赢得了党心民心。“十二五”规划目标即将胜利实现，我国经济实力、科技实力、国防实力、国际影响力又上了一个大台阶。

尤为重要的是，党的十八大以来，以习近平同志为总书记的党中央毫不动摇坚持和发展中国特色社会主义，勇于实践、善于创新，深化对共产党执政规律、社会主义建设规律、人类社会发展规律的认识，形成一系列治国理政新理念、新思想、新战略，为在新的历史条件下深化改革开放、加快推进社会主义现代化提供了科学理论指导和行动指南。

（二）“十三五”时期我国发展环境的基本特征。和平与发展的时代主题没有变，世

界多极化、经济全球化、文化多样化、社会信息化深入发展，世界经济在深度调整中曲折复苏，新一轮科技革命和产业变革蓄势待发，全球治理体系深刻变革，发展中国家群体力量继续增强，国际力量对比逐步趋向平衡。同时，国际金融危机深层次影响在相当长时期依然存在，全球经济贸易增长乏力，保护主义抬头，地缘政治关系复杂变化，传统安全威胁和非传统安全威胁交织，外部环境不稳定不确定因素增多。

我国物质基础雄厚、人力资本丰富、市场空间广阔、发展潜力巨大，经济发展方式加快转变，新的增长动力正在孕育形成，经济长期向好基本面没有改变。同时，发展不平衡、不协调、不可持续问题仍然突出，主要是发展方式粗放，创新能力不强，部分行业产能过剩严重，企业效益下滑，重大安全事故频发；城乡区域发展不平衡；资源约束趋紧，生态环境恶化趋势尚未得到根本扭转；基本公共服务供给不足，收入差距较大，人口老龄化加快，消除贫困任务艰巨；人们文明素质和社会文明程度有待提高；法治建设有待加强；领导干部思想作风和能力水平有待提高，党员、干部先锋模范作用有待强化。我们必须增强忧患意识、责任意识，着力在优化结构、增强动力、化解矛盾、补齐短板上取得突破性进展。

综合判断，我国发展仍处于可以大有作为的重要战略机遇期，也面临诸多矛盾叠加、风险隐患增多的严峻挑战。我们要准确把握战略机遇期内涵的深刻变化，更加有效地应对各种风险和挑战，继续集中力量把自己的事情办好，不断开拓发展新境界。

（三）“十三五”时期我国发展的指导思想。高举中国特色社会主义伟大旗帜，全面贯彻党的十八大和十八届三中、四中全会精神，以马克思列宁主义、毛泽东思想、邓小平理论、“三个代表”重要思想、科学发展观为指导，深入贯彻习近平总书记系列重要讲话精神，坚持全面建成小康社会、全面深化改革、全面依法治国、全面从严治党的战略布局，坚持发展是第一要务，以提高发展质量和效益为中心，加快形成引领经济发展新常态的体制机制和发展方式，保持战略定力，坚持稳中求进，统筹推进经济建设、政治建设、文化建设、社会建设、生态文明建设和党的建设，确保如期全面建成小康社会，为实现第二个百年奋斗目标、实现中华民族伟大复兴的中国梦奠定更加坚实的基础。

如期实现全面建成小康社会奋斗目标，推动经济社会持续健康发展，必须遵循以下原则。

——坚持人民主体地位。人民是推动发展的根本力量，实现好、维护好、发展好最广大人民根本利益是发展的根本目的。必须坚持以人民为中心的发展思想，把增进人民福祉、促进人的全面发展作为发展的出发点和落脚点，发展人民民主，维护社会公平正义，保障人民平等参与、平等发展权利，充分调动人民积极性、主动性、创造性。

——坚持科学发展。发展是硬道理，发展必须是科学发展。我国仍处于并将长期处于社会主义初级阶段，基本国情和社会主要矛盾没有变，这是谋划发展的基本依据。必须坚持以经济建设为中心，从实际出发，把握发展新特征，加大结构性改革力度，加快转变经济发展方式，实现更高质量、更有效率、更加公平、更可持续的发展。

——坚持深化改革。改革是发展的强大动力。必须按照完善和发展中国特色社会主义制度、推进国家治理体系和治理能力现代化的总目标，健全使市场在资源配置中起决定性作用和更好发挥政府作用的制度体系，以经济体制改革为重点，加快完善各方面体制机制，破除一切不利于科学发展的体制机制障碍，为发展提供持续动力。

——坚持依法治国。法治是发展的可靠保障。必须坚定不移走中国特色社会主义法治道路，加快建设中国特色社会主义法治体系，建设社会主义法治国家，推进科学立法、严格执法、公正司法、全民守法，加快建设法治经济和法治社会，把经济社会发展纳入法治轨道。

——坚持统筹国内国际两个大局。全方位对外开放是发展的必然要求。必须坚持打开国门搞建设，既立足国内，充分运用我国资源、市场、制度等优势，又重视国内国际经济联动效应，积极应对外部环境变化，更好利用两个市场、两种资源，推动互利共赢、共同发展。

——坚持党的领导。党的领导是中国特色社会主义制度的最大优势，是实现经济社会持续健康发展的根本政治保证。必须贯彻全面从严治党要求，不断增强党的创造力、凝聚力、战斗力，不断提高党的执政能力和执政水平，确保我国发展航船沿着正确航道破浪前进。

二、“十三五”时期经济社会发展的主要目标和基本理念

（一）全面建成小康社会新的目标要求。党的十六大提出全面建设小康社会奋斗目标以来，全党全国各族人民接续奋斗，各项事业取得重大进展。今后五年，要在已经确定的全面建成小康社会目标要求的基础上，努力实现以下新的目标要求。

——经济保持中高速增长。在提高发展平衡性、包容性、可持续性的基础上，到2020年国内生产总值和城乡居民人均收入比2010年翻一番。主要经济指标平衡协调，发展空间格局得到优化，投资效率和企业效率明显上升，工业化和信息化融合发展水平进一步提高，产业迈向中高端水平，先进制造业加快发展，新产业新业态不断成长，服务业比重进一步上升，消费对经济增长贡献明显加大。户籍人口城镇化率加快提高。农业现代化取得明显进展。迈进创新型国家和人才强国行列。

——人民生活水平和质量普遍提高。就业比较充分，就业、教育、文化、社保、医疗、住房等公共服务体系更加健全，基本公共服务均等化水平稳步提高。教育现代化取得重要进展，劳动年龄人口受教育年限明显增加。收入差距缩小，中等收入人口比重上升。我国现行标准下农村贫困人口实现脱贫，贫困县全部摘帽，解决区域性整体贫困。

——国民素质和社会文明程度显著提高。中国梦和社会主义核心价值观更加深入人心，爱国主义、集体主义、社会主义思想广泛弘扬，向上向善、诚信互助的社会风尚更加浓厚，人民思想道德素质、科学文化素质、健康素质明显提高，全社会法治意识不断增强。公共文化服务体系基本建成，文化产业成为国民经济支柱性产业。中华文化影响持续扩大。

——生态环境质量总体改善。生产方式和生活方式绿色、低碳水平上升。能源资源开发利用效率大幅提高，能源和水资源消耗、建设用地、碳排放总量得到有效控制，主要污染物排放总量大幅减少。主体功能区布局和生态安全屏障基本形成。

——各方面制度更加成熟更加定型。国家治理体系和治理能力现代化取得重大进展，各领域基础性制度体系基本形成。人民民主更加健全，法治政府基本建成，司法公信力明显提高。人权得到切实保障，产权得到有效保护。开放型经济新体制基本形成。

中国特色现代军事体系更加完善。党的建设制度化水平显著提高。

（二）完善发展理念。实现“十三五”时期发展目标，破解发展难题，厚植发展优势，必须牢固树立创新、协调、绿色、开放、共享的发展理念。

创新是引领发展的第一动力。必须把创新摆在国家发展全局的核心位置，不断推进理论创新、制度创新、科技创新、文化创新等各方面创新，让创新贯穿党和国家一切工作，让创新在全社会蔚然成风。

协调是持续健康发展的内在要求。必须牢牢把握中国特色社会主义事业总体布局，正确处理发展中的重大关系，重点促进城乡区域协调发展，促进经济社会协调发展，促进新型工业化、信息化、城镇化、农业现代化同步发展，在增强国家硬实力的同时注重提升国家软实力，不断增强发展整体性。

绿色是永续发展的必要条件和人民对美好生活追求的重要体现。必须坚持节约资源和保护环境的基本国策，坚持可持续发展，坚定走生产发展、生活富裕、生态良好的文明发展道路，加快建设资源节约型、环境友好型社会，形成人与自然和谐发展现代化建设新格局，推进美丽中国建设，为全球生态安全作出新贡献。

开放是国家繁荣发展的必由之路。必须顺应我国经济深度融入世界经济的趋势，奉行互利共赢的开放战略，坚持内外需协调、进出口平衡、引进来和走出去并重、引资和引技引智并举，发展更高层次的开放型经济，积极参与全球经济治理和公共产品供给，提高我国在全球经济治理中的制度性话语权，构建广泛的利益共同体。

共享是中国特色社会主义的本质要求。必须坚持发展为了人民、发展依靠人民、发展成果由人民共享，作出更有效的制度安排，使全体人民在共建共享发展中有更多获得感，增强发展动力，增进人民团结，朝着共同富裕方向稳步前进。

坚持创新发展、协调发展、绿色发展、开放发展、共享发展，是关系我国发展全局的一场深刻变革。全党同志要充分认识这场变革的重大现实意义和深远历史意义，统一思想，协调行动，深化改革，开拓前进，推动我国发展迈上新台阶。

三、坚持创新发展，着力提高发展质量和效益

在国际发展竞争日趋激烈和我国发展动力转换的形势下，必须把发展基点放在创新上，形成促进创新的体制架构，塑造更多依靠创新驱动、更多发挥先发优势的引领型发展。

（一）培育发展新动力。优化劳动力、资本、土地、技术、管理等要素配置，激发创新创业活力，推动大众创业、万众创新，释放新需求，创造新供给，推动新技术、新产业、新业态蓬勃发展，加快实现发展动力转换。

发挥消费对增长的基础作用，着力扩大居民消费，引导消费朝着智能、绿色、健康、安全方向转变，以扩大服务消费为重点带动消费结构升级。促进流通信息化、标准化、集约化。

发挥投资对增长的关键作用，深化投融资体制改革，优化投资结构，增加有效投资。发挥财政资金撬动功能，创新融资方式，带动更多社会资本参与投资。创新公共基础设施投融资体制，推广政府和社会资本合作模式。

发挥出口对增长的促进作用，增强对外投资和扩大出口结合度，培育以技术、标

准、品牌、质量、服务为核心的对外经济新优势。实施优进优出战略，推进国际产能和装备制造合作，提高劳动密集型产品科技含量和附加值，营造资本和技术密集型产业新优势，提高我国产业在全球价值链中的地位。

（二）拓展发展新空间。用发展新空间培育发展新动力，用发展新动力开拓发展新空间。

拓展区域发展空间。以区域发展总体战略为基础，以“一带一路”建设、京津冀协同发展、长江经济带建设为引领，形成沿海沿江沿线经济带为主的纵向横向经济轴带。发挥城市群辐射带动作用，优化发展京津冀、长三角、珠三角三大城市群，形成东北地区、中原地区、长江中游、成渝地区、关中平原等城市群。发展一批中心城市，强化区域服务功能。支持绿色城市、智慧城市、森林城市建设和城际基础设施互联互通。推进重点地区一体发展，培育壮大若干重点经济区。推进城乡发展一体化，开辟农村广阔发展空间。

拓展产业发展空间。支持节能环保、生物技术、信息技术、智能制造、高端装备、新能源等新兴产业发展，支持传统产业优化升级。推广新型孵化模式，鼓励发展众创、众包、众扶、众筹空间。发展天使、创业、产业投资，深化创业板、新三板改革。

拓展基础设施建设空间。实施重大公共设施和基础设施工程。实施网络强国战略，加快构建高速、移动、安全、泛在的新一代信息基础设施。加快完善水利、铁路、公路、水运、民航、通用航空、管道、邮政等基础设施网络。完善能源安全储备制度。加强城市公共交通、防洪防涝等设施建设。实施城市地下管网改造工程。加快开放电力、电信、交通、石油、天然气、市政公用等自然垄断行业的竞争性业务。

拓展网络经济空间。实施“互联网+”行动计划，发展物联网技术和应用，发展分享经济，促进互联网和经济社会融合发展。实施国家大数据战略，推进数据资源开放共享。完善电信普遍服务机制，开展网络提速降费行动，超前布局下一代互联网。推进产业组织、商业模式、供应链、物流链创新，支持基于互联网的各类创新。

拓展蓝色经济空间。坚持陆海统筹，壮大海洋经济，科学开发海洋资源，保护海洋生态环境，维护我国海洋权益，建设海洋强国。

（三）深入实施创新驱动发展战略。发挥科技创新在全面创新中的引领作用，加强基础研究，强化原始创新、集成创新和引进消化吸收再创新。推进有特色高水平大学和科研院所建设，鼓励企业开展基础性前沿性创新研究，重视颠覆性技术创新。实施一批国家重大科技项目，在重大创新领域组建一批国家实验室。积极提出并牵头组织国际大科学计划和大科学工程。

推动政府职能从研发管理向创新服务转变。完善国家科技决策咨询制度。坚持战略和前沿导向，集中支持事关发展全局的基础研究和共性关键技术研究，加快突破新一代信息通信、新能源、新材料、航空航天、生物医药、智能制造等领域核心技术。瞄准“瓶颈”制约问题，制定系统性技术解决方案。

强化企业创新主体地位和主导作用，形成一批有国际竞争力的创新型领军企业，支持科技型中小企业健康发展。依托企业、高校、科研院所建设一批国家技术创新中心，形成若干具有强大带动力的创新型城市和区域创新中心。完善企业研发费用加计扣除政策，扩大固定资产加速折旧实施范围，推动设备更新和新技术应用。

深化科技体制改革，引导构建产业技术创新联盟，推动跨领域跨行业协同创新，促进科技与经济深度融合。加强技术和知识产权交易平台建设，建立从实验研究、中试到生产的全过程科技创新融资模式，促进科技成果资本化、产业化。构建普惠性创新支持政策体系，加大金融支持和税收优惠力度。深化知识产权领域改革，加强知识产权保护。

扩大高校和科研院所自主权，赋予创新领军人才更大人财物支配权、技术路线决策权。实行以增加知识价值为导向的分配政策，提高科研人员成果转化收益分享比例，鼓励人才弘扬奉献精神。

（四）大力推进农业现代化。农业是全面建成小康社会、实现现代化的基础。加快转变农业发展方式，发展多种形式适度规模经营，发挥其在现代农业建设中的引领作用。着力构建现代农业产业体系、生产体系、经营体系，提高农业质量效益和竞争力，推动粮经饲统筹、农林牧渔结合、种养加一体、一二三产业融合发展，走产出高效、产品安全、资源节约、环境友好的农业现代化道路。

稳定农村土地承包关系，完善土地所有权、承包权、经营权分置办法，依法推进土地经营权有序流转，构建培育新型农业经营主体的政策体系。培养新型职业农民。深化农村土地制度改革。完善农村集体产权权能。深化农村金融改革，完善农业保险制度。

坚持最严格的耕地保护制度，坚守耕地红线，实施藏粮于地、藏粮于技战略，提高粮食产能，确保谷物基本自给、口粮绝对安全。全面划定永久基本农田，大规模推进农田水利、土地整治、中低产田改造和高标准农田建设，加强粮食等大宗农产品主产区建设，探索建立粮食生产功能区和重要农产品生产保护区。优化农业生产结构和区域布局，推进产业链和价值链建设，开发农业多种功能，提高农业综合效益。

推进农业标准化和信息化。健全从农田到餐桌的农产品质量安全全过程监管体系、现代农业科技创新推广体系、农业社会化服务体系。发展现代种业，提高农业机械化水平。持续增加农业投入，完善农业补贴政策。改革农产品价格形成机制，完善粮食等重要农产品收储制度。加强农产品流通设施和市场建设。

（五）构建产业新体系。加快建设制造强国，实施《中国制造二〇二五》。引导制造业朝着分工细化、协作紧密方向发展，促进信息技术向市场、设计、生产等环节渗透，推动生产方式向柔性、智能、精细转变。

实施工业强基工程，开展质量品牌提升行动，支持企业瞄准国际同行业标杆推进技术改造，全面提高产品技术、工艺装备、能效环保等水平。更加注重运用市场机制、经济手段、法治办法化解产能过剩，加大政策引导力度，完善企业退出机制。

支持战略性新兴产业发展，发挥产业政策导向和促进竞争功能，更好发挥国家产业投资引导基金作用，培育一批战略性产业。

实施智能制造工程，构建新型制造体系，促进新一代信息通信技术、高档数控机床和机器人、航空航天装备、海洋工程装备及高技术船舶、先进轨道交通装备、节能与新能源汽车、电力装备、农机装备、新材料、生物医药及高性能医疗器械等产业发展壮大。

开展加快发展现代服务业行动，放宽市场准入，促进服务业优质高效发展。推动生产性服务业向专业化和价值链高端延伸，生活性服务业向精细和高品质转变，推动制造业由生产型向生产服务型转变。大力发展旅游业。

（六）构建发展新体制。加快形成有利于创新发展的市场环境、产权制度、投融资体制、分配制度、人才培养引进使用机制。

深化行政管理体制改革，进一步转变政府职能，持续推进简政放权、放管结合、优化服务，提高政府效能，激发市场活力和社会创造力。

坚持公有制为主体、多种所有制经济共同发展。毫不动摇巩固和发展公有制经济，毫不动摇鼓励、支持、引导非公有制经济发展。推进产权保护法治化，依法保护各种所有制经济权益。

深化国有企业改革，增强国有经济活力、控制力、影响力、抗风险能力。分类推进国有企业改革，完善现代企业制度。完善各类国有资产管理体制，以管资本为主加强国有资产监管，防止国有资产流失。健全国有资本合理流动机制，推进国有资本布局战略性调整，引导国有资本更多投向关系国家安全、国民经济命脉的重要行业和关键领域，坚定不移把国有企业做强做优做大，更好服务于国家战略目标。

鼓励民营企业依法进入更多领域，引入非国有资本参与国有企业改革，更好激发非公有制经济活力和创造力。

优化企业发展环境。开展降低实体经济企业成本行动，优化运营模式，增强盈利能力。限制政府对企业经营决策的干预，减少行政审批事项。清理和规范涉企行政事业性收费，减轻企业负担，完善公平竞争、促进企业健康发展的政策和制度。激发企业家精神，依法保护企业家财产权和创新收益。

加快形成统一开放、竞争有序的市场体系，建立公平竞争保障机制，打破地域分割和行业垄断。深化市场配置要素改革，促进人才、资金、科研成果等在城乡、企业、高校、科研机构间有序流动。

深化财税体制改革，建立健全有利于转变经济发展方式、形成全国统一市场、促进社会公平正义的现代财政制度，建立税种科学、结构优化、法律健全、规范公平、征管高效的税收制度。建立事权和支出责任相适应的制度，适度加强中央事权和支出责任。调动各方面积极性，考虑税种属性，进一步理顺中央和地方收入划分。建立全面规范、公开透明预算制度，完善政府预算体系，实施跨年度预算平衡机制和中期财政规划管理。建立规范的地方政府举债融资体制。健全优先使用创新产品、绿色产品的政府采购政策。

加快金融体制改革，提高金融服务实体经济效率。健全商业性金融、开发性金融、政策性金融、合作性金融分工合理、相互补充的金融机构体系。构建多层次、广覆盖、有差异的银行机构体系，扩大民间资本进入银行业，发展普惠金融，着力加强对中小微企业、农村特别是贫困地区金融服务。积极培育公开透明、健康发展的资本市场，推进股票和债券发行交易制度改革，提高直接融资比重，降低杠杆率。开发符合创新需求的金融服务，推进高收益债券及股债相结合的融资方式。推进汇率和利率市场化，提高金融机构管理水平和服务质量，降低企业融资成本。规范发展互联网金融。加快建立巨灾保险制度，探索建立保险资产交易机制。

加强金融宏观审慎管理制度建设，加强统筹协调，改革并完善适应现代金融市场发展的金融监管框架，健全符合我国国情和国际标准的监管规则，实现金融风险监管全覆盖。完善国有金融资本和外汇储备管理制度，建立安全高效的金融基础设施，有效运用和发展金融风险管理工具。防止发生系统性区域性金融风险。

（七）创新和完善宏观调控方式。按照总量调节和定向施策并举、短期和中长期结合、国内和国际统筹、改革和发展协调的要求，完善宏观调控，采取相机调控、精准调控措施，适时预调微调，更加注重扩大就业、稳定物价、调整结构、提高效益、防控风险、保护环境。

依据国家中长期发展规划目标和总供求格局实施宏观调控，稳定政策基调，增强可预期性和透明度，创新调控思路和政策工具，在区间调控基础上加大定向调控力度，增强针对性和准确性。完善以财政政策、货币政策为主，产业政策、区域政策、投资政策、消费政策、价格政策协调配合的政策体系，增强财政货币政策协调性。运用大数据技术，提高经济运行信息及时性和准确性。

减少政府对价格形成的干预，全面放开竞争性领域商品和服务价格，放开电力、石油、天然气、交通运输、电信等领域竞争性环节价格。

建立风险识别和预警机制，以可控方式和节奏主动释放风险，重点提高财政、金融、能源、矿产资源、水资源、粮食、生态环保、安全生产、网络安全等方面风险防控能力。

四、坚持协调发展，着力形成平衡发展结构

增强发展协调性，必须坚持区域协同、城乡一体、物质文明精神文明并重、经济建设国防建设融合，在协调发展中拓宽发展空间，在加强薄弱领域中增强发展后劲。

（一）推动区域协调发展。塑造要素有序自由流动、主体功能约束有效、基本公共服务均等、资源环境可承载的区域协调发展新格局。

深入实施西部大开发，支持西部地区改善基础设施，发展特色优势产业，强化生态环境保护。推动东北地区等老工业基地振兴，促进中部地区崛起，加大国家支持力度，加快市场取向改革。支持东部地区率先发展，更好辐射带动其他地区。支持革命老区、民族地区、边疆地区、贫困地区加快发展，加大对资源枯竭、产业衰退、生态严重退化等困难地区的支持力度。

培育若干带动区域协同发展的增长极。推动京津冀协同发展，优化城市空间布局和产业结构，有序疏解北京非首都功能，推进交通一体化，扩大环境容量和生态空间，探索人口经济密集地区优化开发新模式。推进长江经济带建设，改善长江流域生态环境，高起点建设综合立体交通走廊，引导产业优化布局和分工协作。

（二）推动城乡协调发展。坚持工业反哺农业、城市支持农村，健全城乡发展一体化体制机制，推进城乡要素平等交换、合理配置和基本公共服务均等化。

发展特色县域经济，加快培育中小城市和特色小城镇，促进农产品精深加工和农村服务业发展，拓展农民增收渠道，完善农民收入增长支持政策体系，增强农村发展内生动力。

推进以人为核心的新型城镇化。提高城市规划、建设、管理水平。深化户籍制度改革，促进有能力在城镇稳定就业和生活的农业转移人口举家进城落户，并与城镇居民有同等权利和义务。实施居住证制度，努力实现基本公共服务常住人口全覆盖。健全财政

转移支付同农业转移人口市民化挂钩机制，建立城镇建设用地增加规模同吸纳农业转移人口落户数量挂钩机制。维护进城落户农民土地承包权、宅基地使用权、集体收益分配权，支持引导其依法自愿有偿转让上述权益。深化住房制度改革。加大城镇棚户区和城乡危房改造力度。

促进城乡公共资源均衡配置，健全农村基础设施投入长效机制，把社会事业发展重点放在农村和接纳农业转移人口较多的城镇，推动城镇公共服务向农村延伸。提高社会主义新农村建设水平，开展农村人居环境整治行动，加大传统村落民居和历史文化名村名镇保护力度，建设美丽宜居乡村。

（三）推动物质文明和精神文明协调发展。坚持"两手抓、两手都要硬"，坚持社会主义先进文化前进方向，坚持以人民为中心的工作导向，坚持把社会效益放在首位、社会效益和经济效益相统一，坚定文化自信，增强文化自觉，加快文化改革发展，加强社会主义精神文明建设，建设社会主义文化强国。

坚持用邓小平理论、"三个代表"重要思想、科学发展观和习近平总书记系列重要讲话精神武装全党、教育人民，用中国梦和社会主义核心价值观凝聚共识、汇聚力量。深化马克思主义理论研究和建设工程，加强思想道德建设和社会诚信建设，增强国家意识、法治意识、社会责任意识，倡导科学精神，弘扬中华传统美德，注重通过法律和政策向社会传导正确价值取向。

扶持优秀文化产品创作生产，加强文化人才培养，繁荣发展文学艺术、新闻出版、广播影视事业。实施哲学社会科学创新工程，建设中国特色新型智库。构建中华优秀传统文化传承体系，加强文化遗产保护，振兴传统工艺，实施中华典籍整理工程。加强和改进基层宣传思想文化工作，深化各类群众性精神文明创建活动。

深化文化体制改革，实施重大文化工程，完善公共文化服务体系、文化产业体系、文化市场体系。推动基本公共文化服务标准化、均等化发展，引导文化资源向城乡基层倾斜，创新公共文化服务方式，保障人民基本文化权益。推动文化产业结构优化升级，发展骨干文化企业和创意文化产业，培育新型文化业态，扩大和引导文化消费。普及科学知识。倡导全民阅读。发展体育事业，推广全民健身，增强人民体质。做好 2022 年北京冬季奥运会筹办工作。

牢牢把握正确舆论导向，健全社会舆情引导机制，传播正能量。加强网上思想文化阵地建设，实施网络内容建设工程，发展积极向上的网络文化，净化网络环境。推动传统媒体和新兴媒体融合发展，加快媒体数字化建设，打造一批新型主流媒体。优化媒体结构，规范传播秩序。加强国际传播能力建设，创新对外传播、文化交流、文化贸易方式，推动中华文化走出去。

（四）推动经济建设和国防建设融合发展。坚持发展和安全兼顾、富国和强军统一，实施军民融合发展战略，形成全要素、多领域、高效益的军民深度融合发展格局。

同全面建成小康社会进程相一致，全面推进国防和军队建设。以党在新形势下的强军目标为引领，贯彻新形势下军事战略方针，加强军队党的建设和思想政治建设，加强各方向各领域军事斗争准备，加强新型作战力量建设，加快推进国防和军队改革，深入推进依法治军、从严治军。到 2020 年，基本完成国防和军队改革目标任务，基本实现机械化，信息化取得重大进展，构建能够打赢信息化战争、有效履行使命任务的中国特色现代军事力量体系。

健全军民融合发展的组织管理体系、工作运行体系、政策制度体系。建立国家和各省（自治区、直辖市）军民融合领导机构。制定统筹经济建设和国防建设专项规划。深化国防科技工业体制改革，建立国防科技协同创新机制。推进军民融合发展立法。在海洋、太空、网络空间等领域推出一批重大项目和举措，打造一批军民融合创新示范区，增强先进技术、产业产品、基础设施等军民共用的协调性。

加强全民国防教育和后备力量建设。加强现代化武装警察部队建设。密切军政军民团结。党政军警民合力强边固防。各级党委和政府要积极支持国防建设和军队改革，人民解放军和武警部队要积极支援经济社会建设。

五、坚持绿色发展，着力改善生态环境

坚持绿色富国、绿色惠民，为人民提供更多优质生态产品，推动形成绿色发展方式和生活方式，协同推进人民富裕、国家富强、中国美丽。

（一）促进人与自然和谐共生。有度有序利用自然，调整优化空间结构，划定农业空间和生态空间保护红线，构建科学合理的城市化格局、农业发展格局、生态安全格局、自然岸线格局。设立统一规范的国家生态文明试验区。

根据资源环境承载力调节城市规模，依托山水地貌优化城市形态和功能，实行绿色规划、设计、施工标准。

支持绿色清洁生产，推进传统制造业绿色改造，推动建立绿色低碳循环发展产业体系，鼓励企业工艺技术装备更新改造。发展绿色金融，设立绿色发展基金。

加强资源环境国情和生态价值观教育，培养公民环境意识，推动全社会形成绿色消费自觉。

（二）加快建设主体功能区。发挥主体功能区作为国土空间开发保护基础制度的作用，落实主体功能区规划，完善政策，发布全国主体功能区规划图和农产品主产区、重点生态功能区目录，推动各地区依据主体功能定位发展。以主体功能区规划为基础统筹各类空间性规划，推进“多规合一”。

推动京津冀、长三角、珠三角等优化开发区域产业结构向高端高效发展，防治“城市病”，逐年减少建设用地增量。推动重点开发区域提高产业和人口集聚度。重点生态功能区实行产业准入负面清单。加大对农产品主产区和重点生态功能区的转移支付力度，强化激励性补偿，建立横向和流域生态补偿机制。整合设立一批国家公园。

维护生物多样性，实施濒危野生动植物抢救性保护工程，建设救护繁育中心和基因库。强化野生动植物进出口管理，严防外来有害物种入侵。严厉打击象牙等野生动植物制品非法交易。

以市县级行政区为单元，建立由空间规划、用途管制、领导干部自然资源资产离任审计、差异化绩效考核等构成的空间治理体系。

（三）推动低碳循环发展。推进能源革命，加快能源技术创新，建设清洁低碳、安全高效的现代能源体系。提高非化石能源比重，推动煤炭等化石能源清洁高效利用。加快发展风能、太阳能、生物质能、水能、地热能，安全高效发展核电。加强储能和智能电网建设，发展分布式能源，推行节能低碳电力调度。有序开放开采权，积极开发天然

气、煤层气、页岩气。改革能源体制，形成有效竞争的市场机制。

推进交通运输低碳发展，实行公共交通优先，加强轨道交通建设，鼓励自行车等绿色出行。实施新能源汽车推广计划，提高电动车产业化水平。提高建筑节能标准，推广绿色建筑和建材。

主动控制碳排放，加强高能耗行业能耗管控，有效控制电力、钢铁、建材、化工等重点行业碳排放，支持优化开发区域率先实现碳排放峰值目标，实施近零碳排放区示范工程。

实施循环发展引领计划，推行企业循环式生产、产业循环式组合、园区循环式改造，减少单位产出物质消耗。加强生活垃圾分类回收和再生资源回收的衔接，推进生产系统和生活系统循环链接。

（四）全面节约和高效利用资源。坚持节约优先，树立节约集约循环利用的资源观。强化约束性指标管理，实行能源和水资源消耗、建设用地等总量和强度双控行动。实施全民节能行动计划，提高节能、节水、节地、节材、节矿标准，开展能效、水效领跑者引领行动。

实行最严格的水资源管理制度，以水定产、以水定城，建设节水型社会。合理制定水价，编制节水规划，实施雨洪资源利用、再生水利用、海水淡化工程，建设国家地下水监测系统，开展地下水超采区综合治理。坚持最严格的节约用地制度，调整建设用地结构，降低工业用地比例，推进城镇低效用地再开发和工矿废弃地复垦，严格控制农村集体建设用地规模。探索实行耕地轮作休耕制度试点。

建立健全用能权、用水权、排污权、碳排放权初始分配制度，创新有偿使用、预算管理、投融资机制，培育和发展交易市场。推行合同能源管理和合同节水管理。

倡导合理消费，力戒奢侈浪费，制止奢靡之风。在生产、流通、仓储、消费各环节落实全面节约。管住公款消费，深入开展反过度包装、反食品浪费、反过度消费行动，推动形成勤俭节约的社会风尚。

（五）加大环境治理力度。以提高环境质量为核心，实行最严格的环境保护制度，形成政府、企业、公众共治的环境治理体系。

推进多污染物综合防治和环境治理，实行联防联控和流域共治，深入实施大气、水、土壤污染防治行动计划。实施工业污染源全面达标排放计划，实现城镇生活污水垃圾处理设施全覆盖和稳定运行。扩大污染物总量控制范围，将细颗粒物等环境质量指标列入约束性指标。坚持城乡环境治理并重，加大农业面源污染防治力度，统筹农村饮水安全、改水改厕、垃圾处理，推进种养业废弃物资源化利用、无害化处置。

改革环境治理基础制度，建立覆盖所有固定污染源的企业排放许可制，实行省以下环保机构监测监察执法垂直管理制度。建立全国统一的实时在线环境监控系统。健全环境信息公布制度。探索建立跨地区环保机构。开展环保督察巡视，严格环保执法。

（六）筑牢生态安全屏障。坚持保护优先、自然恢复为主，实施山水林田湖生态保护和修复工程，构建生态廊道和生物多样性保护网络，全面提升森林、河湖、湿地、草原、海洋等自然生态系统稳定性和生态服务功能。

开展大规模国土绿化行动，加强林业重点工程建设，完善天然林保护制度，全面停止天然林商业性采伐，增加森林面积和蓄积量。发挥国有林区林场在绿化国土中的带动作用。扩大退耕还林还草，加强草原保护。严禁移植天然大树进城。创新产权模式，引导各方面资金投入植树造林。

加强水生态保护，系统整治江河流域，连通江河湖库水系，开展退耕还湿、退养还滩。推进荒漠化、石漠化、水土流失综合治理。强化江河源头和水源涵养区生态保护。开展蓝色海湾整治行动。加强地质灾害防治。

六、坚持开放发展，着力实现合作共赢

开创对外开放新局面，必须丰富对外开放内涵，提高对外开放水平，协同推进战略互信、经贸合作、人文交流，努力形成深度融合的互利合作格局。

（一）完善对外开放战略布局。推进双向开放，促进国内国际要素有序流动、资源高效配置、市场深度融合。

完善对外开放区域布局，加强内陆沿边地区口岸和基础设施建设，开辟跨境多式联运交通走廊，发展外向型产业集群，形成各有侧重的对外开放基地。支持沿海地区全面参与全球经济合作和竞争，培育有全球影响力的先进制造基地和经济区。提高边境经济合作区、跨境经济合作区发展水平。

加快对外贸易优化升级，从外贸大国迈向贸易强国。完善对外贸易布局，创新外贸发展模式，加强营销和售后服务网络建设，提高传统优势产品竞争力，巩固出口市场份额，推动外贸向优质优价、优进优出转变，壮大装备制造等新的出口主导产业。发展服务贸易。实行积极的进口政策，向全球扩大市场开放。

完善投资布局，扩大开放领域，放宽准入限制，积极有效引进境外资金和先进技术。支持企业扩大对外投资，推动装备、技术、标准、服务走出去，深度融入全球产业链、价值链、物流链，建设一批大宗商品境外生产基地，培育一批跨国企业。积极搭建国际产能和装备制造合作金融服务平台。

（二）形成对外开放新体制。完善法治化、国际化、便利化的营商环境，健全有利于合作共赢并同国际贸易投资规则相适应的体制机制。建立便利跨境电子商务等新型贸易方式的体制，健全服务贸易促进体系，全面实施单一窗口和通关一体化。提高自由贸易试验区建设质量，在更大范围推广复制。

全面实行准入前国民待遇加负面清单管理制度，促进内外资企业一视同仁、公平竞争。完善境外投资管理，健全对外投资促进政策和服务体系。有序扩大服务业对外开放，扩大银行、保险、证券、养老等市场准入。

扩大金融业双向开放。有序实现人民币资本项目可兑换，推动人民币加入特别提款权，成为可兑换、可自由使用货币。转变外汇管理和使用方式，从正面清单转变为负面清单。放宽境外投资汇兑限制，放宽企业和个人外汇管理要求，放宽跨国公司资金境外运作限制。加强国际收支监测，保持国际收支基本平衡。推进资本市场双向开放，改进并逐步取消境内外投资额度限制。

推动同更多国家签署高标准双边投资协定、司法协助协定，争取同更多国家互免或简化签证手续。构建海外利益保护体系。完善反洗钱、反恐怖融资、反逃税监管措施，完善风险防范体制机制。

（三）推进“一带一路”建设。秉持亲诚惠容，坚持共商共建共享原则，完善双边

和多边合作机制，以企业为主体，实行市场化运作，推进同有关国家和地区多领域互利共赢的务实合作，打造陆海内外联动、东西双向开放的全面开放新格局。

推进基础设施互联互通和国际大通道建设，共同建设国际经济合作走廊。加强能源资源合作，提高就地加工转化率。共建境外产业集聚区，推动建立当地产业体系，广泛开展教育、科技、文化、旅游、卫生、环保等领域合作，造福当地民众。

加强同国际金融机构合作，参与亚洲基础设施投资银行、“金砖”国家新开发银行建设，发挥丝路基金作用，吸引国际资金共建开放多元共赢的金融合作平台。

（四）深化内地和港澳、大陆和台湾地区合作发展。全面准确贯彻“一国两制”“港人治港”“澳人治澳”、高度自治的方针，发挥港澳独特优势，提升港澳在国家经济发展和对外开放中的地位和功能，支持港澳发展经济、改善民生、推进民主、促进和谐。

支持香港巩固国际金融、航运、贸易三大中心地位，参与国家双向开放、“一带一路”建设。支持香港强化全球离岸人民币业务枢纽地位，推动融资、商贸、物流、专业服务等向高端高增值方向发展。支持澳门建设世界旅游休闲中心、中国与葡语国家商贸合作服务平台，促进澳门经济适度多元可持续发展。

加大内地对港澳开放力度，加快前海、南沙、横琴等粤港澳合作平台建设。加深内地同港澳在社会、民生、科技、文化、教育、环保等领域交流合作。深化泛珠三角等区域合作。

坚持“九二共识”和一个中国原则，秉持“两岸一家亲”，以互利共赢方式深化两岸经济合作。推动两岸产业合作协调发展、金融业合作及贸易投资等双向开放合作。推进海峡西岸经济区建设，打造平潭等对台合作平台。扩大两岸人员往来，深化两岸农业、文化、教育、科技、社会等领域交流合作，增进两岸同胞福祉，让更多台湾普通民众、青少年和中小企业受益。

（五）积极参与全球经济治理。推动国际经济治理体系改革完善，积极引导全球经济议程，促进国际经济秩序朝着平等公正、合作共赢的方向发展。加强宏观经济政策国际协调，促进全球经济平衡、金融安全、经济稳定增长。积极参与网络、深海、极地、空天等新领域国际规则制定。

推动多边贸易谈判进程，促进多边贸易体制均衡、共赢、包容发展，形成公正、合理、透明的国际经贸规则体系。支持发展中国家平等参与全球经济治理，促进国际货币体系和国际金融监管改革。

加快实施自由贸易区战略，推进区域全面经济伙伴关系协定谈判，推进亚太自由贸易区建设，致力于形成面向全球的高标准自由贸易区网络。

（六）积极承担国际责任和义务。坚持共同但有区别的责任原则、公平原则、各自能力原则，积极参与应对全球气候变化谈判，落实减排承诺。

扩大对外援助规模，完善对外援助方式，为发展中国家提供更多免费的人力资源、发展规划、经济政策等方面咨询培训，扩大科技教育、医疗卫生、防灾减灾、环境治理、野生动植物保护、减贫等领域对外合作和援助，加大人道主义援助力度。主动参与2030年可持续发展议程。

维护国际公共安全，反对一切形式的恐怖主义，积极支持并参与联合国维和行动，加强防扩散国际合作，参与管控热点敏感问题，共同维护国际通道安全。加强多边和双边协调，参与维护全球网络安全。推动国际反腐败合作。

七、坚持共享发展，着力增进人民福祉

按照人人参与、人人尽力、人人享有的要求，坚守底线、突出重点、完善制度、引导预期，注重机会公平，保障基本民生，实现全体人民共同迈入全面小康社会。

（一）增加公共服务供给。坚持普惠性、保基本、均等化、可持续方向，从解决人民最关心、最直接、最现实的利益问题入手，增强政府职责，提高公共服务共建能力和共享水平。

加强义务教育、就业服务、社会保障、基本医疗和公共卫生、公共文化、环境保护等基本公共服务，努力实现全覆盖。加大对革命老区、民族地区、边疆地区、贫困地区的转移支付。加强对特定人群特殊困难的帮扶。

创新公共服务提供方式，能由政府购买服务提供的，政府不再直接承办；能由政府和社会资本合作提供的，广泛吸引社会资本参与。加快社会事业改革。

（二）实施脱贫攻坚工程。农村贫困人口脱贫是全面建成小康社会最艰巨的任务。必须充分发挥政治优势和制度优势，坚决打赢脱贫攻坚战。

实施精准扶贫、精准脱贫，因人因地施策，提高扶贫实效。分类扶持贫困家庭，对有劳动能力的支持发展特色产业和转移就业，对“一方水土养不起一方人”的实施扶贫搬迁，对生态特别重要和脆弱的实行生态保护扶贫，对丧失劳动能力的实施兜底性保障政策，对因病致贫的提供医疗救助保障。实行低保政策和扶贫政策衔接，对贫困人口应保尽保。

扩大贫困地区基础设施覆盖面，因地制宜解决通路、通水、通电、通网络等问题。对在贫困地区开发水电、矿产资源占用集体土地的，试行给原住居民集体股权方式进行补偿，探索对贫困人口实行资产收益扶持制度。

提高贫困地区基础教育质量和医疗服务水平，推进贫困地区基本公共服务均等化。建立健全农村留守儿童和妇女、老人关爱服务体系。

实行脱贫工作责任制。进一步完善中央统筹、省（自治区、直辖市）负总责、市（地）县抓落实的工作机制。强化脱贫工作责任考核，对贫困县重点考核脱贫成效。加大中央和省级财政扶贫投入，发挥政策性金融和商业性金融的互补作用，整合各类扶贫资源，开辟扶贫开发新的资金渠道。健全东西部协作和党政机关、部队、人民团体、国有企业定点扶贫机制，激励各类企业、社会组织、个人自愿采取包干方式参与扶贫。把革命老区、民族地区、边疆地区、集中连片贫困地区作为脱贫攻坚重点。

（三）提高教育质量。全面贯彻党的教育方针，落实立德树人根本任务，加强社会主义核心价值观教育，培养德智体美全面发展的社会主义建设者和接班人。深化教育改革，把增强学生社会责任感、创新精神、实践能力作为重点任务贯彻到国民教育全过程。

推动义务教育均衡发展，全面提高教育教学质量。普及高中阶段教育，逐步分类推进中等职业教育免除学杂费，率先从建档立卡的家庭经济困难学生实施普通高中免除学杂费。发展学前教育，鼓励普惠性幼儿园发展。完善资助方式，实现家庭经济困难学生资助全覆盖。

促进教育公平。加快城乡义务教育公办学校标准化建设，加强教师队伍特别是乡村教师队伍建设，推进城乡教师交流。办好特殊教育。

提高高校教学水平和创新能力，使若干高校和一批学科达到或接近世界一流水平。建设现代职业教育体系，推进产教融合、校企合作。优化学科专业布局和人才培养机制，鼓励具备条件的普通本科高校向应用型转变。

落实并深化考试招生制度改革和教育教学改革。建立个人学习账号和学分累计制度，畅通继续教育、终身学习通道。推进教育信息化，发展远程教育，扩大优质教育资源覆盖面。完善教育督导，加强社会监督。支持和规范民办教育发展，鼓励社会力量和民间资本提供多样化教育服务。

（四）促进就业创业。坚持就业优先战略，实施更加积极的就业政策，创造更多就业岗位，着力解决结构性就业矛盾。完善创业扶持政策，鼓励以创业带就业，建立面向人人的创业服务平台。

统筹人力资源市场，打破城乡、地区、行业分割和身份、性别歧视，维护劳动者平等就业权利。加强对灵活就业、新就业形态的支持，促进劳动者自主就业。落实高校毕业生就业促进和创业引领计划，带动青年就业创业。加强就业援助，帮助就业困难者就业。

推行终身职业技能培训制度。实施新生代农民工职业技能提升计划。开展贫困家庭子女、未升学初高中毕业生、农民工、失业人员和转岗职工、退役军人免费接受职业培训行动。推行工学结合、校企合作的技术工人培养模式，推行企业新型学徒制。提高技术工人待遇，完善职称评定制度，推广专业技术职称、技能等级等同大城市落户挂钩做法。

提高劳动力素质、劳动参与率、劳动生产率，增强劳动力市场灵活性，促进劳动力在地区、行业、企业之间自由流动。建立和谐劳动关系，维护职工和企业合法权益。

完善就业服务体系，提高就业服务能力。完善就业失业统计指标体系。

（五）缩小收入差距。坚持居民收入增长和经济增长同步、劳动报酬提高和劳动生产率提高同步，持续增加城乡居民收入。调整国民收入分配格局，规范初次分配，加大再分配调节力度。

健全科学的工资水平决定机制、正常增长机制、支付保障机制，推行企业工资集体协商制度。完善最低工资增长机制，完善市场评价要素贡献并按贡献分配的机制，完善适应机关事业单位特点的工资制度。

实行有利于缩小收入差距的政策，明显增加低收入劳动者收入，扩大中等收入者比重。加快建立综合和分类相结合的个人所得税制。多渠道增加居民财产性收入。规范收入分配秩序，保护合法收入，规范隐性收入，遏制以权力、行政垄断等非市场因素获取收入，取缔非法收入。

支持慈善事业发展，广泛动员社会力量开展社会救济和社会互助、志愿服务活动。完善鼓励回馈社会、扶贫济困的税收政策。

（六）建立更加公平更可持续的社会保障制度。实施全民参保计划，基本实现法定人员全覆盖。坚持精算平衡，完善筹资机制，分清政府、企业、个人等的责任。适当降低社会保险费率。完善社会保险体系。

完善职工养老保险个人账户制度，健全多缴多得激励机制。实现职工基础养老金全国统筹，建立基本养老金合理调整机制。拓宽社会保险基金投资渠道，加强风险管理，提高投资回报率。逐步提高国有资本收益上缴公共财政比例，划转部分国有资本充实社保基金。出台渐进式延迟退休年龄政策。发展职业年金、企业年金、商业养老保险。

健全医疗保险稳定可持续筹资和报销比例调整机制，研究实行职工退休人员医保缴费参保政策。全面实施城乡居民大病保险制度。改革医保支付方式，发挥医保控费作用。改进个人账户，开展门诊费用统筹。实现跨省异地安置退休人员住院医疗费用直接结算。整合城乡居民医保政策和经办管理。鼓励发展补充医疗保险和商业健康保险。鼓励商业保险机构参与医保经办。将生育保险和基本医疗保险合并实施。

统筹救助体系，强化政策衔接，推进制度整合，确保困难群众基本生活。

（七）推进健康中国建设。深化医药卫生体制改革，实行医疗、医保、医药联动，推进医药分开，实行分级诊疗，建立覆盖城乡的基本医疗卫生制度和现代医院管理制度。

全面推进公立医院综合改革，坚持公益属性，破除逐利机制，建立符合医疗行业特点的人事薪酬制度。优化医疗卫生机构布局，健全上下联动、衔接互补的医疗服务体系，完善基层医疗服务模式，发展远程医疗。促进医疗资源向基层、农村流动，推进全科医生、家庭医生、急需领域医疗服务能力提高、电子健康档案等工作。鼓励社会力量兴办健康服务业，推进非营利性民营医院和公立医院同等待遇。加强医疗质量监管，完善纠纷调解机制，构建和谐医患关系。

坚持中西医并重，促进中医药、民族医药发展。完善基本药物制度，健全药品供应保障机制，理顺药品价格，增加艾滋病防治等特殊药物免费供给。提高药品质量，确保用药安全。加强传染病、慢性病、地方病等重大疾病综合防治和职业病危害防治，通过多种方式降低大病慢性病医疗费用。倡导健康生活方式，加强心理健康服务。

实施食品安全战略，形成严密高效、社会共治的食品安全治理体系，让人民群众吃得放心。

（八）促进人口均衡发展。坚持计划生育的基本国策，完善人口发展战略。全面实施一对夫妇可生育两个孩子政策。提高生殖健康、妇幼保健、托幼等公共服务水平。帮扶存在特殊困难的计划生育家庭。注重家庭发展。

积极开展应对人口老龄化行动，弘扬敬老、养老、助老社会风尚，建设以居家为基础、社区为依托、机构为补充的多层次养老服务体系，推动医疗卫生和养老服务相结合，探索建立长期护理保险制度。全面放开养老服务市场，通过购买服务、股权合作等方式支持各类市场主体增加养老服务和产品供给。

坚持男女平等基本国策，保障妇女和未成年人权益。支持残疾人事业发展，健全扶残助残服务体系。

八、加强和改善党的领导，为实现“十三五”规划提供坚强保证

发展是党执政兴国的第一要务。各级党委必须深化对发展规律的认识，提高领导发展能力和水平，推进国家治理体系和治理能力现代化，更好推动经济社会发展。

（一）完善党领导经济社会发展工作体制机制。坚持党总揽全局、协调各方，发挥

各级党委（党组）领导核心作用，加强制度化建设，改进工作体制机制和方式方法，强化全委会决策和监督作用。提高决策科学化水平，完善党委研究经济社会发展战略、定期分析经济形势、研究重大方针政策的工作机制，健全决策咨询机制。完善信息发布制度。

优化领导班子知识结构和专业结构，注重培养选拔政治强、懂专业、善治理、敢担当、作风正的领导干部，提高专业化水平。深化干部人事制度改革，完善政绩考核评价体系和奖惩机制，调动各级干部工作积极性、主动性、创造性。

加强党的各级组织建设，强化基层党组织整体功能，发挥战斗堡垒作用和党员先锋模范作用，激励广大干部开拓进取、攻坚克难，更好带领群众全面建成小康社会。

反腐倡廉建设永远在路上，反腐不能停步、不能放松。要坚持全面从严治党，落实“三严三实”要求，严明党的纪律和规矩，落实党风廉政建设主体责任和监督责任，健全改进作风长效机制，强化权力运行制约和监督，巩固反腐败成果，构建不敢腐、不能腐、不想腐的有效机制，努力实现干部清正、政府清廉、政治清明，为经济社会发展营造良好政治生态。

（二）动员人民群众团结奋斗。充分发扬民主，贯彻党的群众路线，提高宣传和组织群众能力，加强经济社会发展重大问题和涉及群众切身利益问题的协商，依法保障人民各项权益，激发各族人民建设祖国的主人翁意识。

加强思想政治工作，创新群众工作体制机制和方式方法，注重发挥工会、共青团、妇联等群团组织的作用，正确处理人民内部矛盾，最大限度凝聚全社会推进改革发展、维护社会和谐稳定的共识和力量。高度重视做好意识形态领域工作，切实维护意识形态安全。

巩固和发展最广泛的爱国统一战线，全面落实党的知识分子、民族、宗教、侨务等政策，充分发挥民主党派、工商联和无党派人士作用，深入开展民族团结进步宣传教育，引导宗教与社会主义社会相适应，促进政党关系、民族关系、宗教关系、阶层关系、海内外同胞关系和谐，巩固全国各族人民大团结，加强海内外中华儿女大团结。

（三）加快建设人才强国。深入实施人才优先发展战略，推进人才发展体制改革和政策创新，形成具有国际竞争力的人才制度优势。

推动人才结构战略性调整，突出“高精尖缺”导向，实施重大人才工程，着力发现、培养、集聚战略科学家、科技领军人才、企业家人才、高技能人才队伍。实施更开放的创新人才引进政策，更大力度引进急需紧缺人才，聚天下英才而用之。发挥政府投入引导作用，鼓励企业、高校、科研院所、社会组织、个人等有序参与人才资源开发和人才引进。

优化人力资本配置，清除人才流动障碍，提高社会横向和纵向流动性。完善人才评价激励机制和服务保障体系，营造有利于人人皆可成才和青年人才脱颖而出的社会环境，健全有利于人才向基层、中西部地区流动的政策体系。

（四）运用法治思维和法治方式推动发展。厉行法治是发展社会主义市场经济的内在要求。必须坚持依法执政，全面提高党依据宪法法律治国理政、依据党内法规管党治党的能力和水平。

加强党对立法工作的领导。加快重点领域立法，坚持立改废释并举，深入推进科学立法、民主立法，加快形成完备的法律规范体系。

加强法治政府建设，依法设定权力、行使权力、制约权力、监督权力，依法调控和治理经济，推行综合执法，实现政府活动全面纳入法治轨道。深化司法体制改革，尊重司法规律，促进司法公正，完善对权利的司法保障、对权力的司法监督。弘扬社会主义法治精神，增强全社会特别是公职人员尊法学法守法用法观念，在全社会形成良好法治氛围和法治习惯。

（五）加强和创新社会治理。建设平安中国，完善党委领导、政府主导、社会协同、公众参与、法治保障的社会治理体制，推进社会治理精细化，构建全民共建共享的社会治理格局。健全利益表达、利益协调、利益保护机制，引导群众依法行使权利、表达诉求、解决纠纷。增强社区服务功能，实现政府治理和社会调节、居民自治良性互动。

加强社会治理基础制度建设，建立国家人口基础信息库、统一社会信用代码制度和相关实名登记制度，完善社会信用体系，健全社会心理服务体系和疏导机制、危机干预机制。

完善社会治安综合治理体制机制，以信息化为支撑加快建设社会治安立体防控体系，建设基础综合服务管理平台。落实重大决策社会稳定风险评估制度，完善社会矛盾排查预警和调处化解综合机制，加强和改进信访和调解工作，有效预防和化解矛盾纠纷。严密防范、依法惩治违法犯罪活动，维护社会秩序。

牢固树立安全发展观念，坚持人民利益至上，加强全民安全意识教育，健全公共安全体系。完善和落实安全生产责任和管理制度，实行党政同责、一岗双责、失职追责，强化预防治本，改革安全评审制度，健全预警应急机制，加大监管执法力度，及时排查化解安全隐患，坚决遏制重特大安全事故频发势头。实施危险化学品和化工企业生产、仓储安全环保搬迁工程，加强安全生产基础能力和防灾减灾能力建设，切实维护人民生命财产安全。

贯彻总体国家安全观，实施国家安全战略，落实重点领域国家安全政策，完善国家安全审查制度，完善国家安全法治，建立国家安全体系。依法严密防范和严厉打击敌对势力渗透颠覆破坏活动、暴力恐怖活动、民族分裂活动、极端宗教活动，坚决维护国家政治、经济、文化、社会、信息、国防等安全。

（六）确保“十三五”规划建议的目标任务落到实处。制定“十三五”规划纲要和专项规划，要坚决贯彻党中央决策部署，落实本建议确定的发展理念、主要目标、重点任务、重大举措。各地区要从实际出发，制定本地区“十三五”规划。各级各类规划要增加明确反映创新、协调、绿色、开放、共享发展理念的指标，增加政府履行职责的约束性指标，把全会确定的各项决策部署落到实处。

实现“十三五”时期发展目标，前景光明，任务繁重。全党全国各族人民要更加紧密地团结在以习近平同志为总书记的党中央周围，万众一心，艰苦奋斗，共同夺取全面建成小康社会决胜阶段的伟大胜利！

中共中央办公厅印发《关于加强政党协商的实施意见》

（2015 年 12 月 11 日）

政党协商是中国共产党领导的多党合作和政治协商制度的重要内容，是社会主义协商民主体系的重要组成部分，是中国共产党提高执政能力的重要途径。为贯彻落实《中共中央关于加强社会主义协商民主建设的意见》，进一步加强政党协商，制定本实施意见。

一、政党协商的指导思想和重要意义

政党协商是中国共产党同民主党派基于共同的政治目标，就党和国家重大方针政策和重要事务，在决策之前和决策实施之中，直接进行政治协商的重要民主形式。

政党协商以马克思列宁主义、毛泽东思想、邓小平理论、“三个代表”重要思想、科学发展观为指导，深入贯彻落实习近平总书记系列重要讲话精神，坚持中国特色社会主义政治发展道路，坚持中国共产党领导的多党合作和政治协商制度，坚持长期共存、互相监督、肝胆相照、荣辱与共的基本方针，发挥我国政党制度优势，巩固发展和谐政党关系，为实现“两个一百年”奋斗目标、实现中华民族伟大复兴的中国梦凝聚智慧和力量。

政党协商在协调推进全面建成小康社会、全面深化改革、全面依法治国、全面从严治党战略布局中具有独特优势和作用。加强政党协商，有利于扩大民主党派和无党派人士有序政治参与、畅通意见表达渠道，有利于增进政治共识、广泛凝心聚力，有利于促进科学民主决策、推进国家治理体系和治理能力现代化。

无党派人士是政治协商的重要组成部分，参加政党协商。

工商联是具有统战性的人民团体和商会组织，参加政党协商。

二、政党协商的内容

中共中央同民主党派中央开展政党协商的主要内容包括：中共全国代表大会、中共中央委员会的有关重要文件；宪法的修改建议，有关重要法律的制定、修改建议；国家领导人建议人选；国民经济和社会发展的中长期规划以及年度经济社会发展情况；关系改革发展稳定等重要问题；统一战线和多党合作的重大问题；其他需要协商的重要问题。

三、政党协商的形式

（一）会议协商

专题协商座谈会。由中共中央主要负责同志主持召开，就党和国家重要方针政策、事关全局的重大问题进行协商，一般每年 4—5 次。

人事协商座谈会。由中共中央负责同志主持召开，就重要人事安排在酝酿阶段进行协商。

调研协商座谈会。由中共中央负责同志主持召开，主要就民主党派中央的重点考察调研成果及建议进行协商，邀请有关部门参加，一般每年2次。

其他协商座谈会。由中共中央负责同志或委托中共中央统战部主持召开，通报重要情况，听取意见建议。

（二）约谈协商

中共中央负责同志或委托中共中央统战部，不定期邀请民主党派中央负责同志就共同关心的问题开展小范围谈心活动，沟通情况、交换意见。

民主党派中央主要负责同志可约请中共中央负责同志个别交谈，就经济社会发展以及参政党自身建设等重要问题反映情况、沟通思想。

（三）书面协商

中共中央就有关重要文件、重要事项书面征求民主党派中央的意见建议，民主党派中央以书面形式反馈。

民主党派中央以调研报告、建议等形式直接向中共中央提出意见和建议。民主党派中央负责同志可以个人名义向中共中央和国务院直接反映情况、提出建议。

四、政党协商的程序

（一）会议协商的程序

每年年初，中共中央办公厅会同中共中央统战部等部门，在广泛听取民主党派中央意见建议的基础上，研究提出全年会议协商计划，确定议题、时间、参加范围等，报中共中央政治局常委会审议通过后，通报民主党派中央。

中共中央办公厅会同中共中央统战部，根据全年协商计划制定具体工作方案并组织实施。每次会前，一般提前10天告知民主党派中央；有关部门一般提前5天提供文件稿，民主党派中央负责同志集中阅读，相关部门负责同志作解读说明；民主党派中央集体研究准备意见建议。

会议协商中，中共中央负责同志作有关情况说明，民主党派中央主要负责同志发表意见建议，进行交流讨论。

（二）约谈协商的程序

中共中央负责同志提出的约谈，应将相关信息提前告知有关民主党派中央主要负责同志，可根据需要由中共中央办公厅或中共中央统战部负责落实。

民主党派中央主要负责同志提出的约谈，可由中共中央统战部报中共中央，并协助中共中央办公厅落实。

（三）书面协商的程序

中共中央提出的书面沟通协商，由中共中央统战部负责落实。民主党派中央的协商意见由中共中央统战部汇总后报送中共中央。

民主党派中央或其负责同志的调研报告、建议等书面意见，可由其直接向中共中央提出。

五、政党协商的保障机制

（一）知情明政机制。有关部门应适时向民主党派中央直接提供有关材料。中共中央统战部定期组织专题报告会和情况通报会，邀请有关部门介绍情况。

（二）考察调研机制。中共中央每年委托民主党派中央就经济社会发展重大问题开展重点考察调研，由中共中央统战部组织实施。中共中央统战部每年召开选题介绍会，协助民主党派中央确定调研题目，协调有关部门参与调研，做好组织保障工作。支持民主党派中央结合自身特色开展经常性考察调研。地方党委和政府应予以积极支持配合。

（三）工作联系机制。中共中央政治局常委、委员开展的国内考察调研以及重要外事、内事活动，可根据需要、经统一安排邀请民主党派中央负责同志参加。最高人民法院、最高人民检察院和国务院有关部门应加强同民主党派中央的联系，视情邀请民主党派列席有关工作会议、参加专项调研和检查督导工作。

（四）协商反馈机制。需要办理的协商意见由中共中央办公厅会同中共中央统战部交付有关部门，办理情况一般在3个月内向中共中央办公厅报告，并抄送中共中央统战部，由中共中央统战部反馈民主党派中央。

各省（自治区、直辖市）、市（地、州、盟）党委要结合实际，参照上述规定对开展政党协商作出具体安排。

六、加强和完善党对政党协商的领导

中国共产党的领导是中国特色社会主义最本质的特征。政党协商必须坚持中国共产党的领导。各级党委要切实加强领导，把握正确方向，充分发扬民主，广泛集智聚力，确保政党协商规范有序、务实高效、充满活力。

（一）高度重视政党协商。要深刻认识加强政党协商的重大意义，充分发挥党总揽全局、协调各方的领导核心作用，把政党协商列入党委重要议事日程，统一领导、统筹安排，切实纳入决策程序，从制度上保障协商成果落地。把政党协商列入新闻宣传工作计划，改进宣传方式，加强正确舆论引导。对政党协商开展情况进行督促检查。

（二）营造宽松和谐氛围。党委特别是领导干部要带头发扬民主，形成知无不言、言无不尽的协商氛围。坚持真诚协商、务实协商，鼓励和支持民主党派讲真话、建诤言。坚持求同存异、体谅包容，提倡在协商中加强互动交流，允许不同意见表达，在各种观点交融互鉴中凝聚最大共识。

（三）加强协商能力建设。党委特别是领导干部要强化政党协商意识，熟悉政党协商方法，总结政党协商经验，推进政党协商实践。支持民主党派加强领导班子和人才队伍建设，提高履职能力和协商水平。支持民主党派密切与党政有关部门、人民团体、高等学校、科研院所的联系，完善民主党派参政议政工作机制，建立具有自身特色、服务参政议政的智库。

全国委员会篇

领导人讲话、报告和文章

在全国政协新年茶话会上的讲话

（2015 年 12 月 31 日）

习 近 平

同志们，朋友们：

明天就是 2016 年元旦，也是向着“十三五”时期进发的起跑线。在这辞旧迎新的时刻，我们欢聚一堂，畅叙友情，共商国是，展望未来，感到非常高兴。

首先，我代表中共中央、国务院和中央军委，向各民主党派、工商联和无党派人士、各人民团体，向全国广大工人、农民、知识分子、干部和各界人士，向人民解放军指战员、武警官兵和公安干警，向香港特别行政区同胞、澳门特别行政区同胞、台湾同胞和海外侨胞，向关心和支持中国现代化建设的国际友人，致以节日的祝福！祝大家新年好！

2015 年，是党和国家事业发展很不平凡的一年。中共中央团结带领全国各族人民，把握国内外发展大势，协调推进“四个全面”战略布局，经济增长继续居于世界前列，推动经济建设、政治建设、文化建设、社会建设、生态文明建设和党的建设取得了新进步。我们加快推进各领域改革，2015 年中央全面深化改革领导小组确定的 101 个重点改革任务基本完成，中央有关部门完成 153 个改革任务，各方面共出台改革成果 415 条，改革呈现全面发力、纵深推进的良好态势。我们深入贯彻党在新形势下的强军目标，全面实施改革强军战略，部署深化国防和军队改革。我们重点抓了“三严三实”专题教育，继续推进反腐败斗争，彰显了有腐必惩、有贪必肃的决心，进一步赢得党心民心。

这一年，我们隆重纪念中国人民抗日战争暨世界反法西斯战争胜利 70 周年并进行阅兵，鲜明昭示铭记历史、缅怀先烈、珍爱和平、开创未来的正义理念和民族意志，增强了国际社会对我国在第二次世界大战作出重大历史贡献的认同。我们坚持“一国两制”方针，坚持依法办事，加强内地同香港、澳门的交流合作。我们积极推进两岸关系，实现两岸领导人会面，翻开了两岸关系历史性的一页。我们推进全方位外交，在国际社会发出中国声音、提供中国方案，为人类和平与发展的崇高事业作出了新的贡献。

成绩来之不易，是全国人民勠力同心、顽强奋斗得来的。是伟大人民的伟大奋斗，创造了伟大祖国的伟大成绩。我们有理由为此感到光荣和自豪。

同志们、朋友们！

随着“十二五”规划全面完成，我国发展正站在一个新的历史起点上。我们要全面贯彻中共十八大和十八届三中、四中、五中全会精神，以马克思列宁主义、毛泽东思想、邓小平理论、“三个代表”重要思想、科学发展观为指导，按照“五位一体”总体布局和“四个全面”战略布局要求，坚持以人民为中心的发展思想，坚持创新、协调、绿色、开放、共享的发展理念，坚持稳增长、促改革、调结构、惠民生、防风险，确保“十三五”开好局、起好步。我们要坚定不移贯彻“一国两制”、港人治港、澳人治澳、高度自治的方针，保持香港、澳门长期繁荣稳定。我们要坚持“九二共识”，保持两岸关系正确发展方向。我们要高举和平、发展、合作、共赢的旗帜，扩大同世界各国利益交汇点，推动构建人类命运共同体。

同志们、朋友们!

2015 年，人民政协认真贯彻落实中共中央关于加强社会主义协商民主建设的战略部署，坚持团结和民主两大主题，积极推进工作创新，紧扣改革发展稳定建言献策，按照懂政协、会协商、善议政的要求引导政协委员提高素质和能力，为推动党和国家事业发展作出了重要贡献。

新的一年里，我们要巩固和发展最广泛的爱国统一战线，坚持和完善中国共产党领导的多党合作和政治协商制度，不断为事业发展凝聚人心、增添力量。人民政协要把为“十三五”时期发展献计出力作为履行职能的主线，建真言、谋良策、出实招，为全面建成小康社会、加快推进社会主义现代化作出新的更大贡献。

同志们、朋友们!

人民在期待着我们，历史在期待着我们，世界在期待着我们。历史的发展，总有一些关键的时间节点。决胜全面建成小康社会的历史大幕已经拉开，向全面建成小康社会冲刺的艰巨任务落在我们这一代人肩上。冲刺是咬紧牙关的时候，是屏息聚力的时候，是比拼意志的时候。决胜全面建成小康社会的伟大进军，每一个中国人都有自己的责任。领导干部要勇于担当，人民群众要增强主人翁意识，全党全国各族人民要拧成一股绳，以必胜的信心、昂扬的斗志、扎实的努力投身新的历史进军，朝着全面建成小康社会的宏伟目标奋勇前进!

中国人民政治协商会议全国委员会常务委员会工作报告

——在政协第十二届全国委员会第三次会议上

(2015 年 3 月 3 日)

俞 正 声

各位委员:

我代表中国人民政治协商会议第十二届全国委员会常务委员会，向大会报告工作，请予审议。

一、2014年工作回顾

2014年是全面深化改革的第一年，也是人民政协事业创新发展的重要一年。在以习近平同志为总书记的中共中央坚强领导下，政协全国委员会及其常委会深入贯彻中共十八大和十八届三中、四中全会战略部署，深入贯彻习近平总书记系列重要讲话精神，广泛团结参加人民政协各党派团体和各族各界人士，高举爱国主义、社会主义旗帜，坚持团结和民主两大主题，围绕中心、服务大局，聚焦改革发展履行职能，推进政协协商民主发挥优势，强化履职能力建设提高实效，各项工作取得新进展，为党和国家事业发展作出新贡献。

一年来，全国政协常委会坚持在继承中发展、在发展中创新，发挥优势、突出重点、增强实效。全年工作有大事，有重点，有亮点，突出表现在四个方面：一是中共中央高度重视政协工作。以习近平同志为总书记的中共中央从党和国家事业发展全局谋划和部署政协工作，中央政治局常委会议专题研究政协协商工作计划和常委会工作报告，习近平总书记就政协工作发表重要讲话，作出重要指示，明确人民政协性质定位、履职原则和努力方向，党和国家领导同志多次在政协全体会议、常委会议上与委员共商国是。这些都为做好政协工作注入了动力，增添了活力。二是隆重庆祝人民政协成立65周年。习近平总书记在庆祝大会上发表重要讲话，回顾人民政协光辉历程，强调人民政协植根于中国历史文化，产生于近代以后中国人民革命的伟大斗争，发展于中国特色社会主义光辉实践，具有鲜明中国特色，是实现国家富强、民族振兴、人民幸福的重要力量，明确提出做好政协工作的四条重要原则和五项基本要求，并对发展社会主义协商民主作出深刻阐述，为新形势下人民政协事业发展提供了根本指导。三是围绕全面深化改革广泛凝心聚力。贯彻中共中央关于全面深化改革战略部署，发挥人民政协凝聚共识、汇聚力量、协调关系、服务大局的优势和作用，通过组织委员集体学习、视察调研、讨论交流等途径，寻求最大公约数、汇聚改革正能量，推动所联系成员和界别群众理解改革、支持改革、参与改革，更好服务全面深化改革总目标。四是拓展人民政协协商民主广度和深度。首次将党风廉政建设列为专题议政性常委会议议题。围绕《安全生产法》修订开展协商讨论，积极提出意见和建议。选取“核电和清洁能源发展”“发展特高压输电，优化电力布局”等重要而又认识不尽一致的问题开展调研议政。围绕构建现代公共文化服务体系、建筑工人工伤维权等问题，联合相关部门针对关键环节深入开展调研，从法律和制度层面提出对策建议。积极开展党政领导与政协委员互动交流，在政协全体会议和常委会议等协商活动中，委员们踊跃发言，领导同志坦诚回应，弘扬了民主精神，践行了协商理念，增强了议政效果。

2014年，全国政协常委会主要开展了以下几个方面的工作。

（一）加强思想理论建设，坚持正确政治方向。常委会深入学习贯彻中共十八大和十八届三中、四中全会精神，进一步巩固共同思想政治基础，动员广大政协委员为全面建成小康社会、全面深化改革、全面依法治国、全面从严治党献计出力。认真学习贯彻习近平总书记系列重要讲话精神，深入把握中共中央治国理政新思想新要求，不断增强中国特色社会主义道路自信、理论自信、制度自信，进一步明确政协工作前进方向。召开主席会议、理论研讨会和座谈交流会等集中学习习近平总书记在庆祝人民政协成立

65周年大会上的重要讲话，向地方政协发出学习通知，在人民政协形成学讲话、抓落实、促工作的良好氛围。举办第二期、第三期新任委员学习研讨班和新任港澳委员研习班，集中轮训任务如期完成。全年共举办常委会集体学习讲座、在京委员学习报告会、政协干部培训班30多期，共7000多人次参加。

（二）聚焦全面深化改革建言献策，推动重大改革举措顺利实施。常委会全年25项重要协商活动和88项视察调研活动，大多是紧扣重要改革问题展开，做到聚焦改革、建言改革、服务改革。围绕经济体制改革核心问题，召开“发挥市场在资源配置中的决定性作用和更好发挥政府作用”专题议政性常委会议，从探索基本经济制度有效实现形式、完善现代市场体系、转变政府职能等方面积极调研议政。就推进国有企业改革、加快资源性产品价税改革、生态生产总值核算等经济改革重要问题深入调研、提出建议。抓住法治中国建设这一重大改革课题，召开深化司法体制改革和推动法治政府建设专题座谈会，就支持司法机关依法独立行使职权、推进政府信息公开、完善行政执法体制等提出政策建议。围绕文化体制机制创新召开专题协商会，对统筹文化设施与内容配套建设、处理好政府主导与市场机制关系等提出意见建议。就建立产学研协同创新机制、传统文化保护等深入开展调研议政。选取生态文明体制改革和生态文明建设领域重要问题，围绕建立国家层面生态补偿机制、重点区域大气污染综合防治、东北黑土地保护、沿海滩涂开发与保护等开展调研座谈。召开人口资源环境态势分析会，为保护生态环境、建设美丽中国发挥积极作用。

（三）围绕经济发展重大问题咨政建言，促进经济平稳健康发展。常委会支持委员主动适应经济发展新常态，围绕统筹做好稳增长、调结构、防风险等工作献计献策。召开宏观经济形势分析会和专题座谈会等，加强动态研究，重点就加强和改进宏观调控、应对经济下行压力、保持经济平稳运行等提出建议。发挥专门委员会、界别、地方政协等方面作用，围绕化解产能过剩矛盾、中小微企业技术创新、规范发展互联网金融、发展信息消费、加强大数据技术研发和应用等深入调研，为推动经济结构战略性调整建言献策；就推进宁夏内陆开放型经济试验区建设、毕节试验区建设，加快沿边互联互通基础设施建设，加强沿边开放基地平台建设等提出对策建议，促进区域协调发展和扩大内陆沿边开放；针对构建新型农业经营体系、健全农业社会化服务体系、大力培育新型职业农民、扎实推进土地确权登记、完善农村社会治理机制、推进农村人居环境建设等提出意见建议，推动农业发展方式转变。

（四）坚持履职为民，促进民生改善与社会和谐稳定。常委会着眼实施教育优先发展战略和扩大就业的发展战略，召开加快现代职业教育体系建设专题协商会。就义务教育减负提质、加快实施农村义务教育学生营养改善计划、完善高校学生资助政策、推进西部高校发展和人才培养、改善大学毕业生就业创业环境等进行调研座谈。针对医疗、社会保障等重大民生问题，围绕完善医疗机构补偿机制和医务人员薪酬制度、构建医养结合型养老护理模式、健全残疾人权益保障制度、支持社会组织健康发展等出谋划策。组织界别委员开展文化、科技、卫生、体育下基层活动，面对面服务群众。就促进严格执法和公正司法、调整国民收入分配格局、困难群众社会保障与社会救助等提出对策建议，积极维护社会公平正义。致力促进民族团结、宗教和睦，就优化民族地区产业布局、左右江革命老区振兴规划、乌蒙山片区区域发展与扶贫攻坚、落实宗教教职人员社会保障政策、加强农村宗教事务管理等开展调研议政。举办《民族区域自治法》颁布实施30周年座谈会和少数民族界、宗教界委员反映社情民意座谈会，为加强和改进新形势下民族工作献计出力。旗帜鲜明反对暴力恐怖主义，支持党和政府依法处置重大案件，维护社会安定团结。

（五）完善双周协商座谈会等协商形式，提高协商实效。常委会把政协协商民主建设作为带动全年工作的重要抓手，着力创新协商载体、增加协商密度、提高协商实效，形成以全体会议为龙头，以专题议政性常委会议和专题协商会为重点，以双周协商座谈会为常态的协商议政格局。认真制定并实施全国政协年度协商工作计划，按照中共中央总体工作部署做好政协协商工作。着力推动双周协商座谈会在实践中完善提高，营造多向沟通协商环境，如实快捷报送委员建议，全年就化解产能过剩、南水北调中线水源地水质保护等举办19次协商活动。经过不断探索，双周协商座谈会以其内容广泛、议题具体、氛围民主、讨论深入、成果丰富，成为政协协商民主经常性平台和重要品牌，发挥了委员作用，活跃了政协工作。继续开展政协协商民主课题调研，对中共中央关于加强社会主义协商民主建设的文件起草提出建议，为政协协商民主发展提供理论支撑和制度保障。

（六）深化联谊交流，加强同港澳台侨同胞大团结大联合。常委会重视发挥政协海外联系广、交流渠道多的优势，进一步加强同港澳台侨同胞的团结联谊。更好发挥港澳地区政协委员双重积极作用，及时通报国家经济社会发展和政协工作情况，支持香港委员为特别行政区行政长官和政府依法施政发声出力、在依法推进政改中积极作为，支持爱国爱港、爱国爱澳重要社团开展联谊活动，做好港区省级政协委员联谊会等来访接待工作，组织港澳委员赴内地考察，推动内地与港澳深化交流合作。支持港澳委员通过多种方式加强与港澳青少年沟通交流，开展“进一步加强港澳青少年工作”专题调研。坚持一个中国的原则，把握两岸关系和平发展主题，完善政协委员与台湾民意代表互访交流机制，就河洛文化、黄埔精神、两岸农业合作、宗教文化、中华传统道德伦理等，加强与台湾岛内有关团体、代表人士和基层群众的交流，增进两岸合作民意基础。加强与海外侨胞和归侨侨眷联系交流，组织好海外侨胞列席政协大会、回国考察等工作，围绕海外华文教育发展调研议政，推动华文教育规范发展，促进海外和谐侨社建设。

（七）开展人民政协对外交往，努力为国家发展营造良好外部环境。常委会密切关注国际形势变化，紧紧围绕国家外交大局和政协中心工作，务实推进多层次涉外交流，客观介绍中国国情和发展成就，宣传中共中央关于全面深化改革、全面推进依法治国的决策部署，阐释中国特色社会主义政治发展道路、外交政策、多党合作制度和社会主义协商民主，增进了解、深化互信、促进合作。开展人文交流和公共外交，密切机构联系、拓展对话渠道、努力增进共识。召开国际形势分析会，围绕“一带一路”建设等重要协商议题开展调研议政活动，为全面深化改革、经济社会发展和落实国家重大外交战略决策提供参考意见。支持中国经济社会理事会、中国宗教界和平委员会继续发挥独特平台作用，就涉藏、涉疆等问题有针对性地开展工作，坚决维护和捍卫国家核心利益，巩固和扩大在国际上的话语权和影响力。

（八）加强和改进经常性工作，进一步提高科学化水平。常委会坚持以改革创新精神做好经常性工作。着力提高提案质量，严格立案标准，加大审查力度，修订《全国政协重点提案遴选与督办办法》，健全主席办公会议研究重点提案和全国政协副主席督办重点提案制度，强化提案办理协商，完善提案答复和反馈工作机制。加大视察调研工作统筹力度，注重与重要协商议政活动相衔接，优化队伍结构，改进组织方式，加强研究论证。改进大会发言，增加互动交流，提高会议实效。以提高质量、突出特色、注重时效为重点，及时报送视察调研和协商议政成果，强化政协信息舆情汇集和民意表达功能，更好发挥履职“直通车”作用。认真做好文史资料工作，重点征集香港澳门回归、14 个沿海开放城市等方面史料，发挥存史、资政、团结、育人功能。强化新闻宣传针对性和实效性，认真组织好人民政协成立 65 周年等重大活动新闻报道，加大对双周协商座谈会等的宣传力度，提升政协新闻宣传水平。继续加强对地方政协的联系和指导，形成工作合力。

各位委员，过去一年我们取得的成绩，是以习近平同志为总书记的中共中央坚强领导、高度重视的结果，是各级党委、政府和社会各界热情帮助、大力支持的结果，也是人民政协各参加单位、各级组织、广大委员和政协机关团结协作、共同奋斗的结果。在这里，我代表全国政协常委会表示衷心的感谢！

我们也清醒看到，政协工作还存在一些不足。主要是，政协民主监督需要切实加强，制度机制仍需完善，提案质量有待进一步提高，履职能力还要不断增强等。这些，我们都将在今后工作中采取措施努力改进。还要看到，本届政协已经撤销了令计划、苏荣等 14 人全国政协委员资格，这警示我们要切实加强委员队伍建设，继续坚定不移地推进党风廉政建设和反腐败斗争。

二、2015 年工作部署

2015 年是全面深化改革的关键之年，是全面推进依法治国的开局之年，也是全面完成“十二五”规划的收官之年。人民政协工作的总体要求是：全面贯彻落实中共十八大和十八届三中、四中全会精神，深入贯彻落实习近平总书记系列重要讲话精神，坚持稳中求进工作总基调，紧紧围绕协调推进全面建成小康社会、全面深化改革、全面依法治国、全面从严治党履行职能，做到协商民主有新加强，民主监督有新举措，制度建设有新进展，增进团结有新作为，履职能力有新提高，进一步把人民政协事业推向前进。

（一）*深入学习贯彻中共中央重大决策部署和习近平总书记在庆祝人民政协成立 65 周年大会上的重要讲话精神*。把加强思想政治建设、提高政治把握能力摆在首位，围绕十八大以来中共中央重大方针政策和习近平总书记系列重要讲话精神，组织开展主题鲜明、形式多样、务实有效的学习活动，切实把思想和行动统一到党中央重大决策部署上来。深入学习贯彻习近平总书记在庆祝人民政协成立 65 周年大会上的重要讲话，坚持与推进履职实践相结合，团结和引导参加人民政协各党派团体和各族各界人士，坚定不移走中国特色社会主义政治发展道路。认真学习中国特色社会主义理论体系，积极践行社会主义核心价值观，深入落实中共中央八项规定精神，进一步增强委员意识，锤炼道德品行，改进工作作风，自觉树立和维护政协委员良好形象。政协委员中的共产党员要坚定理想信念，切实增强党的意识、政治意识、责任意识，严守政治纪律和政治规矩，自觉把党的方针政策和决策部署贯彻落实到政协工作各方面，始终坚定正确政治方向。

（二）*紧扣改革发展建言献策*。把围绕制定国民经济和社会发展“十三五”规划议政建言作为全年履职重点，通过专题议政性常委会议等多种形式，努力提出具有前瞻性、战略性、针对性的意见建议。召开“深化行政审批制度改革”专题协商会。举办宏观经济形势分析座谈会，加强对新常态下经济运行的动态性、综合性研究，为党和政府加强和改善宏观调控提供参考。就推动“一带一路”建设、完善金融市场体系、推进非公有制企业走出去、加强产权和知识产权保护、完善农村基本经营制度、统筹管理科技计划和资源、深化教育和医药卫生体制改革、加快体育产业发展、转基因农产品的机遇与风险、加强京津冀协同发展中的大气污染防治、推进长江经济带发展中的湿地保护、加强黑土地保护、资源枯竭城市转型等重要课题开展调研议政。召开“积极培育和践行社会主义核心价值观”专题议政性常委会议。围绕推动传统媒体和新兴媒体融合发展、非物质文化遗产传承与保护、戏曲传承与发展等问题进行视察调研。召开人口资源环境态势分析会。就推进贫困地区发展与人口问题、推动优质医疗资源向基层倾斜、提高青少年身体素质等关系群众切身利益的问题，加强调查研究，提出对策建议。

（三）围绕全面推进依法治国积极献计出力。认真贯彻全面推进依法治国重大战略部署，坚定不移走中国特色社会主义法治道路，更好发挥人民政协的协商议政作用和民主监督作用。召开“推进人民法院改革”专题协商会。围绕《促进科技成果转化法》修订开展协商讨论，就健全依法维权和化解纠纷机制、规范城管执法行为、推动全社会树立法治意识等进行调查研究。针对《道路交通安全法》实施情况、执法不公和执法不严现象等开展民主监督，支持司法机关依法独立公正行使职权，推动落实依法治国重要举措。加强法制宣传教育，使广大委员更好地运用法治思维和法治方式开展工作，自觉在宪法法律和政协章程范围内履行职责，争做社会主义法治模范践行者。

（四）切实强化民主监督职能。适应社会主义民主政治建设和政协事业发展需要，加强和改进政协民主监督，做到开展监督有计划、有题目、有载体、有成效。以专委会为依托，以会议、调研、视察、提案、信息、大会发言、新闻报道等为载体，围绕提升政府公信力、化解地方债务风险、扶贫资金管理使用、加强科研经费使用有效管理、腾格里沙漠污染治理、重大水利工程建设、环卫工人合法权益保障、国家重点文物保护、中共中央八项规定精神贯彻落实等问题，开展具有监督性的履职活动，如实反映情况，坦率提出批评和建设性意见，促进相关工作的改进和加强。强化民主监督组织协调、知情反馈、沟通联系等环节制度建设，提高监督实效。

（五）广泛凝聚实现中华民族伟大复兴正能量。坚持大团结大联合，扎实做好团结各界、凝聚人心的工作，不断巩固和发展最广泛的爱国统一战线。积极开展政协专委会与民主党派、工商联联合调研，加大党派提案与大会发言等工作力度。鼓励少数民族界、宗教界政协委员加强同少数民族群众和信教群众联系，推进集中连片贫困地区精准扶贫，促进民族地区经济社会发展；开展依法加强宗教事务管理等调研，积极引导宗教与社会主义社会相适应。全面准确贯彻“一国两制”“港人治港”“澳人治澳”、高度自治的方针和基本法，支持香港特别行政区、澳门特别行政区行政长官和政府依法施政，进一步探索发挥港澳委员双重积极作用的有效方式，为深化内地与港澳交流合作贡献才智。全面贯彻中共中央对台工作大政方针和两岸关系和平发展重要思想，大力宣导“两岸一家亲”理念，继续开展与台湾有关党派团体、民意代表交流沟通，为团结岛内基层民众、青少年多做工作。加强与海外侨胞及社团联系，积极维护海外侨胞和归侨侨眷合法权益。

按照中共中央外交工作总体部署，务实开展对外交往，发挥政协专门委员会、中国经济社会理事会、中国宗教界和平委员会等在对外交往中的优势和作用，积极开展人文交流和公共外交，加强对国际形势的分析研判，讲好中国故事，传播好中国声音，努力为国家发展营造良好外部环境。

（六）*积极推进工作创新*。制定政协委员联系办法，健全委员联络机构，进一步做好政协主席、副主席联系委员工作，通过开展多种形式联谊活动，广交深交各界朋友。建立完善全国政协领导同志赴地方调研时与当地全国政协委员见面座谈制度，京外视察调研活动更多吸收驻在地全国政协委员参加，推进与委员联系交流多样化、机制化、经常化。完善学习制度，结合委员关切的问题，丰富学习内容，帮助委员知情明政，提高议政建言能力。坚持主席办公会议研究审议视察调研计划和重要报告制度，完善调研和协商议题遴选机制。强化政协信息的党派特色、界别特色，加强对前瞻性意见和预警性情况的反映，更好发挥民意汇集和决策参考作用。深入开展提案办理协商理论研究和实践探索，加强提案督办。探索以界别为单位推荐大会发言、提出集体提案，活跃界别工作。根据中共中央有关部署，参与做好中国人民抗日战争暨世界反法西斯战争胜利70周年纪念工作，加强相关文史资料征集出版，铭记历史、烛照未来。进一步整合政协新闻宣传资源，加大政协履职成果宣传力度，巩固壮大思想舆论阵地。加强理论研究，推进智库建设，发挥中国政协理论研究会等的作用，努力研究和回答人民政协事业发展的重大理论和实践问题。

三、更好发挥人民政协在发展社会主义协商民主中的重要作用

习近平总书记在庆祝人民政协成立65周年大会上的重要讲话和《中共中央关于加强社会主义协商民主建设的意见》，就发展社会主义协商民主作出战略部署，对发展社会主义民主政治、建设社会主义政治文明具有重大而深远的意义。人民政协要认真贯彻中共中央要求，坚持改革创新，加强制度建设，提升履职能力，更好发挥作为协商民主重要渠道和专门协商机构作用，推进协商民主广泛多层制度化发展，推进国家治理体系和治理能力现代化。

（一）*准确把握人民政协协商民主的性质定位*。人民政协作为中国人民爱国统一战线的组织、中国共产党领导的多党合作和政治协商的重要机构、我国政治生活中发扬社会主义民主的重要形式，不是权力机关，也不是决策机构，而是各党派团体和各族各界人士发扬民主、参与国是、团结合作的重要平台，具有话语权、影响力，是不可替代的。在这个平台上进行政治协商、民主监督和参政议政，就政治经济社会发展重大问题、关系人民群众切身利益实际问题、统一战线内部共同性问题等充分发表意见、坦诚深入交流，有助于广纳群言、广谋良策、广聚共识，有助于促进党和政府科学民主决策，有助于更好实现人民当家作主，生动体现了社会主义民主政治的特色和优势。准确把握人民政协的性质定位，是做好政协工作的关键所在，也是推进政协协商民主的根本遵循。要始终坚持正确政治方向，坚持中国共产党的领导，自觉立足我国文化传统和基本国情，绝不照搬外国政治模式，坚定不移走中国特色社会主义政治发展道路。要坚持有事好商量，平等探讨问题、坦率提出意见、沟通化解分歧，切实将协商理念寓于履行

职能全过程、贯穿开展工作各方面。要强化全局观念和系统思维，充分发挥政协协商民主形式多样、智力密集、传统深厚的优势，在协商民主体系中循序渐进地开展，在人民内部各方面务实有效地推进。

（二）积极拓展社会各界有序参与政协协商渠道。要搭建好机制化、常态化的协商参与平台，坚持和完善全体会议、常委会议、专题协商会、双周协商座谈会制度，积极开展专题协商、对口协商、界别协商、提案办理协商，探索网络议政和远程协商等新形式，使协商更加广泛多层地展开、更为灵活经常地进行。要坚持和完善中国共产党领导的多党合作和政治协商制度，支持和保障各民主党派、无党派人士积极参与政协协商活动，在协商中推进合作共事，在合作中实现党的领导，不断巩固中国共产党与民主党派的政治联盟。要进一步适应经济社会发展和统一战线内部结构变化，探索新的社会组织等参加政协协商活动的方法途径。要坚持协商于民、协商为民，充分发挥政协委员联系群众、团结各界的重要作用，创新政协界别工作和群众工作，提高联系群众能力，使协商更好地反映各界群众意见，使党和政府的决策更符合群众愿望并为群众所理解，努力让群众感到政协离自己很近。

（三）注重营造协商讨论的民主氛围。团结和民主是政协工作的两大主题。政协协商民主必须大力营造既畅所欲言、各抒己见，又理性有度、合法依章的良好协商氛围。要坚持实事求是、敢于直言，摒弃非此即彼的思维定式，拒绝偏激偏执的极端言论，保持从善如流的坦荡胸怀，始终做到平等协商，不强加于人；真诚协商，不敷衍了事；民主协商，不强求一致；务实协商，不流于形式。要坚持体谅包容、求同存异，对于各种意见和建议，只要是基于拥护中国特色社会主义事业、致力实现中华民族伟大复兴中国梦的共同思想政治基础，无论是赞成的还是反对的、无论是多数人提出的还是少数人主张的，都应该允许反映和表达，都应该得到尊重和包容。要坚持商以求同、协以成事，正确把握人民政协一致性和多样性的关系，切实加强协商互动和讨论沟通，促进不同思想观点交流交融，逐步增进了解、加深理解、消除误解、取得谅解，努力凝聚思想上的最大共识。

（四）努力提高政协协商民主实效。提高政协协商民主实效，科学选题是前提，调查研究是基础，互动交流是关键，成果转化是重点。要坚持问题导向，广泛征求党政部门、党派团体和政协委员等各方面意见，围绕党政关注和群众关切选好调研议政题目，既通过常委会议等形式对综合性、全局性、前瞻性问题开展广泛协商，也灵活运用双周协商座谈会等平台对切口小、专业性强的具体问题进行深入协商，做到协商议题和协商形式相匹配、视察调研和协商议政相衔接。要提高调查研究能力和水平，加强和党政部门、党派团体、地方政协、专家学者等的联合调研，花更大气力深入了解实际，花更多时间强化研究论证，识民情、接地气，倾听群众呼声，把握事物规律，力求使调研靠事实说话，使对策建议更加符合实情、反映民意、有助决策。要丰富协商形式，精心组织互动交流，通过发言、讨论、提问、解答，不断把协商引向深入。要完善协商成果采纳和反馈机制，通过专题报告、政协信息、新闻报道、大会发言等途径推动协商成果转化，对重要成果落实情况开展跟踪调研和民主监督，提高协商成效。

（五）进一步加强政协协商民主制度和机制建设。要根据《中共中央关于加强社会主义协商民主建设的意见》，制定全国政协配套实施办法，进一步明确政协协商内容、协商形式、协商程序、成果运用以及加强与党政工作衔接等，推动政协协商民主更加规范有序地开展。着眼构建结构合理、层次清晰、科学规范的人民政协制度体系，研究制定规范政治协商、民主监督、参政议政的相关意见，制定全国政协委员履职工作规则，修订政协专门委员会通则，健全提案办理协商、视察调研、大会发言、反映社情民意信息等规章制度，全面推进政协制度建设和机制创新，不断提高工作科学化水平。要增强制度观念和规则意识，强化制度落实情况督促检查，健全委员履职评价机制，提高制度权威性和执行力。

各位委员，我们的事业宏伟而壮丽，我们的使命艰巨而光荣。让我们紧密团结在以习近平同志为总书记的中共中央周围，高举中国特色社会主义伟大旗帜，以邓小平理论、“三个代表”重要思想、科学发展观为指导，深入学习贯彻习近平总书记系列重要讲话精神，求真务实，开拓创新，奋力谱写人民政协事业发展新篇章，为实现“两个一百年”奋斗目标和中华民族伟大复兴的中国梦而奋斗！

在政协第十二届全国委员会第三次会议闭幕会上的讲话

（2015 年 3 月 13 日）

俞　正　声

各位委员，同志们：

中国人民政治协商会议第十二届全国委员会第三次会议，在中共中央、全国人大常委会、国务院高度重视和各方面大力支持下，经过全体委员共同努力，圆满完成各项议程，就要胜利闭幕了。会议期间，中共中央总书记、国家主席、中央军委主席习近平等党和国家领导同志，出席大会开幕会和闭幕会，深入小组与政协委员共商国是，认真听取意见和建议。广大政协委员紧紧围绕改革发展稳定重大问题和群众关心的实际问题，深入协商议政，积极建言献策，充分体现了政协委员为国为民、尽职尽责的不懈追求，有效发挥了人民政协作为协商民主重要渠道和专门协商机构的重要作用，生动展现了中国特色社会主义政治制度的特色和优势。

各位委员，中国共产党带领我们的国家和人民正行进在实现中华民族伟大复兴中国梦的历史征程中，我们正在亲身参与具有许多新的历史特点的伟大斗争，我们必须认清使命，勇于担当。我们要毫不动摇地坚持中国共产党的领导，增强中国特色社会主义道路自信、理论自信、制度自信，用共同奋斗目标、共同历史命运和共同文化传承，广泛凝聚改革共识、发展共识、法治共识、反腐败共识和价值观共识，不断夯实共同团结奋斗的思想政治基础，为坚持和发展中国特色社会主义，为全面建成小康社会、全面深化改革、全面依法治国、全面从严治党汇聚起强大正能量。要始终秉持群众观念和为民情怀，远离官僚作风、浮华心态，更加深入地联系和服务群众、虚心接受群众监督；始终守持道德准则和廉洁自律，杜绝奢靡享乐和谋取私利，更加模范地遵守宪法法律、政协章程和制度规范；始终保持务实进取和勤勉敬业，反对耽于安逸、随波逐流和懈怠无为，更加有效地提升履职能力、增强工作实效；始终坚持民主协商和理性包容，力戒虚言妄语、极端偏激，更加切实地运用好政协的话语权和影响力，真正做到言必真、策必实、行必正，做到于国有利、于民有济、于己有为，无愧政协委员的光荣称号！

各位委员、同志们！伟大的目标需要我们团结奋斗，艰巨的使命召唤我们开拓前进。让我们紧密团结在以习近平同志为总书记的中共中央周围，高举中国特色社会主义伟大旗帜，同心同德，扎实工作，奋力开创人民政协事业发展新局面，为实现“两个一百年”奋斗目标、实现中华民族伟大复兴的中国梦作出新的更大贡献！

在第十届两岸经贸文化论坛开幕式上的致辞

（2015 年 5 月 3 日）

俞　正　声

尊敬的朱立伦主席，
各位嘉宾，各位朋友：

大家上午好！

欢迎大家来到美丽的黄浦江畔，出席第十届两岸经贸文化论坛。首先，我代表中共中央和习近平总书记，对论坛的举办表示热烈的祝贺，对各位嘉宾的到来表示诚挚的欢迎！

十载风雨兼程，十载春华秋实。10 年前，在两岸关系紧张动荡时刻，国共两党为遏制“台独”分裂活动，维护台海和平，增进两岸同胞福祉，毅然决然实现和解，共同迈出历史性的一步。国共两党领导人提出要共同推动两岸关系和平发展，决定建立两党定期沟通平台，两岸经贸文化论坛应时而生。论坛的成功举办，对推动两岸关系实现历史性转折，促进两岸关系和平发展，功不可没。

10 年来，论坛作为国共两党交流对话的重要平台，始终坚持认同“九二共识”、反对“台独”的基本立场，坚持契合民意、注重引领的精神，着眼民族长远利益、体察两岸社情民意，集中探讨解决两岸同胞关心、事关两岸关系和平发展的重大问题，取得丰硕成果，得到了两岸同胞的广泛认同和支持。

10 年来，论坛作为汇聚民意、政策先导的重要平台，始终坚持关注民生、服务民众的宗旨，就两岸经贸、“三通”、旅游、产业、金融、农渔业、文化、教育、科技等攸关两岸同胞切身利益的议题深入研讨，形成了 153 项共同建议，这些建议大多转化为两岸共同或各自的具体政策措施。两岸两会签署的 21 项协议，大陆方面在论坛上宣布的 73 项对台惠民措施，台湾方面采取的便利两岸同胞交流交往的积极举措，给两岸同胞带来了实实在在的好处。

10 年来，论坛作为两岸各界人士互动合作的重要平台，始终坚持代表广泛、开放包容的原则，邀请两岸有关党派团体代表、实务部门人士、业界精英、专家学者共同参与，汇集各界真知灼见，增进同胞间的了解和感情，促进了各领域的交流合作。在论坛示范带动下，“双百”论坛、城市论坛、海峡论坛、紫金山峰会、和平论坛等一系列两岸交流对话平台相继建立，与经贸文化论坛相得益彰，推动形成了两岸全方位交往的可喜局面。

回首10年来两岸经贸文化论坛走过的不平凡历程，可以发现，两岸关系之所以发生如此深刻的变化、取得这样显著的成就，离不开两岸同胞的共同努力，离不开国共两党的直接推动，也包含着论坛的重要贡献。在此，我向所有热心参与和支持论坛的朋友们，表示衷心的感谢！我们要坚持成功的实践，不仅要把论坛继续办下去，而且要越办越好。

各位嘉宾、朋友们！

经过10年发展，两岸关系站在了新的历史起点上。今天，台海和平之稳定、两岸同胞往来之频繁、经济联系之密切、共同利益之广泛，都是60多年来前所未有的，两岸同胞的前途和命运更加紧密地联系在一起。展望未来，两岸关系既展现出更广阔的和平发展空间，同时又面临新的挑战与考验。“台独”分裂势力的阻扰破坏仍然是台海和平稳定最大的威胁。维护两岸关系和平发展大局任重道远。我们要坚定不移走和平发展道路，坚定不移坚持共同政治基础，坚定不移为两岸同胞谋福祉，坚定不移携手实现民族复兴。

面对新形势，论坛要与时俱进，继续契合两岸发展大势，顺应壮大主流民意，为推动两岸关系和平发展作出新的贡献。本届论坛围绕中小企业、青年与基层、经贸科技、文化教育四个议题进行研讨，更贴近基层，符合社会期待。在此，我愿就进一步办好论坛提出以下四点建议。

一、继续坚持两岸关系和平发展正确方向。关键要坚持“九二共识”、反对“台独”的政治基础。这是论坛的立身之本，也是两岸关系和平发展的基础。基础不牢，地动山摇。没有了这个基础，论坛将无以存身，两岸关系又将回到动荡不安的老路上去。两岸关系发展面临的形势越复杂，论坛越要坚定发出巩固政治基础、继续推动两岸关系和平发展的强大呼声，为巩固两岸关系和平发展成果、推动两岸关系沿着正确方向前行，凝聚强大民意和舆论支持。两岸关系发展不会一帆风顺，论坛要继续汇民智、集群力，为冲破两岸关系发展障碍，推动两岸关系和平发展克难前行、凝心聚力。

二、继续聚焦增进两岸同胞共同福祉。论坛要坚持以民生为重，反映两岸同胞的愿望和诉求。大陆经济发展进入新常态，推出了一系列全面深化改革和促进经济平稳健康发展的政策举措，给两岸经济合作带来新的机遇和空间。论坛可以积极推动开展两岸经济形势和政策交流对话，研究促进两岸产业合理规划布局的政策建议，以利广大台湾同胞首先分享大陆改革发展带来的机遇。还可以针对大陆台资企业遇到的种种新问题，积极研究帮助这些企业转型升级、适应大陆经济发展新常态的有效措施。最近，李克强同志就对在陆台资企业经济政策的稳定性和连续性问题发表了重要讲话，表达了我们对在陆台资企业的关心和支持，欢迎论坛对此提出建议。在促进两岸深化经济合作的同时，要更多关注两岸基层民众的感受，为扩大基层民众的参与面、受益面出主意、想办法，增强他们的获得感。在继续支持大企业良性发展的同时，论坛应在关心、维护、增进中小企业和农渔民的利益方面多下功夫，让他们更多分享两岸关系和平发展成果。

对于台湾各界关心的“一带一路”建设、亚洲基础设施投资银行、区域经济合作等问题，论坛可以深入研讨，探寻可行的参与和合作方式，让两岸携手开拓国际市场的新空间，提升中华民族经济的国际竞争力。

三、继续助力两岸青年实现人生梦想。青年是国家和民族的希望，是两岸的未来，是两岸关系和平发展的生力军。论坛应更多关注增进两岸青年的交流和感情，推动扩大两岸青年交流规模，努力探讨创新符合青年人志趣的交流内容和形式，使交流更富活力与成效。可以汇集两岸有识之士，集中检视和推动优化各自政策环境，研究为在对岸生活、学习、就业、创业的青年提供更好条件的措施，探讨建立两岸青年人才培养合作机制，为两岸青年共同发展、施展才华提供更多机会和舞台。要大力弘扬中华优秀传统文化，让两岸青年在交流中增进相互了解，融洽彼此感情，实现心灵契合，在参与两岸关系和平发展和中华民族伟大复兴进程中实现人生价值。

四、继续推动两岸各界人士广泛参与。论坛是国共两党搭台、各界人士唱戏，是两岸各界的论坛，是两岸同胞的大合唱、交响曲。正是有了四面八方、各行各业的人士参与，论坛才有广泛代表性，才更接地气，始终保持旺盛的活力。论坛可以进一步创新形式，丰富内容，既讨论事关两岸关系发展方向的重大问题，发挥政策先导作用，也就两岸同胞关心的一些具体问题进行专题研讨，为两岸各界开展交流对话创造更好的条件。我们真诚欢迎两岸各党派、各界代表都参与到论坛中来，共同为两岸关系和平发展贡献智慧和力量。

各位嘉宾、朋友们!

两岸同胞同属中华民族。今年对中华民族来说是一个有着重要意义的年份。70年前，全体中华儿女团结一心，众志成城，取得了抗日战争的伟大胜利，台湾回归祖国怀抱。今天，中华民族伟大复兴正展现出光明前景，两岸同胞应当承担起历史赋予的光荣责任和使命，坚定信心、携手同行，共同开创两岸关系美好未来，共同致力于实现中华民族伟大复兴。

祝第十届两岸经贸文化论坛取得圆满成功!

在全国地方政协工作经验交流会上的讲话

（2015年7月16日）

俞　正　声

这次全国地方政协工作经验交流会是今年全国政协确定召开的一次重要会议。党中央始终高度重视政协工作，党的十八大以来，习近平总书记就人民政协事业发展提出了一系列新思想、新论断、新部署、新要求，并多次强调要加强全国政协对地方政协的联系和指导。各地政协认真贯彻中央关于人民政协的重大决策部署，结合实际探索创新、履行职能，取得了显著成绩、积累了重要经验。召开这次会议，就是要深入学习习近平总书记关于人民政协工作重要指示精神、中央统战工作会议精神和《中共中央关于加强社会主义协商民主建设的意见》以及中央办公厅《关于加强人民政协协商民主建设的实施意见》等文件精神，交流地方政协工作经验，密切各级政协之间的联系，切实加强对地方政协的指导，不断把人民政协事业推向前进。

昨天青林同志介绍了十二届全国政协工作，一些地方政协负责同志交流了各自的工作经验。总的看，各地政协工作都有创新、有发展、有成效。印象比较深的有这样几个方面：一是各地党委高度重视政协工作。许多地方每届党委任期内都召开一次政协工作会议，不少地方党委每年都研究政协工作、党委书记还在政协全会上作讲话，向政协交任务、定原则、提要求。各地政协都做到重点工作主动请示、重大事项及时报告。二是紧紧围绕中心工作履职尽责。重点针对稳增长、调结构、促改革、惠民生中的重要问题开展调研议政，努力做到党政出题目、政协做文章，为促进当地经济社会发展献计出力。三是大力推进政协协商民主建设。目前已有 27 个省区市和副省级市党委出台了关于加强政协协商民主建设等文件，各地普遍建立了党委会同政府、政协制定年度协商计划的机制，不少地方政协实行“开门议政”，邀请群众列席政协重要协商活动。四是努力探索民主监督的有效形式。5 个省区市和副省级市党委出台了加强政协民主监督的意见，一些省级政协针对跨区域重大问题开展联合监督，有的省建立了省市县三级政协联动监督机制，一些地方政协在党委领导下应部门之邀派驻委员监督小组，帮助部门改进工作。五是扎实做好委员联络服务工作。不少省级政协成立委员联络工作委员会或相应机构，建立委员履职信息数据库，探索对委员学习培训、参加会议活动等进行量化管理。一些地方政协制定了联系走访委员制度和委员激励表彰、诫勉谈话及退出机制，强化委员履职责任。六是重视形成履职合力。一些省市政协定期召开区域片会，就政协工作中有关问题交流研讨；有的组织本省市的全国政协委员在联合调研基础上，向全国“两会”联名提交提案和大会发言，等等。此外，在加强自身建设、做好各项经常性工作等方面，各地政协也都有不少好的做法和经验。这些都是政协工作的宝贵财富，值得认真总结和借鉴。

这里，我就深入学习贯彻习近平总书记关于统战政协工作的一系列重要思想和中央重大决策部署，结合同志们关心的重要问题，谈几点认识和意见，和大家交流。

第一，始终坚持党对人民政协的领导。党的领导是中国特色社会主义最本质的特征，也是人民政协事业发展进步的根本保证。加强党的领导和支持政协依法依章程履行职能是统一的。人民政协要毫不动摇地坚持党的领导，把坚持和发展中国特色社会主义作为巩固共同思想政治基础的主轴，坚持中国共产党领导的多党合作和政治协商制度，切实增强道路自信、理论自信、制度自信，坚定不移走中国特色社会主义政治发展道路，确保人民政协事业始终沿着正确方向前进。

我国社会主义政治制度优越性的一个突出特点是党总揽全局、协调各方的领导核心作用。政协作为实行中国共产党领导的多党合作和政治协商制度的重要政治形式和组织形式，坚持党的领导是应有之义，更是政治规矩。坚持党的领导首先是坚持党中央的集中统一领导，这就要坚决贯彻执行党的路线方针政策和决策部署，努力把党的指导思想和党的主张转化成为参加人民政协各党派团体和各族各界人士的思想政治共识，不折不扣地落实好党管组织、党管干部、党管人才原则，有效实现党的政治领导、思想领导和组织领导。

政协党组作为党在政协设立的领导机构，在政协工作中发挥领导核心作用。要切实增强党的意识、政治意识、责任意识，认真落实《中国共产党党组工作条例（试行）》规定，自觉服从批准它设立的党组织领导，认真履行政治领导责任，做好理论武装和思想政治工作，负责学习、宣传、贯彻执行党的理论和路线方针政策，贯彻落实党中央和上级党组织的决策部署，发挥好把方向、管大局、保落实的重要作用。政协党组发挥领导核心作用是坚持党对政协领导的重要措施，要将其和政协领导班子依法依章程履行职责相统一，把党的主张通过民主程序转化为政协领导班子的决定。《条例（试行）》第十六条还明确：县级以上人大常委会机关党组、政府机关党组、政协机关党组，必须服从批准其设立的党组织领导，在履行职责过程中还应当接受本级人大常委会党组、政府党组、政协党组的领导，这就理顺了大小党组的关系。习近平总书记强调，全国政协党组不仅要加强自身建设，还要通过以上率下，把机关队伍、政协队伍建设好，不仅要把全国政协的事情做好，而且还要指导各级政协加强自身建设。这个要求怎么落实，也请大家加强研究，根据实际情况创造性地开展工作。还要注意，党组实行的是集体领导而不是个人领导，共产党员和民主党派、无党派人士个人之间没有领导和被领导的关系，但有一个谁影响谁的问题。政协党组成员和政协委员中的共产党员，都要模范执行党的路线方针政策，遵守党的政治纪律和政治规矩，善于同各方面人士打交道，通过民主协商的办法，做好教育引导和团结联谊工作，努力把更多的人团结在党的周围。

第二，深刻把握人民政协的性质定位。党的十八大以来，习近平总书记多次强调，人民政协是统一战线的组织，是多党合作和政治协商的机构，是人民民主的重要实现形式，不属于权力机关。关于政协的性质定位，我们党从来都是明确而一以贯之的，这是基于我国国情和马克思主义国家学说而作出的重大设计，也是我国政治制度区别于西方的特色和优势所在。毛主席在人大成立之初就明确说过，政协不能搞成国家机关，如果那样就成为二元了，民主集中制就讲不通了。但长期以来，党内外、社会上甚至政协内部还有不少同志，认为政协办事没权力、说话没分量，工作做多做少、做虚做实差别不大，与建国初期代行人大职权时不可同日而语。甚至认为，政协主席不兼任地方党委常委，是政协工作的一种弱化。这些认识都有失偏颇。政协不是权力机关绝不是不重要或发挥不了作用，政协主席不兼任党委常委是完善地方党委领导体制和运行机制的需要，并不影响党对政协的领导和政协的履职成效。政协作为我国政治体制的重要组成部分，或者说“四大家”之一，有着很高的政治地位、很大的话语权和社会影响力。特别在当下，我们经济社会发展正在经历着深刻变化，社会价值观念、阶层结构和利益主体日益多元，不同群体对很多问题的看法往往存在很大差异。解决这种差异，就需要有一个体制内的平台来表达各个方面的意见、协调各个方面的关系，从而增进了解，抛弃极端的意见，形成比较合理的共识。政协中党外人士占主体，囊括了社会上各个阶层和群体的代表性人士，大家在政协经常讨论问题，反映利益诉求，发表意见建议，有利于形成社会共识、增进社会团结、维护社会稳定，同时对于坚持中国特色社会主义政治发展道路，引导和扩大公民有序政治参与，促进党和政府科学民主决策，都起着不可替代的重要作用。各级政协组织都要依照宪法法律和政协章程的准确定位，充分发挥作为各党派团体和各族各界人士发扬民主、参与国是、团结合作的重要平台作用。

第三，重视发挥政协的团结统战功能。政协工作涉及面很广，衡量政协工作成效，关键是要看在履职活动中有没有通过充分发扬民主，达到凝聚和增进共识、巩固和扩大团结的目的。共识很重要，共识是团结统一的基础，人们思想的统一、行动的一致、力量的汇聚，都有赖于共识的形成。团结和民主是人民政协的两大主题，不能把民主和团结割裂开来。政协作为大团结大联合的组织和人民民主的重要形式，主要就是做民主协商和团结联谊的工作。政协的民主协商，不在于形成结论性的意见，而在于坚持求同存异、体谅包容，正确处理一致性和多样性的关系。在参加人民政协的各党派团体、各族各界人士中，一致性是相对的，多样性是绝对的，要在坚持一致性中尊重多样性，在包容多样性中寻求一致性。要鼓励各种意见建议的充分发表和深入交流，使矛盾在协商中化解、分歧在讨论中趋同，从而推动共识的形成和团结的加强。在人民政协，具体意见有分歧，但在基本原则上要有共识；思想观念有不同，但在价值规范上应谋共识；即使是具体政策上的分歧，也可以而且应该通过协商，通过采纳正确意见和澄清有关情况，增进共识。总之，我们要不断筑牢共同思想政治基础，巩固已有共识、推动形成新的共识，扎扎实实做好争取人心、汇聚力量的工作。这些工作不是“显绩”，但起的是润物无声、潜移默化的作用。因此，政协的各项工作都有一个如何更好地增进共识、促进团结的问题。这应当成为衡量履职成效的重要标准。

第四，积极稳妥地推进政协协商民主。今年初，中共中央颁发了《关于加强社会主义协商民主建设的意见》，上个月中央办公厅印发了《关于加强人民政协协商民主建设的实施意见》，为政协协商民主建设提供了基本遵循和重要指导。对地方政协来说，重在把握文件精神实质和基本原则，不能把文件的每条内容都照搬照套。学习贯彻中央精神，要把握这样几点：一是要准确把握政协的协商载体性质。人民政协是协商民主的重要渠道和专门机构。党委、政府到政协来，是和参加政协的各党派团体、各族各界人士协商，政协是协商载体而不是协商主体，是“在”政协协商而不是“和”政协协商，把政协说成是协商主体，与党委、政府协商，就偏离了政协的性质定位，协商方向也会出现偏差。二是要切实坚持党对政协协商的领导。政协协商是中国共产党领导的政治协商，要积极主动加强与党委、政府工作的有效衔接。涉及党委、政府提出来的议题，征求政协的意见后报党委常委会议确定。党委批准政协年度协商计划之后，政协必须认真抓好落实。三是要在全面履行职能中发展政协协商民主。政协的政治协商是协商民主，民主监督也主要是通过深入调查研究和协商议政来提出批评性、建设性意见，促进相关工作的改进和加强，参政议政同样体现了协商民主的理念和原则。所以，政协协商民主体现在履行职能全过程、贯穿于开展工作各方面。四是要处理好政协协商与其他协商形式的关系。协商民主是个大格局，政协协商是社会主义协商民主体系中的一个重要方面而不是全部，要加强与其他协商形式的衔接配合，推动协商民主广泛多层制度化发展。

各地政协都很关心立法协商问题。对此，中央的方针是全国人大在立法过程中，可以听取政协委员、民主党派、工商联和无党派人士等各方面的意见，但是横向上和政协不发生协商关系，全国人大的法律草案不拿到政协来协商。政府制定或修订的一些法律法规草案，在提交全国人大审议前，可视情在政协听取意见。这种规定主要是为了避免产生“两院制”误解。各地的情况不大一样，只要是坚持中央的大原则，坚持党委的领导，坚持不作具有强制性的决策，可以结合实际进一步探索创新。

第五，努力提高议政建言能力和水平。习近平总书记强调，协调推进“四个全面”

战略布局，迫切需要集思广益，政协委员是其中一支十分重要的力量。政协委员必须懂政协、会协商、善议政，具备较高思想认识水平和参政议政能力，提出的意见和建议如果只是一些零碎的想法、一般的观感、笼统的表态是不够的，要努力做到建言建在需要时、议政议到点子上、监督监在关键处。政协建言献策发挥作用，不是靠说了算，而是靠说得对，这就要求我们切实在深入调研上下功夫，在分析和集中各方意见上下功夫。现在和改革开放之初时的情况有了很大不同，那个时候争论的主要是一些大的方向性的问题，现在虽然也还有，但更多的是如何在具体问题具体环节上取得突破。我们的调查研究要尽可能地深入进去，用事实说话，用数据分析，充分比较各种决策的利弊，这样提出的建议才能更有说服力，也更容易被采纳。政协环境宽松，位置比较超脱，委员们时间也相对宽裕，研究问题应在求深、求精上下功夫，努力提出针对性、前瞻性、可操作性强的意见建议，使政协的调查研究和协商议政真正成为党和政府科学决策、民主决策的重要环节。

第六，进一步加强政协委员队伍建设。委员是政协工作的主体，做好委员工作是人民政协强基固本之举。当前，委员队伍中存在的主要问题是一些人“带病”进到政协、某些社会阶层人士委员比例偏高、一些委员履职意识和能力不足等。对此，一是要把好委员“入口关”。《中国共产党统一战线工作条例（试行）》对政协委员的产生作出了明确规定，要求各级政协委员人选推荐工作应当坚持广泛协商，党内的由组织部门提名，党外的由统战部门提名，其中的民主党派成员、非公有制经济人士应当在提名前与民主党派、工商联协商，继续提名的各界别政协委员应当听取政协党组意见。建议名单由统战部门汇总并征求有关方面意见后，由组织部门报同级党委审定，然后按政协章程规定的程序办理。我们要认真落实《条例》的要求，坚持标准、严格程序，切实把代表性强、议政水平高、群众认可、德才兼备的优秀人士吸收到委员队伍中来。二是要为委员履职搭建更多平台。党的十八届三中全会提出了健全委员联络机构、完善委员联络制度的重要要求，一些地方政协设立了专门的委员联络机构，全国政协也在积极推进之中。对具体怎么设立、设立之后职能是什么、怎样开展工作等问题，还有待进一步调研论证。全国政协这两年通过增加协商密度，使“年委员、季常委、月主席”的状况得到一些改变，还准备采取措施进一步扩大委员对政协工作的参与度。比如，对于一些重要调研可采取“1＋X”模式，在有关专门委员会开展集中调研的同时，委托有关省区市政协组织所在地全国政协委员就同一课题开展平行调研。总之，就是要通过多种形式和途径充分调动委员们履职尽责的积极性，努力让每位委员在政协干事有舞台、建言有渠道、工作有作为。三是要加强对委员的服务和管理。一方面，政协领导和政协机关都要带着感情和委员交往，搭建委员“连心桥”，打造团结之家、民主之家、和谐之家，让委员愿进政协门、乐做政协人、爱干政协事。另一方面，要从实际出发健全委员履职评价、激励和约束机制，但要注意防止简单一刀切。委员发挥作用并不完全体现在参加会议活动、提出提案信息等便于统计的指标上，有的委员在关键时候、特殊场合能发挥独特作用，对他们都用同一个量化标准去评价显然是不合适的。这正是政协组织、政协工作的特色和优势所在。当然，对于违纪、违章、违法的政协委员，必须依纪依规依法严肃处理，以警示和教育广大委员恪守宪法法律，锤炼道德品行，改进工作作风，更好履行职责。

第七，有效发挥专委会的基础性作用。专委会是政协工作的重要基础。只有专委会工作活跃了，整个政协工作才会活跃；只有专委会工作搞好了，整个政协的履职水平才会提高。发挥好专委会作用，一是要突出各专委会的不同特点和功能。全国政协的9个专门委员会的职能都不相同。都有各自的工作领域、工作性质和工作方式。各专门委员会为了把工作搞得更活跃，都在积极组织开展本领域的调查研究和协商议政活动，这很有必要。但同时一定要重视发挥好专委会联系委员、团结各界的功能，履职过程中更加主动地、有意识地加强同委员特别是党外人士的沟通交流和联系协作，发挥好专委会主任会议、专委会全体会议作为一级重要协商层次的作用，认认真真做好交朋友、聚合力的工作。二是要发挥好专委会主任、副主任的作用。这些同志中有许多是刚刚从党政领导岗位上转过来的，有一些是本领域的著名专家学者，还有一些党外代表人士，既有丰富实践经验，又有很强的专业性和代表性。把他们的优势和作用发挥好了，能做不少事情。全国政协有个考虑，就是想请各专委会主任、副主任们多集体研究一些重大问题，多搞一些重要活动，把专委会工作做得更好。各级地方政协也可结合实际，在发挥专委会主任和副主任作用方面多作探索、多出经验。三是要以专委会为依托开展好界别协商。关于界别协商问题，大家都比较关注，但需要注意的是，通过强化界别组织化来开展协商可能会带来一些别的问题。有的界别像总工会、共青团、妇联、青联等本来就有自己的组织，新闻出版界也有新闻工作者协会，如果再成立专门的界别活动小组，那么它与已有组织是什么关系？从政协工作的实践经验看，政协的每个专委会都对应联系着一定的界别，各个民主党派也代表各自界别。因此，政协的界别协商应主要依托专委会来进行，体现在由专委会根据政协整体工作部署组织界别委员开展的专题协商、对口协商、提案办理协商以及会议协商和日常调研等工作中。四是要加强专委会自身建设。全国政协刚刚修订了专委会通则，对新形势下的专委会工作、专委会运作、专委会建设等作出新的规定。按照《中国共产党党组工作条例（试行）》规定，全国政协党组还准备提出申请，在各专委会设立分党组，以切实加强专委会组织建设。

第八，切实加强对地方政协的联系指导。政协章程规定，“中国人民政治协商会议全国委员会对地方委员会的关系和地方委员会对下级地方委员会的关系是指导关系。”这是由政协性质决定的。全国政协对地方政协的指导关系主要体现在政治方向、履职原则、工作思路和联系协作等方面。比如，在中央领导下，全国政协牵头制（修）订政协章程或重要文件，全国政协举办的重要会议或活动邀请地方政协负责同志参加，全国政协有关方面与地方政协联合开展重点调研视察，全国政协组织开展对地方政协委员和机关干部培训工作，通过《人民政协报》等渠道积极宣传报道各级政协履行职能的成果和经验，等等。全国政协对地方政协的指导不是孤立的，而是在各级地方政协的探索创新中得到体现、在与地方政协的密切联系中得到加强的。实际上在很多方面，地方政协的工作走在了前面，给我们以不少启示。各地政协情况不一，经验做法可以相互借鉴，但不能照搬照套。我们鼓励各级地方政协按照中央精神，在党委领导下，结合实际大胆探索创新，及时总结推广成功经验。省级政协也有个加强对基层政协指导的问题，比如，如何更好地发挥市级政协的作用，如何认识县级政协工作的特点，等等。总之，各地政协的情况不同、差异很大，越往基层越具体，如何把政协优势和各自特点结合好，是个大课题，也希望大家认真研究。

最后，希望高度重视加强政协党组的自身建设。要认真贯彻中央要求，自觉践行“三严三实”，切实做到严以修身、严以用权、严以律己，谋事要实、创业要实、做人要实；认真贯彻中央八项规定精神，以及地方党委和政协组织关于加强党风廉政建设的有关规定；认真过好党内组织生活，深入开展批评和自我批评。党组要切实承担起党风廉政建设的主体责任，党组书记要切实担负起“第一责任人”的责任，组织好中央重大决策部署的学习贯彻，用中央精神和正反两方面典型，教育引导党员领导干部提高反腐倡廉的自觉性；要注意各方面对政协党风廉政建设的意见和建议，通过调查了解、个别谈心的方式，把问题解决在萌芽状态；要以身作则、率先垂范，以自己的实际行动带动党员干部严以律己；要支持纪检监察部门对政协委员和政协机关工作人员中的腐败行为严肃查处，为反腐败创造良好环境。总之，要切实避免政协履职活动和委员产生过程中出现腐败现象，坚决杜绝利益交换行为。政协党组和政协机关不是也不应该是反腐倡廉的死角，而应该成为党风廉政建设的模范。

在西藏自治区成立50周年庆祝大会上的讲话

（2015年9月8日）

俞 正 声

同志们，朋友们：

在这欢乐祥和的美好日子里，我们中央代表团带着以习近平同志为总书记的党中央的亲切关怀，带着全国各族人民的深情厚谊来到拉萨，同西藏各族人民一道，隆重庆祝西藏自治区成立50周年。首先，我代表中共中央、全国人大常委会、国务院、全国政协、中央军委，向西藏各族干部群众、各界人士，向人民解放军驻藏部队指战员、武警西藏部队官兵和政法干警，表示热烈的祝贺和亲切的慰问！向所有为西藏自治区改革发展稳定作出贡献的同志们、朋友们，致以崇高的敬意！向所有关心西藏、热爱西藏、支持西藏发展进步的港澳同胞、台湾同胞、海外侨胞和国际友人，表示衷心的感谢！

1965年9月1日，西藏自治区第一届人民代表大会在拉萨胜利召开，宣告西藏自治区正式成立，这是以毛泽东同志为核心的党的第一代中央领导集体作出的英明决策。西藏自治区成立，巩固了西藏和平解放和民主改革的伟大成果，实现了西藏社会制度的巨大跨越，为西藏经济社会发展进步提供了坚实保障，西藏各族人民从此与全国人民一道走上了社会主义的康庄大道。

50年来，西藏各族人民意气风发、团结奋进，用勤劳与智慧创造了一个又一个奇迹，取得了举世瞩目的成就，雪域高原发生了翻天覆地的巨大变化。西藏社会生产力得到极大解放和发展，地区生产总值增长了68倍，地方财政收入增长564倍。基础设施建设日新月异，青藏铁路修到了日喀则，边远的阿里通了民航，青藏、川藏电力联网工程为西藏架起了电力“天路”。各项社会事业全面进步，医疗卫生教育事业突飞猛进，人民生活水平大幅提升，西藏优秀传统文化得到保护和弘扬，城乡面貌发生显著变化，生态环境保持良好。民族团结不断巩固，民族区域自治制度进一步完善，少数民族干部茁壮成长，平等、团结、互助、和谐的社会主义民族关系日益深化，群众的宗教信仰自由得到了充分尊重和保护。各族人民坚定不移地进行反分裂斗争，不断挫败达赖集团和国际敌对势力的分裂破坏活动，西藏进入持续稳定的新阶段。

50年来，中国共产党领导西藏各族人民把贫穷落后的旧西藏，改造发展为生机勃勃的社会主义新西藏，在中华民族自强不息的历史画卷上写下了浓墨重彩的一笔。这些辉煌成就的取得，是以毛泽东、邓小平、江泽民同志为核心的党的三代中央领导集体和以胡锦涛同志为总书记的党中央高瞻远瞩、英明决策的结果，是党的十八大以来以习近平同志为总书记的党中央继往开来、正确领导的结果，是西藏各族干部群众团结一心、艰苦奋斗的结果，是全国各族人民大力支援、真诚帮助的结果。这些辉煌成就的取得，充分展示了我国社会主义制度的巨大优越性，彰显了民族区域自治制度的强大生命力。此时此刻，我们深切缅怀为西藏发展进步、为祖国边疆巩固贡献了智慧、心血乃至生命的先烈和英雄们，他们的丰功伟绩和崇高风范将永垂不朽！

同志们、朋友们！

我国正处在全面建成小康社会、全面深化改革、全面依法治国、全面从严治党的重要时期，西藏也进入了全力推进全面建成小康社会和长治久安进程的关键阶段。西藏是重要的国家安全屏障、重要的生态安全屏障、重要的战略资源储备基地、重要的中华民族特色文化保护地和面向南亚开放的重要通道。治国必治边，治边先稳藏。维护西藏和谐稳定、实现西藏繁荣进步，是西藏各族干部群众的热切期盼，也是全党全国各族人民的共同心愿。

前不久，中央召开了第六次西藏工作座谈会，全面规划了西藏未来发展的宏伟蓝图，充分体现了以习近平同志为总书记的党中央对西藏工作的高度重视和特殊关怀，成为党的西藏工作历史上又一个重要的里程碑。中央殷切希望西藏各族干部群众学习领会好、贯彻落实好会议精神，坚持“四个全面”战略布局，坚持党的治藏方略，把维护祖国统一、加强民族团结作为工作的着眼点和着力点，坚持依法治藏、富民兴藏、长期建藏、凝聚人心、夯实基础，确保国家安全和长治久安，确保经济社会持续健康发展，确保各族人民物质文化生活水平不断提高，确保生态环境良好，共同建设更加美好的新西藏，创造更加幸福的新生活。

第一，要切实加强民族团结。维护祖国统一、加强民族团结是西藏各族人民的根本利益所在。要把维护民族团结作为生命线，全面贯彻党的民族政策，促进各民族交往交流交融，大力弘扬社会主义核心价值观，不断巩固和发展中华民族共同体意识，增强各族群众对伟大祖国、中华民族、中华文化、中国共产党、中国特色社会主义的认同。要建立最广泛的爱国统一战线，最大限度地团结一切可以团结的力量，不断夯实共同思想基础，把人心和力量凝聚到全面建成小康社会宏伟目标上来，凝聚到坚持和发展中国特色社会主义伟大事业上来。

第二，要始终坚持依法治藏。依法治藏是西藏实现长治久安的根本保障。要全面贯彻依法治国方略，大力弘扬法治精神，维护宪法和法律权威，结合实际制定完善地方性法规，形成更加完善的法规体系。要依法行政、依法管理、依法办事，坚持法律面前人人平等，保障人民群众合法权利和利益，大力开展普法宣传和教育，营造全民尊法、学法、守法、用法的良好氛围。要依法管理宗教事务，运用法治思维和法治方式解决矛盾和问题，维护藏传佛教的正常秩序。要依法深入开展反分裂斗争，打击各类分裂破坏活动，坚决维护祖国统一和西藏稳定。

第三，要积极推进经济发展。同全国其他地区一样，西藏已经进入全面建成小康社会的决定性阶段。中央将继续实施和完善对西藏的特殊政策，继续做好对口援藏工作，动员全社会的力量支持西藏发展。西藏有着特殊的区情和优势，要坚持从实际出发，大力推动经济社会发展，突出民生导向，逐步缩小地区差距，切实加快全面建成小康社会步伐。要适应经济发展新常态的要求，进一步深化改革，激发市场活力，提高自我发展能力。要着力加强基础设施建设，大力发展高原特色优势产业，积极稳妥推进城镇建设，不断提高经济发展质量和效益。要坚持"生态保护第一"的原则，确保生态环境良好，为子孙后代留下碧水蓝天。

第四，要着力保障改善民生。改善民生、凝聚人心是西藏经济社会发展的出发点和落脚点。要坚持就业第一、教育优先，以市场为导向促进就业，以就业为导向发展教育。要以农牧区为重点大力发展医疗卫生事业，继续推进城乡危旧房改造，加快社会保险体系和社会救助体系建设，建立精准扶贫工作机制。要继承和弘扬西藏优秀传统文化，在保护中传承、在创新中发展。通过我们共同努力，使西藏各族人民得到更高的收入，更好的教育、医疗、居住条件和社会保障，同全国人民一道共享改革发展成果。

广大党员干部是党的政策的执行者和各族人民的公仆，驻藏人民解放军指战员、武警部队官兵和政法干警是戍边卫国、维护西藏稳定和捍卫各族人民根本利益的忠诚卫士。要深入开展"三严三实"专题教育，深入贯彻执行党的群众路线，大力弘扬"老西藏精神"和"两路精神"，时刻心系群众，把人民的利益放在首位，不辱使命，履职尽责，为西藏经济社会发展和长治久安再立新功。

同志们、朋友们！

我们的国家生机勃勃、欣欣向荣，西藏的未来前程似锦、充满希望。让我们更加紧密地团结在以习近平同志为总书记的党中央周围，高举中国特色社会主义伟大旗帜，以邓小平理论、"三个代表"重要思想、科学发展观为指导，齐心协力、开拓进取，为实现全面建成小康社会宏伟目标，谱写中华民族伟大复兴中国梦的西藏篇章而努力奋斗！

祝伟大祖国繁荣富强！

祝西藏各族人民幸福安康！

扎西德勒！

在新疆维吾尔自治区成立60周年庆祝大会上的讲话

（2015年10月1日）

俞　正　声

同志们，朋友们：

今天是中华人民共和国成立66周年和新疆维吾尔自治区成立60周年的盛大节日。在这喜庆的时刻，我们中央代表团，带着以习近平同志为总书记的党中央的重托，带着全国各族人民的美好祝福来到这里，同新疆各族人民一起，共庆佳节、共享欢乐。首先，我代表中共中央、全国人大常委会、国务院、全国政协、中央军委，向新疆各族干部群众和各界人士，向人民解放军驻新疆部队指战员、武警新疆部队官兵和政法干警，向新疆生产建设兵团广大干部职工，向中央驻疆单位干部职工和全体援疆干部，表示热烈的祝贺和亲切的慰问！向所有关心和支持新疆发展进步的同志们、朋友们，表示衷心的感谢和崇高的敬意！

1955年10月1日，新疆维吾尔自治区成立，开启了新疆民族区域自治的光辉历程。60年来，新疆走过了波澜壮阔的历史进程，取得了举世瞩目的辉煌成就。经济持续快速发展，去年全区生产总值是1955年的115.6倍，农牧业现代化水平全面提升，建成门类齐全的现代工业体系，现代物流业、旅游业等成为新的增长点。基础设施建设明显改善，现代交通网络基本形成，生态环境保护和建设不断加强。各族人民生活水平大幅提高，衣、食、住、行条件得到极大改善，总体实现了从贫困到小康的跨越，正在向着全面小康目标阔步前进。社会事业全面进步，九年制免费义务教育覆盖城乡，南疆四地州实施了14年免费教育，社会保障体系不断完善，医疗卫生条件大为改善，城乡居民健康水平不断提高。少数民族优秀传统文化得到保护和弘扬，“十二木卡姆”、“玛纳斯”、“麦西来甫”等列入世界非物质文化遗产名录，覆盖城乡的公共文化服务网络基本建成。认真落实党的民族政策，充分发挥民族区域自治制度优势，切实保障各族群众合法权益，少数民族干部和各类专业人才培养力度不断加大，“三个离不开”思想深入人心，平等团结互助和谐的社会主义民族关系不断巩固和发展，宗教信仰自由得到切实保障。各族干部群众坚决与“三股势力”做斗争，有力地维护了祖国统一、民族团结和社会稳定。

这些辉煌成就的取得，是以毛泽东、邓小平、江泽民同志为核心的党的三代中央领导集体和以胡锦涛同志为总书记的党中央在新疆发展各个历史时期亲切关怀、英明决策的结果，是党的十八大以来以习近平同志为总书记的党中央继往开来、坚强领导的结果，是新疆各族干部群众团结奋斗、顽强拼搏的结果，是全国各族人民大力支援、竭诚帮助的结果。新疆维吾尔自治区成立60年的成功实践告诉我们，做好新疆工作，必须毫不动摇地坚持中国共产党的领导，坚持中国特色社会主义道路，坚持民族区域自治制度；必须坚决维护法律尊严、维护人民利益、维护民族团结、维护国家统一，依法严厉打击“三股势力”，确保新疆和谐稳定；必须高举各民族大团结旗帜，全面贯彻党的民族宗教政策，不断增强各族群众对伟大祖国、中华民族、中华文化、中国共产党、中国特色社会主义的认同；必须坚定不移推动新疆更好更快发展，把发展落实到改善民生上、惠及当地上、增进团结上，走具有中国特色、新疆特点的科学发展路子；必须把中央关心、全国支援同新疆各族干部群众艰苦奋斗紧密结合起来，形成推动新疆社会稳定和长治久安的强大合力。

同志们、朋友们！

当前，我国正处在全面建成小康社会、全面深化改革、全面依法治国、全面从严治党的重要时期，也是新疆实现社会稳定和长治久安的重要阶段。去年5月，中央召开了第二次新疆工作座谈会，明确了做好新形势下新疆工作的重大方针政策，围绕新疆社会稳定和长治久安出台了一系列有力举措，为新疆发展指明了方向。新疆各族干部群众要认真贯彻党的十八大和十八届三中、四中全会精神，全面落实第二次中央新疆工作座谈会精神，紧紧围绕“四个全面”战略布局，牢牢扭住推动新疆社会稳定和长治久安这个着眼点和着力点，坚持依法治疆、团结稳疆、长期建疆，努力建设团结和谐、繁荣富裕、文明进步、安居乐业的社会主义新疆。

第一，要牢牢把握新疆工作的着眼点和着力点。社会稳定和长治久安是新疆工作的着眼点和着力点，是新疆工作的总目标。这是党中央根据新疆形势和全国大局作出的重大战略判断，是统领新疆各项工作的总纲。只有真正认识和把握好这一点，才能掌握依法治疆、团结稳疆、长期建疆的主导权和主动权。新疆一切工作，发展经济、改善民生、改革开放、民族宗教、党的建设等，都要紧紧围绕社会稳定和长治久安来谋划来推进。要深刻认识当前新疆社会稳定和长治久安面临的严峻形势，把严厉打击暴力恐怖活动作为当前斗争的重点，同时，切实解决各种深层次矛盾和问题，打牢社会稳定和长治久安的坚实基础。要正确认识和处理稳定与发展关系，统筹谋划部署各领域各方面工作，通过维护稳定营造良好发展环境，做到稳定和发展两手抓，两手硬。要进一步争取人心、凝聚力量，引导广大群众认清维护稳定就是维护自身利益，坚定站在党和政府一边，共同筑起维护社会稳定和长治久安的铜墙铁壁。

第二，要切实巩固和加强民族团结。加强民族团结，是新疆社会稳定和长治久安的根基。要坚定不移贯彻党的民族政策，深入开展民族团结进步创建活动，大力培育和践行社会主义核心价值观，构筑各民族共有精神家园，牢固树立国家意识、公民意识、中华民族共同体意识。要加强各民族交往交流交融，构建相互嵌入式的社会结构和社区环境，促进各族群众在共同生产生活和工作学习中加深了解、增进感情，让各族群众像石榴籽那样紧紧抱在一起。要全面贯彻党的宗教工作基本方针，坚持保护合法、制止非法、遏制极端、抵御渗透、打击犯罪，积极引导宗教与社会主义社会相适应，提高宗教工作法治化水平，积极培养爱国宗教教职人员队伍，发挥好宗教界人士和信教群众在促进经济社会发展中的积极作用。

第三，要坚定不移推动经济更好更快发展。着眼于长治久安的发展是社会稳定的重要源泉。要以提高经济发展质量和效益为中心，不断推动产业结构优化升级，提高农牧业现代化水平，大力发展纺织服装业等劳动密集型产业，培育资源开发产业集群，搞活物流业、旅游业等现代服务业。要在深化改革上迈出更大步伐，进一步激发市场和社会活力，促进资源利用更多惠及当地，推动经济提质增效升级。要更加重视保护生态环境，严格落实集约用水和节能减排，走可持续发展之路。要抓住建设“一带一路”机遇，全面扩大对内对外开放，加快建设交通和信息大通道，把新疆打造成丝绸之路经济带核心区、我国向西开放的桥头堡。

第四，要更加重视保障和改善民生。民生连着民心。要从稳疆安疆的战略高度来认识和解决就业问题，把促进就业放在更加突出位置，积极拓展就业渠道，帮助各族群众提高就业技能，努力让就业发挥更大社会功能。要全面提高新疆各级各类学校教育质量，加强师资力量培养，抓好义务教育、职业教育、双语教育，努力培养更多优秀人才。要坚持精准扶贫，进一步加大扶贫开发工作力度，扶贫资金向农牧区、边境地区、特困人群倾斜，采取特殊政策支持南疆发展。对口援疆是国家战略，必须长期坚持、精准发力，要加强干部人才援疆，想方设法贴近群众需求，着力帮助新疆解决就业难题，让援疆工作取得更大实效。

第五，要扎实做好维护稳定各项工作。“三股势力”特别是暴力恐怖势力，是祸乱新疆的最大危害，是各族人民的共同敌人。要握紧重拳、主动出击，依法严厉打击暴力恐怖活动，毫不动摇地与“三股势力”做坚决斗争。要高举社会主义法治旗帜，运用法治思维和法治方式维护稳定，建立健全维稳工作机制，加强联防联控、群防群治，加强意识形态领域反分裂斗争，加强“去极端化”工作，推进新疆社会治理体系和治理能力现代化。要充分认识新疆反分裂斗争的长期性、复杂性、尖锐性，保持战略定力，坚持长期作战，在开展专项行动、集中打击的同时，切实加强综合治理、源头治理，为实现新疆长治久安和人民幸福安宁提供长远保障。

新疆生产建设兵团是新疆社会稳定和长治久安的重要力量。要支持兵团发展壮大，加强兵团维稳戍边能力建设，推进兵地融合发展，使兵团真正成为安边固疆的稳定器、凝聚各族群众的大熔炉、先进生产力和先进文化的示范区。

做好新疆各项工作关键在党。新疆广大党员干部要牢记政治责任，严守政治纪律和政治规矩，明辨大是大非，锤炼过硬作风，扎实开展“三严三实”专题教育，切实做到忠诚、干净、担当。要夯实基层基础，加强基层领导班子和干部队伍建设，把基层党组织建设成为服务群众、维护稳定、反对分裂的坚强战斗堡垒。新疆工作任务重、压力大，对新疆干部和人才队伍要格外关心厚爱，解决后顾之忧，调动更多的人投身建设新疆、保卫新疆、发展新疆的伟大事业。

同志们、朋友们！

60年甲子轮回，今天的新疆又站在了新的历史起点上。让我们紧密团结在以习近平同志为总书记的党中央周围，高举中国特色社会主义伟大旗帜，坚持以邓小平理论、“三个代表”重要思想、科学发展观为指导，深入学习贯彻习近平总书记系列重要讲话精神，认真贯彻中央关于新疆工作的大政方针，团结一心、开拓进取，为建设美丽新疆、实现中华民族伟大复兴的中国梦而努力奋斗！

祝新疆维吾尔自治区兴旺发达！

祝新疆各族人民幸福安康！

祝我们伟大祖国繁荣昌盛！

共同铭记历史　共圆伟大梦想

——在纪念台湾光复70周年大会上的讲话

(2015年10月23日)

俞　正　声

各位来宾，各位朋友，各位同志：

今天，我们在这里隆重集会，纪念台湾光复70周年。70年前，中国人民经过艰苦卓绝的浴血奋战，付出巨大民族牺牲，赢得了抗日战争的伟大胜利，同时也结束了日本对台湾的殖民统治，迎来了台湾回归祖国的历史时刻。抗战胜利、台湾光复，洗刷了近代以来中国屡遭外来侵略的民族耻辱，重新确立了中国在世界上的大国地位，开辟了中华民族伟大复兴的光明前景。我们纪念台湾光复，就是要铭记历史教训，缅怀先烈功勋，弘扬抗战精神，共谋和平发展，同心致力于实现中华民族伟大复兴。

各位来宾、各位朋友、各位同志!

大陆和台湾同属一个中国，是我们的共同家园。中华民族的祖先在这里繁衍生息，创造了灿烂文明。几百年前，先民们跨越“黑水沟”，到台湾“讨生活”，同当地人民一道，开发建设宝岛，传播中华文化，传承中华文明。台湾与大陆早已成为不可分割的命运共同体。

历史不会忘记，两岸同胞自近代以来共同经历的深重苦难。1894年，日本挑起甲午战争，次年强迫清政府签订《马关条约》，强行割占台湾，成为中国近代历史上最为惨痛的一页，给两岸同胞留下剜心之痛。日本殖民统治者霸占台湾50年，使台湾同胞遭受了前所未有的历史创伤。在这50年里，日本殖民统治者以武力残暴镇压屠杀台湾同胞，制造了一系列骇人听闻的血腥惨案，无数台湾同胞命丧敌人的屠刀之下。仅“云林大屠杀”惨案，短短几天内就有70多个村庄被毁掠，数万同胞被杀戮。日本殖民统治者在政治上歧视奴役台湾同胞，实行严酷的高压控制；在经济上残酷剥削、肆意掠夺，把台湾作为日本工业原材料产地和“南进”侵略基地；在文化上实施殖民同化政策，推动“皇民化”运动，企图从根本上泯灭台湾同胞的中华民族和中华文化认同。日本军国主义在“二战”期间强征台湾同胞到战争前线充当炮灰，使台湾同胞承受巨大的肉体和精神伤害。日本殖民统治者对台湾同胞犯下的滔天罪行罄竹难书。

历史不会忘记，两岸一代又一代中国人用生命和鲜血谱写了反抗日本殖民统治、争取台湾早日回归祖国的壮丽篇章。从康有为联合在京参加会试的千余举人发动“公车上书”，提出变法自强、坚决反对割让台湾，到两岸同胞联手武装抗日，中华儿女共同抗日的斗争从未停息。在日本殖民统治者霸占台湾的50年里，台湾同胞始终心向祖国，坚守民族认同，保持民族气节，与日本殖民统治者进行了不屈不挠的斗争，数十万台湾同胞为此付出了宝贵生命。台湾同胞抱着“与其生为降虏，不如死为义民”的信念，不畏强暴，前仆后继，与日本侵略者进行了艰苦壮烈的武装斗争，重创来犯日军。面对日本殖民统治者的残酷压迫，台湾同胞坚决抵制，发起政治、社会、文化等各种形式的抗争，有力冲击了日本的殖民统治，坚守了台湾同胞的中华民族意识和认同。台湾同胞以维护国家主权和民族尊严的坚强意志和浩然正气，证明自己是中华民族大家庭中不可分离的成员，在中华民族近代史上留下了光辉的一页。

*历史不会忘记，广大台湾同胞为全民族抗战作出的牺牲和贡献。*在14年反抗日本军国主义侵略的战争中，无数台湾同胞抱着“救台湾必先救祖国”的理念，自觉将自己的命运与祖国的解放结合起来，投入到全民族抗战的洪流。数以万计的台湾同胞回到祖国内地，直接投入武装抗日斗争，李友邦在浙江成立“台湾义勇队”，丘念台在粤东成立“东区服务队”，台湾同胞为抗日战争胜利作出了重要贡献。一位名叫吴思汉的台湾青年，立志要回到祖国投身抗日，为此他历时一年多，辗转万余里才到达目的地。在世界反法西斯战争末期，针对喧嚣一时的台湾“国际共管论”逆流，台湾同胞与之进行了坚决斗争，表达了回归祖国的坚强决心和意志。台湾同胞的爱国主义精神将永远载入中华民族史册。抗战胜利、台湾回归祖国，是全体中华儿女众志成城、同仇敌忾、不怕牺牲、团结御侮的结果，是中华民族的自豪与荣耀。抗战胜利、台湾回归祖国，也离不开世界上爱好和平与正义的国家和人民、国际组织的宝贵支持和奉献。

各位来宾、各位朋友、各位同志！

历史是最好的教科书。正确认识历史，是为了更好地开创未来。前不久，习近平总书记在会见前来参加中国人民抗日战争暨世界反法西斯战争胜利70周年纪念活动的台湾各界代表人士时强调，大陆和台湾是不可分割的命运共同体，我们的命运从来都是紧紧连在一起的。两岸同胞一定要牢记历史教训，弘扬抗战精神，珍爱和平，共谋发展，团结一心，共同维护胜利成果，继续推动两岸关系和平发展，为实现中华民族伟大复兴而共同奋斗。

*第一，要坚定捍卫国家主权和领土完整。*台湾回归祖国，是包括台湾同胞在内的全体中华儿女赢得抗日战争胜利的成果。1949年以来，尽管两岸尚未统一，但中国主权和领土完整从未分裂，大陆和台湾同属一个中国的事实从未改变。这是两岸关系最基本的现状，也是为国际社会所普遍承认的历史事实。维护国家主权和领土完整，维护台湾是中国领土一部分的地位不被改变，是中国人民从未动摇的坚定意志，是包括台湾同胞在内的全体中华儿女的神圣使命。“台独”分裂势力破坏两岸关系和平发展现状，图谋把台湾从中国分割出去，是对包括台湾同胞在内的全体中华儿女根本利益的最大现实威胁。两岸同胞对此应该高度警惕，共同反对。两岸同胞有决心、有能力挫败一切“台独”分裂图谋，维护台海和平，推动两岸关系向前发展。

*第二，要坚定走两岸关系和平发展道路。*过去7年来，台海保持和平稳定，两岸关系取得了重大进展。两岸政治互信不断增强，两岸“三通”全面实现，经济合作日益深化，人员往来持续热络，各领域交流蓬勃开展。两岸同胞都从中得到了实实在在的好处，国际社会也予以广泛支持和赞扬。60多年来两岸关系发展的不平坦历程证明，和平比冲突好，合作比对抗强。走两岸关系和平发展道路，符合两岸同胞的共同愿望，符合中华民族的整体利益，符合时代发展进步的潮流。

当前，两岸关系发展再度处于重要节点，面临着是继续走和平发展道路，还是重回动荡紧张的重大抉择，两岸负责任的政党和各界有识之士都应认真思考、作出回答。坚持走两岸关系和平发展道路，最重要的一点，就是要坚持“九二共识”、反对“台独”的政治基础，认同大陆和台湾同属一个中国。只有坚持和不断巩固深化两岸政治互信基础，才能开辟出两岸关系和平发展新前景。回避甚至否认这一共同政治基础，最终受损的是两岸同胞的切身利益。两岸同胞要坚决反对一切损害两岸关系政治基础的言行，绝不能让来之不易的台海和平和两岸关系和平发展成果得而复失。

第三，要不断融洽两岸同胞的骨肉亲情。两岸同胞是血脉相连的一家人，经历过共同的深重苦难，有着共同的历史记忆。在抗击日本军国主义的过程中，两岸同胞同呼吸、共命运，共同书写了团结一致、抵抗外侮的光辉历史，共同完成了台湾回归祖国的历史使命。这是中华民族的宝贵财富，值得两岸同胞永远珍惜。我们理解台湾同胞的特殊历史遭遇，那是两岸同胞共同的历史伤痛。我们深知，由于历史和现实的原因，两岸还存在一些复杂的矛盾和分歧。我们愿意在坚持一个中国原则的政治基础上，通过两岸平等协商探讨解决办法。我们将始终秉持两岸一家亲的理念，努力为台湾同胞办实事、办好事。我们愿意优先与台湾同胞分享大陆发展的机遇，让两岸同胞携手开创美好的共同未来。我们相信，两岸同胞在共同推动两岸关系和平发展、实现民族复兴的进程中，一定可以化解心结，融洽亲情。

值得注意的是，总有那么一些别有用心的人蓄意歪曲历史事实，美化日本军国主义的侵略行径，否认台湾同胞的爱国主义精神和传统，抹杀台湾同胞为反抗日本殖民统治、为抗战胜利所作的重要贡献。这种煽动对立、制造对抗、离间同胞感情、破坏两岸关系发展的丑恶行径，是对两岸同胞尊严的严重羞辱和对中华民族利益的无耻出卖，必定遭到包括台湾同胞在内的全体中国人民的一致谴责和唾弃。

第四，要同心实现中华民族伟大复兴。实现中华民族伟大复兴，是近代以来包括台湾同胞在内的全体中华儿女为之奋斗的伟大理想。今天，我们比历史上任何时期都更加接近实现中华民族伟大复兴的目标。中华民族伟大复兴同两岸关系前途息息相关，同我们每个人对美好生活的追求息息相关。两岸在过去 60 多年里虽然走过了不同的发展道路，有着不同的历史体验，实行不同的政治社会制度，但都为中华民族的延续和发展作出了贡献。“兄弟同心，其利断金。”我们要牢记先辈们的梦想，看到时代发展、民族振兴的大趋势，以中华民族整体利益为重，勇于承担使命，抓住历史机遇，汇集两岸人民的智慧和力量，让中华民族伟大复兴的中国梦早日成真。

各位来宾、各位朋友、各位同志！

70 年前，两岸同胞共同努力，取得了抗战胜利、台湾光复的伟大成就。70 年后的今天，两岸同胞团结一心，携手共进，一定能建设好我们的共同家园，开创中华民族的美好未来！

谢谢大家。

在全国政协十二届三次会议提案交办会上的讲话

（2015 年 3 月 24 日）

杜 青 林

这次提案交办会，主要是部署全国政协十二届三次会议提案办理工作，推动各项任务落到实处。

提案是人民政协履行政治协商、民主监督、参政议政职能的重要形式，办理提案是党和政府及各部门了解社情民意、科学民主决策、改进自身工作的重要途径。过去一年，各承办单位对提案办理工作高度重视，不断加大工作力度，提案的办复率和办理质量进一步提高。去年共立案 5052 件，办复 5046 件，办复率达 99.8%，其中已经解决或采纳的占 20.6%，列入计划拟解决或采纳的占 63.8%，作为工作参考的占 15.6%，一大批意见建议转化为稳增长、促改革、调结构、惠民生的具体措施，为推动经济、政治、文化、社会、生态文明建设和党的建设发挥了重要作用。

刚刚闭幕的全国政协十二届三次会议，共收到提案 5857 件，经提案委员会审查，立案 4984 件，作为意见和建议转送有关部门研究参考 728 件。这些提案凝结着广大政协委员的智慧和心血，承载着社会各界群众的愿望和期待，各承办单位要紧密结合工作实际抓好办理落实，努力使委员履职成果得到切实体现。下面，我着重就搞好提案办理协商、做好提案办理工作，讲四点意见。

一、深刻理解把握提案办理协商的基本内涵和重大意义

提案办理协商，工作是老工作，概念是新概念。说提案办理协商是老工作，是因为自政协组建以来就有提案工作，有提案就需要提案办理。可以说提案是随着人民政协诞生而诞生、随着政协事业发展而发展的，提案办理是每年都在做的经常性工作。提案办理离不开联系沟通，协商交流贯穿于提案办理全过程。人民政协历史上的第一件提案是，1949 年 9 月政协第一届全体会议期间，郭沫若等 44 人联名提出的《请以大会名义急电联合国否认国民党反动政府代表案》，得到采纳实施后，在国内外产生重大政治影响。说提案办理协商也是新概念，是因为党的十八大首次对健全社会主义协商民主制度作出战略部署，明确把提案办理协商与专题协商、对口协商、界别协商一起确定为政协协商民主的重要形式。党的十八届三中全会进一步提出要发挥人民政协作为协商民主重要渠道作用，并要求拓展协商民主形式，更加活跃有序地组织专题协商、对口协商、界别协商、提案办理协商。习近平总书记在庆祝人民政协成立 65 周年大会上的重要讲话，科学阐述了关于社会主义协商民主的重大战略思想和决策部署，强调政协要发挥作为专门协商机构作用，更加灵活、更为经常开展专题协商、对口协商、界别协商、提案办理协商。今年 1 月颁布实施的《中共中央关于加强社会主义协商民主建设的意见》，对发

展包括政协协商在内的协商民主作出全面部署，明确提出要建立交办、办理、督办提案协商机制。这些都为推进提案办理协商工作提供了重要遵循、注入了强大动力。

提案办理协商是提案者、承办单位、政协组织之间，围绕提案所提的意见建议，在办理过程中开展对话交流、互动磋商，尽可能达成共识、推动意见建议采纳落实的民主形式。提案办理协商包括提案办理和协商民主两大要素，协商是手段，办理是目的。提案办理中的协商民主过程是完善提案、办理提案、落实提案的过程，协商民主中的提案办理过程是坚持协商民主理念、弘扬协商民主精神的生动实践过程。提案办理协商科学概念和重大思想的提出，是对人民政协协商民主实践经验的科学总结和人民政协提案办理工作规律认识的升华凝练，是对人民政协理论和社会主义协商民主理论的创新发展。要深刻理解提案办理协商的基本内涵，充分认识新形势下提案办理协商工作的重大意义。

*提案办理协商是中国特色社会主义民主政治特有形式和独特优势的重要体现。*人民政协是适合中国国情、具有鲜明中国特色的制度安排，是社会主义协商民主的重要渠道和专门协商机构。政协组织由界别组成，覆盖我国各民族、各阶层、各领域等方方面面，政协委员是社会各界的代表人士，代表性强、影响力大，政协提案往往代表和反映了各界群众的诉求。开展提案办理协商，是扩大各界有序政治参与、实现人民当家作主的具体的、生动的实践，充分体现了有事好商量、众人的事情由众人商量、找到全社会意愿和要求的最大公约数的人民民主的真谛，充分彰显了中国特色社会主义政治制度的鲜明特点和巨大优越性。

*提案办理协商是贯彻党的群众路线、密切联系群众的重要方式。*政协提案内容涉及方方面面，有的是对改革发展稳定深层次问题的研究思考，有的是对民主法治建设的积极探索，有的是对保障改善民生的真知灼见，有的是对党政部门工作及工作人员的监督批评，归根到底都是民心民情民智的集中反映。提案办理协商的过程，是党和政府倾听群众意见、回应群众呼声、汲取群众智慧、接受群众监督的过程，是集思广益、增进共识、推动发展、惠及群众的过程，是一切为了群众、一切依靠群众，从群众中来、到群众中去的过程，是“办好一件、团结一片”“办成一件、受益一片”、联系团结群众、凝聚正能量的过程。

*提案办理协商是促进党和政府科学民主决策、推进国家治理体系和治理能力现代化的重要途径。*经过审查立案的政协提案，一般都是通过认真调查研究和深度思考，有情况、有分析、有对策的意见和建议。通过认真办理提案，可以在决策之前和决策实施之中更加深入地了解实际情况，充分吸纳合理性建议，健全完善政策措施，促进党和政府决策的科学化和民主化。通过开展提案办理协商，有效搭建党委、政府及有关部门与政协委员、各界人士之间的常态化、多层次、可操作的协商平台，可以为党和国家完善治理体系、提高治理能力提供重要资源和有力支持。

二、建立健全提案办理协商机制

提案办理协商涉及面广、程序环节多，政治性、政策性强，是一项系统工程。必须大力加强提案办理协商机制建设，切实做到有制可依、有规可守、有章可循，不断提高工作制度化、规范化、程序化水平。

在提案交办环节，要建立党委、政府、政协共同交办机制，做好“落实责任”的协商。目前在提案交办方面，还没有形成统一的规章制度，承办部门之间有时还存在着“好办的提案抢着要，难办的提案相互推”的现象。通过党委、政府、政协共同协商交办，有助于加强沟通协调、统筹安排部署，有助于增强各承办单位的全局观念、大局意识，有助于厘清职能权限、明确责任归属，切实达到交办准确、分办合理的积极效果。

在提案办理环节，要建立联系沟通、办理询问、研讨交流机制，做好“解决问题”的协商。切实把沟通协商作为提案办理的必经环节，注重通过座谈会、上门走访、电话邮件等形式进行及时深入沟通交流。未经沟通协商特别是重点提案未经面对面协商，提案复文不得进入报批程序。涉及重点提案的调研座谈活动，原则上应邀请提案者参加。在提案办理过程中，注重及时通报办理情况，主动征求提案者意见，积极回应提案者问询，共同研究难点问题，强化各方协调，增进相互理解，凝聚办理共识，务求取得实效。

在提案督办环节，要建立跟踪督查和成果反馈机制，做好“成果转化”的协商。建立健全重要提案和难点提案的办理回访、二次立项督办等机制，加大督促办理力度。认真落实国务院办公厅《关于做好全国人大代表建议和全国政协委员提案办理结果公开工作的通知》，科学确定公开程序方式，切实把提案办理成效纳入绩效考核体系，加强对提案办理工作的督查。围绕办理工作积极开展协商监督活动，探索提案和提案办理双向评议机制，促进提案质量和办理质量双提高。

三、切实提高提案办理工作实效

各承办单位要加强对提案办理工作经验的总结，切实把握规律性，更加富于创造性，着力增强实效性，努力办理好每一件提案，真正让委员满意、让人民受益。

重点提案要重点办理。重点提案是指事关“四个全面”战略布局、中国特色社会主义“五位一体”建设、改革发展稳定大局和人民群众切身利益的提案。各民主党派中央、全国工商联、各人民团体、各界别、全国政协各专门委员会和委员联名提出的集体提案，往往聚焦的是重要问题、凝聚的是整体智慧，大多是办理的重点。对于重点提案，要高度重视，切实摆在突出位置，并重点研究、重点办理、重点督办、重点落实。

时效性强的提案要及时办理。对于那些当前需要解决的具有迫切性、苗头性或倾向性问题的提案，特别是反映新情况新问题的提案，要及时跟进，作出快速反应。比如应对旱情水灾、防范风险危机、处理重大事件的提案，不能慢条斯理，要特事特办、抓紧调查、抓紧研究、抓紧办理。否则，就辜负了提案者及所代表界别群众的期待和信任，还可能造成不必要的工作损失。

重复提的提案要“了断式”办理。有的委员连续几年不间断地提同一个提案，出现了“提案年年都在提、年年提的都是老问题”。产生这个问题的一个重要原因是没有把提案办实在。有的办理后看似答复了，但内容空泛，只解释政策，没讲清楚为什么不能办；有的雷声大雨点小，答复得很好，落实得不够。一届委员任期五年，如果每年提案都没有满意的办理结果，那提案人将是一种什么心情？这种状况会伤委员的心。我们要认真分析研究久办不结的提案，下决心进行“了断式”办理。凡是有条件办理落实的，该办能办，不推不托，立即办理，如没有特殊情况，当年的提案当年应办理完毕；对于适度“超前”的提案，虽有价值但因客观条件所限一时难以落实的，可列入重要工作参考，视情况妥善处置，同时要实事求是、耐心细致地做好说明解释工作，真正取得委员的理解和支持。

综合性提案要合力办理。近些年宏观性、综合性、全局性的提案不断增多。这些提案的办理往往涉及多个部门。主办单位、会办单位、分办单位，都要明确责任，积极主动作为，切实将提案提出的问题纳入议事日程，进行专门调研，寻求解决办法，同时要注意加强沟通，密切配合，真正形成办理合力，加快办理进度，提高办理成效。

“回娘家”的提案要妥善办理。实际工作中还有一种情况，政协委员结合本职工作和专业特长提出的提案，“转了一圈”，又回到委员所在单位，甚至委员本人手中办理的现象，被称为“回娘家”提案。这种情况是因为有些政协委员一身二任，既是政协委员同时又在政府部门任职，提出提案是履行委员职责，办理提案是履行部门岗位责任，二者并不矛盾，处理得好有利于推动工作。对于“回娘家”的提案，只要职责清楚、业务对口、交办准确，就应该以正确的态度、负责的精神进行妥善办理。对通过本部门努力、能够拿出解决办法的提案，要不等不靠，认真研究，抓紧落实；需要向上反映解决的问题，要积极争取上级部门的理解支持；需要其他部门或有关方面协助解决的事项，要注意加强协调、共同推动解决。

四、确保今年提案办理工作落到实处

今年提案办理任务依然繁重。各承办单位要统筹协调，科学安排，紧密结合党和国家中心任务与本部门工作实际，扎实做好提案办理工作。

加强组织领导，明确任务分工。各承办单位要将提案办理与本部门业务工作一并考虑、一体部署、一同推进，明确分工、责任到人、保障到位。特别是要落实提案办理责任制，主要负责同志亲自听取办理工作汇报，研究解决办理工作中遇到的重大问题；分管同志组织办理落实，及时进行工作督促和指导；工作人员各司其职，与业务工作同等对待，确保高质量高效率地完成提案办理任务。

坚持统筹兼顾，突出办理重点。政协提案是社情民意的“晴雨表”、联系群众的“直通车”。各承办单位要认真对待每一件提案，通过提案办理推动解决问题、推进部门工作。要协调多方力量、运用多种形式、采取有力措施，继续抓好代表性强、关系全局提案的办理工作，做到交接早、运转快、答复准、落实好。对转有关部门作为工作参考的委员意见和建议，也要给予足够重视，与提案办理一并安排部署。

提高办理质量，加强督促检查。提案作用发挥得好，既需要“提得好”，也需要“办得好”。今年全国政协进一步加大审查力度，严把立案质量关。各承办单位也要更加注重办理质量和实效，着力加强提案分析研究，切实把握提案的实质内容，积极吸纳合理意见，科学提出对策措施，使办好提案与解决问题相互促进。全国政协要继续探索建立与中办、国办联合开展提案办理督查机制，进一步完善副主席牵头督办提案、带队走访承办单位等方式，加大督促检查工作力度，促进办理质量提高和意见建议的采纳落实。

同志们，做好今年提案办理工作，责任重大。让我们紧密团结在以习近平同志为总书记的中共中央周围，锐意进取，扎实工作，努力开创政协提案办理工作新局面，为协调推进“四个全面”战略布局、实现“两个一百年”奋斗目标和中华民族伟大复兴的中国梦作出更大贡献！

在第四届中国经济社会理事会第二次全体会议上的讲话

（2015 年 6 月 18 日）

杜 青 林

第四届中国经济社会理事会第二次全体会议，回顾总结四届一次会议以来各项工作，研究部署新一年度工作，非常必要，很有意义。

总的看，新一届经社理事会自一次会议以来，在全国政协直接领导、全体理事共同努力和社会各界大力支持下，面向国际国内两个大局，围绕党和国家中心任务，牢牢把握工作定位和正确方向，主动对接全国政协重点工作，紧密贴近经济社会领域热点问题，立足自身特色优势积极发挥作用，各项工作实现良好开局。资政建言取得务实成果，特别是围绕“一带一路”建设、金融体制改革等重大问题，深入开展调查研究、座谈研讨，形成了高质量对策建议；国际交流合作扎实推进，坚持双边与多边、走出去与请进来相结合，进一步扩大同外国相关机构交流交往，增进了政治互信、深化了传统友谊、推动了互利合作；自身建设不断加强，着眼激发理事会内在潜能，有效规范日常工作和重点活动，提高了工作科学化水平。一年来的工作实践表明四届一次会议所确定的工作思路和目标任务是符合实际的。这些成绩的取得，是全国政协加强领导的结果，是各个方面有力支持的结果，也凝结着广大理事的辛勤努力和智慧贡献。在此，我代表常务理事会向大家、向关心支持理事会工作的社会各界和各方面朋友，致以崇高敬意和衷心感谢！

2015 年是我国改革开放和现代化建设进程中的重要一年，处于“十二五”规划收官、“十三五”规划酝酿布局的重要关节点。我们要进一步增强责任意识和担当精神，坚持协调推进“四个全面”战略布局，围绕中心、服务大局、抓好大事，注重改革创新，着力提高工作科学化水平，不断增强工作实效，推动理事会各项工作在服务我国改革发展全局中发挥更大作用。下面，我就做好经社理事会工作，再强调几点意见。

第一，要深刻认识把握当前国际国内发展大局大势，始终着眼全局谋划开展工作。这是推动经社理事会事业发展的根本前提。

从国际看，世界经济环境比较复杂，发达国家经济恢复总体乏力，新兴市场国家经济此长彼消，特别是世界经济仍处在国际金融危机后的深度调整期，主要经济体走势和政策取向继续分化，经济低增长的态势仍将持续。除印度和中国之外，其他主要经济体经济增长缓慢甚至出现下降。今年第一季度，美国 GDP 同比增长 0.2%，欧元区增长 1%，日本增长 2.4%，印度增长 7.5%，俄罗斯下降 2.2%。经济问题作为核心问题，同其他领域问题相互交织、相互影响，推动国际政治经济秩序加速调整，发展环境不确定性依然突出。

从国内看，我国已进入转型升级、提质增效的新阶段，经济逐步向形态更高级、分工更优化、结构更合理的目标演进，改革不断深化推动社会利益关系和社会组织结构深刻调整，人们的思想观念、价值取向和行为方式更加多样化，人民群众对收入分配、社会保障、教育医疗等方面的诉求不断增强，经济社会发展正在经历深刻复杂变化。具体拿经济来说，我国经济形势和运行态势总体是好的，经济运行处在合理区间，今年一季度 CDP 同比增长 7%；经济结构持续改善，一季度服务业占 GDP 比重提高到 51.6%，消费对经济增长贡献率接近 60%，城乡居民收入倍差缩小到 2.61；新主体、新产业、新业态、新产品、新动力加快孕育，一季度新登记注册企业增长 38.4%，网上零售额增长 41%，高新技术产业增加值增长 11.4%，新能源汽车、机器人分别增长 50%，快递业务量增长 46.8%。同时必须看到，我国经济运行也面临不少困难挑战，主要是经济增长动力转换缓慢，经济结构调整阵痛显现，经济下行压力较大，调结构、转方式、促创新任务仍然艰巨。我国经济发展进入新常态后，正呈现出新的阶段性特征，增长速度从 10%左右的高速增长转向 7%左右的中高速增长，发展方式从规模速度型粗放增长转向质量效率型集约增长，经济结构从增量扩能为主转向调整存量、做优增量并举，经济发展动力从传统增长点转向新的增长点。新常态成为当前和今后一个时期我国经济社会发展的重要特征和基本逻辑。

做好新形势下经社理事会工作，必须准确把握大局、积极融入大局，主动作为、多作贡献。要把准着力方向，坚持作为全国政协领导下的综合研究经济社会问题的全国性社团组织的性质定位，聚焦“四个全面”战略布局和经济发展新常态，抓住党和国家工作的战略目标、重点领域和主攻方向，切实作为谋划工作的起点、开展工作的重点、推进工作的基点，始终在服务全局中推动经社理事会事业发展；注重突出优势，坚持运用地位超脱、智力密集、联系广泛、机制灵活的特点，以专题调研、课题研究、会议研讨为依托，广泛调动整合各方资源，努力汇聚促进党和国家事业发展的积极力量；有效发挥作用，突出研究、咨询、服务、联络功能，加强高端智库、咨询平台、桥梁纽带“三位一体”建设，统筹做好资政建言和对外交往工作，更好服务我国改革发展全局。

第二，要切实强化问题导向，着力加强对经济社会发展重大理论和实践问题研究。这是推动经社理事会事业发展的基本任务。

习近平总书记反复强调，问题是时代的声音，是工作的导向。做好新形势下经社理事会工作，必须坚持以“四个全面”为统领、以突出问题为导向、以典型案例为视角、以成果转化为目标，选准议题，加强研究，提出具有前瞻性、战略性、针对性的对策建议，为破解改革发展难题贡献智慧力量。

要加强新常态下经济发展动力机制问题的研究。新常态下的经济不再是过去那种高投资、高增长的经济，而应当是与各种生产要素现状相匹配、处在合理增长区间的经济。经济工作的重点任务就是，坚持以提高经济发展质量和效益为中心，主动适应经济发展新常态，从主要依靠要素投入向更多依靠创新驱动转变，把改革的红利、内需的潜力、创新的活力叠加起来，促进经济平稳健康发展。因此，必须深入研究经济发展动力机制问题，推出挖掘增长潜力、培育发展动力的创新举措和务实办法，寻求新的经济增长点。今年，经社理事会将围绕创新驱动与培育新增长点等重要问题开展研究、举办论坛。要切实把这些直接关系经济平稳健康发展的重要课题抓好做实，力求取得更有分量的成果，为党和政府科学决策提供有益参考。

*要加强重大改革举措推进实施问题的研究。*推动全面深化改革、全面依法治国等系列重大改革举措顺利实施、真正落地，是改革取得成功的关键所在。经社理事会要注意抓住各方广泛关注、自身又能发挥优势的重大问题，选准切入点和突破口，深入开展研究。比如，推进自由贸易试验区建设的问题。搞自由贸易试验区建设，并不像搞产业园区划出几片地、推出一些特殊政策那么简单，根本目的在于通过开展试点，形成可复制可推广的改革经验，为全面深化改革和扩大开放探索新思路、新途径。比如，推进“一带一路”建设的问题。“一带一路”是中央统筹经济、政治、外交全局，提出的重大战略举措，当务之急是如何稳步推进基础设施互联互通项目落地，如何推动这一战略迈出实质性步伐。比如，深化行政审批制度改革问题。核心是要正确处理政府与市场的关系、加快转变政府职能，深入研究如何坚持简政放权、放管结合、优化服务“三管齐下”，最大程度释放改革红利、激发市场活力。类似这些问题都是影响我国改革开放进程、关乎国家长远发展的重大课题，需要集中力量加强研究。围绕这些问题开展研究，要注意发现解决改革实施过程中可能遇到的障碍和困难，努力提出务实有效的操作办法和具体措施，积极推动相关改革措施落地生根。

*要加强事关群众切身利益重要民生问题的研究。*保障和改善民生是经济社会发展的出发点和落脚点，让改革发展成果更多、更公平、更实在地惠及广大人民群众是改革发展的最终评判标准。当前保障改善民生领域的问题还比较突出，比如，扶贫攻坚的问题、收入分配的问题、社会保障的问题、教育医疗的问题、生态环境治理的问题，等等。这些都是事关群众切身利益的重要问题，也是政府关切、群众关心、社会关注的突出问题。经社理事会要把这些民生问题作为研究工作的重要内容抓紧抓好，特别是多在摸清实情、汇集民情，加强论证、完善对策上狠下功夫，不断提升成果质量，务求取得实际成效，努力在为群众谋好事、办实事、解难事方面多作贡献。

第三，要注重打造和创新特色品牌，有效运用工作渠道和平台。这是推动经社理事会事业发展的有力抓手。

多年来，经社理事会在积极履行自身职能的工作实践中，逐步探索形成了一些富有特色、卓有成效的工作品牌。做好新形势下经社理事会工作，必须不断完善已有品牌，积极探索新的品牌，注重以特色品牌承载重点工作，拓宽工作渠道和舞台，不断推动经社理事会事业创新发展。

*要进一步做亮做响中国经济社会论坛。*中国经济社会论坛是经社理事会体现优势、发挥作用的重要载体和展示成果、加强交流的重要平台。要坚持专业化、高端化发展方向，力争每次论坛都能在某些方面有所突破，逐步把中国经济社会论坛打造成国内乃至国际范围内有影响、高水平的重要论坛。办好论坛，核心在质量，重点在平时，基础在调研。必须把功夫更多放在调研等前期准备工作上，特别是通过深入调研切实形成高质量大会发言，着力增强会议实效。注意加强同国内国际相关机构联系协作，探索合作办

论坛、开放办论坛，既充分发挥广大理事积极作用，也广泛吸收各方面专家学者和社会人士参与，推动论坛质量和影响不断提升。总结运用中国经济社会论坛已有经验，切实办好其他有关论坛，探索举办专题学术报告会、形势分析会等形式灵活的研讨交流活动，不断创新理事会工作形式，扩大社会影响。

*要进一步办好办实中欧圆桌会议。*中欧圆桌会议是中欧全面战略伙伴关系不断深化的形势下建立的中欧经济社会领域的定期交流机制，是加强中欧交流交往的重要渠道，也是经社理事会与外国机构建立的第一个比较规范的双边交流机制，是经社理事会开展双边和多边外交的重要舞台。办好中欧圆桌会议，要注意坚持重大外交原则和灵活务实方式相结合，坚持不懈多做基础工作，切实把双方共同关心的重大问题议清楚、议顺畅，议出共识、议出成果，为加强和深化双方交流合作夯实牢固基础。要积极运用中欧圆桌会议经验成果，推动召开金砖国家经社理事会和类似组织圆桌会议、中非、中拉经社理事会和类似组织圆桌会议，逐步形成以中欧圆桌会议为重点、以金砖国家和中非、中拉圆桌会议相配合的服务国家外交大局的特色品牌体系。要充分利用作为经济社会理事会和类似组织国际协会正式成员的独特优势，积极推动在我国周边国家及“一带一路”沿线国家建立经社理事会及其类似组织并建立双边或多边交流机制，进一步深化同国际协会、外国相关机构等交流交往，不断扩大中国经社理事会国际影响，积极促进我国同世界各国友好往来。

第四，要进一步加强自身建设，不断提升履职能力和成效。这是推动经社理事会事业发展的重要保障。

习近平总书记在庆祝人民政协成立 65 周年大会上的重要讲话明确提出，要以改革思维、创新理念、务实举措大力推进履职能力建设。这对包括经社理事会在内的全国政协各个部门和方面加强自身建设提出新的要求。做好新形势下经社理事会工作，需要紧紧围绕增强履职能力这一根本目标，按照“保持定力是根本、理事参与是保证、智库建设是重点、制度机制是关键”的基本思路，全面推进自身各项建设。

*保持定力是根本。*前段时间看到一篇网络文章，题为《突然觉得我们中国真是真心不容易》。文章用形象的事例对比、生动的网言网语为我们的国家“正本清源”，说出了网络上沉默的大多数想说而没有说出的话，传递出极强的正能量，对我们保持政治定力、坚定政治方向有很大的启发意义。概括起来，其核心观点包括：

要弘扬爱国主义。文章从批驳“一个国家的制造要 PK 整个世界的全部高端”的观点入手来论证“中国不容易，我为我是炎黄感到骄傲”。文章指出，“六十年弹指一挥间，中国已经有 6 亿人走向了小康”，“这种规模的沧桑巨变，就已知的人类历史而言，绝无仅有”。听到这些，我们应当有所领悟、有所思考。他说出了一个朴实而又深刻的道理：只有国家强盛了，个人才能挺直腰杆，个人的发展与国家的命运是紧密相连的，中国梦的实现需要每个中国人的共同努力，要少些抱怨，多些担当；少些牢骚，多些实干。

要增强文化自信。文章从不同领域列举了“为什么感觉中国那么差却觉得别的国家那么好”的种种表现。这些现象背后折射出的不光是理论自信、道路自信、制度自信的缺乏，也是文化自信的缺乏。正是由于缺乏高度的文化自觉和文化自信，忘记了灿烂的传统文化、刻意美化了西方文化，才导致轻易选择相信这些言论。从这个意义上讲，保持对自身文化的自信、耐力、定力，显得尤为重要。经社理事会的对外交往逐渐增多，当今世界各种文化思潮交流交融交锋也日益频繁，没有很强的文化定力，就可能“乱花渐欲迷人眼”，乱了阵脚、随波逐流，甚至沦为异质文化的俘虏。

要辩证看待问题。文章提倡要客观、全面、发展地看待问题，并从不同角度对一些容易模糊认识、干扰视线、混淆视听甚至别有用心、企图颠倒黑白的言论进行了严厉批驳。我们要做政治上的明白人，保持政治自信、政治清醒、政治定力，内正于心、外修于行，不动摇、不含糊、不盲从。要对比改革开放以来发生的历史性变化，特别是十八大以来党中央出重拳强力反腐、打老虎拍苍蝇，立足新常态强势推进深化改革、勇闯深水区，精心布局“四个全面”战略、中华民族伟大复兴中国梦的治国理政新风貌，深化政治认同、思想认同和感情认同。要明大势、看大局，既要看到风险，也要看到机遇；既要看到短板，也要看到优势，要把我们所处国内外发展环境和条件分析透，把前进的方向和目标理清楚。

理事参与是保证。始终坚持尊重理事、团结理事、依靠理事，进一步改进理事联络服务工作，除了加强学习培训、开展定期走访外，探索建立理事履职情况记录统计体系，有效调动理事参加专题调研、课题研究、重要会议、对外交往等工作的积极性，扩大活动参与面，更好发挥理事主体作用。

智库建设是重点。注重运用现代化信息技术高标准建设理事库、专题库和专家库等基础数据库，建立完善重大研究课题“专家领衔、多方参与、内外协作”的联合攻关研究模式，认真做好重点研究课题立项、招标和成果评审、报送、应用、转化等工作，不断提升理事会的研究、咨询、服务、联络能力。

制度机制是关键。着手对理事会现有工作制度进行系统梳理，在此基础上制订建章立制计划。重点建立健全理事会各事务委员会、工作组和常设机构同全国政协各专委会、办公厅等部门之间的协调机制，努力实现重点工作相互对接、重大活动相互支持、重要成果相互共享，切实形成工作合力；健全同国内其他研究咨询机构与社会团体之间的合作机制，积极借助社会智力资源和优势力量，有效提升理事会工作质量；健全理事会专题调研、课题研究、重点论坛、社会咨询、对外交往等各项制度，特别是建立完善调研、研究、论坛、咨询等彼此衔接、互为支撑的制度机制，不断提升理事会工作科学化水平。

各位理事、同志们，加快推进高端智库、沟通桥梁、咨询平台“三位一体”建设，更好发挥理事会独特优势作用，是党和国家事业的发展需要，是时代赋予我们的光荣使命。让我们紧密团结在以习近平同志为总书记的党中央周围，在全国政协直接领导下，锐意进取、扎实工作，奋力开创经社理事会工作新局面，为实现“两个一百年”奋斗目标和中华民族伟大复兴中国梦作出新的更大贡献！

实施创新驱动 推进经济发展

——在 2015 年中国经济社会论坛上的讲话

（2015 年 10 月 16 日）

杜 青 林

在这秋高气爽的美好季节，很高兴和大家相聚在环渤海地区的经济中心、美丽的滨海城市——天津，共同出席“创新驱动与新经济增长点的培育”2015 年中国经济社会论坛。首先，我谨代表全国政协和俞正声主席，代表中国经济社会理事会，对本次论坛的举办表示热烈祝贺，对各位理事和嘉宾的到来表示热烈欢迎，对为本次论坛提供大力支持的天津市委、市政府、市政协表示衷心感谢！

中共十八大进一步确立了实施创新驱动发展战略，习近平总书记提出一系列新思想新论断新要求。今年 3 月，中共中央、国务院专门颁发《关于深化体制机制改革 加快实施创新驱动发展战略的若干意见》。实施创新驱动发展战略，是中共中央总揽全局、把握大势、立足当前、着眼未来作出的重大决策，关乎我国经济社会持续健康发展，关乎协调推进“四个全面”战略布局，关乎实现“两个一百年”奋斗目标和中华民族伟大复兴中国梦。

创新驱动发展，创新是核心，驱动是关键，发展是目的。习近平总书记强调指出，实施创新驱动发展战略，就是要推动以科技创新为核心的全面创新，增强科技进步对经济增长的贡献度，推动经济持续健康发展。我们要深刻领会习近平总书记这一重要论述，充分认识本次论坛主题“创新驱动和新经济增长点的培育”的内在辩证关系：创新驱动是培育新经济增长点的战略支撑和根本路径，培育新经济增长点是创新驱动的着力重点和最终指向。二者目标一体，方向一致，有机统一。本次论坛围绕创新驱动和培育新经济增长点方面的重大问题，深入研讨交流，积极提出建议，有着特殊重要的意义。

各位理事，各位嘉宾！

当今世界，新一轮科技革命和产业变革正在孕育兴起，全球科技创新呈现新的发展态势和特征，新技术替代旧技术、智能型技术替代劳动密集型技术趋势明显。特别是后金融危机时期，世界经济形势依然复杂，经济增长总体乏力，各国都在积极寻求以科技创新为突破口摆脱经济困境，实现经济增长，抢占未来发展新高地。这就表明，激烈竞争的国际环境需要我们必须加快实施创新驱动发展战略。从国内看，我国经济经过改革开放 30 多年的发展，进入新常态。经济增长速度从 10%左右的高速增长转向 7%左右的中高速增长，发展方式从规模速度型粗放增长转向质量效率型集约增长，经济结构从增量扩能为主转向调整存量、做优增量并举，经济发展动力从传统增长点转向新的增长点。这就表明，新常态下的经济转型要求我们必须加快实施创新驱动发展战略。特别是由于经济增速换档、结构调整阵痛、新旧动力转换等因素，当前我国经济存在一定下行压力。今年上半年，国内生产总值同比增长 7%，处在合理区间，但一些重要经济指标还不稳固。工业增加值增速比一季度回落 0.1 个百分点，固定资产投资增速比一季度回落 2.1 个百分点，进出口同比下降 6.9%。我们既要高度重视存在的问题，坚持底线思维，做好应对各种复杂困难局面的准备和预案，同时又要看到我国经济韧性好、潜力足、回旋空间大，经济发展具有良好支撑基础和有利条件。对此，必须充满信心，保持定力，积极作为，坚持用发展的办法解决前进中的问题。这就表明，稳增长、保增长倒逼我们必须加快实施创新驱动发展战略。

各位理事、各位嘉宾！

面对全球科技、产业革命大潮和复杂多变的国际国内经济环境，加快实施创新驱动发展战略、大力培育新的经济增长点，时间比任何时候都显得更加紧迫，犹豫不得；机遇比任何时候都显得更加难得，耽搁不得；作用比任何时候都显得更加重要，小视不得；任务比任何时候都显得更加艰巨，懈怠不得。必须进一步增强紧迫意识、忧患意识、大局意识和责任意识，切实把实施创新驱动发展战略、培育新的经济增长点摆在更加突出位置，切实把推进创新更加紧密地融入经济活动全过程和各方面，真正转化为经济发展的强大活力和实际成效，牢牢把握新一轮国际竞争的战略主动，努力实现国家经济社会持续健康发展。

第一，要坚持需求导向推进科技创新，努力促进产业结构迈向中高端。恩格斯曾经指出："社会上一旦有技术上的需要，则这种需要会比十所大学更能把科学推向前进。"同样，科学技术也只有符合社会需要，才能永葆生机并产生巨大力量。当今世界，科技创新与产业变革的深度融合成为最为突出的时代特征之一。必须紧扣国家经济社会发展重大需求，瞄准全球科技发展方向，大力推进科技创新，切实为优化产业结构和培育新的经济增长点提供根本引擎和有力支持。

要下大气力破解传统产业在核心基础部件、先进基础工艺、关键基础材料等重大共性技术方面的制约，加快推进"互联网＋"行动和《中国制造 2025》，积极促进钢铁、石化、工程机械、轻工、设计、物流等传统制造业和生产性服务业转型升级，努力形成经济发展新优势。针对现代农业、资源环境、智慧城市、医疗保健等民生领域重要问题加快科技创新，推动创新成果更多进入百姓生活，努力增强经济发展新动力。聚焦国家确定的节能环保、新一代信息技术、新能源、生物、高端装备制造、新材料、新能源汽车等战略性新兴产业，发挥国家科技重大专项等引领作用，推进产业链、创新链、资金链有机融合，加快核心技术突破和产业化，促进战略性新兴产业跨越发展，努力打造新的经济增长极。科技支撑增长，创新促进发展。今年上半年，全国规模以上高技术产业增加值同比增长 10.5%，比规模以上工业高 4.2 个百分点。其中通信设备、生物制药、集成电路等产业延续高速增长态势，新能源汽车、机器人分别增长 50%。这充分表明我国战略性新兴产业的发展势头良好，潜力巨大。

第二，要坚持企业主体地位推进协同创新，努力打通创新成果直接向现实生产力转化绿色通道。企业是实施创新的主体，在创新体系中居于核心和枢纽位置。真正使企业投身创新主战场、让企业成为创新的主力军，是推动创新紧密面向经济社会发展、直接转化为新产品新项目新产业的根本路径。必须强化企业创新主体作用，使企业认清科技和产业变革大势，找准创新突破口，不断促进生产力水平跃升。

要着力扶植一批具有核心技术的大型骨干企业，积极培育创新型、科技型中小企业集群，切实强化企业作为研发投入主体、创新人才聚集主体、引领产学研协同创新主体三大功能，提高企业在创新决策、研发投入、科研组织和成果转化中的“话语权”。鼓励构建企业主导、院校协作、多元投资、成果共享的创新战略联盟，支持发展产业技术研究院等新型研发机构，搭建科技资源共享、成果交易、人才保障服务大市场，不断完善从基础研究、应用研究到产业化的创新链条，切实形成促进经济增长有效动能。企业进入阵地，市场风生水起。去年我国网上零售额达近2.8万亿元，同比增长49.7%。大力支持企业统筹推进科技、管理、品牌、组织、商业模式等全方位创新，着力提升企业核心竞争力，全面释放企业发展活力，不断打造经济增长新引擎。

第三，要坚持深化改革推进制度创新，努力破解创新驱动发展体制机制“玻璃门”。实现创新驱动发展，最紧迫的是切实破除一切制约创新的制度藩篱。必须紧紧围绕使市场在资源配置中起决定性作用和更好发挥政府作用这个核心任务，着力建立健全有利于创新资源高效配置和创新潜能充分释放的规则、政策和制度环境，引导资金、人才、技术等创新要素按市场导向优化配置，引导创新资源向企业集聚。

要加快推进垄断行业改革，切实打破地方保护，建立健全要素市场，改进新技术新产品新商业模式准入管理，切实营造激励创新的公平竞争环境。比如，深圳作为国家创新型城市，突出机制创新，加快建设包括科技、产业、金融、管理、商务模式创新等在内的综合创新生态体系，推动“小科技”向“大创新”转变，构建单体充满活力、群体优势互补的区域创新体系；推动科研设施从“小孤岛”成为“大资源”，实现重大科技基础设施互联互通、资源共享、高效利用；以财政“小资金”撬动社会“大资本”，形成多元投入、循环使用、持续放大的有效机制，充分利用财政资金引导、放大和激励作用，全面撬动银行、保险、证券、创投等资本要素投向科技创新。其中，通过银政企合作贴息，政府以5000万元成功撬动了近20亿元银行资金投向科技中小微企业，财政资金被放大了近40倍，以科技投入方式的改革激发企业创新活力。完善国家重大创新项目推进机制，健全政府引导支持、企业和科研部门具体实施，风险共担、成果共享的创新体系。比如，德国制造业之所以能够长盛不衰，拥有强大的技术与创新能力，主要得益于德国科技创新体系的保障，重视制造业的科研创新和成果转化，着力建立集科研开发、成果转化、知识传播和人力培训为一体的科研创新体系。它的最大特色是个人、企业和政府的统一：科研人员出成果、企业出资本、国家出政策并负责对企业和科技界进行沟通和协调；企业承担2/3的科研经费，剩下的1/3由联邦政府和地方政府买单。德国企业对研发投入毫不吝啬，研发经费约占国民生产总值3%，位居世界前列。据有关机构统计，欧盟企业研发投资排名中，前25位有11家德国公司，排名第一的德国大众汽车公司年度研发费高达58亿欧元。即便在欧债危机期间，尽管订单有所减少，但德国企业的研发投入不仅没有相应递减，反而逐步增加，使以先进制造业为强大支撑的德国经济受欧债危机的影响甚微，反而因持续不断的科技创新而更具生机和活力。推进科技成果产权制度、知识产权质押融资、科技研发项目管理等改革，完善创新成果转化机制和财税金融支持政策，建立健全创新市场导向机制。推进科研体制改革，加快下放科技成果使用、处置和收益权，提高科研人员成果转化收益比例，调动科研机构和人员积极性。比如，中关村深入落实国家自主创新示范区“1+6”等先行先试政策，深化科技成果使用处置和收益管理改革，赋予科研单位对科技成果转化更大自主权，单位可自主决定对其持有的科技成果采取转让、许可、作价入股等方式开展转移转化活动，通过股权激励、股权出售和科技成果入股等方式开展股权激励试点，已有404名科研和管理人员获得股权激励总额2.17亿元。探索拓展校企联合招生、合作育人的方式途径，完善政府、企业、高校、社会机构等共同构成的创新人才培育体系，完善人才分类评价奖励机制，不断创新人才培养、管理和使用体制。深入开展全面创新改革试验，重点在知识产权、金融政策、市场准入等方面加强创新、力求突破，更好发挥示范带动作用。今年4月，国务院一并印发天津、广东、福建、上海自由贸易试验区相关方案。建设自贸区的根本目的，就是要通过探索试点，努力形成可复制经验，切实为深化改革开放、推动创新发展探索出新的路子。

第四，要坚持简政放权推进“万众创新”，努力激发经济发展强大正能量。在机械物理中，事物的能量分为两种：一种是动能，一种是势能。动能是物体由于运动而具有的能量，其变化取决于各种作用力量的合力。势能是物体由于位置或者位形而具有的能量，其变化取决于位置高低或者形变大小。推动经济发展，就是要通过积极引导各种经济要素正向做功，不断形成最大动能；通过有效释放各种市场主体活力，不断推高最大势能。“大众创业、万众创新”是形成经济发展最大动能和势能，激发经济发展源头活水的必由之路。必须充分调动亿万群众的创业创新智慧，不断拓展发展新空间，使人人皆可创新、创新惠及人人，为“大众创业、万众创新”提供支撑。

要坚持简政放权、放管结合，加快转变政府职能，进一步强化创业创新政策制度供给，完善相关法律法规体系，切实放宽政策、放开市场、放活主体。比如，天津市实行“一颗印章管审批”“一份清单管边界”“一支队伍管执法”等审批服务模式，在滨海新区探索“审管分离”制度创新，将原来18个审批部门的职能全部划转新成立的行政审批局，审批印章由109颗变为1颗。坚持把推动科技型中小企业发展作为行政审批制度改革，实施创新驱动发展战略的重要抓手，以企业需求为导向引领产业升级，天津市80%左右的科技型中小企业集中在新能源、生物医药、节能环保、高端装备制造等战略性新兴产业领域；树立企业主体地位，促进科技资源向企业聚集，支持科技型企业建立了100个企业重点实验室，组建30余个产学研技术创新联盟；出台实施激励科技人才创新、科研仪器开放共享、科技型企业上市融资等扶持政策，激发创新创业活力；加强京津冀协同创新和开放创新，建设京津科技新干线，推进创新共同体建设。积极搭建创业创新支撑和孵化平台，通过鼓励高等院校、研发机构调整土地、楼房存量资产建设众创空间，组织种子基金、风投基金支持创新创业项目等方式，切实解决创业创新者面临的资金、技术等瓶颈问题，支持各类市场主体开办新企业、开发新产品、开拓新市场。加强全社会以创新为核心的创业教育，切实营造鼓励创新、宽容失败的氛围，努力使创业创新成为全社会共同的价值追求和行为习惯。中共十八大以来，各级政府通过采取简政放权等系列举措，有力激发了市场活力，全国新增市场主体呈现“井喷式”增长。去年新登记注册市场主体达1293万户，其中新登记企业增长45.9%，平均每天新登记企业1万多户。事实证明，只要下定决心、真抓实干，切实拿出真金白银的政策措施来，就一定能够广泛汇聚起促进经济发展的蓬勃力量。

第五，要坚持合作共赢推进开放创新，努力奏响我国同世界各国携手共进大合唱。

一部人类文明史，就是世界各国文明交流互鉴、共同发展的历史。必须坚持以全球视野谋划和推动创新，坚持“引进来”和“走出去”相结合，主动融入全球创新网络，善于运用全球创新资源，积极构建更高层次开放创新机制。

要围绕国内产业技术需求创新国际科技合作模式，推进国内重点科研机构与国际知名机构建立长期伙伴关系，积极参与大型国际科技合作计划，鼓励引导外资科研机构参与国家重点科技规划，努力在更高起点上推进自主创新。研究制订更加积极的国际人才引进计划，完善外国人永久居住、来华工作等管理制度，吸引更多海外高层次人才参与我国经济社会建设。积极对接国际通行规则，不断规范国内营商环境，继续吸引外国企业投资兴业，积极学习国外先进技术和成熟管理经验。优化境外创新投资管理制度，积极配合“一带一路”等国家重大战略实施，支持国内技术、产品、标准、品牌“走出去”，帮助企业链接全球创新资源和市场，努力构筑参与国际竞争合作新优势。

各位理事、各位嘉宾！

一年一度的中国经济社会论坛，是广大理事和各界人士广泛交流、加强联系的重要纽带，是研究经济社会领域重大问题的高端平台。多年来，论坛坚持围绕党和国家中心任务，研讨热点问题，把脉发展大势，提供真知灼见，为促进国家改革发展稳定作出了积极贡献。希望大家紧扣此次论坛主题，切实瞄准问题，聚焦光圈、深化研讨；深入剖析问题，摸清现状、找准症结；努力解决问题，善谋良策、多出实招，为国家实施创新驱动发展战略、促进经济社会持续健康发展贡献更多智慧和力量。

最后，预祝 2015 年中国经济社会论坛取得圆满成功！

动员人民群众团结奋斗

（2015 年 11 月 19 日）

杜　青　林

党的十八届五中全会是我国进入全面建成小康社会决胜阶段召开的一次重要会议。全会审议通过的《中共中央关于制定国民经济和社会发展第十三个五年规划的建议》（以下简称《建议》），集中全党全社会智慧，明确了今后五年经济社会发展的总体思路、目标方向、重要理念、战略重点和政策举措，勾画了全面建成小康社会的宏伟蓝图，是一个具有里程碑意义的纲领性文件。把宏伟蓝图变为美好现实，关键是要调动人民群众的积极性、主动性、创造性。《建议》指出，“人民是推动发展的根本力量”，“动员人民群众团结奋斗”。这充分体现了我们党的性质和宗旨，是顺利实施“十三五”规划、夺取全面建成小康社会伟大胜利的根本依靠。

一、充分发扬社会主义民主

社会主义民主的本质内容是人民群众当家作主。民主问题，说到底是一个如何对待群众的问题，也就是把群众摆到什么位置上的问题。要以保证人民当家作主为核心，最广泛地动员人民群众依法管理国家和社会事务、管理经济和文化事业、参与社会主义现代化建设，始终坚持发展为了人民、发展依靠人民、发展成果由人民共享。《建议》强调，“充分发扬民主，贯彻党的群众路线，提高宣传和组织群众能力，加强经济社会发展重大问题和涉及群众切身利益问题的协商，依法保障人民各项权益，激发各族人民建设祖国的主人翁意识”，指明了全面建成小康社会的实践主体，提出了社会主义民主政治建设的着力重点和任务要求。人民群众是物质财富和精神财富的创造者，是推动社会发展的决定性力量。全面建成小康社会是造福亿万人民群众的美好事业，也是需要亿万人民群众为之付出智慧和力量的事业。邓小平同志指出，“调动积极性是最大的民主”。要充分发扬社会主义民主，调动和保护人民的积极性，最广泛地把人民群众动员起来、团结起来、组织起来，把全面建成小康社会的宏伟事业建立在亿万人民群众共同创造、不懈奋斗的基础之上。

着力提高宣传和组织群众能力。推进“十三五”规划实施、全面建成小康社会，要把提高宣传和组织群众能力摆在更加突出位置。我国经济发展进入新常态，经济发展主要动力由要素投入为主转向创新驱动为主，人是创新活动最活跃的因素，要采取切实有效的措施，把人的创新积极性激发出来、调动起来。要充分发挥正面宣传鼓舞人、激励人的作用，让广大群众感受到全面建成小康社会同人民群众利益的内在联系、同改善人民群众生活的密切关系，增进理解、认同和支持，激发全社会干事创业的强大力量。要清楚了解人民群众所思所想所盼，深入掌握人民群众的期待、愿望和诉求，切实解决群众关心的教育、就业、养老、医疗卫生、社会保障等实际问题，实现群众对社会公平正义的渴求，满足群众对过上美好幸福生活的期盼，让全面建成小康社会的成果更多、更好、更公平、更实在地惠及各族人民群众，努力形成全体人民共同建设、共同享有、各尽其能、各得其所的生动局面。

广泛开展人民内部协商。社会主义协商民主是我国社会主义民主政治的特有形式和独特优势。实现“十三五”规划目标、全面建成小康社会，需要坚持有事多商量、遇事多商量、做事多商量，实行广泛多层制度化的协商民主。在人民内部各方面广泛商量的过程，就是发扬民主、集思广益的过程，就是统一思想、凝聚共识的过程，就是科学决策、民主决策的过程。要深入贯彻落实《中共中央关于加强社会主义协商民主建设的意见》，重点加强政党协商、政府协商、政协协商，积极开展人大协商、人民团体协商、基层协商，逐步探索社会组织协商，深入掌握民情，全面反映民意，有效集中民智，广泛调动民力。凡是涉及群众切身利益的决策都要充分听取群众意见，通过各种方式，在各个层级、各个方面同群众进行协商。要紧紧围绕“十三五”时期经济社会发展重大问题和人民群众最关心最直接最现实的利益问题，深入协商、凝聚共识，努力形成全面建成小康社会的强大合力。

依法保障人民各项权益。坚持人民利益至上，依法保障人民群众经济、政治、文化、社会等各方面权益，是发展社会主义民主政治的内在要求，也是全面建成小康社会

的重要目标内容。要在思想上加强教育引导群众的同时，在经济上改善物质利益，在政治上保障民主权利，在文化上满足精神需求，在社会上维护公平正义。要坚持社会主义市场经济的发展方向，依法保护各种所有制经济产权和合法利益，有效保障人民平等参与、平等发展权利，保障人民群众应当享有的生产活动、劳动报酬、财产所有等方面的经济权益，确保人民群众得到实实在在的物质利益。要坚持走中国特色社会主义政治发展道路，推进社会主义民主政治法治化，有效保障人民依法实行民主选举、民主决策、民主管理、民主监督，保障人民知情权、参与权、表达权、监督权，确保人民群众真正当家作主。要坚持用社会主义核心价值观引领社会思潮，凝聚社会共识，深入开展爱国主义、集体主义、社会主义教育，完善公共文化服务体系，加强文化产品供给，有效保障人民群众参与文化活动、享用文化产品、丰富精神生活等文化权益，确保人民群众共享文化发展成果。要加强以保障和改善民生为重点的社会建设，推进基本公共服务均等化，有效保障人民群众在教育、就业、医疗卫生、社会保障、公共安全等方面的权益，确保各族人民群众过上更加美好的生活。

二、切实加强思想政治工作

思想政治工作是党的优良传统和重要政治优势。把群众的积极性充分地调动起来并合理地发挥出来，是思想政治工作的核心，也是检验思想政治工作好坏的标准。《建议》从动员人民群众团结奋斗的高度，强调加强思想政治工作，为“十三五”规划实施提供有力的精神力量和思想保证。

*创新群众工作体制机制和方式方法。*思想政治工作本质上是群众工作。面对群众工作对象更加多元、群众诉求更加多样、群众工作环境更加复杂的新情况新问题，要深入研究和准确把握新形势下群众工作特点规律，认真践行党的群众路线，不断丰富服务群众的内涵，提高服务群众的质量和水平，推动群众工作创新发展。要坚持以人民的根本利益为最高标准，把增进人民福祉、促进人的全面发展作为发展的出发点和落脚点，着力解决群众反映强烈的突出问题，让群众有更多获得感。要坚持以群众为中心，用群众喜闻乐见、便于参加的形式和方法开展工作，组织活动请群众一起设计，部署任务请群众一起参与，表彰先进请群众一起评议，面对面、手拉手、心贴心，增进同群众的真挚感情。要注重运用互联网、微博、微信等新兴传媒和技术手段开展群众工作，善于运用网络用语与人民群众交流互动，建立健全网络舆情研判机制。要健全完善联系群众的工作机制，落实领导干部定期下基层、接待群众来访等制度，充分发挥党的群团组织的桥梁纽带作用，拓宽和畅通联系人民群众的渠道，使群众话有地方说、事有地方办、困难有人帮、问题有人管。

*最大限度凝聚全社会共识和力量。*当前，我国发展内外环境发生深刻变化，所有制形式更加多样，社会阶层更加多样，社会思想观念更加多样。越是思想多样、利益多元，越要凝聚思想共识；越是目标远大、任务繁重，越要汇聚强大力量。《建议》强调，最大限度凝聚全社会推进改革发展、维护社会和谐稳定的共识和力量。要把坚持和发展中国特色社会主义、实现中华民族伟大复兴中国梦的宣传教育作为巩固壮大主流思想舆论的核心内容，使广大干部群众充分认识到中国特色社会主义道路的正确性、中国特色社会主义理论的科学性和中国特色社会主义制度的优越性，不断增强道路自信、理论自

信、制度自信。要围绕国计民生中的热点问题，讲清“怎么看”“怎么办”，找准思想认识的共同点、化解矛盾的切入点，引导社会情绪、社会心理朝着积极健康的方向发展。要用“十三五”规划目标凝聚人心，把党和政府的各项政策措施讲清楚，把对群众的利益安排讲明白，深入宣传中央关于经济形势的基本判断、经济工作的基本要求和主要任务，引导人们认清我国经济发展的趋势，把握有利条件和积极因素，增强对我国经济发展的信心。

正确处理人民内部矛盾。我国正处于发展关键期、改革攻坚期、社会矛盾凸显期。要着眼于最大限度激发社会创造活力、最大限度增加和谐因素、最大限度减少不和谐因素，更加积极主动地处理好人民内部矛盾，为实现全面建成小康社会奋斗目标创造良好社会环境。要按照《建议》要求，立足人民内部矛盾的新特点，建立多样化、多层次、多领域的利益表达渠道，综合运用法律、政策、经济、行政等手段和教育、协商、疏导等方法来化解矛盾，引导各个社会阶层、社会群体以理性、合法的形式表达自己的利益诉求。要紧紧依靠基层组织和广大群众预防化解矛盾，充分发挥群众自治组织的作用，努力让群众自己组织起来解决自己的问题。要注重通过集体协商、对话协商等方式协调各方利益，切实做到群众诉求合理的解决问题到位、诉求无理的思想教育到位、生活困难的帮扶救助到位、行为违法的依法处理到位。要善于运用法治思维和法治方式开展群众工作，更加重视人民群众在法治进程中的主体地位，坚持把人民满意作为衡量依法行政的最高标准。要建立健全社会舆情的收集和分析机制，完善矛盾纠纷排查调处工作机制，加强信息沟通，及时掌握动态，发现化解矛盾，维护社会和谐稳定。

高度重视做好意识形态领域工作。意识形态工作是党的一项极端重要的工作，一刻都不能放松和削弱。要着眼意识形态领域斗争的长期性复杂性尖锐性，从推动事业长远发展、巩固党的群众基础和执政基础的高度，切实增强做好意识形态工作的自觉性和坚定性。要坚持和巩固马克思主义指导地位，把马克思主义立场、观点、方法贯穿于意识形态工作的各方面、全过程，用科学理论武装全党、教育人民、指导工作。要坚持用中国特色社会主义衡量意识形态领域是非曲直，增强辨析引导和舆论斗争能力，在重大政治原则问题上旗帜鲜明，敢于发声、善于发声。要加强意识形态阵地管理，坚决贯彻落实党管意识形态原则，守住守好各类宣传文化阵地，特别是加强网上舆论引导，净化网络舆论环境，决不给错误思潮和主张提供传播渠道，切实维护意识形态安全。

三、巩固和发展最广泛的爱国统一战线

习近平总书记指出，人心向背、力量对比是决定党和人民事业成败的关键。统战工作的本质要求是大团结大联合，解决的就是人心和力量问题。《建议》强调，巩固和发展最广泛的爱国统一战线。团结大多数、调动积极性是统一战线“安身立命”之本，是统一战线永远不能忘记、始终都要坚持、随着实践发展而常做常新的任务。目前，统一战线已经发展成为全体社会主义劳动者、社会主义事业建设者、拥护社会主义爱国者、拥护祖国统一和致力于中华民族伟大复兴爱国者的联盟。要充分发挥统一战线的独特优势，巩固已有共识，推动形成新的共识，最大限度把各界人士的人才智力都凝聚起来，积极因素都调动起来，创造活力都激发出来，寻求最大公约数、增进最大共识度、形成最大凝聚力。这对于团结一切可以团结的力量，调动一切可以调动的积极因素，共同推

动实施“十三五”规划、全面建成小康社会具有重要意义。

*充分发挥民主党派、工商联和无党派人士作用。*民主党派、工商联和无党派人士是建设中国特色社会主义的重要力量。党中央在制定“十三五”规划建议时充分听取了各民主党派中央、全国工商联和无党派人士代表的意见建议。要支持民主党派、工商联和无党派人士围绕坚持创新发展、协调发展、绿色发展、开放发展、共享发展和实现全面小康目标，深入开展专题调研，建睿智之言，献务实之策，为党和政府科学民主决策提供参考。要帮助民主党派、工商联和无党派人士知情明政，为其履行职能创造条件、搭建舞台，推动中央各项政策举措落到实处。

*坚持各民族共同团结奋斗、共同繁荣发展。*习近平总书记指出，我国是统一的多民族国家，各族人民同呼吸、共命运、心连心的奋斗历程是中华民族强大凝聚力和非凡创造力的重要源泉。加快少数民族和民族地区经济社会发展，是全面建成小康社会的重点。《建议》强调，要全面落实党的民族政策，并对支持少数民族和民族地区发展提出明确要求。要始终高举民族团结旗帜，坚持中国特色解决民族问题的正确道路，深入贯彻落实中央民族工作会议、第二次中央新疆工作座谈会、中央第六次西藏工作座谈会精神，结合“十三五”规划制定，编制好国家扶持人口较少民族发展规划、兴边富民行动规划、少数民族事业规划，把发展落实到解决区域性共同问题、增进群众福祉、促进民族团结上，确保与全国其他地区一道进入全面小康。要深入开展民族团结宣传教育和民族团结进步创建活动，找准与群众利益的结合点、与人们心理的契合点、与民族情感的共鸣点，增强针对性和吸引力，使党的民族政策宣传教育深入各族人民、走进千家万户，促进各民族交往交流交融，建设中华民族共有精神家园。要依法处理涉及民族因素的矛盾和纠纷，依法打击分裂国家和破坏民族团结的违法犯罪活动，促进各民族和睦相处、和衷共济、和谐发展。

*发挥宗教界人士和信教群众在促进经济社会发展中的积极作用。*信教群众和不信教群众都是建设中国特色社会主义的积极力量。要按照《建议》要求，全面贯彻党的宗教信仰自由政策，依法管理宗教事务，坚持独立自主自办原则，积极引导宗教与社会主义社会相适应，为促进经济发展、社会和谐、文化繁荣、民族团结、祖国统一服务。要支持宗教界人士引导信教群众正确认识和对待改革发展中由于利益调整而出现的各种矛盾，把精力放到发展生产、改善生活、勤劳致富上。要支持有条件的宗教团体和宗教活动场所参与社会救助、社会公益和慈善事业，在扶贫、济困、救灾、助残等方面发挥有益作用。要鼓励宗教界和信教群众抵御境外利用宗教进行的渗透破坏活动，坚决防范宗教极端思想影响，促进宗教关系和谐，维护社会稳定。

*激发新的社会阶层和党外知识分子创新创造活力。*知识分子是实施创新驱动发展战略、推进知识创新和技术创新的重要力量。非公有制经济人士等新的社会阶层是中国特色社会主义事业建设者。要着眼“十三五”时期我国经济发展新常态下发展环境的新要求新变化，引导非公有制经济人士增强发展信心、抢抓重要机遇，支持非公有制企业转型升级，特别是要鼓励企业瞄准新产业、新业态、新产品、新技术，加快结构调整，增强核心竞争力。要充分发挥党外知识分子及留学人员在科技进步中的优势和作用，为他们创新创业搭建平台，提供良好的科研环境，支持他们追踪世界科技前沿，努力掌握关键技术和共性技术，抢占科技发展的制高点，担负起提高自主创新能力、建设创新型国

家的战略任务，推动形成大众创业、万众创新的良好氛围。

团结海内外中华儿女共同奋斗。广大港澳台同胞和海外侨胞是建设中国特色社会主义的重要力量和宝贵资源。要鼓励支持港澳台同胞和海外侨胞抓住“十三五”期间全面深化改革开放的新机遇，在国家发展最需要、最能起作用的领域，充分发挥资金、技术、智力、渠道等方面优势，促进经贸技术合作，参与国内转型升级，以多种方式为“十三五”贡献力量。要鼓励港澳台胞和海外侨胞将自身事业发展与“一带一路”建设紧密结合，参与沿线国家和地区基础设施建设和产业投资，在项目、产业、资本、平台等方面有机对接。要充分发挥海外侨胞联结中外的桥梁纽带作用，支持他们主动讲好“中国故事”、传递“中国声音”，为促进对外交流合作、民间友好交往牵线搭桥，为实现中华民族伟大复兴中国梦营造良好外部环境。

在“《促进科技成果转化法》修订”调研座谈会上的讲话

（2015 年 1 月 6 日）

陈　晓　光

刚才，科技部、财政部以及国务院法制办有关负责同志分别就《促进科技成果转化法》的修订情况，中央级事业单位科技成果使用、处置和收益管理改革试点情况以及科技成果转化现实情况进行了简要介绍，在座的专家、学者提出了很多好的意见建议，各位委员针对《促进科技成果转化法》修订问题展开了热烈讨论。可以说，今天下午的座谈会开得很有成效，使我们对调研内容有了进一步了解。

现行《促进科技成果转化法》是科技方面的重要立法，自 1996 年颁布实施以来，对促进科技成果转化发挥了重要作用。比如，其规定的“科研成果完成单位应当从转让成果所得净收入中提取不低于百分之二十的比例，对科技成果完成人及对转化做出重要贡献的人员给予奖励，单位自行实施转化成功投产后，应当连续三至五年从实施该科技成果新增留利中提取不低于百分之五的比例给予奖励”等，规范了科技成果的转化活动，调动了各方面科技成果转化的积极性。

近年来，随着经济社会的不断发展，科技成果转化存在的制度性障碍逐步显现：科研单位和人员对科技成果的处置权力有限，审批手续烦琐，转化收入的分配受限，科技成果信息沟通渠道不畅，“产学研”结合不够，科技成果转化服务跟不上等，使得一些科技成果难以转化，科研人员的积极性不能充分发挥，在一定程度上阻碍了科技创新的持续快速发展。

中共十八大以来，以习近平同志为总书记的中共中央对科技创新高度重视。中共十八大做出了“实施创新驱动发展战略”的重大部署，强调科技创新是提高社会生产力和综合国力的战略支撑，必须摆在国家发展全局的核心位置。习近平总书记在 2013 年 9 月中央政治局第九次集体学习时明确指出，实施创新驱动发展战略，最为紧迫的是要进一步解放思想，加快科技体制改革步伐，破除一切束缚创新驱动发展的观念和体制机制障碍。就《促进科技成果转化法》修订问题进行专题调研，是致力于消除科技成果转化不利因素的有益尝试；是全国政协按照俞正声主席关于推进协商民主广泛多层制度化发展的要求，在推进立法协商这一协商民主重要形式上进行的积极探索。

全国政协高度重视《促进科技成果转化法》修订工作，将其列为2015年双周协商座谈会议题之一。《促进科技成果转化法》的修订，主要涉及畅通信息沟通渠道、引导和激励科研机构和人员积极转化科技成果、强化企业主体作用、推进产学研合作、加强科技成果转化服务等几个方面。以修订法律的形式，消除阻碍科技成果转化的制度性障碍，同时彰显市场机制在科技成果转化中的作用，推动创新驱动发展战略实施。把"《促进科技成果转化法》修订"作为双周协商座谈议题，可以说很有意义，也一定会产生良好、广泛的社会影响。

汇总大家的意见，我们在调研中还应有针对性地关注以下几个方面的问题。

一是公益类事业单位改革的相关问题。公益类事业单位科技成果能否自主处置？收益留归问题应如何处理？按照事业单位改革指导意见，从事公益服务的事业单位分为以下两类：承担义务教育、基础性科研、公共文化、公共卫生及基层基本医疗服务等基本公益服务，不能或不宜由市场配置资源的，划入公益一类；承担高等教育、非营利性医疗等公益服务，可部分由市场配置资源的，划入公益二类。无论是公益一类还是公益二类的事业单位，其科技成果转化收益均可留归单位并奖励个人。对于公益类事业单位，尤其是划归公益一类事业单位的现行科技成果转化收益处理办法，社会上还是有不同看法的。

二是事业单位负责人和中层管理人员参与科技成果转化奖励落实问题。事业单位负责人和中层管理人员，很多都是科技成果研发、转化的主要参与者，因为表现突出提升至管理岗位。按照法律规定和改革通知要求，应当给予奖励；但根据干部管理有关规定，奖励难以落实；作为科技成果发明人或者完成人，也无法将科技成果直接实施生产或者作价入股。这就要求相关法律、规定要逐步做好调整和衔接。一方面绝不能违反领导干部廉洁从政有关规定；另一方面还要维护科技成果发明人和成果研发、转化者的合法权益，最大限度地调动各方面科技成果转化的积极性，有力推动科技创新及成果转化的健康快速发展。

三是科技成果评估定价的体制机制问题。科技成果评估、定价是科技成果转化的重要环节，也是科技成果转化的难点所在。科技成果大多是无形资产，如何才能做到既真实反映科技成果的价值、降低交易成本；又能最大限度打消单位负责人国有资产流失的顾虑，科学合理地评估、定价，是社会广泛关注的重要问题。当前，大家普遍认同科技成果市场化定价机制，赞成由市场决定科技成果交易价格，但采用哪些方法来确保市场化定价机制公开透明，如何防止交易双方暗箱操作、利益输送等问题，值得我们在调研中深入研究、探讨。

以上是我个人的几点想法，如有不妥，请各位同志批评指正。

最后，我代表调研组向科技部、财政部、国务院法制办等有关单位对这次调研的大力支持表示衷心的感谢！也预祝本次调研活动取得圆满成功！

在政协“构建新型农业经营体系与保障粮食安全”座谈会上的讲话

（2015年1月7日）

陈　元

一、我国农业农村经济发展取得了巨大成就

在党中央、国务院的正确领导下，经过多年探索和不懈努力，我国农业农村经济发展取得了举世瞩目的成就，粮食连年增产，农民连年增收，民生持续改善，农村社会和谐稳定。

*一是农业总产出持续增长，生产水平不断提高。*到2014年底，我国粮食产量已经实现“十一连增”，粮食总产量12142亿斤，十年粮食产量增长32%，连续两年跨上1.2万亿斤的台阶。中国人民依靠自身的力量，用占世界不足10%的耕地养活了世界近21%的人口，可谓创造了人类社会的奇迹。

*二是农民收入持续增加，生活水平日益改善。*2010—2013年，农村居民人均纯收入由5919元增加到8896元，年均实际增长10%以上。2014年前三季度农民人均收入达到8527元，接近上年全年收入水平，实现收入增长“十一连快”，农民生活由温饱向小康不断迈进。

*三是农业科技水平和机械化水平显著提高，农业现代化加快发展。*2014年，我国农业科技进步贡献率已经达到55%以上，农业发展开始从资源依赖、要素投入转向科技支撑的轨道；农业机械化水平显著提高，2014年全国农机总动力超过10亿千瓦，耕种收综合机械化水平超过60%。科技进步和装备提升，为保障国家粮食安全、推动农业结构性调整奠定了坚实基础。

*四是财政金融对农业的支持不断加大，“三农”资金投入渠道不断拓宽。*近年来，中央财政支农投入逐年递增，财政用于“三农”的支出从2004年的2338亿元增长至2013年的13799亿元，年均增速达21%；财政补贴的精准性、指向性显著提高，财政资金杠杆作用日益凸显。金融机构涉农贷款从2009年的9.13万亿元增长至2013年的20.89万亿元，年均增速达23%；多层次、广覆盖、可持续的农村金融体系初步建立。

*五是改革创新步伐不断加快，农业发展方式逐渐转变。*改革与创新始终贯穿于我国农业发展、进步的历程中，从家庭承包经营确立了农户的生产经营主体地位，到实行农村综合改革、减免直至最终取消农业税，每一项改革举措都有效激发农业现代化建设强劲的发展动力。2014年，中央全面深化农业农村改革成绩斐然，农产品价格补贴成功试水，土地承包权、经营权两权分离，“三权”分置不断深化，现代农业发展方式加快转变。

二、农业农村经济发展中需要重视的几个问题

总体看，我国农业农村经济为经济社会稳定发展作出了重大贡献。但与此同时农业农村经济面临的新老问题仍需高度重视。

一是农产品供求步入“紧平衡”状态，进口依存度增大，成为农业发展的新形势。当前，我国农产品供求关系已由20世纪90年代后期的总量基本平衡、丰年有余，转向总量平衡偏紧、部分品种短缺的格局。2014年1—10月进口粮食7250万吨，几乎相当于2013年全年的进口量。长期看，我国农产品产量增长速度仍低于市场需求增长速度，主粮也将出现较大缺口。

二是农产品价格问题凸显，成为农业长期发展的严重隐患。近年来，我国部分农产品价格经常性出现季节性、区域性异常波动，如在2003年6月—2011年9月的100个月中，蔬菜有54个月月际间价格波动幅度超过5%，26个月月际间波动幅度超过10%。这种价格异动对稳定居民消费价格指数十分不利，甚至影响到经济的稳定、协调发展。此外，目前我国农产品价格国内外倒挂，如果国内粮价继续上涨乃至突破“天花板”价格，那么我国将面临调控政策、贸易政策失效等严重局面。

三是农业劳动力结构性趋紧，“谁来种地”问题十分严峻。目前，由于农民生产收入在其总收入中占比较低，而且农业生产净收益也不断下降，导致农民生产积极性逐步减弱。根据国家统计局数据，2013年我国第一产业就业人口（2.4亿人）仅占农村人口（6.29亿人）的38%。2014年前三季度，我国农村外出务工劳动力达1.76亿人，且多以青壮年为主。未来，随着城镇化加快推进，无人种地的现象将更加严重。

四是资源环节约束突出，农业可持续发展面临挑战。我国耕地、水资源总量少，加之农田水利、高标准农田等农业基础设施薄弱，为保增产，粮食生产过度消耗水土资源、过度依赖化肥，耕地质量下降、耕地水资源短缺问题愈加突出，稳产量、保供给与青山绿水、人与自然和谐相处之间的矛盾明显加剧。

三、加快推进农业现代化，保障粮食安全的几点建议

农业是安天下、稳民心的战略产业，“手里有粮，心里不慌”，既是故训，更是事关国家战略安全。为了实现把饭碗牢牢端在自己手中的要求，提出以下几点建议。

一是推进农业发展方式转变，关键要推动国家、社会资本支持发展现代农业。长期以来，粮食安全和农产品的保障作用为我国国家财政和社会资本作出了重大贡献。各行业产生的价值很大一部分来源于农民和政府埋单、行业受益的农业粮食安全保障体系。建议把这部分价值转向农业投资，反哺支持农业发展，为农业带来增量的社会资本、先进的产业组织方式、现代化的科学技术和管理理念，强化农业生产、加工、储藏、运销等全产业发展，运用电子商务等新型业态，延长、拓展和完善农业价值链条，实现农业提质增效、农民增收，真正促进一二三产业融合，实现农业与全国经济融合发展。

二是建立国家粮食安全保障基金。维护国家粮食安全应立足于全社会共同支持保障，在社会范围内分摊生产成本、安全成本、影子成本。为此，建议建立国家粮食安全保障基金，在整合各项支农资金、提高效率的同时，吸引大型企业和全体居民共同出

资。基金主要用于粮食安全保障，如国家粮食生产储备基地建设，增强国家粮食供给能力；根据市场变动，增加粮食供应，平抑粮食价格市场波动，有效应对粮食危机；加强重大科学技术研发、推广投入，加速农业现代化进程等。

三是加强国家农产品“三保障体系”建设。农产品供应、价格、质量安全是我国农业存在的三大难题，针对我国当前农产品生产、流通、价格和质量的现状及问题，建议加强农产品供应、价格稳定、质量安全为主要内容的“三保障”体系建设。学习借鉴发达国家农业管理体制的经验和做法，推动改进并完善农业管理体制。加大财政资金对农业支持力度，高度重视种植业发展和扶持，强化科技支撑和新型经营主体培育，稳定粮食和主要农产品生产；完善农产品流通体系和价格补贴机制，建立健全期货和价格发现制度，确保农产品价格稳定。大力发展生态绿色农业，加强农产品质量检测和管理，构建从田间到餐桌的全过程质量控制机制，全面提升农产品供给质量安全和保障能力。

四是大力发展生态循环农业。目前，我国农业环境承载能力已达到或接近上限，必须推动绿色循环、可持续发展的新方式。建议加强农业基础设施建设，大力发展生态循环农业，提高资源产出率和防灾减灾能力，推广农业清洁生产技术，合理控制化肥、农药等化学品使用量，减轻资源环境压力。通过农作物秸秆纸肥一体化和畜禽粪便无害化处理以及资源化利用，推进农业生态化可持续发展。

五是进一步加大金融支持力度。在完善强农、惠农政策和农业补贴办法的同时，建议通过统筹整合涉农资金、创新农业补贴制度，加强和引导金融支持服务，发挥开发性金融和政策性金融等金融机构在农业农村基础设施建设领域中的功能和作用，探索农村土地承包经营权为抵押的贷款业务，推动建立“人人享有平等融资权”的金融普惠体系，解决新型农业经营主体融资难、融资贵问题。金融机构要真正做到不脱农，真支农。

在新任港澳全国政协委员研习班结业式上的讲话

（2015 年 1 月 9 日）

李　海　峰

新任港澳全国政协委员研习班今天就要结束了。此次研习班是首次举办的面向港澳新任全国政协委员的学习活动，很有意义。在 3 天的时间里，大家放下繁忙的工作，克服种种困难和不便，积极参加学习、专心听课、认真思考、踊跃发言、充分交流、深入讨论，收获良多。刚才，4 位委员代表小组的发言，足可以感受到大家通过学习讨论、思考交流，政治意识、责任意识和大局意识进一步加强，对认真履职、参政议政有了更深的理解和认识，我听了之后很受启发，在此谨向大家表示敬意！

借此机会，我谈三点认识和意见。

一、本期研习班的主要特点

在全国政协领导高度重视、全体委员积极参与和各有关方面大力支持下，此次研习班取得了圆满成功，有以下几个鲜明的特点：

一是时机很好。这次研习班的举办，有几个重要的背景：一是中共十八大以来，以习近平为总书记的党中央提出许多治国理政的新思想、新观点、新论断、新要求，海内外中华儿女团结一心，为实现中国梦而奋斗；二是去年人民政协成立65周年，习近平总书记在庆祝人民政协成立65周年大会上的讲话中，深刻总结了做好人民政协工作的重要原则，对巩固和发展最广泛的爱国统一战线作出部署，强调进一步准确把握人民政协性质定位，充分发挥人民政协作为协商民主重要渠道作用；三是俞正声主席主持十二届全国政协工作以来，开创了新局面，取得了新成绩，提出并实施了一系列创新举措，进一步丰富和活跃了政协工作；四是随着“一国两制”实践的不断深入，香港、澳门都出现了一些新的情况和问题，需要我们认真总结经验，在港澳地区持续推进“一国两制”事业；在这样的大背景下，举办港澳新任全国政协委员研习班，用中央的精神来统一思想、凝聚共识，加强对政协内在规律的学习把握，深化对港澳形势的分析研判，十分必要、十分及时。

二是内容丰富。此次研习班以习近平总书记系列重要讲话精神和俞正声主席关于人民政协工作的新论断、新要求为指导，安排了丰富的学习内容。在1月7日的开班式上，张庆黎副主席作了开班动员；在3天的学习时间里，全国政协办公厅、国家行政学院、中央党校以及全国港澳研究会的有关领导、学者就学习习近平总书记在庆祝人民政协成立65周年的讲话、贯彻依法治国方略、发挥人民政协在社会主义协商民主中的重要作用、贯彻落实“一国两制”和基本法、理解把握国际格局变化与中国对外战略以及港澳政协委员如何履行职责等问题作了6个专题报告。委员们还进行了分组讨论。日程紧凑，内容丰富。

三是针对性强。本次研习班以问题为导向、以履职为导向。研习内容紧贴国家大政方针，紧贴当前国际国内的热点问题，紧贴港澳工作形势，紧贴港澳委员实际，着力提升港澳委员们对国家大政方针的认识和了解，加深对中央有关港澳工作精神的理解和把握，增强对国际国内形势的了解和认识，提高对“一国两制”方针和基本法的认识。研习班在课堂讲授、小组讨论和大会发言中加强对问题的研究探讨，做到了取长补短、相互借鉴，共同提高。

二、认清形势，增强信心，凝心聚力同圆中国梦

正确分析、认清形势，是我们做好各项工作的前提，也是委员知情明政、履行职责的需要。作为政协委员，要树立国情意识、大局意识，这里有两点我再谈点认识。

一是深刻把握中国梦的精神实质。以习近平同志为总书记的新一届中央领导集体，根据国内外形势发生的深刻变化，提出了实现中华民族伟大复兴的中国梦，其本质内涵就是要实现国家富强、民族振兴、人民幸福。具体地说，在建党一百周年的时候，全面建成小康社会，基本实现工业化，在新中国成立一百周年的时候，基本实现现代化，将中国建成富强、民主、文明、和谐的社会主义现代化国家，实现中华民族的伟大复兴。

现在离完成第一个“一百年”的历史使命只有六年时间（2021年），离完成第二个“一百年”还有34年（2049年）。在座的各位委员不仅是开拓者、参与者、受益者，还是贡献者。实现中国梦，凝聚了一代又一代中国人的夙愿，体现了中华民族的整体利益，是海内外中华儿女的共同期盼，也是每个华夏儿女的光荣使命。港澳同胞与内地人民同为龙的传人，同属一个命运共同体，同呼吸，共命运，国家好，民族好，全体中国人才会好，港澳地区才会更加美好。我们有幸生活在一个实现梦想的时代，共同享有人生出彩的机会，共同享有梦想成真的机会，共同享有成长进步的机会。我们每一个人都要有担当，正确认识民族振兴的当代使命，把握机遇、迎接挑战，坚定地朝着社会主义现代化强国目标前进，为共同书写中华民族伟大复兴的中国梦做出自己的贡献。

二是正确判断国际国内的形势，增强信心，寻找发展合作的良机。在“十二五”时期，我国在世界的地位发生了根本性的变化，更加接近国际政治经济舞台的中心。2014年，在严峻复杂的国内外经济形势下，党中央总揽全局、科学决策，牢牢把握发展大势，继续创新宏观调控思路和方式，变压力为动力，化挑战为机遇，保持经济平稳运行在合理区间，探索和积累了新常态下经济工作的方法和经验。应该看到，我国经济增长速度由高速转为中高速，经济结构由中低端迈向中高端，经济增长动力由主要依靠拼投入、高消费、过度依赖外需转向更多依靠提高劳动生产率、节能环保和扩大内需。发展仍然是第一要务，是解决一切问题的基础，必须毫不动摇地坚持以经济建设为中心，一心一意谋发展，咬定青山不放松；未来我国投资还有很大空间，特别是农业、水利、交通、环保、市政等基础设施和公共服务都存在短板。这些方面，经济有需求，百姓有期盼，又能增添发展后劲，还有利于产业转型升级，一举多得。希望各位委员、企业家们根据国家的相关投资政策主动适应，积极作为，奋力开拓中国经济发展的广阔市场，寻找发展机遇，结合自身的事业，提早谋划，选准项目，力争早日见到成效。同时，未来的投资环境还会有很大改变。中央要求各级干部要以奋发有为的精神状态抓工作，要求各级干部要守土有则、守土尽职，坚决纠正为官不为的现象，要主动转变角色，转变思维，从主要抓审批、抓收费转到重在抓监督、抓服务、抓环保上来，转到破解各类新难题、新挑战上来。我相信，投资环境会越来越好。

各位委员要将思想统一到上述论断上，奋发有为，积极进取，为实现中华民族伟大复兴的中国梦做出更大努力。

三、自觉履行政协委员职责，积极发挥港澳委员“双重积极作用”

长期以来，港澳委员在国家改革开放和现代化建设中发挥了不可替代的作用，对港澳的繁荣稳定发展做出了积极贡献。希望大家继续发扬爱国爱港、爱国爱澳的优良传统，进一步发挥在内地和港澳社会的“双重积极作用”。

（一）坚定贯彻“一国两制”方针，为维护和发展好港澳社会繁荣、稳定多做贡献

在澳门回归祖国15年之际，习近平总书记发表重要讲话，强调“必须牢牢把握‘一国两制’的根本宗旨，共同维护国家主权、安全；必须坚持依法治港、依法治澳，依法保障‘一国两制’实践；必须把坚持一国原则和尊重两制差异、维护中央权力和保障特别行政区的高度自治权有机结合起来，任何时候都不能偏废”。总书记讲话既高屋建瓴、运筹帷幄又切中实际，是新形势下推进“一国两制”实践的根本指南。

不久前，香港反对派发起的“占中”非法集会，严重冲击了香港经济，挑战中央对香港特区全面管治权，引起广大香港民众的自觉抵制。我们高兴地看到，在反“占中”斗争中，政协委员们发挥了重要的作用。委员们通过爱国爱港社团组织发起了反“占中”大联盟，开展反“占中”大游行，进行了两次反“占中”大签名；以个人名义写文章、发声明、登广告、接受传媒采访、提出意见建议等，及时发出正面声音。反“占中”斗争的胜利，挫败了香港反对派逼迫中央和特区政府在行政长官普选制度上妥协让步的图谋，遏制了美西方势力借助在香港策动“颜色革命”搞乱内地的图谋，维护了香港的法治与大局稳定，展示了中央依法治港的坚定决心，集中展现了爱国爱港力量的强大，反映了“一国两制”深入人心。

各位委员要立足全局，认清实质，坚定斗争决心，高举依法推进香港民主发展的旗帜，坚定不移地支持全国人大常委会有关决定；澳门第四任行政长官选举委员会由原来的300人增加至400人，行政长官人选的得票率高于上一届，说明澳门各界对政府的施政是满意的，对澳门回归祖国15年来经济社会发展取得的成绩是满意的。港澳委员始终是维护港澳繁荣稳定的重要力量，推进“一国两制”事业，维护和发展港澳长期繁荣和稳定局面，是历史赋予我们的共同使命。希望各位委员始终保持清醒的头脑，利用自己的社会影响力和凝聚力，通过社团、专业、媒体等多种方式，影响和带动港澳各界，坚定支持特别行政区行政长官和政府依法施政，多做深入基层、化解矛盾、反映民意、纾解民心的工作，建立理性、务实和包容的社会环境，共同创造港澳更加美好的明天。

（二）和衷共济，为祖国内地与港澳交流合作多做贡献

在“一国两制”条件下，港澳一直是内地最大的直接投资来源地、主要贸易伙伴和重要的境外融资平台；同样，内地因素也日益成为港澳经济繁荣发展的重要推动力量和坚实依托，从祖国内地获得强劲支持。可以说，祖国内地与港澳的发展息息相关。

中央一贯高度重视并积极推动内地与港澳地区的合作交流。中共十八届三中全会进一步提出，要扩大对香港特别行政区、澳门特别行政区的开放合作。去年11月，“沪港通”的正式开通，进一步促进了内地与香港资本市场双向开放和健康发展。

当前，港澳地区既要积极应对外部经济环境中的种种挑战和困难，又要妥善处理一些事关港澳长治久安的重大问题。各位委员是港澳各界翘楚。你们既有熟悉国情、了解港澳的优势，又有广阔的国际视野，懂得市场运作规则；你们既有广泛的营销渠道、商业网络，又有国际管理经验；你们既有对发展前景相对准确预测的优势，又有亲自参与国家改革开放的经历。希望各位委员为祖国和港澳地区的繁荣发展做出新的贡献。据我所知，不少委员积极开展调查研究，向特区政府建言献策，提出了很好的意见建议；在每年的“两会”上，也有很多委员针对内地与港澳的合作发展提出提案，提交大会发言，做了不少工作。希望大家继续发挥优势，与特区政府一道，引导港澳社会把握机遇，凝聚发展共识，谋求发展之道，不断增强自身的竞争力，为港澳的长远发展探索出新的成功路径；积极加强港澳经济与内地的交流融合，深化与内地的合作，为两地居民扩大交流、增进理解多做工作，在参与内地发展中获得更大发展机遇。

（三）积极参政议政，为人民政协事业发展多做贡献

政协委员是政协工作的主体。委员参政议政的能力和水平，直接关系到政协工作的成效。大家加入人民政协的队伍，在全国政协参政议政，是代表700万香港同胞、55

万澳门同胞参与国家大政方针的协商议政。

港澳政协委员都是我们平时所讲的四有人才（政治上有地位、经济上有实力、专业上有造诣、社会上有影响），对很多问题能够提出深刻、新颖的见解，而且大家与中央政府许多部门、内地许多地方有广泛的联系，无论什么意见、建议、想法，都可以进行沟通交流。希望各位委员充分发挥自身优势，围绕国家发展改革和现代化建设中的重点问题和突出矛盾，积极出主意、想办法、提建议。大家要以高度的责任感和饱满的热情，积极参加全国政协的会议和活动，围绕全国政协的工作部署，认真准备提案、大会发言，积极反映社情民意。大家积极参政议政，提出有水平、有分量的意见建议，全国政协的工作就更有成效，人民政协的事业才会有更大的发展。

各位委员，当前国家正处在全面建设小康社会、全面深化改革、全面依法治国、经济发展进入新常态的重要历史阶段，让我们携起手来，凝心聚力，锐意进取，为国家实现“两个一百年”奋斗目标和中华民族伟大复兴的中国梦，不断奋斗。

在机关2014年年度考核工作会议上的讲话

（2015年1月23日）

张　庆　黎

今天用一整天时间进行2014年机关年度考核和选人用人“一报告两评议”。各室局和直属单位主要负责同志认真地作了述职报告。仝广成、张秋俭同志代表机关领导班子分别报告了2014年机关干部选拔任用工作情况，总结了2014年工作，通报了机关党组民主生活会情况。一会儿还要对机关干部选拔任用工作进行民主评议，对机关领导班子和领导班子成员以及各室局（包括直属单位）局级干部进行年度考核民主测评，对局级干部人选进行民主推荐。春华秋实，一年忙到头，年底报报账，看看有哪些成绩、理理有什么经验、找找有什么不足，这是做好工作的基础环节和重要方法。虽然大家总结工作的篇幅都不长，但每一个发言都有亮点、经验和体会，每一项工作都蕴含着艰苦努力，每一个体会都饱含着动人故事，听后很有感触、很受启发。

2014年是人民政协事业创新发展的重要一年。在以习近平同志为总书记的党中央坚强领导下，在俞正声主席主持和带领下，全国政协各项工作在继承中发展、在发展中创新，呈现出团结和谐、务实进取、蓬勃发展的良好局面。成绩的取得，离不开党中央的坚强领导，离不开广大政协委员和各级政协组织的共同努力，也凝聚着机关、事业单位广大干部职工的心血和汗水。随着人民政协事业的发展，机关工作不断前进，广大干部职工精神面貌焕然一新。一是思想政治素质有了进一步提高，对党的大政方针政策有了更深入的理解，对人民政协的性质定位有了更深刻的认识；二是责任担当意识有了进一步增强，工作作风明显转变，工作水平不断提高；三是精神状态有了进一步改观，在急难新重的工作任务面前迎难而上，扎实努力，开拓进取。俞正声主席和杜青林副主席等全国政协领导同志对机关工作是充分肯定的。在这里，我对广大干部职工一年来的辛勤付出，表示衷心的感谢，致以崇高的敬意！

党中央高度重视政协工作，政协工作面临着重要的发展机遇。十二届全国政协以来，习近平总书记对政协工作作指示、听汇报、提要求12次之多，特别是在庆祝人民政协成立65周年大会上的重要讲话，对人民政协工作进行了全面系统阐述，提出新形势下推进人民政协事业发展的新思想、新论断、新部署、新要求。2015年新年茶话会上，习近平总书记又对做好新的一年政协工作提出明确要求。1月9日，习近平总书记主持召开中央政治局常委会，专门听取关于政协十二届三次会议和2015年协商工作计划汇报，作了重要指示。1月16日，习近平总书记再次主持召开中央政治局常委会，听取全国政协党组工作汇报，并作了重要讲话。俞正声主席对今年的政协工作提出了“五个新”的要求，即协商民主有新加强、民主监督有新举措、制度建设有新进展、增进团结有新作为、履职能力有新提高。这些都为我们进一步做好政协工作指明了方向、提供了遵循，同时也给政协机关和全体机关干部提出了新的更高的要求。下面，我就切实加强全国政协机关干部队伍建设讲几点意见。

*第一，一定要更加注重党性修养、坚定理想信念。*理想信念是个纲，纲举目张。理想信念动摇是最危险的动摇，理想信念滑坡是最危险的滑坡。我们党是用共产主义远大理想和中国特色社会主义共同理想凝聚起来的马克思主义政党，坚定的理想信念是我们战胜各种艰难险阻的精神支柱，是为党和人民事业不懈奋斗的动力源泉。一些干部之所以犯错误、出问题，说到底，就是因为对党、对共产主义信仰“三心二意”，内心深处的政治信念、理想信念出现了偏差。我们党正带领人民进行具有许多新的历史特点的伟大斗争，政协必然置身其中，同样面对着意识形态领域斗争尖锐复杂的新形势，面对着社会主义市场经济条件下人们价值取向日益多元多样多变的新特点，面对着信息网络深刻改变思想舆论环境的新趋势，面对着全面深化改革带来的新考验。在新的时代条件下，确保从思想上政治上建设干部队伍尤为重要、尤为紧迫。政协机关是党的政治工作机关，政协机关干部是党的干部，必须加强党性修养，把坚定理想信念作为固本培元、凝魂聚气的基本功经常练、反复练、练扎实、练牢靠。要坚持用党的科学理论武装头脑，制定集体学习和自学的具体规划措施，深入学习贯彻习近平总书记系列重要讲话精神，坚持精读深读、学深悟透，在改造客观世界的同时改造主观世界，坚守共产党人的精神追求，坚定马克思主义的信仰，坚定共产主义理想，坚定中国特色社会主义道路自信、理论自信、制度自信，在根本性问题上头脑清醒、立场坚定、旗帜鲜明，不为困难风险所惧，不为杂音噪音所扰，不为传闻谣言所惑，永远听党的话，始终跟党走。

*第二，一定要更加注重爱岗敬业、强化责任担当。*习近平总书记多次强调，责任担当是领导干部必备的基本素质，指出党员领导干部无论担任何种职务、无论职务大小，都必须忠于职守、敬业奉献。职务就是职责，担当义不容辞。“为官避事平生耻”。越是责任重大的岗位，遇到的压力肯定会越大，担当有风险，但不担当党和国家的事业就有危险。我们要充分认识责任担当的重要性，切实增强责任担当的使命感。在现实工作中，也还存在一些不愿担当、不敢担当、不会担当的问题。比如，有些同志精神状态不佳的问题长期存在；工作被动应付，疲沓拖拉，该抓的事不抓，该管的事不管；工作低标准、“瓜菜代”，只求过得去，不求过得硬；遇到矛盾绕着走、碰到难题就回头，遇事

讲条件、摆困难，拈轻怕重、敷衍塞责、推诿扯皮。这些问题说小点，是没有担当；说大点，就是不称职。事不避难，义不逃责，为了党和人民事业，党员领导干部就是要把主要心思和精力用在干事创业上，勇于干事、敢于担当，正视问题不回避、承担责任不推诿、直面矛盾不上交，不做“踢球”干部，不做“鸵鸟”干部，在大是大非面前敢于亮剑，在矛盾问题面前迎难而上，在危机困难关头挺身而出，面对歪风邪气坚决斗争。每一个干部特别是领导干部都要认真看一看自己在责任担当方面，过去做得怎么样，现在做得还有哪些不足，今后如何做得更好。要积极营造鼓励担当、支持担当、保护担当的良好氛围，干好干坏、干多干少、干与不干都要有说法，真正给想干事者以机会、能干事者以舞台、干成事者以重任，使勇担当、敢作为在干部队伍中形成风尚。

*第三，一定要更加注重知识积累、提高能力素质。*习近平总书记在中央经济工作会议上指出，我们的干部队伍有学历、有书本知识的人不少，但也有相当一部分同志管用的专业知识和素养不扎实，难以适应新形势新任务。俞正声主席多次强调，干部要能干、能说、能写。所谓干部就是要干事，干事就要有能力，既要肯办事、想办事，也要能办事、会办事、办成事、不出事。能力是综合性的，科学决策、调查研究、狠抓落实，都是能力。具体到机关来讲，主要就是办文、办会、办事的基本功。就拿文字能力来说，政协机关干部同样存在“能力不足”的问题，有些同志“能干不能写”，甚至一听要写就头疼，就往外推，这样是很难提高的。文字能力是机关干部一项特别重要的业务能力，文字能力提高了对于其他业务能力的提高有良好的带动和促进作用。写材料就要重主题、有内容、会表述。主题高度体现的是站位的高度，内容深度体现的是思想的深度，表述水平体现的是驾驭的水平。因此，提高写作能力是一个综合训练，是推进履职能力建设的一个重要抓手。要坚持高起点筹划工作、高标准开展工作、高质量完成工作，进一步健全制度机制，加强学习、强化训练，着重从整体上提高办文、办会、办事能力，特别是文字能力。整个机关要形成有利于提高干部办文、办会、办事能力的工作导向、用人导向、政策导向，推动干部队伍增强专业化能力的各项工作落到实处。

*第四，一定要更加注重纪律建设、严守政治规矩。*习近平总书记在十八届中央纪委第五次全体会议上强调，要加强纪律建设，把守纪律讲规矩摆在更加重要的位置。纪律是成文的规矩，规矩是不成文的纪律。守纪律、讲规矩是对党员干部的基本要求，是对党员干部对党忠诚度的重要检验。现在，机关干部在守纪律、讲规矩方面还存在一些问题。有的信奉市侩哲学，热衷功利交往，投机取巧、拉拉扯扯，搞“小圈子”；有的只谋人不谋事，搬弄是非、挑拨离间；有的阿谀奉承，不讲原则是非，迎合上面、讨好下面；有的目无组织纪律，搞本位主义、分散主义，等等。这些问题，污浊机关空气，涣散人心，耽误事业。机关必须把守纪律、讲规矩作为紧要问题来抓，必须明确在党的所有纪律和规矩中，第一位的是政治纪律和政治规矩。对这一点要十分明确地强调，十分坚决地执行，在政治问题上任何人不能越过红线。要坚决维护党中央权威，在任何时候任何情况下都必须在思想上、政治上、行动上同以习近平同志为总书记的党中央保持高度一致。要带头遵守党的各项纪律和规矩，把纪律规矩内化为自觉的意识和行动，决不能越雷池一步。坚决反对政治上的自由主义，不能无所顾忌、口无遮拦，不该议论的决不能妄加议论；坚决反对工作上的功利选择，防止和纠正执行上级决策指示打折扣、搞变通；坚决反对落实上的空头表态，防止和纠正空喊口号不兑现。对违反纪律和规矩的

人和事，对有令不行、有禁不止的行为，要加强监督检查，严肃批评教育，严重的要依法依纪严肃查处。要严格执行请示报告制度，局级干部离京要向机关党组报告并得到批准，广大干部职工在个人或家庭出现重大情况，比如身体患病、婚姻状况变化及其他应向组织说明的情况，都要及时报告。

第五，一定要更加注重团结协作、发挥整体合力。团结出战斗力，团结出凝聚力，团结也出干部。大到一个国家、一个地区，小到一个部门、一个处室，都需要团结。人民政协本身就是大团结大联合的组织，做好机关工作，也离不开团结协作。会团结是真本事、能团结是大本事。作为一个整体，机关行政室局与直属单位之间，综合室局与专委会办公室之间，乃至处室之间、同事之间，都要相互支持、相互配合、相互补台，不能相互拆台、相互扯皮，不能你搞你的，我搞我的，只顾自己的一亩三分地。个别单位、个别人，把自己负责的领域看成是势力范围，不容别人插手染指，这怎么行？广大机关干部要牢固树立团结协作意识、团队精神和大局观念，共同努力把机关工作做好。要讲制度，加强民主集中制建设，遇事多沟通、多商量，大事讲原则、小事讲风格，积极营造团结干事、和谐干事、共同干事的氛围。要讲感情，相互之间多交心谈心、互相帮助、共同提高，同志之间不讲小话、不说闲话、不看笑话，互相尊重、互相信任、互相谅解、互相支持，到位不缺位，补台不拆台。要讲原则，严以律己、宽以待人，有话说在当面、有事摆在桌面，不搞亲亲疏疏，坚决禁止搞宗派活动，坚决禁止搞小圈子。要讲包容，以宽广的胸襟增进团结，看人之长、容人之短，虚心学习、见贤思齐，不能气人之有、笑人之无。

第六，一定要更加注重作风建设、保持清正廉洁。作风建设永远在路上，群众路线永远在脚下，遏制腐败永远不能放松。政协机关虽然不是权力机关，不直接管钱管事，但也不是“避风港”，不是“保险箱”，不是“真空地带”。近年来机关也发生过一些违反廉洁自律规定的人和事，给机关形象和声誉造成了很大的损害，一些干部本人也受到了处理。大家一定要引以为戒，警钟长鸣。要巩固和发展党的群众路线教育实践活动的成果，严格执行“八项规定”不走样，坚决反对“四风”不松懈，特别是要在“常”“长”二字上下功夫，在抓细、抓小、抓实上下功夫，努力做到由外施压力向内生动力转变，由表面问题向深层问题拓展，由集中整治向常态落实深化，坚决防止反弹，严防回潮变种，严惩顶风违纪。要以典型案件为反面教材开展警示教育，使广大干部特别是领导干部受警醒、明底线、知敬畏，带头弘扬正气，抵制歪风邪气。要认真践行“三严三实”，做到“严以修身、严以用权、严以律己，谋事要实、创业要实、做人要实”，老老实实做人，踏踏实实干事，清清白白从政，守住清正廉洁的底线，坚持自身正、自身净、自身硬，同时要敢于坚持原则，敢抓敢管，不怕得罪人、不当老好人。当前国内外形势复杂，隐蔽战线的斗争尖锐激烈，大家还要增强保密意识，严格遵守保密纪律，坚决杜绝失泄密问题。

同志们，过去的一年大家工作都非常辛苦，也取得了很大的成绩，相信大家在2015年一定会再接再厉，再创佳绩。俞正声主席和杜青林副主席等全国政协领导同志对机关广大干部职工的工作和生活都非常关心，机关党组积极采取措施，努力为大家提供一个好的工作和生活环境，解决了一些实际困难。办公厅要继续关心广大干部职工，多听取大家的意见，有关部门还要继续努力，在职工住宅建设、年轻干部临时宿舍、提高伙食质量等方面下功夫，满足干部职工合理的工作生活需求，解除后顾之忧。大家在工作和生活上遇到什么困难，可以随时向机关有关部门和机关领导反映，也可以向我反映，只要是合理的诉求，我们一定努力推动解决。

春节就要到了，我在这里提前给大家拜个早年，并通过你们转达对你们家人的问候，祝大家身体健康，工作顺利，万事胜意！

中国人民政治协商会议全国委员会常务委员会关于政协十二届二次会议以来提案工作情况的报告

——在政协第十二届全国委员会第三次会议上

（2015年3月3日）

齐 续 春

各位委员：

我代表中国人民政治协商会议全国委员会常务委员会，向大会报告政协十二届二次会议以来的提案工作情况，请予审议。

一、提案的办理

政协十二届二次会议以来，政协委员、政协各参加单位和各专门委员会，认真贯彻落实中共十八大和十八届三中、四中全会精神，聚焦改革发展和依法治国中的重大问题，积极通过提案履行职能。一年来，共提交提案6101件，其中，大会提案5875件，平时提案226件。经审查，立案5052件，其中，委员提案4663件，各民主党派中央和全国工商联、政协各专门委员会等提出集体提案389件。总体看，提案内容丰富、重点突出，问题导向鲜明、针对性强，体现了政协委员、政协各参加单位的高度责任感、使命感。截至2015年2月20日，已办复提案5046件，办复率为99.8%。从整体办理情况看，已经解决或采纳的占20.6%；列入计划拟解决或采纳的占63.8%；作为工作参考的占15.6%，为推动党和国家中心工作的落实发挥了重要作用。

围绕全面深化改革，提出提案1108件。关于发展混合所有制经济、推进国有企业改革、促进中小企业发展等提案，发展改革委、国资委、工业和信息化部在研究推进国有企业发展混合所有制经济、实施扶助中小企业专项行动中，积极采纳相关建议。关于加大简政放权力度，推进行政审批制度改革的建议，推动了行政审批制度改革取得阶段性成果。关于推进市场监管转型、建立统一开放竞争有序市场体系的提案，商务部落实委员建议，完善配套立法，加大对垄断行为的查处力度。关于建立健全政府性债务预算管理机制和风险预警机制的提案，财政部充分吸收提案建议，修改完善了加强地方政府性债务管理的相关细则。关于建立全覆盖的社会保障制度的提案，有关部门认真研究采纳，积极稳妥推进机关事业单位养老保险制度改革。针对提案提出有序放开中小城市落户限制等建议，公安部等部门在起草户籍制度改革意见时充分吸纳，提案建议转化为实实在在的改革措施。

围绕全面推进依法治国，提出提案 808 件。关于制定和修改相关法律法规的建议，得到充分吸收，环境保护法、行政诉讼法已修订通过，反恐怖主义法、食品安全法正在制定和修改，海洋基本法、网络安全法已列入相关立法计划。关于完善行政执法程序、加强执法队伍建设等建议，国务院法制办在起草行政执法程序条例、监督条例中吸纳。关于完善人民陪审员制度等建议，最高人民法院认真采纳，开展改革试点工作，拓宽了人民群众有序参与司法的渠道。关于深入落实八项规定等提案，为加强党风廉政建设、推动反腐败工作创新提供了重要参考。关于坚持法治与德治相结合、培育和践行社会主义核心价值观等提案，中央宣传部、共青团中央等积极采纳落实，进一步推动社会主义核心价值观融入各行各业、融入大众生活。

围绕促进经济持续健康发展和生态文明建设，提出提案 1451 件。关于推动工业节能减排、淘汰和压缩过剩产能、发展新能源汽车产业的建议，有关部门在制定节能减排低碳发展行动方案、产能置换实施办法、新能源汽车推广应用指导意见中积极采纳。关于推动农村土地承包经营权流转、培育和发展农村新型生产经营主体的提案，农业部、国土资源部、保监会等充分吸收提案建议，中央出台了引导农村土地经营权有序流转发展农业适度规模经营的意见。关于加强互联网金融监管、建立人民币国际结算中心、启动沪港通等提案，人民银行、银监会、证监会予以落实，促进了金融市场健康发展。关于探索跨区域跨流域生态补偿机制、加大海洋生态环境保护力度、建设生态文明示范区的提案，环境保护部、水利部、林业局、海洋局等充分吸收提案建议，统筹推进国家生态保护综合试验区建设，建立海洋生态红线制度，促进毕节等地建设生态文明示范工程试点市。

围绕保障和改善民生，提出提案 1012 件。关于促进教育公平、统筹教育资源均衡配置等提案，教育部等充分采纳有关建议，调整了国家助学贷款资助标准和资助比例、加大了义务教育学校校长教师的交流轮岗力度。关于加快公立医院改革的提案，卫生计生委等部门加大工作力度，取消以药补医，深入推进县级公立医院改革。提案提出的公共文化服务均等化、培育体育产业新型市场主体等建议，文化部、体育总局在制定出台相关文件中切实研究吸纳。对提案关注的建筑工人工伤维权问题，人力资源和社会保障部、安全监管总局、全国总工会等制定实施了《关于进一步做好建筑业工伤保险工作的意见》。关于建立基本住房保障制度、完善住房公积金制度的提案，住房和城乡建设部等部门积极采纳，加快研究制定城镇住房保障条例、修订住房公积金管理条例。

委员们还就民族地区跨越式发展，促进宗教与社会主义社会相适应，推进国防和军队现代化建设，贯彻“一国两制”方针、坚持基本法、维护港澳地区长期繁荣稳定，深入做好台湾民众工作、推进祖国和平统一，维护华侨合法权益等，提出提案 673 件，为党政部门改进工作、科学决策发挥了重要作用。为使委员们更多地了解提案办理情况，我们选择了 7 个承办单位 2014 年提案办理情况作为报告附件，供参阅。

二、提案工作的发展创新

提案是人民政协履行职能的重要方式。常委会坚持在继承中发展，在发展中创新，提案工作取得显著成效。

（一）加强组织领导。习近平总书记在庆祝人民政协成立65周年大会上强调，要建立健全提案等多种协商方式。李克强总理在国务院常务会议上，对办理政协提案作出部署。俞正声主席多次就加强和改进提案工作作出指示和批示。主席会议和主席办公会议研究确定重点提案、听取提案督办工作情况汇报。杜青林副主席、张庆黎副主席兼秘书长出席提案交办会，多位副主席分别带队开展督办调研、出席提案办理协商会、走访承办单位。秘书长、副秘书长、专委会驻会副主任牵头领办全国政协办公厅承办提案，多个承办单位的主要负责同志带头与委员沟通协商提案办理事项。

（二）突出工作重点。加大选题协商力度，广泛征求各民主党派中央、全国工商联、政协各专门委员会及承办单位意见，确定49个重点提案。加大督办工作力度，督办方式更加立体多样，督办层次明显提升，督办成效显著增强，做到件件有成果、见实效。中共中央、国务院领导多次作出重要批示，许多建议在部门工作中得到落实。其中，关于促进海工产业健康发展的提案，推动多部门联合出台加强金融支持等多项措施。关于义务教育减负提质的提案，承办单位充分吸纳提案建议，逐项制定落实方案。关于左右江革命老区振兴发展的提案，国务院已批复出台《左右江革命老区振兴规划（2015—2025年）》。关于黄河上中游生态环境保护、深化国家（重点）实验室改革等提案，有力推动相关工作取得重要进展。

（三）锐意改革创新。围绕理论创新、制度创新和实践创新，开展了大量富有成效的工作。成立提案办理协商研究课题组，开展专题研讨，深化提案办理协商的实践探索和理论研究。实施新修订的重点提案遴选与督办办法，健全主席会议和主席办公会议研究重点提案工作机制，制度更加完善，成效更加显著。围绕提高提案质量和办理质量，积极开展实践探索。通过加大新任委员培训力度，引导委员增强提案质量意识。通过严格立案标准，严把立案关，确保了立案提案的质量。通过改进走访工作，寓监督于协商之中，促进承办单位加大提案跟踪办理力度。

（四）增强工作合力。组织委员参与重点提案调研、提案办理协商会等活动752人次，扩大了委员参与度，调动了委员积极性。发挥各民主党派、工商联及政协各专门委员会作用，分别牵头组织、参与相关重点提案督办工作，协调联动力度不断加大。加强与承办单位的协作配合，积极搭建提办双方协商交流的平台，围绕草原生态保护、西部地区农村公路养护等提案，组织委员参加承办单位开展的调研、座谈等17次，以协商促办理。承办单位更加重视提案办理工作，将办理工作与本部门工作同部署、同落实、同检查，办理实效不断提高。

提案工作取得了显著成绩，但也还存在一些需要加强和改进的方面。比如，提案质量有待进一步提高，提案办理和落实有待进一步加强，提案工作制度有待进一步完善，提案公开有待进一步推进。

三、2015年提案工作思路

2015年是全面深化改革的关键之年，是全面推进依法治国的开局之年，也是全面完成“十二五”规划的收官之年。提案工作要深入贯彻中共十八大和十八届三中、四中全会精神，贯彻落实习近平总书记系列重要讲话精神，坚持稳中求进工作总基调，主动适应经济发展新常态，按照“围绕中心、服务大局、提高质量、讲求实效”的工作方针，勇于探索，不断创新，更加规范、务实、高效地推进提案工作。

（一）坚持围绕中心、服务大局开展提案工作。紧扣全面建成小康社会、全面深化改革、全面推进依法治国、全面从严治党重大部署；紧扣“十三五”规划的制定和“一带一路”、京津冀协同发展、长江经济带三大战略的实施；紧扣就业、医疗、教育、社会保障等事关群众切身利益的民生问题；紧扣全国政协的重点工作，积极发挥政协委员、政协各参加单位和各专门委员会作用，深入实际、深入基层、深入群众，深入研究，为经济社会各项事业发展讲真话、进诤言，出实招、谋良策。

（二）充分发挥政协提案在社会主义协商民主中的独特作用。提案办理协商是人民政协协商民主的重要形式，要将协商贯穿于提案工作全过程。不断扩大协商参与面，邀请各族各界代表人士广泛参与提案办理协商，增进共识、凝聚力量，为巩固和发展统一战线发挥作用。选择部分侧重监督的提案，开展调研、协商等活动，通过提案履行人民政协民主监督职能。切实增强协商实效，以提案办理为载体，畅通各种利益诉求的表达，促进各种观点的交流交融，寻求解决问题的最佳方案，为科学民主决策服务。

（三）进一步创新提案工作方式。要加强理论研究，扎实推进提案办理协商研究课题组工作，认真总结各级政协组织的经验，深入研究细化立案标准，推进《提案审查工作细则》的修订工作。要发挥界别、界别小组及专委会优势，提高集体提案比例。要进一步落实中共中央办公厅、国务院办公厅《关于进一步加强人民政协提案办理工作的意见》和国务院办公厅《关于做好全国人大代表建议和全国政协委员提案办理结果公开工作的通知》精神，积极推进提案内容与办理结果同步公开。

（四）切实加强和改进服务工作。进一步完善工作机制，规范“提、立、办、督”工作，为委员知情明政、参与提案办理、及时了解提案工作进展等提供服务。进一步搭建协商交流平台，为提办双方充分沟通做好服务。进一步推进信息化建设，完善提案管理系统、细化提案处理流程。进一步改进工作方法，提高服务质量。

各位委员，在建设中国特色社会主义的伟大进程中，人民政协提案工作任重道远、大有可为。让我们紧密团结在以习近平同志为总书记的中共中央周围，锐意进取，团结奋进，努力开创提案工作新局面！

坚持和平发展　惠及两岸同胞

（2015 年 4 月 16 日）

林　文　漪

3 月 4 日，中共中央总书记、国家主席、中央军委主席习近平到全国政协十二届三次会议民革、台盟、台联联组会上，亲切看望了出席会议的委员并听取委员们的意见和建议。在认真听取委员们的发言后，习近平总书记发表了重要讲话。他强调，两岸关系和平发展是一条维护两岸和平、促进共同发展、造福两岸同胞的正确道路，也是通向和平统一的光明大道，我们应该坚定不移走和平发展道路，坚定不移坚持共同政治基础，坚定不移为两岸同胞谋福祉，坚定不移携手实现民族复兴。

习总书记的重要讲话立意高远。讲话强调的“四个坚定不移”是立足“四个全面”战略布局、在总结中共十八大以来关于对台工作总体要求和中央对台大政方针的基础上、根据两岸关系和台湾局势的发展变化、为继续推进两岸关系和平发展、促进祖国和平统一而提出的重大主张。讲话充分体现了中央对台湾局势发展变化的科学判断和对两岸关系发展规律的深刻把握。讲话丰富和发展了中央对台工作大政方针，赋予了对台工作新的时代内涵。

习总书记的重要讲话内涵丰富。讲话指出，为两岸同胞谋福祉是发展两岸关系的着眼点和落脚点，强调“两岸关系和平发展，要两岸同胞共同推动，靠两岸同胞共同维护，由两岸同胞共同分享”，为在新形势下促进两岸同胞同呼吸、共命运，强化“两岸一家亲”感情认同指明了努力方向。同时，讲话因应两岸关系的发展变化，立足于维护中华民族的整体利益，强调要坚定不移坚持“九二共识”这个两岸共同的政治基础，指出“台独”分裂势力“是两岸关系和平发展的最大障碍，是台海和平稳定的最大威胁”，两岸双方要在坚持“九二共识”的政治基础上，警惕“台独”分裂势力挑动两岸民众和社会对立、割断两岸同胞精神纽带的企图，努力建立政治互信，改善两岸关系。讲话体现了坚持和平发展、造福两岸同胞的最大诚意和反对“台独”分裂势力、维护祖国统一的历史担当。

习总书记的重要讲话情真意切。总书记曾长期在对台第一线工作，非常熟悉两岸关系脉动，理解台湾同胞情感。讲话针对两岸关系当前面临和可能遇到的问题，本着积极面向未来的诚恳态度，提出要注重听取台湾各界特别是基层民众的意见和建议，了解台湾同胞的想法和需求。讲话明确指出，要让台湾同胞分享祖国大陆的发展机遇，不断扩大台湾基层民众的受益面和获得感，使更多的台湾同胞积极参与两岸大交流，成为两岸关系和平发展的支持者、参与者。总书记关心着台湾青年一代的未来，提出要“为台湾青年提供施展才华、实现抱负的舞台，让两岸关系和平发展为他们的成长、成才、成功注入新动力、拓展新空间”。讲话表达了对台湾同胞的真诚关切和浓浓善意，充满了对两岸同胞携手同心，共同致力于民族复兴的殷殷期望。

习总书记的重要讲话，是针对新形势下两岸关系所做的重要论述，为今后一个时期推动对台工作，拓展两岸关系发展道路指明了方向。

台盟每一位盟员身上，既有着深深爱乡之情，更有着拳拳报国之心。学习讲话精神，使我们充分感受到习总书记对台湾同胞“心之所系、情之相融”的“骨肉天亲”之情，倍感亲切。同时也深切体会到，作为唯一由台湾省人士组成的参政党，在维护两岸关系和平发展成果，促进祖国和平统一进程中责任重大，使命光荣。总书记在讲话中指出“中国梦既是国家、民族的梦，也是包括两岸同胞在内的每个中华儿女的梦”，两岸同胞命运相连、荣辱与共。“两岸一家亲，共圆中国梦”是台盟盟员发自内心的愿望，也是我们矢志不渝的奋斗目标。

台盟全体盟员及所联系的台胞认真学习贯彻习近平总书记重要讲话，以讲话精神为新的动力，认真落实“四个坚定不移”的重要论述。在实际工作中努力发挥自身特色，团结服务岛内和海外的台湾乡亲，积极参与各项交流合作，谋求互利共赢，让更多台湾同胞体认到“两岸一家亲”，为开创两岸关系和平发展新局面，为促进祖国和平统一和实现中华民族伟大复兴的中国梦而共同奋斗。

在山西省抗战遗址保护和利用情况介绍会上的讲话

（2015 年 4 月 22 日）

刘 晓 峰

今年，为隆重纪念中国人民抗日战争暨世界反法西斯战争胜利 70 周年，宣传中国人民抗日战争胜利的伟大历史意义，宣传中国共产党在抗战胜利中发挥的中流砥柱作用，弘扬伟大的抗战精神，中共中央将统筹举办一系列纪念活动。全国政协也要按照中央的要求，开展系列纪念活动。我们这次来山西，围绕“抗战遗址保护和利用情况”进行专题调研，既是文史和学习委员会履职尽责的调研活动，也是配合抗战胜利 70 周年纪念活动的重要内容。同时，还要对政协十二届三次会议中有关抗战遗址保护的三项重点提案进行督办。刚才，张复明同志作了一个很好的报告，有关部门也分别介绍了具体情况，山西省抗战遗址保护和利用基本情况、存在的问题及下一步工作，讲得很清楚、很明确。我们听了很受启发，很受教育，也很受鼓舞。

抗战遗址既是中国人民英勇反抗日本侵略者的重要见证，又是弘扬抗战精神、开展爱国主义教育、培育社会主义核心价值观的重要载体。中共中央、国务院一直高度重视抗战遗址保护工作。去年，国务院公布了第一批 80 处国家级抗战设施、遗址。国家文物局安排了两亿多元专项资金用于抗战文物保护。今年，国务院还要继续公布第二批国家级抗战文物。各地也越来越重视抗战遗址保护利用，一大批国家重点抗战遗址得到抢救。但是，也应该看到，抗战遗址保护利用工作还面临不少比较突出的问题，需要多方面的共同努力，加以解决。

抗日战争时期，山西人民在中国共产党领导下，认真贯彻抗日民族统一战线政策，迅速开创了全民抗战的生动局面。在广阔的敌后战场，八路军率领三晋儿女，英勇抗击日本侵略者，取得了平型关大捷、百团大战等重要战役的胜利，有力地支援了正面战场的作战，为中国人民抗击外来侵略战争胜利做出了卓越贡献，也留下了丰富的抗战文化遗存，形成了独特的抗战文化资源。这些抗战文化遗存所揭露的日本军国主义的侵华罪行，所折射的不屈不挠的民族气概，所承载的可歌可泣的英雄故事，不仅是留给子孙后代不可磨灭的历史记忆，更是实现中华民族伟大复兴的精神支撑。长期以来，山西省委、省政府及有关部门高度重视抗战遗址保护和利用，不断夯实文物保护基础工作，认真推进重点文物保护工程，一批重要的抗战遗址得到抢救和修缮。这些经验和做法给了我们许多重要的启示，值得认真研究和总结。

近年来，全国政协文史和学习委员会充分发挥自身优势，围绕大运河和丝绸之路申遗、工业遗产保护、农业文化遗产保护、传统村落保护等开展专题调研，撰写了一批质量较高的调研报告和政协信息，向中央反映了许多在文物保护工作中亟待解决的问题，受到了中央领导和有关方面的重视，为推动文化遗产保护与申遗发挥了积极作用。去年，又在全国启动了抗战史料征编工作。俞正声主席做出重要批示，指出“这件事很有意义，应努力做好。工作中要注意把握‘两个战场’的关系”。为我们做好本次调研及相关工作提出了要求，指明了方向。这次调研组中既有全国政协委员，又有国家文物局的专家。从明天开始，调研组将赴各个调研点实地了解情况。希望通过四天的实地调研，进一步了解和学习山西省在抗战遗址保护和利用方面的经验。各位委员、专家将深入各调研点调查研究。回去之后，我们会认真梳理各位委员、专家的意见建议，认真总结和提炼山西省调研的情况和经验，努力拿出一个高质量的调研报告，供党中央、国务院决策参考，从而推动全国抗战遗址保护和利用工作。

山西省委、省政府、省政协对这次调研活动给予了大力支持，提供了周到细致的服务保障。有关部门及时联络沟通，反复研究调研线路，确定调研事项，做了大量准备工作。在此，我代表全国政协和调研组全体同志向山西的同志们表示衷心的感谢！相信在山西省的周密安排和大家共同努力下，这次专题调研一定能取得圆满成功！

在全国政协第一百零一期干部培训班开班式上的讲话

（2015 年 5 月 17 日）

齐　续　春

今天，我们举行全国政协第一百零一期干部培训班开班式。这期培训班的主题是：深入学习理解和贯彻落实中共十八大和十八届三中、四中全会精神以及习近平总书记系列重要讲话精神，着力推动人民政协事业创新发展。这期班参加的人员是省、市级政协机关处级干部。首先，我受俞主席的委托，代表俞主席向参加培训的各位同志表示欢迎并致以亲切的问候！

下面，我围绕本期培训班的学习主题，就学习贯彻习近平总书记系列重要讲话精神和中共中央重大战略部署问题谈几点意见，与大家交流。

一、深刻认识学习贯彻习近平总书记系列重要讲话精神的重大意义，切实把思想和行动统一到习近平总书记系列重要讲话精神上来

中共十八大以来，习近平总书记着眼新的时代、新的实践、新的需要，站在历史和时代的高度，以战略家的思维和政治家的社会责任感，集中中国共产党、各民主党派和全国各族人民的聪明智慧，提出了许多富有创见的、推进中国特色社会主义伟大事业蓬勃发展的新思想、新观点、新论断、新要求，形成了当代中国最鲜活的马克思主义指导理论。习近平总书记系列重要讲话精神，深刻回答了党和国家事业发展的重大理论和实践问题，深入阐述了中共十八大和十八届三中、四中全会精神，丰富发展了中国特色社

会主义理论，进一步升华了共产党执政规律、社会主义建设规律、人类社会发展规律的认识。实践证明，当前党和国家各项事业之所以能开创新的局面，根本就在于以习近平同志为总书记的中共中央的坚强领导，在于习近平总书记系列重要讲话精神的正确引领。对此，我们必须有足够的、清醒的认识。我们要自觉把深入学习贯彻习近平总书记系列重要讲话精神，作为重大政治任务，摆上工作的议事日程，深入学习，学深悟透，坚决贯彻，落实到工作，见诸于行动。

（一）充分认识习近平总书记系列重要讲话精神是着眼当今时代实践的创新理论

时代是我们正确分析问题、把握问题、找准方向、确定目标的前提条件。习近平总书记指出："当今世界是一个发展变革的世界，是一个新机遇新挑战层出不穷的世界，是一个国际体系和国际秩序深度调整的世界，是一个国际力量对比朝着有利于和平与发展方向深刻变化的世界。"他强调，当代中国最大的客观实际，就是我国仍处于并将长期处于社会主义初级阶段，这是我们认识当下、规划未来、制定政策、推进事业的客观基点，不能脱离这个基点。这些重要论述，对于中国正确研判形势、把握规律，不断沿着正确的轨道推进中国特色社会主义伟大事业，具有十分重要的指导意义。人民政协是推进中国特色社会主义事业的重要力量，履行职能、资政建言，必须认真学习习近平总书记关于当前时代形势的有关论述，认清国际形势，把握时代大势，立足中国现实。只有这样，我们才能提出符合时代发展要求的真知灼见，才能提出符合中国实际、推动事业发展的意见建议。

（二）充分认识习近平总书记系列重要讲话精神是实现中国梦的指导思想

实现中国梦，是习近平总书记上任以来提出的推进中国特色社会主义事业发展的非常明确的奋斗目标。习近平总书记提出："每个人都有理想和追求，都有自己的梦想。现在，大家都在讨论中国梦。我以为，实现中华民族伟大复兴，就是中华民族近代以来最伟大的梦想。这个梦想，凝聚了几代中国人的夙愿，体现了中华民族和中国人民的整体利益，是每一个中华儿女的共同期盼。历史告诉我们，每个人的前途命运都与国家和民族的前途命运紧密相连。国家好，民族好，大家才会好"。"实现中华民族伟大复兴的中国梦，就是要实现国家富强、民族复兴、人民幸福。"习近平总书记以富有创见的思想阐明了中国梦的基本内涵、实践路径、实现要求，为中国特色社会主义伟大事业明确了目标。人民政协是统一战线的组织，可以团结各党派、各团体、各民族、各阶层、各界人士共同致力于中国特色社会主义伟大事业。中国梦为人民政协履行职能、发挥作用指明了方向。十二届全国政协紧紧围绕中国梦，不断创新履职形式，提高履职能力现代化水平。比如，建立副主席联系专委会和界别工作制度，特别是创立了以专题为内容、以界别为纽带、以专委会为依托、以座谈为方法的双周协商座谈会。我们每个政协人都是"梦之队"的重要成员，都是中国梦的重要参与者和书写者。只要我们按照习近平总书记指引的实现中国梦的目标，心往一处想、劲往一处使，汇聚起强大的正能量，就一定能够实现中华民族的伟大复兴。

（三）充分认识习近平总书记系列重要讲话精神是推进国家治理能力现代化的行动指南

国家治理能力是运用国家制度管理社会各方面事务的能力，包括改革发展稳定、内政外交国防、治党治国治军等各个方面。中国共产党自成立之日起，就提出了要建立人民民主专政的社会主义国家，从毛泽东、邓小平到江泽民、胡锦涛都对国家治理体系、治理能力问题高度重视，积累了丰富的经验。适应时代变化和改革发展的要求，习近平总书记明确提出要推进国家治理体系和治理能力现代化。他指出，“国家治理体系和治理能力是一个国家制度和制度执行能力的集中体现”，“国家治理体系和治理能力是一个有机整体，相辅相成，有了好的国家治理体系才能提高治理能力，提高国家治理能力才能充分发挥国家治理体系的效能”。人民政协是国家治理体系的重要组成部分，必须适应国家治理能力现代化的要求，发挥更大作用。

（四）充分认识习近平总书记系列重要讲话精神是推进人民政协事业发展的根本指导

习近平总书记关于人民政协重要论述是他的系列重要讲话精神的重要组成部分。在庆祝人民政协成立65周年大会上的讲话中，习近平总书记从建设社会主义政治文明的全局高度，对人民政协事业发展作出战略部署，对发展社会主义协商民主作出精辟的论述，提出了一系列重大战略思想。一是明确了人民政协的性质定位。强调人民政协是统一战线的组织，是多党合作和政治协商的机构，是人民民主的重要实践形式，体现了中国特色社会主义制度的鲜明特点。二是强调了人民政协的职能作用。要发挥人民政协作为协商民主重要渠道的作用、专门协商机构的作用，把协商民主贯穿履行职能全过程，推进政治协商、民主监督、参政议政制度建设，不断提高人民政协协商民主制度化、规范化、程序化水平。三是提出人民政协工作“四个必须”的重要原则，即必须坚持中国共产党的领导，必须坚持人民政协的性质定位，必须坚持大团结大联合，必须坚持发扬社会主义民主。四是对人民政协工作提出“五个坚持”的任务要求：坚持中国特色社会主义制度优势和特点，坚持紧扣改革发展献计出力，坚持发挥人民政协在发展协商民主中的重要作用，坚持广泛凝聚实现中华民族伟大复兴的正能量，坚持推进履职能力建设。五是对人民政协履职能力提出新要求，指出人民政协要继承光荣传统，提高履职能力现代化水平。习近平总书记这些论述思想深刻、内涵丰富、精辟透彻，具有很强的理论性、战略性、实践性，是推进人民政协事业发展的根本遵循。我们一定要紧密结合政协工作实际，自觉用习近平总书记关于人民政协重要论述武装头脑、指导实践、推动工作。

二、深刻理解和把握“四个全面”战略布局，切实围绕中心、服务大局提高人民政协履职能力现代化水平

全面建成小康社会、全面深化改革、全面依法治国、全面从严治党的“四个全面”战略布局，是以习近平同志为总书记的中共中央在十八大以后两年多的时间里，团结带领全党、全军、全国各族人民励精图治、攻坚克难过程中提出的重大战略思想，是对以习近平同志为总书记的中共中央治国理政思路的全面总结，是对我们国家战略的再布局，是对中国发展道路的新指引。

我们要深刻认识和理解“四个全面”战略布局的重要意义和内在联系。一是全面建成小康社会体现了我们党把发展作为执政兴国第一要务的大局观，体现了以人为本、为民造福、让全体中国人民共享改革发展成果的执政观，体现了实现速度和结构质量效益相统一、经济发展与人口资源环境相协调的发展观，体现了我们为国家谋富强、为人民谋幸福的价值观。二是全面深化改革关系到党和国家工作全局，关系到全面建成小康社

会、加快推进社会主义现代化，关系到更好坚持和发展中国特色社会主义、实现中华民族伟大复兴的中国梦，关系到进一步解放思想、解放和发展社会生产力、解放和增强社会活力，努力开拓中国特色社会主义事业更加广阔的前景。三是全面依法治国是深刻总结我国社会主义现代化建设成功经验和深刻教训作出的重大战略抉择，是全面建成小康社会和全面深化改革的重要保障，是着眼于实现中华民族伟大复兴中国梦、实现党和国家长治久安的长远考虑，归根到底是为子孙万代计、为长远发展谋。四是全面从严治党符合了全面建成小康社会、全面深化改革、全面依法治国对加强党的领导和党的建设的迫切要求。这“四个全面”战略布局，既有战略目标，也有战略举措。全面建成小康社会是我们的战略目标，全面深化改革、全面依法治国、全面从严治党是三大战略举措。我们要用马克思主义的唯物辩证法深刻认识“四个全面”的内在逻辑关系，必须全面把握、全面坚持，必须做到不可偏离、不可偏废。

围绕中心、服务大局是做好人民政协工作的重要原则和重要遵循。新形势下，人民政协围绕中心、服务大局的一项基本任务就是要紧紧围绕协调推进“四个全面”战略布局履行职能，做到协商民主有新加强，民主监督有新举措，制度建设有新进展，增进团结有新作为，履职能力有新提高，进一步把人民事业推向前进。这是人民政协的职能要求和中心任务。在这个问题上，我们一定要结合如何有效推进人民政协协商民主、加强社会主义民主政治建设，一起推进；一定要结合提高履职能力现代化水平，同步推进。

第一，要积极推进人民政协协商民主建设，为“四个全面”战略布局服务。习近平总书记在“9·21”重要讲话中明确指出，人民政协要充分发挥作为社会主义协商民主重要渠道和专门协商机构的作用，把协商民主贯穿履行职能全过程，推进政治协商、民主监督、参政议政制度建设，不断提高人民政协协商民主制度化、规范化、程序化水平，更好协调关系、汇聚力量、建言献策、服务大局。习近平总书记的重要讲话通篇闪耀马克思主义真理光芒，是推进人民政协事业发展的根本遵循，是建设社会主义民主政治的纲领性文献。我们要深入学习贯彻习近平总书记重要讲话精神，切实推进人民政协协商民主建设，努力为协调推进“四个全面”战略布局资政建言。一要拓展人民政协协商民主渠道。人民政协作为社会主义协商民主的重要渠道和专门协商机构，一方面要坚持和完善全体会议、常委会议、专题协商会、双周协商座谈会制度，积极开展专题协商、对口协商、界别协商、提案办理协商，努力探索网络议政、远程协商等新形式；另一方面要强化政协与党委、政府及有关部门的工作衔接，积极邀请人民团体、社会组织等方面的代表人士参与协商活动，使协商更加广泛多层地开展。二要增强政协协商的实效性。各级政协组织要围绕“四个全面”战略布局选好调研议政题目，组织委员、专家深入研讨，提出切实可行的意见建议；完善协商成果采纳和反馈机制，对成果落实情况开展民主监督，确保提出的意见和建议能落到实处，发挥实效。三要厘清政协协商民主建设中几个重要关系。我们在开展政协协商民主时，常常会遇到一些问题，突出的是如何理解协商民主、民主协商、政治协商之间的关系。关系不明，工作就会出问题。协商民主重点强调民主对象，与选举民主相区别，讲的是什么民主形式的问题。民主协商强调的是发扬民主、听取意见，重在民主的方式。政治协商是人民政协一项职能，强调的是重大问题要通过这个组织进行郑重的协商。我们清楚了三者的关系，在政协协商民主工作中就会少出问题、少犯错误、少走弯路。

第二，着眼提高人民政协履职能力现代化水平，为协调推进“四个全面”战略布局献计出力。政协履职能力的高低，事关参政议政的成效，事关政协事业的发展。当前，政协协调关系、汇聚力量、建言献策，更好地服务“四个全面”战略布局的任务日益繁重，保障和改善民生、促进社会和谐稳定的任务日趋艰巨。人民政协事业发展既面临着新的机遇，更面临着新的挑战。这就要求我们认真研究政协工作在“四个全面”战略布局新形势下面临的新任务新问题，在解决问题中切实提高履职能力。一是增强大局意识，这是推进政协履职能力现代化建设的前提。人民政协只有坚持围绕中心、服务大局的重要原则，才能增强工作的针对性和实效性，推进履职能力现代化建设。就全国政协而言，从2014年开始，每年都按照中共中央、国务院的重大决策部署，制订年度协商工作计划，围绕党和国家中心工作提出重点协商议题，广泛深入开展协商活动，形成有价值的意见建议，促进党和政府科学决策、民主决策。从去年的落实情况来看，效果很好，在社会上产生了广泛的影响。今年，全国政协又围绕“四个全面”战略布局制订了协商计划，提出了积极培育和践行社会主义核心价值观、深化行政审批制度改革、推进人民法院改革、推进非公有制企业“走出去”、《促进科技成果转化法》的修订等10项重点议题。这些重点议题具有很强的针对性，对提升政协建言献策、履职能力现代化水平都有促进作用。二是不断提高调查研究水平，这是推进政协履职能力现代化建设的基础。今年，人民政协一项重要的工作是就完善农村基本经营制度、深化教育和医药卫生体制改革、资源枯竭城市转型、健全依法维权和化解纠纷机制、规范城管执法行为、推动全社会树立法律意识等重要课题开展调查研究，为协调推进“四个全面”战略布局献计出力。我们做好这项工作，关键在于提高调查研究能力。要坚持问题导向，深入实际摸清真实情况，集合众智提出解决办法，努力使对策建议有的放矢、切中要害。三是大力推动工作创新。习近平总书记指出，“唯创新者进，唯创新者强，唯创新者胜”。十二届全国政协成立以来，采取了一系列具有开创性的重要举措。比如，建立主席办公会议制度，定期研究政协重点工作；完善多层次联系服务委员制度，充分发挥政协委员特别是京外委员的作用；完善学习制度，结合委员关切的问题，丰富学习内容，帮助委员知情明政，提高议政建言能力，等等。这些创新举措，极大提高了政协工作科学化水平，有效促进了政协履职能力现代化建设。

三、运用科学方法，提高学习贯彻习近平总书记系列重要讲话精神和中共中央重大战略部署的实效

学习贯彻习近平总书记系列重要讲话精神和中共中央重大战略部署的最终目的，是要把学习所得转化成能力素质，付诸行动、落到实处、见到实效、推动工作。“工欲善其事，必先利其器。”提高学习培训效果，必须运用科学的方法，方法科学了，才会事半功倍。那么，我们在学习培训过程中究竟要把握什么样的科学方法呢？我认为主要有以下几点。

（一）要坚持问题导向

习近平总书记指出：“问题是时代的声音，人心是最大的政治。推进党和国家各项工作，必须坚持问题导向，倾听人民呼声。”可以说，坚持问题导向是习近平总书记系

列重要讲话的一个鲜明特色，也是中国共产党不断克服自身矛盾和问题，始终保持先进性的重要原因。我们参加干部培训，学习习近平总书记系列重要讲话精神，首先要学习的就是坚持问题导向的科学方法。我们要始终坚持问题导向，把发现问题、分析问题、解决问题贯穿学习培训的全过程，坚持带着问题来、带着问题学、带着问题回。只有这样，才会在不断学习、不断实践，不断发现新问题、解决新问题中推进事业向前发展。

（二）要加强调查研究

调查研究，我们平时都在讲，都知道它的重要性。但真正将调查研究沉下去，做出高质量调研的并不多，调研回来能研究出有质量的成果的就更少了。习近平总书记特别强调要不断调查研究，他的语言就是从生活中来、从百姓中来、从实践一线中来、从调查研究中来的。比如，“要把权力关进制度的笼子”“要老虎、苍蝇一起打”“打铁还需自身硬”“小康不小康，关键看老乡”，这些语言朴实却富于哲理。他的语言风格就体现了调查研究的成效，是我们推进马克思主义大众化的典范。对人民政协来说，尤其要坚持调查问题的一线意识，深入实际，深入群众，迈开步子，多听多看，多听群众的，多听大家的，集合众智提出解决办法。

“三分调查，七分研究。”研究问题是解决问题的重要一环。政协干部要树立研究问题的意识，掌握研究问题的方法。研究时要统分结合。统要出主题，重点选取党政重视、群众关心、政协所能的问题进行研究；分要有更鲜活的东西，既要立意高，又要切口小，从而使调查研究上接“天线”，下接“地气”。我们这期班有三百多名学员，除港澳台三地外，其他31个省级行政区均有人员参训。这里获得的信息是密集的、实际的、接地气的。这里既是一个培训中心，更是很好的调研中心、信息中心。来这里做一次调研，可一次联系几个乃至十几个省市地方政协人员，这是个省时、省力、省钱的“三省”调研的好场所。希望大家利用好这个场所，从资政建言、顶层设计的高度，围绕中心的角度，对调查结果进行细致入微的研究，运用科学方法进行加工，将感性认识上升到理性认识，提炼出系统、深刻、务实的对策建议，并将其转化为履职成果。

（三）要注重学习成果转化

学习重在运用，贵在转化。转化学习成果是学习培训是否取得实效的试金石。当前，人民政协事业发展面临诸多理论和实践的新课题，实现人民政协事业的创新发展、提升人民政协履职能力现代化水平，要求我们必须立足国家经济社会实际思考问题、探讨问题，以改革创新的精神，抓住机遇、乘势而上，只争朝夕、勇于作为，积极投身人民政协理论和实践的创新，把学习培训成果转化成资政建言的能力以及谋划工作的思路、促进工作的举措、干好工作的本领，从而以转化深化学习效果，以转化确保培训质量。

事业兴衰，人才为本。政协事业的创新发展靠的是我们每一位政协干部、委员。为提升全国政协干部培训的质量和水平，全国政协干部培训中心采取了一系列创新性的重要举措。比如，他们创建了“人民政协讲坛”，创建了“人民政协论坛”，创办了《人民政协工作研究情况反映》，提出了“三来三回”的培训方法和“四优一满意”的服务保障措施，等等。这些都是干部培训的创新举措。我看了为这次培训授课的教授，应当说都是在全国各学术领域顶尖的专家学者。在短短十几天学习时间里，一次能集中这么多高端的、集群的、豪华的授课阵容是很难得的。希望大家珍惜机会，认真学习，遵守纪律规定，确保安全，争取带着收获回、带着满意回、带着情感回，以学习的成效推动履职能力的提升，为实现“两个一百年”奋斗目标和中华民族伟大复兴的中国梦贡献新的力量。

在亚洲合作对话——共建“一带一路”合作论坛暨亚洲工商大会开幕式上的致辞

（2015 年 5 月 18 日）

王 钦 敏

很高兴今天能在福州这座美丽的历史文化名城，与来自三十多个国家的朋友相聚，共同出席“亚洲合作对话——共建‘一带一路’合作论坛暨亚洲工商大会”。首先，我谨代表中国政府对本届大会的召开表示祝贺！对各国朋友们的莅临表示欢迎！

亚洲拥有全世界 67%的人口和三分之一的经济总量，是当今世界最具发展活力和潜力的地区之一，在世界发展战略全局中具有重要的地位。亚洲合作对话作为面向亚洲的重要政府间对话与合作机制，自 2002 年成立以来不断发展壮大，已成为凝聚亚洲共识、弘扬亚洲精神、推动亚洲合作的重要平台。目前，随着全球经济一体化进程的进一步加快，现举办“亚洲合作对话——共建‘一带一路’合作论坛暨亚洲工商大会”，将亚洲各国的经贸合作提到了更为重要的位置。中国作为亚洲最大的发展中国家，对亚洲区域经济合作一向给予高度的重视，并一直致力于推动亚洲各国开展更加紧密的经贸合作。

目前，中国经济发展进入新常态，正从高速增长转向中高速增长，从规模速度型粗放增长转向质量效率型集约增长，从要素投资驱动转向创新驱动发展。中国经济新常态要求经济转型升级和产业结构大调整，而中国经济的转型升级，将继续给包括亚洲国家在内的世界各国提供广泛的市场、投资与合作机遇。

中国国家主席习近平说：“亲望亲好，邻望邻好。”中国坚持与邻为善、以邻为伴，坚持睦邻、安邻、富邻，践行亲、诚、惠、容理念，努力使自身发展更好惠及亚洲国家。2000 多年前，通过陆路和海上丝绸之路，中国把丝绸、瓷器、炼铁、耕作等商品和技术传播到了中亚、东南亚、欧洲等地区，改善了当地的生产力和生活水平。2013 年 9 月和 10 月，中国国家主席习近平又提出建设“丝绸之路经济带”和“21 世纪海上丝绸之路”的合作倡议。倡议契合中国、沿线国家和亚洲地区发展需要，符合有关各方共同利益，顺应了地区和全球和平、发展与合作的潮流。近期，中国政府制定并发布了《推动共建丝绸之路经济带和 21 世纪海上丝绸之路的愿景与行动》，标志着“一带一路”建设进入务实合作的新阶段，迈上共商、共建、共享的新台阶。中国将与沿线国家一道，不断充实完善“一带一路”的合作内容和方式，增进彼此理解与认同，稳步推进相关项目建设的落实，使之早日惠及沿线各国人民。

各位嘉宾，各位朋友！实现亚洲共同发展，根本出路在于经济合作与融合。而这正是“一带一路”的重点内容。工商界是亚洲经贸合作的主体，不仅是“一带一路”倡议的受益者，更应成为推动者和践行者。亚洲合作对话成员国在市场、资源、技术上各有优势，因此，我希望亚洲合作对话成员国的工商界要充分把握“一带一路”建设契机，借助亚洲合作对话的平台，利用相互毗邻的地缘优势，顺应区域经济一体化的发展趋势，促进亚洲贸易投资的便利化和自由化；开展国际产能合作，推动实现资源自由流动、市场贯通融合、成果广泛共享，改变当前世界经济发展不平衡、资源配置不公平的现状；探索合作的新路径、新领域，深化务实合作，和合共生，实现亚洲经济在更大范围、更高层次上深度融合，实现“一带一路”沿线国家发展战略相互对接、优势互补，融合发展。

本次大会汇聚了亚洲各国政商领袖，我相信，通过今天的交流和对话，一定会使本次大会成为一个激发思想、促进创新、推动发展的平台，从而为推动亚洲地区经济发展做出积极努力。

最后，预祝“亚洲合作对话——共建‘一带一路’合作论坛暨亚洲工商大会”圆满成功！谢谢大家！

中国金融改革与发展及其内在逻辑

——在在京全国政协委员学习报告会暨政协机关干部系列学习讲座上的讲话

(2015 年 5 月 27 日)

周 小 川

一、中国金融改革和发展的历程回顾

(一) 20 世纪 80 年代：引进市场经济金融体系的基本结构

20 世纪 80 年代是我国国民经济向市场经济转轨的早期，金融市场领域改革的主要任务是引进市场经济金融体系的基本结构。

在 20 世纪 80 年代之前的计划经济时代，我国“大一统”的金融体系中只有人民银行一家。当时金融体系最明显的特征是，人民银行既管宏观平衡，又提供商业性金融服务。80 年代金融改革的一项主要内容就是改变这一金融组织体系结构，通过建立一些新的金融机构，将中央银行和商业性金融体系分开，构建一个所谓双层银行体系。在这个体系中，中央银行专注于宏观调控、金融监管和为银行提供支付清算等金融服务；商业性金融机构则从人民银行独立出来，面向企业和居民提供商业性金融服务。具体而言，中国工商银行、中国建设银行、中国银行、中国农业银行以及中国人民保险公司都是在 20 世纪 80 年代前后建立或恢复建立的。建设银行过去服务于财政功能；中国银行在恢复设立之前实际上是人民银行内部的国际局（对外加挂一个牌子）；农业银行当时是一块虚的牌子；中国人民保险公司过去只做进出口方面涉及的货运险，是人民银行和财政部的下属机构。

与此同时，80 年代还探索证券交易。当时没有成立股票交易所，80 年代后期有个别证券营业部试点开展了证券交易。

（二）20 世纪 90 年代上半期和中期：建立符合市场经济需要的金融机构和金融市场基本框架

20 世纪 90 年代上半期和中期，金融改革发展以党的十四大和十四届三中全会为根据，与国家开始建立社会主义市场经济基本框架相平行，主要特征就是建立符合市场经济的金融市场和组织结构的基本框架。

首先是专业银行转向商业银行。当时，工、农、中、建四大国有银行包括交通银行都已经成立了，但四大行还是专业银行，分别服务于工商业、农业、国际业务和项目建设等行业或领域，相互之间没有充分的竞争，对于少数有交叉、有竞争的业务，还相互抱怨。这显然不符合竞争性市场经济的基本特征，同时也难以进行调控。并且，如果国家在某一领域有政策性要求，比如有企业发不出工资，国家要求给予支持，那么工、农、中、建也必须负责自己领域的政策性业务。这不仅不利于银行业的发展，也不利于社会主义市场经济下市场主体的健康发展。基于这种考虑，1993 年党的十四届三中全会决定成立三家政策性银行，即国家开发银行、中国进出口银行、中国农业发展银行，专门承担政策性服务，工、农、中、建四大行只承担商业性业务，同时四大行不再按专业领域划分业务，相互之间可以交叉、竞争，以便改进服务。

专业银行向商业银行转变的另一重要背景是，党的十四届三中全会提出国有企业要建立现代企业制度，即建立以产权明晰、权责明确、政企分开、管理科学为基本特征的公司组织结构和初步的治理框架。当时就有一个问题，如果现代企业制度也适用于这些大型国有银行，那么这些专业银行也要像国有企业改革一样，按照现代企业制度改变专业银行的性质，变为市场竞争主体，并按照现代企业制度来运营管理。

其次，这一时期建立了证券市场。1990 年底，上海证券交易所和深圳证券交易所正式建立，国家层面成立了证券委和证监会，后来证券委的发行审核功能合并进了证监会。

再次，保险业取得较快发展，特别是寿险开始初步发展。1998 年，专门成立了中国保险业监督管理委员会。

最后，在金融机构和金融市场改革发展的基础上，建立了新的宏观调控框架，明确了当时国家计委、财政政策、货币政策的各自功能，宏观调控从直接调控加快转向间接调控。

（三）亚洲金融风波期间：整顿与应对冲击

泰国在 1997 年上半年就开始出现问题，到下半年金融危机迹象就比较明显了。亚洲金融风波对中国造成的影响，持续了 4—5 年的时间。亚洲金融风波期间，中国金融领域的一项重要任务是要进行金融整顿。当时处于建立社会主义市场经济体制的早期，金融领域有很多混乱的情况。特别是，由于会计标准没有建立，商业银行贷款分类方法不科学，财务纪律不规范，资本金也不充足，使得在亚洲金融风波影响下，相当一部分金融机构经营不下去，甚至关闭破产。那段时期，广国投事件是最重要的案例。

另外，为应对亚洲金融风波冲击，调整了金融体系的结构。就整个经济体制改革而言，需要在适当分权的基础上，建立中央与地方之间的合理关系，但是在金融调控方面，还是需要进行垂直管理。因此，1997 年的全国金融工作会议对金融体系的组织结构做了调整。

再有，金融业配合国家对亚洲金融风波造成的重大冲击进行恢复。为应对危机冲击，当时推出了以基础设施建设为主的经济刺激计划，财政和金融部门都要配合这方面工作。这一阶段最重要的任务是国有企业脱困。受金融风波影响，国有企业困难比较明显，因此国家推出国有企业“三年脱困”计划。其实，当时银行业也相当困难，不良资产在 25％—45％，损失也很大。但国有企业涉及更多人就业，问题更加紧迫。因此，国家通过债转股减轻国有企业债务负担，成立四家资产管理公司剥离大型银行不良资产，帮助国有企业休养生息，度过亚洲金融风波带来的大量下岗和效益下滑的困境。这些措施实际上是由金融系统先承担更大的损失，等国有企业状况好转后，金融业还得回头再来收拾遗留下来的财务问题。

（四）2002—2008 年的金融改革与发展：健康化、规范化和专业化

从 2002 年下半年左右、走出亚洲金融风波影响开始，中国金融改革和发展进入了一个新的阶段。个人认为，这个阶段金融改革和发展的主要内容可归纳为健康化、规范化和专业化。

关于健康化和规范化。很多改革既是健康化，同时也是规范化。在亚洲金融风波影响下，银行体系积累了很多问题，不良资产很多，资本金严重不足。证券市场起伏不定，总体来看上市公司质量比较差，发行和交易秩序也比较混乱。保险公司主要是寿险公司处于大面积利差损，即当通货膨胀高、利率高的时候，保险产品参考银行利率承诺的固化收益率很高，而当通货膨胀降低、利率下调后，保险公司资金运用的实际收益率较低，就会出现巨大的利差损。因此，保险公司的财务状况也非常不健康。

亚洲金融风波之后，就需要对金融机构特别是有影响的大型金融机构进行财务重组，使其恢复到健康状态。要进行财务重组，就需要弄清资产质量，其中首要的是改革会计准则。银行财务状况对会计制度非常敏感，资产负债表健康与否，很大程度上取决于所使用的会计制度。之前虽然对计划经济时代的会计制度有所改动，但是不够彻底。当时资产损失不能减计和计提，比如库存损失了或者某个投资项目损失了，都不能计提。这样，银行对企业贷款质量衡量和对不良资产的计算就是不真实的。上市公司也是如此。上市公司会公告盈利状况，但因为损失没有充分计提，数据是不真实的，对资本市场也会造成不良影响。2001 年、2002 年前后，我国对会计准则进行了改进。这是非常实质性、基础性的工作。

对银行来说，过去贷款分类很不合理，大量不良资产被掩盖，通过实行贷款五级分类制度，就可以弄清楚银行不良资产的真实情况，做到摸清家底。在弄清不良贷款的基础上，就可以明确哪些不良资产需要剥离，银行需要补充多少新的资本。然后，国家就要想办法注资。当年的做法是财政和金融体系拿出一部分资源进行注资，包括外汇储备和黄金储备，来改进大型银行和保险公司的资本状况，随后也改进了一部分证券公司的资本状况，使这些金融机构基本合格。

金融机构财务状况基本合格后，要想跟上国民经济迅速发展的需要，还需要不断增

强资本。因此，大多数效益比较好的银行、保险公司、证券公司逐步发行上市，变成上市公司。上市除了可以筹集资本外，更重要的是，要按照现代企业制度建立公司治理结构，同时提升透明度，金融机构要受到来自广大投资者特别是股票市场投资者和战略投资者的压力和监督约束，从而有足够的动力加强财务和风险管理。

在此期间，另一项重要金融改革是农村信用社改革。农村信用社资产大概占到了金融系统总量的10%，当时不良资产占比在50%左右，也非常高。农村信用社改革采用了与前述大型国有银行类似的办法。同时，农村信用社比较分散，情况参差不齐，所以当时改革设计了正向激励机制，调动各方面积极性，鼓励做得好的，约束做得差的。

在抓好大型金融机构和农村信用社改革的同时，运用同样的思路，但以财务损失自担为原则推进中等金融机构，包括中等商业银行和城市商业银行的改革。改革之后，相当一部分好的金融机构也都成为上市公司。

这个阶段，股票市场也大力推进了规范化。中国股票市场长期存在股权分置，上市国企的股票分国有股和流通股，国有股有一部分叫法人股，法人股不能在市场上流通，形成了双轨制。股权分置是改革转轨期间中国特有的一种现象，不规范，影响投资者信心和股票市场进一步发展。2005年，国家下决心推动股权分置改革，解决了这一不规范问题。

由此可见，这个过程覆盖了各类金融机构，包括银行、证券和保险机构，以及大型、中型和小型等不同层次。同样的改革逻辑关系和原则，使得不同领域和不同层次金融机构的改革之间存在必然联系。这些改革为我国金融体系成功应对这轮全球金融危机打下了基础。

关于专业化。专业化主要是指金融业更深入地掌握市场经济的规律去运作，同时金融监管也进一步走向专业化。2003年银监会从人民银行分设，明确了银监会、证监会、保监会三家专业性监管机构的目标责任，厘清了金融监管和宏观调控的责任关系。同时，金融监管部门集中了人才，监管工作水平有了显著提高。

（五）应对全球金融危机：跟上全球金融治理体系改革步伐

上述健康化、规范化和专业化的阶段还没有完全走完，我们从2007年开始就初感到美国可能要出问题，随着2008年9月份雷曼兄弟破产倒闭引发全球金融危机，中国的金融改革和发展也进入了一个新的阶段。这个阶段金融领域的主要工作是配合国家应对国际金融危机冲击，特别是配合2008年11月份推出的一揽子经济刺激计划，在宏观政策和一些结构性的金融支持政策方面均有体现。

这段时期国际金融领域改革的一项重要内容，是针对全球金融危机给宏观调控和金融体系提出的重大挑战，需要在金融领域作出大量纠正和显著改进。主要包括：对于导致金融危机发生的问题，比如资本不充足、杠杆率过高、衍生产品市场混乱（危机前，美国的金融衍生产品市场过于复杂庞大，很多情况美国监管当局都搞不清楚）等加以纠正，对相关市场进行改造，特别是加强了对金融体系中交易部门杠杆率的监管，增加金融稳定措施，对清算系统采取交易对手方集中清算。其中一个重要的内容是建立健全宏观审慎管理框架。金融危机暴露出金融体系存在非常明显的顺周期性，即经济状况好的时候，大家都觉得好，评级评得好，股票价格高，借贷杠杆率也高；一旦出现危机，上述各环节就都会出现收紧，落井下石。顺周期因素加大了经济金融的波动性和危机程度。为此，需要在金融系统中引进一些逆周期的因素，经济好的时候让它冷一冷，差的时候能够扶一扶。这些措施在大的概念上被命名为宏观审慎政策框架。该提法在国际上被写入了G20文件，在国内被写进了党的十八大、十八届三中全会的文件，也连续几年写进了政府工作报告。

总之，国际金融领域推出了很多改革，这些改革对我们有很好的借鉴和启示意义。一是对于国际上出现的经验教训，有些我们也是深有体会的。中国在2008年全球金融危机之前，经济金融领域存在很多问题，犯过不少错，2008年底、2009年初经济同样出现急剧下滑，只是我们的问题没有美国、欧洲那么大，所以下滑得没那么狠。二是有些属于发达金融市场的问题我们还没有遇到，但是我们通过学习和反思，未雨绸缪，可以把国际上反思经验教训所建立的新规则、秩序、标准、监管学过来。这对我们防止今后犯同样的错误是有好处的。

二、当前阶段的金融改革和发展：市场化、国际化和多元化

金融危机后期，我们按照党的十八大和十八届二中、三中、四中全会精神，全面深化改革开放，着力推动金融业市场化、国际化、多元化。

（一）市场化

党的十八届三中全会明确提出，让市场在资源配置中起决定性作用。经济学术语中的资源是指生产要素，而不是指诸如茶杯、麦克风等一般产品，资源主要包括劳动力、资本、土地，此外，有时也可以扩大到能源品等。总之，所谓资源的优化配置是生产要素的配置。显然，资金包括外汇资金如何配置，是让市场在资源配置中起决定性作用的一个非常重要的内容，要达到这一目标，就要实现资金价格即利率和汇率的市场化。这是市场化改革的两个重要内容。

关于利率市场化。实现利率市场化是一个过程，之前已经完成了一些步骤。2004年，开始推动贷款利率市场化。当时推进利率市场化有一个总体思路，即先贷款后存款、先大额后小额，先外币后本币。后来，沿此思路迈出了若干步改革，随后就碰到了国际金融危机，金融工作的主要精力暂不在市场化改革方面了。金融危机之后，我们开始加快推进利率市场化改革。通过这几年的改革，贷款利率已经完全放开，金融市场上的其他利率，如债券、拆借和票据的利率，以前都已完全放开，目前只对存款利率保持50%的浮动上限管理。很多人认为，存款利率市场化是利率市场化的最后一步。其实，这最后一步我们是分若干小步迈出来的，在过去的两年中，存款利率浮动上限先从10%提高到20%，然后再提高到30%和现在的50%，已经走了四步。我估计50%之后，步伐可以加大，加快实现市场化。

关于汇率市场化。我国汇率市场化也走过了较长阶段。早在1993年底，我们就进行了双轨合一的外汇体制改革，1996年中国宣布经常项目可兑换，并开始酝酿逐步实现资本项目可兑换，但当时条件还不成熟，随后就遇到了亚洲金融风波，汇率体制改革一度放缓。党的十六届三中全会确定了人民币汇率体制改革的总体目标，即建立健全以市场供求为基础的、有管理的浮动汇率制度，使人民币汇率在合理均衡水平上保持基本稳定。按照这一要求，2005年推进了汇率体制改革，开始实行以市场供求为基础、参考一篮子货币进行调节、有管理的浮动汇率制度。经过2007年、2012年和2014年三

次调整，人民币兑美元交易价每天浮动幅度由3‰逐步扩大至2%，同时人民银行逐步退出常态化的外汇干预。新的汇率体制要求人民币汇率更充分地反映经济基本面，其中一个重要内容就是要反映国际经常项目收支的平衡情况，即汇率主要由外汇市场的供求关系决定。经常项目收支共有四项构成，包括货物贸易和服务贸易两个大项，以及投资收入和转移款项两个小项。

（二）国际化

在多年的市场化改革基础上，金融改革和发展就可以加大国际化的步伐，以前是不具备这个条件的。最近几年，我们国际化方面进展较快。一个重要工作是在去年推出了沪港通，实现了上海证券交易所和香港联交所的互联互通。国际化的另一重要领域是人民币国际化势头加快、人民币资本项目可兑换加快推进，人民币离岸市场建设得到加强以及金融支持企业“走出去”的步伐加快，包括当前已经运行的丝路基金和正在筹备的亚洲基础设施投资银行，也包括正在热议中的人民币能否加入国际货币基金组织的特别提款权（SDR），从而成为国际主要储备货币之一等热点议题。

关于人民币国际化。应该说，人民币国际化起步比人民银行、金融管理部门包括外汇局设想得要早，国际社会对人民币的欢迎程度也超过我们当时的预期。人民币国际化之所以比较顺利，主要是国际金融危机期间西方国家金融市场一度非常疲弱，加之由于金融危机导致的货币不稳定，市场上缺乏美元，且对美元信心不足，欧洲主权债务危机导致欧元振荡也较大，日本经济也不太好，也影响了日元。总之，金融危机对主要国际货币都造成了负面影响，人民币就受到了欢迎。首先是韩国出于稳定需要，主动要求和我们开展货币互换，随后陆续有二十多个发展中国家提出货币互换，甚至一些发达国家也加入进来，从去年开始，我们分别与欧央行及英国、瑞士等国央行做了货币互换安排。因此，可以说是金融危机的爆发，多少有点意外地把人民币推向国际社会了。

我们对待人民币国际化的态度，首先是顺水推舟，顺应市场需求。既然国际社会欢迎人民币，同时中国已经成为世界第二大经济体，通过人民币国际化在国际市场上实现国际国内两种资源的优化配置，对我们也是有巨大好处的。因此，我们应该根据自身经济实力，顺应实体经济需求，往前推进人民币国际化。其次，要真想做强人民币，使其符合市场预期站到那个位置的话，我们就要做好自己的家庭作业，继续推进经济金融改革、改变相关规则，不断采取措施，以适应人民币国际化的需要。

目前，与人民币国际化相关的工作主要包括以下几项。一是中国和其他国家签订协议，在双边贸易投资中使用本币。比如中国和俄罗斯之间的经贸往来可以使用人民币，也可以使用卢布。二是双边央行之间开展本币互换。比如说，如果俄罗斯缺少人民币，或者中国缺少卢布，两国中央银行可以居中进行货币互换，由此人民币就出去了。三是指定人民币清算行。双边都使用人民币的时候，境外市场上人民币有时候多、有时候少，多的时候应该可以回流到境内，少的时候可以调剂出去，这个机制就需要由清算行来完成。理论上，也可以在中国设立卢布的清算行，但由于人民币更受欢迎，所以很多国家希望设立人民币清算行。同时，不仅是邻国或发展中国家，近年的一个显著变化是，从英国开始一些西方国家也要求设立人民币清算行。四是有些国家开始主动宣布将人民币作为其外汇储备一部分。五是双边本币直接挂牌交易。人民币最早和马来西亚林吉特开展直接交易。在此之前，人民币与林吉特之间的交易一般是通过美元套算，人民币先换成美元，美元再换林吉特。这种套算方式有时受美元不稳定影响较大，同时差价也大，成本较高。通过与其他国家货币之间直接交易，双边货币就可以形成汇率，不经过其他货币套算，便利化程度更高。

关于资本项目可兑换。在国内金融改革发展顺利推进的基础上，人民币可以加快走向资本项目可兑换。早在 1996 年，我们就宣布了经常项目可兑换。在资本项目方面，过去只是外商直接投资（FDI）可兑换，很多其他项目尚不可兑换，比如股票、债券、基金等投资项下的可兑换程度还不高。另外一个特点是，事前审批多。其实，很多资本项下也不是完全不可兑换，只是需要事前管理和审批，市场主体多数都能绕道而行。现在，很多事前管理的项目逐步放开了，但资本管制逐步放开不意味着放手不管，事中事后还是要管的，特别是有几项的管理还要加强，包括反洗钱、反恐融资和反过度利用“避税天堂”偷逃税等。此外，新兴和发展中经济体也可以采取一些防止短期资本过度投机的措施。如果是中长期投资，我们是欢迎的，但对于短期炒作资金，国际上允许设置一些管制措施。推进资本项目可兑换的这些基础性工作，对于在国际金融方面给予国内企业“走出去”更多支持，使其在海外更好发展，能起到重要推动作用。

关于人民币加入特别提款权（SDR）。简单来说，特别提款权是国际储备货币的一个篮子，目前这个篮子里包括美元、日元、欧元、英镑四种国际货币。国际货币基金每五年审议一次特别提款权。今年是审查年，大家希望人民币可以加入这个货币篮子。这已成为国际社会关心的一个议题。人民币国际化近年的势头很好，国际货币基金正在认真考虑此事。

（三）多元化

在转轨的早期，由于没有符合市场经济要求的基本组织架构，没有有效的宏观调控框架，金融体系必然是不健康的，没有实现规范化，也没有应对危机的经验和能力。只有完成健康化、规范化和专业化改造以后，转轨经济的金融体系才有条件更大程度地实现市场化、国际化，也才有胆量、有魄力、有底气实现多元化。设想一下，当金融体系很不健康的情况下，是不敢发展一些复杂衍生产品的。当前的互联网金融发展亦是如此。发展互联网金融必然会带来一些风险，如果金融体系基础不好，就难以承受这些风险，但如果基础打好了，就可以发展。最近一段时间，从国务院到中央都在研究鼓励和规范互联网金融发展的基本框架。与此相关的议题都反映了当前我国金融改革发展所处阶段的多元化特点。

三、中国金融改革和发展的内在逻辑

通过以上回顾，不难看出，中国金融改革开放有着很强逻辑性：在转轨的早期，需要通过健康化、规范化和专业化等一系列深刻有力的调整，才能逐步迈向市场化、国际化、多元化的阶段。

（一）转轨经济必然面临类似的改革困难

我们不妨比较一些新兴市场国家，特别是转轨国家即从过去集中型中央计划体制向市场经济体制转轨国家，其基本特点都是在转轨的过程中必然有巨大的财务窟窿。首先，转轨开始后，过去由中央计划集中配置资源所导致的失误必然要表现出来，或者表现为财政上有巨大的债务负担，或者表现为银行体系有巨额的不良资产。其次，在转轨的早期，由于法律法规和相关制度不健全，监管经验不足，监管人才缺乏，因此也必然有大量的损失，必然有政策性金融和商业性金融分不开，导致金融体系损失增加。中国在改革早期，有的企业发不出工资了，就连过年包饺子的钱也要银行先垫付，叫包饺子贷款。可以想象，饺子吃完了，什么都没剩下，拿什么去还呢？因此，金融体系的质量必然非常糟糕。

中国当年的窟窿很大。1997 年亚洲金融风波爆发时，中国银行体系不良资产率最少的估计是 25%，多的估计是 45%，具体数值取决于采用何种会计标准和贷款分类标准。如果是 45%，银行业不良资产则将近当时 GDP 的一半，其中有相当部分体现为金融系统的损失。不光是中国，苏联、东欧和一部分新兴市场国家，都经历了非常严重的财务困难，有的体现在财政，有的体现在金融体系。1998 年，俄罗斯的大银行基本上都挺不住了，连国债都违约了，导致本来发生在亚洲的金融风波，在 1998 年 8 月底就传到了俄罗斯和巴西，随后就引起 LTCM 的倒闭。

在国际比较时会发现，转轨经济体的金融体系改革发展都必然面临几大难关。如果没有强有力措施，不下大的决心，清理财务不健康问题，引入市场经济规律，银行体系将很难存续。其结果是，大多数前苏东国家、巴尔干国家的银行体系都挺不过去了，或几乎全部让给西方国家的银行进来做。可以看到，不少东欧国家的外资银行份额占到 90%以上。中国目前外资银行在银行业总资产中占 2%左右。由此可见，如果中国不经过一系列的财务重组，推进市场化、健康化、规范化，很可能本国银行体系也站不住。

（二）金融改革和发展要及时补课

今天我们虽然有条件推动市场化、国际化和多元化改革，但在此过程中，也有个别需要补课的内容。因为有些改革过去曾经打算做，但由于遇到危机等各种各样的原因，被耽搁了下来。

一是建立存款保险制度的初步框架。今年 5 月 1 日，《存款保险条例》已经开始实施。存款保险制度是市场经济条件下银行体系健康发展的一个重要要素。既然允许大家办银行，现在又提出允许民营资本发起设立中小型银行，改善对社区、农村等薄弱环节的金融服务，就需要建立存款保险制度，按照市场化原则处置银行倒闭问题。按道理，存款保险制度早就应该建立，但因为各种原因没有做成，现在补上。

二是推进政策性银行改革。1993 年党的十四届三中全会决定成立三家政策性银行，承接当时专业银行的政策性业务，从而使大型银行可以转变为商业银行。但到了今天，政策性银行应该怎么往下改呢？对此，国际上的认识也是有反复的。在里根、撒切尔时代，国际上主张公营机构私有化，也确实有很多政策性金融机构经营得不好，造成了损失，1998 年日本长期信用银行倒闭，造成很大的风波，因此普遍建议改掉这些机构。后来，在本轮全球金融危机时，国际社会发现，很多事情商业性金融机构还真做不了或不愿意做，需要有政策性金融机构做补充。同时，政策性机构的经营模式也发生了很大变化，不是一定就亏损，向国家要补贴。有些政策性金融机构在服务国家战略导向的同时，实现了财务上可持续，也注重提升效益。此外，全球很多公共基础设施和公用设施，通过改革变成可收费项目，比如说公路，这样政策性银行可以做成开发性金融。当然，这要做很多探索并及时总结、评估。

总之，在当前阶段，我们需要补充做好一些改革工作。与此同时，要按照党的十八届三中全会的战略部署，按照“十二五”规划收官之年的工作安排，迎接第十三个五年规划，继续做好以市场化、国际化、多元化为特征的金融改革发展各项工作。

在“洁净新疆”工作座谈会上的讲话

（2015 年 5 月 28 日）

罗 富 和

这次带领全国政协常委视察团，就国家实施主体功能区规划的情况在新疆进行调研。5 月 22 日，中共中央政治局委员、自治区党委张春贤书记在会见视察团时，详细介绍了他在新疆提出的“环保优先、生态立区”和坚持“资源开发可持续、生态环境可持续”理念的形成过程，以及新疆在经济社会发展过程中是如何坚决贯彻绿色、可持续发展战略的。在这次调研中，我们亲眼看到坚持“环保优先、生态立区”和“两个可持续”发展理念给新疆各项工作带来的作用和成绩，特别是伊犁河谷环境保护和发展的示范工程、阿勒泰地区牧民定居试点工作等都给我们留下了非常深刻的印象。新疆是全国实施主体功能区规划三个试点省区之一，在先行先试中已经取得了很多好经验，这也让我们对国家在新疆加快主体功能区规划的实施更加有信心。

今天我们有机会参加了新疆政协召开的“洁净新疆”工作座谈会。在座谈会上，努尔兰主席正式启动了“洁净新疆”工作，听了几位领导同志的发言，专家们还要专门做讲座，我觉得很受启发。新疆全面启动“洁净新疆”建设工作，是深入贯彻落实党中央“四个全面”战略布局和十八大提出的把生态文明建设纳入五位一体总体格局的重要举措，也是新疆政协紧紧围绕自治区党委、政府的大政方针促进落实的具体行动，非常有意义。

刚才，努尔兰主席提出全面推进“洁净新疆”工作，要重点抓“五个环节”，我完全赞成。特别是在转变观念上我们还有很多重要的工作要做，尤其要转变各级领导同志的政绩观，这一点非常重要。在科学发展观指导下树立正确的政绩观，这是我们政协，也是我们民主党派首先提出来的。2005 年在进中南海协商时，我们民主促进会当时的主席许嘉璐同志就向中央主要领导同志提出，必须树立正确的政绩观，改变当前唯 GDP 的影响，才能促进科学发展。中组部很重视，派出调研组专门听取民进中央的意见。因此，转变观念，树立正确的政绩观，确立绿色发展的理念是我们要持之以恒坚持的；另一个方面，规划先行也很重要，特别是在国家层面上涉及主体功能区规划、土地利用规划以及环境保护规划等大的规划还需要进一步协调。今天开会前，我与努尔兰主席、院士专家在小范围内进行了讨论，都认为几个大规划是需要相互衔接的，尤其落实到具体的小流域等可操作层面上，如果能够进行多方面协调，工作就可以推进得更快一些；还有一个重要方面，就是要深化改革，对一些重点环保技术要加快研发和推广，那么“洁净新疆”工作就会取得更好的成绩。我们这次调研看到的牧民定居、草场确权等，这是一个对整个畜牧业的深化改革。新疆政协热孜万副主席在陪同调研过程中一直在为我们介绍这方面的经验，我认为这些都是很关键的突破。还有一些成熟技术，比如节水灌溉技术，还有一些既有生态效益，又能让当地老百姓从发展环保产业中增加收入的重点行业、重点领域的重点技术突破都非常重要；我也很赞成大家提出的“严守红线”，这个生态底线需要我们大家共同来遵守；最后，我觉得动员群众非常重要。保护好环境我们各级领导干部都要带头，发挥表率作用，但是真正要把环保理念落到实处，还是要广泛动员广大人民群众积极参与。我十多年前在广东省政协工作的时候就提出，为了改善生活、发展生产、增加收入，很多人不知不觉就破坏了环境，最终也成为污染的受害者。要动员群众成为环境保护的建设者和良好生态的受益者。这次到了新疆，我觉得空气特别特别地好，水特别特别地清。只要我们大家共同努力，人人动手参与，人人都当环境保护的建设者，我们身边的环境就会越来越好，我们也是良好生态的共同受益者。这些是我自己工作的一些体会。

我很赞成努尔兰主席刚才所提出的，人民政协在建设“洁净新疆”工作中应该要发挥积极作用。俞正声主席最近明确提出，希望我们政协要“言必真”，讲话发言要真实；“策必实”，提出的策略、对策、建议、提案要符合实际；“行必正”，要用我们自己的言行去引领社会。结合我们“洁净新疆”建设工作，我认为要贯彻落实好俞正声主席这个要求，第一，就是希望各级政协组织、全体政协委员共同去落实，政协委员里专家、学者多，所以大家能够更多地建真言、谋实策。第二，要发挥政协民主监督的作用，对工作中存在的一些不足、缺点，要提出我们的意见。第三，就是要引领社会，要积极参与到“洁净新疆”建设的各项工作中去，尤其我们政协委员有很多在社会上很有影响力，人民群众心目中对我们政协委员，对我们专家，对我们各族各界的知名人士，大家都是很信服的。所以希望大家发挥好引领作用，积极参加各种活动，共同推动“洁净新疆”工作取得更好的成绩。

我完全相信，按照自治区党委、政府的部署要求，“洁净新疆”这项工作一定能取得新的成绩。我也利用这个机会感谢新疆（维吾尔）自治区党委、人大、政府、政协对全国政协工作的支持和帮助。

在第一期澳门社区工作者陕西体验式研修计划结业式上的讲话

（2015 年 6 月 11 日）

何　厚　铧

很高兴出席今天的结业式。首先热烈祝贺第一期“澳门社区工作者陕西体验式研修计划”顺利完成各项活动，取得圆满成功！

在这里，我向为此项活动付出辛勤劳动的全国政协港澳台侨委员会、陕西省政协、陕西省委组织部、延安干部学院、澳门中联办以及澳门基金会等各有关方面负责同志和工作人员表示衷心感谢！向参加首期研修班的全体学员致以诚挚问候！

陕西研修计划是一个针对澳门社区工作者的系列培训计划，为澳门长远发展培养人才。大家都知道，国家“十二五”规划提出把澳门打造成为世界旅游休闲中心和中国与葡语国家商贸服务平台，推动澳门经济适度多元发展；同时，澳门也处于国家“一带一路”战略的节点上，在共同参与国家“一带一路”战略中大有可为。

要实现这些目标，把握这些机遇，关键就是有强而有力的人才支撑。社区工作者是社会建设的中坚，陕西这些年在社区工作方面进行了很多有益探索，取得了丰富的经验，为此，澳区全国政协委员在去年 10 月考察陕西时决定，从 2015 年起，借鉴“澳门青年人才上海学习实践计划”的成功模式，启动陕西研修计划，安排澳门社区工作者到陕西延安、铜川和西安学习调研，交流社区工作经验。

这次研修计划与过去的培训有很大分别，是以实地考察和社会实践等体验式研修为主，内容非常丰富，形式十分多样。刚才听了大家的发言，我想这次研修是非常成功的，达到了预期目的。我们希望，通过这项计划的持续实施，令这一代素质优良的澳门青年社区工作者开阔视野，推动形成维护澳门长期繁荣稳定的多元化社工人才体系。

澳门回归祖国 15 年来，是澳门历史上发展最好的时期，特区的经济、社会、民生各项事业取得令人瞩目的成就，得到中央政府、澳门各界乃至国际社会的广泛认同。去年 12 月，习近平主席到澳门出席回归 15 周年庆典活动并发表了一系列重要讲话，充分肯定澳门回归 15 年来取得的巨大成就和澳门“一国两制”事业探索的宝贵经验，令人鼓舞和振奋。随着澳门“一国两制”事业进入到中期阶段，社会服务事业无不例外地面临不少新情况、新问题，对我们社区工作者提出了新的挑战和更为艰巨的任务。这次研修班 20 名学员，平均年龄 32 岁，主要是来自澳门工会联合总会、澳门街坊总会和澳门妇女联合总会的优秀社工骨干，你们是澳门社区工作的未来和希望，也将担负起建设澳门的历史责任。我想，这次为期半个月的体验式研修只是一个开始，希望大家回到澳门后，一是要进一步坚定爱国爱澳的信念，积极宣传和推广“一国两制”方针和基本法，正确看待社会多元诉求，正确把握个人利益与社会整体利益及特区长远发展关系，以实际行动为澳门长期繁荣稳定贡献力量；二是要全力支持配合特区政府依法施政，积极支持配合特区落实好施政报告的相关措施，共同推动特区经济稳步发展，从而更有效地改善民生，更好地向有特殊需要的群体分享经济发展成果；三是要继续弘扬甘于奉献、勇于挑战的担当精神，更加关注和服务有特殊需要的社会群体，帮助他们解决实际困难，让更多人感受到社会的和谐温暖，把爱心撒播全社会。

在第一期“澳门大学生天津学习交流计划”结业式上的讲话

（2015 年 6 月 14 日）

何 厚 铧

很高兴出席今天的结业式。首先热烈祝贺第一期“澳门大学生天津学习交流计划”顺利完成各项活动，取得圆满成功！在这里，我向为此项活动付出辛勤劳动的全国政协港澳台侨委员会、天津市政协、澳门中联办、天津南开大学、澳门基金会、澳门旅游学院等各有关方面负责同志和工作人员表示衷心感谢！向参加首期学习交流计划的全体学员致以诚挚问候！

澳门青少年是澳门的希望，也是国家的希望，关系到澳门和祖国的未来。国家主席习近平在澳门特别行政区第四届政府就职典礼上发表重要讲话并提出四点希望，当中特别提到：要实现爱国爱澳光荣传统代代相传，保证“一国两制”事业后继有人，就要加强对青少年的教育培养；要高度重视和关心爱护青年一代，为他们成长、成才、成功创造良好条件。这充分体现中央对澳门青少年成长的关爱和重视。这次学习交流计划就是在这样一个背景下提出来的，它是“一国两制”条件下，继“澳门青年人才上海学习实践计划”和“澳门社区工作者陕西体验式研修计划”之后又一澳门青年人才培养模式的探索和创新。

这个计划目的是通过对澳门在校大学生的系列培训，使澳门大学生更深入地了解天津市文化遗产保护和中西文化融合的情况和做法，进一步推动澳门世界旅游休闲中心建设，并增进对国家历史、文化和国情的了解，提升爱国爱澳价值观。今年举办的第一期主要是探索积累经验，12 名学员都是澳门旅游学院的大学生，今后视情况扩大规模并将学员范围扩大至澳门其他高校。刚才听了大家的发言，我想首期交流计划达到了预期目的，取得了圆满成功。

各位学员，澳门回归祖国 15 年来，是澳门历史上发展最好的时期，特区的经济、社会、民生各项事业都取得令人瞩目的成就，得到中央政府、澳门各界以至国际社会的广泛认同。这样的一个时代，为有理想、有才干的年轻人提供了施展抱负的广阔空间，你们现在都是大二至大四的学生，未来社会的发展寄托在你们身上。半个月的学习时间虽然不长，但相信对大家来说，受益是无穷的。在天津的学习实践只是一个开始，希望你们在以后的人生道路上，能够时时砥砺自己，不断锻炼成长，成为国家和澳门的栋梁之才，为澳门的长期繁荣稳定和国家现代化建设做出自己应有的贡献。

民族地区要在服务“一带一路”战略大局中大有作为

（2015 年 7 月）

王　正　伟

建设丝绸之路经济带、21 世纪海上丝绸之路（以下简称“一带一路”），是党中央着眼世界大棋局、欧亚非大舞台作出的重大战略部署。随着《推动共建丝绸之路经济带和 21 世纪海上丝绸之路的愿景与行动》的发布，“一带一路”建设已经步入快车道。习近平总书记在中央民族工作会议上指出，建设“一带一路”对民族地区特别是边疆地区是个大利好，要加快边疆开放开发步伐，拓展支撑国家发展的新空间。我们要认真贯彻习近平总书记重要指示，努力推动民族地区投身“一带一路”战略，既力争唱主角、打头阵，抓住机遇加快发展和开放步伐，又服务中央统一部署，为国家战略实施作出应有贡献。

一、实施“一带一路”战略，为民族地区加速发展带来前所未有的机遇

30 年来，我国对外开放取得了举世瞩目的成就，但对外开放总体呈现东快西慢、海强陆弱格局。民族地区大多位于西部地区、内陆地区，对外开放程度较低。提出和实施“一带一路”战略，开辟了我国全方位对外开放新格局，加快了向西开放、沿边开放步伐，为民族地区打开了战略空间、带来了诸多利好。

*民族地区发展开放型经济迎来新机遇。*实施“一带一路”战略，将民族地区从对外开放的大后方、边陲、末梢，推向了最前沿、重要节点和关键枢纽。这将深刻改变民族地区发展定位，极大促进民族地区开放型经济发展。特别是内蒙古满洲里和二连浩特、云南勐腊（磨憨）、广西东兴和凭祥等国家重点开发开放试验区，新疆喀什、霍尔果斯经济开发区等，都将迎来新一轮发展机遇期。

*民族地区参与区域合作迎来新机遇。*建设丝绸之路经济带，将包括陕西、甘肃、宁夏、青海、新疆等省区在内的大西北与中原腹地串联起来，并置于欧亚区域发展的核心地带，同时也使内蒙古联通俄蒙的区位优势得到显露。特别是新疆丝绸之路经济带核心区建设、宁夏内陆开放型经济试验区建设，将迎来重大机遇。建设 21 世纪海上丝绸之路，使广西、云南、贵州等西南民族省区与东南经济发达地区协同起来，并成为与南亚、东南亚区域合作的桥头堡，同时为西藏与尼泊尔等周边国家往来合作带来了良机。2015 年 1 月，习近平总书记视察云南时强调，云南要努力建设成为面向南亚、东南亚的辐射中心。新亚欧大陆桥、中蒙俄、中国—中亚—西亚、中国—中南半岛以及中巴、孟中印缅等经济走廊建设，都将大大拓展民族地区参与区域、次区域经济合作的空间。

*民族地区调整优化结构迎来新机遇。*基础设施互联互通是“一带一路”建设的优先领域，有利于解决民族地区交通不畅的问题，拉近民族地区与国际国内主要市场的距

离。随着“互联互通”全面推进，民族地区内外经济往来的交易费用将大大降低，推进新型工业化以及发展金融、贸易、物流等现代服务业的条件将极大改善。同时，随着绿色丝绸之路经济带建设的推进，经济生态化、生态经济化将使民族地区经济加速转型，特别是一些资源型城市将有更大回旋余地，以改变过度依靠能源资源的现状，实现产业结构优化升级和多样化发展。

*民族地区推进新型城镇化迎来新机遇。*民族地区城镇化面临的一个重要困难是地域广阔、人口分散，难以形成聚集效应。随着“一带一路”战略的推进，民族地区有望以点带线、以线带面，加快推进新型城镇化，形成以乌鲁木齐、南宁、昆明、银川等区域中心城市为增长极，以“带路廊桥”上的城市群和节点城市为主体的城镇体系。同时，“一带一路”和“长江经济带”共同构成国家版图上的多条金色丝带，进而与东部率先、西部开发、东北振兴、中部崛起战略衔接，实现我国国土开发“线”与“块”的有机结合，将有助于增强边疆地区与内地的紧密度，从而使民族地区更好地融入全国新型城镇化进程。

二、民族地区具有得天独厚的优势，可以为实施“一带一路”战略作出积极贡献

实施“一带一路”战略，极大激发了相关省区的干劲和热情，很多省区已经作出一系列谋划和部署。比如，陕西正加快建设丝绸之路经济带新起点，甘肃正着力打造丝绸之路经济带黄金段。民族地区要发挥自身优势，找准定位，错位发展，更好地服务国家大战略的实施，造福各族人民。

*发挥好历史渊源的优势。*丝绸之路是我国古代各族人民与亚欧大陆上各国人民共同开拓的、连接亚欧非的贸易和人文交流通路。历史上的丝绸之路沟通东西、连接南北，我国各民族在这个大通道上迁徙、交流、交融，传递东西方文明的精华，留下了辉煌灿烂的文化，形成了西北和西南两个“民族走廊”。可以说，我国少数民族和民族地区自古以来就与丝绸之路息息相关，有着很深的渊源，各族群众对丝绸之路有着很深的情感认同。要汲取和借鉴历史经验，调动和凝聚各民族的智慧和力量，服务当代实践。

*发挥好区位独特的优势。*民族地区是“一带一路”“互联互通”的重要节点和关键枢纽。我国2.2万公里陆地边界线中近1.9万公里在民族地区，138个边境县（区、市）中109个在民族地区。已有或规划中的中国和巴基斯坦、孟加拉国、缅甸、老挝、柬埔寨、蒙古国、塔吉克斯坦等邻国的铁路、公路互联互通项目，基本都从民族地区跨出国门。特别是经过10多年西部大开发和兴边富民行动，西部地区基础设施建设取得丰硕成果，边境地区已经建成一批重点开放城市和边贸口岸，与周边国家的人流、物流、资金流、信息流已经初具规模且增速很快，沿边开放、向西拓展具备了良好基础。这些都必将在“一带一路”战略实施中发挥重要作用，并转化为对外开放和经济发展的新优势。

*发挥语言文化相通的优势。*我国有30多个跨界民族与境外同一民族毗邻而居，其中8个民族建有民族国家、4个民族在邻国建有一级行政区。很多边疆民族地区与睦邻国家山水相连、语言相通、文化相同、习俗相近。新疆、宁夏等地很多民众与阿拉伯国家民众一样信仰伊斯兰教，西藏、云南等地很多民众与很多中南半岛国家民众一样信仰佛教。这些为沿线各国人民沟通交流搭建了桥梁，成为推动“一带一路”建设的有利

条件。

发挥拥有广阔市场的优势。民族地区地大物博而基础设施相对落后，市场广阔而发育相对不足，劳动力富余而就业能力有待培养，总体发展需求很大。民族地区独特的自然人文生态，吸引越来越多的人前来观光旅游。近年来国家制定实施差别化的区域性政策，助推民族地区跨越式发展和开发建设。同时，“一带一路”沿线国家资源丰富、市场广阔，与我经济互补性强，对中国的市场、资金和技术充满渴望。这些都意味着，民族地区无论“走出去”、“引进来”都具有巨大潜力，随着“一带一路”战略的实施，必将成为投资兴业的新热土。

三、民族地区要抓住“一带一路”战略机遇，加速自身改革发展开放步伐

民族地区是全面建成小康社会的重点、难点和短板，同全国同步实现全面小康，既要依靠国家支持、发达地区支援，更要依靠自力更生、艰苦奋斗。当前，民族地区要时不我待，抓住“一带一路”战略机遇，积极融入“一带一路”战略实施，壮大和发展自己。

以建设国际大通道为引擎，提升基础设施保障能力。基础设施落后是制约民族地区发展的重要“瓶颈”。民族地区要全力投入国际大通道建设，争取规划上马一批机场、铁路、高等级公路及能源通道、水利、通信设施项目。要重视航空、铁路、公路、水运一体化联运的标准化建设和物流中心建设，着重打通目前各省区间的“断头路”，实现对内畅通无阻、对外东通西达，使基础设施建设与“一带一路”无缝对接、全面嵌入。

以推进区域合作为核心，助推全面互联互通。要以政策沟通、设施联通、贸易畅通、资金融通、民心相通为目标，积极参与建立多层次、高频度的与亚洲各国、与阿拉伯国家的合作机制，努力消除互联互通的非物理性障碍。广西的中国—东盟博览会、新疆的中国—亚欧博览会、宁夏的中阿博览会、云南的中国—南亚博览会等，在区域和跨区域合作中扮演着越来越重要的角色，应该提升层次和水平。要发挥民族生态旅游资源优势，联合打造具有丝路特色的国际精品旅游线路和旅游产品，建立跨区域生态环境保护合作机制，办好生态文明贵阳国际论坛，推进区域全方位合作。

以全面深化改革为动力，促进投融资体制创新和经贸往来升级。民族地区要勇于探索、善于研究、敢于尝试，全面深化改革。重点推进金融创新，鼓励开设民营金融机构，主动对接亚洲基础设施投资银行和丝路基金，改变资金不足现状。推进乌鲁木齐、南宁、昆明、银川等地建设区域性金融结算中心，加强广西、云南沿边金融综合改革试验区建设，面向中亚、东南亚和阿拉伯国家逐步实现人民币贸易结算和自由兑换。加快口岸建设，推动设立经贸合作实验区和自由贸易区，推进贸易投资便利化。高起点建设承接产业转移示范区，引导支持企业参与对外投资、承包工程和劳务合作，深化内外经济贸易往来。

以增进各民族福祉为导向，解决好关系民生的现实问题。民族地区公共服务水平较低，要更加重视“一带一路”项目对民生改善的长久效果。同步推进产业升级、就业创业、扶贫攻坚，特别是注意吸纳少数民族群众就业，做到惠及当地、惠及百姓。着力解决用电、饮水、医疗、上学、上网等现实问题，提高各族人民幸福指数，把“一带一路”建设成为富裕地带、幸福之路，让“互联互通”助推人心归聚、精神相依。

以加强民族团结为基石，营造良好的国际国内环境。当今世界，不同文明、不同民族、不同宗教加快交流交汇交融。要综合研判国际国内情况，更加重视做好民族工作，大力开展民族团结进步宣传教育和创建活动，坚决防范和依法打击境内外敌对势力的渗透、破坏、分裂和颠覆活动，维护各民族和睦相处、和衷共济、和谐发展的良好局面。要积极参与国际交流合作，支持不同文明和宗教之间的对话，防止极端思想和势力在不同文明之间制造断层线；共同打击消除走私贩毒、跨国犯罪、恐怖主义等非传统安全因素，营造良好的国际和周边环境。

以提升文化软实力为目标，积极推动包括各民族文化在内的中华文化“走出去”。中国要由大国走向强国，需要向世界传播自己的文化和价值观，尤其是中国特色的多民族和谐共生的多元一体文化。民族地区要充分挖掘特色文化优势，打造更多文化精品力作，多渠道、全方位向世界展现一个各民族群众守望相助、手足相亲的中国，一个各民族文化多姿多彩、交相辉映的中国。要促进官方和民间文化交往交流，大力宣传与中华文化高度契合的丝绸之路精神，增进我们国家的亲和力、感召力，用中华文化软实力为“一带一路”保驾护航。

（作者：全国政协副主席、中央统战部副部长、国家民委主任）

怎样当好政协机关干部

——在全国政协第一百零三期干部培训班上的讲话

（2015 年 7 月 13 日）

张 庆 黎

欢迎大家从全国各地来参加全国政协干部培训班，预祝同志们学有所获，满载而归。首先，我代表全国政协，向参加本期干部培训班的学员同志们，表示欢迎和问候！

刚才，4 位同志从不同侧面介绍了本市政协工作的情况、做法、成效，特点、经验和体会，同志们讲得都很好，听了一是受教育、受启发；二是对进一步做好政协工作有信心、有力量。

党的十八大以来，以习近平同志为总书记的党中央高度重视政协工作，党的十八届三中、四中全会对政协工作作出重要战略部署，中央出台了《关于加强社会主义协商民主建设的意见》，中办印发了《关于加强人民政协协商民主建设的实施意见》等重要文件。两年来，习近平总书记多次主持中央政治局常委会议研究政协工作，先后就政协工作发表重要讲话或作出重要批示指示，为新形势下人民政协事业发展指明了方向。去年 9 月 21 日，习近平总书记在庆祝人民政协成立 65 周年大会上发表的重要讲话，从建设社会主义政治文明的全局高度，对人民政协事业发展作出战略部署，对发展社会主义协商民主作出精辟论述，提出了一系列重大战略思想。一是明确做好人民政协工作的四项重要原则。这就是必须坚持中国共产党的领导；必须坚持人民政协的性质定位；必须坚持大团结大联合；必须坚持发扬社会主义民主。二是提出做好人民政协工作的五个方面要求。这就是要坚持中国特色社会主义制度优势和特点，坚持紧扣改革发展献计出力，坚持发挥人民政协在发展协商民主中的重要作用，坚持广泛凝聚实现中华民族伟大复兴的正能量，坚持推进履职能力建设。三是要求大力推进履职四个能力建设。这就是切实提高政治把握能力、调查研究能力、联系群众能力、合作共事能力。四是深刻阐述社会主义协商民主的优势作用、性质定位和目标任务。五是强调人民政协要发挥作为社会主义协商民主重要渠道和专门协商机构的作用。讲话第一次明确提出人民政协要发挥作为专门协商机构的作用，再次强调要充分发挥人民政协作为协商民主重要渠道作用。习近平总书记的重要讲话高屋建瓴、思想深刻、内涵丰富、精辟透彻，具有很强的理论性、战略性、实践性，是推进人民政协事业发展的根本遵循，是建设社会主义民主政治的纲领性文献。我们一定要紧密结合政协工作实际，把深入学习贯彻习近平总书记重要讲话作为一项重大政治任务抓好抓实，自觉用讲话精神武装头脑、指导实践、推动工作。

十二届全国政协以来，在党中央的坚强领导下，在俞正声主席的主持和带领下，全国政协围绕中心、服务大局，把握特点、发挥优势，人民政协事业呈现出团结和谐、务实进取、创新发展的良好局面。用一句话来概括，就是“在继承中发展，在发展中创新”。所谓继承，就是重申人民政协的性质地位和职能作用，统一思想、找准定位、发挥作用。开局之初，俞正声主席就强调政协不属于权力机关、而是协商交流的重要平台，是“在”政协协商，而不是“和”政协协商，议政建言不求说了算，但求说得有理，一般不应对党委、人大、政府处理的重大问题做出集体决议、更不能形成倒逼机制；强调政协工作要始终坚持围绕中心、服务大局，党中央、国务院的重点工作就是政协政治协商、民主监督、参政议政的中心任务。所谓发展，就是在历届政协打下的良好基础上，把各项经常性工作往深做、向前推。比如，委员提案更加重视提高立案标准、加强办理协商、抓好督促落实；调研视察更加强调问题导向、深入了解实情、提高建议质量（为此今年全国政协专门制定了加强和改进调研工作实施办法）；对外交往更加突出对中国共产党领导的多党合作和政治协商制度、社会主义协商民主制度的宣介阐释，增进国际社会对中国政治制度和政党制度的了解、理解、认识，等等。所谓创新，就是始终坚持以创新思维来谋划、部署、开展工作。这一点集中体现在对人民政协协商民主的推进上。在拓展协商内容上，增加了民主政治、党风廉政建设和法律法规等方面议题。在丰富协商形式上，创建双周协商座谈会，以专题为内容、以界别为纽带、以专委会为依托、以多向交流为方法，议题涉及面广、切口小，与会人员代表性强、研究深入，形成的意见建议具体、有操作性。目前，已经成功举办 34 次，内容包括推进建筑产业化、建筑工人工伤维权、加强汽车尾气治理、安全生产法的修订、更好地发挥社会组织在社会治理中的作用、推进京津冀协同发展中的大气污染防治等等，协商意见受到党中央、国务院高度重视。双周协商座谈会一年举办 20 次左右，每次会议邀请约 20 位委员、专家，其中大多是党外委员，这样一年就能和 400 位委员面对面座谈听取意见，一届就是 2000 人，能够有效密切与各界别委员的联系和交往，在发扬民主、深化共识，增进团结、凝聚力量等方面有着积极作用。对此，上上下下、方方面面反响都很好，已成为全国政协协商议政的新亮点、新品牌。在增加协商密度上，每年全国政协的重点工作概括起来就是“1420”：“1”是一次全会；“4”是 2 次专题议政性常委会议和 2 次专题协商会，比往年各增加1次；“20”是20次双周协商座谈会，这将成为全国政协年度工作的新常态。此外，每年还有八九十项重要的调研视察活动。总的就是为委员履职尽责、建言献策，更好地参与党和国家的重要决策搭建更多平台。在健全协商制度上，十二届全国政协以来，新制定、已经修订和正在修订的制度有17个，其中最大的亮点就是根据党的十八届三中全会要求，形成《关于制定全国政协年度协商计划的办法》，每年制订全国政协年度协商工作计划并经中央批准，标志着政协的重点协商活动被纳入中央总体工作部署。这些成绩的取得，得益于以习近平同志为总书记的党中央高度重视和坚强领导，得益于各级政协组织和广大政协委员的积极参与和大力支持，同时也凝聚着广大政协机关干部的辛劳和智慧。

面对新形势新任务，人民政协事业前景广阔、大有可为。毛主席说，“政治路线确定以后，干部就是决定的因素”，这句话深刻地阐明了干部在党和国家事业中的重要地位和作用。党的十八大以来，习近平总书记高度重视干部队伍建设，多次就怎样是好干部、怎样成长为好干部发表重要讲话、提出明确要求。他在2013年6月召开的全国组织工作会议上提出衡量好干部的20字标准，即“信念坚定、为民服务、勤政务实、敢于担当、清正廉洁”。在2014年5月视察中央办公厅时的重要讲话中提出五个坚持，即始终坚持绝对忠诚的政治品格、坚持高度自觉的大局意识、坚持极端负责的工作作风、坚持无怨无悔的奉献精神、坚持廉洁自律的道德操守。在2014年6月出席中央政治局第十六次集体学习时的讲话中，进一步提出党员领导干部要“坚守正道、弘扬正气，襟怀坦白、光明磊落，坚持原则、恪守规矩，严肃纲纪、疾恶如仇，艰苦奋斗、清正廉洁”。俞正声主席在2013年4月的全国政协机关干部见面会上要求政协机关干部热爱人民政协事业，热心服务政协委员，勤于学习和思考，切实改进工作作风，并特别强调要努力成为能说、能写、能干的“三能”干部，也就是能说明白、写明白、干明白的干部。政协机关干部无论从事哪个方面工作的，都是党的干部，都必须按照好干部标准，切实加强自身建设。下面，我结合学习习近平总书记重要讲话和俞正声主席要求，就怎样当好政协机关干部谈点认识和体会，和大家交流，与大家共勉。

一、一定要坚定理想信念

政协工作政治性、政策性很强，政治可靠是当好政协机关干部的首要标准。政治可靠最重要，不可靠最糟糕。不可靠，组织就无法信任你、使用你、放心你。正像人们所总结的那样：有德有才是精品，有德无才是次品，无德无才是废品，无德有才是危险品。因此，政协机关干部无论是从事领导工作，还是从事具体工作，首要的就是政治合格，以坚定的理想信念作为全部生命的“主宰”、一切行动的“统帅”，真正练就“金刚不坏之身”；都应该塑造坚强的政治品格，以敏锐的政治意识、坚定的政治立场、清醒的政治头脑，有效地在多元中立主导，在多样中谋共识，在多变中把方向，确保在关键时刻靠得住、信得过、顶得上。

一是保持敏锐的政治意识，最根本的就是在思想上、政治上、行动上自觉同以习近平同志为总书记的党中央保持高度一致。党的领导是中国特色社会主义最本质的特征，也是人民政协事业发展进步的根本保证。党政军民学，东南西北中，党是领导一切的。这是一个重大政治原则，不容有丝毫含糊。政协坚持党的领导，不是空泛的，而是具体的。对于政协机关干部来说，就是要始终坚持同以习近平同志为总书记的党中央保持高度一致，这不仅是政治要求，而且是政治纪律。应该充分肯定，各级政协机关绝大数干部党的观念是强的，与党中央保持一致都是高度自觉的。同时，也确实有些同志对在政协工作中如何更好地体现和坚持党的领导、如何有意识地也可以说积极主动地争取党委的领导、如何具体地落实党的领导等问题，思考得不多，落实得不够；有的对中国共产党领导的多党合作和政治协商制度理解和认识存在片面性，把中国共产党的领导和多党合作对立起来，讲多党合作多、讲中国共产党的领导少，有的甚至认为政协作为多党合作和政治协商的机构，应该是民主党派的代言人，等等。这些问题确实不同程度存在，必须坚决防止和克服。因此，政协机关干部要切实增强政治意识，在任何时候任何情况下都坚决贯彻执行党的路线方针政策不动摇、不放松、不偏离，紧紧围绕党和国家发展的大局、政协工作的全局谋划和开展工作，切实把党的领导贯彻落实到政协工作的各方面和全过程。

二是保持坚定的政治立场，最关键的就是坚定不移走中国特色社会主义道路。人民政协事业是中国特色社会主义事业的重要组成部分。坚定不移地走中国特色社会主义道路，是人民政协必须始终坚持的政治方向，也是政协机关干部必须始终恪守的政治原则。在这个问题上，社会上还存在一些杂音、噪音，比如，有的人脱离我国国情和社会政治条件，主张在政治建设中照搬西方制度模式和发展道路；比如，有的人盲目用西方政治理论评价我国民主政治建设，贬低人民政协在我国政治体制中的重要地位和独特作用，等等。这些问题的实质，就是要否定中国特色社会主义道路。理想信念是思想和行动的“总开关”“总闸门”，理想的滑坡是最致命的滑坡，信念的动摇是最危险的动摇。政协机关干部一定要切实增强政治敏锐性和政治鉴别力，始终保持战略定力，坚定对马克思主义的信仰，坚定共产主义远大理想，坚定中国特色社会主义信念，做到政治信仰不变、政治立场不移、政治方向不偏。要把坚持和发展中国特色社会主义作为巩固共同思想政治基础的主轴，始终坚定道路自信、理论自信和制度自信，在事关政治方向和根本原则的问题上立场坚定、是非分明，自觉抵制多党制、两院制、三权分立等西方政治制度模式的影响，始终坚定地走中国特色社会主义道路。

三是保持清醒的政治头脑，最重要的就是准确把握人民政协性质定位。习近平总书记在庆祝人民政协成立 65 周年的讲话中 3 次提到了坚持人民政协的性质定位。这是一个重大原则问题，事关我国政治体制和基本政治制度，事关我国社会主义民主政治发展方向。党中央对这个问题的态度始终是明确的、坚定的，就是不能把政协搞成一个权力机构。但一直以来，社会上包括政协内部有的同志对政协性质还存在一些模糊认识。比如，有的认为人民政协架构大、权力小，应该赋予更多的权力；比如，有的认为政协作用发挥太“软”、太“弱”，不如行政命令来得过瘾，应该增加政协协商、监督的刚性约束力；比如，有的认为既然提选举和协商是两种民主形式，政协职权就应与人大一样，等等。这些错误的思想认识，说到底还是没有准确把握政协的性质定位。政协不是权力机关，人民政协是社会主义协商民主的重要渠道和专门协商机构，人民政协的作用概括地讲就是：维护核心、服务中心、凝聚民心。简单地说，政协就是个平台，是发扬民主的平台，是政治协商的平台，也是统一战线的平台。政协机关干部决不能人云亦云，甚至跟风跑，而一定要从党和国家事业发展全局出发，准确把握政协在我国政治体制中的地位作用，坚持和完善中国共产党领导的多党合作和政治协商制度，始终坚持在依照宪法法律和政协章程准确定位的基础上，大力推进各项工作不断向前发展。

二、一定要加强学习

学习是人民政协的优良传统，是推动政协事业发展的一条成功经验，也是政协机关干部提高能力、做好工作的必由之路。政协工作具有高度的政治性，需要熟悉中国特色社会主义理论、熟悉党的路线方针政策和国家法律法规，具有合格的政治素养；政协组织具有构成的广泛性，是由各党派、各人民团体、各族各界组成的，委员来自四面八方、各个领域，需要政协机关干部熟悉各个方面情况，具有合作共事的能力素养；政协工作具有领域的宽泛性，涉及社会主义经济建设、政治建设、文化建设、社会建设、生态文明建设和党的建设各个领域，涉及内政外交，涉及各个学科门类，需要政协机关干部有宽广的知识面，具有相当的知识素养。加强学习，首先要认识到位，充分理解学习的重要性，认识到学以明理、学以养德、学以增智、学以兴业；其次，要树立全新的学习观念，把握人民政协事业不断向前发展的形势，通过切实加强学习更好地应对新情况、新问题，不断提高工作的科学性、预见性、主动性。

一是坚持理论武装管方向。要学习好马克思主义理论，学通弄懂中国特色社会主义理论，加强对党的十八大和十八届三中、四中全会精神的学习，加强对习近平总书记系列重要讲话精神的学习，特别是要深入学习中央关于统一战线和人民政协工作的重大决策部署，领会贯穿其中的马克思主义立场、观点、方法，从而深刻认识和准确把握共产党执政规律、社会主义建设规律、人类社会发展规律，在纷繁复杂的形势下坚持科学指导思想和正确前进方向。

二是坚持业务钻研长本领。要结合政协工作需要来学习，坚持干什么学什么、缺什么补什么，学什么通什么、通什么精什么，重点学习政协章程和相关文件，有针对性地掌握履行岗位职责所必备的各种知识，研究工作特点和规律，使自己成为行家里手，提高解决实际问题的能力。比如，专委会的工作人员，应该对所在专委会的情况了如指掌，这样起草的报告才能言之有物、切实可行，提出的建议才能更具针对性和实效性。一句话，应力争成为这一领域的专家，更好地发挥参谋助手作用。比如，研究室和办公厅（室）等综合部门的同志，对国家的大政方针政策是什么，有争议有分歧的问题是什么，就某个问题有什么不同看法，哪些看法涉及重大原则问题，要研究透彻、分析清楚，做到心里有数、信手拈来。后勤服务部门的同志，对自己所承担的工作，要悉心琢磨，认真钻研，在“勤”字上做文章，在“实”字上下功夫，在“优”字上见成效。总之，还是那句老话，处处留心皆学问，三百六十行，行行出状元。

三是坚持博学广识拓眼界。平时要多读书、多看报，对经济、政治、历史、文化、社会、科技以及军事、外交等方面的知识都要有所涉猎，从而了解不同观点，拓展思维方式，丰富知识面，真正做到在联系和服务委员的过程中，能和他们说得上话、办得了事、跟得上趟。比如，2013 年 9 月，我们组织“军队文职人员队伍及制度建设”考察团前往兰州军区考察，委员们都是军队方面的高级将领，在考察过程中讲了很多好的意见，由此形成的报告得到了中央领导的高度重视。如果政协机关干部两眼一抹黑、对军队情况一无所知，就不可能和委员进行深入交流，也不可能有效研究整合相关意见建议，形成有分量的报告。

四是坚持久久为功见成效。现在机关总得学习气氛不浓，学习没兴趣、不认真、不深入，学习浅尝辄止、不求甚解，正像人们形容的那样：看书看个皮，看报看个题，一学习就打盹。古语讲，学而不思则罔，思而不学则殆。学习不是朝夕之功，而是长久之道、务本之举，这就要求发扬“海绵精神”、“钉子精神”和“滴水精神”。“海绵精神”就是要如饥似渴地学习，既向书本学、也向实践学，既向专家学者学、也向人民群众学，做到腿勤、嘴勤、手勤、脑勤，白天看听讲、晚上读写想，处处留心观察、时时用心思考；“钉子精神”就是要沉下心来、深钻细研，特别是要紧扣政协工作中的实际问题加强学习，对政协经常性工作的特点和规律深入研究，做到干中学、学中干，学以致用、用以促学、学用相长，真正学深学透而不是浅尝辄止、一知半解；“滴水精神”就是要持之以恒，把学习作为一种追求、一种爱好、一种健康的生活方式，变“要我学”为“我要学”，变“学一阵”为“学一生”，日积月累、积少成多、久久为功。在这里，我把陶渊明（东晋末期南朝宋初期诗人）的一首诗送给大家：盛年不重来，一日难再晨，及时当勉励，岁月不待人。

三、一定要切实改进工作作风

政协作风一头连着党风政风、一头连着民风社风。政协机关干部直接为广大政协委员服务，一举一动体现党政机关作风、关系执政党的形象。按照中央统一部署和要求，十二届全国政协把加强作风建设作为开局起步的大事来抓，结合实际认真贯彻落实中央八项规定，深入开展以为民务实清廉为主要内容的党的群众路线教育实践活动，目前通过正在开展的“三严三实”专题教育，努力提升机关干部综合素质，认真解决政协会议、调研视察、外事出访等方面存在的问题，各项工作展现出新气象、新面貌。从总体看，广大政协机关干部的工作作风是务实的、上进的，但也存在着一些问题。比如，形式主义，有的热衷于开各种名堂的会议、发一些没实际意义的文件，表面上热热闹闹，实际上不见效果；再比如，庸懒散松，一些同志认为政协工作不是第一线、没有硬指标，甚至认为“政协统战，请客吃饭，座谈座谈，出门转转，搞搞调研”，办事拖拉、推诿扯皮，迟到早退、贪图安逸等现象时有发生；还比如，讲规格、讲排场，有的同志在做统战联谊工作时，一味追求活动规格高、规模大，公务接待把关不严，外事礼品过于求贵求好。这些问题都需要我们高度重视，切实加以改进。

一是要爱岗敬业。俞正声主席对广大政协机关干部提出的明确要求中，第一条就是要热爱人民政协事业。我体会，爱岗者敬业，敬业者爱岗。爱岗就要做到人在岗上、岗在心上。我常说，干工作就是要事业心加认真，党章对党的各级领导干部提出的必须具备的基本条件的第 4 条，明确要求要“有强烈的革命事业心和政治责任感”，有了这一条就没有办不好的事。政协机关干部要争做爱岗敬业的模范，切实增强工作的荣誉感和使命感，真心实意地热爱人民政协事业，以一颗为人民政协事业矢志奋斗的心，以一种工作干不好、干不完就吃不好、睡不着的劲头，做到人一之我十之、人十之我百之，兢兢业业、恪尽职守、乐于奉献，满怀激情、乐观向上、积极主动地开展工作，这样就一定能够在平凡的岗位上干出一番不平凡的业绩。

二是要真抓实干。说真话、干实事既是能力水平，更是品格和作风。不论做什么工作，都必须求真务实。有的同志认为政协工作虚多实少，不解决实际问题，只能做做表面文章。政协的确不同于党政部门，不作决策、不出政策、不拨资金、不分物资，工作成效集中体现在睿智之言和务实之策中，体现在真知灼见和真凭实据中，但这些议政建言成果的获得，并不比其他工作来得容易，必须苦干实干加巧干，求实务实抓落实。想问题、办事情都要一切从实际出发，放下架子、扑下身子，说到办到、狠抓落实，把工作重心放到为协调推进“四个全面”战略布局献计出力上来，放到服务本地区经济社会发展上来，放到密切联系群众、研究解决涉及群众切身利益的实际问题上来，一步一个脚印，一步一个台阶，干一件是一件，干一件成一件。

三是要做深做细。天下难事，必做于易；天下大事，必做于细。一具体就深入，一深入就落实。把工作往细里做，就是要把小事小节当成一面镜子，在细节中见精神、见品格。不论是一个会议、一项活动，还是一篇文稿、一件工作，都要在“认真”二字上狠下功夫，周密谋划、精心组织，反复核对、严格把关，把工作要求具体落实到每一个环节和方面，确保万无一失、不出纰漏。把工作往深处做，就是不满足于处理一般性事务，而是立足岗位、着眼长远，不断总结经验，把握工作规律。有一个很能说明问题的事例，这就是我们国家在重大工业科技项目上的三个现象：一是航天成功，航空不成功；二是火车成功，汽车不成功；三是电力（超高压）成功，电信（通信）不成功。为什么会出现这种现象，我认为除了许许多多主客观原因外，很重要的一点就是做事认真细致、深入扎实的程度和自加压力、敢于担当的精神不够。我们从事政协工作，虽然与搞科技攻关不同，但道理是一样的。长期以来，各级政协组织在丰富的履职实践中积累了许多经验，要重视做好总结和提炼的工作，持续深化对政协工作的规律性认识，深入、扎实、细致地做好工作。

四、一定要深入调查研究

调查研究是人民政协履行职能、发挥作用的重要基础性工作，也是政协机关干部的看家本领。习近平总书记在庆祝人民政协成立 65 周年重要讲话中明确要求，要切实提高调查研究能力，坚持问题导向，深入实际摸清真实情况，集合众智提出解决办法，努力使对策建议有的放矢、切中要害。当前，我们在调查研究工作中还存在着一些问题。比如，有的调研声势大、场面大，随员多、镜头多，浩浩荡荡、前呼后拥，唯恐上级不知、舆论不晓；有的搞“调演”“约研”，提前踩点、事先设计，看什么、怎么看、和谁谈，都是约定好的，难以了解实际情况；还有的把精力花在堆砌材料、图解结论、编词作文上，搞调查浮光掠影，做研究蜻蜓点水，提建议似是而非。

搞好政协调查研究，必须做到准备足、选点准、方法活、感情真、资料全、研究深。准备足就是认真做好调研前期准备工作，制定好调研方案，储备好调研所需知识，组建好调研队伍。选点准就是注重选点的典型性与普遍性、针对性与全面性相结合，不仅调查工作做得好的地方，也调查问题和矛盾比较多的地方，不仅走“规定路线”、也有“自选动作”，切实找准调研切入点，否则你不可能了解到真实的情况。方法活就是坚持和运用好走访调查、蹲点调查等较为成熟的调研方法，主动适应新形势新情况特别是信息化发展潮流，学习掌握问卷调查、统计调查、抽样调查等现代科学技术的调研方法。感情真就是带着感情、带着责任，与群众动真情、交真心，进得了群众屋，吃得来群众饭，能与群众说上话，能下田间地头劳动交谈，虚心向群众求教，深入了解群众的要求和困难。在这方面习近平总书记给我们做了表率，记得2012年元旦前夕，习总书记冒着严寒、踏着冰雪，驱车300多公里，从北京到河北太行山老区调研，总书记住的招待所房间不足16平方米，吃的是家常便饭，没有酒水，还冒着零下十几度的严寒，看望慰问困难群众，在群众家揭开锅盖了解生活情况，拿起一块蒸熟的土豆亲自品尝，在炕头上与群众盘腿拉家常，嘘寒问暖，访贫问苦，让大家感觉特别温暖，特别亲切。资料全就是处处做“有心人”、时时做“录音机”，多层次、多方位、多渠道地收集捕捉各方面的信息资料，确保提出的意见建议建立在翔实充分的资料基础之上。研究深就是沉下心来、舍得时间、不怕辛苦、花费心血来深入研究。我常说，光调查不研究是“白调查”，光研究不调查是“瞎研究”。因此，既要注重调查，又要重视研究，结合实际情况，科学比较分析，反复推敲论证，形成建设性意见。在开展调查研究过程中，广大政协委员是履职主体，但无论是制定调研方案、安排调研日程，还是搜集调研资料、撰写调研报告，都需要政协机关干部承担具体工作。大家要切实把提高调查研究能力作为基本功。

一是着力增强政策把握能力。政协开展的调查研究，不同于一般的学术研究，往往具有很强的政治性、政策性，其根本目的是为党委政府科学民主决策提供智力支持。要切实提高政治素养和政策把握能力，认真学习党和国家的大政方针与重大决策部署，准确把握有关政策产生的时代背景、发展过程和内涵实质，深入了解政策的实际效果和存在问题，使提出的意见建议既有政策高度，又符合客观实际。

二是着力增强综合分析能力。要树立科学的世界观和方法论，秉持历史唯物主义和辩证唯物主义的观点，培养战略思维、创新思维、辩证思维，善于通过系统的理论思考，把大量的感性材料，上升为理性认识，做到去粗取精、去伪存真、由此及彼、由表及里。要掌握一叶知秋、解剖麻雀的本领，抓住一些具有代表性的典型案例，善于用全面的、联系的、发展的眼光进行深入分析，探寻普遍性规律。

三是着力增强文字表达能力。文字表达是综合素质的集中体现。就调研来说，文字表达能力很大程度上决定着调研报告的质量，决定着整个调研的成效。有的同志调查很全面，研究也很深入，但因为文字表达能力不强，撰写的报告体现不出调研的真实成果。“常看心中有本，多写笔下生花”。切实提高调研报告的水平，需要在平时勤思考、多动笔，有意磨炼文字表达能力。撰写调研报告时，要努力做到把握主题、贯穿主线、抓住重点；努力做到结构严谨、布局合理、条理分明；努力做到内容丰富、资料翔实、言之有物；努力做到观点鲜明、表达准确、短小精悍。写报告最大的忌讳就是大而全、面面俱到。一定要突出重点、体现特色，文风朴实、言简意赅。一句话，把情况摸清，把好的做法提炼好，把问题找准，把原因分析透，在此基础上提出解决问题的建议。写材料没有什么窍门，最重要的就是5条：一是基本功，二是熟悉情况，三是思考分析问题的能力，四是肯吃苦熬夜，五是对事业的热爱。

五、一定要牢固树立政协理念

政协工作政治性强、统战性强、人情味浓，与党委、政府工作在方式方法上有很大不同，在工作理念上有不少鲜明特点。在这方面，一些同志还缺乏深刻认识。比如，有的同志衙门作风浓、统战观念差，不懂得关心人、亲近人、联络人，和委员说不上话、谈不上心、交不上友；有的同志干工作习惯于行政命令、我说你办，把民主协商、平等议事的原则抛在脑后，不懂协商、不愿协商、不会协商；有的同志对有看法、爱发言、讲话有棱角的委员看不惯，认为他们爱放炮、逞英雄、出风头；还有的同志习惯于墨守成规，遇事爱找惯例、找模式、找框框，对工作中出现的新情况新问题视而不见。这些问题都与没有树立正确的政协工作理念有关。政协理念是由政协的统一战线性质决定的，是由大团结大联合的主题决定的，是对政协机关干部的特殊要求。政协机关干部在政治、业务素质上的要求应当和其他机关一样，但在政协理念的要求上应当更高一些。这些要求主要有以下四点：

一是讲团结。人民政协是中国共产党领导的各党派、各团体、各民族、各阶层大团结大联合的组织，团结是人民政协两大主题之一。懂团结是真聪明，会团结是大本事。团结出凝聚力、出战斗力，团结出正气、出业绩、也出干部。政协机关干部要特别善于关心人、联系人、团结人，真心实意同社会各界人士交朋友，知心交心、诚恳待人、平易近人，多一些理解尊重，多一些体贴关怀，以自己的人格力量和道德操守赢得尊重、信任和支持，最大限度地把他们紧密团结在党的周围，把他们的智慧和力量凝聚到全面建成小康社会的伟大事业中来。要切实加强同各民主党派和各族各界人士的联谊和交往，经常沟通思想、交换看法，关注他们的所思所想所盼，帮助他们解决实际困难，虚心听取他们的意见建议甚至批评，自觉接受他们的监督，为他们施展才华、履职尽责提供便利、创造条件。在这方面，我们的老一辈无产阶级革命家是我们的楷模，党的十一届三中全会后不久，小平同志专门请荣毅仁、胡子昂、胡厥文、古耕虞和周叔弢党外五老到人民大会堂座谈，认真听取他们对落实原工商业者政策、推进经济建设的意见，还在大会堂福建厅支起两个火锅，请他们吃饭，使五老很受感动，他们用掏心窝的话提出许多意见和建议。政协机关干部之间也要加强团结，大家在一起工作是难得的缘分，一定以事业为重、顾全大局，大事讲原则、小事讲风格，遇事看得远一点、想得开一点、姿态高一点、心胸宽一点，互敬互谅、和睦相处，互帮互学、共同进步，真正做到“各炒一盘菜，共办一桌席”，形成团结一心干事业的强大合力。

二是讲协商。协商的本质就是商量。习近平总书记在庆祝人民政协成立65周年大会上指出，在中国社会主义制度下，有事好商量，众人的事情由众人商量，找到全社会意愿和要求的最大公约数，是人民民主的真谛。人民政协是协商民主重要渠道，是专门协商机构，协商的理念贯穿于团结和民主两大主题，融会于政治协商、民主监督、参政议政三项职能，体现于各项经常性工作之中。政协机关干部一定要重视协商、长于协商、多做协商。俞正声主席在这方面就有很高的协商艺术，每次全国政协双周协商座谈会最后，俞正声主席从不念稿子，都是作总结性即席讲话，主要是归纳委员们的意见和建议，讲得入情入理，实实在在，令人信服，这就充分体现了协商理念。政协机关干部要强化协商意识，坚持以理服人、平等合作、坦诚相待，善于做沟通思想、协调关系的工作，用真理和智慧的力量凝聚共识、赢得信任。要秉持协商作风，坚持集思广益、群策群力，最大程度吸纳各方面意见和建议，在研究讨论中深化认识，在不同意见的碰撞中增进共识，更好地为党委政府科学民主决策发挥作用。

三是讲包容。尊重差异，包容多样，是政协的优良传统和重要特征。从组织构成看，人民政协实行“大团结大联合”的方针，囊括各方面代表人士，具有广泛代表性和巨大包容性；从工作方式上看，坚持求同存异、体谅包容，坚持“不抓辫子、不扣帽子、不打棍子”的方针，鼓励广大委员敞开心扉、打消顾虑，坦率真诚地提出意见和建议，敢于讲真话、勇于道实情，畅所欲言、各抒己见，提倡各种意见和观点的交流交融交锋。政协机关干部要善于以平等对话的方式凝聚共识，以互谅互让的精神处理分歧，以合作共赢的态度促进发展。要具有宽广的胸襟，虚怀若谷、海纳百川、气度宽宏，不恼一言之失、不记无心之过，容得下逆耳之言、容得下尖锐批评。要坚持互相尊重，求大同、存小异，善于寻求和增进共同点，通过存异更好地求同，促进各界人士的大团结大联合。简而言之，不让人讲话不行，只让人照本本讲话也不行，不允许人讲一句错话不行，也不可能。即使是讲了一些不太确切的话，只要不是恶意的，也没什么了不起，也要耐心听、虚心听，通过交流来化解分歧，通过讨论来促进共识。

四是讲创新。创新是人民政协事业发展不竭的动力源泉。习近平总书记强调，人民政协要适应推进国家治理体系和治理能力现代化的要求，坚持改革创新精神，推进人民政协理论创新、制度创新、工作创新。政协机关干部要努力适应新形势新任务的要求，进一步增强创新意识，用新视角看问题，用新观念谋工作，勇于打破传统思维、惯性思维的束缚，突破不符合时代发展潮流的理念和模式，不迷信本本、不盲从权威、不照搬经验，积极探索新办法、掌握新手段、开辟新途径、解决新问题、开创新局面。

六、一定要始终保持清正廉洁

习近平总书记在党的群众路线教育实践活动总结大会上强调，要从严治党，从严管理干部。俞正声主席在十二届全国政协第七次常委会议上强调，要从严要求干部，只有平时从严，才能长久平安，这也是对大家的关心爱护。政协虽没有硬权力，但是有话语权和影响力。近年来，全国政协和地方政协出现了一批腐败案件，比如令计划、苏荣的问题，性质恶劣，情节严重，影响极坏。这些人的问题虽然大多不是在政协履职过程中发生的，但对政协组织的形象和声誉损害很大，令人十分痛心。对于政协机关干部中存在的违纪违法现象，我们一定要高度重视，平时严格要求、严格教育、严格管理，一旦出现了问题，也不能袒护，要坚决依法依纪严肃查处。在保持清正廉洁方面，政协机关干部要切实做到以下三点。

一是筑牢思想防线。原泰安府衙前有一座石碑，上面刻着明代山东巡抚年富的话：“吏不畏吾严而畏吾廉，民不服吾能而服吾公。公则民不敢慢，廉则吏不敢欺。公生明，廉生威。”政协机关干部要始终在思想上绷紧廉洁从政这根弦，不要认为收一点东西、求一张字画是小事，就放松要求、麻痹大意，要意识到自己的一言一行都关系到党的威信和形象，牢记“千里之堤溃于蚁穴”，常修为政之德，常思贪欲之害，常怀律己之心。要坚决防止侥幸心理。东汉时杨震去东莱（山东龙口的古称，也作为烟台的古称）担任太守，路过昌邑。昌邑县令王密是他曾经举荐的官员，就在晚上悄悄带十斤黄金拜访杨震，还说，深夜不会有人知道的。杨震严肃地回答：“天知，地知，我知，你知，怎么能说没人知道呢？”希望大家多体会这“四知”，不要以为偶尔为之就不会出事，始终牢记“手莫伸，伸手必被捉”，牢记“不以善小而不为，不以恶小而为之”。要坚决杜绝攀比的心态，不要总觉得别人门庭若市，自己是清水衙门，而是要真正守得住清贫、经得起诱惑、耐得住寂寞。“清风两袖朝天去，免得闾阎话短长”（明朝·于谦《七绝·入京》诗句）。

二是自觉遵守纪律。去年全国政协党组专门制定了《全国政协党组成员廉洁自律若干规定》，共八条：一是严格遵守党的政治纪律，二是严格遵守党的组织纪律，三是严格遵守党的工作纪律，四是严格遵守党的财经纪律，五是严格遵守党的群众工作纪律，六是严格遵守党的外事纪律，七是严格遵守党的生活纪律，八是严格遵守保密纪律。其中，特别强调“四个不准”，就是不准插手现任职务以外的事务，不准收受与过去、现在担任职务有关单位或个人的财物礼品，不准默许、纵容、授意亲属及身边工作人员利用自身职务影响获取利益，不准谋求中央规定之外的特殊待遇。这些虽然是对全国政协党组成员提出的要求，但对政协机关干部特别是领导干部来说，也是适用的，希望大家能够遵照执行。政协机关干部一定要把遵守党纪国法、执行廉洁从政的各项规定化为自觉行动，始终坚持高标准、严要求，不该去的地方坚决不去，不该吃的饭坚决不吃，不该拿的东西坚决不拿，不该办的事情坚决不办，要杜绝找委员报销钱、安排人，找名人讨字画、要礼品，为别人提供证件、引荐领导等打着政协旗号办私事的行为，真正做到一身正气、一尘不染。

三是坚持防微杜渐。习近平总书记强调，要以“祸患常积于忽微”之心对待小事、小节、小利。从近年来查处的贪腐案件看，不少人就是因“一念之差”、贪“一时之利”，带来“一生之灾”、成为“一生之悔”。要谨防毛毛雨湿了衣裳、杯杯酒量垮家当。我在地方工作时，都反复强调干部要做到“六不”，即不让一日闲过，不让一事拖拉，不让一样恶习上身，不让一笔赃款进家，不让一个和自己接触过的群众不满，不让一个亲属、身边工作人员让人说出闲话。现在看来对于政协机关干部也同样适用。大家要牢牢守住廉洁自律的底线，不碰法律、法规的高压线，真正做到自身正，身如劲松，不失一足；自身净，人如荷莲，不染一泥；自身硬，心如石坚，不妄一念，以自己的精神境界、优秀品行和工作实绩，维护政协的良好形象，维护党的形象。

同志们，大家平时工作都很忙，这次的集中学习培训机会难得。希望大家好好珍惜，集中精力，认真学习，深入交流，不断用新知识充实自己、提高自己。干部培训中心要精心做好教学组织、学员管理和服务保障工作，努力为大家创造良好的学习和生活环境，确保本次培训取得良好效果。

在海峡两岸纪念中国人民抗日战争暨世界反法西斯战争胜利 70 周年学术研讨会上的讲话

（2015 年 8 月 24 日）

林 文 漪

在中国人民抗日战争暨世界反法西斯战争胜利 70 周年纪念日即将到来之际，海峡两岸的专家、学者在北京相聚，以“全民族抗战与中华民族伟大复兴”为主题，举办学术研讨会，追思那段难忘的历史，具有重要的现实意义和历史价值。中共中央对纪念中国人民抗日战争暨世界反法西斯战争胜利 70 周年活动高度重视，专门发出通知，对纪念活动进行全面部署。全国政协也非常重视这次学术研讨会，俞正声主席亲自审定了研讨会方案。借此机会，我代表俞正声主席和全国政协，对研讨会的召开表示热烈祝贺，向参加会议的两岸专家、学者，向各位来宾表示热烈的欢迎，并通过你们向海峡两岸广大热心抗战研究、致力于振兴中华的同志们、朋友们，致以崇高的敬意！

近代以来，日本军国主义通过甲午战争并吞中国台湾和澎湖列岛等领土后，又通过八国联军侵华战争和日俄战争，攫取在中国部分地区驻军的侵略权益，为扩大侵华战争构筑了前沿阵地。1931 年，日本军国主义悍然发动九一八事变，占领中国东北全境；1937 年又蓄意制造七七事变，发动了全面侵华战争。日本军国主义的野蛮侵略，激起中国人民的奋勇抵抗。在中国共产党倡导建立的以国共合作为基础的抗日民族统一战线旗帜下，各党派、各民族、各阶级、各阶层、各团体万众一心、众志成城，形成了共同抗击日本侵略者的战略态势。无论是正面战场还是敌后战场，中国人民同仇敌忾、共赴国难，奏响了气壮山河的英雄凯歌。淞沪会战、太原会战、徐州会战等大的战役，给日军以沉重打击，为打破日军速胜战略，推动从战略防御进入战略相持阶段发挥了重要作用。平型关大捷打破了“日军不可战胜”的神话，百团大战振奋了全国军民争取抗战胜利的信心。在敌后战场，根据地军民对日军的交通线发起频繁的持续攻击，迫使日军不得不长期两面作战。在艰苦的“反扫荡”“反清乡”斗争中，敌后军民创造了极为有效、灵活多样的歼敌方法，使日本侵略者陷入了人民战争的汪洋大海之中。广大港澳同胞、台湾同胞、海外侨胞和海外华人，以各种方式参加和支援祖国人民抗战，许多同胞为国捐躯。经过中华民族的浴血奋战，中国人民打败了日本侵略者，宣告了日本军国主义的彻底失败，宣告了中国人民抗日战争和世界反法西斯战争的最后胜利。

中国人民抗日战争的伟大胜利，彻底粉碎了日本军国主义殖民奴役中国的图谋，迫使日本归还甲午战争以后从中国窃取的东北、台湾、澎湖列岛等神圣领土，彻底洗刷了近代以来抗击外来侵略屡战屡败的民族耻辱，重新确立了我国在世界上的大国地位。中国人民赢得了世界爱好和平人民的尊敬，开辟了中华民族伟大复兴的光明前景。我们应牢记由鲜血和生命铸就的中国人民抗日战争的伟大历史，牢记中国人民为维护民族独立和自由、捍卫祖国主权和尊严建立的伟大功勋，牢记中国人民为世界反法西斯战争胜利作出的伟大贡献，珍视和平、警示未来，坚定不移走和平发展道路。

日本军国主义发动的侵略战争，给人类带来了深重的灾难。然而，70年后的今天，日本一些政治组织和政治人物依然在矢口否认日军侵略的野蛮罪行，依然在执意参拜双手沾满鲜血的战犯亡灵，依然在发表美化侵略战争和殖民统治的言论，依然在藐视历史事实和国际正义，依然在挑战人类良知。两岸专家学者应共同携手，发掘运用更加全面丰富的史实资料，进一步揭示有关重大问题的历史真相，澄清模糊认识，批驳错误观点，维护国际正义，彻底戳穿日本右翼势力否认侵略历史的谎言，坚决反对、遏制“台独”分裂势力，积极推进世界和平与发展的崇高事业。

今天我们召开学术研讨会，追思那段血与火的历史，纪念那场伟大胜利，不是为了延续仇恨，而是在新的历史条件下学习和继承先烈的爱国主义思想，弘扬中华民族的爱国主义传统，坚决捍卫中国人民抗日战争和世界反法西斯战争胜利成果，防止军国主义卷土重来，防止历史悲剧重演。我们缅怀抗日英烈的丰功伟绩，不仅仅是勿忘英魂，更是为了激发和树立民族自尊心和自信心，从那段悲壮的历史中汲取伟大的精神力量和深刻的智慧启迪，凝聚民族力量，振奋民族精神，更好地把握今天的生活和未来的方向。

全国政协文史和学习委员会对这次研讨会做了认真准备，各位专家学者提供了多篇论文，希望通过广泛深入的研讨交流，让历史说话，用史实发言，推动两岸在一些重要问题上能够达成共识，共同弘扬抗战精神，捍卫民族尊严和荣誉。在此，我也谈几点具体认识。

*一、以爱国主义为核心的伟大民族精神是中国人民抗日战争胜利的决定因素。*面对民族存亡的空前危机，中国人民的爱国热情像火山一样迸发出来。全体中华儿女众志成城、共御外侮，为民族而战，为祖国而战，为尊严而战，用生命筑起了中华民族的血肉长城，谱写了反抗日本侵略的英雄史诗。以爱国主义为核心的民族精神得到了极大的发扬和光大，成为战胜日本军国主义最强大的精神力量。

*二、中国共产党坚持全民族抗战，在抗日战争中发挥了中流砥柱的作用。*在中华民族面临亡国灭种的最危急时刻，中国共产党坚持动员人民、依靠人民，倡导建立最广泛的抗日民族统一战线，提出和实施持久战的战略总方针，引领夺取战争胜利的正确方向，为战胜日本侵略者奠定了最广泛、最深厚的群众基础。中国共产党领导开辟的敌后战场和国民党指挥的正面战场协力合作，形成了共同抗击日本侵略者的战略局面。中华民族空前觉醒，显示出强大的凝聚力，真正实现了民族大团结。中国人民抗日战争胜利是全民族抗战的胜利，是全体中华儿女的荣光！

*三、中国人民抗日战争在世界反法西斯战争中具有重要的地位和作用。*中国人民抗日战争开始最早、持续时间最长。中国战场长期牵制和抗击了日本军国主义的主要兵力，在战略上策应和支持了盟国作战。中国是世界反法西斯战争的亚洲主战场，对日本侵略者的彻底覆灭起到了决定性作用。同时，中国积极倡导和推动世界反法西斯统一战线的建立，并为创建联合国、维护第二次世界大战胜利成果和国际公平正义作出了历史性贡献。中国的国际地位随着抗日战争的开展和胜利而得到显著提高。

*四、中国人民抗日战争的胜利是中华民族伟大复兴的重大转折。*中国人民抗日战争的胜利，彻底粉碎了日本军国主义殖民奴役中国的图谋，捍卫了国家主权和领土完整，

为中华民族复兴赢得了重要的历史契机；中国人民抗日战争的胜利，大大增强了中华儿女的民族认同感、凝聚力和向心力，更加激发了中华民族的爱国主义情怀，为中华民族复兴提供了不竭的动力源泉；中国人民抗日战争的胜利，极大地改变了近代以来中国的国际形象，重新确立了中国的大国地位，为中华民族复兴创造了有利的国际环境。从此，中华民族开始以崭新的形象重新步入世界民族之林，成为中华民族走向伟大复兴的重大转折。

甲午战争以后，日本对台湾进行了长达50年的殖民统治。包括台湾人民在内的全体中国人民，为反抗日本殖民统治，争取台湾回归祖国进行了不屈不挠的斗争。在中华民族抗日救亡高潮中，许多台湾同胞奔赴祖国大陆参加抗日战争。台湾同胞为反抗日本殖民统治、争取回归祖国而进行的斗争，是近代中国人民反抗外来侵略斗争的重要组成部分，为这段历史增添了光辉的一页。

近年来，在两岸同胞的共同努力下，两岸交往更加频繁，感情更加融洽，关系更加紧密，两岸关系迎来新的发展机遇。新的历史条件下，两岸同胞应以心相交、尊重差异、增进理解，加强交流，扬长避短，共同传承中华文化优秀传统，不断增强民族认同、文化认同、国家认同。要坚定不移走两岸关系和平发展道路，坚持“九二共识”、反对“台独”的政治基础，坚持开展两岸协商谈判、推进各领域交流合作，坚持为两岸民众谋福祉。

人民政协是各党派团体和社会各界人士团结合作的组织，是人民民主的重要实现形式。多年来，全国政协一直致力于加强两岸交流合作，积极组织政协委员赴台参访，全国政协主席俞正声多次会见台湾民意代表参访团，地方各级政协也积极组团赴台交流。全国政协及地方政协与台湾民意代表之间建立起了制度化、常态化的交流机制，取得了丰富的交流成果。民革中央、台盟中央、全国台联等单位也积极加强与台湾的民意交流。这些交流合作，反映两岸民意、汇集两岸民智，在推动两岸相互理解、增进共识等方面，发挥了不可替代的作用。

在加强与港澳台交流合作的过程中，全国政协文史和学习委员会充分发挥自身优势，积极开展文史资料征编，搜集整理抗日战争史史料，组织原国民党爱国将领撰写回忆录，编辑出版了《原国民党将领抗日战争亲历记》等系列丛书。同时，通过研讨会、座谈会和专题调研等多种形式开展抗战纪念活动，加大对抗日战争研究的宣传力度，深入挖掘抗战的历史经验和精神财富，激励海内外所有中华儿女，继承和发挥革命传统，为实现中华民族的伟大复兴而努力奋斗。

同志们、朋友们，伟大的中华民族历经磨难却始终自强不息，为人类文明进步作出了不可磨灭的贡献；伟大的民族精神历经千载薪火相传百炼成钢，激励我们永远奋发向前。70年过去了，战火和硝烟早已远去，但中国人民抗日战争的伟大胜利将永远镌刻在中华民族的史册上，永远铭记在人们心里。中华民族伟大复兴的中国梦，既是国家、民族的梦，也是包括两岸同胞在内的每个中华儿女的梦，让我们更加紧密地团结起来，坚定不移走和平发展道路，为实现中华民族伟大复兴续写新的光辉篇章，为世界和平发展、人类文明进步作出新的更大贡献。

预祝会议取得圆满成功！祝各位专家学者在京期间身体健康，心情愉快！

发展可再生能源 维护能源和生态安全

（2015 年 9 月）

陈 元

在环境、气候、生态、可持续发展等问题日益凸显的今天，发展新型清洁能源、逐步摆脱对传统化石能源的依赖，已经成为各国经济转型的重要着力点。对于中国这样一个人口大国、发展中大国、能源消耗大国而言，发展清洁、可再生能源，具有更加重要的现实意义和战略意义，将对我国能源安全、生态建设、技术进步、人民生活等各个方面产生重要的推动作用。

一、促进能源独立和能源自给，维护能源安全和经济安全

我国已经成为全球第二大经济体，经济快速发展和 13 亿人口带来的巨大能源消费需求，使我国能源供需矛盾日益突出。特别是近年来油气进口量快速增长，对外依存度屡创新高。2014 年，全国能源消费总量约为 42.6 亿吨标准煤，其中煤炭消费量占比为 66.0%，水电、风电、核电、天然气等清洁能源占比仅为 16.9%；当年原油进口约 3.1 亿吨，对外依存度达 59.6%，天然气进口约 590 亿立方米，对外依存度达 32.2%，均创历史新高。此外，我国原油进口的油路较为单一，75%左右的石油进口需要通过马六甲海峡，油路安全难以保障。在中国崛起的情况下，西方国家对华遏制加剧，我周边局势日趋复杂，地缘政治变化使我国能源供应体系更加脆弱。能源安全涉及经济安全乃至国家安全，能源供应体系的脆弱性给我国推进对外合作、在国际事务中发挥更大作用带来掣肘。

解决能源安全问题，需要在国家能源战略上有所调整。一方面，要以能源独立为基本方向，充分利用我国自然资源禀赋，开发可再生能源，减少消耗，建设有利于我国经济安全的能源保障体系。能源独立有两个内容，一个是能源大幅度节约，减少消耗；另一个就是能源大幅度自给，减少对国际市场的依赖。从短期看，能源完全独立还不现实，仍要立足全球化趋势，加大对外能源合作，稳定海外供应，努力构建以中国为中心、为中国服务的能源保障体系。从中长期看，要最大限度地减少能源进口和化石能源消耗，积极探索开发替代化石能源的可再生能源，比如光能、风能、生物质能源等，使能源供给主要靠自己，更加可靠、可持续，更加具有韧性和耐冲击能力。这也是当前各国能源战略的基本方向。以美国为例，早在尼克松政府时代，受当时世界能源危机影响，美国就开始寻求“能源独立”的发展道路。近些年，得益于页岩气的大规模开发利用，美国能源独立取得重大进展。据统计，受页岩气革命影响，目前美国已经超越俄罗斯成为世界最大的石油和天然气生产国，能源自给率接近九成。油气价格优势使美国制造业竞争力进一步提高。有人估算，页岩气生产每年为美国制造业节省成本 110 亿美元

左右。制造业的复苏，不仅助推了美国再工业化战略实施，而且带动了就业和经济增长。从我国国情实际看，我国进口能源的地方很多政局不稳，以致发生动乱战乱，导致我国能源进口存在不稳定因素。我国的可再生能源潜在储量巨大。大力发展清洁可再生能源，将是推进我国能源独立战略的一条重要路径。以生物质能源为例，我国农村每年大约可产生8亿吨秸秆、10亿吨禽畜粪便和40亿吨尿液，很多都没有得到有效利用。如果把我国农村每年未利用的2亿吨秸秆和8亿吨禽畜粪便进行能源转化，形成的沼气可折合生物天然气686亿立方米，约为2014年全国天然气消费量的37%，进口量的1.2倍，基本可以满足天然气自主供给。如果把城市的粪便污水、有机废物都算上，充分利用起来，则数量更大，生物天然气有可能达到1000亿立方米。

另一方面，要积极发展分布式可再生能源，提高局域能源自给能力。从能源供给和利用方式来看，未来能源供给将呈现分布式和网络式相结合、相补充的基本模式，可再生能源将以分布式为主体。我国农村和小城镇地域广阔、居民居住相对分散，发展分布式能源比城市更具条件。生物质能源利用与分布式系统的结合，将在很大程度上实现农业生产、能源提炼和最终能源消费的闭环运行和绿色循环，使农村、小城镇、城市社区实现能源自给，逐步减少对电网、石油、天然气等国家能源网络的依赖。这对于提高我国能源体系抗灾变能力、保障能源安全具有重大的全局性意义。

二、弥补生态环境透支，实现绿色可持续发展

我国长期粗放型增长方式对生态环境造成严重污染和破坏，生态恶化、环境透支使发展的可持续性面临严峻考验，人民群众意见很大。这些污染，与我国能源消费结构不合理有很大关系。我国能源消费中，煤炭占主要部分，煤炭燃烧排放大量二氧化硫、二氧化碳和烟尘，形成煤烟型大气污染。此外，我国农村大量养殖废弃物的随意排放、农作物秸秆的焚烧和丢弃、工业污水的低效处理，也给土壤、水体和空气带来严重污染。其中，仅秸秆焚烧就为雾霾“贡献”了12%的粉尘和5%的氮氧化物。畜禽便溺乱排放和病死畜禽随意丢弃还会造成病菌传播，影响人畜健康。

要恢复生态、弥补环境透支，就必须调整能源政策。这当中，可以通过大量进口石油、天然气替代煤炭，从长远看，这对改善生态有利但对能源安全帮助不大。也可以通过改造燃煤设备，推进工业节能减排。这项工作目前已经取得初步成效，一些大型燃煤电厂已经能够做到近零排放，但全面推广还需要长期努力。从根本上来说，只有发展清洁的可再生能源，特别是生物质能源，才能彻底解决能源消耗的环境污染问题。

生物质能源作为一种重要的清洁能源，生态效益非常显著。据测算，生物质能源化利用，可大幅减少有害物排放，全国每年可减排二氧化碳5000多万吨，这也是对全球应对气候变化的一大贡献。通过发展农村沼气，形成“养殖＋沼气＋种植”的良性循环，有机物还田可减少20%左右的化肥农药施用量。如果农村秸秆、人畜粪便、厨余垃圾、沼液残渣、生活污水甚至城市管道污泥都能有机分解成能源和无菌、无毒、无害的有机肥还田，就能大量减少化肥使用，改良土壤，并提供无公害的绿色农产品。目前，我国农村每年使用5000多万吨化肥，在大量消耗煤、油和电力资源的同时，还容易导致土壤板结、酸化，肥力下降及农村面源污染，造成水体富营养化。大力发展生物质能源，有利于从根本上扭转环境透支的被动局面，把过去污染的负面因素、负资产修

正过来，使人类能源利用重新回归大自然，成为生态循环的积极因素和正资产，助推绿水青山生态文明建设。

三、改善农民生活，推动城乡一体化

要实现全面建成小康社会的目标，短板在农村，尤其是贫困地区。实现农村的全面小康，一项基本的任务是改善农村的生产生活条件，解决农民的水、电、气使用问题。目前，我国农村人均能源消费水平低，优质能源比例低，随着新农村建设和新型城镇化建设的推进，农村能源需求将会显著增长。加快农村生物质能源开发，实现变废为宝、化害为利，不仅有利于减少废弃物污染，美化农村环境，还能因地制宜、就地解决农民的用能问题。把可再生能源打造成农村特色产业，还能延长农业产业链条、优化农村产业结构、促进生态农业发展、提高农业经营效益、扩大农村就业水平，有力推动农业发展方式转变。

另外，开发农村生物质能源，还能带动投资，吸引社会资本参与农村建设，增加农村基础设施投入。目前，北京德清源公司在延庆试点秸秆能源化处理，取得了比较好的经济效益、生态效益和社会效益，1 亩秸秆大约可产生 46 立方米高纯度沼气、250 公斤有机肥，减排污染物 26 公斤。如果把这个模式在全国范围内进行推广，每年可处理 3.28 亿吨秸秆，拉动总投资 2.9 万亿元，其中，生物质天然气工程投资 1.7 万亿元，村级天然气管网建设投资 1.2 万亿元。这对当前经济下行压力较大的情况下，发掘新的有效投资热点有积极意义，可以说是既稳当前，又利长远。

四、加快科技进步，抢占技术制高点

发展新能源是新一轮工业革命的重要方向和突破口。就新能源开发利用的技术水平而言，我国与发达国家几乎在同一起跑线上，谁能抢得先机，谁就能把握发展主动。近几年，我国太阳能、风能等新能源开发利用的技术水平不断提高，有的已经优于国际水平。在生物质能源领域，中国特色沼气技术逐步成熟，进出料工程装置快速普及，一些关键技术取得突破并初步实现产业化。另外，在其他生物科技领域也有新成果。比如，生物基戊二胺技术，以生物质替代石油合成仿生材料聚酰胺 56，二氧化碳排放大大减少，材料具备密度低、弹性恢复率高、本质阻燃等优越性能，拥有完整的国家知识产权。再比如，弗吉尼亚理工大学张以恒教授利用体外合成生物系统技术，成功将玉米秸秆中葡萄糖和木糖转化为氢气，产量达到理论最大值。未来，生物质能源开发利用还应在一些重点技术环节争取更大突破。比如，生物质发酵效率能不能提高、再提高，通过制备更加高效的催化酶，使生物质原料中的纤维素、木质素尽可能多地转化为甲烷或者氢气；植物的光合作用转化率能不能提高，通过改善植物基因，加快光合作用速度，成倍吸收二氧化碳，实现在土地上“种能源”；生物质原料来源能不能扩大，使生长周期快的植物以及生活垃圾、人畜粪便、城市污水淤泥等有机质都有条件成为能源提取原料。在绿色生态、节能减排上应有“四零”的目标。一是污染零排放，二是水资源的零排放，三是保温能量的零耗散，四是白天照明的零灯亮。

总之，我国发展生物质能源战略意义重大、条件基本成熟、发展空间广阔。目前，摆在我们面前的不是技术、资金问题，关键是认识问题。希望有关部门能够重视这项工作，把发展生物质能源作为今后的一个重要战略方向，在“十三五”期间制定一些目标，建立完善激励机制，在资金、税收、补贴等方面加大对技术研发、发电电价、重点项目和示范区建设、工程后期维护的扶持；加强法治和监管，放宽市场准入，整顿特许经营权市场，支持光伏电入网，生物天然气进入天然气管网和车用燃气领域，用全国性大市场支持可再生和生物质能源的发展普及；加快关键领域技术攻关，优选方案，整合资源，集中推广成熟模式；完善投融资机制，构建政府、企业、金融机构、家庭农场等广泛参与，多方受益的市场化运作体系，逐步提高生物质能源开发利用的产业化水平，为我国能源和生态安全提供有力保障。

在中国人民政协理论研究会2015年度人民政协理论研讨会上的讲话

（2015年9月8日）

张 庆 黎

这次会议把理论研究会常务理事会和2015年度人民政协理论研讨会套着召开，既有内容程序的需要，又能节省时间。今年7月中旬，全国政协召开全国地方政协工作经验交流会，俞正声主席发表了重要讲话，就认真学习贯彻习近平总书记关于人民政协的新思想、新论断、新要求，推进人民政协事业发展的重要理论和实践问题进行了深刻阐述。我们这次会议，就是要进一步学习贯彻以习近平同志为总书记的党中央关于人民政协事业的重要部署和俞正声主席重要讲话精神，深入推进政协理论研究工作和理论研究会建设。

在党中央坚强领导下，第十二届全国政协在俞正声主席主持带领下，坚持在继承中发展、在发展中创新，在加强学习、发扬民主中凝聚和增进共识，着力巩固团结奋斗的共同思想政治基础；在把握性质、找准定位中体现和发挥优势，有效运用政协话语权，巩固扩大影响力；在围绕中心、服务大局中聚焦和研究问题，努力提高建言献策水平和协商议政实效；在搭建平台、开辟渠道中联系和服务委员，努力改善知情明政、献计出力的条件；在以上率下、求真务实中加强和改进作风，扎实推进自身各项建设，把政协工作进一步往深干、朝实做、向上推，人民政协事业呈现出团结奋进、民主和谐、创新发展的良好局面。

这些成绩的取得，根本在于党中央的坚强领导和高度重视。党的十八大和十八届三中全会、四中全会、中央统战工作会议、庆祝人民政协成立65周年大会等都对人民政协工作作出重要部署，并出台一系列重要文件。两年来，习近平总书记多次主持召开中央政治局常委会议，听取政协工作汇报，研究部署政协工作，就政协工作发表重要讲话和作出重要指示，提出一系列新思想、新论断、新要求，为人民政协事业发展、政协协商民主建设进一步确立原则、指明方向、提供根本遵循。

今年，全国政协十二届三次会议期间，习近平总书记参加民革、台盟、台联委员联组会时，发表了重要讲话，并对全体政协委员提出三点希望。这段讲话不长，在这里我们再集体学习一遍。习近平总书记强调：

一是勇于担当责任。政协委员作为各党派团体和各族各界代表性人士，由各方面郑重协商产生，代表各界群众参与国事、履行职责，是一种崇高的荣誉，更是一份沉甸甸的责任。当一名政协委员不容易，当好一名政协委员更不容易。参加政协会议，不能只感到光荣，更不能只感到风光，而是要尽心尽力履行职责。要增强委员意识，把责任扛在肩上，把事业放在心上，有效履行委员职责。

二是着力提高能力素质。全国政协讨论的都是涉及党和国家事业发展、涉及人民利益的大事，政协委员要履行好职责，必须具备较高的思想水平和认识能力。苏东坡说："天下无事，则公卿之言轻于鸿毛；天下有事，则匹夫之言重于泰山。"我们正在推进全面建成小康社会、全面深化改革、全面依法治国、全面从严治党，迫切需要集思广益。政协委员是其中一支十分重要的力量。全国政协委员提出意见和建议，要提在全国政协这样的层面上，懂政协、会协商、善议政，只是一些零碎的想法、一般的观感、笼统的表态是不够的。这就需要广泛学习各方面知识，扎实开展调查研究，及时了解现实情况，摸清真实情况，找准存在问题，做到建言建在需要时、议政议到点子上、监督监在关键处。

三是自觉保持良好形象。人民政协是庄严的政治组织，政协委员一言一行社会都很关注。十二届全国政协以来，有一些委员出了问题，在社会上产生了不良影响，也给政协形象造成了伤害。大家要模范遵守宪法法律和政协章程，自觉践行社会主义核心价值观，守住道德底线，不碰法律红线，自觉廉洁自律，努力做到行为世范。政协会议活动和调研视察比较多，要厉行勤俭节约，杜绝不正之风，确保风清气正。

这一重要讲话，集中体现了习近平总书记关于政协工作的一系列新思想、新论断、新要求，不仅是对政协委员履职尽责的重要要求，更为政协事业发展指明了方向和目标。其中，"懂政协、会协商、善议政"，这九个字思想深邃、内涵丰富、通俗易懂、意味深长，是关于政协建设的重要思想。下面，我着重围绕这一重要思想，谈一些认识和体会，与大家交流。

一、深刻认识习近平总书记关于"懂政协、会协商、善议政"重要思想的重大意义

习近平总书记关于"懂政协、会协商、善议政"的重要思想，深刻回答了人民政协履行职能的方向、目标、原则、方法、途径等重大问题，对于促进人民政协事业健康发展，推进社会主义协商民主建设具有十分重要的意义。

一是确立了政协聚焦"四个全面"战略布局的总体要求。以习近平同志为总书记的党中央提出的全面建成小康社会、全面深化改革、全面依法治国、全面从严治党"四个全面"战略布局，立足治国理政全局，抓住改革发展稳定关键，统领中国发展总纲，是我们党治国理政方略与时俱进的新创造，是马克思主义与中国实践相结合的新飞跃。聚焦"四个全面"，是习近平总书记对政协工作的总要求。协调推进"四个全面"，迫切需要凝聚共识、汇聚力量，人民政协大有可为。认真贯彻落实习近平总书记关于"懂政协、会协商、善议政"的重要思想，人民政协才能深刻认识"四个全面"战略布局的科学内涵、时代背景、实践要求，在战略布局中找准自身位置，科学把握政协在推进"四

个全面”中发挥作用的主攻方向、工作重点、具体路径，运用独特优势，着力资政建言，广泛凝聚力量，更好地服从服务于“四个全面”战略布局。

二是确立了推进人民政协协商民主建设的重要目标。党的十八大以来，党中央对发展社会主义协商民主作出一系列重大部署，下发《关于加强社会主义协商民主建设的意见》，中央办公厅印发了《关于加强人民政协协商民主建设的实施意见》，对政协协商提出了明确要求，强调人民政协要充分发挥作为社会主义协商民主重要渠道和专门协商机构的作用。习近平总书记关于“懂政协、会协商、善议政”的重要思想，是对政协协商提出的方向和目标，也是推进政协协商的重要保障。只有做到“懂政协、会协商、善议政”，才能更好地认清使命、确定方位、增强自觉，创造性地贯彻落实党中央对人民政协协商民主建设的重点部署和系列安排，使政协协商开辟全面运筹、熟练运用、科学运转的新境界。

三是确立了加强政协自身建设的基本任务。习近平总书记关于“懂政协、会协商、善议政”的重要思想，是对人民政协团结和民主两大主题在履行职能方面的具体要求，是政协加强自身建设应该达到的基准水平。这是一个基本要求，也是一个不低的要求。认真贯彻落实“懂政协、会协商、善议政”重要思想，就是要把政协自身建设的着力点集中在提高政治把握能力、调查研究能力、联系群众能力、合作共事能力上，努力使各级政协组织和政协委员了解和明白政协，达到“懂”的程度；掌握和运用协商方法，达到“会”的地步；熟悉和擅长议政艺术，达到“善”的层次。可以说，真正做到“懂政协、会协商、善议政”，是加强政协自身建设的重要标准，也是提高政协工作科学化水平的重要途径。

二、深入领会习近平总书记关于“懂政协、会协商、善议政”重要思想的丰富内涵

“懂政协、会协商、善议政”，我理解，懂政协是前提、是基础，会协商是能力、是素质，善议政是艺术、是修为。三者相辅相成、互为补充，共同体现了政协的政治主轴、发展方向和精神品质。

（一）“懂政协”，关键是政协，核心是懂，就是要把政协是什么、干什么、怎么干搞清楚、弄明白。懂政协，就要准确了解政协，防止偏差模糊；全面认识政协，不能一知半解；深刻理解政协，避免浮光掠影。

一是准确把握政协的性质定位。这是懂政协的关键。人民政协是中国人民爱国统一战线的组织、中国共产党领导的多党合作和政治协商的重要机构、我国政治生活中发扬社会主义民主的重要形式。政协性质定位，决定了政协工作的原则、主题、任务等重要问题。那些认为政协工作太软、不如行政工作一竿子插到底过瘾，政协应作为协商主体、在协商中要独立发声等认识和想法，都是与对政协性质定位把握不准确有关。因此，懂政协，首先要懂得政协的性质定位，懂得政协不是权力机关，不是决策机构，也不是协商主体，而是各党派团体和各族各界人士发扬民主、参与国是、团结合作的重要平台，是我国社会主义协商民主重要渠道和专门协商机构，是协商民主体系的重要组成，具有独特的话语权和影响力。可以说，政协性质定位是个纲，其他都是目，纲举才能目张，其他问题的解决都源于这个纲。

二是全面把握政协的职能作用。面对新形势新任务，政协应运用自身优势，切实履行政治协商、民主监督、参政议政三项职能，发挥积极作用。政协人才荟萃、角度客

观，应该有效发挥决策咨询和智力支持作用，增强党和国家治国理政重要举措的可行性、准确度和执行力；政协联系广泛、渠道畅通，界别特色突出、组织机构健全，应该有效发挥利益表达和舆情汇集作用，巩固和扩大党的执政基础和群众基础；政协代表性强、包容性大，应该有效发挥协调关系、化解矛盾、凝聚人心的重要作用，不断深化政治认同、思想认同、价值认同，为实现中华民族伟大复兴的中国梦汇聚强大正能量。可以说，政协的职能作用，规定了政协和政协委员的主要任务，同时也相应地明确了履职方式方法，把这些弄懂了，融会贯通，就能熟练运用，游刃有余。

三是牢牢把握政协的重要原则。在长期实践中，人民政协事业形成了重要的工作原则和政治规矩。比如，必须坚持中国共产党的领导；必须把握人民政协的前进方向；必须着眼党和国家工作全局发挥人民政协作用；必须把维护最广大人民根本利益作为政协工作的出发点和落脚点；必须充分发挥政协委员的主体作用；必须以改革创新精神推进人民政协事业。可以说，这些原则是最基本的遵循，是政治纪律，也是政治规矩。把这些弄懂了，并长期坚持，就能始终保持正确的政治方向。

（二）“会协商”，关键是协商，核心是会，就是协商要明理念、重方法、促团结。会协商，就要彰显民主品格，把民主的精神坚持好；善于商量问题，把商量的策略运用好；切实增进共识，把团结的目的落实好。

一是树立协商理念。这是会协商的重要基础。要秉持民主的意识开展协商，坚持真诚相待、互相尊重，坚持“不打棍子、不扣帽子、不抓辫子”，做到畅所欲言、各抒己见，而不是敷衍了事、流于形式；坚持平等议事、以理服人，讨论理性有度、合法依章，避免偏激偏执、主观片面；坚持体谅包容、求同存异，容得下逆耳之言、容得下尖锐批评，不恼一言之失、不记无心之过；坚持商以求同、协以成事，促进各方面思想观点交流交锋交融，以合作共赢的态度促进发展。

二是掌握协商方法。这是会协商的基本要件。要始终坚持有事好商量，做到商量得真、商量得深、商量得实。商量得真，就是要善于表达和交流。所谓协商，就是大家到一起，分别谈自己的看法，包括理论依据、事实根据，彼此互动、进行讨论。如果强加于人，就不容易被接受。因此，提出意见建议尤其是批评时，要态度友善、注意分寸，既知无不言、言无不尽，又能使所讲真话、所道实情入耳入心。商量得深，就是要善于寻求和增进共同点，做到尊重多数、照顾少数，通过研究讨论深化认识，在各种意见中找到解决问题的最大公约数。商量得实，就是要把握好协商边界和程序，使各项对策建议符合法律和政协章程要求，符合客观实际和群众意愿。商量得再热闹，如果违反法律就不行；讨论次数再多，但离天太近、离地太远，不接地气、不符合实际情况也不行。一些政策为什么执行起来往往差“最后一公里”？就是因为没有考虑最后的落实。这就像修水渠，有干渠、支渠、斗渠，却没有农渠、毛渠，滔滔大水也就到不了田间地头。

三是促进团结联谊。这是会协商的集中体现。在人民政协，团结是方向、是目的；协商是手段，是途径。要始终着眼团结，把协商的过程作为增进了解、加深理解、消除误解、取得谅解的过程，在如切如磋中增进共识。有时，不一定要形成共识，通过交流交锋缩小认识差距，就是成果。比如，政协第十二次常委会议邀请了中国工程院院士吴孔明同志就“转基因技术的发展与食品安全”作讲座并与常委们互动，很多同志对转基因的看法由此有所转变。要不断增进团结，以互谅互让的精神处理分歧。一点异议都没有是不现实的，关键是要求大同、存小异，不求全责备、不以偏概全，通过存异更好地求同。要努力扩大团结，通过开展协商切实加强同各族各界人士的联谊和交往，沟通思想、交换看法，虚心听取他们的意见建议甚至批评，靠人格、靠胸怀、靠学识、靠水平、靠能力增强感召力，最大限度地搞好大团结大联合。

（三）“善议政”，关键是议政，核心是善，就是议政要议在关键处、需要时、点子上。善议政，首先议的要是政，做到有的放矢，不能漫无目的、漫无边际；要正当其时，不能是马后炮、事后诸葛亮；要切中肯綮，不能是零碎的想法、一般的观感、笼统的表态。

一是议政要议在关键处。这是善议政的重要起点。人民政协围绕中心、服务大局，就是要注重从党和政府中心工作、时代发展重大命题和群众普遍关注问题的结合点上，选择综合性、战略性、全局性的课题协商议政，从而更好地服务党政决策，回应群众期待。当前，重点是聚焦“四个全面”战略布局，紧紧围绕“五位一体”和党的建设献计出力。大的全局性问题都是由单个的具体问题组成的，一具体就深入，一深入就落实。政协各专委会和各位委员还应立足自身实际，切实发挥专业性、领域性强的优势，深入研究一些小中见大的具体问题，进而推动全局性问题的研究和解决。

二是议政要议在需要时。这是善议政的基本前提。政协议政要有助于“政”，就要加强与党委和政府工作的有效衔接，提前考虑在不同阶段的需要是什么，避免想起来才安排、拿着题目就谈论的盲目议政。要讲求务实性，对于党委、政府即将出台的重要政策举措，重在意见明确、建议具体，为决策提供参考。比如，关于建筑工人工伤维权的问题，政协多次组织专题调研，并召开双周协商座谈会深入讨论，为有关方面出台《关于进一步做好建筑业工伤保险工作的意见》从法律和制度层面提出对策建议。要体现监督性，对于已经出台的重大政策和法律、文件，重在围绕贯彻执行和目标任务的完成情况，提出意见和建议，推动各项举措更好地贯彻落实。俞主席强调，今年政协工作要在监督方面有新突破。为此，我们开展了“腾格里沙漠污染治理”等多次监督性调研，对重点议题抓住不放，接力跟踪，务求有一个结果。要富有前瞻性，对于党委、政府尚未涉及的重大问题，想在前、谋在前、议在前，重在提供重要性论证、倾向性意见。

三是议政要议在点子上。这是善议政的关键因素。政协议政要把握要害、发挥专长、凸显民意、体现特点。把握要害，就是讨论问题要做到开门见山、直奔主题，一口咬到馅，不能泛泛而谈、不着边际、云山雾罩、见首不见尾。发挥专长，就是委员要紧密结合自身专业特点，坚持干什么议什么、精什么说什么，找准切口、研究透彻，切实形成有情况、有分析、有解决办法的独到意见。政协有 34 个界别，包括了各方面、各领域的专业人才和有实践经验的人才。每次举办协商活动，我们都邀请在这个领域最擅长的委员参加，有时还请一些知名专家，力求形成真知灼见。凸显民意，就是要用好政协深入群众的界别组织、上下通达的民主渠道，广泛了解和集中反映民情，为党和政府科学民主决策提供坚实的民意基础。政协委员一定要真正走到所联系的界别群众当中，与群众打成一片，号准群众脉搏，了解群众所思、所想、所盼。体现特点，就是要根据不同内容采用不同议政方式，如监督性议政不妨采取略为尖锐且善意的批评性语言，反映群众诉求时则可以娓娓道来。

三、贯彻落实“懂政协、会协商、善议政”重要思想的主要途径

认真贯彻落实“懂政协、会协商、善议政”重要思想，要探索有效途径，切实将其转化为提高履职能力的有效举措、改进各项工作的强大动力、完善制度机制的科学思路。

一是注重加强学习。重视学习是人民政协的优良传统，也是提高能力素质，落实“懂政协、会协商、善议政”的必由之路。要不断扩大学习覆盖面，丰富学习形式，完善学习机制，尤其要增强学习内容的知识性、知情性和时事性。要注重强化理论武装，组织深入学习中国特色社会主义理论，党的十八大、十八届三中、四中全会精神和习近平总书记系列重要讲话精神，特别是中央关于统一战线和人民政协的重大决策部署；注重提升业务素养，结合政协工作需要，重点组织学习政协章程和相关文件，有针对性地培训履职所必备的相关知识；注重结合委员关切，适当涉猎经济、政治、历史、文化、社会、科技以及军事、外交等方面热点问题，拓展委员知识面和思维方式。我们今年创立人民政协讲坛，首批特聘36位教授，目的就在于此。

二是深化实践锻炼。“懂政协、会协商、善议政”要落到实处，必须学以致用，深入实践。要进一步畅通委员知情明政渠道，解决委员与党政部门之间、委员与政协机关之间、委员与委员之间、委员与群众之间信息不对称的问题，提升委员议政建言的针对性、实效性；进一步提升委员协商议政参与度，增加协商密度，解决“月主席、季常委、年委员”的现象，活跃政协委员特别是京外委员的日常履职活动；进一步鼓励委员联谊交友，创造条件使之同方方面面代表人士进行沟通交流和情感联谊，把各族各界人士凝聚在党的周围。这里，特别强调一点，一定要加强调查研究。调查研究是人民政协履行职能的重要基础性工作，也是政协委员发挥作用的看家本领。我常说，光调查不研究，等于白调查；光研究不调查，就是瞎研究。出去一定要作细致调查，掌握大量真凭实据的第一手资料；回来一定要作深入研究，找出带规律性、可供党委政府决策参考的意见建议。现在，很多人都愿意调查，却不愿意静下心来研究；都愿意跑，而不愿意写。要组织委员真正沉下心来、舍得时间、豁出辛苦、花费心血来深入调查，更要认真研究，做到准备足、选点准、方法活、感情真、资料全、研究深，把问题找准，原因分析透，提出具体实在的对策建议，在调查研究的深入实践中切实增强能力、提高素质。

三是推进工作创新。“懂政协、会协商、善议政”的落实，最终要体现在政协工作的创新和发展上。要努力适应新形势新任务的要求，进一步增强创新意识，不迷信本本、不盲从权威、不照搬经验，用新视角看问题、用新观念谋工作、用新思维想办法，积极开创工作新局面。重点从两个方面展开：一个是内部履职方式创新，如拓展协商内容、搭建协商平台、丰富协商形式、增加协商密度、营造协商氛围等；另一个是与外部关系的创新，如加强政协协商与党政工作的有效衔接等。

四是形成良好机制。制度是对“懂政协、会协商、善议政”规律性认识的概括和总结，也是引导落实“懂政协、会协商、善议政”的重要保障。十二届全国政协已经在制度建设方面取得了重要进展。要进一步落实构建结构合理、层次清晰、科学规范的人民政协制度体系的部署安排，继续加强制度机制建设。要研究制定规范政治协商、民主监

督、参政议政的具体意见，推动把“懂政协、会协商、善议政”落实到政协履行三项职能过程中；制定规范委员履职工作的指导性意见，为委员积极参与协商议政提供制度保障；健全提案办理协商、委员视察、反映社情民意信息等规章制度，推动各项经常性工作更好体现“懂政协、会协商、善议政”的要求；等等。

四、以“懂政协、会协商、善议政”思想指导政协理论研究工作

“懂政协、会协商、善议政”是习近平总书记从理论和实践结合上思考人民政协工作提出的重要思想，也为人民政协理论工作指明了方向。我们要结合政协实际，进一步加强对一些重要理论和实践问题的研究。需要强调的是，理论研究没有禁区，但是政治原则上必须有纪律。对于一些原则性的问题，可以谈看法，但决不能要说法。

（一）深入阐释“懂政协、会协商、善议政”的深刻内涵。习近平总书记关于“懂政协、会协商、善议政”的重要思想，融汇丰富的辩证唯物主义思想，蕴含深刻的系统思维和求实精神。认真学习这一重要思想，进一步阐发其深刻内涵，为人民政协协商民主建设提供强大精神动力，是广大政协理论工作者的重要使命。比如，如何结合学习领会习近平总书记系列重要讲话精神、十八大以来党中央关于推进协商民主建设的重要部署，深入研究和阐释这一思想蕴含的新观点新要求，把人民政协协商民主理论研究引向深入。比如，如何以这一思想为指导，为人民政协更好地准确把握和坚持性质定位，发挥独特优势，运用好话语权和影响力，提供坚实的理论支撑。

（二）进一步研究政协协商民主的基本理论问题。党的十八大以来，在党中央坚强领导下，人民政协协商民主建设从理论到实践都取得了重要进展。从这次全国地方政协工作经验交流会情况看，各级政协组织大胆创新，热情高涨。大家在实际工作中迫切需要对政协协商民主理论有更深刻理解与更准确把握，协商民主建设实践亟待理论研究的引领和指导。比如，有人说“协商民主是个筐，什么都可往里装”。协商民主究竟如何界定，与政协三大职能特别是政治协商之间存在怎样的内在联系，实践中的协商活动又是否都属于协商民主范畴。比如，在推进政协协商民主过程中如何更好坚持党的领导。再比如，政协协商如何与其他协商渠道有效衔接。这些问题都是涉及协商民主理论的基本问题，需要政协理论工作者深入研究、准确阐释。

（三）研究如何在更高水平上推进政协协商民主建设。人民政协协商民主拥有宏观制度优势，但在具体体制机制上民主发育却不足；具有丰厚的实践基础，也存在理论研究的滞后。因此，大力加强政协理论研究，尤其是研究如何在更高水平上推进人民政协协商民主建设，就成为当前政协理论工作者责无旁贷的使命与责任。比如，如何正确把握协商民主中协商与民主的关系，把协商民主理念和价值进一步体现到政协工作各个方面、各个环节。比如，如何大力开发政协协商民主的体制功能，深刻认识协商民主是可以充分体现三大性质、承载三大职能、融汇两大主题的全局性制度安排。比如，如何持续培育人民政协内部的民主文化，不断提高民主意识、民主作风，不断完善民主体制和民主议事规则。再比如，人民政协理论研究怎么和政协实际工作紧密结合，起到实践呼唤理论、理论指导实践的效果，等等。这些问题都带有基础性和全局性，尤其值得政协理论研究者高度关注和深入研究。

同志们，党的十八大以来，党中央赋予人民政协更加重要的历史使命和历史责任。

我们要不负重托，不辱使命，开拓创新，真抓实干，以“人一之我十之、人十之我百之”的精神，努力开创人民政协事业发展的新局面。

在“2015中国共产党与世界对话会”开幕式上的讲话

（2015年9月8日）

王 家 瑞

尊敬的姆贝基、格布扎、莫哈埃前总统，
尊敬的达莱马、陆克文前总理，
各位来宾，女士们、先生们、朋友们：

早上好！欢迎大家参加今年的中国共产党与世界对话会。对话会是当代世界研究中心创办的一个国际性论坛，旨在为世界了解中国、了解中国共产党搭建一个沟通交流的平台，主题都是国际社会当下关注，中国和中国共产党正在实施的重大政治议程。去年举行的第一次会议，围绕全面深化改革这个主题进行了深入热烈的讨论。今年对话会的主题是“从严治党：执政党的使命”，我们会请我们党的权威部门重要官员为各位重点介绍中国共产党党风廉政建设和反腐败的情况，也期待着大家的真知灼见。

党的十八大以来，以习近平同志为总书记的党中央提出并形成了全面建成小康社会、全面深化改革、全面依法治国、全面从严治党的战略布局。这“四个全面”是依据当前中国共产党和中国发展中必须解决好的主要矛盾提出来的。全面建成小康社会是我们的战略目标，决定着我们的发展方向；全面深化改革、全面依法治国、全面从严治党是三大战略举措。

在“四个全面”中，全面从严治党是关键。中国共产党已经成立90多年、执政60多年。执政的时间长了，容易产生脱离群众的问题，甚至少数领导干部走向了群众的对立面，出现了以权谋私、拉帮结派等问题，造成很恶劣影响，也给我们党抹了黑。习近平总书记经常说，治国必先治党，治党务必从严。我们要通过提高自我净化，自我完善、自我革新和自我提高的能力，彻底解决党内存在的问题，进一步巩固执政基础。现在我们正在这么做，已经取得显著成效，但仍然任重而道远。

女士们、先生们、朋友们！

政党如何加强自身建设并担负起引领国家发展的重任，是一个全球性的话题，也是一个全球性的难题。中国共产党是自信和开放的，愿意与国际社会进行真诚、深入和建设性的沟通。非洲有句谚语，叫作“朋友是最好的镜子”，我们愿意听取包括在座各位在内的外国朋友关于中国和中国共产党的意见建议。我们也希望，中国共产党的探索和努力可以为世界政党治理贡献“中国智慧”。

许多访华的外国朋友告诉我，来没来过中国不一样。来了之后才知道，现实中的中国与他们从电视上、报纸上、网络上看到的不一样，中国是一个经济发展、社会和谐、充满活力的国家。他们还说，来一次与多来几次不一样。来一次容易把北京、上海当作整个中国的缩影，认为中国已经是一个发达国家了；多来几次、多走几个地方，才能真正理解中国虽然取得了巨大成就，但也面临不少问题和挑战，才能进一步理解中国为什么还是一个发展中国家。所以，我们希望在座的外国朋友常来中国走走，多到几个地方看看，多与中国同行和民众交流。回国后，把一个真实、完整的中国介绍给你们的同事和朋友。

最后，预祝对话会取得成功！

谢谢大家！

推进金融创新助力经济转型

——在2015年辽宁金融交易博览会上的讲话

(2015年9月11日)

马 培 华

今天会议的主题聚焦在虚拟经济领域中金融创新和实体经济领域中经济转型的相互结合，集中探讨金融创新如何推动经济转型，我觉得具有十分重要的意义。

当前我国经济正在加速转型，传统增长动力逐渐削弱，新的增长动力逐步滋生。产业结构加速调整，投资增长逐步下滑，消费和服务加速上升。传统产业正在消化产能，加速结构调整，新兴产业方兴未艾。东北地区作为我国的老工业基地，当前正处在经济转型最困难时期。党中央国务院高度重视，对如何进一步振兴东北老工业基地作出了一系列重要指示和制度安排，习总书记提出了“四个着力”。东北地区各级政府正在抓紧落实，转型成效将逐渐显现。

金融是现代市场经济的核心。市场优化配置资源首先是通过金融市场来实现的，资金流向哪里，各种生产要素就跟着流向哪里。我国是个储蓄大国、外汇储备大国和商业银行大国，金融资源十分丰富。如何充分利用好动员好金融资源来加速经济转型，推动经济发展，是各级政府的重要任务。

当前，我国金融市场正在加速转型创新，利率和汇率市场化改革加速推进，人民币国际化步伐加快，多层次资本市场体系初步形成，以互联网金融为代表的新业态金融快速发展，金融产品日益丰富，交易工具逐步完善，我国金融市场的国际化、法制化和市场化水平逐步提高。

当然，当前我国金融市场的改革和创新也存在着一些问题。近期我国股票市场和汇率市场都出现了较大波动，并且产生了一定的国际影响，新业态金融在发展初期也存在一些问题，局部金融市场的风险有所显现。中央政府和宏观调控部门高度重视，近期采取了一系列措施来稳定市场，目前股市和汇市都日趋稳定。但是，这次金融市场波动的教训仍然十分深刻，需要认真加以总结。

金融改革和创新是个“双刃剑”，方向正确，措施得当，推进合理，就能有效助推实体经济的转型和发展。反之，就会导致金融市场结构扭曲，甚至酝酿成局部金融风险。为此，我提出以下三个观点，与同志们共同探讨。

一、金融改革和创新必须以服务实体经济为主旨

我国实体经济的主体是企业和居民户。居民提供主要的储蓄资源，通过金融机构和金融市场，以金融产品为依托，配置给企业使用。我国金融市场的主要功能就是将居民储蓄资源配置给企业使用的过程。金融创新服务实体，就是要着力解决实体经济特别是企业在发展中需要解决的财务问题和融资问题。就当前我国金融和实体经济的结合现状来看，金融服务实业要着力解决四个方面问题。一是要解决企业资金成本过高、财务成本居高不下的问题。当前我国企业正处于经营困难期，很多行业和企业经营效益都有大幅度下降。截止到今年上半年，我国实体经济通过金融市场的融资余额超过了130万亿元，如果利息再很高，实体经济如何能承担得了？很多行业的资产收益率甚至低于融资成本，出现了金融侵蚀实体的现象。这种状况必须改变，否则就要严重挫伤实体经济的投资积极性。二是要降低实体经济的负债率。我国非金融企业和地方政府的负债率都超过了国际警戒线。全球金融危机之后，西方各国都在大幅度降低杠杆，我国在这两个领域的杠杆率仍然在继续上升。企业和地方政府是我国经济发展的两大核心主体，金融市场的改革和创新，必须既能保障资金持续流向实体经济领域，又不能再继续增加企业和地方政府的债务率。三是要着力解决中小微企业和新业态产业的融资问题。要充分认识到传统金融机构和金融工具对这两个领域融资的困难，加速金融创新，全面助推万众创新、大众创业。四是要着力维护好居民金融资产的安全。居民储蓄是我国金融市场的基础，是我国经济发展的重要资金保障，也是居民财产性收入的主要来源。藏富于民，为民理财，促进居民金融资产的保值增值，是我国金融机构的重要职责。

二、金融改革和创新必须将风险控制放在首位

金融改革一定要处理好创新和风险控制、创新和监管的关系。这次我国股票市场出现的巨大波动，跟我国金融创新和监管脱节有一定的关系，需要认真总结。

首先，金融改革和创新要更加注重整体设计。汇率和利率改革如何联动，场内和场外市场发展如何协调，现货和期货市场发展如何呼应，证券的发行、上市、交易、下市和监管如何衔接，银、证、信、保、基各业如何互联互通，都需要全盘考虑。金融市场高度关联，风险相互转嫁，任何单兵突进式的改革都容易出现问题。二是金融改革和创新要符合中国国情，不能是简单的拿来主义。要充分认识到由于实体经济的结构和运行形态的不同，民众的投资能力和意识不同，金融市场运作的整体制度环境和监管能力不同，一些在欧美能够正常运用的金融工具和创新，拿到我国来未必能很好发挥作用，甚至会带来预想不到的风险。例如，我国是以个人投资者为主体的资本市场，本来投机性和波动性就比较大，民众的风险意识和金融投资能力不高，因此过早过快发展信用杠杆业务就必须十分慎重。金融市场的改革创新不能本着“人有我有”的原则，必须以服务实体经济，稳定市场波动，保护中小投资者利益为宗旨。三是在金融改革和创新中，监管改革和创新要先行。近年来，我国金融市场的改革和创新在加速，金融工具层出不穷，市场边界和监管边界日趋模糊，横向联系在增强，纵向联系在削弱。传统的分业监

管和垂直监管的模式很难对跨市场跨行业的金融行为和金融工具做到及时监管和有效监管。推动金融监管改革，推动金融各业联立监管，重点清理跨市场跨行业的金融创新和金融工具，及时发现问题，评估风险，采取措施，防患于未然，全面提高我国金融市场的治理水平，是当前最迫切的金融发展任务。没有监管先行，改革和创新的风险就难以控制，就难以稳定持久发展。

三、大力发展新业态金融，注重新金融和传统金融的结合

以互联网金融为代表的新业态金融正在加速发展，包括融资租赁、私募股权投资、产业基金和各种场外交易产品等，都具有很大的发展空间。各种新业态新技术金融的发展，有利于更好地服务于创业企业和中小微企业；有利于促进企业并购，加速产业转型；有利于推动传统金融企业加速改革，最大限度地降低金融资源的配置成本，减轻实体经济负担；有利于提供更加丰富的金融产品，满足群众理财需要，推广普惠金融。

近期六部委联合出台了有关发展互联网金融的指导意见，明确了监管责任，强调在规范中发展，在发展中规范。尽管互联网金融领域也出现了一些“跑路”现象，但是总体发展是良好的。

我在这里要特别强调，新金融和传统金融不是相互对立、相互分割的，两者在发展中一定会互相促进、相互融合。传统金融机构正在积极运用移动互联网、大数据和云计算等新工具，加速对传统业务的改造，充分利用自身的网点、客户和资金优势，促进线上和线下的结合。互联网金融企业也正在积极寻找与传统金融业的合作路径，将自己的网络技术优势、开放平等的经营观念、客户需求导向的服务理念跟传统金融的优势结合在一起，形成了推动我国金融业创新发展的新动力。

东北地区的新一轮振兴，迫切需要能解决当前经济转型中最棘手问题的金融业的发展，需要大力发展各种并购基金推动产业并购；需要大力发展各种产权交易市场，促进产权转让和融合；需要大力发展促进中小微企业和服务业发展的金融机构和金融工具；需要能引导东北装备制造业走出国门的金融工具；需要能推动东部省份和东北地区产业融合的金融工具。我相信，只要我们能认真做好金融创新服务东北经济转型的大文章，东北老工业基地就能够重新焕发青春。

在第九届中国—拉美企业家高峰会开幕式上的讲话

（2015 年 10 月 13 日）

罗　富　和

尊敬的墨西哥经济部部长瓜哈尔多先生，
各位中拉企业家代表，
女士们，先生们，朋友们：

上午好！

十月明媚的阳光照耀着美洲文明古国，很高兴与各位来自拉美和加勒比国家的新老朋友们和来自于中国各省市的企业家朋友们，相聚在瓜达拉哈拉。首先，我代表中国政府，对第九届中国—拉美企业家高峰会的召开表示衷心的祝贺，对来自于中拉各国的朋友们表示热情的欢迎，对各主办单位的辛勤工作表示诚挚的感谢！

作为拉美重要国家，墨西哥具有悠久的文明历史。中国驻墨西哥大使邱小琪先生在《太阳报》发表署名文章，介绍了一段史料总是让人印象深刻：公元 1564 年 11 月，一艘名为“弗里亚尔·安德列斯·德乌尔达内塔”的马尼拉大帆船从墨西哥阿卡普尔科港起锚驶往亚洲，与中国等东方国家开展贸易，经过 129 天的航行终于返回。这艘满载着来自中国的瓷器、丝绸、象牙雕刻等货品的“中国之船”从此开辟了联系墨西哥和中国等亚洲国家的海上贸易航线——“海上丝绸之路”。今天的墨西哥，在培尼亚总统的带领下，综合国力和国际影响力不断提升。现在，中墨两国都进入了经济社会发展的快车道，都呈现出美好的发展前景，两国关系正面临前所未有的重要机遇。2013 年，两国领导人将两国关系提升为全面战略伙伴关系，使中墨关系能够在更高水平、更宽领域、更大舞台上不断发展，推动两国关系进入新的发展阶段，相信这也将对中拉关系发展起到重要推动作用。

中国与拉美和加勒比地区虽然相距遥远，但双方人民之间有着天然的亲近感，友好关系源远流长。如今，中拉都成为发展中世界的重要组成部分，都是促进世界多极化、国际关系民主化和经济全球化的积极力量。中国政府一贯高度重视发展与拉美国家关系，重视与该地区国家开展各领域交流合作。近年来，在双方共同努力下，中拉关系呈现全方位发展的新局面。双方高层交往频繁，政治互信不断增强，经贸、人文等领域交流合作持续扩大，国际事务协作卓有成效，利益交融日益深化，给双方人民带来了实实在在的好处。

近年来，中拉贸易取得长足发展，投资领域不断拓宽，经济纽带更为紧密，务实合作开启新前景。目前，中国已成为拉美第二大贸易伙伴国，拉美则是全球对华出口增速最快的地区，中拉贸易基本平衡，贸易结构逐步优化，高科技和高附加值产品所占比例不断上升；中国对拉美的投资与合作已经呈现出稳定性和长期性，对拉投资领域从最初集中于能源、矿业，正不断拓展到基础设施建设以及汽车、通信、家电等生产领域。

1979年，中拉贸易额仅为12.6亿美元，双方用21年的时间在2000年使双边贸易额突破100亿美元。进入新世纪以来，中拉经贸互补性不断得到挖掘，双边贸易额从100亿美元增到1000亿美元用了7年时间，从1000亿美元增到2000亿美元仅用了4年，2014年达到2636亿美元；中国对拉投资从零起步，2014年投资存量达到989亿美元。

女士们，先生们，朋友们：

拉美和加勒比地区是发展中世界和新兴经济体的重要组成部分，近年来政局稳定，经济社会发展取得重大成就，一体化进程积极推进，国际地位不断提高，已成为当今世界最具发展潜力的地区之一。当前，受全球经济复苏乏力和大宗商品价格下跌等因素影响，拉美国家经济下行压力普遍增大。但是，拉美经济发展潜力巨大，我们对拉美的发展前景充满信心。

去年7月，中国国家主席习近平访拉期间，倡议构建“1+3+6”务实合作新框架，“1”是“一个规划”，即以实现包容性增长和可持续发展为目标，制定《中国与拉美和加勒比国家合作规划（2015—2019）》。“3”是“三大引擎”，即以贸易、投资、金融合作为动力，推动中拉务实合作全面发展，力争实现10年内中拉贸易规模达到5000亿美元，力争实现10年内对拉美投资存量达到2500亿美元，推动扩大双边贸易本币结算和本币互换。推出总额达350亿美元的一揽子对拉融资合作举措。“6”是“六大领域”，即以能源资源、基础设施建设、农业、制造业、科技创新、信息技术为合作重点，推进中拉产业对接。为中拉合作规划了宏伟蓝图，明确了前进方向，鼓舞了信心。

今年5月，中国国务院总理李克强访拉提出了以产能合作，即产业与投资合作为突破口，推动中拉经贸合作提质升级，共同探索中拉产能合作“3×3”新模式，即契合拉美需求，共建物流电力信息三大通道；遵循市场规律，实现企业社会政府三者良性互动；围绕中拉合作项目，拓展基金信贷保险三条融资渠道。同时宣布新设立300亿美元中拉产能合作专项基金，为双方务实合作指明了新形势下的实施途径，并提供了强有力的金融支撑。

我们很高兴地看到，拉美相关国家的领导人对同中国开展产能合作持欢迎态度，拉美地区舆论反应亦十分积极。事实上，中拉产能合作，已有较好的基础，一批企业已在拉投资设厂，为带动当地经济社会发展、促进就业做出了积极的贡献。

中方高度重视发展与拉美和加勒比国家的关系，愿与拉方一道努力，加紧落实双方领导人达成的重要共识，不断推进中拉全面合作伙伴关系，更好地造福双方人民。

女士们，先生们，朋友们：

当前，世界经济复苏艰难曲折。我们知道，外界各方包括在座的不少拉美朋友在内，对中国经济增速放缓或多或少有一些忧虑。中国作为一个拥有13亿人口的最大发展中国家，经济拥有巨大的韧性、潜力和回旋余地。我们将坚持宏观政策的正确取向，引领经济新常态，坚定不移地稳增长、促改革、调结构、惠民生，特别是通过深化简政放权、放管结合、优化服务等重点领域改革激发市场活力，推动大众创业、万众创新，把亿万人的智慧和创造力调动出来。我们有条件、有能力妥善应对各种风险挑战，使市场有稳定预期，保持健康发展，促进中国经济长期中高速增长，迈向中高端水平。事实上，面对国内外复杂形势，中国经济稳中向好，运行处于合理区间。这表明，我们采取的定向调控、结构性改革等措施的效应正在逐步显现。

在世界经济仍处于深度调整的背景下，从全球范围看，依靠量化宽松的危机应对模式效益递减，发展实体经济成为各方尤其是新兴经济体共同的政策取向。发展中国家积极推进工业化和城镇化，发达国家也在实行再工业化。在此背景下，长远看，拉美不能止步于初级产品的“全球供应商”，中国也不能总是充当廉价产品的“世界工厂”，中拉都需要推动自身经济结构提质升级，深化务实合作、推动经贸转型，打造中拉合作升级版。产能合作，即产业与投资合作就是中拉务实合作的重要增长点。这是中拉双边经贸合作新的历史发展机遇，也将推动双方企业合作呈现出新的热点亮点。

不可否认的是，中拉贸易在经历了新世纪（21世纪）以来十几年的高速增长后，也出现了增速放缓的趋势。面对新形势新挑战，中拉要以产能与装备制造合作为突破口，把双方各自经济结构调整和发展战略结合起来，积极推动双方经贸合作实现更高水平的发展，更好地服务于双方发展需求。我们有理由期待，在“3×3”新模式下打造的中拉务实合作“升级版”，将给中拉关系发展带来新的强大动力，提振新兴市场国家和发展中国家的信心，也有利于世界经济复苏进程。希望双方企业抓住机遇，做足功课，走稳步子，积极深化合作。

女士们，先生们，朋友们：

中国一直是国际产能合作的重要参与者。30多年前中国实施改革开放，从中国向世界敞开大门那一刻起，我们就积极承接发达国家以及亚洲“四小龙”的产能、资金和技术，这为中国经济起飞以及之后的长期快速增长发挥了重要作用。当然，那时中国的经济水平还较落后，处于全球产业链的低端，因此在合作中更多是引进来而非“走出去”。

经过30多年的发展，如今中国的面貌已经发生了翻天覆地的变化，在全球经济格局以及产业链条上的地位也已今非昔比。中国是全球第二大经济体、第一大商品贸易国、第一大外汇储备国、第三大对外投资国，并成为近130个国家的最大贸易伙伴。经过多年发展，中国已进入工业化的成熟期，拥有大量优势产业和产能。中国钢铁、水泥、汽车等220多种工业品产量居世界首位，机床产量占世界的38%，造船完工量占41%，发电设备产量占60%。这些产能不是淘汰产业或落后产能，而是有很强竞争力的优势产能。在继续坚持引进来的同时，经过引进、吸收、再创新，这些优势产能比较适合发展中国家的发展阶段的需要，已经具备了踏出国门、走向全球的雄厚实力。

中国加强国际产能合作，符合广大发展中国家的现实需求。当前，包括拉美在内的很多发展中国家仍处于经济起飞或工业化初期阶段，对外来资金、设备、技术有着巨大而且迫切的需求。与其他国家相比，中国产能具有独特的优势，比如设备先进实用、技术成熟可靠、性价比有较高竞争力、不附加其他额外条件等等。此外，中国资本和外汇储备充足，未来5年对外投资将超过6500亿美元，这将为中国产能“走出去”提供坚实的资金后盾和保障。基于这些原因，中国产能得到了很多发展中国家的青睐和欢迎，开展合作的空间和潜力非常可观。

中拉加强产能合作有着互利共赢的良好基础。这对双方而言，互有优势、互有需求、互为机遇，符合双方共同利益。中方将坚持义利并举、坚持合作共赢、坚持开放包容、坚持市场运作，通过开展国际产能合作，大幅度提高承接国的生产能力，加快基础设施建设，健全产业体系发展，促进拉美和加勒比国家以低成本、高起点加快工业化发展，进一步带动相关国家的就业和经济增长。

女士们，先生们，朋友们：

全球化是人类社会、经济和科技发展的客观要求和必然趋势，我们对此都有共识。在全球化的推动下，各国间的联系日益加深，政治交往、经济发展、科技进步、人文交流都跨越了国界。中国的发展越来越离不开世界，世界的发展也越来越离不开中国，中拉的发展更是离不开彼此。中拉关系发展顺应了双方人民的愿望，符合双方人民的根本利益。

我们深刻感受到，面对全球化过程中的机遇和挑战，和平、发展、合作、共赢成为各国人民的共同愿望，包括中拉在内的新兴市场国家和广大发展中国家都在谋求国家稳定发展，都在探索改革因应之策，都在寻找符合本国国情的发展道路，这为双方合作开辟了广阔的空间。双方应深入开展对话交流，不断推进各领域合作，携手打造发展道路上的命运共同体。展望未来，我们将同拉美国家一道，遵循平等互利、共同发展的原则，深挖合作潜力，创新合作方式，化挑战为机遇，推动中拉全面合作伙伴关系不断迈上新台阶，更好地造福双方人民和世界人民。

最后，预祝本届中国—拉美企业家高峰会取得圆满成功！

谢谢大家！

在第八届中国人口资源环境发展态势分析会上的讲话

（2015 年 10 月 15 日）

马　培　华

中国人口资源环境发展态势分析会从 2008 年创办以来，已经举办七届，每年一个主题。今年第八届中国人口资源环境发展态势分析会围绕推进生态文明建设，以“推进生态文化、海洋文化建设”为主要议题，我觉得非常重要，很有意义。俞正声主席、杜青林副主席、张庆黎副主席兼秘书长对会议高度重视，青林副主席在百忙之中出席会议，听取大家的意见建议。刚才，国务院有关部门的负责同志、各位委员、有关专家学者做了很好的交流发言，听后深受教育、很受启发。

生态文明是工业文明之后人类应对生态危机的唯一正确选择，是人类文明发展的更高阶段。生态文明是人类与自然协调发展和可持续发展的时期，也是人类文明发展目前认识的最高境界。

建设生态文明，是关系人民福祉、关乎民族未来的长远大计。中共十八大首次把生态文明建设正式纳入中国特色社会主义事业“五位一体”总体布局，明确提出建设美丽中国的战略目标。十八届三中全会提出加快建立系统完整的生态文明制度体系，十八届四中全会要求用严格的法律制度保护生态环境。今年4月，中共中央、国务院印发《关于加快推进生态文明建设的意见》，是中央就生态文明建设作出全面专题部署的第一个文件，既是落实全会精神的重要举措，也是基于我国国情作出的战略部署，是当前和今后一个时期推动我国生态文明建设的纲领性文件。9月，中共中央、国务院印发《生态文明体制改革总体方案》，对生态文明领域改革进行顶层设计。并以“1＋6”形式，推出一批重点改革措施，其中“6”包括《环境保护督察方案（试行）》《生态环境监测网络建设方案》《开展领导干部自然资源资产离任审计的试点方案》《党政领导干部生态环境损害责任追究办法（试行）》《编制自然资源资产负债表试行方案》《生态环境损害赔偿制度改革试点方案》。“1＋6”方案已经中央审议通过，到2020年要构建完整生态文明制度体系。从意见到方案及一系列措施，可以看出，生态文明建设的顶层设计，已经逐渐从“理念”“政策”层面，深入到“具体操作”层面。这些充分表明，党和国家将生态文明建设放在了更加突出的位置，对生态文明建设的重视程度达到了前所未有的新高度。这一切，都为建设生态文化环境提出了强烈要求、奠定了坚实基础、注入了新的活力。

下面我想围绕这届会议的主要议题谈几点意见。

第一，推进生态文化建设十分必要。

生态文明建设是一项复杂的系统工程，涉及价值观念、生产方式、生活方式及发展模式的全方位变革。目前，我国生态环境总体恶化的趋势尚未得到根本扭转，其中很重要的一条原因就是人们生态理念和环保意识淡薄。推进生态文明建设，关键在人，核心在于形成生态文明的主流价值观。构建生态文明的主流价值观，首先来自理念和意识的转变。建设美丽中国，是我们共同的愿望、共同的诉求、共同的利益所在，因此每个人都有责任、有义务，需要付诸共同的行动。

《关于加快推进生态文明建设的意见》明确了生态文明建设的基本原则，即“五个坚持”，其中提出“坚持把培育生态文化作为重要支撑”。“将生态文明纳入社会主义核心价值体系，加强生态文化的宣传教育，倡导勤俭节约、绿色低碳、文明健康的生活方式和消费模式，提高全社会生态文明意识。”

生态文明程度的提升，必然要求依靠生态文化建设的支撑，生态文化建设要着力树立全民生态文明意识，为生态文明的发展提供内在动力。生态文化建设着重提升人的生态素质，形成人的生态价值取向，养成人尊重自然的生活方式，并激发人保护自然，创造人与自然和谐发展的积极性。生态文化形成和发展的基础是生态化和绿色化的生产方式和生活方式。比如，我们要重视和加强全民生态教育，包括生态意识、生态知识、生态法制教育，从娃娃抓起，从点滴做起，培养国民正确的自然观和价值观，养成生态环境的自觉意识和行为习惯，让生态文化成为大众文化，生态道德化为全民道德，生态理念根植人心，形成人人、事事、处处、时时崇尚生态文明的社会新风尚。要重视发挥生态科技、生态文艺、生态传媒等文化内容的作用。要确立科学技术发展的生态意识，使科技发展带有鲜明的生态保护方向，运用科学的生态学思维提出生态保护和生态建设的目标。文艺作品可以在生动的感性关照中，突出展示社会主义社会的生态文化精神，进行潜移默化、润物细无声的生态情感教育。媒体要更好地发挥其灌输、传播生态文化的功能，树立理性、积极的舆论导向，增强建设社会主义生态文化和生态文明的信心和热情，等等。总之，要通过全社会努力，不断创造与生态文明相适应的生态文化环境。

第二，要重视海洋生态文化研究。

我国是海洋大国，拥有近300万平方公里的海域和6500多个面积在500平方米以上的岛屿。海洋是我国经济社会发展的重要依托，是我国能源资源和水资源“瓶颈”的重要保障，是我国未来发展的战略空间，对促进经济社会可持续发展，实现中华民族伟大复兴具有突出重要的作用。

改革开放以来，我国海洋事业和海洋经济发展取得了巨大成就，与此同时，陆海统筹不够、重陆轻海依然存在，重海洋资源开发轻海洋生态环境保护，重眼前利益、轻长远发展谋划等深层次矛盾日益显现。海洋生态文明是我国生态文明建设不可或缺的重要组成部分。加强海洋生态文明建设，提升海洋可持续发展能力已成为当务之急，是全面推进国家生态文明建设的重要内容。

生态文明建设“五位一体”发展战略，开启建设生态文明新时代，人类海洋文化的发展，也进入了一个崭新的纪元。我国改革开放事业从东南沿海地区开始，珠江三角洲经济、社会发展带动了长江三角洲发展，推向山东半岛、辽东半岛和沿渤海湾地区发展，现在进入生态文明示范区开发，建设生态文明的海洋文化在中国已经启动。

十八大之后，习近平主席提出，建设“丝绸之路经济带”和21世纪“海上丝绸之路”的战略构想。建设海洋强国，是党中央在全面建成小康社会决定性阶段作出的重大决策和部署。当前要紧紧抓住海洋事业蓬勃发展的历史机遇，把海洋生态文明建设摆上更加突出的位置，为实现海洋协调发展、海洋事业合理布局，海洋生态和谐美好注入强劲动力。在开发利用海洋过程中要充分尊重海洋的自然规律，以海洋环境承载能力为基础，不断提升资源集约节约和综合利用效率，促进人与海洋长期和谐共处，最终实现海洋经济的全面协调和可持续发展。

第三，政协在推进生态文化和海洋生态文化建设中大有可为。

中央一系列关于生态文明建设的部署和要求，为人民政协更好地履职尽责、发挥作用提供了广阔的空间。近年来，人口资源环境委员会聚焦生态文明建设，特别是加强了对生态文明时代的主流文化——中国生态文化体系、森林资源生态经济核算体系的研究；围绕建设海洋生态文明、海洋资源开发和环境保护、沿海滩涂开发与保护等问题开展了多项调查研究，所提建议均得到中央领导同志重要批示；在青林同志的亲切关怀下，人资环委会同国家林业局、团中央组织了“童眼观生态”等一系列青少年生态文明教育活动并在北戴河展出，得到了中央领导同志充分肯定，取得了很好的效果。此次态势分析会以此为主题，对进一步推动生态文化和海洋生态文化建设具有积极的重要意义。

政协人才荟萃、角度客观，联系广泛、渠道畅通，可以有效发挥决策咨询和智力支持作用，有利于收集信息和舆情汇集。在生态文化、海洋生态文化建设方面，目前还有不少问题需要引起重视和关注。委员会要紧扣重点、破解难点、抓住关涉全局的根本性、具体性问题，加强研究论证和协商议政，努力为党和政府科学决策、民主决策提供参考。

中国人口资源环境发展态势分析会议至今已经举办了八届，成为议政建言的一个重要平台，所报成果多次得到党中央、国务院领导的高度重视。希望大家今后继续支持态势分析会，充分利用这个平台，努力提升议政建言的质量和水平，为推进生态文明建设和人民政协协商民主发挥更大更好的作用。

在支持云南发挥先导作用，推进孟中印缅经济走廊建设重点提案督办调研座谈会上的讲话

（2015年10月16日）

李 海 峰

今年全国政协大会期间，罗正富主席提出的“关于支持云南发挥先导作用，推进孟中印缅经济走廊建设的提案”被列为重点督办提案。周涛委员提出的“关于支持社会组织开展中缅民生项目的提案”也纳入这一主题之中。我们这次到云南，主要就是围绕这一主题进行重点督办调研。

10月10日至16日，我们调研组先后到大理、德宏、保山、西双版纳、普洱、昆明6个州市，沿途深入实地考察芒满、畹町、雷允、瑞丽、姐告、章凤、猴桥、磨憨等口岸、通道，以及孟中印缅经济走廊旅游合作示范区等项目，与当地干部群众进行深入交流，广泛听取各方面的意见建议。

今天上午，我们在这里召开座谈会，李纪恒书记、罗正富主席、孙淦主任都讲了很重要的意见，和段琪副省长全面介绍了云南省的工作情况，几位全国政协委员和六个部委的同志也作了很好的发言。大家谈得都很好。下面，我讲三点意见。

一、云南改革发展的势头给我们留下了深刻印象

近几年，我曾先后多次来云南考察，对云南有着深厚的感情。这次来云南调研，又使我有许多新的感受。总的来说，云南省认真贯彻党中央、国务院的决策部署，充分发挥自身优势，各项工作都取得了显著成绩。全省经济平稳较快增长，社会进步、民生改善、民族团结、边疆稳定，呈现出良好的发展势头。给我们留下深刻印象的主要有以下三个方面。

（一）全省上下认真贯彻习近平总书记重要讲话精神，思想统一，行动迅速

党中央、国务院对云南工作十分关心，对孟中印缅经济走廊建设工作高度重视。今年1月19日至21日，习近平总书记深入云南考察并发表重要讲话，希望云南“主动服务和融入国家发展战略，闯出一条跨越式发展的路子，努力成为我国民族团结进步示范区、生态文明建设排头兵、面向南亚东南亚辐射中心”。总书记的重要讲话对云南全省各族干部群众是极大的鼓舞，形成了广泛的共识。总书记对云南的定位准确，为云南今后的发展指明了方向。省委省政府高度重视，及时做出部署，全省上下认真学习，坚决贯彻，措施得力，已经初显成效。

（二）全省干部群众的精神都很振奋，基本形成了一种干事创业的氛围

全省认真开展“三严三实”和“为民务实清廉”专题教育，重构风清气正的政治生态，营造干事创业的良好氛围。省委、省政府领导率先垂范，深入基层调研指导工作，深受群众好评。我们在调研过程中，几个地市的领导同志都说，李纪恒书记、陈豪省长在短短一年的时间里，都曾三四次到本地区调研，提出了很多具有指导性的意见。我们也看到各级干部一股劲上下齐心、精神振奋、相互比拼，形成了一种干事创业的氛围。

（三）所到几个地市结合实际，谋划发展，措施得力，真抓实干

通过调研我们了解到，大理、德宏、保山、西双版纳、普洱、昆明等州市各级党委政府和广大干部群众，深入学习贯彻习总书记的重要讲话精神，努力走出一条跨越式发展的路子。结合本地实际谋划发展蓝图，定位清晰、目标明确、重点突出，很多工作都有了规划和安排，并积极运用市场化的手段推动一些具体项目落地，取得了不小的成绩。例如，在旅游合作和文化交流方面，大理利用自身丰富旅游资源，努力打造“孟中印缅经济走廊旅游合作示范区”，并依托大理大学，面向东南亚招收留学生，教育国际化影响力不断扩大。在产业发展方面，德宏在巩固提升传统生物特色产业的同时，通过引进北汽瑞丽、银翔摩托等项目，大力发展新兴制造业，打造外向型装备制造基地。在交通基础设施建设方面，保山通过主抓密支那至班哨公路、腾冲猴桥至缅甸密支那铁路等项目建设，努力打造中印缅国际通道。在深化与周边国家交流合作方面，西双版纳充分发挥区位优势，建立“四国八方”的合作机制，定期开展多方会晤会谈，增进友谊，强化合作。在扩大对外开放方面，普洱加快推进孟连边境经济合作区建设，充分利用“两种资源、两个市场”发展开放型经济，以开放主动赢得发展主动。在战略定位方面，昆明市努力打造为“一带一路”连接交汇的战略支点、沟通南亚、东南亚国家的通道枢纽、承接重大产业转移和产业聚集的重要基地。以上这些思路和举措为进一步搞好孟中印缅经济走廊和“一带一路”建设奠定了坚实的基础。

二、深刻认识孟中印缅经济走廊建设和“一带一路”战略的重要意义

缅甸、孟加拉国、中国西南和印度东部，相对而言都属于欠发达的国家和地区，过去曾经有过省、邦一级的经济合作，但合作交流的空间还很大。如果能将这一区域的合作上升到国家层面，进而带动南亚、东南亚和东亚三大板块的联合发展，其前景十分广阔。2013 年 9 月和 10 月，习近平总书记先后在中亚、东南亚之行中提出建设“丝绸之路经济带”和“21 世纪海上丝绸之路”的“一带一路”战略新构想。这一战略构想是中央统筹国内国际两个大局，继承历史脉络，顺应时势变化，谋划战略全局，作出的重大战略部署。2013 年 5 月，李克强总理在访问印度期间提出了建设孟中印缅经济走廊的倡议，得到了印度、孟加拉国、缅甸三国的积极响应。可以说，孟中印缅经济走廊建设就是“一带一路”战略构想的重要组成部分。

我们应当看到，东南亚、南亚地区形势复杂，国际上的各方势力都将这一地区作为战略布局重点，加紧进行渗透。搞好孟中印缅经济走廊建设，有利于我国发展周边外交，稳固西南边疆，打通直达印度洋的战略通道，在国际竞争中占据主动。把孟中印缅经济走廊建设好，对云南落实习总书记的重要讲话精神，特别是服务和融入国家发展战略，努力成为面向南亚、东南亚辐射中心具有重大意义。我们要充分认识到这一点，在

孟中印缅经济走廊建设工作中既要算经济账，更要算政治账。

三、充分发挥云南省在孟中印缅经济走廊和“一带一路”建设中的先导作用

通过调研，我们深切感受到，云南省在孟中印缅经济走廊和“一带一路”建设中取得了显著的成绩，但也遇到一些困难和问题。大家比较关注的主要是以下几点：一是总体上云南还属于欠发达地区，边境地区经济基础比较薄弱，普遍存在财政自给率不高的问题，需要从国家层面加大财政、金融支持力度。二是在建设用地、机构编制、入境通关、边民边贸、外汇管理等方面还存在一系列体制机制问题，需要国家给予特殊政策支持。三是孟中印缅经济走廊建设受国际地缘政治的深刻影响，涉及孟加拉国、印度、缅甸三国，进而辐射到整个东南亚、南亚，周边相关国家想法不一，诉求各异，很多问题地方党委政府受某种因素的制约，无法解决，必须从国家层面对外进行协调。对于这些问题，调研组中有来自国家发展改革委、公安部、交通运输部、商务部、海关总署、国家旅游局等六个部委的同志，希望你们把这些问题带回去认真研究，能解决的尽量加快给予解决。在部委层面无法解决的，调研组要认真进行分析，尽量吸纳到调研报告之中，以全国政协的名义上报党中央、国务院。

同志们，在孟中印缅经济走廊建设中，云南省地位重要，前景广阔，前途光明。在此，我提以下几点希望。

一是要抓住机遇，将习近平总书记考察云南的重要讲话精神进一步落到实处。要充分运用党中央、国务院对“一带一路”和孟中印缅经济走廊建设的一系列重大政策举措，用“四个全面”引领各项工作，谱写好中华民族伟大复兴中国梦的云南篇章。例如，瑞丽在沿边开发开放中起步早、基础好，完全有条件进一步利用获批成为国家改革开放示范实验区的契机，充分发挥区位优势，在“一带一路”和孟中印缅经济走廊建设工作中发挥更大作用，取得更好的成绩。

二是要正确处理好经济发展和环境保护的关系。习总书记在考察云南时提出要求，云南要成为生态文明建设排头兵。云南自然生态条件优越，在孟中印缅经济走廊建设过程中要格外珍视现有的良好生态环境，要严格执行国家主体功能区规划，在承接东部地区产业转移的过程中要有所选择，将生态文明建设贯穿到改革发展的全过程。

三是大力开展各个领域的对外交流，不断增强我国对外开放的软实力，促进我国同周边国家民心相通。主动服务于国家外交大局，开展对外交流，要以我为主，但不能一厢情愿；要政府主导，但不能包打天下。要不断开展教育、科技、卫生、文化、旅游、体育等领域的合作，加强与周边国家地方政府、议会、高等院校、研究机构、新闻媒体、民间组织之间多种形式的交流，扩大民间往来，尤其是要注重发挥非政府组织在扩大对外交流方面的特殊作用，积极开展公共外交和民间外交，在周边国家培育发展一支强大的对我友好力量。

同志们，提案工作是人民政协履行参政议政职能的重要抓手，必须持之以恒地抓紧抓好。最近中办印发了《关于加强人民政协协商民主建设的实施意见》，对人民政协充分履行职能，推进协商民主提出了新的更高的要求。我们要认真贯彻中央文件精神，把人民政协的各项工作开展得更加扎实、更有成效，广泛凝聚各党派团体、各族各界人士的智慧和力量，为实现“两个一百年”奋斗目标、实现中华民族伟大复兴的中国梦作出更大的贡献。

这次调研，得到云南省委、省政府、省政协领导和相关各市州的高度重视，为调研组提供了热情周到的服务和精心的安排，调研组的各位成员和工作人员也都认真参与调研，付出了辛勤的劳动，在此向大家一并表示衷心的感谢！

在“推进安宁疗护发展”专题调研组组内讨论会上讲话

（2015 年 10 月 28 日）

韩启德

刚才各位都发表了很精辟的意见，最后秋俭副秘书长在工作层面上讲了几条建议，我归纳大家发言的内容，加上自己这一段时间的思考，梳理出下面十二方面的问题，供大家进一步讨论。

一、定义。这是个基础性问题，非常重要。“安宁疗护”这个命名是我们经过广泛征求意见和反复斟酌后确定的。我看就不要改了。在上海市调研期间我曾有那么一点点动摇，觉得他们叫的“舒缓疗护”也挺好的，舒病人之痛，缓家属之情。但仔细考虑，还是觉得“舒缓疗护”的界限太模糊，内涵容易被扩大。中国现阶段政府财力有限，医保推安宁疗护只可能限于减少临终痛苦，用“安宁”表述“临终”比较好。台湾已经采用“安宁疗护”这个名字，我认为，海峡两岸使用相同名称，对促进合作交流有好处。台湾在安宁疗护方面做得比大陆好，我们应该借鉴他们的经验。对“安宁疗护”内涵范围界定，我们还要再深入研究。我个人看法是范围不能定得太大，一定符合中国的当下国情。

二、“安宁疗护”的重要意义。开展这项工作有什么必要，意义是什么？要向中央汇报好，也要给社会讲清楚。我认为第一，最重要的是有紧迫的民生需求。通过这次调研，我有了更深体会。那么多危重病患者走到了生命的最后阶段却没人管，没地方管。这不是小数目，据我掌握的数据，像北京、上海这样的城市情况基本差不多，每年大概有四万多病人因患癌症去世。按现有临床流行病学调查，从宣告治疗无效到死亡，平均还有半年存活期，在这个期间，少数能留在医院里，但绝大多数病人无法得到专业人员、专业地点来照护。大医院认为医疗技术手段能用的都用完了，已经没有任何办法治疗了，这种情况还住在医院压床位，占用医疗资源，影响收治能救治的病人，也影响经济效益，所以医院不愿意，可患者在家里又没人管，也没有办法管，这怎么办？总得给这些患者一个地方待吧，总得人有管吧。即使只管最需要的临终前一个月，也需要近 4000 张床位，只满足其中一半人，也需要 2000 张左右床位，这是刚性需求。开展安宁疗护的第二个意义是能节省大量医疗经费。按当前已经办起来的安宁疗护来看，每天花费一般是 200—300 元，而如果留在大医院每天至少要花 1000 多元，这是很容易用数据来说明的。第三，对国家经济发展有好处，有利于就业，就拿护工这一项来说，这项工作开展起来，可以吸纳很多农村进城务工人员就业，同时可以带动一些相关产业的发展。第四，这是社会文明高度的一个标杆，有利于提升我国在国际社会的形象。

三、开展安宁疗护的主体。目前国内开展“安宁疗护”的机构主要有社区服务中心、公立医院、公立或民营的养老院和医养结合机构。今后发展安宁疗护应该以谁为主体呢？是以公立为主？还是以民营为主？这需要我们认真研究。我看还是要鼓励多种形式、多样机构并存，共同发展。这次调研中我们看到，社区服务中心是政府大力推动、扶持发展的，效果也是显现的，群众接受程度也高，社区服务中心开展安宁疗护服务是大有可为的。一些民营开办的老年病医院和医养结合的机构从事安宁疗护也是很自然的事，是对老年病人长期护理的延伸，很多老年病人是在这里自然进入安宁疗护阶段的。鼓励更多民营资本参与进来，应该是大方向。还有就是和社区卫生中心合作的家庭病房，上海安宁疗护床位中家庭病床占一半，中国很多家庭，特别是在农村，传统上还是希望病人能在家中离世，应该鼓励开展家庭病房。大医院在发展安宁疗护方面，要更多地担负起示范、培训人才和推动学科建设发展等责任。总之，安宁疗护在现阶段，应该鼓励多元共存发展。

四、医保支付方式。从这次调研中我们了解到，承担安宁疗护的机构基本是可以获得医保支付的，个人只需承担一小部分费用。我们的医保制度规定个人要承担一部分费用，有其合理性，因为如果个人完全不负担可能会产生其他方面的问题。但现行公立医院按服务项目收费的医保支付方式到了非改不可的时候了。为什么不能在安宁疗护领域首先突破呢？临终病人在安宁疗护机构的医保费用平均每天远低于在大医院里的医保支付。为了鼓励有能力的机构开展安宁疗护，医保在安宁疗护方面能否改为按病人付费呢？比如说，如果达到从事安宁疗护资质要求，每个病人由医保支付 500 元/床日，这样既对办安宁疗护起到激励作用，又为医保省了费用，进一步还能推动医保支付制度的改革。我认为这是可行的。

五、筹资和运营模式。开办安宁疗护的基础设施投资哪里来？日常运营的钱又从哪里来？从上海来看，开设一张安宁疗护床位，政府投入基础设施要 20 万元左右，投入还是相当大的，这在发达地区是可以的，但推广起来有难度。浙江绿康模式，也是政府投入，但是利用的是废用工厂场地和建筑，交给合格的民营机构运营，不需要财政再拿出一大块钱，推广起来就相对容易一些。实际上就是 PPP 模式，比如有些高速公路是民营资本投钱，运营多少年后政府收回；而像安宁疗护这样的公益性事业，可以反过来先由政府投入基础设施，然后交给民营企业去运营，政府负责监督。我认为筹资和运营模式一定要发挥市场的作用，要鼓励民营企业参与进来。对于运营经费，是否可以考虑从医保中单独切出一块来，采取按床日付费方式解决。政府对民营机构和国营机构开展安宁疗护在资金投入上应该一视同仁，实行同样的政策。

六、人才队伍建设问题。安宁疗护事业能否开展起来，人才队伍建设是个至关重要的问题。有再好的设施，有再多的钱，没有人才也是成不了事的。在调研中，无论是医院、社区卫生中心，还是民营机构都谈到从事安宁疗护专门人才缺乏的问题。要解决这个问题，首先要让从业人员能看到前途，对职业前景有信心。要让从业者在社会上享有受人尊敬的地位，要保证他们较好的收入。确实需要有职业准入标准，不能是什么人想做就可以做，但目前这个标准不能订得太高，一定要有个专门文凭才行，那也不现实。

除了最基本的医疗卫生知识外，还应该要求从业人员懂一点心理学和社会学，更重要的是要有博爱精神，乐于奉献。要加强职业培训。培训模式有很多，哪种更好一些，需要研究。我们在浙江绿康集团看到，他们自己办有职业学校，这是一个很好的模式，职业技校就应该由企业来办，现在有一些教育机构办的职业学校，脱离实践，学生毕业后找不到工作，效果并不好，很多最后就办不下去了，造成社会资源的浪费。

七、法律和法规问题。开展安宁疗护要有法律法规护航，这项事业刚开始，这方面还是个空白，我们要认真了解、梳理安宁疗护发展过程中遇到的法律法规障碍，深入研究，提出我们的建议。在郑州的发言中，我提到现在就要求在全国人大常委会这个层面立法是有困难的，是否可以考虑先由地方出台一些规定？先有更多实践，然后推动国家立法。

八、发展战略问题。这个问题关系到安宁疗护能否顺利开展。什么样的战略好呢？我们要研究。我认为这件事我们刚开始做，国家要有顶层设计，可以争取制订《国家安宁疗护计划》，但一定要采取循序渐进的发展策略，不能着急，成熟一步走一步。如果在一开始我们就要求建立好完整的体系，就要制定出完整的从业规范和全国一致的标准，那这项工作就很难开展了。有些事情刚开始的时候模糊一些可能更好。就拿标准来说，有同志提到，要由三级甲等医院确定哪些病人可以进入“安宁疗护”，但我看没有哪个三甲医院院长敢承担这个责任。我看还是要强调自愿原则，院方提供服务，由患者及家属自己选择。此外，这项工作不宜一下子就大范围铺开，应该由专门机构和社区为主逐步地过渡，从试点向广覆盖过渡，从城市向农村过渡，总体是从点到面，循序渐进。欲速则不达，关键切入点要选准。

九、政府各部门之间的协调。在我们国家，无论做什么事情政府的作用都是巨大的。开展安宁疗护也只有得到政府部门的大力支持才能取得进展。而这件事牵涉到卫生计生、人社、财政、民政、工商等多个部门，他们之间如何协调便是一个至关重要的问题。这事是由一个部门负责好呢？还是多个部门一起管好？由哪一级的政府部门管效率更高？这些实际问题，我们都要研究探讨，提出建议来，帮政府拿主意。在上海调研中，他们的经验是由卫生部门牵头管理更好，而且把重心放在区一级为主，协调起来容易一点，相对简单一点。

十、示范拉动问题。在发展战略中，我讲到一定不要马上全面覆盖。要搞示范拉动，搞一些试点，看谁搞得好，就按谁的模式去推广，这是最有效、最安全的一种模式。但问题是示范点怎么搞？搞多少？这是需要研究和讨论的。

十一、宣传问题。如何做好宣传工作，对安宁疗护的顺利开展也是十分重要的。关键是要取得社会广泛共识，要让全社会树立优逝观念，让群众明白照顾好晚期疾病患者，让他们有尊严地离开，是每个人将来都会遇到的问题。优逝本身也是社会文明的标志。但是宣传工作并不是一件简单的事，哪种形式，什么样的办法才能达到我们期望达到的效果，这也是需要我们进一步认真研究的。

十二、行业协会问题。这也是搞好安宁疗护的一个重要环节和切入点。不要什么事情都由政府来做，要进一步推动社会改革。是否可以从现在一开始创办安宁疗护事业之时，就充分发挥行业协会的作用，由行业协会来制定标准，确定模式，监督评估，培训人员等等，总之，凡是行业协会能做的事都交给行业协会去做。调研中我们也看到浙江绿康企业老总已经在考虑组织行业联盟。像上海、郑州、浙江这些搞得比较好的地方，应该鼓励支持成立安宁疗护协会，以便未来可以在一个高起点上来指导行业发展。

这十二个问题都是挺重要的，有些简单有些麻烦，有些问题现在可以回答，有些我估计一时还难以有答案。我们下一阶段的任务是开好双周协商座谈会。怎么开好双周协商座谈会，我有一点大胆的想法，大家看行不行。我参加过好几次双周协商会，有的开得好，有的不理想；有的开得很热闹，但只热闹一番就完事，没什么实际效果。我们这回既要开得热闹，更重要的是我们的建议能落地。因此我建议座谈会发言的主要责任就由我们调研组成员来承担。可以把上面这十二个问题梳理一下，有的不要，有的合一合，梳理成六到七个问题，调研组成员分一下工，每个人准备一个五到八分钟的发言稿，就集中谈一个方面的问题，另外再请若干位调研组外的专家发言，这样发言质量能高一些。而最关键的是我们努力研究，不断凝练，最后集中到几个既能拉动全局，又非常明确的具体建议。根据目前了解到的情况，我反复考虑，是否可以集中到下面三点建议：

一个政策。医保按床日定额支付。开展安宁疗护的机构会增加一笔资金，但它并不会增加政府医保的支付，还可调动大家的积极性，吸引更多的机构加入进来，同时还可以推动整个医保支付制度的改革。这条建议具有冲击力，又是可行的。

一个协会。尽快成立一个安宁疗护协会。由热心这项事业的能人们自己组织起来，很多事情可以由政府授权给这个协会去做。按照中央社会管理改革精神，成立协会、学会原则上是放开的，双周座谈会上给民政部提这么一个要求，只要满足了相关条件，民政部要尽快批准成立安宁疗护协会。

二十个示范点。这二十个示范点包括各种类型、各种层次、各种模式，有公立也有民营，主要从现在安宁疗护工作开展好的机构中选拔。对示范点，政府不一定要给予多少财政支持，但要给个名分。示范点的标准要高些，要让人们看到安宁疗护是有标准有规范的，是高起点上档次的。这些示范点不但能起带头作用，也能起到很好的宣传效果。这项工作光靠我们嘴上说好没有用，实实在在地搞几个好的示范点，自然就能把全社会带动起来。

双周座谈会要请民政部、人社部、卫生计生委的领导来参加，我们就提这么三条建议，如果他们表态同意了，接下来政协就可以督促落实了。至于要不要建议国家搞安宁疗护计划，现实不现实，请大家讨论发表意见。

继往开来 创新实践 扎实推动西藏政协工作

——在全区政协工作经验交流会上的情况通报

（2015 年 11 月 5 日）

帕巴拉·格列朗杰

党的十八大以来，在以习近平同志为总书记的党中央英明领导下，在全国政协精心指导和区党委的坚强领导下，十届西藏政协坚决贯彻落实党中央关于人民政协的重大决策部署，贯彻落实全国政协的总体安排和区党委的具体要求，在历届政协奠定的良好基础上，继往开来、创新实践，扎实推动我区政协工作，呈现出团结奋进、民主和谐、创新发展的良好局面。

一、贯彻“一个总体思路”

高举中国特色社会主义伟大旗帜，以邓小平理论、“三个代表”重要思想、科学发展观为指导，深入贯彻党的十八大和十八届三中、四中、五中全会及中央第六次西藏工作座谈会精神，贯彻落实习近平总书记系列重要讲话精神、特别是“治国必治边、治边先稳藏”的重要战略思想和“努力实现西藏持续稳定、长期稳定、全面稳定”的重要指示，贯彻落实“依法治藏、富民兴藏、长期建藏、凝聚人心、夯实基础”的重要原则，贯彻落实俞正声主席 2013 年 8 月看望慰问区政协机关干部职工并与住藏全国政协委员座谈时提出的“一个平台、两个共同、三个更好”（即：把政协作为一个平台，大家共同商量、共同讨论，使民族团结搞得更好、藏传佛教发展得更好、老百姓的生活改善得更好）要求，贯彻落实区党委的部署要求，围绕党政中心工作，开拓创新、务实进取，全力助推西藏经济社会发展和长治久安。

二、推进“五项重点工作”

（一）筑牢思想政治基础。坚持以建设学习型政协组织为抓手，把学习教育摆在首位、贯穿始终。每年初根据中央精神和区党委部署要求，认真制订理论学习计划和专项教育活动方案。采取理论中心组集中学习、座谈讨论、委员培训和邀请全国政协、中央有关部委领导、区内外专家学者作辅导讲座等形式，及时传达党的中央全会、中央纪委全会、中央经济工作会议和全国“两会”、庆祝中国人民政治协商会议成立 65 周年大会、中央第六次西藏工作座谈会等精神，学习习近平总书记系列重要讲话特别是关于人民政协的新思想、新论断、新要求，学习俞正声主席有关讲话和指示、批示精神，学习自治区成立 50 周年庆祝活动期间中央领导同志讲话精神，学习《中共中央关于加强社会主义协商民主建设的意见》、中办《关于加强人民政协协商民主建设的实施意见》，学习自治区第八次党代会和区党委全委会、常委（扩大）会及自治区“两会”等精神，学习区党委关于政协工作的部署要求，及时将学习贯彻情况上报全国政协和区党委。两年来，先后举办辅导讲座、专题学习会、委员培训班等13期（次），培训委员1600余人次、政协干部350余人次。通过系统学习，广大委员和政协干部职工坚定了政治信念、共同理想、原则立场、宗旨意识，增强了协商民主、履职为民的责任感、光荣感和使命感。

（二）助推西藏长足发展。坚决贯彻习近平总书记关于“懂政协、会协商、善议政”的重要指示和俞正声主席关于“政协不是靠说了算，而是靠说得对”的履职要求，始终把助推发展作为政协履职的第一要务，议政建言、献计出力。坚持用事实说话、用数据分析，选择川藏大通道、参加“一带一路”战略、新能源、边境教育、文物保护、贯彻落实新《环保法》等10多个课题，集中政协优势资源开展调研议政，呈报后引起中央、自治区领导重视并责成相关方面办理落实的调研报告60余篇。比如，与四川省政协联合开展川藏大通道建设调研，其综合调研报告得到全国政协领导的批示肯定，向全国“两会”提交的联名提案被列入全国政协重点提案，促成全国政协领导亲率中央有关部委负责人深入实地调研督办。《关于边境教育和提案协商工作的调研报告》引起区党委、政府主要领导高度重视，分管领导亲自督办，召集区发改委、教育厅等部门集中研究办理，首次向区政协复函，逐项答复办理落实情况。坚持研究问题求深、求精和提出意见建议求准，召开首次专题议政性常委会，围绕“固屏障、拓通道、强基地、惠民生、创模范、壮支撑、增动力”提出意见建议130余条，为科学编制“十三五”规划献计出力。加强新常态下我区经济运行的动态性、综合性研究，通过《会议简报》《政协信息》等途径，报送委员对稳增长、调结构、防风险和财税、金融、交通、能源、生态文明建设等方面的意见建议900余条。

（三）维护西藏和谐稳定。坚决贯彻习近平总书记“治国必治边、治边先稳藏”的重要战略思想，坚持把维护稳定作为硬任务和第一政治责任，发挥政协作为大团结大联合组织的优势作用，在履职实践中广泛汇聚实现长治久安的正能量。历次政协全会、常委会及相关重要会议，把维护稳定列入会议议题或纳入重点工作研究部署，并以会议决议等形式，发出政协声音、亮明立场态度、狠抓推进落实。紧扣区党委维稳“十大措施”（即：干部驻村驻寺、创新寺庙管理、城镇网格化管理、“先进双联户”创建评选、重点管控、专项行动、反自焚斗争、构建群防群治格局等），围绕创新社会治理体系、提高社会治理能力和办好利民惠民、利寺惠僧“十件实事”开展调研26次，形成报告26份，提出建议192条。按照区党委关于重要时段、重要节点和大型宗教活动期间维稳工作部署，每年抽调5—8位副主席带领工作组进驻重点地区、重点寺庙和“两边一线”，全程督导维稳工作。发挥宗教界委员的优势作用，紧扣寺庙“六建”“九有”和“宗教事务管理”等深入调研，向自治区乃至国家层面建言献策。由副主席带领宗教界委员，深入偏远寺庙和乡村讲经说法、宣传党的政策，教育引导广大僧尼和信众与十四世达赖集团划清界限，促进宗教和睦、佛事和顺、寺庙和谐。率委员应邀赴澳门参加佛教颂澳门庆回归祈福大法会，宣传西藏宗教信仰自由等真实情况。全力确保政协机关安全，维护全区和谐稳定大局。

（四）发挥团结统战功能。坚决贯彻习近平总书记“加强民族团结、建设美丽西藏”的重要题词精神，在履职实践中加强民主协商和团结联谊，最大限度地凝聚和增进共识、巩固和扩大团结。认真学习贯彻《中国共产党统一战线工作条例（试行）》精神，坚持求同存异、体谅包容，正确处理各民族、各宗教、各界别、各阶层、各团体和各界人士的关系，扎扎实实做好争取人心、汇聚力量的工作。区政协领导定期走访慰问各族各界人士、特别是知名爱国代表人士，沟通思想、交换看法，虚心听取他们的意见建议甚至批评，靠人格、靠胸怀、靠学识、靠能力增强感召力，在联谊交往中搞好大团结大联合。服务大批党外爱国人士，发表署名文章、接受媒体采访，通过榜样的力量政通协和、增进共识，最大限度地把各族各界人士团结在党的周围。鼓励政协委员联谊交友，把协商的过程作为增进了解、加深理解、消除误解、取得谅解的过程，创造条件使其同界别群众沟通交流和情感联谊，汇聚改革发展稳定的强大合力。举办区政协各族各界人士喜迎春节藏历新年茶话会和夏季联谊会等，共商国是、共谋发展、共话友谊，不断扩大团结面。组织委员和各界人士积极参加“3·28”百万农奴解放纪念日、民族团结宣传月和民族团结进步创建等活动，在活动中加强交流交往交融，努力增进各方面的团结。

（五）推进协商民主建设。坚持把调查研究作为推进政协协商民主的重要抓手，由多位副主席或相关领导率团赴江苏、浙江、广东、福建等省和全区 7 地（市）、40 多个县（区），围绕推进政协协商民主制度化建设调查研究，召开各级各类座谈会 70 余场次，与内地发达地区政协领导和区内各级党委、政府、政协负责人及政协委员深入研讨交流，形成了《关于推进我区政协协商民主建设的调研报告》等 37 篇调研报告和 25 份情况分析材料。坚决贯彻中央、区党委全面深化改革决策部署，主动承担 6 大改革任务，在深入调研政协协商民主重大理论和实践问题的基础上，已经或正在修订、制定“加强和改进政协民主监督”“视察调研成果转化”等 6 项制度。主动加强与区党委、政府工作的有效衔接，认真研究提出政协年度协商计划报区党委批准后实施。注重理论与实践相结合，通过举办议政性常委会、界别协商会、重点提案办理协商会等形式，积极探索专题协商、对口协商、界别协商和提案办理协商的方法及程序。组织委员和专家学者，围绕推进我区社会主义协商民主进行理论探索、开展课题攻关，为推进政协协商民主制度化建设进行了有益探索。组织 85 名委员，参加行风评议、案件庭审等活动，认真履行民主监督职能。

三、取得“五大新的成绩”

（一）协商议政有新亮点。遵照俞正声主席关于“更多更好地搭建平台，拓展民主形式，增加协商密度”的指示要求，积极探索创新，努力打造协商议政新亮点。提高履职组织化程度，汇集政协各参加单位、专委会、界别和党政部门优势力量，两年多来举办议政性常委会 1 次、文化产业等专题协商会 2 次、其他协商座谈会 6 次，组织 90 名政协常委、500 余名委员和相关专家学者协商议政，形成了整体履职态势。坚持上下协同，组织住藏全国政协委员和区、地（市）、县（区）政协委员参加协商、调研、民主监督等工作，形成了“四级委员”联动履职格局。发挥界别作为民意通道的特殊优势作用，组织界别委员专项视察 6 次，召开中共、教育、科技、文化等界别委员协商座谈会 8 次，汇集意见建议 200 余条，为党政决策提供参考。通过系列举措，增加协商密度，初步解决了“月主席、季常委、年委员”现象。

（二）视察调研有新改进。遵照俞正声主席关于“以深入调研提高协商质量，以有效协商转化调研成果，实现调研与协商互促互进”的指示要求，围绕我区党政中心工作和人民群众普遍关心关注的问题选题调研，力求视察调研与重点协商活动紧密对接。两年多来，我们加强与地（市）、县（区）政协和有关方面的联合调研，先后开展基础设施、特色产业、文化教育、医疗卫生、生态文明和社会事业视察调研活动40余次，形成并呈报视察调研报告39份，很多报告得到了领导的批示肯定，并责成相关部门研究落实。比如，关于全区天葬管理情况的调研报告引起区党委主要领导的高度重视，责成相关部门正在研究制定“西藏自治区天葬管理条例”，在政协立法协商方面进行了有益探索。

（三）提案办理有新成效。从2014年开始，在自治区“两会”召开前举办各地（市）政协秘书长培训会，就委员知情明政、选准提案题目、搞好调查研究等进行安排部署，并及时寄送《致委员的一封信》，向提案者提供线索、协商选题。严格立案标准，邀请区党委、政府督查部门负责人和区直提案办理“大户”业务骨干参与立案审查、确定承办单位、落实办理责任。实行主席会成员领衔督办重点提案，今年区政府分管副主席首次出席区政协有关重点提案督办会，面对面指导督办重点提案，确保提案办在“实在处”。分管副主席带领工作组，对《进一步加强人民政协提案办理工作的意见》和我区《实施意见》贯彻落实情况进行督查调研，其综合调研报告被区党委批转全区学习贯彻。举办“发挥提案工作优势、推进协商民主建设”专题协商座谈会，探讨和谋划新时期提案办理协商新思路新方法，在《西藏日报》专版刊载委员大会发言及意见建议。召开全区政协提案工作经验交流暨表彰会，对15个提案办理先进单位、30件优秀提案、25名提案办理先进个人进行表彰，鼓励先进、鞭策后进。

（四）文史工作有新成果。先后6次组织专人赴区内外，联络或采访了300多位西藏离退休干部、“四路进军”西藏的老干部、老红军和老同志，征集史料400余篇。截至目前，《藏族百年实录》进展顺利，《回忆西部大开发·西藏卷》已完成，《我的西藏记忆》已出送审稿，编辑出版了《西藏文史资料选辑》合订本第四卷、《藏族风俗一百例》《藏历算法珍宝之库》和《老人述说西藏史》等文史丛书。初步实现了征编工作由被动等稿向主动征稿、自征自撰向联合协作“两个转变”。

（五）自身建设有新加强。发挥政协党组领导核心作用，确保党的大政方针和决策举措在政协得到全面贯彻落实。在区党委重视下，通过换届选举，一批政治过硬、实绩突出、德高望重的优秀领导干部和知名度高、代表性强、影响力大的代表人士充实到区政协。加强区政协“四位一体”建设，委员主体作用、专委会基础作用、界别特殊作用和政协机关服务保障作用得到充分发挥。深入开展党的群众路线教育实践活动和“三严三实”专题教育，使政协委员和政协机关中的党员得到了党性锻炼，升华了理想信念、增强了公仆意识、提升了履职能力、转变了工作作风。特别是党员省级干部“严”字当头、“实”字为本，以身作则、率先垂范，带头讲党课，带头深入联系点督导调研，面对面服务群众，切实解决服务群众最后一公里问题。目前，区政协机关已向联系点那曲县6个行政村选派强基惠民驻村工作队员5批125人（次），“结对认亲交朋友”126户，在完成“5＋2”工作任务的同时，自筹资金新建了罗玛镇五村文化活动中心等民生项目、选购了优质种牛等生产资料，发放了车辆、医疗设备、体育健身器材等。坚决贯彻中央八项规定和区党委“约法十章”“九项要求”及政协“具体措施”，严格执行《中国共产党廉洁自律准则》和《中国共产党纪律处分条例》，做到政协上下风清气正。

另外，区党委批准新建县（区）政协机构44个、新增人员编制343名、新吸纳委员2000余名。依托撤地设市，指导日喀则、昌都、林芝市政协推进专委会虚改实工作，增设正县级专委会9个、科级机构11个，新增人员编制35名，增补委员160名。住藏全国政协委员牵线搭桥，香港金利来集团向我区边远贫困群众捐物折价近亿元。争取全国政协为我区区、地（市）政协委员和县（区）政协常委免费赠送价值240万元《人民政协报》。

当前，我区政协的地位更加重要、作用更加明显。在自治区成立50周年庆祝活动期间，俞正声主席等中央领导同志亲自过问西藏政协工作，杜青林副主席对西藏政协工作作出重要批示。区党委历来重视政协工作，陈全国书记多次主持会议听取政协工作汇报，多次就政协工作发表讲话和作出重要指示批示。今年，区党委、政府领导在区政协半年工作总结和视察调研报告上作出重要批示10多次。这充分体现了中央、区党委对我区政协工作的高度重视，推动我区政协工作站在新的起点上。

这些成绩的取得，是中央的亲切关怀、全国政协的精心指导和区党委正确领导的结果，是全区政协组织和广大政协委员、政协机关工作者团结奋斗的结果。同时，我们也清醒地看到工作中还存在一些问题和不足。比如，协商内容应当进一步丰富，协商密度仍需进一步增强，民主监督还要进一步加强，等等。这些都亟待在今后工作中加以改进。

站在新的起点上，我们决心在以习近平同志为总书记的党中央英明领导下，在全国政协精心指导和区党委坚强领导下，坚决贯彻中央精神和区党委部署要求，全力推进我区政协协商民主建设，为谱写好中华民族伟大复兴中国梦的西藏篇章而不懈奋斗。

中非携手合作　共同打造利益共同体和命运共同体

——在第八届“地中海南方论坛”开幕式上的致辞

（2015年11月11日）

马　飚

尊敬的费赫里主席，

各位嘉宾、朋友们：

首先，我代表中国人民争取和平与裁军协会及我本人对阿马杜斯学会盛情邀请我出席第八届“地中海南方论坛”表示衷心感谢。本届论坛以“从冲突到共同崛起”为主题，具有重要的现实意义。当前，中国人民正在努力实现中华民族伟大复兴的中国梦，非洲国家和人民正在追求和实现联合自强和伟大复兴的非洲梦。中非在圆梦的伟大征程中，要主动顺应和平、发展、合作、共赢的时代潮流，积极有所作为，努力打造中非利益共同体和命运共同体。

一、中非要做平等相待、合作共赢的政治伙伴，积极推动国际政治经济秩序向更加公正合理的方向发展。和平与发展仍然是当今时代主题，合作共赢更是大势所趋。但世界还很不太平，传统和非传统安全威胁相互交织，发展问题依然突出。

面对日益突出的全球性挑战，中非要加强协调和配合，共同维护以联合国为核心的战后国际秩序，捍卫《联合国宪章》的权威，推动国际关系民主化；大力倡导共同、综合、合作、可持续安全的新观念，走出一条“对话而不对抗，结伴而不结盟”的国与国交往新路；积极参加国际经济、金融、贸易规则的制定，争取公平的竞争条件，创造更多市场机会和发展空间，共同构建以合作共赢为核心的新型国际关系，共同打造人类命运共同体。

二、中非要做安危与共、守望相助的安全伙伴，着力维护国际和地区的和平与安全。和平是发展的前提，稳定是合作的保障。非洲总体政局稳定，但局部安全形势仍很严峻，成为制约非洲发展的主要障碍之一。中国是安理会常任理事国中向非洲派遣维和人员最多的国家，积极帮助西非国家有效应对埃博拉疫情，对非洲和平与安全做出了积极贡献。

新形势下，中国将坚定不移推进中非和平安全合作，坚定支持非洲国家以非洲方式解决非洲问题，深入落实“中非和平安全合作伙伴倡议”，积极支持非洲集体安全机制建设，帮助非洲国家提升维和、反恐、打击海盗等方面的能力。习近平主席在联合国维和峰会发表讲话时指出，要加大对非洲的帮扶，支持非洲国家提高自身维和维稳能力。今后5年，中国将向非盟提供总额为1亿美元的无偿军事援助，以支持非洲常备军和危机应对快速反应部队建设，为促进非洲和平稳定作出更大贡献。

三、中非要做互利共赢、共同发展的利益伙伴，合力打造中非利益共同体。当前，中非双方都处于发展的关键时期。非洲已成为希望的大陆、发展的热土，正朝着非盟《2063年议程》确定的目标大步迈进。中国正在为实现“两个一百年”奋斗目标、为实现中华民族伟大复兴的中国梦而不懈努力。中国国家主席习近平2013年访非时，提出了中方发展对非关系“真、实、亲、诚”的理念。李克强总理2014年访非时描绘了中非合作打造非洲高速铁路、高速公路和区域航空三大互联互通网络和开展产业合作、金融合作、减贫合作、生态环保合作、人文交流合作、和平安全合作等“六大工程”合作的前景。

前不久，中共中央召开十八届五中全会，通过“第十三个五年规划的建议”，提出全面建成小康社会的目标，坚持发展是第一要务，首次提出坚持创新、协调、绿色、开放、共享五大发展理念。中国将坚持开放发展，奉行互利共赢的开放战略，发展更高层次的开放型经济，积极参与全球经济治理和公共产品供给，构建广泛的利益共同体。将丰富对外开放内涵，提高对外开放水平，协同推进战略互信、经贸合作、人文交流，努力形成深度融合的互利合作格局。积极推进“一带一路”建设，推进同有关国家和地区多领域互利共赢的务实合作，推进国际产能和装备制造合作，打造陆海内外联动、东西双向开放的全面开放新格局。

加快发展，是实现中国梦和非洲梦的根本途径。大多数非洲国家正处于经济起飞或工业化初期阶段，对外来资金、设备、技术有着巨大而迫切的需求。中国在铁路、电力、通信、核能、航空航天等领域具备了一定的综合实力和国际竞争力。中非经济高度互补，产能合作应乘势而上，抓住机遇，对接发展战略，实现优势互补，推动产业多元发展，满足市场需求。中非产能合作将有效推动就业，培养产业技术人才，提高人民生活，实现共同发展。

四、中非要促进文明互鉴，加强民心相通，夯实中非利益共同体的社会根基。非洲地域广阔，人口众多，多种民族和文明在这里汇聚，共同构成异彩纷呈的文明画卷。

非洲有句谚语，“独行快，众行远”。中非共建利益共同体和命运共同体，需要中非加强文明交流和互鉴，需要发展人民间的深厚友谊。中国人民争取和平与裁军协会愿与包括阿马杜斯学会在内的非洲各国和平团体和智库，加强交流合作，让文明对话、民间交流，成为民心相通的桥梁，成为促进世界和地区和平的纽带，成为推动中非共同发展的活力源泉，让中非友谊代代相传。

各位嘉宾，各位朋友：

路途遥远无法阻拦双方的往来，大洋浩瀚难以阻隔心灵的沟通，中非互利共赢合作前景十分广阔。今年12月，中非合作论坛峰会将在南非召开，中非合作势将再添新动力。中方愿与摩洛哥和非洲各国，抓住时代赋予的机遇，开拓进取，共同谱写中非共同发展、合作共赢的新篇章，创造中非人民幸福美好的新生活！

祝本届“地中海南方论坛”取得圆满成功！

谢谢。

在全国政协暨地方政协经济（农业）委员会工作会议上的讲话

（2015年11月13日）

王钦敏

全国政协暨地方政协经济（农业）委员会工作会议是本系统的一次盛会，大家济济一堂交流工作、共话发展，十分难得。我首先对会议的成功召开表示热烈的祝贺！对出席会议的各位代表表示诚挚的问候！

十二届全国政协经济委员会按照常委会议和主席会议的总体工作部署，在周伯华主任及各位副主任的带领下，在办公厅的有力支持下，围绕中心、服务大局，认真参政议政、建言献策；各省经济（农业）委员会的各项工作开展得有声有色、活泼生动，很好地履行了政协职责、践行了政协使命、推动了协商民主，为党和国家事业作出了积极贡献。

按照十二届全国政协主席会议的分工安排，陈元副主席和我负责联系经济委员会工作。两年多来，我们参加了委员会的部分调研、考察、座谈等活动，深切感到本届全国政协经济委员会继承和发扬了历届委员会的优良传统，工作有以下几个显著特点：

一是服务大局，履职成效突出。开幕会上，伯华同志作了详细的报告，对经济委员会两年半来的工作作了回顾总结。从中可以看出，经济委员会在促进我国经济平稳健康发展方面做了大量工作，特色鲜明、成果丰硕、效果明显，为党和国家宏观经济决策和微观精准调控提供了有益的参考、借鉴乃至依据，一些成果被吸收到有关文件中，一些成果推动了相关政策的落地或完善。

二是追求实效，精品效应渐显。经济委员会追求高质量履职成果，有很强的打造履职精品的意识和能力。委员会负责筹备的双周协商座谈会："核电和清洁能源发展""发展特高压输电，优化电力布局""大力支持中小微企业技术创新""推进非公有制企业走出去""转基因农产品的机遇与风险"等场场精彩、十分成功，给与会者留下了深刻印象，政协领导同志十分满意，社会反响和协商议政效果也相当好。又如，以往每年2—3次的宏观经济形势分析座谈会，引起了俞正声主席高度重视。对此，俞主席批示要每个季度召开一次，并提出了明确要求。此外，经济委员会还不定期出版内部刊物《经济界委员通讯》，文风朴实、内容丰富、见解独到，很好地体现了委员们参政议政的水平和风采，广受欢迎。

三是精心谋划，工作不断创新。对工作认真负责、精心谋划是经济委员会产生较大影响的一个重要秘诀。比如，在双周协商座谈会召开之前组织预备会，提前"演练"，就是经济委员会探索出来的好形式、好方法。又如，对于怎么开好所承担的议政性常委会这一重要任务，经济委员会都能通盘考虑、精心谋划，提出周全的建议和计划。再如，经济委员会负责起草了《全国政协加强和改进调研工作实施办法》，集中总结提炼了在调研工作中形成的好做法、好经验和创新点，得到了全国政协领导的充分肯定。

四是平台开放，上下左右联动。经济委员会是个开放的舞台，我们十分注重吸收有关方面人士参加履职活动。比如，一是积极与民主党派和工商联合作，共同筹办全国政协双周协商座谈会；二是就某些专题与省级政协经济（农业）委员会开展协同调研、联合调研；三是邀请民主党派成员以及审计署、财政部等有关同志参加监督性调研；四是结合委员特长，根据工作需要邀请未编入经济委员会的有关委员，如经济界、农业界委员参加调研和活动；五是一些活动能根据需要邀请有关专家学者参加，积极借助各类智库和行家的力量；六是每次宏观经济形势座谈会都邀请两家省级政协经济委员会同志参会与观摩，等等。这些群策群力、上下左右联动的方式，值得进一步总结和推广。

各省（区、市）政协经济（农业）委员会都能围绕"四个全面"中心工作，服务国家和区域经济发展大局，积极履行政协职能，出色完成党和政府所交托的任务，履职工作有特色、有亮点、有发展、有创新，成效和贡献明显。刚才四位地方政协经济（农业）委员会代表作了经验交流发言。此外，各地代表还在昨天的分组讨论中畅所欲言，交流各自的工作、经验和体会。大家的做法和经验很接地气、符合区域实际，很值得全国经济委员会和其他省（市、区）委员会学习和借鉴。

下面，我对各级政协经济（农业）委员会今后的工作谈几点建议：

一、深入学习领会中央十八届五中全会精神，不断适应新形势、新要求。刚结束的中央五中全会，对我国国民经济和社会发展第十三个五年规划提出了建议。学习和贯彻十八届五中全会精神，是当前和今后一个时期的重大政治任务和更好地履职的保障和前提。我们要深刻理解和把握"十三五"时期我国发展的形势、指导思想、目标要求和发展的理念。正如俞正声主席在11月8日政协常委会上所述："《建议》提出了10个字的发展理念，是重大的理论创新和发展，是贯穿《建议》的一条主线和最大亮点。创新发展注重的是解决发展动力问题，协调发展注重的是解决发展不平衡问题，绿色发展注重的是解决人与自然和谐问题，开放发展注重的是解决发展内外联动的问题，共享发展注重的是解决社会公平正义的问题。这五大发展理念是对改革开放30年来我国发展经验的总结和升华，反映出我们党对发展规律的新认识，既符合当前实际，又符合未来发展需要，是'十三五'乃至更长时期我国发展思路、发展方向、发展着力点的集中体现"。同时，要把学习贯彻五中全会精神与学习贯彻中共十八大和十八届三中、四中全会精神结合起来，与学习习近平总书记系列重要讲话精神结合起来，与学习贯彻中共中央关于人民政协一系列重要指示精神结合起来。

二、各级政协经济（农业）委员会要充分发挥作用，为"十三五"规划纲要的制定和实施献计出力。目前，国务院正根据中央《建议》编制"十三五"规划纲要，并提交明年的"两会"审议和讨论。人民政协要围绕中心、服务大局，积极主动建言献策。我们要准确把握我国经济发展新常态的阶段性特征，做到在观念上适应、认识上到位、方法上对路、工作上得力。在新常态下，我国经济发展表现为速度变化、结构优化、动力转换三大特点。这些变化是不以人的意志为转移的，是我国发展阶段性特征的必然要求。我们要坚持把创新驱动、提高发展的质量和效益放在核心位置建诤言、献良策。俞主席指出："强调质量、效益，就要求投资要有效益，产品要有市场，企业要有利润，员工要有收入，政府要有税收，核心是企业要有效益"。"政协委员应该研究企业效益问题，研究'五有'的实现途径，研究化解产能过剩的措施和办法，帮助和支持政府克服困难，帮助和支持企业克难向前"。同时，"十三五"规划是全面建成小康社会的收官规划，要实现"全面"二字，就必须紧紧扭住短板，在补齐短板上多用力。比如，"三农"问题、新农村建设和城乡区域发展差距就是不容忽视的短板，短板问题如果长期得不到解决，"木桶效应"就会愈加显现，系列社会矛盾会不断加深。这些都是经济（农业）委员会的中心任务。我们要发挥智力优势、深入调研，提出接地气、可操作的真知灼见。

三、各级政协经济（农业）委员会要加强自身建设，进一步提高履职能力和水平。今年7月，全国政协修订了专委会通则，对新形势下的专委会工作、专委会运作、专委会建设等作出了新的规定。希望地方各级政协经济（农业）委员会认真学习通则，结合各自实际，吸收借鉴全国政协专委会的一些有益做法，把委员会自身建设提高到一个新水平。地方政协经济（农业）委员会处于经济发展的第一线，春江水暖鸭先知，地方专委会更了解经济发展实际动态，在区域经济实践中更接地气，意见与建议也更符合各区域经济发展实际。各省级专委会在工作中有自己的特色、好的做法、好的经验、好的意见建议，同样值得全国政协经济委员会认真学习和借鉴。全国政协经济委员会要继续发挥国家经济发展一盘棋的理念，要特别重视对统筹智力资源和协同创新发展工作的指导和推动，促进创新理念、成功经验、科学方法的交流与合作，践行五中全会提出来的创新发展、协调发展、开放发展和共享发展的理念。建议在明年的工作计划中要加强全国政协经济委员会和省级政协经济（农业）委员会的联合调研、协同调研、委托调研，以课题为纽带加强双向联系和互动。这次会议也是出于加强相互学习、交流互动的目的，希望大家珍惜机会，认真交流总结，共同提高。

同志们，当前是人民政协事业发展最好的一个时期，也是政协专委会发展的大好时期，专委会的履职工作必将迎来更加美好的明天。

在此衷心祝愿各级政协经济（农业）委员会不断开拓创新、拓展履职范围、丰富履职形式，在推进社会主义协商民主建设进程中取得新的成绩、作出新的贡献！

在团结香港基金会成立一周年晚宴上的致辞

（2015 年 11 月 20 日）

董 建 华

今天是团结香港基金会成立一周年，我们怀着欣喜的心情庆祝一周岁！

基金会工作进展

万事起头难。基金会从零开始，到今天全面运作，并不容易。但我们非常幸运，得到各位基金会成员的大力支持，让我们这个民间智库，名副其实成为智慧的宝库，成为先进思潮汇聚的思想大广场。基金会在 Eva 的带领之下，按照我们订下的时间表，一步一步开展我们的工作。我们做了大量的工作，包括对外联系、推广、商讨、辩论、交流、研究、倡议等。

我很高兴基金会如期在上周公布了首份政策研究报告。该份有关土地和房屋的研究报告，引起专家、学者和公众人士广泛讨论。这亦是我们预期达到的效果。

我们在政策研究和倡议方面的工作，就是要借助香港和香港以外最出色的脑筋，以最具洞察力的目光，最精准的分析，去审视香港迫切需要解决的问题，然后将事实和数据，呈现出来，并以香港长远利益为依归，作出具体的、可操作的政策建议，让公众人士、持份者、评论员、媒体、专家学者、政策制定者和政策执行者充分讨论。我们有一个非常好的开始。

回顾过去一年，是充满风风雨雨的一年，是香港自回归以来一个重要的政治分水岭。我们经历了“占中”的动荡、政改方案表决的躁动，到了今天，社会暂且恢复平静，当中如坐上过山车的经历，相信每一个香港人都亲身体会到，点点滴滴在心头，大家也许会问，站在这个重要的历史关口，香港将会何去何从？基金会作为一股团结和支持香港的力量，我们又如何可以在这关键的时刻，贡献香港？

走出今天，开辟未来

要审视香港如何走出今天，开辟未来，香港社会必定要认真地面对当前的挑战。香港虽是弹丸之地，但无论在政治、经济和文化上，都有其独特之处。政治上，国家对香港实施“一国两制”的政策，香港在中国的版图上，享有不同于其他省市的管治制度，这一优势，带来很多机遇，也带来挑战。我们今天面对的难题，在国家层面，有些人对祖国认识不足；在内部管治层面，被卷入内耗的旋涡；在政策发展的层面，一方面因为管治制度上的一些局限，一方面因为内耗，令施政停滞不前。这些都是非常严峻和必须克服的问题，我希望用小小时间，讲多一点我对这些挑战的看法。

对国家认识不足

我们国家在改革开放以来取得的辉煌成就，举世公认。微软的 Bill Gates 曾经在博鳌亚洲论坛年会上，赞扬中国 30 年来令 6 亿人民脱贫，并称之为“了不起的奇迹”。九七回归之后，落实“一国两制”、港人治港，港人与祖国关系更加紧密。我们回归祖国，又碰上国家改革开放所取得的骄人成就，可谓福中之福。

香港在地理上、历史上、政治上、文化上、经济上以及血缘上，都是中国的一部分。只可惜，有一小部分港人对中国人民艰苦奋斗得来的成就，视而不见；反而选择性地聚焦于国家在发展道路上遇到的一些个别事件，并将之无限放大，以偏概全。有些个别人士以不文明，甚至是违法的行为，在香港与内地关系中制造事端，制造矛盾，伤害了两地人民的感情。他们制造和鼓吹所谓“中港矛盾”，破坏“一国两制”。

但是，国际社会对国家的重视，见诸近月习近平主席的两次国事访问。在 9 月，习主席出访美国，我很荣幸有机会参与。在他的行程中，让我印象最深刻的，亦是让我作为中国人最感骄傲的，是美国政府以及美国人民，他们对我们国家和主席的尊重，以及对与我们国家在政治、经济和文化上的交流和合作的重视。

同样地，习主席在 10 月到了英国访问，这次被媒体形容为超级国事访问，空前成功，英国皇室和政府最高层，以最高规格接待了习主席夫妇，两国领袖的互动，展现了习主席口中“你中有我，我中有你”利益共同体的愿望，标志着中英关系进入“黄金时代”。

上述国事访问的成果，为中美、中英人民创造更多机会，对香港人而言，应有莫大的启发。

对香港青年人来说，他们正处于大机遇时代。因为世界发展的重心，正逐渐东移至包括中国的亚太地区。连同国家“一带一路”策略所带来的无限机会，可以说，认识祖国，就是认识未来；不懂中国，就是不懂世界。我呼吁香港人，尤其是年轻一代，放开怀抱，去认识我们的国家，认识今日中国的精神面貌。

如何让更多香港人，特别是年轻一代，认识国家、拥抱国家，并不容易，但这一大挑战，我们不容忽视。事实上，我们未来若果能逐步扭转民心未回归的情况，香港社会内部的一些管治和施政问题，也会比较容易解决。

持续内耗

内耗令香港发展停滞不前。过去十年，内耗成为香港政治的特色，这包括社会上的内耗、立法会内的内耗、行政与立法之间的内耗。

社会上的内耗莫过于去年的占中。占中不但大面积影响很多市民的生计，亦鼓励了以违法行为去表达不满，削弱了香港一直以来赖以成功的法治精神，对香港危害深远。

立法会内的内耗，以及行政与立法之间的内耗，使得很多有迫切需要的政策，都未能有效落实。就算大部分市民就某项议题达成共识，但少部分人仍然可以处处留难，严重阻碍香港的发展，削弱了香港解决困难的能力。其中一例是政改方案的表决，泛民的坚持，令港香港白白丧失了 2017 年普选特首的历史性机会。

另一个例子是成立创科局。因为立法会内泛民议员的拉布，成立创科局的建议最终要折腾三年，才能落实。全世界的先进地区，都以创新和科技来推动创业创富。从韩国到以色列、从美国到北欧，他们的政府都积极介入，利用创新科技作为发展的火车头，为全民创富。但泛民议员却拖拖拉拉、虚耗三年。创新与科技，是分秒必争的全球竞赛，三年已是一个世代。香港发展的步伐，较其他竞争对手慢很多。这是一项长期的隐忧。我们应该为此而感到非常担心。

居安思危，推动政策

基本法规定香港 50 年不变。但这是指资本主义制度的不变，不是指政策的一成不变。世界瞬息万变，香港不可能不变。

在经济方面，香港从 60 年代开始，奉行积极不干预政策，直至 80 年代初，该项政策都相当成功。当时亚洲地区（除日本外）经济普遍滞后，而中国则是对外封闭，故此，香港的经济有机会起飞。但是，90 年代以来，全球科技发展突飞猛进，不但贸易全球化，金融市场亦全球化地发展。与此同时，中国的经济也在快速发展下成为全球第二大经济体，在这样快速变化的大环境下，我们要有高度的居安思危的思想。我们不可以让我们的发展，被动地任由市场经济所支配。否则，我们只会流于不断追逐并听命于市场的信息，我们的政策，亦只会滞后于市场的发展，并落后于市民的预期。

在这方面，政府有不可推卸的责任，政府应以高度危机感的视野，站在市场高度之上；并且以前瞻性的目光，走在市场经济之前，超越市场经济的支配和局限，洞察前方的挑战，掌握更广阔的机遇。我注意到特首梁振英提出“适度有为”的施政方针，这是积极面对当前挑战的正确方向。

我们经常强调要迈向知识型经济，因为知识型经济制造高端的知识型职位，让更多人向上流动，为全民创富。政府如何制造条件，发展新的经济增长板块？我们的教育制度，如何培养创新、创意、创业人才，为全民创富？这几方面的工作要得以成功，就要靠政府发挥强而有力的主导角色。

目前，政府发挥主导角色并不容易。回归前，政党政治发展仍然处于初阶段，直选议员仍属少数；时至今日，立法会成员全部经选举产生，政党发展更见蓬勃，行政长官与立法会议员没有“政党关系”，因此，特区政府在立法会的工作，更见寸步难行。

我的希望

面对香港今天的民情和局势，我有几个希望，如果它们都能够落实，一定有助香港开辟未来。我的希望不离为青年人的未来出一分力，希望社会不再内耗，参政和议政者舍破坏、共建设。

为香港的青年人

我的希望，香港的希望，离不开我们的青年人。他们是香港的将来，是香港的希望。

香港青年人对现状不满，要争取公平、公义和理想，这是正常的。香港有这样的青年人，我一方面是感动、骄傲；但另一方面是心痛。我为他们的理想和承担而感动和骄傲；我感到心痛的，是社会和青年之间的沟通、互动和相互的期望，究竟出了什么问题，令到这一群有理想的青年要跑上街头？

对青年人，我呼吁他们不要简单地把强调和平理性的人士视为保守，而要明白他们由衷的忧心，如果每个人都热血街头，香港还会有繁荣安定吗?

我对香港青年人的希望，是热爱国家、建设香港。我呼吁香港人，尤其是年轻一代，要放开怀抱，认识我们的国家，认识今日中国的精神面貌。

青年人对香港的将来责任重大，基金会在这方面，会尽一分力，让更多香港的青年人有机会去认识国家。同时，基金会其中一个重要研究项目，是如何去关心青年人，如何回应他们的不满和焦虑。我们和香港其他青年团体一样，和特区政府一样，希望青年人能善用他们的无限创意，无穷动力，共同建设香港。

拒绝内耗

要解决不断内耗，当然一定要在制度上作出努力。但香港的最大希望，还是在于香港人。要有效解决香港政治上的困境，还需从我们自己开始。有多项不同的民调都显示，绝大多数的香港人是和平理性的，他们不认同偏激的行为。和平理性并不等同政治保守，从英国殖民地统治到回归后的今天，开明理性的香港人，从来是占了绝大部分，他们是香港进步的动力。

激烈的行动，容易吸引眼球、容易获得媒体报道、容易在网上被疯传。于是激进人士好像主导了香港的公共议程。但民调清楚显示，和平理性、开明务实才是香港的主流民意。香港要继续创造奇迹，必须坚持和平理想、开明务实的道路。

建设性的反对派　有纪律的建制派

要坚持走和平理性的道路，来突破政治上的困局，特区政府、泛民主派和建制派三方都有责任。

今天的泛民阵营里面，激进当道，温和泛民似乎难有空间。但我很高兴见到泛民里面的温和声音，有人开始另辟路径、寻找出路。这些泛民朋友，是有理性而勇于承担的人才。我呼吁他们坚持遵守法治精神的原则，忠于基本法、忠于“一国两制”，本着“是其是，非其非”的务实态度，以香港人的福祉为依归，用建设性的态度，监督政府、建设香港。香港需要一个爱护香港的、有建设性的反对派。

至于建制派的责任，就是清楚认定立场，以负责的态度，忠于基本法、忠于“一国两制”、以高度的纪律，支持特区政府依法施政。建制派内有代表不同利益的派系，有不同的声音，是正常的。但是在支持特区政府依法施政的基本立场上，建制派必须立场一致。这是基本的政治伦理和纪律。

构建这样的建设性反对派和建制派，特区政府一定要以理性、包容的态度，努力走出困局。

有挑战，有契机

各位，香港正处于历史的转接点，香港将来有无希望，取决于我们有没有准备、有没有信心去面对挑战。有挑战不等于没有希望。香港精神从来讲的是“我做得到”！我们站在机遇的关口，有挑战便是让我们可以有乘风而起的契机。这一代不应对前景感到无望，而下一代则应该对前景充满希望。

香港有无比的优势，有全世界独一无二的大优势，因为“一国”让我们得到国家的全力支持；“两制”让我们实行资本主义，又是社会主义祖国的一部分，让我们可以获益于两种截然不同制度所给予的所有优点。

如果大家看一看香港各项宏观经济和社会数据，会看到我们有丰厚的财政储备、持续温和增长的经济、失业率只有3.3%、几乎是全民就业、先进的公共医疗服务，以及高达80多岁的人均寿命；我们的公共交通，外来的游客个个都赞口不绝。我们有12年免费教育，亦有让弱势社群得到基本照顾的福利制度；香港的治安，举世称赞。香港人平均每年外出12次，全球名列前茅，亦反映了我们的富足。我们连续多年被列为全球最自由城市等等。

上述种种，反映了香港已有良好的基础和得天独厚的优势。我们今天若懂得紧握香港独有的优势，我们绝对有条件让每一个香港人都生活得更加美满，更加幸福快乐。

各位，我们能否紧握机遇、建构未来，决定在我们手中，基金会希望在未来的日子，与你们每一位继续携手合作，为香港、为港人，打造未来！

在全国政协提案办理协商工作座谈会上的讲话

(2015年11月29日)

马　飚

今天，全国政协提案委员会在南宁召开提案办理协商工作座谈会，学习贯彻党的十八届五中全会精神，总结交流开展提案办理协商的经验和做法，进一步提高对提案办理协商在社会主义协商民主建设中重要意义的认识，统一思想，把提案办理协商落到实处。这里，我就加强人民政协协商民主建设，进一步开展提案办理协商，就提案工作如何为“十三五”规划的制定和实施建言献策，谈几点意见。

一、贯彻落实中央对人民政协工作的一系列重大部署

党的十八大以来，以习近平同志为总书记的党中央高度重视政协工作，十八届三中、四中全会和庆祝人民政协成立65周年大会等，都对政协工作作出重要战略部署，并出台《关于加强社会主义协商民主建设的意见》《关于加强人民政协协商民主建设的实施意见》等重要文件。两年来，习近平总书记先后6次主持召开中央政治局常委会议，研究政协的年度协商工作计划、全国政协常委会工作报告，听取全国政协党组工作汇报、“两会”筹备工作等。习近平总书记就政协工作多次发表重要讲话和作出重要指示，为新形势下人民政协事业发展确立原则、指明方向、提供根本遵循。

十二届全国政协在俞正声主席领导下，认真贯彻落实习近平总书记、党中央关于加强人民政协工作一系列重要指示精神，在继承中发展、在发展中创新，在历届政协奠定的良好基础上，进一步推进协商民主广泛多层制度化发展。一是拓展协商内容。增加了民主政治建设、党风廉政建设和法律法规等方面议题。如十二届全国政协第七次常委会围绕“深入落实八项规定精神，以优良的党风政风带动民风社风”建言献策。二是丰富

协商形式。创设双周协商座谈会，双周协商会每次都由俞正声主席亲自主持，议题涉及面广、切口小，与会人员专业性强、经验丰富、研究深入，形成的意见建议具体、有操作性。目前已成功举办了43次，在社会上产生了广泛影响，成为全国政协协商议政的新亮点、新品牌。比如，“利用水泥窑协同处置垃圾废弃物”，看似小事，却与转变经济发展方式这一宏观话题紧密相连，以此为突破口，对探索如何化解水泥行业产能过剩、怎样处理固体垃圾保护生态环境等都有重要意义。再如“建筑工人工伤维权”，因切口小、问题准、建议实，得到国务院有关部委积极回应，协商意见被充分吸纳，完善了相关政策法规，推动了问题的解决。三是增加协商密度。具体来讲，除了开好每年一次的全体会议，还将过去每年一次的专题议政性常委会议和专题协商会各增加一次，同时，还有每年20次左右的双周协商座谈会。这样就形成了以全体会议为龙头、以专题议政性常委会议和专题协商会为重点、以双周协商座谈会为常态的协商议政新格局。这也是落实十八届三中全会提出的增加协商密度，提高协商实效的新举措。四是健全协商制度。根据党的十八届三中全会要求，建立了《关于制定全国政协年度协商计划的办法》的制度。自2014年全国政协的年度协商计划，经中央批准施行，全国政协的重点协商活动纳入中央总体工作部署。

在今年召开的全国政协十二届三次会议上，俞正声主席提出协商民主要有新加强、民主监督要有新举措、制度建设要有新进展、增进团结要有新作为、履职能力要有新提高。围绕党和国家中心工作、全国政协的重点工作，提案工作不断创新发展，提案办理协商形式更加丰富，协商内容不断拓展，协商成效更为显著，呈现出以下两个特点：

第一，全国政协领导高度重视提案工作。俞正声主席对开展好提案办理协商多次作出重要批示。全国政协常委会议、主席会议、主席办公会议多次对提案工作作出部署，提出要求，提案工作迈上了一个新台阶。一是严格立案标准，加大审查力度，提高立案提案质量；注重发挥界别、界别小组及专委会优势，集体提案数量逐年增加。二是加强制度建设，先后修订完成了《全国政协重点提案遴选与督办办法》，制定印发了《全国政协提案办理协商办法》。新修订的《全国政协重点提案遴选与督办办法》，重点提案的确定，由原来的秘书长办公会议提升为由主席办公会议审议，数量由占立案提案总数的1.5%调整为1%，重点更加突出，督办工作取得明显实效。去年全国政协确定的49件重点提案，经督办落实，有48件都已纳入到相关政策、法规、工作计划中。比如，“加快珠江—西江经济带建设”被确定为全国政协重点提案，通过重点提案督办推动，《珠江—西江经济带发展规划》去年获国务院批复实施，经济带发展正式上升为国家战略。今年，全国政协确定的重点提案也是49件，下月，全国政协主席会议将听取今年重点提案办理落实情况的汇报。三是健全主席会议和主席办公会议研究重点提案、全国政协副主席带队调研督办重点提案机制。从2013年以来，每年都有全国政协副主席带队走访提案承办单位。探索建立与中办、国办联合开展提案办理督查工作机制。

第二，提案承办单位扎实做好提案办理工作。提案承办单位认真贯彻落实中办、国办《关于进一步加强人民政协提案办理工作的意见》，将提案办理工作作为加强协商民主、转变工作作风、推动民主决策的重要手段，加强组织领导，不断完善提案交办制度，规范内部运行机制，强化协商沟通机制，完善办理督查制度，积极采纳提案中的合理建议，办理成效显著。从3年来的情况看，各承办单位在办理提案方面，都创造了一些好的做法和经验。有的主要负责同志邀请部分政协委员座谈，面对面沟通交流；有的主要负责同志就一件提案与提案者两次当面沟通协商，确定解决问题的思路；有的突破文来文往的办理方式，与提案者进行全方位、多形式的沟通；有的自2013年以来召开了20余场提案办理座谈会，部领导亲自主持，邀请提案者参加；有的每年从计划拟解决采纳的提案中梳理出向提案者承诺的事项，列入办公厅立项督办范围，确保所有承诺事项在次年“两会”召开前办结或取得阶段性成果；有的明确规定，由部领导主持的座谈会或带队的调研活动，须邀请相关提案者参加，各司局每年都要邀请提案者参加本司局的调研、座谈、征求意见、督查等活动；有的把办理提案与推动工作和相关领域改革相结合，将提案中提出的合理意见建议转化为政策措施。

二、充分发挥提案的特点和优势，为“十三五”规划的制定和实施建言献策

党的十八届五中全会审议通过了《中共中央关于制定国民经济和社会发展第十三个五年规划的建议》(以下简称《建议》)，描绘了未来5年国家发展的宏伟蓝图。习近平总书记在会上发表了重要讲话，对贯彻落实全会精神提出明确要求。11月6日，全国政协召开十二届常委会第十三次会议，学习贯彻十八届五中全会精神。李克强总理亲自到会作报告，并与政协常委现场互动交流，充分体现了国务院对政协委员意见和建议的高度重视。

“十三五”时期是全面建成小康社会决胜阶段，认真学习和贯彻十八届五中全会精神，是当前和今后一个时期人民政协的一项重大政治任务。全会通过的《建议》，以强烈的使命意识和问题意识谋划未来，体现了“四个全面”战略布局和“五位一体”总体布局，体现了习近平总书记系列重要讲话精神，体现了中共十八大以来党中央的决策部署，顺应了我国经济发展新常态的内在要求，其中最突出的是鲜明地提出五大发展理念，这是贯穿全会精神的灵魂和主线。学习贯彻全会精神，重要的是牢固树立五大发展理念，并切实落实到各方面的工作实践之中。提案工作要围绕五大发展理念，为制定和实施规划纲要提出有价值、有分量的意见和建议。

一是围绕创新发展建言献策。创新发展注重的是解决发展动力问题，必须把创新摆在国家发展全局的核心位置。要进一步发挥政协人才会聚、智力密集的优势，引导委员围绕培育发展新动力、拓展发展新空间、深入实施创新驱动发展战略、大力推进农业现代化、构建产业新体系、构建发展新体制、创新和完善宏观调控方式等方面，提出意见和建议。

二是围绕协调发展建言献策。协调是持续健康发展的内在要求，注重的是解决发展不平衡问题。要进一步发挥委员联系面广，代表性强的优势，围绕促进城乡区域协调发展，促进经济社会协调发展，促进新型工业化、信息化、城镇化、农业现代化同步发展，在增强国家硬实力的同时注重提升国家软实力等方面，提出意见和建议。

三是围绕绿色发展建言献策。生态文明建设是一个突出的“短板”，我们过去很长一段时间是粗放型经济发展，对环境保护和生态文明重视不够，提供优质生态产品的能力在减弱，一些地方生态环境还在恶化。要引导委员开展有针对性的调查研究、集中攻关，围绕促进人与自然和谐共生、加快建设主体功能区、推动低碳循环发展、全面节约和高效利用资源、加大环境治理力度、筑牢生态安全屏障等方面，提出可行思路和务实

建议。

四是围绕开放发展建言献策。开放是国家繁荣发展的必由之路，我国经济深度融入世界经济是一个总体趋势，必须发展更高层次的开放型经济，积极参与全球经济治理和公共产品供给，提高我国在全球经济治理中的话语权。要进一步发挥政协委员视野开阔的优势，围绕坚持对外开放政策，践行互利共赢战略，深化人文交流，完善对外开放区域布局、对外贸易布局、投资布局，以扩大开放带动创新、推动改革、促进发展等方面，提出意见和建议。

五是围绕共享发展建言献策。“十三五”规划是全面建成小康社会的收官规划，全面建成小康社会，不仅要实现“小康”，更重要的是要做到“全面”。要进一步发挥政协委员联系各界群众的桥梁和纽带作用，围绕增加公共服务供给、实施脱贫攻坚工程、提高教育质量、促进就业创业、缩小收入差距、建立更加公平可持续的社会保障制度、推进健康中国建设、促进人口均衡发展等方面，提出意见和建议。通过这些提案的提出和办理，共同推动国家及有关部门作出更有效的制度安排，使全体人民在共建共享发展中有更多获得感，朝着共同富裕的方向稳步前进。

同志们，做好政协提案工作，意义重大。让我们紧密团结在以习近平同志为总书记的中共中央周围，开拓创新，扎实工作，把协商民主的精神切实落实到提案工作的全过程，开创提案办理协商的新局面。

在中国侨商投资企业协会三届二次理事会暨科技创新委员会成立大会上的讲话

（2015 年 11 月 30 日）

万 钢

非常高兴与来自世界各地的侨商朋友和专业人士齐聚一堂，共同出席“中国侨商投资企业协会三届二次理事会暨科技创新委员会成立大会”。这里，我谨对会议的召开表示热烈祝贺，对远道而来的各位侨胞和海外科技界代表表示热烈欢迎！

侨商是祖国建设和发展的一支重要力量。改革开放以来，广大侨商心系祖国，敢为人先，积极返乡投资兴业，不仅带来国内急需的资金、技术、人才和先进的管理经验，而且坚定了外国投资者对中国的信心，促进了中国经济与世界经济的接轨融合。近年来，广大侨资企业坚定信念，围绕国家发展大局，不断拓展新的领域和市场，在帮助国内企业“走出去”，推动“一带一路”建设、区域协调发展和社会公益事业进步等方面都发挥了积极的作用。在此，我向包括各位侨商在内的广大海外华侨华人，表示崇高的敬意和衷心的感谢！

中国侨商投资企业协会宣布成立科技创新委员会，把成功创业的海归科技团队和人士汇聚起来，充分发挥华侨华人智力资源优势，服务国家经济转型升级和科技进步，非

常必要，很有意义。这充分体现了中国侨商投资企业协会重视科技创新，深入落实创新驱动发展战略的决心

当前，科技创新在党和国家全局中的地位日益重要。“十二五”以来特别是党的十八大以来，我国科技创新取得重要进展，涌现一批重大创新成果，支撑引领经济社会发展成效显著，科技体制改革取得重大突破，创新创业环境明显改善，创新型国家建设迈上历史新台阶。我们看到了载人航天、载人深潜、超级计算、新一代核电等一批战略高技术实现重大突破。新一代高速动车组高速列车时速 380 公里，达世界领先水平。目前我国高速铁路总里程达到 1.6 万公里，占据世界高铁总量的 50%以上。

国家自主创新示范区和高新区成为区域转型升级和创新发展的核心载体，也成为发展大众创新创业的“沃土”。各地的众创空间如雨后春笋般涌现出来，形成了一批模式新颖、服务高效、辅导专业、资源集聚、运营顺畅的众创空间，形成了“孵化＋创投”“创业苗圃＋孵化器＋加速器”等多种发展模式。目前全国各类众创空间超过 200 个，与现有的 1600 多个科技企业孵化器、加速器，115 个国家大学科技园和 129 家国家自主创新示范区、高新区相互连接，形成了完整的创业链条和良好创新生态。

习近平总书记指出，人才越多越好，本事越大越好。我希望，科技创新委员会成立后，要充分发挥广大侨胞的创造性、创新能力和创业激情，引导更多的华侨华人创新人才积极参与到中国的科技创新和“双创”大潮中，为全面建设小康社会作出应有贡献。

侨商朋友们、同志们：

2020 年全面建成小康社会，是中国共产党确定的“两个一百年”奋斗目标的第一个百年奋斗目标。当前，和平与发展的时代主题没有变，我国经济既面临着矛盾相互叠加的严峻挑战，也面临着大有作为的诸多机遇。刚刚闭幕的十八届五中全会提出了“创新、协调、绿色、开放、共享”五大发展理念。这五大发展理念，是“十三五”乃至更长时期我国发展思路、发展方向、发展着力点的集中体现，也是改革开放 30 年来我国发展经验的集中体现。“十三五”时期是全面建成小康社会的决胜阶段，必将带来更加广阔的发展舞台。借此机会，我向大家提出几点希望：

第一，继续发挥自身优势，参与到中国现代化建设事业当中来。希望广大侨商充分发挥资金、技术、管理和国际商业网络的优势，抓住中国区域协调发展和创新驱动发展的新机遇，以多种方式支持和参与中国现代化建设。同时要发挥自身的人脉优势，为帮助中国企业“走出去”，参与“一带一路”建设，深化中国与世界各国的经济合作做出新贡献。

第二，积极推动科技创新与金融资本的融合，促进产业升级。侨资企业大多专注于制造、贸易、金融等传统行业，通过较长时期的发展，有了一定的资本积累。科技创新的发展离不开金融资本的支持和推动，金融资本也需要科技创新的活力激发出更大的价值和增长。希望广大侨商加强与科技界人士的交流，加强多领域、多层面的合作，在相互合作中拓宽市场，在转型升级中发展事业，推动侨界在更广范围、更宽领域、更高层面创新创业。

第三，继续大力宣传中华文化，推进中外文化交流。希望广大侨商发挥融通中外的优势，积极参与、组织推动中外文化交流的各类活动，宣扬中华文化的优秀成果，支持华文教育，增进中国人民与住在国人民之间的相互了解和友谊，做中外交流合作的友好

使者。

第四，积极融入当地，树立海外侨胞良好形象。华侨华人是中国与世界各国增进了解与友谊的桥梁纽带。希望广大侨商发扬中华民族优良传统，自觉遵守住在国法律，融入并回馈主流社会，用自己的辛勤劳动和诚信经营赢得当地人民的信任和尊重，为当地经济发展和社会进步贡献智慧和力量。

中国侨商投资企业协会是侨商们的家园，不仅是广大侨商间交流合作的重要平台，而且是中国政府与侨商联系沟通的重要桥梁。希望协会再接再厉，秉持“联谊、服务、合作、发展”的宗旨，不断创新服务手段，提高服务能力，认真倾听侨商呼声，促进侨商团结合作，维护侨商合法权益，凝聚侨商智慧和力量，为我国全面建成小康社会发挥更加重要的作用。

最后，衷心祝愿中国侨商投资企业协会三届二次理事暨科技创新委员会成立大会圆满成功！祝大家身体健康、事业发达、家庭幸福、万事如意！

在全国暨地方政协民宗委工作交流会上的讲话

（2015 年 12 月 4 日）

王　正　伟

当前，全国上下正在深入学习贯彻十八届五中全会精神，和以会议精神为指导谋划、推进各项工作，在这样一个背景下，我们召开全国暨地方政协民宗委工作交流会，很有意义。会议的主要任务是：深入学习贯彻习近平总书记关于民族、宗教工作的重要论述精神，紧紧围绕“四个全面”战略布局，深刻把握政协民宗委工作的特点和规律，总结交流经验，发挥独特优势，提高履职能力，更好地服务党和国家民族、宗教工作大局，更好地服务全面建成小康社会目标，更好地服务中华民族伟大复兴的中国梦。

2015 年，伴随着人民政协事业的创新发展，全国和地方政协民宗委工作也取得了新的成绩。一是深入学习领会习近平总书记系列重要讲话特别是在人民政协成立 65 周年庆祝大会上的重要讲话精神，切实抓好中央关于加强社会主义协商民主建设的意见和全国政协实施意见的贯彻落实，推动政协民宗委政治协商、民主监督、参政议政取得了新进展。二是全面贯彻党的民族、宗教工作大政方针和国家相关法律法规，紧紧围绕民族、宗教工作大局，深入调研，建真言、献实策，为加快民族地区全面建成小康社会步伐，积极引导宗教与社会主义社会相适应作出了新贡献。三是深入开展“三严三实”专题教育活动，严字当头、实处着眼，推动广大委员和机关干部转变作风，实现了政治把握能力、调查研究能力、联系群众能力、合作共事能力的新跨越。这些成绩的取得，凝聚着以习近平同志为总书记的党中央的亲切关怀，凝聚着以俞正声主席为班长的全国政协常委会的正确指导，其中也包含着全国政协和地方政协民宗委广大委员的智慧和心血。借此机会，我要向大家表示崇高的敬意和衷心的感谢！

下面，我就深入学习贯彻习近平总书记关于民族、宗教工作的重要论述精神，进一步做好新形势下的政协民宗委工作，讲几点意见。

第一，准确把握党中央关于民族、宗教工作的大政方针

多民族、多宗教，这是我国的一个基本国情。党中央历来高度重视民族、宗教工作。新中国成立特别是改革开放以来，中国共产党坚持把马克思主义民族、宗教理论与我国国情和具体实际相结合，成功走出中国特色解决民族问题的正确道路，加快了民族地区经济社会发展，巩固和发展了社会主义新型民族关系，积极引导宗教与社会主义社会相适应，保障了公民宗教信仰自由和合法宗教活动的正常开展，形成了民族和睦、宗教和顺、社会和谐的良好局面。

同时要看到，随着社会主义市场经济的发展和对外开放的扩大，我国原有的民族、宗教分布格局正发生着深刻调整，民族、宗教工作也面临着一系列新情况、新问题。从国际看，世界民族、宗教问题错综复杂，成为影响国际局势和地区稳定的重要因素；同时，国外敌对势力利用民族、宗教对我进行颠覆渗透，并与境内敌对分子勾结，挑拨民族关系，争夺信教群众。从国内看，少数民族群众和广大信教群众人口流动加速，相关的服务和管理能力亟待提高，涉及民族、宗教因素的矛盾纠纷易发高发；同时，拉萨“3·14”和乌鲁木齐“7·5”事件和系列暴恐事件表明，我们与“三股势力”的斗争是长期的，有时甚至是十分尖锐的。从民族、宗教工作自身看，一些地方对民族、宗教工作的重要性认识不到位，对中央关于民族、宗教工作的大政方针领会不深不透；同时，民族、宗教工作部门自身建设需要加强，体制机制有待完善，能力有待进一步提高。

党的十八大以来，以习近平同志为总书记的党中央，深刻把握我国民族、宗教工作面临的新形势新任务，召开了中央统战工作会议、中央民族工作会议、第二次中央新疆工作座谈会和中央第六次西藏工作座谈会，习近平总书记、李克强总理、俞正声主席都发表一系列重要讲话，中央制定出台了一系列重要文件，明确了新形势下民族、宗教工作的大政方针。特别是习近平总书记的重要讲话，包括去年全国“两会”期间参加少数民族界委员联组讨论时发表的重要讲话等，提出了一系列新思想、新论断、新要求，为我们做好新形势下的民族、宗教工作提供了根本遵循。

习近平总书记对民族工作的创新发展，主要体现在“十个第一次”：第一次集中阐述了我国统一多民族国家的基本国情，第一次深刻阐明了中国特色解决民族问题正确道路“八个坚持”的科学内涵，第一次深刻阐明了民族工作“五个并存”的新的阶段性特征，第一次从文明自觉的高度阐明了民族区域自治制度，第一次系统提出了新时期加强民族团结工作的新思路，第一次深刻阐明民族地区全面建成小康社会的总体思路，第一次提出构建各民族共有精神家园的战略任务，第一次对城市民族工作做了集中阐述，第一次提出了“三个特别”的民族地区好干部新标准，第一次明确提出了“中华民族一家亲、同心共筑中国梦”的民族工作任务和目标。

习近平总书记关于宗教工作的创新发展，集中体现在“六个鲜明提出”：鲜明提出精心做好宗教工作，强调要全面贯彻党的宗教信仰自由政策，依法管理宗教事务，坚持独立自主自办原则，积极引导宗教与社会主义社会相适应；鲜明提出促进宗教关系和

谐，发挥宗教界人士和信教群众在经济社会中的积极作用；鲜明提出必须坚持我国宗教的中国化方向，强调无论是本土宗教还是外来宗教，都要不断适应我国社会发展，充实时代内涵；鲜明提出必须提高宗教工作的法治化水平，强调这是引导宗教与社会主义社会相适应的必由之路；鲜明提出要准确把握宗教的两重性规律，调动积极因素、抑制消极因素；鲜明提出信教群众工作是一项特殊的群众工作，强调党员要在思想上同宗教信仰划清界限，同时尊重和适当随顺民族风俗习惯，以利于更好联系信教群众。中央正在筹备全国宗教工作会议，这必将有力推动中国特色社会主义宗教理论的创新发展。

习近平总书记强调："民族工作、宗教工作都是全局性工作。"做好新形势下的民族、宗教工作，事关民族团结、宗教和谐、社会稳定和国家统一，事关"四个全面"战略布局的顺利推进，事关夺取全面建成小康社会决胜阶段的伟大胜利，事关中华民族伟大复兴中国梦的实现。我们一定要以高度的责任感和使命感，学习领会好中央关于民族、宗教工作的大政方针，并切实贯彻落实到履职尽责的方方面面。

第二，坚定中国特色解决民族问题正确道路的自信

近年来，特别是"3·14"和"7·5"事件后，党内外、学术界、社会上关于民族工作的议论很多，其中既有肯定完善的建设性意见，也有质疑否定甚至推倒重来的观点。这些观点的出发点或许是好的，但客观上给干部群众造成了一定的思想混乱，甚至影响民族工作正常开展。

习近平总书记在中央民族工作会议上的重要讲话，问题意识特别突出，问题导向特别鲜明，通过历史与现实的深度剖析、国际与国内的客观比较后，强调"同世界上其他国家相比，我国民族工作做得都是最成功的，不要妄自菲薄""取消民族区域自治制度的说法可以休矣！"这些重要论述，一针见血、一锤定音，有力回击了各种质疑和指责，对于我们坚定中国特色解决民族问题的道路、理论和制度自信，具有十分重要的指导意义。

我们要牢记基本国情。多民族的大一统，各民族多元一体，是老祖宗留给我们的一笔重要财富，也是我们国家的一个重要优势。多民族是我国的一大特色，也是我国发展的一大有利因素。我们要清醒认识到，那种把多民族当作"包袱"，把民族问题当作"麻烦"，把少数民族当作"外人"，企图通过取消民族身份、忽略民族存在来一劳永逸解决民族问题的想法是行不通的。

我们要保持政治定力。"党的民族理论和方针政策是正确的，我国民族关系是总体和谐的。"这是中央关于民族工作的基本判断。我们要自觉把思想和行动统一到中央精神上来，不能再吵吵嚷嚷、摇摆观望。在民族工作领域，讲政治规矩，这是第一位的政治规矩；讲政治纪律，这是首要的政治纪律。

我们要坚持开拓创新。当前，我国经济发展进入新常态，民族工作领域也面临着"五个并存"的新常态，这就必然要求我们与时俱进、开拓创新。简要说，对中国特色解决民族问题的正确道路，要坚持和拓宽；对党的民族理论政策，要丰富和发展；对民族区域自治制度，要坚持和完善，不断推动民族工作的创新发展。

第三，确保民族地区如期全面建成小康社会

近些年来，民族地区发展步伐不断加快，经济实力显著增强，人民生活持续改善，城乡面貌焕然一新。但由于自然、历史等原因，民族地区与全国平均发展水平的差距还在拉大，是全面建成小康社会的重点、难点和短板。

中央非常重视民族地区的全面小康问题。今年1月29日，习近平总书记在国家民委工作简报上批示，“全面实现小康，一个民族都不能少”，在云南、吉林调研时又做了强调，8月在国家民委呈送的报告上批示指出：“要坚持民族因素与区域因素相结合，发展经济与改善民生相结合，释放政策动力与激发内生潜力相结合，完善体制机制和扶持政策，增强自我造血能力，加快民族地区发展，确保如期全面建成小康社会。”李克强、俞正声、张高丽等中央领导同志也作出重要批示。

不久前召开的十八届五中全会，审议通过了《中共中央关于制定国民经济和社会发展第十三个五年规划的建议》，明确提出“十三五”规划的指导思想、基本原则、目标要求、基本理念、重大举措，描绘了未来5年国家发展蓝图。我们要认真贯彻十八届五中全会精神，特别是要按照“创新、协调、绿色、开放、共享”五大理念，加快民族地区全面建成小康发展步伐，确保实现人均国内生产总值比2010年翻一番和基本公共服务均等化。

要继续加大支持力度。切实发挥好中央、发达地区、民族地区三个积极性，对边疆地区、贫困地区、生态保护区实行差别化的区域政策，优化转移支付和对口支援体制机制，推动民族地区加快发展，实现跨越式发展。中央对民族地区的支持力度，只能加强不能削弱，只能加大不能减少。一般性转移支付要增多，确保在总盘子中的比重持续增加；专项转移支付改革要考虑民族地区的特殊性，总体压缩时采取灵活的办法。要强调的是，第二次中央新疆工作座谈会和中央第六次西藏工作座谈会已经明确，继续对新疆和西藏实行特殊支持政策，这是由这两个地方的独特情况决定的，属于差别化的区域性政策。发达地区的支援要创新方式、拓宽领域、加大力度，重点向基层和民生倾斜。

要紧扣民生抓发展。民族地区要增强自我“造血”能力，发展不要等，只要有质量、有效益，能快的就要快。前两天，中央召开了扶贫开发工作会议，明确了一系列重大举措。我们要坚决打好扶贫攻坚战，用5年时间实现民族地区贫困家庭和困难群众稳定脱贫。要加强基础设施建设，重点解决好路和水的问题。重点搞好就业和教育，使民族地区各族人民在共建共享发展中有更多获得感。

要抓好“一带一路”机遇。中央作出建设“一带一路”的战略部署，开辟了我国全方位对外开放的新格局，为民族地区发展带来前所未有的重要机遇。思路决定出路，有“思路”才有“丝路”。在“一带一路”这个大棋局中，民族地区既有历史渊源的优势，又有区位独特的优势，既有语言文化相通的优势，又有市场广阔的优势。关键是要把优势发挥好，在政策沟通、设施联通、贸易畅通、资金融通、民心相通上扎扎实实地干起来，让这条贯通古今的丝绸之路舞动起来，在实现自身加快发展的同时，为国家大战略的有效推进和顺利实施作出贡献。

第四，不断加强中华民族大团结

民族团结是我国各族人民的生命线。做好民族工作，最关键的是搞好民族团结，最管用的是争取人心。习近平总书记在第二次中央新疆工作座谈会上指出，新疆的问题最长远的还是民族团结问题；在中央第六次西藏工作座谈会上指出，懂团结是大智慧，会团结是大本事。我们要着眼“人心归聚、精神相依”，绵绵用力、久久为功地做好民族团结工作。

要加强宣传教育和创建活动。注重人文化、大众化、实体化，多做滴灌，精耕细作，提高吸引力。同时，要扩大覆盖面，进入宣传主渠道，综合发挥传统媒体和新媒体的优势。前段时间，央视黄金时段播出的电视剧《丝绸之路传奇》就很好，以宏大的历史视野深刻诠释了各族人民在解放新疆、建设新疆、发展新疆中手足相亲、守望相助的真情厚谊，受到全国各族观众的普遍好评。这样的好节目，要多一点，再多一点。

要促进各民族交往交流交融。这是中华民族发展的历史大势，也是加强民族团结的根本途径。要积极构建相互嵌入式的社会结构和社区环境，努力创造各族群众共居、共学、共事、共乐的社会条件。交融不是要取消民族之间的差异性，更不是要消灭哪个民族，既不能持消极论、无所作为，也不能犯急躁病、胡乱作为。要强调的是，中华民族文化是各民族文化的集大成，那种把汉文化等同于中华文化、忽略少数民族文化，或者把本民族文化自外于中华文化、对中华文化缺乏认同的观念，都是错误的，要坚决纠正。

要加强城市民族工作。城市民族工作的重要性与日俱增，抓住了城市民族工作，就抓住了民族工作的未来。关键是抓住少数民族流动人口，既不能搞“关门主义”，也不能放任自流，着力点要放在社区，防止抱团扎堆。核心是要做好服务和管理，抓好流入地和流出地的对接。要坚决反对和严肃惩处民族歧视。当前，民族歧视呈现出成因复杂、形式多样、屡禁不止的特点，对民族关系的伤害很大。根据俞正声主席批示，年初，中央统战部和国家民委到10多个省区市专项检查，发现并查处了一系列问题。我们还要研究制定专项治理民族歧视的具体方案，发现一起，查处一起，决不手软。过几天将召开全国城市民族工作会议，并准备出台一个加强和改进少数民族流动人口服务和管理工作的意见。

要坚决打击“三股势力”和暴恐活动。近年来，“三股势力”在新疆接连策动了多起暴力恐怖事件，造成重大人员伤亡和财产损失，社会影响极其恶劣，并有向内地蔓延之势。与此同时，十四世达赖集团在国际上兴风作浪，高调宣扬“中间道路”，炒作“达赖回国”，并频频就达赖转世释放烟幕，并加紧内外勾结，企图制造混乱，分裂国家。中央关于新疆、西藏工作的大政方针是一贯的、明确的。面对各类暴力恐怖活动，面对十四世达赖集团的分裂活动，我们既要树立长期作战的思想和工作准备，又要高举依法治疆、依法治藏的旗帜，毫不迟疑、毫不动摇地运用人民民主专政的武器集中力量进行打击，促进新疆、西藏社会稳定和长治久安。

第五，切实维护宗教领域和谐稳定

要牢牢把握中央关于宗教工作的重大政策和原则，牢牢把握宗教特点和宗教工作规律，不断提高理论政策水平和解决宗教问题的能力，切实维护宗教领域和谐稳定。

要坚持我国宗教的中国化方向。这是宗教在中国存在的大势，是不以人的意志为转移的。要努力形成宗教中国化方向的价值取向，把是否有利于同社会主义社会相适应，是否有利于信教群众的发展进步，是否有利于各民族交往交流交融，作为检验宗教中国化的根本标准。要用社会主义核心价值观引领，用中华文化浸润我国各种宗教，支持宗教界对宗教思想、教规教义进行符合时代进步要求的阐释。要发挥好宗教界人士和信教群众的积极作用，加强宗教团体建设和宗教界代表人士队伍培养，坚决防范西方意识形态渗透，自觉抵御极端主义思潮影响。

要提高宗教事务管理法治化水平。依法对宗教事务进行管理，是国际社会通行做法，也是引导宗教与社会主义社会相适应的必由之路。要进一步完善涉及宗教领域的立法工作，切实发挥立法的引领和推动作用，做好《宗教事务条例》的修订工作。广泛深入地开展法治宣传教育，不断增强宗教界人士和信教群众的国家意识、法律意识、公民意识。要坚持保护合法、制止非法、遏制极端、抵御渗透、打击犯罪的原则，该保护的保护，该取缔的取缔，该打击的依法打击。

要提高宗教工作科学化水平。这是做好新形势下宗教工作的重要保证。要明确政策要求，把宗教工作纳入各级党委重要议事日程，纳入领导班子考核体系，纳入社会综合治理工作系统。要完善宗教工作的网络和手段，形成主体在县、延伸到乡、落实到村、规范到点的“点线面三位一体”基层属地管理工作体系。着力做好信教群众工作，坚持政治上团结、信仰上尊重、感情上贴近、生活上关心，既满足他们的合理宗教需求，维护他们的合法权益，又引导他们做好教徒好公民。

同志们，政协民宗委工作是党和国家民族、宗教工作的重要组成部分。长期以来，大家充分发挥人民政协的独特优势，为推动解决民族、宗教领域的重点、难点问题发挥了不可替代的作用。希望大家继续做好党的民族、宗教政策的宣传者，按照人文化、大众化、实体化的要求，创新方式和载体，切实把各族干部群众、宗教人士和广大信教群众的思想和行动统一到中央的决策部署上来。希望大家做好加快民族地区全面小康步伐的促进者，把围绕制定“十三五”规划议政建言作为履职重点，推动民族地区一些重大工程、重大项目、重大政策纳入国家“十三五”规划的总盘子。希望大家做好民族团结、宗教和睦的维护者，发挥桥梁和纽带作用，密切与少数民族群众，与宗教界代表人士和信教群众的联系，防止敌对势力利用民族、宗教对我进行渗透，自觉维护团结稳定和谐的大局。

我相信，在以习近平同志为总书记的党中央坚强领导下，在包括政协民宗委在内的各方面共同努力下，我们一定能够把民族、宗教工作做得更好，为夺取全面建成小康社会决胜阶段的伟大胜利，为实现中华民族伟大复兴的中国梦作出更大贡献！

在团结香港基金会中国论坛上的致辞

（2015年12月14日）

董　建　华

今天我们请来的嘉宾讲者是杰出的，他们充满智慧和经验。今天我们的议题是贴心的，亦是与我们前途息息相关的。让我首先对这四位讲者深表谢意。我亦非常感谢各位嘉宾抽空出席。

我们举办这个论坛的目的，是让大家能深入思考，在中国正在昂然迈进的时候，我们如何和中国一起乘风破浪。今天，整个世界都在谈论中国的经济发展和影响。由于我们透过面书等网媒，经常接收到有关中国的零碎新闻，故此我们还以为自己对中国有一定的认识。但这可能只是错觉。中国发展一日千里，我们要不断更新对中国的认识，才能评估中国将来发展会带来的机遇。我们举办论坛之目的，正在此。

今天我们有来自美国、英国、法国和本港的杰出讲者，为我们透析中国的现在和将来。但首先，我想以我数十年的观察和经验，和大家谈一谈中国所走过的道路。我们的道路柳暗花明，当中亦受过不少教训。但中国的成功绝非偶然，而是靠坚守原则，包括与各国互惠互利的原则。中国的基本原则，在习近平主席于过去两个半月的外交活动中，表露无遗。

习近平主席过去两个半月内进行了六次国事访问，行程包括美国、英国、越南、新加坡、津巴布韦以及南非。访问期间，他又参加了多项重要的国际会议，包括在纽约的联合国大会、土耳其的G20峰会、马尼拉的APEC会议、巴黎气候变化大会以及中非合作论坛约翰内斯堡峰会。他还参加了“金砖”国家领道人非正式会晤，会见了30位国家或地区的领道人，就双方共同关心的话题进行双边讨论。习主席进行这些外访活动之外，于国内时还与到访中国的德国总理默克尔和法国总统奥朗德会面，商讨双边事宜。

习主席的外交活动力，显示了中国对良好国际关系的高度重视。在每一次与外国领袖会谈中，中国所传达出的信息都是清晰明确的：在和平相处，互相尊重、互不干涉内政的前提下发挥双方优势，达致互利共赢、共享繁荣的局面。在多边磋商中，习主席强调各国应联手面对国际上的机遇与挑战。只有各国之间携手合作，才能克服当前世界局势中的困难，例如经济增长放缓、恐怖主义威胁以及气候变化危机。

习主席及随访人员所到之处，都受到了尊重与热情接待。

请允许我讲述一下中国近年在国际事务所作的贡献。在世界经济从2008年金融海啸中重新复苏过程中，中国发挥了举足轻重的作用。从2009到2011年，中国对世界经济增长所作的贡献，超逾一半。最近，随着中国经济进入新常态，以每年7%的速度增长，但对世界经济增长的贡献仍维持在30%。

其次，中国在解决或缓解全球热点争议，包括朝鲜、阿富汗、伊朗等危机中，发挥了建设性作用。中国也领先于联合国安理会其他常任理事国，向世界各地派出维和部队，参与联合国维和工作。

第三，在气候变化和可再生能源领域，美国和中国在巴黎峰会上联手成为一股新的引领力量，为解决气候变化提供了新的动力。为会议最终成功达成协议，作出贡献。

第四，中国的“一带一路”计划不仅有利于中国，也将惠及这“一带”和“一路”周边各国，并终将带动全球经济。各国对亚洲基础设施投资银行（AIIB）的积极支持，显示了各方都希望成功推动这一计划。在非洲，较早前于约翰内斯堡举行的中非合作峰会上，双方达成更紧密合作的共识。这是一个前景秀丽的伙伴关系。随着中国经济进入新常态，非洲经济也正从过度依赖自然资源逐步转型，让双方更能进一步落实优势互补，互利共赢。会谈的结果让人充满希望。

以上，是中国积极参与国际事务，与世界各国携手向前的事例。

中国的过去与将来

今天的中国，洋溢着乐观和希望。这与她的近代史截然不同。了解昨日的中国将帮助我们理解今天的中国。

中国的衰落始于清朝末年，孙中山先生于 1911 年发动的十月革命，推翻了腐朽的清政府，欲为中国带来新的希望。然而，接下来的却是内乱、军阀割据、内战及日军的侵略占领，带来了持久的伤痛与破坏。

直到 1949 年，中华人民共和国成立，经历了多年战乱的中国一贫如洗，许多地方的人们食不果腹。基建、住房、教育、医疗卫生及其他公共服务设施均百废待兴，政治制度亦需建立。但是中国总算统一了，国家建设的工作，亦可以开展。

当然，“文化大革命”期间中国犯过错误。但自 1978 年，邓小平提出改革开放的政策，国家有了真正的大发展，在现代化进程中大步前进，成就辉煌。

在这个建设国家的年代，中国集中精力推动经济发展，让数以亿计的人民脱贫，为人民提供教育、医疗等服务。

中国登上国际舞台

今天的中国，市场经济制度逐步成熟，基建设施已具规模。教育、医疗及其他社会福利也遍及全国。1978 年至今，超过三十年来经济以每年接近 10%的速度增长。就算以今天新常态下，经济仍然能够以每年 7%速度增长。城市化进程稳步前进，人民生活显著改善。这一切使 7 亿人民得以脱贫。

今天的中国，是全球第二大经济体，拥有全世界最多的外汇储备，同时也是全球两个最大的贸易国之一。在人类历史上，在如此短时间内达成这么巨大成就，是无人能及的成就。

许多人都想知道中国过去 37 年里是如何创造出这一奇迹。这当中固然有部分外在原因。中国从空前扩张的国际贸易及高效推动生产力的科学技术中受益匪浅。中国有效地抓住了这不可多得的机遇。

但更重要的是内在原因。首先是制度化的领导班子交接，以贤能为基础，让领导层权力顺利移交。另一原因，是国家领导人能制定和贯彻高瞻远瞩的长期宏观经济及地缘政治策略。领导人在意识形态和原则的指导下，不怕挑战旧思维，并在必要时作出灵活的新尝试。这个新思维，是让中国高速发展的重要原因。

另一个重要的原因是中国人民的勤奋和决心，加上不断提升的自由度，激发了国民创业创新的热情，以及追求成功的决心。如今民营企业已经占全国 GDP 的 60%，这一比重仍然在不断上升。

促进经济发展和扶助人民脱贫，是中国自从改革开放以来一直坚持的目标。2008 年金融风暴后，另一个新焦点是应付国内外因金融风暴所引起的挑战。这是正确的工作方向，但与此同时国家投放在环境保护和管治方面的关注还是有待加强，后者导致贪腐问题。但中国政治制度的自我完善机制能有效和迅速回应，去纠正这些错误。这方面工作需时，但初步取得的成效，令人鼓舞。

未来的憧憬

以上简述了中国的过去与现状，中国的未来又如何呢？要知道中国正在走向何方，我们需要知道她对未来的规划，以及她所描绘的蓝图和路线图。

中国 2049 年的目标

2049 年，中国将迎来百年华诞，中国的愿景是届时已经跻身发达国家行列。我们希望看到的是中国经济在未来数十年间将继续壮大，迎接百年盛典。这不仅是一个经济目标。国家领导人清楚意识到追求纯经济指标并不足够，一个国家的发展必须兼顾到社会其他方面的进步，例如在可持续发展的基础上更加合理、均衡地分配财富，达至让人民满意的生活水平，创造健康的生活环境以及一个依法治国的正义清廉国度。这正是中国未来几十年间的愿景。为达到这一目标，经济结构将会有进一步的调整，对经济增长的追求也将更加重质而非量。

2020 年的蓝图和路线图

既然中国的愿景如此清晰，又该如何达成？

最近，经常会看到一些中国的腐败官员和国企高管落马的消息。的确，作为国家建设的一个重要部分，反腐行动也是四管齐下的国家建设战略之一。这一战略不仅是为了在经济上建设小康社会，更为了进一步改革社会和政治制度，在廉洁、爱民的党的领导下，建立一个公正平等的法制社会。

中国的领导显然明白，只有坚持改革、保持党风廉洁、坚持依法治国，才能带领中国在经济及社会发展上取得期望的成就。这就是你所能了解到的当今中国的最基本主题。

中国刚刚通过了 2016—2020 年的“十三五”规划，当中提到截至 2020 年时，GDP 将较 2010 年时翻一番。中国的领导人显然知道自 1978 年至近期每年近 10％的经济增长率难以持续，在这个五年计划中，中国将进入一个新常态。中国经济从依赖出口、投资、廉价劳动力，正逐步向依托消费、服务业、科技及知识的经济方式转型。

这一“新常态”将有五大基石，首先是创新，这将成为经济增长新动力；其次是区域协调发展，避免资源浪费；第三是可持续发展；第四是坚持改革开放；最后共享繁荣。对于这样一个大国，新常态将开启崭新的世界，但它也是进一步发展的唯一方法。

目前国家仍面临着巨大的挑战，尤其在工业产能过剩、老年化社会、对医疗保障的需求不断增长以及消除贫困等领域。“十三五”计划中，中国将帮助余下的 7000 万人口在 2020 年前全面脱贫。

看过中国的愿景、路线图、蓝图后，就会了解当中的挑战，过程中仍将面对各种内忧和外患。但回顾过去 37 年间中国交出的成绩表，我们有理由相信这一愿景定能实现，因为中国有三大优势：

1. 中国经济体系强大、人力资源充沛，更有一个日趋成熟的中产阶级市场，以及科技的不断发展。

2. 中国领导人清楚明白，要达到经济和社会发展目标，一定要不断改革，依法施政、建立公平公义社会、共享繁荣和廉洁奉公地执政。

3. 国际上，中国会尽一切努力，去拥抱和平和追求全球共享的繁荣。中国会致力与邻国和其他国家共同发展，提高生活质量。中国古语有云："睦邻天下兴"。即使从自身利益出发，中国也将发展和维持睦邻友好关系，并积极发展友好的新型大国关系。中国亦会不断对外开放。

成功实现 2049 年的愿景，就是实现中国梦。在实现中国梦的路途上，会有不同的内在和外来的挑战。但是以新中国成立 66 年来我们所取得的成就，加上人民的支持和我们制度的优势，我有信心中国能完成愿景，实现梦想。

香港如何能获益

尽管世界上发生了许多波折，但香港始终是一块福地。2008 年从纽约开始蔓延的金融危机，对世界大多数地区都有很深的影响。许多国家至今仍未走出困局。但从 2011 年起，香港的失业率就维持在 3.3%的低位，家庭收入平均每年增长 6%，港府也持续获得巨大盈余。

香港的成功有多方面的因素，但其中很重要的一点就是中国经济的发展，对香港起到了非常积极的影响。纵观历史，香港的命运确实与中国内地密不可分。

如果我们细数一下香港的竞争优势，会发现中国因素是香港最大的竞争优势。在"一国两制"之下，我们受惠于"一国"所带给我们的经济增长红利。同时"两制"让我们可以保持既有的生活方式，包括继续实行普通法的司法制度。这使我们有别于新加坡或上海。

第二项优势源于香港作为国际化大都市的地位。事实上，香港较亚洲区内任一城市都更加国际化。香港有相当大比例的人口拥有海外教育背景，或有海外联系。这使得香港能够在中国与世界其他地区之间扮演"超级联系人"的角色。

第三是我们有全亚洲最好的服务产业，包括财经、法律、健康及教育领域；我们是一个拥有大量世界级酒店与餐厅的旅游中心，城中的大型娱乐及会展盛事全年不断上演，自然风光也相当迷人。

我们的第四项优势在于拥有畅通无阻的渠道，以汇集全球资讯、资金及人才，加之对中国市场的了解，为创新创富提供了独一无二的沃土。

当中国正持续向 2049 目标迈进，其经济会持续增长，人民币终将实现全球化，国家将需要高质量的财经、法律、健康、教育及旅游服务，这恰是香港的强势所在。这是香港面对的巨大机遇。作为一个超级联系人，香港能有效地让"十三五""一带一路"等计划与国际接轨。最终，中国为各地区间平衡发展所做的努力，将会为香港的企业家打开更广阔的疆域。而他们在改革开放三十年间在中国沿海地区，尤其是珠三角及广东地区发展中的功绩有目共睹。

亚洲区的经济将持续增长，香港位于亚洲中心，能为亚洲各国提供多样的专业服务，我们过往几十年中所做到的，也将在未来延续，甚至做得更多。

中国的崛起是毋庸置疑的，香港将以得天独厚的优势，得到喷发式的机遇。"一国两制"下的香港，前景一片光明。

香港当然亦面对多项挑战，包括我们立法机构的消磨、政治制度的停滞不前、港人对中国的缺乏了解以及政府急需因应世界改变而发挥更积极角色。我有信心，这些问题在未来几年会顺利解决。

拥抱中国，拥抱将来

最后，我想对香港人，尤其是香港青年说几句话。因为我们现在谈的是未来，是青年人的未来。

在过去一年，我特别仔细去听取年轻人的呼声。我知道香港年轻人追求更公平公义的社会，渴望他们能负担得来的楼价、更好的教育制度以装备自己，以及更多向上流动的机会。这是你们的诉求，是我的期盼，也是我们的共同渴望，是我们共同努力的目标。

我相信大多数香港人都希望我们能够更积极地参与和支持中国的崛起，并从中受益。这是我们应当承担的使命。

然而，要达致这目标，我们必须更清楚了解中国，了解中国的历史和文化，也洞悉中国的挑战与机遇。

如何去了解中国？“千里之行，始于足下”。最好的方法是亲身穿梭中国大地，与中国人民交流，了解他们面对的挑战和心中的期许。到中国求学交流是一个好主意，你亦可以在毕业后报读中国的研究生课程，或到国内企业实习。无论如何，投资时间和精力在国家都是必要的。

深入认识中国，会让你更能面对工作上和事业上所遇到的挑战，不论你是在中国、香港或世界其他地方发展，都是如此。世界是属于青年人的。不论你以什么方法报效香港和国家，都会让你一生充满意义。如果您愿意为此做出努力，团结香港基金将支持您的每一步行动。

在中国能源研究会第七次全国会员代表大会上的讲话

（2015 年 12 月 15 日）

陈　元

大家上午好！非常高兴参加中国能源研究会第七次全国会员代表大会。首先，我谨向大会的成功召开表示热烈的祝贺！向第六届理事会 5 年来取得的成绩和新当选的第七届理事会成员表示热烈的祝贺！向研究会全体同志们致以诚挚的问候！

能源是重要的基础产业和公用事业，能源发展关系经济社会发展，能源安全关系经济安全和国家安全。习近平总书记主持召开中央财经领导小组第 6、第 9 次会议，研究部署我国能源安全战略。李克强总理主持召开新一届国家能源委员会首次会议，审议通过了《能源发展战略行动计划（2014—2020 年）》。全国政协也多次组织调研，多次召开双周协商会和专题座谈会，专门研究水电、核电、可再生能源发展中的一些重大问题，向党中央、国务院建言献策。所有这些，充分体现了中央对能源事业的重视和对能源工作的新的更高要求。

能源工作千头万绪，任务艰巨，很不容易。加强能源领域前瞻性、战略性、综合性问题研究，为能源工作提供支撑、打好基础，显得尤为重要。特别是，当前国际国内能源形势错综复杂，能源持续健康发展的制约因素增多。我国已成为全球第二大经济体，经济快速发展和13亿人口带来的巨大能源需求，使我国能源供需矛盾日益突出，油气进口量快速增加，对外依存度屡创新高，保障能源供应安全成为能源工作的首要任务。我国能源消费结构尚不合理，化石能源仍是能源消费的主力，特别是煤炭燃烧排放大量二氧化硫、氮氧化物和粉尘，带来严重的大气污染，推动能源结构调整和绿色发展刻不容缓。各类能源的协调性还不够，部分地区缺电与“窝电”并存，弃水、弃风、弃光问题时有发生，发电设备平均利用小时数不高，能源系统整体效率亟待提升。农村人均能源消费水平低，优质能源比例低，亟待创新模式，加快发展农村生物质能、地热能等新兴能源，改善人民群众用能条件和生活质量。面对这些新形势、新情况，加强能源领域重点、难点和关键问题的调研论证，提出有针对性、可行性和可操作性的意见建议，对于党中央、国务院统筹谋划能源战略，对于能源部门部署推动能源工作，对于促进能源持续健康发展都具有重要的现实意义。

能源研究会是专门从事和组织能源领域重大课题研究的学术团体，自1981年成立以来，紧紧围绕经济社会发展对能源工作的要求，积极开展重大课题研究，取得了丰硕成果。可以说，研究会的工作顺应了我国能源工作的客观需要。今天，研究会成功召开了第7次全国会员代表大会，选举产生了以新雄同志为理事长的新一届理事会，研究会又站在了一个新的起点上。在此，我衷心地希望研究会在新一届理事会的带领下，适应新形势、应对新要求，为我国能源持续健康发展做出新贡献。下面，我提几点希望。

一、搭好平台。能源研究会是一个学术团体，更是全国能源领域工作者和热心能源事业的各界人士之间的一个桥梁和纽带。要积极创新体制机制，创新服务模式，搭建好交流互动的平台，加强研究合作，促进学术交流，推进国内国际能源学术团体和专家学者之间的合作交流，组织和调动好研究机构、专家学者和企业精英的积极性、主动性和创造性，凝聚更大的研究合力，把研究会建成一个能源研究机构和专家学者发挥专业优势的平台和施展研究才华的舞台。

二、搞好研究。能源研究会，主业就是研究。研究要突出战略性和前瞻性，聚焦“四个全面”战略布局，聚焦“创新、协调、绿色、开放、共享”五大发展理念，聚焦“十三五”，搞好能源领域前瞻性、储备性政策研究。研究要突出针对性和实效性，紧紧围绕能源发展中的关键问题，如：能源安全保障问题、能源结构调整问题、能源布局优化问题、能源效率提升问题、煤炭绿色发展问题、煤电节能减排问题、天然气高效利用问题、光伏风电健康发展问题、农村生物质能推广应用问题、非常规能源突破问题、能源国际合作问题等等，咬定青山不放松，深入研究，提出切实可行的解决问题的思路和办法。研究要突出客观性和公正性，一切都以事实为依据，一切都用数据说话，一切都经过科学严密的论证和最广泛的征求意见，做到不偏不颇，进一步提升能源研究会的权威性。

三、建好智库。当前，中央正在大力推进中国特色新型智库建设，着力建设一批国家亟须、特色鲜明、制度创新、引领发展的高端智库。能源研究会是全国性的学术团体，会员涵盖了全国能源领域的重要研究机构、知名专家学者和优秀企业精英，已经汇集了全国能源行业的智力和智慧。下一步，要重点解决好吸引人才、凝聚人才的问题，建设好研究团队，形成开放、竞争、流动的人才机制。要突出高端定位，凝练主攻方向、突出专业特色、注重成果质量，增强理论和政策创新能力，努力推出原创性研究成果，真正把能源研究会打造成能源领域的高端智库。

四、做好服务。服务，是社会团体的基本职责。能源研究会要服务好党中央、国务院，服务好能源主管部门，服务好地方政府和能源企业，就要加强与各方的沟通联系，搭建常态化互动平台，定期向有关方面汇报，对接需求，争取支持；研究成果要及时反馈，提供辅助服务，当好参谋助手，最终实现供需有效对接、工作一体联动，进一步提升能源研究会建言资政、辅助决策的服务能力，为促进能源持续健康发展和经济社会平稳健康发展做出新的贡献。

在全国政协教科文卫体委员会第四次全体会议上的讲话

（2015 年 12 月 23 日）

卢 展 工

很高兴参加全国政协教科文卫体委员会第四次全体会议。

俞正声主席高度重视专委会工作，多次强调专委会是政协工作的重要基础，只有专委会工作活跃了，整个政协工作才会活跃；只有专委会工作搞好了，整个政协的履职水平才会提高。十二届政协以来，全国政协实行了副主席联系专委会和界别制度。我负责联系两个专门委员会：教科文卫体委员会、社会和法制委员会；负责联系三个界别：文化艺术界、社会科学界和新闻出版界。联系制度可以使各位副主席在工作上有统筹，很有必要。但“联系”不是“分管”，对于专门委员会的工作而言，我认为“联系”和“分管”的不同之处在于不领导、不指导具体工作，但联系专委会所进行的专题调研、研讨或相应的重大活动。本届政协以来，教科文卫体委员会已经召开了四次全体会，我是第一次来参加。专委会全体会是年度工作会议，有具体工作性质，对委员会具体工作的要求我不讲，但听了今天下午的会，感觉参加这次会议很有必要，也很有意义。一是有机会看望大家；二是了解专委会的年度工作，包括今年工作总结和明年工作安排。我的理解是，副主席联系专门委员会，就是要配合、支持、服务于专委会的各项工作。

今天，我简要谈以下几点体会。

第一，做好专门委员会工作不容易、不简单，教科文卫体委员会一年来的工作成绩值得肯定。作为政协工作的重要基础，围绕大局、服务人民，专委会要做很多事，也能做很多事。刚才张玉台主任作了报告，一年来，全国政协领导同志率队和参加的工作12 项，共计 25 人次，先后分赴 12 个省区市开展专题调研、考察、“下基层”、慰问等活动。全年参加委员会调研、考察、会议、活动的委员共353人，910人次，其中委员会委员109人、411人次，占委员会委员总数的95.6%。全国政协一共才有2000多名委员，一年来，有这么多委员参加教科文卫体委员会的活动，得到了中央领导同志多次批示，并受到各方面好评，这是很了不得、了不起的事情，确实是不容易、不简单。

第二，在发挥委员主体作用上下功夫，改进调研方式方法，“说”好政协话。我参加教科文卫体委员会的工作还是比较多的，在坚持和突出委员主体地位、组织委员发挥作用、服务委员履行职责方面，教科文卫体委员会做得很到位。政协专门委员会工作的特点或者说履职的优势在哪里？我认为，很重要的一条就是利用好专委会人才会聚的有利条件，发挥好委员主体作用。张玉台主任刚才讲，我们的调研存在“研究不够”等问题。我认为，解决好这个问题，就要在发挥好委员主体作用上下功夫。

发挥好委员主体作用，首先要进一步改进调研方式方法。我们政协的调研是以委员为主体的调研，既然以委员为主体，就不能简单强调轻车简从，这和党政机关不一样。我当省委书记时，调研带两个人就够了，一辆车就行了，但政协的调研不行，我在政协参加的几次调研，队伍都比较大，正因为主体不同，委员多一些更能增加主体参与度和覆盖面，所以不要简单地拘泥于参加调研的人数。另外，我们政协调研是共同研究问题的调研，不检查指导工作。即使是监督性调研，也是了解问题，研究问题，对上反映问题。我们不检查指导工作，下面的顾虑就会少一些，就会把真实情况反映给我们，有利于我们准确地建言献策，更好地参与顶层设计和政策规划。

发挥好委员主体作用，还要让委员充分地说好政协话，用好“话语权”。这个“话语权”包含几层意思：一是不在于领导说，而在于委员说。调研过程中，我们要充分调动所有参与委员的积极性，让他们都有机会去说、去表达，有机会去参与、去研究，最后提炼出真知灼见。二是不在于说了算，而在于说得清、说得明、说得对。我参加了很多调研，听过许多政协委员的发言，包括大会发言和座谈会、研讨会等发言，委员发言都是有准备、有思考、有依据、有水平。三是不在于说过就了，而在于持续地说。从我们几年来开展的调研可以看出，我们关注问题是持续深入的，不断地促进，不断地取得成效，又不断地延伸出新问题，再进一步研究，不断地深化。四是不能随便说、随意说，而是深思熟虑、围绕全局、认真地说。政协的话语权不是领导的话语权，而是各方面的代表人士和专家、学者通过政协的平台发声，进行科学表达、科学阐述的话语权。政治协商制度是我们的基本政治制度，我们要靠委员主体作用的有效发挥和政协话语权的有效运用去提升政协工作实效，去践行和彰显团结和民主的两大主题，去展现全国政协委员和专门委员会的良好形象。

第三，在抓好各项工作落实上下功夫，发挥好专委会委员的双重作用，“做”好政协事。十八大以来，以习近平同志为总书记的党中央作出了一系列重大战略部署和战略决策，对于做好政协专委会工作来讲，贯彻落实既要靠“说”，更要靠“做”。以俞正声同志为主席的全国政协党组特别强调干实事、抓落实，这一届政协最大的特点也是在“做”字上下功夫。所谓的“做”，就是体现出政协工作不仅是说说而已，而是能够围绕全局、准确站位，发挥优势，强化实效，见到成效。

专委会是承载政协工作的基础和专门机构，正是依靠专门委员会，才能把整个政协的工作局面支撑起来。在座的委员都是政协专委会这个专门工作机构的成员。专委会委员跟一般委员的区别就在这里，你们不仅有自身履行委员职责的要求，还要有能够凝聚团结全体委员一起履行好政协职责的要求。所以各位委员要认识到意识到自己肩负的责任与使命，更加积极地履行好职责，更加积极地参与、支持教科文卫体委员会的工作。张玉台主任刚才的讲话总结回顾了教科文卫体委员会一年来所做的重点工作，其实就是以“做”来体现政协专委会的履职成果。刚才，委员们发表的观点意见都很好，核心突出的也是一个“做”字。曹效业委员刚才的发言还提出一个敢不敢“做”的问题，值得研究和思考。过去一年教科文卫体委员会做了很多事，也真正做出了成效和成果，希望大家在新的一年里继续努力，再接再厉，争取取得新的更大的工作成绩，为推进社会主义协商民主实践作出新的更大贡献。

决议、决定、公告、通知

关于召开中国人民政治协商会议第十二届全国委员会第三次会议的决定

（2015年2月27日政协第十二届全国委员会常务委员会第九次会议通过）

中国人民政治协商会议第十二届全国委员会常务委员会第九次会议决定：中国人民政治协商会议第十二届全国委员会第三次会议于2015年3月3日在北京召开。建议会议的主要议程是：听取和审议中国人民政治协商会议全国委员会常务委员会工作报告和政协十二届二次会议以来提案工作情况的报告；列席中华人民共和国第十二届全国人民代表大会第三次会议，听取并讨论政府工作报告及其他有关报告。

中国人民政治协商会议第十二届全国委员会第三次会议政治决议

（2015年3月13日政协第十二届全国委员会第三次会议通过）

中国人民政治协商会议第十二届全国委员会第三次会议，于2015年3月3日至13日在北京举行。

会议期间，中共中央总书记、国家主席、中央军委主席习近平等党和国家领导同志出席会议并参加分组讨论，与委员们共商国是。委员们以高度的政治责任感和使命感，紧紧围绕全面建成小康社会、全面深化改革、全面依法治国、全面从严治党战略布局，就改革发展稳定重大问题、关系群众切身利益实际问题和人民政协事业发展中的重要问题深入协商讨论，积极建言献策。会议听取并讨论李克强总理所作的政府工作报告，听取并讨论最高人民法院工作报告和最高人民检察院工作报告以及其他报告，讨论《中华人民共和国立法法修正案（草案）》，对上述报告和文件表示赞同，并提出意见和建议。会议审议批准俞正声主席代表政协第十二届全国委员会常务委员会所作的工作报告，审议批准齐续春副主席代表政协第十二届全国委员会常务委员会所作的提案工作情况的报告。会议风清气正、圆满成功，是一次民主、团结、求实、奋进的大会。

会议认为，2014年是我国发展进程中很不寻常的一年。面对复杂多变的国际环境和艰巨繁重的国内改革发展稳定任务，以习近平同志为总书记的中共中央团结带领全国各族人民，坚持稳中求进工作总基调，主动适应经济发展“新常态”，全面推进社会主义经济建设、政治建设、文化建设、社会建设、生态文明建设和党的建设，扎实推进各项改革，加快推进依法治国，加强国防和军队建设，积极开展全方位外交，坚决反对“四风”，坚定不移惩治腐败，各项工作取得新的重大进展。政协第十二届全国委员会及其常务委员会认真贯彻落实中共中央决策部署，深入学习贯彻习近平总书记系列重要讲话精神，高举爱国主义、社会主义旗帜，坚持团结和民主两大主题，隆重庆祝人民政协成立65周年，聚焦改革发展履行职能，推进政协协商民主发挥优势，强化履职能力建设提高实效，实现了人民政协事业新发展。

会议强调，中国共产党的领导是中国特色社会主义最本质的特征，是人民政协事业发展进步的根本保证。必须毫不动摇地坚持中国共产党的领导，坚持和完善中国共产党领导的多党合作和政治协商制度，深刻认识我国社会主义民主政治的优越性和生命力，准确把握人民政协性质、地位、职能和作用，不断增强道路自信、理论自信、制度自信，坚定不移走中国特色社会主义政治发展道路。要进一步加强思想政治建设，深入学习贯彻中共中央关于人民政协的重大决策部署，学习贯彻习近平总书记在庆祝人民政协成立65周年大会上的重要讲话，始终把坚持和发展中国特色社会主义作为巩固共同思想政治基础的主轴，坚定正确政治方向。要切实发挥政协党组在政协工作中的领导核心作用，发挥政协委员中共产党员的先锋模范作用，严守政治纪律和政治规矩，使党的主张和重大决策部署成为参加人民政协的各民主党派、人民团体和各族各界人士的广泛共识和自觉行动。

会议指出，2015年是全面深化改革的关键之年，是全面推进依法治国的开局之年，也是全面完成“十二五”规划的收官之年。“四个全面”是中共中央从坚持和发展中国特色社会主义全局出发作出的战略布局，为在新的历史起点上推进党和国家事业发展提供了理论指导和行动指南。会议坚持围绕中心、服务大局，聚焦“四个全面”战略布局和群众关切，就做好今年各项工作、完成“十二五”经济社会发展主要目标任务开展广泛深入讨论。会议认为，要牢牢把握稳中求进工作总基调，以提高经济发展质量和效益为中心，主动适应和引领经济发展“新常态”，有效应对和化解经济下行压力，完善宏观政策，优化经济结构，突出创新驱动，强化风险防控，加快推进新型工业化、信息化、城镇化、农业现代化，推进实施“一带一路”、京津冀协同发展、长江经济带等战略，做好就业创业、收入分配、社会保障、教育文化、医药卫生等民生工作，加强和创新社会治理，打好节能减排和环境治理攻坚战，促进经济平稳健康发展和社会和谐稳定。要坚持不懈依靠改革推动科学发展，深入推进简政放权、投融资体制、财税金融、国企国资等各项改革，调动社会资本和民营企业积极性，培育发展新动能、新引擎。要深入贯彻落实全面推进依法治国重大决策部署，有效解决法治建设领域突出问题，积极推进国家各项工作法治化，促进国家治理体系和治理能力现代化。要坚持党要管党、从严治党，全面加强党的思想建设、组织建设、作风建设、反腐倡廉建设和制度建设，深化党的建设制度改革，坚定不移推进党风廉政建设和反腐败斗争。会议要求，人民政协要紧紧围绕有关重大问题深入调查研究，积极协商议政，特别是就制定“十三五”规划、促进经济平稳健康发展、培育和践行社会主义核心价值观等建言献策，广泛凝聚改革共识、发展共识、法治共识、反腐败共识和价值观共识，做到协商民主有新加强、民主监督有新举措、制度建设有新进展、增进团结有新作为、履职能力有新提高，努力为协调推进“四个全面”贡献智慧和力量。

会议强调，社会主义协商民主是中国社会主义民主政治的特有形式和独特优势，是中国共产党的群众路线在政治领域的重要体现，是深化政治体制改革的重要内容。人民政协要深入学习贯彻《中共中央关于加强社会主义协商民主建设的意见》，坚持中国共产党对政协协商的领导，结合实际制定配套实施意见，认真组织实施全国政协 2015 年协商工作计划，丰富协商内容、完善协商形式、规范协商程序，大力营造既畅所欲言、各抒己见，又理性有度、合法依章的良好协商氛围，切实提高协商实效，充分发挥人民政协作为协商民主重要渠道和专门协商机构的作用。

会议指出，习近平总书记在参加民革、台盟、台联委员联组会时所作的重要讲话，对推动实现两岸关系和平发展具有重要指导意义。要认真学习贯彻中共中央对台工作大政方针和决策部署，贯彻落实习近平总书记关于坚定不移走和平发展道路、坚定不移坚持共同政治基础、坚定不移为两岸同胞谋福祉、坚定不移携手实现民族复兴的重要要求，密切同台湾同胞的联系，促进两岸人员往来和经济文化交流，推动两岸同胞携手共圆“中国梦”。

会议强调，人民政协要始终坚持大团结大联合，扎实做好团结各界、汇聚力量的工作。认真贯彻落实中央民族工作会议精神，坚定不移走中国特色解决民族问题的正确道路，全面贯彻党的民族政策，坚持和完善民族区域自治制度，引导各族群众不断增进对伟大祖国的认同、对中华民族的认同、对中华文化的认同、对中国特色社会主义道路的认同，促进各民族交往交流交融。全面贯彻党的宗教工作基本方针，运用法治思维和法治方式开展宗教工作，充分发挥宗教界人士和信教群众在促进经济社会发展中的积极作用。全面准确贯彻“一国两制”“港人治港”“澳人治澳”、高度自治方针，严格依照宪法和基本法办事，支持香港特别行政区、澳门特别行政区行政长官和政府依法施政，发展经济、改善民生、推进民主、促进和谐。加强与海外侨胞和归侨侨眷联系，维护他们的合法权益，以更好服务我国现代化建设与祖国和平统一大业。按照国家对外工作总体部署开展人民政协对外交往，加强人文交流和公共外交，努力营造良好外部环境。参与举办纪念中国人民抗日战争暨世界反法西斯战争胜利 70 周年相关活动，铭记历史、警示未来，推动国际社会共同维护“二战”胜利成果和国际公平正义。

会议强调，政协委员是一种崇高的荣誉，更是一份沉甸甸的责任。全体政协委员要深入学习领会和贯彻落实习近平总书记对政协委员履职尽责的重要指示，切实增强委员意识，勇于担当责任、提高能力素质、保持良好形象，模范遵守宪法法律和政协章程，自觉践行社会主义核心价值观，保持廉洁自律，更好地服务人民、报效国家。

会议号召，人民政协的各级组织、各参加单位和广大政协委员，更加紧密地团结在以习近平同志为总书记的中共中央周围，高举中国特色社会主义伟大旗帜，以邓小平理论、“三个代表”重要思想、科学发展观为指导，全面贯彻中共十八大和十八届三中、四中全会精神，深入贯彻落实习近平总书记系列重要讲话精神，万众一心，开拓奋进，为实现“两个一百年”奋斗目标、实现中华民族伟大复兴的中国梦而奋斗！

中国人民政治协商会议第十二届全国委员会第三次会议关于常务委员会工作报告的决议

（2015年3月13日政协第十二届全国委员会第三次会议通过）

中国人民政治协商会议第十二届全国委员会第三次会议，批准俞正声主席代表政协第十二届全国委员会常务委员会所作的工作报告。

中国人民政治协商会议第十二届全国委员会提案委员会关于政协十二届三次会议提案审查情况的报告

（2015年3月13日政协第十二届全国委员会第三次会议通过）

政协第十二届全国委员会第三次会议期间，政协委员、政协各参加单位和各专门委员会坚持团结和民主两大主题，围绕中心、服务大局，紧扣全面建成小康社会、全面深化改革、全面依法治国、全面从严治党战略布局，认真贯彻《中共中央关于加强社会主义协商民主建设的意见》，积极通过提案建言献策。截至2015年3月7日下午2时，共提交提案5857件。提案委员会按照经济发展、政治法律、社会管理、科学技术、教育、文化宣传、医疗体育、资源环境等14大类，根据《政协全国委员会提案工作条例》进行了审查。经审查，立案4984件，作为意见和建议转送有关部门研究参考728件，并案93件，撤案52件。

本次会议提案有四个特点。一是委员参与度高。共有1948名委员提出提案，占委员总数的87.5%。二是提案质量进一步提高。政协委员、政协各参加单位和各专门委员会坚持问题导向，反映群众呼声，讲真话、进诤言、出实招、谋良策，提出的意见建议有较强的针对性和可操作性。三是提案关注热点相对集中。委员们对深化改革、推进依法治国、保障和改善民生高度关注。四是集体提案增加。集体提案439件，比去年大会增加57件。其中，各民主党派中央和全国工商联提案359件，人民团体提案13件，界别和界别小组提案55件，有7个专门委员会提出提案12件。上述特点，充分体现了中共十八大和十八届三中、四中全会以来，人民政协认真履行职能取得的新进展、新成果。

在制定“十三五”规划和经济建设方面，共提出提案2093件。关于科学制定“十三五”规划的主要建议有：主动适应和引领经济发展“新常态”，推进以经济体制改革为重点的全面改革；坚持稳政策稳预期和促改革调结构“双结合”，打造“大众创业、万众创新”和增加公共产品、公共服务“双引擎”；加快培育新的增长点和增长极，推动经济结构转型；实施品牌战略，推动中国制造向中国创造转变；完善综合交通运输发展体制机制，推进交通运输一体化协同发展；将服务业占比、碳排放配额等作为约束性指标；制定国家大数据发展战略，壮大信息消费；推动高端装备制造业发展。关于推进经济体制改革的主要建议有：建立以“管资本”为主的国有资产管理体制，推进国有企业改革；完善民间投资准入审批制度，发展壮大民营经济；加快推进铁路投融资体制改革；放宽境外投资行政审批，推动中国企业“走出去”。关于完善财税金融体制改革的主要建议有：完善预算改革，细化配套措施；适度改革现行分税制；发展民间金融机构，缓解融资难。关于深化农村改革、推进农业现代化的主要建议有：加大农业基础设施建设投入和财政补贴力度；修改《农村土地承包法》；规范工商资本进入农业领域；发展新型农村合作金融组织；完善农业保险体系；重视农业科技创新；加快发展农村电子商务；加强耕地质量保护和农产品质量安全监管。关于促进区域协同发展的主要建议有：加强政策协调与协同，推动“一带一路”、京津冀协同发展、长江经济带三大战略取得新进展；推进内陆沿边开发开放，加快面向南亚、东南亚辐射中心建设；加大西部地区的支持力度，加快西北部高速铁路建设；落实好全面振兴东北地区等老工业基地政策措施；加快中部地区崛起步伐；支持东部地区率先发展；加快自贸区建设。关于科技体制改革的主要建议有：加快推动创新驱动发展战略；深化中央财政科技计划管理改革，完善科研经费管理制度；改革科技奖励制度，完善科技评价工作；修订《促进科技成果转化法》，明确科技成果处置权和收益权；完善专利保护制度。

在政治建设方面，共提出提案603件。关于行政体制改革的主要建议有：加大简政放权、放管结合改革力度；推进公众参与重大行政决策，增强公共决策科学化民主化；推进行政综合执法体制改革，建设法治政府。关于完善立法、公正司法的主要建议有：修改《刑法》《国家赔偿法》，制定《个人信息保护法》等法律；完善巡回法庭、人民陪审员、司法鉴定等制度；推进地方法院、检察院管理体制改革；加快公安工作法治化进程。关于加强党风廉政建设的主要建议有：推进纪检体制改革；完善惩治和预防腐败配套制度；继续加大反腐败工作力度。关于加强协商民主建设、统一战线工作的主要建议有：加强人民政协民主监督工作；夯实基层统战工作基础；加强民主党派干部队伍建设；加快少数民族地区经济社会发展；保障宗教界人士合法权益；依法保护在大陆的台胞合法权益；增强港澳青少年与内地交流；发挥海外侨胞在“一带一路”战略中的独特作用。

在文化建设方面，共提出提案376件。关于加强社会主义核心价值体系建设的主要建议有：设立爱国主义教育宣传周；坚持依法治国和以德治国相结合；弘扬中华优秀传统文化，增强文化自信。关于促进文化事业改革发展的主要建议有：大力促进文艺精品创作生产；加快文化与科技融合，增强文化产业核心竞争力；推动传统媒体和新兴媒体融合发展；加强网络宣传队伍建设。关于公共文化建设的主要建议有：完善公共文化服务标准体系，加强公共文化服务设施建设；加强文化遗产抢救、保护和利用。

在社会建设方面，共提出提案1484件。关于就业和住房保障的主要建议有：支持鼓励高校科研院所人员、高校毕业生、留学回国人员创业；依法安置和促进残疾人就业；统筹农村转移劳动力、城镇困难人员、退役军人就业；进一步加强保障性住房建设；拓展住房公积金保障功能。关于社会保障的主要建议有：加速推进养老保险全国统筹；完善城乡居民基本医保；稳步推进退休人员医疗费用跨省直接结算；大力扶持民营养老院，推进养老服务社会化；完善尘肺病、服刑人员未成年子女等特殊群体的救助和保障机制。关于促进教育公平发展的主要建议有：加快义务教育学校标准化建设，改善薄弱学校和寄宿制学校基本办学条件；深化课程和教学改革，推进素质教育实施；推进学前教育立法；推进现代职业教育体系建设；促进民办教育健康发展。关于医疗卫生、体育事业发展的主要建议有：深入推进医药卫生体制改革，全面深化县级公立医院综合改革；促进非公立医疗机构发展，推进社会资本办医；加快出台《基本医疗卫生法》《中医药法》；推进计划生育服务管理改革；加快体育产业发展，促进体育消费。关于创新社会治理的主要建议有：发挥社会组织在社会治理中的积极作用，建立常态化、专业化的社会工作服务体系；完善被征地农民权益保障机制；健全农村留守儿童关爱服务体系。

在生态文明建设方面，共提出提案428件。关于加强生态文明建设顶层设计的主要建议有：建立生态文明建设目标考核体系，强化对各级政府的考核约束。关于节能减排的主要建议有：加强工业、交通、建筑等重点领域节能；推动新能源建设；积极发展循环经济。关于环境污染治理的主要建议有：落实和完善大气、土壤、水污染治理行动计划及配套政策，推进区域联防联控协作机制；改善城乡人居环境。关于资源和环境保护的主要建议有：划定并严守生态保护红线；继续推进重点流域水环境综合整治；加大林业重点生态工程建设，推进多功能林业发展；完善草原、湿地生态补偿机制；开展海洋、湖泊综合治理，实现生态资源的可持续利用。

提案还就国防和军队现代化建设，贯彻“一国两制”方针和基本法、维护港澳地区长期繁荣稳定，深入做好台湾民众工作、推进祖国和平统一，做好外交工作等方面提出意见建议。

会议期间，提案委员会就“加大耕地保护工作力度，为人民群众提供优质安全的农产品”召开提案办理协商会，国务院7个部委的负责同志与提案者共商解决问题的办法。

大会闭幕后，全国政协将召开提案交办会，将大会提案送交承办单位办理。同时，全国政协将开展重点提案遴选与督办工作，进一步推动提案办理落实。

本次大会提案截止日期以后收到的提案，按平时提案审查办理。

关于举办纪念孙中山先生诞辰150周年活动的决定

（2015年11月8日政协第十二届全国委员会常务委员会第十三次会议通过）

2016年11月12日是伟大的民族英雄、伟大的爱国主义者、中国民主革命的伟大先驱孙中山先生诞辰150周年纪念日。为缅怀孙中山先生为民族独立、社会进步、人民幸福所建立的历史功勋，学习、继承和发扬孙中山先生的爱国思想、革命意志和进取精神，巩固和发展海内外中华儿女的大团结，巩固和发展最广泛的爱国统一战线，维护两岸关系和平发展，共同推进祖国和平统一大业，最大限度地把全民族的力量凝聚起来，致力于实现“两个一百年”奋斗目标和中华民族伟大复兴的中国梦，中国人民政治协商会议第十二届全国委员会常务委员会决定届时举行隆重的纪念活动。

制 度 建 设

全国政协加强和改进调研工作实施办法

为加强和改进全国政协调研工作，推进人民政协履行职能的制度化、规范化、程序化，特制定本实施办法。

一、总体要求

1. 围绕团结和民主两大主题，服务协调推进“四个全面”战略布局。要坚持正确方向，准确把握政协的性质定位；坚持围绕中心、服务大局，把调研工作放在人民政协事业发展全局中谋划和推进；坚持问题导向，增强调研工作的针对性，努力使所提对策建议有的放矢；坚持改进作风，切实贯彻落实中央八项规定精神，确保调研活动务实高效；坚持求同存异，尊重各种不同意见，实现发扬民主与增进共识相统一。

二、选题确定

2. 明确选题依据。根据全国政协年度协商工作计划、中共全国政协党组工作要点、全国政协常委会工作报告等，有针对性地选择调研课题。

3. 征求选题意见。调研选题由专门委员会通过适当形式征求委员意见，并邀请相关专家学者参与选题研究论证；对各方面意见建议进行梳理后，由专委会主任会议和全体会议研究提出年度调研选题意见。其中重点选题按照国务院办公厅与全国政协办公厅会商全国政协重点协商议题工作机制，与党政相关部门沟通协商。

4. 搞好选题协调。办公厅每年定期召开调研选题通报协调会，与各专委会、民主党派中央、全国工商联及有关人民团体等相关方面，就年度调研选题进行沟通协调，提出综合平衡意见。需要地方政协协同调研的选题，由选题提出单位与相关地方政协沟通协调。

5. 确定选题计划。选题提出单位根据综合平衡意见，起草各自年度调研计划（包括调研题目、时间、地点等），报经秘书长办公会议汇总研究，形成全国政协年度调研计划草案，报主席办公会议审定。主席、副主席可根据工作需要提出调研题目，经办公厅协调后，由相关单位组织实施。

三、组织实施

6. 制定调研方案。调研组织单位根据调研计划，制定详细的调研方案，主要内容包括：调研题目、目的、地点、日程、组长人选、调研提纲、调研成果体现方式、新闻报道安排、后勤保障等。

7. 成立调研组织。调研实行组长负责制，组长一般由专委会主任或副主任担任。重要调研活动可邀请联系相关专委会或界别的副主席带队。调研组成员一般在 20 人左右，以本委员会委员为主，适当吸收有关方面人员参加。可以课题为纽带，有关专委会之间配合调研，与民主党派联合调研，与智库合作调研，与地方政协协同调研。有的调研题目，可委托所在地全国政协委员活动召集人牵头，组织住当地的全国政协委员结合本地情况开展深入调研。

8. 听取情况介绍。在实地调研之前，可根据调研课题需要，安排一次情况介绍会，邀请相关部委同志出席并介绍情况。要注意加强委员与部委同志的互动交流，尽可能多地掌握调研内容的现实情况，使调研的问题更集中、认识更深入、思路更清晰。

9. 深入实地调研。一个调研课题原则上安排一至三个省（区、市）实地调研，可以采取召开座谈会、实地考察、个别交流等方式进行。座谈会既应邀请地方政府及相关部门介绍情况，也可邀请相关社会组织、企业和群众代表、专家学者参加。实地考察要点面结合，兼顾从不同侧面总结经验、发现问题、提出建议的需要。可采取整体调研与分组调研相结合的方式，组织“小而精”的调研小组，开展定向定点调研，深入基层单位“解剖麻雀”。个别交流要选择情况熟、有见解的同志参加，以便集中、深入地探讨问题。

10. 组织讨论研究。实地调研后期或结束后，应安排一次调研组内部总结会，交流调研体会，探讨相关问题，研究确定调研成果构架和核心内容。要鼓励调研组所有成员充分发表意见，特别要重视委员不同意见的讨论，以集思广益、扩大共识。

四、成果转化

11. 提高成果质量。根据调研情况和调研组成员意见及时撰写调研报告、政协信息等，一般应在调研结束后两周内完成。调研成果要尊重调研实际情况，实事求是分析和归纳问题，努力提出建设性的对策建议。要文风朴实，言简意赅，观点鲜明，言之有物。

12. 丰富建言形式。把调研与政协履行职能的多种方式结合起来，加强调研资料的整合与共享，综合运用调研报告、提案、会议发言、政协信息等形式建言献策。可推荐委员代表调研组在政协全体会议、专题议政性常委会议、双周协商座谈会或专题协商会上发言，做到建言建在需要时、议政议到点子上、监督监在关键处。

13. 规范报送程序。调研报告、政协信息等调研成果一般须经调研组会议讨论，由办公厅审核后，按程序报批。重大课题的调研报告可视情报请主席办公会议研究。

14. 促进成果转化。强化重大调研成果的跟踪、反馈和评估，促进调研成果转化运用。及时跟踪中共中央、国务院领导对调研成果的批示情况，收集部委对委员所提意见、建议的吸收运用情况，并将有关情况及时反馈给调研组成员。

15. 加大宣传力度。发挥新闻媒体的作用，探索利用网络等新媒体，加强对调研成果的宣传报道，以扩大影响力。重要调研活动邀请媒体记者随团进行报道。

本办法适用于全国政协办公厅和各专门委员会。

政协全国委员会专题协商会工作办法

（2015 年 5 月 14 日政协第十二届全国委员会第二十九次主席会议通过）

为进一步推进政协全国委员会专题协商会工作的制度化、规范化、程序化，提高专题协商会成效，制定本工作办法。

一、专题协商会是政协全国委员会组织政协常委、委员围绕国家的大政方针，就经济、政治、文化、社会、生态文明和党的建设中的某项专门问题进行协商讨论、议政建言的会议形式，是开展政协专题协商的主要载体，是发挥政协作为协商民主重要渠道和专门协商机构作用、协助党和政府科学民主决策的重要平台。

二、专题协商会坚持围绕中心、服务大局，协商于决策之前和决策实施之中；坚持问题导向，充分调研论证，提出符合实情、反映民意、有助决策的意见建议；坚持民主协商、平等议事、求同存异、体谅包容，鼓励委员畅所欲言、各抒己见，促进形成共识。

三、专题协商会由政协全国委员会主席或主席委托的副主席主持。

四、专题协商会一般每年召开 2 次，会期 1 天，分别安排在第二、三季度。

五、专题协商会议题遴选充分发扬民主，在广泛征求党政部门、党派团体、政协专门委员会、政协委员等方面意见基础上提出，并列入政协全国委员会年度协商计划，按程序提交审议后确定。

六、专题协商会方案由政协全国委员会有关专门委员会会同办公厅提出，明确议题、时间、地点、程序、出席范围、成果运用、筹备工作等事项，经秘书长办公会议、秘书长会议研究后报政协全国委员会主席或主席委托的副主席审定。

七、专题协商会的出席范围：政协全国委员会主席、部分副主席、秘书长，副秘书长，各专门委员会主任和驻会副主任，有关常委、委员；各民主党派中央、全国工商联有关负责人。

根据议题，邀请中共中央、国务院有关领导同志和有关部门负责人出席，也可视情邀请其他有关方面人员参加。专题协商会的出席人员规模约 150 人。

八、政协全国委员会办公厅和有关专门委员会会前组织政协常委、委员围绕议题深入开展调研视察，了解情况、找准问题、提出对策建议，为开好会议做准备。

九、专题协商会的主要议程：有关部门负责同志介绍情况，与会人员发言，有关部门负责同志和政协常委、委员互动交流，中央领导同志讲话。

政协常委、委员发言分为预约发言和自由发言，充分反映委员大会发言、提案、反映社情民意提出的相关意见建议，积极反映政协全国委员会专门委员会专题调研、常委和委员视察、界别调研和各民主党派中央、全国工商联的调研成果，做到言之有据、言之有理、言之有度、言之有物。

十、专题协商会的会议情况报告由有关专门委员会配合办公厅整理形成，以中共政协全国委员会党组名义报送中共中央；具体建议还可以政协信息等形式报送中共中央、国务院领导同志及有关部门参考。

政协全国委员会办公厅和有关专门委员会主动与有关部门建立联系、沟通信息，对专题协商会成果的采纳情况进行跟踪落实。

十一、专题协商会作新闻报道。

十二、专题协商会的筹备组织工作由政协全国委员会办公厅具体负责。

中国人民政治协商会议全国委员会专门委员会通则

（1995 年 6 月 5 日政协第八届全国委员会常务委员会第十三次会议通过，1999 年 3 月 1 日政协第九届全国委员会常务委员会第四次会议修订，2005 年 2 月 28 日政协第十届全国委员会常务委员会第八次会议修订，2015 年 6 月 17 日政协第十二届全国委员会常务委员会第十一次会议修订）

第一章　总　则

第一条　根据《中国人民政治协商会议章程》的规定，政协全国委员会设立若干专门委员会。

第二条　专门委员会是常务委员会和主席会议领导下的工作机构，是政协联系委员的重要渠道。专门委员会的设立和变动，由常务委员会决定。

第三条　专门委员会工作是政协工作的重要基础，是政协履行职能的重要方式。

第四条　专门委员会高举中国特色社会主义伟大旗帜，以马克思列宁主义、毛泽东思想、邓小平理论、“三个代表”重要思想、科学发展观为指导，深入学习贯彻习近平总书记系列重要讲话精神，贯彻“长期共存、互相监督、肝胆相照、荣辱与共”的方针，围绕团结和民主两大主题，服务协调推进全面建成小康社会、全面深化改革、全面依法治国、全面从严治党的战略布局，发挥联系广泛、人才聚集的优势，切实履行政治协商、民主监督、参政议政职能，更好地协调关系、汇聚力量、建言献策、服务大局。

第二章　工作任务

第五条　组织委员认真学习宣传贯彻中国特色社会主义理论、宪法法律和国家的各项方针政策、统一战线理论和人民政协理论，巩固团结合作的共同思想政治基础。

第六条　根据政协全国委员会和常务委员会会议精神及年度协商计划，围绕政协全体会议、专题议政性常委会议、专题协商会、双周协商座谈会议题和本专门委员会的对口协商、界别协商及提案办理协商等工作任务，组织委员开展调查研究，形成调研报告、发言材料或提出提案，协助政协办公厅组织各类协商议政活动。

第七条　围绕国家宪法法律和法规的实施、重大方针政策的贯彻执行、国家机关及其工作人员的工作情况，通过提案、建议、报告、专项监督性调研等形式，开展民主监督。

第八条 围绕国家经济建设、政治建设、文化建设、社会建设、生态文明建设中的重要问题以及人民群众普遍关心的问题，组织开展专题调研、召开座谈会等多种形式的参政议政活动，通过调研报告、提案、社情民意信息等，向党和国家机关提出意见和建议。

第九条 团结联系委员及各族各界人士，维护民族团结、宗教和谐、社会稳定，促进海内外中华儿女大团结，推进祖国和平统一，加强对外友好往来与合作，广泛凝聚实现中华民族伟大复兴的强大力量。

第十条 加强履职能力建设，提高政治把握能力、调查研究能力、联系群众能力、合作共事能力，推进人民政协理论创新、工作创新、制度创新。

第三章 组织制度

第十一条 专门委员会的组成，应按照有利于联系各界、各方面人士，自愿、协商和便于组织经常性活动的原则，统筹安排。

第十二条 每届专门委员会的设立一般应在当届政协第一次常务委员会会议上确定。专门委员会的组成人员原则上为全体委员的30%左右，非中共委员要占一定比例。各专门委员会一般由50—100人组成，设主任1人，驻会副主任1人，副主任若干人。工作领域较宽的委员会可适当增加组成人员。

第十三条 专门委员会人选从政协全国委员会委员中产生，一般应具有相关工作经历和专业知识。人选由政协全国委员会秘书长会议提出，征得委员本人同意后，委员名单由主席会议审定，主任、副主任的任命由常务委员会决定。

专门委员会组成人员需调整或增补时，按专门委员会产生程序办理。专门委员会主任会议对本委员会委员的调整或增补可提出建议。

第十四条 根据工作需要，专门委员会可采取适当方式邀请非本专门委员会的政协委员参加活动。

第十五条 每届政协第一次全体会议成立的提案审查委员会，闭会后根据情况作必要调整，经常务委员会第一次会议决定，作为提案委员会列入专门委员会序列。

第四章 工作制度

第十六条 专门委员会全体会议审议本专门委员会年度工作计划、年度工作总结及其他重要事项，并向常务委员会报告工作。全体会议一般每半年召开一次，由主任或主任委托的副主任主持。

第十七条 专门委员会主任会议审议提交本专门委员会全体会议审议的文件和重要事项，研究审定本专门委员会重点调研方案和调研报告，审定本专门委员会提交的提案、大会发言，研究并提出届中调整或增补本专门委员会委员的建议名单。主任会议根据工作需要召开，由主任或主任委托的副主任主持。

第十八条 专门委员会工作由主任主持，副主任协助主任工作，驻会副主任协助主任负责日常工作。政协全国委员会秘书长或秘书长委托的副秘书长负责协调。

第十九条 专门委员会工作应发扬民主、充分协商，注重发挥委员主体作用和界别作用，实行联系相关界别委员的工作制度，赴各地调研时注意吸收当地的全国政协委员参加。

第二十条 以专门委员会名义形成的报告、请示件等，由主任或主任委托驻会副主任审定；重大问题可经秘书长提请主席办公会议、主席会议或常务委员会会议审议。提请以政协全国委员会或政协全国委员会办公厅名义发出的文件，按规定程序办理。

第二十一条 专门委员会应按程序与党政有关部门、各民主党派中央和全国工商联、各人民团体及有关机构加强情况沟通，密切工作联系。

第二十二条 专门委员会应加强与地方政协相关专门委员会的工作联系。涉及国家和地方相关领域工作的重要问题，可开展联合调研、委托调研或专题研讨。

第二十三条 专门委员会组织调研等活动，要厉行节约、深入基层、联系群众，广泛听取并反映各方面意见。

第五章 办事机构

第二十四条 政协全国委员会机关根据精简、统一、效能原则，设立相应的办事机构，为专门委员会服务。

第六章 附 则

第二十五条 本通则自常务委员会会议通过之日起施行，解释权和修改权属常务委员会。

中国人民政治协商会议全国委员会
反映社情民意信息工作条例

（2005 年 1 月 17 日政协第十届全国委员会第十八次主席会议通过，2015 年 10 月 9 日政协第十二届全国委员会第三十五次主席会议修订）

第一条 为规范人民政协反映社情民意信息工作，根据《中国人民政治协商会议章程》和有关规定，制定本条例。

第二条 反映社情民意信息是人民政协重要的经常性、基础性工作，是履行政治协商、民主监督、参政议政职能的重要方式，是社会舆情汇集和分析机制的重要组成部分。

第三条 反映社情民意信息是政协各参加单位、各专门委员会、政协委员、各民主党派和工商联成员及无党派人士，围绕国家大政方针和地方的重要举措，以及经济、政治、文化、社会、生态文明建设和党的建设中的重要问题，人民群众关心的实际问题，通过政协内部适当方式，向中共中央、国务院和地方党委、政府及有关部门反映情况，提出意见和建议。

第四条 反映社情民意信息工作，要高举中国特色社会主义伟大旗帜，以马克思列宁主义、毛泽东思想、邓小平理论、“三个代表”重要思想、科学发展观为指导，深入贯彻习近平总书记系列重要讲话精神，坚持团结和民主两大主题，围绕协调推进“四个全面”战略布局，深入基层，深入群众，广泛汇集、反映社情民意，为实现“两个一百年”奋斗目标和中华民族伟大复兴的中国梦贡献力量。

第五条 反映社情民意信息工作，坚持围绕中心、服务大局，坚持解放思想、实事求是，坚持体现统一战线特色，坚持密切联系群众，坚持问题导向。

第六条 反映社情民意信息是政协委员的重要职责。政协委员要密切联系群众，重点联系本界别群众，深入了解民情，充分体察民意，广泛集中民智，积极反映社情民意信息。

第七条 做好反映社情民意信息工作是政协办公厅（室）和各专门委员会的一项重要任务。

政协全国委员会办公厅和各专门委员会在全体会议、常务委员会会议、专题协商会、双周协商座谈会等协商议政活动，以及视察、调研、提案、大会发言等工作中，收集、整理政协委员反映的重要情况和意见建议。

完善信息特邀委员制度。政协全国委员会办公厅聘请若干委员为信息特邀委员。

第八条 政协全国委员会办公厅和各专门委员会为各民主党派、工商联和无党派人士反映社情民意信息提供服务，加强与有关人民团体的联系，充分发挥他们在反映社情民意信息工作中的作用。

第九条 政协全国委员会办公厅加强与政协各省、自治区、直辖市及副省级市委员会反映社情民意信息工作的联系，做好指导、协调和服务工作。

完善反映社情民意信息联系点制度。政协全国委员会办公厅根据需要在基层政协地方委员会建立若干反映社情民意信息联系点。

第十条 维护政协委员、各民主党派和工商联成员及无党派人士依照宪法法律和政协章程反映社情民意信息的民主权利。

第十一条 政协全国委员会办公厅设立专门工作机构，负责社情民意信息的收集、编辑、报送、反馈，以及有关组织、协调、服务、保密的具体工作。

建立反映社情民意信息情况分析机制。定期通报反映社情民意信息工作情况。每年向常务委员会报告反映社情民意信息工作。

第十二条 政协全国委员会办公厅建立专门反映社情民意信息网络，为政协全国委员会委员和各民主党派中央、全国工商联，政协各省、自治区、直辖市和副省级市委员会，以及反映社情民意信息联系点等，提供畅通、安全、快捷的传递渠道。

第十三条 政协全国委员会办公厅重视反映社情民意信息工作队伍建设，加强信息工作人员的政治和业务培训，为开展工作创造条件。

第十四条 政协全国委员会办公厅定期表彰优秀社情民意信息、反映社情民意信息工作先进单位和先进个人。

第十五条 政协各级地方委员会可根据本条例，结合实际情况，制定相应的规定。

第十六条 本条例自主席会议通过之日起施行。由政协全国委员会办公厅负责解释。

中国人民政治协商会议全国委员会提案办理协商办法

（2015年10月9日政协第十二届全国委员会第三十五次主席会议通过）

根据《中共中央办公厅关于加强人民政协协商民主建设的实施意见》（中办发〔2015〕36号，以下简称《实施意见》）《中共中央办公厅、国务院办公厅关于进一步加强人民政协提案办理工作的意见》（中办发〔2012〕13号，以下简称《意见》）和《中国人民政治协商会议全国委员会提案工作条例》，为规范提案办理协商工作，制定本办法。

一、提案办理协商是人民政协协商民主的重要形式，是提案者、提案承办单位、政协组织及有关方面为增进共识、推动政协提案办理开展的协商活动，贯穿于提案的提出、立案、交办、经办、督办、反馈各环节。政协组织做好组织、协调、督促、服务工作，推动提案办理协商广泛多层制度化开展。

二、提案办理协商坚持围绕中心、服务大局、提高质量、讲求实效的提案工作方针，坚持民主协商、平等议事、求同存异、体谅包容的协商原则。

三、提案提出。政协委员可以个人名义或联名方式提出提案，参加政协的各党派、各人民团体和政协各专门委员会可提出集体提案。提案可在政协全体会议期间提出，也可在闭会期间提出。全体会议期间，委员可按程序以界别、小组或者联组名义提出集体提案。提案者提出提案，应按照“四个全面”战略布局，围绕党和国家中心工作、人民群众关心的实际问题，深入调查研究，广泛听取意见，注重针对性和可行性。全国政协办公厅和提案委员会可通过邀请有关部门通报工作情况等方式，帮助提案者知情明政。提案委员会召开各民主党派和工商联提案工作座谈会，就提案选题的主要考虑、重点方向等进行交流协商，共同做好提案提出的统筹工作。

四、审查立案。政协全体会议期间，提案委员会（提案审查委员会）对收到的提案，按照立案标准逐一审查，与提案者沟通，征求提案承办单位意见，协商确定立案提案及提案的主办、会办、分办单位。立案、并案和不予立案而转为“意见和建议”的，均应及时告知提案者，属于撤案的应做好沟通解释工作。在全体会议闭幕会上报告提案审查情况。全体会议闭会期间收到的提案，由提案委员会按标准和程序及时审查立案。

五、提案交办。按照《意见》要求，建立中共中央办公厅、国务院办公厅和全国政协办公厅共同交办提案机制。政协全体会议闭幕后适时召开提案交办会，明确提案承办单位的任务和要求。全体会议闭会期间的提案，由提案委员会及时商有关方面交办。

六、重点提案遴选。政协全体会议闭幕后，各民主党派中央和全国工商联、政协各专门委员会等，从立案的提案中分别推荐重点提案。提案委员会召开由各民主党派和工商联、政协各专门委员会、部分提案承办单位有关负责同志等参加的重点提案选题协商会，协商提出重点提案题目和督办方式（草案），经提案委员会主任会议、全体会议审议，书面征求相关提案承办单位意见后，报主席会议或主席办公会议审定。

七、经办环节。按照《实施意见》要求，提案承办单位把与提案者的沟通协商作为提案办理的必经环节，通过电话联系、座谈调研、登门走访等方式，就提案的主要内容与提案者交换意见。提案主办、会办单位之间应就答复意见进行沟通协商，提案办理复文应体现各方意见。

八、重点提案督办。政协组织的相关视察、调研、提案办理协商会等重点提案督办活动，邀请提案者和提案承办单位代表参加，就提案中的意见和建议深入协商，督办成果以视察报告、调研报告、重要提案摘报、政协信息等形式报送中共中央、国务院及有关方面。提案委员会每年选择部分需要持续推动的重点提案进行跟踪督办；每年第三季度，选择1—2件办理已取得初步成效或需要加大推进力度的重点提案，向主席会议或主席办公会议汇报；每年年底，汇总当年重点提案督办情况，向主席会议或主席办公会议汇报。

九、督促检查。全国政协推动提案承办单位按照《实施意见》要求，建立和完善台账制度，把提案办理工作纳入年度督查计划和绩效考核体系。提案委员会每年选择部分提案承办单位，开展以民主监督为主要方式的走访活动；每年选择部分提案，加大沟通督促力度；有序推进提案与办理复文同步公开。

十、采纳反馈。全国政协推动提案承办单位吸收采纳提案办理协商形成的成果。中共中央、国务院领导同志对重点提案督办协商形成的报告、重要提案摘报、政协信息等作出批示的，应推动相关提案承办单位重点办理落实。对提案办理取得的成效，应推动提案承办单位及时向提案者反馈。政协常务委员会向全体会议报告提案工作情况。

十一、组织领导。主席会议或主席办公会议定期研究提案工作，协商督办重点提案；政协领导同志带队视察、调研督办重点提案和走访提案承办单位，出席提案办理协商会。注重推动提案承办单位按照《意见》要求，主要负责同志和分管负责同志切实负起责任，抓好工作落实，确保把提案办理各项任务完成好。全国政协办公厅和各专门委员会负责同志分别领办、督办政协承办的部分提案。提案委员会做好提案者、提案承办单位及政协各部门开展提案办理协商的协调服务工作。

十二、本办法由提案委员会负责解释，自主席会议通过之日起施行。

中国人民政治协商会议全国委员会委员视察考察工作条例

（1988年5月3日政协第七届全国委员会第四次主席会议通过，2005年1月17日政协第十届全国委员会第十八次主席会议修订，2015年12月22日政协第十二届全国委员会第三十八次主席会议修订）

第一条 为促进政协全国委员会委员视察、考察工作制度化、规范化、程序化，根据《中国人民政治协商会议章程》和有关规定，制定本条例。

第二条 委员视察、考察是人民政协的一项基础性工作；是履行政治协商、民主监督、参政议政职能的重要形式；是密切联系群众，加强党派、界别之间合作共事，推进社会主义民主政治建设的重要途径。

委员视察工作是政协全国委员会办公厅组织全国政协委员，对国家宪法、法律和法规的实施以及党和国家重大方针政策的贯彻落实情况，经济、政治、文化、社会、生态文明建设中的重大问题，人民群众普遍关注的重要问题，国家机关及其工作人员的工作情况等，进行实地察看，咨政建言，反映社情民意，开展民主监督。

委员考察工作是政协全国委员会办公厅、专门委员会和受委托的省级政协组织全国政协委员，就各项事业和群众生活的重要问题，进行实地察看，了解情况、学习提高、增进共识、献计出力。

第三条 委员视察、考察工作，要高举中国特色社会主义伟大旗帜，以马克思列宁主义、毛泽东思想、邓小平理论、“三个代表”重要思想、科学发展观为指导，深入贯彻习近平总书记系列重要讲话精神，贯彻“长期共存、互相监督、肝胆相照、荣辱与共”的方针，坚持团结和民主两大主题，围绕协调推进“四个全面”战略布局，了解国情民情，提出意见和建议，为实现“两个一百年”奋斗目标和中华民族伟大复兴的中国梦贡献力量。

第四条 政协全国委员会办公厅统筹安排视察、考察工作，负责提出年度工作计划，并经主席办公会议审定后实施，向常务委员会会议和全体会议提交年度视察、考察工作情况报告。

第五条 委员视察、考察选题，根据政协全国委员会全体会议精神及年度协商计划，与相关会议议题、重点提案相结合，在充分征求各方面意见后形成。委托省级政协组织考察的选题，结合政协全国委员会重点工作和地方实际需要确定。

第六条、委员视察的组织形式主要有：常委视察团、委员视察团。

委员考察的组织形式主要有：专题考察团、界别考察团、住香港特别行政区和住澳门特别行政区委员考察团；委托省级政协组织的所在地全国政协委员跨省考察团和就地考察团。

第七条 视察团根据视察内容和组织形式需要，邀请相关委员包括所到地全国政协委员参加。

考察团采取委员自愿报名和统筹协调相结合的办法组成。

第八条 视察团设团长一人、副团长若干人、秘书长一人；团长、副团长和秘书长人选在视察团组团会议上协商产生。团长、副团长领导视察活动，秘书长负责视察团有关组织协调工作。

考察团负责人根据需要确定。

第九条 委员参加视察、考察前，应围绕视察、考察内容，学习有关文件，做好准备工作；视察、考察中，应深入了解实际情况，研究问题，提出意见和建议。

第十条 委员视察方式包括听取情况介绍、走访察看、座谈讨论、内部交流、与地方党政负责同志交换意见等。

委员考察视情选取适当方式开展工作。

第十一条 视察后形成视察报告，提交政协全国委员会常务委员会会议审议，并视情报送中共中央办公厅和国务院办公厅。

考察后形成考察报告或简报，报政协全国委员会办公厅和相关专门委员会。

第十二条 视察、考察过程中发现的重要情况或提出的建议，还可通过提案、会议发言、政协信息等形式反映。

第十三条 视察、考察团视情邀请中央和地方新闻单位派记者随团采访报道。

第十四条 政协全国委员会办公厅及时将中共中央、国务院领导的批示情况和相关部门的吸收采纳情况，视情反馈给视察团成员和视察所到地的省级政协。

第十五条 委员视察、考察活动应贯彻中央八项规定精神，坚持“务实、高效、规范、协作”原则，深入实际、深入基层、深入群众，严格纪律，厉行节约，科学安排，精心组织。

第十六条 委员视察、考察经费由政协全国委员会办公厅预算安排。

委托省级政协组织的考察经费由政协全国委员会办公厅按规定拨付。

第十七条 本条例由政协全国委员会办公厅负责解释，自主席会议通过之日起施行。

中共政协全国委员会党组工作规则

（2015 年 10 月 20 日中共政协第十二届全国委员会党组第二十七次会议修订）

第一章 总 则

第一条 为进一步规范中共政协全国委员会党组工作，根据《中国共产党章程》和《中国共产党党组工作条例（试行）》，制定本规则。

第二条 中共政协全国委员会党组（以下简称“党组”）是党中央批准在政协全国委员会设立的领导机构，在政协全国委员会发挥领导核心作用。

第三条 党组工作应遵循以下原则：

（一）坚持党的领导，保证党的理论和路线方针政策贯彻落实；

（二）坚持全面从严治党，依据党章和其他党内法规开展工作，落实管党治党责任；

（三）坚持民主集中制，确保党组的活力和党的团结统一；

（四）坚持党组发挥领导核心作用与政协全国委员会依照法律和政协章程履行职责相统一，把党的主张通过民主程序转化为政协全国委员会的决定。

第四条 党组在党中央领导下工作，向党中央负责并报告工作。

第二章 职 责

第五条 党组认真履行对政协全国委员会的政治领导责任，负责学习、宣传、贯彻执行党的理论和路线方针政策，贯彻落实党中央的决策部署和关于政协工作的重要指示，发挥好把方向、管大局、保落实的重要作用。

第六条 坚持和完善中国共产党领导的多党合作和政治协商制度，巩固和发展最广泛的爱国统一战线，推动各党派团体和各族各界人士发扬民主、参与国是、团结合作，共同致力于实现中华民族的伟大复兴。

第七条 支持政协全国委员会依法依章行使职权，履行政治协商、民主监督、参政议政职能。充分发挥人民政协作为社会主义协商民主重要渠道和专门协商机构作用，推进政协协商民主广泛多层制度化发展。

第八条 研究提出涉及人民政协工作全局的重要建议；讨论和决定需要向党中央请示报告的重要事项；听取政协全国委员会机关和专门委员会工作情况报告和重大事项报告，讨论和决定机关党组和专门委员会分党组请示报告的重要事项。

第九条 负责政协全国委员会党的建设工作，履行党风廉政建设主体责任，领导中共政协全国委员会机关党组和各专门委员会分党组工作。完成党中央交给的其他任务。

第十条 党组书记主持党组全面工作，负责召集和主持党组会议，组织党组活动，签发党组文件。

党组副书记协助书记工作，受党组书记委托履行相关职责。

党组成员根据党组决定，按照授权负责有关工作，行使相关职权。

第三章 组织原则

第十一条 党组必须坚决执行党中央指示和决定，坚决维护党中央权威，确保中央政令畅通。

第十二条 建立党组向党中央请示报告工作制度。党组每年至少向党中央作1次全面工作报告，遇有重大问题及时请示报告，传达中央重要会议精神、执行中央重要指示和决定的情况进行专题报告。

第十三条 党组实行集体领导制度，凡属党组职责范围内的事项，按照少数服从多数原则，由党组成员集体讨论决定。党组书记带头执行民主集中制，党组成员认真执行党组集体决定，勇于担当、敢于负责，切实履行职责。

第十四条 以党组名义发布或者上报的文件、发表的文章，党组成员代表党组的讲话和报告，应事先经党组集体讨论或者党组书记审定。党组成员署名发表的与工作有关的文章，应事先经党组审定或者经党组书记批准。

党组成员在调查研究、检查指导工作或者参加其他活动时发表的个人意见，应符合党组决定精神。

第四章 议事和决策

第十五条 党组议事和决策坚持集体领导、民主集中、个别酝酿、会议决定，重大决策充分协商，实行科学决策、民主决策、依法决策。

第十六条 议事和决策包括以下主要事项：

（一）修改或制定政协章程和其他重要规章制度的建议。

（二）政协全国委员会全体会议等重大会议活动的指导思想和工作安排建议。

（三）常务委员会工作报告和提交政协全国委员会全体会议审议通过的重要决议。

（四）政协全国委员会及其常务委员会、主席会议向中共中央、国务院提出的重要建议案。

（五）换届会议前，参与研究政协全国委员会参加单位、委员名额、委员人选和常务委员人选，对连任委员提出建议。

（六）政协全国委员会内部机构和直属单位设置等事项。

（七）听取政协全国委员会副秘书长和各专门委员会主任、副主任人选的建议；届内增补委员、常务委员会组成人员和调整政协全国委员会副秘书长和专门委员会主任、副主任人选的建议；全国政协机关党组提出的行政关系在全国政协机关的部级干部任免、奖惩等事项的汇报。

（八）各专门委员会分党组成员的任免。

（九）关于违反政协章程或全体会议、常务委员会会议决议委员的处分决定。

（十）建议党中央印发的涉及人民政协的重要文件。

（十一）党组年度工作要点。

（十二）政协全国委员会年度协商计划。

（十三）党风廉政建设和反腐败工作方面的重要事项。

（十四）其他需经党组决策的重大事项。

第十七条 党组作出重大决策，应在调查研究基础上提出方案，广泛听取政协全国委员会主席会议成员、机关负责同志和专门委员会主任意见，视情征求政协全国委员会常务委员、委员意见，并进行合法合规性审查，经集体讨论决定。

第十八条 议事和决策一般采用党组会议形式。党组会议一般每月召开1次。遇有重要情况可随时召开。

党组会议议题由党组书记提出，或者由其他党组成员提出建议、党组书记综合考虑后确定。会议召开的时间、议题，一般应提前通知各位党组成员，会议有关材料应提前送达。

第十九条 党组会议须有半数以上党组成员到会方可举行，研究涉及全局的重大事项，必须有三分之二以上党组成员到会。党组成员因故不能参加会议的，须在会前请假，对会议议题的重要意见可用书面形式表达。议题涉及本人或者其亲属以及存在其他需要回避情况的，有关党组成员须回避。

党组会议可根据议题邀请不是党组成员的政协全国委员会副主席列席，也可指定有关人员列席。

第二十条 党组会议议题表决前，应进行充分讨论。表决可采取口头、举手、无记名投票或者记名投票等方式进行，赞成票超过应到会党组成员半数为通过，未到会成员的书面意见不计入票数。表决实行主持人末位表态制。会议研究多个事项时，逐项进行表决。遇到特别重大决策事项或存在重大争议等特殊情况，应当向党中央报告，请求批准或裁决。

党组会议由专门人员记录、编印会议纪要，并按照规定存档备查。会议纪要由书记或书记委托副书记签发。

第二十一条 党组决策一经作出，必须坚决贯彻执行。党组成员对党组决策有不同意见的，可以保留或者向党中央反映，但在党组决定改变前必须坚决执行。

党组决策需要转化为政协全国委员会决定的，须依照程序经有关会议审议通过。党组建立督查和反馈机制，确保决策落实。

第五章　自身建设

第二十二条　全面加强党组思想建设、组织建设、作风建设、反腐倡廉建设、制度建设，提高政治把握能力、调查研究能力、联系群众能力和合作共事能力。党组成员必须对党忠诚，严格遵守党章，严守政治纪律和政治规矩，加强党性修养与党性锻炼。

第二十三条　发扬党的优良传统和作风，真心实意地同党外人士交朋友，努力做合作共事的模范、发扬民主的模范、求真务实的模范、联系群众的模范、廉洁奉公的模范。

第二十四条　坚持和健全中心组学习制度。制订年度学习计划，采取专题辅导、重点发言和集体研讨等形式，定期组织学习，突出学习重点，提高学习实效。

第二十五条　严肃党内政治生活。党组每年至少召开1次民主生活会。党组成员应在会前广泛听取意见、深入谈心交心、做好发言准备；会上认真查摆问题、开展严肃认真的批评与自我批评；会后在一定范围内通报会议情况，对存在问题进行整改。

党组成员必须以一名普通党员身份分别编入党的一个支部，参加党的组织生活。

第二十六条　党组成员必须严格落实中央关于改进工作作风、密切联系群众的各项规定，坚决反对形式主义、官僚主义、享乐主义和奢靡之风，切实增强践行“三严三实”要求的思想自觉和行动自觉。严格遵守党员领导干部廉洁从政有关规定，自觉接受党组织和党员群众的监督。

第六章　机关党组和专门委员会分党组

第二十七条　中共政协全国委员会机关党组由党中央批准设立，在政协全国委员会机关发挥领导核心作用。机关党组接受党中央领导，同时接受中共政协全国委员会党组领导。机关党组工作规则另行制定。

第二十八条　中共政协全国委员会各专门委员会分党组是由中共政协全国委员会党组提出、经中共中央组织部批准设立的，接受中共政协全国委员会党组领导，并报告工作。中共政协全国委员会党组委托机关党组指导专门委员会分党组工作。专门委员会分党组工作规则另行制定。

第七章　附　则

第二十九条　本规则由中共政协全国委员会党组负责解释，自2015年11月1日起施行。

中共政协全国委员会机关党组工作规则

（2015年9月21日中共政协第十二届全国委员会机关党组第六十五次会议修订）

第一章 总 则

第一条 为进一步规范中共政协全国委员会机关党组工作，根据《中国共产党章程》和《中国共产党党组工作条例（试行）》及《中共政协全国委员会党组工作规则》，制定本规则。

第二条 中共政协全国委员会机关党组（以下简称“党组”）是由党中央批准在全国政协机关设立的领导机构，在全国政协机关发挥领导核心作用。

第三条 党组工作遵循以下原则：

（一）坚持党的领导，保证党的理论和路线方针政策贯彻落实；

（二）坚持全面从严治党，依据党章和其他党内法规开展工作，落实管党治党责任；

（三）坚持民主集中制，确保党组的活力和党的团结统一；

（四）坚持党组发挥领导核心作用与全国政协机关依照宪法和政协章程履行职责相统一，把党的主张通过民主程序转化为全国政协机关领导班子的决定；

（五）坚持和完善中国共产党领导的多党合作和政治协商制度，坚持团结和民主两大主题，为全国政协履行职能提供服务。

第四条 机关党组必须服从党中央的领导，同时在履行职责过程中还接受全国政协党组的领导。

第二章 职责

第五条 围绕协调推进“四个全面”战略布局，认真履行对全国政协机关的政治领导责任，深入学习、宣传、贯彻执行党的理论和路线方针政策，贯彻落实党中央关于统一战线和人民政协工作的方针政策，贯彻执行全国政协党组决策部署，发挥好把方向、管大局、保落实的重要作用，坚决维护党中央权威，始终在思想上、政治上、行动上同以习近平同志为总书记的党中央保持高度一致。

第六条 按照全国政协党组部署开展工作。围绕党的中心工作、人民政协重大理论和实践问题，深入调查研究，向党中央和全国政协党组提出建议。

第七条 讨论和决定政协机关的重大问题，包括重大决策、重要人事任免、重大项目安排、大额资金使用等“三重一大”事项。

第八条 参与研究全国政协参加单位、委员名额、委员人选和常务委员人选建议；提出或参与研究全国政协副秘书长和各专门委员会主任、副主任、委员人选的建议，并向全国政协党组报告；做好委员换届和届内增补等各项人事安排的基础性工作。

第九条 贯彻党管干部原则，认真执行《党政领导干部选拔任用工作条例》，按照信念坚定、为民服务、勤政务实、敢于担当、清正廉洁的好干部标准，加强全国政协机关干部队伍建设，做好干部的培养选拔任用、教育培训、管理监督工作。

第十条 坚持党要管党、从严治党，认真履行党风廉政建设主体责任，对全国政协机关党风廉政建设和反腐败工作实行统一领导，全面负责。党组书记履行第一责任人责任，党组成员对职责范围内的反腐倡廉工作负直接领导责任。

支持中央纪委驻全国政协机关纪检组工作。健全机关党委、机关纪委工作机制，强化监督执纪，坚决惩治腐败，建设干干净净机关，建设干干净净干部队伍。

第十一条 加强对全国政协机关党的建设的领导，落实党建工作责任制。加强对机关和直属单位党组织工作的指导，充分发挥基层党组织战斗堡垒作用和共产党员先锋模范作用。团结非党干部和群众，健全密切联系群众的制度，定期听取干部职工意见，及时了解和掌握思想动态，加强思想政治工作。机关党组成员每届内至少为机关党员讲一次党课。

第十二条 受全国政协党组委托，指导各专门委员会分党组工作。

第十三条 完成党中央和全国政协党组交给的其他任务。

第三章 组织原则

第十四条 完善党组向党中央和全国政协党组请示报告工作制度。党组每年向党中央全面报告工作，遇有重大问题及时请示报告。每年至少向全国政协党组报告一次工作，对全国政协机关重要工作和机关党组自身建设重要问题及时请示汇报。传达学习党中央重要文件精神、执行党中央和全国政协党组重要指示和决定的情况，进行专题报告。

第十五条 坚持集体领导制度，凡属党组职责范围内的事项，按照少数服从多数原则，由党组成员集体讨论决定。党组书记带头执行民主集中制，党组成员认真执行党组集体决定，勇于担当、敢于负责，切实履行职责。党组成员自觉维护和增进党组团结，相互信任、相互谅解、相互支持。

第十六条 以党组名义发布或者上报的文件、发表的文章，党组成员代表党组的讲话和报告，应事先经党组集体讨论或者传批审定。党组成员署名发表的与工作有关的文章，应事先经党组审定或者经党组书记批准。

党组成员在调查研究、检查指导工作或者参加其他活动时发表的个人意见，应符合党组决定精神。

第四章 议事决策

第十七条 党组议事决策坚持集体领导、民主集中、个别酝酿、会议决定，重大决策充分协商，实行科学决策、民主决策、依法决策。党组议事决策一般通过党组会议来进行。

第十八条 党组议事决策的主要内容：

（一）传达学习中央重要会议、重要文件精神，传达学习全国政协党组的决定和指示，结合全国政协机关实际，研究贯彻落实具体措施；

（二）按照党中央和全国政协党组要求，组织学习党的路线、方针、政策和开展专题理论学习活动；

（三）研究讨论全国政协有关重要制度和文件，全国政协机关和直属单位机构调整的事项，向全国政协党组提出意见和建议；

（四）审定向党中央、全国政协党组请示报告的重大事项和问题；

（五）研究涉及全国政协机关年度财政预算及重大财务项目支出；

（六）研究制定全国政协机关重要规章制度；

（七）审议并决定全国政协机关局、处级干部和直属单位领导班子成员的任免、奖惩等事项，审议并提出行政关系在全国政协机关的部级干部任免、奖惩等事项的建议，报全国政协党组后，按照干部管理权限上报；

（八）研究部署全国政协机关党的建设、精神文明建设和思想政治工作；

（九）听取党组成员专项工作和年度工作的汇报；

（十）机关党组书记认为应该提交党组会议讨论的其他事项。

第十九条 机关党组会议由党组书记召集并主持，一般每月召开1次，遇有重要情况可随时召开。党组书记不能出席时，可委托党组副书记召集并主持。党组会议议题由党组书记提出，或者由其他党组成员提出建议、党组书记综合考虑后确定。会议召开的时间、议题，一般应提前通知党组成员，会议有关材料应提前送达。

第二十条 党组会议须有半数以上党组成员到会方可举行，讨论决定干部任免事项，必须有三分之二以上党组成员到会。党组成员因故不能参加会议的，须在会前请假，对会议议题的重要意见可用书面形式表达。会议议题涉及本人或者其亲属以及存在其他需要回避情况的，有关党组成员须回避。列席机关党组会议的人员由会议主持人视议题需要决定。

第二十一条 党组会议议题表决前，应进行充分讨论。表决可采取口头、举手、无记名投票或者记名投票等方式进行，赞成票超过应到会党组成员半数为通过，未到会成员的书面意见不计入票数。表决实行主持人末位表态制。会议研究多个事项时，逐项进行表决。遇到特别重大决策事项或存在重大争议等特殊情况时，应当听取全国政协党组意见后，向党中央报告，请求批准或裁决。

党组会议由专门人员记录、编印会议纪要，并按照规定存档备查。会议纪要由书记或书记委托副书记签发。

第二十二条 党组会议议题和讨论内容，除党组决定在一定范围内传达的，与会人员要严格保密，不得以任何方式向外泄露。

第二十三条 党组成员必须坚决执行机关党组会议决定。如有不同意见，可以保留或者向全国政协党组直至党中央反映，但在决定改变前必须坚决执行。党组建立督查和反馈机制，确保决策落实。

第五章 自身建设

第二十四条 党组及其成员应当加强思想政治建设，坚定理想信念，严守政治纪律和政治规矩，在重大原则问题上头脑清醒、旗帜鲜明、立场坚定。坚持和完善机关党组中心组学习制度，定期就有关重大理论和实践问题开展学习讨论，注重学习实效，增强“三个自信”，提高政策理论水平和业务工作能力。

第二十五条 严肃党内政治生活，每年至少召开1次民主生活会，在深入谈心、广泛听取意见的基础上，交流思想认识，对照检查党的路线、方针、政策和决议执行情况，检查民主集中制及领导班子议事规则落实情况，报告个人重要事项，开展严肃认真的批评和自我批评。党组成员要以普通党员身份参加所在党支部的组织生活。

第二十六条 坚决贯彻党中央关于改进工作作风、密切联系群众的各项规定，严格遵守党员领导干部廉洁从政有关规定，自觉执行机关党组廉洁自律若干规定，坚持不懈反对“四风”，认真践行“三严三实”要求，自觉接受党组织和党员群众监督。

第二十七条 党组成员要继承发扬党的优良传统和作风，广泛团结社会各方面人士，密切与委员的联系，与党外人士真诚相待、平等相处，求同存异、体谅包容，广交深交党外朋友，努力成为合作共事的模范。

第六章 附 则

第二十八条 本规则由中共政协全国委员会机关党组负责解释，自2015年11月1日起施行。

中共政协全国委员会各专门委员会分党组工作规则

（2015年10月20日中共政协第十二届全国委员会党组第二十七次会议通过）

第一章 总 则

第一条 为规范中共政协全国委员会各专门委员会分党组工作，根据《中国共产党章程》和《中国共产党党组工作条例（试行）》及《中共政协全国委员会党组工作规则》，制定本规则。

第二条 中共政协全国委员会各专门委员会分党组（以下简称分党组）是党在政协全国委员会各专门委员会中设立的领导机构，在各专门委员会发挥领导核心作用。

第三条 分党组工作应当遵循以下原则：

（一）坚持党的领导，保证党的理论和路线方针政策贯彻落实；

（二）坚持全面从严治党，依据党章和其他党内法规开展工作；

（三）坚持民主集中制，确保分党组的活力和党的团结统一；

（四）坚持分党组发挥领导核心作用与各专门委员会依照法律法规、《中国人民政治协商会议章程》和《中国人民政治协商会议全国委员会专门委员会通则》履行职责相统一，使党的主张成为专门委员会领导班子和委员的共识，贯彻好党对人民政协工作的要求，为人民政协履行政治协商、民主监督、参政议政职能服务。

第四条 分党组在中共政协全国委员会党组领导下工作，向中共政协全国委员会党组负责并报告工作。

第二章 设立和组成

第五条 分党组由中共政协全国委员会党组提出，经中共中央组织部批准设立。

第六条 分党组成员由中共政协全国委员会党组决定。分党组设书记 1 名、副书记 1 至 2 名，书记一般由本专门委员会党员主任担任，副书记和其他成员一般由本专门委员会在京党员副主任担任。

第七条 书记主持分党组全面工作，负责召集和主持分党组会议，组织分党组活动，签发分党组文件；副书记协助书记工作，受书记委托履行相关职责。分党组可设 1 名党组秘书。

第三章 职 责

第八条 认真履行对本专门委员会的政治领导责任，做好理论武装和思想政治工作，负责学习传达、贯彻执行党的理论和路线方针政策，贯彻落实党中央和中共政协全国委员会党组的决策部署，提出具体执行方案和措施，做好思想动员、工作部署、组织实施、督促检查，带领专门委员会中的党员发挥先锋模范作用，确保党的决策部署落到实处。

第九条 坚持和完善中国共产党领导的多党合作和政治协商制度，巩固和发展最广泛的爱国统一战线，推动本专门委员会委员和所联系的界别委员履行职能、团结合作，共同致力于实现中华民族伟大复兴的中国梦。

第十条 认真研究本专门委员会工作的重要部署、重点任务和重要理论政策问题，不断提高决策的科学化水平，充分发挥专门委员会在政协工作中的基础性作用。

第十一条 积极探索分党组工作规律，在实践中不断推动专门委员会工作改进创新，为丰富和发展党的统一战线和人民政协理论做出贡献。

第十二条 切实维护政协委员依法依章程履行职责的权利，支持委员在政协工作中发挥主体作用。加强同本专门委员会委员的沟通交流，积极开展与相关界别委员的联谊工作，听取和采纳委员的意见建议，凝聚各界智慧力量，为人民政协更好地发挥作为协商民主重要渠道和专门协商机构作用创造条件。

第十三条 认真完成中共政协全国委员会党组交办的任务，对中共政协全国委员会党组的年度工作要点提出意见建议。加强与中共政协全国委员会机关党组的工作联系。

第四章 组织原则

第十四条 每年底向中共政协全国委员会党组报告本年度工作完成情况和下一年度工作计划，对本专门委员会重要工作、自身建设中的重要问题、执行中共政协全国委员会党组重要指示和决定的情况，应当及时请示汇报。

第十五条 坚持集体领导、民主集中、个别酝酿、会议决定，凡属分党组职责范围内的事项，按照少数服从多数原则，由分党组成员集体讨论决定。分党组书记带头执行民主集中制，分党组成员认真执行党组集体决定，按照分工负责有关工作，切实履行职责。

第十六条 以分党组名义发布或者上报的文件、发表的文章，分党组成员代表分党组的讲话和报告，应当事先经分党组集体讨论或者书记审定。分党组成员署名发表的与本专门委员会工作有关的文章，应当事先经分党组审定或书记批准。

分党组成员在参加本专门委员会组织的调研、考察、协商或其他活动时发表的个人意见，应当符合党的有关方针政策和分党组有关决定精神。

第五章　议事和决策

第十七条　分党组议事和决策包括以下主要事项：

（一）制定或修改本专门委员会重要规章制度的建议；

（二）本专门委员会年度工作计划（要点）和工作总结；

（三）本专门委员会年度调研计划的建议；

（四）本专门委员会重点调研报告；

（五）分党组年度工作计划（要点）和工作总结；

（六）分党组自身建设方面的重要事项；

（七）其他应当由分党组讨论和决定的事项。

第十八条　分党组作出重要决策，应当在调查研究基础上提出方案，注意听取本专门委员会非党组成员的副主任和委员的意见，视情征求政协有关领导、机关党组主要负责同志和相关部门意见。

第十九条　分党组会议一般每两个月召开1次，也可根据需要随时召开。会议由分党组书记召集并主持，也可由书记委托副书记召集并主持。议题由书记提出，或者由其他分党组成员提出建议、书记综合考虑后确定。会议召开的时间、议题，一般应当提前通知各位分党组成员，会议有关材料应当提前送达。

分党组会议应当有半数以上成员到会方可召开，分党组成员因故不能参加会议的，应当在会前请假。

分党组会议可根据需要邀请不是分党组成员的本专门委员会有关副主任、委员和办公室有关人员列席。中共政协全国委员会党组可以派员列席分党组会议。

第二十条　分党组会议议题提交表决前，应当进行充分讨论。表决可以采取口头、举手、无记名投票或者记名投票等方式进行，赞成票超过应到会党组成员半数为通过。未到会成员的书面意见不计入票数。表决实行主持人末位表态制。会议研究多个事项时，应当逐项进行表决。遇到争议等特殊情况，应当向中共政协全国委员会党组报告，请求批准或裁决。

第二十一条　分党组会议由专门人员如实记录并撰写会议纪要，按规定存档备查。会议纪要由书记或书记委托副书记签发。

第二十二条　分党组决策一经作出，应当坚决执行。分党组成员对决策有不同意见的，可以保留意见或向中共政协全国委员会党组反映，但在决策改变前应当坚决执行。

分党组决策需要转化为本专门委员会决议或意见的，应当依照程序经有关会议审议通过。

第六章　自身建设

第二十三条　全面加强分党组思想建设、组织建设、作风建设、反腐倡廉建设、制度建设，切实履行职责，提高政治把握能力、调查研究能力、联系群众能力和合作共事能力。分党组成员必须对党忠诚，严格遵守党章，严守政治纪律和政治规矩，加强党性修养与党性锻炼，发挥共产党员先锋模范作用。

第二十四条 发扬党的优良传统和作风，真心实意地和党外人士交朋友，努力做合作共事的模范、发扬民主的模范、求真务实的模范、联系群众的模范、廉洁奉公的模范。

第二十五条 严肃党内政治生活，每年至少召开1次民主生活会，建立健全中心组学习制度。

第二十六条 坚持党的群众路线，严格落实中央关于改进工作作风、密切联系群众的各项规定，严格遵守党员领导干部廉洁从政有关规定，密切联系本专门委员会委员和有关界别群众，自觉接受党组织和党员、群众的监督。坚决反对形式主义、官僚主义、享乐主义和奢靡之风，切实践行“三严三实”的要求。

第七章 附 则

第二十七条 本规则由中共政协全国委员会党组负责解释，自2015年11月1日起施行。

重要会议、活动

2015年新年茶话会 中国人民政治协商会议全国委员会2014年12月31日上午在全国政协礼堂举行新年茶话会。党和国家领导人习近平、李克强、张德江、俞正声、刘云山、王岐山、张高丽等同各民主党派中央、全国工商联负责人和无党派人士代表、中央和国家机关有关方面负责人以及首都各族各界人士代表欢聚一堂，共迎2015年元旦。

中共中央总书记、国家主席、中央军委主席习近平在茶话会上发表重要讲话。他强调，问题是时代的声音，人心是最大的政治。推进党和国家各项工作，必须坚持问题导向，倾听人民呼声。我们的目标越伟大，我们的使命越艰巨，就越需要所有人拧成一股绳去干事创业。让我们更加紧密地团结起来，向着我们共同的奋斗目标、向着更加辉煌的明天奋勇前进。

习近平代表中共中央、国务院和中央军委，向各民主党派、工商联和无党派人士、各人民团体，向全国广大工人、农民、知识分子、干部和各界人士，向人民解放军指战员、武警官兵和公安干警，向香港特别行政区同胞、澳门特别行政区同胞、台湾同胞和海外侨胞，向关心和支持中国现代化建设的国际友人，致以节日的祝福，祝大家新年好。

习近平指出，在过去的一年里，中共中央团结带领全国各族人民，坚持稳中求进工作总基调，积极适应经济发展新常态，注重谋划全局性、战略性、长远性的重大问题，推动社会主义经济建设、政治建设、文化建设、社会建设、生态文明建设以及国防和军队建设、外交工作取得重大进展。中共中央重点抓了党的群众路线教育实践活动，聚焦惩治形式主义、官僚主义、享乐主义和奢靡之风，党风政风为之一新。我们加大反腐败斗争力度，坚持“老虎”“苍蝇”一起打，一批腐败分子被绳之以党纪国法。一年来，我们蹄疾步稳地推进各项改革，中央全面深化改革领导小组确定的80个重点改革任务基本完成，此外中央有关部门还完成了108个改革任务，各方面共出台370条改革成果，一些多年来难啃的硬骨头啃下来了，改革为我国发展注入了强大动力。这些成绩，是大家共同创造的，光荣属于大家。

习近平强调，当前，时和势总体有利，但艰和险在增多。我们要全面贯彻落实中共十八大和十八届三中、四中全会精神，以邓小平理论、“三个代表”重要思想、科学发展观为指导，继续推进全面建成小康社会、全面深化改革、全面依法治国、全面从严治党，突出创新驱动，强化风险防控，加强民生保障，如期完成“十二五”规划确定的各项目标任务。我们要坚定不移维护我国香港、澳门长期繁荣稳定。我们要深化两岸合作交流，促进两岸一家亲、共筑中国梦。我们要高举和平、发展、合作、共赢旗帜，积极实施“一带一路”战略，促进人类文明进步事业。

习近平指出，中共十八届四中全会对全面推进依法治国作出顶层设计和总体部署。全面推进依法治国是国家治理领域一场广泛而深刻的革命。我们要逐条逐项落实全面推进依法治国各项部署和措施。

习近平强调，在即将过去的一年里，我们隆重庆祝了中国人民政治协商会议成立65周年，人民政协发挥作为协商民主重要渠道作用，着力搭建协商平台、创新协商载体、增加协商密度，聚焦改革发展稳定重大问题深入调查研究、反映社情民意、开展民主监督，为推进改革开放和社会主义现代化建设作出了重要贡献。新的一年，我们要巩固和发展最广泛的爱国统一战线，坚持和完善中国共产党领导的多党合作和政治协商制度，不断为事业发展凝聚人心、增添力量。人民政协要深入进行调研视察、协商议政，积极开展民主监督，讲真话、进诤言，出实招、谋良策。要加强协商民主制度建设，为各党派团体和各族各界人士搭建协商平台、丰富协商形式、创造民主氛围，为我国社会主义民主政治发展注入新的活力。

茶话会由中共中央政治局常委、全国政协主席俞正声主持。他指出，习近平总书记的重要讲话回顾2014年中共中央团结带领全国各族人民奋力推进改革开放和社会主义现代化建设取得的重要成就，分析当前我们面临的形势和任务，强调做好2015年党和国家各项工作必须坚持的重要原则，对于我们深入贯彻落实中共十八大和十八届三中、四中全会精神，主动适应新常态，奋力开创新局面，协调推进全面建成小康社会、全面深化改革、全面推进依法治国、全面从严治党进程，具有重要指导意义。讲话充分肯定一年来人民政协围绕中心、服务大局，认真履行职能取得的新成绩，结合新形势新任务，对进一步发挥统一战线重要作用、做好人民政协各项工作提出明确要求。我们一定要认真学习领会、深入贯彻落实，切实把思想和行动统一到中共中央决策部署上来，积极开展调查研究，扎实推进协商民主，广泛汇聚各方力量，不断提升履职能力，努力为党和国家事业发展作出新贡献。

民盟中央主席张宝文代表各民主党派中央、全国工商联和无党派人士讲话，表示将更加紧密地团结在以习近平同志为总书记的中共中央周围，继承和发扬多党合作的优良传统，凝心聚力，锐意进取，共同开创中国特色社会主义事业新局面，为全面建成小康社会、实现“两个一百年”奋斗目标和中华民族伟大复兴的中国梦而努力奋斗。

茶话会上，习近平等来到各界人士中间，亲切地同大家握手交谈，互致问候。随后，部分全国政协委员和文艺工作者表演了精彩节目，会场洋溢着喜庆祥和的热烈气氛。

在京中共中央政治局委员、中央书记处书记，全国人大常委会、国务院部分领导同志，全国政协领导同志和曾任全国政协副主席的在京老同志出席茶话会。

政协十二届全国委员会常务委员会第九次会议 政协十二届全国委员会常务委员会第九次会议于2月27日至28日在京召开。会议的主要议题是为政协十二届三次会议做准备，总结2014年工作，研究2015年工作。中共中央政治局常委、全国政协主席俞正声主持开幕会，中共中央书记处书记、全国政协副主席杜青林主持闭幕会。全国政协副主席出席会议并参加分组会议。

27日上午举行开幕会。会议审议通过了关于召开政协第十二届全国委员会第三次会议的决定；听取了关于政协第十二届全国委员会第三次会议议程（草案）和日程（草案）的说明、关于政协全国委员会常务委员会工作报告（草案）起草情况的说明、关于政协全国委员会常务委员会关于政协十二届二次会议以来提案工作情况的报告（草案）起草情况的说明、关于人事事项（草案）的说明。经济委员会主任周伯华、人口资源环境委员会主任贾治邦、教科文卫体委员会主任张玉台、社会和法制委员会主任孟学农、民族和宗教委员会主任朱维群、港澳台侨委员会主任杨崇汇、外事委员会主任潘云鹤、文史和学习委员会主任王太华，分别汇报了本委员会2014年度工作情况。

27日下午和28日上午，举行分组会议。审议常委会工作报告、提案工作情况报告、有关人事事项和其他提请会议审议的文件。

28日下午举行闭幕会。全国政协主席俞正声在讲话中指出，全国两会是我国政治生活中的大事，开好两会对统一思想、凝聚力量、鼓舞士气有重要作用。习近平总书记对开好全国两会作出重要指示，一定要认真抓好贯彻落实。要围绕中心、服务大局，围绕“四个全面”切实发挥优势和作用，认真履行职能。要把团结和民主两大主题贯穿于全部履职工作中，坚持社会主义核心价值观，充分发扬民主，拒绝浮躁和脱离国情的倾向。要改进会风、廉洁自律，严格遵守大会纪律，确保会议务实高效、风清气正、圆满成功。

闭幕会通过政协第十二届全国委员会第三次会议议程（草案）和日程，原则通过将提交大会审议的政协全国委员会常务委员会工作报告和政协十二届二次会议以来提案工作情况的报告，通过政协十二届全国委员会第三次会议秘书长、副秘书长名单。会议决定增补吕虹、李冰、李从军、吴新雄、周生贤、侯树森、解振华、蔡武为政协第十二届全国委员会委员，增补吴新雄为经济委员会副主任，周生贤、解振华为人口资源环境委员会副主任，李从军为教科文卫体委员会副主任，吕虹为港澳台侨委员会驻会副主任，侯树森为港澳台侨委员会副主任，王胜洪、蔡武为外事委员会副主任，李冰为文史和学习委员会副主任。会议决定增补常荣军、刘佳义为政协第十二届全国委员会副秘书长。因工作调整，仝广成不再担任第十二届全国政协副秘书长；因年龄原因，王胜洪不再担任第十二届全国政协副秘书长。会议通过接受仇保兴、冯琳、肖盛峰请辞政协第十二届全国委员会委员的决定。因工作调整，仇保兴不再担任人口资源环境委员会副主任，常荣军不再担任教科文卫体委员会驻会副主任；因年龄原因，马健不再担任港澳台侨委员会驻会副主任。

会议通过关于免去令计划政协第十二届全国委员会副主席职务、撤销其全国政协委员资格的决定；追认政协第十二届全国委员会第二十三次、二十五次主席会议分别作出的关于撤销朱明国、马建政协第十二届全国委员会委员资格的决定。

常委会议期间，举行了全国政协十二届常委会第七次学习讲座。国务院港澳事务办公室主任王光亚应邀作了《“一国两制”实践历史回顾及当前香港问题》的报告。

常委会组成人员出席会议。没有担任政协常委的全国政协副秘书长、专门委员会副主任，办公厅研究室主任，中共中央统战部副部长，中央社会主义学院副院长，各省、自治区、直辖市和副省级市政协主席列席会议。中共中央办公厅、国务院办公厅负责人应邀参加会议。

全国政协十二届三次会议 全国政协十二届三次会议于2015年3月3日至13日在北京举行。会议深入贯彻党的十八大和十八届三中、四中全会精神，学习贯彻习近平总书记在全国“两会”党员负责人会上的重要讲话精神，认真落实中央确定的大会指导思想，在全体委员共同努力和各有关方面大力支持下，开得圆满成功，是一次民主、团结、求实、奋进的大会。

一、会议基本情况

本次会议会期10天半，共安排全体会议5次，小组会议11次，界别联组会议1

次，主席会议1次，常委会议1次，列席十二届全国人大三次会议全体会议2次。

会议于3月3日下午在人民大会堂开幕，习近平总书记等党和国家领导同志出席，俞正声主席代表政协第十二届全国委员会常务委员会作工作报告，齐续春副主席代表政协第十二届全国委员会常务委员会作提案工作情况的报告。会议期间，中央政治局常委同志分别参加有关界别联组讨论，与委员们共商国是。3月13日下午，会议举行闭幕会，俞正声主席主持并讲话，会议通过政协第十二届全国委员会第三次会议关于常务委员会工作报告的决议、政协第十二届全国委员会提案委员会关于政协十二届三次会议提案审查情况的报告和政协第十二届全国委员会第三次会议政治决议。会议坚持正确舆论导向，改进新闻报道工作，举行了1次新闻发布会和3场记者会。

委员们认为，2014年是我国发展进程中很不寻常的一年。面对复杂多变的国际环境和艰巨繁重的国内改革发展稳定任务，以习近平同志为总书记的中共中央团结带领全国各族人民，坚持稳中求进工作总基调，适应经济发展新常态，全面推进社会主义经济建设、政治建设、文化建设、社会建设、生态文明建设和党的建设，扎实推进各项改革，加快推进依法治国，积极开展全方位外交，坚决反对“四风”，坚定不移反对腐败，各项工作取得新的重大进展。

委员们高度评价全国政协2014年工作和俞正声主席所作的工作报告。认为，政协第十二届全国委员会及其常务委员会认真贯彻落实中共中央决策部署，深入学习贯彻习近平总书记系列重要讲话精神，高举爱国主义、社会主义旗帜，坚持团结和民主两大主题，隆重庆祝人民政协成立65周年，聚焦改革发展履行职能，推进政协协商民主发挥优势，强化履职能力建设提高实效，实现了人民政协事业新发展。常委会工作报告总结2014年工作客观全面，部署2015年工作切实可行，特别是对更好发挥人民政协在发展社会主义协商民主中的重要作用作出系统论述，具有很强的指导性和针对性，是一个内涵丰富、结构严谨、文风朴实的好报告。委员们对齐续春副主席所作提案工作情况的报告给予充分肯定。委员们高度评价大会通过的政治决议，认为政治决议充分反映了参加人民政协各党派团体和各族各界人士郑重协商后所达成的政治共识，是会议成果的集中反映，必须切实遵守和执行。委员们表示，要认真贯彻落实习近平总书记在庆祝人民政协成立65周年大会上的重要讲话精神和《中共中央关于加强社会主义协商民主建设的意见》，坚持改革创新，推进制度建设，提升履职能力，精心组织实施全国政协2015年协商工作计划，更好发挥人民政协作为协商民主重要渠道和专门协商机构作用。

会议听取并讨论李克强总理所作的政府工作报告，听取并讨论最高人民法院工作报告和最高人民检察院工作报告等，讨论《中华人民共和国立法法修正案（草案）》，赞同上述报告和文件并提出一些意见建议。委员们认为，政府工作报告充分体现了“四个全面”战略布局和习近平总书记系列重要讲话精神，把握了稳中求进工作总基调，贯穿了求真务实、改革创新精神和为民服务理念，思路清晰、目标明确、措施有力，是政府的一份工作成绩单、任务明细表、责任承诺书，必将为做好2015年各项工作、顺利完成“十二五”经济社会发展主要目标任务，起到有力的指导和推动作用。

二、会议主要特点

（一）中央高度重视。会前，中央及

时研究部署“两会”相关工作，确定会议指导思想，确保正确政治方向。1月9日、1月16日和2月12日，习近平总书记连续主持召开中央政治局常委会议，先后听取全国政协十二届三次会议筹备工作、2015年协商工作计划、全国政协党组工作、政协常委会工作汇报，就开好会议、切实改进会风及做好今后政协工作作出重要指示。3月3日，习近平总书记在“两会”党员负责人会上，进一步就开好“两会”、做好政协工作提出要求。会议期间，习近平总书记亲切看望民革、台盟、台联委员，参加联组讨论并作重要讲话，对推动实现两岸关系和平发展具有重要意义。各位中央领导同志深入委员小组认真听取意见和建议，中央和国务院101个部门和单位负责同志列席全体会议和参加小组讨论。这些都充分体现了党中央的高度重视和坚强领导。

（二）议政成果丰硕。委员们紧紧围绕“四个全面”战略布局，就改革发展稳定重大问题、关系群众切身利益实际问题和人民政协事业发展中的重要问题深入协商讨论，积极建言献策。委员们共提交提案5857件，经提案委员会审查立案4984件；提交大会发言510篇，47名委员作了大会口头发言，尤其是盲人委员首次登台作题为“我为正能量点赞”的大会发言，获得强烈共鸣。会议收到反映社情民意信息来稿480篇，编发《政协信息》9期。委员们提出的意见和建议对做好党和国家各项工作、服务党和政府科学民主决策，具有一定参考价值。

（三）协商氛围民主。会议积极营造既畅所欲言、各抒己见，又理性有度、合法依章的良好协商氛围，坚持在共同思想政治基础上，既鼓励赞成意见的发表又尊重不同诉求的表达，既重视多数人的看法又倾听少数人的主张，注重在思想观点交流交融中凝聚共识、增进团结。中央领导同志和部门负责同志认真听取发言、深入互动交流，委员们热烈讨论、积极议政、坦诚建言，会议开得生动活跃，充分展示了发挥人民政协作为协商民主重要渠道和专门协商机构作用的生动实践。

（四）会议风清气正。全国政协党组认真贯彻落实习近平总书记关于改进“两会”会风重要指示精神，制定了《全国政协十二届三次会议认真贯彻中央八项规定精神、切实改进会风的措施》，从17个方面对政协委员和工作人员提出要求，把会议出席率、会场秩序、防止吃吃喝喝等问题放在突出位置来抓。委员们严格遵守会风会纪各项规定，会外活动明显减少，吃喝之风基本禁住。全体会议出席率明显提高，进一步改进文风，简化会场安排和会务接待，严格经费支出，会期虽然增加了一天半，但预算与2014年持平。特别是首次成立会风会纪督查组，安排12名局级干部担任督查员，切实加强对会风会纪的监督检查。这些措施确保了会议风清气正、务实高效，受到社会各界和新闻舆论好评。

三、会议主要成果

第一，统一了思想认识。委员们结合当前国际国内形势和政协工作面临的新任务、新要求，通过听取报告、学习文件、小组讨论和大会发言等，深入学习贯彻党的十八大和十八届三中、四中全会精神，学习贯彻习近平总书记系列重要讲话精神，加深了对中央重大决策部署的理解和把握，思想认识有了新的提高。委员们一致表示，要毫不动摇地坚持党的领导，坚持中国共产党领导的多党合作和政治协商制度，更加紧密地团结在以习近平同志为总书记的党中央周围，切实增强道路自信、理论自信、制度自信，坚定不移地走中国特色社会主义政治发展道路。

第二，明确了努力方向。习近平总书记在“两会”党员负责人会议上的重要讲话，为做好 2015 年政协工作指明了努力方向。李克强总理所作的政府工作报告、俞正声主席所作的全国政协常委会工作报告，为政协更好地履职尽责提出了新的课题和要求。任务已经明确，关键在于落实。委员们表示，要坚持围绕中心、服务大局，聚焦“四个全面”战略布局和群众关切，就制定“十三五”规划、促进经济平稳健康发展、培育和践行社会主义核心价值观等重要问题，深入调查研究，开展民主监督，积极协商议政，不断提高履行职能的成效和水平。

第三，凝聚了广泛共识。委员们表示，协调推进全面建成小康社会、全面深化改革、全面依法治国、全面从严治党，是中共中央从坚持和发展中国特色社会主义全局出发作出的战略布局，确立了新形势下党和国家各项工作的战略方向、重点领域、主攻目标，是新的历史起点上推进党和国家事业发展的科学理论指导和思想行动指南。人民政协要充分发挥联系面广、包容性强的优势，多做协调关系、理顺情绪、化解矛盾、增进团结的工作，广泛凝聚改革共识、发展共识、法治共识、反腐败共识和价值观共识，切实为协调推进“四个全面”汇聚强大正能量。

第四，强化了委员责任。委员们认真学习习近平总书记对政协委员履职尽责所作的重要指示，深受教育，倍感振奋，进一步增强了责任感和使命感。大家一致表示，政协委员既是荣誉、更是责任，当一名政协委员不容易，当好一名政协委员更不容易，要切实增强委员意识，勇于担当责任、提高能力素质、保持良好形象，模范遵守宪法法律和政协章程，自觉践行社会主义核心价值观，加强道德修养，认真履行职责，努力做到行为世范，更好地服务人民、报效国家。

政协第十二届全国委员会常务委员会第十次会议 政协第十二届全国委员会常务委员会第十次会议 3 月 13 日上午在北京举行。中共中央政治局常委、全国政协主席俞正声主持会议。全国政协副主席出席会议。

会议通过了政协第十二届全国委员会第三次会议关于常务委员会工作报告的决议（草案）、政协第十二届全国委员会提案委员会关于政协十二届三次会议提案审查情况的报告（草案）、政协第十二届全国委员会第三次会议政治决议（草案）。会议决定将上述文件草案提交 13 日下午举行的政协十二届三次会议闭幕会审议。

常委会组成人员出席会议。没有担任政协常委的全国政协副秘书长、专门委员会副主任，办公厅研究室主任，中共中央统战部副部长，中央社会主义学院副院长，各省、自治区、直辖市和副省级市政协主席列席会议。

纪念赛福鼎·艾则孜同志诞辰 100 周年座谈会 3 月 18 日在京举行。中共中央政治局常委、全国政协主席俞正声出席座谈会，并会见赛福鼎·艾则孜同志亲属。

赛福鼎·艾则孜同志是中国共产党第十、十一届中央政治局候补委员，第一、二、三、四、五、六、七届全国人民代表大会常务委员会副委员长，中国人民政治协商会议第八届全国委员会副主席。

中共中央政治局委员、全国人大常委会副委员长李建国在座谈会上缅怀了赛福鼎·艾则孜同志为中国革命、建设、改革事业，为国家统一、民族团结、边疆稳定建立的不朽功勋，强调要学习他为国家、为民族、为人民不懈奋斗的崇高品格，弘扬他始终不渝的革命精神。

中共中央书记处书记、全国政协副主

席杜青林主持座谈会。

全国政协十二届三次会议提案交办会 2015年3月24日上午，全国政协十二届三次会议提案交办会在政协礼堂召开。杜青林副主席出席并讲话，张庆黎副主席兼秘书长主持。

杜青林副主席在讲话中深刻阐述提案办理协商的基本内涵和重大意义，强调要建立健全提案办理协商机制，加强对提案办理工作的经验总结和研究探索，把握规律性、富于创造性、增强实效性，着重做好重点提案、时效性强的提案、重复提的提案、综合性提案、“回娘家”提案的办理落实；对今年的提案办理工作做出具体部署，指出要加强组织领导、明确任务分工，坚持统筹兼顾、突出办理重点，提高办理质量、加强督促检查，确保提案办理工作落到实处。

中共中央办公厅副主任陈世炬，国务院副秘书长焦焕成，全国政协提案委员会主任孙淦，最高人民法院副院长李少平，国家互联网信息办公室副主任王秀军，中央编办副主任吴知论，全国人大常委会法工委副主任阚珂，发展改革委副主任林念修，教育部副部长杜玉波，科技部副秘书长徐建培，工业和信息化部副部长刘利华，公安部副部长黄明，民政部副部长顾朝曦，财政部部长助理戴柏华，人力资源和社会保障部副部长信长星，国土资源部总规划师严之尧，环境保护部党组成员何捷，交通运输部副部长王昌顺，水利部总规划师兼规划计划司司长周学文，农业部总经济师、办公厅主任毕美家，商务部副部长高燕，文化部副部长杨志今，卫生计生委副主任崔丽，人民银行行长助理金琦，食品药品监管总局副局长王明珠，银监会主席助理杨家才，证监会副主席姜洋，能源局监管总监谭荣尧，提案委员会副主任干以胜、王国卿、罗平飞、徐辉、田杰（驻会），经济委员会副主任董大胜，人口资源环境委员会副主任张基尧，教科文卫体委员会副主任刘敬民，社会和法制委员会驻会副主任顾伯平，民族和宗教委员会驻会副主任晓敏，港澳台侨委员会副主任华建，外事委员会副主任王国庆，文史和学习委员会委员韦建桦，提案委员会部分委员出席；165个提案承办单位、全国政协办公厅有关室局负责同志参加。会后，与会承办单位相关负责同志集中调整、交办全国政协十二届三次会议提案。

“推进人民法院司法体制改革”专题协商会 全国政协5月12日在京召开“推进人民法院司法体制改革”专题协商会。全国政协主席俞正声主持会议并讲话。

34位委员和专家从不同角度对推进人民法院司法体制改革提出了意见建议。中央组织部、中央政法委、最高人民法院、人力资源和社会保障部等相关部门负责同志介绍了人民法院司法体制改革情况并与委员互动交流。中共中央、国务院有关部门和单位的负责同志到会听取意见建议。

在认真听取发言后，俞正声指出，人民法院司法体制改革是中共十八届三中、四中全会确定的全面深化改革中的一个重大课题，国内外高度关注，人民群众十分关切。人民法院司法体制改革按照中央部署稳妥推进，取得积极进展。推进人民法院司法体制改革，对贯彻实施依法治国基本方略和建设法治中国、推进国家治理体系和治理能力现代化具有十分重要的意义。从各地试点实践情况和委员专家的意见建议看，推进人民法院司法体制改革的重点难点主要反映在四个方面，一是如何通过强化司法责任制提高审判质量；二是如何在推行法官员额制时确保优秀法官进入员额；三是如何通过改革审判权力运行机制确保“让审理者裁判”，同时又能实施有效监督；四是如何通过省以下地方法院人财物统一管理更好保障依法独立公正行使审判权。

俞正声强调，人民法院司法体制改革是一项复杂系统工程，有许多问题需要协同推进。必须坚持党的领导，坚持从中国国情出发，坚持遵循司法规律，坚持顶层设计与实践探索相结合，坚持积极稳妥、循序渐进，坚持于法有据、依法有序。政协委员要做改革的支持者和参与者，为人民法院司法体制改革献计出力，广泛凝聚共识，切实支持人民法院依法独立公正行使审判权，助力法治中国建设。

最高人民法院院长周强出席专题协商会。周强说，人民法院将紧紧依靠党的领导，自觉接受人大监督和政协民主监督，积极争取各方面关心支持，以高度的政治责任感和敢于担当的精神，努力把人民法院各项改革落到实处。要进一步统一思想认识，引导广大干警争当改革促进派，敢于直面问题，勇于向自身开刀，坚定不移推进改革向纵深发展。要坚持改革为了人民、依靠人民、造福人民，以人民群众满意度为标准推进人民法院的司法改革。要继续扎实推进司法责任制、法官员额制、立案登记制以及人民陪审员制度等各项改革，让人民群众切实感受到司法改革的成果。

全国政协副主席杜青林主持上午的会议。全国政协副主席董建华、林文漪、何厚铧、张庆黎、李海峰、卢展工、陈晓光，近百名全国政协委员和专家学者出席会议。

政协第十二届全国委员会常务委员会第十一次会议 2015 年 6 月 15 日至 17 日在北京召开。会议以围绕“制定国民经济和社会发展‘十三五’规划”建言献策为议题，历时三天，共安排全体会议 3 次，主席会议 1 次，2 次专题分组讨论和 1 次常规分组讨论。中共中央政治局常委、全国政协主席俞正声同志主持开幕会并在闭幕会上讲话。中共中央政治局常委、国务院副总理张高丽同志应邀出席会议，并作了“关于紧紧围绕实现全面建成小康社会目标，科学制定‘十三五’经济社会发展规划的思考”的报告。中共中央、国务院有关部门负责同志和“十三五”规划纲要起草组同志到会听取意见建议。会议共收到发言稿 106 篇，13 名常委和委员作了大会发言，一些常委和委员反映了社情民意。会议表决通过了《中国人民政治协商会议全国委员会专门委员会通则（修订草案）》和人事事项。决定增补吕忠梅为政协第十二届全国委员会委员，任命为社会和法制委员会驻会副主任。因年龄原因，顾伯平不再担任社会和法制委员会驻会副主任。会议通过关于免去韩志然政协第十二届全国委员会常务委员、撤销其委员资格的决定，追认政协第十二届全国委员会第三十次主席会议作出的关于撤销颜世元政协第十二届全国委员会委员资格的决定。会议书面审议了全国政协委员视察报告和外事出访报告。会议还举办了十二届全国政协常委会第八次学习讲座，中国科学院院士谭铁牛应邀作了《人工智能的发展现状及展望》的讲座，并与常委们互动交流。常委会组成人员在深入调研基础上，围绕会议主题热烈讨论交流，深入协商议政，取得了重要成果，达到了预期目的。

张高丽同志在报告中指出，“十三五”时期，我国发展面临的国内外环境依然错综复杂，战略机遇和风险挑战并存。“十三五”规划是具有特殊意义的五年规划。制定好规划，描绘好未来五年国家发展蓝图，对于全党全国各族人民协调推进“四个全面”战略布局，为如期实现全面建成小康社会目标、实现中华民族伟大复兴的中国梦而努力奋斗，具有十分重要的意义。要深入学习贯彻习近平总书记系列重要讲话精神和提出的重大战略问题，按照李克强总理指示要求，科学谋划“十三五”时期的经济社会发展，努力制定一个与时俱进、科学管用、耳目一新的规划，成为实现目标和解决问题相统一的顶层设计。

张高丽同志强调，面向未来，我国站在一个新的起点。要认真实施党的十八大以来一系列治国理政新理念新思想新举措，紧紧围绕“四个全面”战略布局，积极适应和引领经济发展新常态，坚持把发展作为第一要务，以提高经济发展质量和效益为中心，促进经济保持中高速增长、迈向中高端水平。要加快转变经济发展方式，促进经济提质增效升级。要深化改革，完善体制，进一步解放和发展社会生产力、解放和增强社会活力。要树立国际视野，扩大对外开放，统筹国内国际两个大局。要切实保护生态环境，坚持走绿色、低碳、循环发展的路子。要牢固树立安全发展理念，有效防范和化解各类风险。要多谋民生之利，多解民生之忧，补齐民生短板，推动发展成果共建共享。

常委们认为，张高丽同志的报告客观分析了“十三五”时期我国经济社会发展面临的环境和条件，系统介绍了“十三五”时期我国经济社会发展的基本思路、主要目标和重点任务，对常委们更好地知情明政、议政建言具有很强的针对性和指导性。常委们高度评价“十二五”时期我国经济社会发展取得的巨大成就，一致表示，要认真学习贯彻以习近平同志为总书记的党中央关于经济社会发展的重要思想，努力做到察大势、明大局、议大事，为科学编制“十三五”规划作出积极贡献。

俞正声同志在闭幕会上作重要讲话。指出，“十三五”时期是全面建成小康社会目标的决战决胜阶段，制定好“十三五”规划，对全面建成小康社会、如期实现第一个百年奋斗目标意义非常重大。要认真学习贯彻习近平总书记系列重要讲话精神，坚持问题导向，紧密联系实际，深入研究“十三五”时期我国经济社会发展重大问题，努力为规划制定提出更多适应时代要求、符合发展规律、反映人民意愿的意见建议。强调，人民政协要认真学习贯彻党中央关于统战政协工作的新部署新要求，深入学习贯彻中央统战工作会议精神，认真贯彻落实《关于加强社会主义协商民主建设的意见》《中国共产党统一战线工作条例（试行）》等重要文件精神，深刻把握新形势下统一战线的法宝地位作用，始终坚持中国共产党对统一战线的领导，不断巩固和发展新形势下最广泛的爱国统一战线。要进一步加强人民政协制度建设，构建科学合理的人民政协制度体系，推进人民政协事业不断发展。

常委们围绕会议主题，通过小组讨论、大会发言等形式，重点提出了七个方面的意见和建议。

（一）关于促进经济持续平稳健康发展，夯实全面建成小康社会的物质基础

常委们认为，将“十三五”时期我国GDP的年均增速定在6.5%—7%较为合适，这样既可为经济转型升级留出余地、为持续增长打牢基础，同时又能避免经济下行幅度过快过大带来的系统性风险。有的常委提出，应着力通过扩大社会有效需求促进经济增长，可选择公共基础设施领域一些长期回报良好的项目作为未来投资的着力点，同时，改善出口产品结构，推动出口从价格竞争转向质量竞争、技术竞争，提高出口产品附加值。一些常委建议，应鼓励民间投资进入教育、卫生、养

老等领域，积极开放石油、电力、电信等垄断领域和行业。继续深化金融体制改革，加快利率市场化和人民币国际化，推动民营银行、存款保险制度、互联网金融、绿色金融发展和多层次资本市场建设。重视发挥中小金融的特殊作用，引导其加大对“三农”和小微企业支持力度。一些常委提出，应将“促进军民融合深度发展”国家战略写进“十三五”规划，高度重视基础设施、海洋、空天、信息，以及国防动员等领域的军民融合，按照市场化方向推进国防科技工业改革。

（二）关于深化农村改革，加快推进农业现代化

常委们认为，在我国已经具备很强的粮食生产能力和国际粮食大流通格局已经形成的条件下，应重新评价粮食安全，建立粮食生产能力保护和适时转换机制，从注重粮食实物储备转向注重生产能力储备，建议将“稳产量、强产能、可持续”作为“十三五”时期我国粮食生产和粮食安全的目标，统筹好数量安全、质量安全、农产品产地安全、土地质量安全等关系。一些常委提出，“十三五”规划中一定要高度重视小型农田水利建设，切实解决农田水利“毛细血管”不畅通，“最后一公里”到不了庄稼地的问题。有的常委提出，“十三五”时期必须解决好土地碎片化这个影响农业现代化的最大瓶颈，与此相适应修订《土地法》，明晰农村土地所有权、承包权、经营权、使用权，制定《土地流转条例》，规范土地流转行为。有的常委建议，加快构建现代农业产业体系，包括政策保障体系、科技支撑体系、农产品标准体系、农产品生产流通体系等。有的常委建议，尽快启动《农村金融法》的立法工作，明确各级政府、银行支持农村经济发展的责任和义务，允许农民用宅基地、承包地及其地上附着物在银行抵押贷款，健全适应农村金融发展的银行业监管制度。还有常委提出，应加大农业科技攻关力度，努力在种子和有机肥等方面取得突破，大力支持农业“走出去”，鼓励国内龙头种业在国际上发展杂交水稻，取消有关品种出口限制，抢占国际市场。加大对农民的职业教育投入力度，培养职业农民队伍。

（三）关于加快实施创新驱动发展战略，实现从中国制造到中国创造

一些常委提出，可借鉴我国发展高铁和特高压电网的成功经验，发挥可以集中力量办大事的优势，以企业为主体，在一些关键环节和领域有效突破，形成一批具有竞争力的主导产业和特色产业。常委们建议，应完善科技金融体制，建立经济成份多元的综合创新体，鼓励风险投资支持研发团队和个人创业；完善科技评价和激励机制，着重解决产学研用协同不够、成果转化制度设计缺陷、企业创新内生动力不足等问题。有的常委提出，在工业化尚未实现的阶段，“互联网＋”最重要的就是要“＋”制造业，通过实施《中国制造2025》，推动制造业转型升级。还有常委建议，将能效和生态等作为强制性指标规范企业行为，推动化解产能过剩问题。

（四）关于坚持绿色化发展，推进生态文明建设迈出新步伐

常委们认为，应将绿色化发展作为“十三五”规划的重要内容予以强化，设置经济结构调整和能源资源总量控制、生态环境质量改善、绿色投资等绿色指标，大力推进国民观念和意识、国土开发、生产方式和生活方式、科学技术等层面的绿色化，建立绿色指标考核评价和问责体系。一些常委建议，统筹推进环境污染防控行动计划，在全面实施“大气十条”和“水十条”基础上，尽早出台“土十条”和“森林十条”等。通过优化布局和提高

准入条件加强环境污染防控，实现区域连片、流域连通、行业全覆盖、产业一条龙的防控环境污染格局。有的常委提出，应将发展核能上升为国家战略，将煤炭清洁高效开发利用作为我国能源发展的基本国策，因地制宜发展沼气产业，努力打造我国清洁能源产业发展格局。一些常委建议，建立健全生态补偿机制，尽快出台《生态补偿条例》，设立生态保护基金。把建设好主体功能区作为“十三五”时期优化国土空间开发格局的根本任务，出台国土空间规划条例，推进国土空间综合整治。加大对“三牧”（牧区、牧业、牧民）的政策、资金、项目扶持力度，推行国家草原生态文明建设示范区，划定草原保护“红线”。

（五）关于持续推进民生改善和社会建设，促进社会公平正义与和谐进步

一些常委提出，要继续深化教育体制改革，教育经费向农村和欠发达地区倾斜，着力实现教育公平。有的常委建议，建立城乡一体化的就业政策、制度和服务体系，探索开展就业需求预测评估。加快推进人力资源市场改革和户籍制度改革，加强统筹协调，避免就业政策碎片化。一些常委建议，应抓紧出台《关于加快发展养老服务业的若干意见》的具体配套政策，尽快实现国有资产经营和增值收入按比例纳入中央财政社会养老基金特别账户，加大对居家养老的政策扶持，建立起以居家养老为基础的社会化养老服务体系。有的常委提出，要进一步加强基本医疗保障体系建设，整合城镇居民医保和新农合制度，全面实施城乡居民大病保障制度，缩小城镇职工、城乡居民医疗保障水平的差距。推进公立医院改革和县乡医疗卫生服务一体化改革，促进社会办医，加强对民营医院的监管。完善药物政策，建立医疗卫生机构核心用药制度。有些常委建议，进一步完善公共文化服务体系，推动公共文化服务的购买主体从行政机关逐步转变为普通群众，完善激励政策以调动社会力量参与公共文化服务，建立以用户评价为核心的综合考核评价系统。一些常委提出，可实施差别化的扶持政策，深化扶贫开发、实施精准扶贫、强化合力攻坚，加快民族和老少边穷地区经济社会发展，打好扶贫攻坚战。

（六）关于坚定实施互利共赢的开放战略，构建全方位对外开放新格局

一些常委建议，应以“一带一路”建设为契机，建设“信息丝绸之路”，建立覆盖丝路沿线多国的高速光纤通信网络。促进内陆沿边开发开放，加快重点铁路、公路、油气管道、通信等项目建设，着力解决通道不通、口岸不畅、政策不新、力量不足问题，提高通关便利化水平。优先与东南亚友华国家在发展海洋经济以及基础设施建设、装备制造、优势产能转移等方面进行务实合作。一些常委建议，应积极贯彻以我为主、以周边国家为重点的自贸区战略，积极主动布局，启动自贸区可行性研究和谈判进程。将孟中印缅和中南半岛两条经济走廊建设摆在重要位置，促进形成区域大合作。在“一带一路”建设中加大对新疆、西藏等的指导和支持力度，重视发挥香港、澳门等的特殊作用。有的常委提出，应把握国际经济新趋势，统筹推进货物和服务“两类贸易”和双向投资融合发展，大力推动跨境电子商务等新业态发展。在推动资本“走出去”的同时，推动技术标准、商标和服务走出去。因地制宜开展国际产能合作，政府要切实帮助解决企业海外融资难的问题，放开一些农产加工品、资源加工品的进口限制。

（七）关于促进国家治理体系和治理能力现代化，保障全面建成小康社会目标的实现

常委们提出，推进国家治理体系和治理能力现代化，需要完善中国特色的市场经济制度、民主政治制度、司法制度和社会管理体制等。应全面推进政府职能改革，坚持简政放权的方向和进程，清晰界定事权范围，在减少政府审批权的同时，做好引导和衔接工作，解决好中介组织的职能定位和作用问题，最大限度释放改革红利。一些常委建议，全面推进依法治国，需要建立健全科学的法律评价和反馈机制，为法律的立、改、废提供可靠依据。有的常委提出，把继承和弘扬传统文化作为“十三五”规划的重要内容，突出中华优秀传统文化在国民教育和社会主义精神文明建设中的重要地位，坚决抵制和反对中华传统文化“虚无论”“过时论”和“担心论”，增强文化自信。

“深化行政审批制度改革”专题协商会 全国政协7月10日在京召开“深化行政审批制度改革”专题协商会。全国政协主席俞正声主持会议并讲话。

34位委员对深化行政审批制度改革提出意见建议。国务院审改办负责人吴知论介绍了行政审批制度改革的有关情况，国家发展改革委、人力资源和社会保障部、国土资源部、环境保护部、住房和城乡建设部、国家工商总局等部门负责同志介绍了有关情况并与委员互动交流。中共中央、国务院有关部门和单位的负责同志到会听取意见建议。

委员们认为，中共十八大以来，以习近平同志为总书记的党中央对深化行政体制改革作出重大部署，国务院不断加大改革力度，行政审批制度改革取得重要成果。一些委员建议，一是要提高认识，适当的行政审批要有，这是政府的责任，但现在手续过多、程序繁杂、监管乏力，必须切实加以解决。二是要正确处理政府行为和市场行为的关系，政府该管的一定要管好，该放给市场的要放给市场；正确处理中央事权和地方事权的关系，属于中央的事权中央要管好，属于地方的事权要下放给地方；正确处理审批和监管的关系，不能因为减少审批就放松监管。三是既要看到行政审批制度改革成绩显著，又要看到今后的任务更加艰巨，行政审批制度改革已进入深水区，有些问题要作深入的调研，提出系统的办法，集中力量攻坚克难，有些问题可以先试点后推开。四是要把公开透明作为行政审批制度改革的前提，审批流程、过程、结果都要公开，同时要完善有关法律和制度。五是要把信息化作为行政审批制度改革的重要基础，用信息化推动并联审批、简化审批过程和在线监管等改革。六是在某些领域开展企业登记试点，把原有的审批变成登记制，对失信的依法严惩，探索审批制度改革的新措施。

国务委员兼国务院秘书长杨晶出席会议。杨晶说，两年多来深化行政审批制度改革取得重大进展，产生了激活力、稳增长、扩就业、促廉政的多重效果。下一步，要坚持“简政放权、放管结合、优化服务”三管齐下，直面问题、奋力攻坚，切实提升改革的针对性、系统性、协调性和含金量。持续深化简政放权，再拆除一批束缚发展的藩篱；持续推进政府管理创新，不断加强事中事后监管；持续优化政府服务，为大众创业、万众创新提供更好条件，增强群众的满意度和获得感；持续推进依法行政，确保行政审批制度改革于法有据、依法进行。

全国政协副主席杜青林主持上午的会议。全国政协副主席韩启德、万钢、罗富和、张庆黎、王家瑞、王正伟、马飚、齐续春、马培华、刘晓峰、王钦敏出席会议。

政协第十二届全国委员会常务委员会

第十二次会议 2015年8月26日至28日在北京召开。会议以围绕“积极培育和践行社会主义核心价值观”建言献策为议题，共安排3次全体会议、2次专题分组讨论和1次常规分组讨论，还安排了1次主席会议。中共中央政治局常委、全国政协主席俞正声同志出席会议，主持闭幕会并讲话。中共中央政治局常委、中央书记处书记刘云山同志应邀出席会议并作“积极培育和践行社会主义核心价值观”的报告。中共中央、国务院有关部门负责同志到会听取意见建议。会议共收到发言稿97篇，15名常委作了大会发言，一些常委和委员反映了社情民意。会议追认了十二届全国政协第32次、33次主席会议分别作出的关于免去黄小祥政协第十二届全国委员会副秘书长职务及撤销黄小祥、张力军、王玉发、汪良、顾欣政协第十二届全国委员会委员资格的决定。会议书面审议了全国政协委员视察报告和外事出访报告。会议举办了十二届全国政协常委会第九次学习讲座，中国工程院院士、中国农业科学院副院长吴孔明同志应邀作《转基因技术的发展与食品安全》的讲座，并与常委们互动交流。

会议得到了党中央高度重视和有关部门大力支持，刘云山同志在会前专门召开座谈会听取部分政协委员的意见和建议，并与大家深入互动交流。常委会组成人员会前做了大量调查研究等准备工作，在会上踊跃发言、热烈讨论、积极协商议政，提出了不少意见和建议。会议俭朴务实，取得重要成果，达到了预期目的。

刘云山同志在开幕会上的报告中指出，社会主义核心价值观建设是为国家立心、为民族铸魂的工作，为益之大而收功之远。推进社会主义核心价值观建设，首要的是增强价值观自信，这是关乎民族精神独立性的大问题。我们的自信来自于马克思主义正确指引，来自于中国特色社会主义成功实践，来自于中华文化丰厚滋养。有自信才会有自觉，有自信才会有清醒，有自信才会有定力，始终维护我们共有的精神家园，坚守社会主义核心价值观的精神高地。理想信念是价值观的核心内容，要广泛开展中国特色社会主义和中国梦宣传教育，引导人们为实现共同理想而奋斗。社会主义核心价值观建设，重要的是坚持以立为本、立破并举，弘扬真善美、贬斥假恶丑，把核心价值观融入经济社会发展，融入人们生产生活，融入家庭家风家教，在落细落小落实上下功夫，久久为功、锲而不舍抓下去。要发挥好重点人群的带动作用，推动党员干部带头践行、率先垂范，推动公众人物恪守社会公德、增强社会责任，帮助青少年从小养成良好品德；注重用正面典型激励人，用反面典型警示人，引导全社会崇尚先进、礼敬英雄。人创造环境、环境也影响人。要重视发挥政策法规、社会治理和文化环境的规范和熏陶作用，形成有利于核心价值观建设的良好社会环境。希望政协委员发挥自身优势，积极建言献策，更好影响和带动所联系的群体，为核心价值观建设贡献力量。

常委们对刘云山同志的报告给予高度评价，认为报告从党和国家工作战略全局高度，深刻阐明了新形势下培育和践行社会主义核心价值观的重大理论和实践问题，内涵丰富，思想深刻，时代感强，富有新意，对于常委们全面把握培育和践行社会主义核心价值观的指导思想、目标任务和方法措施，更好地知情明政、议政建言、履职尽责，具有很强的针对性、指导性。

俞正声同志在闭幕会上作重要讲话。强调，要认真学习领会习近平总书记关于“社会主义核心价值观，把涉及国家、社会、公民的价值要求融为一体，既体现了社会主义本质要求，继承了中华优秀传统文化，也吸收了世界文明有益成果，体现了时代精神”的重要论述，深入把握社会主义核心价值观的本质特征和丰富内涵，坚持问题导向，加强宣传引导；积极营造有利于培育和践行社会主义核心价值观的政策法律环境，把社会主义核心价值观落实到政策导向、体制机制和法治环境上；发挥关键群体和重点人群的影响和带动作用，把社会主义核心价值观的要求与党风廉政建设特别是“三严三实”专题教育结合起来，以实际行动和良好形象影响和带动全社会。强调，人民政协和广大政协委员要为培育和践行社会主义核心价值观作贡献，必须始终坚持中国特色社会主义政治发展道路，扎实做好凝聚价值共识的工作。政协委员作为各界代表性人士，社会关注度高、影响力大，要认真落实习近平总书记的重要指示，严格要求自己，结合实际，模范践行社会主义核心价值观。

常委们表示，要认真学习领会、坚决贯彻落实党中央关于社会主义核心价值观建设的决策部署，增强思想自觉和行动自觉，发挥模范带动和引领表率作用，努力为社会主义核心价值观建设作出贡献。

常委们围绕会议主题，通过小组讨论、大会发言等形式，重点提出了六个方面的意见和建议。

（一）关于加强社会主义核心价值观研究与宣传教育。一些常委建议，对社会主义核心价值观进一步开展深入研究，阐释清楚社会主义核心价值观“三个倡导”、12 个概念的基本内涵、本质属性和实践要求；清晰界定社会主义核心价值观中自由、平等、民主、法治等概念与西方价值取向的区别；准确把握中华优秀传统文化与社会主义核心价值观之间的紧密关联，讲清楚中华文化的独特创造、价值理念和鲜明特色。在国家层面设立社会主义核心价值观创新转化的中长期战略专项，努力用群众喜闻乐见的方式宣传核心价值观，让群众听得懂、记得住、传得开。有的常委建议，在报刊和广播电视中开办社会主义核心价值观宣传专栏、专题节目、专门频道，在重大敏感热点问题上旗帜鲜明、及时发声，积极引领社会舆论。加强对新闻出版广电单位的导向管理，建立健全社会效益和经济效益相统一的媒体评价考核机制，形成对媒体及其负责人可量化、可核查的政治方向、舆论导向指标要求。一些常委提出，要构筑和拓展以社会主义核心价值观为主导的完整的数字内容产业链，广泛渗透到通信、网络、文化艺术、设计等各行业。主动学习和掌握“微传播”规律，改变说教式、单向性传播方式，使宣传接地气、贴民心、见实效。加强对网络的监管、利用和管理，让新媒体成为正能量的传播平台。有的常委建议，应大力宣传践行社会主义核心价值观的鲜活事例和先进典型，用身边事教育身边人，用小故事阐发大道理，着力增强说服力、感染力和吸引力。不少常委提出，要坚持以社会主义核心价值观作为文艺创作活动的基本导向，着力打造文艺精品力作，旗帜鲜明地倡导社会主流价值，反对各种思想糟粕，用充满正能量的作品传递社会主义核心价值观，还应特别重视发挥好公益广告等在传播社会主义核心价值观中的积极作用。

（二）关于把培育和践行社会主义核心价值观融入国民教育全过程。一些常委提出，要重视发挥学校教育“打牢基础”作用、社会教育“环境熏陶”作用、家庭教育“潜移默化”作用，构建家庭、学校、社会三位一体的公民道德教育体系。有些常委建议，适当提高德育在教学计划中的比重，把“教做人”和“教知识”放在同等重要的位置。坚持一体化、把握层次性、注重实践性，构建知行合一的大中小学有机衔接的德育课程体系。根据受教育对象不同年龄阶段的生理、心理特点，修改完善大中小学思想政治课程教材和《中小学生守则》，确保循序渐进、因材施教。常委们指出，对青少年的教育不能仅停留在课堂上、书本上，要加强实践性道德教育，丰富体验性政治教育。有的常委提出，应将志愿服务作为培育和践行社会主义核心价值观的有效方式，建立鼓励青少年参与志愿服务的激励机制。加强港澳青年学生和内地交流，鼓励他们到内地参观学习，了解历史和国情，潜移默化地开展爱国主义教育。有的常委建议，完善教师职业道德规范，出台易于操作的师德评价和考核标准，培养专门的德育教师队伍。倡导每一个家庭围绕社会主义核心价值观构建家庭文化，立家训、定家规、塑家风，营造文明、和谐、健康的家庭生活，为青少年成长“扣好第一粒扣子”。大力加强美育教育，以美明理、以美启真、以美养性、以美树人。大力弘扬体育文化，增强全民体育意识，充分发挥体育精神在健全人格培养中的重要作用。

（三）关于把培育和践行社会主义核心价值观落实到经济发展实践中。常委们认为，在社会主义经济体系建设中，提高政府诚信，促进企业守法经营至关重要。政府要尊重市场规律，大力营造公平竞争、诚信守约的市场环境。企业要以社会主义核心价值观为引领塑造企业文化和企业精神，积极参与社会公益事业，处理好义利之间的关系，做到以义为先、义利兼顾。国有企业要以国家利益和人民利益为重，把国家价值目标、社会价值取向和公民价值准则融入企业文化，发挥好培育和践行社会主义核心价值观的重要阵地和生力军作用。非公有制企业要自觉开展对中国特色社会主义的信念、对党和政府的信任、对企业发展的信心和对社会的信誉为主要内容的理想信念教育实践活动，坚守诚信守法经营的底线，积极承担社会责任。有的常委认为，培育社会主义核心价值观要与社会主义市场经济紧密结合，努力构建现代市场经济发展所需要的“市场伦理”。一些常委建议，要加快社会信用体系立法，完善企业信用信息征集平台、加大征集力度，在重点领域全面推行信用报告制度，对涉及食品药品安全、制假售假等人民群众反映强烈的突出问题，建立失信黑名单和行业禁入制度，重拳打击失信败德和不法行为。

（四）关于把培育和践行社会主义核心价值观落实到社会治理中。常委们普遍认为，应在全社会积极营造浓厚的法治氛围，将社会主义核心价值观贯彻到依法治国、依法执政、依法行政实践中，落实到立法、执法、司法、普法等各个方面，用法治权威增强人们培育和践行社会主义核心价值观的自觉性。在立法方面，未来修改宪法时，应将社会主义核心价值观内容列入，使之成为国家意志和全民共识。加强对相关法律的立改废释，把社会主义核心价值观相关要求上升为法律规定，充分发挥法律对核心价值观的规范、引导、保障、促进作用。建立健全净化网络环境、打击网络不良行为的法律规范，出台保护见义勇为人员权益的法律规定。在执法方面，应严格落实依法行政，切实加强政府诚信建设，完善决策机制，健全监督机制，落实问责制度，探索建立和推广公职人员诚信量化考核体系，坚决曝光公职人员失信行为，在执法管理中体现价值导向，提高政府公信力。在司法方面，要充分发挥司法的教育和保障功能，通过严格的司法程序和公正的判决，使符合社会主义核心价值观的行为得到鼓励，违背社会主义核心价值观的行为受到惩戒。在普法方面，将法制知识课程从德育、思想品德教育中独立出来，作为国家统一必修课程纳入教学计划，突出法律教育和公民意识培养。

（五）关于发挥中华优秀传统文化在培育和践行社会主义核心价值观中的作用。常委们建议，应切实加强对中华优秀传统文化的保护和传承，挖掘中华优秀传统文化资源，积极引导传统文化与时代、与社会经济发展相适应，服务社会主义核心价值观建设。一些常委提出，应加强中华优秀传统文化的研究和阐发，设立国家社会科学研究重大专项，加强优秀传统文化学科平台建设，组织实施“中华优秀传统文化解读工程”“传统文化创造性转化和更新国家工程”，挖掘中华优秀传统文化在促进社会发展和文明进步中的独特价值，进行创造性转化和创新性发展，尽快形成一批有影响力的成果并加强针对性推广。宗教界要主动挖掘和弘扬宗教教义、宗教道德、宗教文化中爱国、和平、团结、中道、宽容、善行等内容，引导广大信教群众积极践行社会主义核心价值观。一些常委建议，要加强文化遗产保护，实施重大文物和古籍保护工程，加强戏曲文化研究和政策扶持，利用网络等新媒体技术，增强优秀传统文化的传播力和生命力，充分发挥传统文化艺术在培育和践行社会主义核心价值观方面的独特优势和教化功能。实施“乡土民族文化人才培训”工程，设立专项社科基金研究项目，推进少数民族优秀传统文化保护。一些常委提出，要重视民族传统节日、现代重要节庆和纪念活动的思想熏陶和文化教育作用，利用重大纪念日、祭奠日、传统节日等时机，开展爱国主义、传统文化、礼节礼仪教育，使人民群众在耳濡目染中自觉接受和维护蕴含在节日习俗中的社会主义核心价值观。

（六）关于积极推进培育和践行社会主义核心价值观的机制建设和制度保障。常委们建议，要建立各级党政一把手负总责、党政各部门联动运转的工作机制，将社会主义核心价值观建设作为各级领导班子的重要考核内容，把培育和践行社会主义核心价值观工作和经济工作一起部署、一起落实，在制度建设、法律保障、人力物力投入方面落实到位。各级领导干部应以更高的标准、更严的要求，自觉践行社会主义核心价值观，发挥示范带头作用。政协委员要切实在践行社会主义核心价值观方面作出表率。一些常委建议，应完善和落实群众参与制定公共政策的制度设计，切实发挥听证会、专家咨询、重大问题集体决策等制度作用；建立畅通的利益诉求机制、有效的利益协调机制和高效的矛盾调处机制，依法依规、公正合理地处理解决社会关注的热点焦点问题，增强群众对公共政策的认同和支持；健全普惠性、全民性公共服务体系，推动城乡基本公共服务均等化。有的常委提出，要加强基层党组织建设、建立社区居委会、物业公司、业主委员会的“三方联动机制”，推进社区居民自治。切实推动将社会主义核心价值观的具体要求写入市民公约、乡规民约、学生守则等，成为人们日常生活的基本遵循。重视发挥“新乡贤”在培育文明新风、带领群众致富中的作用。

纪念董寅初同志诞辰 100 周年座谈会 9月21日在北京人民大会堂举行。中共中央政治局常委、全国政协主席俞正声出席。

董寅初同志是第八届全国政协副主席，中国致公党第九、十届中央委员会主席，第十一、十二届中央委员会名誉主席。

中共中央政治局委员、中央统战部部

长孙春兰在座谈会上缅怀了董寅初同志为国家富强、民族振兴、人民幸福不懈奋斗的理想追求和崇高风范，强调要学习他胸怀国家、情系民族的爱国主义精神；学习他一生服务侨胞、献身侨务的责任担当；学习他公而忘私、致力为公的高尚品格；学习他拥护中国共产党领导、走中国特色社会主义道路的坚定信念。

中共中央书记处书记、全国政协副主席杜青林主持座谈会。全国政协副主席、致公党中央主席万钢出席座谈会并发言。

纪念丁光训主教诞辰100周年座谈会 9月22日在北京人民大会堂举行。中共中央政治局常委、全国政协主席俞正声出席座谈会，并在会前会见丁光训主教家属。

丁光训主教是第六届、七届全国人大常委会委员，第七届、八届、九届、十届全国政协副主席，中共基督教三自爱国运动委员会第三届、四届、五届主席，第六届、七届、八届名誉主席，中国基督教学会第一届、二届、三届会长，第四届、五届、六届名誉会长。

中共中央政治局委员、中央统战部部长孙春兰在座谈会上缅怀了丁光训主教一生的光辉事迹和突出贡献，强调要学习他心系国家、矢志不渝的爱国情怀；学习他始终致力于宗教与社会主义社会相适应的坚定信念；学习他关爱社会、热爱和平的崇高品格。

中共中央书记处书记、全国政协副主席杜青林主持座谈会。

纪念卢嘉锡同志诞辰100周年座谈会 10月31日在北京人民大会堂举行。中共中央政治局常委、全国政协主席俞正声出席座谈会，并在会前会见卢嘉锡同志家属。

卢嘉锡同志是我国著名的科学家、教育家和社会活动家，第八届全国人大常委会副委员长，第七届、第九届全国政协副主席，中国农工民主党第十届、十一届中央委员会主席，第十二届中央委员会名誉主席。

中共中央政治局委员、中央统战部部长孙春兰在座谈会上追思了卢嘉锡同志光辉的一生，强调要学习他一生致力于国家振兴的使命担当、勇攀高峰的创新精神、克己奉公的崇高境界和拥护中国共产党领导的坚定信念，为实现中华民族伟大复兴中国梦做出新的贡献。

中共中央书记处书记、全国政协副主席杜青林主持座谈会。全国人大常委会副委员长、农工党中央主席陈竺等出席座谈会并发言。

政协第十二届全国委员会常务委员会第十三次会议 2015年11月6日至8日在北京召开。会议主要议题是学习贯彻党的十八届五中全会精神，围绕制定国民经济和社会发展第十三个五年规划建言献策。会议共安排3次全体会议、2次分组讨论、1次主席会议。中共中央政治局常委、国务院总理李克强同志出席开幕会并作报告。中共中央政治局常委、全国政协主席俞正声同志主持开幕会和闭幕会，并在闭幕会上讲话。中共中央、国务院有关部门负责同志到会听取意见建议。会议共收到发言稿71篇，14名常委作了大会发言。常委们还就2016年全国政协重点协商议题和常委会学习讲座选题提出了建议，一些常委和委员反映了社情民意。会议通过了《关于举办纪念孙中山先生诞辰150周年活动的决定》。会议决定增补焦焕成同志为政协第十二届全国委员会委员、全国政协港澳台侨委员会副主任。会议书面审议了全国政协外事出访报告。会议举办了十二届全国政协常委会第十次学习讲座，工业和信息化部部长苗圩同志应邀作《世界制造业发展趋势和我国装备制造业状况》的讲座，并与常委们互动交流。

李克强同志在开幕会上的报告中指出，回顾即将过去的五年，“十二五”规划提出的目标任务可以全面完成，我国综合国力显著提升，经济总量迈上 10 万亿美元大台阶，人均国内生产总值达到中高收入国家平均水平；结构调整取得重大突破，城镇人口超过农村，服务业成为第一大产业；社会事业全面进步，世界上最大的基本民生保障网编织成形。特别是 2015 年以来，面对错综复杂的国内外环境和经济下行压力加大的严峻形势，在党中央的坚强领导下，经过全国上下共同努力，经济运行保持在合理区间，成绩来之不易。这些都为实现“十三五”良好开局奠定了基础。

李克强同志强调，我国仍处于并将长期处于社会主义初级阶段，基本国情和社会主要矛盾没有变。“十三五”时期是全面建成小康社会的决胜阶段，夺取这一胜利意味着，到 2020 年我国人均国内生产总值将接近高收入国家水平，基本跨越“中等收入陷阱”，这将是我国现代化进程中的又一个里程碑。但全面建成小康社会目标不会自动实现，我们面临的风险挑战还很多，困难不可低估。“十三五”时期特别是头两年是调整结构、转型升级的关键期和阵痛期。我们必须牢牢扭住发展这个第一要务，紧紧围绕全面建成小康社会这个奋斗目标，以决战决胜的勇气和智慧，持续深化改革开放，着力提高发展质量和效益，努力推动经济保持中高速增长、产业迈向中高端水平。

李克强同志指出，《关于制定国民经济和社会发展第十三个五年规划的建议》提出创新、协调、绿色、开放、共享的发展理念，是对历史经验的总结和新常态下经济发展规律的深刻认识。要坚持创新发展，推进结构性改革，进一步解放和发展生产力，全面实施创新驱动发展战略，以大众创业、万众创新为抓手实现发展动力转换、经济结构优化。要坚持协调发展，大力发展现代农业，扩大公共产品和公共服务供给，缩小城乡、区域差距。要坚持绿色发展，积极发展服务业、先进制造业和节能环保产业，实现经济发展和生态建设双赢。要坚持开放发展，推动“一带一路”建设和国际产能合作，在更好融入世界中实现合作共赢。要坚持共享发展，保住基本、兜牢底线、注重公平，让发展成果惠及全体人民。

李克强同志强调，编制“十三五”规划纲要，必须向社会各界问计求策，使规划更好贯彻《建议》精神、遵循发展规律、体现人民意愿。全国政协人才荟萃，希望政协委员群策群力，为规划编制贡献更多智慧。要紧密团结在以习近平同志为总书记的中共中央周围，同心实干，开拓进取，为确保实现全面建成小康社会伟大目标不懈奋斗。

李克强同志还与常委们互动交流，一一回答了大家关于推动北部沿边地区向北开放、“一带一路”建设、清洁能源发展、脱贫攻坚、城市公共设施建设融资、落实生育政策调整等方面的提问。

常委们一致认为，李克强同志的报告详细介绍了“十三五”时期我国经济社会发展的基本思路、主要目标和重点任务，深刻阐明了创新、协调、绿色、开放、共享发展理念的重大意义、丰富内涵和实践要求，介绍了编制“十三五”规划纲要的有关情况，报告主题鲜明、内涵丰富，逻辑严谨、论述深刻，对于全面领会中共十八届五中全会精神，围绕制定国民经济和社会发展第十三个五年规划纲要建言献策、履职尽责，具有很强的针对性和指导性。

俞正声同志在闭幕会上讲话中强调，深入学习贯彻中共十八届五中全会精神，是当前和今后一个时期人民政协的一项重大政治任务。要广泛动员、精心组织，通过多种方式推动广大政协委员不断把学习活动引向深入，深刻理解和把握“十三五”时期我国发展的形势、指导思想、目标要求、发展理念，把思想和行动统一到中央的大政方针和“十三五”时期的目标任务上来。要把学习贯彻五中全会精神与学习贯彻中共十八大和十八届三中、四中全会精神结合起来，与学习习近平总书记系列重要讲话精神结合起来，与学习贯彻中共中央关于人民政协一系列重要指示精神结合起来，将学习贯彻全会精神作为改进提高政协工作的重要举措，真正把学习成效转化为人民政协履行职能的实际成果。

俞正声同志强调，人民政协要坚持围绕中心、服务大局，更加积极主动、富有成效地建言献策，为制定和实施规划纲要提出有价值、有分量的意见和建议。一要深刻认识我国社会主义初级阶段的基本国情，始终保持战略定力，坚韧不拔克服困难，推动经济社会持续健康发展。二要准确把握我国经济发展新常态的阶段性特征，研究和适应新常态，推动形成引领经济发展新常态的体制机制、发展方式。三要坚持把提高发展的质量和效益放在核心位置，研究企业效益问题、化解产能过剩等方面的措施办法。四要切实补齐全面建成小康社会的短板，着力提高发展的协调性和平衡性。五要着力提升风险防控能力和水平。坚持党的领导是防范和战胜风险的前提，及时发现、及早制定对策是风险防控的良药，要牢牢守住不发生系统性、区域性风险的底线。

俞正声同志指出，要以五中全会精神和习近平总书记系列重要讲话精神为指导，认真总结政协 2015 年工作和谋划 2016 年工作。着力做好为“十三五”规划顺利实施建言献策的工作，进一步发挥人民政协作为统一战线组织的功能作用，推进民主监督制度化，深入研究政协自身建设有关重要问题，把服务“十三五”规划纲要的制定和实施作为明年全国政协履行职能的一条主线。

常委们围绕会议主题，通过小组讨论、大会发言等形式发表意见建议。常委们认为，中共十八届五中全会是在全面建成小康社会进入决胜阶段召开的一次十分重要的会议。会议通过的《中共中央关于制定国民经济和社会发展第十三个五年规划的建议》和习近平总书记发表的重要讲话，深刻总结我国“十二五”时期取得的重大成就和积累的重要经验，客观分析和清醒判断“十三五”时期所处的国内外发展环境条件、面临的机遇挑战，明确提出并精辟阐述未来五年我国经济社会发展的指导思想、基本原则、目标要求、基本理念和重大举措，体现了“四个全面”战略布局，描绘了未来 5 年我国发展蓝图，具有很强的思想性、战略性、前瞻性和指导性，意义重大而深远。常委们高度评价“十二五”时期，中国共产党团结带领全国各族人民顽强拼搏、开拓创新，奋力开创党和国家事业发展新局面，推动国家发展取得的重大成就。特别是中共十八大以来，以习近平同志为总书记的党中央毫不动摇坚持和发展中国特色社会主义，勇于实践，善于创新，深化对共产党执政规律、社会主义建设规律、人类社会发展规律的认识，形成了一系列治国理政的新理念新思想新战略，为在新的历史条件下深化改革开放、加快推进社会主义现代化提供了科学理论指导和行动指南。

常委们一致表示，要认真学习贯彻中共十八届五中全会精神，切实把思想和行动统一到中共中央大政方针和“十三五”时期目标任务上来，充分发挥人民政协优势和作用，围绕制定和实施“十三五”规划中的重要问题深入调查研究、积极协商议政，努力把全会精神贯穿于政协各项工作之中，转化为履职建言的实际行动。总的来看，会议开得务实有效，达到了统一思想、深化认识、凝聚共识的目的。

常委们还提出了一些意见和建议，主要有以下五个方面。

（一）关于创新发展。一些常委指出，我国大中型企业创新不足，而高科技小企业创新却非常活跃，应借鉴美国硅谷的经验，加强大中型企业与创新型小企业之间的创新对接，在税收、无形资产抵押贷款、政府优先采购等方面出台相关优惠政策，扶持中小微企业发展，助推科技成果转化。有常委认为，实施创新驱动发展战略，人才是关键，应对专家学者出国交流访问等具体政策规定进行调整，重视和研究解决海外高端人才归国创业遇到的子女就学、医疗、住房、信贷等具体问题。有常委建议，要鼓励金融创新，支持发展P2P（互联网金融点对点借贷平台）、网络众筹等互联网金融模式，拓宽实体经济的融资渠道，推动金融监管体系从机构监管向功能监管转变，由分业监管向混业监管转化。有常委提出，我国农业现在到了转型发展的关键阶段，要以稳产量、强产能、促增收、可持续为目标，通过有效运用财政政策和金融政策更好地推进农业现代化。应积极发展农村特色产业和农村电商，提高农产品加工的科技含量，畅通农产品销售渠道，带动旅游农业发展。

（二）关于协调发展。一些常委认为，发展经济仍是我国当前第一要务，但经济要转型，产业要升级，“三驾马车”的重要性顺序应调整为消费、投资、出口，未来投资的着力点应放在加强短板、补强薄弱环节上。一些常委提出，区域协调发展应重视民族地区经济社会发展。“十三五”期间，民族地区应大力发展电子信息、水电、医药化工、饮料食品、旅游等产业，努力突破发展瓶颈。有常委建议，要合理谋划高等教育布局，支持西部人口大省加快高等教育发展，推动教育资源均衡发展。有常委认为，城乡协调发展应把握好城市发展的自身功能，将城市功能有序分布在大中小城市，促进城市群建设，更多依托中小城市发展实现城市化，防治“城市病”。有常委建议，将“淮河流域区域经济发展”上升为国家战略，推动建立淮河经济与生态协同发展的部际、省际联席会议制度，统筹规划和推进淮河流域的经济发展、航运、防洪、生态环境保护等工作。

（三）关于绿色发展。一些常委建议，要大力发展新能源，特别是生物质能源，加强对秸秆的回收利用，解决因乱烧秸秆产生的污染环境、破坏土壤等问题。有常委提出，针对我国能源分布特点、能源利用情况以及社会经济条件，建立适合国情的能源互联网络体系。在新能源领域，相关部门应通过扶持首台（套）重大技术装备、调整免税政策等举措，提升我国高端装备技术能力，推动我国核心技术装备走出去。有常委认为，我国水资源管理权分散在各个部门，应建立健全一体化管理体制，组建跨行政区域流域管理委员会，建立重点流域生态环境督查机构，设立国务院直属生态环境质量检测评估部门或建立第三方评价制度。有常委指出，摸清土壤资源的底数是保护利用土壤和制定相关政策的前提，建议将“第三次土壤普查”列入“十三五”规划纲要。

（四）关于开放发展。一些常委提出，推进“一带一路”建设，要注重科学、合理规划，避免各地一哄而上。国有企业作为“一带一路”建设的主力军，应加强协同合作，提高对外竞争力。建立融资绿色通道，出台由国家贴息支持的“一带一路”专项债券。统筹推进与“一带一路”沿线各国（地区）尤其是东南亚和南亚各国的金融合作。有常委建议，应积极应对《跨太平洋伙伴关系协定》（TPP），加快推进中日韩三国自贸协定谈判，保持地区经济合作平衡稳定发展。一些常委建议，应利用自贸区扩大对港澳开放力度，进一步取消或放宽对港澳投资者的资质、股份占比、经营范围等准入限制。加快两岸区域性金融服务中心、台商投资区、海峡两岸农业合作试验区等平台载体建设，创新两岸口岸通关机制，拓展闽台海空直航，加快平潭综合试验区开放。

（五）关于共享发展。一些常委认为，农村贫困人口脱贫是全面建成小康社会最艰巨的任务，应采取切实举措，重点解决“通路、通水、通电、通网络”和农村危旧房改造等问题。在精准扶贫中，要打好组合拳，做到对象识别、资金使用、扶贫项目和扶贫措施等方面的精准。创新扶贫模式，因地制宜制定扶贫方案，变“输血”为“造血”，变被动扶贫为主动脱贫。有常委提出，要坚持教育优先，普及义务教育，提升公民的总体受教育年限。大力推进寄宿制学校建设，让处于监护不良状态的部分留守儿童进入寄宿制学校，更好地保障他们的受教育权利和身心健康。有常委建议，加快社区养老基础设施建设，制定建设标准，实施示范工程。建立社区养老基础设施建设财政投入增长保障机制，制定引进社会力量参与基础设施建设的政策。

全国政协举行仪式纪念孙中山诞辰149周年 全国政协2015年11月12日在北京中山公园中山堂举行仪式，纪念中国民主革命的伟大先行者孙中山先生诞辰149周年。

在肃穆庄严的中山堂内，全国政协副主席陈元代表全国政协，民革中央主席万鄂湘代表民革中央，中共中央统战部副部长冉万祥代表中共中央统战部，北京市副市长王宁代表北京市政府，分别向孙中山先生塑像敬献了花篮。参加纪念仪式的各界人士在孙中山先生塑像前肃立并三鞠躬。

全国政协副主席周小川主持纪念仪式。

齐续春、刘晓峰出席纪念仪式。

出席纪念仪式的还有：吉林、吕虹、朱祖朴、朱培康、苏辉、李惠东、李赣骝、杨崇汇、但昭颖、沈宝昌、张庆、周开让、周毓秋、黄志贤、龚建明、常荣军、傅惠民等。

“加强计划生育家庭社会保障”座谈会 6月19日在北京召开，会议由全国政协人口资源环境委员会主办。罗富和副主席出席并讲话，贾治邦主任主持会议，庄国荣、马大龙、凌振国（驻会）副主任，部分全国政协委员，有关民主党派、地方政协同志以及有关专家和企业代表参加会议。国家卫生和计划生育委员会王培安副主任以及财政部、中国保险监督管理委员会等有关部门负责同志到会介绍情况。报送了《加强计划生育家庭社会保障的建议》信息专报，建议在生育政策调整的大背景下，完善计生家庭扶助保障制度，积极推行计生家庭保险，整合计生家庭保障政策促进公平，关爱失独家庭等。张高丽、刘延东副总理作了重要批示。

海峡两岸纪念中国人民抗日战争暨世界反法西斯战争胜利70周年学术研讨会 8月24日，海峡两岸纪念中国人民抗日战争暨世界反法西斯战争胜利70周年学术研讨会在北京召开。研讨会以“全民族抗战和中华民族伟大复兴”为主题。全国政协副主席、台盟中央主席林文漪出席研讨会开幕式并讲话，全国政协副主席李海峰出席会议。

林文漪指出，中国人民抗日战争的伟大胜利，彻底洗刷了近代以来抗击外来侵略屡战屡败的民族耻辱，重新确立了我国在世界上的大国地位，开辟了中华民族伟大复兴的光明前景。在中华民族抗日救亡高潮中，台湾同胞为反抗日本殖民统治、争取回归祖国而进行的斗争，构成了近代中国人民反抗外来侵略斗争的重要组成部分，为这段历史增添了光辉的一页。

林文漪强调，以爱国主义为核心的伟大民族精神是中国人民抗日战争胜利的决定因素，中国共产党坚持全民族抗战，在抗日战争中发挥了中流砥柱的作用，中国人民抗日战争在世界反法西斯战争中具有重要的地位和作用，中国人民抗日战争的胜利是中华民族伟大复兴的重大转折。新的历史条件下，两岸同胞应以心相交、尊重差异、增进理解，加强文化交流，发挥各自优势，共同传承中华文化优秀传统，不断增强民族认同、文化认同、国家认同。要坚定不移走两岸关系和平发展道路，坚持“九二共识”、反对“台独”的政治基础，坚持开展两岸协商谈判、推进各领域交流合作，坚持为两岸民众谋福祉。

两岸专家学者围绕主题，相互尊重，求同存异，对抗战历史进行科学考证，对史料进行严谨分析，通过主旨发言、分组交流、研讨发言等形式进行深入探讨。通过研讨与交流，大家进一步弘扬了以爱国主义为核心的民族精神，深化了对中国人民抗日战争历史的研究，澄清了对一些重大历史问题的认识，增进了两岸在抗战史研究方面的理解。与会代表在沟通交流中凝聚共识，在亲切互动中增进合作，为进一步深化抗战研究合作打下坚实的基础。两岸专家学者一致表示，期待共同加强抗战史料的征集和整理，共同书写中华民族的抗日战争史，共同维护良好的交流合作局面，共同为实现中华民族伟大复兴贡献力量。

本次学术研讨会由全国政协文史和学习委员会主办。部分全国政协委员、海峡两岸专家学者及有关单位代表共60余人出席会议。中共中央党史研究室原副主任李忠杰、台湾中研院近代史研究所研究员吴启讷作主旨发言；中共中央台湾工作办公室副主任龙明彪、中共中央党史研究室副主任高永中、台盟中央副主席黄志贤分别发言；全国政协文史和学习委员会主任王太华作总结讲话。会议期间，台湾方面与会代表还到中国人民抗日战争纪念馆参观“伟大胜利　历史贡献——纪念中国人民抗日战争暨世界反法西斯战争胜利70周年”主题展览。

全国政协文史和学习委员会副主任卞晋平、翟卫华、陈惠丰（驻会），全国政协港澳台侨委员会驻会副主任吕虹，中共中央文献研究室副主任张宏志，民革中央副主席何丕洁，全国政协常委马志伟、卢晓光、郑建邦，中共中央宣传部、全国台联有关部门负责同志和部分海峡两岸专家学者出席研讨会。新华社、人民日报、中央电视台、光明日报、人民政协报等十余家新闻媒体对座谈会进行采访报道。

全国政协文史和学习委员会主任王太华、副主任龙新民分别主持会议。

“提高全民科学素质　促进创新驱动发展”座谈会　9月8日在北京召开，会议由全国政协人口资源环境委员会主办。为贯彻落实习近平总书记有关重要讲话精神，人口资源环境委员会召开“提高全民科学素质　促进创新驱动发展”座谈会。马培华副主席出席并讲话，贾治邦主任主持。刘家强副秘书长，庄国荣、齐让、秦大河、李成玉、凌振国（驻会）副主任，何为荣常委和部分委员，有关民主党派中央和部门负责同志及专家学者等参加。农业部副部长于康震、中国科协书记处书记徐延豪及中组部、教育部、科技部等有关部门负责同志到会介绍情况并座谈。与会人员认为，要切实提高全民科学素质，为打造大众创业、万众创新的人才支撑体系奠定坚实基础。建议抓好全民科学素质“十三五”规划的制定和实施，针对重点人群分类施策，充分发挥互联网的作用等。报送的政协信息得到中央和有关部门重视，刘延东副总理作了重要批示，关于“到2020年我国公民具备科学素质比例达到10%”的建议已被写入有关文件。

第八届中国人口资源环境发展态势分析会 10月15日在北京召开，会议由全国政协人口资源环境委员会主办。杜青林副主席出席，马培华副主席出席并讲话，周生贤副主任主持会议，江泽慧副主任作主旨发言。人口资源环境委员会副主任周生贤主持，副主任齐让、江泽慧、李成玉、吴双战、凌振国（驻会）出席。国家发展改革委、教育部、国土资源部、环境保护部、文化部、国家林业局、国家海洋局等有关部委负责同志，部分全国政协委员、地方政协有关负责同志及专家学者围绕“推进生态文化、海洋文化建设”议题建言献策。与会人员认为，要建设生态文化，树立全民生态文明意识，特别是要把海洋生态文化建设摆上更加突出的位置。人民日报、新华社、中央电视台、人民政协报、中国网及相关行业媒体对会议进行了全方位的报道。会后报送了《关于推进生态文化、海洋文化建设的建议》（政协信息专报），张高丽副总理作了重要批示。

全国政协机关外事工作会议 10月22日至23日，全国政协机关外事工作会议在机关召开。作为会议的重要安排和机关干部年度培训计划的重要内容，全国政协副主席、时任中联部部长王家瑞于22日作了题为《当前国际形势和我对外工作》的专题报告，分析了当前国际形势，介绍了十八大以来中央对外工作方针和战略部署。23日上午，会议围绕经验交流和工作研讨两个环节展开。提案委员会驻会副主任田杰、经济委员会驻会副主任侯建民、民族和宗教委员会驻会副主任晓敏、港澳台侨委员会驻会副主任吕虹、外事委员会驻会副主任金学锋出席会议，各专委会办公室、新闻局、外事局、人事局、管理局，新闻出版方面的企事业单位、相关涉外社团的负责同志等约80人与会。全国政协副秘书长张秋俭主持会议并作了题为《发挥人民政协优势 服务国家总体外交》的情况介绍。驻会副主任侯建民、晓敏、吕虹、金学锋等分别介绍了各自委员会外事工作的情况和经验。外事局负责人就进一步完善外事工作审批程序和制订2016年全国政协对外交往计划的初步思路作了说明，人事局、管理局负责人分别介绍了相关管理工作情况。各与会单位负责同志围绕政协对外交往、对外宣传、外事工作统筹协调和规范管理等提出意见建议。张秋俭在做会议总结时，对完善和严守外事规章制度、做好下阶段政协外事工作和2016年对外交往计划提出明确要求。会议贯彻落实习近平总书记和中共中央关于对外交往工作的指示要求和方针政策，根据“三严三实”专题教育的要求部署，查摆并推动解决外事工作中存在的问题，进一步提升了全国政协对外交往水平。

2015中国城市森林建设座谈会 11月24日，人口资源环境委员会与国家林业局、安徽省人民政府、经济日报社联合主办的2015森林城市建设座谈会在安徽省宣城市召开。十一届全国政协副主席、关注森林活动组委会主任王刚出席并讲话。王刚在讲话中指出，党的十八大以来，以习近平同志为总书记的党中央高度重视生态文明建设，提出了一系列新思想新观点新要求，作出了一系列重大部署，党的十八届五中全会通过的“十三五”规划《建议》把绿色发展作为“十三五”时期必须牢固树立的五大发展理念之一，为推动我国森林建设、加快林业发展提供了历史机遇，也为深入开展关注森林活动指明了发展方向。全国政协常委、人口资源环境委员会主任、关注森林活动组委会副主任贾治邦作关注森林活动工作报告，国家林业局局长张建龙总结了森林城市创建的经验做法并对下一步工作作出安排部署。安徽省副省长梁卫国、经济日报社总编辑张小影分别致辞，国家林业局副局长彭有冬主持座谈会并宣读《关于批准河北省石家庄市等21个城市“国家森林城市”称号的决定》。全国政协人资环委副主任、关注森林活动组委会副主任江泽慧，全国政协人资环委副主任（驻会）、关注森林活动组委会副主任凌振国，全国政协社会和法制委员会副主任、关注森林活动组委会副主任张世平，安徽省政协副主席牛立文出席会议。

全国政协提案办理协商工作座谈会

2015年11月26至30日，提案委员会赴广西南宁召开全国政协提案办理协商工作座谈会。马飚副主席到会并讲话。委员会主任孙淦主任，副主任干以胜、王国卿、李宏、傅克诚、田杰（驻会），各省及副省级市政协有关负责同志和15家提案承办单位代表参加。会上，孙淦主任介绍了《全国政协提案办理协商办法》的起草情况和主要内容，明年提案工作的基本思路。与会同志进行了分组讨论，12位代表作了大会交流发言。各省级和副省级市政协组织、15个提案承办单位代表出席会议。

本次会议，进一步提高了对提案办理协商和《办法》重要性的认识，统一了思想、厘清了思路、凝聚了共识：一是《办法》的实施，充分体现了《中共中央关于加强社会主义协商民主建设的意见》中协商民主要广泛参与、多元多层的要求。二是就协商民主精神贯穿于提案工作全过程形成了广泛共识。三是明确了加强协商是提高提案质量和办理质量的必然要求。四是明确了政协组织在提案办理协商中不是协商主体，主要任务是做好组织、协调、督促、服务工作。

全国暨地方政协民宗委工作交流会

12月4日至6日，由民族和宗教委员会主办、福建省政协、厦门市政协承办的“全国暨地方政协民宗委工作交流会”在福建厦门举行。会议深入学习贯彻中共十八届四中全会精神、习近平总书记系列重要讲话精神，学习贯彻中央统战工作会议和即将召开的全国宗教工作会议、中央西藏工作会议等有关会议精神，深刻领会“四个全面”战略布局的精神实质和实践要求，总结交流各地政协民宗委的工作经验，探讨解决工作中遇到的新情况新问题的思路。全国政协副主席王正伟出席开幕会并讲话，民族和宗教委员会主任朱维群主持开幕会并作专题辅导报告。副主任王学仁作总结讲话。福建省政协主席张昌平致辞、福建省副省长洪捷序介绍福建民族宗教工作情况。全国政协民族和宗教委员会副主任马铁山、王正福、白玛、华士飞、杜鹰、晓敏（驻会），福建省政协副主席陈荣凯，厦门市政协主席张健，各省、自治区、直辖市及副省级市政协民族和宗教委员会负责同志100余人出席。与会同志围绕会议主题，通过大会交流和分组讨论等形式，总结好做法，介绍好经验，探讨在新形势下做好政协民族和宗教工作的新思路。

（全国政协民族和宗教委员会办公室供稿）

双周协商座谈会 全国政协2015年共召开20次（十二届全国政协第二十五次至第四十四次）双周协商座谈会。中共中央政治局常委、全国政协主席俞正声主持会议。邀请委员和专家学者350人次出席并提出意见建议，邀请党政部门负责同志80人次到会并与委员互动交流。

各次双周协商座谈会具体如下：

1月8日召开第二十五次双周协商座谈会，议题为“发挥国家实验室在原始创新中的引领作用”；

1月22日召开第二十六次双周协商座谈会，议题为“残疾人权益保障”；

3月23日召开第二十七次双周协商座谈会，议题为“《促进科技成果转化法》的修订”；

4月9日召开第二十八次双周协商座谈会，议题为“加强黑土地保护”；

4月22日召开第二十九次双周协商座谈会，议题为“推进京津冀协同发展中的大气污染防治”；

5月7日召开第三十次双周协商座谈会，议题为“推动传统媒体和新兴媒体融合发展”；

5月19日召开第三十一次双周协商座谈会，议题为“推进长江经济带开发中的湿地保护”；

6月4日召开第三十二次双周协商座谈会，议题为“西部农牧区包虫病防治”；

6月18日召开第三十三次双周协商座谈会，议题为“建设工程消防审核验收”；

7月2日召开第三十四次双周协商座谈会，议题为“农村土地确权登记及相关法律问题”；

7月17日召开第三十五次双周协商座谈会，议题为“台资企业在大陆经济转型升级中遇到的新问题”；

9月1日召开第三十六次双周协商座谈会，议题为“促进边境经济合作区建设”；

9月15日召开第三十七次双周协商座谈会，议题为“推进非公有制企业走出去”；

9月24日召开第三十八次双周协商座谈会，议题为“集中连片特困地区精准扶贫”；

10月8日召开第三十九次双周协商座谈会，议题为“转基因农产品的机遇与风险”；

10月22日召开第四十次双周协商座谈会，议题为“规范城管执法行为”；

11月5日召开第四十一次双周协商座谈会，议题为“促进高校办出特色和水平”；

11月19日召开第四十二次双周协商座谈会，议题为“非物质文化遗产传承与保护”；

12月3日召开第四十三次双周协商座谈会，议题为“仿制药的质量问题与对策”。

12月17日召开第四十四次双周协商座谈会，议题为“促进家庭服务业发展”。

其中，以“西部农牧区包虫病防治”为议题的第三十二次双周协商座谈会在网络上录播。

经常性工作

【专门委员会】

提案委员会 全国政协十二届三次会议期间，共收到提案6012件，其中大会提案5857件，平时提案155件。经审查，立案5027件，立案率为83.6%。立案提案中委员提案4583件，各民主党派中央和全国工商联、政协各专门委员会等提出集体提案444件。围绕提高提案质量，严格立案审查，加大转、并、撤案力度，未立案985件，与二次会议的1049件基本持平。截至2015年2月20日，全国政协十二届三次会议提案已办复5046件，办复率为99.5%。从整体办理情况看，已经解决或采纳的占19.5%，列入计划拟解决或拟采纳的占64.4%，作为工作参考的占16.1%。

制定并实施《中国人民政治协商会议全国委员会提案办理协商办法》。提案办理协商研究课题组于4月份赴广东、山东、浙江、河南调研。5月，召开委员会主任会议，对初稿进行研究讨论。9月，经委员会主任会议、全体会议审议后，提交全国政协秘书长办公会、秘书长会议审议。10月9日，第三十五次主席会议审议通过《中国人民政治协商会议全国委员会提案办理协商办法》。新修订的《办法》规范了提案工作各环节的协商主体、协商内容和协商形式，是提案工作的重要制度性文件。11月29至30日，提案委员会在广西召开全国政协提案办理协商工作座谈会，马飚副主席出席并讲话。委员会主任孙淦，副主任干以胜、王国卿、李宏、傅克诚、田杰（驻会），各省及副省级市政协有关负责同志和15家提案承办单位代表参加。会上，孙淦主任介绍了《办法》的主要内容和起草情况以及2016年提案工作思路，干以胜副主任作了总结讲话。会议的召开，进一步提高了对提案办理协商重要性的认识，并对协商民主贯穿提案工作全过程形成了广泛共识。

主席会议研究重点提案工作。12月22日，第三十八次主席会议听取了重点提案督办情况的汇报，49个重点提案所提意见建议多数已经得到采纳落实。中共中央、国务院领导对有关调研报告、视察报告、《政协信息》《重要提案摘报》等做出批示39次。（重点提案具体督办形式、承办部门、领导批示及形成的成果见附件《全国政协十二届三次会议重点提案督办情况汇总表》。）

提案委员会督办重点提案38个。具体为：围绕“加强环卫工人权益保障”“支持云南发挥先导作用，推进孟中印缅经济走廊建设”“加大对西部老少边穷地区的支持力度，确保与全国同步全面建成小康社会”“支持川陕革命老区区域协同发展和扶贫攻坚”“深化行政审批制度改革”“京津冀协同发展中的大气污染防治”“农村土地确权登记中的法律问题与对策”等问题，开展重点提案督办调研7次。围绕“加快公安工作法治化进程”“鼓励和引导民营企业积极参与教育扶贫”“加快发展以信息化武装的现代物流体系，助推经济转型升级”“以慢病防治为突破口建立科学有序的分级诊疗制度”等问题，召开提案办理协商会4次。围绕“培育服务业，大力发展康养产业”“加快川藏大通道建设”等26个重点提案，以《重要提案摘报》的形式报送党中央、国务院。围绕“小型农田水利重点县建设落实情况”问题，由全国政协办公厅联合提案委员会开展视察督办1次。

国务院常务会议听取提案办理情况汇报。2月6日下午，刘家强副秘书长、提案委员会驻会副主任田杰参加国务院第81次常务会议。会议听取2014年全国两会建议提案办理工作汇报。会议指出，人大代表建议和政协委员提案是对政府依法监督和民主监督的重要形式。做好建议提案办理工作，有利于汇民意、聚智慧、增共识，提高公共决策水平。要求各部门认真听取代表委员意见建议，创新工作机制，将建议提案办理与本职业务一并考虑、一体部署、一同推进。要有序公开涉及公共利益、公众权益的建议和提案复文，更好回应群众关切。要创新办理形式，在可能的情况下由主办部门当面反馈办理情况。答复建议提案要有针对性，避免空洞的“官样文章”。要安排基层人大代表和政协委员到部门走访交流。要强化考核，使办理建议提案成为改进政府工作的重要抓手，提高政府公信力和效能。

全国政协多位副主席出席提案工作有关会议活动。3月8日，全国政协召开关于“加大耕地保护工作力度，为人民群众提供优质安全的农产品”提案办理协商会，罗富和副主席出席并讲话，孙淦主任主持。与会民主党派中央和全国工商联代表、政协委员代表、相关专门委员会负责同志围绕会议主题，与各提案承办单位进行协商沟通。提案委员会副主任干以胜、王国卿、罗平飞、徐辉、傅克诚、赖明、胡四一、田杰（驻会），经济委员会副主任陈锡文，人口资源环境委员会副主任王国发、凌振国（驻会），教科文卫体委员会副主任刘敬民，民革中央专职副主席何丕洁、民建中央专职副主席宋海、民进中央副主席姚爱兴、农工党中央专职副主席兼秘书长何维、台盟中央专职副主席黄志贤、全国工商联副主席安七一，中央财办副主任韩俊、国土资源部总规划师严之尧、环境保护部副部长李干杰、农业部总农艺师孙中华、卫生计生委副主任金小桃、食品药品监管总局副局长滕佳材、粮食局副局长吴子丹参加。3月24日，全国政协召开提案交办会，杜青林副主席出席并讲话，张庆黎副主席兼秘书长主持。中共中央办公厅副主任陈世炬，国务院副秘书长焦焕成，全国政协提案委员会主任孙淦，副主任干以胜、王国卿、罗平飞、徐辉、田杰（驻会），25个提案承办单位领导，各专门委员会1位副主任，提案委员会部分委员出席；165个提案承办单位、全国政协办公厅有关室局负责同志参加。马培华、韩启德、李海峰、马飚副主席分别率队，就“京津冀协同发展中的大气污染防治”“加强环卫工人权益保障”“支持云南发挥先导作用，推进孟中印缅经济走廊建设”“加大对西部老少边穷地区的支持力度，确保与全国同步全面建成小康社会”的重点提案进行调研督办。罗富和副主席出席“加快公安工作法治化进程”提案办理协商会。张庆黎副主席兼秘书长率队，就“小型农田水利重点县建设落实情况”的重点提案进行视察督办。

切实推动提高提案质量和提案办理质量。向57个中央和国家部委征集提案参考选题861个，在全国政协门户网站委员办公平台发布，为提案者知情明政提供便利。召开各民主党派中央和全国工商联提案工作座谈会，通报党派提案办理情况，交流拟提交的提案选题。加大集体提案征集力度，俞正声主席向各专门委员会主任、杜青林副主席向58个委员小组的召集人，提出加大专门委员会和界别、委员小组提交提案力度的要求，集体提案比上年增加57件，增幅14.9%。向未反馈提案办理情况意见的提案者发放征询意见表4603份，从收到的2907份反馈看，对办理态度满意的占99.0%，对办理结果满意的占97.3%，对表示不满意的79份意见表，督促相关单位重新办理或做好解释说明工作。对“黄河上中游生态环境保护”等3件重点提案进行跟踪督办。其中，“开展基层群众性精神文明创建活动，培育和践行社会主义核心价值观”的重点提案，由卢展工副主席率队赴北京调研，中共中央政治局委员、中宣部部长刘奇葆会见调研组部分成员。委员会副主任干以胜任调研组组长，副主任王国卿、徐辉、田杰（驻会）任副组长。“大力支持广西壮族自治区在贫困地区发展旅游业”的重点提案，由马飚副主席带队赴广西壮族自治区跟踪督办，委员会主任孙淦，副主任干以胜、王国卿、李宏、傅克诚、田杰（驻会）参加。

加强与港澳委员的交流沟通。10月26至30日，提案委员会在香港、澳门分别召开港、澳全国政协委员提案工作座谈会，委员会主任孙淦、副主任徐辉，香港中联办副主任殷晓静、澳门中联办副主任姚坚分别出席。期间拜会何厚铧副主席，看望住香港、澳门特区全国政协提案委员会委员，与中央人民政府驻香港、驻澳门联络办公室有关领导及香港友好协进会、港区省级政协委员联谊会、香港中华厂商联合会等座谈。

加强对地方政协提案工作的指导。委员会主任孙淦，副主任干以胜、王国卿、田杰（驻会），委员黄文平代表委员会，分别出席华东六省一市政协提案工作座谈会、全国部分城市政协提案工作研讨会、京津冀政协主席联席会议、北京市政协提案工作经验交流会、西藏自治区政协提案工作座谈会、陕甘宁青四省区政协主席联席会议等，与福建、湖南、广西、甘肃、宁夏、深圳等地方政协提案委员会座谈交流18次。

开展寓监督于协商之中的走访活动。11月份，提案委员会分别走访公安部、民政部、国土资源部和国家海洋局，寓监督于走访活动之中，推动拟采纳落实提案的跟踪落实。其中，韩启德副主席带队走访国土资源部，马飚副主席带队走访民政部。

召开提案委员会全体会议和主任会议。分别就审议提案工作情况报告（草案）、提案审查情况报告（草案）、提案办理协商办法（草案）、大会提案工作方案（草案）、重点提案题目和督办方案（草案）、提案委员会年度工作计划（草案）、提案委员会工作总结，听取提案初审情况和不立案提案处理情况汇报等，召开第10至13次全体会议和第15至21次主任会议。

加强宣传工作，扩大提案工作社会影响。2月5日，委员会驻会副主任田杰主持召开全国政协提案工作情况通气座谈会。委员会主任孙淦通报全国政协十二届二次会议以来的提案工作情况。部分委员会委员、各民主党派中央和全国工商联代表、部分提案者代表、承办单位代表和新闻媒体代表就加强和改进提案工作进行沟通交流。全国政协副秘书长王胜洪、刘家强，提案委员会副主任王国卿、李宏、赖明、胡四一，人口资源环境委员会驻会副主任凌振国出席。大会秘书处新闻组和提案组有关负责同志参加。十二届三次全体会议期间，与人民日报社、中央人民广播电台、中央电视台等媒体单位合作，策划了一系列提案工作的深度报道，落实《国务院办公厅关于做好全国人大代表建议和全国政协委员提案办理结果公开的通知》，一年来陆续公开提案1977件，其中通过互联网公开372件，向国内新闻媒体提供书面提案1605件。编辑出版《把握人民的意愿——政协第十二届全国委员会提案及办理复文选（2015年卷）》。

经济委员会 按照政协常委会议、主席会议的要求和年初工作计划，经济委员会参与了1次全国政协专题议政性常委会议、2场双周协商座谈会的具体筹备工作，围绕制定“十三五”规划进行了3次专题调研座谈，按照领导要求和委员会确定的重点专题开展了7项专题调研、考察，组织召开了2场宏观经济形势分析会、10余场专题性座谈会。在此基础上，向中央报送调研报告5份、政协信息专报12份。这些成果具有很强的针对性和可操作性，中央和国务院领导作出重要批示20余次，有效推动了相关工作开展，为经济社会健康发展作出了新贡献。

一、参与组织全国政协议政性常委会议

积极做好以“制定国民经济和社会发展‘十三五’规划”为议题的第十一次常委会议的组织筹备工作。在广泛征求意见的基础上，经济委员会围绕经济社会发展的关键领域，设置了7个参考专题，并具体负责其中3个专题，4位经济委员会委员作了大会发言，多位委员在专题分组上作了发言或提交了大会发言稿。

——“创新供给激活需求，建立促进消费的长效机制”专题。围绕正确处理供给与需求的关系，针对消费引领经济转型升级这个关键点，调研组在浙江、四川调研的基础上，形成了《多措并举，让消费在经济发展中发挥更大作用》大会发言稿。

——“调整优化农业结构，促进现代农业发展”专题。调研组在北京、河南调研的基础上，针对农业结构优化升级的方向、目标及实现途径，形成了《调整优化农业结构，加快推进农业现代化》大会发言稿。

——“推动制造业转型升级”专题。调研组在四川、湖南调研的基础上，针对创新能力推动制造业转型这个关键点，形成了《提升创新能力、发展智能制造，推进制造业转型升级》大会发言稿。

二、承办全国政协双周协商座谈会

以“沟通思想、增进共识、协调关系、凝心聚力”为重点，积极承办“推进非公有制企业走出去”“转基因农产品的机遇与风险”2场双周协商座谈会，着力提高协商实效，形成常态协商机制。为确保座谈会取得实效，经济委员会作出以下努力：

（一）大力争取领导支持。由王钦敏、韩启德副主席分别担任了“推进非公有制企业走出去”和“转基因农产品的机遇与风险”专题组顾问，带队参加调研和座谈。

（二）充分做好基础性工作。围绕各项议题先后赴福建、浙江、湖南、河北等地进行了3次实地调研，并召开了多场前期交流座谈会，深入了解实际情况。

（三）突出协商议政特色。积极邀请熟悉情况的委员和专家学者参会，精心设计会议发言布局，提高会议质量和实际效果，获得了全国政协领导的充分肯定。

（四）注重座谈会成果反映。会后分别上报了2篇政协信息专报，多次获得中央领导的肯定，李克强总理，张高丽副总理作出重要批示，汪洋副总理作出2次重要批示。

三、加强经济领域重大课题研究

主动适应经济发展新常态，围绕经济领域综合性、全局性、战略性问题，积极开展专题调研和考察，提出了众多具有建设性、针对性的意见建议，为中央决策提供了有效参考。

——“推进财税体制改革，防控地方债风险”监督性调研。调研组分别赴河北、安徽进行了调研，并委托江苏省政协开展协同调研，邀请江苏省财政厅、审计厅同志在调研总结会上介绍了有关情况，形成了《关于推进财税体制改革，防控地方债务风险的调研报告》，李克强总理作出重要批示。

——“长三角地区集装箱船河海联运”专题调研。根据俞正声主席的要求，调研组在赴江苏、上海调研之后，报送了《关于加快推进长三角地区集装箱河海联运、促进水运发展的报告》，就加快推进长三角地区河海联运、促进长江流域水运发展提出建议。俞正声主席作出重要批示：“调研报告很好，建议高丽同志阅批”，张高丽副总理批示：“这个报告和建议很好。请长江经济带领导小组办公室、发改委、交通运输部等部门会同地方，按照正声主席的批示要求，认真研究提出加快推进长三角地区集装箱船河海联运的措施意见，并书面报告。”

——“优化新能源布局，促进风电光伏产业健康发展”专题调研。调研组分别赴宁夏、甘肃调研，报送了《关于优化新能源布局，促进风电光伏产业健康发展专题调研的报告》，从平衡能源供给总量、统筹规划布局和综合调控、创新新能源管理体制机制等方面提出建议。同时，报送了信息专报《关于加快农村可再生能源综合开发利用的建议》，张高丽、汪洋副总理作出重要批示；《推进核能全产业链走出去的几点建议》，张高丽副总理、杨晶国务委员作出重要批示。

——“贫困地区可持续发展”专题考察。根据全国政协党组的工作安排，经济委员会围绕推进毕节实验区建设，促成国家开发银行与毕节达成旅游资源合作开发意向，推动中国农业银行专门出台了《支持毕节试验区发展的若干政策》，加大对毕节的金融支持。此外，调研组还分别赴陕西、辽宁考察，就推动当地脱贫发展和实现全面小康提出了相关意见建议。

——“整合宏观经济数据库资源，构建经济信息共享机制”专题考察。专题组采取实地调研和书面调研相结合的方式进行调研，4月份赴江苏、北京考察，报送了信息专报《加快宏观经济信息资源整合与共享机制建设的几点建议》，就建设基于电子政务云的宏观经济信息体系、加快推进政府数据开放立法、规范信息共享行为、挖掘数据的资源要素潜力等提出建议，李克强总理作出重要批示。

——“大力发展中小银行”专题考察。调研组围绕支持中小银行做专、做精、做强，分别赴重庆、广东考察，形成了《关于促进中小银行健康发展的调研报告》，针对中小银行发展面临的政策环境、资本补充、市场竞争、经济下行、创新发展等多重压力，提出了优化分类监管制度，健全政策支持体系，完善信息共享、区域性小微银行资产流转和资金来源平台，发展多层次的金融服务体系等建议，李克强总理作出重要批示。

——“促进快递业走出去”专题考察。调研组赴北京考察了部分快递企业，并召开座谈会，提出了支持快递企业参与“一带一路”建设、提高快递业国际竞争力、完善农村快递服务网络、优化快递业发展环境等建议。

四、及时召开专题性会议

经济委员会围绕中心工作召开专题性会议，通过多种方式扩大委员参政议政的渠道和途径，进一步发挥委员履职的积极性。

（一）宏观经济形势分析座谈会。全

国政协领导对开好宏观经济形势分析座谈会十分重视，俞正声主席、张庆黎副主席兼秘书长专门作出重要批示。为此，经济委员会制定了《宏观经济形势分析座谈会组织实施方案》，进一步推进会议组织服务工作的制度化、规范化、程序化，提升会议的质量和效果。2015 年，经济委员会共召开了 2 场宏观经济形势分析座谈会，针对经济运行中的突出问题，就稳增长、促改革、调结构、惠民生等工作议政建言。7 月 20 日召开了第二季度宏观经济形势分析座谈会，在筹备阶段赴黑龙江进行了前期调研，会后报送了信息专报，张高丽副总理、杨晶国务委员作出重要批示。10 月 19 日召开了第三季度宏观经济形势分析座谈会，会后形成了信息专报。俞正声主席对此给予了充分肯定，专门作出重要批示："座谈会开得好，意见中肯。简报也写得好"，张高丽、马凯副总理也作出了重要批示。

（二）贫困地区可持续发展理论与实践研讨会。推动贫困地区脱贫发展，实现全面建成小康社会是中央在当前和今后一段时期的重要工作。为探索助推贫困地区脱贫发展和实现全面小康的思路和措施，在贫困地区可持续发展中献计出力。4 月份，经济委员会在贵州毕节召开了贫困地区可持续发展理论与实践研讨会，邀请国家有关部门、专家学者和企业家代表参会，凝心聚力，集思广益，就贫困地区可持续发展的重点领域、路径和方式进行了深入探讨，为进一步助推贫困地区脱贫发展贡献力量。

（三）全国政协暨地方政协经济（农业）委员会工作会议。11 月份，经济委员会召开了全国政协暨地方政协经济（农业）委员会工作会议，与各省、自治区、直辖市政协经济（农业）委员会有关同志一起，全面贯彻落实中共十八大和十八届三中、四中、五中全会精神，深入贯彻落实习近平总书记系列重要讲话精神，总结交流全国政协和地方政协经济（农业）委员会工作经验，研究讨论服务"四个全面"战略布局的新思路新举措，取得了良好效果。

五、认真完成其他方面工作

（一）大力推动精准扶贫。贯彻落实俞正声主席的重要指示，为恒大集团对口帮扶毕节市大方县牵线搭桥，促成恒大集团分 3 年投入扶贫资金 30 亿元，与当地签订了援建学校、异地搬迁、吸纳就业和特色农牧业发展等一批重大项目。

（二）切实抓好重点提案督办工作。针对"实施品牌战略，推动中国制造向中国创造转变""积极引导和扶植民营资本办金融，有效缓解实体经济和民众创业融资难"两件重点提案，通过召开提案办理协商会的形式，搭建了提案人和提案承办部门协商交流的桥梁，并及时报送信息专报，有效推动了重点提案办理。

（三）做好立法意见征询工作。根据国务院法制办的要求，组织相关委员为国家拟出台的法律法规及国务院有关部门起草的规范性文件提出意见建议，如对《农田水利条例》《农作物病虫害防治条例》等征求意见稿提出了修改意见。

（四）积极反映社情民意。重点对调研、考察、座谈会中了解到的一些问题，通过信息专报形式向中央领导及有关部门反映，报送了《关于进一步改进政务信息发布方式的情况反映》；《关于推动我国电力企业整装"走出去"的几点建议》，张高丽、杜青林、王勇同志作出重要批示；《建议尽快化解黑龙江粮食收储困境》，张高丽副总理作出重要批示；《为"义新欧"中欧班列提供便利，助推新丝绸之路经济带建设的几点建议》，俞正声主席、张高丽副总理作出重要批示；《创设港资民营银行服务内地港资中小企业的建议》，马凯副总理作出重要批示。

（五）联合举办和应邀参加相关活动。经济委员会与辽宁省政协联合举办了“辽宁沿海经济带（大连）政协论坛”。同时，多位委员应邀参加中央、国务院及有关部门组织的会议，并多次参加地方主办的会议、论坛等活动，进行理论和政策宣讲。

六、工作特点和体会

（一）紧密围绕党和国家中心工作，服务“四个全面”战略布局。经济委员会始终把围绕中心、服务大局作为履行职能的重要原则，切实增强政治意识、大局意识、责任意识，坚持以事关改革发展和人民切身利益的热点难点问题为重点，针对全面深化改革的重点领域，开展了一系列选题深入、成效明显的协商活动，努力为服务“四个全面”战略布局建言献策，发挥了积极的推动作用。特别是深入贯彻落实全国政协重点工作部署，将议政性常委会、专题协商会、双周协商座谈会作为重中之重，选准题目，深入挖掘，集中反映委员的声音，在加强宏观调控、推动经济转型升级、推进财税体制改革等方面提出了真知灼见。

（二）大力弘扬改革创新精神，切实提升履职科学化水平。在新形势下，政协工作面临着与时俱进的新要求。经济委员会积极运用创新思维开展工作，不断改进工作方式方法。全面贯彻落实全国政协领导的要求，在加强民主监督上下功夫，探索开展监督性调研，深入了解情况，如实反映问题，坦率提出意见，切实促进相关工作改进。加强与社会智库的沟通，广泛借助“外脑”，充分利用社会资源。在开展调研考察活动时，注意吸收当地全国政协委员参加，推进与委员联系交流的多样化、常态化。

（三）积极构建多方联动机制，不断拓宽政协工作的广度和深度。一方面，不断加强与国务院相关部委的工作联系，在开展专业性、针对性较强的调研、考察和座谈会时，积极邀请相关部委参加，有效增强了活动的实效性。另一方面，加强与地方政协经济委员会的合作交流，构建上下联动、协调配合、优势互补的工作格局。比如，在组织“制造业转型升级”专题调研时，委托上海市政协进行“解剖麻雀”式调研；联合地方政协共同主办了“辽宁沿海经济带政协论坛”等活动，拓展了工作的深度和广度。

人口资源环境委员会

一、主要工作

2015年，人口资源环境委员会在常委会和主席会议的领导下，在办公厅的支持下，认真贯彻落实全国政协党组工作要求和常委会工作安排，紧紧围绕“四个全面”战略部署，按照全国政协“1420”总体工作布局，积极履行职能，扎实做好各项工作，为促进人口资源环境与经济社会协调可持续发展建言献策，为有效发挥人民政协作为协商民主重要渠道和专门协商机构的作用贡献力量。认真落实中央部署和全国政协党组要求，按照《中共政协全国委员会各专门委员会分党组工作规则》，组建人口资源环境委员会分党组，发挥分党组在委员会工作中的核心领导作用。

委员会围绕全国政协工作大局，精准调研，务实调研，注重从抓具体入手，推动调研深入，在务求实效上下功夫，着力助推国家绿色发展。全年共承办全国政协双周协商座谈会2次，开展专题调研10项，组织重要会议活动7项，出国访问1项，委员会领导和委员共参加各项履职活动369人次。报送调研报告6份，出访报告1份，政协信息和信息专报7份，党和国家领导人批示共24人次。所提出的许多意见建议，得到党中央、国务院及有关部门的高度重视和采纳，为促进科学民主决策提供了重要参考。

（一）围绕制定国民经济和社会发展“十三五”规划，深入开展调查研究，建言献策。围绕制定国民经济和社会发展“十三五”规划议政建言是全国政协2015年履职工作重点。委员会在征求委员和有关方面意见的基础上，围绕这一重点，选择人口资源环境领域的重大问题和关系人民群众切身利益的重要问题，深入开展调研和协商，努力提出具有前瞻性、战略性、针对性的意见建议。1.“资源枯竭城市转型”专题调研。李成玉副主任率调研组赴辽宁、甘肃调研，报送了《关于进一步推动资源枯竭城市转型发展的调研报告》，并根据黑龙江省政协相关调研情况整理报送了《支持黑龙江省煤炭资源枯竭城市转型发展的建议》信息专报，提出延长资源枯竭城市中央财政转移支付支持年限，在土地利用政策方面给予优惠，在税收、新能源产业发展等方面采取差别化区域支持政策等建议。李克强总理、张高丽副总理分别在报告和信息专报上作了重要批示。第十一次常委会议上，李成玉副主任代表委员会作大会发言。2.“贫困地区发展与人口问题”专题调研。郑晖副主任率调研组赴贵州调研，报送了《关于贵州集中连片特困地区扶贫开发情况的调研报告》，建议对贵州集中连片特困地区扶贫工作，要明确重点，统筹推进；加强基础设施建设和基本公共服务；改进扶贫资金管理方式；分类施策，实行精准脱贫等。汪洋副总理作了重要批示，贵州省委书记陈敏尔对报告给予充分肯定并批转省有关部门。3.“推进‘十三五’经济社会与环境保护协调发展”专题调研。张基尧副主任率调研组赴上海、湖北调研，在第十一次常委会议上作了《关于“十三五”推进生态文明建设的几点建议》的大会发言，提出建立健全体现生态文明的考核指标体系和领导干部任期生态文明建设责任制、加快建设美丽城市乡村、抓好能源生产和消费革命、推进生产方式和生活方式绿色化等建议。4.“农村环境污染治理”专题调研。吴双战副主任率调研组赴浙江、河南开展调研，报送了《关于农村环境污染治理的调研报告》。针对农村环境面临的污染严重、治理不足、欠账较多的严峻形势，建议出台关于农村环境保护和污染治理的指导文件，健全完善法规体系，制定扶持政策，加大执法力度，健全多元化资金投入和保障机制，因地制宜，增加农民内生动力，走可持续治污之路等。张高丽、汪洋副总理，杜青林副主席作了重要批示。5.“国家地理信息公共服务平台‘天地图’建设与发展”专题调研。徐德明副主任率调研组赴福建、湖北调研，报送了《关于国家地理信息服务平台“天地图”建设与发展情况的调研报告》。“天地图”是我国拥有自主知识产权的地理信息服务平台，具有重要战略意义，建议从维护国家安全的高度，进一步加大投入，把“天地图”政务版、涉密版建设项目列入“十三五”规划，推动公众版商业化运营，加强推广应用工作。张高丽副总理作了重要批示。6.“充分发挥海南在建设‘21世纪海上丝绸之路’中的战略支点作用”专题调研。马培华副主席、贾治邦主任率调研组赴海南，就海南省如何抓住机遇，充分发挥独特优势，在加强国际旅游岛建设的同时，积极推进海南保税区建设和服务“一带一路”建设战略开展调研，张高丽副总理在调研报告上作了重要批示。

在以围绕制定“十三五”规划建言献策为主题的第十一次常委会议上，委员会承担第四专题组的组织工作，组织与会常委、委员，就“坚持绿色化发展，推进生态文明建设迈出新步伐”积极议政建言。

（二）围绕全国政协重点协商计划开展专题调研和协商议政活动。按照全国政协双周协商座谈会、专题协商会等重要协商工作部署，委员会重点就黑土地保护、长江经济带发展中的湿地保护、规范政府土地审批行为、建设工程质量问题与对策等议题开展调研和协商。1. 承办“加强黑土地保护”双周协商座谈会。在2014年调研基础上，组织委员和专家就保护黑土地这一不可多得的独特优质资源，保障粮食安全建言献策。报送了《关于切实加强黑土地保护的建议》（政协信息双周协商座谈会专报），提出将黑土地保护纳入“十三五”规划、出台《黑土资源保护条例》、建立科技创新支撑体系、实施保护性耕作等建议，张高丽副总理作了重要批示。2. 承办“推进长江经济带开发中的湿地保护”双周协商座谈会。围绕议题，贾治邦主任带队赴湖南、湖北开展了调研，罗富和副主席参加。委托云南、四川、安徽、江西、江苏、上海五省一市政协开展协同调研，并特别委托安徽省政协就巢湖保护开展“解剖麻雀”式调研。会后报送了《关于推进长江经济带发展中湿地保护工作的建议》（政协信息双周协商座谈会专报），提出科学编制保护规划、完善法律法规、落实地方责任、审慎推进水生态修复工程、完善水生态补偿机制等建议。李克强总理、张高丽副总理作了重要批示，国家林业局就有关落实情况作了专门反馈，并按照相关建议研究推出新的政策举措。3. 围绕“深化行政审批制度改革”专题协商会，开展“进一步规范政府土地审批与项目环评行为”专题调研。徐德明副主任率调研组赴四川、广东调研，报送了《进一步规范政府土地审批行为的建议》（政协信息）。建议土地行政审批中，加强规划的权威性和控制力，加强制度设计，完善相关法律法规，加强全方位、全过程监督等。马大龙副主任在专题协商会上代表委员会作了发言。4. 按照俞正声主席的指示，由李成玉副主任率调研组就“建设工程质量问题与对策”，赴上海、重庆、陕西开展了调研，为2016年召开双周协商座谈会做准备。

（三）围绕“加强和改进政协民主监督”，探索开展监督性调研活动。按照常委会工作报告“加强和改进政协民主监督，做到开展监督有计划、有题目、有载体、有成效”的要求，委员会选择中央关注、社会热议、群众关心的“腾格里沙漠污染治理”作为监督性调研课题，由吴双战副主任率调研组赴内蒙古自治区、宁夏回族自治区开展调研，报送了《关于腾格里沙漠污染治理情况的调研报告》，提出建立中央生态文明环境保护巡视制度；将沙漠生态修复提上议事日程；规范经济开发区、工业园区布局和管理；探索纪检监察和司法力量参与生态环境综合治理等建议。张高丽副总理作了重要批示。第一次开展监督性调研，委员会在调研方式上进行了积极探索，调研前召开情况介绍会，与人民政协报共同举办研讨会，充分了解情况，听取部委、专家学者和媒体等各方面意见；调研中秉持政协第三方发声客观的立场，求真务实、仗义执言，把明察与暗访结合起来，召开媒体、企业和群众参加的各层次座谈会，力求掌握真实情况；调研后向地方政府和有关部门反馈意见，特别注意提出建设性意见，通过民主监督促进当地经济社会协调发展。按照俞正声主席、张庆黎副主席兼秘书长在《人民政协报》相关报道上的批示，办公厅和委员会多次组织座谈会，认真总结此次调研经验。俞正声主席在总结经验的情况报告上作出批示，印送各专委会主任。此次监督性调研为探索和改进人民政协民主监督工作积累了经验。

（四）就人口资源环境领域中的若干重大问题，召开专题会议。1. 召开第八届中国人口资源环境发展态势分析会，围绕“推进生态文化、海洋文化建设”议题建言献策。杜青林副主席出席，马培华副主席出席并讲话，周生贤副主任主持会议，江泽慧副主任作主旨发言。与会人员认为，要建设生态文化，树立全民生态文明意识，特别是要把海洋生态文化建设摆上更加突出的位置。人民日报、新华社、中央电视台、人民政协报、中国网及相关行业媒体对会议进行了全方位的报道。会后报送了《关于推进生态文化、海洋文化建设的建议》（政协信息专报），张高丽副总理作了重要批示。2. 召开“加强计划生育家庭社会保障”座谈会。罗富和副主席出席并讲话。报送了《加强计划生育家庭社会保障的建议》信息专报，建议在生育政策调整的大背景下，完善计生家庭扶助保障制度，积极推行计生家庭保险，整合计生家庭保障政策促进公平，关爱失独家庭等。张高丽、刘延东副总理作了重要批示。3. 召开“提高全民科学素质 促进创新驱动发展”座谈会。马培华副主席出席并讲话，与会人员认为，要切实提高全民科学素质，为打造大众创业、万众创新的人才支撑体系奠定坚实基础。建议抓好全民科学素质“十三五”规划的制定和实施，针对重点人群分类施策，充分发挥互联网的作用等。报送的政协信息得到中央和有关部门重视，刘延东副总理作了重要批示，关于“到 2020 年我国公民具备科学素质比例达到 10%”的建议已被写入有关文件。

（五）完成全国政协十二届三次会议相关工作任务。1. 做好大会发言。十二届三次会议期间，委员会委员围绕改革发展认真思考、积极调研，共提交 7 篇大会发言材料。李成玉副主任代表委员会作了《加强陆海统筹切实推进沿海滩涂的保护与开发》大会发言；秦大河副主任代表科协界作大会发言。2. 提交大会提案。委员们积极利用两会这个重要的参政议政平台，通过提案建言献策。委员会委员作为第一提案人共提交 160 件提案，立案 139 件，共参与提交提案 316 件，立案 269 件。结合调研情况，以委员会名义提交了《关于将垃圾废弃物资源化利用作为“十三五”国家战略性新兴支柱产业的提案》，被列为三次会议 49 个重点提案之一。3. 开展重点提案督办。根据办公厅统一安排，委员会负责三次会议“关于推进长江经济带开发中湿地保护”和“关于综合施策加强黑土地保护”两件重点提案的督办工作。结合承办双周协商座谈会和开展专题调研，认真开展督办和跟踪推动，得到相关部委的高度重视。

（六）积极与有关部门合作开展活动，支持地方政协工作，形成协商议政合力。1. 继续会同国家林业局、共青团中央、环保部、中国科协、全国少工委开展“童眼观生态——全国青少年生态文明教育体验活动”，召开三次联席会议，印发活动实施方案，8 月上旬，在北戴河举行了青少年生态文明教育体验成果展示活动，国家副主席李源潮出席并讲话，全国政协杜青林副主席出席，相关活动取得较好的社会反响。2. 会同国家林业局举办“三北防护林建设成果展览”，客观生动展示三北防护林建设和生态文明建设成果。俞正声主席，杜青林、罗富和、张庆黎、齐续春、马培华、王钦敏副主席等领导观看了展览。3. 落实第二次中央新疆工作座谈会精神，积极为新疆维吾尔自治区政协“洁净新疆”建设工作献计出力。罗富和副主席和委员会领导、专家赴疆出席“洁净新疆”工作座谈会；在京组织《“洁净新疆”工作纲要》专家座谈会等，为推动新疆生态文明建设和经济社会发展出谋划策。4. 与国家林业局等单位共同举办“关注森林”活动和森林城市建设座谈会；会同团中央等单位，制定《关于进一步深化保护母亲河行动的意见》。应有关方面邀请，委员会领导和委员出席生态文明贵阳国际论坛、中国环境科学学会交流年会、库布其国际沙漠论坛、中国国际环保展览会等会议活动，积极为加强生态文明建设汇聚正能量。

（七）积极开展对外交往和对台交流。应邀组织以吴双战副主任为团长的代表团赴巴西访问，重点了解自然保护区建设和管理情况。应法国驻华使馆请求，秦大河副主任会见法国参议院代表团，就巴黎气候大会、清洁能源发展、公众参与等话题开展讨论交流。委员会领导还积极参与全国政协有关外事活动，贾治邦主任率经社理事会代表团访问印度尼西亚，陪同王钦敏副主席会见柬埔寨代表团；李成玉副主任陪同印度尼西亚代表团访问北京和上海；秦大河副主任陪同齐续春副主席出访萨摩亚、斐济等。此外，应港澳台侨委员会邀请，组织部分委员与台湾地区绿色生产力基金会代表团举行座谈，就发展节能环保产业、清洁能源等问题开展交流。

（八）组织委员对《环境保护税法》等法律法规提出修改意见建议。应国务院法制办要求，通过座谈会和书面形式，组织委员就《环境保护税法》（修改稿）、《海洋环境保护法》（修正草案送审稿）和《海洋石油勘探开发环境保护管理条例》（修订草案送审稿）提出意见建议，一些建议已被采纳。

二、工作体会

（一）全国政协领导高度重视和关注，推动各项履职活动取得实效。全国政协领导高度重视和关注人口资源环境问题，加强对委员会工作的领导、支持和指导，促进了各项工作效率更高、效果更好、成果更实。俞正声主席多次就人资环委工作出题目、作批示，如指示委员会就建设工程质量问题开展调研和协商，批示就开好双周协商座谈会进行“解剖麻雀”式调研、对监督性调研进行总结等。杜青林副主席、张庆黎副主席兼秘书长等多次指示批示，对调研和协商题目提出建议，审研活动方案并提出要求，出席有关会议活动。联系委员会的罗富和、马培华副主席多次出席有关座谈会，带队调研，提出指导意见。

（二）坚持把学习放在首位，提高委员会整体履职能力。委员会及时组织委员深入学习习近平总书记系列重要讲话和俞正声主席重要指示精神，联系实际工作，积极创新方式方法，提高履职能力。举办“人口资源环境大讲堂”，在中共中央、国务院《关于加快推进生态文明建设的意见》出台后，及时邀请解振华副主任作学习辅导报告，帮助委员在履职中更好地知情明政、议政建言。

（三）运用多种方式积极开展广泛多层次的民主协商。落实《中共中央关于加强社会主义协商民主建设的意见》和《关于加强人民政协协商民主建设的实施意见》，注重营造协商讨论的民主氛围，为社会各界有序参与政协协商拓展渠道。

（四）加强统筹，充分调动积极性，发挥委员主体作用。

委员会领导集体团结协作，互相支持，认真负责，敢于担当，积极发挥各自优势，精心牵头组织调研和会议活动。各位委员积极参与履职活动，按照“懂政协、会协商、善议政”要求，不断增强履职责任感和使命感，提高履职能力。部分主任和委员还就资源枯竭城市转型、核电安全、南水北调中线工程等有关问题积极建言，得到中央领导同志的重视。办公室注重加强统筹安排和服务保障，确保所有委员能充分发挥专业优势履职建言。

（五）加强办公室建设，保证委员会履职工作顺利开展。办公室积极发挥统筹协调联络服务作用，为委员会履职当好参谋助手。及时组织学习中央文件有关新精神新要求、人资环领域新政策新动态以及政协工作新规章新制度，努力提高政务性和事务性服务水平；认真开展“三严三实”专题教育活动，落实中央和全国政协有关规定，建立完善规章制度和工作流程，强化作风和能力建设；组织全国暨地方政协人口资源环境委员会办公室干部培训班，切实推动办公室干部提高理论和业务水平，务实开展工作交流。

教科文卫体委员会 2015年，教科文卫体委员会在常委会和主席会议领导下，在办公厅的支持下，深入学习贯彻党的十八大和十八届三中、四中、五中全会精神，认真学习贯彻习近平总书记系列重要讲话精神，认真学习贯彻俞正声主席对全国政协和专委会工作的要求，紧紧围绕党和国家中心工作和政协工作大局，认真履行职能，聚焦深化改革，深入调查研究，积极议政建言，为促进经济持续健康发展、社会和谐稳定和人民政协事业发展作出了新的贡献。

在全国政协2015年重点工作布局中，教科文卫体委员会承担了重要的工作任务。完成十二届三次大会相关服务工作；牵头承办了以“积极培育和践行社会主义核心价值观”为议题的十二届政协第十二次议政性常委会；承办5次双周协商座谈会。组织开展了13项专题调研、4次界别委员活动，召开8次专题座谈会，开展5次教师节慰问和送文化、科技、医药卫生、体育下基层活动，开展1次出国考察、1次赴台参访。形成各类报告、信息、简报等21篇，其中报送6篇专题调研考察报告、5篇双周协商座谈会信息专报、3篇政协信息专报、7篇委员会工作简报。多项工作及成果得到俞正声、张高丽、刘延东、刘奇葆等中央领导同志的批示，受到高度重视并被有关部门采纳。

全国政协领导同志对教科文卫体委员会的工作高度重视、关心和支持，韩启德、万钢、卢展工副主席亲自带队深入基层调研，开展有关工作。一年来，全国政协领导同志率队和参加的工作12项，共计25人次，先后分赴12个省区市开展专题调研、考察、“下基层”、慰问等活动。参加委员会调研、考察、会议、活动的委员共353人，910人次，其中委员会委员共计109人、411人次，占委员会委员总数的95.6%。

一、围绕中心，服务大局，务实推进协商民主实践。参与牵头承办了以“积极培育和践行社会主义核心价值观”为议题的政协第十二届第十二次议政性常委会。为做好常委会有关专题的筹备工作，卢展工副主席率队赴多地开展专题调研。中央政治局委员、中宣部部长刘奇葆在《关于发挥中华优秀传统文化在培育和践行社会主义核心价值观中的作用》调研报告上作出批示，要求有关部门认真研究政协调研报告提出的意见建议。参与承办了“发挥国家实验室在原始创新中的引领作用”“推动传统媒体和新兴媒体融合发展”“西部农牧区包虫病防治”“促进高校办出特色和水平”“仿制药的质量问题与对策”5次双周协商座谈会。为筹备组织好会议，会前专门组织委员开展了调研和座谈。共邀请委员、专家学者近100人在会上作了预约发言或即席发言，围绕相关议题提出了切实可行的意见建议，受到中央领导同志及有关部门的重视。张高丽副总理对《关于发挥国家实验室在原始创新中的引领作用的建议》作出重要批示。国家卫生计生委高度重视并积极务实回应“西部农牧区包虫病防治”双周协商座谈会有关意见建议，专门致函全国政协办公厅，并于11月在成都召开四川省甘孜州石渠县包虫病综合防治试点启动会。

二、紧扣改革发展，聚焦我国教科文卫体事业发展领域的重点难点问题开展专题调研和考察。围绕专题议政性常委会、双周协商座谈会议题开展6项调研，还围绕教科文卫体事业发展开展7项专题调研。围绕“国家科技重大专项‘十二五’执行情况及‘十三五’时期相关建议”“加强财政科技资金的有效管理”开展监督性调研。结合提案督办，开展“公立医院改革中如何发挥中医药的特色优势”调研。就有关热点难点问题，分别围绕“老少边穷岛乡村教师队伍建设”“创新人才培养模式改革”“推进安宁疗护工作”“加快发展体育产业，促进体育消费”等开展调研。刘延东副总理在体育的调研报告上作出重要批示。其他调研也形成报告、提案、发言或信息，很多建议被有关部门采纳。结合重点调研，围绕“国外专科医生与全科医生的培养体制与作用”开展出国考察，形成的关于国外全科医生培养体制与作用的考察报告，中央改革办高度重视，部分内容摘编成信息，报送有关方面参阅。就“台湾工业技术研究院管理模式及运行机制”赴台开展交流参访。

三、发挥委员会联系界别作用，为委员知情明政议政建言搭建平台。全国政协十二届三次会议期间，首推教育界、科技界各1名委员分别代表教育界、科技界作大会界别发言，并分别形成相关提案，取得良好反响。持续推进界别协商议政，围绕“基础研究与创新驱动发展战略”广泛深入开展界别协商，国务院副总理刘延东在《优化科研投入结构，保障基础研究稳定发展》政协信息上作出重要批示。召开“研究推动全国村医培训项目落实”“加强青少年和学校体育工作，提高青少年身体素质”等专题座谈会。组织开展界别委员活动，组织部分教育、科技、文化、医卫、体育及相关界别委员分别赴高校、文化创意产业园、文化活动中心、国家地震紧急救援训练基地等开展界别活动，有效地帮助委员了解基层情况，为更有针对性地议政建言创造条件。

四、重视在经常性工作中创新，强化履职成效。在调研基础上，“老少边穷岛乡村教师队伍建设”调研组以委员会名义提交了相关提案，得到国家发改委重视，将乡村教师队伍建设问题补充纳入有关改革方案，教育部也针对提案中指出的问题增加了推动优秀人才到农村学校交流支教、提高乡村教师待遇等8条措施。开展重点提案“关于科技计划管理改革中要注重发挥基础研究创新引领作用”督办工作，与专题界别协商相结合，邀请委员与相关部委有关部门负责同志协商座谈，赢得提案人的高度认可。重视反映社情民意工作，就推进四川凉山基础教育发展情况形成意见建议转送有关部门，助推当地教育等民生事业加快发展。按照国务院法制办意见，组织委员就《医疗纠纷预防与处理条例（送审稿）》、《化妆品监督管理条例（修订草案送审稿）》、《残疾人教育条例修订草案（征求意见稿）》、《中华人民共和国职务发明条例（送审稿）》提出修改意见。与教育部联合开展“提高高等教育质量关键问题”研究，召开“提高专业学位研究生质量的关键问题研究”和“研究型大学投入体制机制关键问题研究”子课题研讨会。

五、开展教师节慰问和送科技、文化、卫生、体育下基层活动，让人民群众切实感到政协离自己很近。结合推动凉山民族地区基础教育，赴四川凉山彝族自治州开展教师节慰问；结合加强科普教育调研，赴四川甘孜藏族自治州开展送科技下基层；结合考察基层公共文化服务建设，赴河北平山、阜平、涉县革命老区开展送文化下基层；结合考察基层卫生事业发展，赴安徽舒城开展“卫生三下乡”；结合考察群众体育健身设施，赴贵州黔西南布依族苗族自治州开展送体育下基层活动等。通过物资捐赠、知识讲座、慰问演出、义诊会诊等形式，为基层百姓送去真情关爱。俞正声主席在“卫生三下乡”活动简报上作出批示：组织委员和专家到基层，将调研视察和服务群众相结合，取得了良好的效果，值得肯定，应适当宣传。

六、认真贯彻落实全国政协办公厅交办的重要工作。积极配合有关方面，圆满完成全国政协 2015 年新年茶话会文艺演出的筹备和组织工作。与中国儿童少年基金会在政协礼堂主办云南丽江民族孤儿学校演出大型儿童歌舞诗《蓝月谷》，俞正声主席、沈跃跃副委员长、张庆黎副主席等出席并观看演出。配合台盟中央组织部分文化艺术界政协委员赴台湾开展“海峡两岸君子之风——梅兰竹菊艺术雅集”文化交流活动，推动两岸共同传承和弘扬中华优秀传统文化。

七、践行“三严三实”，切实加强自身建设。经中央批准，在政协各专门委员会设立分党组。根据全国政协党组审议通过的《中共政协第十二届全国委员会各专门委员会分党组组建方案》，教科文卫体委员会分党组正式成立并开展工作。分党组认真学习领会文件规定和中央有关精神和部署，建立了学习、会议等相关制度，切实发挥领导核心作用，推动委员会各项工作。2015 年 7 月，全国政协修订了专委会通则，对新形势下的专委会工作、专委会运作、专委会建设等作出新的规定。委员会积极学习新规定、适应新规定，履行新规定。12 月，召开委员会第四次全体会议，传达学习中共十八届五中全会、中央经济工作会议、中央城市工作会议、中央扶贫开发工作会议精神，学习贯彻俞正声主席在政协十二届常委会第十三次会议上的讲话精神，总结 2015 年工作，部署 2016 年工作，卢展工副主席出席并讲话。在湖南长沙成功召开了全国暨地方政协教科文卫体委员会工作座谈会，深入学习贯彻党的十八届五中全会精神，学习俞正声主席关于做好政协工作的重要指示，就进一步创新工作思路和方法，为推动实现“十三五”时期我国教科文卫体事业发展目标建言献策深入交流研讨。

主要工作体会

一、坚持围绕中心，服务大局，落实全国政协重要决策部署。围绕中心、服务大局是委员会各项工作出成果、见实效的前提和基础。2015 年是全面深化改革的关键之年，是全面推进依法治国的开局之年，是全面完成“十二五”规划的收官之年。委员会认真学习贯彻俞正声主席关于做好 2015 年工作的总体要求，把落实好全国政协常委会、主席会议的部署作为工作中心，把承办专题议政性常委会、双周协商座谈会等作为工作重点，组织委员围绕会议议题认真调查研究，务实议政建言，各项工作取得良好成效。

二、坚持发挥委员主体地位和作用，调动委员履职积极性。充分发挥委员主体作用，是提高政协履职能力的基础和关键。委员会着重通过搭建履职平台，让委员发挥好参政议政主体作用。搭建协商议政平台，积极承办好专题议政性常委会和双周协商座谈会，坚持问题导向，充分保障委员的民主权利，让委员围绕会议主题畅所欲言，协商取得圆满成效；搭建专题调研考察平台，调研选题广泛征求委员意见建议，将组织委员会委员推荐遴选协商议题、调研选题作为“规定动作”列入议事日程，征集到协商议题87项，调研选题90项；搭建深入基层、了解民情的平台，组织相关界别委员开展“下基层”和教师节慰问活动；拓展委员发挥作用的平台，组织在京委员参加界别活动。

三、创新工作机制，突出重点，科学统筹，在活跃委员会工作和提升工作成效上下功夫。将委员会负责督办的重点提案与专题界别协商会议相结合，召开界别协商座谈会暨重点提案督办会，邀请委员与相关部委有关部门负责同志协商座谈，有效促进重点提案的督办。将委员会工作与扶贫工作相结合，为推动贫困地区经济社会发展献计出力。将委员会年度重点专题调研与国家专项课题研究相结合，承担教育部“提升高等教育质量关键问题研究”，研究成果为做好相关双周协商会工作打下基础。连续三年持续关注基础研究与原始创新问题，打好“组合拳”，通过专题调研、出访考察、重点提案督办、双周协商座谈会等多种形式，组织委员建言献策。与地方政协深度合作、形成合力，围绕“公立医院改革中如何发挥中医药的特色优势”，委托四川省政协、甘肃省政协开展调研，有效拓展了调研的广度与深度。

四、强化宗旨意识和为民情怀，将专题调研考察与服务群众相结合。委员会各项工作以务实为民为原则，高度重视工作创新和务求实效，将服务群众与专题考察相结合，在服务群众中深入了解基层情况，在专题考察中更好地服务群众。做到在服务基层群众过程中了解基层社会事业发展情况、群众的疾苦和诉求，在专题考察过程中更好为群众送去关爱、做好服务。通过面对面热心为基层群众服务，近距离聆听基层群众讲真话、讲实话，与群众建立真情厚谊，委员们了解到更真实、更具体的情况，为更好地围绕基层社会事业发展和民生改善务实建言打下基础。

社会和法制委员会　按照全国政协领导关于认真做好专委会工作，充分发挥好专委会基础性作用的有关要求，社会和法制委员会结合工作实际，突出特色和优势，明确2015年工作思路为：聚焦依法治国和社会建设改革重点，发挥主任会议领导作用，发挥委员主体作用和界别作用，着力搭建协商平台，深入研究突出问题，努力探索民主监督有效形式，不断加强自身建设，切实提高建言献策质量水平。

一、委员会2015年工作回顾

（一）切实发挥主任会议领导作用

注重发挥主任会议的引领作用，加强委员会集体领导。

——发挥主任会议作用，积极贯彻落实中央精神，研究部署各项工作，早订计划、明确分工、狠抓落实。创新主任会议工作形式，一方面充分发挥各位主任资源优势和动员能力，搭建委员会与有关党派、部门、团体、界别合作的桥梁，另一方面，建立“社法委主任工作”微信群，便捷沟通，提高时效。

——各位主任积极参加活动，发挥带动示范作用。孟学农主任、陈冀平副主任分别在十二届十二次常委会和十二届三次全会上代表社法委作大会发言。全年各位主任带队参加委员会组织的专题调研、赴台湾和赴捷克、俄罗斯考察活动共计75人次，参加专题协商会、双周协商座谈会共计23人次。

——各位主任带头深入研究问题，肩负起把关责任。研究问题求深、求精，强调用事实说话、重数据分析，多方权衡利弊、兼顾两面、不走极端，力求调研后提出的意见建议具体、有力、可操作。“人民法院司法体制改革”专题协商会议题涉及多项重大改革，委员会领导多次带队赴基层调研，多次座谈研讨，多方听取意见，反复分析研究，为会议圆满顺利召开、取得良好效果打下了坚实基础。最高人民法院专门召开党组会学习贯彻此次会议精神并以文件形式向全国政协报告。

一年来，委员会领导班子发扬民主，平等议事，相互支持，形成了团结和谐、充满活力的工作局面。在主任会议领导下，委员会工作向心力显著增强。

（二）注重发挥委员主体作用

努力为委员履职创造条件、提供便利，激发委员工作热情。

——多沟通、多问询，委员会在定调研题目、订工作计划前广泛征求本委委员、联系界别委员和相关单位意见，将征集到的所有选题分别纳入社会、法制工作题库，为确定工作选题提供参考和依据。

——多交流、多留心，关心委员的工作和生活，了解委员专业背景、工作领域和关注问题，有针对性地邀请委员参加活动，使选题契合委员关注、引起委员兴趣，有利于研究深入。同时，特别注意从委员履职建言中发现参会人员和选题方向等线索，分析哪些委员符合参加哪些方面的课题或专题调研。

——多形式、多内容，包括京外调研邀请所到地区的委员参加，调研期间安排委员与职能部门面对面交流等，拓展委员参与的广度和深度。充分发挥委员专业优势，就《促进科技成果转化法》等十多部全国人大、国务院办公厅、国务院法制办的重要文件和法律法规提出修改意见。

——建立“社法委委员群”，通过微信等新媒体快速推送工作信息，即时发布工作成果，及时反馈意见建议，保障了委员知情权，实现了沟通的便捷、高效。

通过以上措施，委员会深化了与广大委员的联系，掌握了一批懂政协、会协商、善议政的骨干委员，动员了一些有想法、愿出力未加入专委会的委员，让委员们干事有舞台、建言有渠道、工作有作为，夯实了人力和智力基础。

（三）大力推进界别协商

积极建平台、建机制，推进界别协商更加广泛、更加多元、更加深入。

——注重发挥界别委员作用，组织开展协商议政活动。如组织“建筑业工伤保险”监督性调研，多次召开会议，分层次、分门类，专门组织总工会、福利保障、社科界委员参与座谈，并分别参加人社部、住建部、安监总局、总工会四部门共同组织赴八省市的督导检查活动，借助界别力量推动政策落地，调研内容和效果上都强调一抓到底、务求实效，最终督促并推动 31 个省一级部门全部出台了实施细则。与界别所依托的全总、团中央、全国妇联、中国残联等团体建立经常性联系机制，互相推荐委员和专家学者参加各自活动，取得了合作双赢的效果。“残疾人权益保障”“促进家庭服务业发展”双周协商座谈会，与中国残联、全国妇联进行了良好合作。同时，注意将社科界等无组织依托的界别协商活动纳入工作范畴。在制订年度工作计划时主动征求社科界召集人意见，商定了社科界别活动和协商议政选题。

——以制度化形式巩固和加强与党派团体的合作。2015 年，委员会领导分别与民革中央、农工党中央领导签署了书面合作协议，确立了委员会办公室与党派办公厅在工作层面的联络沟通机制，明确了合作的具体内容和方式。应中国残联领导要求，委员会现正探索在更高层面建立合作机制的方式。

上述合作协议的签订和工作机制的建立，进一步拓宽了开展界别协商、专题协商、对口协商、提案办理协商以及会议协商和日常调研的平台，为委员会工作提供了更广阔的舞台和空间。

（四）注重加强委员会自身建设

适应新形势新任务新要求，注重建章立制，固本强基。

——认真贯彻落实新修订的专委会通则。在主任会议领导下，结合社法委工作实际，提出了贯彻实施新通则的具体意见。按照全国政协党组要求，短时间内完成分党组组建工作，并迅速召开分党组第一次会议，学习贯彻中央精神，研究部署工作，强调充分发挥分党组作用，切实在深入调查上下功夫，在分析和集中各方意见上做研究，引领委员会工作不断改进。

——注重工作总结和程序规范。在长期探索和总结经验的基础上，双周协商座谈会筹备、调研组织等工作上形成了较为统一的工作模式和规范有序的工作流程，减少了重复劳动，提高了工作成效。比如双周协商座谈会的筹备，明确内容为重、质量为先的原则，人员选择注重中共与非中共、京内与京外、理论与实践三个相结合，发言提前预选，要求小切口、多角度、不同向、有交锋。虽然双周协商座谈会承办任务最重，但5次会议效果都较好，得到全国政协领导充分肯定。

——加强委员会办公室建设。以党支部为引领，抓党务、带队伍、促业务，结合“三严三实”专题教育活动严抓学习不放松，整改工作不松劲；健全制度，加强管理，力促办公室工作科学化，服务委员精细化；实施能力提升工程，实现政协办公厅与委员会工作的实时有效对接。

——加强横向、纵向工作联系。加强与其他专委会的协调配合，共同组织议政性常委会。利用社法委工作座谈会和外地调研加强与地方政协社法委的联系沟通，就“道路交通安全管理体制”等专题与地方政协开展联合调研，进行委托调研。

——主动与新闻媒体合作。“规范城管执法行为”双周协商座谈会和相关调研、座谈，主动邀请媒体参加，人民日报、人民政协报、法制日报、《中国政协》杂志等多家媒体持续关注、跟踪报道，特别是人民日报打破常规，首次对全国政协没有副主席带队的活动进行了整版报道。大会期间，联系中央电视台对部分委员进行采访，通过新闻联播、焦点访谈、《中国新闻周刊》等宣传社法委工作，传播政协好声音。

随着委员会分党组的成立和贯彻专委会通则意见的出台，以及一系列规章制度的不断建立，委员会工作制度化、规范化、程序化进程将进一步加快。

二、工作体会

2015年，在主任会议领导下，在各位委员的共同努力下，在办公室同志精心安排下，社会和法制委员会圆满承办了5次双周协商座谈会、1次专题协商座谈会，组织各种形式的调研考察活动15项，提交调研报告和信息16份，获得李克强总理、俞正声主席、张高丽副总理等党和国家领导人批示10次，成果丰硕，成效显著。我们的体会是：

（一）加强主任会议领导作用可以有效提高工作科学化水平。有利于推进委员会整体工作部署的科学化水平；有利于调动各方资源，便利工作开展；有利于增强委员会凝聚力和向心力，提高整体工作效能。

（二）发挥好委员主体作用可以显著提高能力建设成效。有利于集个体为一体，汇集委员各自学识和所长，提高调查研究深度和质量；有利于发挥委员建言议政渠道广泛的优势，通过提案、大会发言、信息等多种渠道反映委员会参政议政成果；有利于发挥委员在各自界别和行业中作为代表者和带头人的作用，更好地团结联系各方推进工作。

（三）积极搭建平台可以借智引力，切实提升界别活动实效性和影响力。有利于发挥委员会组成广泛、人才荟萃和党派团体智力密集、地位超脱的特点，就各自活动形成有益互补、成果共享，提高参政议政的质量效果；有利于推进民主协商制度的创新，探索民主协商新思路、新形式；有利于提升民主监督的高度，扩展民主监督的广度，挖掘民主监督的深度，多频率多形式地开展民主监督，可以更有力地推动监督成果落地。

（四）加强委员会自身建设可以促使工作良性循环。有利于推进工作作风建设，提高政治把握能力、调查研究能力、联系群众能力和合作共事能力；有利于工作保持经常性、长期性和有效性，避免随意和流于形式；有利于委员熟悉和掌握工作特点和规律，活跃工作、开拓创新。

一年来，社法委工作取得的成效得益于俞正声主席、杜青林副主席等全国政协领导的高度重视与关心，张庆黎副主席兼秘书长直接抓部署、抓落实，卢展工、齐续春、陈晓光、刘晓峰副主席亲自带队深入基层调研，董建华、万钢、林文漪、何厚铧、李海峰副主席出席委员会承办的会议，都给予了委员会工作有力支持。按照全国政协领导做好专委会工作的指示要求，委员会在工作创新、履职质效上还有进一步的提升空间，在界别活动和委员履职形式上还须有新的举措，今后工作中在这些方面将继续完善和改进。

民族和宗教委员会 民族和宗教委员会在常委会和主席会议领导下，紧扣中央重大战略部署和全国政协工作重点，聚焦民族宗教领域重点热点难点问题，开展调研考察，反映社情民意，积极建言献策；就涉藏涉疆问题开展对外宣传和友好交往。取得新成绩。

一、围绕“十三五”规划制定和“一带一路”战略实施，关注民生改善，为实现民族地区同步建成小康社会献计出力

（一）结合第十一次常委会议题，就“十三五”规划中民族地区发展需要关注的问题赴内蒙古、云南调研，并请其他6个民族省区政协协同调研。针对民族地区基础设施建设滞后、承接产业转移准备不足、对内对外开放水平不高和各类人才短缺等突出问题提出意见建议，向中央报送了《调研报告》。李克强总理、张高丽副总理作出批示，要求国家发展改革委会同有关部门研究解决相关问题。

（二）就丝绸之路经济带建设所涉及民族宗教问题开展调研。多次组织召开座谈会，与有关部门和专家深入研讨，赴甘肃、新疆调研，提出加快沿线民族地区经济社会发展，增进各民族交往交流交融，充分考虑民族和宗教因素及其影响，有效防范和规避各种风险等意见建议，向中央报送调研报告，为顺利推进战略实施提供参考。

（三）承办“集中连片特困地区精准扶贫”双周协商座谈会。在深入宁夏、贵州调研，了解掌握情况基础上，承办双周协商座谈会。14个片区的18位委员和专家学者围绕精准扶贫、精准脱贫，采取切实有效措施，发挥社会整体力量的作用，坚决打赢扶贫开发攻坚战建言献策。向中央报送《关于集中连片特困地区精准扶贫工作的建议》，为中央扶贫开发工作会议提供参考。

（四）承办“西部农牧区包虫病防治”双周协商座谈会。遵照俞正声主席重要批示，深入青海、四川藏区包虫病高发区调研、掌握实情，在此基础上会同教科文卫体委员会承办双周协商座谈会。来自9个包虫病高发省区和防控一线的委员及专家学者提出综合防治重在源头、落实责任、加强联动等意见建议，向中央报送《关于

加强西部农牧区包虫病防治工作的建议》。会后，国家卫生计生委向国务院和全国政协报送《关于贯彻落实全国政协西部农牧区包虫病防治工作双周协商会精神的报告》，制定出台编制“十三五”防治规划等十项措施的《工作方案》。俞正声主席，杜青林、张庆黎副主席作出批示。科技部函告，将包虫病防治列入“十三五”重大动物疫病防控技术研发计划进行部署，启动国家包虫病综合防治试点工作。本次会议视频首次实现全国政协双周协商座谈会网络播放。

（五）开展“少数民族传统医药的传承发展”专题考察。赴广西、贵州考察的同时，委托、商请6个民族省区政协调研或协同调研，全面了解掌握现状。提出加强整体规划，完善法律法规，健全扶持政策，加强人才培养和标准制定等意见建议，向中央报送考察报告。俞正声主席、刘延东副总理、杨晶国务委员作出批示。

此外，还就民政部《关于自治州行政区划体制改革的研究报告》（征求意见稿）、中宣部《民族区域自治制度在西藏的成功实践》白皮书（征求意见稿）等认真研究并提出意见建议，为中央有关决策提供参考。

二、发挥民主监督作用，推动依法治国方略在宗教领域落实，促进重点难点问题解决

（一）就《宗教事务条例》实施十周年贯彻落实情况进行监督性调研。赴广东、甘肃调研，并请其他29个省区市政协协同调研，与党政有关部门、各全国性宗教团体深入研讨。针对《条例》不适应和相对滞后的问题，从6个方面提出30余条修改建议，向中央报送《关于修订完善〈宗教事务条例〉、推动依法管理宗教事务的调研报告》。为国务院修订《条例》提供参考。俞正声主席作出批示。

（二）继续就“积极引导宗教与社会主义社会相适应”专题开展调研。赴山西、湖南调研，着重就坚持宗教中国化方向，遏制极端思想渗透，以法治思维和法治方式提高宗教事务管理水平，引导宗教更好地与当代中国社会发展相适应等进行深入研究，向中央报送调研报告。

（三）遵照俞正声主席重要批示，就“宗教界收养孤儿弃婴问题”开展专题调研。与公安、民政、社保、卫生计生、宗教等部门及新华社和相关省份座谈协商，赴福建、河北两省考察宗教活动场所和宗教界兴办的孤儿院、残障儿童康复中心等，了解困难和问题，提出切实贯彻国家有关法规政策，强化政府责任，提高保障能力，重视发挥宗教界积极作用，建立协同工作机制，依法开展收养活动等对策建议。俞正声主席将报告批转有关部门落实。

（四）认真落实俞正声主席重要批示，就有关宗教土地房产历史遗留问题开展调研。多次与中央统战部、军队有关方面、宗教界人士、地方党政部门等沟通协商，听取意见，核实情况，提出实事求是、依法依规、尊重历史、妥善解决问题等意见建议。俞正声主席，中央军委副主席范长龙、许其亮作出批示。

三、搭建平台，畅通渠道，密切联系，做好界别委员反映社情民意和提案督办工作

（一）发挥界别座谈会的平台作用和品牌效应，组织召开3次少数民族界、宗教界委员反映社情民意座谈会，集中反映当前民族宗教领域的重要情况、热点难点和重大关切。同时在政协大会、调研期间和日常工作中及时收集委员意见建议，促进履职成果转化。全年共整理报送社情民意信息47篇，其中多篇信息得到俞正声主席，杜青林、张庆黎副主席和多位中央

领导批示，推动了相关问题解决。

（二）通过与有关部门沟通协商、请提案人参加相关专题调研、督促承办单位研究答复等方式，完成《关于实施精准扶贫工程让民族地区同步实现小康的提案》《关于加强农村地区宗教活动管理的提案》和《关于加大六盘山片区“三西”地区支持力度的提案》等督办会办工作。

（三）重大节日期间走访慰问全国性宗教团体和宗教界人士，沟通交流、交换意见；与中央统战部等部门联合举办“首都各民族人士迎春茶话会”；参加西藏自治区成立50周年和新疆维吾尔自治区成立60周年庆祝活动、纪念丁光训主教诞辰100周年座谈会、第四届世界佛教论坛、古尔邦节招待会等活动，密切与少数民族、宗教界委员的联系。

四、发挥优势，拓展领域，开展交流，为维护国家核心利益、实现祖国统一做出贡献

（一）组建“中华民族团结进步协会大陆少数民族代表人士参访团”赴台访问。参访团会见台湾“监察院”“行政院原住民族委员会”负责人、“立法院”原住民、“立法委员”、国民党中常委等，广泛接触多地原住民县区民意代表、工作人员、村民代表等基层民众，与台湾少数民族代表人士建立联系，积极传递中央对台湾同胞的关心和善意，宣介大陆发展情况，进一步拓展深化两岸民族领域交流。热情接待台湾慈济慈善事业基金会、台湾妈祖联谊会等参访团，主动宣介大陆民族宗教方针政策和有关情况，加深了解，增进感情，取得良好效果。

（二）充分发挥自身特色和优势，有针对性地就涉藏问题开展对外交往工作，维护国家核心利益。代表团赴澳大利亚、新西兰广泛接触两国议会、政府和华人侨团、海外藏胞，接受多家主流媒体采访，宣传中国民族区域自治制度和宗教工作方针政策，介绍西藏发展成就和变化，不回避“敏感”问题，用事实说话，挤压“藏独”势力的生存空间，达到正面宣传、增进了解、消除偏见的积极效果。

五、学习贯彻中央精神，创新工作方式，注重履职能力建设，加强工作交流合作

牢牢把握正确的政治方向，及时组织在京委员学习领会中共十八届五中全会精神和中央统战工作、中央经济工作等会议精神，增进共识，自觉把思想和行动统一到中央的各项决策部署上来，并认真贯彻落实到履职实践中。

召开全国暨地方政协民宗委工作交流会，深入学习贯彻中央一系列重要会议精神，统一思想，提高认识，深刻把握人民政协民族宗教工作的特点和规律，加强工作交流，建立合作机制，更好服务党和国家民族宗教工作大局，王正伟副主席出席会议并讲话。

首次结合实地考察，组织举办在京委员五大宗教知识讲座，丰富专委会活动内容和形式，为委员了解掌握宗教知识和有关情况，提高参政议政能力创造条件。

认真贯彻全国政协党组工作部署和要求，成立分党组，遵照《中共政协全国委员会各专门委员会分党组工作规则》开展分党组工作，在委员会工作中更好地坚持党的领导，贯彻党对人民政协工作的要求，为委员会履职服务。

港澳台侨委员会 2015年，港澳台侨委员会在政协常委会和主任会议领导下，在办公厅的支持下，认真学习贯彻习近平总书记系列重要讲话和俞正声主席关于政协工作的指示精神，以落实“四个全面”战略布局为主线，以凝心聚力为重点，创新工作思路，拓展工作内涵，较好完成了调研考察、出访参访、接待来访、

组织会议和活动等项工作任务，开局成效良好。

一、2015 年主要工作情况

一年来，委员会共组团赴港澳台访问 13 次，出访看望海外侨胞 3 次；邀请、会见港澳台和海外的 55 个重要团组 1065 人次；组织专题调研 3 项；组织双周协商座谈会 1 次；组织港澳委员考察 3 次，海外列席侨胞回国考察 1 次，协助组织台联界、侨联界委员考察各 1 次；形成的报告信息得到中央领导批示 3 次。举办委员会学习讲座 3 次，港澳委员专题学习讲座 2 次，新任港澳委员研习班 1 次；召开委员会主任会议 3 次、全体会议 2 次；邀请港澳爱国社团青年到内地开展体验式学习考察，组织澳门青年人才到内地进行学习实践；组织港澳委员出席纪念中国人民抗日战争暨世界反法西斯战争胜利 70 周年活动，邀请港澳台侨嘉宾出席国庆 66 周年观光活动，举办中国河洛文化学术研讨会等。

（一）发挥港澳委员双重积极作用，为国家和港澳发展献计出力

积极建言献策，深化港澳与内地交流合作。一是组织考察活动。董建华、何厚铧、李海峰副主席亲自带领港澳委员赴河南、黑龙江、江苏，考察当地经济社会发展情况，围绕“一带一路”、“东部陆海丝绸之路”等国家重大战略，拓展港澳与内地交流合作提出意见建议。二是深入开展调研。杨崇汇主任带队组成调研组，实地考察企业、听取意见，形成《关于“十三五”规划若干建议》的调研报告，有关建议得到全国政协领导和相关部门的高度重视，张德江委员长批示国务院港澳办等有关部门阅研。三是积极提交提案，反映社情民意。本届以来港澳委员共提交提案 1106 件，238 名港澳委员作为第一提案人或提案人参与提出提案。

帮助港澳委员知情明政，夯实履职基础。一是举行情况报告会，组织港澳委员听取国家发改委、财政部报告，了解国家宏观经济运行情况。二是召开大会、常委会会议精神传达会，协调办公厅领导赴港澳为委员解读“两会精神”，传达第十一次、十二次、十三次常委会精神。三是结合重点、热点问题，举办“一带一路和人民币国际化”、“国家海洋强国战略”等专题讲座。四是举办新任委员培训班，63 位新任港澳委员参加委员履职培训。

聚焦青年群体，争取新生代人心回归。根据港澳形势变化，我们邀请以港澳委员为主导的 10 个港澳社团组织 160 多位港澳青年人赴内地五省市，围绕中国梦、民族魂、大众生活、就业创业、社区服务等港澳青少年关注的问题开展体验式学习考察。俞正声主席、张庆黎副主席兼秘书长等全国政协领导亲切会见考察团，李海峰副主席和委员会领导与大家深入交流。继续举办第四期“澳门青年人才上海学习实践计划”。支持澳区政协委员与陕西、天津政协合作，开展第一期“澳门社区工作者陕西体验式研修计划”和第一期“澳门大学生天津学习交流计划”。

加强交流联谊，服务港澳中心工作。委员会通过各种方式支持港澳委员开展会务活动，提高社团在港澳社会的地位和影响力，支持鼓励港澳委员在后政改时期继续发挥积极作用。全国政协领导和委员会领导应邀出席港澳重要爱国社团举办的活动，对社团的工作予以支持和肯定。港澳重要爱国社团和青少年社团来访，全国政协领导和委员会领导高度重视，亲切会见并给予勉励。

（二）对台工作积极稳妥推进，两岸交流不断拓展深化

继续巩固深化与台湾民意代表的机制化交流。邀请台湾民意代表交流参访团一

行到北京、青海进行参访。这是全国政协委员与台湾民意代表的第十二次交流，俞正声主席会见参访团并发表重要讲话。此次交流活动注重邀请基层民众与青年人士，我们抓住有利时机，多做人心工作。组织政协委员联谊会交流参访团应台湾民意代表交流基金会邀请赴台参访，共同举办“携手推动两岸青少年传统文化教育”主题座谈会，深入中南部倾听基层民众心声，着力做好台湾中南部、中下层、中小企业和青少年工作。

组织全国政协第三十五次双周协商座谈会。在专题调研的基础上，与台盟中央联合承办以“台资企业在大陆经济转型升级中遇到的新问题”为题的双周协商座谈会。这是贯彻落实中央关于“切实帮助大陆台商解决实际困难”精神的重要举措，为解决台资企业在大陆经济转型升级中遇到的新问题提出建设性意见，会议信息专报得到了张高丽副总理的批示。

不断扩大共识、强化认同。邀请台湾中华侨联总会组织以台湾部分中学校长、教师等教育界人士为主的交流参访团赴四川参访。邀请台湾中国青年大陆研究文教基金会参访团一行赴湖南参访，成员以基金会总部负责人、各县市团委会及活动中心的总干事等青年工作者为主。举办第二届“两岸一家亲·共圆中国梦——海峡两岸国画艺术交流展”，搭建两岸艺术家联谊交流的平台。

着力发挥河洛文化、黄埔精神在两岸交流中的纽带作用。应台湾中华侨联总会邀请，组织“中国河洛文化研究会交流参访团”赴台参访。在台成功举办第十三届河洛文化学术研讨会，邀请来自世界各地的150多名专家，就河洛文化与台湾文化、海外华人文化的融合与发展等议题开展研讨，增进了两岸血脉相联、文化同源的共识。参访正值台湾地区领导人大选前夕，参访团按照中央要求，在与台湾有关团体和人士的座谈中，积极主动做工作，深入阐述我对台方针政策，鼓励他们继续为两岸关系和平发展作贡献。积极支持第六届“中山·黄埔·两岸情”论坛，发扬黄埔精神，努力做团结岛内统派力量的工作。

（三）发挥政协侨务资源优势，联谊交友取得新成绩

做好海外侨胞列席系列工作。邀请38位海外侨胞列席全国政协十二届三次会议，进一步增进列席侨胞对我国社会主义民主政治和国家治理能力现代化的认识。围绕第十一次常委会议题，向海外侨胞中的专家学者征集22篇建言献策文章，提交常委会参阅。

积极开展侨务民间公共外交工作。组织1个全国政协代表团赴阿联酋、柬埔寨、日本访问，组织2个委员会代表团赴塞舌尔、马来西亚、印度尼西亚、澳大利亚、新西兰、斐济走访侨社，看望侨胞，了解侨情，出席澳洲中国统一促进会成立十周年庆祝活动。代表团向海外侨胞宣传“一带一路”等重大战略，讲好“中国故事”，介绍社会主义协商民主和全国政协工作，就侨胞如何发挥民间公共外交作用等听取意见建议，鼓励海外侨胞为实现中华民族伟大复兴的“中国梦”而努力。

落实习近平总书记做好留学人员工作指示精神，联合致公党中央，围绕“中高端留学人才回国创新创业问题”开展调研，就进一步加强统筹协调，促进海归人才自由流动；发挥社会中介、群团组织作用，增强留学回国人员的归属感；加快海外人才引进工作法制化建设；发挥“五侨”作用，建设统一信息交流平台等提出建议。

邀请曾经列席政协会议的20名海外侨胞回国，赴贵州毕节实验区进行考察，

了解中国共产党与各民主党派团结合作、共谋发展的实践成果，切身感受中国共产党的伟大、中国协商民主的特点和优势。侨胞为贵州毕节贫困地区捐款110万元。与侨联界组成界别联合考察团，围绕“发挥侨界资源和优势，推动长江经济带战略实施”主题赴重庆、湖北考察。考察团提出在长江中上游建立内陆自贸区和物流中心、建立长江经济带人才引入机制等意见建议。

（四）加强参政议政能力建设，提高委员会及办公室工作水平

成立港澳台侨委员会分党组，加强党对专委会工作的领导。组织召开委员会主任会议和全体会议，及时传达中央有关文件、会议精神，专题学习习近平总书记系列重要讲话。充分发挥委员会委员的主体作用，认真履职尽责。紧密联系当前港澳台侨形势，组织三次委员会学习讲座。委员会办公室组织港澳全国政协委员出席纪念中国人民抗日战争暨世界反法西斯战争胜利70周年活动，组织港澳台侨嘉宾来京参加国庆66周年观光活动，团结凝聚海内外中华儿女爱国热情。

委员会办公室党支部2015年完成换届。新一届党支部认真学习领会全面从严治党战略部署精神实质，进一步加强学习，着力提高公文写作能力和业务理论水平。高度重视委员会办公室队伍建设，重点抓好集体学习研讨和规章制度建设，做好机关涉港澳、涉台业务的归口管理。

二、一年来的主要工作体会和不足

主要工作体会包括：一是要着眼于凝聚和增进共识，讲好中国故事。我们发挥委员会的特色和优势，利用各种机会向港澳台侨同胞宣传中国特色社会主义理论、制度、道路的独特优势，阐述“四个全面”“一带一路”战略的重要意义、人民政协协商民主重要作用等，促进沟通、增加共识，使实现中华民族伟大复兴中国梦的共同思想政治基础更加牢固。

二是要着眼于巩固和扩大团结，构建好多方联动机制。我们在组织港澳委员、海外侨胞考察，接待台湾来访团组等活动中，注重调动全国政协、地方政协、相关界别等多方积极性，形成多方力量协调共振开展工作的局面，巩固扩大团结面。

三是要着眼于因时创新，打造好政协港澳台侨工作新品牌。2015年开创的港澳爱国社团青年骨干体验式学习考察活动，组织160余名青年代表深入内地生活考察学习，亲身体验、亲身感受、亲身见证祖国内地经济社会发展的成果，为港澳台侨青少年工作的开展提供了良好示范。

一年来，委员会工作取得新进展的同时，也存在一些不足，比如，如何进一步提高调研活动成效，提高参政建言质量；如何丰富团结联谊的方式方法，扩大联系范围；如何密切联系工作对象，及时收集反映意见建议；等等。这些都需要在今后的工作中切实加以研究改进。

外事委员会　2015年，外事委员会认真学习贯彻中共十八大及十八届三中、四中、五中全会和习近平总书记系列重要讲话精神，在全国政协常委会和主席会议的领导下，按照全国政协工作部署和俞正声主席等领导同志要求，深入调查研究，积极议政建言，加强对外交往，各项工作成效明显。一年来，外委会共赴9个省区市进行4次调研和考察，承办1次双周协商座谈会，组织3个代表团出访8个国家，邀请接待2个国家相关机构组团来访，召开3次国际形势分析会，形成20多篇报告、简报和信息。张高丽、汪洋、杜青林、杨晶等领导同志在有关报告和信息上作了重要批示。

一、开展调查研究，为“十三五”扩大对外开放献计献策

围绕制定国民经济和社会发展“十三五”规划议政建言，是全国政协2015年的重点工作。外委会围绕这一主题，组织委员赴天津、山东，就“十三五”时期我国对外开放面临的形势、机遇和需要关注的问题进行专题调研，建议围绕如期全面建成小康社会谋划和推进“十三五”对外开放，以实施“一带一路”战略为重点、以寻求各方利益汇合点为核心、以统筹“走出去”和“引进来”为途径、以高质量利用外资成果促进我国三次产业协调发展、以政府引导的市场化运作加快实施“走出去”战略，有效整合和发挥各类开发区在促进开放型经济发展中的示范引领作用，积极探索促进国内国际要素有序自由流动、降低交易成本的制度创新模式和运行模式，着力推动对外贸易转型升级，更加重视软实力运用和参与国际经贸规则制定，并通过调研简报形式报送有关部门参考。结合调研情况和成果，外委会还在全国政协十二届常委会第十一次会议上作了“努力构建‘十三五’全方位对外开放新格局”的大会发言。

二、通过双周协商座谈会议政建言，促进边境经济合作区建设

边境经济合作区对促进边疆地区经济社会发展、巩固边疆安全、维护民族团结、增进与周边国家的互利合作发挥了重要作用。随着“一带一路”战略的实施，提高边境经济合作区发展水平的任务更为紧迫。全国政协将“促进边境经济合作区建设”列入双周协商座谈会议题，外委会将筹备和开好此次双周协商座谈会作为2015年工作重点，精心筹划，组织委员先后赴广西、云南和内蒙古、黑龙江4省区进行系列专题调研，深入了解边境经济合作区发展现状、存在的主要问题，听取当地政府、政协委员、专家学者、边合区管理部门和企业负责人对边境经济合作区的意见和建议，掌握大量第一手资料，形成综合性简报，报送有关部门参考。在此基础上，邀请部分外事委员会委员和专家学者，就边境经济合作区建设的相关问题进行深入研究，深化调研成果，并加强与致公党中央的合作，就承办好双周协商座谈会，特别是提炼和精选发言材料进行沟通与协调。

9月初，全国政协以“促进边境经济合作区建设”为题召开第36次双周协商座谈会。俞正声主席主持会议并讲话，杜青林、张庆黎副主席出席，万钢、陈元副主席和17位委员及专家分别发言。商务部、外交部、国家发展改革委、国土资源部负责同志介绍情况、作互动交流。通过交流讨论，与会委员建议：坚持互利共赢原则和睦邻安邻富邻的周边外交政策，寻求边境经济合作区发展的新动力，为实现“富民、兴边、强国、睦邻”的目标作出新贡献；坚持实事求是，以市场为主导开展边境经济合作，适应不同的市场需求，形成差别化的边境经济合作区发展模式；加强口岸建设，促进通关便利化，创新边民互市贸易监管模式，加快跨境电子商务产业发展；建立以政府间协议为基础的制度保障，形成鼓励投资和创新的发展环境；以产业、贸易、旅游和人文合作为发展重点，加强与周边国家合作，形成各具特色的优势产业；完善以物流、人流便利化为重点的政策措施，对利国利民利边的做法加强引导和支持，充分调动各方面的积极性。会后形成一期综合信息和一期信息专报，张高丽副总理、杨晶国务委员作出重要批示。

三、组织专项考察，推动提升长江经济带开放型经济水平

长江经济带覆盖我国11个省市，横跨东中西三大区域，拥有服务东西双向开放优势，开放型经济发展潜力巨大。近年

来，长江经济带对外开放步伐加快，经济实力不断增强，在我国开放型经济发展格局中的地位和作用进一步提高。国家长江经济带战略的实施，为长江流域扩大对外开放、提升开放型经济水平提供了新的机遇。

外委会以“提升长江经济带开放型经济水平”为题，组织委员赴安徽、湖北、重庆三省市进行专项考察，有的放矢地提出建议：统筹长江经济带开放型经济和沿江区域协调发展，助推如期实现全面建成小康社会；加快产业转型升级步伐，着力提高产业国际竞争力；扩大多元投入，优化支撑开放型经济的交通运输体系；大力发展电子商务，培育开放型经济新动力；参与重大项目建设，加强同“一带一路”战略的衔接互动；加大改革力度，促进长江经济带对外经贸合作便利化；发挥人才智力优势，把产学研合作成果紧密应用于提升开放型经济水平之中。考察成果以考察报告和政协信息形式报送中央领导及有关部门。汪洋副总理、杜青林副主席分别作出重要批示。

四、加强对外友好交往，服务国家总体外交

按照国家对外工作总体部署，加强同各国人民、政治组织、媒体智库等友好往来，为我国发展营造良好外部环境，是外委会的一项重要工作。

在“一带一路”建设进入务实合作阶段，在中欧建交40周年和中国与中东欧、中亚、东南亚国家合作呈加速发展势头的背景下，外委会组织3个代表团，先后对匈牙利、德国、塞尔维亚、芬兰、哈萨克斯坦、印度尼西亚、文莱、柬埔寨8个国家进行友好访问，并就推进“一带一路”建设、推进产能合作、加强文化交流等进行调研。外委会代表团分别与上述国家的议会及其专门机构负责人、议员友好小组举行会见会谈，积极宣介中国“四个全面”战略布局、我国经济社会发展情况、对外开放政策、中国共产党领导的多党合作和政治协商制度、社会主义协商民主，广泛交换对双边关系、国际形势和地区热点问题的看法，深入探讨共建“一带一路”和加强务实合作的途径与方式，坦诚回答外方关注的问题，与部分国家的智库进行座谈交流，实地考察往访国中资或中外合资企业、中外合作建设项目等，达到了增进了解、深化友谊、促进合作的目的。根据访问和调研情况，代表团就加强中国与欧洲、中亚、东南亚国家之间的友好合作关系，推进“一带一路”建设与沿线各国发展战略相对接，深化基础设施建设、国际产能、装备制造、能源和新能源、清洁技术合作，扩大人文领域交流，发挥人民政协在对外交往中的优势和作用等内容，提出了富有针对性和可操作性的意见建议，受到有关部门的重视。

2015年是中国西班牙建立全面战略伙伴关系10周年，两国关系面临新的发展机遇。中蒙关系是中国周边外交的重要方向。外委会邀请并接待西班牙参议院外事委员会、蒙古大呼拉尔安全与对外常设委员会代表团访华。韩启德、王家瑞副主席分别会见上述两个代表团。外委会与这两个代表团举行会谈，双方就双边关系发展、“一带一路”建设、亚洲基础设施投资银行创立、红十字会合作、各自履职形式和平台等问题进行了交流与探讨。期间，安排两个代表团赴北京、上海、江苏等地访问，加深对中国情况的了解。

外委会重视应约来访的会见接待，委员会领导分别会见澳大利亚参议院经济指导委员会主席、泰国泰北前议员代表团、越南驻华大使、塞尔维亚议会对华友好小组主席、韩国韩中文化中心代表团，就双方共同关心的问题深入交换意见。还参加了全国政协领导会见外宾、庆祝中国与芬兰建交 65 周年等活动。

五、召开国际形势分析会，务实提出对策建议

国际形势分析会是外委会委员履行职责、议政建言的重要平台和品牌。2015 年，外委会深入学习贯彻中央外事工作会议和习近平总书记重要讲话精神，结合国际形势发展变化和我国重大外交行动，共召开 3 次国际形势分析会，以“建立以合作共赢为核心的新型国际关系”“打造周边命运共同体”“营造‘十三五’发展的有利外部环境”等问题为主题，组织委员分析国际形势、深入交流研讨。委员们从深化中美中俄中欧合作共赢关系、推动建设命运共同体周边先行、发挥经济外交重要作用、积极参与全球经济治理、务实推进“一带一路”建设、重视亚投行管理创新和精选专业人才、加强智库交流和提升软实力、着力维护和用好重要战略机遇期等方面提出了意见建议。三次国际形势分析会的成果均以政协信息形式报送，受到有关方面高度重视。

六、重视自身建设，增强履职能力

外委会坚持把学习摆在突出位置，通过召开全体会议、主任会议、调研考察和出访行前座谈会、国际形势分析会等形式，组织委员深入学习贯彻中共中央关于中国特色大国外交的新思想、新理念、新举措，深入学习贯彻习近平总书记系列重要讲话精神，学习贯彻全国政协全体会议、常委会议精神和俞正声主席等全国政协领导同志对政协工作的新要求，统一思想、深化认识、凝聚力量，增强做好专委会工作的责任感和自觉性，进一步提升履职能力和水平。按照统一部署，成立外事委员会分党组，在委员会发挥领导核心作用，带领委员会中的共产党员发挥先锋模范作用，确保党的决策部署落到实处。

总结一年来的履职情况，我们有以下几点体会：

一是自觉围绕中心，有效服务大局。始终把外委会工作放在党和国家工作大局、全国政协常委会工作总体部署中去谋划和推进。2015 年，外委会紧紧围绕建言国民经济和社会发展“十三五”规划制定这个工作重点，以助推形成“十三五”对外开放新格局为主线，统筹安排调研、考察、双周协商座谈会、国际形势分析会以及对外交流等工作，多措并举，取得良好成效。事实说明，只有瞄准大局、在大局下思考和行动，才能把握方向，找准着力点，把自身优势更充分地发挥出来。

二是坚持问题导向，提高建言质量。克服重调查轻研究倾向，调研过程中始终重视对问题的分析研究与理性思考，去粗取精、去伪存真。为此，外委会注重收集大量相关资料供委员们学习研究参考，举行小范围研讨会，召开调研考察行前座谈会与有关部委进行座谈交流，带着问题和初步思考与地方同志进行沟通探讨，召开调研考察总结会对拟提出的意见建议进行仔细推敲，对调研考察报告、简报稿进行反复修改等。实践证明，加强研究有助于深化对调研考察课题的认识，有利于提高建言献策的质量和水平。

三是注重成果运用，着力增强实效。坚持目标导向，千方百计达到预期的工作目的。对一项工作或活动取得的成果，努力采取多种方式予以转化和运用。2015 年，外委会在专题调研和专项考察中，既围绕主题深入调查研究，又积极反映社情民意；在对外交往中，既重视友好交流，又重视问题调研。调研、考察和对外交往等工作中取得的成果，根据其内容和层次的不同，一方面通过报告、简报、提案、政协信息等形式报送领导同志及有关部委，另一方面又以大会发言、小组讨论等

方式在专题议政性常委会议、双周协商座谈会和国际形势分析会上得到充分体现。实践表明，多角度、多侧面用好履职成果，有利于调动委员的履职积极性、发挥委员的优势与作用，有利于推动有关问题的解决。

同时，我们也清醒认识到，外委会工作仍有需要加强和改进的地方，如怎样体现好外委会的特点和优势，进一步拓宽工作领域，充分发挥每个委员的作用；怎样使对外交往工作更加活跃、更富成效；怎样把外委会工作同联系对外友好界工作结合起来等等，都应认真研究并在今后工作中切实予以改进和加强。

2016 年，人民政协工作面临新的形势、新的任务和新的要求。外委会要深入学习贯彻中共十八大和十八届三中、四中、五中全会精神，深入学习贯彻习近平总书记系列重要讲话精神，按照全国政协总体工作部署，紧紧围绕“十三五”规划的实施，深入开展专题调研和考察，切实办好国际形势分析会，进一步活跃对外交往工作，为全面建成小康社会、实现“两个一百年”奋斗目标和中华民族伟大复兴中国梦作出新的贡献。

文史和学习委员会 2015 年，在常委会和主席会议领导下，在办公厅的支持下，文史和学习委员会按照俞正声主席对人民政协工作的要求和全国政协工作总体部署，立足特色，发挥优势，认真组织委员履职尽责，各项工作扎实有效，取得新进展。

一、基本情况

（一）文史工作特点突出

1. 成功组织纪念抗日战争胜利 70 周年系列活动，社会反响良好。一是从征集整理的 2000 多万字的反映全民族抗战的“亲历、亲见、亲闻”史料中，精选 500 余万字，编辑出版 10 卷本《亲历者说——中国抗战编年纪事》图书并召开出版座谈会。这是全国政协首套反映全国各族各界各党派各团体团结御侮的大型“三亲”史料丛书，受到海内外读者广泛好评，有力配合了国家纪念中国人民抗日战争暨世界反法西斯战争胜利 70 周年整体活动。二是首次举办海峡两岸共同纪念中国人民抗日战争暨世界反法西斯战争胜利 70 周年学术研讨会。这次会议是中共中央批准的全国政协举办的两项纪念活动之一，得到全国政协领导高度重视。俞正声主席亲自审定会议方案，林文漪副主席出席开幕会并讲话，李海峰副主席出席。会前，委员会周密筹划、精心组织。会上，来自海峡两岸的专家学者相互交流，彼此尊重，求同存异，真诚以对，既拓展了学术研究，又沟通了思想认识，增进了两岸学者在抗战史研究方面的相互理解。此次会议着力弘扬以爱国主义为核心的民族精神，着重强化两岸命运共同体的意识，收到良好效果，对进一步加强文史资料合作交流，推动两岸共享史料、共写史书起到积极作用，积累了宝贵经验。新华社、人民日报、中央电视台、光明日报、人民政协报等十余家媒体对研讨会作了深入采访报道，进一步扩大了会议成果。

2. 重大题材文史资料征编工作扎实推进。一是推进“西部大开发史料”征编工作，征集了一批有分量的“三亲”史料，在四川召开西部十二省（区、市）政协“回忆西部大开发”史料丛书定稿会。二是推进“少数民族百年实录”征编工作，在新疆召开锡伯族、塔吉克族、柯尔克孜族、塔塔尔族四个少数民族百年实录史料组稿统稿会议，会同有关省（区、市）启动藏族、回族百年实录史料征编工作。三是继续推进有关省市政协协作的《14 个沿海城市改革开放纪实》丛书出版工作。

3. 音像文史资料征集工作取得新收获。完成了何香久、姜伯驹、艾克拜尔·米吉提、叶廷芳等 20 位全国政协委员及有关知名人士口述史料音像录制工作。

（二）学习组织工作注重实效

1. 组织四次常委会学习讲座。2 月，组织十二届全国政协第七次学习讲座，邀请国务院港澳事务办公室主任王光亚主讲《“一国两制”实践历程回顾及当前香港问题》；6 月，组织第八次学习讲座，邀请中国科学院院士、中国科学院副秘书长谭铁牛主讲《人工智能的发展现状及展望》；8 月，组织第九次学习讲座，邀请中国工程院院士、中国农科院副院长吴孔明主讲《转基因技术的发展与食品安全》；11 月，组织第十次学习讲座，邀请工信部部长、国家制造强国建设领导小组副组长苗圩主讲《世界制造业发展趋势和我国装备制造业状况》。本届政协以来，全国政协领导高度重视学习工作。俞正声主席提议，将学习讲座调整为常委会议议程之一，并亲自主持这四场学习讲座。讲座紧密结合国际国内形势的发展变化和各界委员普遍关注的热点问题设计内容、安排人选，并加强了现场交流互动，得到全国政协领导和常委们的充分肯定。不少常委表示，学习讲座选题时事性、知识性强，为知情明政、进一步履行好职能，提供了借鉴和帮助。

2. 组织两场在京委员学习报告会暨机关干部系列学习讲座。5 月，邀请全国政协副主席、中国人民银行行长周小川作题为《中国金融改革与发展》的报告。700 余名在京全国政协委员、北京市政协委员，各民主党派中央、全国工商联有关负责同志及政协机关干部参加，创近年来学习报告会参会人数最高纪录。11 月，邀请全国政协副主席、中央统战部副部长、国家民族事务委员会主任王正伟作题为《我国的民族政策和民族工作情况》的报告。报告会当日雨雪交加，不利出行，但委员们仍坚持到现场听取报告。会场气氛热烈，互动环节委员提问踊跃。与会委员反映，报告站位高、视野广，对于更好地把握新形势下民族问题、民族工作的特点和规律，更加主动自觉地做好民族工作很有帮助。

（三）大会发言组织工作得到好评

1. 圆满完成政协十二届三次会议和政协第九、第十一、第十二、第十三次常委会议大会发言组织工作。全年共编阅发言来稿 784 篇。在张庆黎副主席兼秘书长直接指导下，共遴选推荐和组织口头发言 89 人次。这些发言紧扣协调推进“四个全面”战略布局和“五大建设”总体布局，紧密围绕贯彻落实中央重大决策部署，充分体现了人民政协坚持中国共产党的领导，围绕中心、服务大局，凝聚力量、增进共识的鲜明立场，充分展示了政协委员关注民生、反映民意，履职尽责的热情和水平，得到有关领导、相关部门的重视，受到政协委员的好评。俞正声主席、张庆黎副主席兼秘书长等全国政协领导同志对 2015 年以来的大会发言工作均给予充分肯定。

2. 向中共中央、国务院领导同志报送《政协大会发言专报》87 期，李克强、张高丽、汪洋、马凯、刘延东、刘奇葆、孙春兰、杨晶、王勇等领导同志批示 29 次；摘编 63 篇大会发言转送 27 个相关部门研究参阅，部分意见建议得到重视或采纳，发挥了决策参考作用。同时，实现了央视网对政协全体会议和常委会议各场次大会发言的同步直播，网友互动热烈，给予好评。

3. 积极探索建立界别发言机制。政协十二届三次会议期间，根据俞正声主席关于“探索以界别为单位推荐大会发言”

的指示，成功组织实施科学技术界、教育界和新闻出版界界别发言推荐试点工作，为丰富界别活动，发挥界别作用，提高发言质量，积累了经验。

（四）专题调研务实深入

1.“加强文物安全工作”监督性专题调研。4月，组织了由李海峰副主席率队的专题调研组，就全国重点文物保护单位太庙、清陆军部和海军部旧址安全隐患问题赴北京开展监督性调研，通过实地考察并同有关部门和地方负责同志深入交换意见，形成《解决全国重点文物保护单位太庙和清陆军部、海军部旧址安全隐患问题刻不容缓》政协信息专报。刘延东同志作出批示，委员会积极推动，对落实这两处重点文物安全主体责任、解决存在的问题，发挥了积极作用。北京市政府专门召开会议，研究太庙棚户区搬迁整治工作，责成相关单位提出落实方案，教育部、社科院也采取了具体措施，目前该项工作正在稳步推进。

2.“抗战遗址保护”专题调研。4月，组织了由刘晓峰副主席率队的调研组，赴山西、重庆开展专题调研，形成《应进一步重视抗战遗址保护利用》政协信息，专报刘延东同志。同时，形成政协信息《关于宣传和研究反映日军侵华新证据的奥斯卡获奖纪录片〈苦干〉的建议》，转国家新闻出版广电总局办理。通过调研组和有关部门共同协作、积极推动，2015年9月3日前，文物部门管理的113处抗战类全国重点文物保护单位全部实现对公众开放。中宣部也将继续推动抗战纪念设施的维修保护和改陈布展及有关抗战影片的宣传报道工作。

3.“在深化文化体制改革中新闻出版业面临的新情况、新问题及对策”专题调研。5月，组织专题调研组，结合以“培育和践行社会主义核心价值观”为议题的议政性常委会议，赴安徽、广东开展相关调研，形成《为培育和弘扬社会主义核心价值观营造良好舆论环境》发言材料，由龙新民副主任代表委员会在第十二次常委会议上作大会口头发言，得到有关领导和部门的重视。

4.“草原文化保护与传承”专题调研。7月，组织了由李海峰副主席率队的专题调研组，赴内蒙古、青海开展专题调研。形成《关于实现民族医药与中医药同步同等立法的建议》《关于进一步扶持发展“黄南藏戏”的建议》政协信息专报，报送中央有关领导同志和相关部门研究。

5.“大运河申遗成功后的保护和利用”专题调研。10月，组织专题调研组赴江苏、山东开展调研，重点考察苏鲁运河段的明清运河故道、码头、船闸、渡口等遗产点保护、管理和利用情况。对大运河申遗成功后，如何实施有效保护和利用，进行研究分析，提出建议，以简报形式报送中央有关领导同志和相关部门。

6.“进一步加强和改进学习工作”专题调研。11月，组织专题调研组赴上海、福建开展调研，与两省（市）及基层政协有关负责同志和部分政协委员进行座谈，听取意见，交流情况，探讨加强和改进学习工作的新举措新途径。调研期间，围绕学习贯彻十八届五中全会精神，赴福州、平潭自贸区等实地考察。委员们认为此次调研考察体现了知情性、知识性与时政性结合的特点，对于提高履职能力很有帮助。

（五）联系相关界别活动活跃有序

一年来，委员会创新工作方法，把组织常委会学习讲座与界别考察结合起来，结合常委会学习讲座内容，先后组织委员会和新闻出版界委员赴中国科学院自动化研究所、中国农业科学院，分别就“我国人工智能发展现状及趋势”和“如何利用农业转基因技术发挥我国农业科技创新驱动作用”两个专题进行考察，深受界别委员欢迎。不少委员表示，结合学习讲座内容组织跨领域的界别考察活动，既有利于提高学习讲座实效，又有利于增进不同界别委员之间的了解与团结，希望今后多组织此类活动。陈晓光副主席出席有关活动。

（六）承办双周协商座谈会工作取得圆满成功

根据全国政协办公厅安排，委员会于11月与民进中央联合承办以“非物质文化遗产传承与保护”为议题的第42次双周协商座谈会。会前，组织了专题调研。俞正声主席主持会议并同与会人员深入探讨交流。杜青林、罗富和副主席，张庆黎副主席兼秘书长出席。文化部、教育部、住房城乡建设部负责同志到会介绍情况并就有关问题与委员沟通协商。会议邀请19位委员和专家发言。会后，以政协信息形式向中共中央报送协商成果和有关意见建议。

（七）自身建设不断加强

一是认真组织委员会全体委员及办公室工作人员学习中共十八届四中、五中全会和习近平总书记在庆祝中国人民政治协商会议成立65周年大会上的重要讲话精神，学习《中共中央关于加强社会主义协商民主建设的意见》和《关于加强人民政协协商民主建设的实施意见》，力求准确理解、全面把握中央精神，不断提高履职能力现代化建设水平。二是按照全国政协党组统一部署，12月2日，文史和学习委员会分党组成立并召开第一次会议。12月24日，召开分党组第二次（扩大）会议。三是完善委员会主任会议相关制度，包括研究年度工作计划、部署重点工作制度，委员会主任向全体会议报告工作、办公室定期向主任会议报告工作进展情况制度等。四是注重发挥委员优势和特长，建立委员履职台账，调动委员参加协商议政活动的积极性、主动性。五是注重发挥界别召集人牵头作用，支持界别动议或协助组织相关活动，为活跃界别活动夯实基础、创造条件。

二、主要做法和体会

（一）以坚持党的领导统领各项工作

委员会认真把握习近平总书记重要讲话精神和俞正声主席的要求，始终以坚持党的领导统领各项工作，通过推进“西部大开发”史料征集、推动《14个沿海城市改革开放纪实》丛书出版工作，在各级政协组织和委员中，积极宣传中共中央关于全面深化改革的方针政策和决策部署；通过精心组织常委会学习讲座和在京委员学习报告会，及时、正面宣介中央关于香港问题、转基因食品安全问题、我国金融改革问题、我国民族问题等重大而敏感问题的政策主张；通过组织政协全体会议、常委会议大会发言工作，进一步学习宣传党的十八大和十八届三中、四中、五中全会精神，等等，都取得很好的效果，得到政协领导和委员们的肯定。实践证明，在国际国内形势不断发展变化的新时期，牢固树立坚持党的领导的观念，以坚持党的领导统领各项工作，人民政协事业就会沿着正确的方向发展，人民政协工作也会在围绕中心、服务大局中不断作出新贡献。

（二）认真把握人民政协的性质定位，努力做好增进共识、促进团结的工作

委员会始终努力把增进共识、扩大团结的要求贯穿在各项工作之中。在举办海峡两岸共同纪念抗日战争胜利70周年学术研讨会过程中，认真贯彻俞正声主席关于“注意把握‘两个战场’的关系”的批示精神，努力营造相互尊重、平等相待，畅所欲言、求同存异的良好氛围，着重强化“两岸一家人”的意识，不仅在许多问

题上增进了共识，并且通过学术交流加深了彼此的友谊。在专题调研中，注意以问题为导向充分听取各方面意见，积极推进协商民主，最大限度增进共识，力求通过解决实际问题，凝聚人心、汇聚力量、扩大团结。在遴选推荐政协全体会议和常委会议大会口头发言工作中，认真贯彻张庆黎副主席兼秘书长关于“选好题、选好人”的要求，注意尽可能使各个方面都能有代表性人士作发言，同时注意在一些社会关注度较高的敏感问题上，积极推荐和鼓励党外人士包括民主党派和无党派人士、民族和宗教界代表性人士、港澳地区代表性人士踊跃发表意见，收到增进共识、扩大团结的良好效果。实践证明，牢牢把握住“大团结大联合”的本质要求，通过充分发扬民主，努力增进共识、扩大团结，我们的党和国家一定能够汇聚起共襄伟业的强大力量。

（三）主动适应新形势新要求，扎扎实实加强自身建设

一年来，委员会主动适应全面深化改革的新形势、新要求，把加强自身建设摆在更加突出的位置，通过大力提倡和认真组织委员会全体委员学习中共中央全会精神和习近平总书记系列重要讲话，进一步统一了思想，坚定了自信，提高了履职能力；通过完善委员会主任会议相关制度，进一步增强了委员会工作的凝聚力，推进了工作的制度化、规范化、程序化；通过结合常委会学习讲座和在京委员学习报告会内容，组织本委委员和相关界别委员参观考察，不仅起到了帮助委员知情明政、增进共识的作用，也为以专委会为依托开展好界别协商活动创造了条件、积累了经验。

【委员视察、考察、调研】

政协全国委员会办公厅关于2015年全国政协委员视察、考察工作计划 2015年是全面深化改革的关键之年，是全面推进依法治国的开局之年，也是全面完成“十二五”规划的收官之年。2015年全国政协委员视察、考察工作按照中共中央对2015年工作的整体部署，围绕全国政协2015年协商工作计划，聚焦全面建成小康社会、全面深化改革、全面依法治国、全面从严治党，选取视察、考察课题，进行巡视察看，积极咨政建言，反映社情民意，开展民主监督，为实现“两个一百年”奋斗目标和中华民族伟大复兴的中国梦凝聚共识，献计出力。为做好有关工作，特制订2015年全国政协委员视察、考察工作计划。

一、指导思想

2015年全国政协委员视察、考察工作的指导思想是：高举中国特色社会主义伟大旗帜，以邓小平理论、“三个代表”重要思想、科学发展观为指导，全面贯彻落实中共十八大、十八届三中、四中全会精神，深入贯彻落实习近平总书记系列重要讲话精神，认真学习贯彻《中共中央关于加强社会主义协商民主建设的意见》，紧紧围绕全国政协2015年协商工作计划谋划工作，与政协全体会议、常委会议、专题协商会议、双周协商座谈会、政协专门委员会工作相结合，与有关职能部门、各民主党派中央、全国工商联、有关人民团体、各省级政协工作重点相结合，与委员关注、群众关心的热点、难点问题相结合，切实围绕事关全局的重大问题，切实强化民主监督职能开展视察、考察。

二、主要内容

2015年全国政协办公厅主要围绕以下6个题目开展视察、考察工作：

（一）“十三五”规划中全国主体功能区规划建设情况；

（二）政府权力清单制度落实情况；

（三）小型农田水利重点县建设落实

情况；

（四）特殊教育发展和管理情况；

（五）加快推动川藏大通道建设；

（六）推进基础设施建设军民融合深度发展。

三、组团安排

2015年全国政协办公厅拟组织4个视察团、2个考察团，分别委托本会专门委员会和地方政协组织9个考察团。具体安排如下：

（一）特邀常委视察团2个。5月，结合议政性常委会，围绕“‘十三五’规划中全国主体功能区规划建设情况”组织特邀常委视察团赴新疆维吾尔自治区进行视察；5月，结合专题协商会，围绕“政府权力清单制度落实情况”组织特邀常委视察团，赴湖南省进行视察。

（二）监督性委员视察团2个。6月和8月，围绕“小型农田水利重点县建设落实情况”，与提案委员会联合组织委员视察团赴陕西省、吉林省进行监督性视察；9月和10月，围绕“特殊教育发展和管理情况”组织委员视察团赴内蒙古自治区和重庆市进行监督性视察，采取“交课题”的方式委托江苏省政协组织住苏全国政协委员围绕同一主题开展就地视察。

（三）委员考察团2个。7月，围绕“加快推动川藏大通道建设”，组织委员考察团赴四川省、西藏自治区进行考察；9月，围绕“推进基础设施建设军民融合深度发展”与解放军总政治部联合组织军队委员考察团赴山东省进行考察。

（四）港澳委员考察团3个。委托全国政协港澳台侨委员会组织港澳特邀界委员进行考察。5月，组织香港特别行政区全国政协委员赴河南省就“加快推动产业结构优化升级，推进航空港实验区建设，构建中原文化区情况”进行考察；6月，组织澳门特别行政区全国政协委员赴江苏省就“长江经济带建设及国家科技创新实验区、现代化实验区建设情况”进行考察；9月或10月，组织香港特别行政区全国政协委员赴黑龙江省就“构建东部陆海丝绸之路经济带情况”进行考察。

（五）京外委员跨省考察团6个。委托地方政协组织住当地全国政协委员进行跨省考察。4月，组织住安徽省全国政协委员围绕“海南国际旅游岛建设情况”赴海南省考察；5月，组织住云南省全国政协委员围绕“江苏省产业转型升级情况”赴江苏省考察；6月，组织住四川省全国政协委员围绕“实施创新驱动战略，推动产业转型升级情况”赴河北省考察；8月，组织住天津市全国政协委员围绕“宁夏经济社会发展情况”赴宁夏回族自治区考察；9月，组织住广西壮族自治区全国政协委员围绕“革命老区建设情况”赴山西省考察；9月，组织住浙江省全国政协委员围绕“交通基础设施建设及沿线产业发展”赴贵州省考察。

四、工作要求

2015年全国政协委员视察、考察工作要全面贯彻落实中共十八大、十八届三中、四中全会精神，深入贯彻落实习近平总书记系列重要讲话精神，认真学习贯彻《中共中央关于加强社会主义协商民主建设的意见》，严格遵守《中央政治局关于改进工作作风、密切联系群众的八项规定》，充分发挥委员主体作用，努力推进工作机制创新，积极稳妥组织好视察、考察活动。

（一）将协商民主贯穿于视察、考察工作全过程。发挥委员视察考察机制化、常态化协商参与平台作用，在工作中，切实尊重和保障委员视察考察的权利，扩大委员的参与面，注意吸收被视察考察地方的全国政协委员参加，努力为委员通过视察、考察履行职责创造条件；统筹专业性和代表性，综合考虑委员的界别、党派、专业结构，加强与专委会横向合作；营造商以求同，协以成事的民主氛围，推动政协委员与国务院有关部门、地方政府充分沟通，交换意见；丰富协商形式，采取“交课题”的方式，委托省级政协组织开展视察调研，进一步激发各级政协委员履行职责的积极性、主动性和创造性。

（二）将强化民主监督职能作为视察、考察工作的重要着力点。为贯彻落实2015年“民主监督有新举措”的工作要求，2015年就“小型农田水利重点县建设落实情况”和“特殊教育发展和管理情况”，采取“一题多团”的形式，全面了解不同地区政策落实情况，重点开展专题监督性视察。在视察中，坚持问题导向，切实提高实地调查能力和深入研究水平；采取灵活有效的方式方法，探索形成民主监督新机制；视察点选取注重全面性和科学性，覆盖“好、中、差”，兼顾典型性与普遍性；如实反映问题，坦率提出批评和建设性意见，推动相关工作的改进和加强。

（三）推动工作创新，健全完善视察、考察体制机制。2015年，是人民政协委员视察工作开展的第60年。在今年的工作中，要对60年来视察工作进行全面回顾，适时召开工作座谈会，研讨在推进协商民主广泛多层制度化发展的新形势下，如何进一步做好委员视察、考察工作。建章立制上要有新举措，适时启动《中国人民政治协商会议全国委员会委员视察工作条例》修订工作，及时总结工作中的好经验好做法，通过制度方式予以固化；进一步完善科学选题论证机制、委员广泛参与机制、民主监督机制、协调合作机制、成果转化机制。在继承中创新，在创新中发展，不断将委员视察、考察工作推向前进。

2015年全国政协委员视察、考察工作安排一览表

类别	委员所在地区	内容	时间	视察、考察地区	备注
特邀常委视察团	全国	“十三五”规划中全国主体功能区规划建设情况	5月	新疆	围绕议政性常委会开展
		政府权力清单制度落实情况	5月	湖南	围绕专题协商会开展
委员视察团	全国	小型农田水利重点县建设落实情况	6月	陕西	拟与提案委员会联合组织；一题多团，侧重民主监督
			8月	吉林	
		特殊教育发展和管理情况	9月	内蒙古	采取交课题方式，委托江苏省政协组织住苏全国政协委员就地视察调研，一题多团，侧重民主监督
			10月	重庆	

类别	委员所在地区	内容	时间	视察、考察地区	备注
委员考察团	全国	加快推动川藏大通道建设	7月	四川、西藏	
		推进基础设施建设军民融合深度发展	9月	山东	拟与解放军总政治部联合组织，军队委员参加
	香港	加快推动产业结构优化升级、推进航空港实验区建设，构建中原文化区情况	5月	河南	委托港澳台侨委员会组织
	澳门	长江经济带建设及国家科技创新实验区，现代化实验区建设情况	6月	江苏	委托港澳台侨委员会组织
	香港	构建东部陆海丝绸之路经济带情况	9月或10月	黑龙江	委托港澳台侨委员会组织

2015年京外全国政协委员跨省考察工作安排一览表

类别	委员所在地区	考察地区	时间	内容
京外委员跨省考察团	安徽	海南	4月	海南国际旅游岛建设情况
	云南	江苏	5月	江苏省产业转型升级情况
	四川	河北	6月	实施创新驱动战略，推动产业转型升级情况
	天津	宁夏	8月	宁夏经济社会发展情况
	广西	山西	9月	革命老区建设情况
	浙江	贵州	9月	交通基础设施建设及沿线产业发展

政协全国委员会办公厅关于2015年全国政协委员视察考察工作情况的报告

2015年全国政协办公厅全面贯彻中共十八大和十八届三中、四中、五中全会精神，深入学习贯彻习近平总书记系列重要讲话精神，认真落实全国政协各项工作部署和要求，紧紧围绕协调推进“四个全面”战略布局，组织委员视察、考察，积极议政建言、献计出力。现将主要工作情况报告如下。

一、主要工作

按照全国政协主席会议要求和《政协全国委员会办公厅关于2015年全国政协委员视察、考察工作计划》，全年共组织5个视察团和12个考察团。其中特邀常委视察团2个、委员监督性视察团3个，内地委员考察团2个、港澳委员考察团3个、京外委员跨省考察团7个，委员共350人次参加。杜青林副主席等9位全国政协领导同志分别率团视察、考察。向中共中央、国务院报送了4份视察报告、2份考察报告，李克强总理、俞正声主席、张高丽副总理等中央领导同志先后20人次作出重要批示。

（一）聚焦全面深化改革的重大问题

投资审批制度改革是转变政府职能、深化行政体制改革、实现国家治理体系和治理能力现代化的必然要求。5月，杜青林副主席率全国政协特邀常委视察团，以“企业投资审批制度改革”为切入点，就深化行政审批制度改革情况赴湖南省和天津市进行视察，同时委托浙江省、宁夏回族自治区政协组织住当地全国政协委员就地调研。视察团认为，深化投资审批制度改革要牢牢把握充分发挥市场在资源配置中的决定性作用和更好发挥政府作用的目标指向，把是否有利于企业、百姓办事便利化作为检验改革成效的基本标准。建议坚持“放、管、服”三管齐下，进一步在减上着力、在放上做实、在优上创新、在管上强化，切实提高取消、下放投资核准事项的“含金量”，推动部门协同放权，增强基层政府承接能力，破除“红顶中介”，真正为企业投资清障搭台。李克强总理、张高丽副总理，杨晶、王勇国务委员等在报告上作出重要批示。

基础设施建设军民融合是新形势下实现富国与强军统一的重要内容。11月，陈元副主席率全国政协军队委员考察团，围绕“推进基础设施建设军民融合深度发展”赴山东省进行考察。考察团建议要准确把握我国军民融合发展的阶段性特征，建立以金融为主的投融资支持体系，引入第三方机构对重要决策、重点项目、重大投资落实情况进行评估监督，打造创新示范区以培育新的经济增长点，加快形成全要素、多领域、高效益的军民融合发展格局。李克强总理、俞正声主席、马凯副总理在报告上作出重要批示。

（二）建言“十三五”规划的研究制定

主体功能区布局与规划是我国生态文明建设的一项重要制度性安排。5月，罗富和副主席率全国政协特邀常委视察团，就“主体功能区规划建设情况”赴新疆维吾尔自治区进行视察。视察团指出，破解规划打架顽疾，要害在统筹；实践绿色发展理念，关键在落实。建议“十三五”规划制定过程中，高度重视多项规划的统筹协调，不断加大生态环境保护力度，完善配套政策法规，发挥人民群众主体作用，促进主体功能区规划在市县层面有效落地，确保2020年主体功能区布局基本形成的战略目标顺利实现，有力推动生态文明建设上台阶。张高丽副总理在报告上作出重要批示。

“治国必治边，治边先稳藏”，加快推进川藏大通道建设，是坚定不移开展反分裂斗争、推动经济社会发展、保障和改善民生、促进各民族交流交往交融的迫切需要。7月，李海峰副主席率全国政协委员考察团，就“加快推进川藏大通道建设”赴西藏自治区、四川省进行考察。考察团指出，在新的历史时期，加快推动川藏战略大通道建设，破解交通基础设施中的动脉梗阻，可有效激发地区发展的内生动力，是真正的补短板。建议在“十三五”规划中作出战略部署，统筹建设川藏铁路和高等级公路，坚持建设、环保与后期运营安全并重，由易到难逐步推进，构建铁路、公路、民航相互衔接的综合交通网络。李克强总理在报告上作出重要批示。

（三）共谋解决人民群众关心的实际问题

农田水利是国家粮食安全的命脉，关系到农业提质、农村发展、农民增收。5月，张庆黎副主席兼秘书长率全国政协委员视察团，就“小型农田水利建设情况”赴吉林省、陕西省进行监督性视察。视察团认为，小型农田水利作为农田水利建设的“最后一公里”，为实现国家粮食“十一”连增做出了重要贡献，建议着重解决小型农田水利建设中面临的重大轻小、重政府投入轻市场作用、重单兵突进轻协调配合、重工程轻机制、重建设轻管理等问题，进一步在加快推进依法依规治水管水用水，推广新型水利融资模式，建立健全政府主导、市场运作、多方支持、群众参与的新机制等方面下功夫，努力实现国家粮食安全与农民增收致富的“双丰收”。汪洋副总理在报告上作出重要批示。

特殊教育是促进残疾人全面发展、帮助残疾人实现小康的基本途径，关系到社会公平正义的彰显。9月和11月，全国政协副主席卢展工、齐续春分别率全国政协委员视察团赴内蒙古自治区、重庆市，针对“特殊教育发展和管理情况”进行监督性视察，并委托江苏省政协开展就地调研。视察团建议，各级党委政府应坚持“特教特办”的原则，从全面建成小康社会的高度，加强对特殊教育发展整体谋划，按照特殊教育特点和规律办事，继续强化财政保障，不断完善特教体系，着力加强师资队伍建设，形成特殊教育事业发展的整体合力。李克强总理、俞正声主席、刘延东副总理在报告上作出重要批示。

（四）助推港澳地区与内地的深化合作

注重发挥港澳委员独特作用，充分调动港澳委员积极性，组织香港特别行政区、澳门特别行政区全国政协委员赴内地考察。5月，李海峰副主席率香港特别行政区全国政协委员考察团，围绕“河南省经济社会发展情况和加强豫港两地交流合作”等内容进行考察。6月，何厚铧副主席率澳门特别行政区全国政协委员考察团，以“江苏省经济社会发展和苏澳交流合作”为主题开展考察。9月，董建华副主席、李海峰副主席率香港特别行政区全国政协委员考察团，围绕“构建东部陆海丝绸之路经济带”赴黑龙江省进行考察。委员们围绕考察主题，聚焦资源共享和优势互补，为构建港澳地区与内地合作共赢新机制建言献策。

（五）关注地方经济社会发展的重点工作

按照《政协全国委员会办公厅关于第十二届全国政协京外委员跨省考察安排的意见》，委托安徽、云南、四川、新疆、浙江、天津、广西7个省、自治区、直辖市政协组织住当地全国政协委员，分别赴海南、江苏、河北、重庆、贵州、宁夏、山西等地，围绕海南国际旅游岛建设情况、江苏省产业转型升级情况、实施创新驱动战略推动产业转型升级、“一带一路”西部大通道建设、交通基础设施建设及沿线产业发展、宁夏经济社会发展情况、革命老区建设情况等多方面内容开展考察活动。同时，各省级政协按照全国政协办公厅统一要求，积极组织住当地全国政协委员就本地区经济社会发展的重大问题进行考察，并以多种形式促进成果转化和运用。

二、主要特点

一年来，视察、考察工作坚持严的要求、实的作风，紧扣经济社会发展的重大问题和人民群众关心的实际问题，精心策划、深入调研，特点突出、富有成效。

（一）领导同志高度重视、率先垂范

俞正声主席高度重视视察、考察工作，主持召开主席会议专门对全年工作进行整体部署。杜青林副主席等9位全国政协领导同志担任视察、考察团团长，对做好视察、考察工作提出具体要求，并在视察、考察全过程带头践行“三严三实”。认真贯彻落实中央八项规定精神，接待工作严格从简，不搞迎来送往、层层陪同；交流讨论充分发扬民主，鼓励畅所欲言、集思广益；调查研究扎实细致，深入田间地头、建设工地、部队一线、高原戈壁、边疆海岸，通过交换意见、走访察看、座谈交流、问卷调查等多种形式问情问需问计，使视察、考察工作真正接地气、察民情、谋良策、出实招。

（二）注重精心选题，切实找准切口

围绕全国政协年度协商计划开展视察、考察，把同全局联系紧密政协又能有所作为的关键问题作为选题重点，精心论证、找准切口、重点攻关，力图通过小切口做出大文章，通过小环节解决大问题，不断增强议政建言的针对性和实效性。比如“深化行政审批制度改革”，情况复杂、涉及面广，各地进展不一，问题和困难各不相同。为使围绕这一题目开展的视察更加具体深入，在与国家发改委等部门充分沟通论证的基础上，抽丝剥茧、层层深入，将视察主题聚焦于“企业投资审批制度改革”这一投资体量大、覆盖范围广、贯穿简政放权各个环节的关键问题，牵住了“牛鼻子”，找准了突破口，为委员提出具有专业性和可操作性的意见建议，打下了坚实基础。

（三）开展监督性视察，强化民主监督职能

按照俞正声主席“协商民主有新加强，民主监督有新举措”的要求，就“小型农田水利建设情况”“特殊教育发展和管理情况”两个课题开展监督性视察。一是找准定位。明确监督性视察不是对下检查指导工作，而是通过分析各地实际工作中遇到的困难，针对认识上的差异、政策制度间的衔接、部门间的协调等问题，找出症结、提出对策，促进党和国家各项决策部署更加符合地方实际、便于操作落实。二是选好抓手。把党和国家已经出台的政策规划作为可对照、可比较的遵循，比如“小型农田水利建设情况”视察以《水利发展规划（2011—2015 年）》和“节水增粮行动”为依据，“特殊教育发展和管理情况”视察以《特殊教育提升计划（2014—2016 年）》贯彻落实情况为抓手，通过可量化的指标切实发现问题、查找不足。三是注重实效。在视察点的选择上，既有东部发达地区，也有中西部欠发达省份；既了解先进典型，也查找薄弱环节；既走访国家统一试点地区，也察看各地自主发展情况。每个监督性视察均赴不同特点的两个省份，同时委托其他省市就同一题目进行补充调研，力求全面、客观掌握真实情况，找准关键问题。在成果形成上，始终把解决问题作为出发点和落脚点，注重成果的运用、跟踪、落实。加强新闻宣传，将民主监督与舆论监督有效结合，不断扩大视察工作社会影响力。“小型农田水利建设情况”视察提出的意见建议，得到有关部委积极回应，国家发改委专门提出《关于小型农田水利建设有关问题的报告》，对具体工作作出部署，水利部计划在安排 2016 年中央预算内建设投资时对图们市石头河水利枢纽工程予以适当支持。

（四）与时俱进，推动制度创新

俞正声主席多次强调要加快政协履职制度建设和创新，切实推进履行职能的制度化、规范化、程序化。全国政协将视察条例的修订列为 2015 年政协制度建设的重要任务之一。为此，办公厅广泛征求各民主党派中央、全国工商联，各省级政协和部分全国政协常委、委员的意见和建议，对原有条例进行修订，形成了《中国人民政治协商会议全国委员会委员视察考察工作条例》，并经第 38 次主席会议通过。新条例着力贯彻以习近平同志为总书记的党中央关于加强人民政协工作的新部署新要求，进一步明确视察、考察工作的性质定位、指导思想、目标要求、组织程序，充分吸收近年来特别是十二届全国政协以来，视察、考察工作探索形成的做法和经验，为提升视察、考察工作科学化水平提供了重要指导和基本遵循。

三、2016年工作打算

2016年，视察、考察工作要深入贯彻落实中共十八大及十八届三中、四中、五中全会精神和习近平总书记系列重要讲话精神，认真贯彻中共中央关于协商民主建设的指示精神和全国政协工作部署，发挥自身优势和作用，为全面建成小康社会、实现中华民族伟大复兴的中国梦做出新的贡献。

（一）围绕中心，服务大局

聚焦“十三五”规划等党和国家重大方针政策的贯彻落实、经济社会发展重大项目的规划建设、人民群众普遍关注的现实问题，紧扣政协十二届全国委员会第四次会议精神和全国政协2016年协商计划，注重与专题议政性常委会议、专题协商会、双周协商座谈会议题和重点提案相衔接，科学选题，扎实组织视察、考察活动。

（二）务实创新，提高实效

贯彻落实新修订的《中国人民政治协商会议全国委员会委员视察考察工作条例》，不断加强工作研究，在增强视察、考察工作的针对性和实效性上下功夫，在更好体现民主监督特色上下功夫，在进一步创新工作方式方法上下功夫，努力做到建言建在需要时、议政议到点子上、监督监在关键处。

（三）搭建平台，形成合力

内挖潜力，进一步运用信息化手段加强与委员的联络沟通，深化与政协各专门委员会的合作，充分调动委员的积极性和主动性；外聚合力，密切与各民主党派中央、人民团体和有关部委、科研机构的“横向联系”，建立与地方政协“纵向联动”机制，有效提升视察、考察工作质量和水平。

2015年度京昆室、书画室、无党派人士界委员考察调研活动情况

序号	时间	委员所在地	视（考）察地区	视（考）察内容	人数	团队负责人	视（考）察报告题目及文号	备注
1	2月4日	全国	北京	听取中国艺术研究院戏曲艺术保护和戏曲影视资料数字化成果的汇报	8	卢展工 刘家强	无	京昆室委员调研
2	7月20日至7月23日	全国	湖北	充分发挥戏曲在培育和弘扬社会主义核心价值观中的重要作用	3	仝广成	无	京昆室委员调研
2	9月21日至25日	全国	陕西	戏曲非物质文化遗产传承和保护	9	卢展工 刘家强	无	京昆室委员调研

序号	时间	委员所在地	视（考）察地区	视（考）察内容	人数	团队负责人	视（考）察报告题目及文号	备注
3	5月6日至5月13日	全国	上海、安徽	提高青少年审美和人文素养	27	马　飚　王明明 吴　江　刘佳义	无	无党派人士界委员考察团
4	7月17日至7月23日	全国	内蒙古	少数民族地区群众生产生活情况	31	齐续春　王明明 王梅祥　刘家强	关于考察内蒙古少数民族地区群众生产生活情况的报告——政全厅发〔2015〕65号	无党派人士界委员考察团

2015年全国政协委员视察、考察有关情况统计表

序号	时间	委员所在地	视察、考察地区	视察、考察内容	人数	团队负责人	备注
1	5月13日至16日	全国	湖南长沙、株洲、湘潭	深化行政审批制度改革	15	杜青林 朱之鑫	特邀常委视察团
2	5月22日至30日	全国	新疆乌鲁木齐、吐鲁番、伊犁、阿勒泰、喀什	“十三五”规划中全国主体功能区规划建设情况	17	罗富和 王旭东　何丕洁 朱永新	特邀常委视察团
3	5月29日至6月3日	全国	吉林延边、长春、松原，陕西西安、咸阳	小型农田水利建设情况	16	张庆黎 仝广成　胡四一	监督性视察团，与提案委员会联合组织
4	7月20日至30日	全国	西藏拉萨、林芝，四川成都、雅安、甘孜州	加快推动川藏大通道建设	14	李海峰 于际训　刘家强 胡亚东	考察团
5	9月6日至11日	全国	内蒙古赤峰、锡林郭勒、呼和浩特	特殊教育发展和管理情况	16	卢展工 陈小娅　常荣军	监督性视察团

续表

序号	时间	委员所在地	视察、考察地区	视察、考察内容	人数	团队负责人	备注
6	11月9日至13日	全国	重庆渝中、綦江、北碚	特殊教育发展和管理情况	12	齐续春 朱永新　邓宗良	监督性视察团
7	11月16日至22日	全国	山东济南、青岛、威海	推进军民融合基础设施深度发展	19	陈　元 侯树森　张秋俭	考察团，与解放军总政治部联合组织，军队委员参加
8	5月12日至16日	香港	河南郑州、平顶山、林州、安阳	河南省经济社会发展情况和加强豫港两地交流合作	38	李海峰 杨崇汇　楼志豪 华　建　吕　虹	考察团，住香港委员参加
9	6月6日至10日	澳门	江苏南京、淮安、常州、镇江	江苏经济社会发展和苏澳交流合作	26	何厚铧 杨崇汇　刘　凡 吕　虹	考察团，住澳门委员参加
10	9月10日至14日	香港	黑龙江哈尔滨、牡丹江、绥芬河	构建东部陆海丝绸之路经济带	53	董建华　李海峰 杨崇汇　楼志豪 卢昌华　郭　炎 马　健	考察团，住香港委员参加
11	4月7日至13日	安徽	海南海口、琼海、三沙、三亚	海南国际旅游岛建设情况	14	王明方 王秀芳	考察团，住安徽委员参加
12	5月6日至15日	云南	江苏南京、盐城、南通、无锡、常州	江苏省产业转型升级情况	14	白成亮 曾　华 罗黎辉	考察团，住云南委员参加
13	5月24日至28日	四川	河北石家庄、平山、保定、廊坊、唐山	实施创新驱动战略，推动产业转型升级情况	25	陈　放 吴正德 欧泽高	考察团，住四川委员参加
14	9月6日至8日	新疆	重庆	“一带一路”西部大通道建设	13	努尔兰·阿不都满金 黄昌元	考察团，住新疆委员参加

续表

序号	时间	委员所在地	视察、考察地区	视察、考察内容	人数	团队负责人	备注
15	9月7日至11日	浙江	贵州贵阳、遵义、毕节	交通基础设施建设及沿线产业发展	23	乔传秀 汤黎路	考察团，住浙江委员参加
16	9月14日至18日	天津	宁夏银川、石嘴山、隆德、灵武	宁夏经济社会发展情况	20	臧献甫 刘长喜	考察团，住天津委员参加
17	10月16日至22日	广西	山西太原、长治、晋城	革命老区建设情况	14	陈际瓦	考察团，住广西委员参加

2015年视察、调研、考察报告目录

1. 全国政协教科文卫体委员会代表团访问加拿大、美国情况的报告
2. 关于重点区域大气污染综合防治的调研报告
3. 关于考察大数据下的中国书画艺术发展情况的报告
4. 全国政协外事委员会代表团访问巴西、墨西哥情况的报告
5. 全国政协代表团访问印度尼西亚、马来西亚和柬埔寨情况的报告
6. 关于香港特别行政区全国政协委员考察四川省地震灾后重建情况的报告
7. 关于发展清洁能源优化能源结构的调研报告
8. 关于积极引导宗教与社会主义社会相适应的调研报告
9. 关于加快推进长三角地区集装箱河海联运、促进水运发展的报告
10. 关于五台山碧山寺土地房产纠纷问题的调研报告
11. 关于视察深化行政审批制度改革情况的报告
12. 关于“十三五”期间养老服务体系建设有关问题的调研报告
13. 关于进一步推动资源枯竭城市转型发展的调研报告
14. 全国政协代表团访问哈萨克斯坦、黎巴嫩和以色列情况的报告
15. 关于“十三五”规划中民族地区需要关注的几个问题的调研报告
16. 关于大陆少数民族代表人士参访团访问台湾情况的报告
17. 关于加快推进国家科技重大专项的调研报告
18. 关于建议“十三五”期间实施西部小康攻坚计划的调研报告
19. 关于深化港澳与内地交流合作的调研报告
20. 关于视察主体功能区规划建设情况的报告
21. 关于视察小型农田水利建设情况的报告
22. 全国政协外事委员会代表团访问匈牙利、德国和塞尔维亚情况的报告

23. 关于贵州集中连片特困地区扶贫开发情况的调研报告

24. 关于“十三五”时期就业政策有关问题的调研报告

25. 关于修订完善《宗教事务条例》推动依法管理宗教事务的调研报告

26. 关于英国、比利时、捷克全科医生培养体制与作用的考察报告

27. 关于发挥中华优秀传统文化在培育和践行社会主义核心价值观中作用的调研报告

28. 关于全国政协代表团访问萨摩亚和斐济情况的报告

29. 关于腾格里沙漠污染治理情况的调研报告

30. 关于优化新能源布局　促进风电光伏产业健康发展的调研报告

31. 关于提升长江经济带开放型经济水平的考察报告

32. 关于加强财政科技资金和计划管理的调研报告

33. 全国政协外事委员会代表团访问芬兰、哈萨克斯坦情况的报告

34. 关于加强环卫工人权益保障重点提案督办调研情况的报告

35. 关于考察川藏大通道建设情况的报告

36. 全国政协民族和宗教委员会代表团访问澳大利亚、新西兰情况的报告

37. 全国政协经济委员会代表团访问西班牙、英国、法国情况的报告

38. 关于推进财税体制改革防控地方债务风险的调研报告

39. 关于国家地理信息服务平台“天地图”建设与发展情况的调研报告

40. 关于促进中小银行健康发展的调研报告

41. 关于内蒙古少数民族地区群众生产生活情况的考察报告

42. 关于加快发展体育产业促进体育消费的调研报告

43. 关于农村环境污染治理的调研报告

44. 关于丝绸之路经济带建设所涉民族宗教问题的调研报告

45. 关于大力支持云南建设面向南亚东南亚辐射中心的调研报告

46. 关于少数民族传统医药传承发展的考察报告

47. 全国政协教科文卫体委员会参访团访问台湾工业技术研究院的报告

48. 关于我国西北地区治水的调研报告

【反映社情民意】

信息工作　2015年，在中共全国政协党组和机关党组的领导下，办公厅全面贯彻党的十八大和十八届三中、四中、五中全会精神，深入学习贯彻习近平总书记系列重要讲话精神，认真贯彻落实《中共中央关于加强社会主义协商民主建设的意见》和中央办公厅《关于加强人民政协协商民主建设的实施意见》，紧紧围绕中央重大决策部署和全国政协年度重点工作，聚焦“五位一体”总体布局和“四个全面”战略布局及群众关切，充分发挥政协信息“直通车”优势，畅通广大政协委员和民主党派、工商联成员意见建议表达渠道，着力提高信息质量，扎实做好反映社情民意信息工作，为党中央、国务院多方面了解情况和科学决策民主决策提供重要参考。

一、2015年反映社情民意信息的主要情况

一年来，共收到社情民意信息稿件9737篇，向中央领导同志和有关部门负

责同志报送政协信息 176 期，用稿 782 篇；向有关方面转送信息 621 件，用稿 789 篇。中央领导同志高度重视政协信息反映的情况、问题和意见建议，对 81 期信息作出批示 151 人次。各部门认真贯彻中央领导同志批示要求，有的组织专题调研，有的报送专项报告。政协信息反映的意见建议，有些对相关政策的制定和完善发挥了重要参考作用，有些直接促成了重要问题的解决。

在反映社情民意信息工作中，坚持问题导向，反映情况与提出问题并举，工作建议与监督批评结合，统筹兼顾与突出重点统一。

（一）聚焦适应和引领经济发展新常态

全年共收到这方面信息稿件 3379 篇，综合整理后编辑报送信息 53 期。关注稳增长与调结构的平衡，建议更加注重宏观调控的质量指标、加强宏观经济信息资源整合与共享机制建设、改进地方债务置换方式、淡化外贸增长目标值、着力提高投资有效性、全力支持实体经济走出困境。以实施“中国制造 2025”“互联网＋”行动计划和“大众创业、万众创新”为重点，关注培育经济发展新动力，反映制造业绿色改造升级中的政策障碍、电信增值业务申请许可的有关细则将众多企业挡在“互联网＋”门外、创业扶持政策存在套取公共财政资金漏洞等具有一定代表性、普遍性的情况问题，并提出对策建议。持续关注“三农”问题，重点反映构建新型农业经营体系与保障粮食安全、保障农民集体经济收益权、农村土地确权登记中的情况问题、调整农产品加工企业税收政策、破除制约农村电子商务发展瓶颈等情况和建议。

中央领导同志和有关部委高度重视这些信息反映的情况。如中央领导同志对《制造业绿色改造升级中的两个具体问题》作出批示后，工业和信息化部、环境保护部及时向信息反映人进一步了解情况并进行专题调研。

（二）关注“十三五”规划制定和国家重大战略实施

坚持把建言“十三五”规划制定作为信息收集编报的重点内容，全年共收集这方面信息稿件 545 篇，以单篇编报、综合摘编、分类转送等形式及时反映，主要内容包括：合理确定“十三五”时期增速目标、改进政府购买公共文化服务、强化国土资源和国土空间保护、统筹建设一体化环境监测网络体系、发展养老服务、医疗卫生体制应突出关联性改革、适时全面放开两孩政策等。

统筹实施“三个支撑带”和“四大板块”战略组合，是政协委员和信息报送单位共同关注的重要问题。全年共收到这方面信息稿件 389 篇，选择有代表性的内容编报信息，重点向中央和有关部门反映推进核能全产业链“走出去”、构建京津冀交通一体化网络、实行长江岸线资源化管理、扶持黑龙江煤炭资源枯竭城市转型发展等情况建议。

有关部门认真落实中央领导同志批示精神，如：国家发展改革委专题研究，提出了落实《为“义新欧”中欧班列提供便利，助推新丝绸之路经济带建设的几点建议》信息批示的专项报告，中央领导同志再次批示，要求抓好落实。

（三）紧扣全面深化改革和全面依法治国献计出力

坚持支持改革、服务改革，围绕全面深化改革和全面依法治国推进过程中的深层次问题，全年共收集信息稿件 1805 篇，编报信息 20 期。涉及行政审批制度、工商行政管理体制、财税金融体制、食品药品监管体制等领域改革的信息 10 期，如：

在行政审批制度改革方面，提出加强权力清单制度的顶层设计、提高简政放权的含金量和群众获得感、摸清基层政府权力底数、建立具有广泛民意基础的评价制度等建议。在全面依法治国方面，编报完善司法责任制保证司法公正、推进涉税专业服务立法、重视农村土地确权登记的相关法律问题、加快民商事仲裁去行政化等信息10期。其中，关于废除“嫖宿幼女罪”的信息综合了多位全国政协委员的意见建议，最高人民法院主要负责同志认为这些意见很有针对性，及时批转相关业务部门研究。此外，还就刑法、刑事诉讼法、大气污染防治法等法律法规的修订，向有关方面反映专项建议。

（四）跟踪全面建成小康社会中的短板问题

社会事业发展、民生保障、生态环境保护，是全面建成小康社会的明显短板，扶贫攻坚更是最突出的短板，也是反映社情民意信息长期关注的重点。围绕社会事业和改善民生，着重反映加强教育综合改革、提高城乡居民基本医疗保险筹资机制的公平性可持续性、发行政府债券以化解养老保险债务风险等建议，广泛收集各方面对渐进式延迟退休年龄、实施全面两孩政策后的相关跟进措施的意见。突出脱贫攻坚，着重反映一些特殊困难群众的利益诉求，如：完善残疾人扶贫救助政策与就业税收优惠政策、重视农村留守儿童问题、落实乡村教师支持计划相关政策、长江流域禁渔期渔民生活困难补助等情况建议。高度关注生态文明建设，提出加快农村可再生能源综合开发利用、利用凹土解毒优势推进土地修复、加强环境污染第三方治理、支持甘肃加快建立生态补偿机制等建议。

这方面信息所提出的一些意见建议被有关部门及时采纳，如：改进高校学科评估工作的信息，中央领导同志批示教育主管部门研究落实。

（五）重视反映监督性批评性意见

反映社情民意信息是人民政协履行民主监督职能的重要方式。一年来，注重收集编辑报送具有民主监督特点的信息，共360余篇。先后就国家农业扶持资金落地难、三峡库区区县后续补助资金滞留、规范政府土地审批行为、完善环境保护联合执法程序、改进网络预约出租汽车经营服务管理、治理农村基层贪腐沉疴等问题，及时向中央和有关部门反映情况、提出意见建议。全国政协有关专门委员会开展监督性调研的部分成果，以及党派成员、基层政协委员反映的有关干部作风建设、党费收缴制度、党外人士谏言保护机制等方面的情况和意见，通过政协信息予以反映。认真筛选信息稿件，将一些针对部门业务工作和具体政策的重要意见，以政协信息转送件形式提供有关方面参考，更好发挥民主监督作用。如：中组部将转送件《建议调整1999年版干部履历表》所提建议编入内部刊物；人力资源和社会保障部负责同志对转送件《被征地农民社会保障落实难》作出批示，并安排相关司局进一步调研。

二、反映社情民意信息工作的主要举措

（一）围绕全国政协中心任务，改进信息服务

充分利用政协信息简短、快捷的特点，及时反映全国政协履职成果。在全体会议、常委会议期间设立专门的信息工作组，重点收集反映委员在分组讨论中反映的重要情况和重要意见建议。对委员们在专题协商会上提出的一些主要观点和重要意见，以政协信息形式反映。

采用《政协信息·双周协商座谈会专报》形式反映双周协商座谈会成果，同时

增发中央深改办和与会部委。对座谈会提出的专项建议，摘编专报分管的中央领导同志，取得良好效果。通过政协信息转化双周协商座谈会成果，已经成为反映社情民意信息的品牌。

加大全国政协专题调研、视察考察、专题座谈会等履职活动成果转化为政协信息的力度，这方面信息占全年编报信息总数的近40%。如：经济委员会承办的宏观经济形势分析座谈会、外事委员会举办的国际形势分析座谈会等专题座谈会成果，社会和法制委员会关于涉税专业服务立法、文史和学习委员会关于太庙清陆军部和海军部旧址安全隐患问题等专题调研成果，中国经济社会理事会“2015年自贸区论坛”等活动成果，都采用政协信息形式向中央和有关部门反映。

（二）运用渠道优势，着力体现统一战线特色

利用政协信息渠道反映党派组织和党派成员的意见建议，是坚持和完善中国共产党领导的多党合作和政治协商制度的内在要求。加强与各民主党派中央、全国工商联的联系，参加党派中央的信息工作会议，注重对党派中央信息工作部门的业务指导。各民主党派中央和全国工商联全年共报送信息2396篇，占来稿总数的24.6%，编刊用稿100篇，转送209件，很多重要情况和意见通过政协信息得到反映。

重视收集反映各界代表人士的意见建议，是反映社情民意信息工作的一大特色。利用各专门委员会联系各界别人士的优势，收集反映意见。如：民族和宗教委员会专门举办民族界、宗教界委员座谈会，专项反映社情民意。一年来，收集反映一批涉及藏区建设、香港政改、台湾地区选举、海外藏侨等方面的重要情况与意见建议，为中央和有关方面及时了解情况、掌握动态提供参考。

（三）发挥组织优势，增强工作合力

反映社情民意信息工作具有点多、线长、面广的特点，重视调动省级、副省级市和信息联系点政协反映社情民意的积极性，上下联动，形成合力。召开第五次副省级市政协信息工作座谈会和信息联系点2015年工作座谈会，派人参加报送单位信息工作会议，加强工作指导和业务培训。完善信息选题策划机制，每季度发布信息征集参考选题，增强信息报送针对性。推动地方政协加大收集反映基层情况和基层政协委员意见建议的力度，着重反映基层贯彻执行中央政策措施的新情况新动态。一年来，地方政协报送信息6640篇，占来稿总数的68.2%。

（四）组织修订《反映社情民意信息工作条例》，推进制度机制建设

贯彻落实《关于加强人民政协协商民主建设的实施意见》的要求和常委会工作报告的部署，把修订《中国人民政治协商会议全国委员会反映社情民意信息工作条例》作为2015年全国政协加强制度建设的一项重要内容。制定工作方案，组织精干力量，深入调查研究，认真起草《条例》修订草案，并经第35次主席会议审议通过。新修订的《条例》全面贯彻落实以习近平同志为总书记的党中央关于加强人民政协工作的新论断新部署新要求，明确了人民政协反映社情民意信息工作的性质定位、指导思想和工作的原则要求，吸收了实践中一些行之有效的成熟做法，进一步提升了反映社情民意信息工作的制度化、规范化、程序化水平。

一年来，反映社情民意信息工作取得了新进展。同时我们也看到，信息工作还存在一些不足，比如：在聚焦党和国家中心工作方面，还需要进一步提高精准度；在提高信息质量方面，还需要在稿件的组

织和选编报等工作环节加强把关；在提高信息的时效性方面，还需要优化工作流程、提高工作效率。这些都需要我们在今后的工作中不断改进。

信访工作 2015 年，全国政协办公厅信访局共收委员和社会各界人士来信 88535 件；接待各级政协委员、统战人士和人民群众来访 255 批 418 人次。按照《信访条例》以及《全国政协信访工作规则》的有关规定，对委员和群众来信、来访作了认真处理。编发《信访动态》3 期；《要信呈报》10 件，其中俞正声主席批示 1 件；发出信访交办函 16 件，收到查报结果的回函 7 件，一些问题通过信访局发函交办得到了解决；向有关部门报送声称来北京自杀、游行等各类敏感信息 5 件，避免了一些恶性事件和群体进京上访事件的发生。

来信反映较多的是城镇拆迁安置、农村征地补偿、揭发各级干部违法违纪、涉法涉诉、历史遗留等问题。

2015 年，信访局向俞正声主席报送社会各界人士来信 137 件。其中，中办值班室对俞正声主席批示的 39 件信件给予了反馈。张庆黎副主席兼秘书长及办公厅有关领导也多次对信访事项作出批示，一些信访事项在俞主席和政协有关领导的亲自批示下，得到了重视和解决。同时，按照俞正声主席批示要求，我们认真起草并回复来信人信函 13 件。

今年，信访局认真落实“三严三实”要求，加强基础业务规范化制度化建设，按照政协领导的要求，重点办理委员、统战人士、知名人士的来信来访，牢固树立群众观点，协助党委政府有关职能部门努力化解矛盾，积极、稳妥地推进政协信访工作。

（赵桂先 编写 杨利群 审稿）

【对外交往】

俞正声主席访问泰国和印度尼西亚 7 月 21 日至 28 日，应泰国立法议会主席蓬佩和印度尼西亚人民协商会议主席祖尔基弗利邀请，全国政协主席俞正声对上述两国进行正式友好访问。全国政协副主席兼秘书长张庆黎，全国政协副主席、全国工商联主席王钦敏，全国政协常委、经济委员会主任周伯华，全国政协委员、云南省政协主席罗正富，外交部副部长刘振民，全国政协副秘书长张秋俭和办公厅研究室主任舒启明参加。此访正值中泰建交 40 周年、中印尼建交 65 周年，对进一步推动我同两国的传统友好与互利合作，巩固周边良好环境具有重要意义。访问达到了“弘扬传统友谊，推进务实合作，促进共同发展”的目的。

访问期间，俞正声主席会见泰国国王代表诗琳通公主、总理巴育、枢密院主席炳，与泰国立法议会主席蓬佩举行会谈，会见印尼总统佐科、人协主席祖尔基弗利、国会议长诺凡多、地方代表理事会副主席法洛克等领导人，同两国各界人士广泛接触，考察参观当地博物馆、有代表性的经济社会项目及华商创建的工厂、华文学校等，向泰立法议会和华文学校赠送电脑设备，出席各类正式活动近 30 场。

俞正声主席在访问中深入做高层工作，积极评价我同两国的双边关系，表示希不断扩大共同利益，加强战略互信，并就近期中印尼渔业合作受阻问题做印尼总统佐科和人协主席祖尔基弗利的工作，进一步增进了政治互信；积极宣介“一带一路”，强调泰国、印尼是“海上丝绸之路”沿线的重点国家，中方希实现“一带一路”构想与两国发展战略无缝对接，加强与两国在铁路等领域的互利合作，实现共同发展；广泛接触各界人士，表示两国应以庆祝建交 40 周年、65 周年为契机，继续加强人文交流，不断深化两国人民的友好感情，巩固传统友好；宣传我“四个全面”战略布局和“两个一百年”奋斗目标，介绍我治国理政和经济社会发展的有关经验，分析中国共产党领导的多党合作和政治协商制度的特点和优势，强调政协作为推进协商民主的专门机构，为维护国家政治稳定、促进经济快速发展起到重要作用。两国领导人一致赞誉俞正声主席做工作深入浅出，亲切坦诚，入情入理，令人信服，均表示愿将本国发展与“一带一路”建设更紧密地结合起来，不断巩固发展传统友谊，加强治国理政经验交流，进一步推动与中国双边关系取得新发展。

其他重要出访 5月22日至31日，应哈萨克斯坦议会下议院、黎巴嫩议会和以色列外交部邀请，全国政协副主席王正伟率全国政协代表团对上述三国进行友好访问。代表团主要成员有全国政协副秘书长刘佳义、九三学社中央副主席赖明和宁夏回族自治区政协副主席左军等。访问期间，王正伟副主席分别与哈萨克斯坦总理马西莫夫、议会上议院议长托卡耶夫、下议院议长贾库波夫、人民大会副主席图格扎诺夫，黎巴嫩总理萨拉姆、议长贝里，以色列副总理沙洛姆、副议长瓦克宁、外交与国防事务委员会主席哈内戈比等会见会谈，就新形势下加强双边关系、深化经贸人文合作、共建“一带一路”、民族及宗教问题、加强全国政协与三国相关机构友好交往等问题深入交换意见。王正伟副主席还出席了中阿合作论坛第六届企业家大会暨第四届投资研讨会并作讲话，与三国知名友华人士深入交谈，考察黎巴嫩信息技术公司、以色列农业滴灌技术等。访问达到了“扩大交流、增进互信、拓展合作、深化友谊”的目的。

8月15日至22日，应萨摩亚议会和斐济政府邀请，全国政协副主席齐续春率全国政协代表团对上述两国进行友好访问。代表团主要成员有全国政协常委、机关党组副书记仝广成，全国政协常委、人口资源环境委员会副主任秦大河，湖南省政协副主席欧阳斌等。访问期间，齐续春副主席分别会见萨摩亚国家元首埃菲、总理图伊拉埃帕、议长拉乌利，斐济议长卢维尼等，与斐议会部分议员会谈，会见在斐侨领，与中资企业负责人座谈，考察萨国立大学海洋学院项目和援斐菌草项目基地等。此访以与两国建交40周年为契机，增进了与两国的政治互信，传递了中国发展的信心，推动了与两国的务实合作，调研了解了中国企业“走出去”和华人华侨等情况。访问达到了“增进了解、巩固友谊、多做工作、促进合作”的目的。

11月9日至18日，应捷克、克罗地亚和德国三国社民党邀请，中共中央书记处书记、全国政协副主席杜青林率中共代表团对上述三国进行友好访问，并出席在捷克举行的“2015中国投资论坛”。代表团主要成员有贵州省政协主席王富玉，中联部副部长刘洪才，全国政协常委、副秘书长刘家强等。访问期间，杜青林副主席分别会见捷克总统泽曼，总理、社民党主席索博特卡，众议长哈马切克；克罗地亚总统基塔罗维奇，议长、社民党中央委员会主席莱科；德国联邦议院副议长辛哈莫尔、社民党副主席君贝尔、艾伯特基金会副会长佐默尔等。杜青林副主席积极评价中国与三国的双边关系，高度肯定“中国投资论坛”的重要意义和中国—中东欧16+1平台的重要作用，着重介绍创新、协调、绿色、开放、共享的发展理念，就深化中国与中东欧合作、促进“中国制造2025”和“德国工业4.0”战略对接及加强中共与三国主要政党的交流合作提出建议。巴黎发生恐怖袭击后，杜青林副主席即在会谈中表态，对恐怖分子的行径表示强烈谴责，表明中国愿与各国携手应对恐怖主义挑战。

11月17日至26日，应我驻阿联酋、柬埔寨和日本使馆邀请，全国政协副主席李海峰率全国政协代表团对上述三国进行友好访问。代表团主要成员有全国政协常委、经济委员会副主任彭小枫，全国政协委员、港澳台侨委员会驻会副主任吕虹，全国政协委员、国务院侨办原副主任马儒沛等。访问期间，李海峰副主席深入侨社、商会、华文学校和中资企业，详细了解侨胞生存及发展情况，认真听取意见和建议，鼓励三国侨胞为住在国和祖（籍）国发展友好关系、为实现中华民族伟大复兴的中国梦作出积极贡献。

11月24日至30日，应斯里兰卡和马尔代夫议会邀请，全国政协副主席陈晓光率全国政协代表团对上述两国进行友好访问。代表团主要成员有全国政协委员、经济委员会驻会副主任侯建民，西藏自治区政协副主席参木群，全国政协常委、青海省政协副主席马志伟等。访问期间，陈晓光副主席分别会见斯里兰卡议长卡鲁、副议长提兰加，马尔代夫总统亚明、议长玛斯赫，考察科伦坡南集装箱码头和马尔代夫住房项目，并与中资企业负责人座谈。在会见会谈中，陈晓光副主席高度评价我与两国关系，介绍中国发展情况，推动合作项目建设，阐述人民政协作用，巩固了我与两国传统友好关系，促进了共同发展，密切了全国政协与两国相关机构的交流合作，达到了“深化互信、增进了解、扩大交流、促进合作”的目的。

重要来访团组情况 4月5日至14日，应俞正声主席邀请，埃塞俄比亚联邦院议长卡萨率7人代表团访华。全国人大常委会委员长张德江会见，俞正声主席会见、宴请。代表团访问了北京、桂林、南宁、深圳和广州。

5月5日至8日，应俞正声主席邀请，马来西亚上议长扎哈率23人代表团访华。国务院总理李克强会见，俞正声主席会见、宴请。代表团访问了北京和西安。

5月27日至31日，应俞正声主席邀请，约旦参议长拉瓦比德率10人代表团访华。全国人大常委会委员长张德江会见，俞正声主席会见、宴请。代表团访问了北京和上海。

5月30日至6月7日，应中国经济社会理事会主席杜青林邀请，塞内加尔经济、社会和环境理事会主席塔勒率6人代表团访华。俞正声主席会见，杜青林会见并宴请。代表团访问了北京和上海。

6月15日至19日，应俞正声主席邀请，斯洛文尼亚国民委员会主席贝尔瓦尔率7人代表团访华。全国人大常委会委员长张德江会见，俞正声主席会见、宴请。代表团访问了上海、苏州和北京。

6月30日至7月5日，应全国政协外事委员会邀请，西班牙参议院外事委员会主席阿隆索率6人代表团访华。王家瑞副主席会见，外事委员会副主任周文重主持座谈并宴请。代表团访问了北京、上海和苏州。

7月1日至5日，应全国政协邀请，老挝建国阵线中央常务副主席董叶陶率10人代表团访华。俞正声主席会见，张庆黎副主席兼秘书长主持座谈。代表团访问了北京和昆明。

7月29日至31日，应中国宗教界和平委员会（简称“中宗和”）邀请，世界宗教和平会议日本委员会（简称“日宗和”）秘书长国富敬二率5人代表团访华。“中宗和”秘书长学诚主持座谈、宴请并与国富敬二签署《“中宗和”与“日宗和”双边交流机制协议》。代表团访问了北京。

8月20日至22日，应全国政协办公

厅邀请，韩国国会文化交流代表团一行14人来华参加“中国政协委员与韩国国会议员第三次围棋友谊赛”。俞正声主席会见，马飚副主席宴请并出席闭幕式。

8月31日至9月4日，应俞正声主席邀请，阿尔及利亚民族院议长萨拉赫率9人代表团访华并代表阿尔及利亚总统布特弗利卡出席中国人民抗日战争暨世界反法西斯战争胜利70周年纪念活动。国务院总理李克强会见，俞正声主席会见、宴请。代表团访问了北京。

9月7日至12日，应俞正声主席邀请，纳米比亚全国委员会主席卡佩雷率7人代表团访华。全国人大常委会委员长张德江会见，张庆黎副主席兼秘书长代表俞正声主席会见、宴请。代表团访问了合肥、六安、黄山和北京。

9月16日至19日，应俞正声主席邀请，津巴布韦参议长玛宗圭率8人代表团访华。全国人大常委会委员长张德江会见，俞正声主席会见、宴请。代表团访问了北京和天津。

9月16日至21日，应俞正声主席邀请，印度尼西亚人民协商会议主席祖尔基弗利率14人代表团访华。国务院总理李克强会见，俞正声主席会见、宴请。代表团访问了北京和上海。

9月28日至30日，应全国政协外事委员会邀请，蒙古大呼拉尔安全与对外政策常设委员会主席恩赫巴亚尔率6人代表团访华。韩启德副主席会见，外事委员会副主任王国庆主持座谈并宴请。代表团访问了北京。

10月11日至15日，应全国政协邀请，柬埔寨参议院第二副主席迪翁率11人代表团访华。俞正声主席会见，王钦敏副主席会见宴请。代表团访问了北京和天津。

10月12日至16日，应“中宗和”邀请，韩国宗教和平会议（简称“韩宗和”）秘书长金光俊率12人代表团访华。“中宗和”秘书长学诚主持座谈、宴请并与金光俊签署《“中宗和”与“韩宗和”关于双边交流机制的协议》。代表团访问了北京、昆明和丽江。

10月19日至24日，应全国政协邀请，越南祖国阵线中央委员会副主席裴氏清率7人代表团访华。俞正声主席会见，马飚副主席主持座谈并宴请。代表团访问了北京和上海。

11月16日至20日，应俞正声主席邀请，巴基斯坦参议长拉巴尼率10人代表团访华。全国人大常委会委员长张德江会见，俞正声主席会见、宴请，王正伟副主席会见并便宴。代表团访问了北京和上海。

11月23日至12月2日，应“中宗和”邀请，世界宗教和平会议意大利分会（简称“意宗和”）秘书长萨尔维阿率12人代表团访华。“中宗和”副秘书长喇灿主持座谈并宴请。代表团访问了北京和上海。

12月13日至19日，应中国经济社会理事会主席杜青林邀请，马里经济、社会和文化理事会主席阿达哈率3人代表团访华。杜青林会见。代表团访问了北京和广州。

重要国际会议情况 6月1日至5日，以全国政协常委、“中宗和”副主席、中国天主教主教团主席马英林为团长，由全国政协常委、“中宗和”秘书长、中国佛教协会会长学诚等五大宗教代表人士组成的“中宗和”代表团出席在印度尼西亚万隆举行的亚洲宗教和平会议（简称“亚宗和”）执委会2015年度会议。印尼副总统卡拉、外交部长马尔苏迪等政要出席并致辞。“亚宗和”执委会成员、世界宗教和平会议（简称“世宗和”）代表及观察员、印尼穆罕默迪亚协会代表、相关专家学者等近250人出席。会议审议了“亚宗和”人事、机构设置、经费、工作计划等事项，对“亚宗和”未来改革方向和工作重点做出规划。会议期间，代表团主动发声阐述中方立场，积极参与各项议程审议，圆满完成参会任务。

9月15日至21日，应经济社会理事会和类似组织国际协会（简称国际协会）主席韦利霍夫和亚美尼亚公众院主席马努基扬邀请，中国经济社会理事会副主席王胜洪率6人代表团出席在俄罗斯莫斯科召开的国际协会第14次全体会议并访问亚美尼亚。此次会议是国际协会两年一度的换届大会，由韦利霍夫主持，国际协会30多个成员组织和候选组织约80名代表及国际劳工组织等国际组织代表与会。会议审议通过了由成员组织牵头起草的主题报告、两个分专题报告，国际协会2014年工作报告和财务报告；推选多米尼加经社理事会主席努纳兹·科拉多出任国际协会主席（2015—2017年），通过了新一届国际协会领导机构管委会组成，产生了国际协会新任副秘书长，启动了国际协会秘书长推选程序，吸收阿尔巴尼亚国家劳工理事会等三个新成员组织；讨论了2015—2017年工作计划，确定了2016年工作安排。会议期间，代表团积极主动地与国际协会负责人和成员组织进行广泛接触。访亚期间，亚总理阿布拉米杨会见代表团，马努基扬主席主持与代表团会谈并宴请。

9月17日至21日，应联合国开发计划署千禧年计划组织邀请，中国经济社会理事会代表团出席在纽约联合国总部举行的“平衡与可持续：中国民间组织助力全球发展议程”圆桌会议。会上，联合国开发计划署、中国国务院发展研究中心、中国经济社会理事会、中国女企业家协会等发展、扶贫、妇女、教育、环保等领域代表先后进行主旨发言，介绍中国在上述领域的做法和经验，讨论如何推动建立更加广泛、有力的发展伙伴关系，向发展中国家提供更多帮助，为国际发展注入更多动力。代表团成员从不同角度介绍理事会工作格局，在国际多边场合积极发声，起到良好效果。在纽约访问期间，代表团拜会了联合国主管经济社会事务副秘书长吴红波及美国环保协会、美国犹太人大会、美国中美文化艺术促进会等机构负责人。

9月24日至28日，中国经济社会理事会副主席贾治邦率6人代表团出席在印度尼西亚首都雅加达举办的“东盟经济共同体与中国—东盟产能合作高层论坛”。该论坛由中国经济社会理事会与中国驻东盟使团、东盟基金会、印尼工商会馆和印尼中国商会共同举办。中国驻东盟大使徐步主持开幕式，贾治邦在开幕式上讲话。东盟副秘书长林康宪、印尼工业部长特别代表阿赫迈德总司长、贸易部长特别代表柴里总司长和印尼工商会馆中国委员会总主席翁俊民等在开幕式上发言。来自印度尼西亚、新加坡、马来西亚、泰国、老挝、柬埔寨等国家常驻代表、东盟基金会执行会长陈伊莲以及来自东盟和中国的企业家、学者及中外媒体记者约200人出席。与会各方一致认为中国—东盟产能合作空间巨大，并重点围绕东盟经济共同体前景、中国—东盟产能合作机遇和合作模式建言献策。会后，代表团一行应邀出席第十三届世界华商大会。

【学习培训】

常委会学习讲座 2月28日下午，十二届全国政协常委会议期间举办了第七次学习讲座。国务院港澳事务办公室主任王光亚应邀作了《“一国两制”实践历史回顾及当前香港问题》的报告。中共中央政治局常委、全国政协主席俞正声主持学习讲座。全国政协副主席杜青林、韩启德、帕巴拉·格列朗杰、董建华、万钢、林文漪、罗富和、何厚铧、张庆黎、李海峰、陈元、卢展工、周小川、王家瑞、王正伟、马飚、齐续春、陈晓光、马培华、刘晓峰、王钦敏出席会议。

2015年6月17日下午，十二届全国政协常委会举办了第八次学习讲座。中国科学院院士谭铁牛应邀作了《人工智能的发展现状及展望》的讲座，并与常委们互动交流。中共中央政治局常委、全国政协主席俞正声主持学习讲座。全国政协副主席杜青林、韩启德、林文漪、罗富和、何厚铧、张庆黎、李海峰、陈元、卢展工、周小川、王正伟、马飚、齐续春、陈晓光、马培华、刘晓峰、王钦敏出席会议。

2015年8月28日下午，十二届全国政协常委会期间举办了第九次学习讲座。中国工程院院士、中国农业科学院副院长吴孔明应邀作了《转基因技术的发展与食品安全》的讲座，并与常委们互动交流。中共中央政治局常委、全国政协主席俞正声主持学习讲座。全国政协副主席杜青林、韩启德、董建华、万钢、林文漪、罗富和、何厚铧、张庆黎、李海峰、陈元、卢展工、王家瑞、王正伟、马飚、齐续春、陈晓光、马培华、刘晓峰、王钦敏出席会议。

2015年11月8日，十二届全国政协常委会期间举办了第十次学习讲座。工业和信息化部部长苗圩应邀作《世界制造业发展趋势和我国装备制造业状况》的讲座，并与常委们互动交流。中共中央政治局常委、全国政协主席俞正声主持学习讲座。全国政协副主席杜青林、韩启德、董建华、万钢、林文漪、罗富和、何厚铧、张庆黎、李海峰、陈元、卢展工、周小川、王家瑞、王正伟、马飚、齐续春、陈晓光、马培华、刘晓峰、王钦敏出席会议。

全国政协机关“三严三实”专题教育 按照《全国政协机关开展“三严三实”专题教育实施方案》和《全国政协机关党组中心组2015年度集体学习计划》，6月19日，全国政协机关举行“三严三实”专题教育第一专题学习研讨会暨机关党组中心组2015年度第二次集体学习，组织机关副处级以上干部观看影片《焦裕禄》，并重点围绕“三严三实”专题教育第一专题“严以修身，加强党性修养，坚定理想信念，把牢思想和行动的‘总开关’”开展交流研讨。全国政协副主席兼秘书长、机关党组书记张庆黎主持并讲话。

张庆黎指出，焦裕禄同志的先进事迹是中央明确的“三严三实”专题教育的学习内容，也是这次机关党组中心组学习的重要内容之一。焦裕禄同志是县委书记的榜样，也是全党的学习榜样。他以自己的实际行动，诠释了党员干部修身做人、为官用权、干事创业应有的忠诚、干净和担当，体现了“三严三实”精神和要求。机关各级党组织和广大党员干部要大力学习弘扬焦裕禄同志牢记宗旨、心系群众，“心里装着全体人民、唯独没有他自己”的公仆精神；勤俭节约、艰苦创业，“敢教日月换新天”的奋斗精神；实事求是、调查研究，坚持一切从实际出发的求实精神；不怕困难、不惧风险，“革命者要在困难面前逞英雄”的大无畏精神；廉洁奉公、勤政为民，为党和人民事业鞠躬尽瘁、死而后已的奉献精神，努力做严以修身的楷模。

张庆黎强调，要做焦裕禄式的好干部，一是理想信念必须坚定，坚守共产主义信仰，牢固树立中国特色社会主义道路自信、理论自信、制度自信，切实做到明辨是非、站稳立场、把牢方向，始终与以习近平同志为总书记的党中央保持高度一致；二是自我改造毫不放松，一方面加强主观世界改造，牢固树立正确的世界观、人生观、价值观和公私观、是非观、义利观，始终忠于党、忠于国家、忠于人民，另一方面要在改造客观世界的工作实践中不断学习磨砺提高，更好地适应新形势新任务的要求；三是坚守底线决不动摇，常怀敬畏之心，严守纪律规矩，带头弘扬社会主义核心价值观，始终保持健康生活情趣和高尚道德情操，坚守共产党人精神家园；四是对待工作认真负责，把学习弘扬焦裕禄同志精神落脚到干好工作上，要有强烈的事业心和责任感；要爱岗敬业，争创一流；要认真负责，兢兢业业，敢于担当。

与会同志围绕学习主题进行了深入研讨交流。大家一致表示，要以焦裕禄精神为镜，深学、细照、笃行，做严以修身的楷模，扎扎实实做好本职工作。本次学习活动充分体现了领导带头、率先垂范，从严从实、一丝不苟，严肃认真、务求实效的鲜明特点，为机关“三严三实”专题教育的深入开展奠定了坚实基础。

全国政协机关党组副书记仝广成，机关党组成员周新建、舒启明，专委会驻会副主任凌振国、晓敏、金学锋，有关室局负责同志杨小波、梁晔等结合工作实际作了交流发言；机关党组成员张秋俭、常荣军、刘佳义，副秘书长刘家强，专委会驻会副主任田杰、侯建民、吕虹、陈惠丰出席。机关各室局等单位主要负责同志参加集体学习。

8月21日全天，机关举行“三严三实”专题教育第二专题学习研讨会，组织机关副处级以上党员干部观看影片《杨善洲》，并重点围绕“三严三实”专题教育第二专题“严以律己，严守党的政治纪律和政治规矩，自觉做政治上的‘明白人’”开展学习研讨。副主席兼秘书长、机关党组书记张庆黎主持学习研讨。会议传达了刘云山同志在省区市和部分部门单位“三严三实”专题教育工作座谈会上的讲话精神。张庆黎同志就深入推进机关“三严三实”专题教育强调指出，要做杨善洲式的好干部，切实做到“严以律己”：一是要严守党的政治纪律和政治规矩，始终与以习近平同志为总书记的党中央保持高度一致；二是以反面典型为戒，深刻总结反思、检身正己；三是加强党性修养，切实做到慎独慎微。机关党组成员邓宗良、常荣军、刘佳义，专委会驻会副主任侯建民、吕虹及部分室局负责同志结合思想和工作实际作交流发言；机关党组成员张秋俭、周新建、舒启明，专委会驻会副主任凌振国、晓敏、金学锋、陈惠丰，专委会副主任卞晋平、卢昌华、王胜洪、王国卿、石军及顾伯平委员出席。机关各室局主要负责同志参加。

10月21日全天，机关举行“三严三实”专题教育第三专题学习研讨会，组织机关副处级以上干部观看以沈浩同志为原型的影片《第一书记》，并重点围绕“严以用权，真抓实干，实实在在谋事创业做人，树立忠诚、干净、担当的新形象”开展学习研讨。副主席兼秘书长、机关党组书记张庆黎主持学习研讨并对扎实深入推进机关“三严三实”专题教育提出明确要求。他指出，机关广大党员干部要认真学习弘扬沈浩同志的先进事迹，按照“心中有党、心中有民、心中有责、心中有戒”的要求，切实做到严以用权。一是一定要始终保持政治定力，对党绝对忠诚；二是一定要时刻铭记权力来自人民，自觉做到依法用权、秉公用权、廉洁用权；三是一定要履职尽责，敢于担当，切实以严和实的精神谋划和推进各项工作。副秘书长、机关党委书记张秋俭，驻会副主任田杰，有关室局主要负责同志等作交流发言。机关领导班子成员仝广成、邓宗良、常荣军、周新建、刘家强、舒启明，专委会驻会副主任侯建民、吕忠梅、晓敏、吕虹、金学锋，专委会副主任卞晋平、王胜洪、王国卿、石军以及马健、顾伯平委员出席。机关各室局主要负责同志参加。

10月28日上午，为进一步深入推进机关“三严三实”专题教育，按照机关党组要求，机关党委组织未观看电影《第一书记》的机关党员干部进行集中补看。机关党组副书记仝广成出席并主持观影活动，专委会副主任卢昌华、庄国荣出席，机关党员干部200余人参加。

学习贯彻《中国共产党廉洁自律准则》和《中国共产党纪律处分条例》专题学习报告会 11月12日上午，机关举办学习贯彻《中国共产党廉洁自律准则》和《中国共产党纪律处分条例》专题学习报告会，邀请中共中央纪委副书记吴玉良讲解《准则》和《条例》的修订背景、主要内容、精神实质。副主席兼秘书长、机关党组书记张庆黎主持并讲话，强调深入学习贯彻好《准则》和《条例》是全国政协机关一项重大而长期的政治任务，必须以严的态度、实的作风、韧的意志，抓好抓实、一抓到底，真正把中央精神和全国政协党组关于“建设干干净净政协机关、建设干干净净干部队伍”的要求落到实处。机关党组成员、专委会驻会副主任及行政关系在机关的专委会副主任、委员和机关副处级以上党员干部310余人参加。

全国政协计划干部培训班——第一百零一期至第一百零五期 于2015年5月16日至10月30日举办，每期12天。前四期在全国政协干部培训中心北戴河基地举办，后一期在全国政协干部培训中心青岛基地举办，共培训省、市级政协主席、副主席，专门委员会主任、副主任和省、市级政协机关干部1434人。全国政协副主席张庆黎、王家瑞、齐续春、刘晓峰、王钦敏分别于第一百零三、一百零四、一百零一、一百零五、一百零二期培训班看望全体学员并作重要讲话。培训班组织学员深入学习理解中共十八大和十八届三中、四中、五中全会精神以及习近平总书记系列重要讲话精神，认真贯彻落实中共中央《关于加强社会主义协商民主建设的意见》《关于加强人民政协协商民主建设的实施意见》，使学员切实增强贯彻执行党的路线方针政策的自觉性和坚定性，增强推进人民政协事业创新发展的责任感和使命感。培训班充分利用“人民政协讲坛”和《人民政协工作研究情况反映》创新载体，有效实施“让学员带着问题来、带着经验来、带着成果来，带着收获回、带着满意回、带着情感回”的培训方法，灵活运用讲坛授课、座谈讨论、个人自学、调研考察、论坛交流等培训方式，组织学员深入学习研讨人民政协理论与实践问题，广泛交流各地政协工作中的好做法好经验，切实提高学员联系实际解决问题的能力和水平。

地方政协干部（委员）培训班——第六十六期至第七十六期 于2015年4月22日至11月14日举办，每期8天。前八期在全国政协干部培训中心北戴河基地举办，后三期在全国政协干部培训中心青岛基地举办，共培训学员5352人。

【新闻宣传】

2015年，全国政协办公厅新闻局认真组织政协全体会议、主席会议、常委会议、双周协商座谈会、专题协商会、新年茶话会等重要会议活动的宣传报道工作。全年共组织各类新闻报道活动100多场，撰写新闻报道稿件120多篇。

关于全国政协十二届三次会议宣传报道工作 新闻局牵头设立了大会秘书处新闻组，按照中央批准的《两会新闻报道计划》，紧紧围绕会议主题，精心组织好会议各项宣传报道工作，突出政协委员聚焦“四个全面”战略布局积极建言献策、协商议政的成果和盛况。组织了开幕会、闭幕会和其他全体会议，中央领导同志到委员小组参加讨论、共商国是活动，委员小组和联组讨论，以及常委会议、主席会议、提案协商办理会、俞正声主席看望参加大会报道的新闻工作者等大会期间各项会议活动的新闻报道工作。大会宣传总体基调正面积极、重点突出、主题鲜明、平稳有序，得到中央领导同志的充分肯定。在人民大会堂举办两会首场新闻发布会，举办主题为“政协委员谈主动适应经济发展新常态，促进经济平稳健康发展”“政协委员谈发挥人民政协在社会主义协商民主中的重要作用”和“政协委员谈促进民生改善与社会和谐稳定”3 场记者会。相关备答材料准备充分，针对热点敏感问题制定应对预案，把握好舆论引导的时、度、效，既主动宣传了人民政协履职成果和经验，又妥善回应了舆论关切，受到广泛关注和好评。加强记者服务和管理工作，制定《全国政协十二届三次会议记者管理办法》，保障采访报道工作平稳有序开展。今年采访政协大会中外记者共 3040 名，其中内地记者 1743 名，港澳台记者 407 名，外国记者 890 名。精心做好对外宣传报道，积极展示大会风貌和良好国家形象。加强舆情分析研判，及时发现苗头性、倾向性问题，稳妥应对，措施果断，避免形成游离于大会主题之外的舆论热点尤其是负面热点。大会筹备和召开期间，在中国政协新闻网开设大会新闻中心网站，积极创新报道方式，开通大会新闻组微信公众号，及时准确发布会议权威信息，切实改进文风，受到委员好评。

关于双周协商座谈会的宣传报道工作 双周协商座谈会是十二届全国政协重要创新举措，在社会上产生了广泛影响，已成为全国政协协商议政的亮点和品牌。做好双周协商座谈会的宣传报道意义重大。2015 年新闻局共组织 20 次双周协商座谈会新闻报道工作。新闻局不断总结双周协商座谈会报道工作经验，探索报道方式的制度化、规范化、程序化，注重加强与承办专委会的沟通联系，预制新闻通稿并请专委会负责同志审稿把关。会议中准确领会领导同志和委员专家的讲话、发言要点，力图全面准确地体现在新闻报道中。根据每次双周协商座谈会的主题内容和保密程度，相应采用不同的报道模式，适合公开报道的内容，采取综述、发言摘登等方式加大宣传报道力度。充分运用互联网等新兴媒体手段宣传双周协商座谈会。积极探索试行双周协商座谈会网络录播，增强双周协商座谈会的社会效果。关于双周协商座谈会的新闻报道现在已成为社会了解全国政协工作的重要窗口。

【社会团体】

中国人民政协理论研究会 中国人民政协理论研究会，在全国政协机关党组领导下，坚持在继承中谋发展，在发展中促创新，按照理论研究会工作总体部署和 2015 年度研究计划，积极开展人民政协理论研究和宣传，努力推进人民政协理论研究工作向前发展。

一、围绕计划实施组织开展政协理论研究

2015 年初，理论研究会公开发布《人民政协理论研究规划（2015—2019）》和《2015 年度人民政协理论研究计划》，经征求办公厅有关室局和各地人民政协理论研究会意见，制定了 2015 年度人民政协理论研究计划实施方案，确定了 11 项课题的参与单位。经过各方面的共同努力，11 项课题研究已取得了不同程度的进展。其中，“推进人民政协协商民主深人发展研究”“人民政协与国家治理体系和治理能力现代化研究”“人民政协制度建设研究”“人民政协专题调研工作研究”“人民政协提案工作研究”“提高人民政协履职能力研究”“人民政协作为统一战线组织的功能研究”等课题取得了显著成效，形成了若干研究报告，为改进相关工作、完善相关制度提供了重要参考，有力推进了人民政协制度创新和工作创新。

二、成功举办理论研究会第二届第二次常务理事会议暨2015年度人民政协理论研讨会，积极开展学术交流研讨

2015年9月，理论研究会在甘肃兰州举办了理论研究会第二届第二次常务理事会议暨2015年度人民政协理论研讨会。全国政协副主席兼秘书长、中国人民政协理论研究会会长张庆黎就贯彻落实习近平总书记关于“懂政协、会协商、善议政”重要思想发表讲话。理论研究会副会长舒启明、陈惠丰、卞晋平、李昌鉴、李忠杰、张宏志、杨克勤、武寅8位同志以及理论研究会常务理事、部分理事和专家学者共150余人出席。会议共征集论文360余篇，与会者围绕“加强社会主义协商民主建设与人民政协”进行大会发言和分组讨论。

三、支持指导“社会主义协商民主建设与人民政协”理论研讨会

2015年10月，理论研究会支持指导武汉市政协和人民政协报社联合举办“社会主义协商民主建设与人民政协”理论研讨会，邀请名誉会长郑万通，副会长刘佳义、卞晋平及有关专家学者出席会议。会议征集论文150余篇，15个副省级市政协主席、副主席和9位专家学者作大会交流。

四、做好政协理论及成果宣传工作

编辑出版《中国政协·理论研究》会刊四期，刊登论文50余篇，集中展示了2015年度政协系统内外人民政协理论研究最前沿、最优秀的成果，全部收入中国学术期刊网，其中不少文章被中国人民大学书报资料中心《复印报刊资料》全文转载。编辑出版中国人民政治协商会议成立65周年理论研讨会暨2014年度论文集，收录论文142篇，全面展示了2014年度各级人民政协理论和实践的创新成果和庆祝中国人民政治协商会议成立65周年理论研讨会的征文成果。

研究会加强与《人民政协报社》、中国政协网等媒体的联系与合作，主动提供研究会活动信息、推荐理论研究成果，吸引媒体参加研究会活动，及时宣传报道研究会工作和研究成果。及时更新研究会网站信息。

理论研究会在全国政协办公厅安排下积极向国外政党、议会介绍人民政协理论，还多次受地方政协邀请宣讲人民政协理论，扩大人民政协理论的影响力。

五、搞好研究会自身建设

理论研究会注重把思想理论建设作为首要任务，认真学习贯彻中央关于人民政协的新思想、新部署，认真开展“三严三实”专题教育。

按照民政部关于社会团体应按照各自《章程》规定每年举办活动的要求，召开第二届第二次常务理事会，根据《章程》规定的单位会员理事自然替代原则，增补了一名副会长和三名常务理事。会后，按《章程》规定将常务理事会通过的人事事项以通讯方式提请第二次理事会议审议，并征求对研究会工作的意见。

研究会注重加强全国各级政协理论研究会的交流合作，先后委派有关负责同志赴甘肃、青岛、深圳等地调研，了解当地理论研究会建设情况，对研究会深圳代表处和青岛代表处的运作情况进行了初步摸底考察；接待北京、重庆、深圳、武汉等

地理论研究会负责同志来访，因询对四川、广西、内蒙古等省、自治区研究会换届工作给予指导；编辑并印发《中国人民政协理论研究会通报》共三期，及时向会员单位和理事通报研究会领导重要讲话精神等。

中国经济社会理事会 2015年，中国经济社会理事会在全国政协直接领导、全体理事共同努力和社会各界大力支持下，面向国际国内两个大局，围绕党和国家工作中心任务，围绕全国政协总体部署，有效发挥了研究、咨询、联络、服务作用。牢牢把握中国经济社会理事会的性质、定位、工作方向和着力重点，立足自身特色优势谋划、开展工作；坚持问题导向，以课题为重点、论坛研讨为依托，抓住经济社会领域全局性、战略性、前瞻性重大问题，开展研究、提出建议；发挥作为经社理事会和类似组织国际协会主要成员和联系广泛的优势，服务国家外交战略，广泛联系团结社会力量，圆满完成了各项工作任务。

一、着眼全局，谋划理事会年度工作目标和着力重点

6月18日，理事会四届二次会议在全国政协礼堂召开。学习习近平总书记系列重要讲话精神，了解国际国内经济社会发展动态走向，准确把握党和国家事业发展全局，研究提出了理事会的年度工作目标和着力重点。

杜青林主席出席会议并讲话，明确要求把准着力方向，坚持作为全国政协领导下的综合研究经济社会问题的全国性社团组织的性质定位，聚集“四个全面”战略布局和经济社会发展新常态，抓住党和国家工作的战略目标、重点领域和主攻方向，切实作为谋划工作的起点、开展工作的重点、推进工作的基点，始终在服务全局中推动经社理事会事业发展。

明确要求注重突出优势，坚持运用地位超脱、智力密集、联系广泛、机制灵活的特点，以专题调研、课题研究、会议研讨为依托，广泛调动整合各方资源，努力汇聚促进党和国家事业发展的积极力量。

明确要求有效发挥作用，突出研究、咨询、服务、联络功能，加强高端智库、咨询平台、桥梁纽带“三位一体”建设，统筹做好资政建言和对外交往工作，更好服务我国改革发展全局。

理事会副主席周伯华、贾治邦、张玉台、孟学农、杨崇汇、潘云鹤、吉林、吴志明、徐敬业、王胜洪、徐振寰出席，142位理事参会。会议增补了臧献甫、张秋俭（女）为理事会副主席，还增补了部分常务理事、理事。为丰富会议内容，活跃会议气氛，全体会议首次新设了交流理事会课题研究阶段性成果，听取理事对理事会工作意见建议两项议程。

理事会四届二次会议召开前，举行了四届二次常务理事会议，杜青林主席主持会议并讲话。

二、突出重点，着力加强对经济社会发展重大理论和实践问题的课题研究

选准定实重点课题。按照以“四个全面”为统领，以突出问题为导向，以典型案例为视角，以成果转化为目标的指导思想，着眼新常态下经济发展动力机制问题、重大改革措施实施问题、事关群众切身利益重要民生问题，在广泛征求理事意见建议的基础上，理事会年初确定了事关改革发展全局性、战略性、前瞻性重大问题的8个年度课题和一个咨询课题开展研究。这些问题内容涉及中国产业走出去、生产性服务业发展、金融体制改革、煤炭清洁高效利用、城乡居民医保、武陵山片区生态绿色产业扶贫、京津冀协同发展等重要问题，抓住了各方广泛关注、理事会自身又能发挥优势的重大问题，找准了理

事会工作的切入点和突破口。

深入开展调查研究。课题实行课题负责人制度，并根据自愿原则，邀请理事和其他科研院所、高等院校、政府部门的专家学者和企业界人士组成跨行业、跨领域的课题组，合作开展专题研究、承接咨询项目、完善合作机制，规范合作模式。周伯华、贾治邦、杨崇汇、吉林、王胜洪、徐振寰6位副主席分别担任了课题组负责人，104位理事以及54位其他部门的专家学者担任了课题组成员。课题组成员严格执行中央八项规定，轻车简从，深入基层，深入实地，发现问题，了解情况，听取诉求，掌握了大量真实的第一手材料，形成一批质量高的研究成果。截止到2014年年底，课题组共开展29次调研，召开46次座谈会，形成21份阶段性调研报告、9份课题研究报告，其中印发9期《中国经济社会理事会研究报告》。《政协信息》先后四次专题刊载了调研成果，并分别专报张高丽、王勇、周小川、徐绍史等领导和有关部门参阅，较好发挥了资政建言作用。

解决落实成果转化“最后一公里”问题。课题组提出的许多务实可行的对策建议，得到了地方政府的高度重视和采纳。其中“武陵山片区生态绿色产业扶贫的实施路径与模式”课题组提出的有关建议得到了湖南省委、省政府的高度重视，省政府决定从2015年起每年拿出2000万元财政专项扶贫资金用于鼓励支持“一家一”助学就业·同心温暖工程；“京津冀协同发展中新发地产业的转型与升级”课题组针对新发地农产品批发市场现存问题所提出的“瘦身减荷”的有关建议，在北京市政府及有关方面的支持下，已经开始实施。“利率市场化背景下民营银行的开放和发展”提出的差异化发展、监管适度宽松的建议得到了几家民营银行及所在地区银监部门的充分认同。

三、搭建平台，注重打造和创新中国经济社会论坛等特色工作品牌

积极探索以中国经济社会论坛为主，以4个专题论坛为辅，构建中国经济社会理事会特色论坛品牌体系，着力体现高端性、专业性、开放性的特点，注重以特色品牌承载推动重点工作，拓宽工作渠道和平台。

做亮做响中国经济社会论坛。把中国经济社会论坛定位为理事会体现优势、发挥作用的重要载体，广大理事和各界人士广泛交流、加强联系的重要纽带，研究经济社会领域重大问题的高端平台。“2015中国经济社会论坛——创新驱动与新经济增长点的培育”在天津市举行，论坛由中国经济社会理事会和天津市政协共同主办。杜青林主席出席并讲话，深刻阐述了创新驱动和新经济增长点培育的主攻方向和着力重点。中共天津市委代理书记、市长黄兴国致辞，中国经济社会理事会副主席周伯华、张玉台、吉林、臧献甫、徐敬业、张秋俭、王胜洪、徐振寰出席会议。150多位中国经济社会理事会理事，有关方面的专家学者，天津市有关方面和部门负责同志出席论坛。论坛紧扣经济发展重大现实问题，深入研究交流，发表真知灼见，受到广泛关注。理事会把充分的调研准备作为办好论坛的重要基础，通过组织前期调研，推动形成一批高质量的大会发言，着力增强论坛实效和水准。23位理事就尽快形成人才、技术、资金汇聚的市场洼地效应，走集聚化之路发展生产性服务业，进一步壮大我国制造业、机器人技术和产业发展，民营银行健康发展，中国产业集群发展，科技金融法规体系建设等方面问题提出了若干建议。4个课题还以课题组名义作了主题发言，首次实现了理事会年度课题研究与论坛的相互支撑，是中国经

济社会论坛的创新和发展。《政协通报》、《政协信息》分别刊载了会议成果。

合作办好专题论坛。本着开放办论坛、合作办论坛的思路，先后与有关部门、科研院所合作举办“2015 中关村互联网金融论坛”“2015 自贸区论坛”“东盟经济共同体与中国—东盟产能合作高层论坛”“第四届国际清洁能源论坛”4 个专题论坛，形成了一批成果，扩大了中国经济社会理事会的社会影响。“2015 自贸区论坛”为国家自贸区建设战略提出后举办的首个全国性论坛，论坛以“金融、贸易和投资便利化”为主题，深入探讨自贸区建设的重点、难点和突破口，推动了社会共识的形成。“东盟经济共同体与中国—东盟产能合作高层论坛”，为中国经济社会理事会依据国家重大战略首次在海外主办的国际论坛，拓展了理事会发挥作用的平台。通过合作，彰显和激发了理事会潜能，增加了理事会的活力。并向中央有关部门报送了政策性的意见和建议。

积极开展两岸交流：2015 年 1 月 26 日—2 月 1 日，应台湾国策研究院、中华企划人协会的邀请，中国经济社会理事会组团赴台参访交流。理事会副主席周伯华一行 13 人，就“社会团体促进两岸经济社会可持续发展和民间交流中的作用”，开展交流互动。11 月 2 日，杜青林主席在全国政协会见台湾国策研究院院长田弘茂为团长的台湾非营利组织代表大陆交流团，对中国经济社会理事会与台湾国策研究院等非营利组织开展的两岸民间交流，推动两岸经济社会领域务实合作，夯实两岸和平发展的社会和民意基础予以肯定。

四、发挥优势，积极推进对外交往交流合作

围绕国家重大外交战略部署，坚持双边与多边相结合，“走出去”与请进来相结合，进一步扩大与国外相关机构的交往交流。着力发挥理事会作为经社理事会和类似组织国际协会主要成员，以及民间社团和高端智库的作用，主动作为，积极与外交部、中联部沟通，取得支持，尝试与国外智库联络，内外联动、多双边互促，着力打开对外交往新局面。

继续用好国际协会多边交流平台。顺利连任国际协会管委会成员，同时有重点地与国际协会成员组织开展双边交流。与非盟经济社会文化理事会、非洲各国经济社会理事会等相关机构的交往首次列入新版《中国对非洲政策文件》，将中国经济社会理事会与非洲地区经社组织交流纳入了国家总体外交。6 月，应杜青林主席邀请，塞内加尔经济、社会和环境理事会主席塔勒率代表团访华。这是换届以来，中国经济社会理事会主席邀请的第一个高规格访华团。中共中央政治局常委、全国政协主席俞正声会见代表团一行。12 月，马里经济、社会和文化理事会主席海德拉应邀访华，杜青林主席会见并进行了工作会谈。此访是为落实中非合作论坛约翰内斯堡峰会期间两国元首达成的重要共识进行的一次高层交往。此外，针对欧盟经社委员会前任主席马洛斯在涉藏问题上的错误行径，在继续配合外交部及我驻欧盟使团进行有理有利有节坚决斗争的同时，抓住中欧全面战略伙伴关系深化发展的新机遇，积极做欧盟经社委员会知华友华人士和新任主席工作，为恢复中欧圆桌会议创造条件。

积极开展智库交流合作。理事会作为高端智库在对外交流中具有特有优势和潜力，智库交流正成为理事会对外交往新的空间。围绕扶贫问题，理事会在国内工作中确定“武陵山片区生态绿色产业扶贫的实施路径与模式”年度研究课题，以此为基础受国际协会委托牵头起草了全球减贫评估报告，并在出席联合国成立 70 周年和发展峰会相关活动做了专题介绍，受到广泛好评。在接待非洲国家来访代表团也重点就扶贫经验、农业合作进行座谈交流。围绕国际产能合作，结合“‘一带一路’背景下中国产业‘走出去’面临的主要问题和政策建议”年度课题，通过与驻东盟使团、东盟基金会、印尼工商总会合作举办论坛重点推进中国东盟国际产能合作，同时在理事会代表团访问亚美尼亚和接待台湾地区社团组织大陆参访团时，积极介绍“一带一路”战略内涵，推动互联互通项目对接。

五、依靠理事，进一步提高理事会工作水平

着眼激发理事会内在潜能，进一步改进理事联络服务工作，有效调动理事参与专题调研、课题研究、重要会议、对外交往等工作的积极性，充分发挥理事主体作用。一年来，有197位理事参加了理事会的各项活动，占全体理事的90.7%，其中有142位理事出席理事会四届二次会议，121位理事参加年度课题研究，100位理事出席2015中国经济社会论坛、2015自贸区论坛、东盟经济共同体与中国—东盟产能合作高层论坛等五个论坛，28位理事参加对外及对台交往交流活动，在理事会秘书处4次书面征求对论坛、课题及其他工作意见建议过程中，有156人次进行了反馈。主动关注理事会工作、积极参加理事会活动、为理事会工作积极出主意、提建议，成为本届理事会的新风貌、新气象。

理事会秘书处将密切与理事联系联络联谊、提升自身服务能力作为工作突破口。建立了理事数据库、专题数据库，整理收集相关政策、专家建议、各地实践探索、国际经验教训等，作为调研的依据和参考；充分利用互联网技术，建立了理事微信群、微信公众号等新媒体互动平台，定期通报理事会工作安排、课题研究和论坛情况；大力改进《中国经济社会论坛》杂志，与人民政协报合作对理事会官网进行全面改版，编辑《中国经济社会论坛发言汇编》、《中国经济社会理事会年度课题研究报告汇编》。同时借助中央电视台、人民政协报、《中国政协》杂志等主流媒体力量，加强对理事会工作的宣传。“2015年中国经济社会论坛”中央电视台、中央人民广播电台播发了消息，《人民政协报》编辑出版了特刊；“2015年自贸区论坛”，中央电视台新闻联播播发了消息，凤凰卫视和人民网、新华网等各大媒体予以报道。

理事会秘书处强化组织保障和例会制度，健全各项工作制度，加强工作流程管理，加强业务培训和政治思想教育，大幅提升了为理事服务、为理事会服务的能力和水平。

中国宗教界和平委员会 2015年，中国宗教界和平委员会（“中宗和”）按照全国政协的整体工作部署，在全国政协的领导下，在党政有关部门及全国性宗教团体的支持下，围绕中心、服务大局，努力发挥好全国政协对外交往重要平台的作用，遵循“友好、和平、发展、合作”的原则，扎实开展与国际跨宗教和平组织友好往来，积极宣介我国宗教政策和宗教信仰自由的真实情况，在促进各宗教团结和睦，在拓展和深化对外友好交往等方面取得新的成绩。

一、召开“中宗和”四届二次全体会议

2015年3月，“中宗和”第四届第二次全体会议在北京召开。全国政协副主席、“中宗和”主席、中国佛教协会名誉会长帕巴拉·格列朗杰发表了书面讲话。会议审议通过了“中宗和”2014年度工作总结，通报了2015年度工作计划要点。

全国政协副秘书长张秋俭，“中宗和”顾问、外事委员会副主任王胜洪，“中宗和”顾问、民宗委驻会副主任晓敏，以及中央统战部、国家宗教事务局有关部门负责人出席会议。会议由刀述仁主持，张秋俭代表全国政协办公厅讲话。

二、出席亚洲宗教和平会议（“亚宗和”）2015 年度执委会

2015 年 6 月，以“中宗和”副主席、中国天主教主教团主席马英林为团长的中国五大宗教代表人士组成的“中宗和”代表团出席在印度尼西亚万隆举行的“亚宗和”2015 年度执委会。马英林在执委会开幕式暨反对暴力和宗教极端主义研讨会作总结发言，介绍中国五大宗教和“中宗和”为倡导和谐宗教观、维护宗教团结、和顺良好局面所做的努力，倡导不同文明和宗教间对话。“中宗和”代表当选“亚宗和”助理秘书长、领导层会议及财务委员会成员等职务。

三、接待日本、韩国、意大利代表团访华，与“日宗和”“韩宗和”签署了双边交流机制协议

2015 年 7 月、10 月及 12 月，“中宗和”分别接待世界宗教和平会议——日本分会（“日宗和”）、韩国宗教和平会议（“韩宗和”）、世界宗教和平会议——意大利分会（“意大利宗和”）代表团访华。“中宗和”与“日宗和”首次签署双边交流机制协议，与“韩宗和”续签了双边交流机制协议。

访问期间，“日宗和”“韩宗和”“意大利宗和”代表团还分别走访了北京、云南、上海等地的宗教团体和宗教活动场所，相关宗教界人士分别向代表团介绍了各宗教在当地的历史沿革、地方政府依法对宗教场所合法权益的保护、宗教与社会主义社会相适应及跨宗教对内对外交流等情况。各方就对外交流、参与社会服务、引导积极向善、宗教与社会发展相适应、反对宗教极端主义等进行了广泛交流。“韩宗和”代表团还走访了国家宗教事务局，与北京、云南等省市的政协民宗委相关领导会谈，加深对了中国宗教信仰自由真实状况和宗教政策的了解。

四、访问英国、墨西哥

2015 年 12 月，以“中宗和”秘书长、中国佛教协会会长学诚为团长的“中宗和”代表团应邀访问世界宗教和平会议——英国分会（“英宗和”）、世界宗教和平会议——墨西哥分会（“墨西哥宗和”）。访问期间，“中宗和”分别就上述组织双方组织机构、工作情况、“世宗和”框架下相互支持等事宜及进行了交流。“中宗和”代表团成员介绍了中国宗教信仰自由真实状况及各宗教和谐共处、团结合作的良好局面。“英宗和”“墨西哥宗和”欢迎“中宗和”代表团来访，表达了与中国宗教界进行交流的良好愿望。特别是“墨西哥宗和”表示，“中宗和”代表团首次访问墨西哥具有重要意义，为两国宗教和平组织的友好交往营造了良好的开端，有利于加深两国人民之间的了解，希望有机会能访问中国，进一步推动两国宗教界的交流。

五、出席东北亚和平国际研讨会

2015 年 11 月，以“中宗和”副主席、中国伊斯兰教协会副会长兼秘书长郭承真为团长的“中宗和”代表团应邀参加了在韩国举办的东北亚和平国际研讨会。代表团认真准备，在第二分论坛作主旨发言、担任第三分论坛主持人，并积极参与各论坛讨论发言，向与会代表阐述了中方在和平发展、促进睦邻友好关系、维护地区和平与稳定的主张。

六、参加亚太跨宗教青年交流营活动

2015 年 12 月，“中宗和”委员、天津市佛教协会副会长妙贤应邀参加了在柬

埔寨举办的“亚太跨宗教青年交流营”活动。“中宗和”代表与参会的“世宗和”、“亚宗和”代表及“亚宗和”各成员组织青年委员交流，向柬埔寨宗教界及小学生介绍中国的经济、文化及社会发展情况。

七、参与“世宗和”、“亚宗和”发起的援助尼泊尔灾后重建项目

2015 年 7 月，“中宗和”派代表参加了由世界宗教和平会议（“世宗和”）、“亚宗和”组织的考察组，赴尼泊尔考察地震受灾情况，为“亚宗和”出台尼泊尔重建援助方案提供依据。“中宗和”代表对救灾重建援助方案、捐助工作机制等提出了多项建议。此后，“中宗和”向尼泊尔提供捐款，“世宗和”秘书长专门致函表示感谢。

八、纪念中国人民抗战胜利暨世界反法西斯战争胜利 70 周年和平祈祷活动

隆重纪念中国人民抗日战争暨世界反法西斯战争胜利 70 周年，是 2015 年党和国家政治生活中的一件大事。作为全国政协办公厅纪念抗战胜利 70 周年系列活动的一项重要工作，“中宗和”把举行和平祈祷活动作为今年工作重点，牢牢把握中央精神和活动主基调，紧紧围绕“铭记历史、缅怀先烈、珍爱和平、开创未来”主题，贯彻落实中央对抗战纪念活动的总体要求，服从全国政协有关纪念活动的整体安排，按照全国政协领导的指示精神，结合“中宗和”的特点，与有关党政部门和全国性宗教团体密切合作，把好政治导向，加强统筹协调，周密细致落实各项安排，圆满完成了和平祈祷活动的工作任务。

全国性宗教团体积极响应“中宗和”倡议，均组织了相关纪念活动和祈祷，中国佛教协会、中国道教协会还分别邀请海峡两岸和港澳地区佛、道教代表性人士参加和平祈祷法会。2015 年 9 月 4 日，中共中央书记处书记、全国政协副主席杜青林，全国政协副主席齐续春接见参加和平祈祷的宗教界代表。和平祈祷活动隆重热烈，宗教界人士和信教群众热情参与，弘扬了以爱国主义为核心的民族精神，凝聚了海峡两岸和港澳地区宗教界人士实现中华民族伟大复兴中国梦的正能量，展现了中国宗教界爱国爱教、维护世界和平的良好形象。

组 织 情 况

中国人民政治协商会议第十二届全国委员会专门委员会委员增补名单

（1人）

（2015年2月25日政协第十二届全国委员会第二十五次主席会议通过）

增补：

马健同志（回族）为港澳台侨委员会委员。

关于免去令计划中国人民政治协商会议第十二届全国委员会副主席职务、撤销其全国政协委员资格的决定

（2015年2月28日政协第十二届全国委员会常务委员会第九次会议通过）

鉴于令计划严重违纪，根据中共中央建议，依照《中国人民政治协商会议章程》及有关规定，政协第十二届全国委员会常务委员会第九次会议决定，免去令计划中国人民政治协商会议第十二届全国委员会副主席职务、撤销其中国人民政治协商会议第十二届全国委员会委员资格。

关于接受仇保兴、冯琳、肖盛峰同志请辞中国人民政治协商会议第十二届全国委员会委员的决定

（2015年2月28日政协第十二届全国委员会常务委员会第九次会议通过）

仇保兴、冯琳（女）、肖盛峰委员提出，因工作调整，请求辞去政协第十二届全国委员会委员。政协第十二届全国委员会常务委员会第九次会议根据政协章程第二十八条的规定，接受仇保兴、冯琳（女）、肖盛峰委员的请辞。

关于撤销朱明国、马建中国人民政治协商会议第十二届全国委员会委员资格的决定

（2015 年 2 月 28 日政协第十二届全国委员会常务委员会第九次会议追认）

鉴于朱明国、马建严重违纪，根据中共中央建议，依照《中国人民政治协商会议章程》和《政协全国委员会常务委员会关于授权主席会议对违纪违法政协委员及时作出处理的决定》，政协第十二届全国委员会第二十三次、二十五次主席会议分别作出了撤销朱明国、马建中国人民政治协商会议第十二届全国委员会委员资格的决定，并已向社会公布，现在政协第十二届全国委员会常务委员会第九次会议上予以追认。

中国人民政治协商会议第十二届全国委员会委员增补名单

（8 人）

（2015 年 2 月 28 日政协第十二届全国委员会常务委员会第九次会议通过）

（按姓氏笔画排序）

吕　虹（女）　李　冰　李从军　吴新雄　周生贤　侯树森　解振华　蔡　武

中国人民政治协商会议第十二届全国委员会副秘书长任免名单

（4 人）

（2015 年 2 月 28 日政协第十二届全国委员会常务委员会第九次会议通过）

常荣军、刘佳义同志为政协第十二届全国委员会副秘书长。

仝广成、王胜洪同志不再担任政协第十二届全国委员会副秘书长。

中国人民政治协商会议第十二届全国委员会专门委员会副主任任免名单

（12人）

（2015年2月28日政协第十二届全国委员会常务委员会第九次会议通过）

吴新雄同志为经济委员会副主任；
周生贤、解振华同志为人口资源环境委员会副主任；
李从军同志为教科文卫体委员会副主任；
吕虹同志（女）为港澳台侨委员会驻会副主任；
侯树森同志为港澳台侨委员会副主任；
王胜洪、蔡武同志为外事委员会副主任；
李冰同志为文史和学习委员会副主任。
仇保兴同志不再担任人口资源环境委员会副主任；
常荣军同志不再担任教科文卫体委员会驻会副主任；
马健同志（回族）不再担任港澳台侨委员会驻会副主任。

中国人民政治协商会议第十二届全国委员会专门委员会委员增补名单

（1人）

（2015年6月15日政协第十二届全国委员会第三十次主席会议通过）

增补：

顾伯平同志为社会和法制委员会委员。

关于免去韩志然中国人民政治协商会议第十二届全国委员会常务委员、撤销其委员资格的决定

（2015 年 6 月 17 日政协第十二届全国委员会常务委员会第十一次会议通过）

鉴于韩志然严重违纪，根据中共中央建议，依照《中国人民政治协商会议章程》及有关规定，政协第十二届全国委员会常务委员会第十一次会议决定，免去韩志然中国人民政治协商会议第十二届全国委员会常务委员、撤销其中国人民政治协商会议第十二届全国委员会委员资格。

关于撤销颜世元中国人民政治协商会议第十二届全国委员会委员资格的决定

（2015 年 6 月 17 日政协第十二届全国委员会常务委员会第十一次会议追认）

鉴于颜世元严重违纪，根据中共中央建议，依照《中国人民政治协商会议章程》和《政协全国委员会常务委员会关于授权主席会议对违纪违法政协委员及时作出处理的决定》，政协第十二届全国委员会第三十次主席会议作出了撤销颜世元中国人民政治协商会议第十二届全国委员会委员资格的决定，并已向社会公布，现在政协第十二届全国委员会常务委员会第十一次会议上予以追认。

中国人民政治协商会议第十二届全国委员会委员增补名单

（1 人）

（2015 年 6 月 17 日政协第十二届全国委员会常务委员会第十一次会议通过）

吕忠梅（女）

中国人民政治协商会议第十二届全国委员会专门委员会副主任任免名单

（2人）

（2015年6月17日政协第十二届全国委员会常务委员会第十一次会议通过）

吕忠梅同志（女）为社会和法制委员会驻会副主任；

顾伯平同志不再担任社会和法制委员会驻会副主任。

中国人民政治协商会议第十二届全国委员会委员调整界别名单

（2人）

（2015年7月17日政协第十二届全国委员会第三十二次主席会议通过）

何星亮由无党派人士界调整到中国国民党革命委员会界；

陈群由无党派人士界调整到教育界。

中国人民政治协商会议第十二届全国委员会专门委员会委员增补名单

（1人）

（2015年8月26日政协第十二届全国委员会第三十三次主席会议通过）

增补：

杨士秋为教科文卫体委员会委员。

关于免去黄小祥政协第十二届全国委员会副秘书长职务，撤销黄小祥、张力军、王玉发、汪良、顾欣中国人民政治协商会议第十二届全国委员会委员资格的决定

（2015年8月28日政协第十二届全国委员会常务委员会第十二次会议追认）

鉴于黄小祥违反中国共产党的纪律，根据中共中央建议，依照《中国人民政治协商会议章程》和《政协全国委员会常务委员会关于授权主席会议对违纪违法政协委员及时作出处理的决定》，政协第十二届全国委员会第三十二次主席会议作出了免去黄小祥政协第十二届全国委员会副秘书长职务，撤销其政协第十二届全国委员会委员资格的决定。鉴于张力军、王玉发、汪良、顾欣涉嫌严重违纪违法，根据中共中央建议，依照《中国人民政治协商会议章程》和《政协全国委员会常务委员会关于授权主席会议对违纪违法政协委员及时作出处理的决定》，政协第十二届全国委员会第三十三次主席会议作出了撤销张力军、王玉发、汪良、顾欣政协第十二届全国委员会委员资格的决定。以上决定均已向社会公布，现予以追认。

中国人民政治协商会议第十二届全国委员会委员增补名单

（1人）

（2015年11月8日政协第十二届全国委员会常务委员会第十三次会议通过）

焦焕成

中国人民政治协商会议第十二届全国委员会专门委员会副主任增补名单

（1人）

（2015年11月8日政协第十二届全国委员会常务委员会第十三次会议通过）

增补：

焦焕成同志为港澳台侨委员会副主任。

机关建设

中央纪委驻全国政协机关纪检组工作　按照中央统一部署，2015 年 3 月底，中央纪委驻全国政协机关纪检组正式组建。周新建同志任组长（副部长级），修晓波同志任副组长（正局长级）。纪检组内设办公室、纪检室。

根据《中国共产党章程》和《关于加强中央纪委派驻机构建设的意见》的有关规定，派驻机构由中央纪委直接领导，协助、配合中央纪委职能部门履行相关职责。派驻机构与驻在部门是监督与被监督的关系。驻在部门领导班子履行本部门党风廉政建设主体责任，其相关机构承担本部门教育、制度、监督等党风廉政建设日常工作，机关纪委主要负责查处本部门处级及以下干部违犯党纪的案件；派驻机构对驻在部门机关纪委和直属单位、省级垂直管理单位的纪检工作进行业务指导和监督检查。派驻机构根据职责查办驻在部门有关案件，提出党纪处分建议，涉及司局级干部时，指导驻在部门机关纪委做好向中央直属机关纪工委或者中央国家机关纪工委报审工作。

派驻机构的工作职责主要有：（一）督促驻在部门领导班子落实党风廉政建设主体责任，履行对驻在部门党风廉政建设的监督责任。（二）检查驻在部门领导班子及其成员遵守党章和其他党内法规，贯彻执行党的路线方针政策和决议，遵守政治纪律和政治规矩，以及贯彻执行民主集中制、选拔任用干部、加强作风建设、依法行使职权和廉洁从政等情况。（三）负责调查驻在部门内设机构、直属单位、省级垂直管理单位领导班子及其成员和司局级干部违犯党纪的案件，必要时可以直接调查处级及以下干部违犯党纪的案件；参与调查驻在部门领导班子及中管干部违犯党纪的案件。（四）受理对驻在部门党组织和党员的检举、控告，受理驻在部门党组织和党员不服处分的申诉。（五）对驻在部门各级领导班子履行党风廉政建设主体责任不力、造成严重后果的，提出问责建议。（六）承办中央纪委交办的其他事项，负责本派驻机构干部日常管理和监督等。

2015 年度，驻全国政协机关纪检组在中央纪委的直接领导和全国政协党组、机关党组的大力支持指导下，为实现起好步、开好局，着重抓好以下工作。（一）认真学习，实现良好开局。深入学习习近平总书记关于全面从严治党、党风廉政建设和反腐败斗争的重要论述，准确把握精神实质。按照王岐山书记“要在三个月内完成新设派驻纪检组的组建工作”指示要求，制定了明确的工作步骤，即第一个月组建，第二个月调研，第三个月谈话并办案。组建工作顺利，实现良好开局。（二）发声露面，传导压力。纪检组组建之初，就及时向全国政协主要领导报告，与机关领导一一交流沟通，听取意见建议。采取召开专题调研座谈会和走访等形式，与政协机关 29 个室局实现了全覆盖的面对面沟通交流。在政协机关党组会、秘书长办公会等场合及时通报中央精神和中央纪委的有关要求。6 月和 9 月，周新建同志两次在政协机关党委扩大会议上讲话；10 月在政协机关服务局、服务开发中心党员干部会议上，作党风廉政建设和反腐败斗争形势报告；11 月在政协机关纪检干部培训班上讲话。通过这些报告和讲话发声露面，督促落实党风廉政建设主体责任和监督责任，传导压力，产生了明显的辐射效应，使大家感到“中央纪委就在身边，纪律就在眼前”。（三）开展廉政谈话，有效落实“四种形态”。“四种形态”的精髓是把纪律挺在前面，早打招呼、治病救人。让“四种形态”的理念在全国政协机关落地生根，开展廉政谈话是一个很好的方式。截至 12 月底，纪检组共与政协机关 70 多位局级及局级以上领导干部进行了廉政谈话，传达中央精神，交流情况，核实并澄清了有关问题。政协机关党员干部主动接受监督的意识和纪律意识增强了，党风廉政建设这根弦在思想上绷得更紧了。（四）落实中央八项规定精神，坚决防止“四风”反弹。6 月，编印了《深入贯彻落实中央八项规定精神手册》，发放到机关及直属单位 1200 多名党员干部手中，督促大家遵照执行。同时抓住重要节点开展监督，节前督促下发通知、发送短信，提前打招呼，节后对各室局贯彻落实情况进行抽查，严防“四风”问题反弹。（五）突出执纪特色，严肃查处违纪案件。查办了三起案件。分别是人民政协报社未严格按照审批程序派员出国、政协礼堂管理处假发票、服务局个别干部违反中央八项规定精神三个案件，共涉及党员干部 17 人，其中纪律处分 10 人，诫勉谈话、通报批评 7 人。截至 12 月底，共收到问题线索 32 个，已全部办理。在工作中还为一些同志澄清了事实。（六）融入政协机关，为更好履职创造条件。主动融入政协机关，参加机关有关会议、活动，全程参加“三严三实”专题教育，加强与驻在单位同志的沟通交流。纪检组与机关党委、机关纪委保持了良好的沟通协调关系，更加便于开展业务工作。（七）完善管理机制，加强自身建设。加强组织建设，5月初，纪检组成立党支部，直接选举产生党支部书记、委员，在政协机关党委领导下开展党建工作。加强思想建设，对照“三严三实”要求，深入查摆问题，制定整改措施，提高党性修养，锤炼严实作风，打造忠诚、干净、担当的过硬队伍。注重建章立制，制定了会议制度、信访工作办法、纪律审查工作办法、公文处理办法等一系列规章制度，不断完善工作流程，坚持用制度管人管事。

机关党建工作　2015 年，全国政协机关党委深入学习贯彻党的十八大，十八届三中、四中、五中全会精神和习近平总书记系列重要讲话精神，在中直工委和机关党组领导下，紧紧围绕“四个全面”战略布局和人民政协中心工作，认真贯彻落实全面从严治党要求，落实中直工委和机关党组年度工作要点，切实履行服务中心、建设队伍职能，着力践行“三严三实”、严明纪律规矩，认真落实机关党风廉政建设和反腐败工作主体责任，不断加强机关党的思想建设、组织建设、作风建设、反腐倡廉建设和制度建设，为服务人民政协履职、建设党员队伍，提供坚强的思想保证、政治保证和组织保证。

主要工作

（一）大力加强思想政治教育

一是突出主题。深入组织学习贯彻党的十八大，十八届三中、四中、五中全会精神和习近平总书记系列重要讲话精神、中央关于“四个全面”战略布局等，切实强化机关党员干部的政治意识、大局意识和看齐意识。二是把握重点。深入组织学习贯彻党章、《中国共产党廉洁自律准则》和《中国共产党纪律处分条例》，充分发挥正反两方面典型的镜鉴作用，引导广大党员干部严守党章党规，恪守纪律规矩特别是政治纪律、政治规矩和组织纪律，切实营造遵规守纪的良好政治生态。三是统筹推进。通过制订年度机关党员干部学习培训计划、及时印发学习贯彻通知等，充分发挥基层党组织、广大党员干部深化学习的主体作用；邀请全国政协领导、中央纪委以及中直工委、中央党校有关领导作专题党课或学习讲座，围绕“学习贯彻习近平总书记系列重要讲话精神、争做‘三个表率’”“践行社会主义核心价值观”和“共筑中国梦、岗位做贡献”组织系列主题征文活动，分别举办党支部书记、纪检委员、群团干部学习培训班，以及“党章学习周”“宪法学习周”等，着力实现思想政治学习的广泛动员、层层推动和全面覆盖。四是强化成效。2015 年共组织机关党组中心组学习、专题党课、学习报告会、学习讲座和培训等 74 场、5770 人次；下发学习资料和学习读本 34 种、10413 册。有关学习成果、理论文章和党建工作情况得到了《人民日报》、新华社、《中直党建》等主流媒体的关注报道。在中直工委举办的学习贯彻《准则》《条例》座谈会上，机关党委被选为中直机关有代表性的 6 家单位之一，由副秘书长、机关党委书记张秋俭在会上作了交流发言。在中直机关举办的“三个表率”理论征文活动中，机关基层党组织和党员干部分获 3 个一等奖和 1 个二等奖，机关党委获组织奖。

（二）深入开展“三严三实”专题教育

一是制定全国政协机关开展“三严三实”专题教育实施方案和机关局处级党员领导干部“三严三实”专题民主生活会方案，认真组织并督促指导机关各室局党组织围绕严以修身、严以律己、严以用权三个专题进行学习研讨，严肃认真组织召开专题民主生活会。引导各基层党组织结合自身实际和特点开展“自选动作”，着力将专题教育引向深入。二是做好全国政协党组、机关党组和机关各室局处以上党员干部“三严三实”专题教育有关服务工作。包括参与起草专题教育实施方案计划表和民主生活会方案，编印“三严三实”专题教育材料，结合学习研讨主题剪辑、播放《杨善洲》《焦裕禄》《第一书记》三部影片等，并及时向中组部、中直工委报送“三严三实”专题教育情况和成效。三是认真做好俞正声主席、张庆黎副主席兼秘书长给机关党员干部职工讲专题党课的组织服务工作，并及时收集整理机关干部的学习体会，引导机关干部切实增强践行“三严三实”的思想自觉和行动自觉。中组部编印的《“三严三实”专题教育情况通报》先后 3 次刊发机关“三严三实”专题教育情况，《人民日报》以《从严从实深入开展 有力有效推动工作——全国政协机关扎实推进“三严三实”专题教育》为题进行报道，新华社等其他主流媒体也专门刊发文章介绍政协机关的专题教育情况。

（三）扎实推进机关党风廉政建设

一是积极推进“两个责任”的落实。切实按照中央精神和全国政协党组的要求，建设干干净净政协机关、打造干干净净干部队伍。紧紧抓住“主体责任”这个“牛鼻子”，要求机关基层党组织切实把主体责任扛起来；强调“一把手”要种好“责任田”，要把压力传导到每个党支部、每个党小组。草拟《全国政协机关落实党风廉政建设主体责任和监督责任实施办法（试行）》，开列任务清单，落实到人。二是持续深入抓好中央八项规定精神的贯彻落实。紧盯元旦、春节、中秋、国庆等重要节点，每个节点均部署开展集中整治工作，及时下发通知提出要求，节前编发廉政提醒短信，节后及时开展落实情况检查工作。今年两会，大会秘书处首次设立会风会纪督察组，机关党委、纪委积极参与，认真开展会风会纪督查工作。配合中央纪委驻机关纪检组共同编印《深入贯彻落实中央八项规定精神手册》，发放到基层党支部和每一名党员手中，强化学习教育。三是坚持“把纪律和规矩挺在前面”，准确运用“四种形态”，严格执纪监督问责。突出抓早抓小，动辄则咎，注重排查廉政风险点，注重对重点部门、重点岗位、重点工作的日常监督检查。进一步畅通监督举报渠道，认真接待群众的来信来访14人次，严格按程序受理核查处置11条线索。四是加强纪检干部队伍建设。督促推进机关60个设有支委会的基层党组织全部配齐纪检委员，实现了基层党组织纪检委员“全覆盖”。举办党的十八大以来首次纪检干部集中专题培训，机关纪委委员、各基层党组织纪检委员、专职党务干部70余人参加培训。为专职纪检干部发放纪检业务指导丛书，选派纪检干部参加中直工委、纪工委举办的业务培训班。五是积极支持配合中央纪委驻机关纪检组工作。推动建立及时有效的沟通协调机制，主动邀请并接受纪检组对机关党委工作特别是对机关党风廉政建设工作进行监督和指导；认真协助纪检组对有关线索进行核查处理。

（四）积极开展精神文明建设

一是认真开展社会主义核心价值观教育。举办“践行社会主义核心价值观”征文活动，征集文稿30余篇并刊登在机关党建网和《政协机关通讯》上，通过“身边人”亲身宣讲自身故事和体会引导干部职工积极践行。二是组织开展纪念中国人民抗日战争暨世界反法西斯战争胜利70周年系列活动。组织机关党组中心组成员、机关老领导、各室局干部职工、离退休干部等赴中国人民抗日战争纪念馆参观；举办“铭记历史 开创未来——全国政协机关纪念中国人民抗日战争暨世界反法西斯战争胜利70周年书画摄影展”、制作主题橱窗，在《政协机关通讯》开设专栏，对部分在抗战胜利前参加革命的机关老同志进行专访等，强化对干部职工的思想政治教育和爱国主义教育。三是积极开展群众性精神文明创建活动。在全国政协十二届三次会议委员驻地开展“学习雷锋好榜样、爱岗敬业记心上”精神文明创建活动。配合做好机关节能减排宣传工作。利用短信、微信和宣传橱窗，积极开展“我们的节日”宣传活动。认真组织参加“最美家庭”“2015北京榜样”“最美志愿者”等评选活动，弘扬真善美，传播正能量。四是努力推进机关普法工作。做好中直机关“六五”普法检查验收工作，认真进行普法工作总结；开展“宪法学习周”活动，组织观看中央电视台《宪法》专题系列节目，发放《宪法及宪法相关法解读》，增强干部职工法治观念，提高运用法治理念促进工作的能力。在各基层党组织和党员干部职工的共同努力下，机关2个室局获“首都文明单位”、4个室局获“中直文明单位”荣誉称号，另有1位同志获“首都精神文明建设奖”、1位同志获“中直机关青年岗位能手”称号。

（五）着力加强基层基础工作

一是抓好《中国共产党和国家机关基层组织工作条例》的贯彻执行。向中直工委报送了机关贯彻落实《基层组织工作条例》和《中直机关贯彻〈条例〉实施办法》情况的自查报告。按照中组部和中直工委有关要求，认真组织开展机关党委向中直工委述职工作和机关基层党组织向机关党委述职工作，进一步强化党建工作责任制，中组部编印的《全国基层组织建设工作情况通报》专门刊发了有关情况。二是进一步严格党内政治生活。杜青林、张庆黎、卢展工、马飚等全国政协领导以及机关党组成员带头参加所在支部的集体学习活动，为党员领导干部严格党内政治生活做出了榜样。机关党委以严守党的政治纪律和政治规矩为重点，教育引导党员干部切实增强党的观念和政治意识、组织观念，严格执行党的民主集中制，严格落实重大事项报告、“三会一课”、民主生活会和组织生活会制度。加强对基层党组织开展学习活动和党建工作的督导，强化对机关党的会议、活动出勤率的考核。三是切实加强党的基层组织建设。督促指导基层党组织做好按期换届改选工作。按照有关规定审批成立驻机关纪检组党支部，指导25个基层党组织进行换届改选。对新换届改选党组织，强调党员行政负责人兼任党组织负责人，推进党建工作责任制和党风廉政建设主体责任落实到位。统筹做好党员发展和日常管理工作。贯彻落实《中国共产党发展党员工作细则》，制订年度党员发展计划，发展预备党员6名，预备党员转正7名。举办党员发展对象培训班，对机关28名入党积极分子进行了培训，切实提高发展党员质量。按照党内规定认真做好党费收缴、管理和使用工作；从党费结余中按每位党员300元标准下拨专项经费，用于机关各基层党组织购买学习用书和开展党建活动等。四是持续深化服务党员干部群众。深入推进机关党员干部群众参与社区活动，制定年度工作方案，与中组部、中直工委等有关部门和金融街街道工委、社区群众代表开展座谈交流，组织开展“科普进社区”主题观摩活动等，持续推动机关党员干部深入基层、联系群众。坚持做好走访慰问“送温暖”活动。在春节、七一等重要节日，认真开展向机关困难党员干部职工，老党员、老干部、抗战老同志、老党务工作者以及援藏援疆和挂职扶贫干部“送温暖”活动；在日常工作中，组织党群部门对患病住院或亲人离世等遭遇不幸的干部职工第一时间上门看望慰问，传递领导的关心和组织的温暖。今年以来累计看望慰问机关干部400余人。加大对机关民主党派支部的工作支持和指导，召开机关民主党派和无党派干部座谈会，通报有关情况，听取意见；做好为中央统战部全国无党派人士重点人物库推荐人选的考察推荐工作。五是强化党务干部培训。制定《全国政协机关基层党组织书记轮训工作实施方案》，办好机关党委委员、纪委委员、党支部书记学习班，切实加强基层党组织带头人队伍建设。通过党委扩大会议等形式，及时传达学习中央和全国政协党组、机关党组的有关指示精神，不断提升党务干部思想素质和工作能力。六是认真做好党务公开。编印《机关党建动态》，定期向机关各基层党组织和党务干部进行通报。通过机关党建网及时发布有关信息，通报党建工作，加强学习交流。

（六）大力加强和改进机关党的群团工作

一是加强党对群团工作的统一领导。深入学习贯彻中央党的群团工作会议精神和中央《关于加强和改进党的群团工作的意见》，结合机关实际制定党委群团工作联席会议制度等具体措施；听取机关各群团组织的工作汇报，强化工作指导，帮助解决困难；举办群团干部学习班，切实增强群团组织政治性、先进性、群众性，提高群团干部做好群众工作的能力和水平。二是充分发挥群团组织的桥梁纽带作用。通过工会举办的迎新春团拜活动、第九届职工运动会、金秋健步走，团委举办的第三届青春杯足球赛，妇委会举办的“恒爱行动——百万家庭亲情一线牵”“缘聚金融街·单身青年联谊活动”“快乐工作健康生活”系列讲座，青联举办的青年讲堂、拔河比赛，侨联组举办的“侨心连党

心　共筑中国梦”等活动，切实增进团结凝聚，丰富活跃干部职工生活。三是支持群团组织坚持服务群众的工作生命线，为群众办实事、做好事、解难事。协调12名机关干部职工子女参加北京市西城区政策保障入学，协调有关室局共同推动机关健身房建设；支持工会统计报送九种重大疾病互助保障计划参加人员名单、妇委会为在职女职工申请加入特殊疾病互助保障计划等，切实回应机关干部职工诉求，着力解决实际困难。

（七）加强机关党委自身建设

一是深化理论学习。通过调研、培训、讲座、会议等多种方式，认真学习贯彻中央方针政策、党建理论、中直工委有关文件精神，努力做到学习领会先一步、贯彻落实深一筹。二是强化主体责任。贯彻落实党风廉政建设主体责任和党建工作责任制，健全完善有关制度，充分发挥机关党委委员、纪委委员和基层党组织负责人“一岗双责”以及“第一责任人”作用。三是加强党建研究。制订《机关党建研究会2015年度工作计划》，举办专题学习讲座，召开机关党建研究会2015年年会暨理论研讨会，赴上海、北京开展专题调研活动，向中直党建研究会申报党建研究课题24项36个，机关干部17人次分获一、二、三等奖和优秀奖，机关党委获中直党建研究会课题研究组织奖。四是做好党建宣传。积极做好党建成果宣传。向《人民日报》《党建研究》《人民政协报》等媒体推荐发表机关党建理论文章和党建工作情况20余篇。认真做好《政协机关通讯》编辑出版工作。制定出刊计划及编辑工作流程，组织开展编辑部工作人员年度学习采风活动，建立特约通讯员工作机制，不断强化编辑出版质量等。做好机关党建网（内网）、宣传橱窗的日常维护更新。积极拓展机关干部学习研讨交流的渠道和平台。五是加强机关党委办事机构自身建设。认真开展“三严三实”专题教育，进一步推动机关党委办事机构党员干部的理论武装、作风改进和能力提升。完善党委办事机构支部委员设置，落实支部学习研讨制度，提高支部的凝聚力和战斗力。深入机关各室局开展党建工作专题调研，认真听取机关领导班子成员、驻会副主任、各基层党组织和广大党员干部对机关党建工作和党委工作的意见建议，切实践行“三严三实”，努力探索和把握机关党建的特点和规律。

机关人事工作　2015年是协调推进“四个全面”战略布局的关键之年，也是人民政协事业不断创新发展的重要一年。在机关党组的坚强领导和怀山常务副秘书长直接带领下，人事局紧紧围绕服务人民政协事业及机关中心工作，全面贯彻落实党的十八大和十八届三中、四中、五中全会精神，深入学习贯彻习近平总书记系列重要讲话精神，按照“三严三实”要求持续改进作风，紧扣“好干部”标准建设机关干部队伍，稳步推进委员人事工作，营造风清气正的政治氛围，取得了新进步。

一、2015年的主要工作

（一）坚持“三严三实”要求，努力建设讲政治、重公道、业务精、作风好的模范部门。按照机关部署，重点分3个专题开展，并坚持融入经常性学习教育之中。局领导同志以上率下，发挥示范作用。学习研讨突出抓好对习近平总书记系列重要讲话精神的学习，局班子以身作则，带头学习党章、宪法、政协章程和习总书记系列重要讲话精神、俞主席重要讲话精神，带动全局形成真学真懂真信的良好氛围和优良学风，始终与以习近平同志为总书记的党中央保持高度一致。组织党员干部积极参加学习报告会、观看专题教育影片，进一步强化党员意识，增强思想自觉和行动自觉。组织撰写党建论文，获得中直党建论文二等奖。对照“三严三实”要求，聚焦对党忠诚、个人干净、敢于担当，深入查摆解决“不严不实”的具体问题，真正从思想上、工作上、作风上严起来、实起来。坚持联系实际，切实推动工作，在完成重大任务和做好日常工作中落实“严”“实”要求，做到专题教育与日常工作有机融合、相互促进。召开行政室局、直属单位干部人事工作座谈会，广泛征求意见，认真梳理；深入开展谈心谈话，沟通思想、增进共识；批评和自我批评聚焦问题，坦诚相见，与人为善，制定实在可行的整改措施，明确责任，立说立行立改。通过专题教育，全局同志进一步强化了理论武装、坚定了理想信念、增强了群众观念、改进了工作作风。

（二）认真贯彻落实全国政协党组和全国政协机关党组的部署和要求，扎实严谨做好委员人事工作。一是聚焦重点工作，强化委员制度建设。认真学习中央有关文件和政协章程等各项相关规章制度；对历届全国政协常委会议人事事项表决方式以及发展变化进行汇总梳理；对31个省级政协进行了书面调研；走访全国人大常委会办公厅、中央组织部、中央统战部等有关部门；集中征求部分省市县政协同志、部分全国政协委员的意见。在此基础上，起草了《政协全国委员会常务委员会会议表决人事事项办法》《中国人民政治协商会议全国委员会委员履职工作规则（试行）》。二是加强工作研究，推动政协组织建设。在机关党组领导下，加强与中央纪委、中组部、中央统战部等有关部门沟通，对全国政协各专门委员会党员负责人的人员状况进行梳理分析，起草了《关于在全国政协专门委员会成立党组织有关情况的报告》《中共全国政协专门委员会分党组工作规则》（初稿）。参加《关于加强人大代表、政协委员产生与管理工作的意见》《关于认真做好市县乡党委、人大、政府和市县政协换届工作的通知》等文件起草工作；参加全国政协专门委员会通则修订；参与《统一战线工作条例》及《贯彻落实中央统战工作会议精神和〈条例〉重点工作规划》《改进和完善非公有制经济人士政协委员提名推荐工作机制的建议》《关于做好政协委员的产生提名推荐、资格审查和加强教育管理工作》等文件的起草。三是坚持依章依规，严谨办理委员人事事项。2015年共完成委员增补10名、请辞3名、撤销资格10名；副主席免职1名，副秘书长增补2名、免职3名，专委会副主任增补11名、免职4名，专委会委员增补3名、免职2名，委员调整界别2名；办理委员暂停履职6名；办理全国政协副主席、委员、办公厅领导等社会兼职25人次。工作中，注意严格依据中央精神和政协章程等规定办理。同时，加强沟通协调，缜密履行程序，确保顺利通过。四是力求准确翔实，精心做好委员信息工作。两会前，集中对2200多名委员职务、职级、所在地等信息进行核对，对583名委员信息做了修改，为中央领导同志与委员共商国是和大会各工作机构提供委员背景材料。日常工作中，加大委员信息核对力度，对资料不完整的，专门电话与委员本人联系核对，扎实细致做好委员信息核对工作。为领导同志工作、双周协商座谈会，为庆祝抗日战争暨世界反法西斯战争胜利70周年活动、新年茶话会等重大会议活动，共提供委员信息服务1880人次。完成全国政协委员履职统计，做好委员联络服务等日常工作。

（三）坚持“好干部”标准，做好机关干部人事工作。一是选优配强工作力量。按照全国政协领导同志提出的“五个有利于”要求，进一步贯彻落实《党政领导干部选拔任用工作条例》，坚持按“好干部”标准不断改进干部人事工作。充分发挥机关党组的领导把关作用，统筹考虑工作需要、队伍结构、人岗相适，参考民主推荐结果、年度考核、平时考核情况，坚持党管干部原则与发扬民主有机结合，调整优化局级班子22个，提拔任用局处级干部54名（局级领导干部14名，其中正局长3名，副局长11名，局级非领导干部9名，处级领导干部21名，处级非领导干部10名），选配领导同志秘书5名，科级干部晋升职务19名，配合中组部完成中管干部推荐工作和干部调研工作，使绝大多数班子成员的年龄、知识和专业结构配备更为合理，长期空缺的处级岗位得到补充，不同类型干部的优势作用得到有效发挥。二是改进任职考察工作。进一步丰富考察内容，完善工作程序，对处以上干部任职全部实行工作纪实制度，做到《干部选拔任用纪实表》每人一表。在认真调研基础上设计了《任职试用期满考核及审批表》，科学简化工作流程，提高效率。三是进一步拓宽渠道，改善干部队伍结构。面向社会招录公务员12名，遴选公务员7名，其中，根据全国政协领导同志指示精神，并报中组部同意，首次通过公开遴选方式，择优选拔5名乡镇党政正职干部到机关担任副处长职务，选调应届优秀大学毕业生2名，接收安置军队转业干部4名，从其他单位选调优秀干部4名，为机关工作补充生力军。四是继续推动干部轮岗交流和挂职锻炼。根据工作需要，全年共安排4名局级干部、14名处级干部和6名科级干部在机关范围内轮岗交流。选派4名优秀处级、科级干部到定点扶贫县挂职，其中1名科级干部到村任第一书记，推荐2名处以下干部借调香港、澳门中联办工作，选派1名处级干部到国家信访局挂职锻炼，继续做好援藏、援疆、西部地区挂职、借调在外等干部的服务工作。组织第9批共14名地方政协干部以及定点扶贫县的5名基层干部到机关挂职，与贵州省毕节市建立互派挂职干部工作机制。五是认真组织年度考核工作。完善干部年度考核内容，将学习习近平总书记系列重要讲话精神的情况、严守政治纪律和政治规矩的情况等作为考核的重要内容。专门召开机关各室局主要负责同志述职会议，并进行评议。六是扎实做好干部档案专项审核工作。成立机关干部人事档案审核工作领导小组，对审核工作人员进行专门培训，严把有关文件精神，对每卷干部档案进行认真审核，对有疑点的材料认真查找核对原始资料，对照文件集体研究确定，做到既按文件原则办事，又对干部负责。七是做好领导同志秘书的服务管理工作，规范秘书参加学习活动、出差请假、费用报销等相关工作。

（四）坚持把思想政治教育摆在首位，按照“三能”要求加强干部教育培训。一是统筹规划推动培训有序开展。汇总掌握机关年度培训情况和各部门培训需求，向机关党组作出专门报告，并由党组会议统筹研究制定当年机关培训工作要点。根据中组部调训班次计划，结合机关工作和干部学习情况，科学安排培训人选。执行机关教育培训计划编报审批制度和预算制度，确保项目有序开展。在中央贯彻落实《2013—2017年全国干部教育培训规划》的中期评估总结中，机关干部脱产培训率、参训率、人均学时等重要指标全部达标。二是认真完成中央教育培训相关任务。为制定《干部教育培训工作条例》研提建议，所提5条建议有3条得到完全采纳。全年组织安排49名干部参加中央党校（含中直党校）、国家行政学院和浦东、井冈山、延安三个干部学院的调训班次学习，组织45名局级干部参加7所院校选学班次培训，对相关班次采取“一张表”管理办法，实行“一送达两提醒”服务，严格执行请假制度，密切与各院校单位沟通联系，保证干部顺利完成学习，系统接受理论培训和党性锻炼，对外展现政协机关干部良好形象。三是着力提高机关培训质量。根据俞正声主席关于机关干部要做到“坐下来能写、站起来能说、走出去能干”的要求，多途径强化干部教育培训，促进干部思想政治水平和能力素质同步提高。围绕协调推进“四个全面”战略布局等内容组织举办4次机关集体学习讲座，周小川、王家瑞、王正伟等全国政协领导同志亲自上讲台，机关干部踊跃参加。组织34名青年干部赴井冈山接受理想信念和革命传统教育，培训总结得到机关党组领导充分肯定。选派37名机关干部参加干部培训中心组织的政协系统干部培训班，进一步提高干部理论素养。针对干部文字能力举办第三期公文写作培训班（73名），完成机关干部公文写作轮训计划。举办公务员初任培训班（25名），为新进机关干部上好第一课。四是积极开展“互联网+”教育。全国政协机关干部在线学习网正式上线，已有230个专题1898门课程，每日更新资讯，及时推出新课，在五中全会闭幕5天内即上线解读课程，吸引干部在线时长已达1840小时。把在线学习课程引入公文写作班、初任培训班，探索线上线下联动培训新方式，不断加以完善。五是切实加强学风建设。通过机关领导开班动员强调、签到、短信提示等方式，强调学习纪律，选派工作人员跟班，对课堂纪律、到课情况进行督查，促使学员自律自觉，把中央八项规定和中组部有关加强学员管理的九条规定落实到位。

（五）坚持稳步推进，做好劳动工资、机构编制和事企业单位管理工作。一是积极稳妥推进各项改革举措落地。落实机关事业单位工作人员养老保险制度改革，按照国发〔2015〕2号和国办发〔2015〕3号文件要求，重点做好基本工资调标和养老保险预扣缴工作。于2015年7月底前为机关在职工作人员430余人次调整了基本工资标准，扣缴基本养老保险个人缴费和职业年金个人缴费，为离退休职工320余人次调整了基本离退休费标准。通过在机关内网及时发布政策措施，举办专题讲座、报告会等形式，做好政策宣传解释工作。落实国有企业负责人薪酬制度改革，起草制定并按程序印发施行机关所属企业负责人《薪酬制度改革实施方案》和《经营业绩考核暂行办法》。二是优化编制管理与服务。根据政协事业发展对机关工作提出的新要求，增设研究室理论局综合处、机关党委组织处，完成机关服务局接待办公室“三定”方案及人员调整备案工作，完成干部培训中心（北戴河管理局）内设机构调整工作。按照中央统一部署，完成机关事业单位机构和人员编制核查和事业单位“吃空饷”集中治理工作。完成机关和事业单位2014年机构编制统计年报工作。三是依法依规提升直属单位管理水平。推动机关所属事业单位分类改革。开展事业单位人员管理相关制度文件的起草调研，推进《事业单位领导人员管理暂行规定》贯彻落实。启动机关《社团人事管理办法》制定工作，部署开展2015年度社会组织评估工作。完成企事业单位74人次有关岗位聘任、调入、解聘、退休等的报备工作，协助事业单位严把进人关。完成经社理事会、理论研究会、“中宗和”三个社团的人事调整工作和成立“丝路规划研究中心”的相关程序报批工作。组织直属单位相关人员350余人次开展业务培训。四是精准细致做好日常工资管理工作。以强烈的责任心、过硬的业务素质和严格的工作流程，无一差错地完成了2000余人次的工资变动调整工作。完成机关和事业单位2013年工资统计和人员统计、事业单位2014年工资计划执行情况的上报工作。

（六）坚持把纪律和规矩挺在前面，认真做好干部监督工作。在吃透文件精神内涵和领会精髓要义上下功夫，摸清底数，厘清思路，规范程序，细化做法，夯实基础，强基固本。一是进一步改进和完善工作方法，切实提高服务水平。注意把从严管理干部精神贯穿工作始终，严格依据中央有关文件精神办理，同时，注重对有关纪律要求进行宣传教育，加强沟通协调，耐心细致做好解释宣传工作，对于干部提出的问题，做到件件有落实、事事有回音，通过耐心细致、优质高效的服务赢得大家的信任、理解与支持。二是认真做好机关2014年度选人用人“一报告两评议”工作、贯彻落实四项监督制度情况自查工作。组织361名处长以上干部对机关干部选拔任用工作和59名新提拔任用局处级领导干部开展了民主评议，对参评人员提出的30条意见建议分别进行了反馈，督促问题整改。三是扎实细致完成领导干部个人有关事项报告工作。组织519名局处级以上干部完成个人有关事项集中填报工作，报告率达100%，完成近6万条信息录入，做到无差错；干部个人有关事项报告抽查核实134人次，对个人有关事项报告抽查核实结果进行全面细致的核查比对，力求客观分析、谨慎对待，既贯彻从严管理干部精神，又体现对干部的关心、爱护；建立抽查核实工作台账，为今后建立和使用干部诚信档案夯实基础工作。完善个人有关报告事项查阅、登记备案制度，严格执行保密规定。四是规范程序，加强因私出国（境）管理工作。建立因私出国（境）信息管理数据库，完善登记备案信息823人次；规范办理因私出国（境）审批手续，在个人申请的基础上增加签署协议、涉密人员审批、了解核实党风廉政情况等环节；建立证件使用登记制度，加强集中保管力度，收集并集中保管因私出国（境）证件588份；完成违规办理和持有因私出国（境）专项治理工作，发现排查6类问题涉及152人次；审批因私出国（境）125人次；办理因公出国备案相关材料70份。五是加强干部社会兼职管理力度，认真做好退（离）休领导干部在社会团体兼职清理规范工作。提醒督促21名退休干部办理了辞职、报批相关手续，为9名退休局级干部办理了社会团体兼职审批手续。

（七）坚持精简高效原则，做好会议组织服务。认真负责，纪律严明，与其他单位配合默契，为全国政协十二届三次会议做好组织服务。一是严谨做好委员人事工作。认真研究，规范稳妥做好副主席免职通报事项；广泛征求意见，提出大会委员分组方案和小组召集人、党员编组负责人人选；精心核对委员变化情况，及时印发全体委员名单、委员分组名单、委员小组召集人名单、党员编组名单、党员负责人名单，为与会人员提供服务。二是改进机构设置。将局级干部担任界别联络员改为担任委员小组秘书组长，进一步充实直接为委员服务的力量。压缩简报编审环节，提高工作效率。三是科学调配工作力量。严格选配各工作组组长、副组长，精选工作人员，坚持人岗相适，严把人员水平和数量关。三次会议共调配工作人员1156名，在二次会议已作较大幅度精简基础上再减少6人。四是严格审批大会工作证件。坚持服务大会、方便工作、总量控制、从严办证，严把政审管，在保障工作需要的前提下，做到总量控制、略有压减，共审核办理各类工作证2852个，比二次会议减少27个，其中主席台区工作证核减6个。五是协助做好会风会纪督查工作。积极落实机关党组有关新增会风会纪督查组的决定，迅速明确工作职责、选配工作队伍。由机关党组副书记和机关党组纪检组组长任督查组组长，机关纪委书记和人事局分管干部监督工作的局领导任副组长，选派12名局级干部担任督察员，到各工作机构检察监督。在委员驻地和机关设置“会风会纪意见箱”，接受委员和干部群众对大会期间违规现象的举报。三次会议会风会纪明显改观，得到中央纪委充分肯定。六是统筹安排会议期间工作。精心做好“两会”党员负责人会议和文件传达会议的服务工作，确保紧急及时传达总书记讲话和有关会议要求。做好5场全体会议现场管理，插空安排走访服务和听取意见工作。此外，为2015年各次常委会议做好组织服务，蹄疾步稳地办理副主席免职，委员撤销、请辞和增补，副秘书长任免、专委会副主任任免及专委会委员增补等事项，确保工作机构和人员精简高效。

文史工作 2015年中国政协文史馆在文史业务建设方面，加大了文史图书资料征集、整理及其他馆藏征集的力度，对全国31个省、直辖市、自治区，15个城市出版的文史图书资料进行了全面整理、核查、统计，将原先文史工作展撤展的4700册图书整理存档，补充了书库，核实补充近3000册，清理了家底，列出缺书清单。同时联系各地方政协，多渠道收集所缺书目，现已征集补缺图书283册。在重要藏品征集方面，得到机关档案处及相关部门的支持，征集到一批新政协筹备会及一届政协全体会议的珍贵文档及文献资料。完成了从文史和学习委员会办公室移交（62箱）18102篇文史资料手稿，及机关档案处移交中国政协文史馆《文史资料选辑》第56—85辑（48包）手稿的整理、登记、建档建账工作。2015年中国政协文史馆共接收各类藏品149件，其中资料类108件，书画类11件，器物类30件，进一步完善了征集、分类、颁发证书等接收工作程序。征集出版了文史资料选辑166、167、168辑，编辑出版《文史学刊》第三辑，完成《文史资料的整理和甄别》等三项文史专项课题研究工作。

2015年中国政协文史馆在中国文史资料数据库建设方面取得进展。起草了《中国政协文史资料数字化加工需求》（包括图书、期刊、图片、音视频）、《中国政协文史资料数据库项目建设技术需求书》等文件。10月，通过了有关技术需求的评审。向文史出版社购买了《文史资料选辑》《文史资料存稿选编》《中华文史资料文库》《纵横》杂志的数字化产品。向新华社、文史出版社等单位购买5000多张历史图片和相关视频，既丰富了馆藏，又丰富了文史资料数据库工程的内容。

2015年中国政协文史馆在展览接待方面，拟对《人民政协光辉历程》常设展进行升级改造，经过相关局室的多方研讨，拟出“关于《人民政协光辉历程》展览补充增加十二届政协的工作方案”并报送机关领导审批。恢复《人民政协文史资料》展，6月启动，7月布置完毕，即开始对外接待。同时，根据展厅不足的情况，4楼展厅定制活动展板，在场地没有增加的情况下，可根据临时展览增减，“一地两用”，既保证了文史资料展的存在，也赢得更多的展览空间。截至2015年底，中国政协文史馆已接待来自全国政协系统、社会各界和海外参观者近3000人次，提供讲解177批次，其中各级政协团体33批、外宾及港澳台侨团体19批。

2015年，为配合纪念中国人民抗战胜利70周年活动，中国政协文史馆与文史出版社联合举办《伟大的胜利——“国际视野下的中国抗战”影像档案展》，从9月1日到9月25日的展陈期间，接待了近1200人，包括部分抗战将领的后人在内的社会各界及大中专学校的参访者，不少单位都是将其作为党团组织的活动，前来参观学习，各方人士观后，都觉得获益匪浅，给予了很高的评价。中国政协文史馆与全国政协京昆室合作，打造《中国京昆艺术》新展，展览脚本、形式设计方案已经专家审定，正在广泛征集图片及展品实物，将于2016年年初开展。

2015年，中国政协文史馆谋划数字化展览新布局。继2014年《人民政协文史资料展》《人民政协光辉历程展》虚拟展馆上线运行，2015年加快了文史馆数据库工作，走访多家数据化加工单位和数据库软件建设单位，征求相关专家意见。“国际视野下的中国抗战”展结束后，完成了该展览的数字化全景采集工作，并于12月上线展出。在完成“国旗国歌国徽展”的版权购买后，虚拟展馆也已上线。中国京昆艺术展，从布展开始，就为将来的虚拟展馆做好前期准备工作。2015年中国政协文史馆经过不断努力，有关方面已同意设置LED公益展示牌，这将是文史馆对外宣传，拓展室外、户外展区的一个窗口，将精心组织设计一批有人民政协特色的户外电子、数字展览，为政协广场增添亮丽的风景。

信息化建设

一、机关内网建设工作

按照国家电子政务内网和机关内网建设和管理领导小组的要求，积极推进机关内网建设工作。

二、双周协商座谈会视频录制及网络视频录播工作

完成全年双周协商座谈会视频录制和分会场音视频保障工作。完成《全国政协西部农牧区包虫病防治双周协商座谈会》网络录播视频的编辑制作和播出工作。

来，人民政协在继承中发展、在发展中创新，政协协商民主的优势进一步彰显，履职能力进一步加强，各项工作取得新进展，为党和国家事业发展作出了新贡献。

2014年是人民政协协商民主取得重要进展的一年。习近平总书记在庆祝人民政协成立65周年大会上发表重要讲话，对发展社会主义协商民主作了深刻阐述。全国政协把政协协商民主建设作为开展工作的重要抓手，着力创新协商载体、增加协商密度、提高协商实效，形成了以全体会议为龙头、以专题议政性常委会和专题协商会为重点、以双周协商座谈会为常态的协商议政格局。今年年初，中共中央印发了《关于加强社会主义协商民主建设的意见》，就发展社会主义协商民主作出战略部署。人民政协要毫不动摇地坚持中国共产党的领导，准确把握人民政协性质定位，积极拓展社会各界有序参与政协协商的渠道，注重营造协商讨论的民主氛围，努力提高政协协商民主实效。人民政协要认真贯彻中共中央部署，坚持改革创新，加强制度建设，提升履职能力，更好发挥作为协商民主重要渠道和专门协商机构作用，推进协商民主广泛多层制度化发展，推进国家治理体系和治理能力现代化。

2015年是全面深化改革的关键之年，是全面推进依法治国的开局之年，也是全面完成“十二五”规划的收官之年，还是制定“十三五”规划的建言献策之年。开好今年两会意义重大。当前，我们面临的形势严峻复杂，承担的各项任务繁重艰巨。我们期待与会全国政协委员，不负党和人民的重托，凝心聚力为协调推进“四个全面”谋策建言、贡献智慧。政协全会是各党派团体和各族各界人士发扬民主、参与国是、团结合作的高层重要平台，要充分发挥人民政协的组织优势和政治优势，大力营造既畅所欲言、各抒己见，又理性有度、合法依章的良好协商氛围，搭建好协商平台，为委员参政议政创造条件。作为履职主体的政协委员，肩负责任和使命，应摒弃非此即彼的思维定式，拒绝偏激偏执的极端言论，保持理性宽容的平和心态，实事求是、勇于直言，讲真话、出良策、谋实招，弘扬民主精神，践行协商理念，为实现民族伟大复兴中国梦，汇聚最为广泛的力量，凝聚思想上的最大共识。

新征程、新变化、新常态，需要新思维、新气象、新境界。让我们紧密团结在以习近平同志为总书记的中共中央周围，高举中国特色社会主义伟大旗帜，坚持求真务实，开拓创新，奋力谱写人民政协事业发展新篇章。

预祝大会圆满成功！

（2015年3月3日《人民政协报》）

发挥协商民主新优势

——热烈祝贺全国政协十二届三次会议胜利闭幕

同绘改革发展宏图，共襄民族复兴伟业。3月13日，全国政协十二届三次会议如期完成各项议程，在雄壮的国歌声中胜利闭幕。我们对大会的成功表示热烈祝贺！

会风简朴，气氛庄重，讨论热烈。10天半的会期中，习近平总书记等党和国家领导同志看望了参加会议的各界别委员，并参加联组会，听取委员们的意见和建议。各位委员勤勉尽责，认真听取了俞正声主席代表政协第十二届全国委员会常委会所作的工作报告，听取并讨论了政府工作报告及其他报告，讨论了立法法修正案草案。委员们平等探讨问题、坦诚提出意见、沟通凝聚共识，充分展现了中国特色社会主义政治协商制度的生机与活力。

民主才能广开言路，协商方可博采众谋。从建设法治中国到加强反腐倡廉，从适应经济新常态到繁荣文艺发展，从保护生态环境到增进民生福祉，2000多位政协委员坚持履职为民，不回避矛盾、不掩盖问题，实事求是、敢于直言，用一份份凝聚着智慧和汗水的提案，一场场开放而务实的讨论，努力求取最大公约数，汇聚改革正能量，将民主、团结、求实、奋进的主题词，再一次写在人民政协的光辉旗帜上。

2015年是全面深化改革的关键之年，是全面推进依法治国的开局之年，也是全面完成“十二五”规划的收官之年。合力推进“四个全面”，更需要人民政协百尺竿头勇求新进，做到协商民主有新加强，民主监督有新举措，制度建设有新进展，增进团结有新作为，履职能力有新提高。发挥协商民主新优势，聚焦“四个全面”战略布局和群众关切，紧扣全面深化改革建言献策，围绕全面推进依法治国献计出力，切实强化民主监督职能，推进协商民主广泛多层制度化发展，人民政协将能更好助力国家治理体系和治理能力的现代化，凝聚起不可战胜的磅礴力量。

人民民主是社会主义的生命，人民政协是人民民主的重要形式。完善民主制度、丰富民主形式是加快推进社会主义民主政治制度化、规范化、程序化的必由之路。作为协商民主的重要渠道和专门协商机构，人民政协是各党派团体和各族各界人士发扬民主、参与国是、团结合作的重要平台。不断拓展协商领域、丰富协商形式、营造协商氛围，有利于进一步集思广益、凝聚共识、科学决策。把坚持和发展中国特色社会主义作为巩固团结合作的共同思想政治基础的主轴，积极开展民主监督，敢于说真话讲诤言，及时反映真实情况，勇于提出意见和批评，帮助查找不足和问题，我们就能为协调推进“四个全面”添助力、增合力，开拓政协事业新的境界，让中国共产党领导的多党合作和政治协商制度抵达新的高度。

60余载民主协商，60多年参政议政，铭刻了历史的光荣，更启示着使命的艰巨。“四个全面”战略布局确立了党和国家各项工作的战略方向、重点领域、主攻目标。紧紧围绕这一战略布局推进政协协商民主，完善参政议政机制，人民政协必将为中国特色社会主义民主政治建设、为实现中华民族伟大复兴的中国梦作出更大贡献。

（2015年3月14日《人民日报》）

求真务实　开拓创新　为协调推进“四个全面”贡献智慧和力量

——热烈祝贺全国政协十二届三次会议胜利闭幕

春风和煦旌旗展，满怀豪情启航帆。

全国政协十二届三次会议圆满完成各项议程，昨天在北京胜利闭幕。会议期间，中共中央总书记、国家主席、中央军委主席习近平等党和国家领导同志出席会议并参加分组讨论，认真听取意见和建议，与政协委员共商国是。委员们以高度的政治责任感和求真务实精神，认真履行职责，紧紧围绕全面建成小康社会、全面深化改革、全面依法治国、全面从严治党战略布局议政建言，就改革发展稳定重大问题和关系群众切实利益实际问题，深入开展协商，提出许多重要意见和建议，充分体现了政协委员为国为民、履职尽责的不懈追求，有效发挥了人民政协作为协商民主重要渠道和专门协商机构的重要作用，生动展现了中国特色社会主义政治制度的特色和优势。会议风清气正、务实高效、圆满成功，是一次民主、团结、求实、奋进的大会，是一次凝聚共识、汇聚力量的大会。

习近平总书记在庆祝人民政协成立65周年大会上的重要讲话和《中共中央关于加强社会主义协商民主建设的意见》，对发展社会主义民主政治、建设社会主义政治文明具有重大而深远的意义，为人民政协协商民主建设指明了方向。坚持中国共产党对政协协商的领导，准确把握人民政协协商民主的性质定位，是做好政协工作的关键所在，是推进政协协商民主的根本遵循。坚持真协商、有事好商量，平等探讨问题、坦率提出意见、沟通化解分歧，切实将协商理念寓于履行职能全过程、贯穿开展工作各方面。秉持群众观点和为民情怀，远离官僚作风、浮华心态，深入联系和服务群众，虚心接受群众监督，努力创新政协界别工作和群众工作，使协商更好地反映各界群众意见，使党和政府的决策更符合群众愿望并为群众所理解，努力让群众感到政协离自己很近。坚持问题导向，围绕党政关注和群众关切的协商议题，花更大气力深入了解情况，花更多时间强化调研论证，使调研靠事实和数据说话，使对策建议更加符合实情、反映民意、有助决策。坚持体谅包容、求同存异，切实加强协商互动和讨论沟通，做到平等协商，不强加于人；真诚协商，不敷衍了事；民主协商，不强求一致；务实协商，不流于形式。充分发挥人民政协协商民主形式多样、智力密集、传统深厚的优势，搭建好机制化、常态化的协商参与平台，不断提高人民政协协商民主制度化、规范化、程序化水平。

今年是全面深化改革关键之年，是全面推进依法治国开局之年，也是全面完成“十二五”规划收官之年。伴随全面深化改革的推进，中国经济发展进入了新常态。人民政协要围绕服务“四个全面”履职尽责，把加强思想政治建设、提高政治把握能力摆在首位，切实把思想和行动统一到党中央重大决策部署上来；紧扣改革发展建言献策，把围绕制定国民经济和社会发展“十三五”规划议政建言作为全年履职重点；认真贯彻全面推进依法治国重大战略部署，为法治中国建设献计出力；积极适应社会主义民主政治建设和政协事业发展需要，开展具有监督性的履职活动，切实强化民主监督职能；坚持大团结大联合，扎实做好联系各界、凝聚人心的工作，不断巩固和发展最广泛的爱国统一战线，努力为协调推进“四个全面”贡献智慧和力量。

集贤汇智谋国是，履职尽责谱新篇。

这次会议，吹响了协调推进“四个全面”的集结号；这次会议，向各级政协组织和广大政协委员发出了深入学习贯彻习近平同志系列重要讲话精神和社会主义协商民主建设的动员令。“四个全面”的战略布局为人民政协履行职能提供了更为宽广的舞台，社会主义协商民主建设为人民政协发挥优势和作用拓展了更为广阔的空间。让我们更加紧密地团结在以习近平同志为总书记的党中央周围，锐意进取，励精图治，勇于担当，不辱使命，为实现“两个一百年”奋斗目标和民族伟大复兴中国梦作出新贡献！

（2015 年 3 月 14 日《人民政协报》）

2015年大事记

1月

4日至7日，杜青林副主席在西藏自治区进行调研。

5日，张庆黎副主席兼秘书长主持召开政协第十二届全国委员会第三十二次秘书长办公会议。主要议题为：审议政协全国委员会办公厅2014年工作总结（稿）；研究关于进一步精简文件和会议的意见（稿）；审议政协全国委员会关于加强和改进调研工作的办法（稿）；研究全国政协办公厅公务接待工作调整改革方案（稿）；研究2015年度人民政协理论研究计划（草案）和人民政协理论研究规划（2015—2019年）（草案）。

5日至8日，民族和宗教委员会“宗教界收养弃婴孤儿问题”专题组赴福建调研。

7日，俞正声主席在人民大会堂会见应国家主席习近平邀请访华的厄瓜多尔总统科雷亚。王胜洪副秘书长参加。

7日，陈元副主席在机关出席由经济委员会办公室、中国政协杂志社共同举办的“构建新型农业经营体系与保障粮食安全座谈会”并讲话。经济委员会驻会副主任侯建民出席，全国政协委员、国务院扶贫办原主任范小建主持。

7日，社会和法制委员会“《促进科技成果转化法》的修订”专题组在京调研。陈晓光副主席率队。

7日至9日，新任港澳全国政协委员研习班在京举行。张庆黎副主席兼秘书长出席开班式并作动员讲话，李海峰副主席出席结业式并讲话。

7日至9日，由港澳台侨委员会、香港友好协进会主办，人民政协报社承办的“爱国爱港　肝胆相照——庆祝人民政协成立65周年暨香港友好协进会成立25周年”图片展在机关举行。张庆黎副主席兼秘书长，李海峰副主席，港澳台侨委员会主任杨崇汇，张秋俭副秘书长，香港中联办副主任殷晓静，港澳台侨委员会副主任楼志豪、马健（驻会）、华建、卢昌华，民族和宗教委员会驻会副主任晓敏，文史和学习委员会驻会副主任陈惠丰及港澳全国政协委员百余人出席展览活动。

7日至9日，提案委员会“推进京津冀协同发展中的大气污染”专题组赴北京、天津调研。

8日，俞正声主席主持召开政协第十二届全国委员会第二十五次双周协商座谈会，围绕“发挥国家实验室在原始创新中的引领作用”建言献策。万钢副主席，王梅祥、卢柯、田中群、武维华、高鸿钧、程津培常委和丁烈云、才让、李灿、赵进才、饶子和、徐涛、陶智、潘建伟委员，专家学者陈义龙、管华诗发言；科学技术部副部长李萌介绍有关情况，教育部副部长杜占元、财政部部长助理余蔚平、中国科学院副院长丁仲礼作互动发言，与委员们协商交流。杜青林、韩启德、张庆黎副主席，张秋俭副秘书长，教科文卫体委员会主任张玉台，副主任邓楠、陈小娅、常荣军（驻会）出席。

9日，万钢副主席在人民大会堂出席

2014 年度国家科学技术奖励大会，张秋俭副秘书长参加。

12 日，张庆黎副主席兼秘书长主持召开政协第十二届全国委员会第十一次秘书长会议。主要议题为：审议政协第十二届全国委员会第三次会议议程（草案）和日程（草案）；审议政协第十二届全国委员会第三次会议委员小组召集人名单（草案）；审议政协第十二届全国委员会第三次会议秘书处各组组长、副组长名单（草案）和各组工作职责（草案）；审议政协全国委员会常务委员会工作报告（草案）；审议政协全国委员会常务委员会关于政协十二届二次会议以来提案工作情况的报告（草案）；审议政协全国委员会 2014 年度对外交往工作总结（稿）；审议政协全国委员会办公厅 2014 年工作总结（稿）；审议政协全国委员会办公厅关于 2014 年全国政协委员视察、考察工作情况的报告（草案）；审议政协全国委员会办公厅关于 2014 年反映社情民意信息工作情况的报告（草案）；审议政协全国委员会关于加强和改进调研工作的办法（稿）；审议政协全国委员会专门委员会通则（修订草案）。

15 日，党组书记俞正声主持召开中共十二届全国政协党组第十七次会议，传达学习中国共产党第十八届中央纪律检查委员会第五次全体会议精神；学习贯彻习近平总书记在全国政协 2015 年新年茶话会上的讲话精神；审议中共政协全国委员会党组 2015 年工作要点（草案）；通报有关人事事项。党组副书记杜青林，党组成员张庆黎、李海峰、陈元、卢展工、周小川、王家瑞、王正伟、马飚出席。

16 日，中共中央政治局常委会议听取中共全国政协党组 2014 年主要工作情况汇报。中共全国政协党组书记俞正声出席，党组副书记杜青林代表党组向中央汇报工作，党组成员张庆黎、李海峰、陈元、卢展工、周小川、王家瑞、王正伟、马飚列席。

20 日，党组书记俞正声主持召开中共十二届全国政协党组（扩大）第十八次会议，传达学习习近平总书记在中央政治局常委会议听取中共全国政协党组有关工作汇报时的重要讲话精神。党组副书记杜青林，党组成员张庆黎、李海峰、陈元、卢展工、王家瑞、马飚出席。全国政协副主席韩启德、万钢、林文漪、罗富和、齐续春、陈晓光、马培华、刘晓峰、王钦敏，机关党组成员仝广成、王胜洪、张秋俭、刘佳义、邓宗良，副秘书长刘家强列席。

20 日，俞正声主席主持召开政协第十二届全国委员会第二十四次主席会议。主要议题为：通报中共政协全国委员会党组 2015 年工作要点；审议政协第十二届全国委员会第三次会议议程（草案）和日程（草案）；审议政协全国委员会常务委员会工作报告（草案）；审议政协全国委员会常务委员会关于政协十二届二次会议以来提案工作情况的报告（草案），确定报告人；审议政协第十二届全国委员会第三次会议各次全体会议执行主席和主持人名单（草案）；审议有关人事事项；书面审议政协全国委员会 2014 年度对外交往工作总结（稿）、政协全国委员会办公厅 2014 年工作总结（稿）、政协全国委员会办公厅关于 2014 年全国政协委员视察、考察工作情况的报告（草案）、政协全国委员会办公厅关于 2014 年反映社情民意信息工作情况的报告（草案）、政协全国委员会专门委员会 2014 年度工作总结（稿）。杜青林、韩启德、万钢、林文漪、罗富和、张庆黎、李海峰、陈元、卢展工、王家瑞、马飚、齐续春、陈晓光、马培华、刘晓峰、王钦敏副主席出席。

21日至23日，提案委员会“推进京津冀协同发展中的大气污染防治”专题组赴河北调研。马培华副主席率队。

22日，俞正声主席主持召开政协第十二届全国委员会第二十六次双周协商座谈会，围绕“残疾人权益保障”建言献策。李学举、张海迪常委，王宇、卢中原、华庆山、刘诗、刘江龙、朱建民、朱家媛、池慧、张健、张凤阳、杜时贵、陈德展、温建民、谢双成、戴秀英委员，专家学者李玲、陈功发言；中国残疾人联合会副主席、党组书记、理事长鲁勇介绍有关情况。杜青林、张庆黎、卢展工、陈晓光副主席，仝广成、张秋俭、刘家强副秘书长，社会和法制委员会主任孟学农、驻会副主任顾伯平，民政部副部长邹铭、财政部副部长王保安、国家卫生和计划生育委员会副主任马晓伟出席。

26日，俞正声主席在人民大会堂会见应总参谋部邀请访华的巴基斯坦陆军参谋长拉希尔。

26日，俞正声主席前往沙特阿拉伯驻华使馆吊唁沙特阿拉伯国王阿卜杜拉，并以中国政府名义献花圈。

26日，张庆黎副主席兼秘书长主持召开政协第十二届全国委员会第三十三次秘书长办公会议。主要议题为：研究2015年度全国政协对外交往计划（草案）；研究落实中央全面深化改革领导小组2015年工作要点有关任务安排（稿）。

27日，提案委员会召开各民主党派中央和全国工商联提案工作座谈会。孙淦主任出席并讲话，王国卿副主任主持。刘家强副秘书长，徐辉、赖明、田杰（驻会）副主任，人口资源环境委员会驻会副主任凌振国，民革中央副主席何丕洁、民建中央副主席张少琴、民进中央副主席朱永新、农工党中央副主席何维、台盟中央副主席黄志贤及各民主党派中央和全国工商联参政议政部门负责同志参加。

28日，俞正声主席在人民大会堂会见应中国共产党邀请访华的苏丹全国大会党副主席、总统助理甘杜尔。王胜洪副秘书长参加。

29日至2月2日，教科文卫体委员会“老少边穷岛地区乡村教师队伍建设”专题组赴广东、广西调研。

2月

4日，卢展工副主席率京昆室调研组赴中国艺术研究院调研，参观戏曲藏品及戏曲音像数字化成果，并就戏曲保护和传承的基础性工程进行座谈。

5日，提案委员会在机关召开提案工作情况通气座谈会。孙淦主任通报全国政协十二届二次会议以来的提案工作情况，提案委员会部分委员、各民主党派中央和全国工商联代表、部分提案者代表、承办单位代表和新闻媒体代表就加强和改进提案工作进行沟通交流。

8日至12日，经济委员会主任周伯华率“长三角地区集装箱船河海联运”专题组赴江苏、上海调研。

9日，张庆黎副主席兼秘书长主持召开政协第十二届全国委员会第三十四次秘书长办公会议。主要议题为：传达中央纪委有关通报；研究关于加强人民政协协商民主建设的实施意见（稿）；研究全国政协办公厅所属各单位拟举办的纪念中国人民抗日战争暨世界反法西斯战争胜利70周年活动安排（稿）；研究2015年全国政协调研视察安排计划（稿）；研究全国政协机关办公用房管理办法（稿）；研究全国政协办公厅公务接待工作调整改革方案（稿）。

9日，民族和宗教委员会与中央统战部、全国人大民委、国家民委、北京市政府在人民大会堂联合举办2015年首都各民族人士迎春茶话会。中共中央政治局委员、中央统战部部长孙春兰讲话。全国人大常委会副委员长向巴平措主持。全国政协副主席马飚、齐续春，白立忱同志出席。民族和宗教委员会主任朱维群，副主任陈广元、杜鹰、晓敏（驻会）以及在京部分少数民族界委员和各民族人士参加。

10日，已故知名人士和党外全国政协委员夫人（在京）2015年春节茶话会在全国政协礼堂举行。中共中央政治局常委、全国政协主席俞正声，中共中央政治局委员、中央统战部部长孙春兰出席，中共中央书记处书记、全国政协副主席杜青林讲话，全国政协副主席兼秘书长张庆黎主持。全国政协副主席罗富和、李海峰，副秘书长仝广成、黄志贤、张秋俭、林智敏、刘家强、邵鸿，国务院副秘书长焦焕成，中共中央组织部副部长潘立刚，全国妇联副主席、书记处书记赵东花以及全国老龄工作委员会有关负责同志出席。

15日，党组书记俞正声主持召开中共十二届全国政协党组第二十次会议，传达学习习近平总书记在中央政治局常委会议研究全国政协常委会工作报告时的重要讲话精神；研究关于全国政协常委会工作报告修改意见和政协十二届三次会议政治决议。党组副书记杜青林，党组成员张庆黎、李海峰、陈元、卢展工、周小川、王正伟出席。

15日，全国政协机关党组召开扩大会议。俞正声主席传达中央有关通知精神并就机关党的建设发表重要讲话。杜青林、张庆黎副主席参加并发言。仝广成、王胜洪、张秋俭、刘佳义、邓宗良、刘家强、马健、常荣军、顾伯平、侯建民、金学锋、田杰、凌振国、晓敏、陈惠丰同志参加。

15日，全国政协机关举行2015年迎新春团拜会。俞正声主席作即席讲话。杜青林、李海峰、卢展工副主席出席。张庆黎副主席兼秘书长主持。仝广成、王胜洪、张秋俭、刘家强、邓宗良副秘书长，办公厅研究室主任刘佳义，专委会驻会副主任马健、常荣军、顾伯平、侯建民、金学锋、田杰、凌振国、晓敏、陈惠丰，专委会副主任王国卿、庄国荣，机关干部职工、部分离退休老干部近1000人参加。

25日，俞正声主席主持召开政协第十二届全国委员会第二十五次主席会议，传达习近平总书记在中央政治局常委会议上关于全国政协常委会工作报告的重要讲话；研究关于政协全国委员会常务委员会工作报告（草案）的修改意见；审议全国政协十二届三次会议关于认真贯彻中央八项规定精神、切实改进会风的措施（草案）；听取关于政协第十二届全国委员会第三次会议和常务委员会第九次会议筹备工作情况的汇报；审议2015年全国政协对外交往计划（草案）；审议有关人事事项。杜青林、韩启德、帕巴拉·格列朗杰、林文漪、罗富和、张庆黎、李海峰、陈元、卢展工、周小川、王家瑞、王正伟、马飚、齐续春、陈晓光、马培华、刘晓峰、王钦敏副主席出席。全国政协副秘书长、各专门委员会负责同志、办公厅研究室主任及政协十二届三次会议秘书处有关工作组和办公厅有关室局负责同志列席。

27日，政协第十二届全国委员会常务委员会第九次会议开幕会在常委会议厅举行。俞正声主席主持。主要议题为：审议通过政协第十二届全国委员会常务委员会第九次会议议程；审议通过关于召开政协第十二届全国委员会第三次会议的决定；听取关于政协第十二届全国委员会第三次会议议程草案和日程草案的说明；听取关于政协全国委员会常务委员会工作报告草案起草情况的说明；听取关于政协全国委员会常务委员会关于政协十二届二次会议以来提案工作情况的报告草案起草情况的说明；听取关于免去令计划政协第十二届全国委员会副主席职务、撤销其全国政协委员资格决定草案的说明；听取关于政协第十二届全国委员会撤销委员资格决定、辞职决定草案和委员增补名单草案的说明；听取关于政协第十二届全国委员会副秘书长任免名单草案和专门委员会副主任任免名单草案的说明；听取专门委员会主任关于本委员会 2014 年工作情况的汇报。杜青林、韩启德、帕巴拉·格列朗杰、董建华、万钢、林文漪、罗富和、何厚铧、张庆黎、李海峰、陈元、卢展工、周小川、王家瑞、王正伟、马飚、齐续春、陈晓光、马培华、刘晓峰、王钦敏副主席和常委共 300 人出席。中共中央办公厅、国务院办公厅负责同志，不是常委的地方政协主席、全国政协副秘书长、各专门委员会负责人、办公厅研究室主任，中央社会主义学院有关副院长列席。

28 日，俞正声主席主持召开政协第十二届全国委员会第二十六次主席会议，听取政协第十二届全国委员会常务委员会第九次会议各小组讨论情况的汇报。杜青林、韩启德、帕巴拉·格列朗杰、董建华、万钢、林文漪、罗富和、何厚铧、张庆黎、李海峰、陈元、卢展工、周小川、王家瑞、王正伟、马飚、齐续春、陈晓光、马培华、刘晓峰、王钦敏副主席出席。全国政协副秘书长、各专委会负责同志、办公厅研究室主任，政协十二届常委会第九次会议各小组召集人和各工作组负责同志列席。

28 日，政协第十二届全国委员会常务委员会举办第七次学习讲座。国务院港澳事务办公室主任王光亚应邀作《“一国两制”实践历程回顾及当前香港问题》的报告。俞正声主席主持。杜青林、韩启德、帕巴拉·格列朗杰、董建华、万钢、林文漪、罗富和、何厚铧、张庆黎、李海峰、陈元、卢展工、周小川、王家瑞、王正伟、马飚、齐续春、陈晓光、马培华、刘晓峰、王钦敏副主席出席。

28 日，政协第十二届全国委员会常务委员会第九次会议闭幕会在常委会议厅举行。俞正声主席作重要讲话，杜青林副主席主持。主要议题为：通过政协第十二届全国委员会第三次会议议程（草案）和日程；通过政协全国委员会常务委员会工作报告；通过政协全国委员会常务委员会关于政协十二届二次会议以来提案工作情况的报告；通过政协第十二届全国委员会第三次会议秘书长、副秘书长名单；通过关于免去令计划政协第十二届全国委员会副主席职务、撤销其全国政协委员资格的决定；追认关于撤销朱明国、马建政协第十二届全国委员会委员资格的决定；通过关于接受仇保兴、冯琳、肖盛峰同志请辞政协第十二届全国委员会委员的决定；通过政协第十二届全国委员会委员增补名单；通过政协第十二届全国委员会副秘书长任免名单；通过政协第十二届全国委员会专门委员会副主任任免名单。韩启德、帕巴拉·格列朗杰、董建华、万钢、林文漪、罗富和、何厚铧、张庆黎、李海峰、陈元、卢展工、周小川、王家瑞、王正伟、马飚、齐续春、陈晓光、马培华、刘晓峰、王钦敏副主席和常委共 298 人出席。国务院办公厅负责同志，不是常委的地方政协主席、全国政协副秘书长、各专门委员会负责同志、办公厅研究室主任，中央社会主义学院有关副院长列席。

3 月

2 日，全国政协十二届三次会议新闻

发布会在人民大会堂新闻发布厅举行。大会新闻发言人吕新华介绍大会日程、议程和政协十二届二次会议以来的工作情况，并回答 16 位中外记者的提问。大会副秘书长、新闻组组长王胜洪主持。大会副秘书长、新闻组组长张秋俭和约 600 名中外记者参加。

3 日，政协第十二届全国委员会第三次会议开幕会在人民大会堂举行。俞正声主席代表政协第十二届全国委员会常务委员会作工作报告，齐续春副主席代表政协第十二届全国委员会常务委员会作关于政协十二届二次会议以来提案工作情况的报告，杜青林副主席主持会议。韩启德、帕巴拉·格列朗杰、董建华、万钢、林文漪、罗富和、何厚铧、张庆黎、李海峰、陈元、卢展工、周小川、王家瑞、王正伟、马飚、陈晓光、马培华、刘晓峰、王钦敏和十二届全国政协委员共 2154 人出席。

党和国家领导人习近平、李克强、张德江、刘云山、王岐山、张高丽、马凯、王沪宁、刘延东、刘奇葆、许其亮、孙春兰、孙政才、李建国、李源潮、汪洋、张春贤、范长龙、孟建柱、赵乐际、胡春华、栗战书、郭金龙、韩正、赵洪祝、杨晶、王胜俊、陈昌智、严隽琪、王晨、沈跃跃、吉炳轩、张平、向巴平措、艾力更·依明巴海、万鄂湘、张宝文、陈竺、常万全、杨洁篪、郭声琨、王勇、周强、曹建明，中共中央办公厅、全国人大常委会办公厅、国务院办公厅负责同志参加开幕会并在主席台就座。中共中央和国务院 46 个有关部门负责同志、部分海外侨胞列席。外国驻华使节、新闻官旁听。

4 日，中共中央总书记、国家主席、中央军委主席习近平，中共中央政治局常委、全国政协主席俞正声到北京会议中心参加民革、台盟、台联委员联组讨论、共商国是活动。习近平总书记作重要讲话。

4 日，中共中央政治局常委、国务院总理李克强到北京铁道大厦参加经济、农业界委员联组讨论、共商国是活动并作重要讲话。

4 日，中共中央政治局常委、全国人大常委会委员长张德江到北京贵宾楼饭店参加香港、澳门委员联组讨论、共商国是活动并作重要讲话。

4 日，中共中央政治局常委、全国政协主席俞正声到友谊宾馆参加宗教界委员小组讨论、共商国是活动并作重要讲话。

4 日，中共中央政治局常委、中央书记处书记刘云山到北京国际饭店参加总工会、福利保障界委员联组讨论、共商国是活动并作重要讲话。

4 日，中共中央政治局常委、中央纪委书记王岐山到昆泰酒店参加民建、无党派委员联组讨论、共商国是活动并作重要讲话。

4 日，中共中央政治局常委、国务院副总理张高丽到北京会议中心参加科协、科技界委员联组讨论、共商国是活动并作重要讲话。

5 日，十二届全国人大三次会议在人民大会堂举行开幕会，听取国务院总理李克强作政府工作报告。全国政协委员列席会议。

6 日，中共中央政治局常委、全国政协主席俞正声到北京会议中心参加文艺界委员联组讨论、共商国是活动并作重要讲话。

6 日，政协十二届三次会议首场记者会在人民大会堂新闻发布厅举行，主题是“政协委员谈主动适应经济发展新常态，促进经济平稳健康发展”。副秘书长、两会新闻报道组组长王胜洪出席，副秘书长、两会新闻报道组组长张秋俭主持。厉以宁、李毅中、陈锡文、林毅夫、杨凯生、常振明、贾康委员应邀回答记者提问。近300名中外记者参加。

8日，提案委员会在政协礼堂召开“加大耕地保护工作力度，为人民群众提供优质安全的农产品”提案办理协商会。罗富和副主席出席并讲话，孙淦主任主持。与会的民主党派中央和全国工商联代表、政协委员代表、相关专门委员会负责同志，围绕会议主题，与各提案承办单位进行协商沟通。

9日，政协第十二届全国委员会第三次会议第二次全体会议在人民大会堂举行。中共中央政治局常委、全国政协主席俞正声，中共中央书记处书记、全国政协副主席杜青林出席。韩启德副主席主持。范小建、钱颖一、温思美、朱保成、梅兴保、张泓铭、李说、秦大河、李河君、卫小春、何维、徐晓兰、李彦宏、李成玉、李稻葵、钱克明委员围绕经济建设和生态文明建设主题作大会发言。帕巴拉·格列朗杰、董建华、万钢、林文漪、罗富和、何厚铧、张庆黎、李海峰、陈元、卢展工、周小川、王家瑞、王正伟、马飚、齐续春、陈晓光、马培华、刘晓峰、王钦敏副主席和十二届全国政协委员共2097人出席。中共中央政治局委员、国务院副总理马凯，国务院45个部门的负责同志应邀参加会议。

9日，政协十二届三次会议举行小组会议，讨论立法法修正案草案。

10日，政协第十二届全国委员会第三次会议第三次全体会议在人民大会堂举行。中共中央政治局常委、全国政协主席俞正声，中共中央书记处书记、全国政协副主席杜青林出席。何厚铧副主席主持会议。刘星、李东东、傅惠民、吴江、马德秀、杜鹰、李世明、卞晋平、贺军科、高鸿钧、魏传忠、秦和、郑小燕、王新陆、牛有成、刘慕仁委员先后围绕社会建设和文化建设主题作大会发言。韩启德、帕巴拉·格列朗杰、董建华、万钢、林文漪、罗富和、张庆黎、李海峰、陈元、卢展工、周小川、王家瑞、王正伟、马飚、齐续春、陈晓光、马培华、刘晓峰、王钦敏副主席和十二届全国政协委员共2080人出席。中共中央政治局委员、中央书记处书记刘奇葆，国务院43个部门的负责同志应邀参加会议。

10日，政协十二届三次会议举行小组会议，围绕《中共中央关于加强社会主义协商民主建设的意见》学习讨论。

11日，政协第十二届全国委员会第三次会议第四次全体会议在人民大会堂举行。中共中央政治局常委、全国政协主席俞正声，中共中央书记处书记、全国政协副主席杜青林出席。张庆黎副主席兼秘书长主持会议。朱维群、巩富文、刘川生、郑家纯、吴志明、崔郁、王长江、王天戈、蔡玲、陈冀平、周文重、陈志列、陈明金、彭小枫、杨佳委员先后围绕政治建设和统战政协工作主题作大会发言。韩启德、帕巴拉·格列朗杰、董建华、万钢、林文漪、罗富和、何厚铧、李海峰、陈元、卢展工、周小川、王家瑞、王正伟、马飚、齐续春、陈晓光、马培华、刘晓峰、王钦敏副主席和十二届全国政协委员共2081人出席。中共中央政治局委员孙春兰，以及国务院44个部门的负责同志应邀参加会议。

11日，政协十二届三次会议第三场记者会在梅地亚两会新闻中心举行，主题是“政协委员谈促进民生改善与社会和谐稳定”。副秘书长、两会新闻报道组组长张秋俭出席。朱维群、黄洁夫、胡晓义、李彦宏、俞敏洪委员应邀回答记者提问。200多名中外记者参加。

12日，十二届全国人大三次会议第三次全体会议在人民大会堂举行，听取最高人民法院院长周强作最高人民法院工作报告、最高人民检察院检察长曹建明作最高人民检察院工作报告。全国政协委员列席会议。

12日，俞正声主席主持召开政协第十二届全国委员会第二十七次主席会议，听取政协第十二届全国委员会第三次会议大会和分组会议情况的综合汇报；审议政协第十二届全国委员会第三次会议关于常务委员会工作报告的决议（草案）；审议政协第十二届全国委员会提案委员会关于政协十二届三次会议提案审查情况的报告（草案）；审议政协第十二届全国委员会第三次会议政治决议（草案）。杜青林、韩启德、帕巴拉·格列朗杰、万钢、林文漪、罗富和、何厚铧、张庆黎、李海峰、陈元、卢展工、周小川、王家瑞、王正伟、马飚、齐续春、陈晓光、马培华、刘晓峰、王钦敏副主席出席。政协十二届三次会议副秘书长、全国政协副秘书长、各专委会负责人、办公厅研究室主任、政协十二届三次会议秘书处有关工作组负责人列席。

12日，孙中山先生逝世90周年纪念仪式在中山公园中山堂举行。全国政协副主席王家瑞，全国人大常委会副委员长、民革中央主席万鄂湘，中共中央统战部副部长林智敏，北京市副市长程红，民革北京市委会主委傅惠民先后代表全国政协、民革中央、中共中央统战部、北京市政府、民革北京市委会向孙中山先生塑像敬献花篮。全国政协副主席、民革中央常务副主席齐续春主持仪式。全国政协副主席万钢、罗富和、陈晓光、马培华，何鲁丽、周铁农、罗豪才、厉无畏同志，政协十二届三次会议副秘书长仝广成、黄志贤、何丕洁、刘家强及部分在京参加全国“两会”的代表、委员出席。

13日，政协第十二届全国委员会常务委员会第十次会议在常委会议厅举行。俞正声主席主持。主要议题为：通过政协第十二届全国委员会第三次会议关于常务委员会工作报告的决议（草案）；审议通过政协第十二届全国委员会提案委员会关于政协十二届三次会议提案审查情况的报告（草案）；通过政协第十二届全国委员会第三次会议政治决议（草案）。杜青林、韩启德、帕巴拉·格列朗杰、董建华、万钢、林文漪、罗富和、何厚铧、张庆黎、李海峰、陈元、卢展工、周小川、王家瑞、王正伟、马飚、齐续春、陈晓光、马培华、刘晓峰、王钦敏副主席和常委共307人出席。不是常委的副秘书长、专委会副主任、办公厅研究室主任、地方政协主席、部分委员小组负责人和中央社会主义学院有关副院长列席。

13日，政协第十二届全国委员会第三次会议闭幕会在人民大会堂举行。俞正声主席主持会议并讲话。主要议题为：通过政协第十二届全国委员会第三次会议关于常务委员会工作报告的决议；通过政协第十二届全国委员会提案委员会关于政协十二届三次会议提案审查情况的报告；通过政协第十二届全国委员会第三次会议政治决议。杜青林、韩启德、帕巴拉·格列朗杰、董建华、万钢、林文漪、罗富和、何厚铧、张庆黎、李海峰、陈元、卢展工、周小川、王家瑞、王正伟、马飚、齐续春、陈晓光、马培华、刘晓峰、王钦敏副主席和十二届全国政协委员共2116人出席。

党和国家领导人习近平、李克强、张德江、刘云山、王岐山、张高丽、马凯、王沪宁、刘延东、刘奇葆、许其亮、孙春兰、孙政才、李建国、李源潮、汪洋、张春贤、范长龙、孟建柱、赵乐际、胡春华、栗战书、郭金龙、韩正、赵洪祝、杨晶、王胜俊、陈昌智、严隽琪、王晨、沈跃跃、吉炳轩、张平、向巴平措、艾力更·依明巴海、万鄂湘、张宝文、陈竺、常万全、杨洁篪、郭声琨、王勇、周强、曹建明，中共中央办公厅、全国人大常委会办公厅、国务院办公厅负责同志参加闭幕会并在主席台就座。中共中央和国务院45个有关部门负责同志、部分海外侨胞列席。外国驻华使节、新闻官旁听。

13日，俞正声主席在人民大会堂会见参加全国政协十二届三次会议新闻报道工作的中央主要新闻媒体负责同志和编辑记者代表，向所有参加大会报道的新闻工作者表示诚挚慰问和衷心感谢。杜青林副主席，张庆黎副主席兼秘书长，政协十二届三次会议副秘书长仝广成、王胜洪、张秋俭参加。人民日报社、新华社、光明日报社、经济日报社、中国日报社、中央人民广播电台、中央电视台、中国国际广播电台负责同志和编辑记者代表30多人参加。

14日，“中宗和”第四届第二次全体会议在京召开，审议通过“中宗和”2014年度工作总结，通报2015年度工作计划要点。全国政协副主席、“中宗和”主席帕巴拉·格列朗杰作书面讲话。“中宗和”顾问王胜洪、晓敏，副主席任法融、陈广元、房兴耀、马英林、傅先伟、高峰、张继禹、郭承真，秘书长学诚以及中共中央统战部、国家宗教事务局有关部门负责同志出席。全国政协副秘书长张秋俭代表办公厅讲话。“中宗和”副主席刀述仁主持。

17日，杜青林副主席在人民大会堂会见阿塞拜疆总统助理加萨诺夫一行。

18日，全国人大常委会办公厅、全国政协办公厅在人民大会堂举行纪念赛福鼎·艾则孜同志诞辰100周年座谈会。中共中央政治局常委、全国政协主席俞正声出席，中共中央政治局委员、全国人大常委会副委员长李建国讲话，中共中央书记处书记、全国政协副主席杜青林主持。中共中央党史研究室副主任高永中、全国人大常委会副秘书长王万宾、新疆维吾尔自治区政协主席努尔兰·阿不都满金分别发言。布赫、司马义·艾买提、许嘉璐、司马义·铁力瓦尔地、阿不来提·阿不都热西提同志，全国政协机关党组副书记仝广成，副秘书长黄志贤、张秋俭、朱永新、何维、常荣军、刘家强，办公厅研究室主任舒启明，专委会驻会副主任侯建民、凌振国、吕虹；全国人大常委会办公厅、中共中央党史研究室、各民主党派中央和全国工商联、新疆维吾尔自治区等有关方面负责同志及赛福鼎·艾则孜同志亲属、生前友好和身边工作人员代表约200人出席。

18日至20日，中共中央书记处书记、全国政协副主席杜青林在山东调研宗教工作。

19日，董建华副主席在京会见并宴请应国务院发展研究中心邀请来华出席中国发展高层论坛年会的美国前国务卿基辛格。

19日，教科文卫体委员会召开“推动传统媒体和新兴媒体融合发展”专题情况介绍暨座谈会。卢展工副主席出席并讲话。教科文卫体委员会主任张玉台、副秘书长张秋俭及部分全国政协委员出席。教科文卫体委员会副主任李从军主持。中央宣传部、中央网信办、工业和信息化部、新闻出版广电总局有关部门负责同志介绍相关情况。

19日，提案委员会在机关召开全国政协重点提案选题协商会议，协商《全国政协十二届三次会议重点提案建议题目(稿)》。孙淦主任主持，干以胜、王国卿、罗平飞、傅克诚、田杰（驻会）副主任，政协十二届三次会议秘书处提案组组长凌振国，各专门委员会副主任褚平、齐让、刘敬民、陈广元、华建、王国庆，韦建桦常委，以及提案委员会部分委员、各民主党派中央和全国工商联提案工作部门代表、有关提案承办单位代表出席。

22日，周小川副主席在京出席中国高层发展论坛并发表演讲。

23日，俞正声主席主持召开政协第十二届全国委员会第二十七次双周协商座谈会，围绕《促进科技成果转化法》的修订建言献策。万钢副主席，李玉光、夏涛、徐一天常委和王志雄、尹卓、陶凯元、马力、王海波、刘振宇、李健、周玉梅、种明、高抒、高杰、韩真发、潘复生委员，专家学者柳传志、宋河发发言；科技部副部长、党组成员李萌介绍有关情况，财政部部长助理、党组成员许宏才，国务院法制办副主任、党组成员袁曙宏互动发言，与委员们协商交流。张庆黎、陈晓光副主席，机关党组副书记、纪检组组长仝广成，常荣军副秘书长，办公厅研究室主任舒启明，社会和法制委员会主任孟学农、驻会副主任顾伯平出席。

23日，俞正声主席在机关会见由日本自民党干事长谷垣祯一、公明党干事长井上义久率领的日本执政党代表团。王家瑞副主席参加。代表团应中国共产党邀请访华。

23日至28日，人口资源环境委员会“长江经济带开发中的湿地保护”专题组赴湖南、湖北调研。罗富和副主席率队，贾治邦主任等参加。

23日至30日，教科文卫体委员会“推动传统媒体和新兴媒体融合发展”专题组赴广西、四川调研。卢展工副主席率队，张玉台主任等参加。

24日至25日，全国政协十二届三次会议提案交办会在政协礼堂召开。杜青林副主席出席并讲话，张庆黎副主席兼秘书长主持。中共中央办公厅副主任陈世炬，国务院副秘书长焦焕成，全国政协提案委员会主任孙淦，最高人民法院副院长李少平，国家互联网信息办公室副主任王秀军，中央编办副主任吴知论，全国人大常委会法工委副主任阚珂，发展改革委副主任林念修，教育部副部长杜玉波，科技部副秘书长徐建培，工业和信息化部副部长刘利华，公安部副部长黄明，民政部副部长顾朝曦，财政部部长助理戴柏华，人力资源和社会保障部副部长信长星，国土资源部总规划师严之尧，环境保护部党组成员何捷，交通运输部副部长王昌顺，水利部总规划师兼规划计划司司长周学文，农业部总经济师、办公厅主任毕美家，商务部副部长高燕，文化部副部长杨志今，卫生计生委副主任崔丽，人民银行行长助理金琦，食品药品监管总局副局长王明珠，银监会主席助理杨家才，证监会副主席姜洋，能源局监管总监谭荣尧，全国政协提案委员会副主任干以胜、王国卿、罗平飞、徐辉、田杰（驻会），经济委员会副主任董大胜，人口资源环境委员会副主任张基尧，教科文卫体委员会副主任刘敬民，社会和法制委员会驻会副主任顾伯平，民族和宗教委员会驻会副主任晓敏，港澳台侨委员会副主任华建，外事委员会副主任王国庆，文史和学习委员会委员韦建桦，提案委员会部分委员出席；165个提案承办单位、全国政协办公厅有关室局负责同志参加。

24日至26日，教科文卫体委员会组织部分医卫界委员及专家赴安徽舒城开展“卫生三下乡”活动。黄洁夫副主任率队。

25日，全国人大常委会办公厅、全国政协办公厅在人民大会堂举行纪念彭冲同志诞辰100周年座谈会。中共中央书记处书记、全国政协副主席杜青林主持。陈锦华同志，驻会副主任顾伯平出席。

25日至27日，俞正声主席在四川省

调研。

28日至30日，周小川副主席出席博鳌亚洲论坛2015年年会。

30日，俞正声主席在人民大会堂会见应习近平主席邀请访华的赞比亚总统伦古。张秋俭副秘书长参加。

30日，董建华副主席在京会见并宴请应外交学会邀请访华的美国进步中心代表团。

30日，林文漪副主席在人民大会堂会见应全国友协邀请访华的奥地利联邦副议长希默尔。

30日，全国政协副主席、中国人民争取和平与裁军协会副会长马飚会见并宴请澳大利亚工党领袖肖顿一行。

31日，俞正声主席主持召开政协第十二届全国委员会第六次主席办公会议。主要议题为：研究关于加强人民政协协商民主建设的实施意见（稿）；研究全国政协加强和改进调研工作实施办法（稿）；研究全国政协2015年调研视察安排计划（稿）；研究全国政协十二届三次会议重点提案题目和督办方式（草案）。杜青林、韩启德、林文漪、罗富和、张庆黎、李海峰、陈元、卢展工、马飚、齐续春、陈晓光、刘晓峰、王钦敏副主席出席。全国政协副秘书长、各专委会负责同志、机关党组成员，办公厅有关室局负责同志列席。

4月

3日，俞正声主席在人民大会堂会见泰国公主诗琳通。张秋俭副秘书长参加。

7日，俞正声主席在政协礼堂会见并宴请埃塞俄比亚联邦院议长卡萨。张庆黎副主席兼秘书长、张秋俭副秘书长、外事委员会驻会副主任金学锋、外交部部长助理钱洪山等参加。应俞正声主席邀请，卡萨率埃塞俄比亚联邦院代表团一行于5日抵京开始访华。

7日，张庆黎副主席兼秘书长主持召开政协第十二届全国委员会第三十五次秘书长办公会议，审议政协第十二届全国委员会常务委员会第十一次会议议程（草案）和日程（草案）；研究政协第十二届全国委员会常务委员会第十一次会议参考专题和分题目（稿）；研究全国政协“推进人民法院改革”专题协商会筹备方案（草案）；研究全国政协办公厅所属各单位拟举办的纪念中国人民抗日战争暨世界反法西斯战争胜利70周年活动安排（稿）。

8日，俞正声主席在京会见并宴请应习近平总书记邀请访华的越共中央总书记阮富仲。王家瑞副主席、张秋俭副秘书长等参加。

8日至14日，社会和法制委员会副主任陈冀平、顾伯平（驻会）率“人民法院改革试点工作情况”专题组赴上海调研。朱孝清副主任、最高人民法院副院长黄尔梅等参加。

8日至16日，港澳台侨委员会主任杨崇汇率“关于‘十三五’规划若干建议”调研组在上海、广东调研。

9日，俞正声主席主持召开政协第十二届全国委员会第二十八次双周协商座谈会，围绕“加强黑土地保护”建言献策。杜青林副主席作总结发言。王天戈、何小平、赵雨森常委，万建民、王国发、王道文、方精云、江泽慧、李晓安、张红力、欧阳华、郑福田、姜明、徐涛、黄力、董配永、廖永林委员，专家学者李启云、郑风田发言；农业部部长韩长赋应邀到会介绍有关情况，国土资源部副部长王世元、水利部副部长刘宁、国家林业局副局长张永利与委员们协商交流。张庆黎、马培华副主席，副秘书长常荣军、刘佳义，机关党组副书记仝广成，办公厅研究室主任舒启明，人口资源环境委员会主任贾治邦、驻会副主任凌振国出席。

10日，教科文卫体委员会“推动传统媒体和新兴媒体融合发展”专题组组织部分在京委员到人民日报社调研，考察报社有关部门并召开专题座谈会。张玉台主任率队，胡振民、李从军副主任，张秋俭副秘书长参加。

10日至17日，港澳台侨委员会“台资企业在大陆经济转型升级中遇到的新问题”专题组在广东、湖南、湖北调研。郑立中副主任率队，刘凡副主任参加。

12日至16日，教科文卫体委员会副主任陈小娅、程津培率“国家科技重大专项‘十二五’执行情况及‘十三五’时期相关建议”专题组赴上海、江苏调研。人口资源环境委员会副主任齐让等参加。

13日，张庆黎副主席兼秘书长主持召开政协第十二届全国委员会第十二次秘书长会议，审议政协第十二届全国委员会常务委员会第十一次会议议程（草案）和日程（草案）；研究政协第十二届全国委员会常务委员会第十一次会议参考专题和分题目（稿）；研究全国政协“推进人民法院改革”专题协商会筹备方案（草案）；研究全国政协有关单位纪念中国人民抗日战争暨世界反法西斯战争胜利70周年活动安排（稿）；通报全国政协近期重点工作情况。

13日至17日，经济委员会“贫困地区可持续发展”专题组赴贵州毕节开展经济界、农业界委员联合考察活动。陈元副主席任组长，周伯华主任、范小建委员任副组长，李克农副主任参加。

13日至17日，经济委员会副主任彭小枫率“创新供给激活需求，建立促进消费的长效机制”调研组赴浙江调研，项宗西、褚平、侯建民（驻会）副主任参加。

13日至18日，提案委员会驻会副主任田杰率“提案办理协商制度建设”专题组赴山东、河南调研。

13日至19日，提案委员会主任孙淦、副主任王国卿率“提案办理协商制度建设”专题组赴浙江、广东调研。

14日至16日，经济委员会“整合宏观经济数据库资源，构建经济信息共享机制”专题组在江苏调研。王钦敏副主席率队，吴新雄、石军副主任参加。

14日至17日，社会和法制委员会副主任王巨禄率“‘十三五’期间养老服务体系建设有关问题”专题组赴重庆调研。宋育英、张世平副主任参加。

15日，文史和学习委员会“政府及其有关部门要切实加强文物安全工作”专题调研组在北京进行调研并召开座谈会，重点考察全国重点文物太庙和清陆军部、海军部旧址存在的安全隐患问题。李海峰副主席参加调研。

16日，俞正声主席主持召开政协第十二届全国委员会第二十八次主席会议。主要议题为：审议政协全国委员会专门委员会通则（修订草案）；审议全国政协加强和改进调研工作实施办法（稿）；听取关于全国政协制度建设征求意见情况和下一步打算的汇报。杜青林、韩启德、林文漪、何厚铧、张庆黎、李海峰、卢展工、王家瑞、王正伟、马飚、齐续春、陈晓光、马培华、刘晓峰副主席出席。全国政协副秘书长、机关党组成员、各专委会负责同志、办公厅有关室局负责同志列席。

16日，党组书记俞正声主持召开中共十二届全国政协党组第二十二次会议，研究关于加强人民政协协商民主建设的实施意见（稿）和中共全国政协党组“三严三实”专题教育工作。党组副书记杜青林，党组成员张庆黎、李海峰、卢展工、王家瑞、王正伟、马飚出席。全国政协副主席韩启德、林文漪、何厚铧、齐续春、陈晓光、马培华、刘晓峰，全国政协副秘书长、机关党组成员、各专委会负责同志、办公厅有关室局负责同志列席。

16日，马飚副主席在政协礼堂会见应中联部邀请访华的阿塞拜疆“新阿塞拜疆党”代表团。

16日，外事委员会在机关举办国际形势分析会，学习习近平总书记系列重要讲话，就围绕建立以合作共赢为核心的新型国际关系做好我对外工作建言献策。王家瑞副主席出席并讲话。

17日，俞正声主席在京会见并宴请柬埔寨国王西哈莫尼和太后莫尼列，张庆黎副主席兼秘书长、张秋俭副秘书长参加。

17日至24日，教科文卫体委员会“西部农牧区包虫病防治”专题组赴宁夏、新疆调研。

20日，张庆黎副主席兼秘书长主持召开政协第十二届全国委员会第三十六次秘书长办公会议，安排部署制定、修订有关制度，起草有关文稿事；研究全国政协办公厅承办全国政协十二届三次会议提案工作方案（稿）；研究关于机关公务出行交通保障的暂行办法（稿）。

20日至24日，社会和法制委员会“无争议遗产继承权公证”专题组赴安徽调研。甄砚副主任率队。

20日至25日，人口资源环境委员会“进一步规范政府土地审批与项目环评行为”专题组赴四川、广东开展调研。徐德明副主任率队，陶武先、马大龙副主任参加。

20日至26日，人口资源环境委员会“资源枯竭城市转型”专题组在辽宁、甘肃调研。李成玉副主任任组长，吴双战、潘贵玉副主任任副组长。

20日至26日，民族和宗教委员会“西部农牧区包虫病防治”专题组赴青海、四川调研。白玛、晓敏（驻会）副主任率队。

21日至23日，经济委员会“推动制造业转型升级”专题组赴四川调研。李毅中副主任率队。

22日，俞正声主席主持召开政协第十二届全国委员会第二十九次双周协商座谈会，围绕推进京津冀协同发展中的大气污染防治建言献策。马培华副主席，宇如聪、徐辉、程红常委和王小康、方黄吉雯、甘连舫、任海泉、郑广台、秦博勇、高吉喜、郭允冲、董胜波、黎昌晋、魏明德委员，北京市、天津市、河北省政协主席吉林、臧献甫、付志方，专家学者张小曳、林而达发言；环境保护部副部长吴晓青介绍有关情况，国家发展改革委副主任何立峰，工业和信息化部副部长毛伟明，中国气象局副局长矫梅燕与委员们协商交流。杜青林、韩启德、张庆黎副主席，副秘书长和机关党组成员仝广成、常荣军、刘佳义，提案委员会主任孙淦、驻会副主任田杰出席。

22日至29日，文史和学习委员会“抗战遗址保护和利用”专题组赴山西、重庆调研。刘晓峰副主席率队，周国富、卞晋平、龙新民、孙庆聚副主任及部分委员、国家文物局有关同志和专家参加。

22日至29日，外事委员会“促进边境合作区建设”专题组赴广西、云南调研。外事委员会委员、商务部原副部长陈健率队。

22日至30日，社会和法制委员会“‘十三五’期间养老服务体系建设有关问题”专题组赴辽宁、浙江调研。王巨禄副主任任组长，张世平副主任任副组长。

23日，中国经济社会理事会在机关召开“京津冀协同发展中新发地产业的转型升级”课题研讨会，邀请北京市政府相关部门进行座谈。课题组负责同志、中国经济社会理事会副主席、北京市政协主席吉林，全国政协副秘书长张秋俭出席。

23日至25日，俞正声主席在南京调研。

23日至29日，经济委员会“贫困地区可持续发展”专题组赴陕西调研。厉以宁常委任组长，褚平副主任任副组长，颜延龄常委等参加。

26日至29日，杜青林副主席在甘肃藏区调研。

27日至30日，教科文卫体委员会“加强财政科技资金的有效管理”专题组赴浙江调研。程津培、陈小娅副主任率队。

28日，俞正声主席在人民大会堂会见应李克强总理邀请访华的阿尔及利亚总理萨拉勒。张庆黎副主席兼秘书长、张秋俭副秘书长参加。

28日，经济委员会“整合宏观经济数据库资源，构建经济信息共享机制”专题组在北京调研。王钦敏副主席率队，吴新雄、石军副主任及部分委员参加。

29日，俞正声主席在钓鱼台国宾馆会见应习近平主席邀请访华的赤道几内亚总统奥比昂，之后与其共同出席两国建交45周年招待会并发表致辞。张秋俭副秘书长参加。

30日，港澳台侨委员会副主任楼志豪、赵阳率“海外留学人才回国创业遇到的新问题”专题组到北京市留学人员海淀创业园调研，委员会部分委员和致公党中央有关负责同志参加。

5月

3日，俞正声主席在上海出席第十届两岸经贸文化论坛开幕式并致辞。

4日，张庆黎副主席兼秘书长主持召开政协第十二届全国委员会第三十七次秘书长办公会议，审议政协全国委员会专题协商会工作办法（草案）；审议政协全国委员会常务委员会会议组织人事事项表决办法（草案）；研究全国政协办公厅公务接待工作办法（试行稿）和机关服务局接待办公室接待工作实施细则（稿）。机关领导班子成员、专委会驻会副主任及办公厅有关室局负责同志参加。

5日，俞正声主席在政协礼堂会见并宴请马来西亚上议长阿布·扎哈。张庆黎副主席兼秘书长出席。港澳台侨委员会主任杨崇汇、张秋俭副秘书长、经济委员会驻会副主任侯建民、外事委员会副主任王胜洪，外交部副部长刘振民等参加。应俞正声主席邀请，阿布·扎哈率马来西亚上议院代表团一行于5日抵京开始访华。

5日，中国经济社会理事会副主席杨崇汇率“制约城镇养老服务产业发展的突出问题及对策”课题组在京调研。

5日至9日，社会和法制委员会“建设工程消防审核验收”专题组赴陕西省调研。季允石副主任带队。

5日至11日，提案委员会主任孙淦率“深化行政审批制度改革”专题组在江苏、重庆调研。干以胜、傅克诚、田杰（驻会）副主任，部分提案委员会委员、提案人，国务院审改办、国家发展改革委有关部门负责同志参加。

5日至13日，民族和宗教委员会“‘十三五’规划中民族地区发展需要关注的几个问题”专题组赴内蒙古、云南调研，马铁山、王学仁、杜鹰副主任率队。发展改革委、科技部、人力资源和社会保障部、交通运输部、商务部有关负责同志参加。

6日，国务院总理李克强在中南海会见马来西亚上议长阿布·扎哈。张庆黎副主席兼秘书长、张秋俭副秘书长、外事委员会副主任王胜洪，外交部副部长刘振民等参加。

6日至12日，民族和宗教委员会主任朱维群率“大陆少数民族代表人士参访团”赴台参访。华士飞副主任参加。

6日至13日，以马飚副主席为团长，王明明、吴江常委和刘佳义副秘书长为副团长的无党派人士界委员考察团就“提高青少年学生审美和人文素养”赴上海、安徽考察。

7日，俞正声主席主持召开政协第十二届全国委员会第三十次双周协商座谈会，围绕推动传统媒体和新兴媒体融合发展建言献策。于芳、马利、王树成、王涌天、左定超、邬书林、刘春、李从军、李东东、陈小川、周涛、聂震宁、徐晓兰、崔大庸、覃文静、翟惠生委员及专家学者齐向东发言；新闻出版广电总局副局长田进介绍有关情况，中宣部副部长、国务院新闻办主任蒋建国，国家互联网信息办公室副主任彭波，工业和信息化部副部长尚冰作互动发言，与委员们协商交流。杜青林、张庆黎、李海峰、卢展工副主席，教科文卫体委员会主任张玉台，机关党组副书记仝广成，副秘书长张秋俭、常荣军、刘佳义，专委会驻会副主任陈惠丰，赵梅委员出席。

7日，教科文卫体委员会与国家中医药管理局组成的“公立医院改革中如何发挥中医药的特色优势”专题组赴北京中医药大学调研并召开情况介绍座谈会。黄洁夫副主任率队，部分医卫界委员参加。

8日，俞正声主席在人民大会堂会见应全国友协邀请访华的日本自民党平成研究会议员代表团。张秋俭副秘书长参加。

8日至15日，文史和学习委员会与新闻出版界联合组成的“在深化文化体制改革中新闻出版业面临的新情况、新问题及对策”专题组赴安徽、广东调研。龙新民副主任率队，周国富、翟卫华、陈惠丰(驻会)、李冰副主任及部分委员、国家新闻出版广电总局有关同志参加。

11日，教科文卫体委员会组织部分医卫、教育、科技、文化界委员赴国家地震紧急救援训练基地，围绕国家防灾应急救援体系建设开展考察。黄洁夫副主任率队。

11日至15日，李海峰副主席率港区全国政协委员考察团在河南就产业转型升级和中原文化建设等进行考察。殷晓静常委任考察团顾问，刘汉铨常委任团长，教科文卫体委员会副主任吴良好、文史和学习委员会副主任王国强任副团长。港澳台侨委员会主任杨崇汇，副主任楼志豪、华建、吕虹（驻会）参加。

11日至15日，经济委员会“创新供给激活需求，建立促进消费的长效机制”专题组赴四川调研。彭小枫副主任率队，项宗西副主任及有关委员参加。

11日至15日，教科文卫体委员会“加快发展体育产业，促进体育消费”专题组赴浙江调研。段世杰、刘敬民副主任率队，部分体育界委员及国家体育总局有关部门负责同志参加。

11日至16日，外事委员会“‘十三五’对外开放问题”专题组赴天津、山东调研。委员会委员陈健率队，金学锋驻会副主任和委员会部分委员参加。

12日，全国政协围绕“推进人民法院司法体制改革”议题在政协礼堂召开专题协商会，俞正声主席出席全天会议，主持下午会议并作重要讲话。杜青林副主席主持上午会议。最高人民法院院长周强出席并讲话。董建华、林文漪、何厚铧、张庆黎、李海峰、卢展工、陈晓光副主席出席。王巨禄、陈冀平、朱孝清、刘继贤、苏士亮、李冬玉、周汉民、倪慧芳、王文娅、王俊峰、史小红、巩富文、朱征夫、汤维建、李仁真、李钺锋、杨振江、汪利民、邵明立、钟晓渝、段祺华、侯欣一、施杰、夏先鹏、黄尔梅、曹义孙、崔海容、谢朝华、甄贞、王敏远、卞建林、叶赞平、吕忠梅、李仕春34位委员、专家作发言。最高人民法院常务副院长沈德咏作人民法院司法体制改革情况介绍并互动发言，中央组织部部务委员邓声明、中央政法委副秘书长姜伟、人力资源和社会保障部副部长邱小平等作互动发言。中央和国务院有关部门、全国政协办公厅和各专门委员会及各民主党派中央、全国工商联有关负责同志参加。

12日至16日，教科文卫体委员会主任张玉台、副主任陈小娅率“国家科技重大专项‘十二五’执行情况及‘十三五’时期相关建议”专题组赴黑龙江调研，程津培副主任、人口资源环境委员会副主任齐让、部分政协委员及科技部有关部门同志参加。

13日，马培华副主席在人民大会堂会见应中联部邀请访华的巴拿马主义党代表团。

13日至16日，“深化行政审批制度改革”全国政协特邀常委视察团赴湖南视察。杜青林副主席任团长。全国政协常委朱之鑫任副团长。

14日，俞正声主席主持召开政协第十二届全国委员会第二十九次主席会议，审议政协十二届常委会第十一次会议议程（草案）和日程（草案）；审议政协全国委员会专题协商会工作办法（草案）。杜青林、罗富和、张庆黎、陈元、卢展工、王家瑞、王正伟、马飚、齐续春、马培华、刘晓峰、王钦敏副主席出席。全国政协副秘书长，机关党组成员，各专委会负责人，第十一次常委会议各工作组负责人列席。

14日至23日，社会和法制委员会“‘十三五’期间就业政策有关问题”专题组赴青海、山东调研。卢展工副主席率队。孟学农主任任组长。顾伯平驻会副主任（参加山东段），王新宪、甄砚副主任任副组长。

18日至21日，教科文卫体委员会“加强财政科技资金的有效管理”专题组赴安徽调研。程津培、陈小娅副主任率队，科技部有关负责同志参加。

18日至22日，社会和法制委员会“建设工程消防审核验收”专题组赴黑龙江省调研。季允石副主任率队，陈学亨副主任等参加。

18日至26日，提案委员会“加大对西部老少边穷地区支持力度，解决西北地区高铁建设，确保与全国同步全面建成小康社会”重点提案调研组在宁夏、新疆调研。马飚副主席任组长，孙淦主任、干以胜副主任任副组长。

19日，俞正声主席主持召开政协第十二届全国委员会第三十一次双周协商座谈会，围绕推进长江经济带开发中的湿地保护建言献策。杜青林、张庆黎、李海峰、马培华副主席出席。贾治邦、谢茹、印红、潘碧灵、雷光春、王光谦、杨松、康耀红、陈清华、尚勋武、王超、吴鸿、周成虎、徐旭东、陶武先、姚中民、张宁、杨多良、林树哲分别发言。林业局局长赵树丛介绍有关情况，发展改革委副主任张勇、环境保护部总工程师刘华、水利部副部长李国英与委员们互动交流。机关领导班子成员常荣军、刘佳义、周新建，专委会驻会副主任田杰、凌振国、晓敏、吕虹、金学锋出席。

19日，李海峰副主席在机关会见香港华侨华人总会主席、香港华侨华人总商会会长古宣辉一行。

19日至22日，经济委员会“推动制造业转型升级”专题组赴湖南调研。李毅中副主任率队，侯建民驻会副主任参加。

20日至26日，教科文卫体委员会与

国家教育咨询委员会联合调研组就“创新人才培养模式改革”赴重庆、江苏调研。万钢副主席率队。张玉台主任，马德秀、邢元敏、李卫红副主任参加。

21日至31日，应哈萨克斯坦下议院、黎巴嫩议会、以色列外交部邀请，王正伟副主席率全国政协代表团离京赴上述三国访问。全国政协副秘书长刘佳义、九三学社中央副主席赖明、宁夏回族自治区政协副主席左军等参加。

22日至30日，全国政协“‘十三五’规划中全国主体功能区规划建设情况”特邀常委视察团赴新疆维吾尔自治区视察。罗富和副主席任团长。王旭东常委，何丕洁、朱永新副秘书长任副团长。

24日至27日，应文史和学习委员会副主任、澳门中华文化联谊会会长梁华先生邀请，京昆室副主任吴江、叶少兰一行赴澳门参加第五届“濠江之春”、戏曲进校园等文化活动。

25日，俞正声主席在京出席亚洲相互协作与信任措施会议（亚信）非政府论坛首次年会开幕式并作主旨讲话，全国政协副主席、年会主席陈元主持开幕式，张秋俭副秘书长参加。

25日至28日，经济委员会“调整优化农业结构，促进现代农业发展”专题组赴河南调研。岳福洪副主任率队。

25日至29日，人口资源环境委员会“推进‘十三五’经济社会与环境保护协调发展”专题组赴上海、湖北调研。张基尧副主任率队。

25日至29日，人口资源环境委员会“贫困地区发展与人口问题”专题组赴贵州调研。郑晖副主任率队，秦大河、马大龙副主任参加。

26日，党组书记俞正声主持召开中共十二届全国政协党组第二十三次会议，主要议题为：观看焦裕禄同志先进典型事迹专题片；围绕“严以修身，加强党性修养，坚定理想信念，把牢思想和行动的‘总开关’”专题进行讨论；传达中央统战工作会议精神。党组副书记杜青林，党组成员张庆黎、李海峰、卢展工、周小川、马飚出席。全国政协机关党组成员仝广成、张秋俭、常荣军、周新建、舒启明，专门委员会主任周伯华、贾治邦、张玉台、朱维群、潘云鹤、王太华列席。

26日，在京全国政协委员学习报告会暨政协机关干部系列学习讲座在常委会议厅举行。全国政协副主席、中国人民银行行长周小川主讲《中国金融改革与发展》，文史和学习委员会主任王太华主持。王钦敏副主席，机关领导班子成员张秋俭、常荣军、周新建，专委会驻会副主任田杰、侯建民、凌振国、晓敏、金学锋、陈惠丰，文史和学习委员会副主任龙新民、孙庆聚、翟卫华等出席。部分在京全国政协委员、北京市政协委员，各民主党派中央、全国工商联有关负责同志及全国政协机关干部700余人听取报告。

26日至6月1日，社会和法制委员会以中国法学会名义组织的“基层法律援助工作”参访团赴台湾访问。陈冀平副主任任团长。

27日，俞正声主席在政协礼堂会见并宴请约旦参议长拉瓦比德。张庆黎副主席兼秘书长、外事委员会主任潘云鹤、副秘书长张秋俭、外交部副部长张明等参加。应俞正声主席邀请，拉瓦比德率约旦参议院代表团一行于27日抵京开始访华。

27日，按照中央统一要求和《全国政协机关开展“三严三实”专题教育实施方案》部署，副主席兼秘书长、机关党组书记张庆黎为机关副处级以上干部讲“三严三实”专题党课。机关领导班子成员仝广成、张秋俭、常荣军、周新建、舒启明，专委会驻会副主任田杰、侯建民、凌

振国、顾伯平、晓敏、吕虹、金学锋、陈惠丰，专委会副主任卢昌华、庄国荣，马健委员出席。各室局副处级以上干部350余人参加。

27日，李海峰副主席在机关会见欧洲华侨华人社团联会第十届主席、中联投资集团有限公司董事长曹燕灵一行。

27日至28日，杜青林副主席率全国政协“深化行政审批制度改革”特邀常委视察团部分成员赴天津调研。

28日，全国人大常委会委员长张德江在人民大会堂会见约旦参议长拉瓦比德。全国政协副秘书长张秋俭和外交部副部长张明等参加。

28日，俞正声主席在人民大会堂会见应国家宗教事务局和中国基督教两会联合邀请访华的英国坎特伯雷大主教韦尔比一行，张秋俭副秘书长参加。

28日，张庆黎副主席兼秘书长出席约旦驻华使馆为约旦参议长拉瓦比德访华举办的欢迎晚宴。张秋俭副秘书长、我驻约旦大使高育生等参加。

28日，教科文卫体委员会组织部分在京全国政协委员围绕“提高公共文化设施管理水平和服务效益，为制定‘十三五’规划议政建言”专题在京考察并座谈。卢展工副主席率队，张玉台主任主持座谈会。民政部、住房和城乡建设部、文化部和北京市有关负责同志参加。

28日至6月4日，教科文卫体委员会“促进高校办出特色和水平”专题组赴陕西、湖北调研。马德秀副主任带队，教育部有关负责同志参加。

29日，经济委员会“调整优化农业结构，促进现代农业发展”专题组在京调研。王钦敏副主席带队。周伯华主任，岳福洪、侯建民（驻会）副主任参加。

29日至6月3日，全国政协“小型农田水利建设情况”委员视察团赴吉林、陕西视察。张庆黎副主席兼秘书长任团长，仝广成、胡四一常委任副团长，马中平、黄燕明、王光谦、吴晓青、张桃林、金学锋、赵铁锤、聂振邦、闫冰竹等委员参加。视察团由办公厅与提案委员会联合组织。

30日至6月5日，提案委员会“农村土地确权登记中的法律问题与对策”重点提案调研组在广东、浙江调研。傅克诚副主任任组长，王国卿副主任任副组长。部分委员，国土资源部、农业部、国家林业局、国务院法制办等提案承办单位相关同志参加。

31日至6月5日，外事委员会“促进边境合作区建设”专题组在内蒙古、黑龙江调研。杨多良副主任率队，王国庆、韩方明副主任参加。

6月

1日，全国政协副主席、中国经济社会理事会主席杜青林在政协礼堂会见并宴请塞内加尔经济、社会和环境理事会主席塔勒一行。张秋俭副秘书长等参加。应杜青林副主席邀请，塔勒率塞内加尔经济、社会和环境理事会代表团一行于30日抵京开始访华。

1日至5日，经济委员会“推进非公有制企业走出去”专题组赴海南调研。褚平副主任任组长，王钦敏副主席、侯建民驻会副主任参加。

1日至7日，社会和法制委员会“退役士兵就业创业有关问题”专题组赴广东、海南调研。卢展工副主席率队，孟学农主任任组长，宋育英副主任任副组长。

2日，俞正声主席在政协礼堂会见塞内加尔经济、社会和环境理事会主席塔勒一行。全国政协副秘书长张秋俭，外交部部长助理钱洪山等参加。

2日，李海峰副主席在机关会见美国百人会大中华地区联席主席李学海一行。

2日，王钦敏副主席在海南出席“21世纪海上丝绸之路与民企商机”研讨会开幕式。经济委员会副主任褚平、侯建民（驻会）参加。

3日至5日，中国经济社会理事会副主席杨崇汇率“制约城镇养老服务产业发展的突出问题及对策”课题组赴上海、江苏调研。

4日，俞正声主席主持召开政协第十二届全国委员会第三十二次双周协商座谈会，围绕西部农牧区包虫病防治建言献策。杜青林、张庆黎、马飚副主席出席。韩启德副主席，黄洁夫、白玛、王宇、鲍义志、王正荣、洛桑山丹、丁洁、栗震亚、菊红花、杨兴平、高春芳、曹洪欣、张灼华、牛广明、刘迎龙委员，以及专家学者温浩、蔡金山分别发言。卫生计生委主任李斌、农业部副部长于康震介绍有关情况。发展改革委副主任张勇、财政部部长助理许宏才与委员们互动交流。机关领导班子成员仝广成、张秋俭、常荣军、刘佳义、周新建，民族和宗教委员会主任朱维群，专委会驻会副主任凌振国、晓敏、吕虹出席。

4日至10日，冯国勤常委任团长，港澳台侨委员会副主任侯树森、华建任副团长的“政协委员联谊会交流参访团”应台湾“海峡两岸民意交流基金会”董事长饶颖奇邀请在台湾交流参访。

6日至10日，何厚铧副主席率澳门特别行政区全国政协委员考察团在江苏围绕“长江经济带建设及国家科技创新实验区、现代化试验区建设情况”进行考察。港澳台侨委员会主任杨崇汇，副主任马有礼、刘凡、吕虹（驻会），经济委员会副主任崔世昌，澳区全国政协常委徐泽、杨俊文、廖泽云、颜延龄，澳门中联办副主任陈斯喜等参加。

9日，俞正声主席在人民大会堂会见应国家主席习近平邀请访华的安哥拉总统多斯桑托斯，张秋俭副秘书长参加。

9日至12日，港澳台侨委员会联合致公党中央“海外留学人才回国创业的问题和对策”专题组赴上海调研。楼志豪副主任率队。

12日，俞正声主席，杜青林、韩启德、陈元副主席在人民大会堂出席纪念陈云同志诞辰110周年座谈会。

12日至14日，俞正声主席、马培华副主席在福建出席第七届海峡两岸论坛等活动。

15日，俞正声主席主持召开政协第十二届全国委员会第三十次主席会议，审议关于撤销颜世元政协第十二届全国委员会委员资格的决定（草案）；审议关于免去韩志然政协第十二届全国委员会常务委员、撤销委员资格的决定（草案）；审议政协第十二届全国委员会委员增补名单（草案）；审议政协第十二届全国委员会专门委员会副主任任免名单（草案）；审议政协第十二届全国委员会专门委员会委员增补名单（草案）。杜青林、韩启德、董建华、万钢、林文漪、罗富和、何厚铧、张庆黎、李海峰、陈元、卢展工、周小川、王家瑞、王正伟、马飚、齐续春、陈晓光、马培华、刘晓峰、王钦敏副主席出席。全国政协副秘书长、机关党组成员、各专委会负责人，中央统战部负责同志，政协十二届常委会第十一次会议有关工作组负责人列席。

15日，政协第十二届全国委员会常务委员会第十一次会议开幕会在常委会议厅举行。俞正声主席主持。主要议题为：审议通过政协第十二届全国委员会常务委员会第十一次会议议程；听取中共中央政治局常委、国务院副总理张高丽关于紧紧围绕实现全面建成小康社会目标科学制定“十三五”经济社会发展规划的思考的报告。杜青林、韩启德、董建华、万钢、林文漪、罗富和、何厚铧、张庆黎、李海峰、陈元、卢展工、周小川、王家瑞、王正伟、马飚、齐续春、陈晓光、马培华、刘晓峰、王钦敏副主席和常委共293人出席。中宣部，国务院办公厅、外交部、发展改革委、教育部、科技部、工业和信息化部、民政部、财政部、国土资源部、环境保护部、农业部、商务部、文化部、卫生计生委、税务总局、国研室，不是常委的地方政协主席、全国政协副秘书长、机关党组成员、各专门委员会负责人、信息特邀委员和特邀列席委员列席。

16日，政协第十二届全国委员会常务委员会第十一次会议第二次全体会议在常委会议厅举行。俞正声主席出席并讲话，齐续春副主席主持。主要议题为：大会发言；听取关于政协全国委员会专门委员会通则修订草案的说明；听取关于撤销委员资格决定草案和委员增补名单草案的说明；听取关于专门委员会副主任任免名单草案的说明。厉以宁、彭小枫、岳福洪、王新奎、李毅中、李成玉、李朋德、马德秀、何维、张基尧、徐振寰、班禅额尔德尼·确吉杰布、干以胜13位常委（委员）先后作口头发言。杜青林、韩启德、万钢、林文漪、罗富和、何厚铧、张庆黎、李海峰、陈元、卢展工、周小川、王正伟、马飚、齐续春、陈晓光、刘晓峰、王钦敏副主席和常委共268人出席。中共中央办公厅、国务院办公厅、外交部、发展改革委、教育部、科技部、工业和信息化部、民政部、财政部、国土资源部、环境保护部、农业部、商务部、文化部、卫生计生委、税务总局，不是常委的地方政协主席、全国政协副秘书长、机关党组成员、各专门委员会负责人、信息特邀委员和特邀列席委员列席。

17日，俞正声主席主持召开政协第十二届全国委员会第三十一次主席会议，听取政协第十二届全国委员会常务委员会第十一次会议各专题组讨论情况的汇报；听取政协第十二届全国委员会常务委员会第十一次会议其他讨论情况的综合汇报。杜青林、韩启德、林文漪、罗富和、何厚铧、张庆黎、李海峰、陈元、卢展工、周小川、王家瑞、王正伟、马飚、齐续春、陈晓光、马培华、刘晓峰副主席出席。全国政协副秘书长、机关党组成员、各专委会负责人，政协十二届常委会第十一次会议各小组召集人及各工作组负责人列席。

17日，政协第十二届全国委员会常务委员会第十一次会议闭幕会在常委会议厅举行。俞正声主席出席并作重要讲话，杜青林副主席主持。主要议题为：通过政协全国委员会专门委员会通则；通过关于免去韩志然政协第十二届全国委员会常务委员、撤销其委员资格的决定；追认关于撤销颜世元政协第十二届全国委员会委员资格的决定；通过政协第十二届全国委员会委员增补名单；通过政协第十二届全国委员会专门委员会副主任任免名单。韩启德、林文漪、罗富和、何厚铧、张庆黎、李海峰、陈元、卢展工、周小川、王正伟、马飚、齐续春、陈晓光、马培华、刘晓峰、王钦敏副主席和常委共269人出席。中共中央办公厅、中央宣传部、外交部、发展改革委、教育部、科技部、工业和信息化部、民政部、财政部、国土资源部、环境保护部、农业部、商务部、文化部、卫生计生委、税务总局，不是常委的地方政协主席、全国政协副秘书长、机关党组成员、各专门委员会负责人、信息特邀委员和特邀列席委员列席。

17日，政协十二届常委会第八次学习讲座在常委会议厅举行。中国科学院院士谭铁牛作题为“人工智能的发展现状及展望”的讲座，俞正声主席主持。杜青林、韩启德、林文漪、罗富和、何厚铧、张庆黎、李海峰、陈元、卢展工、周小川、王正伟、马飚、齐续春、陈晓光、马培华、刘晓峰、王钦敏副主席出席。6名常委与主讲人现场进行互动交流。

18日，俞正声主席主持召开政协第十二届全国委员会第三十三次双周协商座谈会，围绕“建筑工程消防审核验收”建言献策。杜青林、张庆黎、卢展工、陈晓光副主席出席。齐骥、杨振江、陈昌生、李建明、季允石、崔海容、王二虎、邵明立、陈莉、白鹤祥、管飞、陈世强、苏如春、李玉玲、何水法、林海燕、刘勇委员，专家学者余凌云、郑实分别发言。公安部副部长李伟介绍有关情况，公安部常务副部长杨焕宁、住房城乡建设部副部长易军、国务院法制办副主任甘藏春与委员们互动交流，公安部消防局局长于建华出席。机关领导班子成员仝广成、常荣军、刘佳义、周新建、刘家强，社会和法制委员会主任孟学农，专委会驻会副主任凌振国、吕虹，顾伯平委员出席。

18日，俞正声主席在机关会见并宴请斯洛文尼亚国民委员会主席贝尔瓦尔。张庆黎副主席兼秘书长、张秋俭副秘书长、外交部副部长刘振民等参加。应俞正声主席邀请，贝尔瓦尔率斯洛文尼亚国民委员会代表团一行于15日抵达上海开始访华。

18日，中国经济社会理事会四届二次常务理事会议在政协礼堂召开。理事会主席杜青林主持，副主席周伯华、贾治邦、张玉台、孟学农、杨崇汇、潘云鹤、吉林、吴志明、徐敬业、徐振寰出席，臧献甫、张秋俭列席。会前，杜青林主席主持召开理事会四届二次主席会议。

18日，中国经济社会理事会四届二次会议在政协礼堂举行。理事会主席杜青林出席并讲话，副主席周伯华主持。会议增补臧献甫、张秋俭为中国经济社会理事会副主席，同时增补为常务理事、理事；增补王小康、闫冰竹等17人为理事；接受吴道荣、李安山辞去理事请求；撤销范红理事资格。理事会副主席贾治邦、张玉台、孟学农、杨崇汇、潘云鹤、吉林、臧献甫、吴志明、徐敬业、张秋俭、徐振寰及理事会理事、有关方面人士约190人出席。

18日，提案委员会召开“加快公安工作法治化进程”提案办理协商会。罗富和副主席出席并讲话。王国卿、赖明、田杰（驻会）副主任，民进中央副主席蔡达峰，提案者代表及部分委员，公安部部长助理王俭及中央编办、国务院法制办等提案承办单位的相关负责同志参加。

18日，民族和宗教委员会召开宗教界委员反映社情民意座谈会。朱维群主任主持，马铁山、王正福、白玛、任法融、华士飞、傅先伟、晓敏（驻会）副主任及部分宗教界委员出席。

18日，文史和学习委员会就“我国人工智能发展现状及趋势”专题，组织委员会和新闻出版界部分在京委员赴中国科学院自动化研究所进行考察。王太华主任，卞晋平、龙新民、孙庆聚、陈光林副主任和外事委员会副主任王国庆等参加。中国科学院副院长李静海等有关负责同志介绍情况。

19日，全国人大常委会委员长张德江在人民大会堂会见斯洛文尼亚国民委员会主席贝尔瓦尔。全国政协副秘书长张秋俭，外交部副部长刘振民等参加。

19日，俞正声主席在人民大会堂会见应李克强总理邀请访华的喀麦隆总理菲勒蒙。张秋俭副秘书长参加。

19日，提案委员会召开“鼓励和引

导民营企业积极参与教育扶贫”提案办理协商会。干以胜副主任主持，王国卿、徐辉、田杰（驻会）副主任，提案人代表及部分委员，教育部、民政部、财政部、国家税务总局、国务院扶贫办及全国工商联等提案承办单位的有关负责同志参加。

19日，人口资源环境委员会召开“加强计划生育家庭社会保障”座谈会。罗富和副主席出席并讲话。贾治邦主任主持，庄国荣、马大龙、凌振国（驻会）副主任，部分委员，有关民主党派、地方政协及专家、企业代表参加。国家卫计委副主任王培安，财政部、保监会等有关部门负责同志到会介绍情况。

19日，教科文卫体委员会赴北京信息科技大学和798文化创意产业区开展“高校学科建设和创新人才培养”委员界别考察活动。李卫红副主任率队，刘敬民副主任及部分委员参加。

21日至30日，应匈牙利国会外事局、德国联邦议院德中议员小组、塞尔维亚议会外事委员会邀请，外事委员会副主任蔡武率委员会代表团赴匈牙利、德国、塞尔维亚三国进行友好访问。

22日至24日，周小川副主席陪同汪洋副总理在美国华盛顿出席第七轮中美战略与经济对话。

23日，京剧表演艺术家谭元寿先生舞台生活八十周年座谈会在政协礼堂举行。俞正声主席出席并讲话，会见谭元寿先生及其家属。中央宣传部部长刘奇葆出席并讲话。全国政协副主席、京昆室主任卢展工，中国文联主席孙家正，中央宣传部常务副部长黄坤明，中国文联副主席赵实，北京市政协主席吉林，文化部副部长董伟以及全国政协京昆室副主任全广成、王文章、杨承志、李世济、叶少兰、梅葆玖等出席。

23日，教科文卫体委员会召开“关于缓和医疗”专题座谈会。韩启德副主席出席并讲话，张秋俭副秘书长主持，部分医卫界委员及有关专家参加，民政部、人力资源和社会保障部、国家卫生计生委有关部门负责同志介绍相关情况。

23日至26日，经济委员会“转基因农产品的机遇与风险”专题组赴湖南调研。周伯华主任率队，张左己、袁隆平常委参加。

23日至26日，港澳台侨委员会联合致公党中央“海外留学人才回国创业的问题和对策”专题组赴陕西调研。楼志豪副主任率队。

23日至27日，社会和法制委员会“推进涉税专业服务社会组织立法”专题组赴广东、四川调研。刘晓峰副主席率队，季允石副主任等参加。

23日至7月1日，民族和宗教委员会主任朱维群率“《宗教事务条例》实施十周年，推动依法管理宗教事务”专题组赴广东、甘肃调研，华士飞、傅先伟副主任和人口资源环境委员会副主任潘贵玉参加。

24日，俞正声主席在人民大会堂会见应国家主席习近平邀请访华的比利时国王菲利普，张秋俭副秘书长参加。

24日，李海峰副主席在沈阳出席世界知名侨商辽宁行活动启动仪式，并对辽宁省县（市、区）政协工作进行调研。

24日，京昆室副主任全广成率京昆室委员围绕“戏曲在培育和践行社会主义核心价值观中的重要作用”专题在北京调研。王文章、叶少兰、杨承志、吴江副主任参加。

25日，中共全国政协党组书记俞正声在常委会议厅为全国政协党组成员和机关副处级以上干部讲“三严三实”专题党课。党组副书记杜青林主持。党组成员张庆黎、李海峰、陈元、卢展工、王家瑞、王正伟、马飚，机关领导班子成员仝广成、张秋俭、邓宗良、常荣军、刘佳义、周新建、刘家强、舒启明，专门委员会主任贾治邦、张玉台、孟学农、杨崇汇、王太华，副主任卢昌华、王胜洪、王国卿、石军，驻会副主任田杰、侯建民、凌振国、吕忠梅、晓敏、吕虹、金学锋、陈惠丰，顾伯平、李昌鉴同志及机关各室局副处级以上干部400余人参加。

25日，文史和学习委员会在成都召开西部12省（区、市）政协“回忆西部大开发”文史丛书定稿会议。卞晋平、龙新民副主任出席并讲话。

26日，董建华副主席在京出席中国国际经济交流中心举办的“第四届全球智库峰会”开幕式。

26日至7月1日，教科文卫体委员会“发挥中华优秀传统文化在培育和践行社会主义核心价值观中的作用”专题组赴宁夏、甘肃进行调研。卢展工副主席率队。胡振民副主任，中宣部、教育部、文化部有关部门负责同志参加。

27日，杜青林副主席在贵州贵阳出席生态文明贵阳国际论坛并作主旨演讲，凌振国驻会副主任参加。

29日，俞正声主席在人民大会堂会见以会长、自民党税制调查会长野田毅为团长的日本自民党亚非问题研究会议员代表团，张秋俭副秘书长参加。野田毅一行是应全国友协邀请访华的。

29日，张庆黎副主席兼秘书长主持召开政协第十二届全国委员会第十三次秘书长会议，审议政协第十二届全国委员会常务委员会第十二次会议议程（草案）和日程（草案）；研究政协第十二届全国委员会常务委员会第十二次会议参考专题和分题目（草案）；研究全国政协“深化行政审批制度改革”专题协商会筹备方案（草案）；通报全国政协近期重点工作情况。蒋作君、黄志贤、张秋俭、林智敏、徐辉、朱永新、何维、邵鸿、黄小祥、常荣军、刘佳义副秘书长出席。机关党组成员仝广成、周新建，专委会驻会副主任田杰、侯建民、凌振国、晓敏、吕虹、金学锋、陈惠丰，办公厅有关室局负责同志列席。

29日至7月1日，周小川副主席陪同李克强总理在比利时出席第十七次中欧领导人会晤并对比利时进行工作访问。

29日至7月3日，经济委员会“推进非公有制企业走出去”专题调研组在浙江调研。王钦敏副主席，褚平、侯建民（驻会）副主任参加。

7月

1日，俞正声主席在政协礼堂会见老挝建国阵线中央常务副主席董叶陶。张庆黎副主席兼秘书长、张秋俭副秘书长、民族和宗教委员会驻会副主任晓敏、外交部部长助理刘建超等参加。应全国政协邀请，董叶陶率老挝建国阵线代表团一行于1日下午抵京开始访华。

1日，张庆黎副主席兼秘书长在政协礼堂主持与老挝建国阵线中央常务副主席董叶陶会谈并举行欢迎宴会。张秋俭副秘书长、民族和宗教委员会驻会副主任晓敏等参加。

1日，马飚副主席在京会见应中联部邀请访华的土耳其人民民主党干部考察团。

1日，齐续春副主席在政协礼堂会见“爱我中华·学习历史”两岸三地青少年交流活动访京团。港澳台侨委员会主任杨崇汇，副主任华建、吕虹（驻会）参加并与访京团座谈交流。

1日至10日，文史和学习委员会“草原文化保护与传承”专题组赴内蒙古、青海调研。李海峰副主席率队，刘德旺、卞晋平、孙庆聚、陈惠丰（驻会）副主任及部分委员和专家参加。

2日，俞正声主席主持召开政协第十二届全国委员会第三十四次双周协商座谈会，围绕“农村土地确权登记及相关法律问题”建言献策。杜青林、张庆黎、马飚、齐续春副主席出席。傅克诚、何丕洁、陈锡文、陈章良、周其仁、胡汉平、丁明山、王俊峰、梁伟华、洪天慧、张伯军、沈瑾、张全国、温雪琼、王国卿、张亚忠、李成贵、郭晋云分别发言。农业部副部长陈晓华介绍有关情况，国土资源部副部长王世元、农业部部长韩长赋、国家林业局局长张建龙、国务院法制办副主任胡可明与委员们互动交流。机关领导班子成员仝广成、常荣军、刘佳义、周新建、刘家强，驻会副主任田杰、凌振国、吕忠梅、晓敏、金学锋，办公厅有关室局负责同志参加。

2日至8日，提案委员会委员、中央编办原副主任黄文平代表提案委员会，在宁夏参加陕甘青宁四省区政协主席联席会议，并对“加强黄河上中游生态环境保护”重点提案进行跟踪督办调研。

3日，俞正声主席在人民大会堂会见应国家主席习近平邀请访华的新加坡总统陈庆炎，并与其共同出席中新建交25周年招待会并致辞。张秋俭副秘书长参加。

3日，王家瑞副主席在机关会见西班牙参议院外事委员会主席穆尼奥斯·阿隆索一行。张秋俭副秘书长、外事委员会副主任周文重、金学锋（驻会）及西班牙驻华大使瓦伦西亚参加。6月30日至7月5日，穆尼奥斯·阿隆索一行应全国政协外事委员会邀请来华访问。

3日，教科文卫体委员会召开“基础研究与创新驱动发展战略”界别协商座谈会暨“关于科技计划管理改革中要注重发挥基础研究创新引领作用的提案”重点提案督办会。张玉台主任、张秋俭副秘书长、陈小娅副主任、人口资源环境委员会副主任齐让、科技部副部长侯建国、国家自然科学基金委员会副主任高瑞平出席，程津培副主任主持。

5日至10日，卢展工副主席率社会和法制委员会“退役士兵就业创业有关问题”专题组赴四川、西藏调研。宋育英副主任任组长，吕忠梅驻会副主任、苏士亮常委任副组长。

7日，俞正声主席，万钢、林文漪、李海峰、王正伟、马飚、齐续春副主席到中国人民抗日战争纪念馆参观中国人民抗日战争暨世界反法西斯战争胜利70周年主题展览《伟大胜利·历史贡献》。上午，张庆黎副主席兼秘书长出席展览开幕式。

7日至16日，教科文卫体委员会“国外专科医生与全科医生的培养体制与作用”代表团赴英国、捷克、比利时考察访问。黄洁夫副主任率队。

8日，俞正声主席在人民大会堂会见应全国人大常委会委员长张德江邀请访华的墨西哥参议长巴尔沃萨。张秋俭副秘书长参加。

8日，俞正声主席在人民大会堂会见应中联部邀请访华的津巴布韦非洲民族联盟—爱国阵线副主席、副总统姆南加古瓦。张秋俭副秘书长参加。

8日，杜青林副主席到中国人民抗日战争纪念馆参观中国人民抗日战争暨世界反法西斯战争胜利70周年主题展览《伟大胜利·历史贡献》。

8日，提案委员会召开“加快发展以信息化武装的现代物流体系，助推经济转型升级”重点提案办理协商会。全国工商联和有关民主党派代表及部分提案人与国家发展改革委、工业和信息化部、交通运输部、商务部等承办单位进行协商交流。

8日至11日，周小川副主席陪同习近平主席赴俄罗斯乌法出席金砖国家领导人峰会及上海合作组织成员国元首理事会等活动。

8日至14日，民族和宗教委员会“集中连片贫困地区精准扶贫”专题组赴宁夏、贵州调研。朱维群主任率队，王正福、杜鹰副主任及部分委员，国土资源部、国务院扶贫办有关同志参加。

10日，全国政协围绕“深化行政审批制度改革”议题在政协礼堂召开专题协商会。俞正声主席出席全天会议，主持下午会议并作重要讲话。杜青林副主席主持上午会议。国务委员兼国务院秘书长杨晶出席并讲话。韩启德、万钢、罗富和、张庆黎、王家瑞、王正伟、马飚、齐续春、马培华、刘晓峰、王钦敏副主席出席。朱之鑫、钟攸平、梁保华、张守志、苏志佳、杨维刚、孙荫环、王新奎、施芝鸿、黄艳、高鹰忠、韩康、李书福、肖凤桐、王学成、贺军科、李冬玉、迟福林、周文彰、江利平、卢中原、夏勇、胡亚东、王红、曹卫星、马大龙、田岚、王小兰、刘红宇、张新、戴晓凤、罗永章、侯云春33位常委、委员和广州市政协常委曹志伟作发言。中央编办副主任吴知论作深化行政审批制度改革情况介绍，国家发展改革委副主任张勇、人力资源和社会保障部副部长汤涛、国土资源部副部长王世元、环境保护部副部长吴晓青、住房城乡建设部副部长倪虹、工商总局副局长刘玉亭等作互动发言。国务院副秘书长焦焕成、孟扬，财政部部长助理许宏才、国务院法制办副主任夏勇到会听取意见，全国政协办公厅、各专门委员会及各民主党派中央和全国工商联有关负责同志参加。

13日至17日，人口资源环境委员会“腾格里沙漠污染治理”监督性专题调研组赴宁夏、内蒙古调研。吴双战副主任率队。

14日，党组书记俞正声主持召开中共十二届全国政协党组第二十四次会议，主要议题为：观看杨善洲同志先进典型事迹专题片；围绕“严以律己，严守党的政治纪律和政治规矩，自觉做政治上的‘明白人’”专题进行讨论发言。党组副书记杜青林，党组成员张庆黎、李海峰、卢展工、王正伟、马飚出席。全国政协机关党组成员仝广成、张秋俭、常荣军、刘佳义、周新建、舒启明，专门委员会主任孙淦、周伯华、张玉台、孟学农、杨崇汇、潘云鹤、王太华列席。

14日，经济委员会召开“实施品牌战略，推动中国制造向中国创造转变”重点提案办理协商会。周伯华主任出席并讲话，岳福洪副主任主持。提案委员会副主任王国卿和经济委员会副主任王永庆、姜增伟、董大胜、褚平及部分委员，有关提案人，国家发展改革委、工业和信息化部、农业部、商务部、工商总局、质检总局、知识产权局等提案办理单位，部分专家学者参加。

15日，全国地方政协工作经验交流会开幕会在京举行。杜青林副主席介绍十二届全国政协以来的主要工作情况。张庆黎副主席兼秘书长主持。吉林省政协主席黄燕明、上海市政协主席吴志明、北京市政协主席吉林、山东省政协主席刘伟、武汉市政协主席吴超、深圳市政协主席戴北方先后发言。罗富和、李海峰、卢展工、马飚、刘晓峰副主席，中共中央办公厅、中央组织部、中央宣传部、中央统战部负责同志，各省、自治区、直辖市政协主席和秘书长，曾任地方政协主席的现任全国政协常委、专门委员会副主任，副省级市政协和部分地市级政协主席，全国政协副秘书长、机关党组成员、专门委员会负责同志，各民主党派中央和全国工商联负责同志，中国人民政协理论研究会副会长等出席。

16日上午，全国地方政协工作经验交流会举行分组会议，交流工作经验。俞正声主席，万钢、罗富和、张庆黎、李海峰、卢展工、马飚、刘晓峰副主席分别参加。下午举行闭幕会，俞正声主席主持并讲话。浙江省政协主席乔传秀、河北省政协主席付志方、贵州省政协主席王富玉、新疆维吾尔自治区政协主席努尔兰·阿不都满金、辽宁省葫芦岛市政协主席郑宏伟先后发言。杜青林、万钢、罗富和、张庆黎、李海峰、卢展工、周小川、王正伟、马飚、刘晓峰副主席，中共中央办公厅、中央组织部、中央宣传部、中央统战部和国务院办公厅负责同志，各省、自治区、直辖市政协主席和秘书长，曾任地方政协主席的现任全国政协常委、专门委员会副主任，副省级市政协和部分地市级政协主席，全国政协副秘书长、机关党组成员、专门委员会负责同志，各民主党派中央和全国工商联负责同志，中国人民政协理论研究会副会长等出席。

17日，俞正声主席主持召开政协第十二届全国委员会第三十二次主席会议。主要议题为：审议政协十二届常委会第十二次会议议程（草案）和日程（草案）；审议政协第十二届全国委员会委员调整界别名单（草案）；审议关于免去黄小祥政协第十二届全国委员会副秘书长职务、撤销其全国政协委员资格的决定（草案）；听取关于全国政协上半年主要工作情况的汇报。杜青林、韩启德、万钢、林文漪、罗富和、张庆黎、李海峰、卢展工、周小川、马飚、齐续春、陈晓光、马培华、刘晓峰、王钦敏副主席出席。全国政协副秘书长、机关党组成员、各专委会负责同志及办公厅研究室和有关局级单位负责同志列席。

17日，俞正声主席主持召开政协第十二届全国委员会第三十五次双周协商座谈会，围绕“台资企业在大陆经济转型升级中遇到的新问题”建言献策。杜青林、林文漪、张庆黎、李海峰副主席出席。郑立中、王松、刘凡、梁国扬、郭山辉、李霭君、邵琪伟、李毅中、史茂林、李钺锋、郑建闽、王广谦、陈杰、江利平、郑广台、陈德铭、殷存毅、黄紫玉分别发言。中央台办主任张志军介绍有关情况。国家发展改革委副主任林念修、财政部副部长史耀斌、商务部副部长高燕作互动发言，与委员们协商交流。港澳台侨委员会主任杨崇汇，机关党组副书记仝广成，副秘书长黄志贤、常荣军、刘佳义，办公厅研究室主任舒启明，驻会副主任吕虹，全国台湾同胞投资企业联谊会驻会副秘书长郑荣文等出席。

17日，以港澳委员为主导的青年社团代表赴内地体验式学习考察团在机关举行座谈交流会。李海峰副主席出席并讲话。北京、天津、上海、山东、四川5个省市政协有关部门负责同志和香港友好协进会、澳门汇智社、香港政协青年联会、香港青年交流促进联会、香港各界青少年活动委员会、香港青年协会、香港中华总商会青年委员会、澳门中华总商会青年委员会、百仁基金、香港新活力青年智库等10个社团代表作发言。部分港澳全国政协委员和全国青联、香港中联办、澳门中联办相关部门负责同志到会听取发言。

会后，俞正声主席在政协礼堂会见考察团成员，与考察团一行合影并致辞。张庆黎、李海峰副主席出席，国务院港澳办和团中央有关负责同志参加。随后，考察团在常委会议厅举行专题报告会，听取国家发展改革委有关负责同志作关于“十三五”规划编制情况的专题报告。港澳台侨委员会主任杨崇汇，副主任杨衍银、侯树森、楼志豪、刘凡、华建、卢昌华、吕虹（驻会）参加上述活动。

17日，周小川副主席在京出席全国友协与毛里塔尼亚驻华使馆共同举办的中国—毛里塔尼亚建交50周年庆祝招待会。

17日至23日，全国政协无党派人士界委员考察团就“少数民族地区群众生产生活情况”赴内蒙古自治区考察。齐续春副主席任团长。全国政协常委王明明、王梅祥，全国政协常委、副秘书长刘家强任副团长。

20日，全国政协2015年第二季度宏观经济形势分析座谈会在机关召开。王钦敏副主席，机关领导班子成员邓宗良、刘佳义、周新建出席。国家发展改革委副主任连维良、统计局副局长谢鸿光到会介绍第二季度国民经济和社会发展总体情况。厉以宁等12位全国政协委员及有关专家学者围绕经济运行情况发表意见建议。北京、辽宁两省（市）代表到会介绍当地第二季度经济社会运行情况。经济委员会主任周伯华主持，副主任王永庆、刘明康、闫冰竹、李克农、李毅中、项宗西、彭小枫、董大胜、刘遵义、侯建民（驻会）和部分委员约60人参加。

20日至23日，京昆室副主任全广成率京昆室委员围绕“充分发挥戏曲在培育和弘扬社会主义核心价值观中的重要作用”专题在湖北调研。杨承志副主任等参加。

20日至30日，全国政协“加快推动川藏大通道建设”委员考察团赴西藏、四川考察。李海峰副主席任团长，刘家强副秘书长，于际训、胡亚东委员任副团长。

21日，马飚副主席在京出席中华全国供销合作社第六次代表大会开幕式。

21日至23日，杜青林副主席在广东调研宗教工作。

21日至24日，经济委员会“推进财税体制改革，防控地方债风险”专题组赴河北开展监督性调研。彭小枫副主任任组长，董大胜、王永庆、项宗西副主任任副组长。

21日至28日，俞正声主席对泰国和印度尼西亚进行正式友好访问。张庆黎副主席兼秘书长、王钦敏副主席，经济委员会主任周伯华，云南省政协主席罗正富，外交部副部长刘振民，副秘书长张秋俭和办公厅研究室主任舒启明等随同访问。

24日至8月2日，应我驻澳大利亚、斐济和新西兰三国大使馆邀请，港澳台侨委员会副主任梁绮萍率代表团赴上述三国看望慰问侨胞，了解侨情并听取海外侨胞对国家侨务工作的意见建议。

26日至29日，卢展工副主席率教科文卫体委员会“发挥中华优秀传统文化在培育和践行社会主义核心价值观中的作用”专题组赴吉林调研。马德秀副主任参加。

27日至31日，教科文卫体委员会与国家中医药管理局共同组成的“公立医院改革中如何发挥中医药的特色优势”专题组赴河南调研。黄洁夫副主任率队。

29日至8月2日，教科文卫体委员会主任张玉台率“发挥中华优秀传统文化在培育和践行社会主义核心价值观中的作用”专题组赴山东调研。李卫红副主任参加。

29日至8月5日，应港澳台侨委员会邀请，以台湾中华侨联总会理事长简汉生为团长的交流参访团一行在四川参访。卢昌华副主任、马健委员陪同参访。

30日，“中宗和”秘书处与“日宗和”工作组在机关举行会谈，并签署双边交流机制协议。“中宗和”秘书长学诚、“亚宗和”秘书长畠山友利、“日宗和”秘书长国富敬二等参加。“日宗和”工作组是应“中宗和”秘书处邀请访华的。

8 月

3 日，由国家林业局、共青团中央、环境保护部、全国政协人口资源环境委员会、中国科协、全国少工委共同举办的“童眼观生态——全国青少年生态文明教育体验活动”成果展示在北戴河国家湿地公园举行。国家副主席李源潮出席并讲话。全国政协副主席杜青林，人口资源环境委员会主任贾治邦、驻会副主任凌振国出席。

3 日，卢展工副主席在京出席新加坡驻华使馆举办的新加坡建国 50 周年暨中新建交 25 周年招待会。张秋俭副秘书长参加。

3 日，刘晓峰副主席在贵州贵阳出席第八届中国—东盟教育交流周开幕式。

3 日至 6 日，教科文卫体委员会副主任黄洁夫率“仿制药的质量问题与对策”专题组赴湖北调研。马德秀副主任参加。

4 日，张秋俭副秘书长在机关会见并宴请英国伯明翰大学医院国家卫生服务基金会执行董事凯文·博尔格一行。教科文卫体委员会有关委员参加。

6 日至 16 日，民族和宗教委员会主任朱维群率“丝绸之路经济带建设所涉及的民族和宗教问题”专题组赴甘肃、新疆调研。华士飞、傅先伟副主任及部分委员参加。

10 日，罗富和副主席在人民大会堂出席第八届“爱祖国、学法律、创和谐”澳门与内地青年法律交流周开幕式。

10 日至 15 日，全国政协常委、经济委员会委员厉以宁率委员会“贫困地区可持续发展”专题组赴辽宁调研。项宗西、董大胜、侯建民（驻会）副主任及部分委员参加。

15 日至 22 日，提案委员会“支持川陕革命老区区域协同发展和扶贫攻坚”重点提案督办调研组在陕西、四川调研。孙淦主任任组长，徐辉、田杰（驻会）副主任任副组长。部分委员，国家发展改革委、交通运输部、水利部、农业部、国务院扶贫办相关负责同志参加。

16 日至 21 日，经济委员会“优化新能源布局、促进风电光伏产业健康发展”专题组赴宁夏、甘肃调研。吴新雄副主任率队，李克农副主任、陈章良常委参加。

17 日，经济委员会“转基因农产品的机遇与风险”专题组在中国农业科学院召开现场会。韩启德副主席出席，周伯华主任主持。

17 日至 22 日，社会和法制委员会“退役士兵就业创业有关问题”专题组赴新疆调研，卢展工副主席率队。孟学农主任任组长，宋育英、吕忠梅（驻会）副主任和苏士亮常委任副组长。

17 日至 24 日，社会和法制委员会“规范城管执法行为”专题组赴河南、宁夏调研。陈冀平副主任任组长，朱孝清副主任等参加。

18 日，党组书记俞正声主持召开中共十二届全国政协党组第二十五次会议。党组成员张庆黎、李海峰、陈元、卢展工、周小川、王家瑞、马飚出席。全国政协机关党组成员张秋俭、邓宗良、常荣军、刘佳义、周新建、舒启明列席。

19 日，中共中央政治局常委、中央书记处书记刘云山主持召开座谈会，听取全国政协委员对积极培育和践行社会主义核心价值观的意见建议。全国政协副主席张庆黎、卢展工，副秘书长张秋俭，教科文卫体委员会主任张玉台，文史和学习委员会副主任龙新民，常委朱永新、张来斌、韦建桦、姜建初、吴江、刘长铭，委员董保华、陈力，办公厅研究室主任舒启明等参加。

20日，俞正声主席在政协礼堂会见台湾民意代表交流参访团一行。张庆黎、李海峰副主席，国务院台湾事务办公室主任张志军，全国政协港澳台侨委员会主任杨崇汇，副主任郑立中、侯树森、吕虹（驻会）参加。

20日，俞正声主席在政协礼堂会见由韩国新国家党院内代表、国会运营委员会委员长元裕哲率领的韩国国会文化交流代表团。张秋俭副秘书长，民族和宗教委员会副主任杜鹰，外交部部长助理刘建超等参加。应全国政协邀请，元裕哲率韩国国会文化交流代表团一行于20日抵京访华，与中国政协委员举行第三次围棋友谊赛。

21日至25日，应港澳台侨委员会邀请，台湾民意代表交流参访团饶颖奇一行在青海参观访问。全国政协常委冯国勤、港澳台侨委员会副主任侯树森、马健委员等陪同。

24日，海峡两岸纪念中国人民抗日战争暨世界反法西斯战争胜利70周年学术研讨会在机关召开，主题是“全民族抗战和中华民族伟大复兴”。林文漪副主席出席开幕会并讲话，李海峰副主席出席，文史和学习委员会主任王太华主持。全国政协委员李忠杰、台湾中研院近代史研究所研究员吴启讷作主旨发言；中共中央台湾工作办公室副主任龙明彪、中共中央党史研究室副主任高永中、台盟中央副主席黄志贤分别发言。全国政协文史和学习委员会副主任卞晋平、翟卫华、陈惠丰（驻会）和港澳台侨委员会驻会副主任吕虹，中共中央文献研究室副主任张宏志，民革中央副主席何丕洁，全国政协常委马志伟、卢晓光、郑建邦，中共中央宣传部、全国台联有关部门负责同志和部分海峡两岸专家学者出席。

24日，何厚铧副主席在澳门出席“第四期澳门青年人才上海学习实践计划”开班式。港澳台侨委员会主任杨崇汇出席并致辞。上海市政协主席吴志明、澳门中联办副主任陈斯喜、部分澳区全国政协委员和参加学习实践计划的澳门青年学员参加。

24日，陈元副主席在京出席俄罗斯驻华使馆向《血色童心》电视剧剧组授予“伟大卫国战争胜利70周年”奖章的授奖仪式。

25日，提案委员会召开“以慢病防治为突破口，建立科学有序的分级诊疗制度”提案办理协商会。民建中央、民进中央、农工党中央等民主党派代表及部分提案人，与国家发展改革委、财政部、人力资源和社会保障部、卫生计生委等承办单位代表进行协商交流。田杰驻会副主任主持，王国卿、胡四一副主任出席。

26日，俞正声主席主持召开政协第十二届全国委员会第三十三次主席会议，审议政协第十二届全国委员会专门委员会委员增补名单（草案）；审议关于撤销张力军、王玉发、汪良、顾欣政协第十二届全国委员会委员资格的决定（草案）。杜青林、韩启德、董建华、林文漪、罗富和、何厚铧、张庆黎、李海峰、陈元、卢展工、周小川、王家瑞、王正伟、马飚、齐续春、陈晓光、马培华、刘晓峰、王钦敏副主席出席。全国政协副秘书长、机关党组成员、各专门委员会负责同志，中共中央统战部负责同志，政协十二届常委会第十二次会议有关工作组负责同志列席。

26日，政协第十二届全国委员会常务委员会第十二次会议开幕会在常委会议厅举行。杜青林副主席主持。主要议题为：审议通过政协第十二届全国委员会常务委员会第十二次会议议程；听取中共中央政治局常委、中央书记处书记刘云山同志作关于“积极培育和践行社会主义核心价值观”的报告。俞正声主席，韩启德、董建华、林文漪、罗富和、何厚铧、张庆黎、李海峰、陈元、卢展工、周小川、王家瑞、王正伟、马飚、齐续春、陈晓光、马培华、刘晓峰、王钦敏副主席和常委共276 人出席。中共中央办公厅、中央组织部、中央宣传部、中央综治委、中央文明委，中华全国总工会、共青团中央、全国妇联，国务院办公厅、教育部、司法部、财政部、人力资源和社会保障部、文化部、工商总局、新闻出版广电总局、社科院负责同志，不是常委的地方政协主席，全国政协副秘书长、机关党组成员、各专门委员会负责同志，中央统战部副部长，社会主义学院副院长，信息特邀委员和特邀列席委员列席。

27 日，政协第十二届全国委员会常务委员会第十二次会议第二次全体会议在常委会议厅举行，主要议题是进行大会发言。陈晓光副主席主持。孟学农、郑小燕、龙新民、陈群、刘长铭、刘振亚、许仲梓、蔡达峰、茅永红、杨胜群、吴江、学诚、李世济、李家杰、吴晶 15 位常委先后作口头发言。俞正声主席，杜青林、韩启德、董建华、万钢、林文漪、罗富和、何厚铧、张庆黎、李海峰、陈元、卢展工、周小川、王家瑞、王正伟、马飚、齐续春、马培华、刘晓峰、王钦敏副主席和常委共 265 人出席。中共中央办公厅、中央组织部、中央综治委，中华全国总工会、共青团中央、全国妇联，国务院办公厅、教育部、司法部、财政部、人力资源和社会保障部、文化部、工商总局、新闻出版广电总局、社科院有关负责同志，不是常委的地方政协负责同志，全国政协副秘书长、机关党组成员、各专门委员会负责同志，中央统战部副部长，中央社会主义学院副院长，信息特邀委员和特邀列席委员列席。

28 日，俞正声主席主持召开政协第十二届全国委员会第三十四次主席会议，听取政协第十二届全国委员会常务委员会第十二次会议各专题组讨论情况的汇报；听取关于政协第十二届全国委员会常务委员会第十二次会议讨论人事事项情况的汇报。杜青林、韩启德、董建华、万钢、林文漪、罗富和、何厚铧、张庆黎、李海峰、陈元、卢展工、周小川、王家瑞、王正伟、马飚、齐续春、陈晓光、马培华、刘晓峰、王钦敏副主席出席。全国政协副秘书长、机关党组成员、各专门委员会负责同志，政协十二届常委会第十二次会议各小组召集人及各工作组负责同志列席。

28 日，政协第十二届全国委员会常务委员会第十二次会议闭幕会在常委会议厅举行。俞正声主席主持并作重要讲话。会议追认了关于免去黄小祥政协第十二届全国委员会副秘书长职务，撤销黄小祥、张力军、王玉发、汪良、顾欣政协第十二届全国委员会委员资格的决定。杜青林、韩启德、董建华、万钢、林文漪、罗富和、何厚铧、张庆黎、李海峰、陈元、卢展工、王家瑞、王正伟、马飚、齐续春、陈晓光、马培华、刘晓峰、王钦敏副主席和常委共 270 人出席。中共中央办公厅、中央组织部、中央综治委，中华全国总工会、全国妇联，教育部、司法部、财政部、人力资源和社会保障部、文化部、新闻出版广电总局、社科院负责同志，不是常委的地方政协负责同志，全国政协副秘书长、机关党组成员、各专门委员会负责同志，中央统战部副部长，信息特邀委员和特邀列席委员列席。

28 日，政协十二届常委会第九次学习讲座在常委会议厅举行。中国工程院院士、中国农业科学院副院长吴孔明作题为《转基因技术的发展与食品安全》的讲座。俞正声主席主持。杜青林、韩启德、董建华、万钢、林文漪、罗富和、何厚铧、张庆黎、李海峰、陈元、卢展工、王家瑞、王正伟、马飚、齐续春、陈晓光、马培华、刘晓峰、王钦敏副主席出席。6名常委与主讲人现场进行互动交流。

28日至31日，提案委员会提案办理协商研究课题组赴吉林调研提案办理协商和提案立案审查工作情况，研究修改《政协全国委员会提案办理协商办法（稿）》。孙淦主任、王国卿副主任和课题组成员参加。

29日至31日，教科文卫体委员会“推进安宁疗护发展”专题组在河南调研。韩启德副主席率队，刘敬民副主任参加。

31日，张庆黎副主席兼秘书长主持召开政协第十二届全国委员会第三十九次秘书长办公会议，传达中央第六次西藏工作座谈会精神；通报有关问题处理情况。机关领导班子成员仝广成、张秋俭、邓宗良、常荣军、刘佳义、周新建、刘家强，专委会驻会副主任田杰、侯建民、凌振国、晓敏、吕虹、金学锋、陈惠丰出席。办公厅各室局负责同志列席。

31日，全国政协副主席兼秘书长、中国人民政协理论研究会会长张庆黎主持召开理论研究会第二次会长办公会议，听取理论研究会第二届理事会第二次常务理事会议暨2015年度人民政协理论研讨会筹备情况的汇报并审议会议文件，商研理论研究会深圳及青岛代表处建设问题、《人民政协思想史》框架。

31日，由中国文史出版社举办的“伟大的胜利——‘国际视野下的中国抗战’影像档案展”在中国政协文史馆预展。张庆黎副主席兼秘书长等参观展览。

31日，文史和学习委员会举办《亲历者说——中国抗战编年纪事》出版座谈会暨赠书仪式，王太华主任出席并讲话。副秘书长刘佳义，文史和学习委员会副主任卞晋平、翟卫华，全国政协常委韦建桦、张研农、陈建功及部分委员，中共中央党史研究室、国家新闻出版广电总局、民革中央、中国社会科学院近代史研究所、国家图书馆、北京市政协、中国人民抗日战争纪念馆等有关单位负责同志，部分抗日老战士、抗战将领后人代表等参加。文史和学习委员会驻会副主任陈惠丰主持。

31日至9月5日，应全国政协主席俞正声邀请，阿尔及利亚民族院议长本·萨拉赫率代表团访华，并以阿总统布特弗利卡个人代表身份出席中国人民抗日战争暨世界反法西斯战争胜利70周年纪念活动。

9月

1日，俞正声主席主持召开政协第十二届全国委员会第三十六次双周协商座谈会，围绕“促进边境经济合作区建设”建言献策。杜青林、张庆黎副主席出席。万钢、陈元副主席，刘斌、刘晓榕、李小林、陈旗、邵琪伟、蒋作君常委和尹卓、许荣茂、李彬、李嵘、李克农、陈健、陈俊聪、周春玲、徐晓兰、蔡建国委员，专家学者于晓峰分别发言。商务部副部长王受文介绍有关情况，外交部副部长刘振民、国家发展改革委副主任胡祖才、国土资源部副部长王世元与委员们互动交流。机关领导班子成员仝广成、常荣军、刘佳义、周新建、刘家强，外事委员会主任潘云鹤，专委会驻会副主任凌振国、吕忠梅、吕虹、金学锋出席。

1日，俞正声主席在机关会见并宴请阿尔及利亚民族院议长本·萨拉赫。张庆黎副主席兼秘书长、经济委员会主任周伯华、民族和宗教委员会主任朱维群、副秘书长张秋俭、提案委员会副主任赖明、外事委员会副主任王胜洪、外交部部长助理钱洪山等参加。

1日，文史和学习委员会围绕“如何利用农业转基因技术发挥我国农业科技创新驱动作用”专题，组织委员会和新闻出版界部分在京委员赴中国农业科学院学习考察。陈晓光副主席，文史和学习委员会副主任孙庆聚、翟卫华、陈惠丰（驻会），外事委员会副主任王国庆等出席。农业部副部长、中国农业科学院院长李家洋等介绍情况。

3日，纪念中国人民抗日战争暨世界反法西斯战争胜利70周年大会在天安门广场举行。俞正声主席，贾庆林、李瑞环同志，杜青林、韩启德、董建华、万钢、林文漪、罗富和、何厚铧、张庆黎、李海峰、陈元、卢展工、王家瑞、王正伟、马飚、齐续春、陈晓光、马培华、刘晓峰、王钦敏副主席，王刚、杨汝岱、宋健、胡启立、赵南起、王忠禹、李贵鲜、罗豪才、郝建秀、徐匡迪、张怀西、李蒙、廖晖、白立忱、陈奎元、阿不来提·阿不都热西提、李兆焯、黄孟复、张梅颖、张榕明、钱运录、孙家正、李金华、郑万通、邓朴方、陈宗兴、王志珍同志，在京和港澳地区全国政协委员出席。

4日，李克强总理在人民大会堂会见阿尔及利亚民族院议长本·萨拉赫。张庆黎副主席兼秘书长，农业部部长韩长赋，外交部副部长张业遂、张明，国家发展改革委副主任何立峰，商务部副部长高燕，全国政协副秘书长张秋俭、外事委员会副主任王胜洪等参加。

4日，杜青林副主席在机关会见参加纪念中国人民抗日战争暨世界反法西斯战争胜利70周年和平祈祷法会的宗教界代表。齐续春副主席，张秋俭副秘书长，晓敏驻会副主任，中央统战部常务副部长张裔炯、国家宗教局副局长蒋坚永参加。中国佛教协会会长学诚、副会长嘉木样·洛桑久美·图丹却吉尼玛、祜巴龙庄勐、班禅额尔德尼·确吉杰布，中国道教协会会长李光富，中国天主教爱国会主席房兴耀，中国天主教主教团主席马英林，中国基督教三自爱国运动委员会主席傅先伟，中国伊斯兰教协会副会长兼秘书长郭承真等海峡两岸和港澳地区佛、道教代表人士参加。

5日，齐续春副主席在湖南怀化出席第五届中国芷江·国际和平文化节开幕式。

6日，张庆黎副主席兼秘书长主持召开政协第十二届全国委员会第四十次秘书长办公会议。主要议题为：一、审议政协十二届常委会第十三次会议议程（草案）和日程（草案）；二、审议关于举办纪念孙中山先生诞辰150周年活动的决定（草案）；三、审议政协全国委员会反映社情民意信息工作条例（修订草案）；四、审议政协全国委员会提案办理协商办法（草案）；五、审议政协全国委员会委员视察工作条例（修订草案）。机关领导班子成员仝广成、张秋俭、常荣军、刘佳义、周新建、刘家强、舒启明，专委会驻会副主任田杰、侯建民、凌振国、吕忠梅、吕虹、陈惠丰出席。办公厅研究室和各局级单位负责同志列席。

6日至8日，中共中央政治局常委、全国政协主席、中央代表团团长俞正声率团在西藏参加西藏自治区成立50周年庆祝活动。8日上午，俞正声主席出席庆祝大会并作重要讲话。中央书记处书记、全国政协副主席、中央代表团副团长杜青林、帕巴拉·格列朗杰全程参加各项会议、活动。

6日至11日，全国政协“特殊教育发展和管理情况”委员视察团赴内蒙古自治区进行视察。卢展工副主席率队。

6日至11日，经济委员会“推进财

税体制改革，防控地方债风险”专题组赴安徽开展监督性调研。彭小枫副主任任组长，董大胜、王永庆、项宗西副主任任副组长。

6日至12日，外事委员会“提升长江经济带开放型经济水平”考察组赴安徽、湖北、重庆考察。潘云鹤主任率队，王国庆、周文重、蔡武副主任和部分委员参加。

7日，李海峰副主席在机关会见美国方氏集团董事长方李邦琴、中国艺术家协会党委书记范晓伟、长江国际商会执行会长刘萌一行。

7日，王正伟副主席在人民大会堂会见应中国共产党邀请访华的多哥保卫共和联盟（联盟党）第二副主席卡塔里·富利—巴兹。

7日，全国政协副主席、中国—大洋洲友好协会副会长马培华在厦门出席首届中国—新西兰市长论坛及相关活动。该活动由中国人民对外友好协会与新西兰地方政府协会联合举办。

7日，全国政协副秘书长、中国经济社会理事会副主席张秋俭应邀赴上海出席由中国公共外交协会、上海市政协、上海公共外交协会、拉美各国驻沪总领馆共同主办的“合作共赢、共创未来——中国企业走进拉美”论坛。

7日至11日，社会和法制委员会“道路交通安全管理体制”专题组赴山东调研。季允石副主任任组长，宋育英、陈学亨副主任等参加。

7日至12日，教科文卫体委员会“加快发展体育产业，促进体育消费”专题组赴广西壮族自治区调研。段世杰、刘敬民副主任率队，体育界部分委员和有关专家参加。

8日，为贯彻落实习近平总书记有关重要讲话精神，人口资源环境委员会召开“提高全民科学素质　促进创新驱动发展”座谈会。马培华副主席出席并讲话，贾治邦主任主持。刘家强副秘书长，庄国荣、齐让、秦大河、李成玉、凌振国（驻会）副主任，何为荣常委和部分委员，有关民主党派中央和部门负责同志及专家学者等参加。农业部副部长于康震、中国科协书记处书记徐延豪及中组部、教育部、科技部等有关部门负责同志到会介绍情况并座谈。

8日至9日，中国人民政协理论研究会第二届理事会第二次常务理事会议暨2015年度人民政协理论研讨会在甘肃兰州召开。全国政协副主席兼秘书长、理论研究会会长张庆黎出席并讲话，甘肃省委书记、省人大常委会主任王三运到会讲话。甘肃省政协主席冯健身，中国人民政协理论研究会副会长陈惠丰、卞晋平、李昌鉴、李忠杰、张宏志、杨克勤、武寅，来自全国政协办公厅、各民主党派中央和全国工商联、省级和副省级城市政协的理论研究会54位常务理事、46位理事和部分专家学者代表参加。会议增补全国政协办公厅研究室主任舒启明为理论研究会副会长，沈北海、姜宏、刘开华为理论研究会常务理事；李君如等8位同志作大会交流发言。

8日至13日，教科文卫体委员会教师节慰问团赴四川凉山开展教师节慰问活动。张玉台主任率队，马德秀、李卫红副主任，部分委员及教育部、中国宋庆龄基金会等有关方面负责同志参加。

8日至17日，经济委员会“转基因农产品的机遇与风险”专题组赴西班牙、英国、法国考察访问。陈锡文副主任任团长。

9日，李海峰副主席在机关会见香港合兴集团总裁、中国侨商投资企业协会副会长洪明基一行。港澳台侨委员会驻会副主任吕虹参加。

9 日，人口资源环境委员会围绕“国家地理信息公共服务平台‘天地图’应用与发展”专题，组织部分委员赴国家测绘地理信息局参观学习。庄国荣、张基尧、钱冠林、徐德明、凌振国（驻会）副主任参加。国土资源部副部长、国家测绘地理信息局局长库热西·买合苏提介绍情况。

9 日至 11 日，中央政治局常委、中央代表团团长俞正声主席率主团在西藏拉萨和日喀则市开展看望、慰问、视察活动，中央代表团副团长帕巴拉·格列朗杰副主席参加。中央书记处书记、中央代表团副团长杜青林副主席率分团在林芝开展看望、慰问、视察活动。中央代表团成员、那曲分团副团长朱维群在那曲参加有关活动。

9 日至 18 日，民族和宗教委员会“少数民族传统医药的传承发展”专题组赴广西、贵州考察。白玛副主任率队，马铁山、王正福、晓敏（驻会）副主任，港澳台侨委员会副主任梁绮萍，十一届全国政协教科文卫体委员会副主任张文康等参加。

10 日，全国人大常委会委员长张德江在人民大会堂会见纳米比亚全国委员会主席卡佩雷。全国政协副秘书长张秋俭，外事委员会副主任王胜洪，外交部副部长程国平等参加。卡佩雷一行是应全国政协主席俞正声邀请于 7 日抵安徽开始访华的。

10 日至 14 日，港区全国政协委员“构建东部陆海丝绸之路经济带建设”考察团在黑龙江考察。董建华、李海峰副主席率队。伍淑清常委任团长，外事委员会副主任卢文端，教科文卫体委员会副主任霍震霆，社会和法制委员会副主任廖长城、谭耀宗，港澳台侨委员会副主任郭炎，文史和学习委员会副主任林淑仪，全国政协委员、中央政府驻香港中联办副主任黄兰发任副团长。港澳台侨委员会主任杨崇汇，副主任楼志豪、卢昌华参加。

10 日至 15 日，提案委员会“加强环卫工人权益保障”重点提案督办调研组赴内蒙古、上海调研。韩启德副主席率队，干以胜、傅克诚、田杰（驻会）副主任，部分委员会委员、提案人代表以及人力资源和社会保障部、住房城乡建设部有关负责同志参加。

10 日至 16 日，全国政协常委、全国台联党组书记梁国扬率台联界别委员在四川调研。港澳台侨委员会副主任华建参加。

10 日至 17 日，社会和法制委员会主任孟学农率代表团一行赴捷克、俄罗斯就“就业政策有关问题”进行调研。

11 日，张庆黎副主席兼秘书长代表俞正声主席在政协礼堂会见并宴请纳米比亚全国委员会主席卡佩雷。张秋俭副秘书长、外事委员会副主任王胜洪等参加。

11 日，刘晓峰副主席在四川成都出席第五届中国成都国际非物质文化遗产节开幕式。

13 日至 20 日，民族和宗教委员会主任朱维群率团赴澳大利亚、新西兰访问。

14 日，俞正声主席在人民大会堂会见应全国友协邀请访华的安提瓜和巴布达总督威廉斯。张秋俭副秘书长参加。

14 日，张庆黎副主席兼秘书长主持召开政协第十二届全国委员会第十四次秘书长会议，审议政协十二届常委会第十三次会议议程（草案）和日程（草案）、关于举办纪念孙中山先生诞辰 150 周年活动的决定（草案）、政协全国委员会反映社情民意信息工作条例（修订草案）、政协全国委员会提案办理协商办法（草案）、政协全国委员会委员视察工作条例（修订草案）。副秘书长黄志贤、张秋俭、何丕洁、徐辉、何维、邵鸿、邓宗良、常荣军、刘家强出席，机关党组成员仝广成、周新建、舒启明，专委会驻会副主任侯建民、凌振国、吕忠梅、晓敏、吕虹及办公厅有关室局负责同志列席。

14日，王钦敏副主席在人民大会堂会见应中联部邀请访华的、以塞尔维亚议会对华友好小组主席奥布拉多维奇为团长的塞议会对华友好小组干部考察团。

14日，社会和法制委员会“退役士兵就业创业有关问题”专题组赴中国退役士兵就业创业服务促进会调研。卢展工副主席率队，吕忠梅驻会副主任参加。

14日至18日，教科文卫体委员会与国家中医药管理局共同组成的“公立医院改革中如何发挥中医药的特色优势”专题组赴广东调研。黄洁夫副主任率队，全国政协委员、国家卫计委副主任、中医药局局长王国强参加。

14日至18日，教科文卫体委员会与中国科学技术协会联合组织委员、专家在四川省甘孜藏族自治州开展“送科技下基层”活动。陈小娅、程津培副主任率队。

15日，俞正声主席主持召开政协第十二届全国委员会第三十七次双周协商座谈会，围绕推进非公有制企业走出去建言献策。周小川、王钦敏副主席，孙荫环、李克穆、南存辉常委，王红、杨鸿生、宋兰、陈经纬、范集湘、郑跃文、胡克勤、袁亚非、徐钧健、黄淑和、谢商华委员和专家学者孙义为、陈峰、黄荣发言。商务部国际贸易谈判副代表张向晨介绍有关情况，国家发展改革委副主任、推进“一带一路”建设工作领导小组办公室副主任何立峰，外交部副部长李保东，海关总署副署长邹志武互动发言，与委员们协商交流。杜青林、张庆黎副主席，机关领导班子成员仝广成、常荣军、周新建、刘家强、舒启明，经济委员会主任周伯华，专委会驻会副主任侯建民、凌振国、吕虹出席。

15日，罗富和副主席在京出席由全国友协和瑞士驻华使馆共同举办的中国与瑞士建交65周年庆祝招待会。

15日，陈元副主席在广东珠海出席2015（第三届）两岸四地企业投资论坛开幕式。

15日至22日，中国经济社会理事会副主席王胜洪率代表团赴莫斯科出席经济社会理事会和类似组织国际协会第14次全体会议并访问亚美尼亚。

16日，李海峰副主席在机关会见香港各界妇女联合协进会访京团一行。访京团由原港区全国政协委员、香港各界妇女联合协进会主席林贝聿嘉任团长，港区全国政协常委伍淑清任名誉顾问。港澳台侨委员会主任杨崇汇、驻会副主任吕虹出席。

16日至17日，西部12省（区、市）政协文史资料工作联席会议在宁夏银川召开，交流政协文史资料工作经验，启动回族百年实录、藏族百年实录征编工作。宁夏回族自治区政协主席齐同生出席并致辞，全国政协文史和学习委员会副主任卞晋平出席并讲话。

16日至20日，社会和法制委员会“道路交通安全管理体制”专题组赴江西调研。季允石副主任任组长，宋育英、王新宪副主任任副组长。

16日至23日，人口资源环境委员会“农村环境污染治理问题”专题组赴浙江、河南调研。吴双战副主任率队，李成玉、张基尧、凌振国（驻会）副主任，部分委员及环境保护部、农业部有关负责同志参加。

17日，俞正声主席在政协礼堂会见并宴请印度尼西亚人民协商会议主席祖尔基弗利。张庆黎副主席兼秘书长、经济委员会主任周伯华、人口资源环境委员会副主任李成玉、张秋俭副秘书长、教科文卫体委员会副主任程津培、外事委员会副主任王国庆、文史和学习委员会副主任翟卫华、外交部部长助理钱洪山及印度尼西亚驻华大使苏更等参加。祖尔基弗利是应俞正声主席邀请于16日抵京访华的。

17日，李克强总理在京会见印度尼西亚人民协商会议主席祖尔基弗利。全国政协副主席兼秘书长张庆黎、人口资源环境委员会副主任李成玉、副秘书长张秋俭，外交部部长助理钱洪山及印尼驻华大使苏更等参加。

17日，俞正声主席在政协礼堂会见香港王宽城教育基金会访京团一行。中央统战部部长孙春兰，全国政协副主席、九三学社中央主席韩启德出席。

17日，卢展工副主席在四川绵阳出席第三届中国（绵阳）科技城国际科技博览会开幕式。

17日，王家瑞副主席在京与越南副总理阮春福共同出席中国越南经贸合作论坛并讲话。

17日至24日，人口资源环境委员会“国家地理信息公共服务平台‘天地图’应用与发展”专题组赴福建、湖北调研。徐德明副主任率队，庄国荣副主任参加。

18日，俞正声主席在人民大会堂会见并宴请津巴布韦参议长玛宗圭。张庆黎副主席兼秘书长、张秋俭副秘书长、社会和法制委员会副主任甄砚等参加。玛宗圭是应俞正声主席邀请于16日抵京访华的。

18日，全国人大常委会委员长张德江在人民大会堂会见津巴布韦参议长玛宗圭。张秋俭副秘书长，社会和法制委员会副主任甄砚等参加。

18日，齐续春副主席在湖北武汉出席2015中国（武汉）期刊交易博览会开幕式。

20日至24日，教科文卫体委员会“促进高校办出特色和水平”专题组赴吉林调研。李卫红、马德秀副主任带队。

21日，全国政协办公厅、中共中央统战部在人民大会堂举行纪念董寅初同志诞辰100周年座谈会。中共中央政治局常委、全国政协主席俞正声出席，中共中央政治局委员、中央统战部部长孙春兰讲话，中共中央书记处书记、全国政协副主席杜青林主持。全国政协副主席、致公党中央主席万钢，中国侨联主席林军，中共安徽省委副书记李国英分别发言。罗豪才同志，全国政协机关党组副书记仝广成，副秘书长蒋作君、黄志贤、张秋俭、林志敏、何丕洁、朱永新，中央纪委驻机关纪检组组长周新建，办公厅研究室主任舒启明，专委会驻会副主任田杰、吕忠梅、晓敏、吕虹；全国政协办公厅、中共中央统战部、中国侨联、各民主党派中央和全国工商联、安徽省等有关方面负责同志及董寅初同志亲属、生前好友和身边工作人员代表等约200人出席。

21日，俞正声主席在人民大会堂会见应中国共产党邀请访华的、以党团主席曼弗雷德·韦伯为团长的欧洲议会人民党党团代表团。张秋俭副秘书长参加。

21日，张庆黎副主席兼秘书长主持召开政协第十二届全国委员会第四十一次秘书长办公会议，研究全国政协办公厅所属社团有关工作。机关领导班子成员仝广成、张秋俭、邓宗良、常荣军、周新建、舒启明，专委会驻会副主任田杰、吕忠梅、晓敏、金学锋，办公厅有关室局负责同志参加。

21日至24日，经济委员会“大力发展中小银行”专题组赴重庆调研。褚平副主任任组长，闫冰竹、侯建民（驻会）、陈经纬副主任任副组长。

21日至25日，京昆室“戏曲非物质

文化遗产传承与保护情况”专题组在陕西考察。全国政协副主席、京昆室主任卢展工率队，刘家强、杨承志、吴江副主任，谭孝曾委员参加。

22日，全国政协办公厅、中共中央统战部在人民大会堂举行纪念丁光训主教诞辰100周年座谈会。中共中央政治局常委、全国政协主席俞正声出席，中共中央政治局委员、中央统战部部长孙春兰讲话，中共中央书记处书记、全国政协副主席杜青林主持。国家宗教事务局局长王作安，中国基督教三自爱国运动委员会主席傅先伟，中共江苏省委常委、省委宣传部部长王燕文分别发言。全国政协民族和宗教委员会主任朱维群，机关党组副书记仝广成，副秘书长蒋作君、张秋俭、邵鸿、常荣军，中央纪委驻机关纪检组组长周新建，办公厅研究室主任舒启明，专门委员会驻会副主任田杰、晓敏、吕虹；全国政协办公厅、中共中央统战部、国家宗教事务局、中国基督教“两会”、各民主党派中央和全国工商联、上海市、江苏省等有关方面负责同志及丁光训主教亲属、生前友好和身边工作人员代表等约200人出席。

22日，党组书记俞正声主持召开中共十二届全国政协党组第二十六次会议，主要议题为：观看沈浩同志先进典型事迹专题片；围绕“严以用权，真抓实干，实实在在谋事创业做人，树立忠诚、干净、担当的新形象”专题进行讨论发言。党组副书记杜青林，党组成员张庆黎、李海峰、陈元、卢展工、周小川、王家瑞、王正伟、马飚出席。全国政协机关党组副书记仝广成，党组成员张秋俭、常荣军、刘佳义、周新建、舒启明；专门委员会主任孙淦、周伯华、贾治邦、张玉台、孟学农、朱维群、杨崇汇列席。

23日，马飚副主席在京出席中国伊斯兰教协会2015年古尔邦节招待会。全国政协副秘书长、“中宗和”顾问张秋俭，民族和宗教委员会驻会副主任晓敏参加。

24日，俞正声主席主持召开政协第十二届全国委员会第三十八次双周协商座谈会，围绕“集中连片特困地区精准扶贫”建言献策。杜青林、张庆黎、马飚副主席出席。冉霞常委和王正福、计明南加、玉帕新、安纯人、苏华、杜鹰、杨玉成、张健、张周平、陈世强、范小建、姜刚杰、陶夏新、黄日波、蒋平安、霍学喜委员，专家学者黄承伟发言；国务院扶贫办主任刘永富介绍有关情况，国家发展改革委副主任何立峰、国家民委副主任罗黎明、财政部副部长胡静林作互动发言，与委员们协商交流。机关领导班子成员仝广成、常荣军、舒启明，民族和宗教委员会主任朱维群，专委会驻会副主任田杰、凌振国、晓敏出席。

24日，中国经济社会理事会副主席贾治邦率团赴印度尼西亚出席由理事会和中国驻东盟使团、印度尼西亚中华总商会等机构共同举办的“东盟经济共同体与中国—东盟产能合作高层论坛”。

25日，中共中央政治局常委、中央代表团团长俞正声主席率团赴乌鲁木齐，出席新疆维吾尔自治区成立60周年庆祝活动。中午，出席向新疆维吾尔自治区赠送纪念品仪式；下午，在乌鲁木齐市革命烈士陵园向人民英雄纪念碑敬献花篮，并参观乌鲁木齐烈士事迹陈列馆。中央代表团副团长张庆黎、王正伟副主席等参加。

26日至29日，中共中央政治局常委、中央代表团团长俞正声主席率团先后在喀什地区、克孜勒苏柯尔克孜自治州、阿勒泰地区开展看望、慰问、视察等活动，中央代表团副团长王正伟副主席等参加。中央代表团副团长张庆黎副主席兼秘书长率四分团先后在博尔塔拉蒙古自治州、塔城地区、克拉玛依市开展看望、慰问、视察等活动。

28 日，万钢副主席在京会见应全国友协邀请访华的澳大利亚昆士兰州州长白乐琪。

28 日至 29 日，文史和学习委员会“非物质文化遗产传承与保护”专题组在京调研。刘晓峰副主席率队，龙新民、孙庆聚副主任，张海涛常委等参加。

29 日，全国政协办公厅、中共中央统战部、国务院侨办、国务院港澳办、国务院台办在人民大会堂举行 2015 年国庆招待会。中共中央政治局常委、中央书记处书记刘云山致辞，中共中央书记处书记、全国政协副主席杜青林主持。全国政协副主席韩启德、万钢、林文漪、罗富和、李海峰、陈元、卢展工、马飚、齐续春、陈晓光、马培华出席。全国政协机关领导班子成员仝广成、张秋俭、周新建、刘家强；港澳台侨委员会主任杨崇汇，副主任杨衍银、喻林祥、陈丽华、楼志豪、赵阳、卢昌华、吕虹（驻会）；专委会驻会副主任侯建民、凌振国、吕忠梅，副主任王国卿、石军、王胜洪，委员马健、顾伯平等出席。

29 日，韩启德副主席在机关会见蒙古国大呼拉尔安全与对外政策常设委员会主席恩赫巴亚尔率领的代表团。该代表团是应全国政协外事委员会邀请访华的。

30 日，国务院在人民大会堂举行 2015 年国庆招待会。杜青林、韩启德、万钢、林文漪、罗富和、李海峰、陈元、卢展工、周小川、王家瑞、马飚、齐续春、陈晓光、马培华副主席，王刚、宋健、孙孚凌、胡启立、赵南起、王忠禹、李贵鲜、罗豪才、张克辉、郝建秀、张怀西、李蒙、白立忱、张梅颖、张榕明、孙家正、李金华、郑万通、陈宗兴同志出席。张秋俭副秘书长，外事委员会主任潘云鹤参加。

10月

8 日，俞正声主席主持召开政协第十二届全国委员会第三十九次双周协商座谈会，围绕“转基因农产品的机遇与风险”建言献策。杜青林、韩启德、张庆黎、陈元副主席出席。李崴、陈章良、陈锡文、武维华常委，万建民、方荣祥、史贻云、伍跃时、肖新月、张德兴、崔永元、彭于发、薛亮委员和专家学者马荣才、张勇飞、黄大昉发言。农业部副部长张桃林介绍有关情况，科技部副部长张来武、国家食品药品监管总局副局长滕佳材与委员们互动交流。经济委员会主任周伯华，机关领导班子成员仝广成、邓宗良、常荣军、刘家强、舒启明，专委会驻会副主任侯建民、凌振国出席。

9 日，俞正声主席主持召开政协第十二届全国委员会第三十五次主席会议，审议政协十二届常委会第十三次会议议程（草案）和日程（草案）、政协全国委员会反映社情民意信息工作条例（修订草案）、政协全国委员会提案办理协商办法（草案）、政协全国委员会视察工作条例（修订草案）等事项。杜青林、韩启德、万钢、罗富和、张庆黎、李海峰、陈元、卢展工、周小川、王正伟、马飚、齐续春、陈晓光、马培华、刘晓峰、王钦敏副主席出席。全国政协副秘书长，机关党组成员，各专委会负责人，第十三次常委会议各工作组负责人和机关有关室局负责人列席。

9 日至 11 日，杜青林副主席赴新疆调研。

9 日至 15 日，教科文卫体委员会“台湾工业技术研究院管理模式及运行机制”交流参访团赴台参访。张玉台主任任团长，陈小娅、程津培副主任参加。

9日至15日，民族和宗教委员会“积极引导宗教与社会主义社会相适应”专题组赴山西、湖南调研。朱维群主任率队，马英林、王学仁、白玛、任法融、晓敏（驻会）副主任参加。

10日至14日，教科文卫体委员会组织部分文化艺术界委员及文艺工作者，赴河北省革命老区考察基层公共文化建设并开展送文化下基层活动。卢展工副主席率队，胡振民副主任参加。

10日至16日，提案委员会“支持云南发挥先导作用，推进孟中印缅经济走廊建设”重点提案督办调查组在云南调研。李海峰副主席率队，孙淦主任任组长，王国卿副主任任副组长。

10日至17日，外事委员会代表团应芬兰议会外事委员会、哈萨克斯坦议会下院外事委员会邀请，赴芬兰和哈萨克斯坦进行友好访问。王国庆副主任率队，金学锋驻会副主任参加。

11日，俞正声主席在政协礼堂观看云南丽江民族孤儿学校演出大型儿童歌舞诗《蓝月谷》。全国人大常委会副委员长、全国妇联主席沈跃跃，全国政协副主席兼秘书长张庆黎出席。全国政协机关领导班子成员仝广成、张秋俭、邓宗良、常荣军、周新建、舒启明，教科文卫体委员会副主任黄洁夫，专委会驻会副主任田杰、侯建民、凌振国、吕忠梅、吕虹，全国妇联党组书记、副主席宋秀岩，全国妇联副主席赵东花，部分参加过全国政协教科文卫体委员会“卫生三下乡”活动的医卫界委员等参加。演出前，俞正声主席接见部分医卫界委员及参演师生代表。

11日至16日，以港澳台侨委员会主任、中国河洛文化研究会会长杨崇汇为团长，提案委员会副主任干以胜和河南省政协副主席、中国河洛文化研究会常务副会长邓永俭为副团长的中国河洛文化研究会交流参访团一行，应台湾中华侨联总会理事长简汉生邀请赴台湾交流参访。13日至14日，以“河洛文化与台湾”为主题的第十三届河洛文化学术研讨会在台湾新北市举行。简汉生、邓永俭分别主持开幕会与闭幕会，杨崇汇和台湾海峡交流基金会原董事长江丙坤、台湾“立法院”原副院长饶颖奇出席开幕会并致辞，来自海峡两岸、香港及美国、韩国的专家150余人参加。

12日，张庆黎副主席兼秘书长主持召开政协第十二届全国委员会第四十二次秘书长办公会议，研究政协全国委员会提案办理协商办法（草案）。机关领导班子成员仝广成、张秋俭、邓宗良、常荣军、周新建、舒启明，专委会驻会副主任田杰、侯建民、凌振国、吕忠梅、吕虹出席。办公厅有关室局负责同志列席。

12日，王钦敏副主席在机关会见并宴请柬埔寨参议院第二副主席迪翁。人口资源环境委员会主任贾治邦、副秘书长张秋俭、外事委员会副主任王胜洪等参加。迪翁一行应全国政协邀请于11日开始访华。

12日，“中宗和”与来访的“韩宗和”代表团在机关举行工作会谈，并续签《双边交流机制协议》。“中宗和”秘书长学诚、“韩宗和”秘书长金光俊及“中宗和”秘书处负责同志参加。“韩宗和”代表团应“中宗和”邀请于12日开始访华。

12日至14日，教科文卫体委员会“仿制药的质量问题与对策”专题组赴上海调研。蔡威副主任率队，马德秀副主任参加。

12日至16日，经济委员会“大力发展中小银行”专题组赴广东调研。闫冰竹副主任率队，陈经纬、侯建民（驻会）副主任等参加。

13日，俞正声主席在政协礼堂会见

柬埔寨参议院第二副主席迪翁。张庆黎副主席兼秘书长出席，人口资源环境委员会主任贾治邦、副秘书长张秋俭、外事委员会副主任王胜洪等参加。

13 日，陈元副主席在人民大会堂出席“纪念北京世妇会 20 周年　深入贯彻男女平等基本国策大会”。

13 日，王正伟副主席在京出席全国友协主办的中国—加拿大建交 45 周年招待会。张秋俭副秘书长参加。

13 日，全国政协副主席、中国人民争取和平与裁军协会副会长马飚在人民大会堂会见越南和平委员会副主席兼秘书长阮氏黄云一行。

15 日，全国政协人口资源环境委员会在京召开第八届中国人口资源环境发展态势分析会。杜青林副主席出席，马培华副主席讲话。国家发展改革委、教育部、国土资源部、环境保护部、文化部、国家林业局、国家海洋局等有关部委负责同志，部分全国政协委员、地方政协有关负责同志及专家学者围绕“推进生态文化、海洋文化建设”议题建言献策。人口资源环境委员会副主任周生贤主持，副主任齐让、江泽慧、李成玉、吴双战、凌振国（驻会）出席。

16 日，中国经济社会理事会与天津市政协在天津联合举办“2015 年中国经济社会论坛——创新驱动与新经济增长点的培育”，理事会主席杜青林出席并讲话，中共天津市委代理书记、市长黄兴国致辞。理事会副主席张玉台、吉林、张秋俭分别主持第一专题、第二专题及闭幕会，副主席周伯华作会议总结。

17 日，马培华副主席在广东出席全国友协与澳大利亚中国友好交流协会共同举办的“从都国际论坛”开幕式并致辞。

19 日，经济委员会在政协礼堂召开 2015 年三季度宏观经济形势分析座谈会。杜青林、王钦敏副主席出席，周伯华主任主持，机关领导班子成员仝广成、周新建、舒启明，副主任王永庆、闫冰竹、李毅中、陈锡文、岳福洪、项宗西、彭小枫、董大胜、侯建民（驻会）、吴新雄等约 70 人参加。

19 日至 28 日，人口资源环境委员会“建设工程质量问题与对策”专题组赴上海、重庆、陕西调研。李成玉副主任任组长，陶武先、凌振国（驻会）副主任任副组长。

20 日，党组书记俞正声主持召开中共十二届全国政协党组第二十七次会议，审议中共政协全国委员会党组工作规则（稿）、中共政协全国委员会机关党组工作规则（稿）和中共政协全国委员会各专门委员会分党组工作规则（稿）。党组副书记杜青林，党组成员张庆黎、李海峰、陈元、卢展工、周小川、王家瑞、王正伟、马飚出席。全国政协机关党组成员仝广成、张秋俭、常荣军、周新建、舒启明，专门委员会主任孙淦、周伯华、贾治邦、张玉台、孟学农、朱维群、杨崇汇，副主任金学锋（驻会）、卞晋平列席。

20 日，俞正声主席在政协礼堂会见越南祖国阵线中央委员会副主席裴氏清。张庆黎副主席兼秘书长、张秋俭副秘书长等参加。裴氏清一行应全国政协邀请于 19 日下午抵京开始访华。

20 日，马飚副主席在政协礼堂主持与裴氏清会谈并举行欢迎宴会。外事委员会副主任王胜洪等参加。

20 日，李海峰副主席在机关会见中国侨商投资企业协会副会长、福耀集团董事长曹德旺一行。

21 日，张庆黎副主席兼秘书长，李海峰副主席在政协礼堂与 2015 年全国政协海外列席侨胞回国考察团一行餐叙并讲话。港澳台侨委员会主任杨崇汇等出席。

15日至21日，应全国政协办公厅邀请，来自12个国家的21名曾经列席全国政协全体会议的海外侨胞回国在贵州参观考察。

22日，俞正声主席主持召开政协第十二届全国委员会第四十次双周协商座谈会，围绕“规范城管执法行为”建言献策。张庆黎、卢展工、陈晓光副主席出席。甘霖、朱孝清、刘新文、刘慕仁、陈冀平常委，王长江、王彬成、王蒕荣、朱专兴、李卫东、何香久、汪鸿雁、栗甲、唐一军、揭新民、蔡建国委员和专家学者应松年、熊文钊发言。住房城乡建设部部长陈政高介绍有关情况，中央编办副主任何建中、国务院法制办副主任袁曙宏与委员们互动交流。社会和法制委员会主任孟学农，机关领导班子成员仝广成、邓宗良、常荣军、周新建、刘家强、舒启明，专委会驻会副主任田杰、吕忠梅、晓敏、吕虹，住房城乡建设部副部长陆克华出席。

22日至29日，文史和学习委员会“大运河申遗成功后的保护和利用”专题组赴江苏、山东调研。陈光林、周国富副主任任组长，卞晋平、孙庆聚、翟卫华副主任等参加。

23日，俞正声主席在人民大会堂出席纪念台湾光复70周年大会并讲话，林文漪副主席发言。杜青林、韩启德、万钢、罗富和、张庆黎、齐续春、陈晓光、马培华、刘晓峰、王钦敏副主席出席。

23日，俞正声主席在京会见出席第十一届“北京—东京论坛”的日方主要代表。张秋俭副秘书长参加。论坛由中国外文出版发行事业局主办。

23日，俞正声主席在京会见并宴请清华大学经济管理学院顾问委员会海外委员。国务院副总理刘延东、马凯，全国政协副主席陈元、副秘书长张秋俭参加。

23日，李海峰副主席在京会见美国联邦政府前劳工部部长赵小兰及美国福茂航运公司董事长赵锡成、副董事长赵安吉一行。

25日，张庆黎、李海峰副主席在政协礼堂会见香港金融发展协会“金融行业中国国情研修班”学员。港澳台侨委员会主任杨崇汇、驻会副主任吕虹参加。

26日，俞正声主席在人民大会堂会见应国家主席习近平邀请访华的荷兰国王威廉—亚历山大。张秋俭副秘书长参加。

26日，经济委员会“促进快递业走出去”专题组赴中国快递协会及顺丰速运等快递公司考察。王钦敏副主席率队。周伯华主任，石军、李克农副主任参加。

26日至29日，教科文卫体委员会“推进安宁疗护发展”专题组赴上海、浙江调研。韩启德副主席率队。张秋俭副秘书长，黄洁夫、刘敬民副主任参加。

26日至30日，提案委员会在香港、澳门分别召开港、澳全国政协委员提案工作座谈会，孙淦主任、徐辉副主任出席。香港中联办副主任殷晓静、澳门中联办副主任姚坚分别出席。期间拜会何厚铧副主席，看望住香港、澳门特区全国政协提案委员会委员，与中央人民政府驻香港、驻澳门联络办公室有关领导及香港友好协进会、港区省级政协委员联谊会、香港中华厂商联合会等座谈。

26日至31日，社会和法制委员会“促进家政服务业发展”专题组赴甘肃调研。甄砚副主任任组长，吕忠梅驻会副主任、港澳台侨委员会副主任杨衍银参加。

29日至11月2日，教科文卫体委员会组织部分体育界委员及体育工作者，赴贵州省考察群众体育健身设施并开展送体育下基层活动。段世杰、刘敬民副主任率队。

30日，全国政协办公厅、中共中央

统战部在人民大会堂举行纪念卢嘉锡同志诞辰 100 周年座谈会。中共中央政治局常委、全国政协主席俞正声出席，中共中央政治局委员、中央统战部部长孙春兰讲话，中共中央书记处书记、全国政协副主席杜青林主持。全国人大常委会副委员长、农工党中央主席陈竺，中国科学院院长白春礼，中共福建省委副书记于伟国分别发言。全国政协机关党组副书记仝广成，副秘书长张秋俭、林智敏、何维、邵鸿、常荣军、刘家强，中央纪委驻机关纪检组组长周新建，专委会驻会副主任凌振国、晓敏、吕虹、金学锋；全国政协办公厅、中共中央统战部、中国科学院、各民主党派中央和全国工商联、福建省等有关方面负责同志，卢嘉锡同志亲属、生前友好和身边工作人员代表等约 200 人出席座谈会。

30 日，党组书记俞正声主持召开中共十二届全国政协党组第二十八次会议，学习讨论中国共产党第十八届中央委员会第五次全体会议精神；学习讨论《中国共产党廉洁自律准则》和《中国共产党纪律处分条例》。党组副书记杜青林，党组成员李海峰、陈元、卢展工、马飚出席并发言。全国政协机关党组成员仝广成、舒启明列席。

30 日，王钦敏副主席在京出席第二届中国与中东欧青年政治家论坛开幕式相关活动。该论坛由中联部主办、团中央协办。

11 月

2 日，全国政协副主席、中国经济社会理事会主席杜青林在机关会见台湾非营利组织代表大陆交流团一行，理事会副主席张秋俭参加。会见后，理事会与交流团就“深化两岸民间交流暨商讨中国经济社会理事会与台相关机构未来三年交流合作框架性规划”座谈，理事会副主席杨崇汇主持并讲话。

2 日，李海峰副主席在机关会见香港义工联盟访京团一行，港澳台侨委员会主任杨崇汇、委员会委员马健陪同。

4 日，中共中央政治局常委、全国政协主席俞正声在南京出席 2015 两岸企业家紫金山峰会大会并致辞。

5 日，俞正声主席主持召开政协第十二届全国委员会第四十一次双周协商座谈会，围绕“促进高校办出特色和水平”建言献策。杜青林、张庆黎、卢展工、陈晓光副主席出席。陈群、赵雨森、贾庆国、徐辉、曹卫星、温思美常委，马德秀、王俊峰、成岳冲、朱和平、刘长庚、刘建平、杜惠平、李卫红、张道宏、郝际平、姜耀东、娄源功委员和专家学者瞿振元发言。教育部副部长杜占元介绍有关情况，国家发展改革委副主任王晓涛、财政部副部长余蔚平与委员们互动交流。教科文卫体委员会主任张玉台，机关领导班子成员仝广成、张秋俭、常荣军、刘家强、舒启明，驻会副主任田杰、金学锋出席。

6 日，政协第十二届全国委员会常务委员会第十三次会议开幕会在常委会议厅举行。俞正声主席主持。主要议题为：审议通过政协第十二届全国委员会常务委员会第十三次会议议程；听取中共中央政治局常委、国务院总理李克强关于中共十八届五中全会情况和精神的报告。杜青林、韩启德、董建华、万钢、林文漪、罗富和、何厚铧、张庆黎、李海峰、陈元、卢展工、周小川、王正伟、马飚、齐续春、陈晓光、马培华、刘晓峰、王钦敏副主席和常委共 277 人出席。中共中央办公厅、国务院办公厅、国务院研究室，不是常委的地方政协负责同志，全国政协副秘书长、机关党组成员、各专门委员会负责同志，中央统战部副部长，社会主义学院副院长，信息特邀委员列席。

6日，俞正声主席主持召开政协第十二届全国委员会第三十六次主席会议，审议中国人民政治协商会议第十二届全国委员会委员增补名单（草案）、中国人民政治协商会议第十二届全国委员会专门委员会副主任增补名单（草案）等。杜青林、韩启德、董建华、万钢、林文滴、罗富和、何厚铧、张庆黎、李海峰、陈元、卢展工、周小川、王正伟、马飚、齐续春、陈晓光、马培华、刘晓峰、王钦敏副主席出席。全国政协副秘书长、机关党组成员，各专委会负责同志，第十三次常委会议有关工作组负责人列席。

6日，齐续春副主席在京出席全国友协主办的庆祝中国与萨摩亚建交40周年招待会。

7日，政协第十二届全国委员会常务委员会第十三次会议第二次全体会议在常委会议厅举行。俞正声主席出席，马培华副主席主持。朱之鑫、田惠光、欧阳明高、李说、朱永新、焦红、程津培、武维华、郑建闽、李卫华、厉以宁、徐一天、郑惠强、林毅夫14位常委先后作大会口头发言。会议分别听取关于举办纪念孙中山先生诞辰150周年活动的决定、政协第十二届全国委员会委员增补名单、政协第十二届全国委员会专门委员会副主任增补名单等文件草案的说明。杜青林、韩启德、万钢、林文滴、罗富和、何厚铧、张庆黎、李海峰、陈元、卢展工、周小川、王正伟、马飚、陈晓光、刘晓峰、王钦敏副主席和常委共267人出席。中共中央办公厅、国务院办公厅，不是常委的地方政协负责同志，全国政协副秘书长、机关党组成员、各专门委员会负责人，中央统战部副部长，社会主义学院副院长，信息特邀委员列席。

7日，俞正声主席主持召开政协第十二届全国委员会第三十七次主席会议，听取政协第十二届全国委员会常务委员会第十三次会议各小组讨论情况的汇报。杜青林、韩启德、万钢、林文滴、罗富和、何厚铧、张庆黎、李海峰、陈元、卢展工、周小川、王正伟、马飚、齐续春、陈晓光、马培华、刘晓峰、王钦敏副主席出席。全国政协副秘书长、机关党组成员、各专委会负责同志，政协十二届常委会第十三次会议各小组召集人及各工作组负责同志列席。

8日，政协第十二届全国委员会常务委员会第十三次会议举行闭幕会。俞正声主席主持并作重要讲话。会议通过关于举办纪念孙中山先生诞辰150周年活动的决定、政协第十二届全国委员会委员增补名单和专门委员会副主任增补名单。杜青林、韩启德、董建华、万钢、林文滴、罗富和、何厚铧、张庆黎、李海峰、陈元、卢展工、周小川、王家瑞、王正伟、马飚、齐续春、陈晓光、马培华、刘晓峰、王钦敏副主席和常委共278人出席。中共中央办公厅、国务院办公厅，不是常委的地方政协负责同志，全国政协副秘书长、机关党组成员、各专门委员会负责同志，中央统战部副部长，中央社会主义学院副院长，信息特邀委员列席。

8日，政协十二届常委会第十次学习讲座在常委会议厅举行。工业和信息化部部长、国家制造强国建设领导小组副组长苗圩作题为“世界制造业发展趋势和我国装备制造业状况”的讲座。俞正声主席主持，杜青林、韩启德、董建华、万钢、林文滴、罗富和、何厚铧、张庆黎、李海峰、陈元、卢展工、周小川、王家瑞、王正伟、马飚、齐续春、陈晓光、马培华、刘晓峰、王钦敏副主席出席。

9日，张庆黎副主席兼秘书长主持召

开政协第十二届全国委员会第四十四次秘书长办公会议，审议政协全国委员会委员视察、考察工作条例（修订草案）、政协全国委员会委员履职工作规则（试行）（草案）等事项。机关领导班子成员仝广成、常荣军、舒启明，专委会驻会副主任田杰、侯建民、凌振国、吕忠梅、晓敏、吕虹、金学锋出席。办公厅各室局负责同志列席。

9日，全国政协副主席、书画室主任马飚在政协礼堂出席由台盟中央、全国政协港澳台侨委员会、全国政协书画室主办，中国政协杂志社等承办的“两岸一家亲 共圆中国梦——两岸四地书画艺术交流展”开幕式并参观展览。全国政协副主席刘晓峰参观展览。港澳台侨委员会主任杨崇汇，全国政协副秘书长、台盟中央常务副主席黄志贤，书画室副主任苏士澍、刘大为和港澳台书画艺术家代表分别致辞。港澳台侨委员会驻会副主任吕虹主持。

9日至13日，“特殊教育发展和管理”委员视察团赴重庆视察。齐续春副主席任团长，朱永新、邓宗良副秘书长任副团长。

9日至16日，应港澳台侨委员会邀请，由董事长李钟桂任团长的台湾中国青年大陆研究文教基金会交流参访团一行赴湖南参访。

9日至18日，杜青林副主席赴捷克出席2015“中国投资论坛”，并访问捷克、克罗地亚和德国。刘家强副秘书长陪同。

10日，教科文卫体委员会主任张玉台率队赴天津大学开展“促进高校办出特色和水平”考察。张秋俭副秘书长，马德秀、李卫红副主任和部分教育、科技、体育等界别委员参加。

10日至19日，应摩洛哥阿马杜斯学会、世界和平理事会邀请，全国政协副主席、中国人民争取和平与裁军协会副会长马飚率和裁会代表团访问摩洛哥、希腊并过境西班牙。全国政协常委、中国文联副主席覃志刚等参加。

11日，周小川副主席在京出席安哥拉驻华使馆举办的庆祝安哥拉独立40周年招待会。

11日至13日，全国政协暨地方政协经济（农业）委员会工作会议在贵州毕节召开。王钦敏副主席，经济委员会主任周伯华，副主任石军、刘明康、李克农、李毅中、陈锡文、岳福洪、侯建民（驻会）、吴新雄，全国政协常委厉以宁，委员会部分委员和各省（自治区、直辖市）政协经济（农业）委员会负责同志出席。

12日，全国政协在北京中山公园中山堂举行孙中山先生诞辰149周年纪念仪式。周小川副主席主持纪念仪式，陈元副主席代表政协全国委员会，民革中央主席万鄂湘代表民革中央，中共中央统战部副部长冉万祥代表中共中央统战部，北京市副市长王宁代表北京市人民政府分别向孙中山先生像敬献花篮。齐续春、刘晓峰副主席，全国政协副秘书长黄志贤、常荣军，港澳台侨委员会主任杨崇汇、驻会副主任吕虹，部分在京全国政协常委、委员和有关方面代表人士出席。

12日，经济委员会和贵州省政协共同主办的贫困地区可持续发展理论与实践研讨会在贵州毕节召开。王钦敏副主席出席并讲话，经济委员会主任周伯华、贵州省副省长刘远坤致辞，贵州省政协副主席李汉宇主持。厉以宁、陈锡文、范小建和有关部委代表、地方代表、专家学者等发言。经济委员会副主任石军、李克农、李毅中、侯建民（驻会）、吴新雄，部分全国政协委员，有关部委代表，各省（自治区、直辖市）政协经济（农业）委员会代表和贵州省、毕节市代表共100余人参加。

13日，党组书记俞正声主持召开中共十二届全国政协党组第二十九次会议，研究全国政协2016年协商议题建议，审议中共政协第十二届全国委员会各专门委员会分党组组建方案（草案）。党组成员张庆黎、李海峰、陈元、卢展工、王家瑞、王正伟出席。机关党组成员仝广成、常荣军、舒启明列席。

16日，全国人大常委会委员长张德江在人民大会堂会见巴基斯坦参议院主席拉巴尼。全国政协副秘书长张秋俭，社会和法制委员会委员杨振江等参加。拉巴尼应全国政协主席俞正声邀请于16日上午抵京访华。

16日，张庆黎副主席兼秘书长主持召开政协第十二届全国委员会第四十五次秘书长办公会议，传达中央有关文件精神，审议政协全国委员会委员视察、考察工作条例（修订草案）和委员履职工作规则（试行）（草案），研究理论研究会工作经费规范管理的有关事项和理论研究会秘书处聘用人员工资方案（草案）。机关领导班子成员仝广成、张秋俭、邓宗良、常荣军、刘佳义、周新建、舒启明，专委会驻会副主任田杰、侯建民、凌振国、吕忠梅、晓敏、吕虹、金学锋出席。办公厅各室局主要负责同志列席。

16日至18日，俞正声主席在湖南湘西土家族苗族自治州就民族地区扶贫开发工作进行考察调研。经济委员会主任周伯华、民族和宗教委员会主任朱维群等参加。

16日至20日，应国家教育咨询委员会邀请，教科文卫体委员会主任、国家教育咨询委员会创新人才培养模式改革组组长张玉台率部分教育界政协委员赴安徽、浙江开展创新人才培养模式改革专题调研。

16日至22日，全国政协“推进基础设施建设军民融合深度发展”军队委员考察团赴山东考察。陈元副主席任团长，张秋俭副秘书长、港澳台侨委员会副主任侯树森任副团长。此次考察活动由全国政协办公厅和总政治部联合组织。

17日，王正伟副主席在政协礼堂会见并便宴巴基斯坦参议院主席拉巴尼。经济委员会驻会副主任侯建民、全国政协委员杨振江等参加。

17日，全国政协副主席、中国国际交流协会副会长齐续春在政协礼堂会见日本一般财团法人霞山会理事长池田维一行。

17日至26日，李海峰副主席率全国政协代表团，应我驻阿联酋、柬埔寨和日本三国大使馆邀请，赴上述三国看望慰问侨胞，了解侨情并听取海外侨胞对国家侨务工作的意见建议。全国政协常委彭小枫、港澳台侨委员会驻会副主任吕虹等参加。

18日，张庆黎副主席兼秘书长主持召开专门委员会主任驻会副主任座谈会，研究全国政协2016年协商议题建议。专门委员会主任孙淦、贾治邦、孟学农、杨崇汇，副主任李毅中、刘敬民、马铁山、蔡武、卞晋平，驻会副主任田杰、侯建民、凌振国、吕忠梅、晓敏、金学锋出席。机关领导班子成员仝广成、张秋俭、常荣军、舒启明，办公厅有关室局负责同志参加。

19日，俞正声主席主持召开政协第十二届全国委员会第四十二次双周协商座谈会，围绕“非物质文化遗产传承与保护”建言献策。杜青林、罗富和、张庆黎副主席出席。龙新民、冯骥才、朱永新常委，王文章、王旭东、田青、刘兰芳、李延声、杨承志、励小捷、何星亮、郑福田、单霁翔、高云、高培芬委员和专家学者邓丽丽、李选生、陈四光发言。文化部副部长项兆伦介绍有关情况，教育部副部长刘利民、财政部副部长余蔚平、住房城乡建设部总经济师赵晖与委员们互动交流。文史和学习委员会主任王太华，机关领导班子成员仝广成、常荣军、刘佳义、舒启明，驻会副主任田杰、凌振国、晓敏出席。

19 日，张庆黎副主席兼秘书长主持召开政协第十二届全国委员会第四十六次秘书长办公会议，研究全国政协 2016 年协商议题建议。机关领导班子成员仝广成、张秋俭、邓宗良、常荣军、刘佳义、周新建、舒启明，专委会驻会副主任侯建民、凌振国、吕忠梅、晓敏、金学锋出席。办公厅研究室和有关局级单位负责同志列席。

20 日，俞正声主席在人民大会堂会见并宴请巴基斯坦参议院主席拉巴尼。张庆黎副主席兼秘书长、张秋俭副秘书长、外事委员会副主任王国庆、社会和法制委员会委员杨振江等参加。

20 日，在京全国政协委员学习报告会暨政协机关干部系列学习讲座在机关举办。全国政协副主席、中央统战部副部长、国家民族事务委员会主任王正伟主讲“我国的民族政策和民族工作”，文史和学习委员会主任王太华主持。机关领导班子成员，部分专委会主任、驻会副主任，在京全国政协委员，各民主党派中央和全国工商联有关负责同志及全国政协机关干部等 700 余人参加。

21 日至 23 日，以“中宗和”副主席、中国伊斯兰教协会副会长兼秘书长郭承真为团长的“中宗和”代表团在韩国出席东北亚和平国际研讨会。

23 日，张庆黎副主席兼秘书长主持召开政协十二届全国委员会第十五次秘书长会议，研究全国政协 2016 年协商议题建议，审议政协全国委员会委员视察考察工作条例（修订草案）和委员履职工作规则（试行）（草案），通报全国政协近期重点工作情况。副秘书长蒋作君、黄志贤、张秋俭、何丕洁、徐辉、何维、邵鸿、邓宗良、常荣军、刘佳义、刘家强出席。机关党组成员仝广成、周新建、舒启明，专委会驻会副主任田杰、侯建民、吕忠梅、晓敏、金学锋，办公厅有关室局负责同志列席。

23 日至 27 日，文史和学习委员会“加强和改进学习工作”专题组赴上海、福建调研。王太华主任任组长，卞晋平、孙庆聚、闵维方、陈光林副主任参加。

24 日，教科文卫体委员会“推进安宁疗护发展”专题组在北京调研。韩启德副主席率队，张秋俭副秘书长、刘敬民副主任参加。

24 日，人口资源环境委员会与国家林业局、安徽省人民政府、经济日报社联合主办的 2015 森林城市建设座谈会在安徽宣城召开。关注森林活动组委会主任王刚出席并讲话。人口资源环境委员会主任贾治邦，副主任江泽慧、凌振国（驻会），社会和法制委员会副主任张世平和各主办单位负责同志出席。

24 日至 30 日，应斯里兰卡议会议长卡鲁和马尔代夫人民议会议长玛斯赫邀请，陈晓光副主席率全国政协代表团赴上述两国进行友好访问。经济委员会驻会副主任侯建民、西藏自治区政协副主席参木群、青海省政协副主席马志伟陪同。

25 日，民族和宗教委员会主任朱维群主持召开少数民族界委员反映社情民意座谈会，围绕“深入贯彻中共十八届五中全会精神、加快民族地区经济社会发展、促进各民族交往交流交融、做好全国政协民宗委工作”建言献策。杜鹰、晓敏（驻会）副主任参加。

26 日，王正伟副主席在政协礼堂会

见应中国伊斯兰教协会邀请访华的俄罗斯穆夫提委员会主席盖努特金。

26日，民族和宗教委员会主任朱维群主持召开宗教界委员反映社情民意座谈会，围绕“深入贯彻中共十八届五中全会精神，当前宗教领域面临的一些重要情况、存在问题及如何进一步做好宗教工作”建言献策。晓敏驻会副主任和部分宗教界委员、委员会委员参加。

26日至27日，教科文卫体委员会在湖南长沙召开全国政协暨地方政协教科文卫体委员会工作座谈会。张玉台主任、胡振民副主任分别在开幕会和闭幕会上讲话。马德秀、王全书、刘敬民、李卫红、陈小娅、段世杰、高敬德、程津培、霍震霆副主任，各省区市及副省级市政协教科文卫体委员会负责同志参加。

26日至28日，应香港中华总商会邀请，李海峰副主席在香港出席该会115周年庆典。在港期间，李海峰副主席看望董建华副主席，走访香港中联办和香港友好协进会等爱国爱港社团，并与部分港区全国政协委员座谈交流。经济委员会副主任彭小枫、港澳台侨委员会驻会副主任吕虹陪同。

26日至28日，提案委员会“大力支持广西在贫困地区发展旅游业”跟踪督办调研组赴广西调研，马飚副主席率队。孙淦主任，干以胜、王国卿、李宏、傅克诚、田杰（驻会）副主任，委员会委员代表，住房城乡建设部、交通运输部、国家旅游局、国务院扶贫办有关部门负责同志参加。

27日，经济委员会“加快推进品牌建设”专题组在北京调研并召开座谈会。王钦敏副主席出席座谈会并讲话。周伯华主任，石军、项宗西副主任参加。

29日至30日，提案委员会在广西召开全国政协提案办理协商工作座谈会，马飚副主席出席并讲话。孙淦主任，干以胜、王国卿、李宏、傅克诚、田杰（驻会）副主任，各省及副省级市政协有关负责同志和部分提案承办单位代表参加。

30日，中共中央书记处书记、全国政协副主席、孙中山先生诞辰150周年纪念活动筹备办公室主任杜青林主持召开筹备办公室第一次全体会议。全国政协副主席兼秘书长、筹备办公室常务副主任张庆黎宣布筹备办公室组成人员名单和工作机构、职责及负责人名单。

30日，张庆黎副主席兼秘书长主持召开政协第十二届全国委员会第四十七次秘书长办公会议，传达中央扶贫开发工作会议精神；审议政协第十二届全国委员会常务委员会第十四次会议议程（草案）和日程（草案），关于召开政协第十二届全国委员会第四次会议的决定（草案），政协第十二届全国委员会第四次会议秘书长、副秘书长名单（草案）和新闻发言人名单（草案），政协第十二届全国委员会第四次会议秘书处组织机构及各工作组组长、第一副组长名单（草案）；研究政协第十二届全国委员会第四次会议驻地安排（草案）；审议列席政协第十二届全国委员会第四次会议海外侨胞建议名单；审议政协全国委员会2016年协商计划（草案）和双周协商座谈会安排（草案）、政协第十二届全国委员会常务委员会学习讲座2016年参考选题（草案）。机关领导班子成员仝广成、张秋俭、邓宗良、常荣军、刘佳义、周新建、刘家强、舒启明，专委会驻会副主任凌振国、吕忠梅、晓敏、吕虹、金学锋出席。办公厅有关室局负责同志列席。

30日至12月2日，经济委员会“加快推进品牌建设”专题组在江苏调研。周伯华主任率队，项宗西副主任参加。

12 月

1 日，党组书记俞正声主持召开中共十二届全国政协党组第三十次会议。主要议题为：一、研究关于全国政协党组 2015 年主要工作情况汇报（稿）；二、研究政协全国委员会 2016 年协商计划（草案）；三、研究中共全国政协党组“三严三实”专题民主生活会对照检查材料（稿）。党组副书记杜青林，党组成员张庆黎、李海峰、陈元、卢展工、周小川、王正伟、马飚出席。机关党组成员仝广成、常荣军、舒启明列席。

1 日，周小川副主席在京出席全国友协主办的中国与智利建交 45 周年招待会。

2 日至 4 日，经济委员会“加快推进品牌建设”专题组在上海调研。陈元副主席率队。周伯华主任，项宗西、陈经纬、侯建民（驻会）副主任参加。

2 日至 11 日，应印度尼西亚国会第一委员会、文莱外交与贸易部、柬埔寨参议院邀请，外事委员会主任潘云鹤率委员会代表团赴上述三国进行友好访问。

3 日，俞正声主席主持召开政协第十二届全国委员会第四十三次双周协商座谈会，围绕“仿制药的质量问题与对策”建言献策。杜青林、张庆黎、卢展工、刘晓峰副主席出席。何维、蒋作君、蔡威常委，牛广明、曲凤宏、刘文伟、花亚伟、陈凯先、邵一鸣、周然、段惠军、侯艳宁、温建民委员和专家学者李大魁、肖红、宋瑞霖发言。国家食品药品监管总局局长毕井泉介绍有关情况，工业和信息化部副部长辛国斌、人力资源和社会保障部副部长游钧、卫生计生委副主任刘谦与委员们互动交流。教科文卫体委员会主任张玉台，机关领导班子成员仝广成、张秋俭、常荣军、刘佳义、周新建、刘家强、舒启明，专委会驻会副主任田杰、凌振国、吕虹，国家食品药品监管总局副局长孙咸泽出席。

3 日，何厚铧副主席在广东珠海出席第二届世界广府人恳亲大会开幕式。

3 日，人口资源环境委员会“充分发挥海南在建设‘21 世纪海上丝绸之路’中的战略支点作用”专题组赴海南调研，马培华副主席参加部分调研活动。贾治邦主任任组长，庄国荣、齐让、钟文副主任任副组长。

3 日至 10 日，“中宗和”代表团赴英国、墨西哥访问。“中宗和”秘书长、中国佛教协会会长学诚任团长。

4 日，俞正声主席在人民大会堂会见应中国共产党邀请访华的日本自民党干事长谷垣祯一、公明党干事长井上义久率领的日本执政党代表团。王家瑞副主席参加，张秋俭副秘书长陪同。

4 日，王家瑞副主席在政协礼堂会见 2015 鲁迅文化论坛与会人员代表并合影。

4 日，民族和宗教委员会主办的全国政协暨地方政协民族和宗教委员会工作交流会在厦门举行。王正伟副主席出席并讲话。朱维群主任主持并作专题辅导报告，福建省政协主席张昌平致辞，副省长洪捷序介绍有关工作情况。委员会副主任马铁山、王正福、王学仁、白玛、华士飞、杜鹰、晓敏（驻会）出席。

4 日，社会和法制委员会“《快递条例》的制定”专题组在北京调研。吕忠梅驻会副主任率队。

7 日，俞正声主席在人民大会堂会见应全国人大常委会委员长张德江邀请访华的意大利参议长格拉索。张秋俭副秘书长陪同。

7 日，张庆黎副主席兼秘书长主持召开政协第十二届全国委员会第十六次秘书长会议，审议政协第十二届全国委员会常务委员会第十四次会议议程（草案）和日程（草案），关于召开政协第十二届全国委员会第四次会议的决定（草案），政协第十二届全国委员会第四次会议秘书长、副秘书长名单（草案）和新闻发言人名单（草案）；研究政协第十二届全国委员会第四次会议驻地安排（草案）；讨论政协全国委员会2016年协商计划（草案）和双周协商座谈会安排（草案）；审议政协第十二届全国委员会常务委员会学习讲座2016年参考选题（草案）。副秘书长蒋作君、黄志贤、张秋俭、林智敏、徐辉、宋海、朱永新、何维、邓宗良、常荣军、刘佳义、刘家强出席，机关党组成员仝广成、周新建、舒启明，专委会驻会副主任田杰、侯建民、凌振国、吕忠梅、晓敏、吕虹、金学锋，政协第十二届全国委员会第四次会议秘书处有关工作组负责人列席。

7日，王家瑞副主席在京会见应中联部邀请访华的、以捷克参议院捷中友好小组主席多布拉瓦为团长的捷克跨党派联合考察团。

9日，党组书记俞正声主持召开中共全国政协党组“三严三实”专题民主生活会，代表班子作对照检查并讲话。党组副书记杜青林，党组成员张庆黎、李海峰、陈元、卢展工、周小川、王家瑞、王正伟、马飚出席并发言。中央纪委副书记、监察部部长黄树贤，中央组织部常务副部长陈希参加。

11日，中央书记处书记、国务委员兼国务院秘书长杨晶与全国政协副主席兼秘书长张庆黎在国务院办公厅会商全国政协2016年重点协商议题。国务院副秘书长肖捷、孟扬，全国政协机关领导班子成员仝广成、常荣军、舒启明参加。

11日，教科文卫体委员会开展科协界、科技界委员活动日暨“大力加强科普教育”专题考察活动，组织部分委员赴北京市第三十五中学、北京航空航天大学虚拟现实技术与系统国家重点实验室考察并座谈。邓楠副主任率队，张秋俭副秘书长、人口资源环境委员会副主任齐让等参加。

13日至18日，人口资源环境委员会代表团应巴西参议院巴中议员友好小组主席里贝罗邀请，在巴西进行友好访问。吴双战副主任率队。

14日，全国政协副主席、中国经济社会理事会主席杜青林在政协礼堂与马里经济、社会和文化理事会主席阿达哈会谈。张秋俭副秘书长参加。应杜青林副主席邀请，阿达哈率马里经济、社会和文化理事会代表团于13日抵京访华。

14日，全国政协副主席兼秘书长、中国人民政协理论研究会会长张庆黎主持召开理论研究会第二届第三次会长办公会议，研究2016年度人民政协理论研究计划等。

15日，罗富和副主席在人民大会堂会见由泰中文化经济协会会长、泰国前国会主席蓬拉军率领的泰国青年精英代表团。该团应全国友协邀请访华。

15日，张庆黎副主席兼秘书长在人民大会堂出席北京2022年冬奥会和冬残奥会组织委员会成立大会。

15日，陈元副主席在京出席中国能源研究会第七次代表大会并讲话。

16日，罗富和、卢展工、马培华副主席，黄孟复、张榕明同志在政协礼堂出席中国民主建国会成立70周年纪念大会。

16日，王家瑞副主席在政协礼堂会见来华出席第三届中国—中东欧国家高级别智库研讨会的中东欧国家前政要。该研讨会由中国—中东欧国家合作秘书处、中国社会科学院和中国国际问题研究基金会共同举办。

17日，俞正声主席主持召开政协第十二届全国委员会第四十四次双周协商座谈会，围绕“促进家庭服务业发展”建言献策。杜青林、张庆黎、卢展工、陈晓光副主席出席。杨衍银常委，王新宪、方方、邓小虹、刘珂、杨志明、张世平、张世珍、周安达源、赵光育、高美琴、崔郁、谢茹、甄砚委员和专家学者汤敏、卓长立、周珏琨发言。人力资源和社会保障部副部长邱小平介绍有关情况，国家发展和改革委员会副主任连维良、民政部副部长顾朝曦、商务部副部长钱克明与委员们互动交流。社会和法制委员会主任孟学农，机关领导班子成员仝广成、常荣军、刘佳义、周新建、舒启明，专委会驻会副主任田杰、凌振国、吕忠梅、吕虹出席。

21日至25日，社会和法制委员会“进一步做好建筑业工伤保险工作”专题组在湖南、湖北调研。吕忠梅驻会副主任任组长，人力资源和社会保障部、住房城乡建设部、国家安全监管总局、全国总工会有关同志参加。

21日至30日，文史和学习委员会主任王太华率委员会代表团赴老挝、印度、斯里兰卡就民族文化保护和利用进行专题调研。孙庆聚副主任参加。

22日，俞正声主席主持召开政协第十二届全国委员会第三十八次主席会议，学习传达中央经济工作会议、中央城市工作会议精神；审议政协第十二届全国委员会常务委员会第十四次会议议程（草案）和日程（草案）；审议关于召开政协第十二届全国委员会第四次会议的决定（草案）；审议政协第十二届全国委员会第四次会议秘书长、副秘书长名单（草案）和新闻发言人名单（草案）；审议关于撤销刘子静政协第十二届全国委员会委员资格的决定（草案）和关于接受孙志刚、陈求发同志请辞政协第十二届全国委员会委员的决定（草案）；审议政协全国委员会委员履职工作规则（试行）（草案）；审议政协全国委员会委员视察考察工作条例（修订草案）；讨论政协全国委员会2016年协商计划（草案）和政协全国委员会2016年双周协商座谈会安排（草案）；研究十二届全国政协常委会学习讲座2016年参考选题；听取关于政协全国委员会2015年重点提案工作情况的汇报。杜青林、韩启德、董建华、万钢、林文漪、罗富和、何厚铧、张庆黎、李海峰、陈元、卢展工、周小川、王家瑞、王正伟、马飚、齐续春、陈晓光、马培华、刘晓峰副主席出席。全国政协副秘书长、机关党组成员、各专委会负责同志，中共中央统战部负责同志，政协十二届四次会议秘书处有关工作组及办公厅有关室局负责同志列席。

23日，张庆黎副主席兼秘书长主持召开政协第十二届全国委员会第四十八次秘书长办公会议，传达中央经济工作会议、中央城市工作会议精神；审议政协第十二届全国委员会第四次会议议程（草案）和日程（草案），政协全国委员会常务委员会工作报告（草案），政协全国委员会常务委员会关于政协十二届三次会议以来提案工作情况的报告（草案），政协第十二届全国委员会第四次会议委员小组召集人名单（草案），政协第十二届全国委员会第四次会议秘书处各组组长、副组长名单（草案）和各组工作职责（草案）；审议政协全国委员会2015年对外交往工作总结（稿）、政协全国委员会2016年对外交往计划（草案）、政协全国委员会办公厅2015年工作总结（稿）、政协全国委员会办公厅关于2015年反映社情民意信息工作情况的报告（草案）、政协全国委员会办公厅关于2015年全国政协委员视察考察工作情况的报告（草案）；审议中国人民政协理论研究会2016年度理论研究计划（草案）。机关领导班子成员全广成、张秋俭、邓宗良、常荣军、刘佳义、周新建、刘家强、舒启明，专委会驻会副主任田杰、侯建民、凌振国、晓敏、吕虹、金学锋出席。卢昌华、王胜洪、王国卿、石军、庄国荣、马健、顾伯平同志参加有关议题的学习讨论。政协十二届四次会议秘书处有关工作组和办公厅有关室局负责同志列席。

24日，俞正声主席在政协礼堂会见越南国会主席阮生雄。张庆黎副主席兼秘书长参加，张秋俭副秘书长陪同。阮生雄是应全国人大常委会委员长张德江邀请访华的。

24日，提案委员会副主任干以胜率调研组在京就“开展基层群众性精神文明创建活动，培育和践行社会主义核心价值观”重点提案进行跟踪督办调研。王国卿、徐辉、田杰（驻会）副主任及有关委员参加。北京市政协副主席闫仲秋陪同。

31日，全国政协举行2016年新年茶话会。中共中央总书记、国家主席、中央军委主席习近平发表重要讲话，全国政协主席俞正声主持，民建中央主席陈昌智代表各民主党派中央、全国工商联和无党派人士讲话。全国政协部分委员及文艺工作者表演了文艺节目。党和国家领导同志李克强、张德江、刘云山、王岐山、张高丽、马凯、王沪宁、刘延东、刘奇葆、许其亮、孙春兰、李建国、李源潮、汪洋、范长龙、孟建柱、赵乐际、栗战书、郭金龙、杜青林、赵洪祝、杨晶、严隽琪、王晨、万鄂湘、张宝文、陈竺、韩启德、董建华、万钢、林文漪、罗富和、何厚铧、张庆黎、李海峰、陈元、卢展工、周小川、王家瑞、王正伟、马飚、齐续春、陈晓光、马培华、王钦敏，曾任全国政协副主席的在京老同志王刚、司马义·艾买提、何鲁丽、周铁农、孙孚凌、王忠禹、张克辉、郝建秀、徐匡迪、张怀西、李蒙、白立忱、陈奎元、阿不来提·阿不都热西提、李兆焯、黄孟复、张梅颖、张榕明、孙家正、李金华、郑万通、陈宗兴、王志珍，全国政协在京常委、副秘书长、机关领导班子成员和专委会驻会副主任，各民主党派中央、全国工商联负责人和无党派人士代表，中央和国家机关有关方面负责人及首都各界代表等共约270人出席。

地方委员会篇

政协北京市委员会

【全体委员会议】

十二届三次会议　1月21日至[illegible]日召开。会议应出席委员7[illegible]人，实到7[illegible]人。[illegible]政协[illegible]各[illegible]团[illegible]市政府[illegible]有关部[illegible]局负责同志出席大会[illegible]大会发言[illegible]专题座谈[illegible]出席联[illegible]会和小组会，[illegible]意见建议。会[illegible]了十二届市政协常委会工作报告和关于提案工作情况的报告，与会委员列席市人[illegible]十四[illegible]次会议[illegible]讨论[illegible]政府工作报告[illegible]会议期间[illegible]15[illegible]委[illegible]大会发言，书面发言[illegible]篇；[illegible]5场联组讨论会，[illegible]位委员[illegible]会议发言；[illegible]场[illegible]题[illegible]谈会，39位委[illegible]作专题发言。会议期间共收到提案1162件，立案1054件。

【常务委员会会议】

第13次会议　1月15日召开。会议应出席140人，实到1[illegible]人。市政协主席吉林出席会议，市政协副主席[illegible]主持会议。会议听取[illegible]十二届二次会议[illegible]提案办理工作情况的通报[illegible]审议[illegible]人事[illegible]事项[illegible]审议通过[illegible]北京市政协财政预算[illegible]监督[illegible]组[illegible]2014年财政预算执行情况和2015年预算草案的意见和建议》。

第14次会议　1月23日召开。会议应出席140人，实到125人。市政协主席吉林出席会议，市政协副主席[illegible]主持会议。会议听取各小组讨论[illegible]人[illegible]事项情况汇报，讨论各项报告的情况汇报，审议人事事项和大会各项决议草案，审议通过《政协北京市第十二届委员会2015年工作要点》。

第15次会议　1月26日召开。会议应出席138人，实到121人。市政协主席吉林出席会议并讲话，市政协副主席沈宝昌主持会议。会议审议通过《政协北京市第十二届委员会常务委员会关于[illegible]、陈[illegible]同志不再担任委员的决定》。

第16次会议　3月23日召开。会议应出席138人，实到117人。市政协主席吉林出席会议并讲话，市政协副主席沈宝昌主持会议。会议传达学习[illegible]届[illegible]次会议精神，通报2014年委员履职情况，审议[illegible]中[illegible]关于[illegible]加强[illegible]的民主建设的意见[illegible]

第1[illegible]次会议　[illegible]月[illegible]日召开。会议应出席13[illegible]人，实到10[illegible]人。市政协主席吉林出席会议并讲话，市委常委、副市长陈刚到会听取意见并讲话，市政协副主席[illegible]、[illegible]分别主持会议。会议围绕北京城市总体规划修改开展专题协商，共安排全体会议2次、分组讨论[illegible]次，听取关于北京城市总体规划修改、京津冀城市群空间布局[illegible]协同发展[illegible]的专题报告和市政协围绕北京城市总体规划修改开展专题协商工作情况[illegible]说明。[illegible]名常委和委员作大会发言，[illegible]名常委在小组讨论中发言。

第18次会议　[illegible]月27日至28日召开。会议应出席[illegible]人，实到[illegible]人。市政协主席吉林出席会议并讲话，[illegible]市[illegible]张工到会听取意见并讲话。市政协副主席沈宝昌、[illegible]、闫仲秋分别主持会议。会议围绕加快全国科技创新中心建设开展专题协商，共安排全体会议2次、分组讨论1次，听取关于全国科技创新中心建设的专题报告、市政协围绕加快全国科技创新中心建设开展专题协商工作情况的说明，审议通过人事事项。[illegible]名常委和委员作大会发言，40余名常委在小组讨论中发言。

第19次会议　10月19日至20日召开。会议应出席138人，实到[illegible]人。市政协主席吉林出席会议并讲话，市委常委、常务副市长李士祥到会听取意见并讲话，市政协副主席沈宝昌主持会议。会议围绕北京市“十三五”规划编制开展专题协商，共安排全体会议2次、分组讨论1次，听取关于学习贯彻《京津冀协同发展规划纲要》专题辅导报告，审议通过《政协北京市委员会专门委员会通则（修订案）》。10位常委和委员在全体会上发言，47位同志在小组讨论中发言。

第20次会议 12月28日至29日召开。会议应出席138人，实到110人。市政协主席吉林出席会议并讲话，市政协副主席陈平、闫仲秋主持会议。会议传达中共北京市委十一届九次全会精神，听取各专门委员会工作报告，书面通报市政协财政预算、城市管理、新闻舆论和法治建设民主监督组2015年工作报告，审议并原则通过市政协常委会工作报告、提案工作报告，审议通过市政协十二届四次会议相关文件。

【专门委员会工作】

提案委员会 共提出提案1235件。全会期间提出提案1157件，闭会期间提出提案78件，共立案1119件。其中，党派、工商联提案18件，团体提案6件，界别提案28件，专门委员会提案5件，委员提案1062件。召开全市提案工作经验交流会和加强集体提案工作座谈会。开展第二次“最具影响力提案”评选表彰活动，评选10件“最具影响力提案”、20件“最具影响力入围提名提案”，在北京市第四次政协工作会议上进行表彰。召开提案办理协商会，就社区建设问题的12件提案进行协商。加强重点提案督办协商，对机动车停车管理、居家养老服务等7件提案进行重点督办。组织开展社区卫生服务、生活垃圾分类处理、医疗保障等3个提案议题的集中办理协商。

文史和学习委员会 共组织各类活动87次，参加的委员和各界人士2700余人次，其中委员1400余人次；征编文史资料、编发《学习》内刊、撰写各类文字材料总计1070余万字。举办新任委员培训班、委员暑期读书班，举办9次“政协报告厅”学习报告会。征编出版《抗战时期的北平》《北平抗战中的100个瞬间》《文脉京津冀》，编印《首都文史理念研究与探索》，再版《北京抗战图史》，与各区政协协作征编《首都文史精粹》16卷本丛书，编辑《北京文史资料》第81辑，参与全国政协协作项目《亲历者说——中国抗战编年纪事》10卷本的征编出版工作，与民族和宗教委员会合作推进《北京民族宗教史话》征编工作。开展“加强北京传统村落保护”对口协商、“加强北京历史街区保护”提案办理协商、“促进北京历史街区保护相关立法工作”专题调研。开展监督组活动，形成《市政协新闻舆论民主监督组2015年度监督报告》。召开“铭记历史，缅怀先烈，珍爱和平，开创未来”——纪念中国人民抗日战争暨世界反法西斯战争胜利70周年座谈会。与市有关部门联合举办第七届北京文史论坛。组织参与北京城市总体规划修改、制定“十三五”规划编制专题协商和《北京市建设工程质量条例（草案）》立法协商工作。

经济委员会 共组织各类活动91次，委员及党派成员参加活动1057人次。完成“调整疏解非首都功能”议政性主席会议协商议题调研，围绕本市“十三五”期间如何调整优化产业结构议政性常委会专题协商子课题开展调研。就北京新机场建设及临空经济区规划发展问题开展界别协商，就提高生活性服务业品质、加快乡村旅游转型升级、推进农村集体经营性建设用地入市试点问题开展对口协商。财政预算民主监督组与市人大财经委共同听取年度市级财政决算和预算执行情况等报告并提出意见建议，组织参与2016年市级项目支出事前评估工作。举办经济形势恳谈会、分析座谈会。参与北京城市总体规划修改专题协商和《北京市建设工程质量条例（草案）》立法协商。参加“全国政协暨地方政协经济（农业）委员会工作会议”并交流工作经验。

科技委员会 共开展各类活动58次，1561人次参加，其中委员及党派成员908人次。开展加快全国科技创新中心建设专题协商调研，编撰出版《首都建设全国创新中心建设研究》。就培育北京科技服务业新业态发展开展调研，形成专题调研报告。举办2次科技讲堂活动，举办“推动双创，建设全国科技创新中心”专题座谈会。就加强对养生保健、涉医类图书出版和影视广播节目监管问题召开界别协商座谈会。组织参与北京城市总体规划修改、京津冀协同发展、“十三五”规划编制等专题协商活动。完成拍摄《中关村口述史》的前期筹备工作。

城建环保委员会 共开展各类活动84次，1559人次参加。围绕北京城市总体规划修改工作开展专题协商，形成具体建议。开展“京津冀生态环境保护和交通一体化”专题调研，形成调研报告。就关于加强本市停车管理工作的提案、关于加强电动自行车管理的提案办理情况进行检查督促。参与北京市“十三五”规划编制专题协商、《北京市建设工程质量条例（草案）》立法协商、本市“专车”管理工作协商活动等。就《北京市空气重污染应急预案（征求意见稿）》《北京市防洪排涝规划（征求意见稿）》等征求委员意见。民主监督组围绕大气污染防治、农村生活污水治理和城市公共空间设施管理工作开展重点调研，形成3份专项监督报告。

教文卫体委员会 共开展各类活动130次，851人次参加。开展全国文化中心建设专题调研，提出意见建议。围绕贯彻实施京津冀协同发展纲要，开展本市职业教育改革发展专题调研。完成镇村两级医疗服务能力建设专题调研协商。围绕深化考试招生制度改革问题、本市医药卫生体制改革实施方案、开展航空医疗救援与急救、优秀传统文化传承与发展等开展协商。参与北京市城市总体规划修改专题协商。举办北京第29届卢沟桥醒狮越野跑活动、第四届“兰亭杯”北京中小学生书法大赛、第五届首都学研产论坛。组织2022年冬奥会申办工作考察、本市高校招生录取工作视察及义诊活动等。

社会和法制委员会 共组织各类活动84次，923人次参加。围绕《北京市建设工程质量条例（草案）》开展立法协商工作，完成对《市政府2015年立法工作计划（草案）》的立法协商工作。就2016年制定、修改和废止的政府规章立法项目提出建议。围绕实施居住证制度，创新人口调控机制开展专题协商。参与北京市“十三五”规划编制、城市总体规划修改专题协商和“立法协商”协商恳谈会。就加快制定《北京市工资集体协商规定》、推进本市城乡医保统筹、推进本市社区和居家养老服务发展等开展对口协商、界别协商和提案办理协商。成立市政协法治建设民主监督组，围绕司法机关法律文书网上公开情况开展专项调研。组织有关界别小组就推动技能人才队伍建设、推进青年创新创业等开展视察调研和协商活动。

民族和宗教委员会 就宗教房产落政有关问题召开协商恳谈会，就宗教活动场所的重点文物保护召开提案办理协商座谈会。开展《北京市宗教事务条例》实施情况调研，形成调研报告。为全国政协围绕国务院颁发的《宗教事务条例》实施10周年开展的调研工作，提供北京市贯彻落实情况调研报告。向市政府法制办报送2016年政府规章立法（修法）项目建议。

就关于腾退北京市东城区船板胡同2号教产的提案开展市政协领导重点提案督办活动，促进相关问题解决。完成《北京民族宗教史话》编纂排版工作。举办市政协民族宗教界代表人士迎春团拜会、民族和宗教界代表人士休假活动等。

港澳台侨委员会 围绕高科技侨资企业在京发展开展专题调研，形成调研报告，开展对口协商。认真督办台盟界别“关于完善优化我市涉台医疗机构发展环境的提案”。邀请香港学生参加首次中华文化体育体验营活动，组织港澳精英青年社团代表开展体验式学习考察活动，组织策划中华文化巡典爱之交响音乐会在澳门演出。组织港澳委员、港澳台侨工作顾问和海外侨胞出席中国人民抗日战争胜利70周年和新中国成立66周年庆祝活动。做好市政协领导赴港澳走访看望港澳委员和港澳台侨工作顾问，举行情况通报会等活动的组织服务工作。召开2次市政府领导与港澳委员、工作顾问座谈会。参与北京城市总体规划修改专题协商。围绕“一带一路”发展战略召开专题座谈会。

【重要活动】

组织实施协商年度工作计划 根据市委下达的《北京市政协2015年协商工作计划》，就北京市国民经济和社会发展“十三五”规划编制、《北京城市总体规划》修改、全国科技创新中心建设召开议政性常委会议进行协商，就落实《京津冀协同发展规划纲要》、疏解非首都功能召开议政性主席会议进行协商，就城市基层管理体制改革、棚户区改造与市委统战部联合召开议政会进行协商，针对制定居住证制度问题召开协商恳谈会。就《北京市建设工程质量条例（草案）》开展立法协商。

“三严三实”专题教育 认真贯彻落实中共中央和北京市委工作部署，市政协党组和政协机关扎实开展“三严三实”专题教育，开展专题党课教育、专题学习研讨等，召开专题民主生活会和组织生活会。活动中，共征集意见建议133条，查摆出存在的10个方面突出问题，制定20项整改措施。通过开展“三严三实”专题教育，有力地促进了市政协党组和机关干部作风转变。

市人民政协理论与实践研究会四届三次、四次理事大会暨发挥人民政协作为协商民主重要渠道作用主题研讨会 1月9日召开三次理事大会。市政协主席、研究会会长吉林出席并讲话。市政协副主席、研究会副会长沈宝昌主持会议。市政协副主席赵文芝、马大龙、闫仲秋，市政协秘书长、研究会监事长周毓秋，中央社会主义学院副院长、研究会副会长张峰出席。研究会理事会、监事会成员和部分专家学者、论文作者共计150余人参加会议。会议审议研究会常务理事会、监事会2014年工作报告，审议通过研究会第四届理事会关于增补常务理事的决定，8位同志作大会发言。12月8日召开四次理事大会。市政协主席、研究会会长吉林出席并讲话。市政协副主席、研究会副会长沈宝昌主持会议。市政协副主席赵文芝、蔡国雄，秘书长、研究会监事长周毓秋，中央社会主义学院副院长张峰、研究会副会长张峰出席。研究会理事会、监事会成员和部分专家学者、论文作者共计150多人参加会议。会议审议通过研究会常务理事会、监事会2015年工作报告。9位同志作大会发言。

新任委员培训班 3月30日、31日在市政协举办。市政协主席吉林作开班动员，市政协副主席沈宝昌主持开班式。市政协副主席陈平作结业讲话，市政协秘书长周毓秋主持结业式。邀请中国人民大学国际关系学院教授周淑真等作辅导报告和业务培训。28 名委员参加培训。

议政会 4 月 24 日，与市委统战部联合召开第 5 次议政会。市各民主党派、无党派人士、市工商联就城市基层管理体制改革进行专题议政。中共中央政治局委员、中共北京市委书记郭金龙出席并讲话。市政协主席吉林主持会议，副市长张延昆到会听取意见并介绍相关情况。市政协副主席沈宝昌、唐晓青、陈平、赵文芝、葛剑平、蔡国雄、闫仲秋，秘书长周毓秋出席会议。市政府有关部门负责人到会听取意见建议。

10 月 15 日，召开第 6 次议政会，就我市棚户区改造若干政策问题进行专题议政。市委副书记、市长王安顺出席并讲话，市政协主席吉林出席，市委常委、统战部部长戴均良主持。市委常委、副市长陈刚，市政协副主席赵文芝、蔡国雄、闫仲秋，秘书长周毓秋出席会议。市政府有关部门负责人到会听取意见建议。

委员暑期读书班 7 月 21 日至 24 日举办。读书班深入贯彻落实习近平总书记系列重要讲话精神，结合纪念中国人民抗日战争暨世界反法西斯战争胜利 70 周年，组织学习《中共中央关于加强社会主义协商民主建设的意见》《京津冀协同发展规划纲要》，围绕如何发挥人民政协作为协商民主重要渠道作用、更好履行职责，组织委员听取辅导报告、开展学习研讨和参观考察活动。市政协主席吉林，副主席沈宝昌、陈平、赵文芝、傅惠民、闫仲秋，秘书长周毓秋与 170 余位委员参加。

第四次政协工作会议 12 月 3 日在北京召开。中共中央政治局委员、中共北京市委书记郭金龙出席会议并讲话，市委副书记、市长王安顺主持会议。市政协主席吉林就贯彻落实中共北京市委办公厅印发的《关于进一步加强政协协商民主建设的实施意见》讲话，市政协副主席沈宝昌宣读《政协北京市委员会关于表彰 2010 年—2014 年“最具影响力提案”的决定》。

【重要文件】

常委会工作报告（2015 年 1 月 21 日）（摘要） 一、2014 年工作回顾。一年来，共召开常委会议、主席会议、秘书长会议 23 次，形成常委会、主席会议建议案 9 项，组织协商恳谈、调查研究、视察考察、座谈研讨等各类履职活动 760 多次，出席委员达 14300 多人次。（一）加强思想理论学习，团结奋斗的共同思想政治基础进一步巩固。着力加强对中共十八大，十八届三中、四中全会和习近平总书记系列重要讲话精神的学习。召开纪念北京市政协成立 65 周年座谈会，邀请市委、市政府等有关领导和专家学者作专题报告。（二）积极探索实践，协商民主重要渠道和专门协商机构作用得到切实体现。制定 2014 年度协商工作安排。就构建“高精尖”经济结构产业目录、促进中小学生体质健康等问题举办专题协商会；就政府购买公共服务、公共交通票制票价改革问题与市委统战部联合召开议政会；就首都新机场建设、养老问题有关提案召开提案办理协商会；建立协商恳谈会制度，就房产税征收、互联网金融等问题召开协商恳谈会。按照中共北京市委的要求，对居家养老服务、城镇基本住房保障、控制吸烟三部地方性法规草案开展立法协商。研究制定贯彻中共北京市委《关于制定实施北京市政协协商年度工作计划的意见》《关于在市政协开展立法协商工作的通知》的具体实施办法。（三）把握工作大局，助力改革发展取得丰硕成果。围绕首都全面深化改革若干问题开展联合调研，就调整疏解非首都核心功能、国家科技创新中心建设、城乡一体化发展等问题深入开展调研，形成《关于首都全面深化改革若干问题的建议》和11份专题报告。举办经济形势分析座谈会，研讨全市经济运行态势并提出对策建议。围绕中小企业、流通产业转型发展中存在的突出问题开展调研，持续关注中关村科技示范区发展改革，为北京城市总体规划修改提出建议。开展地下水资源管理与保护、历史文化街区和传统村落保护状况、村镇两级医疗服务能力建设、社区和居家养老服务发展等调研和“革命老区光明行”医疗公益活动。（四）强化专项和特约监督，民主监督职能得到有效履行。财政预算民主监督组与市人大财经委共同组织召开财政预算监督会议，对市级财政2013年决算、2014年预算执行和2015年预算安排开展民主监督、提出建议。城市管理民主监督组围绕APEC会议服务保障，深入开展环境整治、大气污染治理、水环境治理等专项监督，分别形成监督报告。新闻舆论民主监督组与有关机构合作开展媒体社会责任感专题调查，提出对策建议。全年为市政府有关部门推荐11名委员担任特约监督员，担任特约监督员的委员已达到116人。（五）团结各界、凝聚共识，爱国统一战线组织作用得到有效发挥。为各党派、无党派人士和工商联搭建大会发言、党派团体提案、联合调研、议政会等有效履职平台。依托专委会密切同各界别的联系，组织开展富有界别特点的活动。积极调研少数民族权益保障条例实施情况，召开少数民族乡村经济发展协商座谈会。持续推动宗教房产政策落实，对佛教拈花寺腾退修缮、广化寺放生池恢复、若瑟修女院宿舍修缮等重点提案办理跟踪问效。走访港澳委员和港澳台侨工作顾问在京企业，赴港通报首都经济社会发展情况，组织委员、顾问参与联合调研、立法协商、专项视察考察等活动。积极开展对台交流，加强与海外华人华侨的交往，促进海内外同胞的大团结、大联合。（六）突出改革创新，履职基础工作进一步夯实。开展提高提案质量专题调研，制定进一步提高提案质量的意见、提案集中办理协商工作指导意见，对大气污染、停车管理等方面的提案进行集中办理。围绕全面深化改革、APEC会议举行、京津冀协同发展等专题集中反映委员意见建议。全年共编报《诤友》等社情民意信息227期。扎实做好《首都文史精萃》丛书、《北京文史资料》征编出版工作。围绕协商民主建设召开年度主题研讨会，完成“人民政协理论体系框架”课题研究，建立理论研究课题发布和招标制度，在北京联合大学设立“人民政协理论与实践研究中心”。出台《关于加强委员联系工作的意见》。二、2015年工作部署。（一）着力围绕全市工作大局开展专题协商。（二）着力为服务首都改革发展和民生改善献计出力。（三）着力改进和加强民主监督工作。（四）着力发挥统一战线组织团结人心、凝聚力量的作用。（五）着力推进基础工作改革创新。三、切实加强履职能力建设。（一）加强理论学习，提高政治把握能力。（二）坚持问题导向，提高调查研究能力。（三）创新工作方法，提高联系群众能力。（四）坚持团结民主，提高合作共事能力。

市委书记郭金龙在北京市第四次政协工作会议上的讲话（2015年12月3日）（摘要） 一、进一步增强做好新形势下人民政协工作的使命感和责任感。（略）二、不断开创首都人民政协事业发展新局面。一是始终坚持正确的政治方向。必须坚持党的领导，坚持共同思想政治基础，确保人民政协事业始终沿着正确方向前进。二是紧扣首都发展大局献计出力。坚持围绕中心、服务大局，切实把广大政协委员的积极性、主动性、创造性引导到服务首都发展上来，努力为推动首都科学发展建睿智之言、献务实之策。三是广泛凝聚推动首都工作的正能量。充分发挥政协的团结统战功能，多做协调关系、理顺情绪、化解矛盾、增进团结的工作。四是着力加强履职能力建设。主动适应形势任务变化，以改革思维、创新理念、务实举措加强自身建设，着力提升履职能力和水平。三、更好地发挥人民政协在发展社会主义协商民主中的重要作用。一是牢牢把握人民政协的性质定位。发挥政协协商民主优势，积极拓展社会各界有序参与政协协商的渠道，支持和保障各民主党派、无党派人士积极参与政协协商活动，探索新的社会组织等参加政协活动的方法和途径。二是大力加强政协协商民主制度和机制建设。各级党委、政府对明确规定需要协商的事项，必须经协商后再进行决策。党委要将制订实施协商年度工作计划列入常委会工作要点。认真落实协商形式、协商程序的相关规定，进一步加强政协协商与党政工作的衔接。市政协要研究制定规范政治协商、民主监督、参政议政的相关意见，完善委员履职工作规则和专门委员会通则，全面推进政协制度建设和机制创新。三是着力营造协商讨论的民主氛围。要正确处理一致性和多样性的关系，努力营造既畅所欲言、各抒己见，又理性有度、合法依章的良好协商氛围。健全委员协商权利保障机制。广大政协委员要坚持真诚协商、务实协商，努力做到言之有据、言之有理、言之有度、言之有物。各级党委、政府要认真做好政协协商成果的办理和督查工作。四、切实加强和改进党对政协工作的领导。一是重视和支持人民政协事业发展。各级党委要按照总揽全局、协调各方的原则，切实加强和改进对政协工作的领导，将其人民政协协商民主建设纳入总体工作部署和重要议事日程。二是充分发挥政协党组的领导核心作用。政协党组要认真履行政治领导责任，紧紧围绕全市工作大局思考谋划政协工作，坚定不移地贯彻落实中央和市委的决策部署，坚持民主集中制原则，严格落实管党治党责任。三是为政协开展工作创造良好环境。要加强政协领导班子建设，改进委员产生机制。要抓好政协机关干部队伍建设，重视人民政协理论研究和加强对政协工作的新闻宣传。

【组织概况】

委员增补名单

（2015 年 1 月 15 日政协北京市第十二届委员会常务委员会第十三次会议审议通过）

于泓源　王孝东　朱　江　向连方
刘元风　闫维洪　阮培颖（女）
杜灵欣　李春生　杨　林（女）
吴　晨　吴大仓　吴克瑞　张欣庆
邵　鹏　周开让　赵宏生　钱福生
康海峰　阎颐兰（女）　韩　凯
程　凯

不再担任常务委员名单

（2015 年 1 月 15 日政协北京市第十二届委员会第三次会议审议通过）

孙新军　陈　冬

不再担任委员名单

（2015 年 1 月 15 日政协北京市第十二届委员会常务委员会第十三次会议审议通过）

王文杰　王有国　许肖列　孙　强
孙军民（女）　李印泽　李宝峰
杨惠时　杨智慧　宋春来
陈　昕（女）　陈合安
林文滢（女）　岳德顺　郑章石

（2015 年 1 月 26 日政协北京市第十二届委员会常务委员会第十五次会议审议通过）

孙新军　陈　冬

撤销委员名单

(2015年1月15日政协北京市第十二届委员会常务委员会第十三次会议审议通过)

佟根柱　王书合　李　量

(2015年7月27日政协北京市第十二届委员会常务委员会第十八次会议审议通过)

汪　良

东城区

主　席　　　邵　鹏

(2015年1月任)

西城区

主　席　　　杜灵欣

(2015年1月任)

朝阳区

主　席　　　谢　莹(女)

(2015年1月任)

通州区

主　席　　　赵玉影

(2015年1月任)

北京市各级政协组织和委员数

(截至2015年年底)

项目＼级别	直辖市	市辖区	合计
组织数	1	16	17
委员数	758	4735	5493

(贾海菊 编写　陈　煦 审稿)

政协天津市委员会

臧献甫　主　席

刘长喜　副主席

【全体委员会议】

十三届三次会议　2015年1月24日至27日在天津礼堂大剧场举行。市政协副主席王治平主持开幕式，市政协主席臧献甫主持闭幕式并讲话。市委代理书记、市长黄兴国，市人大常委会主任肖怀远，市委副书记王东峰等市领导同志应邀出席开、闭幕式。会议听取并审议了市政协副主席李文喜代表市政协常务委员会所作的工作报告、市政协副主席田惠光代表市政协常务委员会所作的提案工作情况的报告。与会委员列席了市十六届人大三次会议，听取并讨论了市政府工作报告及其他重要报告。委员们围绕京津冀协同发展、推进自贸区建设、促进产业结构优化升级、切实保障和改善民生、加快生态城市建设、创新社会管理等方面提出意见建议。会议审议通过政协天津市第十三届委员会第三次会议政治决议；审议通过政协天津市第十三届委员会第三次会议关于常务委员会工作报告的决议；审议通过政协天津市第十三届委员会提案委员会关于市政协十三届三次会议提案审查情况的报告。会议补选了中国人民政治协商会议天津市第十三届委员会主席、副主席、常务委员。臧献甫当选市政协主席。刘长喜当选市政协副主席。石玉颖、张志强、张国庆、周晓丰当选市政协常委。会议共收到提案1037件，立案1006件，提交大会发言173篇。

【常务委员会会议】

第10次会议　1月16日召开。市政协副主席李文喜主持会议并讲话。会议听取了政协天津市第十三届委员会专门委员会2014年度工作情况的汇报。审议通过了关于召开市政协十三届三次会议的决定，市政协十三届三次会议议程（草案）和日程，审议通过了提交市政协十三届三次会议审议的政协天津市委员会常务委员会工作报告（草案）和政协天津市委员会常务委员会关于市政协十三届二次会议以来提案工作情况的报告（草案），审议通过了市政协十三届三次会议秘书长、副秘书长名单。审议通过了政协天津市委员会2015年协商工作计划、2015年双周协商座谈会安排。

第11次会议　1月26日—27日召开。市政协副主席李文喜主持。会议审议通过了政协天津市第十三届委员会第三次会议关于常务委员会工作报告的决议（草案）、政协天津市第十三届委员会提案委员会关于市政协十三届三次会议提案审查情况的报告（草案）、政协天津市第十三届委员会第三次会议政治决议（草案）。会议审议通过了政协天津市第十三届委员会第三次会议选举办法、候选人名单、监票人名单。

第12次会议　4月30日召开。会议主题是围绕“助小微企业发展，促万众创新，促大众创业”建言献策。市政协主席臧献甫出席会议并讲话。市委常委、常务副市长段春华应邀出席会议并就本市开展“助小微企业发展，促万众创新，促大众创业”活动具体情况作了介绍。10位常委、委员作了大会发言，对当前中小微企业发展、科技创新和大众创业的现实状况和存在问题进行了深入分析，提出了促进中小微企业发展、促进创新创业的对策措施。市有关部门负责同志到会听取意见和建议。

第13次会议 8月10日至11日召开。会议主题是围绕“制定本市国民经济和社会发展‘十三五’规划”建言献策。市政协主席臧献甫主持会议并讲话。市委常委、常务副市长段春华应邀出席会议，并就科学制定本市“十三五”时期经济社会发展规划谈了认识与思考。委员们充分肯定“十二五”时期市委、市政府团结带领全市人民加快经济社会发展取得的巨大成就，从抓住五大叠加战略机遇编制好本市“十三五”规划、优先发展科技和教育、做优做强先进制造业等方面提出了意见和建议。市有关部门负责同志应邀到会听取意见和建议。

第14次会议 12月15日召开。会议深入学习贯彻中共十八届五中全会和市委十届八次全会精神，围绕制定和实施天津市国民经济和社会发展第十三个五年规划建言献策。市政协主席臧献甫出席会议并讲话。市委常委、市政协副主席、市委统战部部长刘长喜主持会议并传达市委全会精神。9位市政协常委畅谈了学习体会，从制定和实施好本市“十三五”规划，加快海洋文化资源有效配置，推动先进制造业与生产性服务业融合发展，创新“互联网+”服务业发展等方面作了大会发言。市政协常委围绕会议主题进行了分组讨论，一致表示，完全拥护中共天津市委十届八次全会通过的《关于制定天津市国民经济和社会发展第十三个五年规划的建议》，在市委领导下，认真履行职能，围绕制定和实施市“十三五”规划积极作为，发挥作用。市有关部门负责同志到会听取意见和建议。会议审议通过了《中国人民政治协商会议天津市委员会专门委员会通则》。

【专门委员会工作】

提案委员会 对征集到的1080件提案逐一进行审查。经审查立案1048件。所提问题和建议得到解决或采纳的676件，占64.5%；列入部门工作参考的占33.9%；因条件不具备暂时难以解决的1.6%，委员对办理工作满意率占99.8%。开展“聚集创新人才，建设人才高地”系列调研议政活动。围绕“十三五”规划专题征集《京津冀协同发展高端制造业》《加快实现政府职能转变》等提案。采取提前征集、集中审查措施，按委员专业对应提案类别组织审查。精选133件优秀提案予以表彰。强化主席促办机制，召开专题提案办理协商会15次，组织召开提案办理工作座谈会。开展《政协民心桥》“走进界别”专题节目，开展天津市政协提案会前调研征求市民意见活动。

经济委员会 开展各项专题调研、视察、座谈、走访委员等活动92次，完成专题调研报告10篇、政协信息专报和情况报告4篇。完成《如何发挥滨海新区在京津冀协同发展中更大作用》等市领导交办调研课题。围绕“京津冀产业协同发展”“新型城镇化，建设新农村”“加快天津自贸区建设”等课题开展联合调研和专题调研。多次深入实际考察，在“一助两促”专题议政性常委会上从多角度建言献策。围绕“推进互联网、信息技术、文化产业融合发展”组织双周协商座谈会。做好经济社会发展研究咨询委员会筹建工作，从政协委员和社会业界精英中推选建议委员人选。组织委员考察天津自贸区和本市小微企业，深入有关企业开展调研帮扶工作。

科技教育委员会 组织履职活动59项，形成调研报告14篇。筹备2次双周协商座谈会，围绕“促进大学生创业就业”和“建设天津国家自主创新示范区”建言献策。参与筹备专题议政性常委会，谋划“十三五”发展。抓住实施创新驱动发展战略和深化教育领域综合改革等关键问题，开展考察、座谈、研讨活动36次，完成研究课题3项。抓住“保障中小学生身体健康”“规范发展学前教育”“扩大高校办学自主权”等群众关心问题，开展重点提案办理协商、专题视察和监督性调研活动。专题视察智慧城市建设、科技小巨人企业等项目，举办“互联网+”“中国制造2025”等专题报告会，帮助委员协调解决实际问题，搭建知情明政平台。

人口资源环境和城市建设委员会 开展各项活动39次，向全国政协京津冀机场协同发展研讨会提交发言材料1篇，向京津冀政协主席会议提交发言材料1篇，向市委、市政府报送情况报告1篇，向市政协专题议政性常委会提交调研材料4篇。完成《构建区域大交通体系，促进京津冀协同发展》和《关于北京新机场建成前后京津冀机场协同发展的建议》。组织“改善困难群众居住条件”双周协商座谈会，从统筹市区规划、拓宽安置渠道等多方面提出意见建议。围绕医养结合促进养老事业社会化发展、完善公共交通建设、提升区县发展水平等专题，组成三个界别委员活动组，就本市“十三五”规划问题深入调研。组织开展国家《环保法》和《天津市大气污染防治条例》等视察调研活动。组织开展社会各界爱心人士与特困单亲母亲结帮扶对子、资助自强学子等助困助学公益活动。

医卫文体委员会 组织对话协商、调研、考察、视察等建言议政活动72次，完成调研报告19篇，开展履职为民、服务百姓活动20余项。完成《关于破解我市小微文化企业发展中资金困境的建议》调研报告。围绕科学编制医药卫生、文化艺术领域“十三五”规划开展调研，提出意见建议。举办双周协商座谈会，为“加强我市精神卫生体系建设”出谋划策。聚焦分级诊疗专题，完成《推进分级诊疗制度落实，不断提升医疗机构服务水平和能力》等4篇调研报告。对高校食品安全工作进行监督性视察，促进部门工作整改。联合举办“首届中国·天津自贸区投资发展研讨会”。组织委员围绕“加快本市养老机构建设”“戏曲曲艺传承发展”建言献策。举办“书香天津”读书节活动。组织义诊送医上门、举办健康大讲堂，开展“深入社区送文化、服务人民欢乐行”等系列活动，受益群众2000余人。

社会和法制委员会 组织委员理论学习、调研视察活动66次，开展法律宣传和公益活动9次，形成调研报告15篇、提案2篇。承办“创新体制机制、助推自贸区发展”双周协商座谈会，从离岸经济、融资租赁等方面提出意见建议。围绕常委会议题，形成了《运用金融创新机制，缓解小微企业融资难问题》《关于加强我市高技能人才队伍建设的建议》等调研报告。与市政府法制办共同制定《关于建立政府立法协商工作机制的实施意见（试行）》，组织委员、专家参与《中国（天津）自由贸易试验区管理办法（草案）》等法规文件的制定协商活动。围绕基层农村社会综合治理、警务进社区进行调研。与法治天津建设领导小组共同开展

“六五”普法考核工作。原创设计了三册《天津市青少年学法自护漫画绘本——小智宣法》并在全市少代会上发放。

民族和宗教委员会 开展专题调研、视察、考察和对口协商等活动40余次，参加活动委员300余人次，形成调研报告4篇、情况专报1篇、专题常委会议发言材料2篇、学习考察报告2篇。围绕专题议政性常委会议题，开展“促进少数民族乡村经济建设与社会发展”“促进社会平衡发展，提高城市温和度”课题调研。承办“促进我市少数民族乡村经济社会发展”专题协商会。召开少数民族界委员反映社情民意座谈会。就“《宗教事务条例》实施十周年、推动依法管理宗教事务”与全国政协民宗委进行协同调研，形成《〈宗教事务条例〉实施十周年天津市推动依法管理宗教事务的情况报告》。就民族宗教有关课题组织委员赴海南、广西、青海和四川四省、自治区考察调研。与河北省政协民宗委就京津冀协同发展开展合作。与市景华公益基金会合作，开展少数民族乡村扶贫扶智支教援教公益活动。

文史资料委员会 召开主任会、全体会、座谈会等60次，开展调研40多次，形成调研报告15篇，报送信息专报7篇。征集史料145万字，编辑出版文史书籍7册，245万字。向全国政协十二届四次会议提交《关于保护好建国后标志性建筑的建议》。承办“加快我市现代公共文化服务体系建设”双周协商座谈会。围绕专题议政性常委会议题，提交《关于建设天津市中小企业投融资数据信息服务中心的建议》等大会发言和书面发言；围绕制定“十三五”规划，提交《关于加强我市“十三五”高等教育经费投入的建议》等书面发言。承办“京津冀政协委员书画作品交流展（天津站）”。联合举办纪念中国人民抗日战争暨世界反法西斯战争胜利70周年理论研讨会。与中国网政协频道合作推出《中国近代百年看天津》栏目。

港澳台侨和外事委员会 组织委员到企业、学校、区县调研20余次，撰写调研报告30余篇。政协大会期间，举办港澳委员和列席代表报告会。组织港澳委员学习培训班2次，深入贯彻全国“两会”精神，传达学习中共十八届五中全会、市委十届八次全会和市政协界别工作会议精神。赴陕西革命老区开展以“弘扬爱国主义精神、增进民族认同”为主题学习考察。深入区县和外贸企业调研，做好常委会议题的调研和大会发言。承办双周协商座谈会，为“优化在津港澳台侨资企业发展环境”建言献策。举办澳门大学生来津学习交流活动。组织以全国政协港澳委员为主导的青年社团代表来津开展体验式学习考察活动。参与主办“第八届津台投资合作洽谈会暨2015天津·台湾名品博览会”。与有关部门合作举办“2015·东北亚和平与发展滨海论坛”和“中俄丝路友城视听新媒体作品交流季”活动启动仪式。

【重要活动】

政协委员与“两院”专题协商会 1月15日召开。市高级人民法院院长高憬宏、市人民检察院检察长于世平分别通报了市高级人民法院、市人民检察院2014年工作情况和2015年思路举措。委员们在发言中充分肯定了本市各级人民法院和人民检察院的工作，并围绕“两院”工作和法治天津建设、推进司法体制改革等方面提出意见建议。

“促进大学生创业就业”双周协商座谈会 4月7日召开。市政协主席臧献甫主持会议并讲话。座谈会上，市科委、市教委负责同志介绍了本市大学生创新创业就业情况。11位委员和专家学者分别发言，提出了许多有价值的意见和建议。市有关部门负责同志到会听取意见建议，并与委员协商讨论。

“改善困难群众居住条件”双周协商座谈会 4月28日召开。市政协主席臧献甫主持会议并讲话。副市长尹海林应邀出席会议。座谈会上，市国土房管局负责同志介绍了本市居住在地下室及零散危陋房屋群众的居住和腾迁改造情况。市内六区政协有关负责同志及4位委员分别发言，从政策制定、资金来源、房屋征收等多个方面提出意见建议。市有关部门及市内六区政府有关负责同志到会听取意见建议，并与委员协商讨论。

京津冀政协主席联席会议第一次会议 5月15日在河北省石家庄市召开。市政协主席臧献甫出席会议并讲话。市政协副主席魏大鹏围绕“京津冀协同发展中交通一体化问题”议题，介绍了本市推进京津冀交通一体化工作情况，就构建互联互通综合交通网络、重点交通项目建设以及需要国家层面协调解决的问题等提出意见建议。国家发展和改革委员会、国家交通运输部有关部门负责同志讲话。会议通过了《关于建立京津冀政协主席联席会议制度的意见》。

“助推自贸区发展”双周协商座谈会 5月19日召开。市政协主席臧献甫主持会议并讲话。天津自贸区管委会负责同志介绍了自由贸易试验区发展情况。9位委员和有关民主党派成员分别作了发言，围绕创新体制机制，营造高效便捷的服务环境，搭建融资租赁和跨境电子商务平台等方面提出意见建议。市有关部门负责同志到会听取意见建议，并与委员协商讨论。

“三严三实”专题教育党课 5月27日举办。市政协党组书记、主席臧献甫为市政协机关全体党员干部讲授。党课深入分析了“三严三实”的丰富内涵，深刻阐述了“三严三实”专题教育的重大意义，强调要努力在深化“四风”整治、巩固和拓展党的群众路线教育实践活动成果上见实效，在守纪律讲规矩、营造良好政治生态上见实效，在真抓实干、推动改革发展稳定上见实效。

“推进我市精神卫生防治体系建设”双周协商座谈会 7月31日召开。市政协主席臧献甫主持会议并讲话。副市长曹小红、市政协副主席田惠光出席并讲话。座谈会上，市卫生计生委负责同志介绍了本市精神卫生防治体系建设的基本情况。7位市政协委员和有关民主党派成员分别作了发言，围绕推进本市精神卫生防治体系建设，积极开展大中小学校学生心理健康教育工作，加大对肇事肇祸精神障碍患者管控力度等方面提出意见建议。市有关部门负责同志到会听取意见建议，并与委员协商讨论。

“加快天津国家自主创新示范区建设”双周协商座谈会 9月8日召开。市政协主席臧献甫主持会议并讲话。市政协副主席王治平出席并讲话。市科委负责同志介绍了本市国家自主创新示范区规划建设情况。10位委员和专家分别作了发言，围绕充分发挥自主创新示范区核心区的引领带动作用，创新管理体制和模式，统筹自创区与自贸试验区发展布局等提出意见建议。滨海新区政府、市商务委、市科委、天津滨海高新区管委会有关负责同志到会听取意见建议，并与委员协商讨论。

访问港澳 10月8日至13日，市政协主席臧献甫率天津市代表团访问香港、澳门。全国政协副主席何厚铧、澳门特别行政区行政长官崔世安分别会见代表团一行，对代表团访问澳门表示欢迎。访问期间，代表团出席了在澳门举办的第四届世界旅游经济论坛；走访了中央人民政府驻香港联络办事处、中央人民政府驻澳门联络办事处、外交部驻香港特派员公署、外交部驻澳门特派员公署；走访了香港廉政公署和香港地区省级政协委员联谊会；看望慰问了港澳地区天津市政协委员、历届委员和香港天津联谊会、澳门天津联谊会、香港地区天津妇联、澳门地区天津妇联、澳门地区天津青联部分成员，并与他们进行了深入交流座谈。

“加快现代公共文化服务体系建设”双周协商座谈会 10月26日召开。市政协主席臧献甫主持会议并讲话。市政协副主席高玉葆出席并讲话。市文化广播影视局有关负责同志介绍了本市公共文化服务体系建设情况。12位委员和专家分别作了发言，围绕建立本市公共文化事业发展引导基金，构建具有地域特色的城市公共文化体系，将“五大道”地区打造成天津亮丽的城市文化名片等方面提出意见建议。市委宣传部、市财政局、市文化广播影视局有关负责同志到会听取意见建议，并与委员协商讨论。

区县政协工作经验交流会 11月3日召开。市政协主席臧献甫出席会议并讲话。区县政协负责同志分别从认真搞好调查研究、提高建言献策水平、加强委员学习培训和服务管理等方面交流了工作经验，并围绕加强市、区县政协工作联动，创新做好新形势下人民政协工作进行座谈。

“推进互联网、信息技术、文化产业融合发展”双周协商座谈会 11月27日召开。市政协主席臧献甫主持会议并讲话。市发展改革委、市商务委、市文化广播影视局有关负责同志分别介绍了本市“互联网＋电子商务”“互联网＋文化产业”发展的相关情况。8位委员和课题组成员分别发言，围绕促进互联网产业发展，加快跨境电商创新发展，鼓励社会资本在天津建设大数据中心等方面提出意见建议。市有关部门负责同志到会听取意见建议，并与委员协商讨论。

界别工作会议 12月1日召开。市政协主席臧献甫出席会议并讲话。市委常委、市政协副主席、市委统战部部长刘长喜出席会议并就市政协各界别召集人小组名单作说明。市政协副主席李文喜主持会议。7位界别和专委会代表从如何突出界别特色、发挥界别优势、发挥专委会联系服务界别作用等方面作了发言。

“优化港澳台侨资企业发展环境”双周协商座谈会 12月8日召开。市政协主席臧献甫主持会议并讲话。市商务委有关负责同志介绍了本市港澳台侨资企业发展情况。10位委员分别发言，围绕改善港澳台侨资企业投资经营环境，为海外留学人才搭建平台，优化港澳台侨资物业管理企业发展环境等提出意见建议。市有关部门负责同志到会听取意见建议，并与委员协商讨论。

市政协经济社会发展研究咨询委员会成立大会 12月8日召开。市政协主席臧献甫出席会议并讲话。市政协副主席王治平主持。会议宣布研究咨询委员会委员聘任决定，宣布研究咨询委员会分组及召集人名单，通过了《天津市政协经济社会发展研究咨询委员会工作规程》，与会领导为研究咨询委员会委员颁发聘书。

【重要文件】

常务委员会工作报告（2015年1月24日）（摘要） 2014年工作回顾。一、不断加强学习，始终保持人民政协正确的政治方向。深入学习贯彻中共十八届三中、四中全会精神和习近平总书记系列重要讲话精神；以庆祝人民政协成立65周年为契机，深入学习政协理论和政协知识；举办各种形式报告会、座谈会凝聚思想共识。二、紧扣中心工作，围绕改革发展大局建言献策。围绕推进京津冀协同发展献计出力；围绕促进经济转型升级协商议政；围绕市委、市政府关注的重点问题深入调研。三、坚持履职为民，促进民生改善和社会和谐。提出创新社会治理工作意见建议；针对群众关心的实际问题调研议政；开展系列面对面服务群众活动。四、注重团结联合，凝聚经济社会发展正能量。充分发挥民主党派、无党派人士、人民团体在政协工作中的作用；促进民族团结宗教和睦；广泛团结港澳台同胞和海外侨胞；积极开展人民政协对外交往。五、不断探索创新，推动协商民主工作深入发展。制订实施协商工作计划；建立双周协商座谈会制度；增强议政性常委会议协商实效。六、坚持求真务实，提高履行职能的能力和水平。改进调查研究工作；探索人民政协智库建设；推进政协各项经常性工作；巩固拓展群众路线教育实践活动成果，加强市政协机关自身建设。回顾一年来的工作，主要有以下体会：第一，必须把握正确的政治方向；第二，必须找准职能定位；第三，必须围绕中心、服务大局；第四，必须把提高调研质量作为建言议政的基础；第五，必须充分发挥委员的主体作用；第六，必须坚持改革创新。2015年工作部署。在新的一年里，市政协常委会工作的总体要求是：全面贯彻中共十八大，十八届三中、四中全会和中央经济工作会议精神，以邓小平理论、“三个代表”重要思想、科学发展观为指导，深入贯彻习近平总书记系列重要讲话精神，准确把握经济发展新常态，按照市委“改革统领，创新驱动，转型升级，改善民生，从严治党”的工作要求，坚持围绕中心、服务大局，突出团结和民主两大主题，深入推进协商民主，加强民主监督，充分发挥委员主体作用，锐意进取，扎实工作，为推动天津经济社会持续健康发展贡献智慧和力量。一是不断巩固团结奋斗的共同思想政治基础。二是继续为促进经济社会持续健康发展建言献策。三是进一步加强社会主义协商民主建设。四是积极探索民主监督新方法新途径。五是努力提高委员履职能力和水平。

【组织概况】

主席补选名单

（2015年1月27日市十三届政协第三次会议通过）

臧献甫

副主席补选名单

（2015年1月27日市十三届政协第三次会议通过）

刘长喜

委员增补名单

（2015年1月16日市十三届政协常务委员会第十次会议通过）

王玉久　王伟生　王瑞萍　刘长喜
刘道刚　孙学瑞　张志强　张国庆
张晓雁　杨英涛　阿依木汗
胡成利　胡利民　黄永刚　臧献甫

委员辞职名单

（2015年1月16日市十三届政协常务委员会第十次会议通过）

丁贵明　车德宇　王　刚　华耀纲
刘柄赫　朱灿璋　杨蔚东　赵继旺
郭运德　彭建新

撤销委员资格名单

（2015年4月30日市十三届政协常务委员会第十二次会议通过）

崔志勇

（2015年12月15日市十三届政协常务委员会第十四次会议通过）

吴学民

区县政协主席变动情况

静海区　刘建国（回）
宁河区　刘建国

天津市各级政协组织和委员数

（截至2015年年底）

项目 \ 级别	直辖市	市辖区	县	合计
组织数	1	15	1	17
委员数	778	3496	261	4535

（赵　雷 编写　刘树增 审稿）

政协河北省委员会

艾文礼　副主席

边发吉　副主席

【全体委员会议】

十一届三次会议　2015年1月7日至11日上午在石家庄举行。应出席委员770名，实际出席729名。会议听取并审议了付志方代表省政协十一届常务委员会所作的工作报告和崔江水代表省政协十一届常务委员会所作的提案工作情况的报告。与会委员列席了河北省十二届人大三次会议，听取并讨论了省长张庆伟所作的政府工作报告和会议期间的其他报告。会议审议通过了《政协河北省第十一届委员会第三次会议政治决议》《政协河北省第十一届委员会第三次会议关于常务委员会工作报告的决议》《政协河北省第十一届委员会第三次会议关于常务委员会十一届二次会议以来提案工作情况报告的决议》和《政协河北省第十一届委员会提案委员会关于第三次会议提案审查情况的报告》。会议补选了十一届河北省政协副主席。会议期间，提案委员会共收到提案519件，符合立案条件的515件，占提案总数的99.23%，未予立案的4件，占提案总数的0.77%。会议印发172份书面发言，10位委员作了口头发言。省委、省人大、省政府领导出席开、闭幕会，听取大会发言，深入到小组与委员们交流讨论，商讨改革发展大计，促进形成共识。会议结束时，省政协主席付志方讲话。

【常务委员会会议】

第10次会议　2015年1月5日下午在石家庄举行。应出席常务委员会组成人员156名，实际出席142名。中共河北省委常委、统战部部长范照兵作关于人事事项的说明。会议审议通过了关于召开政协河北省第十一届委员会第三次会议的决定（草案）、政协河北省第十一届委员会第三次会议议程日程（草案）、政协河北省第十一届委员会常务委员会工作报告（草案）及报告人建议名单、政协河北省第十一届委员会常务委员会关于十一届二次会议以来提案工作情况的报告（草案）及报告人建议名单、政协河北省第十一届委员会各专门委员会2014年工作总结（书面）和有关人事事项。

第11次会议　2015年1月9日晚在石家庄举行。应出席常务委员会组成人员151名，实际出席141名。省政协主席付志方主持会议。中共河北省委常委、组织部长梁田庚作关于人事事项的说明。会议审议通过了补选副主席和常务委员候选人名单（草案），政协河北省第十一届委员会第三次会议选举办法（草案），总监票人、监票人建议名单，政协河北省第十一届委员会第三次会议政治决议（草案）、政协河北省第十一届委员会第三次会议关于常务委员会工作报告的决议（草案）、政协河北省第十一届委员会第三次会议关于常务委员会十一届二次会议以来提案工作情况报告的决议（草案）、政协河北省第十一届委员会提案委员会关于第三次会议提案审查情况的报告（草案）。

第12次会议 2015年4月29日在石家庄举行。应出席常务委员会组成人员154名，实际出席140名。会议的主要议题是围绕推动京津冀协同发展议政建言。省政府省长张庆伟应邀出席开幕会，并就京津冀协同发展问题作专题报告。会议听取了秘书长郭大建关于人事事项的说明，并审议通过了有关人事事项。会议印发书面发言材料81份，8位同志作了口头发言。会议结束时，省政协主席付志方讲话。

第13次会议 2015年7月28日在石家庄举行。应出席常务委员会组成人员154名，实际出席130名。会议主要围绕加强重点项目建设议政建言。省政府常务副省长杨崇勇到会作了关于加强重点项目建设的情况报告。会议听取了秘书长郭大建关于人事事项的说明，并审议通过了有关人事事项。会议共印发书面发言材料50份，8位同志作了口头发言。会议结束时，省政协主席付志方讲话。

第14次会议 2015年11月24日在石家庄举行。应出席常务委员会组成人员154名，实际出席136名。会议的主要议题是围绕加快民营经济发展议政建言。省政府副省长张杰辉到会作了关于全力推进民营经济又好又快发展的情况报告。省政府副秘书长那书晨作了关于省政府系统办理省政协十一届三次会议以来提案工作进展情况的报告。会议听取了秘书长郭大建所作的关于人事事项的说明，并审议通过了人事事项。听取了“1号提案”主办单位办理情况的汇报，评议“1号提案”办理情况。会议通过了关于召开政协河北省第十一届委员会第四次会议的决定。会议共印发101篇书面发言材料，6位同志作了大会口头发言。会议结束时，省政协主席付志方讲话。

【专门委员会工作】

提案委员会 一年来，河北省政协提案委员会共收到提案637件，经审查立案，交有关单位办理的629件。省委、省政府领导2014年阅批重点提案29件次，逐件提出办理要求。其中，围绕经济发展、建设经济强省方面的提案183件，围绕保障和改善民生、促进社会和谐稳定方面的提案202件，围绕文化建设、推动文化繁荣发展方面的提案97件，围绕保护生态环境、建设美丽河北方面提案80件，围绕依法治省、推动政府职能转变方面的提案67件。常委会按照“围绕中心，服务大局，提高质量，讲求实效”的提案工作方针，遵循“提案是关键、办理是核心、解决问题是目的”的原则，努力提高提案工作的质量和水平。

人口资源环境委员会 参与河北省政协十一届四次会议筹备，负责大会发言组织工作。围绕“环境污染引入第三方治理问题”，走访15个县市区，召开座谈会33次，完成了6800字的《关于推进环境污染引入第三方治理的调研报告》。配合河北省住建厅就垃圾分类处理赴四川、广东两省调研，参与起草了《关于借鉴国内外先进经验推进垃圾处理工作健康发展的报告》，报省政府。联合河北大学组成课题组，完成了国家卫计委重点课题——《人口与计划生育法修订重点问题研究报告》。编辑印制19万字的《人口资源环境委员会工作手册》。

文史资料委员会 编辑出版《晋察冀抗日根据地史料汇编》和《晋冀鲁豫抗日根据地史料汇编》。组织编撰《江山如此多娇——自然河北》。搜集整理追忆西柏坡水下遗址搬迁、采访著名作家王蒙先生等视频史料。启动《烽火作家群》系列采访记录工作。参与关于河北省旅游业发展问题的调研，深入承德、张家口、保定等地实地考察，撰写《打造河北省旅游业发展新高地——关于加快燕山—太行山地区旅游业发展的调查与建议》调研报告。举办“学习习近平总书记重要讲话座谈会暨红色文化艺术品收藏展”。举办13期文史百家谈公益讲座。组织京津冀政协委员书画作品交流展、河北省青联扶贫帮困“春雨行动”书画义卖会等。

财政经济委员会 负责十一届十二次、十三次、十四次常委会议组织工作。会前分别成立调研组，赴石家庄、保定、廊坊、衡水、唐山、邢台等地调研，会后分别起草了建议案报省委、省政府，供决策参考。会同省政协研究室开展“我为京津冀协同发展献一计”活动，共向省委、省政府报送专报103期，省领导作出批示29人次。组织召开省政协委员对编制“十三五”规划建言献策专题协商会，形成发言材料65篇，会后，起草了《关于对起草〈中共河北省委关于制定国民经济和社会发展第十三个五年规划的建议〉的建议》报省委办公厅。协助全国政协“实施创新驱动发展战略，推进产业转型升级”调研组和“推进财税体制改革，防控地方债风险”调研组来冀调研。

农业委员会 承担“鼓励到海外并购企业，引进人才技术问题”重点调研课题，采取“调研—分析—综合—再调研—再分析—再综合”的模式进行立论和研讨，提出了八方面26条建议。深入康保、尚义、望都等地开展调研，联合省农业厅和部分市县政协，邀请省政协委员、专家学者、专业媒体和新型农业经营主体代表等共60余人，召开农村土地经营权流转专题研讨会，提出许多有价值的意见建议。参加全国政协第38次双周协商座谈会，围绕“集中连片特困地区精准扶贫”议题，提交了《发展合作扶贫、促进精准脱贫》书面材料。

教科文卫体委员会 围绕“推进与京津合作办医、提高基层医院医疗水平问题”开展调研，最终形成《关于推进与京津合作办医、提高基层医院医疗水平的调研报告》。围绕“加快城市学前教育发展”问题赴石家庄、邢台、邯郸开展调研，形成了《关于加快河北省城市学前教育发展》的调研报告。组织部分委员和书法家与省民进、河北师大等单位共同开展了3次“烛光计划”大型书法公益活动，捐赠价值6万余元的书法教材，挂牌成立3个书法教学实验基地。组织部分省政协委员赴青海、甘肃两省就“旅游与文物保护”学习考察。

社会和法制委员会 承担“企业融资难、融资贵”专题调研，实地考察30多家中小微企业，召开座谈会9次，掌握了大量第一手资料。组织委员围绕《河北省城乡规划条例修订草案》和《河北省大型群众性活动安全管理办法》开展立法协商。参加全省“六五”普法规划实施情况的检查验收工作。举办“了解新兴生物科技产业、推动社会救助事业发展”主题委员活动日。会同省政协办公厅联络处开展全国政协关于“建筑业工伤保险实施情况”委托调研。

民族和宗教委员会 就“十三五”期间少数民族全面建成小康社会中的短板问题调研，发现全省51个民族乡1250千米的乡级公路损毁严重，与省交通、财政、发改等部门沟通协商形成建议并上报。组织政协委员到唐山、承德、廊坊等民族地区和民族企业调研，提出了解决问题的28条建议上报。就国务院《宗教事务条例》贯彻落实10周年开展调研，提出6条修改建议，报全国政协民宗委。深入省民政厅和石家庄、邢台等宗教团体，对收养弃婴孤儿情况调研，召开民主协商会，提出了8个方面25条建议报省委、省政府。

港澳台侨和外事委员会 组织访问团赴港澳访问，走访了重要社团，积极宣传推介河北。组织省直有关单位、相关企业与港澳委员和海外列席人士进行对口座谈交流，达成合作意向35项。召开河北省政协港澳委员和海外特邀委员学习交流会暨全省政协系统港澳台侨外事委主任座谈会。曹素华、卢晓光副主席先后率团赴台湾进行经济和文化交流，实地考察相关项目，取得了新的成果。会同省农工民主党、省卫生计生委、省黄埔军校同学会、省台湾同胞联谊会、河北海外联谊会等部门联合举办冀港澳台中华传统医药文化发展大会。

【重要活动】

重点课题调研 围绕河北发展大局，把“企业融资难融资贵、环境污染引入第三方治理、城乡教育公平”等6个课题，作为全年调查研究的重点。组建以政协委员为主体，民主党派、专家学者和党政部门负责人参加，由主席会议成员分别牵头的6个调研组，发动政协各参加单位和全省各级政协组织广泛参与，汇聚各方力量，共同破解难题。坚持“眼睛向内、双腿向下、开动脑筋”，深入全省11个设区市68个县（市、区），走进270多个企业、乡村、学校等，多形式、多渠道开展调查研究。形成6份共计5万多字的调研报告，提出建议103条。省委常委会专门听取情况汇报，省委书记赵克志指出，“省政协的调研报告很有价值、很有分量，汇报中提出的6条建议非常好，充分体现了省政协围绕中心、服务大局的意识，为省委、省政府科学决策提供了重要参考。”

京津冀政协主席联席会议第一次会议 5月15日在石家庄召开。会议由河北省政协主席付志方主持。北京市政协主席吉林、副主席赵文芝，秘书长周毓秋，天津市政协主席臧献甫、副主席魏大鹏，秘书长李金亮，河北省政协副主席刘永瑞、郭华，秘书长郭大建，京津冀三地政协办公厅、研究室、提案委员会、城建环保委员会、人口资源和城市建设委员会、财政经济委员会，三省市发改委、交通厅（委）负责同志，部分住冀全国政协委员和河北省政协委员代表，共60余人出席会议。全国政协提案委员会副主任王国卿，国家发改委、交通运输部有关负责同志应邀参加会议。会议围绕京津冀交通一体化问题协商议政，就构建互联互通综合交通网络、重点交通项目建设以及需要国家层面协调的问题提出意见建议。会议通过了《关于建立京津冀政协主席联席会议制度的意见》，决定由三省市政协轮流主办，每年召开一次联席会议。

【重要文件】

常委会工作报告（2015年1月7日）（摘要） 一、2014年工作回顾。（一）抓好重点调研，着力推动改革发展。重点调研贯穿了求真务实精神。一是汇聚调研力量。成立重点课题调研领导小组，由各位副主席和党组成员分别牵头，组成12个专业性较强的精干调研组。二是调研工作扎实。按照“眼睛向内、双腿向下”的要求，深入全省11个市的90多个县（市、区）、230多个乡镇，走进700多个企业、农村、社区等基层单位，召开各类协商座谈会200多次，掌握了大量第一手资料。三是提出的意见建议务实。在充分调查研究的基础上，形成了近11万字的12份调研报告，共提出228条建议。重点调研活动引起较大反响，省内外新闻媒体对调研作了广泛宣传，中共中央政治局常委、全国政协主席俞正声同志对相关报道作出重要批示。有关部门认真吸纳报告提出的建议，改进工作、推动发展。（二）突出政协特色，着力推进协商民主。制订年度协商计划。制定了《2014年协商工作计划》，把协商民主同调查研究结合起来，同专题协商议政结合起来，明确规定了协商活动的原则、内容、形式和要求，提高了协商活动的计划性和可行性，为富有成效地开展协商活动提供了保证。重点抓好常委会议协商。围绕打好“四大攻坚战”，分别以“推动工业转型升级”“大力发展县域经济”和“科学防治污染，改善大气环境质量”为中心议题，召开议政性常委会议。3次常委会议共印发大会发言240余份，26名同志作了重点发言。扎实推进提案办理协商。把“科学治霾，改善大气环境质量”列为年度1号提案，实施重点办理协商。坚持打造治霾“连续剧”，由主席、副主席带队，通过座谈、调研、考察、走访等形式开展督办，研究分析问题，共商办理良策。研究制定《关于健全和完善政协提案办理制度的意见》，建立常态化联系机制。（三）坚持履职为民，着力服务基层群众。围绕民生问题建言。就振兴河北乳业、促进奶业健康发展，改善医患关系，推动中医药事业发展，加强科学普及场馆建设，扶助失独家庭等群众关注的热点难点问题，进行视察、调研和研讨。向全国政协和省委省政府报送社情民意信息435期，省长张庆伟同志和其他省领导多次批示有关部门认真研究。做好文化惠民工作。建成省政协文史书苑，打造融文史图书销售、文化交流等功能为一体的文化平台。深入挖掘河北旅游文化资源和内涵，征编出版《望长城内外——胜境河北》旅游全书。真诚为民办事。举办河北省书法教育“烛光计划”大型公益活动，通过“义捐、义讲、义培”形式，助推中小学书法教育。支持和协助港澳委员开展扶贫助教活动。省政协领导加强与扶贫点的联系，指导基层寻找致富道路，破解发展难题。（四）广泛联系各界，着力促进和谐稳定。加强合作共事。适时走访省各民主党派、工商联，开展省级中共党员领导与党外人士交友联谊活动。拓宽党派团体在政协参政议政的平台和渠道，与各民主党派、工商联联合开展重点调研，邀请参加政协组织的视察考察、学习培训、对外交流等活动。促进民族团结、宗教和睦。就少数民族地区发展规划、少数民族村庄建设、少数民族企业发展等课题进行调研视察，助推少数民族地区经济社会发展。密切与五大宗教团体联系，参加宗教界重要活动，协调有关部门妥善解决宗教教职人员养老等问题。举办全省政协民族宗教干部培训班，召开民族自治县政协主席座谈会。开展海外联谊和对外友好交往。组织工作访问团访问港澳，邀请港澳青年来冀考察交流。组织医药卫生、经贸合作团赴台湾交流考察，加强与台湾知名人士、有关党派团体的友好交往。接待巴基斯坦参议院主席和美国南部中国专家协会来冀考察访问。提升宣传工作层次。成立省政协宣传工作领导小组，建立政协宣传工作联络员队伍，加强宣传平台建设，形成上下联动、齐抓共管的大宣传格局，强化思想引领、凝心聚力功能。（五）顺应新常态要求，着力加强自身建设。强化理论武装。举办全省政协系统省管干部研讨班、处级干部学习班和政协委员培训班。组织召开座谈会，深入学习习近平总书记在庆祝人民政协成立65周年大会上的重要讲话。创新学习形式，精心办好政协大讲堂。加强制度建设。制定《关于开展调查研究工作的实施意见》，推进调研工作制度化、规范化。省政协机关开展标准化建设，促进各项工作依章依规、有序高效运行。改进全体会议、常委会议筹备和组织模式，建立统一领导、统一部署、统一行动的推进机制。改进工作作风。狠抓党的群众路线教育实践活动整改任务落实，坚决执行中央八项规定，严格落实党风廉政建设责任制，出台《关于进一步加强机关干部队伍建设的意见》。回顾一年来的履职实践，我们深切认识到，做好新形势下政协工作：——必须牢记人民政协的性质定位；——必须着眼改革发展大局履行职能；——必须坚持求真务实的作风；——必须弘扬改革创新精神；——必须善于利用各方面资源。二、2015 年工作部署。(一) 牢牢把握政协事业的前进方向；(二) 紧紧围绕重大问题议政建言；(三) 积极推进协商民主发展；(四) 努力促进社会和谐稳定；(五) 切实加强履职能力建设。

【组织概况】

副主席增选名单

(2015 年 1 月 11 日政协河北省第十一届委员第三次会议通过)

艾文礼　边发吉

常务委员辞职名单

(2015 年 1 月 5 日政协河北省第十一届委员会常务委员会第 10 次会议通过)

马玉蝉　刘建合　李　军　李亚民　李惠民

常务委员补选名单

(2015 年 1 月 11 日政协河北省第十一届委员第三次会议通过)

王冬梅（女）　宋华英（女）　董云鹏　谢振学

委员增补名单

(2015 年 1 月 5 日政协河北省第十一届委员会常务委员会第 10 次会议通过)

王　跃　王冬梅（女）　艾文礼　史立军　包　东　孙铁男　李俊渠　宋华英（女）　常丽虹（女）　董云鹏　程远国　谢振学　解永会　解晓勇

委员辞职名单

(2015 年 1 月 5 日政协河北省第十一届委员会常务委员会第 10 次会议通过)

王会勇　毛彪勇　尹兆君　卢　震　许　杰　吕　宙　李玉龙　李秀昆　罗　光

常务委员免职名单

(2015 年 4 月 29 日政协河北省第十一届委员会常务委员会第 12 次会议通过)

古怀璞　周　杰

撤销委员资格名单

(2015 年 4 月 29 日政协河北省第十一届委员会常务委员会第 12 次会议通过)

古怀璞　周　杰　周义强

(2015 年 11 月 24 日政协河北省第十一届委员会常务委员会第 14 次会议通过)

薛继连　郝东恒　任宪勇

不再担任副秘书长名单

(2015 年 7 月 28 日政协河北省第十一届委员会常务委员会第 13 次会议通过)

睢国强

(2015 年 11 月 24 日政协河北省第十一届委员会常务委员会第 14 次会议通过)

徐　英（不驻会）

市、县、区政协主席变动情况

石家庄市

新乐市

丁山林（2015 年 3 月补选）

灵寿县

王雪山（2015 年 3 月补选）

赵　县

张清华（2015 年 10 月补选）

藁城区

马树彦（2015 年 3 月补选）

鹿泉区

王顺才（2015 年 3 月补选）

栾城区

张军廷（2015 年 9 月补选）

张家口市
怀来县
杨聚庭（2015 年 3 月补选）
尚义县
史如江（2015 年 3 月补选）

秦皇岛市
抚宁区
张　岐（2015 年 1 月补选）

唐山市
丰润区
暂　缺
陈绍增（2015 年 5 月不再担任）

廊坊市
香河县
马文龙（2015 年 2 月补选）

保定市
莲池区（原南、北市区）
李丽萍（女）（2015 年 5 月补选）
清苑区（原清苑县）
王振起（2015 年 4 月补选）
涞源县
罗玉琴（女）（2015 年 1 月补选）
雄　县
董贺群（2015 年 4 月补选）

沧州市
泊头市
暂　缺
申海龙（2015 年 11 月不再担任）
盐山县
暂　缺
胡丽萍（女）（2015 年 11 月不再担任）

衡水市
王金刚（2015 年 2 月补选）

冀州市
甄瑞杰（2015 年 2 月补选）

深州市
魏志春（2015 年 2 月补选）
阜城县
张向阳（2015 年 3 月补选）

邯郸市
涉　县
张长山（2015 年 3 月补选）

定州市
陈业鹏（兼）（2015 年 2 月补选）

河北省各级政协组织和委员数

（截至 2015 年年底）

项目＼级别	省	设区的市	县（不设区的市、市辖区）	合计
组织数	1	11	170	182
委员数	768	5278	35237	41283

（范兆峰 编写　齐为民 审稿）

政协山西省委员会

【全体委员会议】

十一届三次会议 1月27日至31日在太原举行。与会委员听取了《省政协常委会工作报告》《省政协提案工作情况报告》；列席了省十二届人大第四次会议，听取了《政府工作报告》、省高院工作报告、省检察院工作报告以及其他报告，围绕全省改革发展稳定建言献策，提交发言材料80篇、提案866件，反映社情民意信息236篇，14位委员进行大会发言。王儒林、李小鹏等省领导分别听取大会发言，参加联组会议和小组讨论，听取委员意见和建议。会议讨论并赞同政府工作报告、省高院工作报告、省检察院工作报告以及其他报告；通过了省政协十一届三次会议政治决议、关于常委会工作报告的决议、关于提案审查情况的报告以及有关人事事项。薛延忠主席主持闭幕会议并讲话。

【常务委员会会议】

第12次会议 1月23日至24日在太原举行。薛延忠主席出席会议并讲话，省委、省政府领导及省委统战部负责同志应邀出席。与会常委围绕政府工作报告（征求意见稿）、省法院工作报告（征求意见稿）、省检察院工作报告（征求意见稿）等进行协商讨论；审议通过了省政协常委会工作报告（讨论稿）、提案工作报告（讨论稿）和省政协十一届三次会议议程（草案），决定提交省政协十一届三次会议审议。秘书长阎根生通报小组讨论情况。会议通过省政协十一届三次会议日程和有关人事事项。决定省政协十一届三次会议于1月27日在太原召开。

第13次会议 1月28日、30日分别举行。薛延忠主席主持。会议通过了选举办法、监票人和总监票人名单，通过了候选人名单，决定提请省政协十一届三次会议第三次全体会议进行选举；通过了省政协十一届三次会议政治决议（草案）、关于常委会工作报告的决议（草案）、关于提案审查情况的报告（草案），决定提请省政协十一届三次会议闭幕大会进行表决。

第14次会议 5月27日至28日举行。围绕促进经济转型和民生改善，就加快我省养老服务业发展协商议政、建言献策。薛延忠主席出席并讲话，副省长张建欣应邀通报我省养老服务业发展情况，副主席李雁红、朱先奇分别作有关人事事项、《关于进一步加快我省养老服务业发展的意见（讨论稿）》的说明。李志强等7位同志围绕会议主题发言。会议审议通过了《关于进一步加快我省养老服务业发展的建议》，通过了有关人事事项。

第15次会议 8月17日至18日举行，围绕扶持我省中小微企业发展新兴产业协商议政、建言献策。薛延忠主席出席并讲话，省委常委、副省长付建华通报我省中小微企业发展新兴产业的有关情况，副主席李雁红作《关于扶持我省中小微企业发展新兴产业的建议（讨论稿）》的说明，秘书长阎根生作有关人事事项的说明。柴林山等5位同志作大会发言。会议审议通过了《关于扶持我省中小微企业发展新兴产业的建议》。通过了有关人事事项。会议期间，常委会举行集体学习，国家工信部赛迪研究院规划所所长乔标作专题报告。

第16次会议 11月12日至13日举行。会议学习贯彻中共十八届五中全会精神，围绕我省"十三五"规划编制协商议政、建言献策。薛延忠主席主持并讲话，省委常委、副省长付建华通报我省"十三五"规划编制情况。会议认真学习中共十八届五中全会《建议》和习近平总书记重要讲话，传达学习王儒林书记在省委省级党员领导干部会议上的讲话精神，省委党校教授高健生作五中全会精神辅导报告。16位委员代表各民主党派省委、省工商联和省政协各专委会就科学编制我省“十三五”规划提出积极建议。会议审议通过了有关人事事项。

【专门委员会工作】

提案委员会 提案征集和办理工作。共征集提案1066件。经审查，立案957件，立案率89.77%；作为来信处理109件，占提案总数的10.23%。至年底，提案被采纳、已经解决和正在解决的906件，占94.67%；列入计划安排逐步解决的41件，占4.28%；因客观条件所限尚未采纳的10件，占1.05%。重点提案督办工作。10类（125件）重点提案均有明确回应和落实意见，一些具体建议列入我省“十三五”规划。召开了以“推进城中村改造”为主题的重点提案办理协商座谈会。围绕编制我省“十三五”规划建言献策。向省政协十一届十六次常委会议提交了《实施“定位转型”，促进产业升级》的建议报告。

经济委员会 做好常委会议筹备工作。围绕省政协十一届十五次常委会议题组织委员深入调研，形成《关于扶持我省中小微企业发展新兴产业的建议（讨论稿）》，同时编辑《调研资料汇编》提交会议参阅。会后对报告进行修改后报送省委省政府。做好经济委各项工作。开展“推进山西省旅游经济发展调研”，并在省政协十一届十六次常委会议上就我省“十三五”规划进行议政建言。召开全省政协经济委工作会议。参加全国政协暨地方政协经济（农业）委员会工作会议。就《山西省人民政府关于全面扩大开放的意见（征求意见稿）》等，组织委员、专家学者征求意见并及时回复。

人口资源环境委员会 助推养老服务业发展。组织委员深入调研，形成《进一步加快我省养老服务业发展的建议（讨论稿）》。经省政协十一届十五次常委会原则通过后作进一步修改完善，报送省委、省政府。省委书记王儒林、省长李小鹏等领导予以批示。建言“十三五”煤炭产业发展。组织委员深入调研，对“十三五”煤炭产业发展形成六点意见和建议，在省政协十一届十六次常委会上建言。力促《规划环境影响评价条例》的落实。组织委员视察，形成视察报告。搭建发挥党派、界别和委员优势的平台。组织他们参加相关调研和视察，积极反映社情民意，提出和督办重点提案。加强与对口部门和单位的联系。

农村委员会 组织召开农民种养业风险保障机制对口协商会议。组织委员深入调研，确定发言材料12篇，收集整理调研报告27篇，赵安泽等同志在对口协商会议上发言。围绕精准扶贫，为“十三五”规划编制建言献策。深入调研，形成调研报告及对我省“十三五”规划精准扶贫工作的相关建议，在省政协十一届十六次常委会议上建言。拓展服务领域，开展送“文化”下乡活动。组织省晋剧院文艺工作者到定襄县“送文化下乡”。为我省红枣产业转型发展寻求突破。深入调研形成专门建议向省委、省政府领导专报，建议将“红枣糖资源高效生物利用关键技术研究及产业化开发项目”列入我省重点科技研发计划。加强工作交流。省内上下联动，合力为农民种养业风险保障机制建言献策，形成调研报告23份。省外取长补短谋求创新，参加了全国政协经济委组织召开的贫困地区可持续发展理论与实践研讨会和全国政协暨地方政协经济（农业）委工作会议。

教科文卫体委员会 加强调研，提高建言质量。界别协商成效显著。围绕“培育和践行社会主义核心价值观，加强大学生思想政治教育”课题组织调研，委员与政府相关部门同志在界别协商会上深入沟通交流，形成许多共识。专题调研深入扎实。对“众创空间”建设进行专题调研，借鉴先进省市的好做法，结合我省实际提出意见和建议。建言献策重在务实。围绕制定我省“十三五”规划，就“优化科技生态环境，促进创新驱动发展”进行深入调研，在省政协十一届十六次常委会议上议政建言。服务基层民生，展现为民情怀。发挥所联系界别和委员的优势，先后组织委员、专家赴静乐县、古交市开展“察情建言惠民行”送科技、送文化下基层活动。关注焦点热点，深化民主监督。组织委员听取省招生考试管理中心有关考录方面的情况通报，对部分区县高考工作进行巡视。组织委员就我省科技创新方面存在的问题和面临的挑战进行考察。

社会法制委员会 筹备召开“健全依法决策机制、推进六权治本”专题议政会。组织委员深入调研，形成调研报告和议政发言材料21份。10位同志作议政发言。组织两次专项视察，起草一个文件，为深化民主监督探索实践。组织人民陪审员制度执行情况专项视察，指出存在问题，提出完善建议。组织公安交警和消防执法情况专项视察，提出具体意见和建议。起草了《中共山西省委关于加强人民政协民主监督的意见》代拟稿。做实专题建言工作。组织委员调研后形成《关于城市道路建设和交通管理“十三五”规划的几点建议》。围绕监狱和戒毒所监管安全进行调研。加强纵向横向工作联系与互动。认真完成省委全面深化改革领导小组两个专项小组交办的各项任务。

民族和宗教委员会 调研视察活动有序开展。协同或配合全国政协民宗委进行专题调研，形成《关于贯彻〈宗教事务条例〉实施10周年、推进依法管理宗教事务的调研报告》；就五台山碧山寺房产政策落实情况进行实地调研；配合完成“积极引导宗教与社会主义社会相适应”专题调研。组织开展专题调研，形成《关于加快我省少数民族聚居村全面建成小康社会的建议》，在省政协十一届十六次常委会议上建言。加强联系，增进团结。关心山大附中西藏班和山大工程学院新疆班学生的健康成长，前往西藏进行回访，撰写了《关于加强内地西藏班建设的建议》的社情民意上报全国政协。积极引导委员立足岗位作贡献。走访慰问民族宗教界代表人士。认真做好提案、信息等工作。提交了《关于落实山西省物价局关于宗教活动场所生活用电价格的通知》等提案。

文史和学习委员会 加强委员学习培训工作。举办本届第三期委员学习培训班，252人参加培训。进一步挖掘整理抗战史料。编辑《血铸河山——亲历者讲述山西抗战》，收录文章225篇，114万字。为全国政协《亲历者说——中国抗战编年纪事》供稿232篇、120余万字。加强调研、考察，搜集整理相关资料。促成全国政协刘晓峰副主席率“抗战遗址保护和利用”专题调研组来晋考察调研，为我省一些遗址列入第二批国家抗战遗址名录起到适时有力的推动作用。组织委员就“加强文化宣传”“文史和学习工作与元好问研究”进行调研；组织委员围绕山西编制“十三五”规划调研，向省政协十一届十六次常委会议提交调研报告并作大会发言。组织委员就历史文化区域保护利用情况进行省外专题考察调研，搜集有关山西在外省的资料。高质量编辑出版《文史月刊》。

港澳台侨和外事委员会 联系委员、服务履职。下发《2015年度提案和社情民意选题目录》，为委员建言献策提供参考。组织委员视察、赴井冈山进行革命传统教育。升级委员微信平台，提升时效性。联系界别、服务基层。组织委员深入调研视察，撰写了《关于推广百信安全信息技术并纳入政府采购的建议》的提案。组织委员针对健全公共服务体系、创新社会治理模式和进一步提升社会治理的制度化、规范化、科学化进行调研。促进开放、服务发展。向省委报送《关于进一步扩大对外开放促进经济转型的建议》。组织委员对太原武宿保税区进行调研。推动和协办“活力澳门山西推广周”活动，参与“山西品牌中华行”和“山西品牌丝路行”系列活动。围绕我省加快融入“一带一路”发展进行专题调研，并在常委会上发言。2015 年提出提案 61 件，其中 9 件被选为重点督办提案。

【重要活动】

提案工作和反映社情民意工作先进表彰会 1 月 26 日举行。会议共表彰 70 件优秀提案、20 个办理政协提案先进单位、10 名办理政协提案先进工作者、30 篇优秀社情民意信息、40 个反映社情民意工作先进单位、30 名反映社情民意工作先进个人。

加强大学生思想政治教育界别协商会 7 月 23 日举行。来自教育、妇联、民革等界别的 7 位委员发言。职能部门负责人积极回应委员意见建议，就解决相关问题与委员深入协商讨论。副省长张复明对政协委员的意见建议给予充分肯定，要求职能部门认真研究，采取相应措施把委员们的建议吸收到省里正在制定的加强高校宣传思想工作意见中。

“健全依法决策机制，推进六权治本”专题议政会 8 月 6 日举行。9 位委员和 1 名基层政协代表作议政发言、提出积极建议。省委常委、常务副省长高建民对委员的发言予以充分肯定，要求各级各部门要切实坚持重大决策政治协商制度，自觉接受政协民主监督，大力支持政协参政议政，继续为政协委员履职尽责创造条件。

加快推进我省城中村改造重点提案办理协商会议 9 月 21 日举行。省直有关厅局和太原市负责同志反馈提案办理情况，介绍下一步工作重点及推进举措。6 位提案者代表及基层干部、城中村居民和开发商代表，围绕城中村改造提出建议。省、市领导及职能部门负责同志认真听取、协商互动，促进了提案办理，凝聚了各方共识，推进了相关工作。

“建立和完善农民种养业风险保障机制、促进农业增效农民增收”对口协商会议 11 月 4 日举行。6 位同志围绕会议主题踊跃发言。副主席朱先奇综合省政协调研情况，就建立和完善种养业风险保障机制需要重视和解决的问题提出了工作建议。省有关部门负责同志积极回应委员和基层关切，并介绍相关工作推进情况和下一步重点举措。

省政协部署“三严三实”专题教育 5 月 20 日，省政协党组书记、主席薛延忠以“深刻领会本真内涵、认真践行‘三严三实’”为题，为机关党员干部讲党课，并对贯彻中央和省委部署、落实王儒林书记重要讲话要求、搞好政协机关“三严三实”专题教育作出安排。党组副书记、副主席李雁红主持，主席班子成员、各工作机构负责人和机关全体党员干部参加。

十一届省政协第三期委员学习培训班 6 月 24 日至 26 日在太原举行。省政协主席薛延忠出席开班式并作题为《认真践行“三严三实”，努力做好政协工作》的报告。副主席李雁红、秘书长阎根生出席。252 名省政协委员和基层政协同志参加学习。

【重要文件】

常委会工作报告（2015 年 1 月 27 日）（摘要） 2014 年工作回顾。一、加强思想引领，增进政治共识，汇聚团结奋斗的正能量。常委会始终把加强思想引领、夯实共同奋斗的思想政治基础作为工作之首要、紧紧抓在手上，自觉以科学理论引领事业发展，以中央大政方针和省委决策部署统一思想行动。深入学习贯彻中共十八大和十八届三中、四中全会精神，深入学习贯彻习近平总书记系列重要讲话和在庆祝人民政协成立65周年大会上对人民政协的重要指示，通过加强中心组、常委会学习交流和强化委员集中轮训等多种形式，在掌握核心要义、领会精神实质上下功夫，自觉把思想行动统一到中央决策部署和习近平总书记系列重要讲话精神上来，牢牢把握人民政协事业正确方向，积极为全面建成小康社会、全面深化改革、全面推进依法治国贡献力量。深入学习贯彻中共山西省委贯彻中央精神、解决山西突出问题的重大部署，深入学习贯彻省委十届六次全会和王儒林书记重要讲话精神，积极发挥政协统一战线平台的优势和作用，以多种方式加强同党派团体、界别代表、基层政协沟通交流，在增进共识、统一思想上下功夫，积极为反腐肃贪、匡正风气、改革发展汇聚正能量，团结各党派团体和各族各界人士自觉在以王儒林书记为班长的省委坚强领导下，同心协力共创“净化政治生态、实现弊革风清、重塑山西形象、促进富民强省”的新局面。二、坚持第一要务，认真履职尽责，积极为山西改革发展献智出力。深入调研、建言改革发展。为促进经济转型、科学发展，选择30多个重点课题，组织专委会和30个界别的委员，深入基层、调查研究，形成了一批切口小、落脚实的调研成果。委员们提出的大力扶持实体经济、强化科技创新和金融服务、加快民营经济发展、抓好技能培训拓宽农民增收渠道、推进采煤沉陷区治理、加强生态文明建设等建议，省委、省政府及职能部门高度重视、研究采纳，一些已转化为推进改革发展、增进群众福祉的实际举措。加强协商、咨政改革发展。积极发挥协商民主重要渠道作用，精心组织实施政协年度协商计划，邀请省委省政府领导、职能部门负责人与界别委员、基层单位、群众代表就加快职业教育发展、深化国有企业改革、推进农村土地流转、改善农村人居环境、加强水源地保护、保障食品安全、维护职工合法权益、促进青少年健康成长、扩大对外开放等问题，进行专题协商、对口协商、界别协商和提案办理协商，取得良好成效，创新了协商民主的途径和方式，为党政科学决策、推进工作聚集民意、汇聚力量。抓好提案、聚智改革发展。引导委员聚焦全省经济、政治、文化、社会、生态文明建设的重大问题和界别群众关注的热点难点问题，深入调研、加强论证，认真提出情况翔实、内容具体、建议合理的提案；密切与承办单位的联系协作，进一步完善省领导领办和分层督办、跟踪督办机制，着力提升提案办理的质量和效率。一年来，征集提案1022件、立案办复864件，其中重点提案采纳率达100%。民主监督、助力改革发展。围绕省委、省政府关于改进工作作风、深化行政审批制度改革、减轻企业负担等重大部署的实施情况进行民主监督，组织委员深入省直相关职能部门、市县政务审批服务中心和企业、农村开展调研视察，有针对性地提出意见建议，为促进省委、省政府重要改革举措在职能部门和基层单位落实到位积极贡献力量。三、践行为民宗旨，服务民生改善，致力社会和谐稳定。倾情汇民意。主席班子成员带头深入基层，就民生政策落实、民生事业发展听取群众意见，了解他们所思所想、所怨所盼，收集各方面的意见建议571条；引导委员走进乡村、社区、企业、学校，及时掌握和反映社情民意。一年来，收集社情民意信息7500余篇、编印专刊61期，其中《应关注煤炭企业生产经营困难》等35篇信息引起中央和省领导重视，作出重要批示，促进了相关工作的推进和问题的解决。政协机关蝉联全国政协系统信息工作先进单位称号。倾心解民忧。为了促进农民增收，组织九三、科技、科协等界别委员，深入贫困山区传授种养加等实用技术，惠及群众5000余人；着眼丰富农村精神文化生活，组织教育、文艺界委员，深入边远山村送图书、送文艺演出，惠及群众6000余人；针对贫困地区医疗资源匮乏的实际，组织医药卫生界委员开展义诊和专业培训，惠及群众近3000人；立足促进社会和谐，组织委员中的法律工作者深入学校、厂矿、农村，开展普法宣传、提供法律咨询近1万人次，引导群众增强法治观念，自觉尊法、用法、守法。倾力促民和。广泛宣传党的民族宗教政策，主动走访民族宗教界代表人士，深入了解少数民族聚居村群众生产生活情况，及时反映并努力促进相关问题解决，积极维护民族团结、宗教和睦；进一步加强与新经济组织、新社会组织等阶层代表人士的沟通联系，努力做好政策宣传、释疑解惑、理顺情绪等工作，积极促进社会各阶层关系和谐；征编出版山西抗日英烈史料，以伟大的抗战精神激扬正气、凝聚民心。四、坚持严字当头，突出作风改进，着力加强自身建设。认真贯彻中共中央和省委关于改进作风、反腐肃纪的部署要求，积极开展以“深入学习贯彻习近平总书记系列重要讲话精神，净化政治生态、实现弊革风清、重塑山西形象、促进富民强省”为主题的学习讨论落实活动，进一步抓好群众路线教育实践活动整改落实，以严格的要求、务实的举措大力加强政协作风建设。强化委员队伍建设。加强委员学习，通过专题报告、集中轮训、座谈交流、征文研讨等方式和庆祝人民政协成立65周年等重大活动，着力抓好委员的思想政治教育、履职能力教育、法纪法规教育和廉洁警示教育；积极发挥专委会在联系界别委员、组织界别活动中的基础性作用，加强委员联络工作和履职考核，表彰、宣传先进典型，激发委员做好工作的动力和热情，委员的政治意识、大局意识、责任意识、法纪意识进一步增强。强化政协机关建设。把开展学习讨论落实活动作为机关建设的重要任务，与搞好群众路线教育实践活动整改落实工作有机衔接，强化“两个责任”，精心组织实施，在持续引深学习、深入反思剖析、解决突出问题中，不断深化对中央八项规定精神和省委关于正风肃纪部署要求的贯彻落实，全面推进机关思想政治建设、反腐倡廉建设、纪律作风建设、履职能力建设和制度机制建设，机关建设取得明显成效。2015年工作部署。一、深入学习贯彻习近平总书记系列重要讲话精神，以讲话精神统领政协工作。二、坚持中国特色社会主义法治道路，积极致力法治山西建设。三、倾力服务全省大局，为开创弊革风清、富民强省新局面贡献智慧和力量。四、创新工作方式、完善履职机制，更好发挥人民政协在发展社会主义协商民主中的重要作用。五、加强“四种能力”建设，提升政协工作的层次和水平。

【组织概况】

常务委员补选名单

（2015年1月31日山西省政协十一届委员会第三次会议通过）

张克强　周明定　韩裕峰

委员增补名单

（2015年1月24日山西省政协十一届常委会十二次会议通过）

李　菲　周明定　韩裕峰

委员、常委请辞名单

（2015 年 1 月 24 日山西省政协十一届常委会十二次会议通过）

孙连珠　杨左卿　孟原生　郝瑞珍

郑　红

（2015 年 11 月 13 日山西省政协十一届常委会十六次会议通过）

高凤平

（2015 年 1 月 24 日山西省政协十一届常委会十二次会议通过）

马福山

撤销委员资格名单

（2015 年 1 月 24 日山西省政协十一届常委会十二次会议通过）

谭晋康　李慧文

（2015 年 8 月 18 日山西省政协十一届常委会十五次会议通过）

苗俭中

（2015 年 11 月 13 日山西省政协十一届常委会十六次会议通过）

何　萍

专委会主任增补名单

（2015 年 5 月 28 日山西省政协十一届常委会十四次会议通过）

张克强：提案委员会主任

周明定：农村委员会主任

（2015 年 8 月 18 日山西省政协十一届常委会十五次会议通过）

刘文秀：教科文卫体委员会主任

专委会主任免职名单

（2015 年 5 月 28 日山西省政协十一届常委会十四次会议通过）

孟原生：提案委员会主任

孙连珠：农村委员会主任

（2015 年 8 月 18 日山西省政协十一届常委会十五次会议通过）

杨左卿：教科文卫体委员会主

市、县（市、区）政协主席变动情况

万柏林区政协主席

陈绍卿（2015 年 5 月不再担任）

大同市南郊区政协主席

陈凤兰（2015 年 5 月不再担任）

大同县政协主席

薛守清（2015 年 8 月不再担任）

阳高县政协主席

王秀清（2015 年 8 月不再担任）

左云县政协主席

阎　荣（2015 年 7 月不再担任）

朔州市政协主席

贾桂梓（2015 年 12 月补选）

朔城区政协主席

史宝元（2015 年 5 月补选）

山阴县政协主席

段国强（2015 年 5 月补选）

吕梁市政协主席

刘云晨（2015 年 12 月补选）

孝义市政协主席

王士礼（2015 年 6 月补选）

汾阳市政协主席

姚翠萍（2015 年 6 月补选）

交口县政协主席

朱和平（2015 年 6 月补选）

柳林县政协主席

王义平（2015 年 6 月补选）

方山县政协主席

刘月顺（2015年7月补选）

中阳县政协主席

赵有军（2015年6月补选）

左权县政协主席

高儒林（2015年6月补选）

祁县政协主席

孔襄中（2015年9月被双开）

灵石县政协主席

张玉立（2015年10月被双开）

盂县政协主席

闫庶民（2015年6月补选）

黎城县政协主席

刘永清（2015年4月补选）

武乡县政协主席

魏书文（2015年4月补选）

沁源县政协主席

王宏斌（2015年5月补选）

山西省各级政协组织和委员数

（截至2015年年底）

项目＼级别	省级	地级市	县（县级市、区）	合计
组织数	1	11	119	131
委员数	576	3926	20022	24524

（周志清 编写　蒋福新 审稿）

政 协 内 蒙 古 自 治 区 委 员 会

【全体委员会议】

十一届三次会议 1月25日至29日在呼和浩特举行。开幕会议应出席委员526人，实到485人；闭幕会议应出席委员526人，实到475人。自治区政协主席任亚平出席并主持闭幕大会，自治区政协副主席郭启俊、董恒宇、郑福田、牛广明、杨成旺、陈羽、梁铁城及秘书长王志诚出席会议。自治区党政军领导王君、巴特尔、车华松、杨俊兴、李佳、张力、乌兰、李鹏新、符太增、布小林、那顺孟和、杜梓、王中和列席开幕和闭幕会议，并分别参加各小组讨论。

会议听取和审议了任亚平主席所作的政协内蒙古自治区第十一届委员会常务委员会工作报告，听取和审议了常海副主席所作的政协内蒙古自治区第十一届委员会常务委员会关于十一届二次会议以来提案工作情况的报告。与会人员列席内蒙古自治区第十二届人民代表大会第三次会议，听取并讨论政府工作报告及其他有关报告。会议审议通过了政协内蒙古自治区第十一届委员会常务委员会工作报告的决议、提案审查情况的报告、第三次会议政治决议，表彰2014年度自治区政协优秀提案，听取16位委员大会发言。

【常务委员会会议】

第8次会议 1月7日至8日在呼和浩特召开。会议应出席常委118人，实到99人。自治区政协主席任亚平主持会议，自治区政协副主席郭启俊、董恒宇、郑福田、牛广明、杨成旺、陈羽、常海、梁铁城及秘书长王志诚出席会议。自治区副主席王波向大会通报了自治区经济社会发展情况。自治区政协常委、内蒙古军区副政委张英，全国政协常委田震、刘斌，部分驻呼全国政协委员应邀出席会议。会议审议通过本次常委会议议程、关于召开政协内蒙古自治区第十一届委员会第三次会议的决定，传达自治区党委九届十三次全委会议暨全区经济工作会议精神，通报自治区政府关于自治区政协十一届二次会议以来提案办理情况，就有关人事事项进行说明；自治区政协各专门委员会作年度工作报告。

第9次会议 1月28日下午在呼和浩特召开。会议应出席常委115人，实到95人。自治区政协主席任亚平主持会议。自治区政协副主席郭启俊、董恒宇、郑福田、牛广明、杨成旺、陈羽、常海、梁铁城及秘书长王志诚出席会议。自治区政协常委、内蒙古军区副政委张英，全国政协常委、民革内蒙古区委主委刘斌，全国政协常委、自治区工商联主席田震在主席台就座。会议审议通过政协内蒙古自治区第十一届委员会第三次会议关于常务委员会工作报告的决议；审议通过政协内蒙古自治区第十一届委员会提案委员会关于十一届三次会议提案审查情况的报告；审议通过政协内蒙古自治区第十一届委员会第三次会议政治决议；审议通过有关人事事项。

第10次会议 5月27日至28日在二连浩特召开。会议应出席常委115人，实到82人。会议围绕"深化中蒙务实合作，提高内蒙古沿边口岸经济发展水平"进行专题协商，并提出相应对策。自治区政协主席任亚平主持会议。自治区政协副主席郭启俊、董恒宇、郑福田、陈羽、梁铁城出席会议。自治区政协常委、内蒙古军区副政委张英，部分驻我区全国政协委员和自治区有关部门、单位负责同志应邀出席会议。会议在听取二连浩特市经济社会发展、口岸经济情况介绍和《关于深化中蒙务实合作，提高内蒙古沿边口岸经济发展水平的调研报告》后，包头市等6个盟市的政协主席就本地区对蒙合作及口岸经济发展情况进行了大会发言。部分自治区政协常委、委员作即兴发言，从不同角度，对深化中蒙务实合作提出具体意见建议。自治区各有关部门从业务角度做了回应，介绍了有关工作的进展情况。自治区副主席云光中对专题议政协商给予了充分肯定，并通报了自治区全面推进中蒙务实合作、加快自治区沿边口岸经济发展的情况。与会人员还实地考察了二连浩特口岸及经济社会发展重点项目。

第 11 次会议 6 月 23 日在呼和浩特召开。会议应出席常委 114 人，实到 88 人。自治区政协党组书记、主席任亚平主持会议。自治区政协副主席郭启俊、郑福田、牛广明、陈羽、常海、梁铁城，自治区政协党组成员魏军出席会议。自治区政协常委、内蒙古军区副政委张英，全国政协常委、民革内蒙古区委主委刘斌在主席台就座。会议传达学习了全国政协十二届十一次常委会议精神。邀请中国社会科学院院长助理郝时远同志就学习贯彻习近平总书记系列重要讲话精神及中央民族工作会议精神，作了专题讲座。审议通过有关人事事项。

第 12 次会议 9 月 23 日至 24 日，在呼和浩特召开。会议应出席常委 113 人，实到 88 人。自治区政协主席任亚平出席会议并讲话。自治区副主席王玉明出席会议。自治区政协副主席郭启俊、董恒宇、郑福田、牛广明、杨成旺、陈羽、梁铁城及自治区政协党组成员魏军出席会议。自治区政协常委、内蒙古军区原副政委张英，全国政协常委刘斌应邀出席会议。与会人员听取了王玉明关于自治区实施“十个全覆盖”工程情况的通报；8 位政协常委、委员、盟市政协主席和自治区有关部门负责同志围绕深入实施“十个全覆盖”工程进行了交流协商。围绕制定“十三五”规划进行了协商议政。会议还审议通过了《中国人民政治协商会议内蒙古自治区委员会专门委员会通则》和有关人事事项。

【专门委员会工作】

提案委员会 自治区政协十一届三次会议以来，共提交提案 826 件，经审查立案 762 件，作为委员来信、社情民意信息等转有关部门研究参考 64 件。提案分送 88 家承办单位办理，截至 2015 年 12 月 31 日，均已办复，问题已经解决或基本解决（A 类）和已列入解决（B 类）的提案占 93.4%。坚持数质并举、注重质量原则。选取了 10 件针对性强、便于操作的提案作为 2015 年度重点提案。提案呈现出“三升两降”的特点，即高质量的提案有所上升，关注全区改革发展稳定宏观性、战略性的提案有所上升，建议针对性、可行性强的提案有所上升；要项目要资金的提案有所下降，建议笼统议论泛泛的提案有所下降。提高提案办理质效。推进高层办理协商，高规格交办、领办提案。推进现场办理协商，10 件重点提案均由自治区政协主席、副主席、承办单位、党委和政府督查室、提案者、新闻媒体，共同实地视察，现场了解情况，推进联合办理协商和公众办理协商。提高服务质量和水平。2015 年 9 月，举办全区政协提案工作座谈会，推动了提案工作科学化水平。健全和完善体制机制。制定《自治区政协重点提案遴选和督办办法》《自治区政协提案办理协商办法》，使提案工作达到了制度化、规范化、程序化。做好界别小组活动服务工作。2015 年 11 月，无党派界别小组赴广西考察了口岸建设情况，形成调研报告，提出意见建议。社会福利界和共青团界分别在呼和浩特市开展调研活动，形成调研报告。

经济委员会 围绕自治区农村牧区“十个全覆盖”工程实施情况，开展专题调研和政协常委会专题协商。自治区政协梁铁城副主席带领调研组，先后深入10个盟市、30个旗县区、130多个嘎查村进行调研，形成《关于农村牧区“十个全覆盖”工程实施情况的调研报告》，在自治区政协十一届十二次专题议政性常委会议上进行协商。围绕制定“十三五”规划和自治区经济发展开展调研，积极建言献策。召开经济委员会专题会议，发动委员重点就我区装备制造业、农畜产品加工业、现代服务业、改善民生、经济社会协调发展、基础设施建设、保持经济持续稳定发展等议题进行调研和提出建议。突出界别特色，发挥专委会的作用。联系协调工商联界、经济界等围绕加强农牧业发展、推进和引进非公有制企业投资农牧业产业、加快我区电子商务发展、中小微企业融资难问题等开展调研视察，形成建言议政成果。加强与委员联系，搭建履职平台。组织委员赴重庆、湖南考察学习，了解相关省市稳增长促发展的相关举措和经验做法，形成了《关于学习考察重庆市稳增长的情况报告》报自治区党委、政府参考。赴阿拉善盟、乌海市有关企业就落实自治区政府为企业减负政策进行了督查。协助分管副主席完成重点提案督办工作。陪同自治区政协梁铁城副主席带领政协委员、发改委同志一行，赴赤峰市就“适应新形势，加快发展我区现代服务业”进行调研，自治区发改委向自治区政协报送《关于加快发展现代服务业工作报告》，得到张海瀛委员认可。

人口资源环境委员会 搞好专题调研和专题协商。先后组织开展“关于我区大气污染防治和清洁能源发展”“关于发展沙生产业推动西部地区生态建设”“关于锡林郭勒盟工业发展转型与草原生态保护”和“关于加快我区煤层气开发利用”4次调研活动。其中，“关于我区大气污染防治和清洁能源发展”是年初确定的与自治区政府相关部门开展专题协商的议题之一，自治区政协副主席董恒宇亲自主持召开了三个不同层次的座谈会，形成调研报告，开展了专题协商。配合全国政协人资环委在我区开展“关于内蒙古腾格里沙漠污染治理”的监督性调研工作。自治区党委、政府、政协对此高度重视，委派自治区副主席常军政、政协副主席梁铁城陪同调研，形成调研报告，张高丽副总理和自治区王君书记作出重要批示，为阿拉善盟摘掉环保部重点挂牌督办案例发挥了积极作用。做好界别活动的联络服务工作。与自治区民盟联合开展“关于开展草原多文化与旅游产业融合”和“关于自治区特色小学建设现状及问题”调研。民建界别开展了“关于弘扬呼和浩特辽代丰州城丝绸之路草原文化”和“关于鲜卑族源遗迹保护和开发利用情况”两个界别调研，形成调研报告。协助分管副主席完成重点提案督办工作。负责协助自治区政协董恒宇副主席督办的由陈胜礼委员提出的“关于保护我区优质绒山羊资源，将超低级绒山羊新品种（系）培育列入自治区‘十三五’规划”的提案。

教科文卫体委员会 集中精力，做好专题协商调研工作。自治区政协杨成旺副主席亲自带领调研组，先后对6个盟市，22个旗县区，近100个“博物馆、图书馆、文化馆免费开放后的续建和管理”专题协商议题进行深入调研，形成有针对性的调研报告。在杨成旺副主席主持下，与自治区党委宣传部、政研室、自治区财政厅、教育厅、文化厅负责同志进行专题议政协商。协调服务，做好界别活动和委员视察工作。积极协助教育界就“四少民族教育现状与民族文化传承”赴呼伦贝尔市深入莫力达瓦达斡尔族自治旗、鄂伦春自治旗、鄂温克族自治旗调研。科技界就“政府财政资助类科研项目管理体制及政策”赴广东省、湖北省考察。医药卫生界组织医疗卫生专家级委员赴锡林郭勒盟苏尼特右旗开展“送医送药送健康”扶贫义诊。体育界就“关于自治区基层全民健身服务网络建设情况”调研。积极发挥民主监督职能。教科文卫体委员会组织政协委员，以督查调研形式，分别参加自治区医改办和医改成员单位组成的 8 个督查组，对全区 11 个盟市的 15 个国家级、25 个自治区级试点旗县公立医院综合改革情况进行督查调研。2015 年 10 月 22 日，杨成旺副主席率领自治区政协医药卫生界部分委员视察了自治区人民医院、内蒙古医科大学附属医院，对自治区投重资新建的两院门诊、病房大楼运行情况进行了解。深入基层，协助分管主席做好扶贫脱贫工作。先后三次陪同杨成旺副主席到西苏旗调研指导，努力构建专项扶贫、行业扶贫、社会扶贫大格局，以推进“三到村、三到户”精准扶贫和“金融扶贫富民工程”为依托，2015 年完成了 1835 名贫困人口的脱贫任务。西苏旗成功选入全国社会扶贫创新协作试点旗，并与西促会社会扶贫工作委员会签订了总投资 9223 万元的医疗卫生和教育信息化项目。

民族和宗教委员会 做好专题协商。围绕“我区扶持人口较少民族发展规划贯彻落实情况”这一协商议题，与自治区民委等部门组成联合调研组，赴呼伦贝尔市莫力达瓦、鄂伦春、鄂温克自治旗及额尔古纳市等地，与当地党政部门和各级干部群众深入研讨、交流情况，形成了《关于〈内蒙古自治区扶持人口较少民族发展“十二五”规划〉贯彻落实情况的调研报告》，自治区政协陈羽副主席主持召开专题协商会议进行协商。搞好协同调研。根据全国政协民宗委的安排，与自治区卫计委等部门组成联合调研组，赴通辽市就“推动少数民族传统医药的传承发展”议题开展协同调研，向全国政协民宗委报送《内蒙古自治区蒙医药事业传承和发展情况调研报告》。围绕“推动依法管理宗教事务”专题开展协同调研，向全国政协民宗委报送《关于内蒙古自治区推动依法管理宗教事务相关情况的调研报告》。与全国政协民宗委一道，就国家“十三五”规划中需要关注的民族地区发展问题，在呼和浩特、包头等盟市开展专题调研，向中办、国办呈送《关于“十三五”规划中民族地区发展需要关注的几个问题的调研报告》。协助参与重点提案督办。协助自治区政协陈羽副主席办理《关于加快解决我区宗教教职人员社会保障问题的提案》，对进一步落实国家五部局联合下发《意见》提出督办意见。做好界别活动服务。协助妇联界就我区妇女儿童发展纲要各项目标的贯彻落实情况开展调研。协助少数民族界别组就“深入学习贯彻中央民族工作会议及自治区民族工作会议精神相关情况”“我区扶持人口较少民族发展规划贯彻落实情况”两个议题，赴通辽、呼伦贝尔市开展调研，形成调研报告。

文史资料委员会 深入开展专题协商。在自治区政协郑福田副主席带领下，组织文化界部分委员、自治区社科院、党校有关专家学者，赴额尔古纳市、陈巴尔虎旗、海拉尔区，就国家社科基金委托项目——“蒙古族源与元朝帝陵综合研究”进展及成果转化情况进行专题调研，召开专题协商会议，形成了《关于进一步加强蒙古族源文化研究及成果转化工作专题协商情况的调研报告》，报自治区政府和有关部门。界别活动开展有序。新闻出版界委员赴呼和浩特、包头市就“推进传统媒体和新媒体融合”进行专题调研。民进界委员赴巴彦淖尔市举办第四期义务教育阶段学生家长讲座。郑福田副主席率文史委和文化界、民进界调研组，赴呼伦贝尔市、乌兰察布市和锡林郭勒盟，就“蒙古族源”“义务教育阶段学生法治教育情况”开展专题调研。完成编辑出版任务。编辑出版《内蒙古文史资料》3 辑，合计 79 万字。对 1962 年以来出版的 1—74 辑《内蒙古文史资料》光盘进行编辑校对、版面重排、图片填充、封面制作，完成《内蒙古文史资料》PDF 版和电子图书版光盘制作。落实全国政协任务。完成全国政协与省市区政协协作出版的《亲历者说——中国抗战编年纪事》编辑与出版工作。与全国政协文史出版社协作，完成《内蒙古文史资料典藏文库》12 个专题史料填充、编辑汇总、排版校对工作。赴重庆参加西部十二省区市政协“回忆西部大开发”定稿会。赴宁夏参加西部十二省区市政协文史资料工作联系会，及时启动由我区承担的《回族百年实录》资料征编工作。制定《关于加强文史资料工作的实施意见》。

港澳台侨联络和外事委员会 深入沿边口岸，扎实做好调研协商工作。围绕“深化中蒙务实合作，提高内蒙古沿边口岸经济发展水平”协商议题，自治区政协梁铁城副主席带队，组织部分政协委员和有关部门深入 4 个盟市、5 个边境旗县市，先后召开 8 次座谈会，征求意见建议后形成调研报告，提交自治区政协召开十一届政协十次常委会议协商，形成了《关于深化中蒙务实合作，提高内蒙古沿边口岸经济发展水平的调研报告》，报送自治区党委、政府及有关部门。发挥界别作用，积极开展界别活动。自治区政协杨成旺副主席带领特别邀请界一组委员及部分驻阿拉善盟自治区政协委员，深入内蒙古军区连队哨所慰问基层官兵。自治区政协界别活动第五组与自治区侨联联合举办“俄蒙侨商——内蒙古行”活动，促进了双边友好合作。特别邀请界二组（香港）委员，赴锡林郭勒盟就内蒙古地区旅游及蒙餐文化现状进行调研。特邀界三组（澳门）委员赴台湾开展“加强与台湾同胞联系，加强两地农牧业项目合作”考察活动。九三学社界政协委员赴呼市、包头、乌兰察布调研革命老区建设情况。提高提案质量，重点跟踪督办。由杨成旺副主席督办，专委会协办《关于设立内蒙古自治区蒙古统一节日的提案》，承办部门自治区民族事务委员会多次与提案人苏日娜委员联系，征求本人对此提案答复的意见和建议。做好中蒙博览会蒙古族服装服饰展演组织协调工作。在举办 2015 首届中国—蒙古国博览会暨第九届中国民族商品交易会工作中，专委会负责牵头完成了中蒙蒙古族服装服饰展演系列活动组织工作。

社会和法制委员会 重点搞好专题协商工作。围绕“加强全区行政执法监督工作”专题协商议题，在自治区政协牛广明副主席带领下，组织部分政协委员会同自治区政府法制办，赴鄂尔多斯市、阿拉善盟、巴彦淖尔市、兴安盟、呼和浩特市、通辽市、锡林郭勒盟及自治区公安厅、交通厅、环保厅等部门，开展专题调研，形成《关于加强全区行政执法监督工作的调研报告》，召开专题协商会，与自治区政府相关部门进行专题协商。开展好立法协商工作。对《内蒙古自治区饮用水水源保护条例》（地方法规）开展立法协商，组织政协委员考察、调研，召开座谈会进行认真审议，提出意见和建议。组织委员参加自治区民政厅《内蒙古自治区居家养老服务管理办法》（讨论稿）专题协商会，提出了修改意见和建议。做好界别沟通、联络和服务保障工作。为推动我区“广播电视上星落地全覆盖”工作，组织农工党界部分委员赴新疆、西藏考察学习，积极争取国家支持，推进我区此项工作发展。

会同社会科学界部分委员赴呼和浩特市玉泉区调研行政执法监督工作。抓好重点提案督办工作。与自治区发改委、扶贫办、民政厅等部门沟通联系，召开重点提案督办座谈会，推动《关于将农村养老互助“幸福院”建设作为内蒙古“十三五”扶贫开发重点实施项目的提案》的办理落实。

农牧业委员会 积极联动，开展专题调研。组织自治区政协委员，会同自治区政协农牧委、农牧业厅、农牧科学院等部门负责人及专家学者，在自治区政协郭启俊副主席带领下，深入7个盟市9个旗县进行实地调研。组织召开“关于农村土地经营权流转及其配套改革情况”专题协商会，邀请自治区党委、政府有关部门负责同志及部分政协委员，进行对口协商，力求为自治区党委、政府在决策中提供参考依据。组织界别委员开展活动。农牧界别委员一组赴鄂尔多斯市、巴彦淖尔市就“支持草业发展”和“土地流转”开展专题调研。农牧界别委员二组就“玉米秸秆转化再利用情况”赴赤峰市、通辽市和山东省、河南省学习考察。多方协调互动。与民革中央委员会组成联合调研组，赴通辽市、赤峰市、锡林郭勒盟开展专题调研。加强与自治区政府对口厅局的联系，先后邀请自治区农牧业厅、农牧科学院有关负责同志、专家学者、农牧业界别委员共同开展专题调研。加强与盟市旗县政协的联系与指导。及时将协商方案下发到有关盟市旗县政协对口委员会，邀请他们共同参加调研。落实重点提案督办工作。陪同郭启俊副主席及相关委员、提案人和自治区相关部门负责同志赴乌兰察布市商都县、集宁区就“关于在马铃薯主粮化背景下加强内蒙古马铃薯产业发展”开展专题调研。

【重要活动】

自治区政协十一届三次会议提案交办会 2月11日，由自治区党委办公厅、政府办公厅、政协办公厅联合召开。任亚平主席主持并讲话。常海副主席出席并讲话，王志诚秘书长出席。

充分发挥民主党派、工商联、无党派人士在协商民主建设中的作用座谈会 4月28日在自治区政协机关召开。任亚平主席主持会议并讲话。郭启俊、董恒宇、郑福田、牛广明、陈羽、梁铁城副主席出席，自治区政协副秘书长、办公厅主任、副主任，专委会主任、专职副主任参加。

“三严三实”专题教育工作部署暨专题党课报告会 5月11日，在自治区政协机关召开。任亚平主席出席会议并讲专题党课，陈羽副主席主持，杨成旺、梁铁城副主席出席会议。副秘书长、办公厅主任魏军宣读《自治区政协党组、机关党组关于机关处级以上党员领导干部“三严三实”专题教育的实施方案》，并安排部署了机关“三严三实”专题教育工作。机关全体干部职工和部分离退休老同志参加。

【重要文件】

常委会工作报告摘要（2016年1月25日） （一）强化引领，坚持正确前进方向。一是坚持理论武装。常委会和机关带头学习中共十八大及十八届历次中央全会精神，开展习近平总书记系列重要讲话精神专题辅导，引导委员坚持走中国特色社会主义发展道路。二是注重政策宣讲。通过集中传达、以会代训、专题讲座等形式，深入宣讲“四个全面”战略布局，宣讲中央和自治区统战工作会议精神，提升委员的大局意识和政治把握能力。三是加强作风建设。坚持在机关干部中巩固拓展党的群众路线教育实践活动成果，深入开展“三严三实”专题教育，赴延安和西柏坡学习革命传统，请专家讲解井冈山革命历程。（二）深入协商，服务全区工作大局。一是认真制订协商计划。自觉配合自治区党委协调推进“四个全面”战略布局，着眼稳增长、促改革、调结构、惠民生和防风险，坚持问题导向，广泛征集协商议题，深入研究，反复论证，精选出党政关心、社会关注、群众关切的重大议题，作为年度协商重点。二是精心实施协商活动。针对每个协商议题，引入专家力量，进行平均两个月左右的深入调研。就中蒙务实合作和口岸经济发展，以及“十个全覆盖”工程实施，召开专题议政常委会议进行协商；围绕改革、发展、法治、文化、生态等议题，进行了专题协商，完善了对策、凝聚了共识。三是重点围绕“十三五”规划建言。重点围绕加强基础设施建设，提升产业核心竞争力，保持经济持续健康发展，推动开发开放和城乡区域统筹，坚持生态文明绿色发展，促进民生和社会事业进步等方面，提出对策建议。（三）积极议政，助力自治区改革发展。一是积极开展提案议政。全年共有近七成委员提交了提案，各民主党派、工商联和政协专委会集体提交的提案，超过总数的五分之一。提案内容围绕大局，建议贴近实际。其中推进城乡基本公共服务均等化、完善过剩产能退出机制、加强村医队伍建设、提升司法公信力、发展节能环保产业等重点建议，在自治区“十三五”规划中得到了体现。二是努力推动界别议政。全年共开展界别活动59次，形成建议成果48件。三是及时反映社情民意。收集处理社情民意信息2000多条，针对改革重点、发展难点、社会热点精选上报信息300多期，近五分之一得到中共中央、全国政协、自治区党政领导批示，起到了资讯辅政作用。（四）探索监督，协助落实既定任务。一是监督“十个全覆盖”工程推进。连续两年就“十个全覆盖”工程专题议政，起初侧重建言献策，之后偏重民主监督，在召开的政协常委会议上，向自治区党委、政府提出多条建议。二是监督腾格里沙漠污染防治。积极配合全国政协人资环委，共同围绕腾格里沙漠污染防治等问题进行了监督性调研，协助全国政协形成了深入客观的调研报告，肯定地方排查整治环境问题的努力，明确改进工作的建议和要求，得到张高丽副总理批示，为阿拉善盟摘掉环保部重点督办案例牌子发挥了积极作用。三是监督依法行政和决策执行。围绕加强行政执法监督开展调研和座谈，协商建言，促进依法行政。为推动公立医院综合改革，协助落实自治区减轻企业负担政策，开展了监督调研。（五）增进团结，汇聚建设内蒙古最大合力。一是发挥团结联合优势。召开民主党派、工商联和无党派人士座谈会，商讨在协商民主建设中更好发挥作用。在统一战线内部隆重纪念中国人民抗日战争暨世界反法西斯战争胜利70周年，弘扬民族精神。配合全国政协在我区联合开展12次视察调研，针对“十三五”时期民族地区需要关注的问题等，共同向国务院建言。二是促进民族宗教和谐。贯彻中央和自治区民族工作会议精神，围绕自治区人口较少民族发展规划贯彻落实、少数民族医药传承发展等，调研视察，协商议政。在《宗教事务条例》实施十周年之际，就解决宗教教职人员社会保障问题进行调研。三是凝聚海内外同胞合力。邀请港澳委员考察蒙元历史文化和旅游业发展，召开“澳门闽台商会内蒙古行”座谈会，开展与台湾农牧业项目合作考察交流，举办了“俄蒙侨商内蒙古行”活动。（六）改进服务，提升政协整体履职成效。一是提升干部能力素质。通过讲座和专题片讲解经济新常态和社会主义协商民主建设，举办人民政协理论研讨，开展办文办会及写作能力培训，提高机关干部业务水平。二是完善工作规章制度。制定、修订了专委会通则，在提案和文史资料工作等方面制定了一系列规范性文件。推进了财务制度和公务用车改革，规范了文风会风，推行了周例会通报工作制度，塑造了团结敬业的机关风纪。三是创造良好履职环境。筹建了文史展馆和阅文室，为委员和干部工作学习提供便利。编印《汉蒙对照政协词语词典》和蒙文《政协委员读本》，方便了少数民族委员履职。完成机关杂志更刊更名，恢复人民政协报驻内蒙古记者站，利用各类媒体平台加大宣传委员履职和政协工作的力度。

【组织概况】

副主席免职名单

（2015 年 6 月 23 日，政协内蒙古自治区第十一届委员会常务委员会第十一次会议通过）

韩志然

副秘书长不再担任名单

（2015 年 5 月 28 日，政协内蒙古自治区第十一届委员会常务委员会第十次会议通过）

王志诚

委员免职名单

（2015 年 6 月 23 日，政协内蒙古自治区第十一届委员会常务委员会第十一次会议通过）

韩志然

专委会主任任职名单

（2015 年 1 月 8 日在政协内蒙古自治区第十一届委员会常务委员会第八次会议通过）

周耀亭：任经济委员会主任

（2015 年 9 月 24 日在政协内蒙古自治区第十一届委员会常务委员会第十二次会议通过）

赵　锦：任经济委员会专职副主任

崔亚平：任提案委员会专职副主任

曹文华：任经济委员会专职副主任

专委会主任免职名单

（2015 年 1 月 8 日在政协内蒙古自治区第十一届委员会常务委员会第八次会议通过）

安俊义：免去经济委员会主任

自治区盟市、旗县主席变化情况

呼伦贝尔市

县（旗、区）政协主席

莫力达瓦达斡尔族自治旗

付建辉

乌兰浩特市

周文峰

巴彦淖尔市

乌拉特中旗

辛耀雄

内蒙古自治区各级政协组织和委员数

（截至 2015 年年底）

级别 / 项目	自治区	盟（市）	县（旗、不设区市、市辖区）	合计
组织数	1	12	102	115
委员数	526	3285	15449	19260

（李海鑫 编写　魏　军 审稿）

政协辽宁省委员会

史桂茹　副主席

【全体委员会议】

十一届三次会议　1月26日至29日在沈阳召开。应出席委员876人，实到800人。省委书记和省长李希出席大会。刘国强副主席主持开幕大会。会议听取并审议了夏德仁主席所作的政协常务委员会工作报告、滕卫平副主席所作政协常务委员会关于提案工作情况的报告；列席了辽宁省第十二届人民代表大会第三次会议，听取和讨论了李希省长所作的政府工作报告和其他报告；审议通过了政治决议、关于常务委员会工作报告的决议、关于常务委员会提案工作情况报告的决议；听取并审议通过了关于提案审查情况的报告。夏德仁在闭幕会上讲话。大会选举史桂茹为政协辽宁省第十一届委员会副主席；增选王立平等16人为政协辽宁省第十一届委员会常务委员。

【常务委员会会议】

第10次会议　1月29日在沈阳召开。应出席常委239人，实到201人。刘国强副主席主持会议，夏德仁主席出席会议并讲话。会议审议通过了政协辽宁省委员会常务委员会2015年工作要点，审议通过了增补李万才为政协辽宁省第十一届委员会委员。

第11次会议　6月18日至19日在沈阳召开。应出席常委239人，实到196人。主要议题是围绕贯彻落实十八届四中全会精神，全面推进依法治省建言献策。省委副书记、省长陈求发出席会议并讲话，省政协主席夏德仁出席会议并讲话。本次常委会议共收到大会发言43篇，形成调研、考察报告6篇，有20位常委、委员在大会上发言。会议形成了《关于贯彻落实十八届四中全会精神全面推进依法治省的建议》，针对我省发展软环境存在的问题，提出加大简政放权力度转变政府职能、营造良好的投资和创业环境、深化司法改革提高司法公信力、用公正司法保障公平的市场竞争等32条意见建议，得到了省委、省政府高度重视。省政府专门印发了省政协建议落实任务分解，推动了建议成果的转化和落实。

第12次会议　9月17日至18日在沈阳召开。应出席常委239人，实到177人。主要议题是围绕科学编制“十三五”规划建言献策。夏德仁主席出席会议并讲话。省委常委、常务副省长周忠轩通报了我省“十三五”规划编制情况并听取大会发言。本次常委会议共收到大会发言67篇，形成调研、考察报告18篇，有20位常委、委员在大会上发言。会前，省政协主席会议确定了17个调研课题，在省内开展深入调研并到上海、重庆、江苏、湖北等省市学习考察，召开各种情况通报会、座谈会、研讨会30余次，在反复研究论证的基础上，形成《关于科学编制我省“十三五”规划的建议》，从指导思想和经济增长目标、深化经济体制改革、强化创新驱动、加快产业结构调整、建设“美丽辽宁”、改善民生共享成果六个方面提出了20条意见建议。省委、省政府主要领导高度重视，分别作出重要批示，认为常委会议的建议针对性很强，符合辽宁实际。党政有关部门在编制我省“十三五”规划和起草政府工作报告时给予了认真研究吸纳。

第13次会议 12月30日至31日在沈阳召开。应出席常委239人，实到186人。夏德仁主席出席会议并讲话。副省长江瑞通报了省政府关于省政协提案和省政协常委会议建议的办理情况；省高级人民法院院长缪蒂生通报了省高级人民法院工作情况；省人民检察院检察长肖声通报了省人民检察院工作情况；省政协副主席、省委统战部部长孙远良就省政协委员调整情况和有关人事选举事项作了说明。会议审议通过了政协辽宁省第十一届委员会增补委员名单；关于撤销刘英伟省政协委员资格的决定。会议审议通过了关于召开省政协十一届四次会议的决定和有关事项。

【专门委员会工作】

提案委员会 全年共征集提案729件，审查立案621件，办结率、答复率达到100%。多渠道征集提案信息线索。特别是通过重点承办部门和提案工作联络员征集相关线索，为委员选题调研提供参考。提前征集全会提案，2014年10月份就发出提案征集通知。制定提案工作审查细则。把不立案标准从11条增加到18条，主要对“三有”“三性”进行了具体化。严格立案审查把关，实行“三审三分”制度，做到层层把关。强化了提案督办促办力度，坚持省领导领衔督办、与省政府有关部门联合集中督办、对疑难提案深化调研、急案特办等方法着力提高提案办理质量，增强了提案办理实效。到13个市走访在一线和基层工作的省政协委员86人。走访了9户承办大户。与高法进行了工作交流。召开各市政协提案工作座谈会。接待湖南、广西政协对口专委会，参加全国政协提案办理协商工作座谈会。

经济委员会 承办专题常委会议，形成《省政协常委会关于科学编制我省“十三五”规划的建议》报送省委、省政府。承办专题协商会和定期协商会，形成《关于大力培育我省新经济增长点的建议》《关于积极推进大连自贸区申报和建设的建议》《互联网＋农业广阔天地大有可为》《深化我省国资国企改革的建议》等文件，报送省委、省政府。对省政府法制办《辽宁省公共消防设施管理办法（草案）》、省物价局《关于推进价格机制改革的实施意见》开展立法协商。会同省工商联以“融入一带一路，促进合作共赢”为主题举办中马企业家文化交流恳谈会。会同大连市政协和省九三学社，召开辽宁沿海经济带第八届政协论坛。组织委员赴陕西省考察养老服务产业发展情况，赴东大迪克化工药业有限公司、省石油化工设计院、省邮政银行、省农科院海南育种基地、沈阳高新区考察。组织界别组委员赴义县调研我省果业发展情况进行。接待厉以宁为团长的全国政协经济委“贫困地区可持续发展”考察组。参加全国政协经济委第三季度经济形势分析会和全国政协经济委员会（农业委员会）工作会议。接待湖南省政协对口专委会考察团。

人口资源环境委员会 承办专题协商会，形成《关于加强农村环境综合整治的建议》《关于加大我省近岸海域环境保护的建议》《关于我省旅游产业发展问题的调研报告》等，报送省委、省政府。组织部分委员调研形成《关于提高我省环境保护执法能力建设的建议》《对我省环保产业发展的几点建议》《辽宁人口老龄化现状与对策建议》《对我省旅游产业发展的几点建议》等大会发言材料。组织部分委员视察，形成《关于对大伙房水源保护区综合治理工作情况的视察报告》《关于进一步推进煤改电供暖试点工作的建议》报送省委、省政府。组织能源资源组委员赴宽甸视察，形成《关于进一步加强森林自然保护区工作的建议》报省政府。与社会和法制委员会联合举办委员培训班。接待全国政协和安徽、湖南、贵州省政协对口专委会考察团。

教科卫体委员会 承办定期协商座谈会，形成《关于我省职业教育发展有关问题的意见和建议》《关于加强产学研合作，加快我省创新成果产业化有关问题的意见和建议》《关于我省县级医疗机构改革和发展有关问题的意见和建议》等，报送省委、省政府。组织委员调研形成《关于加强我省知识产权依法保护工作的建议》《关于医养结合型养老服务机构发展问题的调研报告》《建立“三位一体”的医疗养老模式的建议》等大会发言材料。组织委员视察省档案馆、图书馆、博物馆和科技馆、高考录取现场。组织部分委员赴新疆塔城开展医疗援疆活动。组织部分委员赴抚顺市清原满族自治县开展扶贫帮困活动。组织界别组赴省科技馆、沈阳市现代生态农业种植园、大连东软信息学院、省科技馆参观考察。会同提案委员会、文化和文史资料委员会、委员工作委员会共同举办委员培训班。接待湖北、江苏、四川省政协对口专委会考察团。

社会和法制委员会 承办专题常委会议，形成《关于贯彻落实十八届四中全会精神全面推进依法治省的建议》，报送省委、省政府。承办定期协商会和界别协商会，形成《贯彻中央八项规定、省委十项规定 加强我省公务员队伍作风建设的建议》《加强未成年人保护 营造未成年人健康成长的良好环境》等政协信息报送省委、省政府。组织部分委员调研视察考察，形成《关于加快推进我省法治政府建设有关问题的调研和考察报告》《关于我省“十三五”期间养老服务体系建设问题的学习考察和调研报告》《关于赴北京市政协学习考察立法协商工作情况的报告》，《关于我省贯彻实施〈道路交通安全法〉情况的视察报告》，报送省委、省政府。组织委员调研，形成《实施优先战略 采取多措并举 进一步做好新形势下我省就业创业工作》大会发言。组织部分常委、委员和专家学者就辽宁省《高速公路管理条例修正案》《企业民主管理条例》《消费者权益保护条例》《学前教育条例》《社会救助实施办法》《公共消防设施管理办法》6部地方性法规、规章草案，开展立法协商活动。与人口资源环境委员会联合举办委员培训班。接待福建省政协对口专委会考察团。

民族和宗教委员会 与省民进、省农工党、省工商联共同承办定期协商座谈会，形成《关于做大做强我省民族地区旅游产业的建议》，报送省委、省政府。围绕贯彻落实《辽宁省宗教事务条例》开展专题调研。组织委员赴广东、福建、湖南、甘肃学习考察，形成《关于贯彻落实〈辽宁省宗教事务条例〉推进我省宗教工作法治化进程情况的调研报告》，作大会发言。组织委员赴丹东市就朝鲜族流动人口服务管理情况进行专题信息调研。组织委员考察铁岭清河区满族文化挖掘、保护、传承及旅游业发展情况。举办委员培训班。召开全省各市政协民族宗教工作座谈会。参加全国政协民族宗教工作交流会。接待福建、四川、甘肃等省政协对口专委会考察团。

港澳台侨（外事）委员会 承办定期

协商座谈会，形成《关于促进辽宁与港澳台地区交流与合作的意见和建议》得到省委、省政府主要领导批示。组织委员调研，形成《“澳”眼看辽宁——为辽宁创建“法治”三、四言》《关于完善辽宁省公共法律服务体系的建议》大会发言。完成2015年省政协省级、厅级领导出访计划的协调服务。陪同省政协主要领导参加夏季达沃斯论坛。接待了来自乌干达、纳米比亚、西班牙、澳大利亚和港澳台等国家和地区的华人华侨团组共20余批，100多人次。组织部分省内委员赴台湾围绕开展辽台农业经贸交流进行参访活动。组织港澳界别组赴江西省开展中华传统文化和中国革命史教育活动。举办全体委员培训班并赴长海县考察调研。同港澳组举办了向彰武县丰田乡伤残儿童捐赠10万元人民币的活动。组织委员到沈阳市启智幼儿园考察，捐赠3万多元儿童玩具和学习用具等。赴江苏、浙江、山东、河南，吉林、黑龙江等省围绕加强港澳委员队伍建设调研。走访省外办、省台办、省贸促会、省友协和省侨联，就港澳台侨及涉外工作对口协商。

文化和文史资料委员会 承办重点协商座谈会，形成《大力发展具有地域特色的辽宁文化产业建议》，报送省委、省政府。与省民建、省民进、省台盟共同承办定期协商座谈会，形成《积极构建现代公共文化服务体系建议》，报送省委、省政府。召开“新辽三彩”文化产业协商研讨会。参与《辽宁省社会救助实施办法（草案）》的立法协商活动。组织部分委员赴新宾满族自治县开展送书法下基层活动。组织部分委员就现代公共文化服务体系建设赴鞍山市调研。组织文化艺术组赴锦州，就发展文化产业问题调研。赴外省学习考察，形成《关于湖南省、河南省文化产业发展情况的考察报告》《我省历史文化名镇建设问题报告》。与省社会主义学院联合举办弘扬中华优秀传统文化，促进两岸文化交流讲座。举办“重新认识中华传统文化”“从国学智慧看治国之道”讲座。与文化部交流中心等有关单位联合举办“中国人民抗日战争暨世界反法西斯战争胜利70周年中国书画作品展”。与省政府参事室联合召开“辽宁抗日义勇军与《义勇军进行曲》”研讨会。召开全省政协文史资料工作协作会议。与沈阳市政协、沈阳“九一八”历史博物馆联合，启动关于九一八事变“TRUTH”（真相）史料征集工作。与其他专委会共同举办了省政协委员培训班。接待浙江、湖北、宁夏等省（自治区）政协对口专委会考察团。

委员工作委员会 与各专委会共同举办委员培训班，有523名委员参加培训。利用省政协委员移动客户端为委员提供学习参考资料22期52篇，编印《学习之友》6期，编发《委员工作动态》19期。到部分县（市区）走访看望在基层一线工作的省政协委员49人。召开全省市、县（区）政协委员工作经验交流会。组织协调874名省政协委员进各地“两代表一委员”工作室开展活动。编印《省政协委员到“两代表一委员”工作室开展活动服务指南》。组织在辽全国政协委员视察，形成《关于推进沈阳建设国家中心城市的视察报告》，报送省委、省政府和全国政协。组织在辽全国政协委员赴广西、云南学习考察。帮助10余名省政协委员解决经济纠纷以及提供法律咨询和援助。会同机关党委组织20余名省政协委员开展爱心圆梦书画义捐活动。收到领导批转及委员和人民群众来信226件，将20件信访材料转送和协调有关部门处理。共接待群众来访21批38人次。接待了海南、内蒙古、广东等省（自治区）政协来辽考察团。

【重要活动】

庆祝辽宁省政协成立60周年座谈会 3月30日在沈阳召开。省政协主席夏德仁出席座谈会并讲话。老同志张行湘、省政协副主席唐建武在座谈会上发言。夏德仁代表省政协，向为政协事业发展付出辛勤劳动、做出重要贡献的省政协老同志、历届省政协委员表示诚挚的问候，对省各民主党派、工商联、无党派人士和各族各界人士给予省政协的支持表示衷心的感谢。他说，60年来，省政协始终坚持围绕中心、服务大局，紧密围绕全省经济社会发展重大问题协商议政，提出了许多具有重要价值的意见建议，为促进民生改善及社会和谐做了大量卓有成效的工作，为巩固和发展广泛的爱国统一战线发挥了不可替代的重要作用。夏德仁强调，要充分发挥人民政协协商民主重要渠道作用和专门协商机构作用。要认真学习贯彻习近平总书记在庆祝中国人民政治协商会议成立65周年大会上的重要讲话精神和《中共中央关于加强社会主义协商民主建设的意见》精神，始终坚持人民政协工作的正确方向，加快推进政协协商民主广泛多层制度化发展。要适应新形势新要求加强履职能力建设，提高政治把握能力、调查研究能力、联系群众能力、合作共事能力，围绕全面深化改革和助推辽宁新一轮振兴发展献计出力。

理论学习中心组集体学习报告会 4月20日在沈阳举行。邀请北京大学法学院副院长、博士生导师王锡锌作《依法治国中的法治思维和法治方式》专题报告。省政协主席夏德仁出席报告会。省政协理论学习中心组成员及列席人员，在沈省政协常委，省各民主党派、工商联负责人，省政协和省各民主党派、工商联机关干部参加报告会。

"三严三实"专题教育动员部署大会 5月21日在沈阳召开。会议深入学习习近平总书记系列重要讲话、中央"三严三实"专题教育工作座谈会和全省"三严三实"专题教育工作会议精神，对"三严三实"专题教育作出安排部署。省政协党组书记、主席夏德仁出席会议并讲话。省政协党组副书记、副主席刘国强主持会议。省政协领导班子成员，省政协副秘书长，研究室、各专委会主任，省政协机关党员干部参加会议。

中心组和常委集体学习报告会 6月17日在沈阳举行理论学习中心组和常委集体学习报告会。以科学制定"十三五"规划为主题，邀请中国社会科学院原副院长李扬作专题辅导报告。夏德仁主席出席。省政协理论学习中心组成员及列席人员，参加省政协十一届十一次常委会议的常委和省政协机关干部参加报告会。省委政策研究室、省发改委、省政府研究室、省政府发展研究中心、辽宁社会科学院、东北大学、辽宁大学、东北财经大学负责同志参加学习。

省市政协主席座谈会 7月28日在沈阳召开。夏德仁主席主持会议并讲话。会议传达学习了习近平总书记在部分省区党委主要负责同志座谈会上的重要讲话精神；传达了全国地方政协工作经验交流会精神。交流了贯彻落实《中共中央关于加强社会主义协商民主制度建设的意见》和中共中央办公厅《关于加强人民政协协商民主建设的实施意见》，加强人民政协协商民主建设的经验。14个市政协负责同志发了言。

辽宁抗日义勇军与《义勇军进行曲》研讨会 8月31日在沈阳召开。夏德仁主席出席会议并讲话。高鹏副主席主持会议。

“三严三实”专题教育第二次专题学习研讨暨党组中心组（扩大）会议　9月1日在沈阳召开。主题是“严于律己，严守党的政治纪律和政治规矩”。省政协主席、党组书记夏德仁主持会议并讲话。

全省市、县（区）政协委员工作经验交流会　9月14日至15日在沈阳召开。夏德仁主席出席会议并讲话。高鹏副主席主持会议。各市政协分管委员工作的副主席、委员工作机构负责人，各县区政协主席参加会议。

沿海经济带政协论坛　9月24日至25日在大连召开。议题是“深入实施辽宁沿海经济带开发开放战略，推动辽宁老工业基地新一轮振兴发展”。全国政协副主席、九三学社中央主席韩启德，全国政协经济委主任周伯华，省政协主席夏德仁，省委副书记、沈阳市委书记曾维出席论坛并讲话。

省委政协工作会议　10月23日在沈阳召开。省委书记、省人大常委会主任李希，省委副书记、省长陈求发，省政协主席夏德仁出席会议并讲话。省委副书记曾维主持会议并作总结讲话。省委常委，省人大常委会常务副主任，省政协副主席、秘书长，省检察院检察长，省各民主党派、工商联和人民团体主要负责同志等出席会议。会议出台了《中共辽宁省委关于进一步加强人民政协工作的决定》。

【重要文件】

常务委员会工作报告（摘要）　2014年工作回顾。一、深入学习中国特色社会主义理论，进一步巩固团结奋斗的共同思想政治基础。认真学习中国特色社会主义理论、统一战线理论和人民政协理论，特别是把学习贯彻中共十八大，十八届三中、四中全会精神和习近平总书记系列重要讲话精神作为一项重大政治任务，积极组织省政协领导班子、广大政协委员和机关干部深入开展多种形式的学习活动。全年共安排6次中心组和常委集体学习，邀请国内著名专家学者就世界军事形势与中国国家安全、十八届三中全会与未来中国、世界科技发展趋势及我国科技战略、中国改革发展新阶段与治理现代化、未来中国经济发展趋势和对外开放思路、社会热点问题和舆情分析等议题作专题报告。邀请省政府领导及其相关部门负责人向省政协常委、委员通报有关方面工作情况25次。以协商民主、经济转型、社会治理、文化建设为主要内容，分四期对全体省政协委员进行集中学习培训。召开辽宁省庆祝人民政协成立65周年座谈会。二、积极开展协商议政，全力助推老工业基地振兴发展。召开十一届六次专题议政性常委会议，形成《关于我省实施创新驱动发展战略　加快经济结构转型升级若干问题的建议》。省委、省政府主要领导高度重视省政协提出的意见建议并作出重要批示，相关部门认真研究落实。召开十一届八次专题议政性常委会议，形成《关于进一步优化我省发展软环境的建议》。省委、省政府积极回应，有关部门认真整改，有力地推进了我省软环境建设。以“科学制定城镇化规划”为议题召开专题议政性主席会议。经过深入调研论证，形成《关于科学制定我省新型城镇化规划的若干建议》，省政府对落实会议所提建议进行了责任分工，各责任单位制定了具体工作方案，积极推进落实。参与筹办辽宁沿海经济带政协论坛。召开第七次沿海经济带政协论坛，形成《关于加快发展现代服务业　促进辽宁沿海经济带和全省产业升级的建议》，报送省委、省政府。积极参与省政府“6+4”重大调研活动。组织在辽全国政协委员到大连视察，形成《关于设立大连自贸区问题的视察报告》，报送全国政协和省委、省政府。三、自觉践行履职为民宗旨，为保障和改善民生献计出力。围绕防治大气污染、新农合大病保险、城市垃圾处理、发展养老事业等问题开展专题调研考察，围绕大伙房水源保护区综合治理、《妇女权益保障法》实施情况等问题开展视察。通过及时反映群众的意愿和诉求，助推了一些群众关心的热点、难点问题的解决。比如，关于实施煤改电清洁供暖的建议，省委、省政府要求有关部门认真研究、有序推动，目前此项工作已在沈阳开展试点；关于扶持大学生创业的建议，推动省教育厅、财政厅、人社厅等部门联合制定了对困难家庭高校毕业生首次创业给予一次性创业补贴和税收优惠等扶持政策。充分发挥提案在保障和改善民生中的重要作用。全年共收到提案 665 件，立案 599 件，办结率 100%，采纳落实率达到 69.1%。坚持省委、省政府、省政协领导领办、督办机制，试行提案委员会委员促办提案机制，加大提案办理协商力度，促进了提案意见建议的有效落实。积极运用社情民意信息反映群众意见，全年共征集稿件 1244 篇，向全国政协和省委、省政府报送政协信息 210 期，其中，《高铁时代的公益性票价不可忽视》等信息被全国政协采用，《关于建立水价调整联动机制的建议》《关于加强食品安全保障机制建设的建议》等一批重要信息，为化解社会矛盾、推动解决涉及群众切身利益的实际问题发挥了重要作用。举办爱心帮扶书画义捐活动，资助沈阳市 2000 多名农民工子弟春节返乡路费和午餐补贴。积极组织港澳委员为 2013 年遭遇特大洪涝灾害的新宾、清原等地送去慈善救助资金。筹措扶贫资金用于改善彰武县交通环境。赴辽阳开展教育、科技和医疗卫生“三下乡”活动。四、坚持团结和民主两大主题，着力维护和发展大团结大联合的良好局面。一年来，省各民主党派、工商联、无党派人士在政协全体会议和常委会议上作大会发言 46 人次，提交提案 215 件，报送社情民意信息 769 篇。积极促进民族宗教工作。召开民族宗教界委员座谈会，强烈谴责昆明暴力恐怖事件，团结和引导少数民族群众和宗教界人士、信教群众为促进社会和谐稳定多做贡献。2014 年省政协民族宗教委员会的工作受到了国务院表彰。广泛团结港澳台侨同胞，深入开展人民政协对外友好交往。接待了 100 多位来自美国、日本、韩国等国家的国际友人和港澳台同胞，积极为辽宁对外开放、国际交流、经贸合作牵线搭桥。以达沃斯论坛活动为契机，建立了省政协与世界各地相关组织和商界人士的工作联系。编辑和出版了《辽宁老工业基地建设纪实》《辽宁知识青年上山下乡史料》《辽宁农业史料》等史料专辑，启动了《城乡建设史料》征集工作。举办庆祝中华人民共和国成立 65 周年暨人民政协成立 65 周年政协委员书画展。配合全国政协开展了送文化下基层活动。举办辽宁新闻奖第十五届政协好新闻评选活动。五、深入开展协商民主实践探索，更好地发挥人民政协协商民主重要渠道作用。经省委批准实施了《政协辽宁省委员会 2014 年重点协商计划》。全年围绕提升我省开放型经济质量和水平、保护和传承我省少数民族文化、加速发展辽宁科技型农业、推进我省基层公共文化建设等 8 个重大课题，与省政府及其相关部门开展了专题协商、对口协商、界别协商，为促进省委、省政府科学决策民主决策发挥了积极作用。制定了《辽宁省政协定期协商座谈会工作办法》，全年分别以加大对小微企业的培育和支持、加强食品安全保障机制建设、积极探索多样化养老模式、加大对大学生就业创业工作的扶持力度、加强我省工业遗产的保护和利用、加强我省少数民族地区旅游资源的开发与保护、加强辽宁与港澳台地区的交流合作、促进辽宁金融业发展为议题，召开8次定期协商座谈会。加大立法协商力度。围绕辽宁省《大伙房饮用水水源保护条例》《人口与计划生育条例》《公共安全技术防范条例》《公墓建设管理办法》《非物质文化遗产保护条例》《测量标志保护管理办法》《公共信用信息管理办法》7部地方性法规、政府规章草案开展了立法前协商。加强民主监督工作研究和实践探索。就加强政协委员担任特约民主监督员和开展专项民主监督工作进行调研考察，形成研究报告。积极推进新型智库建设。针对新常态下我省经济发展的重大问题开展深入调研，形成我省上半年稳增长情况、全年经济形势分析和我省申报国家自主创新示范区有关工作的专题调研报告，受到省委、省政府主要领导的高度重视。报告的一些内容已分别被省委十一届八次全会、省政府工作报告和省政府向国家提交的申报材料采纳。六、全面推进制度化、规范化、程序化建设，进一步提高履职能力和水平。认真贯彻落实《省政协关于党的群众路线教育实践活动整改工作方案》，制定了《省政协领导联系驻沈外委员办法》。省政协领导班子成员分别到各市走访看望委员、听取意见建议，深入省内各市的"两代表一委员"工作室走访调研。开发省政协委员移动客户端，为委员履职搭建信息交流平台。制定了《省政协领导联系界别组办法》，33个界别组普遍开展了相关活动，取得了较好的效果。切实发挥专委会基础性作用。制定了《专门委员会与未参加专门委员会委员联系办法》，加强了同未参加专门委员会委员的联系。大力加强政协机关作风建设。按照中央和省委的部署和要求，坚持把切实解决"四风"突出问题与提高工作实效结合起来，狠抓作风建设，制定规章制度，建立长效机制，整改落实工作取得明显成效。2015年工作安排：一、深入学习贯彻中共十八届四中全会精神和习近平总书记系列重要讲话精神。二、积极主动为我省改革发展振兴献计出力。三、围绕加强民生保障和促进社会和谐建言献策。四、团结凝聚各方面力量巩固发展广泛的爱国统一战线。五、切实提高人民政协协商民主的有效性。六、适应新形势新要求加强履职能力建设。

【组织概况】

副主席补选名单

（2015年1月29日政协辽宁省第十一届委员会第三次会议通过）

史桂茹（女）

常务委员增选名单

（2015年1月29日政协辽宁省第十一届委员会第三次会议通过）

王立平　王启尧　王金笛
史会云（满族）　丛　林　刘长江
苌　锋　李　兵（满族）　吴旭洋
何兰坐（满族）　张　凡　陈春森
周立元　周连科　赵　群　崔德胜

委员增补名单

（2015年1月29日政协辽宁省第十一届委员会常务委员会第十次会议通过）

李万才

委员增补名单

（2015年12月31日政协辽宁省第十一届委员会常务委员会第十三次会议通过）

马塾君　王延和　王金海　毛　泽
尹　利　史明武（满族）　刘　文
刘　非（满族）　刘文艳（女）
闫建成（满族）　关耀林（满族）
孙　黎　孙昌生　孙惠芬（女）
杨路平　李中亚　李成军　邱清亮
迟克举　张书义　张玉贵　张海波
季凤岚（女）　赵　承　赵洪星

侯喜丰　姜健力　秦光健　贾天兵
郭锐锋　郭富春　凌世威
韩辉升（蒙古族）裴　奔　薛　恒

市（区、县）主席变动情况

沈阳市
许文有（2015 年 2 月补选）
铁西区
黄士硕（2015 年 12 月补选）
苏家屯区
王德利（2015 年 12 月补选）

大连市
李万才（2015 年 1 月补选）
甘井子区
王　鹏（2015 年 12 月补选）

海城市
刘安悦（2015 年 12 月补选）

鞍山市
铁东区
李淑英（女）（2015 年 12 月补选）
铁西区
姜洪潮（2015 年 12 月补选）
立山区
贾海军（2015 年 12 月补选）

抚顺市
望花区
徐　勉（2015 年 12 月补选）

本溪市
平山区
王正涛（2015 年 12 月补选）

丹东市
元宝区
刘晓军（2015 年 12 月补选）

东港市
刘俊江（2015 年 12 月补选）

锦州市
黑山县
全福顺（2015 年 12 月补选）
太和区
李广贺（女，满族）（2015 年 12 补选）

营口市
老边区
邓世安（2015 年 12 月补选）
阜新蒙古族自治县
李贵军（2015 年 12 月补选）

阜新市
新邱区
谷佰超（2015 年 12 月补选）

铁岭市
昌图县
李富志（2015 年 12 月补选）
西丰县
李晓波（2015 年 12 月补选）

北票市
张福良（2015 年 12 月补选）

朝阳市
朝阳县
陈胤彪（2015 年 12 月补选）
建平县
王万东（2015 年 12 月补选）

盘锦市
兴隆台区
赵世田（2015 年 12 月补选）

葫芦岛市

南票区　　李万志（2015 年 12 月补选）

辽宁省各级政协组织和委员数

（截至 2015 年年底）

项目＼级别	省	副省级市	设区的市	县（不设区的市、市辖区）	合计
组织数	1	2	12	100	115
委员数	868	1179	4838	21557	28442

（胡　青 编写　张　军 审稿）

政 协 吉 林 省 委 员 会

【全体委员会议】

十一届三次会议 2月8日至11日在长春举行。会议应出席委员605人，实到560人。省政协副主席刚占标主持开幕会。省委书记、省人大常委会主任巴音朝鲁，省委副书记、省长蒋超良等省领导到会祝贺，并分别参加了联组讨论，听取委员发言。省政协主席黄燕明主持闭幕会并在闭幕会上讲话。会议审议通过《中国人民政治协商会议吉林省第十一届委员会第三次会议决议》，审议通过黄燕明主席所作的常务委员会工作报告和王尔智副主席所作的常务委员会提案工作情况报告，会议补选冯晓波等5人为常务委员。与会委员列席了吉林省第十二届人民代表大会第四次会议，会议听取、讨论并赞同蒋超良所作的政府工作报告，讨论并赞同省高级人民法院工作报告、省人民检察院工作报告及其他报告。会议期间，举行了大会发言和联组讨论，与会委员围绕新型城镇化、民营经济发展、特色资源利用、电子商务平台建设、推进发展高等教育和职业教育、加快发展医药健康产业、深化文化体制改革等问题建言献策。

【常务委员会会议】

第9次会议 2月11日在长春召开。本次会议应出席119人，实到92人。会议审议通过政协吉林省第十一届委员会第三次会议决议（草案）、政协吉林省第十一届委员会常务委员会2015年工作要点及有关人事选举事项。

第10次会议 6月25日至26日在长春召开。本次会议应出席119人，实到84人。会议审议通过《关于增强全民法治意识，推进依法治省建设的建议案》及有关人事事项。会议期间，省委常委、政法委书记金振吉作了关于“深化司法体制改革”专题报告，省高级人民法院院长王常松、省人民检察院检察长杨克勤也分别作了专题报告。

第11次会议 9月24日至25日在长春召开。本次会议应出席常委119人，实到84人。会议期间，省委常委、常务副省长马俊清作了关于科学制定吉林省“十三五”规划基本思路的专题报告；10名省政协委员围绕我省“十三五”时期的经济、社会、文化、教育、生态建设等领域的发展规划作了大会发言；省级各民主党派、工商联，省政协参加单位，省政协常委、委员，各市（州）和县（市、区）政协提交了近百篇建议稿。会议审议通过了有关人事事项。会后形成了有关情况的综合报告报送省委、省政府。

第12次会议 12月29日在长春召开。本次会议应出席常委118人，实到86人。会议决定，省政协十一届四次会议将于2016年1月下旬在长春召开。会议审议通过《关于促进吉林省新兴文化产业发展的建议》；审议通过政协吉林省第十一届委员会常务委员会工作报告；审议通过政协吉林省第十一届委员会常务委员会关于十一届三次会议以来提案工作情况的报告；审议通过关于召开政协吉林省第十一届委员会第四次会议的决定；审议通过政协吉林省第十一届委员会第四次会议议程（草案）、日程；审议通过政协吉林省第十一届委员会第四次会议秘书长名单、副秘书长名单；审议通过政协吉林省第十一届委员会第四次会议工作机构；审议通过有关人事事项。会议期间，省委常委、宣传部长高福平作了关于我省宣传思想文化工作情况的专题报告。

【专门委员会工作】

提案委员会 十一届三次会议以来，共收到提案384件。其中，委员提案和委员联名提案293件，省级民主党派、工商联提案88件，界别3件。经审查，立案277件，未立案的107件提案作为参阅件转有关部门参考。至2015年底，三次会议提案涉及问题得到解决或基本解决的占23%，正在解决或已列入计划逐步解决的占68.5%。一、全力推进提案办理协商。围绕6件重点提案积极开展督办协商，在主席会议上专门就重点提案办理工作作了汇报，对提案办理落实情况进行了实地视察和现场督办。二、积极组织调查研究。7月份，在王尔智副主席带领下，组织提案人就“推动我省电子商务发展，促进消费和服务业转型升级”进行调研，形成的调研报告经省政协十一届三十一次主席会议通过后报送省委、省政府。三、精心组织咨政协商座谈会。4月份，组织了“进一步简政放权，激发市场主体活力”咨政协商座谈会，公主岭市和梅河口市有关负责同志介绍了扩权强县改革试点以来经济社会的发展情况，省编办、省委政策研究室、省法制办、省政府政务公开协调办负责同志参加了座谈会，形成的政协信息专报得到了省长蒋超良的批示。四、支持配合委员进社区活动。组织委员和社区负责人，召开了委员进社区活动对接会，积极开展科技、医疗、法律等方面的专业咨询和科普等活动。

经济科技委员会 一、围绕中心，积极为吉林经济社会发展建言献策。一是5月上旬，在别胜学副主席带领下，组织部分委员会同省农委等有关部门对我省农业农村信息化发展情况进行了专题视察，形成的视察报告经省政协十一届三十次主席会议审议通过后报送省委、省政府，隋忠诚副省长作了批示。二是8月上旬，在别胜学副主席带领下，组织部分省政协委员、专家学者和相关企业代表，会同省工信厅、省商务厅、省工商联等相关单位，围绕我省“加快产业结构优化升级，推进老工业基地新一轮振兴”开展调研，形成的调研报告编入《制定吉林省国民经济和社会发展“十三五”规划建议汇编》。三是组织召开了“推进我省轨道交通制造产业发展”咨政协商座谈会、“推进产业结构优化升级，提升区域经济竞争力”咨政协商座谈会和“拓展社会资本投资通道”专题座谈会，并将委员的意见建议以《政协信息专报》的形式报送省委、省政府领导参阅。二、搭建平台，努力为委员履行职能创造条件。一是联系农业组、经济二组和科技科协一组分别对“新农村建设情况”“长伊公路道路情况”“我省重大创新驱动项目互联智能汽车研发情况及产业发展模式”等进行调研视察，组织召开了科技界委员“庆祝‘吉林一号’卫星发射成功，推进我省科技发展”座谈会。二是积极推进委员进社区活动，开展政策宣传、扶贫捐赠、法律咨询、健康义诊等活动10余次，捐赠图书50册，发放宣传册3000余册，帮扶资金1.2万元。

人口资源环境委员会 一、围绕大局，为生态吉林建设助力献策。一是6月初，组织部分委员和专家，由黄燕明主席、别胜学副主席带队，对我省西部生态经济区规划实施情况进行调研，形成的调研报告经省政协十一届三十二次主席会议审议通过后报送省委、省政府，省委书记巴音朝鲁作了批示。二是7月下旬，别胜学副主席带领调研组，围绕“十三五”规划编制工作，就建设生态吉林，推进绿色发展进行调研，形成的调研报告经省政协十一届三十二次主席会议审议通过，编入《制定吉林省国民经济和社会发展“十三五”规划建议汇编》。三是5月中旬，由别胜学副主席带队，组织部分委员对我省中部城市引松供水工程实施情况进行视察。二、发挥优势，为委员搭建协商议政平台。一是组织承办“完善生育政策，促进人口均衡发展”咨政协商座谈会，将有关意见和建议以《政协信息专报》的形式报送省委、省政府，副省长王化文作了批示。二是与省人大环资委共同组织召开立法协商座谈会，就《吉林省大气污染防治条例（草稿）》听取部分政协委员意见。三是联系委员活动组就吉煤集团企业生产经营情况、我省水库移民工作、医药健康产业发展、全力推进大学生创新创业等问题开展调研、视察、座谈等活动。四是开展委员进社区活动，倾听民声、宣传政策、解决困难。三、加强协作，为推动工作开展畅通渠道。一是会同8家相关单位开展关注森林活动，组织召开吉林省第四届关注森林工作会议。二是组织委员与省政府法制办就《吉林省建筑废弃物减排与资源化利用管理办法（征求意见稿）》、《吉林省无障碍环境建设办法（征求意见稿）》和《吉林省自然灾害救助办法（征求意见稿）》进行讨论。

文化教育卫生委员会 一、精心组织专题调研，积极建言献策。一是5月中旬，组织部分委员，由黄燕明主席带队，赴吉林城市职业技术学院就我省职业教育发展情况进行调研。二是6月初，组织部分委员、专家，由黄燕明主席、支建华副主席带队，就历史文化保护发展工作进行调研。三是11月中旬，组织部分委员，由支建华副主席带队，就历史文化保护发展工作进行调研，形成的调研报告经省政协十一届十二次常委会审议通过后，以建议案的形式报省委、省政府。二、发挥委员主体作用，提高履职实效。一是组织召开“提升职业教育服务能力，为吉林经济转型发展提供人才支撑”咨政协商座谈会和“加快推动吉林省中医药健康产业发展，进一步优化吉林省中医药产业结构”咨政协商座谈会，并将委员的意见建议以《政协信息专报》的形式报送省委、省政府领导参阅，庄严副省长作出批示。二是联系委员活动组，就促进我省文化产业发展、“十三五”期间制定教育发展规划情况、校园食品安全、高校中外合作办学水平等问题开展调研视察。三是积极推进委员进社区活动，把文教委的委员分成3个小组，开展定期送医送药、开展讲座、解决百姓难题等活动。

社会法制委员会 一、积极探索工作新模式。一是积极做好全省三级政协委员进社区活动的前期准备工作，并协力完成三级政协委员进社区动员大会。二是组织承办“增强全民法治意识，推进依法治省”议政性专题常委会，邀请了省委常委、省委政法委书记金振吉及省高法院长、省高检检察长作专题报告。三是组织召开“大众创业，万众创新”咨政协商座谈会和“加强和改进社区公共服务建设”咨政协商座谈会，并将委员提出的意见建议整理形成《政协信息专报》报送省领导和相关部门，省委常委、副省长庄严作出批示。四是围绕制定“十三五规划”，在王尔智副主席的带领下，与提案委共同完成了全面保障民生、建设和谐吉林的专题调研工作，形成的综合报告编入《制定吉林省国民经济和社会发展“十三五”规划建议汇编》。二、扎实做好常规工作。一是4月份组织部分常委、委员，就养老服务体系建设情况进行调研，形成的调研报告经省政协十一届二十八次主席会议审议通过报送省委、省政府。二是对《吉林省消费者权益保护条例》（征求意见稿）、《吉林省居住证管理办法》《吉林省专业技术人员继续教育规定》《吉林省森林防火条例》《吉林省自然灾害救助办法》5部法规、规章进行立法协商，提出意见建议40余条（处）。三是适时调度委员进社区工作，开展法治沙龙、节日送温暖、结对帮扶、座谈听民意等形式服务社区群众。四是围绕加强全省道路交通安全管理召开专题座谈会。

文史资料委员会 一、配合全局性工作做好编辑展览工作。一是举办《白山松水、浩气长存——吉林省纪念中国人民抗日战争暨世界反法西斯战争胜利70周年历史图片展》，在全省各市（州）及美国旧金山、纽约和加拿大多伦多等地巡回展出，省委常委、宣传部长高福平同志对展览作出高度评价。二是编撰《东北的沦陷与抗战（1931—1945）》大型“三亲”史料丛书，受到全国政协原主席贾庆林、原副主席王忠禹等领导同志的充分肯定。三是编辑《铁证——日本侵华老兵口述证言》，公开披露了当年日本侵略者烧杀淫掠罪行。四是协助吉林电视台拍摄大型历史纪录片《铁蹄下的东北——伪满洲国真相》。五是编审完成“光辉的历程——庆祝政协吉林省委员会成立60周年图集和图片展”，较翔实地记录和宣传了省政协成立60年来的光辉历程、履职成果和委员风采。二、积极发挥存史咨政团结育人作用。一是组织召开全省政协文史资料工作会议；二是编辑《刘敬之纪念文集》，三是编辑《读史》第35辑、36辑；四是编辑《长春街路图志》；五是与省政协网站和《协商新报》合作，开辟“抗战记忆”和“史海钩沉”专栏；六是建设省政协文史资料库。三、为委员履职尽责提供服务。一是分别以满族历史文化传承和城镇化建设中历史文化遗产保护为主题，组织召开咨政协商座谈会。二是组织开展“三级委员进社区”活动。

港澳台侨和外事委员会 一、围绕中心工作，开展调研视察。一是7月至8月份，组织部分委员和相关部门负责同志，在张晓霈副主席带领下，就长吉图口岸互联互通建设情况进行调研，形成的调研报告经省政协十一届三十二次主席会议审议通过，报送省委、省政府。二是8月份，组织省发改委、经合局等相关部门负责同志，在张晓霈副主席带领下，就我省在“十三五”期间如何借助中韩自贸协定推进开放发展问题，开展专题调研，形成综合报告编入《制定吉林省国民经济和社会发展“十三五”规划建议汇编》，报送省委、省政府。二、以活动为载体，充分发挥委员主体作用。一是在香港政改过程中，组织号召香港委员发挥积极作用。二是组织委员走进社区，开展“关爱残疾人，同行小康路”活动，帮助联络解决社区养老、交通、亮化等现实问题。三、促进友好往来，拓宽联谊渠道。一是完成第十届中国—东北亚博览会期间“澳门贸促局、澳门中华总商会代表团”的接待陪同任务。二是做好韩国、日本、蒙古等国（境）外友好团组来我省考察的服务工作。

民族宗教委员会 一、以调研视察为依托，发挥职能作用。一是4月份，组织部分委员，会同省文化厅、省民委，在薛康、赵吉光副主席的带领下，就我省朝、满、蒙、回、锡伯五个少数民族文化艺术资源中音乐歌舞艺术、博物民俗场馆、建筑、遗址遗迹、民俗方面情况进行调研，形成的调研报告经省政协十一届二十九次主席会议审议通过，报送省委、省政府，省委书记巴音朝鲁作了批示。二是8月至9月，围绕“我省创新发展，增强经济发展内生动力”开展调研，形成的综合报告经省政协十一届三十二次主席会议审议通过，编入《制定吉林省国民经济和社会发展“十三五”规划建议汇编》。三是组织宗教界委员开展“看发展、看变化”活动，对我省河湖连通工程进行了视察。二、以活动为载体，为委员知情参政做好服务。一是承办以“为企业在科技创新中发挥主体作用营造良好环境”和“少数民族文化艺术资源的保护开发和利用”咨政协商座谈会。二是联系科协、科技二组委员组织了“关注转基因，关注农业科技”

科学沙龙、赴敦化海斯特科技有限公司实地调研、考察“吉林一号”卫星、就科技型企业创新发展转型升级情况开展调研等活动。三是开展委员进社区活动，捐献图书1000册、免费为80位社区居民进行健康体检、组织社区居民开展就业培训、赞助社区文艺演出10场、捐献爱心助残椅、安装连体桌椅和遮阳棚等。

【重要活动】

省政府领导与省政协委员及省级各民主党派、工商联负责人议政协商会 一、1月23日在长春召开。省长蒋超良通报了2014年全省经济社会发展情况并听取与会委员和民主党派、工商联负责人对《政府工作报告（征求意见稿）》的意见和建议。省政协主席黄燕明主持议政协商会。部分与会代表分别就加大农业科技研究推广应用、促进移动政务发展、搞好普法教育、壮大民营经济、加快农业现代化建设、加强居民健康体检机构管理、扶持民办教育发展、完善残疾人帮扶措施等方面建言献策。二、7月31日在长春召开。省委副书记、省长蒋超良通报了上半年全省经济形势，并听取了政协委员的意见和建议。省政协主席黄燕明主持会议。8位政协委员就新型城镇化建设、促进居家养老服务业可持续发展、加强农业职业教育、推进生态省建设、严守生态保护红线调整优化产业结构、推动高等教育改革、加快长吉图一体化规划建设、改善发展软环境等方面提出建议。

庆祝省政协成立60周年座谈会 2月10日在长春举行。省委书记巴音朝鲁出席会议并讲话。省长蒋超良出席会议，省政协主席黄燕明主持会议。会上，全国政协委员、全国政协人资环委副主任王国发、原省政协主席张岳琦等6位同志畅谈了吉林省政协成立以来与吉林同步发展的光辉历程。省委副书记竺延风，省委常委、省委秘书长房俐，省人大常委会党组书记、副主任荀凤栖，副省长黄关春，省政协副主席别胜学、薛康、支建华、王尔智、张晓霈、刘丽娟、张伯军，全国政协委员、省法学会会长李申学，长春市政协主席崔杰，历届省政协副主席刘希林、高文、张铁男、魏敏学、李宏昌、梁植文、赵家治、郑龙喆、常万海、李慧珍、孙耀廷、徐学海、常显玉、任凤霞，省政府秘书长李福春、省政协秘书长包伟等出席座谈会。

三级政协委员进社区动员大会 5月27日在长春召开。省政协主席黄燕明出席会议并讲话，省政协副主席王尔智主持会议，省政协秘书长包伟出席会议。在长春市宽城区团山街道长山花园社区，黄燕明主席与长山花园社区党委书记吴亚琴为“政协委员社区联系站”揭牌。省政协副秘书长、办公厅主任肖模文宣读了《政协吉林省委员会关于开展委员进社区活动的意见》，省政协委员王俪潼分享了参与委员进社区活动的心得体会，吴亚琴作了发言，省政协社法委，长春、吉林、辽源等8个单位介绍了进社区的一些成功经验。各市（州）、县（市、区）政协主席，省政协副秘书长，办公厅、研究室、各专委会有关负责人参加了会议。

【重要文件】

常务委员会工作报告（2015年2月8日）（摘要） 一、2014年工作回顾。一是认真学习中共十八届三中四中全会精神和习近平总书记系列重要讲话，统一思想，凝聚各界共识。二是围绕全面深化改革、推进“五大发展”，协商议政，建言献策。十一届六次常委会议就我省优化秸秆综合利用问题开展调研协商，向省委、省政府报送建议案。十一届七次常委会议暨“生态惠民、绿色发展”百名委员建言献策专题会就长白山生态系统修复工程、加快创建吉林省绿色农产品生产基地、推进我省新型城镇化建设，深入调研协商，向省里报送了3份建议案。选择我省全民创业实施情况、安全发展长效机制落实情况、长吉图对外贸易情况等开展专题调研视察，召开主席会议深入协商，向省里报送了视察调研报告。三是紧跟中央和省委重大部署，就重大急难问题开展调研协商。就秸秆开发利用问题，省政协组织委员和有关专家深入省内调研和省外考察；召开常委会议进行协商，向省里报送了建议案；提出充分利用秸秆等生物质资源加快治理秋冬季雾霾的提案；召开专题座谈会，向省里报送了《政协信息专报》，就秸秆开发路径问题提出建议。四是着眼发展协商民主，推进政协协商民主广泛多层制度化发展。进一步改革政协例会形式，常委会议特邀委员和界别群众参会人数由30名左右扩展到百名；主席会议听取省政府有关厅局情况通报时，开始邀请调研组成员和相关委员参加。创立咨政协商座谈会，每月召开一次，邀请20位左右委员和省委、省政府有关部门负责人参加。积极推进协商民主制度化，首次制订并组织实施了2014年度协商计划，通过议政性常委会议、主席会议、专题议政会、咨政协商座谈会等开展协商议政，较好地完成了计划。五是坚持履职为民，汇集反映舆情，为保障改善民生献计献策。围绕我省人口老龄化情况和城镇社区居家养老服务情况、基础教育均衡发展等，组织委员调研协商，向省委、省政府报送调研报告。加强联系群众、反映社情民意信息工作。全年向省委、省政府报送《社情民意》109期，专报全国政协105件。六是坚持团结民主，协调关系，广泛凝聚各方面力量。加强与各民主党派、工商联和无党派人士合作共事。组织宗教界委员开展“看发展、看变化”活动。鼓励支持港澳委员积极履职，充分发挥港澳委员在促进吉港、吉澳经济文化交流和维护港澳繁荣稳定中的作用。七是突出发挥委员主体作用，加强履职能力建设。积极探索和推进委员联络常态化、委员组织网格化、委员管理数字化，启动了委员管理数字化平台建设。向全国政协报送的《关于健全委员联络机构，完善委员联络制度，发挥委员主体作用的工作报告》，得到全国政协的充分肯定。加强对市（州）、县（市、区）政协工作联系和指导，努力形成政协上下联动互促格局，制定出台《政协吉林省委员会关于加强对基层政协工作指导的意见》。二、2015年工作安排。第一，以坚持和发展中国特色社会主义为主轴，不断夯实共同思想政治基础。第二，以落实协商计划为统领，为吉林新一轮振兴发展贡献智慧。第三，以法治体系和法治国家建设为主线，为推进法治吉林建设献计出力。第四，以促进民生改善为核心，为改革发展汇聚向上向善正能量。第五，以改革创新为动力，为社会主义协商民主发展贡献力量。第六，以强化学习培训为基础，不断增强“四种履职能力”。

省委书记巴音朝鲁在庆祝省政协成立60周年座谈会上的讲话（2015年2月11日）（摘要） 60年的实践深刻启示我们，做好人民政协工作，必须坚持中国共产党的领导，始终保持正确的政治方向；必须坚持中国特色社会主义制度优势和特点，不断巩固团结奋斗的共同思想政治基础；必须牢牢把握团结和民主两大主题，巩固和发展爱国统一战线；必须坚持与时俱进、改革创新，始终保持旺盛的生命力。实现全面振兴发展的宏伟目标，必须举全省之力、聚八方资源、汇各界之智。一要紧扣改革发展献计出力，加快推动吉林新一轮振兴发展。二要全面贯彻依法治省部署，为推进法治吉林建设作贡献。三要发挥专门协商机构的作用，推进社会主义协商民主。四要坚持大团结大联合，广泛汇聚吉林全面振兴发展正能量。五要大力推进履职能力建设，全面提升政协工作科学化水平。全省各级党委要按照总揽全局、协调各方的原则，进一步加强和改善对政协工作的领导，支持人民政协依法依章独立负责、协调一致地开展工作。

【组织概况】

常委补选名单

（2015 年 2 月 11 日　政协第十一届吉林省委员会第三次会议通过）

冯晓波（女）

权贞子（女、朝鲜族）　肖模文

周　峰　郑文芝（女）

常委辞免名单

（2015 年 9 月 25 日　政协第十一届吉林省委员会第十一次常委会议通过）

邹继红

委员增补名单

（2015 年 12 月 29 日　政协第十一届吉林省委员会第十二次常委会议通过）

李成蛟　纪凯平　阿汝汉（蒙古族）

张　炜　张晓华　张晓康　林　君

全国学　周晓文　倪连山

委员辞免名单

（2015 年 6 月 23 日　政协第十一届吉林省委员会第三十次主席会议通过）

宋继新

（2015 年 9 月 22 日　政协第十一届吉林省委员会第三十二次主席会议通过）

韩增义

（2015 年 12 月 25 日　政协第十一届吉林省委员会第三十五次主席会议通过）

李忠伟

（2015 年 12 月 29 日　政协第十一届吉林省委员会第十二次常委会议通过）

邹继红　冯　晨　马建华

市、县、区政协主席变动情况

舒兰市政协主席

杨文坦（2015 年 1 月 12 日当选）

蛟河市政协主席

王中宪（2015 年 1 月 13 日当选）

磐石市政协主席

袁龙奇（2015 年 12 月 30 日当选）

辽源市龙山区政协主席

高玉波（女，2015 年 1 月 15 日当选）

辽源市西安区政协主席

雷华明（2015 年 1 月 15 日当选）

白山市浑江区政协主席

于炜修（2015 年 1 月 21 日当选）

松原市政协主席

周庆东（2015 年 1 月 15 日当选）

前郭县政协主席

张　健（2015 年 4 月 21 日当选）

延边州政协主席

于晓峰（2015 年 1 月 21 日当选）

敦化市政协主席

孙长春（2015 年 12 月 21 日当选）

汪清县政协主席

陈维顺（2015 年 12 月 23 日当选）

吉林省各级政协组织和委员数

（截至2015年年底）

项目＼级别	省	副省级市	设区的市（自治州）	县（市、区）	合计
组织数	1	1	8	60	70
委员数	598	548	2916	14731	18793

（夏　禹 编写　马端忠 审稿）

政协黑龙江省委员会

宫晶堃　副主席

【全体委员会议】

十一届三次会议　1月26日至28日在哈尔滨召开。会议应出席委员717名，实到委员636名。开、闭幕会分别由省政协副主席赵克非、陶夏新主持。会议听取并审议了省政协主席杜宇新代表常务委员会所作的工作报告和副主席郭晓华所作的提案工作报告。与会委员列席了省人大十二届三次会议，听取并讨论省国民经济和社会发展计划报告、省财政预算报告、政府工作报告及其他报告。省委书记、省人大常委会主任王宪魁，省委副书记、省长陆昊等省领导列席了开、闭幕会，并参加联组讨论和小组讨论，听取大会发言。大会共收到169份发言材料，9名委员就"两大平原"现代农业建设、中小企业发展、加快创新驱动战略实施、供热价格改革等问题作了大会发言。会议补选宫晶堃为副主席。免去王同堂、李福民、张云志、陈铁力、徐祝新、韩振军、荣利彬、李敏、张敬先、张厚、邹小平11人常务委员职务，增补王凤春、王智奎、付晓波、李桂春、张贵海、周景隆、徐颖、曹力伟8人为省政协常务委员会委员。举办省政协第二届政协工作创新奖颁奖仪式；表彰优秀提案；表彰2014年履职优秀委员。会议期间，共征集委员提案748件，经审查立案690件。

【常务委员会会议】

第8次会议　1月25日下午召开。会议应出席141人，实到138人。审议通过了第十一届委员会第三次会议召开的时间和议程、日程，十一届三次会议秘书长和副秘书长名单，十一届三次会议小组划分原则和召集人名单；审议通过了常委会工作报告和报告人、提案工作报告和报告人；通过了表彰2014年履职优秀委员的决定和有关人事事项。免去闫永华副秘书长职务，免去陈铁力专门委员会主任职务，免去王同堂等8人常委职务，免去刘斌等11人专门委员会副主任职务，免去田凤林等20人委员职务。增补宫晶堃为十一届委员会副主席候选人，增补王凤春等8人为十一届委员会常务委员候选人，增补闫永华、王成国2人为专委会主任人选，增补张永埔等9人为专委会副主任人选；增补王峰等22人为十一届委员会委员。

第9次会议　1月28日下午召开。会议应出席141人，实到139人。听取有关人事事项的汇报，通过候选人、选举办法（草案）、总监票人和监票人（草案）；通过十一届三次会议决议（草案）、十一届三次会议提案情况报告。杜宇新主席主持会议。

第10次会议　6月25日召开。会议应出席142人，实到137人。会议以"发挥优势、多点培育、促进我省产业结构调整”为议题进行专题协商。孙饶副省长作即席发言；省政协副主席宫晶堃作《关于贯彻省委深入实施“五大规划”、发展十大产业的战略部署，发挥优势、多点培育，促进我省产业结构调整调研情况的综合报告》；部分常委作大会发言并与政府有关厅局领导就有关问题进行现场互动协商，通过有关人事事项，杜宇新主席出席会议并讲话。

第11次会议 9月24日召开。会议应出席141人，实到137人。会议以“推进依法行政、建设法治黑龙江”为议题进行专题协商。郝会龙副省长作有关推进依法行政、建设法治黑龙江的情况介绍；省政协副主席杜吉明作《关于推进依法行政、建设法治黑龙江的调研报告》；部分常委作了大会发言并与政府有关厅局领导就有关问题进行现场互动协商，通过有关人事事项，杜宇新主席出席会议并讲话。

【专门委员会工作】

提案委员会 共收到提案611件，经审查立案577件，于2015年10月末全部办理完毕。其中，政协委员提案487件，党派团体提案84件，界别提案3件，专门委员会提案3件。与以往相比，新常态下政协委员对经济发展的关注度进一步提升，经济建设方面的提案所占比重增幅较大。通过重点提案办理协商提交的调研报告《关于在我省设立创投母基金的建议》得到陆昊同志的批示，对省政府决策和相关工作开展起到了重要作用。为落实黑龙江沿岸11个县级政协提出的《关于将黑龙江沿岸文化旅游资源开发纳入全省文化旅游发展框架的建议》，提案委员会与经济委员会、民族和宗教委员会、省旅游局组成专题调研组，调研报得到省长陆昊同志的批示，相关部门落实建议。召开提案办理协商座谈会，为提案者和承办单位搭建沟通交流平台。结合省工商联提出的《关于促进黑龙江省对俄农业合作企业“走出去”的建议》，召开关于对俄农业合作企业“走出去”重点提案办理协商座谈会。按照全国政协有关要求，制定了《重点提案遴选与督办办法》，修订了《优秀提案、先进承办单位、先进承办工作者评选表彰办法》。召开全省市地政协提案工作座谈会，总结经验，交流指导工作。参加全国政协举办的提案办理协商工作座谈会。会上，就如何深化提案办理协商作了发言。加强党派团体提案工作，在提案交办前和全部提案办结后，分别组织召开党派团体提案工作座谈会，通报提案工作进展情况和存在的问题，提出下一阶段工作重点和注意事项。在全省市地政协提案工作座谈会、提案评选表彰、重点提案办理协商等工作中，注重吸纳党派团体参与相关工作，进一步发挥了党派团体在提案工作中的组织力量和智库作用。

文史和学习委员会 认真实施，精心组织推进，狠抓工作落实，不断创新学习工作和方法，进一步发挥了文史资政功能。一是编辑出版文史资料《黑龙江高等教育》（下册）。为纪念抗日战争胜利70周年集出版文史资料《缅怀张瑞麟》。二是征集审编文史资料《我所经历的文化大革命》《柳河五七干校》稿件，为编辑出版打下了坚实基础。三是结合纪念抗日战争胜利70周年，组织开展一系列学习活动，征集出版“资政文史”46期，着重介绍发生在我省的抗战重要事件、人物、日军所犯罪行及东北抗日联军不屈不挠的英勇斗争事迹等，先后出版了《中共中央对东北抗联的评价》《东北抗日联军简介》《美国军方庇护了“七三一”战犯》等资政文史稿件，并报送省委省政府有关领导参阅，孙尧副省长先后对《中国抗日战争是世界反法西斯战争的东方主战场》等四篇文章做了批示。发表以“日本对东北的残酷统治及中国军民的奋起反抗”和“浴血奋战的东北抗日联军”为主题，组织东北抗联事迹两场专题讲座，宣传了抗联英雄事迹，弘扬了伟大的抗联精神。组织委员参观“英雄当归——反法西斯抗战七十周年中俄行动”图片展。2015 年 9 月，在晓华副主席带领下，组织文史和学习委员会部分委员赴哈尔滨广播电视台，参观“英雄当归——反法西斯抗战七十周年中俄行动”图片展，并与哈尔滨广播电视台同志进行了互动交流。四是组织委员开展专题调研、视察活动。开展关于整理挖掘利用历史文献和档案资料更好地为公众和地方发展服务的视察，形成了《关于整理挖掘利用历史文献和档案资料更好地为公众和地方发展服务的视察报告》。开展加强我省城市地下管网建设与管理情况的调研，调研报告得到省委书记王宪魁、省长陆昊、副省长于莎燕的分别批示，一些建议被列入我省“十三五”规划。五是配合全国政协征集大型文史资料图书《亲历者说——中国抗战编年纪事》史料，完成《八十个春秋》编辑再版印制工作。协助全国政协开展《回族百年实录》稿件征集工作。六是赴山西、内蒙古、宁夏等省、自治区学习创建“文史室”的经验。

经济委员会 坚持问题导向和科学思维，把握发展大局和阶段特征，认真组织委员开展经济领域的调研协商活动，共组织开展专题调研 7 项，承办常委会议和召开本委全体会议各 1 次，开展视察活动和协商座谈 10 次，较好履行了政协专委会职能。一是协同承办常委会议。省政协十一届十次常委会议以“发挥优势、多点培育、促进产业结构调整”为议题开展专题协商，由经济委和研究室具体承办，农业委、台港澳委配合开展相关调研工作，综合报告和专题得到省委书记王宪魁的批示。二是深入开展专题调研。先后开展关于推进“千户科技型企业三年行动计划”有效实施、旅游业发展情况的调研、航空物流业发展民营经济发展与政策落实、上市医药企业市值情况的调研。配合全国政协经济委员会开展关于我省宏观经济形势的调研。配合提案委员会开展关于我省文化旅游产业发展情况的调研。民营经济发展、上市药企市值分析两个调研报告均得到省长陆昊的批示；航空物流业发展报告得到副省长郝会龙的批示。三是发挥委员作用，积极了解和反映社情民意。经济委委员报送的《关于突出“黑龙江大米”营销宣传的建议》《应严格规范清真肉类食品的生产和经营》《防止异地报关导致税源流失》等信息，分别引起了孙尧副省长和孙永波副省长的重视，批示相关部门研究解决。四是强化政协联系，着力提高专委会工作水平。在开展常委会议题调研过程中，我们发动全省十三个市（地）政协经济委员会进行联合调研，通过书面报告全面了解了各地的实际情况，为深化课题研究打下了牢固基础。

科教文卫体委员会 围绕我省实施“五大规划”发展战略、构建“龙江丝路带”、推进十大重点产业建设的相关内容，积极履职尽责建言献策。全年共组织开展调研、视察活动 5 次，组织召开主任会议、专题协商会议 3 次，举办专题文化活动 1 次。一是围绕职业教育，持续做好协商议政。在 2014 年“加快发展我省现代职业教育”专题调研和协商的基础上，就政府相关部门对委员建议落实情况进行跟踪调研。二是关注社会热点，积极开展专题视察。紧紧围绕社会关注度高、涉及群众切身利益的热点难点问题开展活动，就“我省体育场馆建设和利用情况”“我省乳制品质量安全及发展情况”开展了专题视察。视察报告得到省委书记王宪魁；省委常委、宣传部长张效廉的批示。三是接待全国政协教科文卫体委员会来我省就“国家科技重大专项‘十二五’执行情况及‘十三五’时期相关建议”开展调研。围绕调研问题先期进行座谈和协商，形成了《黑龙江省政协委员对促进我国“科技重大专项”及“财政科技经费管理”两项工作的意见和建议》，提交给全国政协调研组。其中提出的“应允许在不突破预算总额的情况下，对经费进行调剂使用，允许将当年结余调整至下年预算中使用”等四条建议，被吸纳到全国政协报送党中央和国务院办公厅。四是与省教育厅、文化厅联合举办了第二届全省农村中小学生美术作业展。五是接待山西、四川、陕西、山东等省政协来我省考察调研。六是依据《政协章程》和《省政协专门委员会工作通则》，结合多年工作实践，制定了《省政协科教文卫体委员会界别协商活动实施办法（试行）》。

社会和法制委员会 深入实践协商民主理论，求真务实，开拓创新，认真履行职能，一是围绕“推进依法行政、建设法治黑龙江”议题开展专题调研和协商议政。省政协十一届十一次常委会就“推进依法行政、建设法治黑龙江”进行专题协商，认真做好大会发言、现场互动，形成的《关于推进依法行政，建设法治黑龙江的调研报告》，得到了省委书记王宪魁，省委副书记陈润儿，省委常委、政法委书记杨东奇等省领导的阅批。二是围绕三大诉讼法贯彻实施开展对口协商和专题视察。组织部分委员赴哈尔滨市中级人民法院，围绕我省贯彻落实刑事诉讼法、民事诉讼法和行政诉讼法情况，通过旁听庭审并座谈开展对口协商。视察报告得到了省委书记王宪魁，省委常委、政法委书记杨东奇，省委常委、秘书长李海涛，省政府副省长孙永波等领导的批示，并转发公、检、法机关。三是就农村留守妇女儿童关爱服务体系建设情况开展专题视察。深入到乡镇、村屯的几个中小学，实地踏察农村妇女儿童服务体系建设情况，《关于健全完善农村留守妇女儿童关爱服务体系的调研报告》，得到省领导的批示。王宪魁书记批示：“转相关部门认真研究省委副书记陈润儿的批示。”四是开展支持煤炭资源枯竭型城市转型发展调研。为进一步争取国家对煤炭资源枯竭型城市转型发展的支持就煤炭资源枯竭城市转型发展问题进行专题调研，《关于支持黑龙江省资源枯竭型城市转型发展的调研报告》得到省委书记王宪魁的批示，通过全国政协将《支持黑龙江省资源枯竭城市转型发展的建议》以政协信息专报的形式专报张高丽同志。五是与省残联就残疾事业“十三五”发展纲要规划编制工作开展联合调研，形成的《关于对我省残疾人事业“十三五”发展纲要规划编制工作的调研报告》得到副省长孙永波的批示。六是就跨境经济合作区和自由贸易区建设进行调研，《关于建设跨境经济合作区和自由贸易区建设的学习调研报告》得到了副省长孙尧的批示。七是与省九三学社共同对监所开展监督性视察，对哈尔滨市公安局看守所、延寿县看守所和省新建监狱进行视察，为监所管理规范化和监管安全，提出积极的建议。八是认真做好立法协商和法律咨询工作，先后对《黑龙江省实施〈自然灾害救助条例〉办法（草案）》《黑龙江省电信设施建设与保护条例（征求意见稿）》《黑龙江省道路运输条例（征求意见稿）》等9个地方性法规、地方政府规章草案进行了立法前协商所提的修改意见和建议大部分被吸纳到相关法律法规和条例中。九是接待全国政协社会和法制委员会“建设工程消防审核验收”调研组和青岛、贵州、上海等省市政协调研组来黑龙江考察。

民族和宗教委员会 围绕加快民族地区经济发展和维护宗教和谐稳定两大主题，积极开展调研、视察等活动，汇智聚力，协商议政。一是为更好地依法管理宗教事务，维护社会和谐稳定，开展对口协商。围绕《宗教事务条例》颁布实施十周年，就贯彻落实《宗教事务条例》依法管理宗教事务情况开展对口协商，建议得到省委省政省委书记王宪魁、省委常委、统战部长赵敏的批示。二是为推动少数民族地区经济社会发展，围绕大力发展少数民族特色旅游业进行调研，形成的调研报告省委书记王宪魁、副省长孙尧的批示。三是为规范我省五大宗教活动场所管理，组织开展视察活动，并针对问题提出了许多建设性意见。四是为进一步畅通委员议政渠道，组织召开社情民意座谈会，3位民族宗教界委员作了重点发言。会后，吕德志委员的“关于宗教与经济社会发展相适应问题的建议”以省政协信息专报形式报送了省委省政府。五是为增进友谊，促进和谐，不断加强对外联系与交流。为了维护民族团结、宗教和谐稳定，每年委员会都在元旦、春节期间，走访慰问我省五大宗教团体和上层人士。积极参加民族宗教界的浴佛节、开斋节、圣诞节等重大节庆活动。密切与全国政协和兄弟省（市、区）政协的联系与沟通。参加了全国暨地方政协民宗委工作交流会，提交了“发挥优势，扎实履职，努力做好政协民族宗教工作”的大会发言材料。分赴贵州、四川、福建等省围绕如何推动少数民族特色旅游产业发展、少数民族村寨建设情况和宗教活动场所建设管理情况进行调研考察。接待7个兄弟省（市）政协来黑龙江考察。

台港澳侨联络和外事委员会 充分发挥优势，认真履行职能，为我省进一步扩大对外开放、实现经济社会更好更快发展积极做贡献。一是召开港澳委员深圳座谈会，孙尧副省长就我省旅游产业发展、港澳地区在对俄经贸合作中的作用以及2015年有关工作安排发表了讲话；港澳委员、工商界人士及省直有关部门负责同志共9位嘉宾发言，就我省现代服务业范畴内的金融业、旅游业、碳汇经济、境外园区建设、足球相关产业等方面的发展建言献策，整理的建议报省委省政府。二是选准专题，认真组织委员开展调研和视察活动。开展了关于我省现代服务业发展情况的调研，调研报告提交省政协十一届十次常委会议协商讨论。调研报告得到省委书记王宪魁在的批示。省发改委梳理出19项具体建议并进行了充分研究，在制定有关法规中吸纳。协助全国政协外事委员会开展了“促进边境合作区建设”的调研，协调周春玲委员在9月全国政协召开的双周座谈会上进行了《关于设立面向俄罗斯区域性自由贸易实验区的建议》的发言。就我省台资企业发展情况进行了认真的调查研究，调研报告省委书记王宪魁，省委副书记、省长陆昊，省委常委、统战部长赵敏，副省长孙尧的批示。开展了“现代服务业发展”“台商投资企业园区”“黑瞎子岛及口岸建设”“同江黑龙江大桥建设”四项专题视察。三是深化交流，进一步推动与港澳台地区的合作。接待了由全国政协董建华、李海峰两位副主席带队的港区全国政协委员黑龙江考察团。整理报送的《关于港区全国政协委员黑龙江考察团所提意见建议的报告》得到了省委书记王宪魁，省委常委、统战部长赵敏同志的批示。接待辽宁、四川、广东等省港澳委员考察团。四是扩大交往，积极开展公共外交。严格遵守中央外事工作的有关规定，积极与省外事办沟通协调，组织等6位副主席率团出访俄罗斯，加强与俄各友好州区议会的联系与交往，增进友谊，促进合作。

人口资源环境委员会 结合省情实际有重点地深入调查研究，开展专题协商和视察，找准定位，转变作风，注重实效，提出的意见和建议契合党委和政府的中心工作。一是召开矿产资源开发与环境保护问题专题协商座谈会，形成的《关于促进我省矿产资源开发与环境保护协调发展的建议》的报告得到副省长于莎燕的批示。二、深入开展了“三江平原地下水资源保护与利用”工作调研，三江平原作为我国重点商品粮基地和粮食战略储备基地，为我国粮食安全做出了重要贡献。形成了《关于推进“三江平原地下水资源保护利用”工作的建议》报告，得到了省政府陆昊省长的批示。三、组织开展了对我省驼鹿及栖息地保护专项视察活动。驼鹿是我国和我省的珍贵濒危物种，种群数量仍然在持续下降，分布范围北缩，栖息地严重破碎，委员们非常关注，就我省驼鹿及栖息地保护工作进行了专项视察。形成了《关于我省驼鹿及栖息地保护的视察报告》，得到了省委书记王宪魁的批示。四是组织开展了对我省冬季雾霾治理问题的专题协商，形成了《关于我省冬季雾霾治理问题的建议》的报告，得到了省委书记王宪魁、副书记陈润儿的批示。五是组织部分委员积极参与对《黑龙江省国有林场改革方案》《黑龙江省重点国有林区管理体制改革实施方案》《大兴安岭重点国有林区改革实施方案》的民主协商，为我省积极稳妥地推进重点国有林区改革献计献策。六是接待了吉林、福建、广西等兄弟省、市、自治区政协学习调研组，组织了委员赴浙江、福建两地，就当地生态文明建设和野生动物栖息地保护情况进行了实地考察。

农业和农村工作委员会 认真组织委员，积极履行职能，较好地完成了全年工作任务。一是打造两个调研精品。通过召开座谈会、省内外实地调研和函调了解邻近省份情况、电话征询委员意见等多种方式，开展了绿色食品品牌建设和黑土地保护两个问题的调研。其中《加强品牌建设推动绿色食品产业发展》的调研报告，作为省政协十一届十次常委会书面材料提交会议并经讨论通过，与一同报送省委省政府的几个报告一并得到省委书记王宪魁同志的批示，省发展改革委召集有关部门，将报告中有关建议分解为 19 项，分别确定牵头单位和相关部门，并专门下发任务分解通知。《突破难点落实黑土地保护措施》调研报告，也得到省委王宪魁书记“请农委研”的批示。二是有针对性地提出两个具体建议。委员会主任于佩常同志提出的《关于应对备春耕生产新问题的建议》，以“信息专报”形式报送省委省政府。魏世锋、刘清泉二位委员提出的《关于突出“黑龙江大米”营销宣传的建议》，获得孙尧副省长批示，批转给三个有关部门负责同志参阅，形成了《关于支持我省白酒业发展的建议》。三是完成一个考察报告。赴俄罗斯远东地区的中俄农业合作区进行了实地考察。考察报告得到陆昊省长的批示。四是协助有关单位开展了三个座谈调研。协助九三学社省委开展了“关于农业生产经营方式专业化社会化服务现状与发展前景”的座谈；协助省政协联谊会，开展了“产粮大县率先实现城乡一体化”的座谈；接待山西省政协“种植业风险防控”调研组一行并协助在绥化市和农垦北安分局召开了座谈会。五是承担起扶贫泰来县的工作任务。赴泰来县开展了基础调研，后续又多次向省水利厅、省扶贫办征询政策信息，协调督促泰来县抓紧对接落实 2016 年的重大项目。抓好办公室日常政治、业务学习，认真积极开展“三严三实”专题教育及“书香政协”世界读书日捐赠、机关系列知识讲座、扶贫捐款等各项活动。

【重要活动】

第二届“政协工作创新奖”评选活动 1月28日下午，在省政协十一届三次会议闭幕会上，对第二届“政协工作创新奖”获奖单位进行表彰奖励，有七个项目获奖，一等奖1名，二等奖3名，三等奖3名。哈尔滨市政协报送的项目《〈关于加强生态环境保护、建设“美丽哈尔滨”的建议案〉的提出及其办理工作》获一等奖。望奎县政协报送的项目《实行“三定五步法”，推进界别协商新实践》、佳木斯市政协报送的项目《活用网络新媒体，创建“专家咨询”服务平台》、黑龙江省工商联报送的项目《“民企龙江行”活动的策划与实施》分别获二等奖。道里区政协报送的项目《编撰〈从马迭尔到怀仁堂——中国人民政治协商会议诞生始末〉》、齐齐哈尔市政协报送的项目《民主评议提案承办单位》、抚远县政协报送的项目《与哈巴罗夫斯克市杜马建立友好协商交流机制》分别获三等奖。

举办纪念中国人民抗日战争胜利暨世界反法西斯战争胜利70周年系列活动 开展了美术书法展、书法绘画作品展、国庆演唱会、文化知识专题讲座、黑龙江海南政协书画作品联展和“第二届全省农村中小学生美术作业展评”等活动。

省人民政协理论与实践研究会一届三次理事会暨“民主监督与政协实践”专题研讨会 10月21日上午，黑龙江省人民政协理论与实践研究会一届三次理事会暨“民主监督与政协实践”专题研讨会召开。省政协主席杜宇新出席并讲话。黑龙江省政协副主席何小平、杜吉明、宫晶堃出席会议。会议听取了黑龙江省人民政协理论与实践研究会一届理事会工作报告，增聘了名誉副会长，增补了副秘书长、常务理事；听取了大会发言；邀请全国政协理论研究会常务理事、原秘书长原冬平作了《关于政协民主监督职能的若干思考》的专题讲座。

【重要文件】

常委会工作报告（2015年1月26日）（摘要） 一、2014年工作回顾。（一）学习贯彻中共中央和省委决策部署，增强践行社会主义协商民主的责任感和自觉性。把学习贯彻中共十八大和十八届三中、四中全会以及习近平总书记系列重要讲话精神作为首要政治任务，专题学习习近平总书记在庆祝人民政协成立65周年大会上的重要讲话，按照中央“推进协商民主广泛多层制度化发展”战略部署和省委年度协商计划的工作安排，开展了多层次、多形式的协商活动。（二）自觉服务全省经济社会发展大局，紧紧围绕改革发展重大问题开展协商议政。围绕助推实施“五大规划”战略和重要领域改革，召开省政协十一届六次、七次常委会议，分别就深化行政审批制度改革和加快农业转移人口市民化进程开展专题协商，向省委省政府报送了调研报告、建议案和会议重点发言材料。围绕我省资源型城市转型发展、现代农业发展、生态龙江建设、对外开放、等开展调研视察，形成的一系列报告和建议为省委省政府科学决策提供了重要参考。（三）恪守人民政协为人民的理念，为解决涉及人民群众切身利益的实际问题献计出力。围绕省委提出的“十项重点民生工作”和省政府办好34件民生实事的承诺，组织开展“稳增长、促改革、调结构、惠民生”专题活动，向省委省政府提出意见建议，推进了相关工作的落实。《关于鸡西、七台河市剥离企业办社会情况的视察报告》，省政府专门召开会议研究部署，以信息形式呈报中央，配合了争取国家政策支持的工作。《关注黑龙江省煤炭企业养老金问题》等5条信息被中央办公厅和全国政协采用。积极开展文化科技卫生“三下乡”、义诊咨询活动，受到群众的称赞。（四）突出团结和民主两大主题，为我省深化改革、扩大开放汇聚力量。以纪念人民政协成立65周年为契机，相继举办了“发挥人民政协界别作用专题研讨会”“我与人民政协”主题征文、“全省政协系统书法作品展”“黑龙江·甘肃政协书画作品联展”等系列活动，进一步增强了广大委员和社会各界对人民政协的认知和热爱。举办第九次省政协港澳委员深圳座谈会暨绿色食品推介会，为我省扩大开放和招商引资发挥了积极作用。会同省民革、省工商联，就“民企龙江行”“央企龙江行”活动签约项目落实情况开展联合视察，促进了一些签约项目的落实。发挥民主党派、工商联、人民团体和市地政协、界别委员的协同作用，形成了协商民主的工作合力。（五）扎实推进改革创新，不断加强自身履职能力建设。按照中央和省委关于全面深化改革的总体部署，积极稳步地推进政治协商、民主监督、参政议政建设。注重协商实效，全年安排了10多个场次的协商活动。依托微博、微信和网络等新媒体，面向省内外、海内外开展“我为黑龙江点赞”活动，征集有效宣传语1500多条，为政协委员和关心热爱黑龙江的各界群众提供了一个广泛参与、贡献智慧的平台。由委员捐资，联合省教育厅、团省委举办“全省大学生再生资源创意大赛”，激发和培养了广大青年的环保意识、创新精神和实践能力。创办《资政文史》简报，编辑出版《黑龙江高等教育》《抗联战士张瑞麟》等专辑，使政协文史资料工作的资政作用和传统教育功能得到了更好的发挥。“政协工作创新奖”评选活动，在全省政协系统营造了鼓励创新、支持创新、参与创新的良好氛围。省政协网站书海拾贝、社情民意、法律咨询等专栏，为委员学习交流、知情明政、发挥主体作用创造了条件。举办省情和历史文化系列讲座，拓宽了广大政协委员和机关干部知情参政的视野。巩固党的群众路线教育实践活动成果，制定了密切联系委员、改进调研视察工作等14项规章制度，使政协机关工作更加规范有序。二、2015年工作安排。（一）广泛深入开展学习活动。重视学习是人民政协的优良传统。（二）进一步完善政协协商。（三）切实发挥民主监督作用。（四）推进协商民主广泛多层制度化发展。（五）切实加强政协履职能力建设。

【组织概况】

副主席增补名单

（2015年1月28日省政协十一届三次会议第二次全体会议通过）

宫晶堃

专委会专职副主任任职名单

（2015年1月25日政协黑龙江省第十一届委员会第八次常委会议通过）

任命：

闫永华：经济委员会主任

王成国：民族和宗教委员会主任

张永埔：提案委员会副主任

张　翔：文史和学习委员会副主任

王晓天：经济委员会副主任

赵晓明：经济委员会副主任

陈永芳：科教文卫体委员会副主任

叶晓钟：社会与法制委员会副主任

王金娥：民族和宗教委员会副主任

高建华：台港澳侨联络和外事委员会副主任

赵恩举：人口资源环境委员会副主任

常务委员补选名单

（2015年1月28日省政协十一届三次会议第二次全体会议通过）

王凤春　王智奎　付晓波　李桂春
张贵海　周景隆　徐　颖　曹力伟

委员增补名单

（2015年1月25日政协黑龙江省第十一届委员会第八次常委会议通过）

王　峰　王凤春　王金娥　王顺成
王晓天　玄海静　艾　民　张　翔
张天明　张永堉　张贵海　李树林
李桂春　肖志明　陆建平　周景隆
宫晶堃　赵晓明　徐　颖　曹力伟
董　波　焦红瑞

常务委员免职名单

（2015年1月28日省政协十一届三次会议第二次全体会议通过）

王同堂　李福民　张云志　陈铁力
徐祝新　韩振军　荣利彬　李　敏
张敬先　张　厚　邹小平

黑龙江省各级政协组织和委员数

（截至2015年年底）

项目＼级别	省级	副省级市	地级市	县（市、区）	合计
组织数	1	1	12	132	146
委员数	722	630	4042	23352	28746

（袁德山 编写　蔡　阔 审稿）

政协上海市委员会

【全体委员会议】

十二届三次会议 1月24至28日在上海世博中心大会堂举行。会议应出席841人，实到837人。吴志明主席主持开幕和闭幕会议并致闭幕词。中共中央政治局委员、上海市委书记韩正等市领导出席开幕和闭幕会议，并分别参加专题会议，听取大会发言。市委副书记应勇在闭幕会议上讲话。

会议审议通过吴志明主席代表常务委员会所作的工作报告、蔡威副主席代表常务委员会所作的关于十二届二次会议以来提案工作情况的报告。与会委员列席十四届市人大三次会议，讨论并赞同市政府工作报告、市发展改革委关于上海市2014年国民经济和社会发展计划执行情况与2015年国民经济和社会发展计划草案的报告、市财政局关于上海市2014年预算执行情况和2015年预算草案的报告，讨论并赞同市高级法院工作报告、市检察院工作报告。与会委员围绕上海改革创新发展的重点问题、关系人民群众切身利益的实际问题进行讨论协商，从建设具有全球影响力的科技创新中心、扩大自贸试验区辐射效应、提升“四个中心”功能、全面推进依法治市、加快建设国际文化大都市、提高生态文明水平、维护广大市民生命财产安全和城市运行安全等方面提出意见和建议。会议审议通过市政协十二届三次会议决议。会议决定沈富麟等3人不再担任市政协常务委员，增选杨建荣、顾国林为市政协常务委员。会议期间，共收到提案816件，经审查立案790件。

【常务委员会会议】

第15次会议 1月25日举行，应出席161名，实到148名。会议审议通过市政协常务委员拟调整人员名单和增选常务委员候选人建议人选名单，审议通过市政协十二届三次会议选举办法（草案）和总监票人监票人名单（草案），并将上述拟调整人员名单、候选人建议人选名单、选举办法（草案）和总监票人监票人名单（草案）提请市政协十二届三次会议分组会议审议。周太彤副主席主持会议。

第16次会议 1月27日举行，应出席161名，实到146名。会议审议通过市政协常务委员拟调整人员名单和增选常务委员候选人名单，审议通过市政协十二届三次会议选举办法（草案）和总监票人监票人名单（草案），审议通过市政协十二届三次会议决议（草案），并将上述拟调整人员名单、选举办法（草案）、总监票人监票人名单（草案）和决议（草案）提请市政协十二届三次会议全体会议通过，将上述候选人名单提请市政协十二届三次会议全体会议选举。会议听取市政协十二届三次会议分组会议审议和讨论的情况汇报。周太彤副主席主持会议。

第17次会议 1月28日举行，应出席160名，实到155名。会议审议通过市政协2015年工作要点，审议通过市政协2015年度协商工作计划。会议同意郭炳江辞去市政协常务委员、委员职务。会议决定马云安任市政协人口资源环境建设委员会主任，沈富麟不再担任市政协委员。吴志明主席讲话，周太彤副主席主持会议。

第18次会议 3月25日举行，应出席159名，实到134名。会议围绕“大力实施创新驱动发展战略，加快建设具有全球影响力的科技创新中心”开展专题协商议政，周波副市长通报市委“大力实施创新驱动发展战略，加快建设具有全球影响力的科技创新中心”课题情况，与会委员从突破建设科技创新中心的“瓶颈”制约、建设国际化高水准创新功能平台、培育具有国际影响力的工业创新品牌、突出企业在科技创新中的主体作用等方面提出意见和建议。会议传达全国政协十二届三次会议精神。会议决定免去张培基市政协副秘书长职务，撤销沈中极市政协委员资格。吴志明主席讲话，周太彤副主席主持会议。

第19次会议 5月27日举行，应出席159名，实到129名。会议围绕“全面推进依法治市”开展专题协商议政，中共上海市委常委、市委政法委书记姜平介绍上海推进依法治市工作情况，与会委员从提高科学民主立法水平、推进行政管理法治化建设、提高行政执法规范化水平和司法判决执行能力、建设专门金融法院等方面提出意见和建议。吴志明主席讲话，周太彤副主席主持会议。

第20次会议 7月29日举行，应出席159名，实到128名。会议围绕“加大环境保护力度，提高生态文明水平”开展专题协商议政，蒋卓庆副市长介绍上海生态文明建设和环境保护工作情况，与会委员从坚持法治方法推进生态文明建设、编制生态文明建设总体规划、加快淘汰落后产能、发展绿色低碳循环经济、推进“海绵城市”建设等方面提出意见和建议。会议决定增补马益民等6人为市政协委员，朱礼福等7人不再担任市政协委员。会议决定袁鹰任市政协副秘书长。吴志明主席讲话，周太彤副主席主持会议。

第21次会议 10月28日举行，应出席159名，实到123名。会议听取关于组织开展“十三五”规划建言工作情况汇报和《市政协关于编制“十三五”规划的若干建议》起草情况的说明，审议通过《市政协关于编制“十三五”规划的若干建议》。会议围绕“上海‘十三五’规划编制的重要问题”开展专题协商议政，中共上海市委常委、副市长艾宝俊介绍上海编制“十三五”规划和加快产业转型升级、切实保障改善民生、提高生态环境质量等有关工作情况，与会委员从强化上海经济中心城市地位、加快自贸区制度创新成果在全市推广和复制、推进金融中心和科技创新中心建设、加强社会养老服务体系建设等方面提出意见和建议。会议审阅关于市政协十二届三次会议以来提案办理主要情况汇报。吴志明主席讲话，周太彤副主席主持会议。

第22次会议 12月23日举行，应出席159名，实到122名。杨雄市长到会通报上海经济社会发展情况。会议决定市政协十二届四次会议于2016年1月23日至27日召开，会期五天，23日上午开幕会议前召开预备会议。会议审议通过市政协十二届四次会议议程（草案）、日程（草案）并提请市政协十二届四次会议预备会议审议通过。会议审议通过市政协十二届四次会议秘书长、副秘书长名单。会议审议通过市政协常务委员会工作报告和关于十二届三次会议以来提案工作情况的报告并提请市政协十二届四次会议审议，审议通过市政协2016年度协商工作计划（送审稿）、市政协2016年工作要点（送审稿）并提请市政协十二届四次会议讨论。会议决定增补于晨等22人为市政协委员，常清不再担任市政协常务委员、委员，王江等23人不再担任市政协委员，唐石青的委员界别由无党派人士调整至科学技术界。吴志明主席主持会议并讲话。

【专门委员会工作】

学习委员会 围绕学习贯彻中共十八届五中全会精神，组织市政协十八届五中全会精神学习交流会，请中国浦东干部学院常务副院长冯俊、同济大学可持续发展与新型城镇化智库主任诸大建等作“五大发展理念是对科学发展的新突破新发展”“协调且有效的大国发展战略”“绿色发展的四个导向”等主题发言。围绕学习贯彻中共中央和市委的决策和工作部署，组织市政协中心组学习会2次，请全国政协文史和学习委员会驻会副主任陈惠丰作“协商民主与人民政协”专题报告。组织市政协委员学习会3次，传达全国政协十二届三次会议精神；请全国政协人口资源环境建设委员会副主任解振华作“贯彻落实中央决策部署精神，加快推进生态文明建设”专题报告；请海峡两岸关系协会会长陈德铭作“经济全球化背景下的‘一带一路’战略”专题报告。围绕市政协常务委员会会议的协商议政主题，组织市政协专题学习会3次，请国家科技部原部长徐冠华作“关于实施创新发展战略的思考”专题报告，请上海市人大常委会法制工作委员会主任丁伟作关于“法治上海建设中值得关注的几个问题”专题报告，请国家发展和改革委员会原副主任徐宪平作“中国经济的转型升级——从‘十二五’看‘十三五’”专题报告。组织市政协“中国（上海）自由贸易试验区建设情况”热点讲座，请市政府参事室主任王新奎等作主题发言。

提案委员会 做好市政协十二届三次会议提案的分理交办工作，参与组织上海市人大代表书面意见和政协提案办理工作会议，将全会提案及时送交122家承办单位办理。遴选并报请主席会议审议确定“加快本市新能源车的推广应用”等市政协主席会议成员重点协商办理提案专题10个，“加快推进科技成果产业化”等专门委员会（指导组）重点协商办理提案专题8个。以专题座谈会、视察等形式，组织市政协主席会议成员重点协商办理提案专题系列活动。与市政府办公厅联合召开市政府系统部分承办单位办理工作例会，举办市政协专门委员会提案工作联席会议、党派团体参政议政部负责人座谈会、承办单位提案办理工作人员培训会，与有关方面联合协调推进提案办理工作。召开“推进上海科技创新中心建设”等提案办理协商座谈会，开展提案办前协商或提案跟踪促办活动，推进提案建议的采纳和落实。围绕社会热点问题，组织委员开展“发展现代职业教育”等提案知情考察、调研活动。做好市政协十二届四次会议提案征集工作，编印“全面深化改革，抓牢改革重点攻坚突破”等两个方面36项提案征集参考选题。召开各民主党派、人民团体提案工作座谈会，就优化提案选题开展协商。做好市政协优秀提案评选表彰活动的组织工作，63件提案分别授予优秀提案特别奖、优秀提案奖。

经济委员会 以服务上海“十三五”规划编制为主线组织委员协商议政。牵头做好市政协十二届二十一次常委会议“上海‘十三五’规划编制的重要问题”专题协商议政的组织工作。深化会议筹备工作；开展“上海‘十三五’规划需要关注的重大问题”书面建言征集活动，汇编反映各界委员的意见和建议；组织市政协“编制本市‘十三五’规划需要关注的若干重大问题”专题座谈会并围绕若干重要问题开展调查研究。开展“上海互联网服务业发展”课题调研，赴互联网企业调查了解电子商务及互联网创新发展情况。在调研的基础上，形成市政协《上海互联网服务业发展主要方向与重大举措研究报告》，报送市委、市政府。与农业界界别联合，开展“本市现代农业服务体系建设”课题调研，赴市郊乡镇和农业企业调查了解情况，赴浙江省、山东省学习考察。在调研的基础上，形成市政协《进一步完善本市现代农业服务体系的若干建议》，报送市委、市政府。开展“网店发展趋势对上海商业发展影响”专题调研，赴互联网企业和实体商业企业调查了解情况，形成《网络购物对上海实体商业的影响分析及对策建议》，报送市委、市政府。

与研究室联合，赴合肥市开展“上海与合肥双城战略性合作思路研究”专题调研，形成《关于推进上海·合肥双城战略合作的研究报告》，报送市委、市政府。组织“上海市‘十三五’经济社会发展规划纲要（草案）”专题通报会，请市发展改革委通报情况并听取委员意见和建议。牵头组织实施市政协对贯彻新预算法，进一步完善全口径预算管理的监督评议和协商建言。开展对预算执行情况的监督评议，并形成市政协《对本市 2014 年市本级决算和 2015 年上半年预算执行情况的意见建议》。举办“2016 年市本级预算编制思路”专题通报会，请市财政局、市国资委、市人力资源和社会保障局通报情况并听取委员意见和建议。组织市政协“贯彻新预算法，进一步完善全口径预算管理”专题协商会，与市委常委、常务副市长屠光绍协商建言。年末举办“上海市 2015 年预算执行情况和 2016 年预算草案”专题通报会，请市财政局局长宋依佳通报情况，并形成市政协《对上海市 2015 年预算执行情况和 2016 年预算草案的意见和建议》。

人口资源环境建设委员会 以加强环境保护为重点，推进上海生态文明建设。牵头做好市政协十二届二十次常委会议“加大环境保护力度，提高生态文明水平”专题协商议政的组织工作。深化会议筹备工作，举办“提高生态文明水平”专题系列通报会，请市水务局通报水环境治理和保护工作有关情况，请市环保局、市水务局通报《上海市水污染防治行动计划实施方案》编制情况，请市规划国土资源局通报“十三五”规划编制情况，请市环保局通报金山地区环境综合整治工作方案编制情况；举办“加大环境保护力度，提高生态文明水平”专题座谈会；组织市政协“本市水环境质量情况”专题视察；围绕污水和污泥处理、农业用水保护与污染治理、城乡土壤污染修复等专题开展知情性系列考察。同时，组织实施市政协“推进环境治理能力现代化，提高本市生态文明水平”重点课题调研。在调研的基础上，形成市政协调研报告《推进环境治理体系与能力现代化，提高生态文明建设水平》，报送市委、市政府。在市政协年末视察和考察中，组织“中小河道环境治理情况”专题视察，组织“加强生态环境保护”专题考察。围绕上海新一轮城市总体规划修编和“十三五”规划编制协商建言。分别组织市政协专题通报会，请蒋卓庆副市长与市规划国土资源局等部门通报《上海市城市总体规划（2015—2040）纲要》编制工作情况，请市交通委主任孙建平通报“‘十三五’上海综合交通发展规划编制工作情况”。与有关专门委员会联合，召开“编制本市‘十三五’规划若干重大问题”专题座谈会，围绕“十三五”规划编制需要关注的人口、资源、环境等领域的重要问题议政建言。

教科文卫体委员会 以推进上海科技创新中心建设为重点组织委员协商议政。牵头做好市政协十二届十八次常委会议“大力实施创新驱动发展战略，加快建设具有全球影响力的科技创新中心”专题协商议政的组织工作。深化会议筹备工作，请中国驻美国休斯敦总领事李强民通报美国南部地区经济发展和高新技术产业情况；组织委员赴企业调查了解情况；举办调研座谈会、专题研讨会 10 余次，听取委员和专家的意见和建议；开展“大力实施创新驱动发展战略，加快建设具有全球影响力的科技创新中心”建言征集活动。跨年度组织实施市政协“建设具有全球影响力的科技创新中心”重点课题调研。在调研的基础上，形成市政协《上海建设具有全球影响力的科技创新中心亟需突破的五大瓶颈制约和对策建议》，报送市委、市政府。围绕推动上海“十三五”规划编制协商建言，请市教委通报高等教育布局结构规划和现代职业教育体系规划编制进展情况，请市科委通报科技创新“十三五规划”编制情况，请市卫生计划生育委通报2014年卫生计生工作完成情况和2015年卫生计生工作计划，请市食品药品监管局通报食品药品安全“十三五规划”编制情况。开展“推进上海红色文化资源整合”课题调研，赴贵州省、嘉兴市学习考察。在调研的基础上，形成市政协调研报告《推进上海红色资源整合，迎接中共建党百年诞辰》，报送市委、市政府。

社会和法制委员会 牵头做好市政协十二届十九次常委会议“全面推进依法治市”专题协商议政的组织工作，并在会上作“加强法治上海建设”主题发言。市委常委、市委政法委书记姜平在会议综述材料上批示：“市委政法委和政法各部门要高度重视政协十九次常委会议对加强上海法治建设提出的意见和建议，以司法体制改革为契机，全面推进各项工作。”与上海社会科学院联合，开展“全面推进依法治市的重点领域和关键环节”课题调研；并组织市政协“上海知识产权法院运行情况”“本市公安禁毒工作”专题视察，与市高级法院开展“设立上海金融法院的建议”专题提案办理协商。在调研的基础上，形成市政协调研报告《关于加强法治上海建设的若干建议》，报送市委、市政府、市高级法院、市检察院。牵头组织实施参与立法协商工作。与其他专门委员会合作，全年以听取意见座谈会、网络和书面征询等形式，组织委员就《上海市绿化条例》等13件（16件次）草案（征求意见稿）、草案或修订草案提出修改意见，经归纳整理函复市人大内司委、市人大常委会法工委、市人大教科文卫委、市政府法制办参考。

民族和宗教委员会 开展“郊区宗教现状”课题调研，分析郊区宗教事务管理工作基本情况和突出问题，并赴河南省学习考察。在调研的基础上，形成市政协《关于进一步做好本市郊区依法管理宗教事务的若干建议》，报送市委、市政府。根据全国政协民族和宗教委员会开展协同调研的要求，对《宗教事务条例》实施情况开展调研，形成《关于上海〈宗教事务条例〉实施十周年，推动依法管理宗教事务的调研报告》。开展“上海宗教文化遗产”课题调研，赴黄浦、徐汇、青浦、松江区调查了解情况，赴黑龙江省学习考察，并组织市政协“上海宗教文化遗产”专题视察。做好民族宗教界人士的团结联谊工作。开展走访探望活动，年内走访下海庙、真如寺、浦东清真寺、沪西清真寺、龙华古寺、上海城隍庙、伯多禄天主堂，走访市伊斯兰教协会、天主教上海教区，探望少数民族界、宗教界在沪全国政协委员、市政协委员和代表人士30余人次。在市政协年末考察中，组织“深入开展民族团结进步创建活动”专题考察。分别举办宗教界（基督教）委员恳谈会、宗教界（天主教）委员恳谈会听取委员意见。举办西南少数民族文化专题讲座；与有关方面联合，分别举办伊斯兰教、基督教、佛教文化讲座。

文史资料委员会 以上海改革开放、对口支援、“我与上海”3个系列为重点，开展文史资料征集和编辑出版工作。与市委党史研究室、上海市社区发展研究会、上海教育出版社合作，编辑出版《上海文史资料选辑》第154辑，约20万字；《上海文史资料选辑（口述上海·社区建设）》第155辑，约29万字；与有关方面合作，开展“上海金融改革”“上海社会保险改革”口述史料征编工作，开展“上海对口援滇、对口援疆”“我与上海·香港卷”“我与上海·南非卷”史料征编工作；组团赴台湾省参访，征集“我与上海·台湾卷”文史资料。组织市政协文史资料工作座谈会，贯彻全国暨地方政协文史工作研讨会精神，确定上海文史资料工作的指导方针、工作重点和主要任务。谋划和组织市政协纪念中国人民抗日战争暨世界反法西斯战争胜利七十周年主题活动。与上海社会科学院等6家单位联合，牵头承办由市政协主办的“国际视野下的中国抗战·上海记忆”图片展。继而与有关方面联合，参加该图片展在俄罗斯圣彼得堡市的续展工作。与民革市委联合，召开上海市抗战纪念场馆建设座谈会，请市委宣传部通报情况并听取委员意见和建议。与民革市委联合，承办市政协“纪念中国人民抗日战争暨世界反法西斯战争胜利七十周年”座谈会，弘扬伟大抗战精神。开展“上海石库门保护以及申报世界文化遗产可行性”课题调研，深入中心城区石库门里弄实地考察。在调研的基础上，形成市政协《上海石库门保护以及积极申报世界文化遗产可行性调研报告》，报送市委、市政府。继而以委员会名义提交《关于加强上海石库门保护以及积极申报世界文化遗产的提案》。

港澳台侨委员会 赴香港、澳门特区开展课题调研，重点研究“如何进一步支持港澳委员为维护香港经济社会的长期繁荣稳定发挥作用”问题。在调研的基础上，形成市政协《进一步支持上海市政协港澳委员发挥“双重积极作用”调研报告》，报送市委、市政府。与上海社会科学院港澳研究中心、香港明天更好基金联合举办“2015年度沪港经济合作与发展”研讨会，围绕实施“一带一路”国家战略面临的机遇和挑战等问题建言立论。以“聚焦长江经济带发展战略，助推上海加快建设国际科技创新中心建设”为主题，与市政府侨办联合第十次举办华侨华人经理人座谈会。牵头做好第四期“澳门特别行政区青年人才上海学习实践”活动的筹备组织工作。做好上海市政协代表团赴香港、澳门特区访问的服务组织工作，推动港澳委员致力维护香港繁荣稳定。组团赴台湾省参访，推进与台湾地方民意代表机构之间的接触与交往。

对外友好委员会 与经济委员会联合，组织市政协“深化自贸试验区改革开放，加快融入‘一带一路’国家战略，率先推动新一轮高水平对外开放”专题协商会。帮助委员知情明政，请上海社会科学院副院长黄仁伟作关于“一带一路”国家战略与上海对接举措专题报告，请上海国际问题研究院学术委员会主任杨洁勉作《习近平主席国事访问和中美关系前瞻》专题报告。开展纪念中国人民抗日战争暨世界反法西斯战争胜利70周年主题活动。与虹口区政协、新民晚报社等联合，以“和平、友善、包容”为主题开展征集“犹太难民在上海的故事”系列活动，并举办《犹太难民与上海》故事丛书暨专题邮册、纪念章首发活动。与社会和法制委员会、团市委联合，以“青春拥抱和平”为主题召开上海青少年纪念中国人民抗日战争暨世界反法西斯战争胜利70周年思想分享会。与有关方面合作，开展公共外交等对外交流交往活动。与上海公共外交协会联合，承办由市政协和新民晚报社主办的以“中美关系和公共外交”为主题第三届公共外交对话会。组团赴保加利亚和土耳其访问，拓展上海与保加利亚索菲亚市、普罗夫迪夫市和土耳其伊斯坦布尔市之间的友好往来。与市政府外办、市妇联联合，开展驻沪女总领事“走进政协”活动。与上海公共外交协会、市政府新闻办合作，继续推进“友好城市形象片交换播映”交流项目，上海与韩国全罗北道签订关于交换播映各自城市形象片的合作协议。与上海社会科学院合作，编纂《2014年上海各界对外友好交往概览》。

区县政协联络指导组 以学习贯彻《关于加强人民政协协商民主建设的实施意见》精神、推进区县政协协商民主建设为主线，做好联络指导和协调服务工作。参与市政协主席、副主席走访区县政协活动，年内走访黄浦、崇明等8个区县政协，指导加强协商民主建设等有关工作。召开区县政协主席会议，贯彻市政协工作会议精神，推进区县政协协商民主建设。编发指导组工作简报，总结推广奉贤等6区政协开展协商民主和特色工作的经验和做法。着眼于提高区县政协组织协商能力和委员协商建言能力，组织上海市政协区县政协常委培训班，区县政协常务委员50人参加培训。历时9个月，与徐汇、闸北区政协联合开展“加强区县政协组织建设和委员联络工作”课题调研。围绕有关重点工作组织协商议政和民主监督。组织市政协“将自贸试验区开放举措辐射浦东，深化综合配套改革”专题通报会，市委常委、浦东新区区委书记沈晓明到会通报情况并听取委员意见和建议。与区县政协联合开展民主监督，赴9个区县跟踪了解市委“1＋6”文件的落实情况，形成《市政协会同区县政协助推“1＋6”文件精神落实的情况报告》。市委副书记应勇阅后批示：“市政协去年派出得力干部积极参与市委‘创新社会治理、加强基层建设’一号课题的调研，发挥了重要作用。今年又主动对接市委中心工作，会同区县政协助推市委‘1＋6’文件精神落实，收到良好效果。提出的下阶段工作建议也富有针对性。请市推进办认真研处。”

【重要活动】

举办第四期“澳门特别行政区青年人才上海学习实践”活动 9月7日至12月4日，全国政协港澳台侨委员会、上海市政协、澳门特别行政区的全国政协委员、中央政府驻澳门联络办公室、澳门基金会联合举办第四期“澳门特别行政区青年人才上海学习实践”活动，以人民政协理论、中国经济体制改革、上海经济社会和文化发展为重点，在上海行政学院和市商务委、市旅游局、浦东新区、徐汇区组织理论学习和社会实践。全国政协副主席何厚铧、全国政协港澳台侨委员会主任杨崇汇、上海市政协主席吴志明等在学习实践活动开班式上讲话，市政协副主席周太彤作“人民政协理论”专题报告，市政协副主席周汉民作“上海自贸区2.0创新驱动拓展升级”、“‘一带一路’：战略与前景”专题报告。澳门青年学员30人参加。

召开上海市政协工作会议 8月21日，中共上海市委召开政协工作会议，深入贯彻落实《中共中央关于加强社会主义协商民主建设的意见》《关于加强人民政协协商民主建设的实施意见》，对加强协商民主建设、推进政协工作作出部署，推动新形势下上海人民政协事业新发展。中共中央政治局委员、市委书记韩正，市政协党组书记、主席吴志明讲话，市委副书记、市长杨雄主持会议，市委副书记应勇就《中共上海市委关于加强社会主义协商民主建设的实施意见》《关于加强政协协商民主建设充分发挥政协作用的实施意见》作说明。市人大常委会主任殷一璀等市领导与有关方面负责人出席。

召开上海市政协新闻宣传工作会议 10月10日，为了深入贯彻落实中央、市委加强协商民主建设和政协工作的新部署新要求，中共上海市政协党组、市委宣传部联合召开新闻宣传工作会议，进一步加强和改进上海政协新闻宣传工作，更好地发挥政协新闻宣传对推进人民政协协商民主建设的重要作用。市政协党组书记、主席吴志明，市委常委、市委宣传部部长董云虎讲话，市政协党组副书记、副主席周太彤主持会议。解放日报、文汇报、新民晚报、上海广播电视台、东方网、联合时报等新闻媒体负责人在会上发言。会议印发市委宣传部、市政协办公厅《关于加强和改进政协新闻宣传工作的意见》。

召开上海市政协 2015 年情况通报会 11 月 18 日，市政协召开情况通报会，向外国驻沪机构和在沪外籍友好人士通报上海经济社会发展基本情况和市政协履职情况。吴志明主席致辞，周太彤副主席通报情况。各国驻沪领事馆总领事和官员、友好城市驻沪代表、跨国企业在沪负责人和外国商会代表等 100 余人出席。

华东六省一市政协第二十二次提案工作座谈会在沪举行 11 月 11 日至 12 日，华东六省一市政协第二十二次提案工作座谈会在上海市政协举行。会议学习领会《中国人民政治协商会议全国委员会提案办理协商办法》，交流提高提案质量、深化提案办理协商的经验和做法，推动华东六省一市政协提案办理协商制度建设。全国政协提案委员会主任孙淦讲话，上海市政协主席吴志明致辞，江苏、浙江、安徽、福建、江西、山东六省和上海市政协领导及提案委员会负责人出席。

召开市政协工作学习讨论会 12 月 11 日，市政协召开工作学习讨论会，讨论分析上海改革发展面临的形势与任务，研究谋划 2016 年市政协工作的思路、重点和主要任务。中共中央政治局委员、上海市委书记韩正讲话，市政协主席吴志明主持会议。应勇等市委领导、市政协主席会议成员与市政协各部门、各区县政协负责人出席。

【重要文件】

常务委员会工作报告（2015 年 1 月 24 日）（摘要） 2014 年主要工作回顾：(一) 坚持以学习为引领，为全面深化改革凝聚共识。深入学习贯彻中共十八大，十八届三中、四中全会精神和习近平总书记系列重要讲话精神，深刻认识全面深化改革的目标任务和战略部署，准确把握全面推进依法治国的总目标和科学内涵。专题学习习近平总书记在上海考察工作时提出的着力推进自贸试验区建设、着力实施创新驱动发展战略、着力培育和践行社会主义核心价值观、着力提高干部队伍素质的新要求。隆重纪念人民政协成立 65 周年，专题学习研讨习近平总书记在庆祝人民政协成立 65 周年大会上的重要讲话精神，深刻领会社会主义协商民主的重大战略思想。举办推进协商民主等系列专题报告会，充分认识人民政协协商民主重要渠道作用。围绕经济转型升级、自贸试验区建设、科技创新、促进长三角一体化发展、国家新型城镇化规划、生态环境保护、国际国内形势等主题，组织系列学习会、专题报告会、学习座谈会。(二) 积极协商建言，为实施创新驱动发展战略广集民智。举办以“营造风清气正的社会环境，推动上海深化改革、转型发展”为主题的常委会议。围绕社会关切，就加强源头治理、完善体制机制、强化权力制约和监督等，提出意见建议。聚焦本市经济转型升级中的薄弱环节和突出问题，组织开展高技术含量和高附加值产业发展、商贸业转型升级、构建郊区农业现代经营体系等课题调研。以“深化改革开放，推动经济转型升级”为主题，召开专题议政性常委会议，就发挥自贸试验区带动作用、传统产业转型升级、实施创新驱动等问题议政建言。贯彻落实中央城镇化工作会议精神，聚焦本市工作推进中的重点、难点，深入开展调查研究，以“推进本市新一轮城镇化”为主题，召开常委会议，围绕加强宏观调控和政策引导，坚持工业化、信息化、城镇化、农业现代化同步发展，优化公共服务资源配置，发展农业合作社，保障农民基本权益等协商建言。比较分析上海与世界主要大都市文化发展状况，研究提出上海建设国际文化大都市的指标体系和发展思路。召开以“深化文化体制改革，提升城市文化软实力”为主题的常委会议，围绕培育和践行社会主义核心价值观、弘扬优秀传统文化、打造上海文化品牌、推出精品力作、会聚名家大师等深入协商议政。助推自贸试验区建设。紧扣国家战略，围绕形成可复制、可推广的制度创新，组织专题调研和座谈。针对自贸试验区条例（草案），先后召开6次专题座谈会，逐条研究，形成专题报告，提出加强行政司法制度顶层设计、预留制度创新空间、注重风险防范等修改意见，在立法中得到吸收和采纳。积极参与“建设具有全球影响力的科技创新中心”课题调研，就明确发展目标和重点任务、处理好政府与市场关系、完善科技创新服务体系、构建与国际惯例接轨的人才流动机制等，向市委、市政府报送专题建议。紧扣市委“创新社会治理，加强基层建设”课题，聚焦基层政权建设、激发社会组织活力、完善人口服务管理、治理城市管理顽症等问题，开展调研和座谈，为探索符合超大城市特点和规律的社会治理新路出谋划策。围绕教育综合改革和招生考试制度改革、医疗卫生体制改革、养老服务体系建设、食品安全监管、旧区改造等关系群众切身利益的实际问题，深入务实调查研究，反映群众意愿诉求，坦诚提出意见建议。邀请市委、市政府领导及相关部门负责人，分别就司法体制改革试点、浦东综合配套改革、完善城管综合执法体制机制等重要改革事项，以及社会治安管理、人才队伍建设、党外代表人士队伍建设、知识产权保护、改善水环境质量、推进住宅产业化等经济社会发展的重要问题，开展广泛协商。围绕自贸试验区建设、基层基础建设、安全生产情况、民营博物馆发展、城市管理等问题，组织开展12个专题视察。围绕世博园区后续开发、互联网经济发展、国资国企改革、人口管理和服务等10个专题，组织年末集中考察。

（三）加强团结联合，为改革发展稳定汇聚力量。贯彻落实中央民族工作会议精神和中央新疆工作座谈会精神，配合做好新形势下的民族和宗教工作。加强与民族宗教界代表人士的沟通交流，帮助解决实际问题。开展来沪少数民族流动人口服务与管理、农村宗教事务管理、宗教活动场所合理布局等专题调研和视察，推动落实党的民族宗教政策。保持与港澳委员的联系，及时通报中央和市委重大决策以及市政协工作情况，组织港澳委员赴内地学习考察并捐资助学。鼓励香港地区委员理解、支持全国人大常委会就香港特别行政区行政长官普选问题和2016年立法会产生办法作出的决定，更好地发挥在港在沪“双重作用”。继续办好“澳门青年人才到上海学习实践”活动，促进沪澳两地青年友好交往。开展与台湾有关社会组织和团体的沟通交流，为推动沪台合作与两岸关系和平发展汇聚力量。增进与海内外华侨华人的联系，积极维护在沪侨胞侨眷合法权益。加强同外国相关机构、重要智库、主流媒体、知名人士等对话交流，合作举办城市危机管理、环境可持续发展与食品安全等研讨会。加强与外国驻沪机构友好合作，协助举办“墨西哥—中国经贸论坛”。围绕“发展高技术含量、高附加值产业”“政府法律顾问制度”等调研课题，开展具有专业特点的对外交流。举办市政协情况通报会，密切与各国驻沪机构的交流，宣传介绍人民政协工作和社会主义协商民主制度。开展“构建上海城市公共外交战略”等课题调研，拓展公共外交领域，搭建对外交往平台。发挥文史资料存史、资政、团结、育人作用。围绕上海改革开放和现代化建设，加强史料征集，拓展文史专栏，合作出版《浦东开发开放》《对口援藏》等“口述上海”系列图书。(四) 推进协商民主制度建设，提高“两个能力”。在市委领导下，会同市政府制订市政协协商年度工作计划，报经市委同意，并提交市政协全会讨论。协商年度工作计划明确全年在市政协协商的主要议题，以及交由市政协承担或配合的调研课题，增强了政协协商工作的计划性、权威性、操作性。与市人大、市政府相关部门签订工作备忘录，建立参与立法协商工作机制，将立法协商纳入市政协协商年度工作计划，进一步完善工作规程。全年分别围绕本市消费者权益保护条例、老年人权益保障条例、大型群众性活动安全管理、食品安全信息追溯管理办法等17件法规、规章的修订和起草，开展立法协商。与市人大有关部门建立工作交流机制，组织政协委员和专家参加的专题履职小组，围绕预算科学合理编制、全口径预算管理改革等，召开专题座谈会和情况通报会，就预算执行情况和预算编制协商建言、监督评议。深化督办提案专题工作机制，制定工作流程，围绕重大问题确定提案专题，由主席会议成员重点督办。探索以界别为主体、依托专委会（指导组）推动提案办理协商，促进提案办理协商与界别协商的有机结合。提高协商活动组织能力。针对各项协商议题，加强对学习、调研、视察、协商等履职活动的统筹谋划、合理安排。制定进一步提高政协会议组织水平的措施，完善会议程序和机制，增强互动交流，深化协商参与。搭建总结交流平台，指导区县政协推进协商民主制度建设。增强委员协商建言能力。举办委员专题学习研讨班，帮助委员拓宽视野，强化界别意识，增强履职责任感和使命感。建立委员学习资料室，拓展网上学习平台，为查阅文献资料提供服务。做好提案和社情民意信息工作。全年收到提案966件，立案958件，办复929件。综合编报《社情民意》《建言》《挚友诤言》等756期。对市政协报送的调研报告、提案、社情民意信息等，中央和市领导作出重要批示70余件次。认真落实中央八项规定精神，持续深入推进党的群众路线教育实践活动整改落实工作，加强建章立制，确保作风持续转变。坚持主席会议成员、专委会（指导组）、政协机关等多层次联系服务委员制度，举办“委员界别日活动”。完成上海政协之友社换届工作。首次举办“上海市政协公众日”活动。

【组织概况】

增选常务委员名单

（以下为1月28日市政协十二届三次会议增选）

杨建荣　顾国林

不再担任常务委员名单

（以下为1月28日市政协十二届三次会议通过）

沈富麟　张示明　曹振全

（以下为1月28日常务委员会第17次会议通过）

郭炳江

增补委员名单

（以下为7月29日常务委员会第20次会议通过）

马益民　齐全胜　沈伟民　陈振林

钟立欣　郭竹学

（以下为12月23日常务委员会第22次会议通过）

于　晨　马建勋　王　宇　刘　强
杨建立　汪　澜（女）　张道根
陈立斌　陈东晓　陈秋途　罗利军
季　平　周　军　赵丹妮（女）
段超良　洪　立（女）　袁　鹰
徐国岩　凌惠康　盖国平　敬宗泉
董爱华

不再担任常务委员、委员名单

（12月23日常务委员会第22次会议通过）

常　清

不再担任委员名单

（以下为1月28日常务委员会第17次会议通过）

郭炳江　沈富麟

（以下为7月29日常务委员会第20次会议通过）

朱礼福　李梦麟　吴延安　周贤行
姜瑞斌　夏科家　黄炎海

（以下为12月23日常务委员会第22次会议通过）

王　江　王　烈　文选才　石宝珍
朱传武　安　南　花以友　李友梅
吴申耀　吴芝麟　张　颖　张广生
张示明　张燕平　陈先进　陈理春
武克敏　袁岳滨　倪建玉　章建成
蒋　勇　潘永华　穆端正

撤销资格委员名单

（3月25日常务委员会第18次会议通过）

沈中极

界别调整委员名单

（委员界别由无党派人士调整至科学技术界）（7月29日常务委员会第20次会议通过）

唐石青

上海市区县政协主席名单（截至2015年底）

黄浦区	张　华（女）
静安区	韩　强（至2015年11月）
徐汇区	韦　源
长宁区	陈建兴
普陀区	钱城乡
闸北区	陈永弟
虹口区	管维镛
杨浦区	马效华
宝山区	丁大恒
闵行区	吴申耀
嘉定区	刘海涛
金山区	王美新（女）
松江区	居　洁（女）
青浦区	应名勇
浦东新区	张　俭
奉贤区	陈洪凡
崇明县	施建华

上海市各级政协组织和委员数

（截至2015年年底）

级别 项目	直辖市	市辖区	县	合计
组织数	1	16	1	18
委员数	835	4948	243	6026

（沈培端 编写　贝晓曦 审稿）

政协江苏省委员会

王雪非　副主席

【全体委员会议】

十一届三次会议　1月26日至30日在南京举行。会议应出席委员796人，实到734人。中共江苏省委书记罗志军在会议开幕时作了题为《在建设新江苏的征程上团结奋进》的重要讲话。委员们认为，讲话科学分析了当前全省经济社会发展面临的新形势新任务，明确指出在2015年全省上下要深入学习贯彻习近平总书记系列重要讲话精神和对江苏工作的最新要求，奋力开创“两个率先”实践新境界。讲话对于动员全省各界人士深入学习贯彻习近平总书记视察江苏重要讲话精神，奋力“迈上新台阶、建设新江苏”具有重要指导意义。会议听取、审议并同意省政协主席张连珍所作的政协江苏省第十一届委员会常务委员会工作报告和省政协副主席何权所作的政协江苏省第十一届委员会常务委员会关于提案工作情况的报告。委员们列席了省十二届人大三次会议，听取、讨论并赞同省长李学勇所作的政府工作报告和其他有关报告。省委、省政府领导及有关部门负责人分别听取委员大会发言。会议通过了省政协十一届三次会议决议和提案初步审查情况报告。张连珍致闭幕词。会议号召，全省各级政协组织、各参加单位和广大政协委员，紧密团结在以习近平同志为总书记的中共中央周围，高举中国特色社会主义伟大旗帜，以邓小平理论、“三个代表”重要思想、科学发展观为指导，深入贯彻落实习近平总书记系列重要讲话精神，在中共江苏省委领导下，团结一心、锐意进取、扎实工作，更好协调关系、汇聚力量、建言献策、服务大局，为建设经济强、百姓富、环境美、社会文明程度高的新江苏而努力奋斗！

【常务委员会会议】

第8次会议　1月15日至16日在南京举行。会议应出席160人，实到131人。会议审议通过了省十一届政协常委会工作报告、省十一届政协常委会关于二次会议以来提案工作情况的报告、关于召开省政协十一届三次会议的决定、省政协十一届三次会议议程（草案）和日程、省十一届政协常委会工作报告和提案工作情况报告的报告人名单、省政协十一届三次会议秘书长和副秘书长名单、省政协十一届三次会议选举办法及选举监票人建议名单，讨论通过了有关人事事项。张连珍主持会议并在结束时发表讲话。

第9次会议　1月30日在南京举行。会议应出席159人，实到136人。会议审议并通过了《中国人民政治协商会议江苏省第十一届委员会2015年工作要点》。张连珍主持会议并在结束时发表讲话。

第10次会议　5月29日至30日在南京举行。会议应出席159人，实到112人。会议听取了省委常委、副省长徐鸣关于全面推进依法治省、努力建设法治江苏的情况通报，并进行协商讨论。会议邀请中央政法委副秘书长徐显明教授作《坚定不移走中国特色社会主义法治道路》专题讲座。张连珍在会议结束时发表讲话。会议收到书面发言材料56篇，有16位委员作了大会发言。会后，向省委、省政府报送了《关于全面推进依法治省、努力建设法治江苏的建议案》。罗志军、李学勇对建议案作出批示。

第11次会议 9月23日至24日在南京举行。会议应出席159人，实到112人。会议听取了省委常委、常务副省长李云峰关于编制我省国民经济和社会发展“十三五”规划的情况通报，并进行协商讨论。会议邀请国家发改委宏观经济研究院副院长马晓河研究员作《新常态下“十三五”时期机遇、挑战与战略思路》专题讲座。张连珍在会议结束时发表讲话。会议收到书面发言材料58篇，有18位委员作了大会发言。会后，向省委、省政府报送了《关于编制我省国民经济和社会发展“十三五”规划的建议案》。罗志军、李学勇对建议案作出批示。

【专门委员会工作】

提案委员会 2015年，共收到提案762件，立案704件并全部办复。摘编40件重点提案报请省委、省政府领导阅批。选择22件提案，整合为改善城市空气质量、推进农村社会治理、加快分级诊疗制度建设、加强文化遗产保护与传承、深化科技体制改革、完善公共法律服务6个专题，由主席会议集体督办和主席、副主席领衔督办。

学习委员会 举办1期省政协委员学习研讨班，1期全省市、县（市、区）政协主席（副主席）培训班和1期全省各市政协专委会驻会主任（副主任）培训班。协助新疆伊犁州政协在江苏举办伊犁州政协委员培训班。编发《学习资料》月刊12期、增刊2期，围绕议政性常委会议主题编印《学习资料汇编》2本。组织学习委员会和社科界委员赴南京、无锡、沛县等地，围绕国防教育和供水安全、生态文明建设、大气污染等问题进行考察、调研等活动。

文史委员会 编辑出版《钟山风雨》杂志12期。做好纪念抗日战争胜利70周年文史资料征集出版工作，汇集成《江苏抗日战争史料选编》一书。组织委员就我省历史文化名村保护情况进行调研。扎实推进第二轮《政协志》编纂工作。《江苏省政协大事记》出版发行。

经济委员会 参与承办省政协十一届十一次常委会议。组织委员围绕我省推进苏南国家自主创新示范区建设、推进和深化国企改革、大力扶持快递产业等问题进行专题调研，就产业转型升级、发展现代农业和推进绿色发展等开展界别活动，并积极提出建议。受全国政协经济委员会委托就“推进财税体制改革、防控地方债风险”开展调研。

科学技术委员会 参与以推进苏南国家自主创新示范区建设为主题的省政协十一届二十一次主席会议。围绕我省科技服务业发展情况、创新型县（市、区）建设情况、科技创新助推现代农业转型升级情况开展专题调研，形成大会发言、调研报告和社情民意信息等建言成果。就创新创业生态环境建设、军民结合支撑地方科技创新、科研院所创新发展情况等开展界别活动。

人口资源环境委员会 参与承办以防治大气污染为专题的省政协十一届二十三次主席会议。开展秸秆全量综合利用的协作调研，围绕长江渔业资源保护情况、城市环境综合整治情况、我省沿海化工园区环境保护情况等进行调研，并报送调研报告。李学勇对《关于我省城市环境综合整治工作开展情况的调研报告》作出批示。受全国政协办公厅委托就我省长江沿线的湿地保护情况组织开展调研。

教育文化委员会 参与承办以构建现代职业教育体系为主题的省政协十一届二十五次主席会议。组织委员就特殊教育发展与管理情况、促进我省文化建设再上新台阶、为儿童少年提供精神食粮情况等开展调研，并形成调研报告。承办江苏省各界人士新年茶话会、省政协庆祝第31个教师节座谈会等活动。依托省政协昆评室，连续第九年举办戏曲走近大学生活动。组织参加书画文化交流活动。组织召开全省政协教文卫体委员会工作座谈会。

医卫体育委员会 参与承办以构建现代医疗卫生体系为主题的民主监督活动。围绕公立医院改革、医药产业创新转型、加快分级诊疗制度建设、公共体育服务体系建设、足球改革发展等开展调研并形成调研报告。组织委员和所在医院团队下基层开展扶贫义诊活动。

社会法制（民族宗教）委员会 参与承办省政协十一届十次常委会议。做好推进基层社区管理和服务平台建设委员集中视察的服务保障工作。承办社会各界人士赴省未成年犯管教所开展“守法明礼、崇德向善”主题帮教活动。围绕《宗教事务条例》实施情况、社会组织在社会治理中的作用开展调研。就发挥工青妇界别委员在推进社会治理创新中的作用、新常态下企业的发展与管理情况、推进宗教与社会主义相适应、规范宗教公益慈善事业等开展界别活动。

港澳台侨（外事）委员会 向港澳委员通报江苏经济社会发展情况和省政协有关会议精神，鼓励他们关心支持我省的改革与发展，支持他们为维护和促进港澳地区长期繁荣稳定发挥更大作用。组织委员赴台交流访问，围绕推进昆山深化两岸产业合作试验区建设、依法服务台商等议题组织委员开展调研议政。做好省政协对外交往工作。接待香港“未来之星同学会”。认真做好海外特邀代表人士工作，邀请他们列席政协全体会议、参加政协组织的有关活动。

【重要活动】

举行全省各界人士新年茶话会 12月29日，省政协举行全省各界人士新年茶话会。罗志军发表讲话指出，2015年，是“十二五”发展的收官之年。江苏经济转型升级步伐加快，产业结构调整实现突破性进展，初步形成“三二一”现代产业结构，新的发展动能正在孕育形成，发展空间进一步拓展，发展动力持续激发和释放，各项社会事业全面进步，社会大局保持和谐稳定。2016年是全面建成小康社会决胜阶段的开局之年，也是推进供给侧结构性改革的攻坚之年。要全面贯彻中共十八大和十八届三中、四中、五中全会精神，深入贯彻习近平总书记系列重要讲话特别是视察江苏重要讲话精神，统筹推进“五位一体”总体布局和“四个全面”战略布局，牢固树立和贯彻落实五大发展理念，更好地适应经济发展新常态，按照中共江苏省委十二届十一次全会的总体部署，深入实施“七大战略”，扎实推进“八项工程”，推动“迈上新台阶、建设新江苏”取得新业绩，为“十三五”时期发展开好局、起好步。省委副书记、代省长石泰峰出席，张连珍主持，省政协副主席、民建江苏省委主委洪慧民代表各民主党派省委、省工商联和各界人士讲话。

举行两次住苏全国政协委员座谈会 4月22日至23日，省政协在苏州举行住苏全国政协委员座谈会，听取对全面推进依法治省、努力建设法治江苏的意见建议，张连珍主持并讲话。9月7日至8

日，省政协在泰州举行住苏全国政协委员座谈会，听取对编制省“十三五”规划的意见建议，张连珍主持并讲话。住苏全国政协委员共31人次在2次座谈会上发言。

扎实开展“三严三实”专题教育　根据中央和省委的部署要求，省政协党组和机关把开展专题教育作为一项重大政治任务，聚焦对党忠诚、个人干净、敢于担当，突出“六查六看六整治”，坚持问题导向、从严要求、以上率下、注重实效，扎实做好专题党课、专题学习研讨、专题调研、专题民主生活会和组织生活会、强化整改落实和立规执纪“四专题一强化”关键动作，专题教育取得了扎实具体的成效。

扎实推进“学习型、文化型、健康型”机关建设　2015年，省政协举办5期“名人名家讲座”，分别围绕常委会议协商议题、先秦诸子百家以及医疗保健等内容，邀请专家学者作深入讲解。《江苏历史文化览胜》一书出版，《健康生活学与问》编写工作有序推进。扎实做好东海县“五方挂钩”暨石梁河库区东海片、灌南扶贫点的帮扶工作，认真组织“三解三促”调研活动。南京中国近代史遗址博物馆建设与管理工作得到新加强。机关为工作大局服务、为履行职能服务、为政协委员服务的水平和能力有了新的提升。

【重要文件】

常委会工作报告（2015年1月26日）（摘要）　一、2014年工作回顾。（一）加强理论学习，把握正确政治方向。通过常委会议、主席会议、专委会会议、界别活动和举办学习研讨班、编印《学习资料》等多种形式，组织和推动广大委员深入学习、不断增强中国特色社会主义道路自信、理论自信、制度自信。就全省政协推进协商民主情况开展专题调研并向省委报送专项报告。中共江苏省委、省政协举行庆祝人民政协成立65周年座谈会。（二）紧扣改革发展，发挥决策咨询作用。召开十一届六次、七次常委会议，分别围绕推进生态文明建设工程、积极稳妥推进新型城镇化和城乡发展一体化进行协商讨论。召开十一届十二次、十四次主席会议，分别围绕加快完善产学研协同创新机制、促进儿童少年心理健康进行协商讨论。召开十一届十五次主席会议，就城市大气污染的控制与防治开展专题民主监督。（三）注重履职实效，统筹做好经常性工作。组织委员就加快推进农业现代化工程、创新新型城镇化和城乡发展一体化资金保障机制、促进科技企业孵化器健康发展、海洋环境保护等开展专题调研，围绕食品安全监管、社会养老服务体系建设组织委员进行集中视察。切实加强提案和反映社情民意信息工作。（四）积极协调关系，广泛凝聚智慧力量。加强同各民主党派、工商联和无党派人士的团结合作。加强同民族、宗教界代表人士的联系交流。加强同社会不同阶层、不同群体的沟通联系。积极探索更好发挥政协界别作用的思路和办法。加强同港澳台同胞、海外侨胞的团结联谊。（五）强化自身建设，提高政协工作水平。巩固和拓展党的群众路线教育实践活动成果，切实贯彻落实好中央八项规定和省委十项规定精神。充分发挥委员主体作用。着力提升专委会工作水平。持续推进“学习型、文化型、健康型”机关建设。重视加强省市县政协的联系与合作。积极配合全国政协组织好在我省开展的调研视察活动。二、2015年主要工作。（一）自觉把思想和行动统一到中共中央和省委的决策部署以及对政协工作的最新要求上来。（二）坚持发挥人民政协在发展协商民主中的重要作用。（三）始终以改革创新精神加强政协履职能力建设。

省委书记罗志军在省政协十一届三次会议上的讲话（2015 年 1 月 26 日）（摘要） 2015 年是江苏全面落实总书记最新要求的开局之年。要认真贯彻中共十八大和十八届三中、四中全会精神，以邓小平理论、“三个代表”重要思想、科学发展观为指导，深入学习贯彻习近平总书记系列重要讲话精神和对江苏工作的最新要求，围绕“两个率先”光荣使命，紧扣“迈上新台阶、建设新江苏”发展定位，主动把握和积极适应经济发展新常态，坚持稳中求进总基调，突出创新驱动，加强民生保障，强化风险防控，促进经济平稳健康发展和社会和谐稳定，如期完成“十二五”各项目标任务，为“十三五”发展打下坚实基础。要紧紧围绕新定位，坚定发展信心，朝着新江苏的美好蓝图阔步前进。全省各地、各条战线、各个方面都要以总书记最新要求为统领，推动各项工作不断提升标准、创造特色、走在前列，奋力开创“两个率先”实践新境界。要积极适应新常态，更加主动作为，全力保持经济社会平稳健康发展。始终坚持发展第一要务不动摇，扭住转方式调结构这个关键，突出创新驱动这个核心，守住生态环境这个底线，努力实现有质量有效益可持续的发展。要不断释放新活力，继续攻坚克难，推动各项改革举措落地生效。主动呼应国家推进开放的大战略，抢抓“一带一路”重大机遇扩大对外开放，积极融入长江经济带建设拓展对内开放，加快构建开放型经济新体系。把改善民生作为深化改革的出发点和落脚点，更加注重保障基本民生。要落实依法治国新部署，全面推进依法治省，为现代化建设保驾护航。贯彻落实中共十八届四中全会决策部署，着力提升地方立法质量，着力提升依法行政水平，着力提升司法公信力，着力提升社会治理法治化水平，着力提升全民守法自觉性，全面推进依法治省、努力建设法治江苏。严明政治纪律和政治规矩，坚持不懈推进作风建设，坚定不移把党风廉政建设和反腐败斗争进行到底。要广泛凝聚新共识，汇集各方力量，共同谱写好中国梦的江苏篇章。认真落实中共中央关于加强社会主义协商民主建设的《意见》，重点加强政党协商、政府协商、政协协商，积极开展人大协商、基层协商、人民团体协商，逐步探索社会组织协商，推动协商民主广泛多层制度化发展。继续巩固群众路线教育实践活动成果，大力弘扬“三创三先”精神，不断开创江苏各项事业新局面。希望全省各级政协要进一步坚定政治方向、进一步贴近中心服务大局、进一步发挥协商民主的重要渠道作用、进一步加强履职能力建设。希望广大政协委员发挥自身优势，立足本职岗位，积极投身“两个率先”新实践。

【组织概况】

副主席增选名单

（2015 年 1 月 30 日省政协十一届三次会议通过）

王雪非

副主席辞职名单

（2015 年 1 月 16 日省政协十一届八次常委会议通过）

徐南平

常务委员增选名单

（2015 年 1 月 30 日省政协十一届三次会议通过）

佘义和

常务委员辞职名单

（2015 年 1 月 16 日省政协十一届八次常委会议通过）

于青山　黄蓓佳

委员增补名单

（2015 年 1 月 16 日省政协十一届八次常委会议通过）

王雪非

委员辞职名单

（2015年1月16日省政协十一届八次常委会议通过）

徐南平　于青山　黄蓓佳

撤销委员资格名单

（2015年9月24日省政协十一届十一次常委会议通过）

陈亚宝　周明贵　王德善

市（区、县）主席变动情况

南京市（副省级市）

政协副主席

徐金万（2015年1月20日增选）

刘　建（2015年12月30日不再担任）

政协秘书长

彭振宁（2015年1月20日补选）

徐州市

政协副主席

王　军（2015年1月21日增选）

李靖华（2015年1月21日增选）

段　雄（2015年1月21日不再担任）

葛维琴（女，2015年1月21日不再担任）

常州市

政协副主席

赵忠齐（2015年1月15日不再担任）

何玉清（2015年1月15日增选）

苏州市

政协副主席

季忠正（2015年10月28日不再担任）

连云港市

政协副主席

鲁　林（2015年1月22日增选）

李广成（2015年1月22日不再担任）

淮安市

政协副主席

仲　波（2015年1月22日增选）

王士高（2015年1月22日不再担任）

盐城市

政协副主席

尹金来（2015年1月22日增选）

扬州市

政协副主席

刘亚军（2015年1月增选）

王少鹏（2015年1月不再担任）

泰州市

政协副主席

蔡德熙（2015年1月21日增选）

张培成（2015年1月21日不再担任）

南京市秦淮区政协主席

刘　凡（女）（2015年1月8日补选）

南京市浦口区政协主席

李好平（2015年1月8日补选）

徐州市铜山区政协主席

高　斌（2015年9月14日不再担任）

常州市金坛区政协主席

王国胜（2015年1月7日补选）

苏州市昆山市政协主席

冯仁新（2015年2月17日补选）

苏州市太仓市政协主席

邱震德（2015年2月11日补选）

苏州市相城区政协主席

周天平（2015年1月16日补选）

淮安市清浦区政协主席

张以俭（2015 年 4 月 22 日不再担任）

张以俭（2015 年 2 月 9 日补选）

王留生（2015 年 1 月 23 日不再担任）

淮安市淮安区政协主席

王国权（2015 年 12 月 19 日辞职）

淮安市涟水县政协主席

贾振旗（2015 年 2 月 5 日补选）

淮安市盱眙县政协主席

赵长桂（2015 年 7 月 24 日免职）

淮安市金湖县政协主席

罗金昌（2015 年 2 月 4 日补选）

王殿宏（2015 年 2 月 2 日辞职）

盐城市东台市政协主席

鲍　宇（2015 年 1 月 15 日补选）

盐城市亭湖区政协主席

吕　锦（2015 年 2 月 10 日补选）

扬州市仪征市政协主席

赵　明（2015 年 1 月补选）

泰州市泰兴市政协主席

丁　亚（2015 年 1 月 15 日补选）

泰州市靖江市政协主席

尤　红（2015 年 1 月 15 日补选）

宿迁市沭阳县政协主席

丁晓平（2015 年 1 月 12 日补选）

宿迁市泗阳县政协主席

夏养育（2015 年 1 月 11 日补选）

江苏省各级政协组织和委员数

（截至 2015 年年底）

项目＼级别	省级	副省级市	地级市	县（县级市）	合计
组织数	1	1	12	98	112
委员数	770	522	5314	26011	32617

（陈　宏　徐　岚 编写　程玉松　金建明 审稿）

政 协 浙 江 省 委 员 会

王建满　副主席

【全体委员会议】

十一届三次会议　2015年1月20日至24日在杭州举行。会议应出席委员737名，实到704人。省政协主席乔传秀，省政协副主席陈加元、陈艳华、姚克、汤黎路、张泽熙、陈小平、吴晶、蔡秀军、孙文友，秘书长陈荣高以及常委们在主席台就座。省委书记、省人大常委会主任夏宝龙，省委副书记、省长李强等省领导出席开、闭幕会，并参加联组讨论和小组讨论。夏宝龙在闭幕会上作重要讲话。会议听取并审议了省政协主席乔传秀代表常务委员会所作的工作报告和省政协副主席张泽熙代表常务委员会所作的关于提案工作情况的报告。与会委员列席了浙江省第十三届人民代表大会第三次会议，听取并讨论省政府工作报告及其他重要报告。大会共收到157份发言材料，38名委员分别就积极融入“一带一路”国家战略和长江经济带、全面深化法治浙江建设、加快建设美丽浙江等问题作了大会发言或即席发言。会议审议通过了省政协十一届三次会议决议，省政协提案委员会关于十一届三次会议提案审查情况的报告。

【常务委员会会议】

第9次会议　1月5日至6日在杭州举行。会议应出席120人，实到109人。省政协主席乔传秀主持会议。会议审议通过关于召开省政协十一届三次会议的决定及会议议程（草案）和日程、省政协十一届常务委员会工作报告和报告人及提案工作情况报告和报告人；审议通过有关人事事项。会议听取省政府办公厅关于省政府系统办理省政协十一届二次会议以来提案工作的情况和办理专项集体民主监督意见建议的情况通报，与会同志协商讨论《政府工作报告（征求意见稿）》，协商讨论“三级政协联动、万名委员同行、助推‘五水共治’”专项集体民主监督报告。各市政协主席就“五水共治”民主监督工作进行了交流发言。

第10次会议　1月24日在杭州举行。会议应出席116人，实到110人。省政协主席乔传秀主持会议。会议审议通过政协第十一届浙江省委员会第三次会议常务委员会组成人员选举办法和大会总监票人、监票人名单；审议通过政协第十一届浙江省委员会提案委员会关于十一届三次会议提案审查情况的报告（草案）；审议通过政协第十一届浙江省委员会第三次会议决议（草案）。会议还审议通过有关人事事项。

第11次会议　4月16日至17日在杭州举行。会议应出席123人，实到107人。会议深入学习贯彻党中央和省委关于“四个全面”战略布局部署要求，协商讨论“四张清单一张网”改革措施落实情况专项集体民主监督有关问题，7位省政协委员作了专题发言，8位委员作了即席发言。省政协主席乔传秀主持开幕会议并在闭幕会上作讲话，省政协副主席陈加元主持闭幕会。省委常委、常务副省长袁家军到会听取意见并讲话。省政协副主席、秘书长出席会议。省政府有关部门负责人列席了会议，听取委员发言。会议还审议通过人事事项。

第12次会议 5月20日至21日在杭州举行。会议应出席123人，实到111人。会议围绕《中共浙江省委关于全面加强乡镇（街道）、村（社区）党组织和基层政权建设的决定（征求意见稿）》开展协商讨论。12位省政协委员作了专题发言，7位委员作了即席发言。省委书记、省人大常委会主任夏宝龙出席会议并讲话。省政协主席乔传秀主持会议并讲话。省委副书记王辉忠到会听取大会发言并讲话。省委常委、秘书长赵一德出席会议。省政协副主席、秘书长出席会议。省委组织部副部长朱伟作关于《中共浙江省委关于全面加强乡镇（街道）、村（社区）党组织和基层政权建设的决定（征求意见稿）》起草情况的说明。

第13次会议 8月24日至25日在杭州举行。会议应出席123人，实到111人。会议认真学习贯彻中共中央办公厅印发的《关于加强人民政协协商民主建设的实施意见》精神。围绕积极参与“一带一路”和长江经济带国家战略实施开展协商讨论，8位省政协委员作了专题发言，9位委员作了即席发言。省政协主席乔传秀主持开幕会议并在闭幕会上作讲话，省政协副主席陈加元主持闭幕会。副省长梁黎明到会听取意见并讲话。省政协副主席、秘书长出席会议。会议审议通过《中国人民政治协商会议浙江省委员会专门委员会通则》和有关人事事项。会议还举行了十一届省政协常委会第五次学习讲座。

第14次会议 12月28日至30日在杭举行。会议应出席123人，实到108人。会议围绕《浙江省国民经济和社会发展第十三个五年规划纲要草案（送审稿）》开展协商讨论，9位省政协委员作了专题发言，14位委员作了即席发言。省政协主席乔传秀主持开幕会议并在闭幕会上作讲话，省政协副主席陈加元主持闭幕会。省政协副主席、秘书长出席会议。副省长熊建平、梁黎明和省直有关部门负责人到会听取意见。省发改委主任谢力群就《浙江省国民经济和社会发展第十三个五年规划纲要草案（送审稿）》起草情况作了说明。会议审议通过关于召开省政协十一届四次会议的决定及会议议程（草案）和日程、省政协十一届常务委员会工作报告及报告人和提案工作情况报告及报告人，审议通过有关人事事项。会议协商讨论了《政府工作报告》（征求意见稿）、“五水共治”长效机制建设专项集体民主监督有关问题。听取了省政府系统办理省政协十一届三次会议以来提案工作的情况通报。会议还举行了以“互联网+”为主题的学习讲座。

【专门委员会工作】

提案委员会 全年审查立案871件，确定了22个方面40件省政协重点提案，省高院院长首次领办重点提案。探索网络远程协商新形式，选择提案办理大户开展提案网络办理试点工作。开展民生类提案集中协商办理试点工作，增加集体面商环节。加强政协内部交流协作，11个专委会和17个界别组参与提案办理协商。助推重点提案“三见面”现场办理方式。围绕“政协提案办理协商机制建设”深入开展调查研究，提出意见建议。

委员工作委员会 围绕省政协重点工作，认真履行职责，先后完成了《关于我省制定“十三五”规划的相关建议》等3

个重点和重要提案的督办工作。参与助推"'五水共治'长效机制建设"专项集体民主监督，推进了问题河道和农村生活污水治理。举办第二期省政协委员轮训，全面走访界别活动组组长和部分住地市省政协委员、联络组长，推行界别委员述职，精心组织"委员退出机制""委员工作室建设""企业投资审批制度改革"等调研活动，做好住浙全国政协委员参加全国"两会"和赴贵州省视察的服务保障工作。

经济委员会 全年共完成省政协2项重点课题调研工作，开展2项专题调研，完成并报送《浙江政协信息（专报）》7期，大会发言等材料18份，组织或协助委员提交提案73件，召开各类会议91场次，先后到85家部门和企业走访调研，协助开展经济界活动6次，走访委员47人。主要工作：牵头完成省政协"一带一路"和长江经济带国家战略实施专题政治协商，形成《构建"四化并重"的政府投融资体制——新形势下我省政府投融资体制改革思路和政策建议》《打造"1＋1＋3＋N"的跨境电商公共物流体系——加快推进我省跨境电商公共物流基础设施网络体系建设》等调研报告，就"金融理财产品与风险防范""推进小微企业三年成长计划实施"专题协助举办"浙江政协·民生论坛"。

农业和农村工作委员会 与人资环委、社法委共同牵头开展"三级政协联动、万名委员同行、助推'五水共治'长效机制建设"专项集体民主监督，形成《关于推进"五水共治"长效机制建设的建议》民主监督报告。助推深化"两路两侧""四边三化"专项整治行动，围绕浙江渔场修复振兴开展对口协商，举办"农村生活污水治理"为主题"浙江政协·民生论坛"，牵头开展"送科技下乡"活动。

人口资源环境委员会 全年参与牵头组织省政协专项集体民主监督和委员视察3项，完成专题调研视察7项，报送调研报告5份，提交提案82件、政协信息13篇。省委、省政府领导的批示共计19件次。主要工作：深入开展"五水共治"专项民主监督，负责公路干线两侧"四边三化"专项督查，组织"钱塘江流域水污染治理情况"委员视察，承办"推进我省防灾减灾体系建设"和"城镇污水处理设施建设与运行管理"为主题的"浙江政协·民生论坛"，围绕"出生缺陷干预""推进我省防灾减灾体系建设""城镇污水处理设施建设与运行管理"等开展调研，就"运河水环境治理""沿海滩涂保护与利用""生态旅游产业发展"开展视察。

科技教育委员会 围绕"加快现代职业教育体系建设"开展重点调研，形成3个调研报告。围绕"加快发展信息经济"形成19篇协商建言材料。组织50多名委员和名师专家赴景宁开展送教育下乡活动。牵头组织以"树立创新、协调、绿色、开放、共享发展理念，提高全民科学素养"为主题的"浙江政协·民生论坛"，围绕"将牙周疾病纳入医疗保险""科技成果转化与技术市场建设"等参与开展界别协商。

文化卫生体育委员会 开展"完善我省公共文化服务体系建设""推进基层医疗服务保障与居家养老有效结合""我省城市医院优质医疗资源'双下沉、两提升'工作推进情况""发展全民健身事业"等专题调研，形成调研报告。牵头做好"乡贤文化"研究和浙江百名"新乡贤"事迹案例征集活动。认真组织开展送文化、卫生、体育下乡活动，协助督办《建设文化创意小镇，让城镇化"记得住乡愁"》《关于建设全民健身公共服务平台的建议》等提案，协助医卫界、文艺界和农工党围绕"建设洁净美丽新农村""促进我省文学繁荣”“餐桌安全治理三年行动计划”开展专题调研，积极做好5个社团组织的服务保障工作。

社会法制委员会 围绕“四张清单一张网”改革措施落实情况开展专项集体民主监督，扎实开展“两路两侧”“四边三化”专项集体民主监督，积极参与助推“五水共治”长效机制建设专项集体民主监督。组织养老服务专题调研和委员视察，以“促进城乡社区养老照料中心建设”为主题牵头组织“浙江政协·民生论坛”。选择与国计民生关系重大的《浙江省大气污染防治条例（修订）》和《浙江省餐厨废弃物管理办法》，作为与省政府法制办对口协商的重点项目，组织委员对省政府法制办拟制的《浙江省行政决策程序规定（草案）》《浙江省通讯设施建设与保护规定（草案）》等4部法规开展对口协商。开展“送法下乡”活动，参与所联系界别开展的界别协商活动。

民族和宗教委员会 围绕“提升内生动力，加快民族乡镇发展”，形成《不待扬鞭自奋蹄——关于提升民族乡镇内生发展动力的调查报告》。在苍南组织召开第七届“和谐之韵”论坛暨民族乡镇发展座谈会，围绕“提升内生动力，加快民族乡镇发展”主题，开展交流探讨。以弘扬优秀传统文化为切入点，助推宗教积极作用的发挥，先后形成《让浙江道教焕发新的生机活力——关于开发利用我省名宫名观资源的调查和思考》《用先进思想文化引领让党的执政基石更加稳固——关于我省民间信仰活动情况的调查与思考》等调研报告。开展“中国畲族博物馆改造提升”民主监督。

文史资料委员会 围绕协商制定我省“十三五”规划、“四张清单一张网”“加强基层党组织和政权建设”等内容协商建言。开展抗战纪念主题系列活动，形成《不能忘却的记忆——关于我省抗战纪念设施遗址保护与利用情况的调研报告》，征编出版反映浙江抗战历史的史料专辑《血色记忆》。推进《浙江通志·人民政协卷》编纂，出版《鸡毛飞天：义乌市场的崛起与发展》《岁月如歌——新中国建立后浙江发展亲历3》，助推徐霞客游线标志地认证工作，形成《关于推进我省文创产业又好又快发展的视察报告》。

港澳台侨和外事委员会 全年共组织召开调研、视察、委员约谈、对口协商等各类座谈会29次，提交提案95件，形成了《借鉴自贸区发展经验 推进我省外贸强省建设》《关于我省海外高层次人才创业创新发展情况的调研报告》等3篇调研报告。围绕“推进生态旅游发展、加快特色小镇建设”进行专题视察，协助开展“进一步做好我省公共外交工作”“加大我省华文教育工作力度”等界别协商，探索召开以“推进生态旅游发展、加快特色小镇建设”为主题的网络远程协商会，探索开展微信议政活动，首次在委员微信群发起了主题为“台湾民宿与浙江旅游”的微信议政活动，积极拓展政协公共外交的空间。

【重要活动】

全省政协主席读书会 7月28日至29日在杭州举行。会议认真学习贯彻习近平总书记在浙江考察时的重要讲话精神和省委十三届七次全会精神。省委副书记、省长李强作了我省经济形势的报告。省政协主席乔传秀出席会议并讲话。省政协副主席、秘书长出席会议。各市、县（市、区）政协主席等参加会议。11个市政协负责人和11县（市、区）政协交流研讨推进政协履职能力现代化建设。

“三级政协联动、万名委员同行、助推‘五水共治’长效机制建设”专项集体民主监督 巩固“五水共治”成果，商各市政协持续开展“三级政协联动、万名委员同行、助推‘五水共治’长效机制建设”专项集体民主监督。突出跨区域河流共治、农村生活污水治理设施运维管理、水源地长效管治、全民参与、投融资和资金使用监管等重点，运用“万里江河四季访”“走遍千村看治水”等方式载体，合力助推“五水共治”长效机制建设。三级政协 21000 多名委员共同参与，组成 1351 个民主监督组，明查暗访 1200 多个乡镇（街道）、14000 多个村（社区）、9500 多家企业、39900 多公里河（江、溪），发现并反映问题 7866 个，已整改 6453 个，提出意见建议 7397 条，党政采纳 5441 条。

组织“两路两侧”“四边三化”专项集体民主监督 认真落实中共浙江省委主要领导交办的任务，组织 63 名委员和有关人士分成公路和铁路两个监督组，对全省 3800 多公里高速公路、重点区域的国道省道和 2400 多公里铁路两侧的洁化、绿化、美化情况开展全方位、拉网式实地督查，梳理出问题清单汇编 21 册。中共浙江省委常委会议专题听取省政协监督情况汇报，政协民主监督视频片在全省“两路两侧”“四边三化”专项整治推进会上播放，这是政协专项集体民主监督成果首次在省市县乡四级党政干部视频会上进行展示。

【重要文件】

常委会工作报告（2015 年 1 月 20 日）（摘要） 一、2014 年的工作总结。一是认真学习贯彻习近平总书记系列重要讲话精神，坚决落实中共中央和中共浙江省委决策部署。通过全省政协主席读书会、省政协党组（扩大）会议、常委会议、理论研讨会等多种形式，专题学习贯彻习近平总书记关于人民政协工作的重要论述精神和《干在实处、走在前列》《之江新语》两部专著，认真学习贯彻习近平总书记在庆祝人民政协成立 65 周年大会上的重要讲话精神，认真学习贯彻中共十八届三中、四中全会和习近平总书记重要讲话精神，积极引导参加政协的各党派团体和各族各界人士，切实增强同以习近平同志为总书记的中共中央保持高度一致的思想自觉、政治自觉和行动自觉。认真学习贯彻中共浙江省委十三届五次、六次全会精神，配合中共浙江省委召开浙江省暨杭州市庆祝人民政协成立 65 周年大会。完善省政协重大事项向中共浙江省委书面报告制度，全年共向省委报送重要会议、重要活动请示报告 10 份，向省委、省政府报送专项报告 23 份、调研报告 25 份、专报信息 69 期。二是深入开展协商议政，积极为改革发展聚智献策。围绕中共浙江省委十三届五次、六次全会重大决策进行专题政治协商，围绕省政府深化行政审批制度改革、加快政府职能转变重大部署开展专题政治协商。组织积极发展混合所有制经济重点课题调研。开展专题性季度经济研析，并向省委、省政府报送分析报告建议。组织开展商品交易市场转型升级、城市地下空间利用、完善电子商务物流配套等调研协商。组织委员视察美丽乡村和嘉善县域科学发展示范点。举办第九届中国民营经济科学发展论坛。三是紧扣“五水共治”决策部署，组织开展三级政协联动专项集体民主监督。首次牵头组织开展“三级政协联动、万名委员同行、助推‘五水共治’”专项集体民主监督工作。在监督理念上，坚持在监督中参与服务、在参与服务中监督，综合运用协商、视察、调研、提案等多种履职手段，派出 5 个监督组，深入实地明查暗访。在监督重点上，抓住跨区域流域治水、农村水环境治理、高污染行业企业、交通相对不便的盲点死角等，推动了问题解决。在监督力量上，加强与省直有关部门协同配合、与市、县（市、区）政协联动协作、与新闻媒体联系合作。举办“议政建言助治水”电视访谈、“政协委员话治水”网络视频访谈。四是创新方式丰富内容，深化“系列民生”履职工作。组织开展建立完善养老服务体系、加快发展老年服务产业重点课题调研。参与《浙江省社会养老服务促进条例》立法协商。围绕食用农产品安全、饮用水资源保护、文化市场管理等民生问题建言献策。办好“浙江政协·民生论坛”，使论坛切实成为传递民声、增进共识、助推为民解难事办实事的平台。全年举行4次“浙江政协·民生论坛”。提升“六送下乡”“两走进”活动月实效。牵头专委会通过上门沟通、实地对接、部门议商等多种途径，增强“六送下乡”到玉环、江山、泰顺、嘉善、龙泉等县（市）的针对性和实效性。拓宽了解和反映社情民意渠道。全年共受理各类社情民意反映7209件，编发“民情热线专报”37期，编发“政协信息”230期，其中报送全国政协210期。五是加强政协协商民主制度机制建设，运用好政协的话语权和影响力。中共浙江省委、省政府和省政协首次联合制订年度协商工作计划，省政协制订年度专题协商、对口协商、界别协商、提案办理协商计划。全年举行6次专题协商、11次对口协商、21次界别协商、22次重点提案办理协商，共比上年增加32次。制定贯彻《中共浙江省委关于加强人民政协民主监督的意见》的实施办法。中共浙江省委办公厅、省政府办公厅在全国各省（市、区）率先制定《关于加强省直党政部门同省政协专门委员会和界别对口联系工作的意见》。建立健全提案征集、重点提案遴选与督办等制度。创新协商活动组织机制。实行委员自愿报名参加会议、活动和发言；注重围绕协商议题提前组织学习调研，强调发出界别集体声音，完善协商成果报送和反馈机制，中共浙江省委、省政府和省直部门共向省政协书面反馈31次。完善新闻宣传制度机制。首次召开全省政协新闻宣传工作会议，中共浙江省委宣传部、省政协办公厅联合制定《关于加强和改进政协新闻宣传工作的意见》。构建了报刊、广播、电视、网络等全媒体协同发声的大格局。六是增进团结联谊，广泛凝聚正能量。支持各民主党派、工商联、无党派人士履行职责、发挥作用。助推民族地区发展和宗教事务依法管理。做好港澳台侨和外事工作。开通港澳华侨委员之家微信平台，发挥香港浙江政协委员联谊会作用，引导委员支持香港特区政府依法施政。成立澳门委员联络处、华侨委员联络处和杭州地区特邀委员联络组。合作举办“友好中华、侨联五洲”公共外交活动。加强政协文史工作。完成全国政协交办的14个沿海城市开放史料汇集审稿，出版《浙江援建西部纪实》，征编浙商之路口述史等，推动文史资料数字化工作。发挥政协社团作用。支持浙江树人大学建设绍兴新校区。七是巩固群众路线教育实践活动成果，切实加强政协自身建设。坚定落实中共中央八项规定和“三严三实”要求，严格执行中共浙江省委28条办法，不折不扣落实整改措施。制定实施加强和改进调查研究工作的意见。完善走访省政协委员制度。举办“浙江政协·崇学讲坛”10次。培训委员203人。完善委员履职综合服务平台。健全委员履职考评细则，开展履职优秀委员评选。鼓励支持专委会和界别活动组发挥优势作用，创新履职方式，提升履职实效。加强政协理论与实践研究。深入开展“优作风、强服务、促规范”主题建设活动，提升机关服务保障水平。二、2015年工作部署。一是牢牢把握巩固共同思想政治基础的主轴。二是扎实推进政协协商民主深入发展。三是积极献策适应经济发展新常态。四是着力助推全面深化法治浙江建设。五是坚持做深做实“系列民生”履职工作。六是充分发挥人民政协大团结大联合优势。

【组织概况】

副主席补选名单

（2015 年 1 月 24 日，政协第十一届浙江省委员会第三次会议通过）

王建满

常务委员增选名单

（2015 年 1 月 24 日，政协第十一届浙江省委员会第三次会议通过）

（按姓氏笔画为序）

王洪涛　冯定献　朱贤良　陆雅仪　周光晖　钟桂松

常务委员辞职名单

（2015 年 1 月 6 日，政协第十一届浙江省委员会常务委员会第九次会议通过）

周益扬　乐益民　杨建新　胡本亮

（2015 年 12 月 30 日，政协第十一届浙江省委员会常务委员会第十四次会议通过）

李火林　沈雪生　张惠康　钟桂松　徐建华　潘忠弟

委员增补名单

（2015 年 1 月 6 日，政协第十一届浙江省委员会常务委员会第九次会议通过）

王建满　王洪涛　朱贤良　钟桂松

（2015 年 12 月 30 日，政协十一届浙江省委员会常务委员会第十四次会议通过）

李剑飞　李德忠　余梅生　张高澄　林　琼（女）　林小露（女）　金汝斌　施艾珠（女）　姚志文　袁书强　潘海生

委员辞职名单

（2015 年 1 月 6 日，政协第十一届浙江省委员会常务委员会第九次会议通过）

周益扬

（2015 年 12 月 30 日，政协十一届浙江省委员会常务委员会第十四次会议通过）

李火林　王忠宝　应凤娟　陈作荣　高一兵　程　刚　鲁爱民

撤销委员资格名单

（2015 年 12 月 30 日，政协十一届浙江省委员会常务委员会第十四次会议通过）

胡本亮　陈世权

市（区、县）主席变动情况

温州市

余梅生（2015 年 2 月 12 日当选）

包哲东（2015 年 2 月 11 日辞职）

嘉兴市

南湖区

赵建峰（2015 年 1 月 15 日当选）

海盐县

蔡志昌（2015 年 1 月 19 日当选）

绍兴市

越城区

陈大平（2015 年 12 月 22 日不再担任）

金华市

郑金平（2015 年 7 月 24 日辞职）

衢州市

柯城区

郑小瑛（2015 年 11 月 4 日辞职）

浙江省各级政协组织和委员数

（截至2015年年底）

项目＼级别	省	副省级市	地级市	县（市、区）	合计
组织数	1	2	9	90	102
委员数	735	1018	3774	20433	25960

（黄甲寅　骈慧娟 编写　帅燮琅 审稿）

政协安徽省委员会

邵国荷　副主席

【全体委员会议】

十一届三次会议　1月25日至29日在合肥举行。会议审议通过王明方主席代表政协第十一届安徽省委员会常务委员会所作的工作报告，审议通过李卫华副主席代表政协第十一届安徽省委员会常务委员会所作的提案工作情况的报告。会议期间，中共安徽省委书记张宝顺和省人民政府省长王学军等省领导同志出席会议，听取大会发言，参加分组讨论，与委员共商建设美好安徽大计。全体委员以高度的政治责任感和求真务实的精神，紧扣我省改革发展稳定中的重大问题和涉及人民群众切身利益的实际问题，深入协商议政，积极建言献策，提出许多建设性意见建议。会议期间，共收到提案919件，经审查立案918件。

【常务委员会会议】

第10次会议　1月8日至9日在合肥召开。会议通过了提交省政协十一届三次会议审议的省政协常务委员会工作报告和省政协常务委员会关于十一届二次会议以来提案工作情况的报告，省政协十一届三次会议议程（草案）和日程，省政协十一届三次会议委员分组办法和各组召集人名单，关于授权主席会议审议省政协十一届十次常委会议未尽事宜的决定。会议还通过了有关人事事项。

第11次会议　1月28日在合肥召开。会议审议通过了省政协十一届三次全体会议选举办法，有关人事事项，总监票人、监票人名单；听取了大会秘书处关于各组审议和讨论情况的综合汇报；审议通过了省政协十一届三次会议决议（草案），省政协提案委员会关于十一届三次会议提案审查情况的报告（草案）。会议决定将上述有关文件草案提交1月29日上午举行的省政协十一届三次会议闭幕会审议。

第12次会议　暨“把安徽打造成长江经济带重要战略支点”资政会　6月18日至19日在合肥召开。省委书记王学军，省委副书记、代省长李锦斌，省委常委、省委秘书长唐承沛，省委常委、统战部部长沈素琍出席会议。会议通过了《关于把安徽打造成长江经济带重要战略支点的建议案》和有关人事事项。

第13次会议　暨“规范行政执法行为，推进法治政府建设”专题协商会　10月10日至11日在合肥召开。省委副书记、省长李锦斌出席会议并讲话，省委常委、常务副省长詹夏来，副省长谢广祥、花建慧、梁卫国、方春明、李建中出席会议。会议通过了《关于规范行政执法行为推进法治政府建设的建议案》《政协安徽省委员会专门委员会通则》和有关人事事项。

第14次会议　11月10日在合肥召开。会议传达学习中共十八届五中全会、全国政协十二届十三次常委会议和中共安徽省委召开的领导干部会议精神，研究部署贯彻落实工作。

【专门委员会工作】

提案委员会 共收到提案1016件，立案986件，所有提案均已办复。筹备召开“在新常态下推动大学生就业”“推进公立医院改革”重点提案办理专题协商会。围绕小型水利工程建管机制改革、自然保护区建设等主题组织委员开展视察、调研和界别活动。筹备召开“推进小型水利工程建管机制改革”界别协商会。加强提案工作信息化建设，在省政府、省政协和承办单位的门户网站上，公开提案及办理复文。

经济委员会 牵头承办“把安徽打造成长江经济带重要战略支点”常委会议暨资政会、“大力调整产业结构加快转型发展”界别协商会和“互联网金融发展”对口协商会。组织委员继续开展民生工程巡视，赴池州视察实体经济发展情况。召开省辖市政协经济委员会主任座谈会。

教科文卫体委员会 牵头承办“提升中医药健康服务能力”“加快发展现代职业教育，深入推进应用型大学建设”界别协商会。组织医卫界部分委员和专家，以“慢性病防治与老年健康”为主题，赴寿县开展送医下乡活动。开展皖北地区中小学教师培训。

社会和法制委员会 牵头承办“规范行政执法行为，推进法治政府建设”常委会议暨专题协商会。承办“消费者权益保护条例修订”立法协商会、“农民工培训”“促进残疾儿童康复教育机构健康发展”对口协商会。与省政府法制办共同制定出台《关于开展政府立法协商工作的规则》。组织委员就12部法规规章草案的征求意见稿，向省人大法工委、省政府法制办等部门提出意见建议。

民族和宗教委员会 承办“规范行政执法行为，推进法治政府建设”常委会议暨专题协商会、“落实差别化扶持政策，加快民族乡村经济发展”界别协商会、“进一步促进旅游业改革发展”对口协商会。围绕促进少数民族乡村经济发展、宗教文化与旅游融合发展，组织少数民族、宗教界委员开展界别调研。召开全省政协民族宗教工作交流座谈会。

文史资料委员会 承办“推进文化产业转型升级”界别协商会和“抗战文物保护与利用”对口协商会。征集各类文史资料200多万字，内容涉及政治、经济、文化等多个领域。在《江淮文史》开辟“纪念抗战胜利70周年”专栏，全年刊发15万字抗战史料。召开省辖市政协文史委主任座谈会。

港澳台侨和外事委员会 参与承办“把安徽打造成长江经济带重要战略支点”常委会议暨资政会和“推进我省建筑产业现代化”对口协商会。承办“加强海外高层次人才引进服务工作”界别协商会。组织港澳委员赴岳西县等大别山老区视察，组织黄梅戏《牛郎织女》赴港演出。组织经贸文化参访团赴台考察。继续邀请台侨胞代表列席省政协全体会议。召开全省政协港澳台侨和外事工作座谈会。

人口资源环境委员会 承办“加快资源型城市转型发展”“耕地暨基本农田非粮化非农化”对口协商会。邀请并组织委员召开立法协商座谈会2次。围绕水土保持与生态建设情况开展视察。围绕加快皖北发展，赴宿州、阜阳、亳州市和濉溪、五河县等地调研。召开省辖市人资环委主任座谈会。

【重要活动】

“《安徽省消费者权益保护条例》修订”立法协商会 5月11日在合肥召开。会议坚持问题导向，借鉴国内外好的做法，密切关注新型消费纠纷和消费侵权行为，围绕进一步厘清政府、市场、社会之间的关系，明确消费者权利和经营者义务，切实提高立法质量，更好地保护消费者权益、维护市场秩序和促进经济发展等方面，提出意见建议。

“推进建筑产业现代化”对口协商会 7月2日在合肥召开。会议围绕完善技术标准体系、创新激励保障机制、加快推进住宅全装修、大力发展绿色建筑、加强政策引导、激发市场活力、提升管理水平、培养专业性技术人才等方面，提出意见建议。

“抗战文物保护与利用”对口协商会 7月7日在合肥召开。会上，委员们提出把新四军抗战文物作为我省抗战文物保护利用的重中之重，加强和提升博物馆、纪念馆展览宣传效果，深入挖掘抢救我省抗战文物，加大对抗战文物富集地区保护利用力度，发挥民间公益收藏作用等意见建议。

“农民工培训”对口协商会 7月10日在合肥召开。会上，委员们提出完善农民工培训激励约束机制，引导企业履行培训主体责任，激发农民工参加培训热情，构建“政府搭建平台、企业组织实施、培训机构参与”的培训模式，增加培训成果展示平台、合适岗位，兑现相应的工资待遇，支持社会组织开展技能培训等意见建议。

“加快资源型城市转型发展”对口协商会 8月27日在合肥召开。会议提出科学编制我省“十三五”资源型城市转型发展规划，促进资源节约再利用，加速资源型城市生态修复，延伸煤炭产业链，打造多元化融资平台、解决资源型城市沉陷与废弃土地治理难题，培育发展新兴接续替代产业等意见建议。

“互联网金融发展”对口协商会 8月31日在合肥召开。会议围绕制定政策鼓励和引导互联网金融快速发展，完善互联网金融发展的基础设施、体制机制和服务体系，加快社会信用体系建设，优化和丰富省内从业机构类型，加强金融监管协调机制，保护金融消费者权益，防控互联网金融风险等方面，提出意见建议。

“落实差别化扶持政策，加快民族乡村经济发展”界别协商会 9月21日在合肥召开。会议围绕加大资金投入、加强产业培育、完善基础设施，加快培养选拔使用少数民族干部，扶持特色产业发展，加快少数民族乡村扶贫开发法制化建设步伐，激发少数民族乡村发展内生动力，提高差别化扶持政策“造血功能”等方面，提出意见建议。

“加强海外高层次人才引进服务工作”界别协商会 9月28日在合肥召开。会议围绕进一步营造尊重人才、服务人才的良好氛围，完善国际化引人、用人、育人的体制机制，尽快制定完善相关配套政策和实施细则，建立省级综合协调管理机制等方面，提出意见建议。

“提升中医药健康服务水平”界别协商会 10月19日在合肥召开。会上，委员们提出加大医保政策支持力度，放宽中药制剂准入条件，加强医教协同、产学研结合，发展中医养生旅游产业，鼓励支持中药制剂的研发、转化和使用，对中医执业范围进行分级管理，完善中医药人才培养模式，加强中医药知识宣传普及等意见建议。

“促进残疾儿童康复教育机构健康发展”对口协商会 11月11日在合肥召开。会议围绕调动公办和民办康复教育机构的积极性，改变专业技术人员短缺现状，提高康复服务机构人员综合素质，加大资金投入，提高各项补贴标准、减轻残疾儿童家庭负担等方面，提出意见建议。

"推进文化产业转型升级"界别协商会 11月12日在合肥召开。会议围绕深入开展文化创意研究，建立文化企业科学的绩效考核和评价体系，推进国有文化企业深层次改革，发展具有江淮特色的文化旅游产品，加快发展数字文化产业，加快网络基础设施建设，搭建文化金融服务平台和机构等方面，提出意见建议。

"全面推进小型水利工程建管机制改革"界别协商会 11月30日在合肥召开。会议提出创新管护模式，提升安全监管水平，强化统筹规划，深化产权改革，健全农田水利规划委员会运作机制，实行分类建管模式，依法依规推进确权登记工作，从省级层面加大涉水项目整合力度等意见建议。

"耕地暨基本农田'非粮化''非农化'"对口协商会 12月3日在合肥召开。会议围绕提高耕地经营效益，建立土地流转风险防范动态监管机制，改革现行农业生产与补贴政策，充分尊重农民主体地位、积极发挥市场作用，提高土地集约利用率，严厉打击各类违法占用耕地行为，从严划定永久基本农田等方面，提出意见建议。

"进一步促进旅游业改革发展"对口协商会 12月10日在合肥召开。会上，委员们提出深化改革激发活力、打造合肥旅游中心城市，促进"互联网＋旅游"，提升乡村旅游，促进旅游扶贫，文旅融合发展，深化旅游国企改革，打造旅游业发展的"核心力量"——旅游购物，加强旅游市场监管等意见建议。

"大力调整产业结构加快转型发展"界别协商会 12月18日在合肥召开。会议围绕推进我省实施创新驱动发展战略，加大财税支持力度，加快淮南新型煤化工基地建设，推进硅基新材料产业基地集聚发展，加快发展宿州云计算产业，破解农业转型升级难题等方面，提出意见建议。

"加快发展现代职业教育、深入推进应用型大学建设"界别协商会 12月24日在合肥召开。会上，委员们提出统筹中高等职业教育，深化课程改革，处理好政校关系、放宽高校办学自主权，畅通职业教育衔接渠道，构建完善的职教培养体系，加强技师学院建设，建立健全顶岗实习保障机制，加强职业教育规划，鼓励校企协同育人等意见建议。

省辖市政协主席座谈会 8月24日至25日在合肥召开。会议学习了全国地方政协工作经验交流会和省委九届十三次全会精神，交流各省辖市和省直管县政协近年来推进政协协商民主、促进人民政协事业发展的做法、成效和经验，研讨了共同关注的理论和实践问题，进一步明确了政协工作的努力方向。

政协江淮行 5月18日至29日，组织12家中央驻皖新闻媒体和省内新闻媒体赴宿州市四县一区和蚌埠市三县四区，进行集中采访报道，共刊发稿件（图片）128篇。

政协论坛 围绕打造长江经济带重要战略支点、消费者权益保护、在新常态下推动大学生就业、建设城湖共生的大美巢湖等主题，邀请相关省政协委员和专家参加访谈，在安徽卫视播出《政协论坛》4期。

【重要文件】

常委会工作报告（2015年1月25日）（摘要） 第一部分，2014年工作回顾。一、深入学习中国特色社会主义理论体系，不断夯实团结奋斗的共同思想政治基础。认真学习贯彻中共十八大、十八届三中、四中全会和习近平总书记系列重要讲话精神，加深对中国特色社会主义政治发展道路的认识，对全面深化改革、全面推进依法治国重大决策的认识。召开常委会议，专题传达学习十八届四中全会和省委召开的领导干部会议精神。召开纪念座谈会，认真学习领会习近平总书记在庆祝人民政协成立65周年大会上的讲话精神。二、努力发挥协商民主重要渠道作用，精心承办重点民主协商活动。2014年年初，省委和省政府、省政协首次共同制订了协商年度工作计划，由省委和省政府、省政协三个办公厅联合发文，对重点民主协商活动进行周密部署。省委、省政府、省政协主要负责同志和相关负责同志分别牵头各项协商活动，省政协常委会认真落实承办责任，有力有序有效地开展了10项重点民主协商活动。（一）开展专题协商活动。省委、省政府运用省政协常委会议暨资政会平台，聚焦“加快产业结构优化升级，提升主导产业核心竞争力”议题，进行专题协商。围绕“深化行政体制改革，激发市场活力”这一议题，召开常委专题协商会。（二）开展界别协商活动。来自相关界别的委员就“构建新型农业经营体系，加快发展现代农业”“坚持创新驱动，推进创新安徽建设”“加强信息化建设，提升社区服务治理水平”“深化国资国企改革，促进企业做大做强”4个议题，分别进行协商议政，发出了界别声音，贡献了界别智慧，推进了相关工作。（三）开展对口协商活动。分别以“构建现代公共文化服务体系，提升文化惠民水平”“加强大气污染防治，努力改善空气质量”“加快发展服务业，推进服务业提速提质提效”“有序推进农业转移人口市民化，促进新型城镇化健康发展”为议题，开展协商活动，寓对口协商于对口联系之中，密切省政协专委会与省直部门的沟通交流，促进协商成果的转化。还就“农村饮水安全”和“社区居家养老”等问题，组织了提案办理专题协商活动。这些民主协商活动，促进了科学民主决策和政策措施的落实。省委、省政府12位领导同志28次到省政协通报有关情况，参加协商会议，与委员共商良策。协商成果得到省委、省政府的高度重视、采纳运用，有些成果直接进入决策之中，有力推动了相关工作的开展。这些民主协商活动，生动体现了协商民主融政治协商、民主监督、参政议政三大职能于一体的综合功能，全面加强了政协的基本职能。中共中央全面深化改革领导小组办公室对我省的做法予以肯定，认为安徽省的民主协商活动商之有物、商之有据、商之有理、商之有方、商之有效，从地方层面对扩大公民有序政治参与、发展社会主义民主政治作了积极探索。三、切实发挥自身优势，有效推进各项经常性工作。常委会在大力开展重点民主协商活动的同时，毫不放松地抓好其他各项工作。（一）紧扣经济社会发展和民生改善献计出力。十一届二次会议期间，举行了2次大会发言和9场联组讨论。18位省委、省政府领导同志先后21次深入分组讨论和联组讨论会场，听取委员意见建议，与委员互动，对委员发言作出23件（次）批示。十一届二次会议以来，共收到提案919件，审查立案918件，所有提案均已办复。我们组织委员围绕加快皖北经济发展、环巢湖文化旅游、社区矫正等，开展25次专题调研；围绕培育发展家庭农场、公共文化设施建设、旅游业发展等，组织常委和委员视察团，开展9次视察；围绕森林生态效益补偿机制、皖西水资源保护与开发、发挥青年社会组织作用、农民工参加社会保险、公共领域电梯安全监管、义务教育师资队伍建设等工作，31个界别分别或联合开展活动，形成了一批成果。把反映社情民意作为人民政协践行党的群众路线的具体体现，全年共编发社情民意信息389期。承办大别山区鄂豫皖三省政协主席联席会议第三次会议。受省政府委托，成立巡视督查组，就民生工程实施情况开展巡视督查。推荐委员担任政风、行风监督员，参加高考及录取现场巡视、省级预算评审论证等各类监督活动。（二）认真做好凝心聚力工作。进一步密切省政协与各民主党派、工商联和无党派人士的联系，高度重视、积极帮助他们参加省政协的履职活动，做到提案重点督办，发言重点安排，社情民意信息重点报送。加强与少数民族宗教界委员和代表人士的联系联谊。组织港澳委员赴内地考察座谈，促进皖港、皖澳交流合作。赴港澳走访看望委员，拜访知名社团。组织省政协文化产业代表团赴台，深化皖台交流合作。首次邀请台胞侨胞列席省政协全体会议，为他们深入了解安徽提供重要渠道。积极做好对外友好交往，与巴西、秘鲁等国的议会、智库、友好组织和人士进行交流，介绍我国基本政治制度和安徽省经济社会建设及政协工作情况，促进合作发展。按照全国政协统一部署，开展全省抗战史料协作征集工作。（三）扎实推进自身建设。严格遵守中共中央八项规定和省委、省政府三十条，加强统筹调研、视察、界别活动，努力增加实效。积极搭建委员履职平台，下大力气加强计划指导和组织协调，尽力发挥政协各参加单位、专委会、界别、机关等联络服务委员的作用，实现了十一届二次会议提出的“全会闭会期间，每位委员都能参与省政协组织的重点协商、调研、视察等活动”目标。积极做好驻皖全国政协委员联络服务保障工作。坚持基层政协主席列席省政协重要会议制度，健全基层政协参与省政协重点工作机制，有效提升了全省各级政协的履职合力。第二部分，2015 年工作部署。一、坚持把中国特色社会主义作为巩固共同思想政治基础的主轴。二、大力发展社会主义协商民主。三、广泛汇聚各方面智慧和力量。四、着力加强履职能力建设。

【组织概况】

副主席补选名单

（2015 年 1 月 29 日　省政协十一届三次会议通过）

邵国荷

副秘书长任免名单

（2015 年 10 月 11 日　省政协十一届十三次常委会议通过）

免去：孙晓福　檀　莉

常务委员补选名单

（2015 年 1 月 29 日　省政协十一届三次会议通过）

王保军　孙　进　孙晓福（女）
李国阳　杨　林　沈千红　陈　强
龚明珠（女）

不再担任常务委员名单

（2015 年 1 月 9 日　省政协十一届十次常委会议通过）

汪沪敏　邢江霞　陈德亮　李永生

（2015 年 6 月 19 日　省政协十一届十二次常委会议通过）

黄传新

（2015 年 10 月 11 日　省政协十一届十三次常委会议通过）

檀　莉　陈怀安

委员增补名单

（2015 年 1 月 9 日　省政协十一届十次常委会议通过）

丁晓牧　卜庆林　于丕涛　于德志
万以学　王　胜　王保军　齐玉龙
江刘伍　江晓华（女）　汤　涌
孙　进　李　明　李志伟　李国阳
杨　戈　杨　军　吴向明（满族）
何希周　张　玲（女）　张岳峰
张厚新　张辉烨　陈　强　陈昌虎
邵国荷　林守道　袁　华（女）
聂　磊　徐铜文　徐滋跃　郭文英
陶方启　龚华东　龚明珠（女）

彪明翠（女）　曾凡银　雍成瀚

不再担任委员名单

（2015年1月9日　省政协十一届十次常委会议通过）

方向瑜　华中生　阮建设　宋伟农

桂来保　武　健　鲍廷祥　孔和平

刘　卫　李志国　陈　强　范淑清

张华建　梅　劲　王建中　黄亚洲

王雪凤　刘庆德　周　密　周明洁

滕秀涓　巫绪海　吴晓伟　陈金沙

胡　皖　葛家德　孟晓梅

终止委员资格名单

（2015年10月11日　省政协十一届十三次常委会议通过）

姚卫东　何　平

撤销委员资格名单

（2015年1月9日　省政协十一届十次常委会议通过）

毕可宏　李学文　阚相华

（2015年10月11日　省政协十一届十三次常委会议通过）

吴克明

专委会主任、副主任任免名单

任命：

（2015年1月9日　省政协十一届十次常委会议通过）

高洪，省政协经济委员会副主任

（2015年10月11日　省政协十一届十三次常委会议通过）

许晨，省政协文史资料委员会主任

孙晓福，省政协港澳台侨和外事委员会副主任

免去：

（2015年1月9日　省政协十一届十次常委会议通过）

王建中，省政协经济委员会副主任

邢江霞，省政协社会和法制委员会副主任

（2015年6月19日　省政协十一届十二次常委会议通过）

汪建国，省政协经济委员会副主任

黄传新，省政协教科文卫体委员会副主任

（2015年10月11日　省政协十一届十三次常委会议通过）

陈怀安，省政协港澳台侨和外事委员会副主任

专委会专职副主任任免名单

免去：

（2015年6月19日　省政协十一届十二次常委会议通过）

刘军，省政协教科文卫体委员会专职副主任

（2015年10月11日　省政协十一届十三次常委会议通过）

胡海燕，省政协经济委员会专职副主任

任命：

（2015年10月11日　省政协十一届十三次常委会议通过）

张朝阳，省政协经济委员会专职副主任

高泽海，省政协教科文卫体委员会专职副主任

马艾青，省政协人口资源环境委员会专职副主任

市（区、县）主席变动情况

淮北市

市政协主席

曾凡银（2015年1月22日当选）

淮上区政协主席

马建国（2015年4月17日当选）

宿州市

萧县政协主席

朱新奇（2015年1月14日当选）

蚌埠市

五河县政协主席

刘士清（2015年12月28日当选）

龙子湖区政协主席

王寿权（2015年12月30日当选）

蚌山区政协主席

石艳女（2015年12月30日当选）

淮上区政协主席

钱　厉（2015年1月8日当选）

淮南市

谢家集区政协主席

潘国平（2015年4月9日当选）

滁州市

来安县政协主席

张亚滨（2015年3月25日当选）

琅琊区政协主席

王定军（2015年1月30日当选）

南谯区政协主席

尹　虹（2015年2月1日当选）

六安市

裕安区政协主席

张矩贵（2015年1月14日当选）

马鞍山市

花山区政协主席

纪孝国（2015年1月30日当选）

芜湖市

芜湖县政协主席

范碧清（2015年3月20日当选）

南陵县政协主席

俞才贞（2015年2月1日当选）

镜湖区政协主席

万晓晖（2015年1月28日当选）

弋江区政协主席

吴学林（2015年3月9日当选）

鸠江区政协主席

张再保（2015年3月9日当选）

宣城市

宁国市政协主席

饶培康（2015年1月22日当选）

泾县政协主席

郑光明（2015年1月18日当选）

安庆市

宿松县政协主席

叶凤鸣（女）（2015年1月9日当选）

迎江区政协主席

汤传新（2015年1月14日当选）

大观区政协主席

江天曙（2015年1月31日当选）

黄山市

市政协主席

毕无非（2015年1月16日当选）

安徽省各级政协组织和委员数

（截至2015年年底）

级别 项目	省	设区的市	县（不设区的市、市辖区）	合计
组织数	1	16	105	122
委员数	739	6350	20790	27879

（胡文翔 编写　张启明 审稿）

政协福建省委员会

刘可清　副主席

陈义兴　副主席

陈荣凯　副主席

【全体委员会议】

十一届三次会议　2015年1月27日至31日在福州举行。会议应出席委员702人、特邀委员40人，实到委员641人、特邀委员31人。会议听取并审议了十一届省政协主席张昌平代表常务委员会所作的十一届省政协常委会工作报告和十一届省政协副主席薛卫民所作的提案工作情况的报告。委员们列席了省十二届人大三次会议，听取并讨论省政府工作报告，省法院、省检察院工作报告以及计划和预算报告。会议选举刘可清、陈荣凯、陈义兴为十一届省政协副主席，张健为十一届省政协常委。会议还听取了提案审查情况的报告，审议并通过省政协十一届三次会议决议。十一届省政协各专门委员会向大会提交了书面工作报告。会议期间，共收到提案898件，经审查立案840件；收到大会发言材料167篇，18位委员分别围绕公共文化建设、供给侧改革、产业转型升级等方面作了大会发言。省委书记、省人大常委会主任尤权等领导列席开、闭幕会，并参加小组讨论，听取大会发言。十一届福建省政协主席张昌平在闭幕会上作重要讲话。

【常务委员会议】

第10次会议　1月7日在福州召开。会议应出席139人，实到112人。省政协副主席张燮飞和杨根生分别主持上、下午会议。会议审议通过召开省政协十一届三次会议的决定；审议十一届省政协常委会工作报告、十一届省政协常委会关于十一届二次会议以来提案工作情况的报告和省政协十一届三次会议议程（草案），决定提交省政协十一届三次会议审议；审议通过省政协十一届三次会议日程、会议秘书长和副秘书长名单、各组召集人名单、列席人员范围；审议通过十一届省政协部分副秘书长任免名单、部分专门委员会副主任免职名单、不再担任常务委员名单、不再担任委员名单。

第11次会议　1月25日在福州召开。会议应出席138人，实到124人。省政协主席张昌平主持会议，会议讨论并通过雷春美同志不再担任十一届省政协副主席职务的决定；通过林思宁同志辞去十一届省政协常务委员、委员职务的决定和撤销陈丽艳十一届省政协委员资格的决定；通过十一届省政协不再担任常务委员、委员名单，不再担任委员名单，增补委员名单；通过省政协十一届三次会议执行主席日程安排、各组召集人调整名单、列席人员范围调整方案。

第12次会议　1月28日第一次会议在福州召开，出席134人，实到124人，省政协副主席郭振家主持会议。会议通过十一届省政协副主席、常务委员候选人建议人选名单（草案）和省政协十一届三次会议选举办法（草案），选举工作总监票人、监票人名单（草案），决定提交省政协十一届三次会议分组审议。1月30日第二次会议在福州召开，应出席134人，实到129人，省政协副主席陈绍军主持会议。会议审议通过了省政协十一届三次会议选举办法（草案）和选举工作总监票人、监票人名单（草案），决定提交省政协十一届三次会议第三次全体会议通过；审议通过了十一届省政协副主席和常务委员候选人名单，决定提交省政协十一届三次会议第三次全体会议选举；审议通过了省政协十一届三次会议决议（草案），决定提交省政协十一届三次会议第四次全体会议通过。

第13次会议 5月7日在福州召开。会议应出席138人，实到96人，省政协主席张昌平主持。会议围绕“推进农户承包地经营权有序流转、发展农业适度规模经营”开展专题协商。省委副书记于伟国，副省长李红出席会议并讲话。

第14次会议 6月24日在福州召开。会议应出席138人，实到108人，省政协主席张昌平主持会议。会议围绕“推动高等职业教育发展”开展专题协商。省委常委、宣传部长李书磊，副省长李红出席会议并讲话。

第15次会议 9月22日在福州召开。会议应出席138人，实到107人，省政协主席张昌平主持会议。会议围绕“加快推进养老服务业发展”开展专题协商。省委常委、政法委书记陈冬，副省长黄琪玉出席会议并讲话。

第16次会议 10月27日在福州召开。会议应出席138人，实到94人，省政协主席张昌平主持会议。会议围绕“加快推动港口功能整合”开展专题协商。省委常委、组织部长姜信治，副省长洪捷序出席会议并讲话。

第17次会议 12月17日在福州召开。会议应出席136人，实到100人，省政协副主席刘可清和陈荣凯分别主持上午、下午的会议。会议审议通过了关于召开省政协十一届四次会议的决定，决定于2016年1月10日召开省政协十一届四次会议；审议了十一届省政协常委会工作报告、关于十一届三次会议以来提案工作情况的报告和省政协十一届四次会议议程（草案），决定提交省政协十一届四次会议审议；审议通过了省政协十一届四次会议日程、执行主席日程安排、秘书长、副秘书长名单、各组召集人名单、列席人员范围及关于授权主席会议审议十一届省政协常委会第十七次会议未尽事宜的决定；审议通过了十一届省政协部分副秘书长任职名单、部分专门委员会副主任免职名单，不再担任常务委员、委员名单，不再担任委员名单，增补委员名单。

【专门委员会工作】

提案委员会 召开省市政协提案委员会第十一次联席会议和2015年党派团体、政协专门委员会提案工作座谈会。全年共收到提案1027件，立案946件。经104个承办单位办理，全部办复。共收到1730份提案者反馈意见，反馈率为82.7%，其中表示满意、基本满意占99.6%。编发《重要提案摘报》25期，省领导批示67件次。试行重点提案主办单位向全体委员报告办理情况，召开提案承办单位工作情况通报会。落实《重点提案遴选与督办办法》，省政协副主席分工协同省政府副省长共同督办重点提案11件，开展督办调研活动20多次，召开提案办理协商会40多场，形成督办调研报告11份，提出意见建议50多条。

经济委员会 召开省市政协经济委员会工作联系会议。承办常委会专题协商会2场，组织专题协商调研、提案督办考察等活动9次，召开各类情况通报会、研讨会和专题座谈会50多场，完成并提交调研报告、专题报告、建议案等13份，报送信息、政协提案、专报件等30多件(条)。“推进农户承包地经营权流转、发展农业适度规模经营”专题协商情况报告，被省委政研室列为2015年省重点课题成果并全文刊发，相关意见建议被省政府制定的《关于加快转变农业发展方式的实施意见》充分吸纳。“加快发展我省互联网电子商务产业”调研报告，被省政府出台的促进电子商务发展相关政策吸纳。组织经济界委员和专家学者围绕“十三五”规划的编制建言献策，部分意见建议在省委关于“十三五”规划建议中得到体现。

人口资源环境委员会 召开省市政协人口资源环境委员会工作座谈会。开展“重点流域生态补偿金投向”对口协商，推动《福建省重点流域生态补偿办法》贯彻落实。开展“关于加强我省海岸保护和海岸带管理的建议”重点提案督办，形成的调研报告以送阅件形式报送省委省政府和省直有关部门供决策参考，得到省主要领导批示。开展“城市气象防灾减灾体系建设”考察活动。组织九三学社界别与省直有关单位开展“推进我省排污权交易试点”界别协商，组织科协界别、省科协与福州市园林局有关部门开展“福州生态科普公园建设”界别协商，组织特邀（一）界别委员开展“提高老年人生活质量”考察活动。

教科文卫体委员会 召开全省政协教科文卫体委员会工作座谈会。承办“推动高等职业教育发展”常委会专题协商，协商成果被省政府出台的《关于加快发展现代职业教育的若干意见》吸纳。开展“完善精神卫生服务体系建设”重点提案督办调研。开展“福建省现代特色农业科技推广情况”“福建省分级诊疗工作开展情况”“福建省地方戏曲保护与发展情况”等专题调研。开展“福建省体育产业发展情况”专项视察，视察报告以送阅件的形式报送省领导及有关部门。召开“科技经费使用和管理”对口协商座谈会、“科技进步‘一法一例’贯彻实施情况”征求意见座谈会、“福建省考试招生制度改革”情况通报会。组织医卫界委员走进委员企业开展义诊，组织专家医疗队赴宁德市周宁县开展义诊。

社会和法制委员会 以网络通信方式，召开全省政协社会和法制工作座谈会。汇编结集《2015年全省政协社会和法制工作情况》。承办“加快推进养老服务业发展”专题协商。督办“强化城市交通秩序”重点提案。召开“政府简政放权后如何规范中介组织行为”对口协商会。开展“推进以审判为中心的诉讼制度改革”“推进劳动法律监督机制建设”“强制隔离戒毒工作”等专题调研。协助召开省“两院”工作情况通报会，积极参加“六五”普法和综治责任制考评检查。联合妇联界开展“六一”儿童节系列活动，联合社会保障与社会福利界开展重阳节活动，会同农工党界、妇联界、社会保障与社会福利界、工会界开展“预防儿童拐卖”“扶持家政服务业”“推动医养结合”“保障农民工民主权利”等专题调研。

民族和宗教委员会 召开民宗委主任会议和全体会议，协办全国暨地方政协民宗委工作交流会。开展“鼓励和规范宗教界从事养老服务”调研协商，调研报告以送阅件形式报送有关领导和部门，省政府领导给予充分肯定并批转有关部门研究处理，国家宗教事务局宗教研究中心《宗教与世界》刊发调研报告。开展“关于加强福建省政府采购行为监管和推进高新产业区发展”重点提案督办。开展《福建省少数民族权益保障条例》修订相关问题调研、《关于进一步帮扶民族乡加快发展五条措施的通知》实施情况视察。与全国政协民宗委协同开展“《宗教事务条例》实施十周年、推动依法管理宗教事务”调研。就“培养选拔少数民族干部”“加大对少数民族贫困村挂钩帮扶力度”等问题进行调研，“将年人均可支配收入低于4500元的少数民族贫困村纳入全省整村推进扶贫开发实施范围”建议被采纳，写入省委省政府《关于加强和改进新形势下民族工作的实施意见》。落实2013年省政协“落实宗教房产政策遗留问题”专题协商会成果。开展资助少数民族贫困大学生、赴少数民族乡村义诊活动。

港澳台侨和外事委员会 召开全省政协港澳台侨和外事工作座谈会，协办港澳地区闽籍政协委员和省海联会理事座谈会。开展“深化闽台种苗业交流合作”对口协商，协商成果以送阅件的形式报送省委省政府领导和有关部门，以专报件形式报送全国政协。配合做好“关于推动福建省自由贸易试验区建设的建议”重点提案督办工作。与福建省港区政协委员联谊会联合开展“加强香港青少年教育培养，增强国家认同感”专题调研。组织港澳委员和特邀委员赴宁夏、贵州、厦门等地学习考察。配合致公党界别就“促进留学归国人员就业和创业”开展专题调研，组织台盟界别委员就“推动福建省利用台资再上新台阶”开展专题调研，与侨联界委员一同开展“推进华侨经济开发区建设”专题调研。加强与港澳台侨委员和闽籍社团的联系，利用组团或派员参加闽籍社团举办的庆典、论坛等活动的机会，传达中央和省委有关会议精神，通报我省经济社会发展和政协工作情况，听取意见建议。进一步加强与省“五侨”“六台”等部门的联络联谊，配合做好省政协组团出国（境）访问、参团出访报批工作。先后3次赴周宁县开展扶贫开发调研、走访慰问困难群众工作，协调安排80多万元（其中港澳委员捐助30万元）用于挂钩扶贫点东升村帮扶工作。

文史和学习委员会 召开文史和学习委员会全体委员会议。编写出版《邮票上的中国体育》，并入选为福建省第九届“书香八闽”全民读书月百种优秀读物推荐目录。征编出版《福建抗日战争纪实》和《赴台文化交流实录》。选编“福建抗日战争”资料26篇、11万字，向全国政协文史和学习委员会编辑出版的《中国抗战编年纪事》供稿。开展“启动《八闽文库》出版工程”重点提案专题调研，得到省委主要领导重视，列入省“十三五”规划。围绕“关于把朱子文化打造成福建文化品牌的建议”重点提案开展专题调研。组织界别委员协商开展如何贯彻《习近平总书记保护历史文物重要论述》座谈，考察福州市文物保护工作。协助承办福建省暨福州市纪念林则徐诞辰230周年大会，与中国史学会、省社科联联合举办“纪念林则徐诞辰230周年学术研讨会”。与省文联、林则徐基金会共同筹办“纪念林则徐诞辰230周年海峡两岸书画展”。举办省政协读书会和省政协委员学习研讨活动。

【重要活动】

全省市县（区）政协主席培训班 5月11日至15日在福州举行。省政协副主席陈义兴作开班动员讲话。省政协主席张昌平在座谈时指出，在推进协商民主的背景下，创新发展政协工作，要坚持党委领导，把协商计划制订好；要主动融入大局，把协商议题选择好；要把握性质定位，把履职活动组织好；要发挥政协优势，把政协的履职实效体现好。强调全省各级政协组织要按照中央和省委的部署要求，贯彻落实好中共中央关于加强社会主义协商民主建设的意见，把握政协协商民主的正确方向，使民主监督更具实效，使参政议政更具针对性，更好地调动委员的积极性，在实践中积极开拓、勇于探索，共同推动人民政协事业向前发展。会后，省委办公厅以《闽办通报》的形式，将讲话印发至各市县（区），要求“认真学习领会，推进我省协商民主建设”。

承办纪念林则徐诞辰230周年大会 8月28日，福建省暨福州市纪念林则徐诞辰230周年大会在福建会堂隆重举行。省委、省人大常委会、省政府、省政协领导出席纪念大会。省政协主席张昌平主持会议。省委书记尤权在会上作重要讲话。林则徐基金会会长林强、林则徐后裔代表林祝光、林则徐研究学者代表杨国桢、青年学生代表苏忠康先后发言。部分省级老同志，省直有关部门负责人，省各民主党派、工商联、人民团体负责人，福州市市委、市人大常委会、市政府、市政协领导，林则徐后裔、亲属代表，林则徐基金会、研究会、纪念馆代表，驻榕部队代表，部分高校中小学生代表等共计1000人出席纪念大会。

【重要文件】

常委会工作报告（2015年1月27日）（摘要） 第一部分 2014年工作回顾：一、协商民主成为政协工作的主线。省委、省政府和省政协联合构建了“协商议题共同确立、计划共同制订、人员共同参与、实施共同推进”的工作机制，协商民主实践有序展开。在专题协商中，围绕“减轻基层组织（村、社区）负担、发展民营经济、建设美丽乡村、推进厦漳泉同城化发展”4个议题协商议政。以政协常委会名义报送的建议案，中共福建省委书记尤权作出重要批示；以送阅件报送的意见建议，为省政府及有关部门制定政策措施提供了有益参考。在提案办理协商中，会同省政府确定了加快海洋经济发展等9件重点提案，提出40多条意见建议。加快企业并购重组、完善重点流域生态补偿机制等提案办理协商，促进了政协建议与党委政府改革举措同频共振。在对口协商和界别协商中，就各界群众普遍关注的推进居家养老服务、加强湿地保护等问题，开展界别内、界别间、界别与党政对口部门间的协商。关于完善医患纠纷调处机制的意见，被正式列入立法项目；关于支持民办博物馆发展的建议，助推了扶持政策的出台。二、委员成为政协履职的主体。广大政协委员牢记使命、融入大局，选择推动民营企业建立现代企业制度等省委、省政府着力推动的工作议政建言。全年共提交提案1031件，立案1000件；反映社情民意信息2000多件。委员反映的发挥工商登记制度改革效应等社情民意信息，以及台盟界委员在全国政协全会上所作的构建闽台共同文化区的大会发言材料，由党和国家领导同志批转主管部门。委员参与法制领域改革，就刑事诉讼法实施等情况开展专题调研，意见建议得到了省委政法委、省法院的重视和采纳。委员还编撰了《邮票上的福建》《民办博物馆发展实证研究》《人民政协成立六十五周年书画展精品选》和省炎黄文化研究会的县域经济文化纪实丛书，促进了历史文化资源的保护和挖掘。广大政协委员立足界别、汇聚合力，党派团体界别委员依托所在组织，参与海峡论坛等系列涉台活动，拓展对台交流交往。香港地区政协委员在“反‘占中’、保普选”行动中，旗帜鲜明、立场坚定，为维护香港长期繁荣稳定作出了重要贡献；澳门地区政协委员深耕社区、服务民众、亲近青年，积极融入当地社会事务；特邀委员密切与台湾同胞、华侨华人的联系，为争取闽商回乡投资，促进互利共赢发挥了积极作用；民族宗教界委员持续关注民族乡村经济社会发展等问题，推动一些长期未决的宗教房产问题取得进展。广大政协委员心系民生、服务社会，集中反映完善就业政策、加强城乡居民最低生活保障等问题，及时呼吁政府部门予以重视并采取措施。委员们赴山区和少数民族地区开展扶贫济困、帮扶开发、资助贫困大学生等活动。全年各级政协委员开展义诊240多次，受益群众8万多人次；资助贫困大学生、孤寡老人7000多名；帮助扶贫开发挂钩点争取项目320多个，落实资金7.6亿元。三、服务委员履职成为机关建设的主导。不断改进服务委员履职的方式方法，发挥调查研究的基础作用，形成50多份调研报告；发挥政协提案的载体作用，完善提、立、办、督等工作环节；发挥政协信息的"直通车"作用，强化专题策划、分类收集、综合分析、及时反映，信息工作持续保持全国前列；发挥政协理论的指导作用，在省社科院设立人民政协理论与实践研究基地，联合省社科联开展协作研究。不断优化服务委员履职的环境条件，改进网站版面，扩充网站内容，建成手机客户端，形成"社情民意、政协提案、委员履职"三位一体的互动系统；密切与主流媒体的联系，做好委员履职的深度报道；认真抓好政协机关党的群众路线教育实践活动整改方案落实，深化整治"四风"，兑现整改承诺。不断增强服务委员履职的整体合力，省民革、省民盟、省九三学社等提交的5件提案被确定为省政协重点提案；省民建、省民进、省农工党、省致公党反映的信息专报件，省工商联举办的企业产销对接活动，无党派代表人士提出的公车改革的意见建议，展示了多党合作在人民政协的生动实践。配合全国政协在闽开展完善现代市场体系等10个课题的调研考察，组织驻闽全国政协委员就我省自贸区建设起步问题专程赴上海学习。第二部分2015年工作意见：积极为加快建设新福建贡献智慧力量；努力提高政协协商民主的实效健全政协协商民主的工作机制；不断推进政协履职能力现代化建设。

【组织概况】

省级政协组织情况

副主席补选名单

（2015年1月31日政协第十一届福建省委员会第三次会议通过）

刘可清　陈荣凯　陈义兴

不再担任副主席名单

（2015年1月25日政协第十一届福建省委员会常务委员会第十一次会议通过）

雷春美（女）

常务委员增选名单

（2015年1月31日政协第十一届福建省委员会第三次会议通过）

张　建

不再担任常务委员名单

（2015年1月7日政协第十一届福建省委员会常务委员会第十次会议通过）

邓力平　杨东成

（2015年1月25日政协第十一届福建省委员会常务委员会第十一次会议通过）

陈修茂　李冀闽　林思宁

（2015年10月27日政协第十一届福建省委员会常务委员会第十六次会议通过）

丛远东　庄奕贤

（2015年12月17日政协第十一届福建省委员会常务委员会第十七次会议通过）

陆　东　卢江辉　黄希敏　黄家铭

委员增补名单

（2015年1月25日政协第十一届福

建省委员会常务委员会第十一次会议通过）

马元林　王　丰　王育敏（女）
支毅隆　刘可清　刘丽华（女）
江龙海　何三保　张　健　张贵明
陈义兴　陈忠和　陈荣凯　罗　钫
胡　政　洪仕建　凌　冰（女）
黄忠勇　黄德安　梁卫中　梁晋阳
葛　翎　温怀荣　温锡浩　鞠维强

（2015 年 12 月 17 日政协第十一届福建省委员会常务委员会第十七次会议通过）

王新民　吕华忠　吕能亚　江小源
杨展鹏　邹国辉　林龙安　周　宏
贾益民　顾越峰　郭绍生　高金兴
曾少鸿

不再担任委员名单

（2015 年 1 月 7 日政协第十一届福建省委员会常务委员会第十次会议通过）

邓卫平　杨东成

（2015 年 1 月 25 日政协第十一届福建省委员会常务委员会第十一次会议通过）

陈修茂　李冀闽　林思宁
王小平（女）　王空军　叶　青
江明发　张祯锦　林　辉　饶作勋
黄秀美（女）　彭洪明　李新华
徐启源

（2015 年 10 月 27 日政协第十一届福建省委员会常务委员会第十六次会议通过）

丛远东　庄奕贤　陈瑞曾　林　晓

（2015 年 12 月 17 日政协第十一届福建省委员会常务委员会第十七次会议通过）

陆　东　卢江辉　黄希敏　黄家铭
王　敏　张　磊　林岿然　陶以平
刘耀明　陈　锐

撤销委员资格名单

（2015 年 1 月 25 日政协第十一届福建省委员会常务委员会第十一次会议通过）

陈丽艳（女）

副秘书长增补名单

（2015 年 1 月 7 日政协第十一届福建省委员会常务委员会第十次会议通过）

陈培昭（女）　郑家建
柯连妹（女）

（2015 年 12 月 17 日政协第十一届福建省委员会常务委员会第十七次会议通过）

黄树清

不再担任副秘书长名单

（2015 年 1 月 7 日政协第十一届福建省委员会常务委员会第十次会议通过）

赖应辉

（2015 年 10 月 27 日政协第十一届福建省委员会常务委员会第十六次会议通过）

林岿然

不再担任专委会主任　副主任名单

（2015 年 1 月 7 日政协第十一届福建省委员会常务委员会第十次会议通过）

杨东成不再担任人口资源环境委员会副主任

邓卫平不再担任社会和法制委员会副主任

（2015 年 10 月 27 日政协第十一届福建省委员会常务委员会第十六次会议通过）

丛远东不再担任民族和宗教委员会主任

陈瑞曾不再担任提案委员会副主任

庄奕贤不再担任港澳台侨和外事委员会副主任

李冀闽不再担任文史和学习委员会副主任

（2015年12月17日政协第十一届福建省委员会常务委员会第十七次会议通过）

黄希敏（女）不再担任经济委员会副主任

刘耀明不再担任教科文卫体委员会副主任

张磊不再担任文史和学习委员会副主任

专委会专职副主任任免名单

（2015年1月7日政协第十一届福建省委员会常务委员会第十次会议通过）

免去陈培昭（女）提案委员会专职副主任职务

（2015年10月27日政协第十一届福建省委员会常务委员会第十六次会议通过）

任命曾少鸿为提案委员会专职副主任

免去陈榕军（女）人口资源环境委员会专职副主任职务

免去王敏教科文卫体委员会专职副主任职务

（2015年12月17日政协第十一届福建省委员会常务委员会第十七次会议通过）

免去陈锐社会和法制委员会专职副主任职务

市、县、区政协主席变动情况

福州市

晋安区政协主席

刘昌棋（2015年7月20日不再担任）

连江县政协主席

林伦健（2015年5月29日不再担任）

厦门市（副省级市）

政协主席

张　健（2015年2月6日当选）

副主席

黄学惠（女）（2015年2月6日当选）

秘书长

张仁苇（2015年2月6日当选）

同安区政协主席

黄小林（2015年1月28日当选）

三明市

永安市政协主席

张新兴（2015年1月26日当选）

将乐县政协主席

吴国宝（2015年2月4日当选）

南平市

建阳市（2015年3月改建阳区）政协主席

李　飞（2015年6月9日不再担任）

龙岩市

长汀县政协主席

蔡金旺（2015年12月29日当选）

连城县政协主席

林家龙（2015年7月7日不再担任）

宁德市

周宁县政协主席

周建斌（2015年3月14日当选）

霞浦县政协主席

韦大兴（2015年3月3日当选）

福建省各级政协组织和委员数

（截至2015年年底）

项目＼级别	省级	副省级	地级市	县（市、区）	合计
组织数	1	1	8	84	94
委员数	700	407	3181	17013	21301

（王　刚　陈师杭 编写　刘宏伟 审稿）

政协江西省委员会

胡幼桃　副主席

【全体委员会议】

十一届三次会议　1月26日至29日在南昌举行。省委书记强卫，省委副书记、省长鹿心社，省委副书记、常务副省长莫建成等领导出席开、闭幕会，并参加联组讨论和小组讨论，听取大会发言。省政协主席黄跃金主持闭幕大会并讲话，省政协副主席钟利贵主持开幕大会。会议审议通过黄跃金代表省政协十一届委员会常务委员会所作的工作报告，以及汤建人代表省政协十一届委员会常务委员会关于提案工作情况的报告。与会委员列席江西省十二届人大四次会议，听取、讨论并赞同省长鹿心社所作的省政府工作报告，讨论并赞同其他重要报告。会议期间，委员们通过大会发言、参加小组和联组讨论、提交提案、反映社情民意信息等形式积极协商议政，特别是联组讨论首次以专题的形式开展，6个大组分别围绕发展升级、小康提速、法治建设、社会建设、文化建设、生态文明先行示范区建设等专题建言献策，突出针对性、实效性。会议举行选举大会，增选胡幼桃为十一届省政协副主席，增选史蓉蓉（女）、刘鹰、孙晓山、张传发、姚电、谢斌为十一届省政协常务委员。会议审议通过省政协十一届三次会议决议和提案初步审查情况的报告。

【常务委员会会议】

第8次会议　1月19日在南昌召开。省政协主席黄跃金出席会议并讲话，省委常委、省委统战部部长蔡晓明作有关人事事项的说明，省政协副主席钟利贵、李华栋、汤建人、刘晓庄、郑小燕、肖光明、刘礼祖、孙菊生，秘书长肖为群出席会议。会议学习十八届中央纪委五次全会精神；审议通过政协江西省第十一届委员会常务委员会工作报告（审议稿）和提案工作情况的报告（审议稿）；通过有关人事事项；听取省政协各专门委员会工作报告；听取本次常委会议审议和协商讨论有关情况的综合汇报；审议通过关于召开省政协十一届三次会议的决定以及会议议程（草案）和日程。

第9次会议　1月26日在南昌举行。省政协主席黄跃金主持会议，省委常委、省委统战部部长蔡晓明作有关人事事项说明，省政协副主席钟利贵、李华栋、汤建人、刘晓庄、郑小燕、肖光明、孙菊生，秘书长肖为群出席会议。会议审议通过《政协江西省第十一届委员会增补副主席建议人选名单（草案）》；审议通过《政协江西省第十一届委员会增补常务委员建议人选名单（草案）》；审议通过《省政协十一届三次会议选举办法（草案）》；审议通过《省政协十一届三次会议选举大会总监票人、监票人名单（草案）》。

第10次会议　1月28日在南昌召开。省政协主席黄跃金主持会议，省政协副主席钟利贵、李华栋、汤建人、刘晓庄、郑小燕、肖光明、刘礼祖、许爱民、孙菊生，秘书长肖为群出席会议。会议听取委员分组审议有关人事事项的情况；通过政协江西省第十一届委员会增补副主席候选人名单（草案）；通过政协江西省第十一届委员会增补常务委员候选人名单（草案）；审议通过《政协江西省第十一届委员会第三次会议决议（草案）》；通过《省政协十一届三次会议关于提案初步审查情况的报告（草稿）》。

第 11 次会议 3 月 18 日在南昌召开。省政协主席黄跃金主持会议，省政协副主席钟利贵、李华栋、汤建人、刘晓庄、郑小燕、肖光明、刘礼祖、孙菊生，秘书长肖为群出席会议。会议学习传达了全国政协十二届三次会议精神；审议通过了《关于免去许爱民政协江西省第十一届委员会副主席职务、撤销其省政协委员资格的决定》。

第 12 次会议 6 月 25 日—26 日在南昌召开，会议围绕“构建社会诚信体系、推进法治江西建设”建言献策。省政协主席黄跃金主持开幕会议并在闭幕会议上讲话，省委常委、副省长李炳军到会介绍江西省构建社会诚信体系、推进法治江西建设情况，省政协副主席钟利贵、李华栋、汤建人、刘晓庄、郑小燕、胡幼桃、肖光明、刘礼祖、孙菊生，秘书长肖为群出席会议，汤建人主持闭幕会议。会上，省政协副主席郑小燕就《关于构建社会诚信体系、推进法治江西建设情况的调研报告》作了说明；7 位政协常委、委员作发言。会后根据调研协商情况，起草《构建社会诚信体系、推进法治江西建设的建议案》报送省委、省政府供决策参考。会议审议通过有关人事事项。

第 13 次会议 9 月 23 日在南昌召开。会议学习贯彻省委政协工作会议精神，并围绕江西省编制“十三五”规划建言献策。省政协主席黄跃金主持上午会议并讲话，副省长李贻煌到会听取委员发言并介绍江西省编制“十三五”规划的情况，省政协副主席钟利贵作《关于我省编制“十三五”规划的几点建议（草案）》起草情况的说明，省政协副主席李华栋、汤建人、刘晓庄、郑小燕、胡幼桃、肖光明、刘礼祖、孙菊生，秘书长肖为群出席会议，省政协副主席郑小燕主持下午会议。会上，7 位常委、委员作了大会发言。会议审议通过《关于我省编制“十三五”规划的几点建议（草案）》；审议通过有关人事事项。

第 14 次会议 11 月 11 日在南昌召开。会议学习传达中共十八届五中全会、全国政协十二届十三次常委会议和全省领导干部会议精神，并围绕“加强水环境保护、推进生态文明先行示范区建设”建言献策。省政协主席黄跃金主持上午会议并讲话，副省长郑为文应邀到会听取委员发言并介绍我省加强水环境保护和推进生态文明示范区建设的有关情况，省政协副主席钟利贵、李华栋、汤建人、刘晓庄、郑小燕、胡幼桃、孙菊生，秘书长肖为群出席会议，胡幼桃主持下午会议。会上，孙菊生就《关于加强水环境保护、推进生态文明先行示范区建设的调研报告》做情况说明；6 位常委、委员和专家学者作大会发言。会后，协商成果以省政协建议案形式报省委、省政府供决策参考。

【专门委员会工作】

提案委员会 提案办理质量明显提高，全年立案 572 件，办复率 100%；其中 A 类 352 件，占提案总数的 62%。围绕“改善南昌市空气质量”这一委员关注度高、提案比较集中的问题，举行提案办理协商会，省委副书记、常务副省长莫建成同志到会听取意见，并就办理好提案提出明确要求。扎实开展“优化企业发展环境”专题民主监督活动，向省委、省政府报送《关于我省企业发展环境存在的问题及相关建议》，省委书记强卫在作出200多字重要批示的基础上，分别在省委全会、全省经济工作会议和全省领导干部会议上给予肯定，省委还由此确定2016年开展“优化企业发展环境”专项行动。开展重点督办提案和跟踪问效活动，确定22件重点督办提案，编辑《重要提案摘报》43期，其中省领导批示12期。

经济委员会 组织“为制定‘十三五’规划建言献策”专题调研协商活动，形成1份建议案和7份分专题调研报告，经省政协十一届十三次常委会议审议通过后报送省委、省政府，有关建议被及时吸纳进《中共江西省委关于制定国民经济和社会发展第十三个五年规划的建议》。围绕“加强农业品牌建设”组织开展专题调研，并邀请省发改委、省农业厅等省直单位负责同志与部分常委、委员进行对口协商，形成《关于加强我省农业品牌建设的建议》报送省委、省政府。围绕近年来向省委、省政府提出的“做大做强旅游业、金融业”等建议开展跟踪问效，努力推动协商成果转化运用。发挥界别委员智力资源优势，积极开展视察、调研等界别活动。着力推动年度视察调研成果转化，以委员会名义向全会提交《关于设立上饶高铁经济试验区的建议》等9篇提案。

人口资源环境委员会 围绕省政协常委会议协商议题“关于加强水环境保护、推进生态文明先行示范区建设”开展专题调研，调研报告共提出五个方面10条建议，经省政协常委会议审议通过后以建议案形式报省委、省政府。根据《省政协“十三五”规划专题协商调研工作方案》，围绕生态环境保护和旅游服务业发展开展调研，形成的调研报告经省政协常委会议审议通过后作为子报告一并报省委、省政府。开展《关于推进全省市县生活污水处理设施建设及运行情况的民主监督建议案》跟踪问效专题调研，省政府要求切实抓好48个县、25个工业园区污水管网配套项目建设。积极组织开展“发展青少年事务社工、助力预防青少年违法犯罪工作”“养老服务体系建设”等界别视察、调研活动。组织人民政协报及省内主要媒体记者、知名作家、摄影家、书法家、美术家及部分委员赴武宁县开展“生态采风”活动。

教科文卫体委员会 认真开展“关于我省乡镇学前教育”“以企业为主体的技术创新体系建设”“我省贯彻执行《非物质文化遗产法》实施情况”等专题调研。组织“推进我省现代职业教育体系建设暨《职业教育法》实施情况”专题协商会，建言献策得到参会省领导的高度评价，当场指示参加协商座谈会的省直部门要将委员们的建议体现到“十三五”规划中。举办“以企业为主体的技术创新体系建设”专题研讨会暨省科技创新与进步促进会第二次全体会议。充分发挥界别优势，开展“加强我省卫生应急体系建设”“全民健身条例贯彻落实情况”“民营医院发展”等界别视察、调研活动。召开全省政协教科文卫体委员会工作交流会。

社会和法制委员会 牵头组织“构建社会诚信体系、推进法治江西建设”专题调研协商活动，形成的调研报告经省政协十一届十二次常委会议审议通过后，以省政协建议案形式报送省委、省政府。组织委员与省人大法工委、省国土资源厅就《江西省矿产资源管理条例（草案）》开展协商，是省人大首次来到省政协开展立法协商，推进了科学立法、民主立法。开展“文物古建筑消防安全情况”专题调研，形成《关于加强我省文物古建筑消防安全工作的建议》，以建言献策形式报送省委、省政府。开展“检察机关开展减刑、假释、暂予监外执行法律监督工作”“南昌市餐厨垃圾集中处理情况”等视察活动。对以往报送的《关于加大我省住房公积金归集力度提高使用率的建议》等调研协商成果加强跟踪问效，推动相关意见和建议得到落实。

民族和宗教委员会 配合开展二季度省政协常委会议协商议题“构建社会诚信体系、推进法治江西建设”专题调研工作，提出加强诚信教育、弘扬诚信文化等12条建议，为省政协常委会议开展协商提供了重要基础。组织开展“我省贯彻落实《宗教事务条例》情况”的专题调研，提出不断健全完善宗教政策法规等6条建议上报全国政协。做好“加强我省宗教文化旅游资源保护与开发”对口协商座谈会议组织协调工作，委员们提出科学编制我省宗教文化旅游“十三五规划”、整合宗教文化旅游利益格局等建议，引起省政府有关部门的重视。组织委员开展“我省少数民族地区同步建成小康社会”的专题调研。组织民族和宗教界委员开展“宗教活动场所管理情况”“少数民族地区同步建成小康社会”等界别视察、调研活动。

港澳台侨和外事委员会 抓好“加快养老服务体系建设”专题调研和协商工作，形成主席会议建议案报送省委、省政府。组织港澳委员、海外特邀代表开展以“推动江西现代农业发展”为主题的视察活动，在视察报告中向省政府及相关部门提出“科学制定有机农业发展的‘十三五’规划、加大土地普查和整理力度、加强有机农业宣传推介”等六方面意见建议。整合委员（代表）扶贫资源，成立省政协海外扶贫基金会。协助省政府做好2015赣港经贸合作活动等外联内引工作。扩大赣港澳台青年交流，在组织形式上首次尝试与香港中联办及香港北区青年协会联合开展，增强香港青年学生对祖国的认同感、归属感。

文史和学习委员会 开展“弘扬传统文化，加强书院文化研究、保护和利用”专题调研协商工作，形成书院文化专题调研报告作为专题协商座谈会上的发言材料，在此基础上汇集整理协商座谈会议交流情况形成《关于加强书院文化研究、保护和利用的建议》报省委、省政府。开展“宪法监督与实施情况”专题调研，形成《关于我省宪法实施和监督情况的调研报告》报送省委、省政府。开展“我省文化与旅游的融合发展”专题调研，形成《江西省文化与旅游产业融合发展的调研报告》报送省委、省政府。出版发行《鄱阳湖文化志》《燃烧的红土地——抗日战争的江西战场实录》。创新《学习参考资料》编辑工作，由原来的季刊改为双月刊，重点突出常委会议及协商座谈会的主要内容。《文史大观》由正16开版改为大16开版，全年共出刊4期、50万字。

【重要活动】

省委政协工作会议 9月22日在南昌召开。省委书记强卫，省委副书记、省长鹿心社，省委副书记、常务副省长莫建成，省政协主席黄跃金出席会议并讲话，省委、省人大、省政府、省政协有关领导同志及省法院、省检察院主要负责同志出席会议。会议要求，深入贯彻落实习近平总书记在庆祝人民政协成立65周年大会上重要讲话，以及《中共中央关于加强社会主义协商民主建设的意见》《中共中央办公厅关于加强人民政协协商民主建设的实施意见》《中共江西省委关于进一步加强政协工作 充分发挥人民政协在发展协商民主中重要作用的意见》等重要文件精神，切实发挥政协作为协商民主重要渠道和专门协商机构作用，不断谱写人民政协事业发展新篇章。会议强调，各级党委要贯彻落实好省委《关于进一步加强政协工作 充分发挥人民政协在发展协商民主中重要作用的意见》，按照总揽全局、协调各方的原则，充分发挥政协党组的领导核心作用，支持人民政协履行民主监督职能，推动人民政协参政议政，积极支持政协推进自身建设，着力营造政协履行职能的良好环境。

成立海外扶贫基金会 1月27日，江西省政协海外扶贫基金会在南昌召开成立大会。省政协主席黄跃金出席会议并讲话，省政协秘书长肖为群出席会议。江西省政协海外扶贫基金会把港澳台侨界人士开展慈善事业与政协工作相结合，进一步组织和动员港澳委员和港澳台侨同胞为江西省扶贫开发贡献力量。基金会由省政协作为业务主管部门。截至1月26日，基金会共有25名理事，募集各类善款2909万元。

委员视察团在赣西视察 5月11日—14日，省政协主席黄跃金，副主席钟利贵、刘晓庄、郑小燕分别率省政协委员视察团在宜春、萍乡和新余市，就《江西省人民政府关于支持赣西经济转型加快发展的若干意见》贯彻落实情况进行专题视察。委员们对赣西三市贯彻省政府《若干意见》的成效给予充分肯定。委员们建议，赣西地区要主动对接国家“一带一路”、长江经济带、鄱阳湖生态经济区等重大战略的实施，强化与南昌大都市区、长株潭城市群的合作；着力推动传统产业向中高端迈进，不断增强战略性新兴产业和服务业的支撑作用；坚持整体规划、突出特色，推动主城区、县城、中心镇和小城镇协调发展。

住赣全国政协委员视察江西省铁路通道建设 6月10日至11日，住赣全国政协委员召集人、省政协主席黄跃金率领住赣全国政协委员视察团在上饶市、景德镇市，就江西省高铁建设及“十三五”铁路规划情况进行视察，并与南昌铁路局、省发改委、上饶市、景德镇市相关负责人进行座谈，全国政协常委、省政协副主席孙菊生主持座谈会，全国政协委员、省政协原副主席刘上洋，全国政协常委、民革中央监督委员会副主任陈清华，省政协秘书长肖为群等参加视察活动。视察团一行先后赴南昌西客站、上饶站、婺源站、景德镇北站实地察看沪昆、合福、九景衢铁路建设运行情况。大家充分肯定江西省铁路发展特别是高铁建设的显著成绩，并就“十三五”时期我省铁路特别是高铁规划及南北高铁大通道建设、加快发展高铁经济等提出意见建议。

纪念抗战胜利70周年活动 8月20日，省政协在南昌举行纪念中国人民抗日战争暨世界反法西斯战争胜利70周年活动。省政协主席黄跃金出席并在《燃烧的红土地——抗日战争的江西战场实录》新书首发式上讲话，省政协副主席钟利贵、李华栋、郑小燕、刘礼祖、孙菊生等出席。部分省政协常委、委员，省政协办公厅、各民主党派省委会、省工商联、黄埔军校同学会的代表及省政协机关各处室负责人参加新书首发仪式。首发式前，大家前往南昌八一起义纪念馆，参观《伟大贡献——中国与世界反法西斯战争》图片展。

【重要文件】

常务委员会工作报告（2015年1月26日）（摘要） 第一部分：2014年工作回顾。（一）强化理论学习，坚定中国特色社会主义共同理想。深入学习贯彻中共十八大、十八届三中、四中全会和习近平总书记系列重要讲话精神，在思想上政治上行动上与以习近平同志为总书记的中共中央保持一致。认真学习贯彻全国政协十二届二次会议精神，找准履职的切入点和着力点。联系政协工作实际学习贯彻中共江西省委十三届七次、八次、九次、十次全会等重要会议精神，确保省委的决策部署在政协工作中得到贯彻落实。举行江西省庆祝人民政协成立 65 周年座谈会，认真学习贯彻中共中央、全国政协庆祝人民政协成立 65 周年大会精神，省委主要领导出席会议并讲话。（二）围绕中心建言，为推动我省改革发展汇聚正能量。助推深化改革积极有为。召开“深化教育领域综合改革”专题协商座谈会，提出 24 条意见建议，省委、省政府出台的《关于深化教育领域综合改革若干问题的意见》予以采纳。“深化国有企业改革”专题协商座谈会提出 10 条建议，为省委、省政府出台《关于进一步深化国资国企改革的意见》提供重要参考。“进一步深化医药卫生体制改革”专题协商座谈会提出 21 条建议，引起相关部门的关注和重视。助推发展升级建言献策。十一届六次常委会议围绕“加快我省城镇化发展创新”协商议政，为推动全省城镇化发展提供参考。十一届七次常委会议围绕“加快推进昌九一体化”咨政建言，得到省委、省政府的充分肯定。组织住赣全国政协委员赴河南省考察产业集聚区建设情况，就推动我省产业集群发展提出 9 条建议，得到省委、省政府主要领导的高度重视，并要求认真学习借鉴河南经验，进一步推进我省产业集群发展。召开“创新农业经营体系和经营方式、加快现代农业强省建设”专题协商座谈会，提出 12 条建议，省委主要领导作了批示。助推生态建设扎实有效。为加快推进江西省“国家生态文明先行示范区”建设，组织专题调研组深入开展调研，形成《关于加快建设生态文明示范省的调研报告》，得到省委、省政府领导的充分肯定，省发改委、省林业厅、省环保厅等相关职能部门会同研究办理。围绕“全省市县污水处理设施建设及运行情况”开展专题调研，从加快管网改造、加强运行监管等方面提出建议，得到省委、省政府领导关注，省政府分管领导召开专题会议进行调度，提出了推动落实和跟踪问效的具体措施。（三）践行为民宗旨，为促进民生改善社会和谐献计出力。聚焦民生改善献计。围绕城市生产生活用水这个重要民生问题，召开“南昌备用水源地建设与管理”专题协商座谈会，就南昌市备用水源地如何选取，提出了建设抚河水源地为近期计划、选用部分优质湖库水源为远期计划的意见，并建议尽早启动抚河备用水源地建设工程，得到省政府领导的充分肯定，南昌市积极采纳、推动落实，市政府常务会进行了专题研究，启动抚河备用水源工程建设。围绕“我省单独两孩政策实施、民营医院生存与发展环境、特殊教育发展、困难职工帮扶、住房公积金归集和使用情况”等开展一系列视察或调研活动，许多意见和建议得到有关部门的充分采纳。紧扣社会治理献力。召开“创新重点青少年群体教育服务管理”专题协商座谈会，有助于进一步加强和改进我省重点青少年群体教育管理工作。就“我省国企改革中企业社区移交属地管理、贯彻落实《中华人民共和国道路交通安全法》情况”等开展调研或视察。围绕民族宗教工作献策。召开“完善宗教教职人员社会保障政策”对口协商座谈会，推动我省宗教教职人员社会保障政策的完善和落实。围绕“我省高校少数民族学生工作、城市少数民族流动人口管理、宗教文化旅游发展”等方面开展视察或调研，提出的意见建议受到省政府的重视和吸纳。（四）推进工作创新，不断提升政协履职能力和水平。创建协商座谈会新形式。出台《省政协 2014 年度协商工作计划》《协商座谈会工作流程图》等一系列制度文件，实行每月召开1次协商座谈会。全年共组织开展2次常委会议专题协商、8次专题协商座谈会、1次界别协商座谈会、1次对口协商座谈会、20次重点提案办理协商座谈会。按照中央和省委的统一部署，认真调研起草我省政协协商民主制度建设文稿。改进全会和常委会议组织方式。十一届二次全会开幕大会上首次举行大会发言，提升了大会发言的实效性和影响力。会议开放度不断扩大，全会邀请12位海外侨胞及部分港澳台代表列席；常委会议邀请省直有关部门负责人、部分政协委员参会，恢复安排社会人士、高等院校师生代表旁听，还邀请省直管试点县（市）政协主席全程列席。务实高效开展视察工作。组织委员赴鹰潭、景德镇和上饶，就《江西省人民政府关于支持赣东北扩大开放合作加快发展的若干意见》贯彻落实情况进行专题视察，围绕如何进一步促进赣东北扩大开放合作加快发展提出6条建议，省政府主要领导批示要求相关部门认真研究落实。组织委员赴南昌市就“推进棚户区改造工作”进行视察，提出要进一步完善城市基础设施、加强公共服务设施配套建设、优化城市功能、加大资金筹措力度等意见建议。组织委员赴南昌市就“拆违拆临、建绿透绿”工作进行专项视察，为进一步提升省会城市管理水平贡献力量。积极推荐省政协委员担任省直有关部门特约监督人员，向省检察院、公安厅、法制办、卫计委等省直单位推荐21名省政协常委、委员担任特约监督人员。（五）注重求真务实，推动经常性工作活跃有序开展。提案工作不断上水平。提案办理协商稳步推进，经审查立案的611件大会提案和平时提案全部办理完毕。改进提案审查工作方式，由会中审查立案改为会中初审、会后再审立案，有效提高了提案质量。主办华东六省一市提案工作座谈会。文史征编工作进展顺利。编撰了《鄱阳湖文化志》《抗日战争中的江西战场实录》等一批内容宽泛、史料价值高、可读性强的重要文史资料专辑。团结联谊工作进一步加强。积极开展“在赣外籍人士满意度调查”，调研报告提出8个方面的建议，省委主要领导作出批示，要求有关部门针对报告反映的问题，根据职能分工，采取改进措施，省委办公厅《重要信息》对报告进行了全文转发。组织港澳委员和特邀代表围绕“我省扶贫移民工作”返赣视察。配合省政府做好2014赣港经贸合作活动等外联内引工作。由省政协倡导，配合省政府与澳门特区政府联合举办了第十二届澳门妈祖文化旅游节。筹建江西省政协海外扶贫基金会。社情民意信息及宣传工作卓有成效。向全国政协上报信息中被采用24篇，《防邪反邪关键在于加强基层组织建设》等得到中央领导的重要批示。编发《建言献策》261期，其中，《鄱阳湖天然渔业资源破坏严重，需尽快转捕为养》得到中央领导的重视和肯定。推动“委员在线”平台建设，出台《省政协办公厅开辟“委员在线”平台实施方案》。《光华时报》发行量突破2.5万份。人民政协理论建设稳步推进。举办了庆祝人民政协成立65周年“人民政协与协商民主”理论研讨会和第四次人民政协理论建设报告会，在“人民政协与协商民主”“人民政协与群众工作”“人民政协的界别组织活动”等理论研究方面取得一批重要成果。（六）坚持固本强基，“五位一体”自身建设扎实推进。注重以建章立制为抓手，不断巩固和扩大教育实践活动成果，制定出台9个制度文件，初步形成有利于我省政协事业科学发展的制度体系和长效机制。注重发挥民主党派、工商联、无党派人士和人民团体的重要作用。注重展现界别特色，印发了《江西省政协关于进一步发挥界别作用的意见》，探索界别协商新形式、新途径。注重发挥委员主体作用，印发《江西省政协主席会议成员联系界别和委员的办法》，不断提高为委员服务的质量和水平。注重发挥专委会基础作用，健全专委会工作机制，使专委会调研、视察等各项工作更加科学合理、有序高效。注重发挥专委会专家组的“高参”作用，成立“江西省科技创新与进步促进会”。注重加强政协机关建设，深入开展“真抓实干、服务提升年”主题活动，积极推进“连心、强基、模范”三大工程，加强各项工作的综合协调、信息沟通和督查落实，不断增强服务委员、服务中心工作的能力。加强与市、县政协的联系沟通，召开了省直管试点县（市）政协工作座谈会。第二部分：2015年主要工作。（一）理论学习要有新提升。（二）议政建言要有新成效。（三）协商民主要有新举措。（四）民主监督要有新突破。（五）履职能力要有新提高。

【组织情况】

副主席补选名单

（2015年1月29日　省政协十一届三次会议选举）

胡幼桃

副主席免职名单

（2015年3月18日　省政协十一届十一次常委会议通过）

许爱民

常务委员增选名单

（2015年1月29日　省政协十一届三次会议选举）

史蓉蓉（女）　刘　鹰　孙晓山

张传发　姚　电　谢　斌

常务委员辞职名单

（2015年1月19日　省政协十一届八次常委会议通过）

钟际跃　程受锭　张玉生

（2015年6月26日　省政协十一届十二次常委会议通过）

黄小华　龚绍林

（2015年9月24日　省政协十一届十三次常委会议通过）

黄　鹤　石庆华

委员增补名单

（2015年1月19日　省政协十一届八次常委会议通过）

杨小华　周　关　胡幼桃

彭艳萍（女）　周谷昌

黄　琰（女）　黄海燕（女）

刘　鹰　邝小平　周学宇　孙晓山

张　韬　黄永旭

委员辞职名单

（2015年1月19日　省政协十一届八次常委会议通过）

张玉生　张春林　徐盛龙　严淑琴

由　伟　卢晓健　魏宏彬　于　凡

杨晓辉

（2015年6月26日　省政协十一届十二次常委会议通过）

黄小华　龚绍林

撤销委员资格名单

（2015年3月18日　省政协十一届十一次常委会议通过）

许爱民

专委会主任、副主任职名单

谢　斌、邝小平：经济委员会副主任

刘　鹰：教科文卫体委员会副主任

张传发：社会和法制委员会副主任

孙晓山：民族和宗教委员会副主任

姚　电：文史和学习委员会副主任

专委会主任、副主免职名单

（2015年1月19日　省政协十一届八次常委会议通过）

钟际跃：经济委员会副主任

程受锭：社会和法制委员会副主任

（2015年6月26日　省政协十一届

十二次常委会议通过）

龚绍林：教科文卫体委员会副主任职务。

（2015 年 9 月 24 日　省政协十一届十三次常委会议通过）

黄　鹤：文史和学习委员会主任

石庆华：教科文卫体委员会副主任

市、县（市、区）政协主席变动情况

南昌市

政协主席

周　关（2015 年 1 月 23 日当选）

南昌县

政协主席

陈圣栋（2015 年 10 月 30 日当选）

安义县

政协主席

黄小平（2015 年 8 月 18 日当选）

西湖区政协主席

唐仁让（2015 年 1 月 14 日当选）

九江市

政协主席

杨小华（2015 年 1 月 21 日当选）

景德镇市

浮梁县政协主席

金秋来（2015 年 2 月 5 日当选）

萍乡市

政协主席

彭艳萍（2015 年 1 月 22 日当选）

宜春市

高安市政协主席

陈细牛（2015 年 12 月 20 日当选）

上饶市

广丰区政协主席

方有水（2015 年 1 月 16 日当选）

江西省各级政协组织和委员数

（截至 2015 年年底）

项目＼级别	省级	地级市	县（县级市、区）	合计
组织数	1	11	100	112
委员数	697	4204	20429	25330

（骆名坤　编写　叶　舟　审稿）

政 协 山 东 省 委 员 会

雷建国　副主席

【全体委员会议】

十一届三次会议　1月26日至31日在济南举行。会议应出席委员855名，实到委员812名。会议听取并审议通过了省政协主席刘伟受省政协常务委员会委托所作的工作报告和省政协副主席郭爱玲受省政协常务委员会委托所作的提案工作报告，审议通过了2015年协商工作计划、省政协提案委员会关于十一届三次会议提案审查情况的报告、省政协十一届三次会议政治决议。与会委员列席了山东省第十二届人民代表大会第四次会议，听取并讨论了省政府工作报告，讨论了山东省2014年国民经济和社会发展计划执行情况与2015年计划草案的报告、山东省2014年预算执行情况和2015年预算草案的报告，听取了省高级人民法院工作报告和省人民检察院工作报告。对以上报告，委员们均表示赞同。大会收到117份发言材料，16位委员围绕我省经济社会发展的有关问题作大会发言。会议选举雷建国为省政协副主席，补选42名政协委员为省政协常委，3名同志因年龄和工作变动等原因，不再担任省政协常委职务。刘伟主席主持闭幕大会。

【常务委员会会议】

第11次会议　1月24日至25日在济南召开。会议审议了省政协十一届三次会议有关事项。省政协主席刘伟主持会议。省委统战部负责同志作关于增补、调整十一届省政协委员的说明。全体会议结束后，常委们认真审议了十一届省政协常委会工作报告（草案）和提案工作报告（草案）；审议了省政协2015年协商工作计划（草案）；审议了有关人事事项；审议了省政协十一届三次会议选举办法（草案）及总监票人、监票人名单（草案），秘书长张心骥作关于省政协十一届三次会议筹备工作情况的汇报。

第12次会议　1月30日下午在济南召开。会议听取了省政协秘书长张心骥关于省政协委员各组讨论情况的综合汇报；审议了省政协十一届三次会议关于常委会工作报告的决议（草案）、关于常委会提案工作报告的决议（草案）、省政协2015年协商工作计划（草案）、省政协提案委员会关于省政协十一届三次会议提案审查情况的报告（草案）、政治决议（草案）。会议决定将上述事项提交省政协十一届三次会议闭幕大会审议。会议还审议通过了有关人事事项。省政协主席刘伟主持会议。

第13次会议　3月24日至25日在济南召开。会议传达学习了十二届全国人大三次会议精神、全国政协十二届三次会议精神和省委常委扩大会议精神；审议通过了《政协山东省委员会常务委员会工作规则》。省政协主席刘伟主持开幕会并作闭幕讲话。各民主党派省委、省工商联负责同志列席会议。省直有关部门负责同志列席闭幕会。

第 14 次会议 6 月 25 日至 26 日在济南召开。会议传达学习了中央统战工作会议精神和全国政协十二届十一次常委会议精神；听取了省政协社会法制委员会主要负责同志关于“健全完善公共法律服务体系，推进依法治省战略实施”调研组调研及建议案起草情况的说明；听取了省司法厅主要负责同志关于“推进法治山东建设”的专题讲座。审议通过了《关于健全完善公共法律服务体系，推进依法治省战略实施的建议案》《政协山东省委员会全体会议工作规则》和有关人事事项。省政协主席刘伟主持开幕会并作闭幕讲话。省直有关部门和各民主党派省委、省工商联负责同志列席会议，并参加分组讨论。

第 15 次会议 9 月 23 日至 24 日在济南召开。会议传达学习了全国政协十二届十二次常委会议精神和省委政协工作会议精神；听取了省政协“推动山东更好融入‘一带一路’战略”调研组关于调研及建议案起草情况的说明；举办了“一带一路”战略专题讲座；审议通过了《关于推动山东更好融入“一带一路”战略的建议案》《政协山东省委员会专门委员会通则》和《政协山东省委员会关于进一步发挥政协委员主体作用的意见》。省政协主席刘伟主持开幕会并作闭幕讲话。省直有关部门和各民主党派省委、省工商联负责同志参加会议。

第 16 次会议 11 月 12 日至 13 日在济南召开。会议传达学习了中共十八届五中全会精神、全国政协十二届十三次常委会议精神和省级党员领导干部会议精神，听取省委常委、常务副省长孙伟通报我省“十三五”规划建议起草情况。省政协主席刘伟主持开幕会并作闭幕讲话。省直有关部门和各民主党派省委、省工商联负责同志参加会议。

【专门委员会工作】

提案委员会 把协商民主理念贯穿提案工作全过程，切实加强“提、立、办、督、评”各个环节沟通协商。创新开展提案查重工作，研究制定《提案抄袭认定处理暂行办法》，全年共受理提案 967 件，经审查立案 855 件，涉及 117 个单位办理。组织遴选 21 件重点提案和 4 个提案办理协商议题，由省政协主席会议成员牵头领办。制定《提案办理工作评议办法（试行）》，对办理考核实行台账化管理，建立有关考核档案，就省政协提案办理情况对省直相关部门进行年度考核。围绕“做大做强我省金融国企”和“我省高校如何更多地培养应用型人才”开展界别协商。加强提案工作理论研究，《关于将政协提案办理纳入绩效考核体系的调研报告》被收入《山东省全面深化改革调研文集》，《提案民主监督现状与发展方向研究》和《开展提案查重 向抄袭行为说“不”》分获 2015 年度省政协理论研究和创新案例一等奖。

经济委员会 认真做好“推动山东更好融入‘一带一路’战略”建议案调研、协商和起草工作。先后到多地考察调研，与省发改委、省商务厅、省外办进行了专题协商，形成建议案。认真开展“促进我省经济园区转型升级创新发展”“进一步推进《山东省地方税收保障条例》贯彻落实”对口协商，围绕我省“十三五”规划编制进行建言献策，就省政协十一届三次会议重点提案《关于推进民营企业走出去的建议》《关于加强农业合作社规范管理的建议》开展提案办理协商或督办，协助所联系的经济一组、农业界别活动组开展“充分发挥我省海关特殊监管区域作用”界别协商和“促进我省家庭农场健康发展”界别调研活动，形成的相关协商报告、调研报告、提案或大会发言，得到省领导同志的高度肯定。着力打造经济委专家“智库”，制定相关《工作简则》，选聘11名专家学者或省直业务部门、经济类行业商（协）会实际工作者为经济委特聘专家。

人口资源环境委员会 围绕人口资源环境事业发展和中心工作，分别开展“深入推进我省国家现代农业示范区建设”和“实施城乡居民饮用水污染防治行动”对口协商，并提交协商报告，省领导先后作出重要批示。分别围绕“加强我省重点地区大气污染综合防治工作”和“进一步提高简政放权质量和实效”组织界别协商，并提交协商报告。组织开展“推动我省居家养老服务体系建设”和“地热能资源开发与利用”调研。开展“关于进一步加强我省食品安全监管执法能力建设的建议”和“关于提升农村饮水安全水平”重点提案督办工作。在省政协十一届三次会议上，提交了《关于加快发展我省海水淡化产业的提案》。积极开展履职机制探索，其中《引入专家咨询机制，助推协商工作求实增效》被评为省政协优秀创新案例。

科教文卫体委员会 围绕“重视和推动电商经济发展”和“推动民营经济科技创新”进行对口协商，其中科技厅就民营经济科技创新协商中提出的建议专门发文，制定了18条具体措施促进全省工作开展；发挥联系界别广泛的优势，开展了4项界别协商。组织界别学习、视察、送文化进军营、书画展、开展义诊等活动15次。进行了两项专题调研和两个重点提案督办。做好反映社情民意工作，收集报送社情民意信息36份，其中4份得到省政府、省政协领导批示。参加全国暨地方政协教科文卫体委员会工作座谈会并介绍开展工作情况。

港澳台侨和外事委员会 创新开展调研协商议政，利用“互联网＋政协”模式，召开“发挥山东优势，为海外华人传承儒家文化提供更多支持”网络视频会议，实现了与海外侨胞、港澳同胞的同步交流。召开“海外留学归国人员与政协委员面对面”暨界别协商座谈会，扎实开展界别协商议政，高效完成分管副主席督办的两个重点提案。圆满承办了全国政协港澳青年社团体验式考察活动和赴港澳台开展中秋联谊座谈会、文化交流等活动，精心组织港澳委员海外顾问赴内地学习考察活动。认真做好委员和顾问参会服务保障工作，密切与省“五侨六台”部门沟通联系。以“三严三实”专题教育为契机，切实抓好政治思想建设，不断提升整体工作水平。

社会法制委员会 全力做好“健全完善公共法律服务体系，推进依法治省战略实施”建议案的有关工作，组成调研组先后赴省内外多地进行考察调研，起草了《关于健全完善公共法律服务体系推进依法治省战略实施的建议案》；召开省政协专题协商会，就公共法律服务体系建设问题进行深入协商交流，省政府办公厅印发了《〈关于健全完善公共法律服务体系推进依法治省战略实施的建议案〉工作分解》，省委办公厅、省府办公厅以《建议案》为基础，印发了《关于加快推进公共法律服务体系建设的意见》。就“我省失独家庭社会保障工作情况”开展专题调研，形成了《关于做好我省失独家庭社会保障工作的调研报告》。就“进一步做好我省民商事仲裁工作”开展专题调研，形成了《关于进一步做好我省民商事仲裁工作的协商报告》。就“‘山东省妇女、儿童发展十二五规划’实施情况”进行视察，召开界别协商会，形成了《关于“山东省妇女、儿童发展十二五规划”实施情况的视察报告》。完成了“解决法院判决执行难问题的建议”提案办理协商和“构建我省法治指标体系的建议”重点提案督办两项任务。召开全省政协社会法制委员会工作会议，传达学习了全国及省“两会”精神，交流省政协及各市政协社法委开展工作的经验做法，共同探讨了发挥政协作用和社法委优势、推进法治山东建设的工作思路及打算。

民族和宗教委员会 全面加强自身建设，通过召开多种形式会议、举办专题讲座、编印《学习资料》等形式，引导委员在学习中提升履职能力。开展“引导宗教与社会主义社会相适应”和“我省少数民族流动人口服务管理体系建设”两项专题调研，省委、省政府、省政协有关领导对报告作出重要批示。积极通过反映社情民意信息参政议政，报送并被采纳信息11篇，其中3篇被全国政协信息采用。深入开展协商议政，围绕“进一步完善来鲁经商务工少数民族群众服务管理”，与省综治办、教育厅、民委等部门展开对口协商；围绕“城镇供热节能减排”，邀请省住建厅与所联系界别活动组展开界别协商。注重发挥团结统战职能，组织委员开展以“看发展、看变化”为主题的视察性活动，定期对民族宗教界委员进行走访慰问，多次应邀参加民族宗教界有关节庆活动。不断加强交流协作，协助全国政协完成关于“《宗教事务条例》实施十周年、推动依法管理宗教事务”的调研，参加“全国暨地方政协民宗委工作交流会”并作典型发言。围绕调研课题，先后赴江西、福建和青海、甘肃等地学习考察，并邀请省内各市政协开展协同调研。

文史资料委员会 以做好抗战胜利70周年为工作重心，征编出版《亲历者说——山东抗战编年纪事》，共10卷、420万字，珍贵历史图片300多幅。与全国政协文史委协作完成《亲历者说——中国抗战编年纪事》的征编出版工作，向全国政协提供60万字的稿件，同时具体承担其中的1938年卷的组稿、审稿和编辑工作。在《春秋》杂志开辟专刊和专栏，突出纪念抗战胜利的主题，围绕搞好抗战胜利70周年纪念活动，展开调研视察和协商议政，调研抗战遗址和纪念场所的保护和作用发挥情况，同时对各市抗战纪念活动的筹备工作进行了摸排。召开做好我省纪念抗战胜利70周年对口协商会，举办《关于重视并做好我省抗战胜利70周年纪念活动》重点提案督办活动和《重视我省抗战遗址和纪念场所保护和作用发挥》界别协商座谈会。围绕“学习习近平总书记视察山东重要讲话精神，弘扬优秀齐鲁文化”展开专题调研，督办《重视齐文化的保护和研究利用》重点提案，配合全国政协文史委进行《大运河后申遗时代历史文化的保护和利用》专题调研，并召开专题座谈会。召开全省政协文史工作会议，并举办全省政协文史干部培训班。协助办公厅做好山东政协文史馆的筹办工作以及文史编辑部整体转入文史馆的具体工作。完成了《山东省党的文献选编》之《山东政协文献选编》的档案汇集、编目、筛选、编辑和电子文档录入等工作。

委员联络工作委员会 重点围绕建立委员联络机制、进一步发挥委员主体作用、加强对基层政协的联系和工作指导等履行职责，起草制定“政协山东省委员会关于加强与委员联系的办法”“政协山东省委员会关于进一步发挥委员主体作用的意见”“山东省政协关于政协委员担任特邀监督员工作规则”等制度。落实与委员联系制度，分别深入济南、青岛等11市、有关县（市、区）调研考察，形成“关于我省各市乡镇（街道）政协工作机构设置情况的报告”，规范了我省乡镇（街道）

政协委员联络室建设。承办全省基层政协工作经验交流会，协调有关市政协开展了跨市视察，完成驻鲁全国政协常委、委员、列席人员赴京参加全国政协有关会议协调服务工作。组织驻鲁全国政协委员围绕“关于将沂蒙老区列为全国革命老区发展示范区”到临沂进行专题视察，组织部分委员与团省委联合就“大学生创业意识引导和创业实践”进行专题调研，配合特邀界别活动一组召集人，开展3次专题调研。完成省政协历次常委会议报到和委员履职档案管理工作，做好委员和人民群众信访工作。

【重要活动】

“健全完善公共法律服务体系，推进依法治省战略实施”专题协商会 5月3日在济南召开。省政协主席刘伟、副省长于晓明出席会议并讲话，省政协副主席栗甲主持会议，省政协秘书长张心骥出席会议。

“三严三实”专题教育 5月6日上午，召开省政协党组扩大会议，深入学习领会中央、省委关于开展“三严三实”专题教育工作的部署要求，研究省政协开展“三严三实”专题教育的实施方案和工作安排。省政协主席、党组书记刘伟主持会议并讲话。5月7日上午，刘伟主席为省政协党员领导干部讲“三严三实”专题党课。省政协党组于6月29日至30日、8月4日、8月19日、10月9日、11月4日先后举行五次专题学习研讨。12月30日举行省政协党组“三严三实”专题民主生活会，认真学习贯彻习近平总书记系列重要讲话精神和在中央政治局专题民主生活会上的指示要求，按照中央、省委的部署，查摆剖析不严不实问题，严肃认真地开展批评和自我批评，制定整改措施。

全省政协调查研究工作座谈会 5月8日上午在济南召开。省政协主席刘伟会前提出要求。省政协副主席焉荣竹出席会议并讲话，秘书长张心骥主持会议。

省人民政协理论研究会专家咨询委员会成立会议暨委员聘任仪式 5月8日下午在济南举行。省政协副主席、省人民政协理论研究会会长焉荣竹出席会议并讲话，省政协秘书长张心骥主持会议。

省政协理论学习中心组专题学习会 8月4日在济南召开。省政协主席刘伟主持，各市政协主席围绕学习贯彻习近平总书记系列重要讲话精神、做好政协工作进行交流发言，畅谈了体会，对省政协工作和开展“三严三实”专题教育提出了意见建议。省政协副主席、秘书长以及省政协秘书长会议成员、机关党组成员和各专门委员会主任出席会议。

全省政协工作经验交流会 8月5日至6日在济南召开。会议的主要任务是深入学习贯彻习近平总书记关于人民政协工作的重要指示精神，传达全国地方政协工作经验交流会和俞正声主席重要讲话、姜异康书记在省委常委会上的重要讲话精神，总结交流我省政协工作经验。刘伟主席出席会议并作重要讲话，焉荣竹副主席作总结讲话。会议进行了分组讨论，并作交流发言。

“推动山东更好融入‘一带一路’战略”专题协商会 9月2日在济南召开。省政协主席刘伟、副省长王书坚出席会议并讲话，省政协副主席陈光主持会议，秘书长张心骥出席会议。

省委政协工作会议 9月22日至23日在济南召开。会议深入贯彻落实习近平总书记系列重要讲话和视察山东重要讲话、重要批示精神，总结交流近年来全省各级做好政协工作的经验，就加强和改进党的政协工作、推进政协事业发展作出部署。省委书记姜异康出席会议并讲话，省政协主席刘伟主持开幕会并作闭幕会总结讲话，省委副书记龚正主持闭幕会。省委常委，省人大常委会党组副书记，副省长，省政协副主席，省法院院长，省检察院检察长；各市市委书记、政协主席，省直有关部门（单位）负责人，省政协机关和省各民主党派、工商联负责人等参加会议。

【重要文件】

常委会工作报告（2015 年 1 月 26 日）摘要　第一部分　2014 年工作回顾：——以人民政协成立 65 周年为契机深化思想政治建设。把学习贯彻习近平总书记重要讲话精神作为首要政治任务，通过多种形式，组织开展系列活动，与学习中共十八大和十八届三中四中全会精神、习近平总书记系列重要讲话精神、全国政协重要会议和俞正声主席在省政协机关重要讲话精神、姜异康书记重要讲话精神紧密结合起来，进一步统一思想、提高认识，坚决贯彻中共中央、中共山东省委的决策部署，增强了工作责任感和使命感。——围绕深入学习贯彻习近平总书记视察山东重要讲话和重要批示精神开展议政建言。贯彻转方式调结构、腾笼换鸟、凤凰涅槃的要求，重点关注开放型经济新优势、海洋生物产业、创意产业、科技创新等；贯彻把改革举措落到实处的要求，重点关注医保、国有文化单位、知识产权保护等方面的改革，承担和参与了省里安排的 14 项重要改革任务；贯彻坚持“三个导向”、统筹城乡区域协调发展的要求，重点关注农业现代化、新型城镇化、“海上粮仓”、农业污染等；贯彻保障和改善民生、创新社会治理的要求，重点关注社会组织管理、现代职业教育和青年职业教育、基本药物制度等；贯彻弘扬中华优秀传统文化的要求，重点关注城镇化进程中历史文化保护与传承、新型农村社区文化、抗战文史系列研究等。这些方面的议政建言，对助力经济文化强省建设发挥了积极作用。——制订并实施年度协商工作计划。涉及 33 个议题，包括专题协商 4 个、对口协商 13 个、界别协商 12 个、提案办理协商 4 个。召开两次研讨座谈会，细化组织实施、成果报送、反馈督促等环节的工作。探索发布课题预告、协商会预告，邀请各界群众代表参与调研和互动交流，进一步加强与媒体合作。年度协商计划执行顺利，组织协商活动 50 余次，形成“大力发展混合所有制经济、激活企业创新创造活力”“深化医药卫生体制改革、提高基本医疗保障水平”等 4 个建议案，形成专题报告、信息专报、反映社情民意信息等一批协商成果，报送省委、省政府，有的进入了党政决策。——注重工作制度化规范化建设。会同省委、省政府有关部门对提案办理开展专项督查，提案办理纳入省直部门科学发展综合考核体系，对提办质量进行双向评议，修订重点提案遴选督办办法，主席会议成员分工督办 16 件提案。召开界别工作座谈会，进一步规范和活跃界别活动，解决界别委员参加政协活动的经费保障问题。密切与民族宗教界人士的联系，加强与港澳委员的联系，推动两岸经济文化交流。改进社情民意信息工作，首次开展年度考评，共编报信息 500 余篇。省人民政协理论研究会按期换届，就“政协履职能力现代化”进行课题招标、开展理论研讨。参与编辑《十四沿海城市开放纪实》。创新宣传模式，办好省政协网站、手机报、《春秋》《委员天地》，开通门户网站“联合网”、微信微博，推出《联合日报》全数字阅读版，与省主要媒体合作的“协商议政”“委员关注”“提案追踪”“委员听民声”等栏目社会效果良好，民声连线、百姓提案工作受到全国政协的充分肯定。——聚焦“四风”抓整改抓巩固推动自身建设。巩固教育实践活动成果，切实反对“四风”，认真落实中央八项规定精神，制定办文办会、公务接待、财务管理等20余项制度。建立省政协秘书长与各民主党派省委、省工商联驻会负责人联席会议制度，邀请不是常委的民主党派省委、省工商联负责人列席省政协常委会议。制定实施主席会议成员联系基层政协、对市县政协干部进行业务培训等制度。开展捐资助学、送药义诊、“三下乡”“送温暖”等惠民活动，做好“第一书记”“联村联户”帮扶工作。设立委员联络工作委员会，建立“委员履职档案库”，开展“委员恳谈联谊日”“看发展看变化”活动，成立专委会法律顾问团，完善履职办公信息化系统。认真落实主体责任和“一岗双责”，加大教育培训和监督管理力度，深入推进省政协思想、组织、作风、反腐倡廉和制度建设。第二部分 学习贯彻习近平总书记在庆祝中国人民政治协商会议成立65周年大会上的重要讲话：一是要认真学习深刻领会习近平总书记关于政协性质地位的重要论述。二是要认真学习深刻领会习近平总书记关于政协工作原则的重要论述。三是要认真学习深刻领会习近平总书记关于政协任务使命的重要论述。四是要认真学习深刻领会习近平总书记关于发挥专门协商机构作用的重要论述。五是要认真学习深刻领会习近平总书记关于政协履职能力建设的重要论述。第三部分 2015年工作建议：第一，思想政治建设要强化主轴意识。第二，议政建言要选准着力点。第三，协商民主要规范提升。第四，履职尽责要接长短板。第五，自身建设要突出从严从实。

省委书记姜异康在省委政协工作会议上的讲话（2015年9月22日）（摘要） 这次省委政协工作会议的主要任务是：深入贯彻落实习近平总书记系列重要讲话和视察山东重要讲话、重要批示精神，特别是关于统战政协工作重要指示精神，深入学习贯彻中央有关文件精神，总结交流近年来全省各级做好政协工作的经验；就加强和改进党的政协工作、推进政协事业发展作出部署。一、深入学习贯彻习近平总书记系列重要讲话精神，切实增强做好新形势下政协工作的责任感和自觉性。一要深刻把握习近平总书记关于人民政协地位作用的重要论述。二要深刻把握习近平总书记关于人民政协工作重要原则的重要论述。三要深刻把握习近平总书记关于人民政协任务使命的重要论述。四要深刻把握习近平总书记关于做好统一战线工作的重要论述。五要深刻把握习近平总书记关于发挥政协专门协商机构作用的重要论述。六要深刻把握习近平总书记关于人民政协履职能力建设的重要论述。二、充分发挥政协职能优势，努力开创我省政协工作新局面。（一）要更加主动地对接大局融入大局服务大局，积极为推动我省改革发展献计出力。（二）要更好发挥政协作为专门协商机构作用，努力推进我省协商民主建设。（三）要强化政协的团结统战功能，努力做好争取人心、凝聚力量的工作。（四）要以创新促工作，不断推进政协履职能力现代化建设。三、切实加强和改进党对政协工作的领导，为政协创造良好履职环境和条件。（一）各级党委要高度重视政协工作。要认真贯彻落实中央关于政协工作的重要方针政策和决策部署，切实把政协工作纳入总体工作布局，统一谋划，统一部署，统一推进。（二）要充分发挥政协党组在政协工作中的领导核心作用和共产党员的先锋模范作用。（三）要支持政协加强自身建设。（四）要努力营造有利于政协事业发展的良好氛围。

【组织概况】

副主席补选名单

（2015年1月31日政协第十一届山东省委员会第三次会议通过）

雷建国

常务委员增选名单

（2015年1月31日政协第十一届山东省委员会第三次会议通过）

（共42名，按姓名笔画为序排列）

于　冲　马丽红（女，回族）
王百忠　王喜远　王瑞明　王殿杰
牛志春　史遵衡　白玉翠（女）
曲　伟　任海涛　刘玉党　刘永巨
刘春宏（女）　刘爱卿（女）
刘景溪　孙录宝　李瑞华（女）
杨合同　杨　瑛　杨朝明　张幸福
张建宏　陈绍民　陈家全　范友金
林　青（女）　郑和国　宗艳民
赵树国　相开进　施教益　袁秀和
徐青峰　殷敦平　高　明
高　歌（女）　郭顺华　崔俊良
释仁昌　樊庆斌　燕　翔

市（区、县）主席变动情况

青岛市（副省级市）

张少军（2015年2月16日补选）

青岛市黄岛区

王　谊（2015年1月补选）

青岛市胶州市

杨　波（2015年1月补选）

青岛市崂山区

郭德利（2015年7月免职）

淄博市

郭利民（2015年3月10日补选）

济宁市

韩　军（2015年2月6日补选）

泰安市

辛显明（2015年2月5日补选）

威海市

董天祥（2015年2月6日补选）

威海市荣成市

战大海（2015年2月14日补选）

威海市乳山市

王祥芹（2015年2月15日补选）

莱芜市

林殿玲（女）（2015年2月10日补选）

德州市

满春重（2015年2月6日补选）

山东省各级政协组织和委员数

（截至2015年年底）

项目＼级别	省	副省级市	市级	县（市、区）	合计
组织数	1	2	15	137	155
委员数	856	1142	6468	33394	41860

（闫　鑫 编写　张心骥 审稿）

政协河南省委员会

史济春　副主席

【全体委员会议】

十一届三次会议　1月26日至31日在郑州召开。本次会议应出席委员897人，实到委员821人。会议听取并审议了叶冬松主席所作的省政协十一届常务委员会工作报告，审议了靳克文副主席代表省政协常委会所作的十一届二次会议以来提案工作情况报告。与会委员列席了河南省十二届人大四次会议，听取并讨论了谢伏瞻省长所作的《政府工作报告》和其他报告。中共河南省委、省政府及有关部门的负责同志到会听取委员发言。会议审议通过了《政协河南省第十一届委员会第三次会议政治决议》《政协河南省第十一届委员会第三次会议关于常务委员会工作报告的决议》《政协河南省第十一届委员会第三次会议关于提案审查情况的报告》。会议同意接受计承江、李建中、胡经文、郭鹏辞去政协河南省第十一届委员会常务委员职务的请求。会议补选省政协副主席1名、常务委员8名。会议认为，2014年，省政协常委会在中共河南省委的坚强领导下，坚持团结民主主题，发挥协商民主重要渠道作用，认真履行职能，为助推改革发展、促进和谐稳定作出了积极贡献，政协工作呈现出务实高效、蓬勃发展的良好局面。会议指出，2015年省政协工作的总体要求是：认真学习中共十八大、十八届三中四中全会精神，深入贯彻习近平总书记系列重要讲话和调研指导河南工作时的重要讲话精神，切实落实省委部署要求，始终坚持正确方向，牢牢把握团结民主主题，主动适应新常态，积极服务改革发展，着力促进依法治省，有序推进协商民主，努力维护和谐稳定，不断增强履职能力，为全面建成小康社会加快现代化建设作出新贡献。

【常务委员会会议】

第9次会议　1月7日至8日在郑州举行。会议应到172人，实到136人。会议学习了中共十八届四中全会精神，传达学习了中央经济工作会议和省委九届八次全体（扩大）会议精神。听取并讨论了省政府领导同志关于我省经济社会发展情况的通报。审议通过了召开省政协十一届三次会议的决定以及省政协十一届三次会议的议程（草案）和日程（草案），审议通过了政协河南省第十一届委员会常务委员会工作报告（草案）并推举报告人，审议通过了政协河南省第十一届委员会关于十一届二次会议以来提案工作情况的报告（草案）。听取了省政协办公厅、各专门委员会关于2014年工作完成情况和2015年工作初步打算的汇报。审议通过了有关人事事项。叶冬松主席在会议结束时作了讲话。

第10次会议　1月30日在郑州举行。会议应到169人，实到143人。会议讨论了两院工作报告，审议通过了政协第十一届河南省委员会第三次会议选举办法（草案），政协第十一届河南省委员会补选副主席、常务委员候选人建议人选名单和政协第十一届河南省委员会第三次会议总监票人、监票人建议人选名单。审议了政协第十一届河南省委员会第三次会议关于常务委员会工作报告的决议（草案）、政协第十一届河南省委员会提案委员会关于政协十一届三次会议提案审查情况的报告（草案）以及政协第十一届河南省委员会第三次会议政治决议（草案）。会议还书面听取了委员审议和大会讨论情况的综合汇报。

第11次会议 3月26日至27日在郑州举行。会议应到178人，实到127人。会议传达学习了十二届全国人大三次会议和全国政协十二届三次会议精神以及省委九届九次全体（扩大）会议精神，听取了《省政协2015年协商工作计划》和《省政协2015年视察考察工作计划（草案）》有关情况的说明，讨论通过了2015年省政协工作要点和有关人事事项。会议还对省政协十一届二次会议优秀提案和2014年度优秀社情民意信息、反映社情民意信息工作先进单位及个人进行表彰。叶冬松主席在会议结束时作了讲话。

第12次会议 7月13日至14日在郑州举行。会议应到178人，实到150人。会议传达学习了中央统战工作会议精神和省委书记郭庚茂在省委政协工作会议上的讲话精神，传达学习了全国政协十二届十一次常委会议精神和省委九届十次全体（扩大）会议精神，听取了省政协常委视察团关于县域经济产城融合发展视察情况的报告。围绕实施《河南省全面建成小康社会加快现代化建设战略纲要》和科学制定“十三五”规划进行了专题协商议政。会议共收到调研成果64份。委员们围绕构建现代产业体系、调整产业产品结构、培育壮大新的增长点、建设郑州航空港综合试验区以及编制十三五规划中的有关问题提出了许多有价值的意见和建议。?会议还表决通过了有关人事事项。叶冬松主席在会议结束时作了讲话。

第13次会议 10月9日至10日在郑州举行。会议应到178人，实到143人。会议学习了李克强总理考察河南工作时的重要讲话和指示精神，传达学习了全国政协十二届十二次常委会议精神，听取了《省政协常委视察团关于高标准粮田“百千万”建设工程视察情况的报告》《政协河南省委员会提案委员会关于政协十一届三次会议以来提案办理情况的报告》，围绕“全面推进依法治省”主题进行了专题协商议政，就促进科学立法、严格执法、公正司法、全民守法等问题提出意见建议。会议共提交发言材料40份。会议还审议通过了有关人事事项，任命贾跃为政协第十一届河南省委员会副秘书长。叶冬松主席在会议结束时作了讲话。

【专门委员会工作】

提案委员会 2015年共收到提案816件，经提案委员会审查立案630件，作为委员来信转送有关部门参考130件，并案54件，撤案2件。截至2015年12月底已全部办理完毕，办复率100%。主要做法：一是树立精品意识，夯实提案基础。二是拓宽协商渠道，健全协商机制。三是丰富调研形式，增强办理实效。四是坚持多策并举，提升服务质量。

经济委员会 精心组织金融业创新发展专题调研，完成大别山革命老区鄂豫皖三省政协主席座谈会议题调研活动，围绕县域经济产城融合发展组织省政协常委进行视察并提交视察报告。组织召开金融创新专题协商会、第十届豫商大会和“5+2”经济合作活动。开展丰富多彩的委员界别活动，协助重点提案的办理落实，参加全国政协召开的有关会议，加强与省直对口单位和兄弟省市政协的联系和交流。

农业委员会 围绕“三农”工作大局，对我省伏牛山区扶贫开发工作情况和高标准粮田“百千万”工程进行专题调研。组织委员对我省现代畜牧业发展和高标准粮田“百千万”工程进行视察。组织召开伏牛山区扶贫开发协商座谈会。协助重点提案的办理落实。加强与全国政协和外省市政协的联系与合作。

人口资源环境委员会 筹办月协商座谈会，为南水北调中线工程河南段生态环境建设建言献策。组织委员对南水北调中线工程河南段生态环境建设和农村环境污染治理情况以及河南省人口与计划生育条例贯彻落实情况进行调研。与省农工党联合对郑许一体化和城市生态水系建设情况进行调研，提出意见建议。配合有关部门督办省政协重点提案。与全国政协人资环委员会加强联系沟通，积极配合工作。

教科文卫体委员会 精心组织省政协本年度首次月协商座谈会，围绕县级公立医院改革进行协商座谈。围绕融入国家“一带一路”专题协商会议题组织委员进行视察和调研。视察高招录取现场，参与重点提案督办，举办庆祝河南省政协成立60周年书画展。

社会法制委员会 分别围绕民营企业发展环境、道路交通安全法实施情况和健全完善医患纠纷调处机制进行专题调研。承办月协商座谈会，召开全省政协社会和法制委员会工作会议。做好群众来信来访的转交工作，参与省政协重点提案办理。积极协助全国政协和外省政协来我省考察调研。

民族和宗教委员会 与上海中医药大学合作，组织全国知名专家赴沈丘县义诊讲学，免费为群众看病1600多人次，为200余名基层医务工作者做医学道德修养讲座。围绕我省宗教事务条例贯彻落实情况和宗教院校办学情况进行专题调研和考察。精心筹办我省清真食品经济协商座谈会。参加全国政协有关会议，加强与外省市政协联系沟通。

港澳台侨和外事委员会 在深圳召开港澳委员学习座谈会，参加河南省“五侨”联席会。与省商务厅合作完成港澳委员中原行活动，组织港澳委员赴贵州省调研。围绕归侨侨眷权益保护法和台湾同胞投资保护法落实情况进行调研。在台湾举办第十三届河洛文化研讨会。参与筹备第七届中原（固始）根亲文化节。做好外事出访团的组织实施工作和兄弟省市政协来访以及港澳台侨等重要客人的接待。参与重点提案办理。

学习和文史委员会 完成《百年记忆——河南文史资料大系》的编辑出版并举办首发式，编撰《民族记忆——中原抗战实录》。编印《学习参考资料》6期共24万字。围绕推动传统媒体和新兴媒体融合发展，组织委员进行考察调研并举办协商座谈会。成立河南文史资料编辑部，加强对市县政协文史工作的指导。参与重点提案督办，加强与全国各省市政协的联系交流。

市级政协工作委员会 组织委员就全省公共文化服务体系建设进行调研并筹办月协商座谈会。召开第十七次省辖市政协主席联席会和省直管县（市）政协主席座谈会。筹备召开全省市县政协工作经验交流会。通过《政协工作简报》《社情民意信息》推广经验、反映建议。密切与市县政协联系，加强工作指导。

【重要活动】

“5＋2”经济合作活动 3月28日至30日，2015年“5＋2”经济合作活动在周口举行。来自海内外300多名豫商代表会聚周口，实地参观考察，洽谈合作，共谋发展。中央马克思主义理论研究和建设工程咨询委员会主任、中共河南省委原书记、省人大常委会原主任徐光春，省政协副主席邓永俭，九届省政协副主席、河南省豫商联合会会长陈义初出席有关活动。会议期间，豫商代表为家乡的发展变化振奋不已，纷纷表示将竭尽所能，进一步宣传河南、推介河南，奉献家乡、回馈桑梓，与家乡同发展、共繁荣。在30日举行的闭幕式暨签约仪式上，豫商代表与周口市方面签约投资合作项目24个，合同引进资金87亿元，涉及食品加工、纺织服装、装备制造、机械电子、商贸物流、城市基础设施等领域。

黄帝故里拜祖大典 4月21日，由河南省人民政府、政协河南省委员会、国务院台湾事务办公室、中华全国归国华侨联合会、中华全国台湾同胞联谊会、中华炎黄文化研究会共同主办，郑州市人民政府、政协郑州市委员会、新郑市人民政府共同承办的乙未年黄帝故里拜祖大典在新郑市黄帝故里景区隆重举行。来自海内外的各界嘉宾亲临盛典，拜谒轩辕黄帝，共建精神家园，祈福中华民族伟大复兴。河南省政协主席叶冬松致辞，全国政协常委、中华全国台湾同胞联谊会党组书记梁国扬主持。十届全国人大常委会副委员长、中华炎黄文化研究会会长许嘉璐恭读拜祖文，表达对黄帝功德的仰慕和追思。全国政协副主席何厚铧，全国政协常委、全国侨联副主席李卓彬，中共中央台湾工作办公室、国务院台湾事务办公室主任助理周宁，中华炎黄文化研究会常务副会长、国务院参事赵德润和北京市政府副市长戴均良、甘肃省政协副主席张津梁、青海省政协副主席纪仁凤等出席大典。中国国民党前副主席詹春柏、胡志强应邀出席大典。省领导郭庚茂、谢伏瞻、叶冬松、邓凯、李克、史济春、吴天君、赵素萍、李文慧、蒋笃运、赵建才、靳绥东、邓永俭、龚立群、张亚忠、靳克文、钱国玉等参加大典。全国政协教科文卫体委员会副主任王全书、全国政协社会和法制委员会委员孔玉芳也参加了大典。

省直管县（市）政协主席座谈会 5月12日至13日，省直管县（市）政协主席座谈会第二次会议在巩义市召开。省政协副主席靳克文出席会议并讲话，省政协副秘书长、办公厅主任马葆青，副秘书长韩彦莉，市级政协工作委员会主任李新增，市级政协工作委员会副主任高委、丁心娥，办公厅副巡视员许冬梅，各省直管县（市）政协主席、副主席参加会议。巩义市市委书记徐相锋、市长孙淑芳到会祝贺并致欢迎词。与会人员围绕发挥政协委员主体作用进行了交流。靳克文副主席作了讲话。

河南省人民政协理论研究会第二届理事会议 5月21日下午，河南省人民政协理论研究会第二届理事会议在郑州举行。省政协副主席靳绥东出席会议并讲话。会议听取了河南省人民政协理论研究会第一届理事会工作报告，选举产生了第二届理事会，靳绥东当选为理事长。

省委政协工作会议 5月21日，中共河南省委政协工作会议在郑州召开。这次会议以庆祝省政协成立60周年为契机，进一步贯彻落实党的十八大和十八届三中、四中全会精神，贯彻落实习近平总书记在庆祝中国人民政治协商会议成立65周年大会上的重要讲话精神和《中共中央关于加强社会主义协商民主建设的意见》，对做好新形势下政协工作进行部署。省委书记、省人大常委会主任郭庚茂出席会议并作重要讲话，强调要以“四个全面”战略布局为总引领，把思想和行动统一到中央要求和省委部署上来，抓好《中共河南省委关于进一步加强人民政协工作的意见》的落实，谱写人民政协事业发展新篇章，为加快中原崛起河南振兴富民强省、让中原更加出彩凝聚智慧和力量。省委副书记、省长谢伏瞻主持会议。省领导叶冬松、邓凯、李克、刘满仓、吴天君、赵素萍、夏杰、陈雪枫、李文慧、陶明伦、徐济超、史济春、靳绥东、邓永俭、李英杰、龚立群、张亚忠、高体健、靳克文、钱国玉出席会议。各省辖市、省直管县（市）委副书记、政协主席、统战部部长，省各民主党派、工商联负责同志，省直有关单位负责同志，省政协厅级干部参加会议。

视察县域经济产城融合发展 6月15日至16日，省政协常委视察团到新乡市和长垣县视察县域经济产城融合发展，为县域经济发展建言献策。省政协副主席邓永俭、梁静和秘书长郭俊民等参加视察。视察团先后到长垣县的鸿志高效农业园区、新中益电厂、汽车产业园、中国防腐集团博览城、卫华集团，新乡市原阳县的国基中央厨房产业园、金祥家居产业园、产业集聚区综合服务平台等实地视察。6月16日，视察团在新乡举行座谈会。邓永俭代表视察团作了讲话。

视察郑州航空港区建设情况 8月25日下午，省政协副主席靳绥东带领省政协委员视察团对郑州航空港经济综合实验区融入国家“一带一路”战略情况进行专项视察。郑州市领导张延明、张建国等陪同。在河南电子口岸服务中心，视察团成员观看了航空港实验区规划宣传片，听取了实验区规划建设情况和河南电子口岸建设情况介绍，对航空港实验区积极实施“东联西进”及呈现的良好发展态势给予充分肯定。在中国（郑州）国际商品交易中心，视察团实地了解跨境电子贸易电商销售流程。视察团认为，郑州跨境贸易电子商务的迅猛发展，必将促进“一带一路”大环境下中原地区与沿线国家的经贸融合。

第十届豫商大会 8月28日，第十届豫商大会在信阳隆重开幕。来自海内外123个豫商商会组团参加盛会，2000多名河南籍企业家和嘉宾欢聚大别山下，畅叙乡情，共襄盛举。本届豫商大会由河南省政协主办，信阳市人民政府、河南省商务厅、河南省归国华侨委员会、河南省工商业联合会、河南省豫商联合会承办。大会开幕式由省政协副主席邓永俭主持。省政协主席叶冬松，河南省委原书记、省豫商联合会名誉会长徐光春，全国政协教科文卫体委员会副主任、省豫商联合会名誉会长王全书，副省长王铁，中央政策研究室原副主任郑新立，省政协副主席、省工商联主席梁静，省政协原副主席、省豫商联合会会长陈义初等出席开幕式。大会对在新的经济形势下如何发展河南经济和推进新豫商自身的发展进行深入探讨，并重点研究境外投资、产业转型升级、“互联网+”等前瞻性的领域。会议还举了办“新豫商十年”主题论坛、分论坛、信阳市情说明会以及商务考察、招商引资项目签约仪式等多项重要活动。会议结束时，共签约合作项目58个，合同总额316.57亿元。

视察洛阳市融入国家“一带一路”战略 9月1日至2日，河南省政协副主席靳绥东带领省政协委员视察团对洛阳市融入国家“一带一路”战略情况进行视察。视察团先后到中国一拖集团，隋唐洛阳城国家遗址公园天堂、明堂，隋唐洛阳城定鼎门遗址实地察看，并听取融入国家“一带一路”战略情况介绍。视察团希望洛阳市抢抓“一带一路”战略机遇，找准自身定位，抓住本地特点，选择合适的发展方向，优化空间布局，充分发挥工业、科技、文化、交通等方面的比较优势，积极扩大与丝绸之路沿线国家和城市的交流合作，在丝绸之路经济带建设中努力实现更大担当、更大作为。

全省政协秘书长座谈会 9月10日至11日，全省政协秘书长座谈会第十二次会议在洛阳市召开。政协副主席靳绥东，省政协秘书长郭俊民，省政协副秘书长、办公厅主任马葆青，省政协副秘书长王克俊等出席座谈会。洛阳市有关领导刘应安、王敬林、谢留峰等参加相关活动。座谈会上，与会人员围绕“学习贯彻省委政协工作会议精神，推进人民政协协商民主建设”这一主题，就进一步规范协商内容、协商程序，拓展协商民主形式，更加活跃有序地组织开展专题协商、对口协商、界别协商、提案办理协商，提高协商成效等进行了探讨，提出了意见和建议。郑州、开封、洛阳、安阳等市政协作了发言。靳绥东副主席在会上讲了话。

视察高标准良田“百千万”工程建设 9月21日至22日，省政协副主席靳绥东、李英杰带领省政协常委视察团到鹤壁市视察高标准粮田“百千万”工程建设情况，并召开座谈会，听取有关汇报和大家发言。此次对高标准粮田“百千万”建设工程推进情况进行视察，主要目的是总结先进经验和做法，查找存在的困难和问题，为建成地区提升、在建和未建地区高标准建设提供借鉴。

河洛文化学术研讨会 10月13日至14日，第十三届河洛文化学术研讨会在台湾新北市举行。全国政协港澳台侨委员会主任、中国河洛文化研究会会长杨崇汇，全国政协提案委员会副主任、中国河洛文化研究会副会长干以胜，省政协副主席、中国河洛文化研究会常务副会长邓永俭等出席。研讨会由中国河洛文化研究会和中华侨联总会联合主办，主题是“河洛文化与台湾”。来自海峡两岸、香港以及美国、韩国的专家150多人与会，就河洛文化与河洛郎、河洛文化与台湾本土文化的融合与发展、河洛文化与台湾民间习俗、河洛文化与海外华人文化等开展研讨。

省辖市政协主席联系会 10月23日下午，河南省省辖市政协主席联系会第十七次会议在开封举行。会议主题是研究探索如何更好地发挥政协民主监督作用。省政协副主席、党组副书记史济春出席会议并讲话。开封市委书记吉炳伟致辞。河南省各省辖市政协领导出席会议，并作了交流发言，就更好地发挥政协民主监督作用提出意见和建议。

省市县政协工作经验交流会 10月29日，全省市县政协工作经验交流会在郑州召开。省政协主席叶冬松出席会议并讲话，副主席史济春、靳绥东、邓永俭、龚立群、张亚忠、钱国玉和秘书长郭俊民出席会议。会议分别由史济春、邓永俭主持。靳绥东通报了十一届省政协主要工作情况，9个市、县（区）政协作交流发言，与会同志围绕会议主题进行了分组讨论。会议强调，要认真学习中央精神特别是习近平总书记对政协事业发展提出的一系列新思想、新论断、新部署、新要求，学习全国地方政协工作经验交流会精神，按照省委政协工作会议部署和《中共河南省委关于进一步加强人民政协工作的意见》，在新的起点上做好政协工作。

新年茶话会 12月30日上午，河南省政协在郑州国际会展中心轩辕堂举行新年茶话会。省委书记、省人大常委会主任郭庚茂，省委副书记、省长谢伏瞻等省领导与各界人士欢聚一堂，喜迎新年佳节，畅谈美好明天。省政协主席叶冬松主持茶话会。郭庚茂在会上作了热情洋溢的讲话。茶话会上，叶冬松代表省政协向全省各界人士致以节日祝福。省政协副主席、民建省委主委龚立群代表省各民主党派、工商联和无党派人士作了发言。文艺工作者表演了精彩的节目。

【重要文件】

常委会工作报告（2015 年 1 月 26 日）（摘要） 一、2014 年工作回顾。过去的一年，在省委领导下，省政协常委会按照省委工作部署和省政协十一届二次会议确定的工作任务，认真履行职能，切实发挥作用，为助推改革发展、促进和谐稳定作出了积极贡献。（一）高度重视理论学习，牢牢把握正确方向。一是认真学习领会中共十八大、十八届三中四中全会、习近平总书记系列重要讲话精神和中国特色社会主义理论，切实在思想上政治上行动上与以习近平同志为总书记的中共中央保持高度一致。二是认真学习贯彻习近平总书记在庆祝中国人民政治协商会议成立 65 周年大会上的重要讲话精神，学习贯彻俞正声主席在理论研讨会上的重要讲话精神。认真落实中央部署和省委要求，进一步明确了政协工作的努力方向、履职重点和方式方法。三是认真学习贯彻省委九届七次八次全会、省委经济工作会议和其他会议精神，落实省委各项重大决策部署，进一步找准了政协服务改革发展的切入点和着力点。（二）巩固扩大活动成果，持续加强作风建设。一是持续提升思想认识。认真学习习近平总书记关于教育实践活动和调研指导河南工作时的重要讲话精神，扭住“总开关”，增强思想自觉，形成了真抓实做、务求实效的共识。二是持续落实整改事项。完成省政协领导班子和机关领导班子“四抓”重点事项 63 个，省、厅级领导干部“三件事”整改事项 705 个，“上下联动”整改事项 4 个，解决市县政协反映实际问题 82 项。三是持续加强制度建设。制定和修订党组会议议事规则、主席会议工作规则、加强机关干部队伍建设的意见等 12 项，重点解决制度缺失、缺位和执行不力、落实不到位问题，强化制度的刚性约束力和执行力。四是持续推进作风建设。着力强化党组的主体责任，着力加强班子建设，着力打造干部队伍，着力加强宗旨教育，着力弘扬焦裕禄精神，自觉践行“三严三实”，严格做到“六问六带头”，教育引导委员和机关干部深入基层，讲实话、干实事、重实效。（三）认真履行三项职能，积极服务改革发展。一是紧扣重大部署组织调研。先后围绕加快建设先进制造业大省和高成长服务业大省，组织开展集中调研，并分别在常委会议上进行专题议政，助推先进制造业大省建设行动计划的实施和加快建设高成长服务业大省意见的制定。省政协各专委会、市县政协和广大委员结合工作实际，选择经济社会发展的重要问题，深入调查研究，积极建言献策。二是紧扣重点工作进行视察。组织省政协常委视察团视察电子商务产业发展和黄河滩区扶贫开发情况，对加快电子商务发展相关扶持政策和启动黄河滩区居民迁建试点工作提出建议。组织住省辖市委员考察南水北调工程、生态农业、食品产业、城市规划建设、旅游产业发展等，组织住省直管县（市）委员考察传统支柱产业重组与技术改造情况。三是紧扣交流合作搭建平台。参与主办甲午年黄帝故里拜祖大典，增强了华夏儿女的凝聚力、向心力。主办豫商大会和“5＋2”经济合作活动，共促成 65 个项目签约，意向投资达 770 亿元。参与主办鄂豫皖三省政协主席座谈会议，围绕大别山区生态保护进行协商研讨。参与主办河洛文化学术研讨会、中原根亲文化节、豫皖书画精品联展，为华夏历史文化传承创新、增进交流搭建了平台。四是紧扣决策落实开展监督。通过经常性工作以及推荐委员担任有关部门特约执法执纪监督员等方式，积极开展民主监督，有力推动了重点工作开展、重点项目推进、重大改革举措执行和改革任务落实。（四）牢固树立为民理念，努力促进民生改善。一是主动关注民生问题。就教育、就业、医疗、社保、交通、食品安全、生态环境等涉及群众切身利益问题，开展调研视察30余次，撰写报告90多份。二是主动反映群众愿望。委员们在农村集体经营性建设用地入市、国家级蔬菜种子生产基地认定、南水北调工程命名以及公立医院公益作用发挥等方面，提出360多条意见建议，供有关部门参考。三是主动维护群众利益。通过督办提案，推动有关部门加强大气环境质量监测、城市卫生精细化管理、医疗秩序维护、地沟油专项整治等工作。四是主动关心弱势群体。开展“三下乡”“四进社区”活动，关注进城务工人员、城镇低收入群体、黄河滩区贫困群众、南水北调工程移民等特殊群体生产生活，动员委员送温暖献爱心。（五）发挥重要渠道作用，探索实践协商民主。一是注重建立协商机制。积极推进省全面深化改革第一批35项重点改革事项之一——建立月协商座谈会制度。制定推进协商民主工作方案、协商工作计划、协商座谈会暂行办法和工作规程，初步建立协商民主机制。二是注重创新协商载体。围绕党政部门重视、人民群众关注的问题，结合政协工作实际，先后召开7次协商座谈会，邀请省政府领导、省直有关部门主要负责人和有关专家学者，与委员一起座谈交流、协商研讨，会议成果通过协商专报形式报送省委省政府。三是注重推进协商探索。建立省政协领导推进协商民主联系点，开展推进协商民主工作调研，指导市县政协开展协商活动。四是注重展示协商成果。围绕协商民主重大理论和实践问题，组织专家学者和政协工作者进行专题研究。通过多种宣传形式，反映协商民主探索实践，扩大协商民主社会影响。（六）始终坚持团结民主，广泛凝聚智慧力量。一是充分发挥党派作用。尊重并保障省各民主党派工商联的民主权利，鼓励他们参与政协的各项履职活动。一年来，协商办理省各民主党派工商联提案112件、信息444条，邀请他们参加视察调研716人次，安排他们在全体会议、常委会议上发言23人次。二是密切联系民族宗教人士。集中培训少数民族、宗教界委员，看望走访少数民族、宗教界代表人士，参加民族宗教有关活动，调研宗教界社会事业开展和农村宗教事务管理情况，组织专家到少数民族聚居地区进行义诊讲学。三是广泛团结港澳台侨同胞。及时向住港澳地区委员通报有关情况，调研港澳台侨资企业发展环境，召开港澳台侨资企业负责人座谈会，接待港澳台考察团，促进交流合作。四是积极开展政协工作交流。组织住豫全国政协委员赴江西考察文化产业发展，配合全国政协完成中医药传承与发展、优化电力布局、完善农村土地承包经营权流转制度等调研，先后召开市、直管县政协主席、秘书长会议，加强指导和交流。（七）不断完善制度机制，全面提升工作水平。一是协商议政工作取得新成效。注重运用全体会议、常委会议、专题协商会、协商座谈会等形式，围绕富强、文明、美丽、平安河南建设中的重大问题，深入协商讨论。十一届九次常委会议围绕省政府工作通报进行认真讨论，省政府主要领导作出批示，要求在部署2015年工作中重视并体现相关意见。二是视察调研工作呈现新成果。制订年度视察考察计划，全年组织视察考察活动36次，调研71次，共形成视察调研报告159份。三是提案工作质量实现新提升。制定提高提案工作质量、重点提案遴选与办理、提案工作表彰等制度，提案工作制度化建设进一步加强。全年审查立案606件提案，已全部办结。四是反映社情民意信息工作再上新台阶。制定加强和改进反映社情民意信息工作的意见，全年编报信息77期，接待来信来访521件（次）。五是文史资料工作展现新作为。制定加强文史资料工作的意见，举办文史干部培训班，印发文史资料征集大纲，编辑出版《百年记忆——河南文史资料大系》和《河南文史资料》。（八）注重加强自身建设，着力夯实履职基础。一是切实发挥委员主体作用。每次常委会议后，都围绕中共中央精神和省委重大部署举办学习讲座。加强委员政治理论和政协知识培训，培训委员600多人。实行委员基本信息及履职情况数据化管理，委员服务联络管理机制更加健全。二是切实发挥专委会基础作用。召开专委会主任座谈会，研究加强专委会建设的思路和措施，修定专门委员会通则，建立健全对口联系制度，促进专委会与省直有关部门相互沟通、良性互动。三是切实发挥机关服务保障作用。开展廉洁从政专项治理，组织集中学习培训，完善相关规定，创新工作机制，提升服务保障能力。二、2015年工作安排。2015年省政协工作的总体要求是：认真学习中共十八大、十八届三中四中全会精神，深入贯彻习近平总书记系列重要讲话和调研指导河南工作时的重要讲话精神，切实落实省委部署要求，始终坚持正确方向，牢牢把握团结民主主题，主动适应新常态，积极服务改革发展，着力促进依法治省，有序推进协商民主，努力维护和谐稳定，不断增强履职能力，为全面建成小康社会加快现代化建设作出新贡献。（一）守纪律讲规矩，更加自觉坚持正确方向。（二）促发展惠民生，更加积极助推中原出彩。（三）建真言献良策，更加有效服务依法治省。（四）求团结促稳定，更加广泛凝聚智慧力量。（五）强基础固本元，更加注重提升履职能力。三、有序推进政协协商民主。（一）以统一思想为基础，不断深化协商认识。（二）以围绕中心为原则，认真组织协商活动。（三）以规范程序为要求，着力创新协商机制。（四）以扩大共识为目的，促进形成协商合力。

【组织概况】

副主席增补名单

（2015年1月31日　河南省政协十一届三次会议通过）

史济春

常委增补名单（共8名）

（2014年1月31日　河南省政协十一届三次会议通过）

王　璋　王海鹰　刘应安　李建设
张　建　钱　伟　彭亚平（女）
蔡永礼

常委辞职名单（共4名）

（2015年1月31日　河南省政协十一届三次会议通过）

计承江　李建中　胡经文　郭　鹏

不再担任委员名单（共35人）

（2015年1月8日　河南省政协十一届九次常委会议通过）

于　燕（女）　马　刚　王卫军
王小平　王玉娟（女）
王忠梅（女）　王载文（女）
牛森营　方北群　任平原　刘　荃
刘建武　孙　栋　李秀奇　张凤鸣
张文军　陈观壤　陈苏河（女）
武建新（回族）　范学贵　林宪斋
罗会文　周宗良　郑新举　胡经文
赵　洁（女）　贺海飞　袁长祥
原振喜　党涤寰（女）
徐惠俐（女）　栾聚宝　郭　鹏
韩奎生　谢昕宇（女）

委员增补名单 （共42人）

（2015年1月8日 河南省政协十一届九次常委会议通过）

万里光（中共） 王育航（中共）
史济春（中共） 孙荣洲（中共）
安 伟（中共） 蒋美兰（女，中共）
张荣斌（中共） 蔄慧杰（中共）
王 璋（特邀） 王英超（特邀）
王洪勋（特邀）
方 婷（女，回族，特邀）
左宪安（特邀） 刘应安（特邀）
刘建华（特邀） 孙继刚（特邀）
李建豫（女，特邀）
段志刚（特邀） 秦海彬（特邀）
贾祖贫（特邀） 钱 伟（特邀）
徐兰峰（特邀） 韩瑞成（特邀）
马斐颖（女，妇联）
刘春霞（女，妇联）
薛 冬（女，妇联）
李 可（共青团）
屈晓举（共青团）
张艳华（女，共青团）
刘 兵（共青团）赵顺舟（工会）
何宝杰（医药卫生）
龚金星（新闻出版）
李 涛（经济） 李化常（经济）
李忠榜（经济） 李翰辉（经济）
武 刚（经济） 郑汉龙（经济）
赵继旺（经济） 赵富洲（经济）
胡五岳（经济）

委员撤销名单（共9人）

（2015年1月8日 河南省政协十一届九次常委会议通过）

王永兴 李新全 张力奎 苗永清
雷凌霄 蒯保平 王根喜 李书转
郝立富

专门委员会主任、副主任任免名单

（2015年1月8日 河南省政协十一届九次常委会议通过）

增补：

李建社为人口资源环境委员会副主任，程德民为民族和宗教委员会副主任，高委为市级政协委员会副主任，徐金柱为教科文卫体委员会副主任

免去：

张正林经济委员会副主任职务，邓应征人口资源环境委员会副主任职务

（2015年3月27日 河南省政协十一届十一次常委会议通过）

增补：

王永苏为提案委员会副主任，张建、苏新华为人口资源环境委员会副主任，彭亚平为民族和宗教委员会副主任，喻新安为学习和文史委员会副主任

（2015年7月14日 河南省政协十一届十二次常委会议通过）

增补：

徐金柱为经济委员会副主任，张英豪为人口资源环境委员会副主任、李新中为教科文卫体委员会副主任

（2015年7月14日 河南省政协十一届十二次常委会议通过）

免去：

徐金柱教科文卫体委员会副主任职务

市县区政协主席变动情况

濮阳市政协主席

郑大文（2015年4月12日当选）

新乡市凤泉区政协主席

张怀彪（2015年9月15日不再担任）

洛阳市伊川县政协主席

王龙钦（2015年11月5日不再担任）

洛阳市洛龙区政协主席

田东娥（2015年12月3日不再担任）

洛阳市高新区政协主席
杨秋云（2015 年 12 月 23 日不再担任）

焦作市孟州市政协主席
卫国胜（2015 年 3 月 1 日当选）

焦作市武陟县政协主席
魏国龙（2015 年 3 月 4 日当选）

焦作市马村区政协主席
赵根旺（2015 年 3 月 2 日当选）

焦作市解放区政协主席
郭全成（2015 年 2 月 11 日当选）

安阳市龙安区政协主席
李治国（2015 年 8 月 19 日当选）

鹤壁市山城区政协主席
谭北平（2015 年 2 月 2 日当选）

南阳市唐河县政协主席
朱全富（2015 年 1 月 16 日当选）

南阳市镇平县政协主席
任瑞林（2015 年 1 月 14 日当选）

河南省各级政协组织和委员数

（截至 2015 年年底）

级别 项目	省	设区的市	省直管县	县（市、区）	合计
组织数	1	18	10	151	180
委员数	897	7313	2947	32599	43756

（牛海棠 编写　张丛乐 审稿）

政协湖北省委员会

【全体委员会议】

十一届三次会议 1月26日至31日在武汉举行。应到委员728人，实到680人。中共湖北省委书记李鸿忠，省委副书记、省长王国生，省委副书记张昌尔等领导同志出席开幕会和闭幕会，参加联组讨论，听取委员大会发言，与委员共商改革发展大计。会议审议批准省政协主席杨松所作的常委会工作报告和省政协副主席张柏青所作的提案工作情况的报告。26位委员作了大会发言。会议对2014年省政协的工作作了总结，对2015年省政协的工作进行了部署。会议认为，过去的一年里，省政协坚持发挥协商民主重要渠道作用，主动谋事、认真干事、努力成事，服务改革发展取得新成效，推动协商民主取得新进展，加强自身建设取得新成绩。会议要求，全省各级政协组织、广大政协委员要着眼推进新常态下湖北经济社会发展，着眼全省全面深化改革和全面推进法治湖北建设，着眼推进人民政协协商民主制度建设，认真履行政治协商、民主监督、参政议政职能，加强履职能力现代化建设。会议期间，共收到提案851件，经审查立案773件，收到大会发言210多篇，政协委员和列席人员围绕政府工作报告及其他报告进行小组发言、联组发言1300多人次，编发简报69期。

【常务委员会会议】

第8次会议 1月22日至23日在武汉举行。会议决定，省政协十一届三次会议于2015年1月26日至31日在武汉召开。副省长许克振代表省政府通报我省2014年经济工作情况。会议听取了省政府副秘书长王顺华所作的关于《政府工作报告（征求意见稿）》起草情况的说明以及关于省政协十一届二次会议以来提案办理工作情况的通报。会议通过了省政协十一届三次会议有关文件。会议原则通过《政协湖北省委员会关于加强委员履职能力建设的意见（试行）》。省政协主席杨松主持开幕会并在闭幕会上讲话。杨松要求，省政协常委会组成人员要明确自己的使命和责任，带头履行职责，为全会的成功召开作出努力和贡献。会议通过了有关人事事项。

第9次会议 5月26日至27日在武汉召开。会议应到133人，实到112人。省政协主席杨松主持会议，并在闭幕会上讲话。省委副书记、省长王国生到会听取大会发言并讲话。省委常委、常务副省长王晓东在开幕会上通报“科学编制我省‘十三五’规划”的有关情况。国家发改委发展规划司司长徐林就国民经济和社会发展“十三五”规划基本思路在会上作专题讲座。与会人员协商讨论了科学编制湖北省“十三五”规划的有关问题。12位委员作大会交流发言。会议通过了有关人事事项。

第10次会议 8月31日至9月1日在武汉召开，协商讨论“全面推进依法治国，建设法治湖北”问题。会议应到129人，实到100人。省政协主席杨松主持开幕会并作闭幕会讲话。省委副书记、政法委书记张昌尔出席开幕会，通报全面推进法治湖北建设有关情况。省委常委、常务副省长王晓东出席开幕会，通报我省上半年经济运行情况和下半年经济工作安排。中国社会科学院法学研究所副所长莫纪宏作专题讲座。12位同志作大会口头发言。会议要求全省各级政协组织和广大政协委员要认真学习贯彻中共中央关于人民政协工作的方针政策和习近平总书记关于政协工作的系列重要指示精神，认真学习贯彻全国地方政协工作经验交流会和省委政协工作会议精神，聚焦我省改革发展、法治建设以及“十三五”规划中的重大问题，加强调查研究，深入协商议政，推进政协协商民主创新发展。

第11次会议 12月1日至2日在武汉举行。会议应到124人，实到102人。省政协主席杨松主持开幕会并在闭幕会上讲话。常委会组成人员围绕“学习贯彻中共十八届五中全会精神”和“学习贯彻省委政协工作会议精神，推进政协协商民主建设”议题，进行大会发言和分组讨论，提出意见建议。会议审议通过了新修订的《中国人民政治协商会议湖北省委员会全体会议工作规则》《中国人民政治协商会议湖北省委员会常务委员会工作规则》《中国人民政治协商会议湖北省委员会专门委员会通则》3个制度性文件。

【专门委员会工作】

提案委员会 以省政协办公厅文件下发了《关于2015年度重点提案督办活动方案》，做好提案督办的协调联络和服务工作，并配合省政府督查室搞好后续跟进工作。起草《省政协提案办理协商工作实施办法》。组织开展推进我省军民融合发展、汉江生态经济带建设、汉江中上游生态环境保护、南水北调中线工程和东线工程对比研究等专项调研活动。组织召开“加快国有林场改革，推进国有林场转型发展”界别协商座谈会。

经济委员会 服务省政协领导分别就大别山革命老区基本公共服务均等化、大别山革命老区经济社会发展情况进行调研。承办鄂豫皖三省政协主席座谈会、《大别山革命老区振兴发展规划》市县政协主席学习座谈会。组织召开省政协“推进长江经济带开放开发”常委专题协商会。承办“推进我省国有企业改革”界别协商座谈会。与省工商联共同组织承办“相约荆楚地，共筑新常态”中华精英企业家走进湖北投资考察活动。组织召开全省市州、直管市、神农架林区政协经济委员会工作会议。

人口资源环境委员会 就“全省重大地质灾害防控工作”组织委员视察，召开界别协商座谈会。服务省政协主要领导就“十三五”期间湖北绿色发展问题实地调研。做好省政协主要领导参加全国政协“长江经济带开发中的湿地保护”双周协商座谈会的专题调研、参会文稿起草等服务工作。做好省政协重点提案《深化科技金融创新，加快创新湖北建设》《我省秦巴山区生物多样性优先保护工作》的督办工作。组织开展以生态环境保护为内容的专项民主监督试点推进工作。

教科文卫体委员会 组织召开推进“县级公立医院改革”界别协商座谈会。开展省政协《推进建筑产业现代化，建设绿色生态湖北》《加强长江中游故道群湿地保护与管理》重点提案督办协商。围绕“推进法治文化建设，提升全民法治信仰”与“长江中游城市群建设”子课题，开展与党政部门、高校科研院所的对口协商。组织开展2015年高考招生录取现场视察工作。就“文化产业发展”组织开展学习考察。召开全省政协教科文卫体委员会工作座谈会。

社会和法制委员会 组织开展省政协委员关于我省司法体制改革试点工作的视察。承办省政协《湖北省价格条例》立法协商常委专题协商会。组织完成《湖北省城镇供水条例（征求意见稿）》等6件地方法规草案征求意见任务。向省人大常委会报送5件2016年地方立法选题建议。完成“民营企业投资前置审批”专项民主监督工作和《湖北省政协关于开展专项民主监督的暂行办法》起草任务。承办省政协“基层妇联组织发展环境”界别协商座谈会。就“集体合同和集体工资协商制度”及“湖北省女职工劳动保护规定”贯彻落实情况开展视察调研。组织开展在汉新疆籍流动人口和摊贩服务管理问题的专题调研。

民族和宗教委员会 围绕"'十三五'期间加快我省民族地区经济社会发展"和"湖北武陵山民族地区生态环境保护工作"开展专题调研。组织召开"湖北武陵山试验区政协主席座谈会"，专题协商民族地区生态环境保护。组织召开"城乡少数民族散杂居和流动人员服务管理工作"界别协商座谈会。组织委员就"城市民族工作情况"进行视察。就"依法管理宗教事务问题"开展专题调研。组织召开"全省政协民族宗教工作研讨会"。

文史和学习委员会 组织召开"推动武汉抗战纪念馆建设"界别协商座谈会。编辑出版《湖北抗战史料精编》(上下册)和《湖北抗战画史》。围绕"我省文庙保护与利用""'十三五'期间大力传承和弘扬优秀荆楚文化""法治湖北建设""禅宗音乐文化发展""网络专车平台企业价格行为的监管问题"等进行专题调研。拍摄完成《亲历者说》第一集《台湾学子，祖国寻梦》。

港澳台侨和外事委员会 在珠海主办港澳委员中秋茶话会，组织我省基层优秀教师、先进医务工作者赴澳门考察交流，组织港澳政协委员赴省外考察，与香港湖北联谊会共同组织在港湖北乡亲故乡行活动。组织部分委员、专家对台资企业进行实地调研，形成了《对我省部分台资企业税费问题的调研报告》。组织委员围绕"'十三五'期间大力推进我省旅游业与关联产业融合发展"等议题，开展专题调研、视察、界别协商座谈、重点提案督办等活动。与省民革联合举办孙中山先生逝世90周年和诞辰149周年纪念活动。召开全省政协港澳台侨和外事委员会工作座谈会。

委员工作委员会 做好省政协十一届三次会议大会组织组相关工作。向省政协委员较为集中的部分高校党委统战部门提供委员履职表现情况。协调建好委员履职档案。向届中离任的省政协常委和专委会负责人制发《致敬信》纪念座牌。与办公厅相关处室配合，升级委员履职管理软件系统，推动创建"湖北省政协委员履职通"APP手机终端。起草印发《政协湖北省委员会关于加强委员履职能力建设的意见(试行)》。起草省政协《重点协商活动组织实施工作办法》。召开"全省政协加强委员履职能力建设座谈会"。对部分高校省政协委员履职能力建设特别是履职保障情况开展专题调研。组织召开省政协"互联网与大数据运用"界别协商座谈会。组织开展"清江水资源保护"委员视察。

【重要活动】

2015年建议提案交办会 2月27日，省人大常委会、省政府、省政协联合召开2015年建议提案交办会。806件提案分别交由115个承办单位办理。省委常委、常务副省长王晓东，省人大常委会党组书记、常务副主任李春明，省政协副主席陈天会出席会议并讲话。省政府秘书长王祥喜主持会议。会议要求，要增强做好提案办理工作的责任感，推进提案办理与落实的制度化、规范化与程序化，丰富提案办理形式，将协商民主精神贯穿于提案办理全过程。要充分发挥提案推动工作的积极作用。

全省市州政协主席座谈会 4月22日至23日在武汉召开。深入学习贯彻中共中央和习近平总书记关于加强社会主义协商民主建设、推进人民政协事业发展的重大战略思想和战略部署，研究讨论加强人民政协协商民主制度建设问题。省政协主席杨松主持22日座谈会并讲话。会议要求，要按照省委常委会会议部署，认真协助省委筹备和组织召开政协工作会议。

纪念建党94周年暨理论学习中心组

大会 6月26日召开，省政协机关全体党员、机关干部职工参加学习。省政协主席杨松围绕“三严三实”专题教育给大家讲党课。省政协常务副主席范兴元主持大会并讲话。省政协副主席王振有、陈天会、肖旭明，秘书长刘安民作中心发言。

省委政协工作会议 8月18日在武汉召开。会议深入贯彻党的十八大和十八届三中、四中全会精神，贯彻落实习近平总书记在庆祝人民政协成立65周年大会上的重要讲话和《中共中央关于加强社会主义协商民主建设的意见》精神，总结交流2010年省委政协工作会议以来我省加强人民政协工作的经验和做法，研究部署下一步工作。省委书记、省人大常委会主任李鸿忠出席会议并讲话，要求全省各级党委要高度重视人民政协工作，按照总揽全局、协调各方的原则，切实加强和改进对政协工作的领导，支持政协依照章程独立负责、协调一致地开展工作，创造有利于政协开展工作的良好环境和条件，为政协履行职能提供有力保障。省委副书记、省长王国生作总结讲话。省政协党组书记、主席杨松就做好新形势下政协工作作具体部署。省委副书记张昌尔主持闭幕会并讲话。省委、省人大、省政府、省政协领导同志，省军区、省高级人民法院、省人民检察院、武警湖北省总队主要负责同志等出席会议。

《湖北省价格条例》常委专题协商会 10月9日在武汉召开。省物价局负责人作立法说明，省政协常委、委员、律师顾问组代表作大会协商发言。省人大有关领导，省政府法制办、省物价局负责人到会听取了意见。省政协主席杨松听取协商发言并讲话。杨松指出，这次立法协商是协商民主的创新和突破，将使我省协商民主的内容和形式更加丰富。在省人大一审后、二审前对地方性法规进行协商讨论，具有试点性、探索性，富有积极意义。省政协副主席刘善桥主持会议。

庆祝省政协成立65周年座谈会 11月3日在武汉召开。省委书记、省人大常委会主任李鸿忠出席并讲话。他强调，实现“两个一百年”奋斗目标和中华民族伟大复兴中国梦，为人民政协提供了广阔舞台，人民政协事业大有可为。希望全省各级政协组织和广大政协委员高举中国特色社会主义伟大旗帜，深入学习贯彻习近平总书记系列重要讲话精神，务实进取、开拓创新，不断开创人民政协事业发展新局面，为推进我省“建成支点、走在前列”进程，促进“五个湖北”建设贡献力量，为谱写中华民族伟大复兴中国梦的湖北篇努力奋斗。省政协主席杨松主持会议。全国政协社会和法制委员会副主任宋育英，省委副书记张昌尔，省委、省人大常委会、省政府、省政协、省军区、省高级人民法院、省人民检察院、武警湖北省总队的领导同志，历届省政协老领导等出席会议。

“推进长江经济带开放开发”常委专题协商会 11月3日在武汉召开。省政协主席杨松出席会议并讲话，副省长许克振介绍我省长江经济带开放开发的有关情况，省政协副主席肖旭明主持会议。省政协常委、委员，以及武汉市政协、长江水利委员会代表同志作大会发言，分别就加快长江经济带产业转型升级、加强湿地保护、推进长江经济带城市群协同发展、加快三峡综合交通运输体系建设、拓展国际班轮航线、推进长江经济带与汉江生态经济带协调与融合发展等提出意见和建议。省直有关部门负责人与常委、委员进行了互动交流。

全省各界人士迎新年茶话会 12月30日在武汉举行。省委书记、省人大常委会主任李鸿忠出席茶话会并致辞。省政协主席杨松主持茶话会。省委副书记、省长王国生，全国政协社会和法制委员会副主任宋育英，省委副书记张昌尔等领导同志出席茶话会。省政协副主席、民建湖北省委主委郭跃进代表省各民主党派、工商联和无党派人士发言。共青团湖北省委负责同志代表省各人民团体和社会各界人士发言。出席茶话会的还有省委、省人大常委会、省政府、省政协、省军区和省高级人民法院、省人民检察院、武警湖北省总队领导同志，省老领导，省各民主党派和省工商联负责同志，无党派人士，省各人民团体和省直部门有关负责同志以及各界人士代表。

【重要文件】

常务委员会工作报告（2015 年 1 月 26 日）（摘要）　一、2014 年工作回顾：（一）坚持中国特色社会主义理论武装，巩固共同思想政治基础。（二）聚焦改革发展议政建言，助推湖北"建成支点、走在前列"进程。就"坚持科学发展、切实转变经济发展方式""深化经济体制改革、完善现代市场体系""推进创新驱动发展、加快创新湖北建设"等问题，召开 3 次议政性常委会议，深入协商议政；加强对经济发展新常态下我省重要问题的调查研究和协商讨论，召开两次经济形势分析座谈会，围绕发展战略性新兴产业、破解民营经济发展难题、外资企业发展环境问题召开界别协商座谈会；积极为促进我省文化发展繁荣献计出力，围绕打造鄂东禅宗文化旅游品牌召开常委专题协商会，围绕"随州大遗址保护与利用"召开界别协商座谈会暨重点提案督办会，围绕"深化文艺院团改革"进行深入调查研究和咨询论证；紧紧围绕涉及群众切身利益的实际问题建言献策，分别就发展职业教育、农村基础教育问题，养老服务体系建设、完善失地农民社会保险制度问题，健全药品供应保障体系、强化基本医疗卫生制度问题，加强未成年人安全教育问题以及随军家属就业安置问题召开界别协商座谈会，就建筑工人工伤保险问题在全国政协双周协商座谈会上提出建议；紧紧围绕生态环境保护中的重要问题提出建议，就南水北调中线工程调水后对丹江口库区和汉江中下游生态环境影响问题，协调住鄂全国政协委员向全国政协提出提案，协助住鄂全国政协委员视察南水北调中线工程丹江口库区，就梁子湖生态环境保护问题召开常委专题协商会形成《湖北省梁子湖生态环境保护办法（建议稿）》，围绕湖北大别山区生态环境保护工作进行专题调研；围绕省委省政府重大决策部署和政策措施的贯彻落实开展民主监督。全年共提出提案 880 件、开展视察活动 7 次、反映社情民意信息 1168 篇。推荐委员 111 人次担任民主评议政风行风监督员、特邀监督员等。（三）加强人民政协协商民主建设，进一步提高履职能力。召开 9 次界别协商座谈会，23 个界别的 300 多名省政协委员参加界别协商讨论；就《东湖国家自主创新示范区条例》等 7 件地方性法规以及法治建设有关文件进行协商讨论；推进履职能力建设，不断提高政治把握能力、调查研究能力、群众工作能力、合作共事能力；探索发挥界别特色作用、委员主体作用、专门委员会基础作用的新方式新方法。开展界别活动 34 次，委员提交会议发言材料 333 篇，提交个人提案 651 件，反映社情民意信息 130 篇，参加调研等活动 1000 余人次；撤销 4 名违纪违法省政协委员的资格；省政协机关建设得到进一步加强。二、2015 年工作安排：（一）切实加强人民政协的思想理论建设。（二）紧紧围绕新常态下湖北改革发展的重大问题献计出力。（三）大力促进法治湖北建设和以改善民生为重点的社会建设。（四）

认真做好港澳台侨和对外交往工作。（五）切实推进人民政协协商民主建设。（六）进一步加强省政协自身建设。

李鸿忠在省政协十一届三次会议开幕会上的致辞（2015年1月26日）（摘要）一年来，全省各级政协组织和广大政协委员认真贯彻落实中共中央和中共湖北省委关于加强人民政协工作的一系列方针政策和决策部署，高举中国特色社会主义伟大旗帜，坚持团结和民主两大主题，围绕中心、服务大局，充分发挥作为社会主义协商民主重要渠道作用，为我省改革开放和社会主义现代化建设汇聚了巨大正能量、作出了重要贡献。2015年，希望全省各级政协组织、广大政协委员和各族各界人士认真贯彻中共中央方针政策，认真落实中共湖北省委决策部署，敢于担当，履职尽责，积极投身于湖北改革发展新的伟大实践。全省各级党委要认真贯彻落实中共中央关于社会主义协商民主广泛多层制度化发展的战略部署和《中共中央关于加强社会主义协商民主建设的意见》，深入贯彻落实习近平总书记在庆祝人民政协成立65周年大会上的重要讲话精神，高度重视、大力支持人民政协事业发展。要把人民政协政治协商作为重要环节纳入决策程序，会同政府、政协制订实施协商年度工作计划，对明确规定需要协商的事项必须经过协商后提交决策实施。要支持人民政协履行民主监督职能，自觉接受来自人民政协的意见、批评和建议，完善民主监督的组织领导、权益保障、知情反馈、沟通协商机制。要推动人民政协参政议政更加深入务实开展，主动给政协出题目、交任务，委托政协开展重大课题调研，邀请政协委员参与重大项目研究论证，完善参政议政成果采纳落实机制，更好发挥人民政协建言资政作用。

【组织概况】

副主席辞职名单

（2015年9月1日政协湖北省第十一届委员会常务委员会第十次会议通过）

吕忠梅

委员免职名单

（2015年1月23日协湖北省第十一届委员会常务委员会第八次会议通过）

彭桃安

（2015年5月27日政协湖北省第十一届委员会常务委员会第九次会议通过）

阮继清　韦会林　金伟成　周继光
刘瑞林　刘斌斌　宁　琴

（2015年9月1日政协湖北省第十一届委员会常务委员会第十次会议通过）

吕忠梅　王建华　祝新铭　张建仁
徐菊明　吴朝安　邱安翔　何兆成
彭　明　李盈奕

撤销委员资格名单

（2015年5月27日政协湖北省第十一届委员会常务委员会第九次会议通过）

曾庆福

增补委员名单

（2015年1月23日政协湖北省第十一届委员会常务委员会第八次会议通过）

程　颖

（2015年5月27日政协湖北省第十一届委员会常务委员会第九次会议通过）

胡运星　刘学甫　周谊群　熊承家
陈吉学　蒋南平　袁松青

（2015年9月1日政协湖北省第十一届委员会常务委员会第十次会议通过）

释明基　马净植　刘宝林　宋君慧
周天磊

湖北省各级政协组织和委员数

（截至 2015 年年底）

级别 项目	省级	副省级	市级（含自治州、省直管市、神农架林区）	县（市、区）级	合计
组织数	1	1	16	99	117
委员数	720	588	5828	23027	30163

（宋士琼 编写　翟天山 审稿）

政协湖南省委员会

【全体委员会议】

十一届三次会议 2015 年 1 月 26 日至 30 日在长沙举行。会议应到委员 749 人，实到 693 人，符合《政协章程》规定的有效人数。会议听取并审议了陈求发主席代表常委会所作的《政协湖南省第十一届委员会常务委员会工作报告》，赖明勇副主席所作的《政协湖南省第十届委员会常务委员会关于政协十一届二次会议以来提案工作情况的报告》。与会委员列席了湖南省十二届人民代表大会第四次会议，听取并协商讨论了杜家毫省长所作的政府工作报告和其他报告。全国政协原副主席毛致用出席会议。中共湖南省委书记、省人大常委会主任徐守盛等党政领导以及省直有关部门负责人到会听取委员们的意见和建议。会议通过了《中国人民政治协商会议第十一届湖南省委员会第三次会议政治决议》《中国人民政治协商会议第十一届湖南省委员会第三次会议关于政协湖南省第十一届委员会常务委员会工作报告的决议》《中国人民政治协商会议第十一届湖南省委员会第三次会议关于十一届二次会议以来提案工作情况报告的决议》和《政协第十一届湖南省委员会第三次会议关于提案审查情况的报告》。省参事室部分参事和省文史馆部分馆员，不是省政协委员的市州、县市区政协负责同志应邀列席了会议。10 名公民代表受邀旁听了开幕大会。

【常务委员会会议】

第 9 次会议 2015 年 1 月 25 日在长沙举行。会议应到常委会议组成人员 134 人，实到 123 人，请假 11 人，符合《政协章程》的规定。省政协主席陈求发主持会议并讲话。省委常委、组织部长郭开朗到会就有关人事事项作了说明。会议审议通过了政协湖南省第十一届委员会第三次会议选举办法（草案）、政协湖南省第十一届委员会第三次会议选举大会总监票人、监票人名单（草案），协商通过了人事事项，增补孙建国、陈益枝为第十一届省政协委员，任命陈益枝为省政协港澳台侨和外事委员会主任。

第 10 次会议 2015 年 1 月 30 日在长沙举行。会议应到常委会议组成人员 134 人，实到 123 人，请假 11 人，符合《政协章程》的规定。省政协主席陈求发，省委副书记孙金龙，省委常委、省委统战部部长李微微，省委常委、省委组织部部长郭开朗，省委常委、常务副省长陈肇雄出席会议。会议听取了各组对政府工作报告和其他报告协商讨论情况以及人事事项、各项决议协商讨论情况的汇报；通过了政协湖南省第十一届委员会第三次会议关于常务委员会工作报告的决议（草案）；通过了政协湖南省第十一届委员会第三次会议关于十一届二次会议以来提案工作情况报告的决议（草案）；通过了政协湖南省第十一届委员会第三次会议政治决议（草案）。

第 11 次会议 2015 年 4 月 20 日在长沙举行。会议应到常委会议组成人员 134 人，实到 123 人，请假 11 人，符合《政协章程》的规定。这是十一届省政协召开的第一次专题议政性常委会议，主要是对我省“十三五”规划编制工作进行专题协商。省政协主席陈求发主持大会并讲话。省委常委、常务副省长陈肇雄率省直有关单位负责人到会听取意见建议。省发改委主任谢建辉受邀向常委们作了“十二五”规划实施情况及“十三五”规划编制思路的介绍。10 名省政协常委和委员分别作了大会发言，围绕编制我省“十三五”规划的若干建议，全面建成小康社会，加快发展民间社团与社会中介、助推深化改革、促进简政放权，积极融入长江经济带，打造长沙自由贸易试验园区，发展特色农业产业、促进精准扶贫，建立健全湖南四水流域上游生态保护补偿机制，加快发展现代职业教育，构建我省现代公共文化服务体系，发展互联网经济、促进我省产业转型升级等问题，向我省科学编制“十三五”规划提出具体建议，会议还分专题进行了分组讨论。会议邀请了9名省政协委员列席，邀请了8名公民代表旁听。

第12次会议 2015年6月29日至30日在长沙举行。会议应到常委会议组成人员134人，实到123人，请假11人，符合《政协章程》的规定。这是省政协今年召开的第二次专题议政性常委会议，主要就全面推进依法治省工作、加快法治湖南建设等进行协商建言。省委常委、省政协副主席、省委政法委书记孙建国出席第一次大会听取发言并讲话。副省长李友志率省直有关单位负责人到会听取意见建议。会议还邀请了部分省政协委员列席，邀请了公民代表旁听。全国政协委员周文彰作了行政审批制度改革专题报告，省委政法委常务副书记田福德受邀向常委们作了全面推进依法治省工作情况介绍，省政协副秘书长吴志宪作了“加快培育新兴产业、构筑‘多点支撑’格局、打造湖南发展升级版”向省委省政府建议案（草案）的起草说明。8名省政协常委和委员分别作主题发言，就发挥领导干部表率作用、建立健全立法协商机制、深化行政审批制度改革、发挥商会组织作用、健全守法诚信褒奖机制、优化创新创业法制环境、行政复议化解行政争议等问题提出了具体意见建议。会议听取了各组讨论情况的汇报；协商通过了《加快培育新兴产业、构筑‘多点支撑’格局、打造湖南发展升级版”向中共湖南省委、省人民政府的建议案》和相关调研报告。

第13次会议 2015年9月29日至30日在长沙举行。会议应到常委会议组成人员134人，实到123人，请假11人，符合《政协章程》的规定。省委副书记、省长杜家毫出席会议并作了新常态下我省经济形势报告，通报了2015年以来省政府着力推进的七项重点工作，充分肯定了省政协的履职成效，对政协委员提出了殷切期望。会议还听取了关于“我省耕地污染修复治理”向中共湖南省委、省人民政府的建议案（草案）的起草情况说明，就有关议题进行了分组讨论，审议通过了关于《“我省耕地污染修复治理”向中共湖南省委、省人民政府的建议案》。

第14次会议 2015年12月29日至30日在长沙举行。会议应到常委会议组成人员134人，实到123人，请假11人，符合《政协章程》的规定。省委常委、常务副省长陈向群出席会议，并通报了省政府关于“全面推进社区矫正工作，提高社会治理水平”和“加快培育新兴产业、构筑‘多点支撑’格局、打造湖南发展升级版”建议案的办理落实情况。会议听取了审议事项的有关情况说明、省政协各专门委员会2015年工作情况和2016年工作计划的汇报。会议审议通过了湖南省政协2016年度协商工作计划（草案）、政协湖南省第十一届委员会常务委员会工作报告（草案）、政协湖南省第十一届委员会常务委员会关于十一届三次会议以来提案工作情况的报告（草案）、关于召开政协湖南省第十一届委员会第四次会议的决定（草案），政协湖南省第十一届委员会第四次会议议程（草案）、日程（草案）及大会秘书长、副秘书长名单（草案）。

【专门委员会工作】

提案委员会 2015年共收到提案914件，立案636件，截至10月底，所有提案全部办理完毕。发挥提案的基础性作用，引导党派、界别将视察调研报告、大会发言、社情民意信息等履职成果转化为提案；推动界别以集体提案为主要履职方式，将界别提案研讨纳入全会议程；推行提案“三审制”，即大会提案组提出初审意见、提案委员会征求各方意见后提出复审意见、省政协主席会议三审把关，将政协全会闭幕会上的提案审查报告改为会后向全体委员寄发；开展重点提案督办，坚持“三个一”工作要求，即“有一个督办工作方案、有一次办前协调会议、有一份督办会议纪要”。

经济科技委员会 承办“加快培育新兴产业、构筑‘多点支撑’格局、打造湖南发展升级版”重点课题调研；开展“大众创业、万众创新”课题调研和界别协商会；开展“湘菜产业发展”专题调研，参与承办“科学编制我省‘十三五’规划”专题议政性常委会议；会同九三学社湖南省委开展“促进我省制造业与物流业联动发展”课题调研和界别协商会；推动省政协派驻省工商局民主监督小组积极开展视察、调研和协商监督。

人口资源环境委员会 参与承办“加强我省耕地污染修复治理”重点课题调研；与省气象局联合开展“长株潭城市群气象灾害防御能力建设”专题调研；开展“加快发展我省大宗中药材产业”专题调研；承办“加强我省耕地污染修复治理工作”“加强我省农村集体资产管理”协商会，与民盟湖南省委联合承办“构建和规范多层次民间金融市场”协商会；与科协界别就“普及科普知识、提高全民科学素养”进行界别协商，与省农委就“利用畜禽粪污资源、发展功能性农牧业”对口协商，与省两型办就集体提案《关于加强长株潭绿心保护与建设的建议》开展提案办理协商；服务省政协派驻省卫计委民主监督小组的监督工作。

文教卫体委员会 开展“加强我省现代公共文化服务体系建设”“推动群众体育、提高全民健康水平”“农村贫困地区教学点建设”“我省村级卫生室建设情况”“我省地方剧种的保护与传承情况”“我省食品药品检验检测能力建设”“我省传统村落保护与利用情况”开展专题调研；与民进湖南省委联合承办“加强我省现代公共文化服务体系建设”协商会，举办“推进全民健身‘五纳入’”协商会；服务省政协派驻省食品药品监督局民主监督小组工作。

社会和法制委员会 参与承办“依法治省”专题议政性常委会议；开展“被征地农民社会保障问题”专题调研和协商；与农工党湖南省委共同承办“湖南省小城镇建设中存在的问题及建议”协商会；组织省政协委派省高院、检察院民主监督小组开展协商监督；组织省政协委员参与人大立法协商活动；开展“完善人民监督员制度”专题调研。

民族和宗教委员会 开展“我省民族地区村级组织带头人情况”“《宗教事务条例》实施10周年推动依法管理宗教事务”“我省宗教活动场所与和和谐寺观创建”专题调研；承办“我省少数民族地区教育和就业工作中存在的问题与对策”“我省民族地区村级组织带头人的培养与使用”协商会；服务省政协派驻省人社厅民主监督小组开展民主监督工作。

文史学习委员会 开展“我省老字号品牌传承与创新”“我省公共图书馆数字化建设”专题调研和协商；承办“我省民营企业发展面临的问题与对策”协商会；服务省政协派驻省教育厅民主监督小组工作；征编出版《湖南抗日战争实录》《湖南剿匪实录》；选编出版《学习参考资料》12期；承办省政协第三期新任委员培训班；筹划、征集省政协文史资料馆资料，完成图书资料前期陈列工作。

港澳台侨和外事委员会 与省委统战部共同对省政协第十一届港澳委员履行政协职能和发挥“双重积极作用”情况进行综合考评；组织港澳委员与省直部门就“湖南发展”开展对口协商会；举办6次“香港委员活动日”主题活动；组织港澳委员就“湖南外向型经济发展”深入湖南各市州开展调研和视察；围绕“发挥我省异地商会作用”课题，探索“内地、香港、澳门”三地联动调研；与民革湖南省委共同开展“以建设现代农业示范区为突破口、加快湖南农业现代化进程”专题调研；服务省政协派驻省民政厅民主监督小组工作。

【重要活动】

《中共湖南省委转发〈政协湖南省委员会关于政治协商、民主监督、参政议政的规定（试行）〉的通知》（湘发〔2014〕3号）督查调研 根据中共湖南省委的安排部署，2015年6月下旬至7月上旬，由省政协主席会议成员带队，省委办公厅、省政协办公厅组织，分成9个组，赴全省14个市州，对各地贯彻落实《中共湖南省委转发〈政协湖南省委员会关于政治协商、民主监督、参政议政的规定（试行）〉的通知》（湘发〔2014〕3号）的情况进行了全面督查调研。各市州党政主要领导汇报情况，市州政协、组织部、统战部、市州委办、市州政府办等部门负责同志都参加会议、提供情况。现场督查工作完成后，省政协办公厅与省委督查室共同形成督查报告，报省委常委会议研究决策。

“加快培育新兴产业、构筑‘多点支撑’格局、打造湖南发展升级版”重点课题调研和专题协商 3月至5月，经济科技委员会、研究室和部分政协委员组成调研组开展深入调研。5月29日召开专题协商会，就加快培育新兴产业与省政府及相关部门深入协商。6月30日，省政协十一届十二次常委会议协商通过了《“加快培育新兴产业、构筑‘多点支撑’格局、打造湖南发展升级版”向中共湖南省委、省人民政府的建议案》和相关调研报告。建议案和调研报告报送至省委、省政府后，省委书记徐守盛、省长杜家毫等主要领导分别作了重要批示，部分内容已被我省“十三五”规划吸纳。

“加快我省耕地污染修复治理”重点课题调研和专题协商 4月至7月，经济科技委员会、研究室和部分政协委员组成调研组开展深入调研。7月10日召开专题协商会，就加快我省耕地污染修复治理与省政府及相关部门深入协商。9月30日，省政协十一届十三次常委会议协商通过了《“我省耕地污染修复治理”向中共湖南省委、省人民政府的建议案》和相关调研报告。建议案和调研报告报送至省委、省政府后，各部门狠抓落实，我省耕地污染修复治理工作取得了较大进展。

双周协商活动 我们参照全国政协做法，结合湖南实际，在广泛征求各方意见的基础上，以双周协商会为主要平台，推进我省政协协商民主建设。出台工作办法，制定实施方案，统筹开展专题协商、对口协商、界别协商、提案办理协商。省委、省政府对双周协商会高度重视、大力支持，多位领导应邀参加双周协商会，发表讲话。200多位委员和专家学者在协商会上作了发言，提出意见建议。有关部门负责人与委员现场交流，作出回应。全年共组织开展了20次双周协商会。围绕经济转型升级，就“加快培育战略性新兴产业”“依托长江经济带加快我省对外开放”“规范民间金融市场”“民营企业发展”“促进制造业和物流业联动发展”“湖南老字号品牌传承与创新”等议题开展协商；围绕“三农”问题，就“现代农业示范区建设”等议题开展协商；围绕文化问题，就“现代公共文化服务体系建设”等议题开展协商。还针对政治性议题，组织开展了“发挥民主党派民主监督作用”的协商。

协商委派民主监督小组 认真总结协商委派民主监督小组工作试点经验，由民主党派省委、省工商联与省政协专委会配合，共同制订工作计划，完善工作方案，向省高院、检察院、教育厅、民政厅、人社厅、卫计委、工商局、食品药品监督局8个单位协商委派民主监督小组。各民主监督小组通过视察、调研、暗访等方式，重点就司法改革，依法办案，法院信息化建设，商事制度改革，药品口岸建设，社会救助“一门受理、协同办理”，省直公务员面试，高考等工作开展监督。被派驻单位积极配合，省高院、检察院等出台了接受政协民主监督的意见。

全省市州政协主席、秘书长、研究室主任座谈会 8月13日至14日，全省市州政协主席、秘书长、研究室主任座谈会在邵阳市召开。会议传达了全国政协地方政协工作座谈会精神，总结交流了各地政协推进协商民主建设、履行三项职能的情况和经验，通报了省政协2015年上半年工作情况和下半年主要工作安排，各地政协交流研讨了各地在协商民主建设方面的经验和做法。会议成员还对邵阳市基础设施建设情况进行了参观考察，到部分企业进行实地调研考察。

【重要文件】

常委会工作报告（2015年1月26日）（摘要） 2014年主要工作回顾：一、深入学习贯彻习近平总书记系列重要讲话精神，巩固共同奋斗的思想政治基础。中共十八大以来，习近平总书记就全面深化改革、发展社会主义协商民主、全面推进依法治国等重大战略问题，发表了系列重要讲话，为全面建成小康社会，实现中华民族伟大复兴的中国梦指明了方向。我们把认真学习、深入贯彻习近平总书记系列重要讲话精神，作为首要的政治任务，紧密结合政协实际加以部署和推进，组织多层次、多方面的学习活动，不断增强各党派团体、政协组织、政协委员和政协工作者坚持中国特色社会主义的道路自信、理论自信、制度自信。二、聚焦全省经济社会发展重大问题，积极建言献策。一是促进经济转型发展。围绕“大力发展临港和临空产业，构建湖南开放经济新高地”开展重点调研，建言我省临港和临空产业发展。按照省委、省政府的安排，围绕推进我省军民融合产业发展，积极与国家有关部委和央企对接合作，推动了一些项目在湖南落地。就构建城镇化产业支撑体系、特色县域经济发展、盐业资源开发利用等问题开展调研，提出对策建议。其中，关于建设长沙高铁经济新区的建议，省委、省政府高度重视，相关规划建设已经启动。二是积极服务社会建设。就“全面推进社区矫正工作，提高我省社会治理水平”开展重点调研、提出建议。目前，社区矫正社工队伍建设已纳入政府购买服务项目，社区矫正场所建设纳入省政府为民办实事项目。我们还就推进法律顾问制度实施、加强我省宗教工作重点县执法主体和执法队伍建设等问题提出建议。三是高度关注生态文明建设。响应省委、省政府“保护母亲河—江清水”的号召，开展了“加快推进湘江保护与治理”重点调研。同时，就湘潭竹埠港老工业区重金属污染治理、湖南低碳发展等问题深入开展调研，提出对策建议。四是努力增进民生福祉。开展“武陵山片区精准扶贫模式、机制与对策”调研，为我省制定“十三五”扶贫规划提供了参考。持续关注城镇独生子女父母奖励政策的完善问题，促成省政府出台相关文件。积极向国家层面提出建议、争取支持，促成我省武陵山片区6个未纳入片区规划的县市区同等享受西部开发政策。开展城乡居民社会养老调研，高度关注基层医疗服务体系建设，促成了我省城乡基础养老金标准和基本公共卫生服务人均经费标准的提高。五是发挥驻湘全国政协委员作用服务湖南发展。驻湘全国政协委员围绕湖南能源通道建设、洞庭湖松滋口建闸及四口河系整治、湖南现代农业综合配套改革、支持湖南老苏区发展、建立武陵山片区生态补偿机制等重大问题，积极提交提案，为湖南改革发展争取国家支持。目前，国家已批准启动蒙西至华中地区铁路煤运通道建设；国家发改委出台规划，支持湖南18个老苏区县与赣闽粤原中央苏区联动发展；水利部已启动洞庭湖松滋口建闸的研究论证工作。关于推进城乡居民大病保险、支持湖南实施东江水库移民“双转移”工程等提案也得到国家有关部委的采纳。三、增加协商密度，发挥好协商民主重要渠道作用。制订2014年度协商工作计划，并经省委常委会议审议通过后实施。一是精心组织专题协商。省委领导带队到省政协就我省贯彻落实《中共中央关于全面推进依法治国若干重大问题的决定》实施方案专门听取主席会议成员和部分常委、委员的意见。二是积极开展对口协商。各专委会加强与相关对口部门的联系与沟通，就长沙地铁一号线北延工程、教育经费投入与使用、缓解老年人就医困难、“单独二孩”政策实施、浅层地温能开发利用、“两院”有关工作、武陵山片区教育扶贫、农业文化遗产保护与利用等问题，组织部分政协委员、专家学者与有关部门开展协商。三是加大界别协商力度。就科技体制机制创新、耕地保护与粮食安全、传统村落保护与利用、发挥宗教团体积极作用、发挥港澳委员双重作用等问题，组织界别委员与有关部门开展协商。四是强化提案办理协商。组织提办双方就推动湘南承接产业转移示范区发展、环卫工人合法权益保障、支持湘西吉首加快建设成为武陵山片区旅游中心城市、实施永州市岭口灌区续建配套项目、欧阳询文化园建设等重点提案开展协商督办，推动转化落实。关于重性精神疾病患者救治的问题，首次纳入省委、省政府为民办实事项目。四、丰富监督形式，加大民主监督力度。一是开展协商委派民主监督小组工作。遴选24名省政协委员，组成4个民主监督小组，分别协商派驻省高级人民法院、省人民检察院、省工商行政管理局、省食品药品监督管理局，就这些部门的有关工作开展民主监督。二是开展主席会议专项视察。围绕省委、省政府重点推进的工商登记制度改革、长沙大气污染治理、城市建设管理和生态文明建设情况，主席会议成员和部分常委进行专项视察。三是开展其他形式的监督活动。各专委会就民族区域自治法律法规和湖南省小型农田水利条例的贯彻实施，以及历史文化旅游资源保护、农村公路扩量提质、长沙老城区公园绿地建设等问题开展了多种形式的监督活动。对省政协2013年“优化政务环境、促进转型发展”建议案、武陵山区教育卫生人才队伍建设等调研成果落实情况进行跟踪了解。五、推动成果转化，提高参政议政实效。一是举行专题议政性常委会议。以“为我省全面深化改革建言献策”为主题，首次召开专题议政性常委会议。10位常委、委员作了口头发言，17位常委提交了书面发言，围绕深化国有企业改革、推进事业单位分类改革等问题，向省委、省政府提出了意见建议。二是积极推动建议案办理落实。在第八次常委会议上，省政府领导通报了省政协“加快推进湘江保护与治理”“大力发展临港和临空产业，构建湖南开放经济新高地”建议案的采纳落实情况。三是加大提案督办力度。省委办公厅、省政府办公厅印发了《关于进一步加强人民政协提案办理工作的实施意见》，为提案办理工作提供了制度保障。省政协全年共立提案692件，覆盖面广，质量有所提高。出台重点提案遴选办法，确定了25件重点提案，分别由主席会议成员领衔督办。对涉及重点提案办理的37家承办单位进行民主测评，有效促进了提案的办理落实。四是积极反映社情民意。广大政协委员深入基层、深入群众，了解社情民意，通过各种渠道反映民生诉求，为党委政府决策施政提供了重要参考。省政协全年共报送社情民意信息306期，30期被全国政协采用，35期得到省委、省政府领导批示，有的还被评为全国优秀社情民意信息。六、坚持团结民主两大主题，广泛凝心聚力。一是积极促进党派合作共事。二是广泛开展联谊交流活动。开展了庆祝人民政协成立65周年、纪念黄兴诞辰140周年系列活动。三是做好民族宗教和文史资料征集工作。七、巩固党的群众路线教育实践活动成果，不断提高工作能力和水平。一是抓好省政协党组和机关党组整改方案的落实。二是加强专委会工作。健全专委会工作制度，强化专委会联系界别和委员的职责。三是加强机关建设。开展绩效考核，注重效能督查，增强工作责任感，机关工作效率得到提高，理顺机关党建工作机制，强化党建工作责任。四是加强理论研究和新闻宣传。五是加强对外联络。2015年主要工作安排：一、认真学习贯彻中共十八大、十八届三中四中全会和习近平总书记系列重要讲话精神。二、为经济新常态下我省改革发展献计出力。三、切实履行政治协商、民主监督、参政议政职能。四、巩固和发展大团结大联合的良好局面。五、进一步加强自身建设。

【组织概况】

常委增补名单

（2015年1月25日政协湖南省第十一届委员会第九次常委会议协商通过）

冯海燕（女）　毕　华　李宗文
杨先杰　陈益枝（女）　胡　奇
姚增谊（女）　贾龙武　高德文
龚　健（女）为湖南省政协常委

委员增补名单

（2015年1月25日政协湖南省第十一届委员会第九次常委会议协商通过）

孙建国　陈益枝（女）为湖南省政协委员

湖南省各级政协组织和委员数

（截至2015年年底）

级别 项目	省	设区的市（州）	县（不设区的市、市辖区）	合计
组织数	1	14	125	140
委员数	749	5323	27499	33571

（陈　艳 编写　廖国豪 审稿）

政协广东省委员会

王　荣　主　席

【全体委员会议】

十一届三次会议　2月7日至10日在广州举行。会议应出席委员978人，实到912人。省政协副主席梁伟发、王珣章、姚志彬、陈蔚文、温兰子、温思美、唐豪、刘日知，党组成员覃卫东，秘书长杨懂出席会议。中共中央政治局委员、省委书记胡春华，省委副书记、省长朱小丹，省人大常委会主任黄龙云到会祝贺。省委、省人大、省政府、省军区、省纪委、省法院、省检察院的领导同志参加开、闭幕大会，并分别参加大会发言、专题座谈和联组讨论。会议审议通过了梁伟发代表十一届省政协常务委员会所作的工作报告、陈蔚文所作十一届二次会议以来提案工作情况的报告。委员们列席了省第十二届人民代表大会第三次会议，听取并讨论了朱小丹省长所作的政府工作报告，讨论了省高级人民法院工作报告、省人民检察院工作报告以及其他报告；选举王荣为政协第十一届广东省委员会主席；增补王大平等12人为政协第十一届广东省委员会常务委员；同意陶凯元辞去政协第十一届广东省委员会副主席、委员职务，陈卓等7人辞去省政协常务委员、委员职务，白洁辞去省政协常务委员职务；免去李进明、廖建华政协第十一届广东省委员会常务委员职务，撤销其省政协委员资格；审议通过了政协第十一届广东省委员会第三次会议决议；表彰了省政协十一届二次会议以来的33件优秀提案。大会期间，共收到提案734件，立案564件；收到大会发言材料130件；举行各界别委员代表座谈会，胡春华出席并讲话；举行“大力发展先进制造业和现代服务业，促进产业转型升级”专题座谈会，25位省政协委员围绕议题，与省委、省政府领导及有关部门负责人进行协商座谈。

【常务委员会会议】

第9次会议　1月13日在广州举行。会议应出席186人，实到143人。梁伟发主持会议。会议审议通过有关人事事项，增补吴仰伟等45人为十一届省政协委员；同意温炎平等24人辞去十一届省政协委员职务；撤销朱明国、欧阳志鸿、蔡广辽、钟金松、韦丽坤、郭清宏十一届省政协委员资格；同意免去乔建葆省政协提案委员会副主任职务，华清文省政协外事侨务委员会副主任职务，罗娟、温炎平省政协港澳台委员会副主任职务；免去蔡广辽省政协社会和法制委员会副主任职务，廖建华、李进明省政协经济委员会副主任职务。会议表决通过《政协第十一届广东省委员会常务委员会第九次会议关于免去朱明国省政协主席职务的决议》，免去朱明国省政协主席职务，报请政协第十一届广东省委员会第三次全体会议备案确认。王珣章、姚志彬、陈蔚文、温兰子、温思美、唐豪、刘日知，杨懂出席会议，覃卫东等列席会议。

第10次会议 2月9日在广州举行。会议应出席186人，实到156人。梁伟发主持会议。会议听取省委常委、统战部长林雄作关于调整增补十一届省政协常务委员会部分组成人员的说明；审议政协第十一届广东省委员会第三次会议决议（草案），政协第十一届广东省委员会常务委员会调整增补部分组成人员人选名单（草案），政协第十一届广东省委员会第三次会议选举办法及选举大会监票员、副总监票员、总监票员名单（草案）；增补王荣为政协第十一届广东委员会委员。王珣章、姚志彬、陈蔚文、温兰子、唐豪、刘日知，杨懂出席会议，覃卫东列席会议。

第11次会议 6月24日至25日在广州举行。会议应出席187人，实到158人。会议围绕“推进中国（广东）自由贸易试验区建设”议题进行专题议政，形成5方面12条建议。省政协主席王荣主持会议并在闭幕会上讲话。副省长招玉芳作相关情况通报，副省长刘志庚到会听取意见建议。杨懂作有关人事问题的说明和常委分组讨论情况综述。会议审议通过有关人事事项，同意免去杜重年政协第十一届广东省委员会副秘书长职务；同意方锐辞去政协第十一届广东省委员会常务委员、委员职务，免去其政协第十一届广东省委员会港澳台委员会副主任职务；同意撤销钟世坚、李玉楷政协第十一届广东省委员会委员资格；决定增补刘伟清为政协第十一届广东省委员会提案委员会副主任，许建华为政协第十一届广东省委员会民族宗教委员会副主任。梁伟发、王珣章、姚志彬、温兰子、温思美、唐豪等出席会议。

第12次会议 9月20日至21日在广州举行。会议应出席186人，实到164人。会议围绕“我省实施创新驱动发展战略面临的问题与对策”议题进行专题议政，形成16条建议。王荣主持会议。副省长陈云贤到会通报相关情况，副省长李春生到会听取意见建议。省委统战部常务副部长陈小山作有关人事问题的说明。杨懂作常委分组讨论情况综述。会议审议通过有关人事事项，表决通过免去朱海军政协第十一届广东省委员会常务委员职务，提请政协第十一届广东省委员会第四次会议备案确认，撤销其委员资格；撤销杨荣森、陈芝岳政协第十一届广东省委员会委员资格；同意接受宋劲松不再担任政协第十一届广东省委员会委员职务的请辞；同意杜重年因年龄原因，不再担任政协第十一届广东省委员会委员职务。梁伟发、王珣章、姚志彬、温兰子、温思美、唐豪出席会议。

第13次会议 12月22日至23日在广州举行。会议应出席185人，实到168人。王荣主持会议。会议听取了朱小丹省长关于《政府工作报告》（征求意见稿）的说明和政府部门2015年办理政协提案情况，杨懂关于政协第十一届广东省委员会常委会工作报告（稿）和提案工作情况报告（稿）起草情况的说明以及有关省政协十一届四次会议召开日期、议程和日程安排的建议；审议通过政协第十一届广东省委员会常务委员会工作报告（草案）、提案工作情况报告（草案）、各专门委员会2015年工作报告（书面）；听取省委常委、纪委书记黄先耀作关于2015年全省反腐倡廉工作情况通报，省法院常务副院长霍敏、省检察院副检察长欧名宇关于2015年两院工作情况通报。副省长温国辉到会听取意见建议。杨懂作分组讨论情况综述。梁伟发、王珣章、温兰子、温思美、唐豪出席会议。

【专门委员会工作】

提案委员会 十一届三次会议以来，

共收到提案958件，立案709件。至2015年底，全部得到办理和答复。开展提案分析研究工作，形成分析报告送省领导决策参考。遴选“关于全面推进创新驱动发展战略系列提案”等2件提案作为省领导督办重点提案，遴选3件提案作为省政协主席会议督办重点提案。设立第二批市（县）提案工作联系点。实行无纸化接收提案，举办四期提案动态管理系统操作培训班。刊播报道150多篇（次），向党委政府报送信息13篇。

经济委员会 围绕“推进中国（广东）自由贸易试验区建设”开展系列调研和常委会议专题议政。深入南沙、前海、横琴三大片区以及上海、天津自贸区调研，形成常委会议建议报省委、省政府。在云浮市开展“深化农村综合改革，加快实现全面小康”专题调研和专场研讨。跟踪调研“加快粤西发展阳江市专场研讨会”工作成果的落实情况。组织视察横琴自贸区并形成视察报告。

人口资源环境委员会 组织委员赴湛江、云浮市开展“我省农村生活垃圾治理情况”专题视察。开展“加强广东海员队伍建设”提案督办和调研，组织委员到大连、天津等市座谈，形成的5条意见建议引起省领导重视和社会关注。组织开展“加强饮用水源保护”专题监督调研，联合农工党省委会赴肇庆、潮州等地调研，形成6条意见建议，送省政府有关部门决策参考。

科教卫体委员会 组织开展“我省实施创新驱动发展战略面临的问题与对策”专题调研和专题议政，形成省政协常委会议建议，省科技厅逐条提出办理落实意见。开展“加强县级医疗机构人才队伍和能力建设”专题调研和“我省义务教育公用经费安排管理使用情况”专题视察。开展“大力发展体育产业，培育新的经济增长点”专题调研和对口协商。主办6场送药助学、基层义诊等公益活动。

文化和文史资料委员会 策划编纂出版《敢为人先——改革开放广东一千个率先》大型文史资料丛书，展示广东改革开放历程和历史贡献。着手征编《香港回归历程》《澳门回归15周年亲历记》等丛书，修订出版吴仲禧纪念文集，与海南省政协合作征集《知青在海南》史料（广东部分）。召开岭南历史文化项目建设座谈会，组织开展“弘扬六祖文化”专题调研、杨家祠保护修复工作跟踪调研。与省档案局（馆）联合举办纪念抗战胜利70周年图片和史料展。

社会和法制委员会 开展基层食品安全监管专题调研和专题协商，研究解决我省食品安全存在问题。组织委员赴深圳、汕头等市，开展“我省法院体制改革试点工作情况”专题调研。与中山市联合开展该市全民参与社会治理专题调研，与惠州市合作开展“运用法治方式创新社会治理”专题研讨，赴湛江市就开展双拥工作情况进行视察。联合中山图书馆，创办并出版7期《议政参考》内部学习资料。

民族宗教委员会 组织开展“发挥宗教界在公益慈善事业中积极作用”专题调研，全国政协领导将调研报告批转国家有关部门。赴少数民族自治县，就“我省少数民族地区旅游业发展情况”开展专题视察，为推动我省少数民族地区旅游业发展建言献策。开展宗教活动场所管理对口协商，催生出台相关政策措施。

港澳台委员会 组织省自贸办和三大片区负责人到港澳召开宣传推介会。组织委员赴南沙、前海、横琴新区，就“港澳青年创业机构情况”开展调研。组织港澳委员赴揭阳、梅州视察，并搭建合作平台。建立委员微信群和履职档案，设立港区委员“全勤奖”。支持港澳委员成立青年委员工作小组，举办青年国情培训班、香港青少年内地交流夏令营等活动。组织5个访问团赴台开展交流考察。

外事侨务委员会 组织开展加强华侨权益保护立法建设专题调研，助推相关文件出台。开展《广东省外国人管理服务暂行规定》实施情况专题视察，“关于海归人员创业创新情况”界别调研。邀请21名海外华侨华人列席政协全会，增补3名海外侨胞特聘委员。组织5个出访团组，接待20批次国外来访团组和海外华侨华人组织。

【重要活动】

省委与省政协各界别委员协商座谈会 8月20日在广州召开。胡春华出席并讲话。林雄主持座谈会并通报省各民主党派负责人暑期座谈会考察活动有关情况，徐少华就《中共广东省委关于制定国民经济和社会发展第十三个五年规划的建议》稿起草情况作说明。省各民主党派负责人、省工商联负责人及无党派人士、省政协界别委员代表作了发言。王荣，省委常委、秘书长林木声，梁伟发、温兰子、唐豪等出席会议。

“基层食品安全监管工作”专题协商会 12月7日在广州召开。王荣主持会议，温国辉到会听取意见，省食品药品监管局局长段宇飞通报情况，省各民主党派、工商联负责人，部分省政协委员代表就加强我省基层食品安全监管工作问题提出意见建议，与职能部门负责人进行协商交流。省政协副主席王珣章、陈蔚文、温思美，秘书长杨懂等出席会议。

“制定我省‘十三五’规划”专题协商会 12月24日在广州召开。王荣主持会议，徐少华出席并讲话。省发展改革委主任何宁卡介绍我省“十三五”规划编制的有关情况。与会人员提出创新驱动发展，深化科技、投融资体制和农村综合改革等意见建议。梁伟发、王珣章、温思美、唐豪，杨懂出席会议。

“广东省宗教活动场所管理”对口协商会 9月9日在广州召开。温兰子主持会议。部分省政协委员，省委宣传部、省维稳办、省民族宗教事务委员会等单位参加协商。省直有关单位负责人通报了本部门贯彻落实省领导批示和省政协建议情况，并就进一步做好相关工作与委员面对面沟通交流。

“大力发展体育产业，培育新的经济增长点”对口协商会 10月30日在广州召开。省政协与省体育局就加大体育产业发展投入、建立健全体育产业管理机构等方面达成共识，并就建立体育产业发展协调和检查督导机制、设立省级体育产业发展专项资金等问题进行了探讨。

“加强饮用水源保护”界别协商会 6月26日在广州召开。在开展网络话题讨论、联合省农工党调研基础上，召开对口协商会。会议由覃卫东主持，邀请省环境保护厅等省直7个相关部门负责人，与部分省政协委员开展交流，形成6条协商建议送省政府决策参考。

“关于尽快制定出台《广东省海岛管理与保护条例》”提案办理协商会 10月23日在广州召开。陈蔚文出席并讲话，主办单位省海洋渔业局负责人通报提案办理工作情况，会办单位省人大办公厅、省法制办有关负责人作补充发言，提案人进行回应。双方就进一步完善条例草案，争取尽快列入省人大立法计划达成共识。

“关于加快实施我省创新驱动发展战略”系列提案办理工作汇报会 11月20日在广州召开。胡春华主持会议，并与各民主党派和委员代表进行了面对面交流协商。省科技厅厅长黄宁生汇报提案办理情况，提案单位代表省九三学社陈利浩，提案人省政协委员杨道匡、杨兴锋等发言。

王荣出席会议并讲话。林木声、陈云贤、陈蔚文、杨懂，提案单位代表和提案人以及提案承办单位负责人出席会议。

新任委员培训座谈会 2月6日在广州举办。杨懂主持会议并作专题辅导，37名新任委员参加了培训。杨懂向新委员介绍了政协的基本常识、发展历史，政协委员的权利义务、履职方式、履职管理，并对委员履职尽责提出了要求。

全省政协系统“委员之家”网络互动平台工作座谈会 3月31日至4月1日，在佛山、清远分别召开珠三角、粤东西北地区“委员之家”网络互动平台工作座谈会。梁伟发出席并讲话。与会人员总结交流“委员之家”建设的经验和问题，探讨了开展网络议政、远程协商的思路举措。

开展全省县级政协基本情况调研 4月至11月，省政协主席会议成员分别担任各调研组组长，率队赴全省各地级以上市63个县（市、区）开展调研，通过实地查看、召开座谈会等形式，了解掌握基层政协基本情况，摸清底数打牢基础。会见住在市全国政协委员和省政协委员，听取委员对住在市建设的意见建议。

全省各级政协工作经验交流会 11月18日至19日在广州召开。王荣出席会议并讲话。梁伟发介绍十一届省政协主要工作情况，杨懂传达全国地方政协工作经验交流会精神。13位各级政协代表作交流发言。会议总结交流广东各级政协近年来履职的经验做法，探讨做好政协工作的思路举措。王珣章、温兰子、温思美、唐豪，各地级以上市和各县（市、区）政协主席、秘书长，省直有关单位负责人等参加会议。

【重要文件】

常委会工作报告（2015年2月7日）（摘要） 一、2014年主要工作情况：一是加强理论学习，夯实共同思想政治基础。举行13次专题学习会，中心组成员带头学习，带头撰写体会文章，在主流媒体发表15篇署名文章。采取以会代训和专题研讨相结合方式深化学习。组织市县政协主席和机关处级干部开展专题研讨，深化对重大理论和实践问题的理解把握。二是把握历史机遇，着力推进协商民主发展。制订我省政协史上第一个年度协商计划。中共中央政治局委员、省委书记胡春华主持召开协商民主座谈会，开展决策前的咨询协商。召开我省纪念人民政协成立65周年暨广东省政协成立59周年座谈会。首次举办全省市县政协主席专题研讨班。切实做好《敢为人先——改革开放广东一千个第一》等文史资料的征编出版工作。三是坚持围绕中心，积极协商议政建言献策。把“推进21世纪海上丝绸之路建设”确定为议政专题，深入调研。召开十一届七次常委会进行专题议政，省发改委拟把其中6条建议纳入21世纪海上丝绸之路建设规划。把《广东省新型城镇化规划（2014—2020年）》和《广东省生态文明建设规划纲要（2015—2030年）》作为常委会建言献策的重点工作，组织开展专题调研，提出62条具体意见建议。组织开展“村（社区）社会治理面临问题及对策”专题调研，为省委推进基层社会治理工作积极建言。全国和省市县四级政协联动，对与佛山、中山、清远开展的专题调研和专场研讨情况进行“回头看”。一年来，共形成常委会议和协商会议建议16件，专题调研和专题视察报告25件。四是突出问题导向，努力维护增进人民福祉。省委书记、省长和省政协主席会议领衔督办8件重点提案，有力推动系列重要工作落实和民生问题解决。组织开展家庭医生式医疗服务等调研视察，为满足多层次医疗需求献计献策。开展少数民族自治县金融服务状况专题调研，意见建议被吸纳进省委、省政府文件中。开展“我省伊斯兰教活动场所”专题视察，胡春华批示要求认真采纳。组织开展农村集体建设用地流转、农村综合改革情况等调研视察，着力推进广大农村居民共享改革发展成果。向全国政协和中共广东省委报送《广东政协信息》298期，全国政协采用10期，中共广东省委采用90期，省领导批示56期次。五是发挥独特优势，汇聚改革发展合力。与省港澳办联合，在香港举办全省政协港澳台委员会港情研习班，探讨深化粤港合作新举措。深入广州、佛山等9市，实地考察20多家港澳委员企业，为建立健全发挥港澳委员“双重积极作用”长效机制打下基础。举办“广交世界，共赢发展”暨共建21世纪海上丝绸之路交流会。接待美国马萨诸塞州访问团，召开中美经贸圆桌会议，拓展中美贸易发展关系。协助中国公共外交协会举办“中国企业走进拉美”论坛。组织5个团组出访，做好12批高层来访团组接待工作。六是狠抓固本强基，切实提升履职能力。组织开展全省县级政协基本情况调研，着力摸清底数打牢基础。抓好提高政协委员参政议政能力培训工作，圆满完成本届委员集中轮训计划。认真清理和修订规范各项工作制度。全年完成300余场次组织策划、会务接待和后勤保障工作。做好机关扶贫开发“双到”工作，捐资700多万元，扶贫工作取得明显进展。二、2015年工作部署：一要进一步加强中国特色社会主义理论体系学习；二要紧紧围绕全面深化改革和全面推进依法治省献计出力；三要切实改进和加强联系群众与调查研究工作；四要广泛凝聚实现“三个定位、两个率先”目标的强大合力；五要不断完善协商民主工作机制；六要着力推动人民政协民主监督工作实现新突破。

【组织概况】

主席补选名单

王　荣

（2015年2月10日省政协十一届三次会议当选）

主席免职名单

朱明国（2015年1月免去）

副主席

梁伟发　王珣章　姚志彬　陈蔚文
温兰子（女）　温思美　唐　豪
刘日知　陶凯元（女，2015年2月辞职）

党组成员

覃卫东（2015年3月不再担任）

秘书长

杨　懂

委员辞职名单

（2015年1月13日政协第十一届广东省委员会常务委员会第九次会议通过，24人）

温炎平　李凤英（女）　刘耀辉
何炳华　张思平　谢锦文
林日娣（女）　易　钢　昌家杰
刘　兵　乔建葆　林　积
罗　娟（女）　李阳春　胥革非
杨　富　李　雄　靳彦民　柴海涛
安　康　叶浩文　张荣标　李士红
管建国

（2015年9月22日十一届第十二次常委会议通过）

宋劲松　杜重年

委员增补名单

（2015年1月13日政协第十一届广东省委员会常务委员会第九次会议通过，45人）

吴仰伟　池志雄　程学源　郑雁雄
陈国祥　周毅州　刘　海
李焕春（女）　徐光明　王少勇
陈训廷　梁志强　林　洁（女）

陈定坤 李玉楷 钟 强 赵为民
何军峰 黄 晗 熊勇武 刘 军
李 铭 刘可为 陈祖煌 潘享清
杨汉卿 王禹平 段宇飞 马宪民
刘文通 顾青波 张小兰（女）
程 扬 吴伟鹏 王 晓（女）
何 真 张永安 温捷香 肖航夫
季海军 苏时生（女） 徐 凌
李 心（女） 陈利浩 张 渝

常务委员增补名单

（2015 年 2 月 10 日十一届三次会议通过）

王大平 刘 海 池志雄
李 心（女） 李焕春（女）
吴仰伟 张 渝 陈利浩 陈国祥
周毅州 郑雁雄 程学源

常务委员免职名单

（2015 年 2 月 10 日省政协十一届三次会议通过）

陈 卓 陈小锋 华清文 杨 健
牛跃光 蒋怀宇 夏于飞
白 洁（女）

（2015 年 6 月 25 日十一届第十一次常委会接受请辞，提请十一届四次会议备案确认）

方 锐

委员撤销资格名单

（2015 年 1 月 13 日政协第十一届广东省委员会常务委员会第九次会议通过）

朱明国 欧阳志鸿 蔡广辽
钟金松 韦丽坤（女） 郭清宏

（免去朱明国省政协主席职务，报请政协第十一届广东省委员会第三次全体会议备案确认；免去欧阳志鸿、蔡广辽、钟金松常委职务，报请政协第十一届广东省委员会第三次全体会议备案确认。）

（2015 年 2 月 10 日省政协十一届三次会议通过）

李进明 廖建华

（会议免去其政协第十一届广东省委员会常务委员职务，撤销其省政协委员资格）

（2015 年 6 月 25 日十一届第十一次常委会议通过）

钟世坚 李玉楷

（2015 年 9 月 22 日十一届第十二次常委会议通过）

杨荣森 陈芝岳 朱海军

（免去朱海军常委职务，提请十一届四次会议备案确认）

市（区、县）主席变动情况

广州市（副省级）

副主席

陈明德（2015 年 2 月当选）
孙 峰（2015 年 9 月辞职）
简文豪（2015 年 2 月辞职）
贡儿珍（女，2015 年 2 月当选）

天河区 林赛龙（2015 年 4 月当选）

白云区 潘文捷（女）

黄埔区（2015 年 8 月黄埔和萝岗并区）

番禺区 李广杭（2015 年 4 月当选）

深圳市（副省级）

市政协主席

戴北方（2015 年 6 月当选）

副主席

杨绪松（2015 年 6 月当选）
王 璞（2015 年 6 月当选）
张晓莉（女，2015 年 6 月当选）
徐友军（2015 年 6 月当选）
黎 军（女，2015 年 6 月当选）
王大平（2015 年 6 月当选）
王 毅（2015 年 5 月辞职）
钟晓渝（2015 年 5 月辞职）
张效民（2015 年 5 月辞职）

林　洁（女，2015 年 5 月辞职）
王学为（2015 年 5 月辞职）
程科伟（2015 年 5 月辞职）

汕头市
市政协主席
谢泽生（2016 年 2 月当选）
潮阳区　陈邦津（2015 年 3 月当选）

河源市
龙川县　黄伟平（2015 年 3 月当选）

梅州市
梅县区　曾京铭（2015 年 2 月当选）
平远县　凌小宏
（常务副主席、党组副书记，2015 年 7 月主持全面工作）
五华县　邓伯锦
（党组书记，2015 年 11 月主持全面工作）
张建华
（2015 年 8 月退休，因工作需要留任到 2015 年 11 月）

惠州市
市政协主席
陈训廷（2015 年 2 月当选）
县（市、区）政协主席
惠阳区　佘汉平（2015 年 3 月当选）
惠东县　朱向阳（2015 年 3 月当选）

汕尾市
市城区　张淑娟
（女，2015 年 4 月当选）
陆丰市　连凯跃（2015 年 2 月当选）
陆河县　黄国生（2015 年 3 月当选）
江门市
新会区　林社攸
（2015 年 1 月 26 日当选）
开平市　吴平超（2015 年 9 月退休）

阳江市
市政协主席
关则双（2015 年 2 月当选主席）
阳春市　邱　明（2015 年 1 月当选）

湛江市
赤坎区　张德胜（2015 年 3 月当选）
吴川市　张　勤（2015 年 4 月当选）

茂名市
市政协主席
黄心强（2015 年 1 月当选）
信宜市　杨志宇（2015 年 2 月当选）
高州市　张万盛（2015 年 2 月当选）

肇庆市
端州区　欧绍腾（2015 年 8 月当选）
广宁县　林梅芳
（女，2015 年 9 月当选）

清远市
市政协主席
梁志强（2015 年 1 月当选）
连山县　田明霞
（女，土家族，2015 年 3 月当选）
连南县　房坚一（瑶族）
阳山县　钟土城（瑶族）

潮州市
市政协主席
汤锡坤（2015 年 12 月因严重违纪免职）

县（区）政协主席
潮安区　吴文炎
饶平县　庄少伟
湘桥区　杜东琪（满）

揭阳市

市政协主席

杜安义（2015 年 11 月辞职）

县（市、区）政协主席

榕城区　袁瑶亮

普宁市　吴特亮

揭东县　林　林

揭西县　蔡福生

惠来县　戎铁辉（2015 年 3 月当选）

云浮市

市政协主席

黄达辉

县（市、区）政协主席

云城区　梁水金

云安县　陈文彪

罗定市　陈定三（2015 年 2 月当选）

新兴县　梁国华

郁南县　叶梓均

（副主席，2015 年 6 月主持工作）

张金锡

（2015 年 6 月因违法被免职）

广东省各级政协组织和委员数

（截至 2015 年年底）

级别 项目	省	副省级市	地级市	县（区、市）	合计
组织数	1	2	19	119	141
委员数	967	1134	7407	28836	38344

（周艳春 编写　廖珍玉 审稿）

政协广西壮族自治区委员会

沈北海　副主席

高　枫（满族）　副主席

【全体委员会议】

十一届三次会议　1月26日至30日在南宁召开。应出席704人，实到662人。自治区党委书记彭清华在开幕会上作了重要讲话。会议听取并审议了陈际瓦主席代表常委会所作的工作报告和张秀隆副主席所作的自治区政协十一届二次会议以来提案工作情况的报告。与会委员列席了自治区十二届人大四次会议，听取并讨论了自治区主席陈武所作的政府工作报告及其他有关报告。会议期间共收到提案611件，立案519件；收到大会发言材料115份，16名委员作了大会发言。委员们围绕经济发展新常态中的重要问题进行协商议政，从加快产业优化升级、全面推进改革创新、深化与粤港澳台的交流合作等7个方面提出意见建议。会议审议通过了自治区政协十一届三次会议政治决议、自治区政协十一届三次会议关于常委会工作报告的决议、自治区政协提案委员会关于政协十一届三次会议提案审查情况的报告、自治区政协2015年度协商工作计划，通过了接受张秀隆请辞自治区政协副主席、委员职务，接受禤沛钧请辞自治区政协秘书长职务，增选沈北海、高枫为自治区政协副主席，全桂寿为自治区政协秘书长，禤沛钧为自治区政协常委。陈际瓦主持闭幕会并讲话。

【常务委员会会议】

第10次会议　1月25日在南宁召开，应出席135人，实到114人。陈际瓦主席主持会议并讲话。会议审议通过有关人事事项。

第11次会议　1月27日至30日在南宁召开。应出席135人，实到114人。陈际瓦主席主持会议并讲话。自治区党委常委、组织部部长周新建出席会议并就有关人事事项作了说明。会议听取自治区政协十一届三次会议小组讨论情况的综合汇报；审议通过自治区政协十一届三次会议增选副主席、秘书长、常委选举办法（草案），增选副主席、秘书长、常委候选人名单（草案）；审议通过自治区政协十一届三次会议政治决议（草案）、自治区政协十一届三次会议关于常务委员会工作报告的决议（草案）、自治区政协提案委员会关于政协十一届三次会议提案审查情况的报告（草案）、自治区政协2015年度协商工作计划（草案）。会议决定将增选副主席候选人名单、秘书长候选人名单、常委候选人名单和文件草案提请自治区政协十一届三次会议审议。

第12次会议　5月15日在南宁召开。应出席136人，实到97人。陈际瓦主席主持会议并讲话。会议审议通过了有关人事事项。

第13次会议　7月21日至22日在

南宁召开，应出席135人，实到102人。会议的主要议题是围绕科学编制广西“十三五”规划建言献策。陈际瓦主席主持会议。自治区主席陈武到会听取意见并讲话，要求有关部门认真研究、积极采纳政协委员提出的意见建议。彭钊、李彬、刘君、磨长英、高枫5位副主席分别作了关于专题调研情况的说明，13位委员就强化主体功能定位、夯实产业基石、实施创新驱动发展战略等方面作了大会发言，常委会组成人员围绕会议议题进行了协商讨论，从加快转变农业发展方式、产业结构优化升级、广西参与共建“一带一路”等18个方面为编制广西“十三五”规划提出建议，自治区20个厅局到会听取意见并作回应发言。

第14次会议 10月12日至13日在南宁召开。应出席135人，实到96人。陈际瓦主席主持会议并讲话。会议的主要议题是围绕“深入落实中央八项规定精神，切实加强作风建设”建言献策。自治区党委常委、自治区纪委书记于春生出席会议并作关于“落实中央八项规定精神、切实加强作风建设”主题报告。会议首次围绕党风廉政建设和反腐败方面议题协商建言，11位委员作了大会发言，常委会组成人员围绕会议议题进行了协商讨论，从加强党内监督与党外监督有效衔接、推动政协民主监督与社会监督有机结合、引导和规范互联网监督等9个方面提出推进我区深入贯彻中央八项规定精神的意见和建议。会议通过了有关人事事项。

第15次会议 12月21日至22日在南宁召开。应出席135人，实到98人。陈际瓦主席主持开幕会并在闭幕会上讲话。会议听取沈北海副主席关于自治区政协常委会工作报告（草案）起草的说明、自治区副主席胡焯关于政协提案办理工作情况的通报。自治区政协各专门委员会分别汇报了本委员会2015年度工作情况。会议审议了自治区政协办公厅关于2015年委员视察工作情况的报告（书面）。会议通过关于召开自治区政协十一届四次会议的决定；通过自治区政协十一届四次会议议程（草案）和日程；原则通过了自治区政协常委会工作报告及报告人；通过自治区政协常委会关于政协十一届三次会议以来提案工作情况的报告及报告人；通过自治区政协2016年协商工作计划（草案）；通过自治区政协专门委员会通则（修订）；通过自治区政协常委会2016年工作要点和有关人事事项。

【专门委员会工作】

提案委员会 配合全国政协副主席马飚带领调研组跟踪督办旅游扶贫重点提案，推动广西旅游扶贫取得实际成果。协助全国政协在广西南宁召开全国政协提案办理协商工作座谈会。全年共收到提案626件，立案528件，提案办复率100%。创新形式，增加提案办理协商密度，推进形成领导阅批督办、领衔督办和委员领办提案、提案办理协商会督办常态化机制，把协商作为提案办理的必经环节，促进“提、立、办、督”四个环节的有机衔接，提高提案工作科学化水平。首次开展提案质量年活动，首次将重点提案督办与委员视察相结合，首次开展“百姓提案”二次办理协商，推动提案取得实效。

经济委员会 围绕“产业结构优化升级”开展专题调研，从注重与国家战略的衔接、工业化与信息化融合、产城融合5个方面提出针对性建议，为科学编制广西“十三五”规划建言献策。召开“新理念、新产业、新机制、新举措”专题座谈会，刘君副主席主持会议，陈际瓦主席作讲话，自治区副主席张晓钦到会听取意见并讲话，首次邀请区外政协委员、企业家参加座谈，借助外脑为广西经济发展出谋划策。9位区外政协委员、企业家从积极培育战略性新兴产业、推进实施互联网金融、积极发展跨境电子商务等5个方面提出意见建议，为科学编制广西“十三五”规划提供参考。开展“挖掘特色桂菜、推进桂菜文化发展”专题调研并召开专题研讨会，从出台桂菜文化发展规划、加快桂菜标准化制定、鼓励桂菜研发创新等5个方面提出意见建议，助推传统服务业转型升级。参加多项参政议政和决策咨询工作，牵头调研和撰写《北海市打造千亿元电子信息产业的经验与启迪》调研报告得到自治区党委书记彭清华、自治区主席陈武、副主席陈刚的批示。

农业委员会 围绕“加快转变农业发展方式”开展专题调研，从尽快制定农业发展总体规划、组建广西农业投资集团有限公司和农业担保公司、加大科技对农业的支撑等5个方面提出意见建议，为科学编制广西“十三五”规划建言献策，其中组建广西农业投资发展集团的建议已被自治区政府采纳。组织界别委员在十一届三次会议作大会发言，提出的实现农业保险全覆盖建议被采纳并获财政支持，在钦州市进行对虾及牡蛎养殖保险试点。就我区养殖企业融资难、全州县水资源开发利用和保护、横县西津国家湿地公园试点建设等问题开展联合调研，深入基层推动建设项目和企业发展，提升委员履职实效。

人口资源环境委员会 围绕“广西北部湾海洋生态保护”开展专题调研，从实施海洋生态保护重大工程、发展海洋生态重大产业项目、加快发展广西海洋高等教育和海洋科学研究等6个方面提出意见建议，为科学编制广西“十三五”规划提供参考。开展“最严格水资源管理制度在广西的实现形式”专题调研，从将依法治水管水促进最严格水资源管理制度落实到位、进一步完善相关制度框架和控制指标体系、建立健全水资源管理保障措施等8个方面提出意见建议，形成专题调研报告报自治区党委、政府，自治区党委书记彭清华、副书记危朝安，自治区党委常委、秘书长范晓莉，自治区党委常委、统战部部长李康作了批示。开展“广西森林旅游发展情况”专题调研，从旅游产品、服务质量、体制机制等方面提出对策建议。服务委员视察广西壮族自治区海洋环境保护条例实施情况，形成视察报告报送自治区党委、政府，自治区副主席张秀隆作了批示。

教科文卫体委员会 围绕“加大民族文化发展、教育扶贫和科技创新力度”开展专题调研，从深度挖掘民族文化内涵、加强人才队伍建设、建设贫困学生信息数据库等11个方面提出意见建议，为科学编制广西“十三五”规划建言献策。围绕“广西传统媒体和新兴媒体的融合发展”开展专题调研，从积极构建集约化扁平化管理体系、推进融合发展与集成服务常态化、拓宽传媒业融资渠道等7个方面提出意见建议，调研成果《抓住新机遇打好特色牌助推西部地区媒体融合实现“弯道超车”》，在全国政协“推动传统媒体和新兴媒体融合发展”双周协商座谈会上发言，得到全国政协主席俞正声的肯定。动员委员参与精准扶贫，为北海市涠洲中学捐赠一批价值27万余元的电脑和图书，为上林、马山、博白等县的乡镇卫生院捐赠了20辆思源救护车，为那坡县教育、卫生事业引进价值200多万元的项目和物资。

社会和法制委员会 围绕《中华人民共和国国家勋章和国家荣誉称号法》《广西壮族自治区立法条例修正案》《广西壮族自治区蚕种管理条例》等23部法律法规（草案征求意见稿）开展专题调研，提出88条修改意见，有45条被采纳。围绕“深化法院司法体制改革，推进严格公正司法”开展专题调研，为推进我区法院司法体制改革提出意见建议。围绕“在工业园区建立职工之家，切实维护职工权益”开展专题调研，从拓宽筹资渠道、切实解决园区“职工之家”建设和管理经费问题等6个方面提出意见建议。

民族和宗教委员会 配合全国政协调研组来桂开展《“十三五”规划中民族地区发展需要关注的几个问题》、“《宗教事务条例》实施十周年、推动依法管理宗教事务”“少数民族传统医药的传承发展”等专题调研，从民族地区交通基础设施建设、产业结构升级转型、边境贸易口岸等方面提出16条意见建议，通过全国政协这一平台，助推国家“十三五”规划增加更多的广西元素。从切实发挥基层宗教工作部门作用、加强宗教团体建设、完善工作机制等5个方面提出意见建议。从传统医术与医药结合、产学研结合等方面提出意见建议，被纳入全国政协的调研报告，全国政协主席俞正声、国务院副总理刘延东作了重要批示。围绕“侗族文化保护和发展”开展专题调研，从加强保护机制和制度建设、把传承侗族文化与发展县域经济相结合、开展大区域互补连动等6个方面提出意见建议，助推解决当今侗族传统文化面临逐渐消失的危机。

港澳台侨和外事委员会 协助全国政协来桂开展“促进边境经济合作区建设”专题调研，形成《推进广西边境合作区建设的建议》在全国政协第36次双周协商座谈会上发言，推动将广西边境合作区建设纳入国家层面研究和探讨。围绕“广西参与共建‘一带一路’”开展专题调研，从编制广西“一带一路”专项规划、主动与国家及相关省沟通、规划建设多个沿边境内外产业园区等7个方面提出意见建议，为科学编制广西“十三五”规划建言献策。围绕“将CEPA先行先试政策延伸至广西”开展专题调研，从加强组织领导与协调、建立多层次与港澳合作机制、在重点领域取得突破等5个方面提出意见建议，推动《将CEPA先行先试政策延伸至广西》的提案列入全国政协重点提案，全国政协副主席董建华、何厚铧和自治区党委书记彭清华作了批示，使19项CEPA先行先试政策延伸至广西。为港澳台资企业做好协调服务，推动新建（续建）13个项目投资约30亿元人民币。接待外宾团组18批100多人次。

文史和学习委员会 组织开展《广西政协文史丛书》2015—2016年征编工作，其中，《见证西部大开发》（上下卷）录入稿件114篇，《广西热血热土抗战实录》录入稿件91篇，《峥嵘岁月——广西知青口述史》录入稿件70篇。完成《回忆西部大开发（广西卷）》征集工作，录入稿件63篇。举办政协委员、政协机关干部学习培训3期，出版12期《学习参考》，协办“同心”讲座4期，提升政协委员协商议政能力。协助督办重点提案“关于完善广西非物质文化遗产现有传承人制度的建议”，推动对非物质文化遗产传承人的财政补助标准由每人每年补助2000元提高至3000元。提升广西政协文史馆接待宣传能力，接待参观考察团组56批1283人次。制定筹建广西政协文史馆网上展厅工作方案。

【重要活动】

全区政协工作会议 7月28日在南宁召开。自治区党委书记彭清华作重要讲话，自治区主席陈武主持会议，陈际瓦主席作讲话。会议强调，要深入贯彻落实中共十八大，十八届三中、四中全会和习近平总书记系列重要讲话精神，紧紧围绕“四个全面”战略布局，进一步加强新形势下政协工作，不断谱写人民政协事业新篇章。要始终坚持党对人民政协的领导，坚定不移走中国特色社会主义政治发展道路；要深刻把握人民政协的性质定位，切实履行好政治协商、民主监督和参政议政职能；要重视发挥团结统战功能，在服务发展大局中实现最广泛的大团结大联合；要加强履职能力建设，不断提升政协工作科学化水平；各级政府要大力支持政协履行职能，共同推动政协工作再上新台阶。自治区党委副书记危朝安，自治区党委常委白念法、温卡华、唐仁健、范晓莉、蓝天立、于春生、王小东、喻云林，自治区人大、政府、政协领导班子成员，自治区高级法院院长、自治区检察院检察长和其他省级领导，住邕全国政协委员、自治区政协常委、界别委员代表，区直有关单位主要负责人，各市党政主要领导及政协主席、统战部部长，各县（市、区）政协主席等参加会议。

滇黔桂三省区政协主席联席会议 8月21日在昆明召开。会议围绕“服务国家‘一带一路’战略，加快推进孟中印缅经济走廊建设，提升滇黔桂民族地区交通基础设施建设水平”主题交流讨论。云南省委书记李纪恒到会致辞。陈际瓦主席、贵州省政协主席王富玉、云南省政协主席罗正富在会上分别作主题发言，介绍本省区交通基础设施有关情况。会议探讨了滇黔桂三省区交通基础设施建设合作的重点项目，就合作建设我国面向西南开放陆海大通道达成初步共识。会议还审议了《关于加快滇黔桂民族地区交通基础设施建设，构建我国面向西南开放陆海大通道的建议》，报送全国政协和三省区党委、政府，全国政协主席俞正声、自治区党委书记彭清华作了重要批示。赖德荣副主席，全桂寿秘书长出席会议。

加强人民政协协商民主建设专题研讨会 10月14日在南宁召开。陈际瓦主席出席会议并讲话，沈北海副主席主持会议。会议围绕“充分发挥人民政协作为协商民主重要渠道作用”主题进行研讨，6位同志作了交流发言。研讨会共收到论文189篇，精选64篇编入论文集，对19篇优秀论文和5个优秀组织奖单位进行了表彰。陈际瓦强调，准确把握人民政协的性质定位，深刻认识新形势下加强人民政协理论研究工作的重要意义；以“懂政协、会协商、善议政”思想指导政协理论研究工作，为政协履行职能、发挥作用提供坚实的理论支撑；切实加强研究会自身建设，推动形成全区政协理论研究工作的整体合力。彭钊副主席，全桂寿秘书长出席会议。同日，召开广西人民政协理论研究会第二届会员代表大会暨第二届理事会第一次会议，选举产生第二届理事会领导班子，全桂寿当选为第二届理事会会长，彭燕萍、李海荣、李银霞、李彦明、班源泽当选副会长，班源泽兼任秘书长。

全区市县政协工作经验交流会 10月27日至28日在南宁召开。陈际瓦主席出席会议并讲话，沈北海副主席介绍十一届自治区政协以来的主要工作情况。8个市和9个县（市、区）的政协主席作了发言，从推进政协协商民主建设、创新民主监督形式、提高界别协商实效、完善协商工作机制、强化履职能力建设、推进政协工作向基层延伸等方面展示了履职成果，交流了工作经验。彭钊、李彬、赖德荣、刘君、刘志勇、刘正东、高枫副主席，全桂寿秘书长，各市县政协领导出席了会议。

专题协商活动 在南宁召开五次专题协商（座谈）会。4月29日，围绕《广西壮族自治区企业工资集体协商条例（草案）》议题，首次召开立法专题协商会，陈际瓦主席作讲话，自治区党委常委、自治区常务副主席唐仁健到会通报自治区推进企业工资集体协商工作开展情况，刘志勇副主席介绍专题调研情况。6位委员和协会代表作了发言，从缩短工资集体合同期限、职工工资与企业发展同步增长、对集体合同履行情况进行监督检查等6个方面提出修改意见；从出台配套文件和实施办法、制定行业统一的工资标准、健全完善基层工会和企业工会组织等6个方面提出15条建议，有12条被采纳，自治区党委书记彭清华对协商成果给予高度评价。自治区党委常委、秘书长范晓莉，沈北海、彭钊、赖德荣、磨长英副主席，全桂寿秘书长出席会议。5月22日，召开推进以养老为重点的服务业发展专题协商会，彭清华到会听取意见，并在讲话中要求认真研究吸纳专题协商会的意见和建议，推进全区养老服务业加快发展。自治区副主席黄日波通报了自治区加快发展养老服务业的基本设想，刘君副主席介绍了专题调研成果。6位委员作了发言，从建设养生养老基地、建立养老服务新型融资机制、加快推进“医养结合”、发展居家养老服务等8个方面提出意见建议。向全区服务业发展大会提交专题调研报告，黄日波作了批示，并被录入中国社会科学院《中国养老服务业发展报告论文集》。沈北海、李彬、刘君、刘志勇、刘正东、高枫副主席，全桂寿秘书长出席会议。9月9日，召开加快推动玉林融入“一带一路”建设专题协商座谈会，陈际瓦主席作讲话，刘君副主席主持会议。自治区副主席张晓钦到会听取发言并介绍自治区“十三五”规划发展的重点，对玉林市融入和参与“一带一路”有机衔接重要门户建设提出建议。6位委员、专家学者代表作发言，从支持玉林加快重大交通基础设施建设、推进龙港新区建设、中医药健康产业发展等6个方面提出建议，向自治区党委、政府报送的综合情况报告，自治区主席陈武、副主席张晓钦作了批示。全桂寿秘书长出席会议。10月26日，召开加快推进左右江革命老区重大项目建设专题协商会，陈际瓦主席作讲话，自治区党委常委、常务副主席唐仁健通报左右江革命老区重大项目建设情况，并作回应讲话。赖德荣副主席作专题调研情况说明。11位委员和基层代表作了发言，从全面提升老区基础设施建设、培育扶持老区重点产业、推进跨境跨省经济合作区建设等8个方面提出意见建议。同日，召开加快广西沿边生态经济带发展专题协商会，陈际瓦主席作讲话，自治区副主席黄日波到会通报自治区大力发展生态经济特别是沿边地区生态经济建设情况，李彬副主席介绍了专题调研成果。16位委员、民主党派代表和基层代表作了发言，从加快广西生态型铝产业发展、壮大口岸经济、维护国门生态安全等5个方面提出意见和建议。沈北海、彭钊、李彬、赖德荣、刘君、刘志勇、刘正东、高枫副主席，全桂寿秘书长出席当日的两次协商会。

对口协商活动 在南宁召开三次对口协商会，彭钊、磨长英、高枫副主席分别出席并讲话。5月19日，召开“将CEPA先行先试政策延伸至广西”对口协商会，港澳台侨和外事委员会与自治区发展改革委、商务厅等部门领导围绕会议议题进行对口协商讨论，从金融、贸易、法律、建筑设计等方面作了深入互动交流，报送的调研报告得到自治区党委书记彭清华的批示。10月23日，召开“加快我区海洋渔业发展”对口协商会，农业委员会与自治区水产畜牧兽医局等部门领导围绕会议议题进行对口协商讨论，从完善渔港综合服务设施、提升海洋渔业装备水平等方面作了深入互动交流，形成综合调研报告送自治区党委政府作决策参考。11月13日，召开“加强珠江—西江经济带文化遗产保护和利用”对口协商会，文史和学习委员会与自治区文化厅等部门领导围绕会议议题进行对口协商讨论，从加强文化遗产保护队伍建设、加快文物保护地方性法规立法等方面作了深入互动交流，报送的调研报告得到自治区党委常委、自治区副主席蓝天立的批示。

界别协商活动 在南宁召开六次界别协商会。李彬、高枫副主席分别出席并讲话。6月16日，召开“加强青年创业创新工作”界别协商会，共青团、青联界委员围绕会议议题进行协商讨论，从创业创新生态环境、加大政策扶持力度、建立服务平台、加强金融服务体系建设等6个方面提出意见建议。7月27日，召开“在农村土地承包经营权确权中维护好妇女的权益”界别协商会，妇联界委员围绕议题进行协商讨论，从出台农村集体经济组织成员资格认定标准、开展村规民约纠错整治行动、出台审理“出嫁女”案件的指导性意见等6个方面提出意见建议。11月18日，召开“加强城乡出版发行网点建设，推进全民阅读活动深入开展”界别协商会，新闻出版界委员围绕议题进行协商讨论，从加大资金投入、加强发行网点建设、注重媒体宣传引领等6个方面提出意见建议。11月23日，召开“推进村级公共服务中心建设”界别协商会，文艺界委员围绕议题进行协商讨论，从准确定位、合理布局、多渠道筹措建设资金等6个方面提出意见建议，形成综合调研报告送自治区党委、政府，自治区党委常委、自治区副主席蓝天立作了批示。11月24日，召开“在工业园区建立职工之家，切实维护职工权益”界别协商会，总工会界委员围绕议题进行协商讨论，从完善职工之家功能、积极争取公益性岗位、建立完善社会化工会工作机制等方面提出意见建议。12月3日，召开“实施创新驱动发展战略，构建科技创新体系”界别协商会，科协、科技界委员围绕议题进行协商讨论，从建立科技研发平台、实施更具竞争力的人才机制、促进政产学研用的结合等方面提出意见建议。

提案办理协商活动 自治区党委书记彭清华对《关于广西积极参与共建21世纪“海上丝绸之路”的建议》作出批示，推进加快筹建广西丝路基金。自治区主席陈武对《关于加强财源建设，提高广西人均财力的建议》作出批示，推进全区财源建设。自治区副主席张秀隆主持召开加快发展高效节水农业重点提案办理协商会。自治区政协主席、副主席领衔督办11件重点提案，分别开展督办调研、召开提案办理协商会。其中助推落实自治区党政领导以阅批方式督办的重点提案17件，自治区政协领导领衔督办的重点提案11件，提案委员会委员举办督办重点提案办理协商会14次。

远程协商活动 7月23日，首次利用“互联网+”技术召开远程协商会，就广西北部湾海洋生态保护议题，在自治区、市两级政协之间实现跨区域远程协商，在南宁设自治区政协主会场，北海市政协、防城港市政协、钦州市政协设分会场。陈际瓦主席作讲话，沈北海副主席主持会议。李彬副主席介绍专题调研成果，12位委员和基层代表从加强海岸带保护与管理、推进海洋牧场建设、推广海水生态养殖等6个方面提出意见建议，自治区发改委、环保厅、北部湾办、海洋局等部门领导作了回应发言。全桂寿秘书长，沿海三市政协主席、分管副市长、市政协委员、有关部门负责人、养殖企业及渔民代表出席会议。

委员视察活动 组织常委视察团1个、委员视察团4个，委托有关市政协组织委员视察团7个，香港委员考察团1个、澳门委员考察团1个、住有关市委员跨市考察团7个，共403名委员参加了视察、考察活动。11月11日至13日，陈际瓦主席带领自治区政协特邀常委视察团，就珠江—西江经济发展规划实施情况赴梧州市、贵港市视察；6月17至19日，沈北海副主席带领委员视察团，就解决农民工随迁子女在城市接受义务教育问题赴柳州市视察；9月7日至9日，李彬副主席带领委员视察团，就自治区海洋环境保护条例实施情况赴北海市视察；9月9日至11日，彭钊副主席带领委员视察团，就实施精准扶贫、加快推进脱贫致富奔小康步伐赴百色市视察；10月14至16日，高枫副主席带领委员视察团，就文化生态保护区建设赴河池市视察。报送的5份视察报告得到自治区主席陈武、自治区党委常委、自治区副主席蓝天立、自治区副主席张秀隆的批示。

【重要文件】

常委会工作报告（2015年1月26日）（摘要） 一、2014年工作回顾。(一）坚定信心、增进共识，不断夯实团结奋斗的共同思想政治基础。召开了21次各类协商会议，600多名各界委员参与协商，自治区党委书记彭清华、自治区主席陈武分别出席专题协商会。（二）立足全局、突出重点，积极助推我区实现国家发展战略规划全覆盖。全国政协十二届二次会议期间，主动联合贵州、云南两省的全国政协委员，联名提交了《关于尽快出台左右江革命老区振兴规划的建议》，被全国政协列为2014年督办调研的6件重点提案之一。主动牵头召开桂黔滇三省区政协推进左右江革命老区振兴发展座谈会，组织委员开展专题调研，提出建议在全国政协报送中央的调研报告中予以采纳。俞正声、张高丽、汪洋、杜青林、杨晶、马飚等党和国家领导同志作了重要批示。左右江革命老区振兴规划已经进入国务院审批程序。连续三年都有事关广西发展重要问题的提案列入全国政协重点提案。（三）聚焦改革、建言发展，努力为全面深化改革出实招谋良策。召开深化北部湾经济区综合配套改革专题协商会，提出意见建议被自治区党委、政府采纳。以“推进政府职能转变，加大简政放权力度”为议题，召开专题议政性常委会议，提出建议被纳入自治区党委、政府2014年全面深化改革工作部署和政府部门职能转变方案中。以“积极稳妥推进农村土地集中流转，加快产权流转交易平台建设”为议题，召开专题协商会，提出的建议被纳入自治区党委和政府有关深化农村改革的决策部署中。（四）关注民生、反映民意，促进社会事业加快发展。积极争取16个县级中医院标准化建设项目纳入国家年度建设规划，总投资6亿多元。（五）凝聚智慧、汇集力量，充分发挥委员主体作用。把建言献策与投身实践紧密结合起来，努力打造广西政协“建言践行”的履职模式。有540名委员参加学习培训。委员参加年度视察395人次，专题调研293人次，共提交提案598件、反映社情民意信息78篇。彭清华书记、陈武主席等自治区党政领导先后作了62次批示。（六）广泛联谊、扩大交往，拓展政协对外合作交流。定期举办港澳委员活动日，港澳委员在广西投资近20亿元兴建扩建项目，捐资1400多万元用于助学济困和保护历史文化遗产，出资500多万元作为西江水质保护资金，推动建立珠江流域生态补偿机制。（七）改进作风、求真务实，进一步提升政协工作科学化水平。二、2015年工作部署。（一）强化学习、学用结合，在思想理论建设上开拓新境界。（二）围绕中心、服务大局，在助推改革发展上再创新业绩。（三）发挥优势、主动作为，在推进广西法治建设上取得新成效。（四）

心系群众、履职为民，在促进民生改善上作出新贡献。（五）加强联谊、深化交往，在扩大开放合作上展现新作为。（六）创新理念、提高素质，在加强履职能力建设上迈出新步伐。

自治区党委书记彭清华在全区政协工作会议上的讲话（2015 年 7 月 28 日）（摘要） 几年来，自治区政协围绕中心、服务大局，坚持团结和民主两大主题，切实履行职能，重点围绕科学编制“十二五”规划和“十三五”规划、实施北部湾经济区和西江经济带“双核驱动”战略、振兴左右江革命老区等事关全区经济社会发展的重大问题建言献策，在推进广西实现国家发展战略规划全覆盖中发挥了重要作用，为富民兴桂大业作出了积极贡献。

要深入学习领会习近平总书记对政协工作作出的一系列重要讲话精神，结合实际，找准定位，主动作为。始终坚持党对人民政协的领导，坚定不移走中国特色社会主义政治发展道路。深刻把握人民政协的性质定位，切实履行好政治协商、民主监督和参政议政职能；重视发挥团结统战功能，在服务发展大局中实现最广泛的大团结大联合；加强履职能力建设，不断提升政协工作科学化水平。

【组织概况】

副主席增选名单

（2015 年 1 月 30 日政协第十一届广西壮族自治区委员会第三次会议通过）

沈北海　高　枫（满族）

秘书长补选名单

（2015 年 1 月 30 日政协第十一届广西壮族自治区委员会第三次会议通过）

全桂寿

常务委员增选名单

（2015 年 1 月 30 日政协第十一届广西壮族自治区委员会第三次会议通过）

禤沛钧

委员增补名单

（2015 年 1 月 25 日政协第十一届广西壮族自治区委员会常务委员会第十次会议通过）

（按姓氏笔画为序）

余昌文（瑶族）　沈北海　张　泽

郑杰忠　钟碧珍（女）　施立荣

高　枫（满族）　黄彩毕（女,壮族）

（2015 年 5 月 15 日政协第十一届广西壮族自治区委员会常务委员会第十二次会议通过）

于起翔

（2015 年 10 月 13 日政协第十一届广西壮族自治区委员会常务委员会第十四次会议通过）

（按姓氏笔画为序）

韦善国（壮族）　孙世和　苏军良

苏志球（壮族）　陆海平

黄若萍（女，壮族）

梁伟江（女）　彭正江

（2015 年 12 月 22 日政协第十一届广西壮族自治区委员会常务委员会第十五次会议通过）

（按姓氏笔画为序）

孙剑秋　陈洁英（女，壮族）

阙光凤（女）

副主席辞职名单

（2015 年 1 月 30 日政协第十一届广西壮族自治区委员会第三次会议通过）

张秀隆

秘书长请辞名单

（2015 年 1 月 30 日政协第十一届广西壮族自治区委员会第三次会议通过）

禤沛钧

常务委员辞职名单

（2015 年 5 月 15 日政协第十一届广西壮族自治区委员会常务委员会第十二次会议通过）

黄永强

（2015 年 12 月 22 日政协第十一届广西壮族自治区委员会常务委员会第十五次会议通过）

黄进平

不再担任副秘书长名单

（2015 年 12 月 22 日政协第十一届广西壮族自治区委员会常务委员会第十五次会议通过）

彭燕萍（女）

不再担任委员名单

（2015 年 10 月 13 日政协第十一届广西壮族自治区委员会常务委员会第十四次会议通过）

罗绍斌　覃凤珍（女）

委员辞职名单

（2015 年 1 月 25 日政协第十一届广西壮族自治区委员会常务委员会第十次会议通过）

（按姓氏笔画为序）

卢厚林　杨　红　黄再红　张　英

（2015 年 5 月 15 日政协第十一届广西壮族自治区委员会常务委员会第十二次会议通过）

黄永强

（2015 年 10 月 13 日政协第十一届广西壮族自治区委员会常务委员会第十四次会议通过）

（按姓氏笔画为序）

王学武　沈卫群　杨展鹏

（2015 年 12 月 22 日政协第十一届广西壮族自治区委员会常务委员会第十五次会议通过）

（按姓氏笔画为序）

苏建荣　黄进平

撤销委员资格名单

（2015 年 12 月 22 日政协第十一届广西壮族自治区委员会常务委员会第十五次会议通过）

廖家旺（瑶族）

委员调整界别名单

（2015 年 4 月 29 日政协第十一届广西壮族自治区委员会第二十四次主席会议通过）

李祚标由特邀（党政机关）界调整到总工会界；

余兴祥（壮族）由农业界调整到少数民族界。

（2015 年 10 月 8 日政协第十一届广西壮族自治区委员会第二十八次主席会议通过）

廖长友由青联界调整到共青团界；

严　霜（女）由共青团界调整到青联界。

专委会主任、副主任增补名单

（2015 年 1 月 25 日政协第十一届广西壮族自治区委员会常务委员会第十次会议通过）

增补：

余昌文（瑶族）为经济委员会副主任；

廖家旺（瑶族）为农业委员会副主任；

施立荣、张泽为教科文卫体委员会副主任。

（2015 年 5 月 15 日政协第十一届广西壮族自治区委员会常务委员会第十二次会议通过）

任命：

禤沛钧为港澳台侨和外事委员会主任。

增补：

于起翔为提案委员会副主任；

余海燕（女）为港澳台侨和外事委员会副主任；

韦守德（壮族）为文史和学习委员会副主任。

（2015 年 12 月 22 日政协第十一届广西壮族自治区委员会常务委员会第十五次

会议通过）

增补：

阙光凤（女）为人口资源环境委员会副主任；

孙剑秋为港澳台侨和外事委员会副主任。

专委会副主任免职名单

（2015 年 12 月 22 日政协第十一届广西壮族自治区委员会常务委员会第十五次会议通过）

免去：

廖家旺（瑶族）政协第十一届广西壮族自治区委员会农业委员会副主任职务。

专委会专职副主任任免名单

（2015 年 10 月 13 日政协第十一届广西壮族自治区委员会常务委员会第十四次会议通过）

罗绍斌不再担任社会和法制委员会副主任（专职）职务；

覃凤珍（女）不再担任民族和宗教委员会副主任（专职）职务。

（2015 年 12 月 22 日政协第十一届广西壮族自治区委员会常务委员会第十五次会议通过）

任命：

陈洁英（女，壮族）为社会和法制委员会副主任（专职）。

市（区、县）主席变动情况

钦州市

黄若萍（女）（2015 年 2 月 5 日当选）

贺州市

陆海平（2015 年 1 月 22 日当选）

来宾市

韦善国（2015 年 2 月 5 日当选）

崇左市

苏志球（2015 年 2 月 5 日当选）

政协广西壮族自治区各级地方组织和委员数

（截至 2015 年年底）

项目＼级别	自治区	地级市	县（市、区）	合计
组织数	1	14	110	125
委员数	706	4934	18769	24409

（潘乃师 编写　班源泽 审稿）

政协海南省委员会

陈　辞　副主席

【全体委员会议】

六届三次会议　2月8日至12日在海口举行。会议应出席委员397名，实到382名。省政协副主席陈成主持开幕会，主席于迅主持闭幕会并讲话。省委书记、省人大常委会主任罗保铭，省委副书记、代省长刘赐贵，省委副书记李军等省领导列席开、闭幕会，并参加联组讨论和小组讨论，听取大会发言。会议审议通过了于迅主席代表省政协常委会所作的工作报告，陈莉副主席代表省政协常委会所作的关于提案工作情况的报告。与会委员列席了五届省人大三次会议，讨论并赞同省政府工作报告及其他重要报告。与会委员围绕加强“法治海南”建设、加大对见义勇为工作的投入、建立“海水苗种南繁育种基地”、医疗保障、房地产业、行政审批体制改革、海上丝绸之路，海南生态保护、海洋强省、国际旅游岛建设等问题建言献策。会议审议通过省政协六届三次会议政治决议、省政协提案委员会关于六届三次会议提案审查情况的报告。会议增选陈辞为省政协副主席，增选丁伯东、王琼珠（女）、向建军（土家族）、韩电为省政协常务委员。

【常务委员会会议】

第9次会议　1月16日在海口举行。会议应出席68人，实到56人。省政协主席于迅主持会议并讲话。省委副书记、省政府代省长刘赐贵到会听取省政协常委对省政府工作报告（征求意见稿）的意见建议。省政府秘书长胡光到会通报省政府系统提案办理情况。会议审议通过关于召开省政协六届三次会议的决定以及省政协六届三次会议有关文件，书面审议政协海南省第六届委员会专门委员会2014年工作总结和2015年工作计划的报告。

第10次会议　2月7日在海口举行。会议应出席67人，实到52人。省政协主席于迅主持会议。会议审议通过省政协六届三次会议议程（草案）和日程，表决通过《政协海南省第六届委员会委员增补名单》，决定增补陈辞同志为六届省政协委员。

第11次会议　2月11日在海口举行。会议应出席67人，实到64人。省政协主席于迅主持会议。会议审议通过海南省政协六届三次会议选举办法，六届委员会常务委员候选人名单，六届三次会议总监票人、监票人名单，六届三次会议关于常务委员会工作报告的决议（草案），六届委员会提案委员会关于省政协六届三次会议提案审查情况的报告（草案），海南省政协六届三次会议政治决议（草案）。

第12次会议　4月1日在海口举行。会议应出席72人，实到56人。省政协主席于迅主持会议并讲话。会议传达学习贯彻全国政协十二届二次会议精神，学习贯彻《中共中央关于加强社会主义协商民主建设的意见》，书面印发了省政协2015年协商工作计划。

第13次会议 7月21日在海口举行。会议应出席72人，实到51人。省政协主席于迅主持会议并讲话。会议学习贯彻全国政协十二届十一次常委会议精神，听取毛超峰副省长通报我省2015年上半年经济运行情况，研究分析我省经济总体形势和发展趋势，并围绕我省经济运行中的突出问题和我省主要副食品价格和科学发展我省深海网箱养殖业建言献策。会议审议通过了《关于稳定我省主要副食品价格的建议案》和《关于科学发展我省深海网箱养殖业的建议案》和有关人事事项。

第14次会议 11月12日至13日在海口举行。会议应出席72人，实到50人。省政协主席于迅主持会议并讲话。会议学习贯彻中共十八届五中全会精神和全国政协十二届十三次常委会议精神，学习贯彻全国政协十二届十二次常委会议精神、全国地方政协工作经验交流会精神和全省政协工作会议精神，审议通过人事事项。会议还围绕相关议题进行了分组讨论。

【专门委员会工作】

提案委员会 （1）认真开展提案征集、办理工作。省政协六届三次会议以来征集提案552件，立案492件，办复481件，办复率97.76%。（2）加强组织领导。省政府、省政协领导领衔督办重点提案，部分承办单位建立了提案办理工作责任机制。（3）提高办理实效。突出重点提案工作，强化督查督办，引导承办单位把提案办理和日常工作任务相结合。（4）坚持全程协商。提案前抓好征集引导，交办前对难以确定承办单位的提案专门召开协商座谈会，办理过程中多种形式与委员沟通，办理结束后集中收集委员意见。（5）增强工作合力。与省委、省政府办公厅联合交办提案，举办提案办理人员培训班。完善提案承办大户联络员机制，及时解决提案办理中遇到的困难和问题。协同省政府办公厅开发政协提案管理系统，实现提案交办、办理、反馈动态管理。

经济委员会 （1）积极为推进国际旅游岛建设建言献策。就加快发展我省健康服务业、海南省扶持小微企业发展政策落实情况、外省进岛车辆通行附加费征收情况等课题开展调研，形成调研报告报送省委、省政府参考。（2）组织开展省政协关于海南国际旅游岛建设相关政策落实情况视察活动。先后对我省离岸金融、竞猜型、即开型体育彩票等落实情况开展视察。（3）做好省政协六届三次会议重点提案《关于重视养老服务事业发展，加快推进我省养老服务体系建设的建议》的督办工作。（4）学习借鉴兄弟省市的先进经验。（5）加强沟通联系，为政协委员更好履行职责创造条件。

人口资源环境委员会 （1）创新调研方式，提高调研成果。与相关科研机构合作，开展“做大做强我省深海网箱养殖”专题调研，形成专题调研报告报送省委、省政府参考。（2）开展湿地保护和沼气利用专题视察活动，为生态省建设献计献策。（3）赴内蒙古、宁夏考察学习生态环境保护建设，学习借鉴其在加强自然保护区、节能减排等方面的先进经验。（4）做好省政协六届三次会议重点提案《关于加强我省重要渔港建设、促进海洋经济发展的建议》的督办工作。（5）发挥协商民主作用，就“加强我省沼气建设，全面提升沼气利用管理水平”开展对口协商。（6）认真履行职责，积极建言献策。发挥委员主体作用，积极撰写政协提案和大会发言材料。（7）积极组织委员开展学习和活动，使委员知情明政。（8）协助全国政协开展专题调研，给力海南在国家“一带一路”建设中的战略支点作用。(9) 加强与各级政协组织、政府对口部门的交流联系，应邀积极参加相关活动。

教科文卫体委员会 (1) 追踪社会热点开展考察调研，服务社会事业发展。对我省科技创新环境建设情况进行调研，形成《关于我省科技创新环境建设的调研报告》报送省委、省政府参考。王路副省长对报告作出批示。(2) 发挥政协委员主体作用，紧贴民生、关注民情、认真履行职能。围绕加快海南科技馆建设、基层公共文化服务体系建设、医疗信息化建设知智慧医疗工作开展专题调研、协商。(3) 做好省政协六届三次会议重点提案《关于闲置校舍处理的建议》的督办工作。(4) 走访看望委员、搭建委员交流活动平台，增强专委会凝聚力。

社会和法制委员会 (1) 积极为我省社会建设和法治建设建言献策。开展琼海市美丽乡村建设情况的调研，并形成调研报告报送省委、省政府参考。省委副书记李军、省政府副省长王路对报告作出批示。海南日报在理论专栏上全文刊登调研报告。开展我省司法体制改革的调研，形成《关于我省司法体制改革的调研报告》。(2) 协助做好全国政协来琼开展“退役士兵就业创业有关问题”专题调研活动。(3) 做好省政协六届三次会议重点提案《关于海南参与海上丝绸之路建设的几点建议》的督办工作。(4) 充分发挥委员主体作用，为法治海南建设献策出力。组织委员先后举办了“以法治思维与方式，推动妇女儿童事业的发展”“弘扬宪法与法治精神，提高委员履职能力”“树立法治信仰，弘扬法治精神”的辅导讲座。积极参与法律咨询和立法协商工作。

民族和宗教委员会 (1) 深入调研考察，找症结谋良策。围绕我省民族地区基础教育事业发展情况开展专题调研，形成调研报告。开展宗教文化旅游事业发展情况考察调研，形成《海南省宗教旅游资源及现状》的考察调研报告。(2) 积极建言献策，促进调研成果转化。做好省政协六届三次会议重点提案《关于统筹全省农村垃圾收集、转运、处理的建议》的督办工作。精心组织对口协商。围绕“我省民族地区基础教育发展”与省政府相关职能部门开展对口协商。提交提案和大会发言。一年来，本委个人或联合的提案、大会发言共计 23 件。《关于我省宗教自养问题的建议》的调研报告获评省政协系统优秀调研报告奖。(3) 加强交流推广，促进文化发展。弘扬民族优秀传统文化。指导策划的现代琼剧《王国兴》在全省民族地区巡演，被省里确定为以“中国梦”为主题的重点创作剧目，并先后在江苏省苏州市举行的第 14 届中国戏剧节和在广西举行的琼桂文化交流活动上演出。提出关于成立黎学研究所的建议，力推黎学研究机构早日设立。加强琼台民间文化交流。在台湾开展琼台白玉蟾文化双向交流活动。推动民族优秀文化发展。积极开展民族文化三进校园活动。(4) 热心服务委员，真情回报社会。加强联系，为委员知情明政、履职创造良好条件。开展委员活动日活动，充分发挥委员主体作用，加强对外联络活动。开展公益慈善活动，展现委员良好形象。

文史资料委员会 (1) 拓展领域、创新方法，开门办文史出成果、出经验。编撰出版《海南历史文化名人丛书》，被全国第十七次社会科学普及工作经验交流会组委会评为“全国优秀社会科学普及作品”。启动《中国南海历史文化研究》项目，对中国南海历史文化史料进行全面、系统的收集、整理和研究。(2) 协作全国政协征编抗战史料，征集出版《琼崖抗日·海南解放》专辑。精选、推荐的4篇稿件收录入《亲历者说——中国抗战编年纪事》，征编出版海南文史第26辑《琼崖抗日·海南解放》。(3)《知青在海南》由广泛征集转入重点撰稿，组稿取得阶段性成果。(4) 协作拍摄电视连续剧《天涯浴血》和《瑰宝·海南文化传人》。(5) 开展专题调研，为农垦改革建言献策。围绕农垦改革开展专题调研，并形成《关于垦区公共服务建设专题调研报告》报送省委、省政府。李军副书记对报告作出批示。(6) 积极提交提案，力推重点提案督办。共提交20余件提案，做好省政协六届三次会议《关于"培养自主品牌，建立水苗种南繁育种基地"的建议》重点提案的督办工作。(7) 指导市、县政协编审地方文史资料。(8) 加强专委会自身建设，为履职营造良好工作氛围。

港澳台侨外事委员会 (1) 开展调研考察工作。开展"餐桌上的物价"专题调研，撰写6篇调研报告，并在此基础上形成建议案报关送省委、省政府参考。毛超峰常务副省长对建议案和调研报告作出批示。开展"发挥侨乡海外优势、助推旅游特区建设"专题调研协商。组织港区政协委员赴青海考察国家"一带一路"和青港两地交流合作情况。(2) 做好省政协六届三次会议重点提案《关于提请省级财政帮助化解海口市政府债务的建议》和《关于抢救修复文昌市罗峰中学教学楼的建议》提案的督办工作。(3) 发挥港澳委员作用，发展壮大爱国爱港力量，为维护特区繁荣稳定作贡献。(4) 举办海南省政协干部（第二期）港情研习班。邀请中联办领导、有关专家学者作辅导报告。(5) 召开港澳委员座谈会、通报情况，听取意见建议。(6) 开展多层次对台交流活动。赴台考察休闲农业发展情况。举办"2015年海峡两岸休闲农业发展（海南）研讨会"。(7) 积极开展外事出访交流活动。做好省政协领导率团访问比利时、法国的服务工作；出席第十四届世界海南乡团联谊大会，全力开展侨务联谊。(8) 认真做好会议服务和接待工作。

【重要活动】

住皖全国政协委员赴琼考察 4月7日至13日住皖全国政协委员来琼就"海南国际旅游岛建设情况"进行考察。省政协主席于迅主持召开座谈会，省政府副省长何西省应邀到会介绍海南国际旅游岛建设情况。在琼期间，考察团深入海口、琼海、三沙、三亚等地考察。

省政协围绕编制"十三五"规划建言献策专题协商座谈会 4月28日在海口举行。省政协副主席丁尚清主持会议，省政协主席于迅、省政府常务副省长毛超峰同志出席会议并讲话。会议听取了"十三五"规划基本思路（征求意见稿）起草情况的说明，与会委员和专家学者就加大国际旅游岛开发开放力度、抢抓国家"一带一路"战略机遇、经济发展空间布局、生态环境保护、海南农业发展、旅游房地产发展等问题提出意见和建议。

编制海南省总体规划 推进省域"多规合一"征求意见座谈会 8月14日在海口举行。省政协主席于迅主持会议，省政府常务副省长毛超峰，副省长王路出席会议听取意见建议。会议听取了海南省总体规划主要内容的情况介绍，与会委员和专家学者从海南省省情、海南的定位、需求等不同角度，围绕省域"多规合一"提出了具体的补充和修改意见。

省政协工作会议 10月21日上午在海口召开。会议总结回顾2011年以来的政协工作，并对下一阶段工作进行研究部署。省委书记罗保铭，省委副书记、省长刘赐贵，省政协主席于迅，省委常委许俊、李秀领、张琦、胡光辉出席会议，省委副书记李军主持会议。罗保铭在会上作了重要讲话，三亚市委、儋州市委、省政府办公厅、海口市政协、乐东县政协、民进海南省委有关负责人在会上做了交流发言。

全省市县政协工作经验交流会 10月21日在海口举行。省政协副主席陈成主持会议，主席于迅出席会议并讲话。会议传达学习全省政协工作会议精神和全国地方政协工作经验交流会精神，总结交流市县政协工作经验，进一步推进新形势下政协工作。5个市县政协负责人就进一步推进新形势下政协工作作了发言，于迅在讲话中就认真贯彻全省政协工作会议精神，努力开创我省人民政协事业发展新局面提出要求。

海南省政协两大重点课题调研 2015年，海南省政协围绕“餐桌上的物价”——我省主要副食品价格情况和科学发展我省深海网箱养殖业两大重点课题深入调研，召开13场座谈会和协商成果论证会，完成6份子课题报告、2份综合调研报告和2份建议案。省委、省政府主要领导对两份建议案给予高度评价和肯定，要求有关部门认真研究。

省政协及政协委员三大重点文化工程建设 省政协鼎力推动的大型原创民族歌剧《南海哩哩美》荣获海南省专业艺术最高政府奖“海南省文华奖”，被列为海南省“中国梦主题文艺创作重点项目”。编纂出版的《海南历史文化名人丛书》被全国第十七次社会科学普及工作经验交流会组委会评为“全国优秀社会科学普及作品”。支持拍摄的展现琼崖革命“二十三年红旗不倒”的电视剧《天涯浴血》已经制作完成。省政协委员组织拍摄的3D电影在全国公映。

【重要文件】

常委会工作报告（2015年2月8日）（摘要） 一、2014年工作回顾。一是认真贯彻落实中央和省委的决策部署，巩固团结奋斗的共同思想基础。把认真学习贯彻习近平总书记在庆祝人民政协成立65周年大会上的重要讲话作为当前和今后一个时期人民政协的一项重大政治任务，按照全国政协的统一部署和省委书记罗保铭同志的明确要求，召开了2次主席会议、2次理论中心组学习会和1次常委会议，深入开展专题学习和集中讨论。二是充分发挥人民政协的优势和影响力，积极为改革发展献计出力。围绕海南参与21世纪海上丝绸之路建设和推进旅游消费需求拉动海南经济发展两大重点课题深入调研，完成了6份子课题报告、2份综合调研报告和2份建议案。围绕民生和生态开展了2项重点视察，支持各专委会围绕发展社区教育、深入推进海南行政审批体制改革、加快发展家庭农场、海洋环境及近海重要渔港利用情况、推进休闲农业发展等开展了22次调研视察，很多建议被有关部门吸收采纳，转化为具体政策措施。三是切实加强协商民主建设，推动协商民主广泛多层制度化发展。制度建设有加强。受省委委托，起草《中共海南省委关于制定年度协商计划的办法》。协商活动有创新。首次通过常委会议的形式征求2015年省政协重大协商选题意见，提高协商选题的科学性和代表性。形成以常委会议专题协商为重点，包括专委会专题协商、对口协商、界别协商、提案办理协商在内的多层次协商体系。专题协商有成效。省政府领导多次参加省政协组织的专题协商会，省委、省政府其他领导也分别对省政协的协商报告作出批示。四是积极做好团结和联谊工作，巩固和壮大最广泛爱国统一战线。努力营造合作共事氛围，促进民族团结宗教和睦，密切对外交流联谊。五是推动经常性工作活跃有序开展，着力提高履行职能的成效。发挥界别优势支持法治海南建设，推动提案工作创新发展，做好社情民意信息、新闻宣传和理论研究工作，文史资料工作取得新成果。六是整合各类平台和资源，助力我省文化建设风生水起。鼎力推动的三大重点文化工程取得重大进展，举办“海南省十大少年书法新秀”和“海南省十大中青年书法家”评选活动，举办“南天情——两岸四地书画名家作品邀请展”“南山情——全国书法名家作品邀请展”“玉蟾书画 15 人作品展”和“笔墨纸砚——安徽文房四宝陈列展”等各具特色的书画活动。支持琼剧创新发展。由省政协支持创作的新编历史琼剧《海瑞》赴江苏南京参加第四届地方戏优秀剧目展演，得到文化部的好评与赞赏。七是充分发挥委员主体作用，为委员履职尽责创造良好条件。八是巩固和扩大党的群众路线教育实践活动成果，进一步强化自身建设。自觉落实“三严三实”要求，认真开好省政协党组 2014 年度民主生活会。以制度形式固化实践活动成果，制定和修订机关公文处理办法、省政协与市县政协联系制度等 20 项制度，让政协各项工作有章可依。二、2015 年工作安排。一是夯实履行职能的思想理论基础。二是紧扣经济社会发展新常态积极履职建言。三是扎实推进人民政协协商民主建设。四是充分发挥人民政协大团结大联合优势。五是继续推动我省文化大发展大繁荣。六是推进政协履职能力现代化建设。

省委书记罗保铭在全省政协工作会议上的讲话（2015 年 10 月 21 日）（摘要）2011 年以来，于迅主席带领政协紧紧围绕国际旅游岛建设，建言献策、协调发力、汇聚力量，成绩卓显，突出表现在以下四个方面：一是推动海南改革发展功不可没；二是服务民生贴心建言；三是力推本土特色文化建设风生水起；四是保护生态不遗余力。全省各级政协取得的成绩有目共睹，为海南科学发展、绿色崛起、建设国际旅游岛作出的重要贡献是不可替代的，省委对此是满意的。当前，海南正处在建设国际旅游岛、全面建成小康社会决战决胜的关键阶段，没有退路可言，我们比以往任何时候都更加需要各级政协和广大委员围绕全省中心工作，发挥建言献策、凝心聚力、服务大局的重要作用。借这个机会，我对做好政协工作强调五点意见。第一，紧扣全省中心工作献计出力。聚焦“十三五”规划、推动全面建成小康社会，深入研究绿色发展、开放发展、创新发展、协调发展的思路战略，帮助谋划好项目生成、扶贫攻坚，推进海南经济转型升级、做大做优新的经济增长点，打造中国旅游特区和自由贸易实验区、做实“21 世纪海上丝绸之路”战略支点，多规合一、农垦改革、司法改革等重点改革，以及城市治理管理、生态保护和民生改善，等等，多建睿智之言、多献务实可行之策。第二，下大力推进人民政协协商民主建设。一要做到真协商，二要明确“协商什么”，三要拓展协商形式。第三，高举团结大旗广泛凝心聚力。各级政协和广大委员要深入基层，深入群众，积极协助党委、政府做好解疑释惑、化解矛盾、理顺情绪、统一思想的工作，引导各方面正确对待改革发展带来的利益调整，顾全大局；要广泛团结各方力量，促进不同党派、不同信仰、不同民族、不同界别之间合作共事，汇聚起合力建设国际旅游岛的强大正能量。第四，以“三严三实”的标准加强政协自身建设。全省各级政协要强化思想建设，始终同以习近平同志为总书记的党中央保持高度一致；要进一步改进履职作风，确保建言协商选题准确、调查深入、观点有据、措施可行管用；要珍惜委员荣誉，加强廉洁自律，发挥模范作用。要自觉做政治上的明白人、识大局的有心人、界别群众的代言人、协商议政的“内行人”和修身律己的“践行人”。第五，加强和改善党对政协工作的领导。各级党委要把政协工作纳入总体工作部署和重要议事日程，及时研究并统筹解决政协工作中的重大问题，严把委员“入关口”。各市县、厅局要主动出题目、交任务，委托政协开展重大课题调研和重要项目论证；要高度重视政协提案、抓好办理和督查，做到件件有回音，事事有落实。各级政协党组要发挥领导核心作用，带头践行“三严三实”。

【组织概况】

副主席增选名单

(2015 年 2 月 12 日省政协六届三次会议通过)

陈　辞

常务委员补选名单

(2015 年 2 月 12 日省政协六届三次会议通过)

丁伯东　王琼珠（女）

向建军（土家族）　韩　电

委员增补名单

(2015 年 11 月 13 日省政协六届十四次常委会议通过)

陈　辞

(2015 年 2 月 7 日省政协六届十次常委会议通过)

王　雄

不再担任常委名单

(2015 年 11 月 13 日省政协六届十四次常委会议通过)

周　阳

专委会专职副主任任免名单

(2015 年 7 月 21 日省政协六届十三次常委会议通过)

任命：

黄坚：民族和宗教委员会专职副主任

蔡琼雅：人口资源环境委员会专职副主任。

免去：

黄坚：人口资源环境委员会专职副主任职务。

各级政协领导人名单

海南省

主　席

于　迅

副主席

陈　辞　陈　成　林方略

赵莉莎（女）　史贻云　王宇田

陈　莉（女）　王应际　丁尚清

秘书长

李言静

海口市

市政协主席　韩　美（女）

三亚市

市政协主席　赵普选

儋州市

市政协主席　邓泽永（苗族）

县（市）政协主席

琼海市　符　平

文昌市　王　钟

万宁市　韦章运

东方市　符红莉（女，黎族）

五指山市　黄文胜

乐东县　张国东

澄迈县　王永和

临高县　杨志荣

定安县　王昌国

屯昌县　吴坤兰

陵水县　黄文昌（苗族）

昌江县　王文平（黎族）

保亭县　郑金莲（女，黎族）

琼中县 王哲斌（黎族）　　白沙县 杜海山（黎族）

海南省各级政协组织和委员数

（截至 2015 年年底）

项目＼级别	省	地级市	县（县级市）	合计
组织数	1	3	15	19
委员数	396	764	2194	3354

（沈　寂 编写　吉冬梅 审稿）

政协重庆市委员会

刘光磊　副主席

【全体委员会议】

四届三次会议　1月17日至21日举行。开幕会应出席委员859人，实到委员806人。会议听取并审议市政协主席徐敬业作的常委会工作报告和市政协副主席李钺锋作的提案工作情况报告；列席重庆市第四届人民代表大会第三次会议有关会议，协商讨论重庆市人民政府工作报告、计划报告、财政报告、市高级人民法院工作报告、市人民检察院工作报告；增选刘光磊同志为政协重庆市第四届委员会副主席；审议通过政协重庆市第四届委员会第三次会议关于政协重庆市第四届委员会常务委员会工作报告的决议和政协重庆市第四届委员会第三次会议决议。期间，举行了联组讨论、大会发言、提案现场办理；邀请部分市民、台商、侨界人士和驻渝领事旁听会议；组织市政协港澳台侨特邀人士交流座谈。孙政才书记、黄奇帆市长等亲临大会发言现场，听取17位委员分别代表所在界别，围绕经济发展新常态下如何进一步推进“科学发展、富民兴渝”发表的真知灼见，大会发言材料得到市委、市政府领导批示23次。会议期间共收到提案1448件，其中集体提案269件，经审查立案1131件。

【常务委员会会议】

第12次会议　于1月16日召开，应出席常委167名，实到167名。会议审议通过四届市政协委员调整事项。

第13次会议　于1月17日召开，应出席常委167名，实到167名。会议审议政协重庆市第四届委员会第三次会议选举办法（草案）；审议增选政协重庆市第四届委员会副主席候选人建议名单以及总监票人、监票人建议名单。

第14次会议　于1月19日召开，应出席常委167名，实到167名。会议听取大会秘书长关于市政协四届三次会议有关情况汇报，听取关于委员小组审议候选人名单（草案）情况汇报；审议市政协四届三次会议关于政协重庆市第四届委员会常务委员会工作报告的决议（草案）和市政协四届三次会议决议（草案）；通过市政协四届三次会议选举办法，通过增选政协重庆市第四届委员会副主席候选人名单，通过总监票人、监票人名单。

第15次会议　于3月20日召开，应出席常委167名，实到146名。会议传达学习全国政协十二届三次会议精神；听取政协重庆市第四届委员会第三次会议提案审查情况报告；审议通过《2015年市政协重点协商、通报、视察、调研计划》，审议通过《政协重庆市委员会2015年工作要点》；听取关于“渝新欧”大通道建设推进情况的通报，并审议通过有关人事事项。

第16次会议　于7月22日召开，应出席常委167名，实到135名。会议学习讨论中共中央办公厅印发的《关于加强人民政协协商民主建设的实施意见》；传达全国政协十二届十一次常委会议和全国地方政协工作经验交流会议精神；通报关于五大功能区域发展战略实施情况和《市政协常委视察重庆十大新兴产业规划发展情况的报告》，审议通过有关人事事项。会议还就贯彻落实《中共重庆市委关于全面推进依法治市的意见》开展了重点协商。

第17次会议 于10月22日召开，应出席常委165名，实到122名。会议就科学制定重庆市“十三五”规划开展重点协商，听取市发改委关于我市“十三五”规划编制情况的通报，听取我市交通工作情况通报，审议通过有关人事事项。

第18次会议 于12月18日召开，应出席常委165名，实到133名。会议听取市委办公厅关于市级党群、法检系统办理市政协四届三次会议提案的情况通报和市政府办公厅关于市政协四届三次会议提案办理情况的通报；审议通过市政协四届四次会议有关事项，审议通过有关人事事项，还听取了北部新区科技创新工作情况通报。

【专门委员会工作】

提案委员会 全年共收到提案1554件，并案后交办1108件，办复率100%，满意率93.8%。一是不断拓展重点提案工作。进一步完善市领导领衔督办重点提案工作机制，继续扩大重点提案覆盖面，推进市政协各专委会和承办部门领导牵头督办提案工作；提高重点提案督办参与面，加大督办力度，强调承办单位与提案者面对面沟通协商，切实发挥重点提案办理的示范带动作用，并通过组织开展常委视察和“二次回复”的方式，深化办理工作，督促办理落实。二是积极探索“双向互评”工作机制。在2014年开展评议试点工作基础上，进一步加大了评议范围，2015年9月中旬至11月上旬，市政协组织评议组分别对市教委、市城乡建委、市人力社保局等八个部门提案办理工作情况开展民主评议，并探索开展了承办单位评议提案质量工作，初步形成提案者和承办单位“双向互评”工作机制，促进提案质量和办理质量共同提高。三是注重理论探索和实践总结。组织人员经过一年多努力，编著了《人民政协提案工作概论》，该书已正式面向社会公开发行，成为当前全国唯一全面论述政协提案工作的专著。围绕学习贯彻《全国政协提案办理协商办法》，召开了市级部分承办单位和各区县政协参加的全市政协提案办理协商工作座谈会。围绕委员重点关注的“深化改革”“依法治市”等方面的提案加强分析研究，以《提案专报》方式报送有关市领导和相关部门，得到市领导的批示，发挥了提案对决策的参考作用。

学习及文史委员会 一是深入挖掘历史文化，征编出版文史图书。协调推进编撰《巴渝文库》，努力传承巴渝文化，并开展将《巴渝文库》纳入重庆市“十三五”规划调研活动，向市政协常委会第十七次会议提交《关于将〈巴渝文库〉编撰出版工程纳入“十三五”规划的建议》重点协商材料，市政府常务副市长翁杰明、分管副市长谭家玲分别批示，支持将该项目列入重庆市“十三五”规划；与区县政协合作，新征编出版《重庆旅游文史丛书》4个分卷；配合对台统战工作，协调推进连战祖父《连横爱国诗选》编辑出版；圆满完成《中国抗战大后方历史文化丛书》分卷之《中国抗战大后方中间党派文献资料选编》（上下卷）和《回忆西部大开发（重庆卷）》的征编工作。二是调研献策，助力历史文化遗产保护与利用。组织委员、专家等调研璧山大圆祥博物馆、南川金佛山寺院等，委员们对加快促进本市民办博物馆发展、加强宗教文化遗产保护与利用等提出了很好的意见建议，并向相关部门反馈，有力推进了本市历史文化遗产保护与利用工作。三是拓展宣传平台，传播巴渝优秀传统历史文化正能量。加强重庆文史微博内容策划，精编“纪念抗战胜利70周年”“商贸渝中”“街巷渝中”“浩气涪州”等专题博文1200多条。全年举办“解读狱中八条与红岩文化”“腹有诗书气自华——加强我们的古诗培育”“感受京剧·分享京剧”等8期“文化月坛”讲座。

经济委员会 一是牵头组织“大力发展重庆口岸经济”调研与对口协商。会同市生产力发展中心、部分市级民主党派、区县政协开展深入调研。就口岸经济发展现状、存在问题以及措施等进行了深入分析论证。在此基础上，市政协与市外经贸委、市物流办、市口岸办等部门进行了对口协商，并向市政府报送了《关于大力发展重庆口岸经济的协商报告》，黄奇帆市长批示：“分析有深度，调研下了功夫。建议有可行性、可操作性”。二是深入开展“重庆‘十三五’经济增长动力”重点调研与常委会协商。联合市生产力发展中心、部分市级民主党派和区县政协，分别召开“投资”“消费”“开放”“改革创新”四个专题调研座谈会，深入分析了重庆“十三五”经济社会发展的动力所在，当前面临的动力转换，转换中存在的问题、发展趋势以及如何引导等问题，形成了《关于构建重庆“十三五”发展动力的建议》，在市政协常委会专题协商会上发言，不少意见建议得到采纳。其中关于“构建混合动力”的观点在市委“十三五”规划建议中得到体现。三是联合区县开展专题调研。会同市生产力发展中心开展“丰都县大旅游与县域经济联动发展研究”专题调研，向市政府报送了《丰都大旅游经济发展研究报告》，黄奇帆市长批示：“复印转和平、家玲、交委、规划、旅游局阅处。5条意见建议基本合理”。

农业委员会 其一，深入调查研究，广泛参与政协民主协商。一是围绕“农产品安全质量监管”开展协商议政。组织委员深入潼南等区县开展调研，并在主席会议上作协商发言，为促进全市农产品质量安全监管献计出力。二是参与市政协“科学制定重庆市‘十三五’规划”常委会议协商。分管副主席带队赴万州等区县深入调研，形成《关于加强“十三五”期间我市农产品质量安全建设的若干建议》提交市政协常委会，为制定好全市“十三五”规划建言献策。其二，开展专题调研，建言献策助推“三农”发展。完成“我市农业信息化建设情况”专题调研。结合督办《关于提高我市农业生产领域信息化水平的几点建议》重点提案，组织委员深入石柱县等农村基层，深入了解全市农业生产领域信息化建设情况，为全市农业生产领域信息化建设建言献策。其三，发挥委员优势，委员实践活动不断深化。一是“委员大家谈”彰显特色。分别以“学习研讨2015年中央1号文件”“重庆农业‘十三五’发展愿景”为题组织“委员大家谈”，委员们围绕深化农业农村改革谈举措，着眼促进全市“三农”发展献良策，尽责履职的积极性更加增强。二是扶贫助困重点突出。分管副主席率领本委赴武隆县赵家乡开展“委员进农村·扶贫帮困”活动，组织专家开展“充分利用高海拔优势，种植出口高山蔬菜”和“山羊养殖要点”两个专题讲座和技术培训，并送去适用技术手册。

人口资源环境建设委员会 一是做好重点调研工作。先后组织对全市生态文明法治建设、全市物业管理体制机制创新等课题开展调研，形成报告送市委、市政府和相关部门决策参考，其中《重庆市生态文明法治建设相关问题及其对策》调研报告，得到陈和平副市长肯定批示。二是做好重点协商工作。组织承办市政协“我市生态文明体制机制建设”专题协商会，完成“法定城乡规划全覆盖”在市政协主席会议的协商，完成“重庆市交通建设工作情况”在市政协常委会上的协商工作。三是组织开展专题情况通报。协调市交委在市政协四届十七次常委会上作了“重庆市交通建设工作情况”专题通报；组织委员听取市卫计委对“我市实施全面两孩政策的情况”和市国土房管局关于“全市国土房管工作情况”的通报，为委员更好参政议政、知情履职搭建了平台。四是牵头开展常委第三分团视察活动。在分管副主席带领下，视察全市环保新兴产业情况，听取相关部门的情况汇报，常委们对全市页岩气开发和环保新兴产业发展情况成绩给予了充分肯定，并对下一步工作提出了意见建议，为助推全市新兴产业发展献计出力。五是组织委员围绕市政府重点工作和市民关注的热点开展年度视察活动。分管副主席带领视察团开展“主城区违法建筑整治工作情况”的年度视察。委员们通过观看拆违前后图片对比、听取情况介绍、观看拆违视频等方式，更加直观地了解整治工作开展情况，提出了健全体制机制、加大执法力度、落实基层责任等意见和建议。

科教文卫体委员会 其一，围绕年度协商计划，深入开展专项调研。先后牵头组织相关党派、区县政协和部分委员对科学制定重庆市“十三五”规划、科技体制改革和科技创新等课题开展重点协商调研，形成报告送市委、市政府和相关部门决策参考。并分别在市政协重点协商会和主席会议上发言，所提意见建议得到市领导充分肯定。其二，加强民主监督，做好提案工作。一是积极提交有质量的集体提案。在市政协四届三次会议上，提交的集体提案《关于进一步加强我市中小学法治教育的建议》被列为一号提案，并现场办理。办理效果得到市领导肯定，提案方和承办方均表示满意。二是认真办理重点提案。分管副主席牵头召开重点提案督办会，对本委提交的《关于加强信息通信基础设施保护的建议》（第 0031 号）进行了督办。督办会议建议相关单位每年定期开展无线电管理宣传活动，引导公众科学、正确地认识电磁辐射，强化设施保护、打击偷盗的法律知识宣传，促进通信基础设施建设落地。提办双方均对办理效果表示满意。其三，发挥自身优势，开展“委员传递正能量”履职实践活动。继续联合重庆医科大学举办“第六期基层医师提高班”，对合川、永川等区县的 180 名基层医师进行为期一周的免费业务培训；联合重庆儿童医院开展“第二期国家级基层儿科临床实用技能培训班”，免费培训 200 名区县儿科医师。通过培训，提高了基层医师和儿科医师的知识水平和业务能力。

社会法制委员会 其一，开展“依法治市”重点协商。分管副主席带队，多次深入有关部门、区县，听取政协委员、法律工作者、各界群众的意见建议，形成调研报告，分别从立法、执法、司法、普法等方面提出建议。在市政协四届十六次常委会上，委员们围绕“依法治市”进行了重点协商，市级相关部门主要负责同志到会并听取意见。市委书记孙政才在调研报告上批示：“请市委法治办阅研，重视。”其二，关注热点，开展视察考察。全年分别开展以本市公交无线视频监控系统建设、平安社区建设、全市中小学法治教育为主题的视察考察活动。委员们深入企业、社区和学校，听取基层呼声，掌握基层情况，通过调研报告、提案和社情民意等方式向党委政府反映。其三，围绕改革发展民生，探索协商民主。一是助力改革，通过情况通报会开展专题协商。积极协调市委政法委向市政协主席会议通报全市司法体制改革情况，组织市政协领导和委员走访市高法院、市检察院，听取两院年度工作情况通报，围绕全面推进依法治市与“两院”进行协商。二是聚焦发展，探索参与立法协商。组织委员积极参与市委政法委、市政府法制办召开的重庆市地方立法论证会及征求意见座谈会，对《重庆市人民政府2015年制定地方性法规草案和政府规章计划建议项目表》《重庆市促进企业技术创新办法》等征求意见稿提出了意见建议，努力推进地方立法科学化、民主化。

民族宗教委员会 一是围绕中心工作，扎实开展重点调研。分管副主席带领民宗委牵头的课题组深入渝东南民族地区，围绕“十三五”期间渝东南民族地区经济社会发展亟待解决的重点、难点问题开展调研，形成《关于“十三五”规划中渝东南民族地区经济社会发展的建议》。在市政协第17次常委会上作专题发言，受到了与会领导的高度重视，相关建议已纳入全市“十三五”交通建设规划建议方案。二是充分发挥委员作用，搞好履职实践活动。分管副主席率本委领导先后两次赴全国政协、三峡建设委员会、国家宗教局汇报三峡库区迁建寺观教堂目前存在的困难和问题，为进一步提升迁建寺观教堂的硬件条件和重庆市库区的和谐稳定作出积极贡献。三建委会同国宗局来渝调研后，已在协调解决三峡库区迁建寺观教堂基础和配套设施资金不足等方面的问题。专委会副主任释道坚所主持的华岩基金会持续资助少数民族青年才俊贫困大学生84名。华岩文教基金会组织救援队赴尼泊尔8.1级大地震、“东方之星”沉船事故所在地开展抗震救灾，并捐赠物资。副主任薛方全用于资助贫困学生、贫困地区基础设施建设及其他公益事业总计捐赠现金达1.5亿元，荣获2015年全国“五一”劳动奖章。三是抓好重点提案督办，积极反映社情民意。关注社会热点问题，反映群众诉求。全年共督办四件提案，为渝东南民族地区的发展提供了理论和政策的支持。

港澳台侨和外事委员会 其一，充分发挥委员建言献策的主体作用。一是扎实开展调研。先后组织20余名委员分赴云南、浙江等地调研，形成“进一步加大重庆南向开放力度的对策建议”重点调研报告。报告得到市委、市政府领导的高度重视和肯定批示，明确要求相关建议要体现在“十三五”规划纲要中。二是尊重委员意愿开展视察活动。选择委员关心的话题，组织港澳台侨委员视察重庆平安社区建设和十大新兴产业发展情况等，港澳委员和台侨特聘委员亲身体验到了重庆经济社会的变化，提出了许多好的意见建议。其二，深入开展“委员传递正能量”履职实践活动。一是创新机制，丰富平台，传递促进海内外文化交流的正能量。继续推进渝港职业教育交换生培训项目，为渝港青年学子搭建学习、实践、交流的良好平台，增进渝港青年间的友谊，激发两地青年的爱国热情；大力支持香港委员组织香港中小学学生来渝开展爱国主义教育和接对帮扶贫困孤残儿童活动。近100名香港中小学生来渝考察了解红岩、抗战历史，加深了对祖国的了解和认知，增强了对祖国的认同感。同时，组织香港师生在受资助的巴南区姜家镇小学开展心理辅导、信息交流等社工活动，从心理上关心贫困学生的成长。二是关注民生，扶贫济困，传递促进和谐稳定的正能量。引导组织委员参与万名侨胞进三峡、扶贫济困区县行等活动，及时了解来自区县的社情民意，反映区县改革发展和社会生活中的重大问题。

区县政协工作联络委员会　一是突出“四项抓手”，传递好正能量。本委与“委员传递正能量”办公室共同组织了13批次，300余人次市政协委员赴涪陵区、渝中区等12个区县，积极为本市区域经济和社会发展以及区县建设建言献策、把脉支招。《人民政协报》头版头条全面报道了市政协及本委联系指导区县政协工作的做法和经验。二是关注重大问题，开活片区会议。本委主任会议每半年对六个片区会议的每一个主题都进行集中研究、精心筛选。每次片区会议都邀请市政协委员中相关专家学者和市级有关部门、承办会议的区县党政负责人参加，相互讨论交流沟通，不少建议在会中即被吸收采纳。会后，承办单位综合会议成果，经本委认真修改，综合提炼提升，形成了有质量的建言报告10份。报送到市委市政府作为市政协“十三五”规划专题协商材料，引起市领导高度重视，成就了重大问题决策。三是巩固传统平台，办好“两班一会”。先后在5月和11月，承办了区县政协主席研究班和区县政协工作经验交流会，收集整理38个区县政协20余万字的交流材料，分别确立了12个区县政协主席在会上交流研讨。此外，组织区县政协机关干部6批次23人参加全国政协培训中心的培训；依托市委党校“区县政协主席班”，进行专题授课培训，邀请党校领导、老师和学员到市政协座谈交流。

【重要活动】

市政协“五个走进”活动　发挥委员优势专长，“五个走进”活动广泛传递正能量。一是组织委员“走进区县”。组织各界委员和专家学者，分11批次深入区县，围绕各区县在“五大功能区域发展战略”中的不同定位，多角度、多领域为区县适应新常态、实现新发展献计献策。二是组织委员“走进农村”。农业界委员依托本职，与农业专家一道，深入农村开展山羊养殖、高山蔬菜种植等实用农技培训40余场，惠及群众3200余人。组织“委员专业服务队”赴偏远农村向贫困群众传授劳动技能等。三是组织委员“走进社区”。法律界委员走进社区开展法律咨询宣传，深入市民学校举办法律知识讲座，向社区群众赠阅法律书籍。港澳委员和台侨代表视察全市社区治理情况，交流分享港澳台地区社区建设管理经验。四是组织委员“走进企业”。开展中小企业专题培训，帮助企业积极应对经济下行压力。深入中小企业，就解决融资难、产能过剩等搞调研、提建议。五是组织委员“走进学校”。组织市政协常委分赴4个区8所学校了解情况，围绕法治教育课程设置、教科书编订等提出6个方面的建议。继续助力渝港职业教育交换生培训项目，搭建两地学子学习交流实践平台。组织委员向部分高校和中小学校赠书万余册，支助贫困家庭子女完成学业。

专题协商“十三五”规划　把推动重庆“十三五”规划科学编制作为重点，年初列入协商计划，邀请市发改委通报编制思路，组织动员市政协各专委会、各民主党派、工商联，各区县政协以及市政协委员开展近4个月的调研，形成68篇调研报告。市政协常委会议进行重点协商，常委们就“十三五”期间构建重庆发展新动力、加快西南地区综合交通枢纽建设等方面，提出意见建议。市委办公厅、市政府办公厅等25家市级有关部门的负责同志参加专题协商会议，听取意见建议。市委常委、常务副市长翁杰明对委员们的发言给予积极回应。专题协商会后，市政协梳理常委们意见建议专报市委，为市委、市政府编制“十三五”规划提供了重要参考，部分建议在“十三五”规划编制中被吸纳。

【重要文件】

常委会工作报告（2015 年 1 月 17 日）（摘要） 一是切实把坚持和发展中国特色社会主义作为主轴，不断夯实共同思想政治基础。二是以“委员传递正能量”履职实践活动为总抓手，积极为改革建言，切实为发展献策，主动为民生助力，认真履行三大职能。三是切实发挥作为专门协商机构重要作用，制订并组织实施年度协商计划，聚焦全面深化改革、五大功能区域发展战略和民生实事等主题，活跃有序开展民主协商，有力推动全市政协协商民主发展。四是把握政协工作规律和特点，促进更好知情明政，着力畅通履职渠道，推动工作成果转化，不断增强两级政协工作合力，切实提高经常性工作实效。五是巩固党的群众路线教育实践活动成果，注重增强界别活力，改进服务委员工作，大力改进机关作风，切实提高履职能力和工作水平。“真抓才能攻坚克难，实干才能梦想成真。”2015 年，是“十二五”规划收官之年，是全面深化改革关键之年，是全面推进依法治市开局之年。市政协将坚定不移把握人民政协工作正确方向，坚持围绕中心、服务大局，突出团结和民主两大主题，认真履行政治协商、民主监督、参政议政职能，深化“委员传递正能量”履职实践活动，推进政协协商民主发展，认识新常态、适应新常态、引领新常态，助力全面深化改革、全面推进依法治市、深入实施五大功能区域发展战略，努力开创我市政协工作新局面，为促进“科学发展、富民兴渝”和全面建成小康社会作做出新的贡献。

【组织概况】

副主席补选名单

（2015 年 1 月 21 日政协重庆市第四届委员会第三次会议选举通过）

刘光磊当选副主席。

常务委员变动名单

（2015 年 7 月 22 日政协重庆市第四届委员会第十六次常委会协商决定）

王勇、周群辞去常委。

委员变动名单

（2015 年 1 月 16 日政协重庆市第四届委员会第十二次常委会协商决定）

增补刘光磊、尹树伟、朱新华、严楠、胡新智、龚卫国、周鸣、史全波、孟德华、唐熹、秦明山、谢忠碧为委员。

马洪平、李桂杨、赵如均、涂开祥、秦少波、程伟辞去委员。

（2015 年 7 月 22 日政协重庆市第四届委员会第十六次常委会协商决定）

王勇、耿学峰辞去委员。

撤销戴伟杰委员资格。

重庆市各级政协组织和委员数

（截至 2015 年年底）

级别 项目	直辖市	市辖区	县（自治县）	合计
组织数	1	22	16	39
委员数	853	5530	4335	10718

（龙玉蛟 编写 何礼兵 审稿）

政协四川省委员会

柯尊平 主 席

【全体委员会议】

十一届三次会议 2015年1月26日至30日在成都召开。会议应出席委员861人，实到844人。会议听取并审议政协四川省第十一届委员会常务委员会工作报告、关于十一届二次会议以来提案工作情况的报告，列席四川省第十二届人民代表大会第三次会议，讨论政府工作报告和计划、预算报告，听取并讨论省高级人民法院、省人民检察院工作报告，审议通过政协四川省第十一届委员会第三次会议决议、关于十一届三次会议提案审查情况的报告。会议选举柯尊平同志为政协四川省第十一届委员会主席，增补地的古火等3名同志为常务委员。中共四川省委书记王东明，部分党政军领导出席开、闭幕大会，副主席晏永和、张雨东、高烽、崔保华、翟占一、杨兴平、王正荣、赵振铣、罗布江村、陈放出席会议。

【常务委员会会议】

第9次会议 1月25日至30日在成都召开。会议应出席174人，实到170人。会议听取省委常委、组织部部长范锐平关于补选政协四川省第十一届委员会主席、常务委员的说明，听取关于调整增补省政协委员建议名单的说明，审议通过省政协2015年工作要点、省政协十一届三次会议决议（草案）和提案审查情况的报告（草案）及有关人事事项。

第10次会议 5月20日至22日在成都召开。会议应出席178人，实到149人。会议围绕“加快天府新区建设，发挥天府新区重要作用”开展专题协商，审议通过崔保华同志不再担任十一届省政协副主席、委员的决定。副省长刘捷到会通报天府新区规划建设有关情况。省政协主席柯尊平出席会议并讲话。省委副书记、宣传部部长尹力应邀出席开幕会。

第11次会议 9月24日至25日在成都召开。会议应出席177人，实到157人。会议围绕“‘十三五’规划纲要编制”开展专题协商。省政协主席柯尊平出席会议并讲话。省委副书记、宣传部部长尹力，省委常委、统战部部长崔保华，省人大常委会副主任李向志，副省长甘霖出席开幕会。

第12次会议 12月17日至18日在成都召开。会议应出席175人，实到152人。会议认真学习贯彻中共十八届五中全会和省委十届七次全会、省委政协工作会议精神，围绕“全面推进依法治省，建设法治四川”协商建言。省政协主席柯尊平出席会议并讲话。省委副书记、宣传部部长尹力到会通报四川学习贯彻中共十八届五中全会精神和全面推进依法治省情况，省委常委、副省长王宁通报省政府系统办理省政协十一届三次会议以来提案情况，省纪委副书记李世成通报全省党风廉政建设和反腐败工作情况。省人大常委会副主任曾省权出席开幕会。

【专门委员会工作】

提案委员会 一、注重集体提案征集，严把提案质量关，全年共征集提案1197件，立案1138件。二、遴选“完善我省分级诊疗与双向转诊制度的对策建议”等10件提案为重点督办提案，认真组织实施提案办理协商。三、转化提交驻川全国政协委员提案36件，“关于加快川藏大通道建设”纳入全国政协重点提案。四、组织委员积极参与“我为扶贫攻坚做件事”活动，征集相关提案24件，促成全国政协提案委来川调研督办《支持川陕革命老区区域协同发展和扶贫攻坚》重点提案。五、界别视察白酒产业恢复发展情况。

经济委员会 一、在省政协十一届第十次、十一次常委会议上作“加快推动成都新机场建设，大力发展空港经济”“以创新发展为动力，打造四川制造业创新驱动新优势”大会发言。二、召开助推贯彻《关于在部分区域系统推进全面创新改革试验的总体方案》专题座谈会，承办“对接国家‘一带一路’和长江经济带战略，进一步提升四川开放水平”专题协商会议，报告得到省委王东明书记批示。三、调研加快推进天府新区建设、构建四川交通运输体系新格局。四、配合全国政协来川考察“加快川藏大通道建设”。五、牵头做好致公党中央“中国发展论坛·2015——创新驱动建设西部开放高地”服务工作。六、督办《关于加强金融管理促进民间投资的建议》重点提案。七、组织委员参与“我为扶贫攻坚做件事”活动，落实扶贫资金480余万元。八、组织委员提交提案142件、反映社情民意9篇。

人口资源环境委员会 一、重点调研成都平原土壤环境污染防治，召开“建立健全我省重点流域水环境生态补偿机制”专题协商会。二、组织委员参与“我为扶贫攻坚做件事”活动，联合致公党四川省委召开扶贫工作联席会议，落实扶贫资金100余万元。三、协助督办《关于我省流域环境管理机制问题》重点提案。四、组织界别调研茶产业发展。视察新《环境保护法》贯彻实施、核废物处置、三江源生态环境保护等情况。五、组织委员在省政协十一届三次会议，第十次、十一次常委会议上就成都平原灰霾污染治理、天府新区建设水资源保障、“十三五”人口资源环境协调发展等作大会发言。六、参与“中国发展论坛·2015——创新驱动建设西部开放高地”服务工作。配合全国政协来川调研“进一步规范政府土地审批与项目环评行为”“长江经济带开发中湿地保护”。七、组织委员提交提案35件、反映社情民意31篇。

科技委员会 一、视察机器人产业发展，视察报告得到省委书记王东明批示。二、调研“加快军民深度融合发展”“推动绵阳科技城科技型企业孵化器发展”。三、组织委员参与“我为扶贫攻坚做件事”活动，协调捐款捐物价值154万元。四、召开“加快绵阳科技城建设”“积极助推我省航空与燃机产业加快发展”对口协商会。五、组织委员在省政协十一届三次全会，第十次、十一次常委会议上作“建立健全政府性债务危机防控机制”“加快天府新区创新研发产业功能区建设”“深化科技体制机制改革”大会发言。六、督办《关于深化我省科技体制改革的建议》重点提案。七、视察水电开发与生态保护、推进“互联网+”创新实践情况，考察现代农机产业发展。八、召开“助推省委实施创新驱动发展战略和扶贫攻坚战略”工作座谈会。

教育委员会 一、联合民盟、民进省委调研《民办教育促进法》及实施条例(办法)的施行情况；视察特殊教育发展情况，相关报告得到省委书记王东明批示。二、调研视察凉山州教育发展。督办《加快推动凉山基础教育发展的几点建议》重点提案。三、组织委员参与“我为扶贫攻坚做件事”活动，协调捐赠款物144.75万元。四、考察金口河区经济社会发展。开展儿童节慰问活动。

农业委员会 一、调研增加农民财产性收入试点、工资性收入和革命老区农村留守老人情况。二、专题协商基层防汛抗旱体系建设。三、召开四川山区县域经济发展适应新常态对策座谈会。四、视察现代草原畜牧业、乡村旅游发展情况。五、“在四川建设高标准油橄榄科技示范园”“组建天府农商银行”调研报告相关建议纳入省“十三五”林业发展规划。六、组织委员参与“我为扶贫攻坚做件事”活动，协调落实有关建设资金780万元、低息贷款8亿元。七、督办《实施地理标志商标战略，打造四川出产品牌》重点提案。八、在省政协十一届第十次、第十一次常委会议上作“组建天府农商银行为天府新区建设提供金融支持”“关于编制农业‘十三五’规划几点建议”大会发言。在全国政协贫困地区可持续发展理论与实践研讨会上发言，相关建议在《人民日报》《人民政协报》登载。九、考察生态农庄发展、中储粮绵阳直属库及粮食储备、现代农业发展等情况。十、组织委员提交提案5件、反映社情民意15篇。

文体医卫委员会 一、调研促进全省医养一体化养老模式发展、“公立医院改革中发挥中医药特色优势”“渠县汉阙和城坝遗址保护与利用”。二、重点视察“充分发挥体育社会组织作用，构建多元化全民健身公共服务体系”。组织界别考察高端医疗器械和药品的安全生产和监管、中国两弹城和圣迪乐村农业产业化基地。三、组织委员参与“我为扶贫攻坚做件事”活动，协调扶贫资金1743.63万元。四、督办《完善我省分级诊疗与双向转诊制度的对策建议》重点提案。五、服务省政协中秋联谊会。六、组织委员提交提案35件、反映社情民意11篇。

社会法制委员会 一、承办“法治政府建设”专题协商会和省政协十一届第十二次常委会议大会发言工作。二、督办《完善基层治理夯实依法治省基础》重点提案。三、组织委员参与“我为扶贫攻坚做件事”活动，协调资金22799.5万元。四、对《四川省民营企业合法权益保护办法(代拟稿)》《四川省环境污染事故行政责任追究办法(修订稿)》开展重点立法协商，就14件地方性法规(草案)和政府规章(草案)提出意见建议。五、调研公共资源交易管理、社区矫正工作，视察司法公开情况。六、协调省“两院”向省政协主席会议通报半年工作情况。起草《2015年四川法治蓝皮书——2015年四川政协推进依法治省工作述评》《关于规范省政协委员依法依章监督的管理办法》等。开展法治专题讲座、“法治中国·走进四川”大型系列活动，组织开展免费法律咨询，提供咨询服务近7万件，为“4·20”芦山地震灾区群众等提供免费法律援助。七、视察推进“互联网+”创新实践、返乡农民工创业、建立困难残疾人生活补贴制度等情况。八、在省政协十一届第十次、第十二次常委会议上作大会发言。九、组织委员提交提案70件、反映社情民意20篇。十、被评为四川省“推进男女平等基本国策二十周年特别贡献奖”先进集体。

民族宗教委员会 一、重点调研宗教房地产确权办证工作，召开“加强我省城市少数民族事务依法管理和优质服务”界别协商会。二、调研《宗教事务条例》贯彻实施情况，报告得到省委书记王东明批示。三、组织委员参与“我为扶贫攻坚做件事”活动，落实扶贫项目资金630万元。视察《乌蒙山片区（四川部分）区域发展与扶贫攻坚实施规划（2011—2015年）》实施情况。协同省老区建设促进会妇儿工委对民族地区和革命老区1200余名农村留守妇女进行生产技能等培训。四、协同全国政协调研“西部农牧区包虫病防治”，相关建议得到中央领导重要批示，促进在四川召开国家防治包虫病部署会议和项目启动仪式。五、督办《在我省少数民族地区实施精准扶贫工程的几点建议》重点提案。六、调研成都市少数民族流动人口管理、社区民族工作服务管理、建立民族团结和社会和谐稳定长效机制等。七、围绕《甘孜州草原管理条例》《阿坝州藏族羌族语言文字条例》和《北川县旅游促进条例》（草案）等提出修改意见。八、组织委员提交提案14件、反映社情民意12篇。

文史资料和学习委员会 一、牵头《回忆西部大开发》文史丛书征编工作，召开定稿会。二、完成《四川抗战历史文献》《铁血川魂》等抗战史料征编工作。征编《巴蜀民风民俗》文史丛书，完成《成都市井闲谭》（下）“齐、清、定”。完成《四川省志·政协志（1985—2005）》终审修订工作。三、组织协调省政协十一届第十次、第十一次、第十二次常委会议专题讲座有关工作。四、编印《四川政协》综合刊4期。五、联合调研“秦巴山区扶贫开发及生态资源保护与利用”。六、视察城市特色风貌塑造情况。召开“旅游业转型升级”界别协商会，视察“公共文化服务体系建设”。七、督办《对四川旅游产业加快转型升级的建议》重点提案。八、组织委员参与“我为扶贫攻坚做件事”活动，协调项目资金5400多万元。九、组织委员提交提案16件、反映社情民意4篇。

港澳台侨和外事委员会 一、开展进一步改善外商投资环境重点调研。承办界别协商会，促进《四川省外来企业投诉处理规定》修订。二、组织港区企业家委员参加“2015中外知名企业四川行”活动、“四川服务业推介会”。出席“香港四川工商总会成立大会暨四川省各级政协港区委员联谊会成立三周年庆祝大会”，参加港区省级政协委员联谊会第五届理事会就职典礼。实地考察、召开座谈会，引导港澳委员充分发挥“双重积极作用”。三、组织港澳青年社团、香港青年学生赴川开展“同心之旅”等体验式学习考察活动。四、视察天府新区建设、在川台资企业转型升级发展、民族地区经济社会和旅游业发展，考察对外开放与边贸发展情况。五、组织参访团赴台湾开展征集交流抗战史料、加强川台文化教育等交流合作。承办省政协代表团赴新西兰、澳大利亚、爱尔兰开展公共外交活动。协助做好阿联酋、印度、马来西亚、刚果、匈牙利、波兰、日本等国外来访接待工作。六、组织委员参与“我为扶贫攻坚做件事”活动，开展“走基层、送温暖”活动，筹集扶贫资金400余万元。七、组织委员提交提案43件、反映社情民意信息19篇。

地方政协联络委员会 一、联合调研城市地下管网建设和管理现状及存在的问题。二、组织委员视察天府新区成都片区和眉山片区建设、阿坝州草原生态环境保护、达州宣汉土家族聚居区扶贫开发情况。三、协助筹备省委政协工作会议。四、督办《关于发展社会办非营利性养老机构的建议》重点提案。五、召开全省地方政协联络工作、省政协联系点工作座谈会。六、组织全省809名政协委员（干部）参加全国政协培训中心北戴河、青岛、四川专班、四川省委党校的学习培训。七、组织委员参与“我为扶贫攻坚做件事”活动，帮扶县、村14个，帮扶项目13个，涉及资金316万元。八、组织委员在省政协十一届第十次、第十一次常委会上作“进一步创新天府新区建设体制机制”“在‘十三五’规划编制中重视藏区文化旅游开发”发言。九、走访21个市（州）及其县（市、区）政协91次，组织委员提交提案20件、反映社情民意25篇。

【重要活动】

省政协党风廉政建设工作会议 3月30日在成都召开。会议部署安排省政协2015年党风廉政建设主要工作。省委副书记、省政协主席柯尊平出席会议并讲话。省政协副主席高烽主持会议，副主席崔保华、翟占一、杨兴平、王正荣、赵振铣、陈放出席会议。

“法治政府建设”专题协商会 5月5日在成都召开。会议就如何助推依法行政、建设法治政府开展协商。省委、省政府相关副秘书长通报全省推进依法治省有关情况，部分政协委员、民革四川省委负责人、专家学者围绕如何建设法治政府建言献策。全国政协副主席、民革中央常务副主席齐续春出席会议并讲话，省政协主席柯尊平主持会议，省委常委、副省长王宁出席会议并讲话。

“三严三实”专题教育 5月15日在成都召开省政协“三严三实”专题教育工作动员会，传达贯彻全省“三严三实”专题教育工作座谈会精神。省政协主席柯尊平为机关处级以上领导干部作党课报告。省政协党组分别于7月1日、9月11日、11月5日召开专题学习研讨会，12月31日召开专题民主生活会，省政协主席柯尊平主持会议并讲话。

省政协学习会 8月31日至9月2日在成都召开。会议学习贯彻习近平总书记系列重要讲话和全国地方政协工作经验交流会、省委十届六次全会精神，推进政协协商民主，打好扶贫开发攻坚战，助力“十三五”规划编制，更好地服务“四个全面”四川实践。省政协主席柯尊平参加会议。副主席晏永和作闭幕讲话，副主席高烽、翟占一、杨兴平、王正荣、赵振铣、罗布江村、陈放参加会议。

“我为扶贫攻坚做件事”活动 贯彻省委十届六次全会精神，7月起在省政协委员和机关开展“我为扶贫攻坚做件事”活动，倡导市、县政协积极参与。主席会议成员深入阆中、兴文、木里、美姑、稻城等贫困县，走村入户，召开动员会和推进会，帮助解决具体困难和问题。全省政协系统4万余名委员积极参与，联系帮扶7238个贫困村、31113个贫困户，协调落实个人、社会资金10.79亿元。省政协开展协商议政8次、调研视察53次、提交提案和反映社情民意信息168篇。人民日报、人民网、光明网、央视网、人民政协报等数十家媒体刊发有关报道。

中国发展论坛 2015年9月6日在成都举行。论坛由致公党中央和四川省政协主办，以“创新驱动建设西部开放高地”为主题。全国政协副主席、致公党中央主席、科技部部长万钢出席论坛开幕式并作主旨发言。省委书记王东明出席开幕式。省政协主席柯尊平，全国人大常委、致公党中央副主席杨邦杰，省委常委、秘书长吴靖平，省委常委、统战部部长崔保华，省人民政府副省长刘捷，省政协副主席晏永和、杨兴平，重庆市政协副主席张玲、贵州省政协副主席谢晓尧出席开幕式。全国政协常委、致公党中央常务副主席蒋作君主持开幕式。科技部、工业和信息化部、国土资源部、环境保护部、中国人民银行等国家部委负责人，省委、省政府有关部门负责人，致公党中央及致公党部分地方组织代表、特邀专家学者等参加论坛。

中秋联谊会 9月25日在成都召开。各界人士欢聚一堂、同庆佳节、共话发展。省政协主席柯尊平出席会议并致辞。副主席晏永和、高烽、翟占一、杨兴平、王正荣、赵振铣、罗布江村、陈放，省老领导冯元蔚、杨岭多吉、廖伯康、聂荣贵、十届省政协主席陶武先，十届省政协部分副主席，省直有关部门、各民主党派省委、省工商联负责人，在蓉省政协港澳委员，台胞、台属，侨胞、侨眷，台资、侨资企业代表出席联谊会。

全省政协新闻宣传工作会议 10月22日在巴中市召开。会议总结成绩、交流经验，研究探讨新形势下如何进一步加强和改进政协新闻宣传工作。省政协副主席晏永和出席会议并讲话。

四川省人民政协理论与实践研究会工作会议 10月29日在成都召开。会议学习习近平总书记系列重要讲话精神，贯彻落实《中共中央关于加强社会主义协商民主建设的意见》和《关于加强人民政协协商民主建设的实施意见》，发挥人民政协作为协商民主重要渠道和专门协商机构作用，不断提高人民政协协商民主制度化、规范化、程序化水平。省政协副主席晏永和出席会议并讲话。

省委政协工作会议 11月9日在成都召开。会议深入学习中共十八大、十八届三中、四中、五中全会精神和习近平总书记系列重要讲话精神，认真落实中共中央关于加强政协工作的新部署新要求，紧紧围绕落实"四个全面"战略布局，安排部署全省政协工作。省委书记王东明出席会议并讲话。省政协主席柯尊平出席会议，省委副书记、宣传部部长尹力主持会议，省政协副主席晏永和、高烽、翟占一、王正荣、赵振铣、罗布江村、陈放参加会议。

贯彻落实省委政协工作会议精神专题会议 11月9日在成都召开。会议学习讨论省委政协工作会议和省委书记王东明重要讲话精神，研究部署贯彻落实省委要求和推进全省政协事业创新发展。省政协主席柯尊平出席会议并讲话。省人大常委会副主任黄润秋，副省长陈文华，省政协副主席晏永和、高烽、翟占一、王正荣、赵振铣、罗布江村、陈放出席会议。

2016年省政协新年茶话会 12月30日在成都召开。全省各界人士代表欢聚一堂，辞旧迎新。省政协主席柯尊平主持会议。省委副书记、宣传部部长尹力出席会议并讲话。省政协副主席、民盟四川省委主委赵振铣代表各民主党派省委、省工商联、无党派人士致辞。省委常委、统战部部长崔保华，省政协、省军区、武警四川省总队有关领导，省老领导，省政协老领导，在蓉全国政协委员，在蓉省政协常委，各民主党派省委、省工商联和各人民团体、省直有关部门负责人，以及各族各界代表人士出席会议。

【重要文件】

常委会工作报告（2015年1月26日）（摘要） 一、2015年工作回顾。一年来，省政协工作突出表现在三个方面：一是中共四川省委高度重视政协工作，切实加强领导，大力推进人民政协协商民主制度化、规范化、程序化建设。省委牵头制订年度协商计划，召开省委政协工作会议，出台《关于新形势下进一步加强和改进人民政协工作的意见》。二是加强联动，对上争取，围绕我省"十二五"规划收官、"十三五"规划编制建言出力。"川藏大通道建设情况"的视察报告得到李克强总理重要批示。"支持川陕革命老区区域协同发展和扶贫攻坚”相关报告得到李克强总理、汪洋副总理重要批示。联合民革中央、致公党中央分别举办“中国康养产业论坛”和“中国发展论坛”。召开省政协十一届第十一次常委会议专题议政。三是扎实开展“我为扶贫攻坚做件事”活动。全省政协系统4万余名委员联系帮扶7238个贫困村、31113个贫困户，协调落实个人、社会资金10.79亿元。全年主要开展了以下几个方面工作。一是把握思想主轴，坚定不移走中国特色社会主义政治发展道路。召开专题会议部署贯彻落实省委政协工作会议精神。举办委员和政协干部培训班9期，989人次参加。召开省政协学习会、全省政协新闻宣传工作会、全省人民政协理论与实践研讨会，邀请中央和省级媒体走基层、访委员；总结报送的基层协商民主实践案例，被中办采纳并通报表扬。二是围绕稳增长、调结构、促转型咨政建言，助力经济平稳健康发展。协力促投资稳增长，围绕“加快天府新区建设，发挥天府新区重要作用”召开专题议政性常委会议。协力调结构促转型，围绕绵阳科技城科技型企业孵化器发展、航空与燃机产业加快发展等开展调研，视察“互联网+”创新实践。三是聚焦全面深化改革，助推全省重大改革举措落地见效，促进扩大开放合作。助力改革攻坚，围绕省委已出台的44项专项改革方案开展民主监督。召开专题座谈会，就我省系统推进全面创新改革试验区建设建言献策。针对“中关村先行先试政策”落地绵阳科技城等座谈调研。助力开放合作，召开“对接国家‘一带一路’和长江经济带战略，进一步提升四川开放水平”专题协商会，组织港澳委员来川参加“2015中外知名企业四川行”活动。配合全国政协，组织香港特别行政区全国政协委员考察地震灾后重建情况，相关报告得到李克强总理、张高丽副总理重要批示。四是坚持“治蜀兴川重在厉行法治”，积极服务全面依法治省。召开“全面推进依法治省”专题议政性常委会议。开展立法协商，提出意见建议140多条。召开“法治政府建设”专题协商会，听取省“两院”工作情况通报。五是坚持履职为民，促进民生改善和社会和谐稳定。围绕教育医疗惠民，持续跟踪大小凉山基础教育发展；就《民办教育促进法》及其实施办法施行情况等调研议政；督办“完善分级诊疗与双向转诊制度”等重点提案；专题调研增加农民财产性收入改革试点情况。围绕文化惠民，视察构建多元化全民健身公共服务体系，牵头征编《回忆西部大开发》文史丛书、《巴蜀民风民俗》《铁血川魂》《四川抗战亲历记》等。围绕生态惠民，就建立健全重点流域水环境生态补偿机制等提出对策建议。围绕藏区跨越发展和长治久安，与全国政协联合调研石渠县包虫病防治工作，促成国家卫计委在川召开专题会议并举行国家包虫病防治工作启动仪式；专题调研《宗教事务条例》实施情况。围绕团结联谊，召开港澳委员座谈会，举办新年茶话会、中秋联谊会。六是以严的要求、实的作风，大力加强自身建设。认真开展“三严三实”专题教育，党组书记和成员带头讲党课、带头剖析、带头整改，召开党组专题民主生活会，开展机关专项整治。强化纪律约束，落实“两个责任”，召开省政协党风廉政建设工作会。强化制度建设，健全委员服务管理规章制度，修订《主席会议工作规则》，制定《界别活动实施办法》《加强对基层政协工作指导的意见》；落实省政协领导联系市（州）政协、界别和民主党派省委、省工商联制度。强化服务保障，努力建设务实重行、干在实处的干部队伍；加强专委会建设，发挥其在政协履职中的基础性作用；召开政协信息系统互联互通推进会和后勤工作会议，严格“三公”经费管理，不断提升机关服务保障能力。2015年，省政协开展专题调研视察60次，提交报告58份；征集提案1197件，立案1138件，办复1132件，办复率99.47%；委员提交大会发言68份；反映社情民意信息2101条，编报476期，全国政协和省委、省政府及有关部门采用216条；接待委员和群众来信来访618件次，得到中央、全国政协和省委、省政府领导肯定性批示179件次。二、2016年工作意见。一是坚持正确政治方向，不断增进思想共识。二是贯彻落实五大发展理念，把协力“十三五”规划纲要编制和实施作为履职主线。三是发挥政协优势，助推全面创新改革试验取得突破。四是秉持为民情怀，把助力脱贫攻坚作为重大使命。五是强化政协统战职责，把各界人士紧密团结在党和政府周围。六是加强“三化”建设，大力推进我省政协协商民主。七是践行“三严三实”，提高政协履职能力。

【组织概况】

主席补选名单

（2015年1月30日政协四川省第十一届委员会第三次会议选出）

柯尊平

常务委员增选名单

（2015年1月30日政协四川省第十一届委员会第三次会议选出）

地的古火（彝族） 李发强 张 荣

委员增补名单

（2015年1月25日政协四川省第十一届委员会常务委员会第九次会议通过）

王七章 王海林 牛建平 地的古火（彝族） 刘国成 李发强 吴光镭 何世平 张 宁（彝族） 张 荣 张 健 张支铁（彝族） 赵学谦 柯尊平 谢开华

不再担任副主席名单

（2015年5月21日政协四川省第十一届委员会常务委员会第十次会议通过）

崔保华

不再担任常务委员名单

（2015年1月25日政协四川省第十一届委员会常务委员会第九次会议通过）

江 海 陈宗淑（女） 谢武忠

（2015年9月24日政协四川省第十一届委员会常务委员会第十一次会议通过）

张君高 马道蓉（女）

委员辞职名单

（2015年1月25日政协四川省第十一届委员会常务委员会第九次会议通过）

王学定 白文彬 龙野萍（女，彝族） 江 海 严春风 张军洲 杨清廷 陈宗淑（女） 陈冠松 罗晓东 徐 波 聂 卉 谢武忠

（2015年5月21日政协四川省第十一届委员会常务委员会第十次会议通过）

崔保华

（2015年9月24日政协四川省第十一届委员会常务委员会第十一次会议通过）

马道蓉（女，回族） 张君高 杨 兴 陈宗君

撤销委员资格名单

（2015年1月25日政协四川省第十一届委员会常务委员会第九次会议通过）

文家碧（女） 何绍勇（彝族） 胡瑜斌

（2015年9月24日政协四川省第十一届委员会常务委员会第十一次会议通过）

蒋元忠

不再担任委员名单

徐学民（2015年3月逝世）

副秘书长、专委会主任、副主任任免名单

（2015年1月25日政协四川省第十一届委员会常务委员会第九次会议通过）

杨清廷同志不再担任政协四川省第十一届委员会经济委员会副主任；

白文彬同志不再担任政协四川省第十一届委员会农业委员会副主任；

徐　波同志不再担任政协四川省第十一届委员会港澳台侨和外事委员会副主任；

免去何绍勇政协四川省第十一届委员会教育委员会副主任职务；

免去文家碧政协四川省第十一届委员会文体医卫委员会副主任职务。

（2015年9月24日政协四川省第十一届委员会常务委员会第十一次会议通过）

张君高同志不再担任政协四川省第十一届委员会港澳台侨和外事委员会主任

（2015年1月25日政协四川省第十一届委员会常务委员会第九次会议通过）

聂　卉同志不再担任政协四川省第十一届委员会副秘书长

（2015年12月18日政协四川省第十一届委员会常务委员会第十二次会议通过）

杨程富同志任政协四川省第十一届委员会副秘书长

市（区、县）主席变动情况

成都市（副省级）

武侯区

伍本康（2015年5月28日补选）

大邑县

张昌勇（2015年4月29日补选）

泸州市

江阳区

张旭光（2015年2月12日补选）

龙马潭区

叶长青（2015年1月22日补选）

泸县

李　镇（2015年1月15日补选）

合江县

王亚容（2015年5月20日补选）

德阳市

旌阳区

梁仕全（2015年1月7日补选）

什邡市

殷　萍（2015年1月13日补选）

广元市

苍溪县

朱国勇（2015年2月9日补选）

朝天区

张晓春（2015年3月6日补选）

内江市

李发强（2015年2月13日补选）

乐山市

沙湾区

徐　伟（2015年3月12日补选）

南充市

吴小可（2015年5月20日补选）

达州市

大竹县

曾　伟（2015年1月23日补选）

渠　县

李佳林（2015年1月22日补选）

巴中市

平昌县

谢友先（2015 年 3 月 27 日补选）

雅安市

眉山市

青神县

罗兴建（2015 年 12 月 22 日补选）

阿坝州

吴泽刚（2015 年 2 月 15 日补选）

九寨沟县

高云华（2015 年 12 月 20 日补选）

四川省各级政协组织和委员数

（截至 2015 年年底）

项目＼级别	省级	副省级市	地级市（州）	县（县级市、区）	合计
组织数	1	1	20	183	205
委员数	874	632	7397	35512	44415

（蒲吉霞 编写　杜兰举　向友国　徐建军 审稿）

政协贵州省委员会

【全体委员会议】

十一届三次会议 于2015年1月25日至29日在贵阳举行。会议审议并同意黄康生同志受政协第十一届贵州省委员会常务委员会委托所作的常委会工作报告和孔令中同志所作的提案工作情况报告。会议对政协贵州省委员会2013—2014年度优秀提案和先进承办单位进行表彰。委员们列席省人大会议，对陈敏尔省长所作的《政府工作报告》和会议其他有关报告进行了协商讨论并表示赞同。省委书记赵克志同志在开幕会上作了重要讲话，充分肯定了省政协履行职能取得的成绩，对做好下步工作提出了要求和殷切希望。陈敏尔省长、谌贻琴常务副省长等省委、省政府领导同志到会听取委员大会发言，参加委员联组讨论。会议期间共收到提案539件，经审查后立案516件。王富玉主席在闭幕会上作了题为《加强“四大能力”建设 练好协商民主基本功》的重要讲话，对本次会议进行了全面总结，对省政协2015年的工作进行了全面部署。

【常务委员会会议】

第10次会议 2015年1月8日至9日在贵阳召开。会议审议通过了《十一届省政协常委会工作报告》并推选报告人；审议通过了《省政协十一届二次会议以来提案工作情况的报告》并推选报告人；审议通过了《关于召开政协第十一届贵州省委员会第三次会议日期的决定》；审议通过了省政协十一届三次会议副秘书长名单和有关人事事项；审议了省政协十一届三次会议有关文件、名单（草案）。王富玉主席在闭幕会上要求认真贯彻中共中央《关于加强社会主义协商民主建设的意见》和中共贵州省委即将出台的《实施意见》，推动我省人民政协事业不断向前发展。

第11次会议 2015年1月28日在贵阳召开。会议审议并原则通过了《中国人民政治协商会议第十一届贵州省委员会第三次会议决议》（草案），《政协贵州省委员会提案委员会关于第十一届三次会议提案审查情况的报告》（草案），决定按程序提交省政协十一届三次会议全体会议审议通过。

第12次会议 2015年3月16日在贵阳召开。会议听取省委常委、省纪委书记宋璇涛通报全省党风廉政建设情况，传达学习全国政协十二届三次会议精神和十二届全国人大三次会议精神。王富玉主席强调要更好地发挥人民政协在发展社会主义协商民主中的重要作用，以更加主动、更富创造性的协商民主，服务于“四个全面”的战略布局；要围绕规范权力运行、推动反腐倡廉制度建设建言献策，并加强机关作风建设。

第13次会议 2015年5月29日在贵阳召开。会议传达学习《中共中央关于全面推进依法治国若干重大问题的决定》和《中共贵州省委关于贯彻落实〈中共中央关于全面推进依法治国若干重大问题的决定〉的意见》；听取省委政法委负责同志关于全面推进贵州司法体制改革情况的介绍；审议通过了有关人事事项。王富玉主席在闭幕会上要求全省各级政协组织和广大政协委员做依法治省和司法体制改革的坚决拥护者、宣传者、支持者、推动者，发挥政协委员的民主监督作用，切实反映我省司法体制改革中存在的问题，为推进我省司法体制改革、维护公平正义作出积极努力。

第14次会议 2015年7月28日至29日在贵阳召开。会议听取常务副省长秦如培通报我省上半年经济工作情况和下半年经济工作安排，传达学习省委工作会议和全省“三严三实”专题教育暨党风廉政建设集中专项整治推进大会精神，传达学习全国地方政协经验交流会议精神和全国政协十二届十一次常委会议精神；审议通过有关人事事项；审议通过《政协贵州省委员会关于云上贵州及贵州大数据产业发展状况的建议案》。省委副书记、省长陈敏尔和副省长王江平围绕加快产业园区发展、推进产业园区转型升级、破解产业园区融资难题与政协委员进行了座谈。

第 15 次会议 2015 年 11 月 23 日至 24 日在贵阳召开。会议传达学习中共十八届五中全会精神和省委十一届六次全会精神；书面传达全国政协十二届十三次常委会议精神；听取省委宣传部负责同志通报多彩贵州文化品牌巩固提升情况；听取省政协各专委会关于 2015 年工作情况的汇报；审议通过有关人事事项。王富玉主席在讲话中要求全省各级政协和广大政协委员要把学习贯彻党的十八届五中全会和省委十一届六次全会精神作为重要政治任务，为我省“十三五”规划的制定和顺利实施建言献策、献计出力。要切实围绕“多彩贵州”文化品牌的巩固和提升，认真开展调查研究、积极主动建言献策，将“多彩贵州”进行到底。

【专门委员会工作】

提案委员会 2015 年共收到提案 685 件，经审查立案 661 件。认真做好提案征集、审查立案和交办工作，认真组织开展重点提案遴选，坚持一案一商全程沟通，多种方式督办，促进办理实效。开展贵州山地特色城镇化中的文化建设和推进基层协商民主制度建设调研，报告得到陈敏尔省长批示。围绕关于加强农村集贸市场食品安全监管的提案开展协商办理活动，报告得到陈敏尔省长等批示。组织委员赴贵州师范学院就学院改革发展进行视察。加强提案工作培训和宣传，与来黔考察的福建省、江西省、广西自治区政协提案委进行了深入交流。

经济委员会 完成贵阳市“菜篮子”产品生产、供应、流通各环节调研和我省工业园区发展、建设及化解园区债务风险调研，报告得到秦如培、王江平等省领导批示。完成我省中小企业劳动用工情况，我省天然矿泉水资源保护、开发、利用情况调研。组织委员对贵阳市房地产市场运行情况进行视察，组织 3 次界别活动，召开分管副主席和主任联系委员座谈会。就《关于加强我省城市专业蔬菜基地建设和保护的建议》提案召开月协商座谈会，主办“‘新常态、新政策’与贵州经济发展战略”2015 年经济形势分析会，积极参与联系天下贵州人、贵商大会、全省春茶斗茶大赛、市州投资考察等活动。组织部分委员赴新疆就生态建设进行考察。

人口资源环境委员会 对草海污染治理和环境保护工作进行调研，报告得到陈敏尔、谌贻琴、秦如培、慕德贵等省领导批示。对我省调整大中型水电站水库供水功能可行性情况进行了专题调研，建议内容编入省相关规划。积极通过提案建言水污染防治、水电站保护利用、建设用地规范使用、政府补贴及时到位等问题，认真督办关于落实行政审批改革举措的主席会议重点提案，积极反映社情民意。组织了 5 次委员活动和界别活动，组织委员前往内蒙古自治区考察生态建设，参与立法协商和环境保护执法工作。

科技教育委员会 就“我省教育园区债务情况”开展专题调研，报告得到赵克志、秦如培等省领导批示，有关部门采纳出台具体方案。就“我省高校科研机构科技成果转化情况”进行调研；就全省科技风险投资工作开展视察；召开《大力推进我省农业高等和职业教育》提案督办座谈会；就“迁入花溪大学城的得与失”与花溪大学城高校的部分政协委员进行约谈。组织开展 4 次委员活动和界别活动。参加全国暨地方政协教科文卫体委员会工作座谈会并作交流发言。组织委员就基础教育改革发展赴山东省学习考察。受有关部门邀请参与院校评估检查工作。

文化卫生体育委员会 就提升我省基层医疗卫生服务水平进行专题调研，报告得到赵克志、陈敏尔、何力等省领导批示，建议写入省政府有关文件。就我省大健康医药产业发展情况进行调研，报告得到秦如培、王江平等省领导批示。开展我省教育领域有关法规规章立改废、我省磷化工产业转型升级调研，报告得到谌贻琴、陈鸣明等省领导批示。组织委员视察贵广高铁沿线文化旅游开发情况。组织部分委员赴山东省、湖南省和重庆市考察生物制药情况。组织3次界别活动，组织3次与有关部门的协商座谈会。就“我省中医药事业发展情况”与委员和有关部门进行约谈，就《关于推进贵州省“医养结合养老服务产业”发展的建议》提案开展协商座谈。组织省政协书画院艺术家赴毕节、黔西南、黔南的5个县开展“下基层、送文化、促发展”全省行活动，编印2014年活动纪实图片册；与来黔的四川省政协书画研究院进行交流。

社会与法制委员会 开展茅台示范小城镇建设的专题调研，报告得到慕德贵副省长批示；开展加强社区治理和服务、促进社区有序和谐发展的专题调研，报告得到陈鸣明副省长批示。组织部分委员并会同省法制部门及省政协立法协商专家库的同志就我省贯彻落实《中共贵州省委关于贯彻落实〈中共中央关于全面推进依法治国若干重大问题的决定〉的意见》情况开展视察。组织召开省政协立法协商协调领导小组工作会议，就《贵州省城市管理行政执法条例（草案）》《贵州省民用建筑节能与绿色建筑发展条例（草案）》进行协商讨论。参与有关法律修改征求意见座谈会。受邀参加贵州省“六五”普法检查验收工作。组织开展4次界别活动。就《全面推进依法治省　实现贵州跨越发展》提案进行督办协商，就“全面推进依法治省”专题与委员进行约谈。组织委员赴黑龙江、吉林两省考察学习加强社区治理和服务的做法，组织省政协立法协商专家赴广西考察政协开展立法协商及有关民主法制示范村创建情况。

民族与宗教委员会 配合全国政协民宗委就“集中连片贫困地区精准扶贫”“少数民族传统医药发展情况”等开展3次调研。就“我省传统村落保护与发展情况”进行专题调研，报告得到陈敏尔、慕德贵等省领导批示。就“我省民族地区基础设施建设与发展情况”“我省生态畜牧业发展情况”进行调研；就“我省农村劳动力现状情况”进行调研，报告得到陈鸣明副省长批示。组织委员就“取消公益性建设项目配套资金情况”进行视察。对《关于推动三大基地国企发展混合所有制经济的建议》提案进行督办。组织委员就如何做好新时期民族宗教工作赴江西、安徽进行学习考察。组织开展4次界别活动。积极反映社情民意，与有关部门开展专题协商。

文史与学习委员会 编辑完成《回忆西部大开发》（贵州卷），会同文史天地杂志社编辑出版《岁月留痕》，召开《布依族百年实录》编撰专题会议。参加西部十二省（区、市）政协文史资料工作交流协作会议，在会上交流文史资料工作经验和做法，参与征集《回族百年实录》，协助编撰《贵州省志·政协篇（1978—2010）》。就“我省名人故居保护和利用情况”进行调研。组织委员就“全省爱国主义教育基地建设和利用情况”进行视察。组织委员到省博物馆新馆进行考察，组织委员赴云南省考察学习土司文化、抗战文化遗址保护与利用的经验。督办《关于立法保护贵州古村落（民族村寨）的建议》提案并与委员约谈。

港澳台侨与外事委员会 就“云上贵州及贵州大数据产业发展状况”开展专题调研，报告得到秦如培、王江平等省领导批示。开展“平塘国家FAST射电天文望远镜工程进展情况”调研并召开相关提案督办座谈会，开展台资企业发展情况调研。就旅游产业发展组织港澳委员赴云南省学习考察。组织委员视察贵州国（境）外在黔投资（合作）情况，组织委员赴江苏省、甘肃省就政协基层组织建设和“一带一路”建设情况进行考察学习。服务协调省政协领导访问港澳台，做好“曾列席全国政协全体会议的部分海外侨胞回国考察团”等20余批次考察团来黔考察。组织4次委界别活动。为港澳委员来黔投资和有关基金会资助工作牵线搭桥。

【重要活动】

省长与委员座谈会 7月28日，省委副书记、省长陈敏尔和副省长王江平率有关省直部门负责同志与委员进行了座谈，听取委员们对加快产业园区发展、推进产业园区转型升级、破解产业园区融资难题的意见建议，16位委员在会上踊跃发言，提出了“科学规划，强化招商、选商工作，加强管理服务和人才引进工作，创新机制、统筹化解园区债务风险”等建议。

常委专题协商会 9月24日，省政协召开常委专题协商会，常务副省长秦如培到会听取大会发言并讲话，副省长刘远坤通报我省三大集中连片特困地区和民族地区扶贫开发情况。21位同志围绕“促进贫困地区和民族地区发展，加快同步小康建设步伐”作了大会发言。王富玉主席在会上要求各级政协要积极参与精准扶贫各项工作，充分发挥政协优势，多为我省精准扶贫工作献计出力。

调研活动 按照省委重大课题调研安排，省政协主席、副主席和各专委会分别就贵阳市“菜篮子”产品价格、全省煤炭产业发展、调整我省大中型水电站水库供水功能、山地特色城镇化中的文化建设、教育园区发展、磷化工产业转型升级、云上贵州及贵州大数据产业发展、城乡社区建设、生态畜牧业发展、矿泉水资源与产业发展、爱国主义教育基地建设和利用等23个课题开展调研。其中，大数据产业问题调研报告形成省政协常委会议建议案，工业园区建设发展、山地特色城镇化中的文化建设、调整大中型水电站水库供水功能等形成省政协主席会议建议案，对推进全省相关工作产生了积极影响。

视察活动 省政协主席会议对“美丽乡村”建设、贵阳市“菜篮子”工程建设、城市轻轨建设进行了专项视察；省政协常委会议组成视察团，分别对我省武陵山片区、乌蒙山片区和滇桂黔石漠化片区实施精准扶贫工作情况进行视察；省政协常委视察团还就“多彩贵州”文化品牌巩固提升情况进行了视察，并提出了相关工作建议。专委会充分发挥作用，广泛开展委员调研视察。组织委员就农村集贸市场食品安全监管、贵阳市房地产市场运行、生态文明先行示范区建设、草海湿地保护、全省科技风险投资、大健康医药产业发展、教育法规规章立改废、茅台示范小城镇建设、传统村落保护发展、我省名人故居保护和利用、我省台资企业发展等问题开展调研视察。委托各市（州）政协，组织住当地省政协委员开展调研视察，积极为地方经济社会发展和保障民生建言献策。全年共开展各种视察活动18次，形成了18份视察报告，所提建议得到了省委、省政府的重视，并已转化为实际工作成果。

协商民主建设 深入调研基层协商民

主制度建设进展，指导基层政协建立完善政协委员联络机制，参与中共贵州省委贯彻落实《中共中央关于加强社会主义协商民主建设的意见》和加强我省城乡社区协商民主建设、民主党派省委直接向中共贵州省委提出意见建议等文件的起草工作。按照省委常委会通过的《2015 年度省政协政治协商议题计划》，组织委员高密度参与全委会、常委会、专题协商会、省长与委员座谈、省政协领导与委员约谈、提案办理协商、界别对口协商、立法协商、“政协委员话贵州”栏目等协商议政活动。

委员联络管理工作 制定《中共政协贵州省委员会党组关于加强与政协委员联系充分发挥政协委员主体作用的意见》《贵州省政协委员履职管理暂行办法》《贵州省政协主席、副主席、秘书长和专门委员会主任联系省政协委员暂行办法》。通过多种形式充分听取委员的意见建议，了解委员的学习、思想、履职和生活等情况，就委员提出的意见建议进行沟通交流，通过提案、反映社情民意信息、参加“政协委员话贵州”栏目等形式激发委员深入调查研究、积极建言献策、切实履行职责的积极性和主动性。组建省政协经济委专家库、省政协民宗委专家库和贵州省智力支边专家库，建立起评优、谈话、通报等一系列考核措施，强化政协委员的纪律意识，规范委员履职行为。

帮扶工作和智力支边活动 按照省委、省政府的统一部署，省政协扎实开展集团帮扶。省政协领导同志分别牵头对黎平、六枝、岑巩、镇宁、榕江、锦屏、松桃、习水、安龙、沿河、大方等扶贫开发重点县进行集团帮扶，与有关单位共同努力，帮促扶贫项目落地实施。省政协办公厅创新做好对毕节市七星关区朱昌镇和千溪乡的帮扶工作，组建了办公厅 2015 同步小康驻村工作队，实施“541”＋“1 帮 3”精准扶贫到户工程，帮助建设鸡舍、引进鸡苗。

2015 年，省智力支边办依托各民主党派、工商联，共联系组织各类专家及政协委员 19494 余人参加活动，完成各类支边项目 546 个，培训各级各类人员 132186 人次，科技咨询 12579 次，各种讲座 998 次，三下乡 1863 次，引进农业新技术新品种 163 个，引进资金物资 5.2 亿元，助建学校及教学点 193 个，助建乡镇村卫生院（室）67 个，建立支边联系点 152 个。

政协干部培训工作 2015 年，省政协加强学习培训，着力提升政协干部队伍能力素质。举办 4 期地方政协机关干部培训班，轮训地方政协干部、委员 700 人次；组织 100 多名干部参加在青岛市举办的贵州省政协系统干部培训班；选派各级政协 53 名机关干部，分 5 期参加全国政协干部培训中心举办的培训班；组织 44 名干部参加“贵州千人赴港培训计划‘和谐社会建设’专题培训班”。

【重要文件】

常委会工作报告（摘要）（2015 年 1 月 25 日） 2015 年，是全面深化改革的关键之年，是全面推进依法治省的开局之年，也是全面完成“十二五”规划的收官之年。省政协工作的总体要求是：高举中国特色社会主义伟大旗帜，坚持以邓小平理论、“三个代表”重要思想、科学发展观为指导，深入学习贯彻习近平总书记系列重要讲话精神，认真贯彻落实《中共中央关于加强社会主义协商民主建设的意见》，按照中央的决策和省委的部署，适应新常态，找准着力点，奋力开创政协工作新局面。（一）深入学习贯彻习近平总书记系列重要讲话精神，筑牢推进政协工作创新发展的思想政治基础。一是把学习习近平总书记系列重要讲话精神与学习中国特色社会主义理论体系结合起来，积极引导参加省政协的各党派团体、广大政协委员、各族各界人士始终不渝地坚持中国共产党的领导，始终不渝地坚持和发展中国特色社会主义。二是把严守党的政治纪律和政治规矩放在更加突出的位置，增强党的观念，强化党的意识，不折不扣地贯彻党的路线、方针、政策，始终同省委同心同向，坚决贯彻省委的决策部署，提高政治把握能力，坚持正确政治方向。三是深入学习贯彻习近平总书记在庆祝中国人民政治协商会议成立 65 周年大会上的重要讲话精神，准确把握人民政协是专门协商机构、政协委员是政协工作的主体等重要论断，以学习新成效推动全省政协工作不断科学向前发展。四是深入学习贯彻中共十八大、十八届四中全会、中纪委十八届五次会议、省委十一届五次全会精神，逐步探索建立支持性建设性监督依法治省、依法行政的工作机制，积极开展立法协商。（二）充分发挥政协人才荟萃、智力密集、联系广泛的优势，紧紧围绕“四个全面”建言献策。一是围绕牢牢守住发展和生态两条底线、推进三大集中连片特殊困难地区的扶贫攻坚、实施教育“9＋3”计划、实施精准扶贫“到村到户”等我省加快同步小康步伐中的重点工作，加强调查研究，提出意见建议，为全面建成小康社会献计出力。二是围绕改革的重点领域和关键环节，就发展混合所有制经济、深化财税体制改革、完善金融市场体系、健全城乡发展一体化体制机制建设、推进协商民主制度建设等资政建言，为全面推进深化改革增添动力。三是就切实支持司法机关依法独立公正行使职权，完善地方立法工作机制，加快完善生态建设、环境保护、扶贫开发、园区建设、征地拆迁、科技创新、人才引进等方面的法规，加强和创新社会治理等参政议政，为全面推进依法治省贡献力量。四是围绕加强党的思想、作风、组织、廉政和干部队伍建设积极履职，就进一步贯彻落实好中央“八项规定”和省委“十项规定”，防止“四风”反弹，促进政风行风持续好转，开展民主监督，推动形成更加优良的党风政风，为全面落实从严治党各项要求议政建言。（三）认真组织实施《2015 年度省政协政治协商议题计划》，进一步提升协商议政水平。一是围绕 2015 年政府工作报告及其他工作报告、党风廉政建设、司法体制改革、多彩贵州文化品牌巩固提升、“十三五”规划等开展常委会议协商，多建睿智之言，多献务实之策，多尽精诚之力。二是围绕工业园区建设发展和地方债务化解问题召开好省长与委员座谈会，提出意见建议。三是围绕促进贫困地区和民族地区发展，加快同步小康建设步伐开展常委专题协商，积极促进三大集中连片特困地区和民族地区加快发展，努力为扶贫攻坚多作贡献。四是组织好提案办理月协商座谈会，广泛开展省领导领衔督办、集中督办、分类督办、跟踪督办、协同督办，提高提案办理实效。（四）认真贯彻落实《中共中央关于加强社会主义协商民主建设的意见》，充分发挥人民政协作为协商民主重要渠道作用和专门协商机构作用。一是明确协商内容，组织开展民主协商。二是完善协商形式，增加专题议政性常委会议和专题协商会议，完善每月提案协商座谈会制度，制定对口协商和界别协商的办法，探索网络议政、远程协商等新形式。三是加强与党委和政府工作的有效衔接。四是加强制度建设，切实推进协商民主专项改革，完善委员推荐提名工作机制，完善委员联络制度，建立健全委员联络机构。（五）进一步加强政协自身建设，不断提升履职能力。一是切实发挥常委会的表率作用。二是充分发挥专委会的基础作用。三是积极发挥政协委员的主体作用。四是积极发挥界别的特殊作用。五是充分发挥政协机关的保障作用。

【组织概况】

副秘书长免职名单

（2015 年 11 月 24 日政协第十一届贵州省委员会常务委员会第十五次会议通过）

石　超（苗族）

不再担任常委名单

（2015 年 5 月 29 日政协第十一届贵州省委员会常务委员会第十三次会议通过）

章迪诚

撤销常委资格名单

（2015 年 7 月 29 日政协第十一届贵州省委员会常务委员会第十四次会议通过）

江建民

委员调整名单

不再担任委员名单：

（2015 年 1 月 9 日政协第十一届贵州省委员会常务委员会第十次会议通过）

马元林　王　俭　王永进　李均锋
李朝卉（女）　李翰辉（回族）
吴民豪　张映芳　陈梓泽
罗桂荣（布依族）　宗少俊
郭文英　樊　荣　蔡勤生（蔡家人）

（2015 年 5 月 29 日政协第十一届贵州省委员会常务委员会第十三次会议通过）

章迪诚

（2015 年 11 月 24 日政协第十一届贵州省委员会常务委员会第十五次会议通过）

陈厚义　秦　阳

撤销委员资格名单：

（2015 年 7 月 29 日政协第十一届贵州省委员会常务委员会第十四次会议通过）

江建民

（2015 年 11 月 24 日政协第十一届贵州省委员会常务委员会第十五次会议通过）

田维军（苗族）

委员增补名单：

（2015 年 1 月 9 日政协第十一届贵州省委员会常务委员会第十次会议通过）

丁林洪　上官亚非　王开义
王进江　王青山　石宇波　伍鹏程
刘　耘　刘长江（侗族）　杨　光
李　伟　李　果　李　瑶（女）
李玉林　吴文祥　余功斌　宋念柏
张　斌　张其鹤　张燕玲（女）
陈　湘　陈泽明　陈厚义　徐　元
徐一丁　郭武平　梁　杰　谭　论
潘路生　戴建良

（2015 年 11 月 24 日政协第十一届贵州省委员会常务委员会第十五次会议通过）

许　明（女）　邹　伟　姚小泉
傅迎春　蔡国祥　霍健康

专委会主任、副主任任免名单

（2015 年 1 月 9 日政协第十一届贵州省委员会常务委员会第十次会议通过）

任命：

赵明仁、王开义　政协第十一届贵州省委员会人口资源环境委员会副主任

伍鹏程　政协第十一届贵州省委员会科技教育委员会副主任

陈　石　政协第十一届贵州省委员会文化卫生体育委员会副主任

陈厚义、唐方信　政协第十一届贵州省委员会社会与法制委员会副主任

李近华　政协第十一届贵州省委员会文史与学习委员会副主任

张燕玲（女）、陈泽明　政协第十一届贵州省委员会港澳台侨与外事委员会副

主任

免去：

李均锋　政协第十一届贵州省委员会经济委员会副主任

（2015 年 5 月 29 日政协第十一届贵州省委员会常务委员会第十三次会议通过）

任命：

李碧川　政协第十一届贵州省委员会文化卫生体育委员会主任

免去：

章迪诚　政协第十一届贵州省委员会文化卫生体育委员会主任

（2015 年 7 月 29 日政协第十一届贵州省委员会常务委员会第十四次会议通过）

免去：

江建民　政协第十一届贵州省委员会社会与法制委员会主任

（2015 年 11 月 24 日政协第十一届贵州省委员会常务委员会第十五次会议通过）

任命：

姚小泉　政协第十一届贵州省委员会人口资源环境委员会主任

邹　伟　政协第十一届贵州省委员会社会与法制委员会主任

霍健康、石　超（苗族）　政协第十一届贵州省委员会提案委员会副主任

蔡国祥、许　明（女）　政协第十一届贵州省委员会文化卫生体育委员会副主任

傅迎春　政协第十一届贵州省委员会社会与法制委员会副主任

龙　刚（苗族）　政协第十一届贵州省委员会民族与宗教委员会副主任

免去：

秦　阳　政协第十一届贵州省委员会人口资源环境委员会副主任

陈厚义　政协第十一届贵州省委员会社会与法制委员会副主任

【贵州省各级政协领导人变动名单】

市（州）政协主席

贵阳市

王保建（2015 年 2 月 5 日当选）

六盘水市

杨宏远（侗族）（2015 年 2 月 10 日当选）

黔西南州

汤向前（2015 年 11 月 30 日当选）

县（市、区）政协主席

六盘水市水城县

蔡盛周（2015 年 7 月 7 日当选）

黔东南州施秉县

彭黔英（女，苗族）（2015 年 12 月 25 日卸任）

黔东南州剑河县

刘光藻（侗族）（2015 年 7 月 3 日当选）

黔南州三都县

韦成念（水族）（2015 年 11 月 19 日卸任）

黔南州贵定县

方昌国（2015 年 11 月 2 日免去职务）

贵州省各级政协组织和委员数

（截至 2015 年年底）

项目＼级别	省级	地级市、自治州	县（县级市）	合计
组织数	1	9	88	98
委员数	605	3496	15922	20023

（杨曦东　施　维 编写　李月成　王晓林　杨沛源 审稿）

政协云南省委员会

杨嘉武　副主席

【全体委员会议】

十一届三次会议　1月24日下午至29日在昆明举行。会议应出席委员636名，实到584名。省政协常务副主席白成亮主持开闭幕会，会议听取并审议省政协主席罗正富代表常务委员会所作的《中国人民政治协商会议云南省第十一届委员会常务委员会工作报告》和副主席喻顶成代表常务委员会所作的《中国人民政治协商会议云南省第十一届委员会常务委员会关于提案工作情况的报告》。与会委员列席了十二届省人大三次会议，听取并协商讨论了政府工作报告及其他有关报告。会议审议并通过了《中国人民政治协商会议云南省第十一届委员会第三次会议关于政协云南省第十一届委员会常务委员会工作报告的决议》《中国人民政治协商会议云南省第十一届委员会第三次会议关于政协云南省第十一届委员会常务委员会提案工作情况报告的决议》《中国人民政治协商会议云南省第十一届委员会第三次会议决议》《中国人民政治协商会议云南省第十一届委员会提案委员会关于十一届三次会议提案审查情况的报告》。会议选举杨嘉武同志为政协云南省第十一届委员会副主席。会议期间，省委书记李纪恒，省委副书记、代省长陈豪等省领导看望委员并出席会议。会议结束时，省政协主席罗正富作闭幕会讲话。

【常务委员会会议】

第9次会议　1月22日下午在昆明举行。会议应到常委124人，实到105人。省政协主席罗正富主持会议。会议审议通过了政协云南省第十一届委员会常务委员会第九次会议议程，传达了《中共中央关于加强社会主义协商民主建设的意见》、十八届中央纪委五次全会精神，听取并通过有关人事事项。省政协常务副主席白成亮作传达，副主席马开贤、曾华、罗黎辉、倪慧芳、米东生、王承才、喻顶成，秘书长车志敏出席会议。

第10次会议　3月26日在昆明举行。会议应到常委125人，实到99人。省政协主席罗正富出席会议并讲话。会议传达学习了全国政协十二届三次会议精神、审议了《政协云南省委员会2015年重点工作安排意见（送审稿）》，通过了有关人事事项。省政协常务副主席白成亮，副主席马开贤、曾华、罗黎辉、倪慧芳、米东生、王承才、喻顶成、杨嘉武，秘书长车志敏出席会议。

第11次会议　6月29日至30日在昆明举行。会议应到常委125人，实到114人。省政协主席罗正富主持会议并作总结讲话。与会人员围绕科学制定云南省“十三五”规划建言献策。副省长和段琪到会通报云南省2015年以来经济运行情况和“十三五”规划的有关情况，听取省政协常委会围绕科学制定云南省“十三五”规划举行小组讨论的综合情况介绍。会议还审议通过了有关人事事项。省政协常务副主席白成亮，副主席马开贤、曾华、罗黎辉、倪慧芳、米东生、王承才、喻顶成，秘书长车志敏出席会议。

第12次会议 9月24日至25日在昆明举行。会议应到常委125人，实到97人。会议根据“围绕新定位、实现新跨越，推进云南经济社会平稳健康发展”主题开展协商议政，通过了有关人事事项。省政协主席罗正富出席会议。副省长张祖林到会听取大会发言。省政协常务副主席白成亮主持会议并作总结讲话。副主席马开贤、曾华、罗黎辉、倪慧芳、米东生、王承才、杨嘉武，秘书长车志敏出席会议。

第13次会议 12月17日至18日在昆明举行。会议应到常委125人，实到90人。会议听取了省政府党组成员高树勋通报省政协十一届三次会议以来提案办理工作情况，审议并原则通过了《政协云南省第十一届委员会常务委员会工作报告》（草案）和《政协云南省第十一届委员会常务委员会关于十一届三次会议以来提案工作情况的报告》（草案）。会议审议并通过了关于召开政协云南省第十一届委员会第四次会议的决定。通过了关于授权主席会议审定政协云南省第十一届委员会第四次会议筹备工作未尽事宜的决定等草案，通过了有关人事事项，并表彰了优秀提案。会议还书面通报了2015年度重点视察报告和各专门委员会报告2015年工作总结和2016年工作要点。会议期间，还举办了常委会专题学习，由华东师范大学唐晓东教授作“信息技术产业发展的未来趋势和实现途径”专题辅导。省政协主席罗正富出席会议并作总结讲话。省政协常务副主席白成亮，副主席曾华、罗黎辉、倪慧芳、米东生、王承才、喻顶成、杨嘉武，秘书长车志敏出席会议。

【专门委员会工作】

提案委员会 一是加强学习，着力提高自身素质。二是优化服务，着力提高服务水平。2015年全年共收到提案770件，审查立案723件，不予立案46件，并案1件，到2015年底为止，723件提案已全部办复。三是注重实效，促进提案成果转化应用。组织开展了《推进我省工业园区建设》的重点调研，组织委员和承办单位开展了《加快推进孟中印缅经济走廊建设的提案》和《关于“两江”流域保山段生态治理的建议》等重要提案的督办调研。四是开拓创新，推动提案工作全面发展。组织起草了《省政协关于开展提案培育工作的意见》（送审稿）和《省政协关于提案工作“民主评议”实施办法》（讨论稿），组织召开省政协第二十四次提案工作座谈会。五是广泛宣传，扩大提案工作的社会影响。

经济委员会 一是加强学习，认真开展“三严三实”教育活动。二是扎实开展“挂包帮”“转走访”密切联系群众工作。协调解决绿春县土地整治项目2亿元贷款；协调解决三猛乡罗大路修路资金220万元；筹集资金为绿春县巴东小学重建一幢4层教学楼。三是调研视察工作卓有成效。组织开展关于促进云南有色金属产业科学发展的重点调研、关于促进云南水电行业持续稳定健康发展的调研、云南“十三五”规划有关经济工作的调研。认真组织完成关于完善滇池补水，推进滇中引水工程的重点视察。四是为挖掘高原特色农业发展潜力开展重点协商。10月9日，经济委和民建云南省委联合，组织部分委员专家、行业代表，邀请云南省政府领导和相关厅局负责人进行“坚持市场导向，突出高原特色，重视加工营销，发展现代农业”专题协商会。五是围绕南亚东南亚金融中心建设举办论坛活动。11月3日企业家论坛举办了“主动服务和融入‘一带一路’国家战略，加快推进面向南亚东南亚金融中心建设”专题恳谈会。六是合聚力量，凝聚智慧，召开专项常规工作会议。举办了经济委全体委员会议和2015年全省政协经济委联系会议。七是认真组织界别活动，注重成果转化。跟随白成亮常务副主席负责重点提案《关于充分发挥民主党派在我省协商民主建设中作用的提案》督办工作。

人口资源环境委员会 全年开展调研4项、视察1项，组织专题协商、对口协商和提案办理协商等12次，督办重点提案2件、提交提案5件。一是突出重点，围绕推进生态文明建设履职尽责。开展“关于争当生态文明建设排头兵”重点课题调研。配合全国政协开展“推进长江经济带开发中的湿地保护”专题调研。组织开展“云南自然保护区建设管理情况”重点视察。二是精心组织，认真开展广泛多层次协商活动。7月6日至8日，委员会与致公党云南省委、台盟云南省委联合，采取在丘北县实地设置会场的方式，开展了《普者黑湖流域生态环境保护与旅游产业发展规划》专题协商活动。参与承办云南省政协常委会分组专题协商会议。委员会提交的《加快云南生物医药产业转型升级的意见与建议》提案被列为省政协重点提案，督办了《进一步加强云南省生态文明制度建设》重点提案，2件重点提案督办面商取得了良好的效果。三是整合力量，积极探索专委会履职载体形式。四是强基固本，不断加强自身建设。

教科文卫体委员会 一是关注民生服务基层。就全省食品药品监督管理体制改革工作进行重点调研。对云南省深化食品药品监管体制改革提出工作建议供决策部门参考。就哈尼梯田成功申遗后保护和利用的问题开展调研，促进云南省政府研究出台了“哈尼梯田保护3年工作建议方案”。二是聚焦热点反映实情。在中国人民抗日战争暨世界反法西斯战争胜利70周年之际，联合文史委员会组织部分委员和专家对滇西抗战遗址的保护和利用情况进行重点视察。组织有关委员和专家对云南省贯彻落实《全民健身条例》情况进行视察。举办“深化医改，提升基本公共卫生服务能力”专题协商会，协商成果报送云南省委省政府领导和政府有关部门参考。三是创新界别工作形式。组织界别委员开展多种形式的界别活动。四是注重实效办好提案。认真督办关于发展特殊教育事业的重点提案。在云南省政协十一届三次会议上提出《“一带一路”战略下云南推进国门大学建设的提案》和《关于促进科技成果在生态农业中推广应用的提案》两件集体提案，得到相关部门办理落实。

社会和法制委员会 一是各项重点工作扎实开展。开展了以“加强政法队伍建设，促进司法公正”为题的重点调研，助推法治云南建设。对云南省养老服务业发展情况开展重点视察，关注云南省养老服务业发展。成功举办以“加快我省养老服务业发展”为主题的云南省政协第八届民生论坛。二是推进以协商民主为主旨的协商工作。积极开展立法协商工作。对云南省政府法制办公室及省级有关部门提请协商讨论的《中华人民共和国促进科技成果转化法修正案（草案）》《云南省教育督导规定（修订草案）》等27件（次）法律法规、规范性文件，组织省政协委员、有关专家学者进行协商讨论。重点协商取得实效。与民盟云南省委联合开展了对《云南省司法鉴定管理条例（草案）》的立法协商工作。在十一届云南省政协第十一次常委会上，承担了“保障和改善民生，不断提高各族人民生活水平”专题的有关工作，为科学编制云南省“十三五”规划建言献策。协助完成《关于加快云南生物医药产业转型升级的意见与建议》重点提案面商工作。三是充分发挥委员主体作用。积极开展界别小组活动，举办“议政建言”系列讨论会。四是紧抓“四群”联系点和扶贫攻坚“挂包帮”“转走访”工作。

民族和宗教委员会 一是加强学习，努力提高履职能力和水平。二是围绕中心，突出重点，积极开展调研视察工作。与民革云南省委联合完成“关于把云南建设成为我国民族团结进步示范区推进情况”的重点调研课题。组织民族宗教界委员对“我省产业扶贫项目实施情况”进行重点视察。配合全国政协民宗委和外省（区）政协民宗委调研考察工作。三是认真做好提案工作，切实发挥提案在履行职能中的重要作用。四是发挥政协作用，吸纳各方力量，促进民族团结、宗教和顺工作。深入五大宗教团体、宗教院校走访调研。组织召开全省民族学会负责人座谈会。举行以加强佛教文化交流，促进“一带一路”建设为题的研讨会。主办全省政协民族宗教工作座谈会暨民族团结进步示范区建设研讨会。编写《云南宗教读本》。积极参加民族宗教活动和看望慰问宗教界人士。

港澳台侨和外事委员会 一是求真务实，改进作风和扎实开展“挂包帮”“转走访”扶贫工作。二是认真履职，提高建言献策水平和协商议政实效。开展了“围绕建设面向南亚东南亚辐射中心，加强周边国家华文教育”的重点调研。与经济委员会共同组织部分委员围绕“完善滇池补水，推进滇中引水”开展重点视察。和九三学社云南省委共同召开了以“加强周边国家华文教育”为主题的专题对口协商会。在省政协十一届十一次常委会议期间组织第三组的出列席常委、委员围绕“科学制定云南省‘十三五’规划”主题，重点就“扩大对外开放，建设面向南亚东南亚辐射中心”专题进行讨论，为“十三五”规划建言。在大量调研基础上形成了《关于支持云南发挥先导作用 推进孟中印缅经济走廊建设》的提案，由住云南省全国政协委员提交全国政协，该提案被列为全国政协五件重点提案之一，2015 年 10 月全国政协副主席李海峰率全国政协重点提案督办组到云南视察，极大推动国家层面重视，推动孟中印缅走廊建设。向云南省政协十一届三次全会提交的《关于加快推进中缅陆水联运通道建设的提案》引起了国家发改委、交通部的重视，二部委已将该项目列入国家国际大通道建设重点项目。三是搭建平台，联系服务委员和办好各类会议。四是凝心聚力，进一步广辟渠道拓展联谊和引资引智。

文史委员会 一是认真学习，深入开展“三严三实”和“忠诚干净担当”教育活动。二是做好文史资料征编和协作工作。继续推进《新中国云南人才建设史料》有关工作。编辑、出版云南文史资料选辑第 70 辑《回忆云南西部大开发》。积极参加全国政协文史资料选题协作，同时加强与基层政协的合作。三是完成省政协十一届三次会议有关工作。四是围绕中心做好重点调研工作。开展了“云南名人故（旧）居的保护和利用”重点调研。五是认真开展重点视察工作。与教科文卫体委员会联合组织《云南抗战遗址的保护和利用情况》重点视察。六是结合实际组织好重要会议活动。七是认真开展“挂包帮”“转走访”工作。

【重要活动】

新年茶话会 2014 年 12 月 30 日上午在昆明举行。省委书记李纪恒出席会议并致辞。省委副书记、代省长陈豪，全国政协民族和宗教委员会副主任王学仁出席茶话会。省政协主席罗正富主持。省委、省人大常委会、省政府、省政协领导，在昆中直机关领导，省高级人民法院、省人民检察院领导，驻滇解放军、武警部队领导，省老领导，在昆全国政协常委、委员和省政协常委，省直部门负责人，省级各民主党派、工商联和人民团体负责人以及民族、宗教和港澳台侨和无党派代表人士出席茶话会。

滇黔桂三省区政协主席联席会议 8月21日上午在昆明举行。会议围绕“服务国家‘一带一路’战略，加快推进孟中印缅经济走廊建设，提升滇黔桂民族地区交通基础设施建设水平”主题进行了交流讨论。省委书记、省人大常委会主任李纪恒出席会议并致辞。贵州省政协主席王富玉、广西壮族自治区政协主席陈际瓦出席会议并介绍两省区交通基础设施建设情况；省政协主席罗正富主持会议并介绍云南省交通基础建设情况。云南省政协副主席曾华、罗黎辉、倪慧芳、喻顶成，秘书长车志敏出席会议。滇黔桂三省区政协办公厅、研究室、有关专门委员会负责人参加会议。

协助召开中共云南省委政协工作会议 9月23日，中共云南省委政协工作会议在昆明举行。会议认真学习并讨论了《中共云南省委关于加强人民政协协商民主建设的意见》，提出了贯彻落实措施。省委书记、省人大常委会主任李纪恒出席会议并讲话。省委副书记、省长陈豪主持会议。省委副书记钟勉作会议总结。省政协主席罗正富主持总结会议，对全省各级政协学习贯彻落实会议精神提出要求。李江、黄毅、李培、杨应楠、刘慧晏、尹建业、刘平、白成亮、曾华、倪慧芳、米东生、王承才、杨嘉武、张学群、王田海、白保兴、张登亮、车志敏等出席会议。省委和省级国家机关各部委办厅局，各人民团体、在昆高等院校、省属企事业单位、中央驻滇有关单位党组党委主要负责同志，省级各民主党派和工商联负责人，各州市领导，省政协机关和各专门委员会主要负责人，在昆全国政协委员、省政协常委等出席会议。

全省政协新闻宣传工作会议 10月19日在昆明召开。总结2015年全省政协新闻宣传工作，安排部署下一步工作。对2015年度《云南政协报》发行工作单位给予了表彰和奖励。省政协副主席杨嘉武、省政协秘书长车志敏出席会议并讲话。

第八届民生论坛 以“加快我省养老服务业发展”为主题的云南省政协第八届民生论坛10月23日在昆明举行。省委副书记钟勉出席会议，省政协主席罗正富致辞，副省长张祖林出席并讲话，省政协副主席倪慧芳主持会议。部分省政协委员、民主党派代表、特邀专家、州（市）政协、省直有关部门同志作了交流发言。

企业家论坛 11月3日，围绕“主动服务和融入‘一带一路’国家战略，加快推进面向南亚东南亚金融中心建设”主题，举行专题恳谈会。省政协主席罗正富出席会议，省政协常务副主席白成亮出席会议并讲话，副主席米东生、杨嘉武出席会议。省政协副秘书长、办公厅党组书记刘建华，副秘书长高德明、周胡荣出席论坛。经济委徐盛鹏主任主持恳谈会。部分省政协委员、企业家、省级各民主党派和省工商联代表，以及省发改委、财政厅、金融办等省直有关部门、金融机构负责人，16个州市政协的有关领导，云南省企业家发展促进会会员等200余人参加会议。

【重要文件】

常委会工作报告（2015年1月24日

在政协云南省第十一届委员会第三次会议上）（摘要） 2014年是全面深化改革的开局之年，也是我省全力应对日益严峻的经济形势和自然灾害频发的困难局面，经济社会发展总体平稳的一年。在中共云南省委的领导下，省政协常委会认真学习贯彻中共十八大和十八届三中、四中全会以及习近平总书记系列重要讲话精神，牢牢把握团结民主两大主题，紧紧围绕全省工作大局，认真履行政治协商、民主监督、参政议政职能，努力协调关系、汇聚力量、建言献策，充分发挥协商民主重要渠道作用，为我省改革发展与社会和谐稳定作出了重要贡献。（一）坚持把思想理论建设摆在首位，不断巩固团结奋斗的共同思想政治基础。常委会自觉把思想理论建设作为首要任务抓紧抓好，深入学习领会中共十八大和十八届三中、四中全会精神，坚持用习近平总书记系列重要讲话精神武装头脑、指导实践，不断深化对中国特色社会主义的政治认同和思想认同。坚定走中国特色社会主义道路的信心。广泛凝聚全面深化改革共识。着力强化法治思维和完善法治方式。准确把握政协工作的方向和目标。（二）坚持围绕中心服务大局，紧扣全省改革发展献计出力。常委会广泛动员和组织政协各参加单位、各族各界人士和政协委员，紧紧围绕全省经济发展重点谋划和开展工作，积极为我省全面深化改革和经济平稳发展贡献力量。全力助推云南融入“一带一路”建设。积极建言产业结构优化和转型升级。着力推动园区经济发展。（三）坚持发挥人民政协作为专门协商机构作用，努力推进协商民主建设。常委会注重发挥人民政协作为协商民主重要渠道作用，在履行职能的丰富实践中不断完善协商民主的程序和机制，丰富内容和形式，拓展领域和范围，推进了人民政协协商民主深入发展。增加协商密度。创新协商形式。加强理论研究。（四）坚持以人为本履职为民，积极协助保障和改善民生。常委会注重发挥政协联系面广、包容性强的特点和优势，动员和组织委员围绕群众高度关注的民生问题，积极建言献策、献计出力，努力推动民生改善，增进群众福祉。及时回应群众重大关切。主动参与抗灾救灾工作。努力为人民群众办实事。（五）坚持大团结大联合，广泛凝聚社会和谐稳定的正能量。常委会牢牢把握团结民主两大主题，充分发挥政协的独特优势，不断加强与各界人士的联系，努力扩大团结面，增强包容性，积极为和谐社会建设贡献力量。协助做好民族宗教工作。积极反映群众诉求。拓展海内外联谊交往。传承弘扬优秀传统文化。（六）坚持以改革创新为动力，扎实推进政协履职能力建设。常委会积极适应全面深化改革的总体要求，坚持把改革创新精神贯穿到政协工作的全过程，以改革思维、创新理念改进履职方式，拓展履职领域和范围，不断推进履职能力建设。注重发挥党派团体在政协中的作用。突出体现界别和专门委员会的优势。积极为委员履职创造条件。巩固和发展党的群众路线教育实践活动成果。2015年工作任务：（一）着力以习近平总书记系列重要讲话精神凝聚共识。（二）着力服务经济平稳健康发展。（三）着力推进社会主义协商民主。（四）着力促进依法治省和法治云南建设。（五）着力协助改善民生和维护社会和谐稳定。（六）着力加强政协履职能力建设。

【组织概况】

副主席补选名单

（2015年1月29日政协第十一届云南省委员会第三次会议通过）

杨嘉武

副秘书长任免名单

(2015年6月30日政协第十一届云南省委员会常务委员会第十一次会议通过)

刘建华　任省政协副秘书长

(2015年9月25日政协第十一届云南省委员会常务委员会第十二次会议通过)

杨志诚　免去省政协副秘书长

(2015年12月18日政协第十一届云南省委员会常务委员会第十三次会议通过)

杨华英　任省政协副秘书长

颜希权　任省政协副秘书长

潘晓玲　免去省政协副秘书长(兼)

委员增补名单

(2015年1月22日政协第十一届云南省委员会常务委员会第九次会议通过)

杨嘉武

(2015年12月18日政协第十一届云南省委员会常务委员会第十三次会议通过)

他盛华　向　剑　刘建华　杨宁生

杨安徽　袁志杰　番跃平　任剑媚

李卫东　李枝启　赵雪松

专委会副主任任免名单

(2015年3月26日政协第十一届云南省委员会常务委员会第十次会议通过)

盛云富　任省政协提案委员会副主任

童凤华　任省政协港澳台侨和外事委员会副主任

段　鸿　任省政协教科文卫体委员会副主任

(2015年6月30日政协第十一届云南省委员会常务委员会第十一次会议通过)

王建又　任省政协文史委员会副主任

曾　杰　任省政协民族和宗教委员会副主任

聂　华　免去省政协提案委员会副主任

毕　励　免去省政协人口资源环境委员会副主任

(2015年9月25日政协第十一届云南省委员会常务委员会第十二次会议通过)

王　毅　任省政协民族和宗教委员会副主任

熊泽民　免去省政协人口资源环境委员会副主任

齐晓勇　免去省政协社会和法制委员会副主任

王四代　免去省政协民族和宗教委员会副主任

(2015年12月18日中国人民政治协商会议云南省第十一届委员会常务委员会第十三次会议通过)

马继延　任省政协社会和法制委员会副主任

他盛华　任省政协人口资源环境委员会副主任

伍中华　任省政协提案委员会副主任

陈学刚　任省政协经济委员会副主任

宋嘉林　任省政协人口资源环境委员会副主任

杜　敏　任省政协社会和法制委员会副主任

赵志彬　任省政协民族和宗教委员会副主任

杨　毅　任省政协文史委员会副主任

寇德海　任省政协提案委员会副主任

李　杰　任省政协人口资源环境委员会副主任

周晓江　任省政协社会和法制委员会副主任

张　宁　免去省政协民族和宗教委员会副主任

市（县、区）政协主席变动名单

昆明市富民县

毕　宏（2015 年 10 月免职）

曲靖市罗平县

韩开柱（至 2015 年 3 月）

玉溪市澄江县

李自乔（至 2015 年 7 月）

保山市腾冲市

张志芳（女，2015 年 1 月 21 日任）

保山市昌宁县

杨永清（2015 年 1 月 20 日任）

昭通市鲁甸县

马武荣（回族，2015 年 3 月 12 日当选）

普洱市江城县

徐江艳（纳西族，至 2015 年 12 月）

刀继华（拉祜族，2015 年 12 月任县政协党组书记）

普洱市西盟县

岩　东（佤族，2015 年 12 月任县政协党组书记）

临沧市永德县

李海宽（2015 年 1 月 23 日当选）

楚雄彝族自治州

李兴顺（2015 年 12 月 29 日不再担任）

红河哈尼族彝族自治州元阳县

彭凤玲（2015 年 8 月 31 日补选）

文山壮族苗族自治州广南县

刘东云（2015 年 3 月 11 日补选）

大理白族自治州祥云县

杨学辉（2015 年 7 月 17 日不再担任）

德宏傣族景颇族自治州瑞丽市

尹宁华（至 2015 年 6 月，6—12 月空缺）

迪庆藏族自治州香格里拉市　暂缺

云南省各级政协组织和委员数

（截至 2015 年年底）

项目＼级别	省	州（设区的市）	县（市辖区、不设区的市）	合计
组织数	1	16	129	146
委员数	644	5428	24546	30618

（王程熹 编写　马孝初 审稿）

政协西藏自治区委员会

【全体委员会议】

十届三次会议 1月16日至20日在拉萨举行。大会应出席委员598人，实到481人。全国政协副主席、自治区政协主席帕巴拉·格列朗杰主持开、闭幕会。按照议程和日程，与会委员认真听取并审议了区政协副主席罗松多吉所作的常委会工作报告和区政协副主席李素芝所作的提案工作情况报告，党员委员参加了自治区“两会”党员大会。会议期间，参会委员列席了自治区人大十届三次会议相关大会，听取并讨论了《政府工作报告》和计划、预算报告以及“两院”报告；学习了中共十八届四中全会、区党委八届六次全委会、全区经济工作会议和陈全国书记在宗教界委员联组讨论会上的重要讲话精神等；召开了自治区政协十届十一次常委会议；完成了选举工作；会议审议通过了常委会工作报告决议、提案工作情况报告决议、提案审查情况报告和政协十届三次会议政治决议。区政协副主席珠康·土登克珠主持第二次全体会议。区政协副主席策墨林·单增赤列主持选举大会。

会议期间，陈全国、白玛赤林、洛桑江村、吴英杰等自治区党政军领导莅临会议开、闭幕会祝贺指导。自治区副主席格桑次仁和自治区有关委、办、厅、局负责同志应邀出席大会第二次全体会议，听取委员大会发言。自治区党政军领导1月17日上午分别深入各界别委员小组看望委员并参加讨论，陈全国书记等领导在小组讨论会上发表了重要讲话。

【常务委员会会议】

第10次会议 1月6日至7日在拉萨召开。会议应出席90人，实到64人。全国政协副主席、自治区政协主席帕巴拉·格列朗杰主持开、闭幕会。会议审议通过拟提交自治区政协十届三次全会的有关报告（草案）及报告人、议程（草案）、日程（草案），审议通过人事事项，大会秘书长、副秘书长名单，听取各专门委员会工作情况报告等。

第11次会议 1月19日在拉萨召开。会议应出席90人，实到75人。全国政协副主席、自治区政协主席帕巴拉·格列朗杰主持开、闭幕会。会议审议通过选举法（草案）；听取自治区党委组织部负责同志作政协第十届西藏自治区委员会常务委员、委员人选的说明；审议通过政协第十届西藏自治区委员会常务委员、委员候选人名单（草案）；审议通过政协第十届西藏自治区委员会增补委员名单；审议通过政协第十届西藏自治区委员会第三次会议关于常务委员会工作报告的决议（草案）、政协第十届西藏自治区委员会第三次会议关于政协十届二次会议以来提案工作情况报告的决议（草案）、政协第十届西藏自治区委员会提案委员会关于政协十届三次会议提案审查情况的报告（草案）、政协第十届西藏自治区委员会第三次会议政治决议（草案）。

第12次会议 4月22日在拉萨召开。会议应出席92人，实到70人。区党委常委，区政协党组书记、副主席，区党委统战部部长公保扎西主持会议并讲话。会议传达学习全国“两会”精神；传达学习习近平总书记在全国政协十二届三次会议期间看望民革、台盟、台联委员并参加联组会时的重要讲话精神；传达学习中央政治局常委、全国政协主席俞正声在全国政协十二届三次会议闭幕会上的讲话精神；传达学习中央政治局常委、中央纪委书记王岐山在参加十二届全国人大三次会议西藏代表团审议讨论时的讲话精神。

第13次会议 8月10日至12日在拉萨召开。会议应出席92人，实到74人。此次会议是十届自治区政协召开的首次议政性常委会，以“制定我区‘十三五’时期经济社会发展规划”为主题，积极建言献策。全国政协副主席、自治区政协主席帕巴拉·格列朗杰主持会议。区党委副书记、自治区常务副主席邓小刚出席会议并作编制我区“十三五”规划的主题报告；区党委常委，区政协党组书记、副主席，区党委统战部部长公保扎西作闭幕讲话；国家发改委规划司徐林司长应邀出席会议并介绍了国家“十三五”规划编制情况。会议传达了中央政治局研究进一步推动西藏经济社会发展和长治久安工作会议、全国政协十二届十一次常委会、全国地方政协工作经验交流会主要精神，按章程通过了有关人事事项。与会常委和专家学者围绕我区农牧、旅游、生态环保、新能源、非公经济、教育改革、宗教领域基本公共服务均等化、川藏大通道、参加“一带一路”战略等问题，提出了许多高质量的意见建议。

第 14 次会议 9 月 29 日至 30 日在拉萨召开。会议应出席 92 人，实到 56 人。全国政协副主席、自治区政协主席帕巴拉·格列朗杰主持开幕会；区党委常委，区政协党组书记、副主席，区党委统战部部长公保扎西作闭幕讲话。会议传达学习中央第六次西藏工作座谈会、《中共中央关于进一步推进西藏经济社会发展和长治久安的意见》、俞正声主席在自治区成立 50 周年庆祝大会上的讲话和听取自治区党委政府工作汇报时的讲话、中央统战工作会议、区党委八届七次全委会议等精神，安排部署了我区政协当前和下一步工作。

【专门委员会工作】

提案委员会 按照“提案办到实在处”要求，注重提案办理关键环节的沟通协商，最大限度地把委员提出的意见落到实处，真正解决问题、推动工作。十届三次会议共收到提案 495 件，经审查立案 495 件，立案率为 100%。截至 2015 年 10 月底，十届三次会议 495 件提案办复完毕，所提问题建议已经解决、采纳或基本解决的 241 件；已列入计划、拟解决或采纳的 136 件；因条件限制暂时难以解决以及留作参考的 118 件，分别占 48.7%、27.5% 和 23.8%，提案者满意率和基本满意率明显提高。在立案的 495 件提案中，筛选出 8 件提案作为重点提案，由 8 位副主席牵头督办。经各位副主席与委员和办理单位认真调查研究，协商寻求解决问题的对策，完成了各项提案办理，有效促进了提案办理协商工作，为了总结十届一次会议以来提案工作，提升新常态下提案工作的高度，2015 年在加强提案工作中主要做了以下四个方面的工作。一是 10 月 7 日至 16 日，赴广东、福建两省进行了学习考察，形成了《关于加强人民政协协商民主建设和医疗保险异地就医》的调研报告，得到区党委领导的高度重视。二是我委提交的《深化协商民主特色，提高提案办理实效》的经验交流材料，得到了全国政协提案委的认可，并在 2015 年的全国政协提案工作经验交流会上进行了口头发言。三是 7 月 12 日召开了全区政协提案工作经验交流暨表彰会，对十届一次会议以来的 30 件优秀提案，15 家提案办理先进单位和 25 位提案办理先进工作者进行了表彰。四是 7 月 13 日召开了以“发挥提案工作优势推进协商民主建设”为主题的首次专题协商会，在自治区政协系统起到了助推政协提案从量到质的转变。

民族和宗教委员会 一是深入开展视察调研活动。围绕贯彻落实中央民族工作会议精神情况，同时从保护、传承民族传统文化的角度，积极回应界别委员提案，对“西藏人口较少民族语言的保护、使用和传承工作”以及“合理利用和保护具有特殊疗效的传统温泉水资源”等内容开展了视察调研活动。2015年6月至7月，深入昌都、林芝、山南等地市的二十多个县（区）、乡，实地查看各地具有特殊疗效的温泉水资源的保护利用情况。走访纳西族、珞巴、门巴族老人，深入了解人口较少民族群众对保护传承民族文化的愿望意见和存在的问题，形成了《关于合理利用和保护具有特殊疗效的传统温泉水资源的视察报告》《关于我区学习贯彻中央民族工作会议精神的调研报告》上报有关部门。报告引起了区党委政府的高度重视，主要领导作了批示。二是协助全国政协，开展调研工作。2015年，积极协助全国政协民宗委的调研工作，商请自治区发改委对“关于‘十三五’规划中民族地区发展需要关注的几个问题”进行了联合调研。商请区卫计委藏医药局，对“少数民族传统医药的传承发展”进行了联合调研。商请区民宗委对《宗教事务条例》实施情况进行了协同调研。在庆祝自治区成立50周年之际，召集统战、民宗、佛协和民族宗教界部分委员，对《宗教事务条例》实施情况进行了座谈交流，形成了具有较强参考价值的调研报告上报全国政协。三是视察调研成果得到了转化。《关于西藏自治区天葬管理工作的视察报告》，得到了区党委政府的高度重视，引起了社会各界广泛关注。2015年，自治区人大常委会对《天葬管理条例》（草案）征求各方意见，作进一步修改完善后，即将出台。

社会法制外事委员会 一是围绕中心工作，认真履职尽责。6月5日至7日，与环保厅一起在拉萨举办新《环境保护法》委员培训班。培训期间，自治区党校教授李宏等环保领域的专家学者，围绕西藏生态环境保护形势与任务、《中华人民共和国环境保护法》及相关法律法规等内容作了专题讲座。6月22日至7月3日，组织部分委员和相关部门，先后深入林芝市米林等五县十几个乡镇，了解区党委《关于进一步加强边境地区发展稳定工作的意见》文件精神贯彻情况。6月26日至7月5日，深入昌都市对新颁布的《中华人民共和国环境保护法》贯彻落实情况进行了调研，形成了关于昌都市贯彻落实新《中华人民共和国环境保护法》情况的调研报告。7月24日至30日，带领界别委员赴山南地区隆子、错那两县各边境乡镇调查了解2号文件贯彻落实情况，形成了《关于维护边境地区社会和谐稳定及巩固边防》的调研报告，得到了党委、政府领导的充分肯定。二是加强外事工作。按照惯例邀请尼泊尔驻拉萨总领事馆主要官员旁听了政协全体会议的开幕式。为进一步加强对周边国家议会交流和涉藏问题较突出国家的外宣工作，介绍人民政协工作，展示西藏各族人民在中国共产党的领导下，各方面所取得的辉煌成就，挤压达赖集团在这些国家的活动空间，协助全国政协先后完成了自治区政协副主席珠康·土登克珠、参木群随全国政协出访任务。另外，自治区政协领导率三批中国西藏自治区政协代表团，出访德国、意大利，韩国、日本，印度、尼泊尔，三批代表团出访圆满成功，此次出访是政协九届成立社会法制外事委员会以来出访国家、出访次数最多的一次。

文史资料学习委员会 一是圆满完成了《回忆西部大开发·西藏卷》的编撰工作。在史料征集过程中，文史委只用了不到6个月的时间，就征集史料210篇、140余万字。在认真审核研究、精心遴选的基础上，精选稿件67篇、42万余字，提交有关部门审定。无论体例体量，还是篇章结构，都完全符合全国政协的编撰要求，尤其是全卷42万余字，几乎没有文字错漏，44 篇文稿被评为优秀稿件，在西部十二省区市中名列前茅，得到了全国政协文史委、四川省政协、自治区政协领导以及评审专家的充分肯定和高度评价。二是全力推进《藏族百年实录》史料征编工作。受全国政协文史委的委托，牵头组织川、滇、甘、青四省藏区政协文史委，协作开展《藏族百年实录》的相关史料征集工作；积极协调联系中国藏学研究中心等部门的专家、学者，广泛协商，进一步充实完善征编工作方案；借助老干部管理平台，向离退休老干部发送《约稿函》，多次组织采编人员赴区外和区内有关地市，采访西藏离休干部和“四路进军”西藏的老红军、老干部和老战士，开展史料抢救整理工作，目前已整理稿件 200 余篇；加强与各地市政协文史委的协作，重点征集各地市最具特色的史料，进一步丰富稿源；针对 1951 年以前“三亲”史料非常稀缺的实际，协调中国藏学研究中心的专家学者，达成合作征编协议。三是精编精选，认真开展《我的西藏记忆》的编撰工作。抢救性地征集、采访、整理了胡宗林等在藏工作老红军、老干部和老同志的珍贵史料。该书共收录文稿 56 篇、25 万余字。四是及时召开全区文史工作座谈会，全面总结工作经验。7 月召开了全区文史工作座谈会，总结近年来自治区和地市政协开展文史资料工作的情况，交流做法和经验。

科教文卫体委员会 一是以视察调研为抓手，建务实之言。2015 年 4 月至 5 月，组织部分教育界委员赴山南、林芝两地市 6 个边境县的 37 所中小学、幼儿园、教学点，就我区边境教育现状开展专题调研，并以专题报告的形式向党委政府提出了推进国门学校建设、加大边境教育经费投入、推进较少民族教育立法等 7 个方面的建议。3 月，赴阿里地区开展政策调研，形成了《阿里地区措勤、改则、革吉县维护稳定工作情况调研报告》等三个报告，向自治区和阿里地区分别提出了维护稳定、民生改善、干部待遇、政策扶持等方面 133 条意见建议，为中央第六次西藏工作座谈会和自治区“十三五”规划的科学制定提供了决策依据。二是以专题协商座谈会为平台，献管用之策。为认真落实常委会提出的推进协商民主，搭建协商平台的要求，在充分调研的基础上，选择了党委政府重视、社会各界关注、发展前景广阔、政协能够做到的文化产业作为协商主题，成功召开了加快推进西藏文化产业发展专题协商座谈会，11 名委员围绕推进文化产业发展作了专题发言，就我区当前文化产业发展中存在的问题及今后发展思路建议与职能部门进行了面对面交流，形成了推进文化产业发展 6 个方面 27 条重要意见建议，协商成果报区党委后，得到了自治区有关领导的充分肯定。三是配合政协办公厅做好接待服务工作。2015 年共参与接待全国政协、兄弟省市政协赴藏考察团组 4 批 70 余人次，增进了彼此了解和交流。四是改进工作方法，加强了对口联系。制定和落实专委会主任联系指导地市政协专委会工作制度，定期不定期地向联系部门和界别委员通报情况，及时反映履职动态，征求对专委会工作的意见，畅通了科教文卫体委员会同联系部门和界别委员的渠道。

经济人口资源环境委员会 一是凝心聚力，推进协商民主。2015 年 8 月，圆满完成了围绕我区“制定国民经济和社会发展‘十三五’规划”为主题的首次议政性常委会工作任务。与会常委、委员、专家学者们就我区农牧、生态环保、新能源、参与“一带一路”战略等问题提交了有见地、高质量的大会书面交流材料 32 篇，13 名常委、委员、专家学者在大会上作了交流发言，并提出了许多高质量的意见建议，得到了区党委、政府高度重视和政协党组与社会各界的高度评价。二是多措并举，全力配合视察。围绕“进一步加快推进川藏大通道建设”进行了调研，与四川省政协共同形成了调研报告。并由两省区的全国政协委员联名向全国政协提交了关于“进一步加快推进川藏大通道建设”的提案，得到了全国政协的高度重视，并列入重点视察内容。7月陪同全国政协副主席李海峰率队的川藏大通道视察工作组一行，在川藏公路沿线开展了视察。对全国政协赴藏的调研报告意见，李克强总理作了批示，自治区党委、政府主要领导就如何抓好落实李克强总理的批示精神作了重要指示。三是紧扣主题，开展调研工作。围绕“就业第一、教育优先”的原则，以问题为导向，先后赴我区山南、拉萨、林芝3个地市17个县区的就业创业企业等共109个点进行实地调研，形成了有观点、有问题、有对策的调研报告。四是履行职能，积极建言献策。2015年1月，就政府工作报告，从参与“一带一路”建设等9个方面内容提出了修改建议，所提意见建议在政府工作报告中均得到了充分体现；提出了关于编制我区参与“一带一路”规划的专委会集体提案，获得了自治区“优秀提案”奖；参加曹建明检察长率团的最高人民检察院赴藏考察座谈会，就西藏人民检察工作和建设作了发言。

【重要活动】

羌塘高原（那曲地区）国家生态文明建设座谈会 2月3日，自治区政协召开羌塘高原（那曲地区）国家生态文明建设座谈会。自治区政协副主席金世洵主持会议并讲话。会上，那曲地区政协主席江村旺扎向大家通报了羌塘高原（那曲地区）国家生态文明建设区相关情况。中国农科院农业环境与可持续发展研究所副所长、研究员高清竹作了有关说明。会议征求并听取了全国政协委员、自治区政协委员及区直参会部门领导的意见和建议。参会人员从不同行业、不同角度，本着高度负责的态度，谈观点，摆事实，列数据，提出了修改意见和建议。

强基础惠民生驻村工作队动员会议 5月29日，自治区政协机关召开第六批驻村工作队动员会议，自治区政协党组副书记、副主席，机关党组书记罗松多吉出席会议并讲话，自治区政协常务副秘书长洪雪峰主持会议并作动员讲话。会议传达了自治区创先争优强基础惠民生活动2015年工作要点，就机关派驻那曲县各村工作队更好开展驻村各项工作提出了具体要求。自治区政协在家各副秘书长，机关强基惠民活动领导小组办公室负责同志及机关第六批驻村工作队全体队员参加会议。6月2日上午，自治区政协机关第六批驻村工作队出发仪式在拉萨举行。罗松多吉等领导为工作队队员献上哈达送行。

全区政协提案工作经验交流暨表彰会议召开 7月12日，全区政协提案工作经验交流暨表彰会议在拉萨召开。区党委常委，区政协党组书记、副主席，区党委统战部部长公保扎西出席会议并讲话。区政协党组副书记、副主席，机关党组书记罗松多吉主持会议。会议议程紧凑、效果很好。一是提高了认识，增强了信心。二是交流了经验，开阔了思路。三是表彰了先进，促进了工作。

机关党建工作联述联评联考会议 10月23日，区政协召开机关党建工作联述联评联考会议。区政协党组副书记、副主席，机关党组书记罗松多吉出席会议并讲话。区政协机关党组成员出席。区政协驻会委员，机关全体党员干部职工参加会议。机关各党支部和机关党委分别进行了述职并接受民主测评。

重点提案督办工作座谈会 10月26日，自治区政协举行第十届西藏自治区委员会第三次会议第011号重点提案《关于将边坝县加贡乡列为国家级野生动物保护区的提案》督办工作座谈会。区政府党组成员、副主席边巴扎西出席会议并讲话，区政协党组副书记、副主席，机关党组书记罗松多吉主持会议并讲话。会议听取该提案办理工作情况汇报，区政协委员就进一步提高重点提案的办理质量进行了协商座谈，提出了意见建议。

全区政协工作经验交流会召开 11月5日至6日，涵盖了全区7个地（市）、74个县（区）政协的首次全区政协工作经验交流会在拉萨召开。会议期间，传达学习了中共十八届五中全会等精神，通报了十届西藏政协以来的主要工作情况，12位基层政协负责同志作了大会发言，与会代表进行了分组讨论，交流了经验做法。受全国政协副主席、自治区政协主席帕巴拉·格列朗杰的委托，自治区政协党组副书记、副主席，机关党组书记罗松多吉主持会议并作总结讲话。

【重要文件】

常委会工作报告（2015年1月16日）（摘要） 一、2014年工作回顾。(一）加强思想政治建设，坚定正确政治方向。坚持把加强学习作为坚定政治方向的重要前提，始终以科学的理论武装头脑、指导实践。（二）加强协商民主建设，助推全面深化改革。坚决贯彻中央改革精神和区党委重大改革举措，聚焦我区全面深化改革大局和政协协商民主建设，调研论证，献计出力。（三）牢记履职第一要务，助推经济社会发展。坚持把助推跨越式发展作为履行职能的第一要务，围绕我区“统筹稳增长、调结构、促改革”战略决策，谋跨越、献良策、出实力。（四）承担第一政治责任，维护我区和谐稳定。坚持把维护稳定作为履行职能的第一政治责任，全面贯彻落实党的治藏方略、民族宗教政策和民族区域自治制度，为促进我区长治久安献计出力。（五）践行党的群众路线，全力保障和改善民生。坚持把保障和改善民生作为履行职能的出发点和落脚点，紧紧围绕办好利民为民“十件实事”，协商尽责、履职为民，促成各族群众共享改革发展成果。（六）树立生态文明理念，助推美丽西藏建设。坚决贯彻中央关于加强西藏生态安全屏障保护与建设的英明决策，坚决贯彻区党委坚持把生态环境作为底线、红线、高压线的部署要求，加强建设美丽西藏的对策研究，助力推动我区生态文明建设。（七）形成齐抓共管合力，扎实推进经常性工作。坚持统筹兼顾、突出重点，全力推进政协提案、文史资料、团结联络、对外宣传等经常性工作。（八）加强政协自身建设，提高履行职能成效。坚持把加强自身建设作为强基固本、发挥作用的关键所在，协同推进界别、专委会、委员和机关“四位一体”建设。二、2015年工作安排。（一）把握正确方向，打牢共同思想政治基础。要紧扣推进国家治理体系和治理能力现代化，把学习贯彻中共十八届四中全会及区党委八届六次全委会精神作为重要政治任务，深刻领会会议的精神实质，准确把握全面推进依法治国、依法治藏的指导思想、目标任务和原则要求，切实打好服务落实的思想政治基础。（二）牢记职责使命，紧扣改革和法治建设献计出力。要始终围绕区党委、政府中心工作履职尽责，认真组织开展区党委、政府重大决策之前和决策实施之中的协商议政。（三）发挥优势作用，广泛凝聚各方面力量。要坚持大团结大联合，包容共济、凝心聚力，为推进我区经济、政治、文化、社会、生态文明和党的建设凝聚强大正能量。（四）完善体制机制，提高政协协商民主有效性。要紧扣发挥我区政协作为协商民主重要渠道作用，创新协商形式、丰富协商内容、增加协商密度，提高政协民主协商实效。（五）加强自身建设，不断提升政协履职能力。要遵循时代发展和履职实践要求，把加强履职能力建设贯穿自身建设始终，进一步提高政治把握能力、调查研究能力、联系群众能力、合作共事能力。

【组织概况】

委员增补名单

（2015年1月7日政协第十届西藏自治区委员会常务委员会第十次会议通过）

土旦赤列　王启顺　邝建泽
伏　鹏　伏　韬　李　爽　岗　青
林海平　洛桑佳措　洛桑塔巴
顿　珠　曾晓东　曾　嘉

（2015年1月19日政协第十届西藏自治区委员会常务委员会第十一次会议通过）

仁青永宗（女）　赤来罗布
肖　军　张　宏　张建华　张　勤
赵贵龙　洛桑白姆（女）　诸伟敏
喜　乐

常务委员增补名单

（2015年1月19日政协第十届西藏自治区委员会第三次会议通过）

卢彦朝　赵贵龙

地（市）、县（区）主席变动情况

拉萨市

城关区主席
尼玛云丹（2015年3月31日当选）
达孜县主席
米　玛（2015年4月23日当选）
林周县主席
格桑次仁（2015年4月9日当选）
尼木县主席
赵志强（2015年4月9日当选）

日喀则市

定日县主席
次旺多吉（2015年8月23日当选）
定结县主席
中扎西（2015年7月15日任职）
康马县主席
扎西多吉（2015年8月14日当选）
吉隆县主席
杨伟功（2015年9月21日当选）
岗巴县主席
扎　西（2015年12月29日任职）

山南地区

扎囊县主席
达　娃（2015年4月10日当选）

林芝市

主　席
桑杰扎巴（2015年6月17日续任）
巴宜区主席
戴　平（2015年6月3日当选）

昌都市

江达县主席
罗松吉村（2015年2月调离）
芒康县主席
索朗格列（2015年4月17日当选）
洛隆县主席
尼　玛（2014年10月23日当选）
边坝县主席
加勇泽培（2014年12月3日当选）

那曲地区

那曲县主席
多尔莫（2015年4月5日当选）
尼玛县主席
平措达吉（2015年9月16日当选）

班戈县主席

普布卓玛（2015 年 1 月任职）

申扎县主席

拉巴次仁（2015 年 9 月 27 日当选）

双湖县主席

阿　更（2015 年 5 月 4 日当选）

噶尔县政协主席

嘎玛次珠（2016 年 4 月 6 日当选）

改则县政协主席

才旺占堆（2015 年 4 月 10 日当选）

措勤县政协主席

索朗塔杰（2015 年 4 月 5 日当选）

西藏自治区各级政协组织和委员数

（截至 2015 年年底）

项目＼级别	自治区	地（市）	县（区）	合计
组织数	1	7	74	82
委员数	598	1401	3716	5715

（秦　瑞 编写　达　嘎 审稿）

政协陕西省委员会

孙其信　副主席

【全体委员会议】

十一届三次会议　1月24日至29日在西安举行。会议应出席委员641人，实到635人。会议协商讨论十一届政协常委会工作报告、政府工作报告及其他报告，举行了大会发言和专题（联组）讨论。围绕全面深化改革、适应经济新常态等内容建言献策。选举孙清云、孙其信为政协第十一届陕西省委员会副主席，选举仵西居、刘阳、张会民、郭汉文为政协第十一届陕西省委员会常务委员。还对优秀提案、先进承办单位和办理工作先进个人，优秀社情民意信息、社情民意信息工作先进集体和先进工作者进行了表彰。省委书记赵正永在闭幕大会上讲话，代表中共陕西省委对大会的圆满成功表示热烈祝贺。

【常务委员会会议】

第13次会议　1月21日至22日在西安举行。会议审议通过了省十一届政协三次会议议程（草案）、常务委员会工作报告（草案）、提案工作情况的报告（草案）以及有关人事事项。省政协主席马中平，副主席七人和秘书长出席会议。全国政协委员、省委常委、省委统战部部长陈强列席会议。

第14次会议　第一次全体会议1月27日在西安举行。马中平主持。会议审议通过了省十一届政协三次会议人事事项以及相关报告和决议，提交大会讨论。副主席七人和秘书长出席会议。第二次全体会议1月28日在西安举行。马中平主持。会议审议通过了政协第十一届陕西省委员会第三次会议选举办法（草案）、人事事项及相关决议、报告及其他，并提交大会通过。副主席七人和秘书长出席会议。

第15次会议　3月17日在西安举行。马中平主持会议并讲话。陈强列席会议。会议传达学习了全国“两会”精神；安排部署了省十一届政协第十六次常委会议关于“社会主义核心价值观”专题协商的调研工作；通过了有关人事事项。会议决定，免去周杰政协第十一届陕西省委员会经济委员会副主任职务，增补王宝成、詹毅立为政协第十一届陕西省委员会副秘书长。

第16次会议　6月24日至25日在西安举行。会议围绕“培育和践行社会主义核心价值观”进行专题议政性协商。马中平主持，省委常委、省委宣传部部长景俊海通报了陕西省“培育和践行社会主义核心价值观”情况，省政协副主席郑小明报告了省政协开展专题调研情况。省社会科学院研究员石英围绕培育和践行社会主义核心价值观问题作了“内化于心，外践于行”的专题讲座。省政协副主席七人和秘书长等出席会议。陈强及省级有关部门负责同志列席了会议。

第17次会议　11月18日至19日在

西安举行。主要议题是学习贯彻中共十八届五中全会和省委十二届八次全会精神，围绕陕西省制定和落实国民经济和社会发展第十三个五年规划建言献策。省长娄勤俭应邀出席并就陕西省制定“十三五”规划有关情况作报告，马中平主持，省政协副主席李冬玉报告了省政协围绕陕西省制定“十三五”规划开展专题调研的情况，省环保厅副厅长郝彦伟作了《我省绿色发展的形势与任务》的专题讲座。会议决定，免去孙清云同志政协第十一届陕西省委员会副主席职务、撤销其政协第十一届陕西省委员会委员资格。省政协副主席七人和秘书长出席会议。省级有关部门负责同志和部分政协委员列席。

【专门委员会工作】

提案委员会 一、提案工作。1. 十一届第三次会议期间共征集提案 766 件，立案 681 件。共征集平时提案 124 件，立案 116 件。2. 与省政府督查室联动对提案进行全程、实时监控督办。截至年底交付办理的 797 件提案已全部办复。3. 编印《陕西省十一届政协三次会议集体提案汇编》。4. 确定 39 件重点督办提案，截至年底重点提案已全部办结。5. 与各界导报联合开办了“见证：提案追踪”专栏，发稿 12 篇，反响热烈。二、其他工作。1. 完成岐山周文化景区建设情况专题调研，撰写了《关于岐山周文化景区建设情况的调研报告》。2. 承办《加强和改进法律援助工作》月度协商座谈会。3. 全年共编发《重要提案摘报》8 期。4. 编辑《住陕全国政协委员出席全国政协十二届三次会议提案素材汇编》。5. 在调研基础上，撰写《关于常住西安的韩国人亟需解决的几个问题的建议》，转化为 080 号提案。6. 完成了省政协提案管理系统升级建设方案。

经济委员会 一是相继召开了四次与省政府有关对口协商单位政情通报会。二是围绕 3D 打印产业化发展和陕西果业品牌建设两个课题进行调研并撰写调研报告。三是承办“农村电子商务发展”月度协商座谈会并形成了《关于我省农村电子商务发展综合报告》。四是做好省十一届政协第十七次常委会议的大会发言工作。五是分别接待全国政协及辽宁等 6 省政协来陕的调研考察任务，参加全国政协召开的贫困地区可持续发展理论与实践研讨会暨地方政协经济（农业）委员会工作会议。六是做好六盘山片区陕甘青宁四省区政协主席联席会议的联络服务等工作。

人口资源环境委员会 一、全年开展 3 次调研，形成《关于我省“环保执法情况”的调研报告》《关于“能源产业转型发展与生态环境严格保护”的调研报告》以及《关于加强我省养老机构建设的几点建议》。二、承担 7 月的“环境保护执法”月度协商，会后报送《省政协“环境保护执法”月度协商座谈会情况报告》。三、全年共报送信息 23 篇。四、组织 2 次全体委员会议。五、接待全国政协和其他省市政协来陕调研。六、召开人口资源环境发展态势分析会，围绕“美丽陕西——煤炭资源清洁高效利用”主题建言献策。

文化教育委员会 一是就丝绸之路博物馆建设问题召开月度协商座谈会。会后将意见建议整理形成社情民意信息《关于建设丝绸之路起点博物馆（博览园）的建议》。二是全年组织委员进行 3 次调研，形成《践行社会主义核心价值观，全面构建诚信体系的对策建议》《关于我省西安市以外公办高校发展情况的调研报告》《关于大秦岭旅游文化保护与发展的调研报告》三篇调研报告。三是完成组织省政协 2016 年新年茶话会文艺演出的工作任务，开展赴延安采风活动并整理出《让历史见证》采风作品集，与陕西光耀传统文化传播中心共同举办了“金色丝路·光耀盛会——带一路中华文化全球行”启动仪式。四是全年提交10条重要的社情民意，省委办公厅采用2条，领导批示2条。

科技委员会 一是围绕科技服务业开展调研2次，形成《关于我省科技服务业发展情况的调研报告》和《关于建立适应我省科技创新需求的科技金融服务体系的建议》。二是围绕十六次常委会提交《创新驱动 中国富强必由之路》发言材料，结合十七次常委会“十三五”规划编制议题报送《建立适应我省科技创新需求的科技金融服务体系的建议》会议交流材料。三是承办“深化科研院所改革，助推创新驱动发展”月度协商座谈会。四是联合西安交通大学经济与金融学院共同申报2015年省知识产局“知识产权资产价值评估制度的构建研究”课题，完成研究报告并结项。五是参加全国暨地方政协科技工作座谈会，先后其他省市政协来陕考察调研团。

医药卫生体育委员会 一、协商议政。一是围绕常委会议题进行议政协商。形成《关于我省校园、社区体育事业发展情况的调研报告》《关于加快大卫生格局转变推动公共卫生事业发展的调研报告》和2篇大会发言材料。二是召开省政协“推进分级诊疗制度建设”月度协商座谈会。报送省委、省政府《省政协“推进分级诊疗制度建设”月度协商座谈会情况报告》。三是围绕振兴陕西省医药经济开展对口协商。赴黑龙江就食品、药品安全生产情况进行调研，形成《关于我省医院产业发展的调研报告》。四是组织校园、社区体育事业等10次考察性调研和委员活动，《关于我省公共体育发展情况的视察报告》得到省政府领导批示。二、委员活动。一是上报社情民意信息32篇，全国政协采用1篇，省委办公厅采纳2篇。二是围绕《关于鼓励社会力量办医的建议》等提案组织委员参与提案办理协商。三是组织召开“发展陕西中药产业座谈会”。四是承担“两联一包”扶贫、医疗下乡、救灾补助等多项公益扶贫工作。

社会和法制委员会 一、分别组织完成关于陕西省中小学法治教育情况的调研和关于陕西省农村基层治理法治化情况的调研，并形成调研报告。二、分别组织完成关于陕西省青少年戒毒工作对口协商座谈会和关于陕西省城市道路交通安全管理月度协商座谈会。三、先后参加了省委政法工作会议、全省维稳工作会议、“六五”普法验收活动等20余次。四、完成2次委员联谊活动，接待全国政协2次来陕考察。

民族和宗教委员会 一、组织调研视察5次，分别围绕“加强宗教教职人员队伍建设问题”“促进和扶持我省少数民族企业发展情况”等专题进行调研，形成多篇调研报告、社情民意信息以及意见建议。二、组织召开“加强宗教教职人员队伍建设”月度协商座谈会。提出要大力增强、提升宗教教职人员的自身素质等7项意见建议，被全协及省委先后采纳。三、议政建言。全年提交社情民意信息10条，1条被全国政协办公厅、省委办公厅先后采用，1条获省级领导批示。四、参加全国暨地方政协民族宗教工作研讨会。

港澳台侨和外事委员会 一、先后组织了关于加强陕西省与丝路沿线国家青年交流和关于港澳台侨资企业在陕投资环境和权益保护3次专题调研并提交调研报告。组织“港澳台侨资企业在陕投资环境和权益保护”月度协商座谈会。二、配合并协助全国政协、澳门中联办组织澳门社区工作者来陕交流活动，完成首期“澳门社区工作者陕西体验式研修计划”。做好省果业管理局等部门与澳门基金会的协调对接，推动延安苹果进入澳门中小学活动。全年接待重要外宾团组7批80余人次，港澳台地区团组5批160余人次来陕访问。三、接待全国政协与其他省市政协来陕调研。与省人大民族宗教侨务外事工作委员会、省外（侨）办、省侨联、省致公党，共同举办了第六次“五侨”联席会议。

文史和学习委员会 一、调研、协商。围绕“弘扬优秀传统文化，做好陕西省文化旅游名镇建设”和“陕西省纺织工业遗产保护与利用情况”开展专题调研。组织召开省政协“弘扬优秀传统文化，做好陕西省文化旅游名镇建设”月度协商会，汇总八条意见建议上报省委、省政府。就汉长安城遗址保护和文化建设现状进行实地调研，向全国政协文史和学习委员会提出报告。二、文史资料征编出版。一是9月编辑出版《陕西抗战史料选编》并召开《陕西抗战史料选编》出版座谈会，史料除充分反映陕甘宁边区、国统区发生的重要事件外，首次增加了反映陕军和我省抗战老兵等内容。向全国政协提交30万字的陕西抗战史料稿件供全国政协选用，有13篇史料文章被全国政协出版的《亲历者说——中国抗战编年纪事》（十卷本）收入。二是组员参加全国政协在成都召开的《回忆西部大开发》史料定稿会，《回忆西部大开发》（陕西卷）共收录陕西省西部大开发史料文章81篇、37万字、20幅照片。三是征集出版《陕西文史资料》（第三十四辑），选用“三亲”史料30万字。

【重要活动】

“丝绸之路博物馆（博览园）建设”月度协商座谈会 2月11日在西安举行。省政协组织政协委员、专家学者和有关部门负责同志座谈交流、协商建言。马中平主持会议，副省长白阿莹，省政协副主席郑小明、李晓东和秘书长姚增战出席会议。雷涛、李炳武等委员作了交流发言，白阿莹介绍了陕西省文化发展的现状。省发改委、财政厅、国土资源厅等单位及陕西省有关民营博物馆负责人，部分省政协委员，专家学者等70余人参加会议。

“农村电子商务发展”月度协商座谈会 3月25日在西安举行。马中平，副省长杜航伟，李晓东、冯月菊，姚增战及有关部门负责同志参加会议。会议由省政协副主席郑小明主持。省政协经济委员会主任王宏就此次月度协商作说明，与会委员、专家学者与电商代表李琪、祁志峰等及省商务厅、省供销合作社、省发改委等部门负责同志先后发言交流。

“宗教教职人员队伍建设”月度协商座谈会 4月22日在西安举行。马中平出席会议，孙清云主持，刘新文、李冬玉和姚增战出席会议。会上，省政协常委、省政协民族和宗教委员会主任詹德旺作了简要说明，马希平、王俊等政协委员、专家学者与省委、省政府相关部门负责同志进行了沟通交流，在许多方面形成了共识。

调研培育和践行社会主义核心价值观情况 5月12日至14日，马中平深入渭南市韩城、合阳、澄城、大荔等地，就培育和践行社会主义核心价值观情况进行调研。姚增战等陪同调研。

“弘扬优秀传统文化做好陕西省文化旅游名镇建设”月度协商座谈会 5月27日在西安举行。马中平出席，李晓东主持，梁凤民、冯月菊秘书长出席会议。会上，省政协常委、省政协文史和学习委员会副主任辛拴明就此次月度协商作了简要说明；王春萍、高辉等省政协委员、专家学者与省委、省政府相关部门负责同志进行了沟通交流。

六盘山片区陕甘宁青四省（区）政协主席联席会议第一次会议 7月18日至19日在宁夏回族自治区召开。会议由宁夏回族自治区政协主持。马中平、郑小明参加了会议。

“环境保护执法”月度协商座谈会 7月23日在西安举行。省政协常委、人口资源环境委员会主任周玉明作了简要说明，张平安、董家蕙等省政协委员、专家学者与省委、省政府相关部门负责同志进行了沟通交流。马中平，李晓东、千军昌和姚增战等出席会议。李冬玉主持。

省政府、省政协第十三次联席会议 7月30日在西安举行。省长娄勤俭、省政协主席马中平出席并讲话。省委常委、常务副省长姚引良通报了省政府有关重点工作情况，孙清云通报了“培育与践行社会主义核心价值观”专题协商情况和月度协商座谈会情况，郑小明通报了六盘山片区陕甘宁青四省区政协主席联席会议第一次会议情况。副省长庄长兴、王莉霞、姜锋出席，刘新文、李晓东、李冬玉、千军昌、冯月菊分别就调整优化产业结构、支持非公经济发展、理顺西咸新区管理体制、解决企业融资难问题等提出了意见建议。省政府秘书长陈国强、省政协秘书长姚增战等参加会议。

全省政协系统新闻宣传工作会议 8月12日在西安召开。孙清云出席并讲话，姚增战主持。会议表彰了2014年度省政协好新闻获奖作品、2015年度宣传发行优秀组织奖和先进单位。

全省各市政协主席座谈会 8月19日至20日在榆林市召开。会议围绕贯彻落实《中共中央关于加强社会主义协商民主建设的意见》和中共中央办公厅《关于加强人民政协协商民主建设的实施意见》精神、推进陕西省政协事业发展，进行了广泛深入的座谈交流。马中平主持会议并讲话。省政协副六人和秘书长出席会议。

庆祝中国人民政治协商会议陕西省委员会成立65周年座谈会 8月24日在西安召开。马中平出席并讲话。省政协原主席安启元，省委常委、省委统战部部长陈强，省政协副主席七人，曾担任省政协副主席的梁琦、纪鸿尚、孙天义、苏明、朱振义、田源、杨永茂、王寿森、李雅芳、陆栋、刘石民、王晓安，姚增战出席。孙清云主持。

“加强和改进法律援助工作”月度协商座谈会 8月28日在西安举行。刘新文和姚增战出席会议，李晓东主持。会上，省政协常委、提案委员会主任杨志刚作简要说明，张阳秋、赵黎明等党派团体代表、政协委员和专家学者围绕议题做了重点发言，与参会的省司法厅等省级有关部门负责人就当前存在的问题和对今后工作的设想进行了深入的互动交流和探讨。

《陕西抗战史料选编》出版发行 9月10日，省政协文史和学习委员会编辑的《陕西抗战史料选编》出版发行。该书的出版座谈会在省政协举行，李晓东出席。

第十次省市政协秘书长联席会议 9月11日在渭南召开。姚增战主持会议并讲话，渭南市政协主席张建华致辞。省政协副秘书长、研究室主任冯灵生，副秘书长六人和机关纪检组长等出席会议。

“港澳台侨资企业在陕投资环境和权益保护”月度协商座谈会 9月29日在西安举行。马中平出席并讲话，梁凤民主持。会上，港澳台侨和外事委员会主任王锐作了简要说明，张华俊、王二虎等政协委员、专家学者和党派团体代表作了发言。

“深化科研院所改革，助推创新驱动发展”月度协商座谈会 10月16日在西安举行。马中平，李晓东、梁凤民和姚增战出席，周卫健主持。会上，省政协科技委员会主任欧阳克刚作了简要说明，扈广法、呼燕、李香菊等与会委员、专家学者围绕主题，就陕西省科研院所改革的重点难点问题提出具体意见建议。

“推进分级诊疗制度建设”月度协商座谈会 11月26日在西安举行。马中平，省政府副省长王莉霞，李冬玉、梁凤民和姚增战出席，冯月菊主持。会上，省政协医药卫生体育委员会主任李荣杰就本次月度协商作了简要说明，施秉银、熊利泽、霍满鹏等与会委员和专家学者围绕主题，就如何推进分级诊疗制度建设，缓解看病难问题提出具体意见建议。

“城市道路交通安全管理”月度协商座谈会 12月17日在西安举行。马中平，刘新文、冯月菊和姚增战出席，千军昌主持。会上，省政协常委、社会和法制委员会主任史健生就本次月度协商调研情况作说明。张涛、陈玉玲、刘淑华等委员和专家学者、基层组织代表围绕主题积极发言。

全省政协文史工作重点县建设会议 12月25日，省政协文史和学习委员会召开全省政协文史工作重点县建设会议。旬邑县政协、蓝田县政协、凤县政协等20个县（区）获“全省政协文史工作重点县（区）先进单位”称号。李晓东出席并讲话，省政协文史和学习委员会主任周敏作陕西省文史工作重点县建设情况报告，省政协副秘书长雷湛主持。

省政协新年茶话会 12月31日在西安举行。省委书记、省人大常委会主任赵正永讲话，省长娄勤俭、省委副书记胡和平出席。马中平主持。李冬玉代表省级各民主党派、工商联和各界人士发言。省委、省政府、省政协领导和部分省级老同志及各族各界人士代表等参加茶话会。

【重要文件】

常委会工作报告（2015年1月24日）（摘要） 2014年工作回顾。一、理论学习。一是加强理论政策学习。深入学习贯彻中共十八届三中、四中全会精神和习近平总书记系列重要讲话精神。二是把握协商民主方向。深入学习贯彻习近平总书记在庆祝人民政协成立65周年大会上的重要讲话。认真组织学习赵正永同志在我省庆祝人民政协成立65周年和在省政协党组调研时的讲话精神。三是参与政治领域改革。根据省委关于深化政治领域改革总体部署，围绕制订协商计划、增加协商密度、提高协商成效、健全委员联络机构等专题深入调查研究，形成了推进改革的相关政策和制度规定。二、履行职能。一是组织专题协商。围绕“深化国有企业改革，发展混合所有制经济”和“加快建设丝绸之路经济带新起点”，召开了两次专题议政性常委会议，提出“把陕西建设成为丝绸之路经济带中心”等重要观点和11个方面39条政策建议，形成大会发言68篇。二是开展对口协商。围绕医疗卫生和体育事业发展、服刑人员职业技能培训、老年事业发展等问题，分别与省卫计委、公安厅等多个部门开展对口协商。召开省政府省政协第十二次联席会议，围绕省级重点项目建设、西咸新区建设等重点工作通报情况，提出意见建议。三是活跃界别协商。十一届二次会议期间按界别组织讨论和联组发言，对“一府两院”工作报告和全省经济社会发展重大问题深入协商，共提出40条建议，形成82篇大会发言，其中对《政府工作报告》的13条修改意见得到重视和采纳。健全界别联系人制度，组织经济、文化艺术等界别的委员开展视察、联谊、学术交流等活动。四是推进提案办理协商。加大督办工作力度，通过网上全程督查、专题协商督办、省级领导重点督办等渠道推动办理工作。省政协主席会议围重点提案进行现场评议。十一届二次全会以来，共收到提案900件，立案845件，办复率达到100%。五是履行民主监督职能。组织住陕全国政协委员、省政协委员对延安灾后恢复重建、陕西省公共体育发展等问题进行视察，提出意见建议。选派部分委员参加有关部门组织的座谈会、听证会，推荐了54名委员担任监督员、特邀执法督察员。三、突出协商。一是丰富协商形式。建立主席月碰头会制度。灵活选择协商议题，广泛召开各层次的委员座谈会，组织委员参加陕西省实施《老年人权益保障法》《中华人民共和国中医药法》、法制陕西建设等各类协商座谈会。建立省政协委员定期分片座谈制度。二是增加协商密度。增加1次常委会议，专题传达学习贯彻中共十八届四中全会精神。全年围绕农村食品安全、民营博物馆建设等问题增加了4次专题协商会。三是完善协商机制。代中共陕西省委起草了年度协商计划，报经省委同意后下发实施，出台了年度协商计划制订办法。制定了月度协商座谈会工作办法。四是提高协商实效。围绕南水北调中线工程水源区保护、装备制造业技术创新等课题组织常委、委员等开展调研视察40余次，形成调研报告30余份并及时转化。《关于鼓励社会力量办医和规范医疗秩序问题的调研报告》等11份调研报告经省委、省政府领导批示后交有关部门研究采纳。四、团结合作。一是加强党派合作共事。在制订省政协年度协商和视察调研计划前征求各方面意见建议，邀请民主党派参政议政部负责人列席全会、常委会和各类协商会，党派提案予以重点办理，积极开展联合视察调研。全年省级各民主党派、工商联提交大会发言52篇，提案73件，反映社情民意信息1500余条，联合开展调研视察32次。二是团结社会各界人士。在少数民族传统节日和重要宗教活动期间走访宗教团体和委员，围绕民族文化传承保护等进行调研。《关于对宗教活动场所合理收取电费的建议》集体提案得到落实，减轻了宗教活动场所的电费负担。组织港澳侨委员进行考察调研，围绕“促进与台湾的文化交流，加快发展两岸互信、互动”开展专题座谈，组织文化经贸代表团赴台参访交流。召开省政协联谊会六届二次会议。三是关注人民群众福祉。走访慰问蒲城县、南郑县等困难群众，协调解决群众住房、出行、吃水等生产生活难题。帮助佛坪县落实扶贫建设资金400余万元。全年组织委员和社会各界向困难群体及公益机构捐款捐物400多万元。协调有关机构向“关爱重残·共享阳光”项目捐款460万元，惠及全省12个市（区）3000名重度肢体残疾人。全年报送社情民意信息138篇，《村干部“走读”上班现象不容忽视》等28条信息先后有35位（次）省级领导作出重要批示。四是扩大对外交流合作。围绕“三秦文化、红色文化的传承和发展，探索澳陕文化交流合作新机制”“进一步加强三北防护林生态屏障建设”等主题，配合全国政协及其他省市政协完成10多次调研考察任务。完成多次外事接待任务和出访任务。五是做好文史宣传工作。召开陕西省庆祝人民政协成立65周年大会，举办了系列庆祝活动。继续推动第二批全省政协文史重点县建设工作，开展西部大开发史料征集和陕西抗战史料征集工作，出版《陕西文史资料》第三十三辑和《陕西测绘60年纪事》，编辑出版《陕西省志·政治协商会议志》（1991—2012）。召开省政协好新闻表彰暨报刊宣传工作会议，全面改版《陕西政协》，全年在中央和省级媒体发表新闻稿件1000多篇。五、开拓创新。一是增强理论创新能力。召开省政协理论研讨会，围绕协商民主问题进行交流研讨，征集理论文章140篇，评选表彰优秀论文25篇，出版理论研讨会优秀论文集。二是强化制度建设能力。先后出台了《关于发挥我省人民政协协商民主重要渠道作用的若干意见》《省政协党组成员廉洁自律若干规定》等规范性文件9项。清理了自1978年至2013年以来各项规章制度，宣布废止规范性文件8份，宣布失效性文件2份。

【组织概况】

副主席补选名单

（2015年1月29日，省十一届政协第三次会议通过）

孙清云　孙其信

副主席免职名单

（2015年11月19日，省十一届政协常委会第十七次会议通过）

孙清云（中共）

常委增补名单

（2015年1月29日，省十一届政协第三次会议）

张会民　仵西居　刘　阳　郭汉文

常委辞职名单

（2015年1月22日，省十一届政协常委会第十三次会议通过）

周　杰　牟乃密　段先念　智鹏飞　益　虎

委员增补名单

（2015年1月22日，省十一届政协常委会第十三次会议通过）

孙清云　张会民　孙其信　仵西居　王　伟　刘　阳　杨新丰　毋育生　郭汉文

委员辞职名单

（2015年1月22日，省十一届政协常委会第十三次会议通过）

宋庆国　司芙蓉　周　杰　李国栋　牟乃密　杨　勃　段先念　智鹏飞　蔺晓瑞　益　虎　陶传铭

（2015年11月18日，省十一届政协常委会第十七次会议通过）

杨　勇　黄亚军

委员辞职名单

段　明（2015年6月逝世）

西安市

政协副主席

张　宁（2015年2月4日补选）

渭南市

蒲城县政协主席

刘志稳（2015年2月12日补选）

延安市

志丹县政协主席

李　璇（2015年3月31日补选）

榆林市政协

吴堡县政协主席

李向春（2015年3月6日补选）

商洛市政协

商州区政协主席

王　锋（2015年4月16日补选）

洛南县政协主席

贾异荣（2015年3月3日补选）

丹凤县政协主席

石康君（2015年5月12日补选）

商南县政协主席

屈　鹏（2015年5月8日补选）

山阳县政协主席

黄朝庆（2015年5月28日补选）

镇安县政协主席

杨荣忠（2015年4月29日补选）

陕西省各级政协组织和委员数

（截至 2015 年年底）

级别 项目	省	副省级市	设区的市	县（市辖区、不设区的市）	合计
组织数	1	1	9	107	118
委员数	641	569	2921	14580	18711

（刘　璐 编写　闫超英 审定）

政协甘肃省委员会

【全体委员会议】

十一届三次会议 1月27至31日在兰州举行。会议应到委员590名，实到委员542名。会议听取并审议了省政协主席冯健身代表省政协常务委员会所作的工作报告、省政协副主席黄选平代表省政协常务委员会所作的提案工作情况报告；审议通过了政协第十一届甘肃省委员会第三次会议政治决议、政协第十一届甘肃省委员会第三次会议关于省政协常务委员会工作报告的决议、政协第十一届甘肃省委员会第三次会议提案委员会关于提案审查情况的报告。会议期间，委员们列席了第十二届甘肃省人民代表大会第三次会议，听取并讨论了省政府工作报告及其他重要报告，并通过大会发言、专题协商议政会、小组讨论和提交提案等方式，围绕全省经济、政治、文化、社会、生态文明建设中的重大问题和群众普遍关心的热点难点问题，积极协商议政、建言献策。大会共收到提案817件，立案781件，占提案总数的95.6%。收到委员发言材料103篇，杨立勋、张耀南等31名委员分别就发挥政协立法协商作用构建依法治省新常态、加快推进丝绸之路经济带甘肃黄金段建设作了大会和专题协商议政会口头发言。省委书记、省人大常委会主任王三运，省委副书记、省长刘伟平分别参加“推进协商民主”和“推进依法治省”两个专题协商议政会，与委员们深入交流。

【常务委员会会议】

第8次会议 1月25日在兰州召开。99名常委会组成人员出席会议。会议审议通过了关于召开政协第十一届甘肃省委员会第三次会议的决定、政协第十一届甘肃省委员会常务委员会工作报告及报告人、政协第十一届甘肃省委员会常务委员会关于十一届二次会议以来提案工作情况的报告及报告人和有关人事事项；听取了副省长王玺玉关于省政府对省政协2014年提案、建议案、调研视察报告和社情民意信息批示与办理情况的通报，省委办公厅关于2014年党委部门办理政协提案情况的书面通报。省政协主席冯健身主持开幕会并在闭幕会上发表讲话，副主席刘立军主持闭幕会。

第9次会议 1月30日在兰州召开。102名常委会组成人员出席会议。会议审议通过了政协第十一届甘肃省委员会第三次会议补选常务委员候选人名单（草案）、政协第十一届甘肃省委员会第三次会议政治决议（草案）、政协第十一届甘肃省委员会第三次会议关于常务委员会工作报告的决议（草案）以及政协第十一届甘肃省委员会提案委员会关于甘肃省政协十一届三次会议提案审查情况的报告（草案）。省政协主席冯健身主持会议。省委常委、省委统战部部长冉万祥到会作了有关人事事项的说明。

第10次会议 6月25日至26日在兰州召开。92名常委会组成人员出席会议。会议审议通过了省政协《关于制定我省“十三五”规划有关问题的建议案》《关于全面贯彻认真落实全省精准扶贫精准脱贫工作会议精神的决议》和有关人事事项。省政协主席冯健身主持开幕会并在会议结束时发表讲话。省委常委、常务副省长咸辉通报了全省1～5月经济社会发展情况，省政协副主席张世珍就省政协《关于制定我省“十三五”规划有关问题的建议案》起草情况作说明。常委们围绕我省精准扶贫和制定“十三五”规划的会议主题议政建言。会议共收到发言材料37篇，梁笑玉、卢有治等12位常委和有关调研组代表分别就完善精准扶贫评价机制提高扶贫资金使用效应、甘肃省“十三五”规划应确定生态立省战略等作了大会发言。省委副书记欧阳坚应邀参加会议。

省政协副主席刘立军主持闭幕会。

第11次会议 9月24至25日在兰州召开。75名常委会组成人员出席会议。会议审议通过了省政协《关于简政放权及清理规范行政事业性收费有关问题的视察报告》《关于增强履职实效助推精准扶贫的意见》和其他事项。省政协主席冯健身主持开幕会并在会议结束时发表讲话。省政协副主席张景辉就省政协《关于简政放权及清理规范行政事业性收费有关问题的视察报告》起草情况作了说明。常委们紧紧围绕推动我省简政放权及清理规范行政事业性收费会议主题，提出了许多富有建设性的意见建议。会议共收到发言材料31篇，刘芳芹、南明法等12位常委和有关调研组代表分别就加强统筹协调、稳步深化简政放权工作，进一步优化审批程序促进非公经济健康发展作了大会发言。省委副书记欧阳坚，省委常委、省委统战部部长王玺玉，副省长杨子兴应邀参加会议。省政协副主席刘立军主持闭幕会议。

第12次会议 11月27日在兰州召开。94名常委会组成人员出席会议。会议学习传达了中共十八届五中全会精神，全国政协十二届十三次常委会议精神，省委十二届十四次全委会议精神；审议通过了有关人事事项和其他事项。省政协主席冯健身主持开幕会并在会议结束时发表讲话。省委常委、常务副省长咸辉代表省政府介绍了我省国民经济和社会发展第十三个五年规划编制情况；省政协副主席刘立军传达了中共十八届五中全会精神；省政协副主席德哇仓传达了全国政协十二届十三次常委会议精神；省政协副主席张津梁传达了省委十二届十四次全委会议精神。

【专门委员会工作】

提案委员会 全年共收到提案848件，审查立案811件并全部办理完毕。加大省委省政府领导阅批督办、主席会议成员协商督办、有关部门现场督办和政协各部门协商督办力度，提高提案工作实效。组织召开省政协推进“两个共同”示范区建设提案办理协商座谈会，形成《关于推进“两个共同”示范区建设的建议》报送省委省政府。在临夏州召开全省政协提案工作经验交流暨培训会。就“省供销社目前存在的问题”进行调研，形成《关于重视和发挥供销系统为农服务优势的建议》报送省委省政府，省长刘伟平作出批示。联合科教文卫体委员会对陇桥学院、博文学院等民办高校进行调研，形成并上报《关于加快我省民办高等教育发展的建议》，省长刘伟平、副省长郝远作出批示。配合全国政协就“我省陇南精准扶贫工作”和“黄河中上游生态环境保护”进行调研。

社会和法制委员会 参与省政协“十三五”规划编制调研和“简政放权及行政事业性收费清理情况”视察活动。就“依法维护残疾人权益问题”组织召开月协商座谈会，形成报告上报省委省政府，副省长夏红民作出批示。赴兰州、天水等地就“构建和谐劳动关系”进行调研，形成报告上报省委省政府。赴甘肃省机场建设集团就“兰州中川机场三期工程建设中相关问题”进行调研。积极开展立法协商，组织委员对《2013—2014年度全省法院行政案件司法审查报告》《关于确定我省掩饰隐瞒犯罪所得、犯罪所得收益罪数额标准的征求意见函》等法律法规提出修改意见和建议。对《甘肃省节约用水条例》和《甘肃省养老服务条例》2项立法计划提出意见建议。协助全国政协社会和法制委员会在甘开展《道路交通安全法》专题调研活动。认真督办《关于进一步加强我省农村道路交通安全》等6件重点提案。报送《关于加强我省地方立法工作的若干建议》等社情民意信息8篇。

文史资料和学习委员会 组织开展关于中华伏羲文化的专题调研，向省委省政府报送了《中华伏羲文化传承弘扬报告》。就“非物质文化遗产传承保护”组织召开月协商座谈会，形成《省政协非物质文化遗产保护传承协商座谈会意见和建议》上报省委省政府，夏红民副省长作出批示。组织开展“政协委员进高校活动”。出版《陇原抗战烽火》献礼抗战胜利70周年。完成《西部大开发在甘肃》（上、下卷）和《决战贫困》（上、下卷）的编纂出版工作，展示了甘肃省在西部大开发和扶贫攻坚进程中取得的辉煌成就。完成了《保安族百年实录》《西北戏剧经典唱段》（1—5册）的出版工作及《东乡族百年实录》《裕固族百年实录》初稿编纂工作。编辑《学习参考资料》6期。

经济委员会 参与省政协“十三五”规划编制调研和“简政放权及行政事业性收费清理情况”视察活动。组织召开省政协全省经济运行座谈会，向省委省政府报送《省政协关于解决当前全省经济运行中有关问题的建议》。筹办了省政协“我省国有企业改革问题”月协商座谈会，形成《关于对我省深化国有企业改革的建议》上报省委省政府，刘伟平省长和黄强副省长作了批示。提出《关于进一步加强职业经理人制度建设的提案》《关于完善对国有企业领导人员的考核办法的提案》等3件集体提案，报送社情民意信息7篇。配合全国政协经济委进行“优化新能源布局，促进风电光伏产业健康发展”专题调研，形成调研报告报送省委省政府，省长刘伟平、常务副省长咸辉作出批示。就“民勤县新能源产业发展”进行专题调研，形成《关于民勤县新能源产业发展的调研报告》。

人口资源环境委员会 参与省政协“十三五”规划编制调研活动，形成《关于生态文明建设“十三五”规划制定的意见建议》，提交省政协十一届常委会议审议。深入华电、陇星等企业就新能源企业发展面临的困难和问题进行调研，并提出了意见建议，报送有关部门决策参考。组织省政协委员和有关专家就美丽乡村顶层设计问题进行视察和座谈讨论。就省政府制定的《甘肃省石油勘探开发生态环境保护条例（修订送审稿）》提出修改建议。组织召开“新常态下甘肃重化工业转型升级”月协商座谈会，形成《省政协关于新常态下甘肃重化工业转型升级面临的主要问题及建议》报省委省政府，省长刘伟平、副省长黄强作出批示。配合全国政协开展“资源枯竭城市转型发展”调研工作。完成了辽宁、重庆、四川、湖南政协来甘调研的相关工作。

科教文卫体委员会 参与省政协“简政放权及行政事业性收费清理情况”视察活动。就“我省高校科技创新成果转化的难点与对策研究”“我省学前教育发展情况”召开月协商座谈会，分别形成建议案上报省委省政府。赴甘南、临夏就农牧区包虫病防治情况进行专题调研，形成了《我省农牧区包虫病防治情况的调研报告》上报省委省政府，副省长夏红民作出批示。组织开展我省体育场馆建设情况调研，形成《关于我省体育场馆建设情况的调研报告》。深入定西、平凉就“公立医院改革中中医药特色优势发挥情况”进行专题调研，形成《关于我省公立医院改革中中医药特色优势发挥情况的调研报告》，省长刘伟平、副省长夏红民作出批示。赴白银市就“亮睛点工程进展情况”进行调研，形成了《关于白银市亮睛点工程进展情况的报告》，冯健身主席作出批示，并转报白银市委、市政府。赴敦煌市和瓜州县就我省世界文化遗产保护和利用情况进行调研。

民族和宗教委员会 深入临夏、甘南就加快我省民族地区畜牧业发展进行调研，并组织召开省政协“关于加快推进我省民族地区畜牧业发展”月协商座谈会，形成《关于加快推进我省民族地区畜牧业发展的建议》报省委省政府，省长刘伟平、副省长杨子兴分别作出批示。就散杂居地区民族乡经济发展进行调研，向省委省政府报送《关于我省散杂居地区民族乡经济发展情况的调研报告》。组织召开市州政协和民族自治县政协民族宗教工作交流研讨会。配合全国政协调研组，分别就我省《宗教事务条例》贯彻落实情况和“一带一路”建设涉及的民族宗教工作进行调研。走访看望少数民族和宗教界代表人士，听取了他们对贯彻党的民族宗教政策和政协民族宗教工作的意见建议。开展以体察民情、助推“双联”等为主要内容的委员界别活动。在甘南州碌曲县西仓乡唐龙多村参与维稳工作。

港澳台侨和外事委员会 会同有关单位深入省内28个基层站点和云南、黑龙江等省就“我省丝绸之路经济带建设中的文化与旅游融合发展问题”进行调研，组织召开月协商座谈会。密切联系省政协港澳委员，及时向委员通报甘肃省经济社会发展情况。组织发动省政协港澳委员参与“委员助推双联行动”，为联系点硬化道路、重建小学捐款捐物；在香港委员周伯展的争取和倡导下，香港友人钱焕棠伉俪在临洮县捐建了扶贫眼科中心，此项目现已正式启动接诊。发动组织省政协委员、澳门镜平学校校长黎世祺及师生捐款46120元人民币，支持民勤县荒漠化治理，增进了港澳委员与贫困地区群众之间的交流和了解。协调港澳委员投资项目落地投产，支持甘肃省经济社会发展。组织省政协港澳委员及企业家开展“港澳委员省情考察”活动。

农业和农村工作委员会 参与省政协“十三五”规划编制调研和“简政放权及行政事业性收费清理情况”视察活动。深入六盘山特困片区，就“六盘山片区全面建成小康社会短板和对策建议”进行了调研，形成《关于甘肃省六盘山片区全面建成小康社会情况的报告》，在四省区政协主席联席会议上印发。赴武威、张掖两市的4个县区，对农产品质量安全进行调研，形成建议报送省委省政府。组织召开“精准扶贫月协商座谈会”，形成《关于扎实落实“1＋17”精准扶贫工作方案的建议》，报省委省政府决策参考。组织相关专家，深入河西、定西就“我省马铃薯主粮化问题”进行调研，形成《对我省积极实施马铃薯主粮化战略的建议》报省委省政府。组织召开“全省农业和农村经济形势座谈会”，形成《关于当前我省农业和农村经济发展的建议》《关于新常态下发展绿色农业的建议》报送相关部门。

【重要活动】

围绕我省“十三五”规划编制工作开展调研 4月至5月，省政协主席会议成员带领4个调研组，围绕习近平总书记提出的转变经济发展方式、调整优化产业结构、加强生态文明建设、保障和改善民生等“十三五”时期需努力突破的着力重点，分别深入有关省直部门、市州县区、企业进行调研。经省政协十一届十次常委会议审议，形成《关于制定我省“十三五”规划有关问题的建议案》。建议案从现代物流业发展、加快推进我省社会养老服务业、生态建设和环境保护3个方面，提出加快兰州新区综合保税区和甘肃国际陆港建设及优化、完善辐射城乡的物流通道网络建设等28条具体意见建议，报送省委省政府供决策参考。

围绕简政放权及清理规范行政事业性收费开展视察 7月至8月，由省政协主席会议成员带领4个视察组，分别深入兰州、白银、张掖、酒泉、平凉、庆阳、天水、定西8个市的基层单位、服务窗口、企业等，就简政放权及行政事业性收费清理情况进行视察。针对视察中发现的问题，提出了简政放权要统筹规划、协调推进；审批权限下放要坚持权责对等、能力配套；加快完善行政审批长效机制等8条意见建议。形成了省政协《关于简政放权及清理规范行政事业性收费有关问题的视察报告》报送省委省政府。省政府主要领导作出批示，对报告提出的建议组织有关部门逐个研究完善整改措施，促进政府职能转变取得好成效。

召开月协商座谈会 制定《省政协月协商座谈会办法》，完善月协商座谈会制度。3月至12月，先后就推进“两个共同”示范区建设、依法维护残疾人权益、非物质文化遗产保护传承、深化国企改革、推动高等院校科技创新成果转化、推进重化工业转型升级、民族地区畜牧业发展、推进精准扶贫、丝绸之路文化旅游融合发展、学前教育发展等组织召开月协商座谈会，向省委省政府报送10个专项建议，得到了省委省政府的高度重视。

助推精准扶贫精准脱贫 按照中共甘肃省委的要求，省政协把助推精准扶贫精准脱贫作为履行职能的“一号工程”，集中各级政协力量，发挥广大委员作用，为打赢脱贫攻坚战作出积极努力。一是争取国家对我省脱贫攻坚支持力度。全国政协十二届三次会议期间，住甘全国政协委员积极呼吁国家加大对西部地区的支持力度，牵头促成的中共界别第一份集体提案，被确定为全国政协重点提案，转交国家相关部门办理。在六盘山片区陕甘宁青四省区政协主席联席会议上，全面介绍“1＋17”精准扶贫工作部署，联名向全国政协提交了《六盘山片区全面建成小康社会现状分析及对策建议》，俞正声主席将此建议批转国家发改委研究落实。二是紧盯精准扶贫精准脱贫建言献策。召开精准扶贫月协商座谈会，围绕如何落实好“1＋17”精准扶贫工作方案，就宣传扶贫政策、金融对接产业、整合资源平台等深入开展协商讨论。省委书记参加政协月协商座谈会、面对面听取委员意见，在全国开创了先河。三是积极推动双联行动与精准扶贫深度融合。以开展“能力提升年”活动为主线，着力做到“四个坚持”。坚持领导带头、破解发展难题。主席会议成员带头贯彻中共甘肃省委要求，发挥牵头协调作用，召开双联协调推进会。省政协联系的51个贫困村富民产业已初具规模。坚持委员助推、发挥整体优势。出台《关于全面贯彻落实全省精准扶贫精准脱贫工作会议精神的决议》和《关于增强履职实效助推精准扶贫的意见》，动员组织广大政协委员投身精准扶贫主战场。开展“政协委员话扶贫”活动和“委员助推双联行动”，委员参与率达到92.8%。坚持搭建平台、突出示范引领。召开双联与精准扶贫“互学互看”现场会。坚持驻村帮扶、强化工作力量。落实中共甘肃省委要求，选派28名优秀干部担任驻村工作队队长和村党支部第一书记，严格落实双联干部轮流驻村工作制度，加强实地督查考核，工作成效初步显现。

开展“三严三实”专题教育 按照中央和甘肃省委部署，省政协聚焦对党忠诚、个人干净、敢于担当，突出问题导向，贯彻从严要求，注重认真深入讲党课、紧扣主题作研讨、充分全面听意见、实事求是查问题，坚持抓好关键动作，深入开展“三严三实”专题教育。一是领导带头讲党课。召开专题教育党课报告会，省政协党组书记、主席冯健身率先垂范，为机关全体党员干部作专题党课辅导。党组其他6位成员为分管部门的党员干部作了专题党课辅导。二是扎实开展专题学习研讨。围绕3个教育专题，开展了7次学习研讨会。三是认真召开专题民主生活会。围绕查摆出的11个“不严不实”问题，深入开展批评和自我批评，收到了思想见面、红脸出汗、鼓劲加油的效果。四是广泛开展主题系列活动。举办“践行‘三严三实’争做陇原先锋”主题演讲赛，“迎国庆展新貌树新风”专题书画摄影展，“三严三实”主题征文，离退休老领导老同志老党员庆祝建党94周年主题党日活动等专题教育系列活动。五是深入开展专项整治。按照省委要求，结合政协实际，深入开展了“为官不为”“庸懒散慢”“两好两促”等专项整治行动。机关党员干部政治意识、核心意识、纪律意识、看齐意识得到进一步强化，工作作风持续改进。

举办省政协委员学习培训班和全省政协干部培训班 4月21日至22日，省政协委员学习培训班在兰州举办。省政协主席冯健身参加学习，省政协副主席刘立军主持开班式和结班式并讲话，省政协副主席黄选平主持第二次学习讲座，省政协副主席张世珍、张景辉、马文云参加了学习讲座。培训班邀请省政协委员、省委党校常务副校长范鹏，兰州大学法学院院长刘志坚，中国人民大学经济安全与创新战略中心主任、中央电视台财经频道评论员马光远分别作了题为“建设社会主义协商民主，完善社会主义民主政治”“洞悉法治理性，科学推进依法治国”和“经济大变局与全民创业时代——2015年中国宏观经济分析及政策应对”的专题辅导讲座。住甘全国政协委员，省政协委员和省政协机关干部参加了学习。2015年，省政协办公厅和省委组织部联合举办“全省政协领导干部培训班”，分两期对106名市州、县区政协领导和省政协机关厅级、处级干部进行了培训。

承办中国人民政协理论研究会第二届理事会第二次常务理事会暨2015年度人民政协理论研讨会 该会议于9月8日至9日在兰州召开。全国政协副主席兼秘书长、中国人民政协理论研究会会长张庆黎出席会议并讲话。省委书记、省人大常委会主任王三运出席会议并讲话。省政协主席冯健身出席会议并发言，省政协副主席张津梁及省政协秘书长石晶出席会议。全国政协文史和学习委员会驻会副主任、中国人民政协理论研究会副会长兼秘书长陈惠丰主持会议。中国人民政协理论研究会副会长、中国人民政协理论研究会常务理事、部分理事和专家学者出席会议。会议通报了中国人民政协理论研究会换届以来的工作，审议了有关人事事项，并以“加强社会主义协商民主建设与人民政协”为主题进行了深入交流研讨。

【重要文件】

常委会工作报告（2015年1月27日）（摘要） 一、2014年工作回顾。（一）深入学习贯彻中共十八届三中、四中全会和习近平总书记系列重要讲话精神，着力夯实团结奋斗的共同思想政治基础。（二）紧紧围绕全省转型跨越发展的重大问题调研视察，为促进经济社会持续健康发展议政建言。围绕加快推进创新驱动战略开展重点调研。向省委省政府报送了《关于加快实施创新驱动战略有关问题的建议案》，提出了35条具体建议。省政府主要领导对建议案作了批示。围绕推动非公有制经济跨越发展开展重点视察。向省委省政府报送了《关于推动全省非公有制经济跨越发展的建议案》。省非公经济发展协调推进领导小组发出关于分解落实政协《建议案》所提意见建议的通知，要求各市州、各成员单位研究落实。（三）认真完成省委交办的各项任务，为省委省政府重要决策提供参考。省政协主席会议成员就全面深化改革、构建国家生态安全屏障共建绿色丝绸之路、战略性新兴产业发展的方向和重点等专题，形成9份专题调研报告。省政协主席会议成员参与全省重大项目观摩活动和“两手抓两手硬、双促进双落实”调研督查活动，就如何做好“3341”项目观摩工作、加大工业园区建设力度、加强项目前期储备工作、防范债务风险、以党风廉政建设推进项目工程建设等提出意见建议。受省政府委托，就依法治国、建立健全生态补偿机制专题开展调研。全力落实省委民主法治领域改革相关任务。修订完善《政协建议案和调研视察报告办理暂行办法》，形成《关于健全委员联络机构完善委员联络制度的报告》，对省委《关于加强提案办理协商提高提案工作科学化水平的意见》贯彻执行情况进行调研。（四）积极开展协商民主理论研究和实践探索，着力推进人民政协协商民主建设。制订省政协2014年协商工作计划。下发了开展人民政协协商民主试点工作的指导意见，选择平凉市、临夏市、镇原县、凉州区开展政协协商民主工作试点。建立月协商座谈会制度。召开省政协理论研讨会，重点就完善协商民主的制度设计、开展协商民主实践、加强协商成果转化及增强政协履职能力等进行研讨。组织379名委员进行协商民主知识专题培训。（五）深入开展双联行动，为推进扶贫攻坚倾情出力。注重强化组织引导，坚持主席会议成员带头，强化各部门和全体干部双联责任，深入开展机关双联行动。注重培育主导产业，对联系村进行全产业链帮扶。省政协联系的40个贫困村产业农民人均纯收入比上年增长21%。注重增强致富能力，提高产业发展能力。注重动员社会帮扶，为联系县、联系村推介和落实帮扶产业项目。注重总结推广典型，召开双联行动“产业培育攻坚年”现场会，推广典型，加强示范带动。（六）高度重视强基固本各项工作，着力提高履职能力。完善提案办理协商工作机制，提高提案质量，增强办理实效。制定省政协《反映社情民意信息工作规则（试行）》，全年共收集社情民意信息268篇，编发《甘肃政协信息》69期，被全国政协采用5期，其中有3期专题上报中央领导同志。举办人民政协成立65周年庆祝活动。认真贯彻省委加强和改进作风各项规定，减少会议，精简文件，严格控制“三公经费”支出，机关作风持续改善。制定省政协内设机构职责及工作规范，修订完善省政协工作制度汇编。加大干部培养使用力度，选配一批年富力强的优秀干部走上领导岗位。二、2015年主要工作任务。（一）扎实深入开展学习活动，切实提高履职能力、增进政治认同，巩固共同团结奋斗的思想基础。（二）牢牢把握服务大局这一原则，紧扣改革发展献计出力。（三）始终坚持履职为民理念，为促进民生持续改善主动作为。（四）着眼于发展社会主义民主政治，推动人民政协协商民主依法有序活跃开展。（五）切实加强自身建设，努力提升政协履职的现代化水平。

【组织概况】

省级政协组织情况

常务委员补选名单

（2015年1月31日政协甘肃省第十一届委员会第三次会议通过）

（按姓氏笔画排序）

刘天明　李　平　张应银

不再担任常务委员、委员名单

（2015年1月25日政协甘肃省第十一届委员会常务委员会第八次会议通过）

杜永耀

免去常务委员、委员职务名单

（2015年1月25日政协甘肃省第十一届委员会常务委员会第八次会议通过）

吴继德

委员增补名单

（2015年1月25日政协甘肃省第十一届委员会常务委员会第八次会议通过）

（按姓氏笔画排序）

王扎东（藏族） 卢志宏 刘德国
李 平 何方恩 宋尚有 张应银
张忠林 赵音强 钟进良（女）
袁崇俊 郭益寿 鲍文中

不再担任委员名单

（2015年1月25日政协甘肃省第十一届委员会常务委员会第八次会议通过）

（按姓氏笔画排序）

刘赋德 张书余 张必祥 郭心刚
郭四同 蒲钢青 管奇志 颜永庆

市（县、区）主席变动情况

兰州市

永登县 魏周菊（女）（2015年1月当选）

榆中县 韩悌勇（2015年1月当选）

酒泉市

酒泉市政协 闫沛禄（2015年12月当选）

玉门市 顾正年（2015年12月当选）

瓜州县 王旭东（2015年12月当选）

阿克塞哈萨克族自治县 李春林（2015年12月当选）

张掖市

张掖市政协 陈 义（2015年1月当选）

临泽县 李多瑛（2015年1月当选）

武威市

民勤县 杨志金（2015年5月当选）

白银市

平川区 史文中（2015年12月当选）

天水市

武山县 李晓东（2015年2月当选）

甘谷县 马 骥（2015年2月当选）

秦安县 杨仁义（2015年2月当选）

清水县 王新强（2015年2月当选）

庆阳市

庆阳市政协 李 银（2015年10月当选）

庆城县 何骁玲（女）（2015年10月当选）

合水县 余金太（2015年8月当选）

定西市

安定区 贾记贤（2015年6月当选）

渭源县 李新定（2015年12月当选）

临洮县 蒋景林（2015年12月当选）

漳 县 赵 华（2015年12月当选）

陇南市

徽　县　　张承荣
（2015年3月当选）

两当县　　胡洪涛
（2015年3月当选）

甘南州

甘南州政协　　杨继军
（2015年9月当选）

夏河县　　楞本塔（藏族）
（2015年12月当选）

临夏州

永靖县　　孔祥友
（2015年6月当选）

广河县　　马尚忠（东乡）
（2015年2月当选）

康乐县　　石恒平
（2015年3月当选）

甘肃省各级政协组织和委员数

（截至2015年年底）

项目＼级别	省级	地级市（州）	县级（市、区）	合计
组织数	1	14	86	101
委员数	588	4112	12404	17104

（秦跟平　尚　星 编写　张晓军 审稿）

政协青海省委员会

王小青　副主席

【全体委员会议】

十一届三次会议　2015年1月21日至26日在西宁召开。应出席委员397人，实到委员336人。中共青海省委书记、省人大常委会主任骆惠宁，青海省委副书记、省长郝鹏，全国政协民族和宗教委员会副主任白玛到会祝贺。会议听取并审议了仁青加同志代表政协第十一届青海省委员会常务委员会所作的工作报告和罗朝阳同志代表政协第十一届青海省委员会常务委员会所作的关于十一届二次会议以来提案工作情况的报告。与会委员列席了青海省第十二届人民代表大会第四次会议，听取和讨论了郝鹏省长所作的政府工作报告，以及“两院”报告和其他报告。会议通过了常务委员会工作报告的决议和十一届三次会议提案审查情况的报告，通过了十一届三次会议政治决议。大会共收到发言79篇，12名委员就发展生态产业助推经济转型、提高扶贫开发的精准性、促进青海盐湖资源可持续发展、以依法治国理念关注农村道德建设、推进协商民主建设等问题作了大会发言。

【常务委员会会议】

第11次会议　2015年1月9日在西宁举行。省政协主席、副主席、秘书长及常务委员共66人出席会议。会议审议通过关于召开青海省政协十一届三次会议的决定、政协第十一届青海省委员会常务委员会工作报告和报告人名单、政协第十一届青海省委员会常务委员会关于政协十一届二次会议以来提案工作情况的报告和报告人名单、《政协青海省委员会关于省政协委员参加会议活动的规定》，听取省检察院关于检察机关反贪污贿赂工作情况的报告、省政协各专门委员会关于2014年工作总结和2015年工作安排的汇报、青海省政协十一届三次会议筹备情况的汇报，审议有关人事事项。

第12次会议　2015年1月20日在西宁举行。省政协、副主席、秘书长及常务委员共65人出席会议。会议通过有关人事事项。

第13次会议　2015年1月25日在西宁举行。省政协主席、副主席、秘书长及常务委员共69人出席会议。会议通过了政协第十一届青海省委员会第三次会议选举办法、政协第十一届青海省委员会第三次会议总监票人监票人名单、政协第十一届青海省委员会第三次会议关于常务委员会工作报告的决议草案、政协青海省委员会提案委员会关于政协第十一届三次会议提案审查情况的报告草案，政协第十一届青海省委员会第三次会议政治决议草案。

第14次会议　2015年3月17日在西宁举行。省政协主席、副主席、秘书长以及常务委员共55人出席会议。会议传达学习了全国政协十二届三次会议精神；审议通过了省政协常委会 2015 年工作要点。省政协主席仁青加围绕贯彻落实全国政协十二届三次会议精神，秉持履职为民理念，提升履职能力和水平作了讲话。

第 15 次会议 2015 年 6 月 28 日至 29 日在西宁举行。省政协主席、副主席、秘书长及常委会组成人员共 57 人出席会议。省委常委、省纪委书记多杰热旦，省委常委、统战部部长旦科应邀出席会议。会议围绕干部作风建设问题进行了专题协商。多杰热旦通报了全省党风廉政建设和反腐败斗争重点工作情况；王小青副主席作了《关于当前干部工作作风情况的报告》；9 位同志从不同角度就如何进一步促进干部工作作风转变作了大会发言。

【专门委员会工作】

经济委员会 全年参与省政府、省政协专题协商会 2 次，承办双月协商座谈会 1 次，开展专题调研 4 项、视察 4 项，督办重点提案 2 件，召开协商座谈会、研讨会、意见征求会等 27 次，形成调研、视察报告、专报、发言材料等 14 份，编辑信息和社情民意 21 份。围绕“以生态保护优先理念协调推进经济社会发展”课题，就木里地区的煤炭资源开发和生态保护问题进行了调研，形成的专题协商发言材料和所提建议得到郝鹏省长的高度重视，并作了批示。承办了以“重点旅游景区基础设施配套建设”为课题的双月协商座谈会，提出了有针对性的意见建议。组织部分委员深入城镇社区和农村牧区，对“十二五”期间全省城镇保障性住房、农村危旧房改造和奖励性住房、游牧民定居工程建设情况进行了专题调研，向省委报送了《关于全省城镇保障性住房建设情况的调研报告》《关于全省农村危房改造和奖励性住房建设的调研报告》《关于全省游牧民定居工程建设情况的调研报告》，得到了省领导的高度重视并作了批示。

人口资源环境委员会 全年共组织开展调研视察 10 次，编写信息、社情民意 20 篇，撰写、修订调研视察报告 4 篇、领导讲话 4 篇。围绕“提高我省城镇污水处理厂运营能力和中水利用”召开了双月协商座谈会，向省委、省政府报送了《关于省政协 2015 年第四次双月协商座谈会情况的报告》。省委书记骆惠宁，省委副书记、省长郝鹏作了重要批示。对“青海双寨国际物流城”“龙羊峡生态旅游区”建设情况进行视察，以《社情民意》信息等形式对存在的困难、问题及意见建议进行了反映；对“关于进一步加强我省湿地保护工作”“关于建立青海湖环境监测评价体系”和“关于在青海湖景区规范设置屠宰场”等三件提案进行了实地考察和督办。

教科文卫体委员会 全年共开展各种专题调研、视察 8 次，提交集体提案 3 份，向省委省政府报送视察、调研（双月协商）报告 6 份，编写工作信息 17 期、社情民意 5 份（领导批示 3 次）。围绕食品安全问题组织委员开展专题调研，并召开双月协商座谈会，形成的双月协商报告呈报省委、省政府后，得到省政府领导的重要批示。为将喇家国家考古遗址公园打造成国家 5A 级旅游品牌，组织委员视察，形成了专题视察报告，省委书记骆惠宁作了重要的批示。围绕“文化生态保护提升为省级战略”课题开展了专题调研视察，为推动我省“三区两型”建设和文化生态保护工作提出了有力的建议。就“州县公立医院体制改革”情况进行专题调研，向省委、省政府提出了要进一步明确“政府责任”等四点建议。《人民政协报》做了《让医改成果惠及各族群众——青海省政协连续两年围绕医改调研协商助推改革》的头版专题报道。

民族和宗教委员会 全年共开展各种专题调研、视察6次，提交集体提案3份，督办重点提案2起，向省委省政府报送视察、调研（双月协商）报告6份，编发工作信息12期、社情民意4份。围绕常委会议“建设各民族共有精神家园”专题议政课题开展调研，提出的对策建议得到了省委省政府主要领导的肯定。围绕“西宁、海东两市藏族乡镇纳入国家藏区政策扶持范围的课题”开展了实地专题调研，形成了《关于西宁、海东两市藏族乡镇纳入国家藏区政策扶持范围》的调研报告。围绕“民间信仰在藏区文化发展中的作用”进行了调研，形成调研报告，郝鹏省长作了重要的批示。协助全国政协民族和宗教委员会先后完成了“西部农牧区包虫病防治”“少数民族传统医药的传承发展”的专题调研，并撰写上报《关于加快青海藏医药产业发展的调研报告》。协调全国政协民族和宗教委员会开展“‘十三五’规划中民族地区发展需要关注的几个问题”和“《宗教事务条例》实施十周年，推动依法管理宗教事务”的调研，分别形成书面材料上报全国政协民族和宗教委员会。参加全国政协民族和宗教委员会在厦门组织召开的“全国暨地方政协民宗委工作交流会”，作了“凝聚人心 汇聚力量 为青海民族宗教工作献计出力”的发言。

港澳台侨和外事委员会 围绕“促进我省外资企业良好发展”的专题调研，形成上报了专题调研报告。围绕“加强少数民族文化遗产保护”课题赴台湾北部、中部、南部基层，就少数民族文化遗产保护和发展进行了广泛交流。围绕“医疗卫生体制改革”课题赴德国、以色列等国家进行考察。认真做好汇爱公益基金会募集救助工作，共收到捐赠款人民币552.38万元、港币379.5万元；为1903名鳏寡孤独、老弱病残群众发放扶助金377万元，港币用于捐资助学379.5万元。协调香港基督教励行会和青海省安徽商会为黄南州和互助县贫困大学生发放助学金104.5万元，为黄南州儿童福利院捐赠28万元，为困难群众发放价值140余万元的生活物资等。

社会和法制委员会 全年共完成重点调研3项，举办省政协“双月协商座谈会”1次、专题讲座1期，起草调研报告及其他重要材料5篇，撰写、整理、征集各类会议发言材料14篇，开展立法协商10次，督办重点提案2件，编写简报17期。举办了一期“深化十八届四中全会精神”为主题的法治专题讲座。针对“改善西宁市区交通拥堵问题”，组成四个调研组深入实地调研。建立了“省政协立法协商智库”，制定了《关于民主参与地方立法协商的实施意见》《省政协立法协商智库咨询管理办法》。围绕《青海省出版物管理条例（草案）（送审稿）》《青海省建设工程勘察设计管理办法（送审稿）》《青海省防震减灾条例（送审稿）》《青海省气象灾害防御条例（草案修改稿）》《青海省实施〈中华人民共和国水土保持法〉办法（送审稿）》等9部地方性法规、规章开展了10次立法协商。对《关于加大西宁市立体交通网络建设的提案》《关于健全我省法律援助制度的提案》两个重点提案进行了督办。

学习和文史委员会 全年共完成重点调研2项，向省委省政府报送视察、调研（双月协商）报告2份，编写工作信息7期。全年发行《学习资料》4期，3000余册。委托全国政协培训中心在青岛培训基地举办十一届省政协第四期政协委员培训班。与省政协办公厅共同举办基层政协委员、基层政协干部培训班。举办有各级政协文史委主任和文史干部参加的全省文史干部培训班。完成了“回忆西部大开发——青海卷”史料征集上报工作。开展《藏族百年实录》《回族百年实录》征集的前期准备工作。组织委员对省档案馆、西宁市和部分州县档案馆进行了实地考察，形成了《关于我省各级综合档案馆库建设情况的调研报告》。围绕保护和利用丝绸之路青海道文化遗产，积极融入国家“一带一路”建设的大格局进行调研，形成了《关于丝绸之路青海道文化遗产保护与利用的调研报告》，得到了省委、省政府领导的重视。配合全国政协文史和学习委员会开展“草原文化传承与保护”调研。就《关于尽快立项研究三江源移民社区管理模式的提案》《关于尽快启动青海旧方志普查整理工作的提案》进行了督办。

【重要活动】

召开“干部作风建设”调研工作协调部署会 3月23日，省政协召开“干部作风建设”调研工作协调部署会。省政协主席仁青加主持会议，秘书长王进，相关副秘书长，在省委有关部门、省政府有关厅局、省垣各民主党派省委任职的23名省政协委员参加会议。会议就“干部作风建设”调研工作做了部署。省政协主席仁青加就开展好“干部作风建设”调研工作作了讲话。

省汇爱公益基金会召开第一届理事会第二次会议 3月24日，省汇爱公益基金会召开第一届理事会第二次会议。省政协主席仁青加，副主席马志伟，原省政协副主席、省汇爱公益基金会理事长李忠保，省政协秘书长王进出席会议。会议通报了省汇爱公益基金会2014年度工作情况。经表决通过了有关人员变动，新增常务副理事长3名、副理事长2名、理事8名、监事2名，辞去理事3名，监事2名。省政协主席仁青加对基金会工作提出了具体要求。

就《青海省出版物市场管理条例（草案）》（送审稿）召开立法协商座谈会 4月27日，省政协召开立法协商座谈会，就省政府法制办送交的《青海省出版物市场管理条例（草案）》（送审稿）征求政协委员、立法协商专家的意见和建议。委员和专家们进行了深入讨论，并提出了具体的意见建议。

举办“三严三实”专题教育党课 5月25日，省政协党组举办“三严三实”专题教育党课，认真学习骆惠宁书记在省委“三严三实”专题教育党课报告会上的讲话精神。省政协党组书记、主席仁青加讲“三严三实”专题教育党课。省政协副主席王小青、罗朝阳、鲍义志、马志伟、李选生、张守成、宗康，秘书长王进，省政协机关全体干部职工听取了党课。仁青加围绕学习骆惠宁书记在省委“三严三实”专题教育党课报告会上的讲话精神，就如何以“三严三实”为标准做人做事，做一个合格的党员领导干部，作了专题辅导。

召开“以生态保护优先理念协调推进经济社会发展”专题协商会 5月26日，省政府、省政协在西宁召开“以生态保护优先理念协调推进经济社会发展”专题协商会。省委副书记、省长郝鹏出席会议并讲话，省政协主席仁青加主持会议，省政府骆玉林、张建民、高华副省长，省政协王小青、罗朝阳、鲍义志、马志伟、李选生、张守成、纪仁凤副主席，省政府办公厅及有关部门、省政协办公厅及各专门委员会的负责同志参加会议。骆玉林、张建民分别对六位副主席提出的有关意见建议作了回应。

举办青海省政协成立60周年座谈会 5月29日，庆祝政协青海省委员会成立60周年座谈会在西宁召开。省政协主席仁青加主持会议。省委常委、统战部部长旦科代表省委省政府致辞。省政协副主席罗朝阳、鲍义志、仁青安杰、马志伟、张守成、纪仁凤，省政协原副主席蔡巨乐、任震宇、李忠保，秘书长王进出席。在宁省政协常委、委员、特邀委员代表，各民主党派省委、省工商联及西宁市政协负责同志，省政协副秘书长，各专门委员会主任、副主任，省政协离退休干部代表参加座谈会。旦科代表省委省政府向走过60年风雨历程的省政协表示热烈的祝贺，向长期以来致力于青海社会主义建设和改革发展稳定事业的各级政协组织、各民主党派、无党派人士、人民团体和各族各界人士表示崇高的敬意和衷心的感谢，并发表了重要的讲话。省政协副主席、民革青海省委主委马志伟代表各民主党派省委、省工商联，省政协副主席仁青安杰代表各族各界，省民族和宗教委员会原主任王心岳代表老政协工作者，西宁市政协主席马海瑛代表基层政协先后发言。

召开“食品安全问题”双月协商座谈会 5月27日，省政协召开双月协商座谈会，围绕“食品安全问题”协商讨论、建言献策。省政协主席仁青加主持。省政府副省长匡湧，省政协副主席王小青、鲍义志、马志伟，秘书长王进，省政府有关部门负责同志参加。座谈会上，9名省政协委员和民主党派负责同志围绕协商议题，结合调研实际，指出了我省食品安全工作中存在的突出问题，就如何加快我省食品安全工作改革步伐，保障人民群众“舌尖上的安全”提出了有针对性、操作性的意见建议。鲍义志作了综合发言。副省长匡湧作了讲话。省政府相关职能部门负责同志对委员提出的意见建议作了回应。

召开“三严三实”专题学习研讨交流会 7月7日，省政协党组中心组召开“三严三实”专题学习研讨交流会。仁青加主席主持会议。王小青、仁青安杰、马志伟、纪仁凤副主席，王进秘书长参加会议。

召开“改善西宁市交通拥堵状况”双月协商座谈会 8月17日，省政协召开双月协商座谈会，围绕“改善西宁市交通拥堵状况”协商讨论、建言献策。省政协主席仁青加主持会议。省政府副省长韩建华，省政协副主席王小青、纪仁凤，省发展和改革委员会、公安厅、住房和城乡建设厅、交通运输厅负责同志，西宁市政府领导及交通、建设、规划、交警、城管等部门负责人，部分省政协常委、委员、提案人代表、特邀委员、有关专家学者及出租车驾驶员代表参加会议。委员和专家从加强交通管理和配套设施建设、大力发展公共交通、提升市区智能交通建设水平、科学有效降低城市机动车高速增长、确保良好的交通营运秩序、运用“互联网＋”等多个角度分析了西宁市区交通现状和面临的问题，并提出建议。韩建华副省长作了重要讲话，省政府相关部门和西宁市政府负责同志对委员提出的意见建议一一作了回应。

召开“十三五”规划专题协商会 9月6日，召开“十三五”规划专题协商会。郝鹏省长出席会议并讲话，仁青加主席主持会议。张建民、刘志强、严金海、程丽华、匡湧、高华、韩建华、王黎明副省长，王小青、罗朝阳、鲍义志、仁青安杰、马志伟、马长庆、李选生、张守成副主席，王进秘书长，省政府有关部门、省政协各专门委员会的负责同志参加会议。

召开政情通报会 11月6日，省政协组织召开政情通报会。省发改委、经信委、教育厅、民政厅、人社厅、环保厅、农牧厅、卫计委负责同志通报了“十三五”时期重点工作、重大项目和重要任务。部分省政协委员、各民主党派和工商联、省政协机关全体干部、西宁市和海东市部分政协委员参加了会议。会议由王进秘书长主持。

举办第九期“政协讲坛” 12月18日，省政协举办第九期“政协讲坛”，邀请省委常委、省军区司令员李松山，就“当前世界大国战略转型”作专题讲座。省政协主席仁青加、副主席王小青，省军区政治部主任郭建军，在宁省政协常委、部分省政协委员，省政协机关全体干部，各民主党派省委、省工商联部分干部，西宁市、海东市、海北州政协部分干部聆听了讲座。通过学习，使大家认清了当前面临的严峻形势，增强了国防意识、国家安全意识和忧患意识，进一步坚定了爱国主义信念。

举办新年茶话会 2015年12月31日，省政协举行新年茶话会，省党政军领导同各族各界代表人士欢聚一堂，喜迎新年。省委书记、省人大常委会主任骆惠宁出席茶话会并讲话。省委副书记、省长郝鹏，全国政协民族和宗教委员会副主任、十届省政协主席白玛，九届省政协主席桑杰加，省委副书记王建军出席。省政协主席仁青加主持茶话会。在宁的省委常委、省人大常委会副主任、省政府副省长、省政协副主席和省军区、省高级人民法院、省人民检察院、武警青海总队负责人，省级离退休老同志，省人大、省政协秘书长，省纪委副书记，各民主党派、工商联和各人民团体负责同志，在宁全国政协委员，部分省政协常委、委员，我省有突出贡献的专家、学者代表等参加茶话会。

【重要文件】

常委会工作报告（2015年1月21日）（摘要） 2014年工作回顾。2014年，在中共青海省委的正确领导下，省政协常委会全面贯彻中共十八大和十八届三中、四中全会精神，紧紧围绕省委提出的“坚持正确方向、全面深化改革、奋力打造三区、建设全面小康”的治青理政新方略，全面落实省委十二届六次、七次全会精神，坚持团结和民主两大主题，认真履行政治协商、民主监督、参政议政职能，充分发挥协调关系、汇聚力量、建言献策、服务大局的作用，切实强化思想理论建设，主动服务改革发展大局，着力促进社会和谐稳定，积极探索协商民主实践，不断提高履职能力水平，为推动全省改革发展、和谐稳定作出了积极贡献。（一）不断强化思想理论建设，始终保持正确的前进方向。（二）牢牢把握省情和中心任务，主动服务改革发展大局。（三）在推进和谐青海建设中发挥优势。（四）在促进民生改善中积极作为。（五）在协商民主实践中提升能力。2016年工作安排。2016年是全面建成小康社会决胜阶段的开局之年。省政协及常委会工作的总体要求是：全面贯彻中共十八大和十八届二中、三中、四中、五中全会精神，深入学习习近平总书记系列重要讲话精神，紧紧围绕“四个全面”战略布局，坚持创新、协调、绿色、开放、共享的发展理念，紧扣省委十二届十次全会提出的“实现‘一个同步’、奋力建设‘三区’、打造‘一个高地’”的战略目标，认真履行政治协商、民主监督、参政议政职能。在协商民主实践中，更加注重生态建设，更加注重转变方式，更加注重和谐稳定，更加注重民生福祉，更加注重遵循法治，努力为推动全省经济、政治、文化、社会和生态文明建设作出新贡献。（一）努力建设青海政协“精神高地”。（二）努力推动“十三五”规划起步实施。（三）努力促进青海和谐发展。（四）努力强化协商民主实践。（五）努力践行“懂政协、会协商、善议政”。

【组织概况】

副主席补选名单

（2015 年 1 月 26 日省政协十一届三次会议通过）

王小青

委员增补名单

（2015 年 1 月 8 日省政协十一届十一次会议通过）

王小青　云才让（藏族）　邓　勇

刘　洪　刘发德　李　炜　葛文平

谢　磊

（2015 年 6 月 30 日省政协十一届十五次会议通过）

马海瑛（土族）　王华杰

代　吉（女，藏族）

李加曲（藏族）　陈有凯　赵生启

侯　涛　秦汉锋　曹三星

雪　怡（女，藏族）

副主席辞职名单

（2015 年 3 月 17 日省政协十一届十四次会议通过）

陈资全

委员辞职名单

（2015 年 1 月 8 日省政协十一届十一次会议通过）

王　伟　王　敏　李加才让

张启光　赵衍亮　胡苏华　徐延彬

梅　毅

（2015 年 6 月 30 日省政协十一届次会议通过）

马玉英（女，撒拉族）

马建立（回族）　左任宏　李晋青

何平涛　冷云竹（女）

索南才让（藏族）武玉嶂　娄新年

索海卿　晋化太（藏族）

撤销委员资格名单

（2015 年 6 月 30 日省政协十一届十五次会议通过）

庄　伟　阎秀梅

青海省各级政协组织和委员数

（截至 2015 年年底）

项目＼级别	省级	市州级	县区（县级市）	合计
组织数	1	8	43	52
委员数	393	1659	5630	7682

（张志荣 编写　李　毅 审稿）

政 协 宁 夏 回 族 自 治 区 委 员 会

【全体委员会议】

十届三次会议 1月19日至22日在银川召开。大会应出席委员438人，开幕会实到406人，闭幕会实到375人。自治区政协主席齐同生主持闭幕会并致闭幕词，自治区政协副主席李淑芬主持开幕会议。自治区党政领导出席会议，并分别参加小组讨论，听取大会发言。会议听取并审议了自治区政协主席齐同生代表自治区政协第十届委员会常务委员会所作的工作报告、副主席刘小河代表自治区政协第十届委员会常务委员会所作的提案工作报告。与会委员列席了自治区人大十一届四次会议，听取并讨论了政府工作报告、自治区2014年国民经济和社会发展计划执行情况与2015年国民经济和社会发展计划草案的报告、2014年全区及区本级财政预算执行情况和2015年全区及区本级财政预算草案的报告、自治区2014年民生计划执行情况与2015年民生计划草案的报告、宁夏空间发展战略规划等。委员就落实宁夏空间发展战略规划、主动适应新常态拓宽地方金融服务渠道、土地流转要尊重农民的意愿、人才队伍建设应坚持多措并举、抢抓机遇积极推进我区铁路建设、逐步根治农业面源污染问题等关系自治区经济社会发展和百姓关心的民生热点积极建言献策。会议审议通过自治区政协2015年协商工作计划、自治区政协提案委员会关于十届三次会议提案审查情况的报告、自治区政协十届三次会议决议。会议增选于志毅、马少勇、王永忠、刘金定、杨钊、邹俭伟、陈银生、曾玉强为自治区政协第十届委员会常务委员。会议期间，共收到提案731件，经审查立案599件。

【常务委员会会议】

第13次会议 1月12日在银川召开。自治区政协主席齐同生出席会议并讲话，自治区副主席白雪山，自治区政协副主席李淑芬、张乐琴、左军、刘小河、田成江、张学武、张守志和秘书长刘卉出席会议。会议审议通过了关于召开自治区政协十届三次会议的决定、议程、日程；审议通过了自治区政协十届委员会常委会工作报告、提案工作报告和自治区政协2015年度协商计划等草案；审议通过了自治区政协十届三次会议常委会工作报告报告人建议名单、提案工作报告报告人建议名单、小组召集人名单；审议通过了自治区政协十届三次会议列席人员范围、分组办法；审议通过了自治区政协十届委员会有关人事事项。

第14次会议 1月20日在银川召开。自治区政协主席齐同生主持会议，副主席李淑芬、张乐琴、安纯人、刘小河、田成江、张学武、张守志、洪洋和秘书长刘卉出席会议。会议听取了自治区党委组织部负责人关于增补自治区政协十届委员会常务委员建议名单的说明；审议通过了增补自治区政协十届委员会常务委员名单（草案）、自治区政协十届三次会议选举办法（草案），提交各组讨论。

第15次会议 1月22日在银川召开。自治区政协主席齐同生主持会议，副主席李淑芬、张乐琴、安纯人、左军、刘小河、田成江、张学武、张守志、洪洋和秘书长刘卉出席会议。会议通过自治区政协2015年协商工作计划（草案）、提案委员会关于十届三次会议提案审查情况的报告（草案）、十届三次会议决议（草案）、十届三次会议选举办法（草案）；通过增补自治区政协十届委员会常务委员候选人名单，提交大会选举；审议通过自治区政协十届三次会议选举大会监票人、总监票人名单。

第16次会议 3月18日在银川召开。会议传达贯彻全国政协十二届三次会议精神，自治区政协主席齐同生主持会议，自治区副主席王和山通报了全区食品药品安全管理情况。自治区政协副主席李淑芬、张乐琴、安纯人、左军、刘小河、田成江、张守志、洪洋及秘书长出席会议。

第17次会议 6月12日在银川召开。会议围绕推进城乡教育均衡发展进行专题议政。自治区政协主席齐同生、副主席张乐琴分别主持会议。会议听取了自治区副主席姚爱兴《关于全区推进城乡义务教育均衡发展情况的通报》，听取了自治区政协综合调研组关于我区城乡教育均衡发展的调研报告，听取了自治区政协民族和宗教委员会，民革、民盟、民建、民进、九三学社宁夏区委会等代表作的大会发言。会议围绕主题进行了分组讨论。会议还通过了有关委员人事事项。自治区政协副主席安纯人、左军、刘小河、张学武、张守志、洪洋，秘书长刘卉出席会议。

第18次会议 10月9日在银川召开。会议围绕“加快新兴产业发展，推动我区经济转型升级”进行专题议政。自治区政协主席齐同生出席会议并讲话，自治区党委常委、自治区副主席张超超通报全区新兴产业发展情况。会议听取了自治区政协调研组关于加快新兴产业发展推动我区经济转型升级的调研报告，政协各调研组和部分常委围绕会议议题作了大会发言。会议还通过了有关委员人事事项。自治区政协副主席张乐琴、安纯人、左军、刘小河、田成江、张学武、张守志、洪洋，秘书长刘卉出席会议。

第19次会议 11月10日在银川召开。会议学习贯彻党的十八届五中全会精神和全国政协十二届十三次常委会议精神，为科学制定宁夏“十三五”发展规划建言献策。自治区政协主席齐同生主持会议，自治区政协副主席李淑芬、张乐琴、左军、刘小河、田成江、张学武、洪洋，秘书长刘卉出席会议。会议听取了自治区发改委关于我区“十二五”规划执行情况和“十三五”规划总体考虑的情况通报；常委们就自治区党委《关于制定国民经济和社会发展第十三个五年规划的建议》（初稿）进行了分组讨论。

第20次会议 12月30日在银川召开。自治区政协主席齐同生，自治区副主席曾一春，自治区政协副主席李淑芬、张乐琴、刘小河、田成江、张学武、洪洋，秘书长刘卉出席会议。自治区政协副主席左军主持会议。会议听取自治区党委关于自治区政协十届委员会人事事项的说明，自治区政府通报自治区政协十届三次会议以来提案办理情况。会议审议通过关于召开自治区政协十届四次会议的决定、议程、日程；审议通过自治区政协十届委员会常委会工作报告、提案工作报告和自治区政协2016年协商工作计划等草案，常委会工作报告报告人建议名单、提案工作报告报告人建议名单、列席人员范围、分组办法、小组召集人名单。审议通过自治区政协2015年协商计划执行情况报告、各专委会2015年工作总结和2016年工作要点及自治区政协十届委员会有关人事事项。

【专门委员会工作】

提案委员会 共收到提案760件，经审查立案615件，并案提案42件，不予立案97件，立案率81%。组织召开自治区经济社会发展情况通报会、提案委员会第5次全体会议、提案交办会。开展了重点提案遴选工作，联合下发《关于督办自治区政协十届三次会议重点提案的通知》。编辑《重要提案摘报》25期。组织了政协重点提案《关于“1236”工程有关问题的提案》的督办活动。对十届一次、二次会议重点提案办理尚未落实到位的6件提案进行跟踪督办。成立联合督查组，分别对提案承办单位的提案办理工作进行了督办。探索开展提案工作“双向评议”活动。创新提案办理协商形式。就自治区党委、政府办公厅《关于进一步加强人民政协提案办理工作的实施意见》贯彻落实情况开展了专题调研。做好自治区政协委员联系基层工作。做好提案委员会和界别委员视察考察工作。组织部分委员赴福建、江苏考察提案工作。召开了《华兴时报》提案工作专栏座谈会。参与组织召开十二届全国政协三次会议提案素材征集座谈会。积极主动争取住宁全国政协委员提案列入全国政协十二届三次会议重点提案工作。参与做好由马飚副主席带队督办的全国政协重点提案督办与重点提案跟踪督办的协调服务工作。参与六盘山片区陕甘青宁四省（区）政协主席联席会议第一次会议相关筹备工作。认真做好评选表彰工作。扎实开展文明机关创建活动。

经济委员会 围绕常委会议议政专题开展调研，提交了《关于加快新兴产业发展，推动我区经济转型升级的建议案》。围绕我区工业经济运行开展调研，形成了《关于我区1—2月份工业经济运行和产业转型升级情况的调研报告》。调研石嘴山市氰胺产业，提出成立氰胺技术研究院和产业价格联盟、加大氰胺科研投入力度、延长氰胺产业链、争取氰胺产业列入“十三五”规划等建议。协助召开四省（区）政协主席联席会议。配合全国政协经济委员会调研新能源布局情况。配合推进中国—阿拉伯（阿曼）产业园建设。开展立法协商调研。召开我区经济运行情况座谈会。召开经济界别委员座谈会。组织九三学社届别委员开展调研。组织侨联界别委员视察我区电力需求侧管理工作，编写了《关于加快推进我区电力需求侧管理的建议》社情民意。现场督办自治区政协十届三次会议重点提案《关于加快发展我区电子商务的提案》。提交了《发挥社会组织作用，对我区中小企业开展调查统计》《促进小杂粮优势特色产业发展》《解决我区招标采购中本土品牌产品中标难题》《加快我区氰胺产业转型升级》四件提案，提交了《关于解决我区招标采购中本土品牌产品中标难题的建议》《关于进一步依法推进全区行政审批制度改革的建议》《关于促进商协会健康发展充分发挥桥梁纽带作用的建议》3份社情民意。继续做好委员基层联系点工作。开展委员活动日活动。参加了全国政协暨地方政协经济（农业）委员会工作会议。考察广西壮族自治区服务业发展情况。加强与自治区对口部门的联系交流。

人口资源环境委员会 承办常委会关于我区城乡居民饮用水水源地保护情况咨政协商会，整理《关于我区城乡居民饮用水水源地保护的建议》。协助全国政协开展“腾格里沙漠污染治理”情况的专项调研。专题调研中南部地区中小城镇产业发展。调研我区自然保护区建设管理，形成《关于我区自然保护区建设管理的调研报告》。督办基层医疗垃圾处理重点提案。重点提案督办回头看污染物排放许可法规体系。走访农牧厅与农业界别委员座谈。视察我区固体废物综合利用情况，整理出《关于切实推进我区工业固体废弃物综合利用的再建议》。开展委员届中述职活动。带领部分委员赴青铜峡政协委员基层联系点实地走访调研。组织委员参与自治区政府法制办《关于宁夏回族自治区环境保护监督管理责任规定》（征求意见稿）的修改工作，协助自治区环保厅做好“国家农村环境综合整治全覆盖试点”工作，参加“环保活动日”和“六·五”环境日宣传等活动。组织部分委员赴海南、广东考察环境污染第三方治理情况，报送《政府和社会资本合作应成为我区推进环保产业发展的重要路径选择》。参加了全国政协人资环委举办的培训班。

教科文卫体委员会 围绕“推进我区城乡教育均衡发展，努力实现教育公平”常委会议题开展专题调研，上报了《关于我区城乡教育均衡发展情况的建议案》。围绕我区信息产业发展情况开展专题调研，形成并上报了专题调研报告。围绕我区工业遗址保护开发情况开展调研，形成提案提交全国政协十二届三次全体会议。围绕我区社会科学工作情况开展调研，就我区社会科学工作中存在的主要困难和问题形成提案。配合全国政协教科文卫体委员会在宁夏开展“包虫病防治情况”专题调研。配合全国政协教科文卫体委员会在宁夏开展“发挥中华优秀传统文化在培育和践行社会主义核心价值观中的作用”专题调研。向自治区政协十届三次会议提交大会发言 1 件，集体提案和社情民意 12 件。认真开展《关于发挥宁夏“大学城”科技创新驱动作用的建议》重点提案督办工作。认真开展自治区政协十届二次会议 572 号重点提案督办“回头看”工作。组织委员开展下基层活动。认真做好委员和人民群众来信来访工作。与自治区文联等单位联合承办了自治区政协“纪念中国人民抗日战争暨世界反法西斯战争胜利 70 周年书画展”。组织部分文化艺术界委员及医护人员视察银川滨河新区建设情况。组织体育、教育界委员就我区竞技体育发展情况进行视察。组织民盟界委员视察国防教育开展情况。组织部分委员、中小学校长及优秀骨干教师视察电视连续剧《灵与肉》拍摄现场。参加全国政协教科文卫体委员会召开的工作座谈会。组织委员赴河北、广西省（区）政协学习考察推进义务教育均衡发展的先进经验。举办《美术创作与鉴赏》专题讲座。

社会和法制委员会 提交了《全面推进依法治区，加快建设法治宁夏》的大会发言材料。围绕基层行政执法情况开展专题调研，形成了《关于我区基层行政执法情况的调研报告》。围绕市场监管工作开展专题调研，形成了《关于我区市场监管工作的调研报告》。围绕禁毒工作开展专题调研，形成了《关于我区禁毒工作情况的调研报告》。围绕《自治区农村扶贫开发条例（草案）》开展立法协商专题调研，形成了《关于〈自治区农村扶贫开发条例（草案）〉立法协商修改意见》。围绕委员基层联系点开展专题调研。起草了《关于加强人民政协和民主党派对法规规章民主监督的实施意见（征求意见稿）》。组织委员对自治区政法委《关于建立全区律师参与化解和代理涉法诉信访案件制度的实施意见》进行了修改。组织委员对自治区人大常委会关于公开征集《宁夏回族自治区安全生产条例（修订草案）》进行了修改。围绕推进行业协会商会去行政化问题积极建言献策。围绕我区技工教育发展情况进行视察。围绕我区农村妇女创业小额担保贷款工作情况进行视察。就自治区政协十届三次会议 23 号重点提案“关于法院系统建立公开债务人信息制度的建议”进行现场督办。与办公厅共同承办完成了 2015 年度宁夏政协“兴华爱心基金”发放工作。与办公厅、港澳台侨和外事委员会共同承办完成了宁夏政协港澳委员向“兴华爱心基金捐款”工作。与民宗委共同承办完成了“宁夏政协与北京成龙慈善基金会”救助重病贫困儿童项目实施工作。提交了《关于做好我区烈士陵园建设和烈士褒奖工作的建议》等 10 篇提案和《关于加强社会组织监督管理体系建设的建议》等 8 篇社情民意。参与全区“六五”普法检查验收工作。推荐委员参与司法监督工作。开展特约监督工作。组织委员积极参与政府有关工作。认真处理群众来信来访。承办完成了全国政协社会和法制委员会来宁调研“规范城管执法行为”的有关组织服务工作。接待了上海、广东、山东省（市）政协社法委来宁考察团。

民族和宗教委员会 一年来，民族和宗教委员会认真组织委员开展调研、考察、视察、界别等活动12次，提交集体、联名和个人提案20件，其中1件被列入自治区重点提案，反映社情民意10份。调研我区少数民族聚居地区特色产业发展情况，形成了《关于我区民族特色产业发展情况的调研报告》。就“推进我区城乡教育均衡发展，努力实现教育公平”议题开展调研，形成了《借鉴外省经验，推进我区农村义务教育师资队伍建设的调研报告》，并在政协十届十七次常委会议上做交流发言。认真督办十届三次会议440号和跟踪督办309号重点提案。举办了“散居少数民族和宗教界政协委员学习培训班”。少数民族重要节日期间走访慰问民族宗教界代表人士。组织宗教界政协委员代表人士赴内蒙古、黑龙江学习考察。同民进界别围绕公共文化服务开展联合调研，形成了专题调研报告。配合全国政协来宁调研“集中连片贫困地区精准扶贫”。协同全国政协开展“十三五规划中民族地区发展需要关注的几个问题”“《宗教事务条例》实施10周年、推动依法管理宗教事务”和“少数民族传统医药的传承发展”专题调研。协同统战部门开展全区统一战线“大调研”活动。配合湖南省、浙江省、广西省政协来宁学习调研。参加“全国暨地方政协民宗委工作交流会”。深入基层联系点开展工作。实施“宁夏政协爱心书屋”活动。与教育厅共同开展了“最美乡村教师”奖励活动。筹资为固原市闽宁实验小学和中卫市海原县修建科技楼和一所小学。

文史和学习委员会 编辑整理了《回忆西部大开发》（宁夏卷）文史资料40万字。征编出版了《宁夏文史资料》第29辑30万字。编辑出版了《知青在宁夏》（综合卷）20余万字。配合全国政协文史和学习委员会启动了《回族百年实录》征编工作。研究制定了《关于加强文史资料宣传工作的意见》。在《华兴时报》上开辟了“文史园地”，在宁夏政协网上开辟了“文史专栏”。与《华兴时报》社协商开辟了“读书札记”学习园地。协助自治区文联编辑出版了《长河浩荡——纪念抗战胜利70周年楹联诗词作品选》。召开了自治区政协纪念抗战胜利70周年座谈会。就我区防范化解中小企业信贷担保链风险、贯彻实施《中华人民共和国非物质文化遗产法》情况等问题进行了专题调研，形成了专题调研报告。就我区进行了调研，专题调研报告入编《2016年宁夏文化蓝皮书》。组织新闻出版界、科协等界别委员在我区进行了若干视察和活动。就自治区政协十届二次会议第407号重点提案《关于做好农村公路监管养护工作的建议》办理情况进行了跟踪督办“回头看”。就自治区政协十届三次会议第35号重点提案《关于加快同城轨道交通建设，推进吴忠—银川—石嘴山同城化轨道交通建设，形成1小时交通圈体系的提案》办理情况进行跟踪督办。整理提出了3件提案、14件社情民意。举办了西部十二省（区、市）政协文史资料工作会议。邀请文史专家和著名学者分别做“绥西抗战”“中国梦与正能量”专题报告，联合举办了2016新年诗会。

港澳台侨和外事委员会 围绕“加快新兴产业发展，推动我区经济转型升级”专题进行了调研。围绕推动旅游文化深度融合建净言，上报了《关于“大美宁夏”落地银川的建议》。对自治区政协十届二次会议35号重点提案《关于提高宁夏物业管理水平的建议》进行了跟踪督办。对自治区政协十届三次会议第608号提案《关于加快推进社会保障卡综合应用》进行现场督办。对自治区政协十届二次会议265号重点提案《关于在全区尽快实行医保一卡通的建议》进行了跟踪督办。深入原州区彭堡镇、南关街宋家巷社区和同心县豫海镇富兴社区，实地查看了村民活动中心和社区居民活动中心建设和使用情况。深入固原市原州区调研，实地观看体验了原州区宋家巷社区群众服务中心多功能室的运行情况。印发了《宁夏政协港澳委员联系联络办法（暂行）》。应邀出席了港区省级政协委员第五届理事、香港宁夏国际工商联合会第三届理事、香港宁夏社团联会第一届理事、宁港青年交流促进会第四届理事和澳门青年企业家第五届理事就职典礼活动等。举办了第二期宁夏干部港情研习班。组织港澳委员与专委会在宁委员同步进行了“加快新兴产业发展，推动宁夏经济转型升级”专题议政调研活动，李学盟常委在政协十届十八次常委会议上作了口头发言。举办了2015年宁夏政协港澳委员活动日。积极为澳门委员马志华来宁投资项目牵线搭桥。联合政协办公厅隆重举办了港澳委员捐资仪式。委员会部分委员赴湖北、河南两省围绕“整合旅游资源、加强文化整合，促进旅游业发展”进行了考察。联合举办了“2015年宁夏大中学生赴港夏令营”活动。

【重要活动】

住宁全国政协委员视察产业转型升级情况 4月23日，住宁全国政协委员齐同生、项宗西、孙贵宝、张守志、刘金虎、李卫东、杨发明、孙涛、马宗保等围绕产业转型升级情况，先后到石嘴山国际建材城、宁夏晟晏实业集团福华冶金有限公司、宁夏金晶科技有限公司太阳能玻璃及低辐射镀膜玻璃项目建设基地以及中小企业孵化园等地视察。自治区政协秘书长刘卉，自治区发改委、农牧厅、经信委、商务厅和石嘴山市相关领导等陪同视察。

住宁全国政协委员视察神华宁煤集团煤化工基地 6月9日，全国政协委员、自治区政协主席齐同生带领部分住宁全国政协委员、自治区政协常委到神华宁煤集团煤化工基地进行了视察。自治区政协副主席田成江、秘书长刘卉等参加视察。

李建华调研政协工作 7月1日，自治区党委书记、人大常委会主任李建华率调研组赴石嘴山市就加强政协工作进行调研并召开座谈会。自治区政协主席齐同生陪同调研并主持座谈会。自治区领导姚爱兴、张乐琴、刘小河、田成江、张学武、洪洋出席座谈会。自治区党委办公厅、组织部、统战部、编办等部门负责同志，自治区政协办公厅、各专委会和各民主党派负责同志，五市和有关县（区）政协负责同志、政协委员代表参加会议。

六盘山片区陕甘青宁四省（区）政协主席联席会议 第一次会议 7月3日至5日，六盘山片区陕甘青宁四省（区）政协主席联席会议第一次会议在宁夏回族自治区银川市、固原市召开。宁夏回族自治区党委书记、人大常委会主任李建华出席开幕大会并致辞。全国政协提案委员会、经济委员会及国家发改委、交通运输部、农业部、水利部、林业局、国务院扶贫办负责同志出席会议。陕西省政协主席马中平、甘肃省政协主席冯健身、青海省政协主席仁青加、宁夏回族自治区政协主席齐同生出席会议并讲话。会议原则通过了《六盘山片区陕甘青宁四省（区）政协主席联席会议规程》《六盘山片区陕甘青宁四省（区）政协主席联席会议第一次会议纪要》，形成了《六盘山片区全面建成小康社会现状分析及对策建议》。会后，向全国政协提案委、经信委、国家发改委、财政部、交通部、水利部、农业部、林业总局等部委报送了专题报告，四省区政协主席联名向全国政协俞正声主席报告了会议情况，俞正声主席批转国家有关部委。经协商确定，六盘山片区陕甘青宁四省（区）政协主席联席会议第二次会议将于2016年在甘肃召开。

举办宗教界暨散居少数民族政协委员学习培训班 8月6日至7日，自治区政协在中卫市举办宗教界暨散居少数民族政协委员学习培训班。近50位自治区政协散居少数民族和宗教界别委员考察了中卫市生态文明建设情况，聆听专家讲座，并就进一步发挥宗教团体和广大爱国宗教人士在推动“四个宁夏”建设中的积极作用进行交流。自治区政协主席齐同生出席活动并讲话，自治区政协副主席田成江出席活动。

召开纪念抗日战争胜利70周年座谈会 8月31日，自治区政协召开“发扬抗战精神，建设四个宁夏，实现中华民族伟大复兴的中国梦”为主题的纪念抗日战争胜利70周年座谈会。自治区政协主席齐同生出席座谈会并讲话。自治区政协副主席李淑芬、张乐琴、田成江、洪洋，往届自治区政协副主席仝开锦、李增林、马文学、梁俭、陈育宁、周振中、曹维新、朱佩玲、袁汉民，自治区政协秘书长刘卉等参加会议。

西部十二省（区、市）政协文史资料工作联席会议 9月16日至17日，西部十二省（区、市）政协文史资料工作联席会议在银川召开。会议介绍了我区经济和社会发展情况，就合作征编文史资料工作经验进行交流研讨，并审议通过2015年西部十二省（区、市）政协文史资料工作联席会议纪要和《回族百年实录》征编方案。自治区政协主席齐同生，全国政协文史委副主任卞晋平，重庆市政协党组副书记、副主席刘光磊，四川省政协副主席罗布江村，广西壮族自治区政协副主席高枫，云南省政协副主席杨嘉武，西藏自治区政协副主席参木群，陕西省政协副主席李晓东，甘肃省政协副主席黄选平，青海省政协副主席李选生出席会议，自治区政协副主席洪洋主持会议。

【重要文件】

常委会工作报告（2015年1月19日）（摘要） 一、2014年工作回顾：（一）紧扣改革发展献计出力，服务大局实现更大作为。全力助推重大战略。成功争取全国政协和民革中央将“黄河上游控制性水利枢纽工程建设”列入年度重点调研计划；相关提案被列入13件专题调研重点提案；全国政协将“加快推进宁夏内陆开放型经济试验区建设”列入视察计划；两份报告所提建议被李克强总理，张高丽、汪洋副总理分别多次作出重要批示。积极建言深化改革。十届十次常委会议专题研究“金融创新改革”。围绕土地流转、社会救助制度改革、中小微企业技术创新、公立医院综合改革、创新社会组织登记和管理等问题调研协商。着力服务转型升级。定期召开经济形势通报与分析会。围绕“发展环保产业，促进工业结构转型”开展专题协商。围绕发展家庭农场、培育特色产业、完善农业技术服务体系开展深度调研。围绕产业转移承接、信息软件服务业和电子商务、新型城镇化特色产业等议题开展系列视察调研。（二）聚焦协商民主探索实践，参政议政呈现更多亮点。搭建协商议政平台。围绕我区经济社会发展的重大问题，积极引导各民主党派、工商联和各族各界人士“在政协”开展广泛而深入的协商交流。首次由党委、政府、政协共同制订年度协商计划。全年共召开专题议政常委会 2 次、主席专题协商会 9 次、专委会对口协商会 20 余次。拓宽民主监督渠道。积极完善民主监督的组织领导、权益保障、知情反馈和沟通协调机制。围绕“政府集中采购”和“旅游业创新发展”议题，开展咨政协商活动。围绕上年度开展的“百万贫困人口扶贫攻坚战略”和“社会养老服务体系建设”议题，开展重大协商议题“回头看”。完善委员担任民主监督员制度。依托政协界别活动就平安宁夏建设、公安便民、审判公开、物业收费等问题开展监督。全年编报信息 140 期，转送信息 120 件，32 件得到自治区领导批示。强化提案办理协商。开展了“提高提案质量年”活动，召开情况通报会、公开征集提案线索、组织三级审查。精选 14 件重点提案，由自治区领导领衔督办。协助住宁全国政协委员向全国政协十二届二次全会提交提案 93 件，经审查立案 77 件。自治区政协委员和政协各参加单位共提交提案 761 件，审查立案 636 件，办复率达 99.7%。（三）致力和谐稳定凝心聚力，团结民主主题更加突出。筑牢共同思想基础。深入学习中共十八大和十八届三中、四中全会及习近平总书记系列重要讲话精神，专题学习习近平总书记在庆祝人民政协成立 65 周年大会上的重要讲话，全年安排政协党组中心组（扩大）学习、形势报告会、专题辅导报告、按界别举办专题培训班等 20 余次。增进合作共事氛围。坚持定期走访各民主党派、工商联和无党派代表人士制度，积极为他们参政议政提供有利条件。各民主党派和工商联共提交集体提案 106 件、社情民意信息 433 条。巩固民族团结宗教和顺。举办系列培训暨学习考察活动。邀请民族宗教方面的专家学者讲座授课。围绕健全基层民族宗教工作机构、完善生态移民区宗教场所规划建设、加快地方宗教管理立法等内容开展调研。配合全国政协在宁夏召开“全国暨地方政协民族宗教工作研讨会”。深化对外交流联谊。邀请港澳台企业家来宁开展经贸考察 10 批次。帮助宁夏驻港窗口设立“香港宁夏名特优产品展示展销中心”。举办宁夏与阿拉伯国家经贸文化交流座谈会、“中国寻根之旅”和宁夏优秀大中学生赴港暑期夏令营等活动。推进文化传承发展。推动编辑出版《回忆西部大开发（宁夏卷）》《知青在宁夏（综合卷）》。加强对红色文化、创业文化、少数民族文化的保护研究和开发宣传，围绕提升文学软实力、扶持传统戏曲、培养艺术人才、保护非物质文化遗产等问题建言献策。（四）着力增进人民福祉，服务民生的领域更加宽广。积极促进民生改善。聚焦“居民消费价格运行”召开专题议政常委会。围绕社会养老服务体系建设、医保一卡通、城市社区卫生服务中心建设、妇女权益保障、未成年人保护等问题广泛协商、深入调研。针对优化就业创业环境、培育新型产业、发展小微企业、统筹农村转移劳动力等议题积极建言。持续关注生态保护。围绕节能环保产业发展、固体废弃物综合利用、农业面源污染、排污权交易、大气污染防治等议题组织视察、督办提案、开展监督。大力弘扬慈善美德。积极主动为香港福建希望工程、光华科技等慈善基金会援助宁夏的项目做好服务和宣传。扩大宁夏政协“兴华爱心基金”的扶助范围。组织开展科教扶贫、帮困济弱、捐资助学等社会公益活动。广大委员累计为社会公益事业协调和捐资 3000 余万元。（五）围绕自身建设强基固本，履职能力获得新的提升。有效激发委员主体作用。建立了委员基层联系点制度，在全区设立 43 个联系点，2352 名三级委员开展各类活动近千次。

主动为驻宁全国政协委员搞好服务。丰富拓展界别活动。在政协例会中，注重以界别名义反映问题；在调研视察中，注重发挥各界别的专业优势，提出意见建议；在提案和反映社情民意工作中，倡导撰写界别集体提案。共开展各类界别活动 24 次。全面加强作风建设。建立完善规章制度 24 项，“三公经费”在去年基础上又下降 24.5%。深入开展争先创优活动。二、2015 年工作部署：（一）把握履职新定位，更好地发挥协商民主重要渠道作用。（二）适应经济新常态，更好地为改革发展建言献策。（三）树立法治新思维，更好地为和谐稳定汇聚力量。（四）顺应群众新期盼，更好地为民生改善献计出力。（五）探索履职新途径，更好地为自身建设增添活力。

【组织概况】

委员增选名单

（2015 年 12 月 30 日自治区政协十届二十次常委会议通过）

毛明杰　许蔚萱　李建功

钱秀梅（女）　　徐　辉　章建忠

黄永峰　韩建刚　蔡国英

委员辞职名单

（2015 年 10 月 9 日十届十八次常委会议通过）

朱海涛　费周林　阮若华

（2015 年月 12 月 18 日十届三十次主席会议通过）

丁传群

撤销委员名单

（2015 年 12 月 18 日十届三十次主席会议通过）

马赞福

宁夏回族自治区各级政协组织和委员数

（截至 2015 年年底）

项目＼级别	省	地级市	县（区、市）	合计
组织数	1	5	21	27
委员数	439	1258	2538	4235

（李　莉 编写　蒋永忠 审稿）

政协新疆维吾尔自治区委员会

于秀栋　副主席

【全体委员会议】

十一届三次会议 2015年1月19日至23日在乌鲁木齐举行。会议应出席政协委员529人名，实到委员463名。会议听取并审议通过了自治区十一届政协常务委员会工作报告和提案工作情况报告；通过了关于常委会工作报告的决议、提案审查情况的报告和政治决议。列席自治区十二届人大第三次会议，听取并协商讨论了政府工作报告及其他报告。经过充分协商，增补选举于秀栋为自治区十一届政协副主席，增补选举了自治区十一届政协常务委员。会议共收到大会发言材料121份，13名委员分别代表民主党派、人民团体和各族各界作了大会发言。会议共收到委员提案949件，经审查立案804件。中共中央政治局委员、自治区党委书记张春贤，自治区党委副书记、自治区代主席雪克来提·扎克尔等自治区党政军和生产建设兵团领导出席有关重要活动，听取大会发言，参加界别联组讨论。自治区政协主席努尔兰·阿不都满金在会议闭幕时讲话。

【常务委员会会议】

第8次会议 1月15日至16日在乌鲁木齐召开。会议应出席122人，实到103人。自治区政协主席努尔兰·阿不都满金主持会议。会议传达学习了中共中央政治局委员、自治区党委书记张春贤在自治区“访民情惠民生聚民心”活动表彰动员大会上的重要讲话精神，自治区副主席穆铁礼甫·哈斯木通报了自治区政协十一届二次会议以来政协提案办理情况和自治区经济社会发展情况，听取了有关人事事项的说明，听取了各专门委员会2014年工作总结报告；通过了常委会工作报告和提案工作情况的报告，关于召开自治区政协十一届三次会议的决定，通过了政协新疆维吾尔自治区第十一届委员会第三次会议议程，日程、列席范围、分组办法和小组召集人名单、各次大会执行主席和主持人名单，常委会工作报告、提案工作情况报告的报告人名单，秘书长、副秘书长名单；通过了有关人事事项。

第9次会议 1月21日在乌鲁木齐召开。会议应出席122人，实到101人。自治区政协主席努尔兰·阿不都满金主持会议。会议听取了关于各小组讨论情况的综合汇报，通过了关于增补选举自治区十一届政协副主席、常务委员会委员候选人名单，选举办法和总监票人、监票人名单，通过了自治区政协十一届三次会议政治决议，常委会工作报告的决议，提案审查情况的报告。

第10次会议 5月27日至28日在乌鲁木齐召开，围绕“依法治疆”开展专题议政。会议应出席125人，实到106人。自治区政协主席努尔兰·阿不都满金主持会议并讲话，自治区党委常委、政法委书记熊选国到会听取大会发言并讲话。会议听取了新疆社会科学院副院长刘仲康作的《用好“五把钥匙”》专题辅导报告。会议设置了“平安新疆建设”“法治环境建设”“法治社会建设”“宪法法律宣传教育”“洁净新疆法制建设”5个专题进行建言献策。穆扎帕尔·米吉提、力提甫·艾山、杜建锡、石永强、贾殿赠等各专题组召集人分别汇报了小组讨论情况。会议通过了有关人事任免事项。

第11次会议 9月17日至18日在乌鲁木齐召开，围绕“新疆人才发展”开展专题议政。会议应出席124人，实到105人。自治区政协主席努尔兰·阿不都满金出席会议并讲话，自治区党委常委、宣传部部长李学军就自治区深入推进“去极端化”工作作了专题报告，自治区副主席马敖·赛依提哈木扎到会听取大会发言和委员讨论情况的汇报，并介绍了自治区人才发展情况。会议设置了“科教兴新人才发展”“经济管理人才发展”“社会事业人才发展”“民族宗教人才发展”“基层实用人才发展”5个专题进行建言献策。张小雷、贾合亚·艾斯砍的尔、蒋平安、多力坤·阿不都热依木、王平道、阿西木阿吉·阿不都热衣木、陈方立、丁怀山、穆哈特热木·谢日甫江等委员作了大会发言。会议通过了有关人事任免事项。

【专门委员会工作】

提案委员会 全年共收到提案958件，经审查立案809件。其中，委员提案677件，党派团体提案127件，政协专门委员会提案5件；1件得到张春贤书记的批示，9件列为重点提案。围绕社会稳定和长治久安，提出提案212件；围绕改革发展，提出提案323件；围绕保障和改善民生，提出提案274件。按照归口办理原则，分送94家单位承办。截至2015年12月31日，所有交办提案全部办复，答复率100%。从办理情况看，已经解决或采纳的有220件，占27.2%；列入计划拟解决或采纳的有431件，占53.3%；作为工作参考的有158件，占19.5%。主要工作：一是注重做好为委员“知情明政”服务工作，给委员和承办单位编辑印发《提案工作情况》《提案目录》《十一届政协提案委员会工作通讯录》，印发了《政协提案工作制度汇编》等资料，交流各地政协提案工作经验和材料。二是做好提案交办协商服务工作，认真落实双向互动交办协商机制。2015年首次启用网上提案交办管理系统，提高了工作效率和质量。三是坚持自治区党政领导领衔督办重点提案制度，政协主席会议审定重点提案。2015年7月，自治区党委、政府、政协三家办公厅首次联合下发了《关于办理自治区政协十一届三次会议重点提案办理和督办工作的通知》，并把“农业高效节水运行机制问题”重点提案办理纳入政协月度协商会进行专题协商，创新了办理协商方式。四是围绕提案办理落实，组织委员与自治区相关部门、专家学者赴南北疆进行重点提案督办调研，深化办理意见，推动建议落实。五是积极为住疆全国政协委员提供提案线索，协助做好提案撰写、审核、完善以及大会发言选题、审核、把关、履职等服务工作。

经济委员会 全年承办了1次月度协商座谈会，组织了8批（次）调研，1次第三方评估，1次民主监督，2次区外考察，4次视察，召开了20余次座谈会，4次经济委员会全体委员会议，2次主任与界别活动小组召集人会议，走访了3个委员单位。提交了44份提案，报送调研报告、建议案、协商意见、社情民意、委员建言等17份，提交全体会议及常委会大会发言稿12份。主要工作：一是加强经济领域重大问题研究，补强发展的短板。组织非公组、城镇组、金融财政组委员及有关专家对中小微企业发展、清洁能源建设、农牧区金融服务人才等进行了专题研究，提出意见建议。二是就工业园区建设中污水处理问题开展专题调研，组织召开了“工业园区建设中污水处理有关问题”月度协商座谈会，提出《关于推进我区工业园区建设中污水处理的建议》。三是开展新疆定居牧民生产生活情况专题调研，为自治区编制“十三五”规划、继续改善牧民生产生活条件提出建议。四是认真落实自治区全面深化改革任务，组织非公界别委员、民主党派委员、自治区工商联、全国政协委员和有关专家，对非公有制经济发展的政策措施落实情况开展第三方评估；对自治区发改委、经信委、环保厅、国土厅、住建厅等简政放权和权责清单情况进行了全面了解和民主监督。五是组织农业、工交能源、非公、流通组开展了“自治区土壤环境保护和综合治理行动计划”“伊犁州现代煤化工项目推进情况”“商会服务中小微企业发展情况”“新疆丝绸之路经济带核心区商贸流通业发展情况”视察。

社会和法制委员会 全年共组织委员开展集体履职活动 47 项，委员参与活动达 402 人次，委员个人提案 31 件，委员建言 5 件。主要工作：一是围绕促进“法治新疆”建设建言献策。形成了《加强农村基层组织依法治理能力建设，巩固依法治疆执政基础》《加强城镇社区依法治理能力建设，营造新常态下的法治环境》《增强基层干部群众法治意识，夯实依法治疆基础》3 篇调研报告，在自治区政协十一届十次常委会上作了大会发言。二是开展“加强基层法律服务队伍建设和人才培养”专题调研，提出建设功能齐全的法律服务体系、坚持职权法定原则、全面实施法律顾问制度等 8 条意见建议，并在自治区政协十一届十一次常委会上作了大会发言。三是开展“优化环保执法环境、促进生态文明建设”和社区矫治工作专题调研，提出了意见建议。四是提交了《关于加强我区村民委员会依法治理能力建设的建议》《关于关注和解决计划生育特殊困难家庭社会保障问题的建议》两项集体提案，其中，《关于加强我区村民委员会依法治理能力建设的建议》作为重点提案得到自治区党委张春贤书记批示。向自治区党委报送了《关于将农牧区法制宣传教育确定为“访惠聚”驻村工作组工作任务的建议》《深化行政审批制度改革促进政府依法行政》建议。五是开展“环乌鲁木齐经济圈”工业企业实施新《中华人民共和国环境保护法》情况视察。六是对《促进民族团结进步条例（草案）》《草原承包及经营权流转管理办法（草案）》《自治区家长培养和教育子女责任规定》和《高层建筑消防安全管理办法（草案）》4 项法规规章草案开展立法协商，提出协商意见。

民族和宗教委员会 主要工作：一是切实增强做好政协民族宗教工作的责任感和自觉性，及时召开委员会全体会议、界别座谈会议，邀请专家对民族宗教政策法规进行专题辅导讲座，认真贯彻落实习近平总书记关于“建设美丽新疆，共圆祖国梦想”题词的意义内涵，广泛凝聚改革发展稳定共识。二是深入开展专题调研。围绕促进民族团结和宗教和谐开展专题调研，形成了农村“80 后”“90 后”人员开展“一反两讲”宣传教育情况、推进“去极端化”工程情况、依法加强宗教事务管理情况、定居后游牧民族宗教活动场所及丧葬习俗有关问题、充分发挥妇女在“去极端化”工作中积极作用等 9 项专题调研报告及相关大会发言稿。三是围绕改善农村人居环境、乌鲁木齐市米东区“哨嘛”

问题组织开展2次视察活动，提出了有针对性的意见建议。四是组织召开了“遏制宗教极端思想向妇女渗透”月度协商会，并向自治区党委报送了建议案。五是组织召开民族宗教界政协委员庆祝自治区成立六十周年座谈会座谈会。六是做好《在南疆地区发展现代庭院经济促农增收的建议》重点提案督办工作，加大跟踪落实力度，使提案得到有效落实。

教科文卫体委员会 全年开展调研、视察、协商、走访、座谈、征文等活动28项（次），参加活动的委员达169人次。主要工作：一是发挥界别优势参政议政，助力自治区经济社会发展。围绕自治区政协十一届十一次专题议政常委会主题，以“我区高校人才培养及人才队伍建设”开展并形成专题调研报告。围绕“低碳城市、低碳园区、低碳企业试点建设情况”进行视察，组织开展政协委员谈“低碳”征文活动，征集文稿28篇。组织卫生界别小组开展“加强《传染病防治法》法律实施，促进依法行政”及“我区医疗卫生人才队伍建设情况”专题调研。组织住疆全国政协委员视察团对十三届全国冬运会场馆建设情况进行视察。就农村卫生人才队伍建设、基层文化阵地建设、双语教育、群众体育开展情况进行了专题视察。二是就促进新疆民族医药事业发展建言献策，组织召开了“促进新疆民族医药发展”月度协商会。三是积极开展智力帮扶和咨询服务活动，连续第二年组织委员赴巴楚县多来提巴格乡，看望慰问自治区“访惠聚”驻村工作组，并开展送体育送药品和专家义诊活动，累计赠送了价值8万余元的体育用品和部分常用药品，义诊人数1500余人次，受到当地各族干部群众的欢迎和好评。

人口资源环境委员会 主要工作：一是举全力抓好洁净新疆建设工作。筹建了洁净新疆建设工作办公室，提出开展工作的初步思路和方案，对洁净新疆建设的工作定位、范围界定、组织架构、前期工作进行了谋划。组织赴内地学习考察，向自治区党委上报了《关于推进“洁净新疆”工作赴9省区学习考察报告》，张春贤书记作出重要批示。突出问题导向开展疆内调研，围绕洁净新疆建设10个方面内容开展专项调研。组织举办了自治区洁净新疆工作座谈会，正式启动洁净新疆建设。强化洁净新疆建设对外宣传，在人民政协报发表洁净新疆建设相关报道15篇，在头版长篇专题报道《为了我们新疆更加净美—新疆政协启动洁净新疆建设专项工作纪实》，引起强烈反响。二是组织承办了建立新疆北疆国家公园专题协商会，向自治区党委提出了前瞻性的意见建议。组织召开了“加快推进工业领域节能减排”月度协商会。三是开展了天山一号冰川建立保护区域、落实水资源“三条红线”、农村白色污染防治情况3项专题视察调研，加强了履职成果跟踪推进。四是开展界别活动，对四川攀枝花市就推进康养产业发展开展了调研学习。

港澳台侨和外事委员会 全年共组织委员专题调研4次，赴内地考察1次；召开委员会全体委员会议4次，委员会主任会议6次；组织委员学习3次，组织委员活动1次，围绕“加强海外新疆籍华侨华人和留学生工作”与20家相关单位举办座谈会1次，举办自治区政协月度协商座谈会1次。主要工作：一是推动“加强海外新疆籍少数民族华侨华人和留学生”专项工作，制定了《加强新时期海外新疆籍少数民族侨胞和留学生工作的意见》《实施方案》，组织召开了新疆海外涉疆侨务工作专项领导小组第一次全体会议。二是围绕“草原生态保护与管理”问题开展专题调研，从发展定位、管理体制、规划建设、政策支持等十一个方面，有针对性地提出对策建议。三是围绕新疆涉侨政策法规贯彻实施情况开展专题调研，形成调研报告提交自治区政协十一届十次常委会。四是围绕“新疆籍海外留学生回疆就业创业工作情况”开展专题调研，并在自治区政协十一届十一次常委会上作了大会发言。五是组织召开了“加快外经贸企业发展，积极推进‘走出去’战略”月度协商座谈会。六是积极为海外台胞牵线搭桥，接待了世界台湾商会联合总会名誉总会长许瑞麟先生一行，来疆为已援建的吐鲁番市艾丁湖乡海外台商希望小学开展捐资助学活动。

文史资料和学习委员会 全年共征集文史资料1200万字；编辑出版图书12本图书，计480万字；提交提案19件，大会发言5篇，社情民意信息6篇，委员建言7篇；编印《学习参考资料》2期4册。主要工作：一是文史工作取得新突破。召开了塔塔尔族百年实录汇报会和锡伯族百年实录统稿会，共征集百年实录文稿1000万字，完成了120万字的编校工作。完成西部大开发史料征集工作，共征集稿件86篇、65万字，并将初审书稿报送全国政协审读。为纪念抗日战争胜利70周年编辑《新疆抗战编年纪事》，填补了新疆抗战史料的空白。编辑出版《在边境线上新疆夏尔希里》《在边境线上巴尔鲁克山》。为自治区成立60周年出版《父辈那代人》《我的新疆情怀》献礼图书。“吐鲁番社会变迁史”专项课题研究取得新成果，出版了学术书籍《吐鲁番的远古记忆》《吐鲁番壁画佛经故事》。二是建言履职取得新成效。围绕“传统村落保护”开展专项调研，就“传统媒体与新兴媒体融合发展”等进行座谈，围绕“洁净新疆”工作开展“生态补偿机制”专题调研。三是督办重点提案《关于加强自治区学前教育的建议》《关于加大农村中小学教师周转宿舍建设力度的提案》，推动意见建议得到采纳和落实。四是组织召开“庆祝自治区成立60周年”座谈会。联合中央文献出版社组织召开了“革命后代捐赠仪式暨中央文献出版社出版新疆部分图书座谈会”，提升了政协社会影响力。

【重要活动】

第12次月度协商座谈会 2月16日在乌鲁木齐召开，围绕遏制宗教极端思想向妇女渗透建言献策。委员建议以法治权威压制宗教极端思想渗透，树立法治思维、运用法律手段，普及法律常识，让广大信教妇女掌握基本法律概念，在家庭中发挥应有作用；坚持“一反两讲”，加大执法力度，依法严厉打击散布、传播宗教极端思想、施行暴力恐怖的违法犯罪分子；坚持“到人、管用、有效”的要求，在思想教育上持续发力，切实提高信教群众对宗教极端思想的免疫力；突出做好改善民生的工作，最大限度地争取人心，打牢遏制宗教极端思想渗透的坚实群众基础。

第13次月度协商座谈会 3月20日在乌鲁木齐召开，围绕促进新疆民族医药事业发展建言献策。委员建议着力加强民族医药文化的传承和保护，把民族医药文化作为现代文化建设的重要内容，打造新疆特色鲜明的民族医药文化品牌，增强新疆民族医药的知名度；深入做好民族医药非物质文化遗产的挖掘整理和保护传承工作，加强对民族医药科学普及和宣传推介，促进区内外民族医药的交流合作，为新疆民族医药“走出去”、在区域性医疗服务中心建设中发挥作用创造良好条件。

第14次月度协商座谈会 4月24日在乌鲁木齐召开，围绕加快推进工业领域节能减排建言献策。委员建议抓好转方式、调结构这一治本之策，从源头上实现节能减排；控制总量、淘汰落后产能，加快节能减排重点项目建设，健全监管体系，形成节能减排长效机制；统筹推进能源、建筑、交通运输、公共机构、农业农村等其他重点领域节能减排。

“洁净新疆”工作座谈会 5月28日至29日在乌鲁木齐召开，在全疆正式启动“洁净新疆”建设工作。全国政协副主席罗富和出席座谈会并讲话，强调政协要积极参与“洁净新疆”各项活动，发挥政协建言献策、民主监督作用，同社会各界一起共建绿色新疆。自治区政协主席努尔兰·阿不都满金出席会议并讲话，要求高水平、高质量、高效率地启动和推进“洁净新疆”建设，把“洁净新疆”建设作为政协履职重点，紧扣“洁净新疆”建设凝心、献计、出力。全国政协人口资源环境委员会副主任凌振国、自治区副主席吉尔拉·衣沙木丁出席会议并致辞。

第15次月度协商座谈会 6月26日在乌鲁木齐召开，围绕工业园区建设中污水处理有关问题建言献策。委员建议统筹规划、顶层设计、合理布局，推进污水处理设施建设；加快实施工业废水治理项目；加强在线监督，增强园区创新驱动；企业污染源头监管，建立健全目标责任制，进一步改进污水处理设施的管理运营模式，确保园区企业污水处理设施正常运行。

建立北疆国家公园专题协商会 8月5日在乌鲁木齐召开，就探索建立新疆北疆国家公园，组织政协委员、民主党派、有关部门和专家学者进行座谈协商，广泛听取各方意见建言，为自治区党委、政府提供前瞻性的决策参考。自治区政协主席努尔兰·阿不都满金出席会议并讲话，强调要切实把握好自治区党委关于生态文明建设的部署安排，把建立国家公园与我区生态文明体制改革紧密结合起来，与“洁净新疆”建设紧密结合起来，深入研究，积极探索，为在新疆建立国家公园作出应有贡献。

第16次月度协商座谈会 8月21日在乌鲁木齐召开，围绕农业高效节水机制运行有关问题建言献策。委员建议继续抓好重大水利工程和节水工程建设，完善农业高效节水技术体系、管理体系和服务体系，调整优化农业结构，构建节水型农作物生产体系，进一步完善政策保障体系。

第17次月度协商座谈会 10月19日在乌鲁木齐召开，围绕优化环保执法环境、促进生态文明建设，重点就“奎独乌”区域环境执法工作有关问题建言献策。委员建议各级政协组织、广大政协委员和各党派团体聚焦我区生态文明建设和可持续发展领域的重要问题，深入开展调查研究，积极建言献策，促进生态文明建设各项决策部署的落实，为增强环境法治能力、促进洁净新疆建设发挥好作用。

海外涉疆工作专项领导小组第一次会议 10月21日在乌鲁木齐召开。会议传达学习了中央海外新疆籍少数民族侨胞工作协调机制领导小组第二次会议精神，贯彻落实自治区党委部署要求，进一步扎实做好我区海外新疆籍少数民族侨胞和留学生工作。新疆海外涉疆工作专项领导小组组长、自治区政协主席努尔兰·阿不都满金出席会议并讲话，强调要进一步增强政治责任感和使命感，进一步增强做好海外涉疆任务工作的自觉性，积极稳妥，循序渐进，突出重点，以点带面，特别是要多渠道、多方式对外宣传新疆，展示新疆好形象，切实抓好各项工作的落实，为实现新疆社会稳定和长治久安创造良好的外部环境。

第18次月度协商座谈会 11月20日在乌鲁木齐召开，围绕加快外贸企业发展，积极推进“走出去”战略进行建言献策。委员建议各地各部门和外贸企业，以世界眼光、战略思维树立足够的发展信心，努力扩大市场份额，促进外贸持续稳定增长，推进自治区经济可持续发展，为社会稳定和长治久安作出更大贡献。

新年茶话会 12月31日，在新疆迎宾馆会议中心举行。中共中央政治局委员、自治区党委书记张春贤，自治区党政军及新疆生产建设兵团领导与全疆各族各界人士代表欢聚一堂，叙友情、话成就、谋发展，共迎2016年。自治区政协主席努尔兰·阿不都满金主持茶话会。全国政协委员、自治区政协常委、农工党新疆区委会主委孟庆才，自治区政协委员、新疆大学建筑工程学院副院长阿肯江·托乎提分别代表民主党派、人民团体和各族各界人士在茶话会上发言。

【重要文件】

常委会工作报告（2015年1月19日）（摘要） 2014年工作回顾 （一）坚决贯彻落实中央和自治区党委决策部署。认真学习贯彻党的十八大和十八届三中、四中全会精神，认真学习领会习近平总书记系列重要讲话精神，认真学习贯彻第二次中央新疆工作座谈会、中央民族工作会议精神，认真学习贯彻自治区党委八届六次、七次、八次全委（扩大）会议精神，保持政协工作正确的政治方向。工作思路方面，坚持党中央的要求就是我们的任务，自治区党委的部署就是我们必须完成的工作，紧紧围绕自治区党委的决策部署谋划政协工作、开展政协工作。履行职能方面，坚持"变化变革、敢于担当、务求实效"主旋律，用政协工作方式落实自治区党委的决策部署。工作要求方面，坚持"做负责任的政协人"，把思想和行动统一到社会稳定和长治久安的总目标上来，自觉把履职工作同党委的要求结合起来。坚决贯彻落实自治区党委"凝心""献计""出力"的指示要求，在新疆工作大局中发挥好政协作用。（二）自觉维护新疆社会稳定。十一届六次常委会议把"维护社会稳定和长治久安"作为主要议题，针对反恐维稳、民族团结、宗教事务管理、意识形态工作、遏制宗教极端思想等重要问题，深入研究分析，广泛协商讨论。举办纪念阿合买提江·哈斯木等五位烈士牺牲65周年座谈会。以"争做增强民族团结、维护社会和谐稳定的促进者"为主题，召开系列民族团结教育座谈会。在事关稳定的重大问题上，发出声音，亮明态度，强烈谴责"三股势力"的罪恶行径，积极投身反恐维稳的人民战争。（三）积极助推经济社会更好更快发展。召开十一届七次常委会议，围绕全面深化改革进行专题议政。参加全国政协双周协商座谈会，充分利用高层平台渠道，介绍自治区的思路和规划，提出推动落实的意见建议。积极配合全国政协有关专委会来疆就丝绸之路经济带建设情况开展调研，积极助推新疆核心区建设。围绕稳增长、促改革、调结构、惠民生，就发挥财政金融杠杆在自治区经济社会发展中的作用，加快新型城镇化建设和定居兴牧步伐，推进霍尔果斯和喀什经济开发区建设建言献策。围绕促进文化教育事业，就新闻出版改革、广播影视业发展、公共体育设施建设提出对策建议。围绕推进依法治疆，就促进依法行政、加强法治文化建设等提出具体建议。根据自治区党委的安排，牵头提出了"关于加强海外新疆籍少数民族华人华侨和留学生工作"的具体方案，认真组织"推进对外开放"等专项调研，完成了"油砂矿勘探开发"的调研工作。（四）创新推进协商民主。首次制订了协商工作年度计划。研究提出《关于制订和落实年度协商计划的暂行办法》。创建月度协商座谈会，全年共召开11次月度协商座谈会。

以界别为基础、专题为内容、对口为纽带、座谈为主要形式，就失独家庭社会保障、名村名镇建设等开展专题协商；就加强气象防灾减灾能力建设、牧民草场权益保护等开展对口协商；就加强公共卫生服务体系、医疗人才队伍建设等开展界别协商；就普及高中阶段教育、推进康复护理医院建设等开展提案办理协商；就制定《法治新疆建设纲要》、修订《自治区宗教事务条例》等开展立法协商，协商民主的作用得到较好发挥。（五）切实提高履职能力。加强专门委员会建设。召开专委会和界别活动小组负责人座谈会，加强委员联络、服务和管理工作，建立视察、调研评价体系。加强和改进提案工作。注重提案选题引导，严格立案标准，规范提案审查程序，去年的947件提案全部办理，答复率100%。加强和改进文史资料工作。召开全区文史工作座谈会，开展中国少数民族百年实录、抗战史料、西部大开发等专题史料征编出版工作，推动文史资料数字化建设，落实政协文史馆机构设置。加强和改进信息工作。编报《新疆政协委员建言》96期，编辑《政协要情》92期。加强和改进宣传工作。综合运用传统渠道和新媒体，积极介绍新疆的巨大变化，深度报道履行职能的丰富成果，充分展示政协委员的时代风采。（六）不断深化作风建设。巩固党的群众路线教育实践活动成果，有针对性地开展整改措施"回头看"。注重制度建设，建立健全了《全体会议工作规则》《主席会议工作规则》《常务委员会自身建设若干规定》等65项规章制度。坚持政协领导联系委员制度，开展政协主席同政协委员邀约谈心活动，召开各民主党派、工商联负责人座谈会，注重听取基层政协的意见建议，认真接待和处理来信来访。积极开展扶贫帮困活动，定点扶贫工作扎实有效。高度重视"访民情惠民生聚民心"活动，部分政协领导承担自治区第二批群众路线教育实践活动和"访惠聚"活动督导任务，全区各级政协三分之一的干部住村开展工作。

中共中央政治局委员、自治区党委书记张春贤在自治区政协新年茶话会上的讲话（2014年12月31日）（摘要） 即将过去的2014年，对新疆是非同寻常的一年，是充满挑战的一年，也是极不平凡的一年。之所以非同寻常，是因为中央政治局常委会多次专题研究新疆工作，习近平总书记多次作出重要批示并专程来疆视察指导，中央召开第二次新疆工作座谈会，对新疆工作作出新的全面安排部署，进一步完善了治疆方略，为我们指明了前进方向。之所以充满挑战，是因为国际局势动荡多变，经济下行压力重重，暴恐活动多发，"三股势力"文煽武扰加剧。之所以极不平凡，是因为面对国内外复杂的经济形势和疆内繁重的改革发展稳定任务，我们顶住压力，保持定力，凝聚合力，推动各项工作取得了新的重大成就。2016年是全面深化改革的关键之年，是全面推进依法治国的开局之年，是全面完成"十二五"规划的收官之年，也是自治区成立60周年，做好2016年的工作意义十分重大。自治区八次党代会提出，2015年地区生产总值要超万亿元；自治区党委八届七次全委（扩大）会议进一步提出，要通过一段时间的艰苦工作，使宗教极端势力渗透蔓延和暴力恐怖活动得到遏制，社会大局持续稳定，到2020年基本实现全面建成小康社会目标，为社会稳定和长治久安打下坚实基础。这是一项宏大的战略目标，也是一项必须完成的重大任务，需要全疆上下付出极大的努力。只要我们拧成一股绳，心往一处想，劲往一处使，坚持只有努力才能改变、只要努力就能改变，充分发挥新疆各民族各阶层的主体作用，特别是领导干部的骨干作用、先进模范的表率作用和基层组织的战斗堡垒作用，就一定能形成强大合力，推动新疆工作在披荆斩棘中破浪前行。在新的一年，希望全疆各级政协组织积极推进协商民主制度化建设，努力拓展协商民主形式渠道，切实履行好政治协商、民主监督、参政议政的职能。继续巩固和拓展群众路线教育实践活动成果，瞄准经济社会发展重大问题和涉及群众切身利益的实际问题，多搞实地调研，多献务实之策，多办利民之事，多聚发展合力，当好党委政府的智囊和参谋。充分发挥团结面宽、联系面广、社会威望高、影响力大的特有优势，围绕反恐维稳、深化改革和推进法治等重点工作，最大限度地激发一切积极因素，最大限度地消除一切消极因素，着力促进各党派、各团体、各民族、各阶层大团结、大联合、大融汇、大和谐，为巩固和发展民主团结、生动活泼、安定和谐的社会氛围和政治局面作出新的贡献。

【组织概况】

副主席补选名单

（2015 年 1 月 23 日自治区政协十一届三次会议通过）

于秀栋

常务委员增选名单

（2015 年 1 月 23 日自治区政协十一届三次会议通过）

阿汗·赛提哈木扎（哈萨克族）

石永强

委员辞职名单

（2015 年 9 月 18 日自治区政协十一届十一次常委会议通过）

刘新民

撤销委员资格名单

（2015 年 5 月 28 日自治区政协十一届十次常委会议通过）

莫　涓（女）　　李　斌

（2015 年 9 月 18 日自治区政协十一届十一次常委会议通过）

赵新蔚　赵国明

新疆维吾尔自治区各级政协组织和委员数

（截至 2015 年年底）

级别 项目	自治区	设区的市（自治州）	县（不设区的市、市辖区）	合计
组织数	1	14	102	117
委员数	519	2095	11534	14148

（武春雨 编写　韩　军 审稿）

附：

地方各级政协组织和委员数统计表（截至 2015 年年底）

	省（自治区、直辖市）		副省级市		设区的市（州、盟、地区）		县（不设区的市、市辖区）		合计	
	组织数	委员数	组织数	委员数	组织数	委员数	组织数	委员数	组织数	委员数
北京	1	758			16	4735			17	5493
天津*	1	778			15	3496	1	261	17	4535
河北	1	768			11	5278	170	35237	182	41283
山西	1	576			11	3926	119	20022	131	24524
内蒙古	1	526			12	3285	102	15449	115	19260
辽宁	1	868	2	1179	12	4838	100	21557	115	28442
吉林	1	598	1	548	8	2916	60	14731	70	18793
黑龙江	1	722	1	630	12	4042	132	23352	146	28746
上海	1	835			16	4948	1	243	18	6026
江苏	1	770	1	522	12	5314	98	26011	112	32617
浙江	1	735	2	1018	9	3774	90	20433	102	25960
安徽	1	739			16	6350	105	20790	122	27879
福建	1	700	1	407	8	3181	84	17013	94	21301
江西	1	697			11	4204	100	20429	112	25330
山东	1	856	2	1142	15	6468	137	33394	155	41860
河南	1	897			18	7313	161	35546	180	43756
湖北	1	720	1	588	16	5828	99	23027	117	30163
湖南	1	749			14	5323	125	27499	140	33571
广东	1	967	2	1134	19	7407	119	28836	141	38344

续表

	省（自治区、直辖市）		副省级市		设区的市（州、盟、地区）		县（不设区的市、市辖区）		合计	
	组织数	委员数	组织数	委员数	组织数	委员数	组织数	委员数	组织数	委员数
广西	1	706			14	4934	110	18769	125	24409
海南	1	396			3	764	15	2194	19	3354
重庆	1	853			22	5530	16	4335	39	10718
四川	1	874	1	632	20	7397	183	35512	205	44415
贵州	1	605			9	3496	88	15922	98	20023
云南	1	644			16	5428	129	24546	146	30618
西藏	1	598			7	1401	74	3716	82	5715
陕西	1	641	1	569	9	2921	107	14580	118	18711
甘肃	1	588			14	4112	86	12404	101	17104
青海	1	393			8	1659	43	5630	52	7682
宁夏	1	439			5	1258	21	2538	27	4235
新疆	1	519			14	2095	102	11534	117	14148
合计	31	21515	15	8369	392	133621	2777	535510	3215	699015

图书在版编目（CIP）数据

中国人民政治协商会议年鉴.2015/张庆黎主编.
—北京：中国文史出版社，2017.3
ISBN 978-7-5034-9047-7

Ⅰ.中… Ⅱ.张… Ⅲ.中国人民政治协商会议—2015—年鉴
Ⅳ.D627-54

中国版本图书馆CIP数据核字（2017）第042575号

责任编辑：张蕊燕　胡福星

出版发行：**中国文史出版社**
网　　址：www. chinawenshi. net
社　　址：北京市西城区太平桥大街23号　　邮编：100811
电　　话：010-66173572　66168268　66192736（发行部）
传　　真：010-66192703
印　　装：北京新华印刷有限公司
经　　销：全国新华书店
开　　本：787×1092mm　1/16
印　　张：47.5　　字数：1126千字
印　　数：3000册　　插页：19
版　　次：2017年6月北京第1版
印　　次：2017年6月第1次印刷
定　　价：80.00元
